駿台

東大入試詳解 25年 世界史

第3版

2023~1999

問題編

駿台文庫

問題目次

2023年

解答時間：2科目150分
配　　点：120点

第 1 問

近代世界は主に，君主政体や共和政体をとる独立国と，その植民地からなっていた。この状態は固定的なものではなく，植民地が独立して国家をつくったり，一つの国の分裂や解体によって新しい独立国が生まれたりすることがあった。当初からの独立国であっても，革命によって政体が変わることがあり，また憲法を定めるか，議会にどこまで権力を与えるか，国民の政治参加をどの範囲まで認めるか，などといった課題についても，さまざまな対応がとられた。総じて，それぞれの国や地域が，多様な選択肢の間でよりよい方途を模索しながら近代の歴史が進んできたといえる。

以上のことを踏まえて，1770年前後から1920年前後までの約150年間の時期に，ヨーロッパ，南北アメリカ，東アジアにおいて，諸国で政治のしくみがどのように変わったか，およびどのような政体の独立国が誕生したかを，後の地図Ⅰ・Ⅱも参考にして記述せよ。解答は，解答欄(イ)に20行以内で記述し，以下の8つの語句を必ず一度は用いて，それらの語句全てに下線を付すこと。

アメリカ独立革命	ヴェルサイユ体制	光緒新政	シモン＝ボリバル
選挙法改正*	大日本帝国憲法	帝国議会**	二月革命***

*イギリスにおける4度にわたる選挙法改正

**ドイツ帝国の議会

***フランス二月革命

地図Ⅰ(1815 年頃)

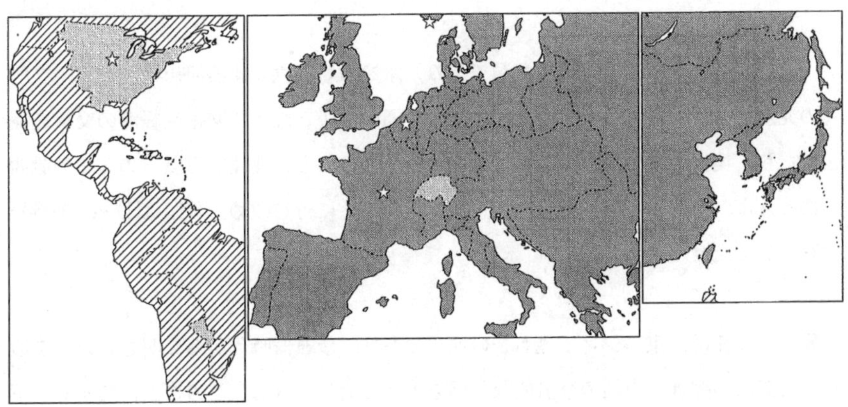

地図Ⅱ(1914 年頃)

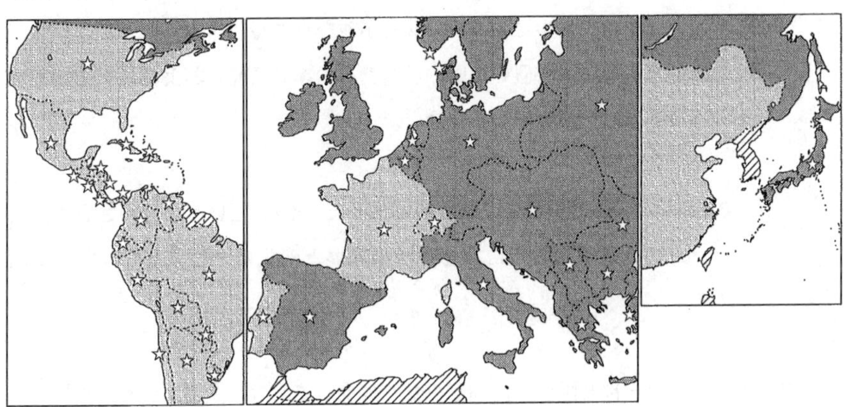

＊ ▩は君主政，▢は共和政の独立国，▨は植民地。☆は成文憲法を制定した主な国。
（縮尺は図ごとに異なる）

第 2 問

水は人類にとって不可欠の資源であり，水を大量に供給する河川は，都市や文明の発展に大きく寄与した。また河川は，交通の手段となって文化や経済の交流を促したり，境界となったりすることもあった。このことに関連する以下の3つの設問に答えよ。解答は，解答欄（ロ）を用い，設問ごとに行を改め，冒頭に(1)～(3)の番号を付して記せ。

問(1)　長江は，東アジアで最も長い河川であり，新石器時代から文明を育み，この流域の発展は中国の経済的な発展を大きく促してきた。このことに関する以下の(a)・(b)の問いに，冒頭に(a)・(b)を付して答えよ。

(a)　中国では3世紀前半に，3人の皇帝が並び立つ時代を迎えた。このうち，この川の下流域に都を置いた国の名前とその都の名前，および3世紀後半にその国を滅ぼした国の名前を記せ。

(b)　この川の流域の発展は，「湖広熟すれば天下足る」ということわざを生み出した。このことばの背景にある経済の発展と変化について，3行以内で記せ。

問(2)　西アジアは一部を除いて，雨が少なく乾燥しており，大河が流れる地域がしばしば農業の中心地となった。そこには，ときに王朝の都が置かれ，政治や文化の中心地にもなった。これに関する以下の(a)・(b)・(c)の問いに，冒頭に(a)・(b)・(c)を付して答えよ。

(a)　次の**資料**は，ある王朝における都の建設の経緯を説明したものである。その王朝の名前と都の名前を記せ。

資　料

言うには，「ここは軍営地にふさわしい場所である。このティグリス川は我々と中国との隔てをなくし，これによってインド洋からの物品すべてが我々のもとに，またジャジーラやアルメニアまたその周辺からは食糧が至る。このユーフラテス川からは，それによってシリアやラッカまたその周辺からのあらゆるものが到着する」。こうしてマンスールはこの地に降り立ち，サラート運河周辺に軍営地を設営し，都のプランを定め，区画ごとに武将を配置した。

タバリー『預言者たちと諸王の歴史』

(歴史学研究会編『世界史史料2』より，一部表記変更)

(b)　**資料**中の下線部に関連して，のちの9世紀に活躍するようになったマムルークの特徴と，彼らがこの王朝で果たした役割とについて，2行以内で記せ。

(c)　**資料**に記されている都が建設されたのは，西アジアの政治的中心地として栄えたクテシフォンの近くにおいてであった。クテシフォンを建設した国の名前に言及しつつ，その国で起こった文化的変容について，言語面を中心に，2行以内で記せ。

問(3)　ナイル川はその流域に暮らす人々の生活を支えるとともに，人々の行きかう場ともなった。このことに関する以下の(a)・(b)の問いに，冒頭に(a)・(b)を付して答えよ。

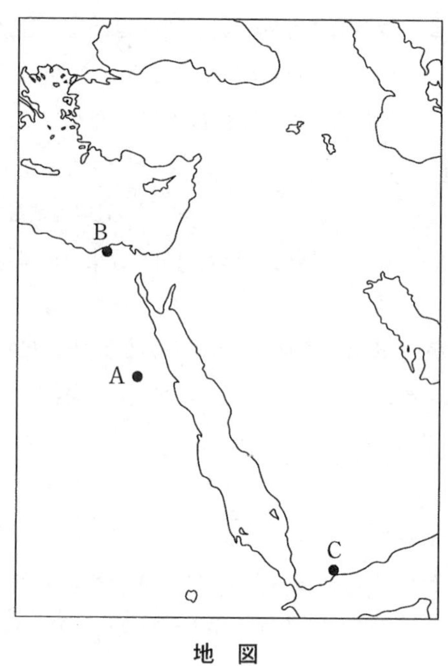

地　図

(a)　**地図**中のＡで，ナセル政権下に作られた公共建造物は，この川の自然特性を利用した農業のあり方を決定的に変えることとなった。近代以前において，この川の自然特性を利用する形で展開した農業について，２行以内で説明せよ。

(b)　**地図**中の都市Ｂはこの川の河口近くにあり，12 世紀から 15 世紀頃，国際的な東西交易の一翼を担う商人たちが，この都市と都市Ｃとの間で活発な交易を行った。この交易で扱われた物産と取引相手について，２行以内で説明せよ。

第 3 問

健康への希求および病気は，まさに現在進行形でわれわれが経験しつつあるように，政治・経済・文化などさまざまな方面において，人類の歴史に影響を与えてきた。そして人類はそれらに対応するために，医学を発達させてきた。このことに関連する以下の設問(1)～(10)に答えよ。解答は，解答欄（ハ）を用い，設問ごとに行を改め，冒頭に(1)～(10)の番号を付して記せ。

問(1)　歴史上，影響力の大きい政治家が疫病に倒れることもあった。紀元前 5 世紀，アテネのペリクレスは全ギリシアを二分する戦争の最中に病死し，その後アテネの民主政は混乱していくことになる。この戦争の名称を記せ。

問(2)　14 世紀半ばのヨーロッパは，ペストの流行に見舞われた。このペスト流行を経験した作者が，これを背景として人間の愛や欲望などをイタリア語で赤裸々につづった物語の名称を記せ。

問(3)　明代の中国では，科学技術への関心の高まりとともに医学・薬学が発達した。16 世紀末に李時珍が編纂し，江戸時代初期に日本に伝来した，薬物に関する書物の名称を記せ。

問(4)　18 世紀にジェンナーによって考案された種痘は，牛痘苗を用いて天然痘を予防するものであり，19 世紀には，ジャワ島のオランダ東インド会社の根拠地から日本の長崎にもたらされた。この根拠地であった都市の当時の名称を記せ。

問(5)　19 世紀には世界各地でコレラの流行が繰り返されたが，同世紀後半には細菌学が発達し，様々な病原菌が発見された。結核菌やコレラ菌を発見したドイツの医師のもとには，日本の北里柴三郎が留学して破傷風菌の純粋培養に成功し，破傷風の血清療法を確立した。このドイツの医師の名前を記せ。

問(6)　1980年代以降，温室効果ガスによる地球温暖化の危険性が強く認識されるようになった。温暖化の影響には，低緯度地域の感染症がより寒冷な地域へ広がることも含まれる。1990年代後半，日本で開催された国際会議で，温室効果ガス削減の数値目標が設定された。この取り決めの名称を記せ。

問(7)　今日の嗜（し）好品は，過去においてしばしば薬品としての意味をもった。ある嗜好飲料は唐代に民衆に普及し，後に欧米にも広がり，これに関する貿易問題がアヘン戦争の原因にもなった。この飲料の名称を記せ。

問(8)　仏教では病が生・老・病・死という四苦の一つとされる。その経典の編纂やスリランカへの布教を行った王が統治し，インド亜大陸を最初にほぼ統一した王朝の名称を記せ。

問(9)　イスラーム医学は古代ギリシアの医学をもとに発展した。アリストテレスの著作にもとづいて哲学を追究するのみならず，医学者として『医学典範』を著し，ラテン語名アヴィケンナとして中世以降のヨーロッパの医学に影響を与えた人物の名前を記せ。

問(10)　漢代の医学書には，天体の運行と人間生活との関係を議論する思想がしばしば見られる。その思想を唱えた集団の名称を記せ。

2022年

解答時間：2科目150分
配　　点：120点

第 1 問

内陸アジアに位置するパミール高原の東西に広がる乾燥地帯と，そこに点在するオアシス都市は，ユーラシア大陸の交易ネットワークの中心として，様々な文化が交錯する場であった。この地は，トルコ化が進むなかで，ペルシア語で「トルコ人の地域」を意味するトルキスタンの名で呼ばれるようになった。トルキスタンの支配をめぐり，その周辺の地域に興った勢力がたびたび進出してきたが，その一方で，トルキスタンに勃興した勢力が，周辺の地域に影響を及ぼすこともあった。

以上のことを踏まえて，8世紀から19世紀までの時期におけるトルキスタンの歴史的展開について記述せよ。解答は解答欄(イ)に20行以内で記し，次の8つの語句をそれぞれ必ず一度は用い，その語句に下線を引くこと。

アンカラの戦い	カラハン朝	乾隆帝
宋	トルコ＝イスラーム文化	バーブル
ブハラ・ヒヴァ両ハン国	ホラズム朝	

第 2 問

支配や統治には，法や制度が不可欠である。それらは，基盤となる理念や思想と，それを具体化する運動を通じてつくられることが多い。このことに関連する以下の 3 つの設問に答えよ。解答は，解答欄(ロ)を用い，設問ごとに行を改め，冒頭に(1)～(3)の番号を付して記せ。

問(1)　イスラーム教が支配宗教となった地域や国家では，民族や出自にかかわらず，宗教を第一とする統治体制が敷かれることが多かった。そこでは，啓典『クルアーン(コーラン)』と預言者ムハンマドの言行がもとになったイスラーム法が重視された。このことに関する以下の(a)・(b)・(c)の問いに，冒頭に(a)・(b)・(c)を付して答えよ。

(a)　最古の成文法の一つであるハンムラビ法典は，イスラーム法にも影響を与えたとされる。この法典が制定された時期と，その内容の特徴を，2 行以内で説明せよ。

(b)　14 世紀に北アフリカの諸王朝に仕え，『世界史序説(歴史序説)』を著して王朝の興亡の法則性を説いた学者の名前を記せ。

(c)　1979 年のイラン革命では，イスラーム法に通じた宗教指導者(法学者)ホメイニらが中心となり，それまでのイランで推進されていた政策を批判した。このとき批判された政策について，2 行以内で説明せよ。

問(2)　中世から近世にかけてのヨーロッパでは，多くの国が君主を頂点とする統治体制のもとにあった。君主の権力に関しては，それを強化することで体制を安定させようとする試みや，それが恣意的にならないよう抑制する試みがみられた。このことに関する以下の(a)・(b)の問いに，冒頭に(a)・(b)を付して答えよ。

(a)　大憲章(マグナ＝カルタ)が作成された経緯を，課税をめぐる事柄を中心に，4行以内で説明せよ。

(b)　マキァヴェリが『君主論』で述べた主張について，2行以内で説明せよ。

問(3)　19世紀末の清では，日清戦争における敗北を契機に，国家の存亡をめぐる危機意識が高まった。この結果生じた運動について，以下の(a)・(b)の問いに，冒頭に(a)・(b)を付して答えよ。

(a)　この運動の中心となり，後に日本に亡命した2名の人物の名前を記せ。

(b)　この運動の主張と経緯を4行以内で説明せよ。

第 3 問

戦争や軍事的な衝突は，国際秩序や権力のあり方を大きく変えただけでなく，人々の生活や意識にも多大な影響を与えてきた。このことに関連する以下の設問(1)～(10)に答えよ。解答は，解答欄(ハ)を用い，設問ごとに行を改め，冒頭に(1)～(10)の番号を付して記せ。

問(1)　イスラーム教成立以前のアラビア半島には，エチオピア高原を拠点とする王国が紅海を渡ってたびたび侵攻し，イエメン地方に影響力を及ぼしていた。4世紀にキリスト教を受容したこの王国の名称を記せ。

問(2)　1096年に遠征を開始した十字軍は，イェルサレム王国などの十字軍国家を建設した。当初，イスラーム勢力の側は地方勢力の分立により，十字軍に対抗することができなかった。しかし，13世紀末になって十字軍の最後の拠点アッコン(アッコ，アッカー)が陥落し，十字軍勢力はシリア地方から駆逐された。このときアッコンを陥落させた王朝の名称を記せ。

問(3)　1511年にポルトガルはマラッカを占領した。マラッカは東南アジアの海上交易の一大中心拠点であったため，ムスリム商人たちは拠点をマラッカから移動させて対抗し，東南アジア各地の港に新たな交易中心地が発展することになった。こうして新たに発展した交易港のうち，スマトラ島北西部にあり，インド洋に面した港市の名前を記せ。

問(4)　16世紀，アメリカ大陸に進出したスペイン人征服者たちは，多数の先住民を殺害し，現地の社会を破壊した。また，彼らは征服地の農園や鉱山などで先住民に過酷な労働を強制した。スペイン人征服者のこのような行為を告発し，先住民の救済を訴えて『インディアスの破壊についての簡潔な報告』を著した人物の名前を記せ。

問(5)　プロイセンは，ナポレオン軍に敗れて首都を制圧され，フランスとの過酷な内容の講和条約の締結を余儀なくされた。国家存亡の危機を目の当たりにして，連続講演「ドイツ国民に告ぐ」をおこない，国民意識の覚醒を訴えた哲学者の名前を記せ。

問(6)　ヨーロッパ諸国も加わった多国間戦争のさなか，ナイティンゲールは38名の女性看護師とともにオスマン帝国に派遣され，その首都イスタンブルの対岸にある傷病兵のための病院で，看護体制の改革に尽力した。この戦争でオスマン帝国側に立って参戦した国のうち，サルデーニャ以外の2か国の名を記せ。

問(7)　南北戦争後のアメリカ合衆国では，北部を中心に工業発展がめざましく，西部も開拓によって農業が発展した。合衆国の東西を結んで人・物・情報の流れを促し，経済発展に大きく寄与した鉄道は何と呼ばれるか。その名称を記せ。

問(8)　第一次世界大戦に敗れたドイツでは，帝政が崩壊し，当時，世界で最も民主主義的といわれたヴァイマル憲法を擁する共和国が成立した。この憲法は，代議制民主主義の弱点を補うというねらいから，国民に直接立法の可能性を与え，同時に国民の直接選挙で選ばれる大統領に首相任免権や緊急措置権など大きな権限を与えていた。世界恐慌のさなか，1932年に大統領に再選され，翌年にヒトラーを首相に任命した人物の名前を記せ。

問(9)　1945年8月14日，日本はポツダム宣言を受諾して降伏した。翌15日には昭和天皇がラジオを通じてポツダム宣言受諾を国民に明らかにした。その日本の占領下にあったインドネシアでは，8月17日にインドネシア共和国の成立が宣言されたが，この宣言を読み上げ，インドネシア共和国の初代大統領となった人物の名前を記せ。

問(10)　第3次中東戦争の結果，イスラエルは占領地をさらに拡大させ，それによって多数の難民が新たに発生した。一方，占領地に残ったパレスチナ人住民のあいだで，1987年末から投石などによるイスラエルに対する抵抗運動が始まった。この抵抗運動の名称をカタカナで記せ。

2021年

解答時間：2科目150分
配　　点：120点

第1問

ローマ帝国の覇権下におかれていた古代地中海世界は，諸民族の大移動を契機として，大きな社会的変動を経験した。その際，新しく軍事的覇権を手にした征服者と被征服者との間，あるいは生き延びたローマ帝国と周辺勢力との間には，宗教をめぐるさまざまな葛藤が生じ，それが政権の交替や特定地域の帰属関係の変動につながることもあった。それらの摩擦を経ながら，かつてローマの覇権のもとに統合されていた地中海世界には，現在にもその刻印を色濃く残す，3つの文化圏が並存するようになっていった。

以上のことを踏まえ，5世紀から9世紀にかけての地中海世界において3つの文化圏が成立していった過程を，宗教の問題に着目しながら，記述しなさい。解答は，解答欄(イ)に20行以内で記し，次の7つの語句をそれぞれ必ず一度は用い，その語句に下線を付しなさい。

ギリシア語　　グレゴリウス1世　　クローヴィス　　ジズヤ
聖像画(イコン)　　バルカン半島　　マワーリー

第 2 問

歴史上では，さまざまな社会で，異なる形態の身分制度や集団間の不平等があらわれている。こうした身分や不平等は，批判され，撤廃されていくこともあれば，かたちを変えながら残存することもあった。このことに関する以下の 3 つの設問に答えなさい。解答は，解答欄(ロ)を用い，設問ごとに行を改め，冒頭に(1)～(3)の番号を付して答えなさい。

問(1)　身分制や身分にもとづく差別の状況は，国家による法整備，あるいは民衆の反乱のような直接的な働きかけだけでなく，社会的・経済的要因によっても左右されることがある。このことに関する以下の(a)・(b)の問いに，冒頭に(a)・(b)を付して答えなさい。

(a)　14 世紀から 15 世紀にかけての西ヨーロッパでは，農民による反乱が起こる以前から，農民の地位は向上しはじめていた。その複数の要因を 3 行以内で説明しなさい。

(b)　ロシアの農奴解放令によって農民の身分は自由になったが，農民の生活状況はあまり改善されなかった。それはなぜだったのかを 3 行以内で説明しなさい。

問(2)　16 世紀後半以降，植民地となっていたフィリピンでは，19 世紀後半，植民地支配に対する批判が高まっていた。このことに関する以下の(a)・(b)の問いに，冒頭に(a)・(b)を付して答えなさい。

(a)　小説『ノリ・メ・タンヘレ(われにふれるな)』などを通じて民族主義的な主張を展開した知識人が現れた。その人物の名前を記しなさい。

(b)　1896 年に起きたフィリピン革命によって，フィリピンの統治体制はどのように変化していくか。その歴史的過程を 4 行以内で説明しなさい。

問(3)　1990年代，南アフリカ共和国において，それまで継続していた人種差別的な政策が撤廃された。このことに関する以下の(a)・(b)の問いに，冒頭に(a)・(b)を付して答えなさい。

(a)　この政策の名称を片仮名で記しなさい。

(b)　この政策の内容，および，この政策が撤廃された背景について，3行以内で説明しなさい。

第 3 問

人類の歴史を通じて，多様な集団が，住んでいた場所を離れて他の地域に移動した。移動の原因は政治・経済・宗教など多岐にわたり，自発的な移動も多かったが，移動を強制されることもあった。こうした移動の結果，先住民が圧迫されることも少なくなかった一方で，新しい文物がもたらされたり，新しい国家が築かれたりすることもあった。このことに関連する以下の設問(1)～(10)に答えなさい。解答は，解答欄(ハ)を用い，設問ごとに行を改め，冒頭に(1)～(10)の番号を付して記しなさい。

(1)　ユーラシア大陸の東西を結ぶ「絹の道」では，さまざまな民族が交易に従事しており，その中でもイラン系のソグド人は，中央アジアから中国にいたる地域に入植・定住して交易ネットワークを築いた。ソグド人の出自をもつとされ，唐王朝で節度使を務めた人物が755年に起こした反乱の名称を記しなさい。

(2)　北欧に住んでいたノルマン人は，8世紀頃から南方に移動しはじめ，各地を襲撃してヴァイキングとして恐れられたほか，フランスのノルマンディー公国やイングランドのノルマン朝のように新しい国家や王朝を築くこともあった。彼らが地中海に築いた国家の名称を記しなさい。

⑶ 9世紀以降，トルコ系の人びとは，軍事奴隷として売却されて，あるいは部族集団を保ちつつ，中東や南アジアに移動して，各地で権力を握るようになった。トルコ系の支配者のもとで10世紀後半にアフガニスタンで成立し，10世紀末から北インドへの侵攻を繰り返した王朝の名称を記しなさい。

⑷ 16世紀以降にヨーロッパの人間が南北アメリカ大陸を征服した結果，この地は先住民(インディオ)，ヨーロッパ系白人，アフリカ系黒人からなる複雑な社会に作りかえられていった。とりわけ中南米地域では，彼らの間の混血も進んだ。このうち，先住民と白人との間の混血の人々を表す名称を記しなさい。

⑸ 16世紀までの台湾では，先住民が各地で部族社会を維持していたが，17世紀にオランダ人が進出して，この地をアジア貿易の拠点とした。その後，東シナ海域で貿易活動に従事しながら反清活動を行っていた人物とその一族がオランダ人を駆逐し，この地を支配した。この人物の名前を記しなさい。

⑹ カリブ海地域にヨーロッパ諸国が築いた植民地のプランテーションでは，黒人奴隷が使役された。彼らの一部は，フランス植民地で反乱を起こし，自由な黒人からなる独立国家ハイチを築いた。本国は独立の動きを弾圧しようとしたが失敗した。弾圧を試みたフランスの指導者の名前を記しなさい。

⑺ 18世紀後半からヨーロッパの諸国は南太平洋探検を本格化し，「発見」した地を支配下においた。その一つにイギリスが領有したニュージーランドがあるが，この地でイギリス人入植者によって武力で制圧された先住民の名称を記しなさい。

⑻ 19世紀を通じて，ヨーロッパから多数の人々がアメリカ合衆国に移民したが，19世紀半ばからはアイルランドからの移民が際立って増加した。そのきっかけとなった出来事の名称を記しなさい。

⑼　日本統治下の朝鮮では，土地を失った農民の一部が中国東北部や日本への移住を余儀なくされた。また武断政治に抵抗する人々の一部も，中国に渡って抗日運動を行った。朝鮮での三・一独立運動は鎮圧されたが，この年に朝鮮人は上海で抗日運動の団体を統合してある組織を結成した。この組織の名称を記しなさい。

⑽　1950年代の西ドイツの急速な経済成長の大きな支えとなったのは，第二次世界大戦の敗戦で失った地域からの引き揚げ者や，社会主義化した東ドイツからの避難民であった。だが1960年代以降は，彼らの移動が制限されて労働力が不足したため，他のヨーロッパやアジア諸国から大量の労働移民を受け入れるようになった。この移動制限を象徴する建造物の名称を記しなさい。

2020 年

解答時間：2 科目 150 分
配　　点：120 点

第 1 問

国際関係にはさまざまな形式があり，それは国家間の関係を規定するだけでなく，各国の国内支配とも密接な関わりを持っている。近代以前の東アジアにおいて，中国王朝とその近隣諸国が取り結んだ国際関係の形式は，その一つである。そこでは，近隣諸国の君主は中国王朝の皇帝に対して臣下の礼をとる形で関係を取り結んだが，それは現実において従属関係を意味していたわけではない。また国内的には，それぞれがその関係を，自らの支配の強化に利用したり異なる説明で正当化したりしていた。しかし，このような関係は，ヨーロッパで形づくられた国際関係が近代になって持ち込まれてくると，現実と理念の両面で変容を余儀なくされることになる。

以上のことを踏まえて，15 世紀頃から 19 世紀末までの時期における，東アジアの伝統的な国際関係のあり方と近代におけるその変容について，朝鮮とベトナムの事例を中心に，具体的に記述しなさい。解答は，解答欄(イ)に 20 行以内で記述しなさい。その際，次の 6 つの語句を必ず一度は用いて，その語句に下線を付しなさい。また，下の史料Ａ～Ｃを読んで，例えば，「○○は××だった(史料Ａ)。」や，「史料Ｂに記されているように，○○が××した。」などといった形で史料番号を挙げて，論述内容の事例として，それぞれ必ず一度は用いなさい。

薩　摩　　　下関条約　　　小中華
条　約　　　清仏戦争　　　朝　貢

史料A

なぜ，(私は)今なお崇禎(すうてい)という年号を使うのか。清(しん)人が中国に入って主となり，古代の聖王の制度は彼らのものに変えられてしまった。その東方の数千里の国土を持つわが朝鮮が，鴨緑江を境として国を立て，古代の聖王の制度を独り守っているのは明らかである。(中略)崇禎百五十六年(1780年)，記す。

史料B

1875年から1878年までの間においても，わが国(フランス)の総督や領事や外交官たちの眼前で，フエの宮廷は何のためらいもなく使節団を送り出した。そのような使節団を3年ごとに北京に派遣して清に服従の意を示すのが，この宮廷の慣習であった。

史料C

琉球国は南海の恵まれた地域に立地しており，朝鮮の豊かな文化を一手に集め，明とは上下のあごのような，日本とは唇と歯のような密接な関係にある。この二つの中間にある琉球は，まさに理想郷といえよう。貿易船を操って諸外国との間の架け橋となり，異国の珍品・至宝が国中に満ちあふれている。

第 2 問

異なる文化に属する人々の移動や接触が活発になることは，より多様性のある豊かな文化を生む一方で，民族の対立や衝突に結びつくこともあった。民族の対立や共存に関する以下の3つの設問に答えなさい。解答は，解答欄(ロ)を用い，設問ごとに行を改め，冒頭に(1)〜(3)の番号を付して記しなさい。

問(1)　大陸に位置する中国では，古くからさまざまな文化をもつ人々の間の交流がさかんであり，民族を固有のものとする意識は強くなかった。しかし，近代に入ると，中国でも日本や欧米列強との対抗を通じて民族意識が強まっていった。これに関する以下の(a)・(b)の問いに，冒頭に(a)・(b)を付して答えなさい。

(a)　漢の武帝の時代，中国の北辺の支配をめぐり激しい攻防を繰り返した騎馬遊牧民国家の前3世紀末頃の状況について，2行以内で記しなさい。

(b)　清末には，漢民族自立の気運がおこる一方で，清朝の下にあったモンゴルやチベットでも独立の気運が高まった。辛亥革命前後のモンゴルとチベットの独立の動きについて，3行以内で記しなさい。

問(2)　近代に入ると，西洋列強の進出によって，さまざまな形の植民地支配が広がった。その下では，多様な差別や搾取があり，それに対する抵抗があった。これに関する以下の(a)・(b)の問いに，冒頭に(a)・(b)を付して答えなさい。

図　版

(a)　**図版**は，19世紀後半の世界の一体化を進める画期となった一大工事を描いたものである。その施設を含む地域は，1922年に王国として独立した。

どこで何が造られたかを明らかにし，その完成から 20 年程の間のその地域に対するイギリスの関与とそれに対する反発とを，4 行以内で記しなさい。

(b) オーストラリアは，ヨーロッパから最も遠く離れた植民地の一つであった。現在では多民族主義・多文化主義の国であるが，1970 年代までは白人中心主義がとられてきた。ヨーロッパ人の入植の経緯と白人中心主義が形成された過程とを，2 行以内で記しなさい。

問(3) 移民の国と言われるアメリカ合衆国では，移民社会特有の文化や社会的多様性が生まれたが，同時に，移民はしばしば排斥の対象ともなった。これに関する以下の(a)・(b)の問いに，冒頭に(a)・(b)を付して答えなさい。

(a) 第一次世界大戦後，1920 年代のアメリカ合衆国では，移民や黒人に対する排斥運動が活発化した。これらの運動やそれに関わる政策の概要を，3 行以内で記しなさい。

(b) アメリカ合衆国は，戦争による領土の拡大や併合によっても多様な住民を抱えることになった。このうち，1846 年に開始された戦争の名，およびその戦争の経緯について，2 行以内で記しなさい。

第 3 問

人間は言語を用いることによってその時代や地域に応じた思想を生みだし，またその思想は，人間ないし人間集団のあり方を変化させる原動力ともなった。このことに関連する以下の設問(1)～(10)に答えなさい。解答は，解答欄(ハ)を用い，設問ごとに行を改め，冒頭に(1)～(10)の番号を付して記しなさい。

問(1)　古代ギリシアの都市国家では，前7世紀に入ると，経済的格差や参政権の不平等といった問題があらわになりはじめた。ギリシア七賢人の一人に数えられ，前6世紀初頭のアテネで貴族と平民の調停者に選ばれて，さまざまな社会的・政治的改革を断行した思想家の名を記しなさい。

問(2)　この思想集団は孔子を開祖とする学派を批判し，人をその身分や血縁に関係なく任用しかつ愛するよう唱える一方で，指導者に対して絶対的服従を強いる結束の固い組織でもあった。この集団は秦漢時代以降消え去り，清代以後その思想が見直された。この思想集団の名を記しなさい。

問(3)　キリスト教徒によるレコンキスタの結果，イスラーム教勢力は1492年までにイベリア半島から駆逐された。その過程で，8世紀後半に建造された大モスクが，13世紀にキリスト教の大聖堂に転用された。この建造物が残り，後ウマイヤ朝の首都として知られる，イベリア半島の都市の名を記しなさい。

問(4)　10世紀頃から，イスラーム教が普及した地域では，修行などによって神との一体感を求めようとする神秘主義がさかんになった。その後，12世紀頃から神秘主義教団が生まれ，民衆の支持を獲得した。その過程で，神秘主義を理論化し，スンナ派の神学体系の中に位置づけるなど，神秘主義の発展に貢献したことで知られる，セルジューク朝時代に活躍したスンナ派学者の名を記しなさい。

問(5)　華北では金代になると，道教におけるそれまでの主流を批判して道教の革新をはかり，儒・仏・道の三教の融合をめざす教団が成立した。これは華北を中心に勢力を広げ，モンゴルのフビライの保護を受けるなどして，後の時代まで道教を二分する教団の一つとなった。この教団の名を記しなさい。

問(6)　アラビア半島で誕生したイスラーム教は西アフリカにまで広がり，13世紀以降には，ムスリムを支配者とするマリ王国やソンガイ王国などが成立し，金などの交易で繁栄した。両王国の時代の中心的都市として知られ，交易の中心地としてだけではなく，学術の中心地としても栄えたニジェール川中流域の都市の名を記しなさい。

問(7)　清代に入ると，宋から明の学問の主流を批判し，訓詁学・文字学・音韻学などを重視し，精密な文献批判によって古典を研究する学問がさかんになった。この学問は，日本を含む近代以降の漢字文化圏における文献研究の基盤をも形成した。この学問の名を記しなさい。

問(8)　19世紀半ば頃イランでは，イスラーム教シーア派から派生した宗教が生まれ，農民や商人の間に広まった。この宗教の信徒たちは1848年にカージャール朝に対して武装蜂起したが鎮圧された。この宗教の名を記しなさい。

問(9)　アダム＝スミスにはじまる古典派経済学は19世紀に発展し，経済理論を探究した。主著『人口論』で，食料生産が算術級数的にしか増えないのに対し，人口は幾何級数的に増えることを指摘して，人口抑制の必要を主張した古典派経済学者の名を記しなさい。

問(10)　19世紀から20世紀への転換期には，人間の精神のあり方について，それまでの通念を根本的にくつがえすような思想が現れた。意識の表層の下に巨大な無意識の深層が隠れていると考え，夢の分析を精神治療に初めて取り入れたオーストリアの精神医学者の名を記しなさい。

2019年

解答時間：2科目150分
配　　点：120点

第 1 問

1989年(平成元年)の冷戦終結宣言からおよそ30年が経過した。冷戦の終結は，それまでの東西対立による政治的・軍事的緊張の緩和をもたらし，世界はより平和で安全になるかに思われたが，実際にはこの間，地球上の各地で様々な政治的混乱や対立，紛争，内戦が生じた。とりわけ，かつてのオスマン帝国の支配領域はいくつかの大きな紛争を経験し今日に至るが，それらの歴史的起源は，多くの場合，オスマン帝国がヨーロッパ列強の影響を受けて動揺した時代にまでさかのぼることができる。

以上のことを踏まえ，18世紀半ばから1920年代までのオスマン帝国の解体過程について，帝国内の民族運動や帝国の維持を目指す動きに注目しつつ，記述しなさい。解答は，解答欄(イ)に22行以内で記し，必ず次の8つの語句を一度は用いて，その語句に下線を付しなさい。

アフガーニー	ギュルハネ勅令	サウード家
セーヴル条約	日露戦争	フサイン＝マクマホン協定
ミドハト憲法	ロンドン会議(1830)	

第 2 問

国家の歴史は境界線と切り離せない。境界をめぐる争いは絶え間なく起こり，現地の生活を無視して恣意的に境界線が引かれることも頻繁であった。このことを踏まえて，以下の3つの設問に答えなさい。解答は，解答欄(ロ)を用い，設問ごとに行を改め，冒頭に(1)～(3)の番号を付して記しなさい。

問(1)　19世紀半ば以降，南アジアではイギリスによる本格的な植民地支配が進展した。英領インドを支配する植民地当局は1905年にベンガル分割令を制定したが，この法令は，ベンガル州をどのように分割し，いかなる結果を生じさせることを意図して制定されたのかを3行以内で説明しなさい。

問(2)　太平洋諸地域は近代に入ると世界の一体化に組み込まれ，植民地支配の境界線が引かれた。このことに関連する以下の(a)・(b)の問いに，冒頭に(a)・(b)を付して答えなさい。

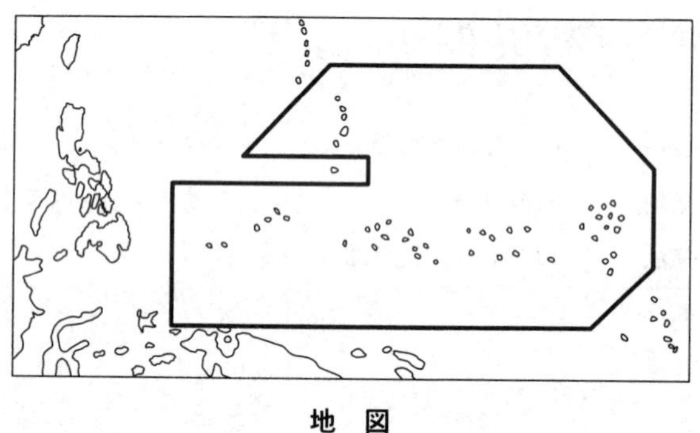

地　図

(a)　**地図**中の太線で囲まれた諸島が，19世紀末から1920年代までにたどった経緯を2行以内で説明しなさい。

(b)　ニュージーランドが1920～30年代に経験した，政治的な地位の変化について2行以内で説明しなさい。

問(3)　1990 年代後半より，中国と韓国の間で，中国東北地方の帰属の歴史的解釈をめぐる対立が生じた。このことに関連する以下の(a)・(b)の問いに，冒頭に(a)・(b)を付して答えなさい。

(a)　当時の韓国の歴史教科書では，韓国史は「満州と韓半島」を舞台に展開した，とされている。その考え方の根底にある 4 ～ 7 世紀の政治状況について，2 行以内で説明しなさい。

(b)　中国は，渤海の歴史的帰属を主張している。その根拠の 1 つとされる，渤海に対する唐の影響について，2 行以内で説明しなさい。

第 3 問

歴史上，人の移動によって世界各地の異なる文化が交わり，知識や技術，ものが伝播し，その結果，人々の生活や意識に変化がもたらされた。このことに関連する以下の設問(1)～(10)に答えなさい。解答は，解答欄（ハ）を用い，設問ごとに行を改め，冒頭に(1)～(10)の番号を付して記しなさい。

問(1)　アレクサンドロス大王の東方遠征によりエジプト，ギリシアからインダス川に至る大帝国が樹立されると，その後 300 年ほどの間に東西文化の融合が進み，ポリスの枠にしばられない普遍的な立場から価値判断をしようとする考えが生まれてきた。このような考え方を何というか，記しなさい。

問(2)　季節風の発見により活発になったインド洋交易は，各地の産物のみならず，様々な情報ももたらした。1 世紀にこの交易に携わったギリシア人が，紅海からインド洋にかけての諸港市やそこで扱われる交易品について記録した書物の名を記しなさい。

問(3)　ユーラシアの東西に位置した後漢とローマ帝国は，何度か直接の交流を試みた。97年に西方の「大秦」に使者を派遣した後漢の西域都護の名を記しなさい。

問(4)　唐の時代，多くの仏教僧がインドを訪れ，経典や様々な情報を持ち帰った。それらの仏教僧のうち，海路インドを訪れ，インドおよび東南アジアで見聞した仏教徒の生活規範・風俗などを『南海寄帰内法伝』として記録した人物の名を記しなさい。

問(5)　ノルマン人は，8世紀後半から海を通じてヨーロッパ各地へ遠征し，河川をさかのぼって内陸にも侵入した。彼らの一派が建てたキエフ公国は何という川の流域にあるか。川の名を記しなさい。

問(6)　インド洋交易の主役となったムスリム商人は，10世紀以降，アフリカ東岸のモンバサやザンジバルなどに居住した。彼らの活動に伴ってアラビア語の影響を受けて発達し，アフリカ東海岸地帯で共通語として用いられるようになった言語の名を記しなさい。

問(7)　13世紀に教皇の命を受けてカラコルムを訪れた修道士(a)は，旅行記を書き，モンゴル帝国の実情を初めて西ヨーロッパに伝えた。また十字軍への協力を得るためフランス王によってモンゴル帝国に派遣された修道士(b)も，貴重な報告書を残している。これらの修道士の名を，冒頭に(a)・(b)を付して記しなさい。

問(8)　ヨーロッパ人によるアメリカ大陸の征服が，労働力としての酷使や伝染病の伝播によって先住民に災厄をもたらした一方で，アメリカ大陸原産の作物は世界各地に広がって栽培され，飢饉を減らし，人口の増大を支えるという恩恵をもたらした。これらの作物の名を，2つ記しなさい。

問(9)　インドの伝統技術によって生産された，ある植物の花から紡がれ織られた製品は，丈夫で洗濯に強く，染色性にもすぐれていることから，17世紀にはヨーロッパでも人気を博し，さかんに輸入されるようになった。この製品の名を記しなさい。

問(10)　宗教の自由を求めてイギリスから北米大陸に渡ったピューリタンは，入植地をニューイングランドと呼んだ。やがて東部海岸地域にイギリスの13植民地が築かれるが，このうち北部のニューイングランドの植民地の名を2つ記しなさい。

2018年

解答時間：2科目150分
配　　点：120点

第 1 問

近現代の社会が直面した大きな課題は，性別による差異や差別をどうとらえるかであった。18世紀以降，欧米を中心に啓蒙思想が広がり，国民主権を基礎とする国家の形成が求められたが，女性は参政権を付与されず，政治から排除された。学問や芸術，社会活動など，女性が社会で活躍する事例も多かったが，家庭内や賃労働の現場では，性別による差別は存在し，強まることもあった。

このような状況の中で，19世紀を通じて高まりをみせたのが，女性参政権獲得運動である。男性の普通選挙要求とも並行して進められたこの運動が成果をあげたのは，19世紀末以降であった。国や地域によって時期は異なっていたが，ニュージーランドやオーストラリアでは19世紀末から20世紀初頭に，フランスや日本では第二次世界大戦末期以降に女性参政権が認められた。とはいえ，参政権獲得によって，女性の権利や地位の平等が実現したわけではなかった。その後，20世紀後半には，根強い社会的差別や抑圧からの解放を目指す運動が繰り広げられていくことになる。

以上のことを踏まえ，19～20世紀の男性中心の社会の中で活躍した女性の活動について，また女性参政権獲得の歩みや女性解放運動について，具体的に記述しなさい。解答は，解答欄(イ)に20行以内で記述し，必ず次の8つの語句を一度は用いて，その語句に下線を付しなさい。

キュリー(マリー)	産業革命	女性差別撤廃条約(1979)
人権宣言	総力戦	第4次選挙法改正(1918)
ナイティンゲール	フェミニズム	

第 2 問

現在に至るまで，宗教は人の心を強くとらえ，社会を動かす大きな原動力となってきた。宗教の生成，伝播，変容などに関する以下の 3 つの設問に答えなさい。解答は，解答欄(ロ)を用い，設問ごとに行を改め，冒頭に(1)~(3)の番号を付して答えなさい。

問(1)　インドは，さまざまな宗教を生み出し，またいくつもの改革運動を経験してきた。古代インドでは，部族社会がくずれると，政治・経済の中心はガンジス川上流域から中・下流域へと移動し，都市国家が生まれた。そして，それらの中から，マガダ国がガンジス川流域の統一を成し遂げた。こうした状況の中で，仏教やジャイナ教などが生まれた。また，これらの宗教はその後も変化を遂げてきた。これに関する以下の(a)・(b)・(c)の問いに，冒頭に(a)・(b)・(c)を付して答えなさい。

(a)　新たに生まれた仏教やジャイナ教に共通のいくつかの特徴を 3 行以内で記しなさい。

(b)　仏教やジャイナ教などの新宗教が出現する一方で，従来の宗教でも改革の動きが進んでいた。その動きから出てきた哲学の名称を書きなさい。

(c)　紀元前後になると，仏教の中から新しい運動が生まれた。この運動を担った人々は，この仏教を大乗仏教と呼んだが，その特徴を 3 行以内で記しなさい。

問(2)　中国においては，仏教やキリスト教など外来の宗教は，時に王朝による弾圧や布教の禁止を経ながらも，長い時間をかけて浸透した。これに関する以下の(a)・(b)の問いに，冒頭に(a)・(b)を付して答えなさい。

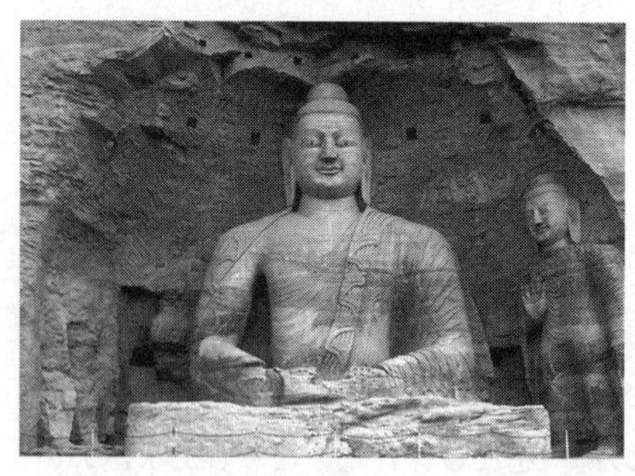

図版 1

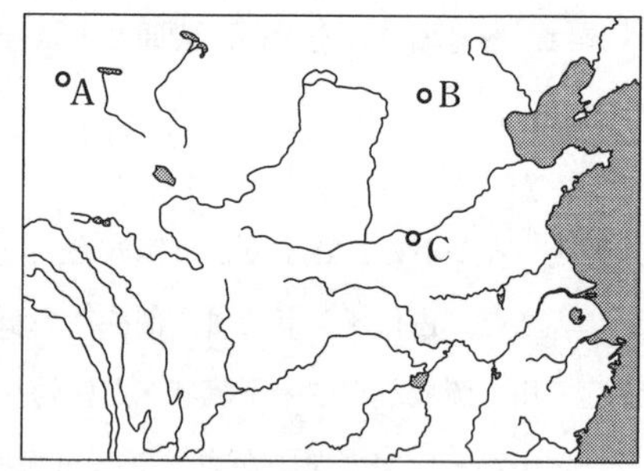

図版 2

(a)　**図版 1** は，北魏の太武帝がおこなった仏教に対する弾圧の後に，都の近くに造られた石窟である。この都の名称と石窟の名称を記し，さらにその位置を**図版 2** のＡ～Ｃから１つ選んで記号で記しなさい。

(b)　清朝でキリスト教の布教が制限されていく過程を３行以内で記しなさい。

問(3)　1517年に始まる宗教改革は西欧キリスト教世界の様相を一変させたが，教会を刷新しようとする動きはそれ以前にも見られたし，宗教改革開始以後，プロテスタンティズムの内部においても見られた。これに関する以下の(a)・(b)の問いに，冒頭に(a)・(b)を付して答えなさい。

(a)　13世紀に設立されたフランチェスコ会（フランシスコ会）やドミニコ会は，それまでの西欧キリスト教世界の修道会とは異なる活動形態をとっていた。その特徴を２行以内で記しなさい。

(b)　イギリス国教会の成立の経緯と，成立した国教会に対するカルヴァン派（ピューリタン）の批判点とを，４行以内で記しなさい。

第 3 問

世界史において，ある地域の政治的・文化的なまとまりは，文字・言語や宗教，都市の様態などによって特徴づけられ，またそれらの移り変わりに伴って，まとまりの形も変化してきた。下に掲げた図版や地図，資料を見ながら，このような，地域や人々のまとまりとその変容に関する以下の設問(1)～(10)に答えなさい。解答は解答欄(ハ)を用い，設問ごとに行を改め，冒頭に(1)～(10)の番号を付して記しなさい。

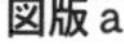

図版a

図版b

（編集の都合上，図版bは類似したものに変更しました。）

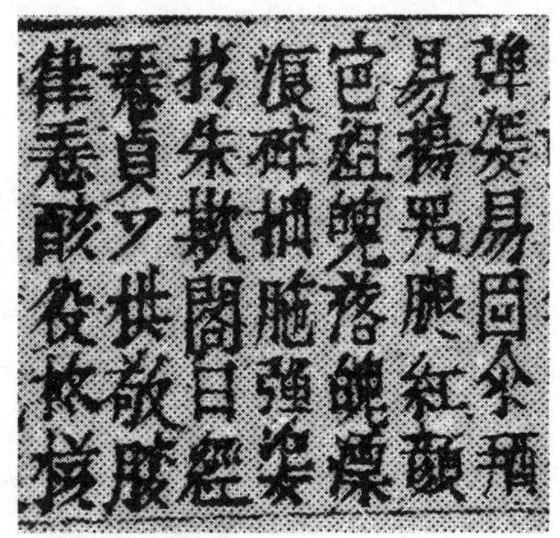

図版c

問(1)　10～13世紀頃のユーラシア東方では，新たに成立した王権が，独自の文字を創出して統治に用いるという事象が広く見られた。**図版a**は，10世紀にモンゴル系の遊牧国家が創り出した文字である。この国家が，南に接する王朝から割譲させた領域を何というか，記しなさい。

問(2)　13世紀にモンゴル高原に建てられた帝国は，周囲の国家をつぎつぎに併合するとともに，有用な制度や人材を取り入れた。**図版b**は，この帝国が，滅ぼした国家の制度を引き継いで発行した紙幣であり，そこには，領内から迎えた宗教指導者に新たに作らせた文字が記されている。その新たな文字を何というか，記しなさい。

問(3)　**図版c**に含まれるのは，インドシナ半島で漢字を基にして作られた文字であり，13世紀に成立した王朝の頃に次第に用いられるようになった。この王朝は，その南方にある，半島東岸の地域に領域を拡大している。漢字文化圏とは異なる文化圏である，その領域にあった国を何というか，記しなさい。

地図

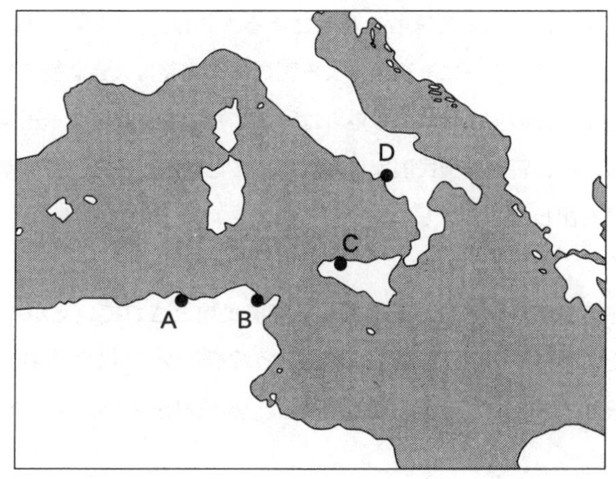

問(4)　430年，**地図**中の**都市A**の司教は，攻め寄せてきた部族集団に包囲される中，その生涯を閉じた。(a)若い頃にマニ教に関心を示し，その膨大な著作が中世西欧世界に大きな影響を及ぼした，この司教の名前を記しなさい。(b)また，この攻め寄せてきた部族集団は数年後には**都市B**も征服した。この部族集団名を記しなさい。解答に際しては，(a)・(b)それぞれについて改行して記述しなさい。

問(5)　次の資料は，**地図**中の**都市C**に関する1154年頃の記述である。下線部①は，直前の時期に起きたこの都市の支配者勢力の交替に伴って，旧来の宗教施設［あ］が新支配者勢力の信奉する宗教の施設に変化したことを述べている。この変化を1行で説明しなさい。

アル＝カスル地区は，いにしえの城塞地区で，どこの国でもそう呼ばれている。三つの道路が走っており，その真ん中の通りに沿って，塔のある宮殿，素晴らしく高貴な館，多くの［あ］，商館，浴場，大商人の店が立ち並んでいる。残りの二つの通りに沿っても美しい館，そびえ立つ建物，多くの浴場，商館がある。この地区には，①大きな［あ］，あるいは少なくともかつて［あ］とされた建物があり，今は昔のようになっている。

イドリーシー『遠き世界を知りたいと望む者の慰みの書』

（歴史学研究会編『世界史史料2』より，一部表記変更）

問(6)　ウルグアイなど南米で勇名を馳せたある人物は，1860年9月に**地図**中の**都市D**に入り，サルデーニャ王国による国民国家建設に大きな役割を果たした。その一方で，彼の生まれ故郷の港町は同年4月にサルデーニャ王国から隣国に割譲され，その新たな国民国家に帰属することはなかった。この割譲された港町の名前を記しなさい。

問(7)　**地図**中の**都市A**を含む地域は近代以降植民地とされていたが，20世紀後半に起きたこの地域の独立運動とそれに伴う政情不安が契機になり，宗主国の体制が転換することになった。この転換した後の体制の名称を記しなさい。

資料X

世界で［　い　］のようにすばらしい都市は稀である。…［　い　］は，②信徒たちの長ウスマーン閣下の時代にイスラームを受容した。…ティムール＝ベグが首都とした。ティムール＝ベグ以前に，彼ほどに強大な君主が［　い　］を首都としたことはなかった。

バーブル(間野英二訳)『バーブル＝ナーマ』(一部表記変更)

資料Y

ティムールがわれわれに最初の謁見を賜った宮殿のある庭園は，ディルクシャーと呼ばれていた。そしてその周辺の果樹園の中には，壁が絹かもしくはそれに似たような天幕が，数多く張られていた。…今までお話ししてきたこれらの殿下(ティムール)の果樹園，宮殿などは，［　い　］の町のすぐ近くにあり，そのかなたは広大な平原で，そこには河から分かれる多くの水路が耕地の間を貫流している。その平原で，最近，ティムールは自身のための帳幕を設営させた。

クラヴィホ(山田信夫訳)『ティムール帝国紀行』(一部表記変更)

問(8)　次の図**ア**～**エ**のうち，**資料X・Y**で述べられている都市 [い] を描いたものを選び，その記号を記しなさい。

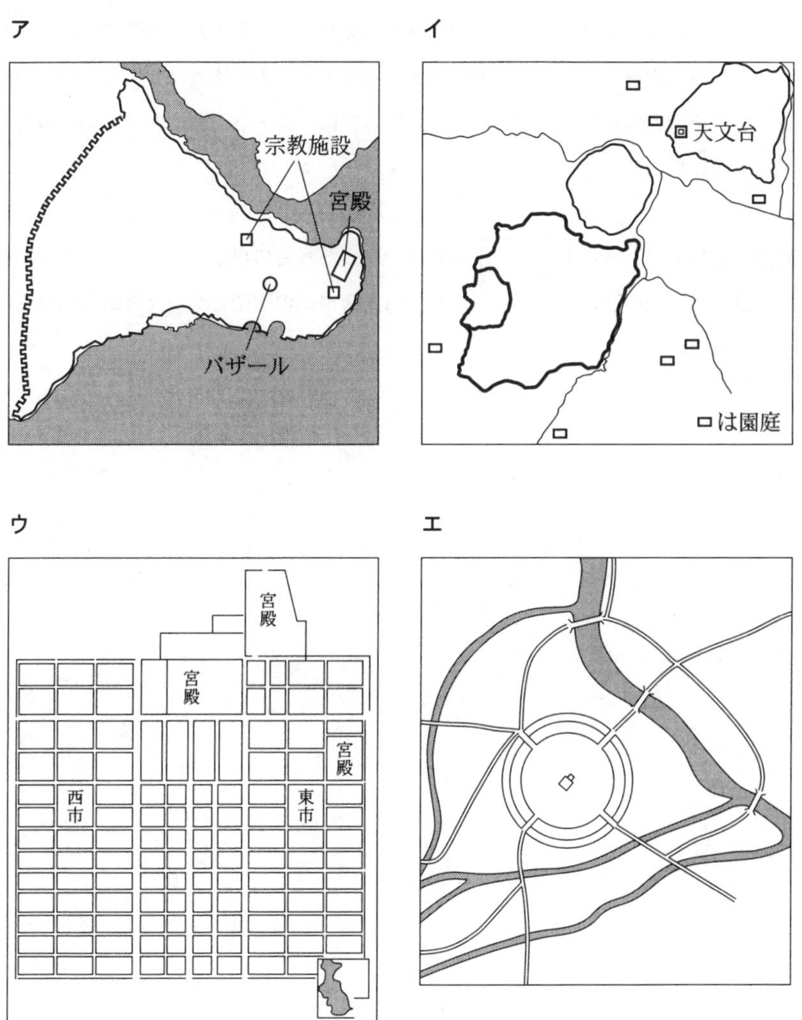

問(9)　(a)**資料X**中の下線部②の記述は正確ではないが，［い］を含む地域において，住民の信仰する宗教が変わったことは事実である。この改宗が進行する以前に，主にゾロアスター教を信仰し，遠距離商業で活躍していた，この地域の人々は何と呼ばれるか，その名称を答えなさい。(b)また，下線部②に記されている人物を含む，ムスリム共同体の初期の4人の指導者は特に何と呼ばれるか，その名称を記しなさい。解答に際しては，(a)・(b)それぞれについて改行して記しなさい。

問(10)　**資料X**は，もと［い］の君主であった著者の自伝である。この著者が創設した王朝の宮廷で発達し，現在のパキスタンの国語となった言語の名称を記しなさい。

2017年

解答時間：2科目150分
配　　点：120点

第1問

「帝国」は，今日において現代世界を分析する言葉として用いられることがある。「古代帝国」はその原型として着目され，各地に成立した「帝国」の類似点をもとに，古代社会の法則的な発展がしばしば議論されてきた。しかしながら，それぞれの地域社会がたどった歴史的展開はひとつの法則の枠組みに収まらず，「帝国」統治者の呼び名が登場する経緯にも大きな違いがある。

以上のことを踏まえて，前2世紀以後のローマ，および春秋時代以後の黄河・長江流域について，「古代帝国」が成立するまでのこれら二地域の社会変化を論じなさい。解答は，解答欄(イ)に20行以内で記述し，必ず次の8つの語句を一度は用いて，その語句に下線を付しなさい。

漢字　　私兵　　諸侯　　宗法
属州　　第一人者　　同盟市戦争　　邑

第 2 問

世界史に登場する国や社会のなかで，少数者集団はそれぞれに，多数者の営む主流文化との緊張のうちに独自の発展をとげてきた。各時代・地域における「少数者」に関する以下の3つの設問に答えなさい。解答は，解答欄（ロ）を用い，設問ごとに行を改め，冒頭に(1)～(3)の番号を付して記しなさい。

問(1)　ポーランド人の国家は14世紀後半から15世紀に隆盛したが，18世紀後半に至ってロシア，オーストリア，プロイセンによって分割された。ポーランド人はそれぞれの大国のなかで少数者となり，第一次世界大戦を経てようやく独立した。以下の(a)・(b)の問いに，冒頭に(a)・(b)を付して答えなさい。

(a)　ポーランド人の国家が隆盛した時期の状況と，その後衰退した背景について，3行以内で説明しなさい。

(b)　プロイセンの主導でドイツ人の統一国家が成立した際，ポーランド人以外にも有力な少数者集団が，国内の南部を中心に存在した。それはどのような人々であり，当時いかなる政策が彼らに対してとられたか，2行以内で説明しなさい。

問(2)　史上たびたび，アジアには広域支配を行う国家が登場し，民族的に多様な人々を治めるのに工夫をこらした。また，近代に入ると，国民国家の考え方が，多数派を占める民族と少数派の民族との関係にも大きな影響をもたらした。これらは，今日に至るまで民族の統合や衝突の背景となっている。以下の(a)・(b)の問いに，冒頭に(a)・(b)を付して答えなさい。

(a)　清朝は，藩部を掌握するために，どのような政策をとっていたのか，2行以内で説明しなさい。

(b)　1965年に独立国家シンガポールが成立した。その経緯について，シンガポールの多数派住民がどのような人々だったかについて触れながら，2行以内で説明しなさい。

問(3)　北アメリカ大陸各地でも，ヨーロッパ人植民以来の発展のなかで様々な少数者集団が生まれた。以下の(a)・(b)の問いに，冒頭に(a)・(b)を付して答えなさい。

(a)　カナダの国土面積の約15パーセントを占めるケベック州では，今日なお半数以上の住民が英語以外のある言語を母語としている。このような状況が生まれる前提となった，17世紀から18世紀にかけての経緯を2行以内で記しなさい。

(b)　アメリカ合衆国では，南北戦争を経て奴隷制が廃止されたが，その後も南部諸州ではアフリカ系住民に対する差別的な待遇が続いた。その内容を1行でまとめ，その是正を求める運動の成果として制定された法律の名称と，そのときの大統領の名前を記しなさい。解答はそれぞれ行を改めて記しなさい。

第 3 問

人類の歴史は戦争の歴史であったといっても過言ではない。古代から現代に至るまで世界各地で紛争や戦争が絶えなかった。戦争に関連する以下の設問(1)〜(10)に答えなさい。解答は解答欄（ハ）を用い，設問ごとに行を改め，冒頭に(1)〜(10)の番号を付して記しなさい。

問(1)　パルティアの領土を引き継いだササン朝は，西方ではローマ帝国としばしば戦火を交えた。260年のエデッサの戦いでは，ローマ軍を打ち破ってウァレリアヌスを捕虜とした。このときのササン朝の君主の名前を記しなさい。

問(2)　北部を除くイベリア半島全体を支配下におさめたイスラーム勢力は，ピレネー山脈を越えて南西フランスに侵攻したが，732年，トゥール・ポワティエ間の戦いでフランク王国の騎馬軍に敗北した。このときのイスラーム勢力およびフランク王国のそれぞれの王朝名を記しなさい。

問(3)　三十年戦争は，ハプスブルク家によるカトリック信仰の強制に対して，ベーメン（ボヘミア）の新教徒が反抗したことから始まった。バルト海に影響力をもっていたある新教国は，当初は参戦していなかったが，皇帝軍の北進に脅威を抱いて途中から参戦した。この新教国の当時の国王の名前を記しなさい。

問(4)　ナポレオンは，1798年，イギリスのアジアへの通商路を遮断するためエジプトに遠征し，在地のマムルークをカイロから追放し，さらにエジプトの奥地やシリアにも転戦した。その後，フランス軍は1805年にイギリス艦隊に大敗した。ジブラルタル付近で起こったこの戦いの名称を記しなさい。

問(5)　清では，1860年代から，西洋の軍事技術などを導入して富国強兵をめざす政策が推進され，兵器工場なども建てられた。この政策において，曾国藩，左宗棠とともに中心的役割を果たした人物の名前を記しなさい。

問(6)　19世紀後半，南下政策を進めるロシアは，オスマン帝国からの独立をめざすバルカン地域を支援し，オスマン帝国と戦い，勝利した。このとき，締結された条約によって，ロシアはひとたびはバルカン地域での勢力を大幅に強めた。この条約の名称を記しなさい。

問(7)　19世紀末のスーダンでは，アフリカ縦断政策を進めるイギリスと，アフリカ横断政策を進めるフランスが対立し，軍事衝突の危機が生じたが，フランスの譲歩により衝突は回避された。この事件の名称を記しなさい。

問(8) インドシナでは，1941年に共産党を中心として，統一戦線が結成された。この組織は，植民地からの独立をめざして日本やフランスと戦った。この組織の名称を記しなさい。

問(9) 1963年に3か国の間で調印された部分的核実験禁止条約(PTBT)は，地下実験を除く核兵器実験を禁じている。この3か国の名称を記しなさい。

問(10) 17世紀の前半に活躍したある法学者は，戦争の悲惨さに衝撃をうけて『戦争と平和の法』と題した書物を著し，軍人や為政者を規制する正義の法を説いた。この法学者の名前を記しなさい。

2016年

解答時間：2科目150分
配　　点：120点

第 1 問

第二次世界大戦後の世界秩序を特徴づけた冷戦は，一般に1989年のマルタ会談やベルリンの壁の崩壊で終結したとされ，それが現代史の分岐点とされることが少なくない。だが，米ソ，欧州以外の地域を見れば，冷戦の終結は必ずしも世界史全体の転換点とは言えないことに気づかされる。米ソ「新冷戦」と呼ばれた時代に，1990年代以降につながる変化が，世界各地で生まれつつあったのである。

以上のことを踏まえて，1970年代後半から1980年代にかけての，東アジア，中東，中米・南米の政治状況の変化について論じなさい。解答は，解答欄(イ)に20行以内で記述し，必ず次の8つの語句を一度は用いて，その語句に下線を付しなさい。

アジアニーズ(注)	イラン＝イスラーム共和国	グレナダ
光州事件	サダム＝フセイン	シナイ半島
鄧小平	フォークランド紛争	

(注)　アジアの新興工業経済地域(NIES)

第 2 問

国家の経済制度・政策に関する，以下の3つの設問に答えなさい。解答は，解答欄（ロ）を用い，設問ごとに行を改め，冒頭に(1)〜(3)の番号を付して記しなさい。

問(1)　西アジアでは，イスラームの成立以降，国家や社会のかたちに大きな影響を与える，独特の特徴をもつ経済制度が発展した。これらの制度に関する以下の(a)・(b)の問いに，冒頭に(a)・(b)を付して答えなさい。

(a)　10世紀にブワイフ朝が始めた土地・税制度は，同時代に発展した西ヨーロッパの封建制やビザンツ帝国のプロノイア制にも似た特徴をもち，その後のイスラーム諸王朝に受け継がれ，体系化された。この制度の名称を書きなさい。また行を改めて，この制度の特徴について2行以内で説明しなさい。

(b)　16世紀にオスマン帝国が導入した外国人商人に対する制度は，イスラーム法の理念にもとづき，交易の発展をはかることを目的としていた。この制度の名称を書きなさい。また行を改めて，この制度の内容，および後の時代に与えた影響について2行以内で説明しなさい。

問(2)　北インドでは，ティムールの末裔バーブルが，1526年，パーニーパットの戦いでロディー朝に勝利をおさめた。彼がムガル帝国の基礎を築いたとするならば，第3代のアクバルは，中央集権的な機構を整え，ムガル帝国を実質的に建設した人物であった。以下の(a)・(b)の問いに，冒頭に(a)・(b)を付して答えなさい。

(a)　アクバルの時代に整備されたマンサブダール制について2行以内で説明しなさい。

(b) 第6代アウラングゼーブの時代には，ムガル帝国の領土は最大となったが，支配の弱体化も進んだ。この支配の弱体化について2行以内で説明しなさい。

問(3) 17世紀のイングランド(イギリス)およびフランスで実施された経済政策について，それらを推進した人物の名や代表的な法令をあげつつ，当時のオランダの動向と関連づけて4行以内で説明しなさい。

第 3 問

民衆の支持は，世界史上のあらゆる政治権力にとって，その正当性の重要な要素であった。また，民衆による政治・社会・宗教運動は，様々な地域・時代における歴史変化の決定的な要因ともなった。世界史における民衆に関連する以下の設問(1)〜(10)に答えなさい。解答は，解答欄(ハ)を用い，設問ごとに行を改め，冒頭に(1)〜(10)の番号を付して記しなさい。

問(1) 古代ギリシアの都市国家における民主政は，成年男性市民全員が直接国政に参加する政体であり，アテネにおいて典型的に現れた。紀元前508年，旧来の4部族制を廃止して新たに10部族制を定め，アテネ民主政の基礎を築いた政治家の名前を記しなさい。

問(2) 秦の圧政に対して蜂起し，「王侯将相いずくんぞ種あらんや」ということばを唱えて農民反乱を主導した人物の名前を記しなさい。

問(3) 古代ローマの都市に住む民衆にとって最大の娯楽は，皇帝や有力政治家が催す見世物であった。紀元後80年に完成し，剣闘士競技などが行われた都市ローマ最大の競技施設の名称を記しなさい。

問(4)　ドイツに始まった宗教改革は，領主に対する農民蜂起に結びつく場合もあった。農奴制の廃止を要求して1524年に始まったドイツ農民戦争を指導し，処刑された宗教改革者の名前を記しなさい。

問(5)　インドでは15世紀以降，イスラーム教の影響を受け，神の前での平等を説く民衆宗教が勃興した。その中で，パンジャーブ地方に王国を建ててイギリス東インド会社と戦った教団が奉じた，ナーナクを祖とする宗教の名称を記しなさい。

問(6)　植民地化が進むインドで1857年に起こり，またたく間に北インドのほぼ全域に広がった大反乱は，旧支配層から民衆に至る幅広い社会階層が参加するものであった。この反乱のきっかけを作り，その主な担い手ともなったインド人傭兵の名称を記しなさい。

問(7)　プロイセン＝フランス戦争（普仏戦争）に敗れたフランス政府は1871年1月に降伏した。その後結ばれた仮講和条約に反対し，同年3月，世界史上初めて労働者などの民衆が中心となって作った革命的自治政府の名称を記しなさい。

問(8)　孫文が死去した年に上海で起こった労働争議は，やがて労働者や学生を中心とする，不平等条約の撤廃などを求める反帝国主義運動へと発展した。この運動の名称を記しなさい。

問(9)　インドシナにおいてベトナム青年革命同志会を結成して農民運動を指導し，フランス植民地支配に対する抵抗運動の中心となった人物の名前を記しなさい。

問(10)　1989年に中国では学生や市民による民主化要求運動が起こったが，それはソ連のゴルバチョフが中国を訪問していた時期とも重なっていた。そのゴルバチョフが国内改革のために掲げた，「立て直し」を意味するロシア語のスローガンの名称を記しなさい。

2015年

解答時間：2科目150分
配　　点：120点

第 1 問

近年，13～14世紀を「モンゴル時代」ととらえる見方が提唱されている。それは，「大航海時代」に先立つこの時代に，モンゴル帝国がユーラシア大陸の大半を統合したことによって，広域にわたる交通・商業ネットワークが形成され，人・モノ・カネ・情報がさかんに行きかうようになったことを重視した考え方である。そのような広域交流は，帝国の領域をこえて南シナ海・インド洋や地中海方面にも広がり，西アジア・北アフリカやヨーロッパまでをも結びつけた。

以上のことを踏まえて，この時代に，東は日本列島から西はヨーロッパにいたる広域において見られた交流の諸相について，経済的および文化的(宗教を含む)側面に焦点を当てて論じなさい。解答は，解答欄(イ)に20行以内で記述し，必ず次の8つの語句を一度は用いて，その語句に下線を付しなさい。なお，(　)で並記した語句は，どちらを用いてもよい。

ジャムチ	授時暦	染付(染付磁器)
ダウ船	東方貿易	博多
ペスト(黒死病)	モンテ=コルヴィノ	

2015年　入試問題

第 2 問

国家の法と統治に関する，以下の 3 つの設問に答えなさい。解答は，解答欄(ロ)を用い，設問ごとに行を改め，冒頭に(1)〜(3)の番号を付して記しなさい。

問(1)　ローマ法は，古代末期に編纂された法の集大成(a)を通じて，11 世紀に西ヨーロッパで再発見された。その後，ローマ法の影響を受けて，13 世紀末〜14 世紀初頭にイギリスやフランスでは，共通した方向性をもつ代表機関が生まれた(b)。下線部(a)・(b)に対応する以下の問いに，冒頭に(a)・(b)を付して答えなさい。

(a)　この法の集大成の編纂を命じた君主の名前①と，編纂の中心にいた法学者の名前②を，それぞれ行を改め，冒頭に①・②を付して記しなさい。

(b)　この時期に生まれてくる国政にかかわる代表機関の性格ならびに君主との関係について，その代表機関の名称を 1 つはあげながら，2 行以内で説明しなさい。

問(2)　唐の時代の中国では，成文法の体系化が進み，それにもとづいて国家の支配体制が構築された。中央には三省・六部を中核とする官制が整備され，地方には州県制がおこなわれた。これに関する以下の(a)・(b)の問いに，冒頭に(a)・(b)を付して答えなさい。

(a)　この時代の法体系は，内容的にみて大きく 4 種類に区分できる。そのすべての名称と具体的な内容について，2 行以内で説明しなさい。

(b)　三省は，それぞれ役割を分担しながら国家統治を実現していた。皇帝の発する詔勅は三省の間でどのように処理され，また三省と六部とはどのような関係にあったのか，2 行以内で説明しなさい。

問(3)　ロシアでは20世紀初頭まで皇帝が専制権力を保持した。これに対して革命運動の指導者や開明的な官僚や知識人は，憲法の制定が専制権力の抑制につながると考えた。以下の(a)・(b)の問いに，冒頭に(a)・(b)を付して答えなさい。

(a)　『大尉の娘』の作者①は立憲主義的な運動に関心をよせ，専制に批判的な作品を書いた。また，『父と子』の作者②は19世紀後半の農奴解放に影響を与えたが，そうした改革の動きは憲法草案の作成につながっていった。作家①と②の名前を，それぞれ行を改め，冒頭に①・②を付して記しなさい。

(b)　1905年に起こった第1次革命において，自由主義者による立憲主義を理想とする改革要求に対して，皇帝ニコライ2世はどのように対応したか。皇帝が発した文書の名称に触れながら，2行以内で説明しなさい。

第 3 問

ユネスコの世界記憶遺産は，昨年，日本から南九州市の知覧特攻隊遺書，中国から南京事件および慰安婦に関する資料，韓国から慰安婦に関する資料の登録の動きがあり，話題を集めた。記憶遺産は，人類の歴史を後世に伝える直筆文書，書籍，絵画，地図，音楽，写真，映画などの貴重資料を登録・保護するものである。記憶遺産に関連する以下の設問(1)～(10)に答えなさい。解答は，解答欄（ハ）を用い，設問ごとに行を改め，冒頭に(1)～(10)の番号を付して記しなさい。

問(1)　記憶遺産登録のハリウッド映画『オズの魔法使』（1939年）を制作したメトロ＝ゴールドウィン＝メイヤー社は，総力戦体制の下で戦時プロパガンダ的な作品を制作したことでも知られる。アメリカ政府がヨーロッパ情勢にかんがみて，1941年にイギリス支援のために成立させた法律の名称を記しなさい。

問(2)　チリの記憶遺産の中に，南米で活発な宣教活動にあたった宗教教団に関連する文書群がある。1534年に設立され，1540年に教皇から認可されたこの教団の名称を答えなさい。

問(3)　韓国では光州事件に関連する文書群が記憶遺産に登録されている。この民主化運動の弾圧を指示した軍人で，後に大統領となった人物の名前を記しなさい。

問(4)　清の科挙合格者名を記した掲示物が記憶遺産に登録された。官僚制の近代化を図るために科挙の廃止を主張し，西洋式の新建陸軍の創設にも大きな役割をはたした清末の政治家の名前を記しなさい。

問(5)　19世紀以降，植民地支配は東南アジアに及んだが，タイだけは独立を維持した。軍事・行政・司法の近代化を推進して，現在のラタナコーシン朝(チャクリ朝，バンコク朝)の礎を作り，その治世の記録が記憶遺産に登録されている王の名前を記しなさい。

問(6)　オランダ東インド会社に関する記録は，スリランカ，インドネシア，インドの3カ国から記憶遺産に登録されている。オランダ東インド会社の活動は約200年に及んだが，オランダ本国が占領されたことを契機に解散した。その占領者の名前を記しなさい。

問(7)　ヒンドゥー教のシヴァ神に関連する文書群がインドの記憶遺産に登録されている。この文書群は現在，インド南部にある，フランス植民地の中心だった都市に保管されている。この都市名を記しなさい。

問(8)　スエズ運河は記憶遺産に登録されている。第二次世界大戦後の民族独立運動の高まりの中でスエズ運河の国有化を宣言し，イギリス，フランス，イスラエルと戦った大統領の名前を記しなさい。

問(9)　記憶遺産に登録されている1507年刊行の世界地図は，世界地図にアメリカという名称が初めて記載されたことで知られている。この地図の図法には，地球中心の天動説を唱えた2世紀の天文・数学者の影響が色濃く見られる。この人物の名前を記しなさい。

問(10)　1940年6月に放送されたあるBBC演説は，レジスタンスの重要な音声記録として記憶遺産となっている。自由フランス政府を組織し，この演説を通して，亡命先のロンドンから対独抗戦を宣言した指導者の名前を記しなさい。

2014年

解答時間：2科目150分
配　　点：120点

第 1 問

19世紀のユーラシア大陸の歴史を通じて，ロシアの動向は重要な鍵を握っていた。ロシアは，不凍港の獲得などを目ざして，隣接するさまざまな地域に勢力を拡大しようと試みた。こうした動きは，イギリスなど他の列強との間に摩擦を引きおこすこともあった。

以上のことを踏まえて，ウィーン会議から19世紀末までの時期，ロシアの対外政策がユーラシア各地の国際情勢にもたらした変化について，西欧列強の対応にも注意しながら，論じなさい。解答は，解答欄(イ)に20行以内で記述し，必ず次の8つの語句を一度は用いて，その語句に下線を付しなさい。

アフガニスタン	イリ地方	沿海州
クリミア戦争	トルコマンチャーイ条約	ベルリン会議(1878年)
ポーランド	旅順	

第 2 問

世界史上「帝国」は，様々な形態を取りながら各地に広範な影響を与えてきた。しかし，拡大とともに「帝国」は周辺地域からの挑戦を受けることになる。各時代における「帝国」に関する以下の設問に答えなさい。解答は，解答欄(ロ)を用い，設問ごとに行を改め，冒頭に(1)~(3)の番号を付して記しなさい。

問(1)　ビザンツ帝国(東ローマ帝国)は，6世紀のユスティニアヌス帝の時代に地中海をとりまく多くの地域を征服し支配したが，彼の死後，次第にその支配地を失っていった。その過程で，ビザンツ帝国の歴史に特に大きな影響を与えたのが，トルコ系の人々が打ち立てた諸国家による攻撃であった。この経緯について4行以内で記述しなさい。

問(2)　オランダでは，1602年にアジアとの貿易のためにオランダ東インド会社が設立された。オランダ海洋帝国を象徴するこの会社は，商業的利権の獲得と拡大のために，アジア各地で軍事的衝突や戦争を引き起こし，のちの本格的な植民地支配への下地をつくりだした。以下の(a)・(b)の問いに，冒頭に(a)・(b)を付して答えなさい。

(a)　アジアにはすでにポルトガルが進出していたため，オランダ東インド会社はポルトガルの重要拠点を攻撃し，占領することがしばしばあった。そうした拠点のうち，最終的にオランダ側の手に落ち，オランダ東インド会社の拠点となったマレー半島にある海港都市の一つを挙げなさい。

(b)　オランダ東インド会社は，17世紀から18世紀にかけて，次第にジャワ島内部への支配を強めた。この当時，ジャワ島内で発展した産業の一つが砂糖生産であり，砂糖生産に関わる技術や一部の労働力は中国から導入された。この背景にある中国側の国内事情を2行以内で記述しなさい。

問(3)　1946年に始まったインドシナ戦争は，1954年のジュネーヴ会議により終結した。しかし，この地域での共産主義勢力の拡大を恐れるアメリカ合衆国はこの会議の決定を認めず，その後およそ20年にわたり，ベトナムへの政治・軍事的介入を続けることになった。以下の(a)・(b)の問いに，冒頭に(a)・(b)を付して答えなさい。

(a)　1965年のはじめ，アメリカ合衆国はベトナムへの介入をさらに強化する決定を下した。この決定を下した大統領の名前とその内容を2行以内で記述しなさい。

(b)　ベトナム戦争の戦費の拡大により，アメリカ合衆国の財政は悪化し，1971年にはその経済政策の変更を余儀なくされた。この新しい政策の内容とその国際的影響を2行以内で記述しなさい。

第3問

人間の生存の基礎である生産は，それぞれの時代・地域でさまざまな様相を呈しながら，歴史の発展に大きな役割を果たしてきた。技術，制度，労働者，生産物など，生産に関連する以下の事柄についての設問(1)～(10)に答えなさい。解答は，解答欄(ハ)を用い，設問ごとに行を改め，冒頭に(1)～(10)の番号を付して記しなさい。

問(1)　古代の世界において，武器・農工具に用いる鉄の生産は重要な意味をもった。西アジアで最初に鉄製武器を生産し，用いたとされる民族の名称を記しなさい。

問(2)　古代ギリシアのポリスにおいては，生産活動はおもに奴隷や地位の低い住民が担っていた。このうちスパルタにおいて「周辺に住む人」という意味をもち，工業生産に従事する割合の高かった住民の名称を記しなさい。

問(3)　古代の東西交易を象徴する中国産のある繊維の生産は，ユスティニアヌス帝期ビザンツ帝国への原料生産技術の伝播を経て，その後ヨーロッパ各地に広まった。この技術の名称を記しなさい。

問(4)　中国江南では，新たな穀物品種の導入により農業生産が増大した。北宋の時代に現在のベトナムに当たる地域から伝来し，長江下流域の水田地帯に普及した稲の品種を記しなさい。

問(5)　西ヨーロッパでは中世都市が発展すると，おもに手工業生産者からなるツンフトとよばれる組織が形成され，彼らが主体となるツンフト闘争が各地で起こった。この闘争は誰に対する何を求めた闘争だったか。1行以内で記述しなさい。

問(6)　エルベ川以東の東ヨーロッパ地域では，近世に入ると領主の農業生産への関与が強まり，グーツヘルシャフトと呼ばれる独特の経営形態が発達した。この農業経営の特色を，当時の交易の発展と関連づけて30字以内で記述しなさい。

問(7)　マルクスとエンゲルスは，1848年に『共産党宣言』をあらわして，社会主義社会を実現するための労働者の国際的団結を訴えた。その後，この理念を実現するための組織が結成され，マルクスがその指導者となった。この組織の名称と結成の場所を記しなさい。

問(8)　インドで1930年に組織された民族運動においては，政府の専売するある物品を生産することが象徴的な意味をもった。その専売品の名を含む運動の名称を，その指導者の名とともに記しなさい。

問(9)　アメリカ合衆国のローズヴェルト大統領は，1929年に起こった世界恐慌に対処し，景気を回復させるためにニューディール政策を実施した。政府が経済に積極的に介入・統制するために制定された法律を2つ記しなさい。

問(10)　第二次世界大戦後，アメリカ合衆国の支援を受けつつ経済を復興させた西ヨーロッパ諸国は，より一層の発展のために経済統合を推進した。現在のヨーロッパ連合(EU)への発展の基礎となる，1952年に発効した西ヨーロッパ最初の経済統合機構の名称を記しなさい。

2013年

解答時間：2科目150分
配　　点：120点

2013

第 1 問

大西洋からインド洋，太平洋にかけて広がる海を舞台にした交易活動は，17世紀に入り，より活発となり，それにともなって，さまざまな開発が地球上に広く展開されるようになった。それらの開発によって生み出された商品は，世界市場へと流れ込んで人々の暮らしを変えていったが，開発はまた，必要な労働力を確保するための大規模な人の移動と，それにともなう軋轢を生じさせるものであり，そこで生産される商品や生産の担い手についても，時期ごとに特徴をもっていた。

17世紀から19世紀までのこうした開発の内容や人の移動，および人の移動にともなう軋轢について，カリブ海と北アメリカ両地域への非白人系の移動を対象にし，奴隷制廃止前後の差異に留意しながら論じなさい。解答は，解答欄(イ)に18行以内で記し，必ず次の8つの語句を一度は用いて，その語句に下線を付しなさい。

アメリカ移民法改正(1882年)	リヴァプール	産業革命
大西洋三角貿易	奴隷州	ハイチ独立
年季労働者(クーリー)	白人下層労働者	

第 2 問

国家と宗教の関わりについての，以下の 3 つの設問に答えなさい。解答は，解答欄(ロ)を用い，設問ごとに行を改め，冒頭に(1)～(3)の番号を付して記しなさい。

問(1) 紀元前 1 世紀に地中海世界を統一したローマは，その広大な帝国を統治するために，宗教をさまざまな形で支配政策に組み入れていった。パレスチナの地に生まれてローマ帝国内に信仰を広げたキリスト教は，皇帝による宗教政策との関わりで，(a)はじめ激しく迫害されたが，やがて(b)紀元後 4 世紀前半には国家に受け入れられるようになった。下線部(a)・(b)に対応する以下の問いに，冒頭に(a)・(b)を付して答えなさい。

(a) キリスト教徒がローマ皇帝に迫害された理由を 2 行以内で説明しなさい。

(b) キリスト教はローマ皇帝によってどのように公認されたか，その皇帝の名前と公認の理由に触れながら， 2 行以内で説明しなさい。

問(2) 中国では魏晋南北朝時代になると，国家との関わりのなかで，今日まで影響力をもつような宗教が現れた。以下の(a)・(b)の問いに，冒頭に(a)・(b)を付して答えなさい。

(a) この時代には，鳩摩羅什が華北で国家の保護を受けて布教するなど，仏教が本格的に広まった。陸路や海路で西域やインドとの間を行き来して，仏教の普及につとめた人々の活動について， 2 行以内で説明しなさい。

(b) 北魏では，太武帝の保護を受け，その後の中国で広く信仰される宗教が確立した。その宗教の名称とその特徴，およびその確立の過程について 2 行以内で説明しなさい。

問(3)　メロヴィング朝フランク王国の急速な勢力拡大の背景には，その基礎を築いた王の改宗があったと考えられている。以下の(a)・(b)の問いに，冒頭に(a)・(b)を付して答えなさい。

(a)　他のゲルマン諸部族の王の大部分は，当時どのような宗教を信仰していたか，２行以内で説明しなさい。

(b)　このメロヴィング朝の王は，どのような宗教に改宗したのか，この王の名前とともに，２行以内で説明しなさい。

第３問

世界史において少数ながら征服者や支配者となったり，逆に少数ゆえに激しい差別や弾圧を受けたりしながら，さまざまな時代や地域で重要な役割を果たした人々がいた。また，こうした少数派に関わる事象が歴史の流れのなかで大きな意味をもつこともあった。これらをふまえて，以下の質問に答えなさい。解答は，解答欄(ハ)を用い，設問ごとに行を改め，冒頭に(1)～(10)の番号を付して記しなさい。

問(1)　歴史上，少数の征服者が，異質な文化をもつ多数の土着住民を統治した「征服王朝」は数多く存在する。このような征服者の住民統治策について述べた次の文章①～③のなかで，誤りを含むものの番号を記しなさい。

①　スペインは，その中南米やフィリピンの統治で，住民へのカトリックの普及をはかった。

②　元は，その中国統治にあたって，科挙試験を一貫して重視し，南人の士大夫層を積極的に登用した。

③ 清は儒学の振興につとめる姿勢を示したが，反満・反清的な言論は，「文字の獄」などで厳しく取り締まった。

問(2) 少数派の宗教的信仰が，国家や既存宗教勢力から異端視され，迫害され，逆に反体制集団の紐帯となっていく場合がある。中国の白蓮教もこのような信仰だった。白蓮教の活動は，南宋から近代にかけて知られているが，14世紀に白蓮教徒が起こしたといわれ，元の支配に終焉をもたらす上で大きな役割を果たした反乱は，何と呼ばれているか。その名称を記しなさい。

問(3) ヒンドゥー教は，現代の東南アジアでは，一部の人々が信仰する少数派の宗教であるが，かつては大きな影響力を有していた。13世紀にジャワに成立し，島嶼部の交易の覇権を握って繁栄した王国も，ヒンドゥー教を信奉し，その文化的優位性をインド世界との結びつきに求めていた。ジャワにおける最後のヒンドゥー王国といわれる，この王国の名称を記しなさい。

問(4) 16世紀のムガル帝国では，第3代皇帝の治世下でジズヤが廃止され，人口比では少数であるイスラーム教徒の支配者層と，多数派のヒンドゥー教徒住民との間の融合が模索された。この改革を行った皇帝の名前を記しなさい。

問(5) この民族は，その主な居住地域が歴史的な経緯からトルコ，イラク，イラン，シリアなどに国境線で分断されているため，各国における少数派となっている。また，第3回十字軍と戦ったサラーフ＝アッディーン(サラディン)も，この民族の出身である。この民族の名称を記しなさい。

問(6) 南アフリカ共和国では，白人による少数支配体制のもと，多数派である非白人に対する人種差別と人種隔離の政策が採られていた。このアパルトヘイトに反対する運動に献身し，長い投獄生活を経て1993年にノーベル平和賞を受賞した後に，大統領となった人物の名前を記しなさい。

問(7)　近世ヨーロッパでは教会公認の天動説に対して，地動説を唱えた少数の学者たちは自説の撤回や公表回避をしばしば強いられた。そうしたなかで，地動説の主張を曲げずに宗教裁判にかけられ，処刑されたイタリア人学者の名前を記しなさい。

問(8)　19世紀末のフランスでは反ユダヤ主義や排外主義の風潮が高まり，ユダヤ系のドレフュス大尉がドイツのスパイ容疑で終身刑を宣告された。これに対して彼の無実を主張した自然主義作家の名前を記しなさい。

問(9)　1968年チェコスロヴァキアでは民主化を求める動きが高まり，政府も民主化，自由化を推進したが，ソ連を中心とする東欧の5か国は軍事介入し，圧倒的な武力を背景に圧迫を加えてこの民主化の動きを阻止した。「プラハの春」と呼ばれる，この動きを推し進めた政府指導者の名前を記しなさい。

問(10)　北アメリカの先住民であるインディアンは白人による圧迫を受けて，しだいに居住地域を限定されるようになった。とりわけ，アメリカ合衆国大統領ジャクソンは立法によって，ミシシッピー川以西の保留地に移ることを彼らに強いた。この法の名称を記しなさい。

2012年

解答時間：2科目150分
配　　点：120点

第 1 問

ヨーロッパ列強により植民地化されたアジア・アフリカの諸地域では，20世紀にはいると民族主義(国民主義)の運動が高まり，第一次世界大戦後，ついで第二次世界大戦後に，その多くが独立を達成する。しかしその後も旧宗主国(旧植民地本国)への経済的従属や，同化政策のもたらした旧宗主国との文化的結びつき，また旧植民地からの移民増加による旧宗主国内の社会問題など，植民地主義の遺産は，現在まで長い影を落としている。植民地独立の過程とその後の展開は，ヨーロッパ諸国それぞれの植民地政策の差異に加えて，社会主義や宗教運動などの影響も受けつつ，地域により異なる様相を呈する。

以上の点に留意し，地域ごとの差異を考えながら，アジア・アフリカにおける植民地独立の過程とその後の動向を論じなさい。解答は解答欄(イ)に18行以内で記し，必ず次の8つの語句を一度は用いて，その語句に下線を付しなさい。

カシミール紛争	ディエンビエンフー	スエズ運河国有化
アルジェリア戦争	ワフド党	ドイモイ
非暴力・不服従	宗教的標章法(注)	

(注)　2004年3月にフランスで制定された法律。「宗教シンボル禁止法」とも呼ばれ，公立学校におけるムスリム女性のスカーフ着用禁止が，国際的な論議の対象になった。

第 2 問

人類の歴史のなかで，遊牧は農耕とならぶ重要な生活様式のひとつであった。遊牧民，とりわけ軍事力や機動力にすぐれた遊牧民の集団は，広域にわたる遊牧国家の建設や周辺の農耕・定住地域への侵入，大規模な移動などによって大きな役割をはたした。これをふまえて，以下の設問に答えなさい。解答は，解答欄(ロ)を用い，設問ごとに行を改め，冒頭に(1)〜(3)の番号を付して記しなさい。

問(1)　中央ユーラシアの草原地帯に出現した遊牧民のなかでも，4世紀になるとフン族が西進し，それとともにユーラシア西部に大変動がおこっている。やがて，5世紀後半には遊牧民エフタルが台頭し，周辺の大国をおびやかした。以下の(a)・(b)の問いに，冒頭に(a)・(b)を付して答えなさい。

(a)　5世紀におけるフン族の最盛期とその後について，2行以内で説明しなさい。

(b)　エフタルに苦しめられた西アジアの大国を中心とした6世紀半ばの情勢について，2行以内で説明しなさい。

問(2)　中央ユーラシアを横断する大草原に住む遊牧トルコ人は，イスラーム世界の拡大とともにこれとさまざまな関係をもつようになり，その一部はやがて西アジアに進出して政権を樹立し，アラブ人やイラン人とならんで重要な役割をはたすことになった。以下の(a)・(b)の問いに，冒頭に(a)・(b)を付して答えなさい。

(a)　9世紀ごろになると，アッバース朝カリフの周辺にはトルコ人の姿が目立つようになった。彼らはアラビア語で何とよばれ，カリフは彼らをどのように用いたのか，2行以内で説明しなさい。

(b) 中央ユーラシアから西アジアに進出したトルコ人が建てた最初の王朝の名①と，この王朝が支持した宗派の名②を，冒頭に①・②を付して記しなさい。

問(3) 匈奴以来，モンゴル高原にはしばしば強力な遊牧国家が誕生し，中国の脅威となった。あるものは長城を境にして中国と対峙し，あるものは長城を越えて支配を及ぼすなど，遊牧民族の動静は，中国の歴史に大きな影響を与えつづけた。以下の(a)・(b)の問いに，冒頭に(a)・(b)を付して答えなさい。

(a) 漢の武帝の対匈奴政策と西域政策とのかかわりについて，2行以内で説明しなさい。

(b) 15世紀なかごろにはモンゴルのある部族が明の皇帝を捕虜とする事件がおこった。この部族の名①と事件の名②を，冒頭に①・②を付して記しなさい。

第 3 問

さまざまな時代に造られた建築や建造物のなかには，現在，世界の観光資源として非常に重要なものがある。しかもそれらは，それらを擁する国家や都市の歴史の雄弁な証言者となっている。この点をふまえて，以下の質問に答えなさい。解答は，解答欄(ハ)を用い，設問ごとに行を改め，冒頭に(1)～(10)の番号を付して記しなさい。

問(1) アテネの軍事上の拠点であったアクロポリスには，紀元前5世紀，ペリクレスの命でポリスの守護神であるアテナ女神を祀るパルテノン神殿が建てられた。この神殿の建築様式は何か，様式名を記しなさい。

問(2)　8世紀ごろの東南アジアにおいて仏教が盛んだったことを示す遺跡として，ボロブドゥール寺院があげられる。ボロブドゥール寺院がある場所はどこか，今日の島名を記しなさい。

問(3)　前近代のヨーロッパでは，時代ごとにある特定の建築様式がほぼ全域にわたって広まった。人里離れた修道院によく見られる，小さな窓，重厚な壁，高度の象徴性を特徴とする建築を何様式と呼ぶか，様式名を記しなさい。

問(4)　アンデス山中に威容を誇るマチュピチュは，インカ帝国を代表する遺跡だが，この帝国は16世紀にスペイン人征服者ピサロによって滅ぼされた。征服が行われたとき，スペインを統治していた国王の名前を記しなさい。

問(5)　明と清の宮殿だった紫禁城は，今日では故宮博物院として参観客に開放されている。明ははじめ金陵(南京)を都としていたが，1421年に北京に遷都した。このときの皇帝は誰か，名前を記しなさい。

問(6)　グラナダにあるアルハンブラ宮殿は，イベリア半島最後のイスラーム王朝の時代に建設された。1492年，スペイン王国によって攻略されたこの王朝名を記しなさい。

問(7)　ヴェルサイユ宮殿は，絶対王政期の国王の権威を象徴する豪華絢爛な宮殿である。18世紀にプロイセンのフリードリヒ大王が，ヴェルサイユ宮殿を模倣してポツダムに造らせた宮殿の名称を記しなさい。

問(8)　アフリカ南部にあるジンバブエ共和国の国名は，そこに残る石造建築物に由来しているが，以前には，イギリス人の名前にちなんだ国名だった。19世紀末にケープ植民地首相を務めたそのイギリス人の名前を記しなさい。

問(9)　広島の原爆ドームは，核兵器の惨禍という記憶を留めるための重要な史跡である。広島への原爆投下の前月，米・英・ソの三国会談に参加し，その後に原爆投下を指示したアメリカ合衆国大統領の名前を記しなさい。

問(10)　1973年チリでピノチェト将軍によるクーデタがおき，かつて造幣所だったため「モネダ(貨幣)宮」と呼ばれていた大統領府が攻撃されて，社会主義政権を率いていた大統領が死亡した。この大統領の名前を記しなさい。

2011 年

解答時間：2 科目 150 分
配　　点：120 点

第 1 問

歴史上，異なる文化間の接触や交流は，ときに軋轢を伴うこともあったが，文化や生活様式の多様化や変容に大きく貢献してきた。たとえば，7 世紀以降にアラブ・イスラーム文化圏が拡大するなかでも，新たな支配領域や周辺の他地域から異なる文化が受け入れられ，発展していった。そして，そこで育まれたものは，さらに他地域へ影響を及ぼしていった。

13 世紀までにアラブ・イスラーム文化圏をめぐって生じたそれらの動きを，解答欄(イ)に 17 行以内で論じなさい。その際に，次の 8 つの語句を必ず一度は用い，その語句に下線を付しなさい。

インド　　アッバース朝　　イブン＝シーナー　　アリストテレス
医学　　代数学　　トレド　　シチリア島

第 2 問

歴史上，帝国と呼ばれた国家は，多民族，多人種，多宗教を包摂する大きな領域をその版図におさめている場合が多かった。それらの国家の繁栄と衰退，差異や共通性，内外の諸関係について，次の3つの設問に答えなさい。解答は，解答欄(ロ)を用い，設問ごとに行を改め，冒頭に(1)～(3)の番号を付して記しなさい。

問(1)　ローマはテヴェレ川のほとりに建設された都市国家にすぎなかったが，紀元前6世紀に，エトルリア人の王を追放して共和政となった。その後，周辺の都市国家を征服してイタリア半島全体を支配し，やがて地中海世界を手中におさめる大帝国となった。ローマが帝政に移行する紀元前後からおよそ200年にわたる時期はパクス＝ローマーナとたたえられ，平和が維持された。以下の(a)・(b)の問いに，冒頭に(a)・(b)を付して答えなさい。

(a)　ローマの平和と繁栄を示す都市生活を支えていた公共施設について，2行以内で説明しなさい。

(b)　ローマの市民権の拡大について，2行以内で説明しなさい。

問(2)　中国の歴代王朝は，周辺諸国との間で儀礼に基づく冊封や朝貢といった関係をもった。しかし，その制度や実態は，王朝ごとに，また相手に応じて，多様であった。とりわけ対外貿易と朝貢との関係には，顕著な変化が見られる。明から清の前期(17世紀末まで)にかけて，対外貿易と朝貢との関係がどのように変化したかについて，海禁政策に着目しながら，4行以内で説明しなさい。

問(3)　1898 年に勃発したアメリカ-スペイン戦争をきっかけとして，アメリカ合衆国は，(a)モンロー宣言によって定式化された従来の対外政策を脱し，より積極的な対外政策を追求しはじめた。とりわけこの戦争の舞台となったカリブ海や西太平洋，そして中国においては，戦後，(b)アメリカ合衆国の影響力が飛躍的に高まり，帝国主義列強間の力関係にも大きな変化がもたらされた。下線部(a)・(b)に対応する以下の問いに，冒頭に(a)・(b)を付して答えなさい。

(a)　この宣言の内容を，2 行以内で説明しなさい。

(b)　この戦争後におけるアメリカ合衆国の対中国政策の特徴を，3 行以内で説明しなさい。

第 3 問

火を自由にあつかえるようになると，人類は調理を知り，さまざまな食糧を手に入れることになった。食生活が安定するとともに，人類の生活圏は拡大していく。これに関連して，以下の設問(1)〜(10)に答えなさい。解答は，解答欄（ハ）を用い，設問ごとに行を改め，冒頭に(1)〜(10)の番号を付して記しなさい。

問(1)　麦作は乾燥した西アジアで始まった。この麦を水に浸して発芽させたものからビールができることは，すでにシュメール人もエジプト人も知っていたという。大河のほとりにあるために灌漑施設をめぐらし，豊かな穀物生産にもとづく文明は，文字を発明したことでも名高い。それぞれの文字名を記しなさい。

問(2)　漢の武帝は内政の充実とともに，西域などへの対外遠征にも積極的であった。そのために軍事費がかさみ，それをまかなうために鉄などを専売品とした。このとき専売品とされた飲食物が 2 つあるが，それぞれの名称を記しなさい。

問(3)　ワイン生産のもとになる葡萄の栽培は，ローマ帝国の拡大とともに北上したという。その北限をなすライン・ドナウ両河の北側一帯には古くからゲルマン系の諸族が住んでいた。それらのなかで帝国内を蹂躙し，やがて5世紀になると北アフリカに王国を建てた部族がいる。この部族名を記しなさい。

問(4)　11世紀後半から，西ヨーロッパでは森林や荒野の開墾が進み，農法も改良されて，収穫は播種量の3倍から6倍ほどに上昇した。生産高に余剰が生まれ，それらが取引される交易拠点には都市が目立ってくる。やがて，これらの都市は領主に対して自治を主張するようになった。このことを讃える名高い格言があるが，それを記しなさい。

問(5)　マレー半島に興ったマラッカ王国は，15世紀には東西貿易の中継地として栄えた。ジャワ商人などによってマラッカに運ばれたジャワやモルッカ諸島の産物の中で，当時の需要の増大によってヨーロッパ向けにも輸出された国際商品は何か。その名称を記しなさい。

問(6)　15世紀末以前のアメリカ大陸では麦や米の栽培は知られていなかったが，独自の農耕技術にもとづいて，ほかの作物が栽培されていた。それらは，以後，世界中に広まり，人口の増大にも寄与している。これらの作物名を2つ記しなさい。

問(7)　16世紀初頭にマラッカを占領した国は，ラテンアメリカに大きな領土を有し，そこで黒人奴隷を導入して大規模なサトウキビのプランテーション栽培をしたことでも知られている。この国名およびそのラテンアメリカの領土名を記しなさい。

問(8)　ビルマは19世紀後半以降のエーヤーワディー川のデルタ地帯の開発で，世界有数の米の輸出地となった。ビルマの最後の王朝となったコンバウン朝についての次の①～④の文章のうち，誤りを含むものの番号を1つ記しなさい。

①　18世紀に成立した。

②　シャムに攻め込んでアユタヤ朝を滅ぼした。

③　イギリスとの間で三次にわたる戦争を戦った。

④　イギリスの植民地支配下で1947年まで存続した。

問(9)　酒を楽しむ歴史は長いが，飲酒を禁止したり制限したりする試みも，古くから繰り返されてきた。ドイツでは，1933年に政権を握ったナチスのもとで断種法が制定され，慢性アルコール依存症患者も，強制的な不妊手術の対象に入れられた。こうした優生学的発想は，この政党の政権が第二次世界大戦の時期にかけて展開した，ユダヤ人などの大量殺戮にもつながった。この大量殺戮は何と呼ばれているかを記しなさい。

問(10)　ベトナムは，第二次世界大戦以前には，世界有数の米輸出地だったが，大戦後は戦乱のため米作が停滞し，一時は食糧輸入国になった。ベトナムが米輸出国の地位を回復するのは1989年からであり，これは1986年にはじまる改革の成果とみなされている。このベトナムの改革は何と呼ばれているかを記しなさい。

2010年

解答時間：2科目150分
配　　点：120点

第1問

ヨーロッパ大陸のライン川・マース川のデルタ地帯をふくむ低地地方は，中世から現代まで歴史的に重要な役割をはたしてきた。この地方では早くから都市と産業が発達し，内陸と海域をむすぶ交易が展開した。このうち16世紀末に連邦として成立したオランダ(ネーデルラント)は，ヨーロッパの経済や文化の中心となったので，多くの人材が集まり，また海外に進出した。近代のオランダは植民地主義の国でもあった。

このようなオランダおよびオランダ系の人びとの世界史における役割について，中世末から，国家をこえた統合の進みつつある現在までの展望のなかで，論述しなさい。解答は解答欄(イ)に20行以内で記し，かならず以下の8つの語句を一度は用い，その語句に下線を付しなさい。

グロティウス　　コーヒー　　太平洋戦争　　長崎　　ニューヨーク
ハプスブルク家　　マーストリヒト条約　　南アフリカ戦争

第 2 問

アジア各地には古くからそれぞれ独自の知の体系が発展し，それらを支える知識人たちも存在した。そして16世紀以降，ヨーロッパの知識・学問に接するようになるなかで，それらは次第に変容していった。アジア諸地域における知識・学問や知識人の活動に関する以下の3つの設問に答えなさい。解答は，解答欄(ロ)を用い，設問ごとに行を改め，冒頭に(1)～(3)の番号を付して記しなさい。

問(1)　読書人などとよばれた中国前近代の知識人にとって，儒学と詩文は必須の教養であった。これらはいずれも，漢代までの知的営為の集積を背後にもつ。この集積は時として想起され，現代に至るまでその時々の中国社会に大きな影響を与えることがあった。以下の(a)・(b)の問いに，冒頭に(a)・(b)を付して答えなさい。

(a)　それまで複数の有力な思想の一つにすぎなかった儒学が，他の思想とは異なる特別な地位を与えられたのは，前漢半ばであった。そのきっかけとなった出来事について2行以内で説明しなさい。

(b)　唐代に入ると詩文には様々な変化が起こった。文章については唐代中期以降，漢代以前に戻ろうとする復古的な気運が生まれた。唐代におけるその気運について2行以内で説明しなさい。

問(2)　14世紀半ば，東アジアは元の衰退にともない一時的に混乱した。しかし，1368年に明が建国されると，再び新たな安定の時期を迎え，知識人たちも活発に活動した。1392年に成立した朝鮮(李氏朝鮮)も，明の諸制度を取り入れながら繁栄し，知識人による文化事業が盛んにおこなわれた。以下の(a)・(b)の問いに，冒頭に(a)・(b)を付して答えなさい。

(a)　15世紀前半の朝鮮でなされた特徴的な文化事業について2行以内で説明しなさい。

(b)　明の末期になると，中国の知識人たちは，イエズス会宣教師がもたらしたヨーロッパの科学技術に強い関心を示した。その代表的な人物である徐光啓の活動について2行以内で説明しなさい。

問(3)　18世紀後半以降，ヨーロッパの侵略や圧力にさらされるようになると，アジアの知識人は自国の文化の再生や，政治・経済の再建を目指して改革運動をはじめた。かれらは，ヨーロッパの知識を吸収しつつ近代化・西欧化を推進しようとするグループと，逆に伝統の本来の姿を復活させようとするグループとに分かれて論争し合い，政治運動も展開した。これらの改革運動に関する以下の(a)～(c)の問いに，冒頭に(a)～(c)を付して答えなさい。

(a)　西アジアのアラビア半島では，ワッハーブ派が勢力を拡大した。この運動について3行以内で説明しなさい。

(b)　インドでは，ラーム＝モーハン＝ローイが，女性に対する非人道的なヒンドゥー教の風習を批判するパンフレットを刊行するなどして，近代主義の立場から宗教・社会改革運動を進めた。この風習を何というか答えなさい。

(c)　中国では，曾国藩・李鴻章などの官僚グループが洋務運動とよばれる改革を進めた。この運動の性格について3行以内で説明しなさい。

第３問

人類は有史以来，司馬遷の『史記』やギボンの『ローマ帝国衰亡史』，さらにはホイジンガの『中世の秋』などのすぐれた歴史叙述を生みだしてきた。しかし世界史教科書の記述では，文学・哲学の著作や芸術・科学技術の業績と比べて，歴史書の紹介が十分とはいえない。とはいえ歴史書は，それぞれの時代や人々の生き方と分かち難く結び付いている。そこで以下の歴史叙述に関わる文章Ａ・Ｂ・Ｃのなかで，下線を付した部分に関する設問に答えなさい。解答は，解答欄(ハ)を用い，設問ごとに行を改め，冒頭に(1)〜(10)の番号を付して記しなさい。

Ａ　中世ヨーロッパにおいては神学が重視され，歴史叙述もその影響下にあった。このような思考の枠組を脱し，人間のありのままの姿や歴史を見つめようとしたのがルネサンス期の人文主義(1)であり，そこではギリシア・ローマの古典文化が再発見されたのである。その古典期ギリシアでは，世界最古の個人による歴史叙述(2)が試みられており，そうした伝統のなかで地中海世界におけるローマ興隆史，あるいは建国史を究めようとする歴史家(3)も登場した。やがて古代末期になると，キリスト教の信仰を正当化する歴史叙述(4)も生まれるようになった。

問(1)　政治を，宗教や道徳から切りはなして現実主義的に考察したフィレンツェの失意の政治家は，『ローマ史論』とともに，近代政治学の先駆となる作品も書いている。この人物の名と作品の名を記しなさい。

問(2)　それまでは年代記のような記録しかなかったが，ギリシア人の一人はペルシア戦争の歴史を物語風に叙述し，もう一人はペロポネソス戦争の歴史を客観的・批判的に叙述した。それぞれの歴史家の名を記しなさい。

問(3)　前２世紀のローマ興隆を目撃し，実用的な歴史書を書いたギリシア人がおり，ローマ建国以来の歴史をつづったアウグストゥス帝治世下のローマ人もいる。それぞれの歴史家の名を記しなさい。

問(4)　キリスト教最初の『教会史』を書いた教父作家が現れる一方，神学とともに歴史哲学の書でもある『神の国』を著して，後世の人々の信仰や思想に大きな影響をあたえた教父作家も出現した。それぞれの教父作家の名を記しなさい。

B　アラム文字に由来する突厥文字は，中央ユーラシアで活躍した北方遊牧民の最古の文字と見られる。この文字によってオルホン碑文など突厥の君主や歴史(5)に関する貴重な記録が残された。中央ユーラシアから西アジアに目を転じれば，14世紀のアラブの歴史家(6)は『歴史序説（世界史序説）』を書いて，都市民と遊牧民との交渉を中心に王朝興亡の歴史の法則性を求めたが，その鋭い歴史哲学は，現在でも新鮮な示唆に富んでいる。ほぼ同時期のイランでも，イル＝ハン国のガザン＝ハンの宰相ラシード＝アッディーンは，壮大な歴史書をペルシア語で記述した(7)が，それは，ユーラシアの東西をまたにかけて支配したモンゴル帝国の歴史を知る重要史料となっている。

問(5)　突厥の歴史は，現在の西アジアのある国につながっている。その国の名を答えよ。また突厥の前に現れた匈奴の最盛期の君主名を記しなさい。

問(6)　チュニジアに生まれたこの歴史家は，エジプトの大法官などをつとめ，シリアに軍をすすめたティムールと会見したことでも知られる。この人物の名を記しなさい。

問(7)　この歴史書の名を記しなさい。

C　広大な植民地をかかえるイギリスの20世紀を代表する歴史家として，トインビー(1889－1975)とカー(1892－1982)をあげることができる。トインビーはギリシア・ローマ史の研究者として出発したが，長期化した第一次世界大戦(8)に世界史を見直す手がかりを見出し，40年の歳月をかけて「文明」を構成単位とする全12巻の大著『歴史の研究』を完成させた。カーは外交官となった直後に起きた1917年のロシア革命(9)に大きな衝撃を受け，膨大な史料と対話を重ね，30年以上を費やして10巻におよぶ『ソヴィエト・ロシア史』を完成させた。一方，イギリスの植民地であったインド(10)でも，優れた歴史書が書かれた。

問(8)　第一次世界大戦の体験から『西洋の没落』を著して西洋文明の衰退を予言し，大きな反響をよんだ歴史家の名を記しなさい。

問(9)　ロシア革命の指導者の一人で『ロシア革命史』を著し，世界革命論を唱えた人物はだれか。また，ロシア革命を批判したのち，ヒトラーの政権が成立すると対ドイツ宥和政策にも反対し，大部の『第二次大戦回顧録』を残したイギリスの政治家は誰か。これら2人の名を記しなさい。

問(10)　インドの独立運動に参加し，1947年の独立直後に首相を務めた政治家は，すぐれた歴史認識の持ち主でもあり，獄中で『インドの発見』を書いた。この人物の名を記しなさい。

2009年

解答時間：2科目150分
配　　点：120点

第 1 問

次の文章は日本国憲法第二十条である。

第二十条　信教の自由は，何人に対してもこれを保障する。いかなる宗教団体も，国から特権を受け，又は政治上の権力を行使してはならない。

2．何人も，宗教上の行為，祝典，儀式又は行事に参加することを強制されない。

3．国及びその機関は，宗教教育その他いかなる宗教的活動もしてはならない。

この条文に見られるような政治と宗教の関係についての考えは，18世紀後半以降，アメリカやフランスにおける革命を経て，しだいに世界の多くの国々で力をもつようになった。

それ以前の時期，世界各地の政治権力は，その支配領域内の宗教・宗派とそれらに属する人々をどのように取り扱っていたか。18世紀前半までの西ヨーロッパ，西アジア，東アジアにおける具体的な実例を挙げ，この3つの地域の特徴を比較して，解答欄(イ)に20行以内で論じなさい。その際に，次の7つの語句を必ず一度は用い，その語句に下線を付しなさい。

ジズヤ　　首長法　　ダライ＝ラマ　　ナントの王令廃止
ミッレト　　理藩院　　領邦教会制

第 2 問

人口集中地としての都市は，古来，一定地域の中心として人々の活動の重要な場であり続けてきた。それらの都市は，周囲の都市や農村との関係に応じて，都市ごとに異なる機能を果たしてきたが，ある特定の地域や時代に共通する外観や特徴を示す場合もある。以上の点をふまえて，次の 3 つの設問に答えなさい。解答は，解答欄(ロ)を用い，設問ごとに行を改め，冒頭に(1)〜(3)の番号を付して記しなさい。

問(1) 紀元前 8 世紀のエーゲ海周辺では，ポリスとよばれる都市が古代ギリシア人によって形づくられた(a)。ポリスはその後，地中海・黒海沿岸地域にひろがり，その数は 1000 を超え，ギリシア古典文明を生み出す基盤となった。ポリスはそれぞれが独立した都市国家であったため，ギリシア人は政治的には分裂状態にあったが，他方，文化的には一つの民族であるという共通の認識をもっていた(b)。下線部(a)・(b)に対応する以下の問いに，冒頭に(a)・(b)を付して答えなさい。

(a) ポリスの形成過程を，2 行以内で説明しなさい。

(b) この共通の認識を支えた諸要素を，2 行以内で説明しなさい。

問(2) 中国においては，新石器時代以来，城壁都市が建設され，やがて君主をいただく国となった。そうした国々を従えた大国のいくつかは，王朝として知られている。以下の(a)・(b)の問いに，冒頭に(a)・(b)を付して答えなさい。

(a) 最古とされる王朝の遺跡が 20 世紀初頭に発掘された。そこで出土した記録は，王朝の政治がどう行われたかを証言している。その政治の特徴を 2 行以内で説明しなさい。

(b) その後，紀元前11世紀に華北に勢力をのばした別の王朝は，首都の移転により時代区分がなされる。移転前と移転後の首都名を挙げ，移転にともなう政治的変化を2行以内で説明しなさい。

問(3) 西ヨーロッパでは，11世紀ころから商業活動が活発化し，さびれていた古い都市が復活するとともに，新しい都市も生まれた。地中海沿岸や北海・バルト海沿岸の都市のいくつかは，遠隔地交易によって莫大な富を蓄積し，経済的繁栄を享受することになった。(a) また，強い政治力をもち独立した都市のなかには，その安全と利益を守るために，都市どうしで同盟を結ぶところも出てきた。(b) 下線部(a)・(b)に対応する以下の問いに，冒頭に(a)・(b)を付して答えない。

(a) 地中海における遠隔地交易を代表する東方交易について，2行以内で説明しなさい。

(b) 北イタリアに結成された都市同盟について，2行以内で説明しなさい。

第3問

人類の歴史においては，無数の団体や結社が組織され，慈善・互助・親睦などを目的とする団体と並んで，ときには支配勢力と対立する宗教結社・政治結社・秘密結社もあらわれた。このような団体・結社に関する以下の質問に答えなさい。解答は，解答欄(ハ)を用い，設問ごとに行を改め，冒頭に(1)〜(10)の番号を付して記しなさい。

問(1) 18世紀末の中国では，世界の終末をとなえる弥勒下生信仰に基づく宗教結社が，現世の変革を求めて四川と湖北との境界地区などで蜂起したが，おもに郷勇などの自衛組織に鎮圧された。この宗教結社がおこした乱の名称を記しなさい。

問(2)　フランス革命期，ジャコバン派の独裁体制が打倒され，穏和派の総裁政府が樹立されると，革命の徹底化と私有財産制の廃止を要求する一部の人々は，秘密結社を組織して武装蜂起を計画したが，失敗し弾圧された。この組織の指導者の名を記しなさい。

問(3)　保守的なウィーン体制下，イタリアでは自由と統一を求める政治的秘密結社がつくられ，数次にわたり武装蜂起と革命を試みたが，1830年代には衰退した。この秘密結社の名称を記しなさい。

問(4)　ウィーン体制下のロシアでは，青年貴族将校たちが農奴制廃止や立憲制樹立をめざして複数の秘密結社を組織し，皇帝アレクサンドル1世が急死した機会をとらえて反乱を起こしたが，鎮圧された。この反乱の名称を記しなさい。

問(5)　アメリカ合衆国では，南北戦争の結果，黒人奴隷制が廃止されると，南部諸州を中心に白人優越主義を掲げる秘密結社が組織され，黒人に暴力的な迫害を加えた。この秘密結社の名称を記しなさい。

問(6)　19世紀後半の朝鮮では，在来の民間信仰や儒仏道の三教を融合した東学が，西洋の文化や宗教を意味する西学に対抗しつつ農民の間にひろまった。東学の信徒たちは1894年に大反乱をおこし，日清戦争の誘因をつくった。この反乱を指導した人物の名を記しなさい。

問(7)　日露戦争の時期の東京では，華僑社会とも深いかかわりをもつ中国の革命運動家たちが集まり，それまでの革命諸団体を結集した新たな政治結社を組織した。この政治結社の名称を記しなさい。

問(8)　20世紀初めの英領インドでは，ムスリム(イスラーム教徒)の指導者たちにより，ムスリムの政治的権利を擁護する団体が組織された。この団体は，国民会議派と協力した時期もあったが，やがてムスリムの独立国家建設を主張するようになった。この団体の名称を記しなさい。

問(9)　フランス支配下のベトナムでは，ファン＝ボイ＝チャウらがドンズー(東遊)運動を組織し，日本への留学を呼びかけたが，この運動は挫折した。その後，ファン＝ボイ＝チャウらは広東に拠点を移し，1912年に新たな結社をつくり，武装革命をめざした。この結社の名称を記しなさい。

問(10)　1930年代のビルマ(ミャンマー)では，ラングーン大学の学生などを中心にして民族主義的団体が組織され，やがてアウン＝サンの指導下に独立運動の中核となった。この団体の名称を記しなさい。

2008年

解答時間：2科目150分
配　　点：120点

第1問

1871年から73年にかけて，岩倉具視を特命全権大使とする日本政府の使節団は，合衆国とヨーロッパ諸国を歴訪し，アジアの海港都市に寄航しながら帰国した。その記録『米欧回覧実記』のうち，イギリスにあてられた巻は，「この連邦王国の……形勢，位置，広狭，および人口はほとんどわが邦と相比較す。ゆえにこの国の人は，日本を東洋の英国と言う。しかれども営業力をもって論ずれば，隔たりもはなはだし」と述べている。その帰路，アジア各地の人々の状態をみた著者は，「ここに感慨すること少なからず」と記している。（引用は久米邦武『米欧回覧実記』による。現代的表記に改めた所もある。）

世界の諸地域はこのころ重要な転機にあった。世界史が大きなうねりをみせた1850年ころから70年代までの間に，日本をふくむ諸地域がどのようにパクス・ブリタニカに組み込まれ，また対抗したのかについて，解答欄（イ）に18行以内で論述しなさい。その際に，以下の9つの語句を必ず一度は用い，その語句に下線を付しなさい。

インド大反乱	クリミア戦争	江華島事件
総理衙門	第1回万国博覧会	日米修好通商条約
ビスマルク	ミドハト憲法	綿花プランテーション

第 2 問

人類の歴史において，領土およびその境界は，しばしば政治的な争いや取引の対象となってきた。そして，過去に決められた領土や境界のあり方は，さまざまな形で現代世界の成り立ちに影を投げかけている。領土と境界の画定をめぐる歴史上の出来事に関する以下の三つの設問に答えなさい。解答は，解答欄（ロ）を用い，設問ごとに行を改め，冒頭に(1)～(3)の番号を付して記しなさい。

問(1)　1960年代，ソヴィエト連邦と中華人民共和国との間で政治的な対立が深まり，1969年には，アムール川（黒竜江）の支流ウスリー川にある中洲の領有をめぐって武力衝突が発生した。この両河川流域の領土帰属は，19世紀半ばにロシアが清と結んだ二つの条約で定められていた。これら二つの条約が結ばれた経緯とその内容について，4行以内で説明しなさい。

問(2)　ゴラン高原をめぐるイスラエルとシリアの係争は，高原の西の境界に関する見解の不一致によっても複雑化している。イスラエルは<u>1923年に定められた境界</u>(a)を，シリアは<u>1967年6月4日</u>(b)時点での実効的な境界を主張している。この背景には，乾燥地帯では特に切実な水資源の奪い合いという問題もある。下線部(a)・(b)に対応する以下の問いに，冒頭に(a)・(b)を付して答えなさい。

(a)　この境界は，当時のいかなる領域間の境界として定められたものか，2行以内で説明しなさい。

(b)　この翌日に勃発した戦争について，2行以内で説明しなさい。

問(3)　ヨーロッパ連合（EU）の直接の起源となったヨーロッパ石炭鉄鋼共同体（ECSC）は，ドイツとフランスの間の領土と資源をめぐる長年にわたる争いの解消と永続的な和解の構築を目指していた。ヨーロッパ議会をはじめとして和解を象徴する諸機関が存在しているアルザスの領有も，たびたび独仏対立の一因となってきた。このアルザスの1648年から第一次世界大戦後に至る帰属の変遷について，4行以内で説明しなさい。

第 3 問

世界史ではヒトやモノの移動，文化の伝播，文明の融合などの点で，道路や鉄道を軸にした交通のあり方が大きな役割を果たしてきた。これに関連して，以下の設問(1)〜(10)に答えなさい。解答は，解答欄(ハ)を用い，設問ごとに行を改め，冒頭に(1)〜(10)の番号を付して記しなさい。

問(1)　アケメネス朝ペルシアでは，王都と地方とを結ぶ道路が「王の道」として整備された。そのうち幹線となったのは，サルディスと王都の一つとを結ぶものであった。その王都の名称を記しなさい。

問(2)　「すべての道はローマに通じる」とは名高い格言である。これらの舗装された道は軍道として造られたものであるが，その最初の街道はすでに前4世紀末に敷設されている。このローマとカプアとを結ぶ最古の街道の名称を記しなさい。

問(3)　中世ヨーロッパでは聖地巡礼が盛んになり，キリスト教徒の巡礼の旅が見られるようになった。ローマやイェルサレムと並んで，イベリア半島西北部にあり聖地と見なされた都市はどこか。その都市の名称を記しなさい。

問(4)　中国産の絹が古くから西方で珍重されたことから，それを運ぶ道は一般にシルクロードとよばれる。この道を経由した隊商交易で，6〜8世紀ころに活躍したイラン系商人は何とよばれているか。その名称を記しなさい。

問(5)　シルクロードと並ぶ「海の道」は，唐代から中国の産品を西に運んだ。絹と並ぶ主要産品の一つは，それに因む「海の道」の別名にも使われている。この主要産品の名称を記しなさい。

問(6)　モンゴル帝国では駅伝制度が整備され，ユーラシア大陸の東西を人間や物品がひんぱんに往来した。とくに中国征服後はすべての地域で駅伝制度が完備した。この駅伝制度の名称(a)と，公用で旅行する者が携帯した証明書の名称(b)を，冒頭に(a)・(b)を付して記しなさい。

問(7)　アメリカ合衆国における大陸横断鉄道の建設は，移民を労働者として利用しながら進められた。それは西部開拓を促しただけでなく，合衆国の政治的・経済的な統一をもたらすことになった。この鉄道建設が遅れる要因となった出来事の名称を記しなさい。

問(8)　オスマン帝国のスルタン，アブデュルハミト2世は，各地のムスリム(イスラーム教徒)の歓心を買うために，巡礼鉄道(ヒジャーズ鉄道)を建設したが，ムスリム巡礼の最終目的地はどこであったか。その地名を記しなさい。

問(9)　1911年の辛亥革命は，清朝が外国からの借款を得て，ある交通網を整備しようとしたことへの反発をきっかけとして生じた。この交通網をめぐる清朝の政策の名称を記しなさい。

問(10)　世界恐慌によって再び経済危機に直面したドイツでは，失業者対策が重要な問題となった。ヒトラーは政権掌握後，厳しい統制経済体制をしいて，軍需産業の振興とともに高速自動車道路の建設を進めた。この道路の名称を記しなさい。

2007年

解答時間：2科目150分
配　　点：120点

第1問

古来，世界の大多数の地域で，農業は人間の生命維持のために基礎食糧を提供してきた。それゆえ，農業生産の変動は，人口の増減と密接に連動した。耕地の拡大，農法の改良，新作物の伝播などは，人口成長の前提をなすと同時に，やがて商品作物栽培や工業化を促し，分業発展と経済成長の原動力にもなった。しかしその反面，凶作による飢饉は，世界各地にたびたび危機をもたらした。

以上の論点をふまえて，ほぼ11世紀から19世紀までに生じた農業生産の変化とその意義を述べなさい。解答は解答欄（イ）に17行以内で記入し，下記の8つの語句を必ず一回は用いたうえで，その語句の部分に下線を付しなさい。

湖広熟すれば天下足る　　アイルランド　　トウモロコシ　　農業革命
穀物法廃止　　三圃制　　アンデス　　占城稲

第2問

歴史上，人々はさまざまな暦を用いてきた。暦は支配権力や宗教などと密接に関連して，それらの地域的な広がりを反映することが多かった。また，いくつかの暦を併用する社会も少なくない。歴史上の暦に関する以下の3つの設問に答えなさい。解答は，解答欄（ロ）を用い，設問ごとに行を改め，冒頭に(1)～(3)の番号を付して記しなさい。

2007年　入試問題

問(1)　西アジアにおける暦の歴史を概観すると，古代メソポタミアや古代エジプトで暦の発達が見られ，のちにヨーロッパへ多大な影響を与えた。(a) また，7世紀にイスラーム教徒は独自の暦を作り出し，その暦は他の暦と併用されつつ広く用いられてきた。(b) 近代になって，西アジアの多くの地域には西暦も導入され，複数の暦が併存する状態となっている。下線部(a)・(b)に対応する以下の問いに，(a)・(b)を付して答えなさい。

(a)　古代メソポタミアと古代エジプトにおける暦とその発達の背景について，3行以内で説明しなさい。

(b)　イスラーム教徒独自の暦が，他の暦と併用されることが多かった最大の理由は何か。2行以内で説明しなさい。

問(2)　現在，私たちが用いている西暦は，紀元前1世紀に古代ローマで作られ，その後ローマ教皇により改良された暦を基礎としている。しかし，ヨーロッパにおいても，時代や地域によって異なる暦が用いられており，しばしば複数の暦が併用された。以下の問いに，(a)・(b)を付して答えなさい。

(a)　フランスでは，18世紀末と19世紀初めに暦の制度が変更された。これらの変更について，2行以内で説明しなさい。

(b)　ロシアでも，20世紀初めに暦の制度が変更された。この変更について，1行以内で説明しなさい。

問(3)　中国では古くから，天体観測に基づく暦が作られていたが，支配者の権威を示したり，日食など天文事象の予告の正確さを期するため，暦法が改変されていった。元～清代の中国における暦法の変遷について，4行以内で説明しなさい。

第 3 問

19世紀から20世紀には，世界各地で植民地・領土獲得競争や民族主義運動が広範に展開した。こうした動きに関する以下の設問(1)～(10)に答えなさい。解答は，解答欄(ハ)を用い，設問ごとに行を改め，冒頭に(1)～(10)の番号を付して記しなさい。

問(1)　イギリスは19世紀初めからマレー半島に植民地形成を進め，20世紀初めにはイギリス領マレー植民地が完成した。その中で，海峡植民地として統合された地域内の港市の名称を二つ記しなさい。

問(2)　独立後のアメリカ合衆国は領土を徐々に太平洋岸にまで広げ，西部にも多くの人々が移住するようになった。この間，アメリカ先住民は土地を奪われ，居住地を追われた。以下の問いに(a)・(b)を付して答えなさい。

(a)　先住民をミシシッピ川以西の保留地に追いやることになった「インディアン強制移住法」が制定された当時のアメリカ合衆国大統領は誰か。その名を記しなさい。

(b)　当時の白人たちは，アメリカの西部への拡大を神から与えられた「使命」と考えていたとされるが，この「使命」を端的に示す用語を記しなさい。

問(3)　奴隷貿易がその終焉を迎える中で，北米などの奴隷を解放しアフリカ大陸の開拓地に入植させる試みがなされた。西アフリカでは，アメリカ植民協会によって開拓された解放奴隷の居住地が，19世紀半ばに共和国として独立した。この国の名称を記しなさい。

問(4)　19世紀半ばから後半にかけて，アフリカ内陸部における植民地建設にさきがけるかたちで，探検が行われた。こうした探検に従事した探検家の中に，現在までその名をアフリカにおける都市の名称として残しているイギリス人宣教師がいるが，その名を記しなさい。

問(5)　エジプトでは1880年代初めに武装蜂起が起こったが，イギリスはこれを制圧してエジプトを事実上の保護下においた。その後，イギリスはスーダンに侵入し，そこでも強い抵抗運動に出会ったが，1899年には征服に成功した。エジプトにおける武装蜂起の指導者名(a)とスーダンでの抵抗運動の指導者の名(b)を，(a)・(b)を付して記しなさい。

問(6)　ルワンダでは，少数派のツチ人と多数派のフツ人が激しく対立する内戦の中で，1994年には大量虐殺が引き起こされた。この事件の背景には，かつての西欧列強による植民地支配の影響が認められる。19世紀末に現在のルワンダ，ブルンジ，タンザニアを植民地化し，ルワンダではツチ人にフツ人を支配させたヨーロッパの国はどこか。その名称を記しなさい。

問(7)　カージャール朝下のイランでは，パン＝イスラーム主義の影響の下で，イギリスが持つ利権に抵抗する運動が起こり，民族意識が高揚し，1905年には立憲革命が起こった。この運動に影響を与えた思想家の名(a)と，イギリスが利権を有していた主要な商品作物の名称(b)を，(a)・(b)を付して記しなさい。

問(8)　アフリカでは西欧列強による植民地化が進んだが，19世紀末にイタリア軍を打ち破り独立を維持した国がある。この国は1936年にムッソリーニ政権下のイタリアに併合されたが，まもなく独立を回復した。この国の名称を記しなさい。

問(9)　第一次世界大戦後の東ヨーロッパには，「民族自決」の原則に基づき新しい国民国家が数多く生まれた。だが，その国境線と民族分布は必ずしも一致しておらず，民族紛争の火種を残した。以下の問いに(a)・(b)を付して答えなさい。

(a)　ドイツ人が多数居住していたことを理由に，ナチス＝ドイツが割譲を要求した，チェコスロヴァキア領内の地域の名称を記しなさい。

(b)　この割譲要求をめぐって，1938年に英・仏・伊・独の首脳によるミュンヘン会談が開催された。このときフランスとともに対独宥和政策をとったイギリス首相の名を記しなさい。

問(10)　中国で辛亥革命が起こると，外モンゴルでは中国からの独立を目指す運動が進み，その後ソ連の援助を得て，社会主義のモンゴル人民共和国が成立した。ソ連崩壊前後のこの国の政治・経済的な変化について，1行以内で説明しなさい。

2006年

解答時間：2科目150分
配　　点：120点

第 1 問

近代以降のヨーロッパでは主権国家が誕生し，民主主義が成長した反面，各地で戦争が多発するという一見矛盾した傾向が見られた。それは，国内社会の民主化が国民意識の高揚をもたらし，対外戦争を支える国内的基盤を強化したためであった。他方，国際法を制定したり，国際機関を設立することによって戦争の勃発を防ぐ努力もなされた。

このように戦争を助長したり，あるいは戦争を抑制したりする傾向が，三十年戦争，フランス革命戦争，第一次世界大戦という3つの時期にどのように現れたのかについて，解答欄(イ)に17行以内で説明しなさい。その際に，以下の8つの語句を必ず一度は用い，その語句の部分に下線を付しなさい。

ウェストファリア条約	国際連盟	十四カ条
『戦争と平和の法』	総力戦	徴兵制
ナショナリズム	平和に関する布告	

第 2 問

インド洋世界の中心に位置するインド亜大陸は，古来，地中海から東南アジア・中国までを結ぶ東西海上交通の結節点をなし，また，中央ユーラシアとも，南北にのびる陸のルートを通じてつながりを持ち続けてきた。以上の背景をふまえて，次の3つの設問に答えなさい。解答にあたっては，解答欄(ロ)を用い，設問ごとに行を改め，冒頭に(1)〜(3)の番号を付して記しなさい。

問(1)　インド亜大陸へのイスラームの定着は海陸両方の経路から進行した。そのうち，カイバル峠を通るルートによる定着過程の，10世紀末から16世紀前半にかけての展開を，政治的側面と文化的側面の双方にふれながら4行以内で説明しなさい。

問(2)　インド洋地域で，イギリスやフランスの東インド会社は，インド綿布を中心にした貿易活動から植民地支配へと進んだ。18世紀半ば頃のイギリス東インド会社によるインドの植民地化過程を，フランスとの関係に留意して4行以内で説明しなさい。

問(3)　ヨーロッパ列強にとって，インドにつらなるルートの重要性が増していくなかで，ヨーロッパとインド洋を結ぶ要衝であるエジプトは，次第に国際政治の焦点となっていった。18世紀末から20世紀中葉にいたるエジプトをめぐる国際関係について，以下の語句のすべてを少なくとも1回用いて，4行以内で説明しなさい。

ナポレオン　　　スエズ運河　　　ナセル

第 3 問

世界史上，政治的な統合のあり方は多様であった。帝国や同盟的連合など，その形態には，近代の国民国家とは異なるさまざまな特徴がみられた。こうした政治的な統合の諸形態に関連する以下の設問(1)〜(10)に答えなさい。解答は，解答欄(ハ)を用い，設問ごとに行を改め，冒頭に(1)〜(10)の番号を付して記しなさい。

問(1)　鉄製の武器や戦車の使用で強大化したアッシリアは，前7世紀にオリエント全土を支配する大帝国を築いた。その首都の名(a)を，(a)の記号を付して記しなさい。また，その位置として正しいもの(b)を地図上の(ア)〜(オ)の中から選び，(b)の記号を付して記しなさい。

問(2)　地中海と黒海を結ぶ要衝の地にあるイスタンブールは，起源をたどれば前7世紀に［(a)］人によって建設された都市であった。文中の［(a)］に入る語と，この都市の建設当初の名(b)を，(a)・(b)の記号を付して記しなさい。

問(3)　中国の春秋時代には，覇者と呼ばれる有力者が「尊王攘夷」を唱えて盟約の儀式を主宰したといわれる。「尊王攘夷」とは何のことか。ここでいう「王」とは何かを含めて，1行以内で説明しなさい。

問(4)　ローマ帝国の首都ローマには各地の属州からさまざまな物資がもたらされ，その繁栄を支えた。なかでもエジプトはローマの穀倉として重要であった。このエジプトを属州とする際にローマが倒した王朝の名を記しなさい。

問(5)　イスラーム教徒は，ムハンマドの布教開始から1世紀もたたないうちに，広大なイスラーム帝国を樹立した。しかしその後，しだいに地域的な王朝が分立していった。イベリア半島では，8世紀後半に，［(a)］を王都とする王朝が出現し，独自のイスラーム文化を開花させた。文中の［(a)］に入る都市の名と，この王朝の名(b)を，(a)・(b)の記号を付して記しなさい。

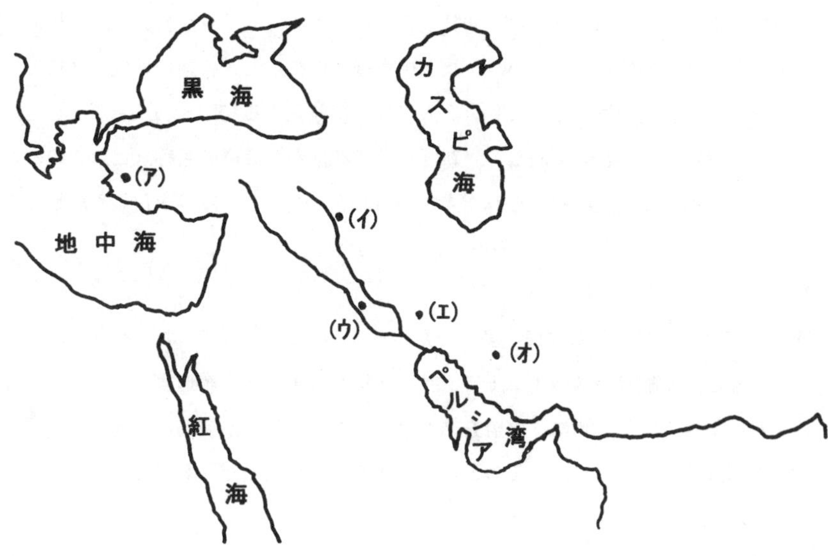

問(6)　遊牧民族の国家は，諸軍事集団の連合体という性格が強く，君主(ハン)の選定や遠征の決定など重要な事項が有力者の合議によって定められた。チンギス=ハンの即位の際にも開かれたこのような会議をモンゴル語で何と呼ぶか，記しなさい。

問(7)　帝政時代の中国の政治体制は中央集権的な官僚統治体制と言われるが，皇帝の一族や勲功のあった者に「王」の称号を与えて領地を世襲的に統治させることもしばしば見られた。明代初期に燕王として北平に封ぜられ，のち反乱を起こして皇帝の位を奪った人物は誰か。皇帝としての通称でその名を記しなさい。

問(8)　13世紀後半に，ドイツは皇帝のいない「大空位時代」を迎えた。その後，有力諸侯を選帝侯とし，彼らの選挙によって皇帝を選ぶ原則が定められた。その原則を定めた文書の名(a)と，それを定めた皇帝の名(b)を，(a)・(b)の記号を付して記しなさい。

問(9)　中世ヨーロッパでは，ローマ教皇を頂点とするカトリック教会が，宗教的な普遍権威として存在していた。だが中世後期になると，各国の地域的な独立性が増して教皇の権威は弱まり，3人の教皇が並立する「教会大分裂」が生じた。この「教会大分裂」を克服して，新たな教皇を選んだ会議の名称(a)と，このときに異端として火刑に処せられた人物の名(b)を，(a)・(b)の記号を付して記しなさい。

問(10)　プロテスタント系住民が多かったネーデルラント北部では，16世紀後半に入ると，支配者のスペイン王フェリペ2世が大規模な宗教迫害を行なった。それに対して北部7州は，同盟を結んで反乱を起こし，最終的には連邦制の国家を形成するにいたった。このときに，北部7州が結んだ同盟の名称を記しなさい。

2005年

解答時間：2科目150分
配　　点：120点

第 1 問

人類の歴史において，戦争は多くの苦悩と惨禍をもたらすと同時に，それを乗り越えて平和と解放を希求するさまざまな努力を生みだす契機となった。

第二次世界大戦は1945年に終結したが，それ以前から連合国側ではさまざまな戦後構想が練られており，これらは国際連合など新しい国際秩序の枠組みに帰結した。しかし，国際連合の成立がただちに世界平和をもたらしたわけではなく，米ソの対立と各地の民族運動などが結びついて新たな紛争が起こっていった。たとえば，中国では抗日戦争を戦っているなかでも国民党と共産党の勢力争いが激化するなど，戦後の冷戦につながる火種が存在していた。

第二次世界大戦中に生じた出来事が，いかなる形で1950年代までの世界のありかたに影響を与えたのかについて，解答欄(イ)に17行以内で説明しなさい。その際に，以下の8つの語句を必ず一度は用い，その語句の部分に下線を付しなさい。なお，EECに付した(　　)内の語句は解答に記入しなくてもよい。

大西洋憲章	日本国憲法	台　湾
金日成	東ドイツ	EEC(ヨーロッパ経済共同体)
アウシュヴィッツ	パレスチナ難民	

2005

第 2 問

ギリシア人はみずからをヘレネスとよび，その国土をヘラスとよんでいた。アレクサンドロス大王の東征以後，ギリシア風の文化・生活様式はユーラシア西部に広く普及し，その後の世界にも大きな足跡を残している。このヘレニズムとよばれる文明の影響に関連する以下の3つの問いに答えなさい。解答は，解答欄(ロ)を用い，設問ごとに行を改め，冒頭に(1)～(3)の番号を付して記しなさい。

問(1)　オリエントあるいは西アジアに浸透したヘレニズム文明は，さらにインドにも影響を及ぼしている。とりわけ，1世紀頃から西北インドにおいてヘレニズムの影響を受けながら発達した美術には注目すべきものがある。その美術の特質について，3行以内で説明しなさい。

問(2)　ギリシア語が広く共通語として受容されたことは，その後の古代地中海世界における学問・思想のめざましい発展を促すことになった。それらはやがてイスラーム世界にも継承されている。このイスラーム世界への継承の歴史について，中心となった都市をとりあげながら，3行以内で説明しなさい。

問(3)　ビザンツ世界やイスラーム世界と異なり，中世の西ヨーロッパは古代ギリシアやヘレニズムの文明をほとんど継承しなかった。ギリシア・ヘレニズムの学術文献が西ヨーロッパに広く知られるようになるのは，12世紀以降である。これらの学術文献はどのようにして西ヨーロッパに伝わったのか。3行以内で説明しなさい。

第 3 問

人間はモノを作り，交換し，移動させながら，生活や文化，他者との関係を発展させてきた。こうした人間とモノとの関わり，モノを通じた交流の歴史に関連する以下の設問(1)〜(9)に答えなさい。解答は，解答欄(ハ)を用い，設問ごとに行を改め，冒頭に(1)〜(9)の番号を付して記しなさい。

問(1)　鉄製武器を最初に使用したことで知られるヒッタイトの滅亡は，製鉄技術が各地に広まる契機となった。ヒッタイトを滅ぼした「海の民」の一派で，製鉄技術をパレスチナに伝えた民族の名称(a)と，この民族を打ち破って，この地を中心に王国を発展させた人物の名(b)を，(a)・(b)の記号を付して記しなさい。

問(2)　文字の種類や書体と，書写の道具や材料との間には密接な関係がある。図版Aは紀元前8世紀のアッシリアの壁画に描かれた書記の図で，おのおの左手に粘土(a)とパピルス(b)を持ち，2つの公用語で記録をとっている。それぞれの材料に記された文字の名称を，(a)・(b)の記号を付して記しなさい。

問(3)　古代中国では，広域的交易網が活発に利用されるにつれ，図版Bに示したような中国史上最初の金属貨幣が出現した。この種の貨幣を用いていた国家は複数あり，覇権を争っていた。その複数の国家のうちから任意の3つを選び，その名称を漢字で記しなさい。

問(4)　古代より西方ではパピルスや羊皮紙などが書写材料として用いられていた。一方，中国では漢の時代のある宦官が，高価な絹や，かさばる竹簡・木簡に代わって，樹皮や麻くず，魚網を混ぜ合わせた比較的良質な紙を作ったとされている。この人物の名を記しなさい。

図版A

図版B

問(5)　前近代の社会では，動物や人間も消耗品的なモノの一種として扱われることが少なくなかった。南インドには，この地で繁殖することのむずかしい軍用の動物が，アラビアやイランから海路で継続的に輸入された。この動物の名称(a)と，この交易について13世紀に記録を残したイタリア商人の名(b)を，(a)・(b)の記号を付して記しなさい。

問(6)　図版Cは画家ヤン・ファン・アイクが1434年に制作した油彩画で，これにはネーデルラントの都市ブリュージュ(ブルッヘ)に派遣されたメディチ家の代理人とその妻の結婚の誓いが描かれている。この時代のネーデルラントは，イタリア諸都市と並んで，この絵の中にも描かれているあるモノの生産で栄えたが，やがてその生産の中心はイギリスへ移っていった。この製品の名称を記しなさい。

問(7)　人々はさまざまな農具を開発し，工夫をこらして自然に働きかけ，耕地を増やしてきたが，中国では，そうした営みが書物の形で提供され，やがて膨大な蓄積を誇るようになった。図版Dに示したのは，明代の農書に掲載された道具で，起源は古い。古代以来の蓄積と内外の新しい知見をまとめて成ったこの農書の名称(a)と，その編者の名(b)を，(a)・(b)の記号を付して記しなさい。

問(8)　アジア各地よりヨーロッパに輸出された陶磁器は，食器としての用途の他に美術品としてもおおいに人気を博し，模倣品の製作を促した。図版Eはそのうちの1つで，明が滅びて中国からの輸入が激減した17世紀の後半に，代替品として生まれたデルフト焼の皿である。このモデルとなった中国陶磁器の生産中心地の都市名を漢字で記しなさい。

図版C

図版D

図版E

問(9)　ロンドンやパリのような都市では，17世紀頃から，海外のプランテーションなどで生産された飲食物が流行し，それらをたしなむ社交場が出現した。18世紀に入ると，そこには学者や文人，商人たちが多く集まり，政治を語り，芸術を論じた。またそこでの情報交換を通じて，身分を越えた世論の形成が促された。この社交場の名称を記しなさい。

（編集の都合上，図版A・B・D・Eは類似したものに変更しました。）

2004年

解答時間：2科目150分
配　　点：120点

第 1 問

1985年のプラザ合意後，金融の国際化が著しく進んでいる。1997年のアジア金融危機が示しているように，現在では一国の経済は世界経済の変動と直結している。世界経済の一体化は16，17世紀に大量の銀が世界市場に供給されたことに始まる。19世紀には植民地のネットワークを通じて，銀行制度が世界化し，近代国際金融制度が始まった。19世紀に西欧諸国が金本位制に移行するなかで，東アジアでは依然として銀貨が国際交易の基軸貨幣であった。この東アジア国際交易体制は，1930年代に，中国が最終的に銀貨の流通を禁止するまで続いた。

以上を念頭におきながら，16－18世紀における銀を中心とする世界経済の一体化の流れを概観せよ。解答は，解答欄(イ)を使用して，16行以内とし，下記の8つの語句を必ず1回は用いたうえで，その語句の部分に下線を付せ。なお(　　)内の語句は記入しなくてもよい。

グーツヘルシャフト(農場領主制)，　一条鞭法，　価格革命，　綿織物，
日本銀，　東インド会社，　ポトシ，　アントウェルペン(アントワープ)

第 2 問

地中海東岸からアラビア半島にかけての地域で，ユダヤ教，キリスト教，イスラーム教という3つの一神教が誕生した。これらの宗教と西アジア・地中海沿岸地域の国家や社会は，密接な関わりを持った。このことに関連する以下の3つの問いに答えよ。解答は，解答欄(ロ)を用い，設問ごとに行を改め，冒頭に(1)～(3)の番号を付して記せ。

問(1)　新王国時代のエジプトから，ヘブライの民とよばれる人々は，モーセに率いられて脱出し，やがてパレスティナに定住の地を見出したという。前10世紀頃，ソロモン王の時代には栄華をきわめた。その後の数百年の間に，ヘブライ人は独自のユダヤ教を築きあげた。その成立過程について，彼らの王国の盛衰との関わりを考慮しながら，4行以内で説明せよ。

問(2)　キリスト教世界は8世紀から11世紀にかけて東西の教会に二分された。その2つの教会のいずれか一方と関わりの深いビザンツ帝国と神聖ローマ帝国とでは，皇帝と教会指導者との関係が大きく異なっている。11世紀後半を念頭において，その違いを4行以内で説明せよ。

問(3)　カリフとは「代理人」の意味で，預言者ムハンマドの没後，その代理としてムスリム共同体(ウンマ)の指導者となった人のことを指す。単一のカリフをムスリム共同体全体の指導者とする考えは近代に至るまで根強いが，政治権力者としてのカリフの実態は初期と後代では異なっていた。7世紀前半と11世紀後半を比較し，その違いを3つあげて4行以内で説明せよ。

第 3 問

書物の文化は，製作方法の改良や識字率の高まりなどの影響で，時代とともに大きく変化してきた。このような書物の文化の歴史に関連する以下の設問(1)〜(10)に答えよ。解答は，解答欄（ハ）を用い，設問ごとに行を改め，冒頭に(1)〜(10)の番号を付して記せ。

問(1)　書物は思想の倉庫であるため，しばしば思想の統制をはかろうとする者たちの破壊の対象となった。秦代の中国で起こった焚書はその典型である。この時，統制をはかろうとした宰相らが依拠していた学派の名前を記せ。

問(2)　宗教の発展には典籍による教義の研究が大きな役割を果たしている。仏典を求めて，インドへ渡った玄奘らがその目的を果たしえたのは，教義を研究する僧院がそこにあったからである。この僧院の名称を記せ。

問(3)　宋代の印刷文化は儒教の典籍を中心としたが，それは科挙制の重要性が増したことと密接に関係していた。朱熹によって重視されたため，科挙試験対策に必修のものとなった経典の総称を記せ。

問(4)　韓国の海印寺には，13 世紀に作られ，ユネスコの世界文化遺産に登録された 8 万枚をこえる版木がある。この版木による印刷物の名称を記せ。

問(5)　近代になってから韓国の出版物の多くは，日本の漢字仮名交じりと同様に，漢字ハングル交じりで作成されてきたが，近年ではハングルのみとする傾向が強まっている。このハングルは 15 世紀の制定当時，どのように呼ばれていたのか，その名称を記せ。

問(6)　15世紀中頃のヨーロッパで発明されたこの技術によって，それまでの写本と比べて，書物の値段が大幅に安くなり，書物の普及が促進された。この技術(a)の名称と発明者(b)の名前を(a)，(b)を付して記せ。

問(7)　1520年代初めにドイツ語に翻訳された聖書を普及させるうえで，印刷工房が大きな役割を果たした。この翻訳を行った人物の名前を記せ。

問(8)　かつて，書かれる言葉と話される言葉とは区別されるべきものであった。中国においても，20世紀になると，そのような考えを打ち破って，書かれる言葉こそ話される言葉と一致すべきであるとの主張が盛んになった。そのような主張を掲載した代表的な雑誌名を記せ。

問(9)　1920年代のアメリカ合衆国では，新聞や雑誌の発行部数が急速にのびたが，その背景には大量生産・大量消費時代の到来があった。この時代に導入された代表的な大量生産方式の名称を記せ。

問(10)　第二次世界大戦中，アメリカ合衆国で新しい技術の開発が始められた。1980年代になると，この技術に基づいてインターネットなどを利用した新しい出版の形態が生み出された。この技術の名称を記せ。

2003年

解答時間：2科目150分
配　　点：120点

第 1 問

私たちは，情報革命の時代に生きており，世界の一体化は，ますます急速に進行している。人や物がひんぱんに往きかうだけでなく，情報はほとんど瞬時に全世界へ伝えられる。この背後には，運輸・通信技術の飛躍的な進歩があると言えよう。

歴史を振り返ると，運輸・通信手段の新展開が，大きな役割を果たした例は少なくない。特に，19世紀半ばから20世紀初頭にかけて，有線・無線の電信，電話，写真機，映画などの実用化がもたらされ，視聴覚メディアの革命も起こった。またこれらの技術革新は，欧米諸国がアジア・アフリカに侵略の手を伸ばしていく背景としても注目される。例えば，ロイター通信社は，世界の情報をイギリスに集め，大英帝国の海外発展を支えることになった。一方で，世界中で共有される情報や，交通手段の発展によって加速された人の移動は，各地の民族意識を刺激する要因ともなった。

運輸・通信手段の発展が，アジア・アフリカの植民地化をうながし，各地の民族意識を高めたことについて，下記の9つの語句を必ず1回は用いながら，解答欄(イ)を用いて17行以内で論述しなさい。

スエズ運河	汽　船	バグダード鉄道
モールス信号	マルコーニ	義和団
日露戦争	イラン立憲革命	ガンディー

第 2 問

人類は，その初期から現代にいたるまでの長い歴史において，先行して存在した多様な文化を摂取，継承したうえで，新たな文化を創造し，次の世代へと伝えてきた。このことに関連する以下の設問(1)〜(10)に答えよ。解答は解答欄(ロ)を用い，設問ごとに行を改め，冒頭に(1)〜(10)の番号を付して記せ。

(A)　ヨーロッパ人は，古代ギリシア・ローマの文化をヨーロッパ文化の源流のひとつとみなし，それを古典古代と呼んだ。ギリシアとローマの思想，文化を後のヨーロッパが受容していったことに関連する以下の問いに答えよ。

問(1)　カロリング朝のフランク王国では，各地から学識ある聖職者が宮廷に招かれ，ラテン語文化が復興した。そのさい，聖書などの写本作成に尽力したイギリス出身の人物の名と，彼を宮廷に招いた王の名を記せ。

問(2)　平面幾何学を大成させたエウクレイデス(ユークリッド)が，研究活動を行った都市名を記せ。また彼の著作が，アラビア語訳からラテン語に翻訳されたのは，何世紀か。

問(3)　西欧中世の学問は，アラビア語やギリシア語からラテン語への翻訳活動により飛躍的に発展した。古代の哲学者 ① の論理学や自然学の著作の翻訳は，西欧に大きな影響を与え，また彼の著作を注釈したコルドバ生まれの哲学者 ② の著作の翻訳も，西欧の学問を発展させた。
文中の ① ， ② に入る人物の名を記せ。

問(4)　ルネサンス期のイタリアでは，古代の建築を模倣した教会が多く建てられた。そうした教会建築のうち，フィレンツェで建てられた大聖堂の名と，そのドームを設計した建築家の名を記せ。

2003

問(5)　イタリア戦争はルネサンス期に半世紀以上にわたってくりひろげられた。この戦争の誘因となったイタリアの政治状況について2行以内で記せ。

問(6)　ドイツ生まれのある考古学者は，少年時代に愛読した叙事詩中の出来事が史実を反映していると信じて，小アジアのトロヤ(トロイア)を発掘した。この考古学者の名と叙事詩の作者の名を記せ。

(B)　インドと中国は，古代以来相互に影響をあたえつつ独自の文化をはぐくみ，日本を含む周囲の地域に大きな影響を残してきた。このことに関連する以下の問いに答えよ。

問(7)　儒教は古代中国におこり，東アジアで広く研究されてきた思想である。漢王朝のときに国教としての地位を築き，宋王朝のときに新しい体系化がなされた。この体系化のさきがけをなした北宋の思想家で，南宋の思想家に影響を与えた人物を一人あげよ。また，この新しい儒教は，その後中国でどのように扱われたか，一行以内でまとめよ。

問(8)　道教は，仏教に刺激され，民間信仰と神仙思想に古来の［　①　］思想を取り込んでできた宗教である。この思想が説いた内容は，漢字4字で［　②　］と表現できる。

文中の［　①　］，［　②　］に入る語句を記せ。

問(9)　グプタ朝時代のインドは，古典文化の黄金期で，サンスクリット文学が栄えた。この時代の王チャンドラグプタ2世の宮廷詩人で，戯曲「シャクンタラー」を残した作者の名をあげよ。また，このころ完成した叙事詩の名前を一つだけあげよ。

問(10)　7世紀に入ると，チベットに古代統一王朝が現れた。この王朝の下で，後世に残されるこの地域の文字がはじめて作られ，新たに取り入れた仏教と固有の民間信仰とを融合させた独自の宗教が生まれた。この統一王朝を中国の史書では何と称したか。その名称を漢字で記せ。

第 3 問

近世から19世紀までに人類は，産業革命とならんで，海上や陸上の交通手段の飛躍的な発展を体験した。その発展は，人や物の大規模な移動をひき起し，世界各地の人びとの暮らしに大きな影響を与えた。しかし交通手段の発展は，その支配をめぐって国際紛争をひきおこす原因ともなった。そこで以下の設問(1)～(10)に答えよ。解答は，解答欄(ハ)を用い，設問ごとに行を改め，冒頭に(1)～(10)の番号を付して記せ。

問(1)　近代以前にあっては航海術の水準は，ヨーロッパもアジアもさほどの違いはなかった。すでに15世紀の明代中国は，インド洋を越えてアフリカ東海岸まで進出するほどの航海術や造船技術を持っていた。その時代に大艦隊を率いて大遠征をおこなった中国の人物の名を記せ。

問(2)　モンゴル帝国では，首都から発する幹線道路沿いに約10里間隔で駅が設けられ，駅周辺の住民に対して，往来する官吏や使臣への馬や食料の供給が義務づけられていた。この制度によって帝国内の交通は盛んになり，東西文化の交流も促された。この制度の名称を記せ。

問(3)　1498年に喜望峰を回航したバスコ・ダ・ガマ船団を迎えたのは，マリンディ，モンバサなど，東アフリカの繁栄する商港群であった。それらはインド洋・アラビア海・紅海にまたがって広がるムスリム商人の海上貿易網の西の末端をなしていた。これらムスリム商人が使っていた帆船の名を記せ。

問(4)　18～19世紀は「運河時代」と呼ばれるように，西ヨーロッパ各地で多くの運河が開削され，19世紀の鉄道時代の開幕まで産業の基礎をなした。ブリッジウォーター運河が，最初の近代的な運河である。それは，イギリス産業革命を代表するある都市へ石炭を運搬するために開削された。その都市の名称を記せ。

問(5)　1807年に，北米のハドソン川の定期商船として，世界で初めて商業用旅客輸送汽船が建造された。これを建造した人物の名を記せ。また1819年に，補助的ではあったが蒸気機関を用いてはじめて大西洋横断に成功した船舶の名称を記せ。

問(6)　1869年に開通した大陸横断鉄道を正しく示しているのは，図の(a)～(e)のどれか。１つを選び，その記号を記せ。

問(7)　1883年10月4日にパリを始発駅として運行を開始したオリエント急行は，ヨーロッパ最初の国際列車であり，近代のツーリズムの幕開けを告げた。他方で，終着駅のある国にとっては，その開通はきびしい外圧に苦しむ旧体制が採用した欧化政策の一環であった。オリエント急行の運行開始時のこの国の元首の名と，終着駅のある都市の名を記せ。

問(8)　アジア地域における大量交通手段は，欧米から技術と資本を導入して建設されることになり，そのためしばしば欧米列強の内政干渉の口実と，経済支配の手段にもなった。欧米列強が清朝末期に獲得した交通手段に関係する権利を一つ，その名称を記せ。

問(9)　1891年に始まったシベリア鉄道の建設は，日露戦争のさなかの1905年に終った。このシベリア鉄道の起点をウラルのチェリャビンスクとすると，終点のある都市はどこか。その名称を記せ。

問(10)　ロンドンの地下鉄は1863年に開通したが，蒸気機関を使っていたためにその経路は地表すれすれの浅い路線に限られていた。1890年に画期的な新技術が採用され，テムズ川の川底を横切る新路線が開通した。ひきつづき同じ技術を用いてパリに1900年，ベルリンに1902年，ニューヨークに1904年にそれぞれ地下鉄が設けられた。その画期的な新技術とは何か。その名称を記せ。

2002年

解答時間：2科目150分
配　　点：120点

第 1 問

世界の都市を旅すると，東南アジアに限らず，オセアニアや南北アメリカ，ヨーロッパなど，至る所にチャイナ・タウンがあることに驚かされる。その起源を探ると，東南アジアの場合には，すでに宋から明の時代に，各地に中国出身者の集住する港が形成され始めていた。しかし，中国から海外への移住者が急増したのは，19世紀になってからであった。その際，各地に移住した中国人は低賃金の労働者として酷使されたり，ヨーロッパ系の移住者と競合して激しい排斥運動に直面したりした。たとえば，米国の場合，1882年には新たな中国人移民の流入を禁止する法律が制定された。米国がこのような中国人排斥法を廃止したのは第二次世界大戦中のことであり，大戦後にはふたたび中国からの移住者が増加した。

上述のような経緯の中で，19世紀から20世紀はじめに中国からの移民が南北アメリカや東南アジアで急増した背景には，どのような事情があったと考えられるか，また海外に移住した人々が中国本国の政治的な動きにどのような影響を与えたか，これらの点について，解答欄(イ)を用いて15行以内で述べよ。なお，以下に示した語句を一度は用い，使用した場所に必ず下線を付せ。

植民地奴隷制の廃止　　サトウキビ・プランテーション
ゴールド・ラッシュ　　海　禁　　アヘン戦争
海峡植民地　　利権回収運動　　孫　文

第 2 問

次に述べるX，Y，Zは，19世紀以降まで数世紀にわたり存続したアジアの大王朝である。これらの王朝には，独自性と共通性がみられたが，それらに関し，以下の(1)〜(12)の設問をよく読み，各設問に答えよ。解答は，解答欄(ロ)を用い，設問ごとに行を改め，冒頭に(1)〜(12)の番号を付して記せ。

(A)　各王朝は，それぞれ本拠地を移動させながら，形成され発展した。

問(1)　Xの本拠地について，移動前と移動後の地点を地図中の記号から選び，ア→イのように記せ。

問(2)　Yは，16世紀前半に前王朝をこの地の戦いで撃破し，自己の王朝を創始した。その戦いの地の位置を地図中の記号で示せ。

問(3)　Zが崩壊した後に，Zの支配民族は共和国をつくった。Zの首都の位置と新たな共和国の首都の位置を，地図上の記号でア→イのように記せ。

(B)　各王朝は，被支配者の信仰や宗教や慣習について，時には融和策で，時には弾圧策で臨んだ。

問(4)　Xは，反抗する思想の統制と並行して，大叢書を編集した。その叢書の名前を記せ。

問(5)　Yは，16〜17世紀の間に宗教政策を大きく変えた。その変化を，関係する二人の皇帝の名を用い，3行以内で説明せよ。

問(6)　Zには，異教徒処遇の制度があった。その通称を記し，特徴を，2行以内で説明せよ。

(C)　3王朝には，それぞれ少数民族が広大な領域を支配するという共通性があった。

問(7)　Xは，自己の軍事組織を支配地域に拡大した。それら軍事組織の構成員に対して与えられた土地の名称を記せ。

問(8)　YとZには，それぞれジャーギール制，ティマール制と呼ばれる類似の制度がみられた。両者の共通の特徴を2行以内で記せ。

(D)　各王朝には，支配に反抗する動きが見られた。

問(9)　Xの統治の初期に，大きな反乱が生じた。この反乱の名称の由来となった地域を，すべて地図中の記号から選んで記せ。

問(10)　Yの統治に対して，17世紀後半に強く抵抗した王国があった。その本拠地の位置を，地図中の記号で示せ。

問(11)　Zの支配下では，18世紀に宗教的復古主義を唱える宗派が王国建設運動をおこした。その運動の中心地を，地図中の記号で示せ。

問(12)　これらの動きの対象となった3つの王朝名を，それぞれにX，Y，Zの記号を付して記せ。

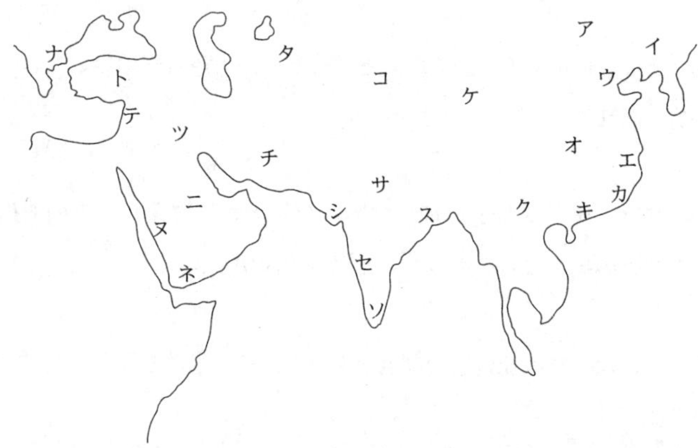

第 3 問

文明は都市の誕生とともに始まったといわれる。人間の歴史上に花開いた文明が多様であるように，都市もまた地域や時代によって様々な形態や機能をもち，変貌し続けている。都市に関する以下の設問(1)〜(10)に答えよ。解答は，解答欄(ハ)を用い，設問ごとに行を改め，冒頭に(1)〜(10)の番号を付して記せ。

問(1)　広大なローマ帝国内には多くの都市が建設された。それらの都市のなかには，今日まで栄えているものも少なくない。以下の(a)〜(d)の文章の中から，起源がローマ帝国の時代に遡る都市について書いたものを2つ選んで，その記号と都市名をそれぞれ記せ。

(a)　サン=バルテルミ祭日に，多くの新教徒がこの都市で殺された。

(b)　ナポレオンは，この都市で大陸封鎖令を発した。

(c)　第一回オリンピック大会が，この都市で開催された。

(d)　ムハンマド=アリーは，この都市で開かれた会議でエジプト総督の地位の世襲を認められた。

問(2)　次の地図上の記号カはシラクサ，クはミレトスを示しており，いずれも古代ギリシア人が建設した都市であった。同じく古代ギリシア人が建設した都市を2つ，地図上の記号ア〜コ(カとクを除く)の中から選び，その記号と都市名をそれぞれ記せ。

地　図

図版　A

図版　B

図版　C

（編集の都合上，図版A・Bは類似したものに変更しました。）

問(3)　歴史上，首都の名称がそのまま国名として通用している例は少なくない。3世紀にローマの勢力が後退した機をとらえて，紅海からインド洋へかけての通商路を掌握して発展したアフリカの国(a)もその1つである。(a)の商人は，同じくインド洋で活動していたアジアの国(b)の商人と，インドの物産や中国から運ばれてくる絹の購入を巡って競い合った。この2つの国の首都の名称を，それぞれ(a)(b)の記号を付して記せ。

問(4)　図版Aに示したのは，10世紀に創建されたマドラサから発展した大学である。この大学が所在する都市名(a)と，これに対抗する形で東方各地の都市に設立されたマドラサの名称(b)を，それぞれ(a)(b)の記号を付して記せ。

問(5)　西ヨーロッパでは，9世紀後半から10世紀前半まで都市城壁の建設や再建が活発に行われた。この時代に北西ヨーロッパの諸集落を襲い，城壁建設を促す要因をつくった人々の呼称(a)と，彼らが北西ヨーロッパにつくった国の名称(b)を，それぞれ(a)(b)を付して記せ。

問(6)　西ヨーロッパでは，中世盛期以降多くの都市に大学が創設された。このうち，当初から学生団体が大学運営の主体となった先駆的な大学がおかれたイタリアの都市名(a)と，この自治的な学生団体の呼称(b)を，それぞれ(a)(b)を付して記せ。

問(7)　図版Bは16世紀の城壁をもった都市を示している。このような突き出た稜堡(りょうほう)をもった城壁は，16世紀以降さかんにつくられた。戦術を一変させ，こうした城壁をつくらせた理由はなにか。10字以内で答えよ。

問(8)　図版Cの都市は，地中海沿岸の潟湖(ラグーナ)の島上にある。中世後期に東方と西方を結ぶ商業港として栄えたこの都市の名称を記せ。また当時から今日まで，この都市の特産品として有名なのは次のどれか。1つを選び，その記号を記せ。

a　刀剣類　　b　毛織絨毯（じゅうたん）　　c　加工ダイヤモンド
d　ガラス工芸品　　e　手描き更紗（さらさ）

問(9)　宗教改革の一大拠点となり，「プロテスタントのローマ」と呼ばれたレマン湖畔の都市名を記せ。またこの都市出身で，自然を重んじ文明化を批判した啓蒙思想家の名を記せ。

問(10)　次の表は，1750年ごろの都市人口を推定し，当時のヨーロッパ七大都市を示したものである。このうち(a)は商業・金融の中心として知られ，また(b)は16世紀と17世紀に，2度にわたり包囲された歴史をもつ。それぞれの都市名を，(a)(b)を付して記せ。

順位	都市名	推定人口
1	ロンドン	675 000
2	パ　リ	570 000
3	ナポリ	339 000
4	(a)	210 000
5	リスボン	185 000
6	(b)	175 000
7	マドリード	160 000

2001 年

解答時間：2 科目 150 分
配　　点：120 点

第 1 問

輝かしい古代文明を建設したエジプトは，その後も，連綿として 5000 年の歴史を営んできた。その歴史は，豊かな国土を舞台とするものであるが，とりわけ近隣や遠方から到来して深い刻印を残した政治勢力と，これに対するエジプト側の主体的な対応との関わりを抜きにしては，語ることができない。

こうした事情に注意を向け，

1）エジプトに到来した側の関心や，進出にいたった背景

2）進出をうけたエジプト側がとった政策や行動

の両方の側面を考えながら，エジプトが文明の発祥以来，いかなる歴史的展開をとげてきたかを概観せよ。解答は，解答欄の(イ)を使用して 18 行以内とし，下記の 8 つの語句を必ず 1 回は用いたうえで，その語句の部分に下線を付せ。

アクティウムの海戦，　イスラム教，　オスマン帝国，　サラディン，
ナイル川，　ナセル，　ナポレオン，　ムハンマド・アリー

第 2 問

20 世紀の戦争と平和に関連する以下の(A)〜(C)の文を読み，設問(1)〜(9)に答えよ。解答は解答欄(ロ)を用い，設問ごとに行を改め，冒頭に(1)〜(9)の番号を付して記せ。

(A)　20 世紀前半には，国際平和の確立や新しい国際秩序のための原則が，欧米諸国によって表明された。次の a 〜 c は，それに関連する宣言や条約の抜粋である。

a．「すべての国家に政治的独立と領土保全を相互に保障する目的で，全般的な諸国家の①連合組織が結成されなければならない」

b．「②本条約締結国は，国際紛争解決のため戦争に訴えることを非とすると宣言する」

c．「ナチズムの暴政が最終的に破壊された後，すべての国民にたいし，彼らの国境内において，安全で，恐怖と貧困から解放される生活を保障する講和が確立されることを，③両国は希望する」

問(1)　日本は下線部①の連合組織に参加し，後に脱退した。脱退の経緯を2行以内で記せ。

問(2)　下線部②の本条約とはなにか。その名称を記せ。

問(3)　下線部③の両国とはどこの国か。両国の国名を記せ。

(B)　20世紀の西アジアの歴史をふりかえってみると，現代の中東諸国の原型は第一次世界大戦後にできあがったことがわかる。しかし，戦後イギリスやフランスの委任統治下におかれたアラブ地域では，アラブ人の意志とは無関係に将来の国境線が画定され，とりわけイギリス統治下のパレスティナには多くの④ユダヤ人が入植してアラブ人の生存を脅かした。その結果として起こった⑤一連の戦争と紛争は，この地域の人々にはかりしれない打撃を与えた。1993年9月，紛争の当事者はワシントンで⑥歴史的な協定を結んだが，中東和平への道はなお容易ではない。

問(4)　下線部④に関連して，19世紀末からヨーロッパのユダヤ人の間には，パレスティナに帰還しようという政治的な運動が生まれた。この運動の名称を記せ。

問(5)　下線部⑤の戦争のなかには，1948年5月に始まった第一次中東戦争（パレスティナ戦争）がある。この戦争の結果どのようなことが起こったか，2行以内で説明せよ。

問(6)　下線部⑥の協定の名称を記せ。

(C)　第二次世界大戦後の米ソ両国の対立による「冷たい戦争」は，アジア・アフリカ諸国をさまざまな形で巻き込んだ。しかしその一方で，これらの国々のなかから，東西陣営のはざまで第三勢力を築く動きも起こった。この動きを代表するのが，1955年にインドネシアで開催されたアジア・アフリカ会議である。

問(7)　アジア・アフリカ会議で活躍した中国の有力政治家で，第三勢力結集のために重要な役割をはたした人物の名前を漢字で記せ。

問(8)　平和外交を主張していたインドは，アジア・アフリカ会議でも指導的な役割を担った。しかしインドは，ある地域の帰属問題をめぐって独立直後に隣国のパキスタンと激しく対立し，戦火を交えている。この地域の名称を記せ。

問(9)　やがて，アジア・アフリカ諸国のなかから，地域ごとのまとまりを基盤とした政治・経済協力機構が誕生した。その例として，1963年にアフリカ諸国により結成された組織の名称を記せ。

2001年　入試問題

第 3 問

近代以前の世界においても，商業交易はたんなる物の交換という性格をこえて，人々の社会や生活のありように深く影響をあたえる営みであった。それにより人々は新たな情報を獲得し，また異なる文化や思想にふれることができた。このような商業交易に関する以下の設問(1)〜(10)に答えよ。解答は，解答欄(ハ)を用い，設問ごとに行を改め，冒頭に(1)〜(10)の番号を付して記せ。

問(1)　東地中海で交易をはじめたフェニキア人は，前12世紀頃には西地中海まで進出するようになった。このころ，フェニキア本土において，彼らは主として2つの都市を拠点としていた。その2つの都市名を記せ。

問(2)　アケメネス朝ペルシアにおいては，交通網が整備され，国際交易がさかんになった。こうした交易活動にたずさわった商人は，主としてどのような人々であったか。次のなかから2つを選び，その記号を記せ。

a　アラム人　　b　カルデア人　　c　ギリシア人

d　シュメール人　　e　ヒッタイト人

問(3)　中国王朝が西域経営に乗り出す以前に，モンゴル高原を支配して中央アジアの交易路を握った騎馬民族がある。その民族の名称を漢字で記せ。

問(4)　4世紀以後，サハラ砂漠を越える交易がはじまり，地中海地域に西アフリカ産の金がもたらされ，西アフリカにはサハラ砂漠産の岩塩が運ばれるようになった。この交易活動を基盤として，8世紀までには西アフリカに王国が成立した。その国名を記せ。

問(5)　「海の道」は，季節風を利用して開かれた交通路である。7世紀にこの交通路を使って中国とインドの間を往復し，インドの仏典を中国にもたらした僧は誰か。その人名を記せ。

問(6)　紙は中国で発明され，西アジアを経てヨーロッパにもたらされた。そのきっかけは，東西交易の要地であった中央アジアをめぐって，8世紀に中国王朝とイスラム王朝の軍が衝突したことだとされている。このイスラム王朝の名称と戦いの名称を記せ。

問(7)　12世紀頃には，アルプス以北の地域でも商業交易が発展し，とくに北海・バルト海沿岸で大きな商業圏が成立した。この地域の都市は，商業権益を守るために，都市同盟を結成した。この都市同盟の盟主となったバルト海沿岸の都市名を記せ。

問(8)　モンゴル帝国の成立以来，東西の文化や宗教の交流がますますさかんになった。この広大な世界を旅し，『三大陸周遊記』を書いた人物(a)は誰か。また，ローマ教皇によりモンゴル帝国に派遣され，大都の大司教となった人物(b)は誰か。それぞれの人名を，(a)(b)を付して記せ。

問(9)　ポルトガルは，15世紀はじめから，新たな交易路を求めてアフリカ西岸の探検に乗り出していた。こうした活動の結果，初めてアフリカ南端の喜望峰にまで到達した人物がいる。その人名を記せ。

問(10)　16世紀，ポルトガルはそれまでイスラム商人が中心となっていたインド洋貿易圏に進出し，1510年にはインドの一都市(a)を，さらに翌年には東南アジアの一都市(b)を相次いで拠点とした。それぞれの都市名を，(a)(b)を付して記せ。

2000年

解答時間：2科目150分
配　　点：120点

第1問

大航海時代以降，アジアに関する詳しい情報がヨーロッパにもたらされると，特に18世紀フランスの知識人たちの間では，東方の大国である中国に対する関心が高まった。以下に示すように，中国の思想や社会制度に対する彼らの評価は，称賛もあり批判もあり，様々だった。彼らは中国を鏡として自国の問題点を認識したのであり，中国評価は彼らの社会思想と深く結びついている。

儒教は実に称賛に価する。儒教には迷信もないし，愚劣な伝説もない。また道理や自然を侮辱する教理もない。（略）四千年来，中国の識者は，最も単純な信仰を最善のものと考えてきた。（ヴォルテール）

ヨーロッパ諸国の政府においては一つの階級が存在していて，彼らこそが，生まれながらに，自身の道徳的資質とは無関係に優越した地位をもっているのだ。（略）ヨーロッパでは，凡庸な宰相，無知な役人，無能な将軍がこのような制度のおかげで多く存在しているが，中国ではこのような制度は決して生まれなかった。この国には世襲的貴族身分が全く存在しない。（レーナル）

共和国においては徳が必要であり，君主国においては名誉が必要であるように，専制政体の国においては「恐怖」が必要である。（略）中国は専制国家であり，その原理は恐怖である。（モンテスキュー）

これらの知識人がこのような議論をするに至った18世紀の時代背景，とりわけフランスと中国の状況にふれながら，彼らの思想のもつ歴史的意義について，解答欄(イ)を用いて15行以内で述べよ。なお，以下に示した語句を一度は用い，使用した場所には必ず下線を付せ。

イエズス会,	科　挙,	啓　蒙,	絶対王政,
ナント勅令廃止,	フランス革命,	身分制度,	文字の獄

第 2 問

統合と排除の動きは，民族や宗教などの違いによって各時代・各地域で繰り返し見られた。これに関連する以下の設問(1)〜(10)に答えよ。解答は解答欄(ロ)を用い，設問ごとに行を改め，冒頭に(1)〜(10)の番号を付して記せ。

(A)　下の表は中華人民共和国における 1990 年現在の少数民族統計の一部である。この表に関する以下の設問に答えよ。

民　族	人口数
① 蒙古族 Mongolian	4,802,407 人
② 回　族 Hui	8,612,001
③ 蔵　族 Tibetan	4,593,072
④ 維吾爾族 Uygur	7,207,024
⑤ 苗　族 Miao	7,383,622
⑥ 彝　族 Yi	6,578,524
⑦ 壮　族 Zhuang	15,555,820
⑧ 布依族 Bouyei	2,548,294
⑨ 朝鮮族 Korean	1,923,361
⑩ 満　族 Man	9,846,776

（中国国家統計局編『中国統計年鑑』1998 年版より）

2000

問(1)　①の民族の一部は，ロシア革命の影響下に起きた独立運動の結果，中国から独立した。この運動の中心になった組織の名を記し，その指導者の名を1名記せ。

問(2)　③の民族が居住するティベットでは，1959年に反乱が起こり，ダライ＝ラマ14世は国外に亡命した。その亡命先の国名を記せ。またダライ＝ラマという称号は14世紀のティベット仏教改革以後に生じたが，この改革を進めた派の名称を記せ。

問(3)　⑨の民族が中国に移住した原因の一つは，日本による朝鮮の植民地化・保護国化の動きだった。この動きに反対して起きた武力抗争の名称を記せ。また1919年の三・一運動後，この民族は中国内に臨時政府を立てたが，それが置かれた都市の名を記せ。

問(4)　乾隆帝の時代に作られた『五体清文鑑』という書物は，清の領域内で用いられた五つの文字の対照辞書である。それらのうち，漢字，ウイグル文字を除く三つの文字は，表の①～⑩のどの民族と関係が深かったか。民族名に付した番号で答えよ。

(B)　スペインによる征服以前，独自の文明を開花させていたメソアメリカやアンデスの諸地域は，16世紀以降植民地支配のもとに統合された。しかしながら，先住民・黒人・混血層はさまざまな差別を受けた。

問(5)　インカ帝国は文字をもたなかったが，アンデスの広大な領域を支配していた。この帝国の交通・情報手段について1行以内で記せ。

問(6)　征服後スペイン国王は，キリスト教の布教を条件に，征服者・植民者に先住民を委ね，労働力の徴発や貢納の強制を認めた。この制度の名称を記せ。またこの制度を批判し，『インディアスの破壊についての簡潔な報告』を著して先住民の人権を擁護するために尽力したドミニコ会修道士の名を記せ。

問(7)　植民地時代に用いられた(a)先住民と白人，(b)黒人と白人，との間に生まれた人々を示す名称をそれぞれ記せ。

(C)　ドイツに成立したナチス政権は，政治的反対派を排除しただけでなく，ユダヤ人などさまざまな少数派を迫害した。

問(8)　ナチスの党首ヒトラーを首相に任命した大統領の名を記せ。また首相となったヒトラーは，政府に立法権を委ねる法律を成立させて議会を無力化したが，この法律の名称を記せ。

問(9)　第二次世界大戦が始まりドイツの勢力圏が拡大するにつれて，ユダヤ人迫害の動きはヨーロッパ各地に広がった。ドイツに敗れたフランスは国土の大半を占領され，南部にはナチスに協力的な政権が成立した。ユダヤ人迫害にも加担したこの政権の名称を記せ。また国家元首としてこの政権を指導した人物の名を記せ。

問(10)　ドイツに併合・占領された国のなかで最も多くのユダヤ人が虐殺された国の名を記せ。またユダヤ人のなかには迫害を逃れてパレスティナへ移住する者も多かったが，イギリスは1939年5月，パレスティナに受け入れるユダヤ人の数を大幅に制限した。この制限がおこなわれたのはなぜか，1行以内で記せ。

第 3 問

地中海をとりまく地域を地中海世界とよべば，そこは古代オリエントの神々，そしてギリシア・ローマの神々の世界だった。そこから神は唯一であることを主張するユダヤ教が生まれ，やがてキリスト教・イスラム教という一神教が発展する。右の地図の①から㉔は地中海世界の宗教に関連する都市を示す。これらの都市に関する以下の設問(1)〜(10)に答えよ。解答は解答欄(ハ)を用い，設問ごとに行を改め，冒頭に(1)〜(10)の番号を付して記せ。

問(1)　新興国に征服され，強制移住させられたユダ王国の住民は，約50年後に解放された。移住先の都市の位置を地図の番号で答えよ。また解放した王朝名を記せ。

問(2)　オリンピアでは，前776年以来，4年に一度祭典が開催されていた。オリンピアの位置を地図の番号で答えよ。この祭典は後4世紀末に禁止された。その理由は何か，1行以内で答えよ。

問(3)　⑩の地で325年に開かれた公会議で決定したことを2行以内で答えよ。

問(4)　聖ベネディクトゥス（ベネディクト）は，ベネディクト会の母院とみなされる修道院を開き，修道士が守るべき戒律を定めた。この修道院が創設された世紀を記し，その位置を地図の番号で答えよ。

問(5)　⑪は東ヨーロッパに広がったキリスト教のある教会の中心だった。この教会とローマ・カトリック教会の分裂の経緯について2行以内で記せ。

問(6)　10世紀には，預言者ムハンマドの子孫であることを強調する君主がカリフを称した王朝があった。この王朝が同世紀後半に建設した新首都の名前を記し，その位置を地図の番号で答えよ。

2000年　入試問題

問(7)　11世紀の南イタリアには新たな勢力が侵入し，やがて12世紀前半にはイスラム教徒に寛容な王国を建設する。この王国名を記し，その首都の位置を地図の番号で答えよ。

問(8)　12世紀前半に，ベルベル人のイスラム改革運動により新王朝が建設される。この王朝名を記し，同世紀半ば以降その首都になった都市の位置を地図の番号で答えよ。

問(9)　⑦はユダヤ教，キリスト教，イスラム教の共通の聖地である。スンナ派イスラム王朝の君主は，12世紀末，この都市をキリスト教徒の手から奪い返した。このスンナ派王朝名と君主の名前を記せ。

問(10)　14世紀後半に始まる西方キリスト教会大分裂（大シスマ）は，15世紀はじめの公会議でようやく終結した。この公会議が開かれた都市名を記し，その位置を地図の番号で答えよ。

1999年

解答時間：2科目150分
配　　点：120点

第1問

ある地域の歴史をたどると，そこに世界史の大きな流れが影を落としていることがある。イベリア半島の場合もその例外ではない。この地域には古来さまざまな民族が訪れ，多様な文化の足跡を残した。とりわけヨーロッパやアフリカの諸勢力はこの地域にきわめて大きな影響を及ぼしている。このような広い視野のもとでながめるとき，紀元前3世紀から紀元15世紀末にいたるイベリア半島の歴史はどのように展開したのだろうか。その経過について解答欄(イ)に15行以内で述べよ。なお，下に示した語句を一度は用い，使用した語句に必ず下線を付せ。

カスティリア王国	カール大帝	カルタゴ	グラナダ
コルドバ	属　州	西ゴート	ムラービト朝

1999

第 2 問

以下の(A)〜(C)は15世紀〜20世紀の経済史に関する問題である。これを読んで，設問(1)〜(8)に答えよ。解答は解答欄(ロ)を用い，設問ごとに行を改め，冒頭に(1)〜(8)の番号を付して記せ。

(A)　次の図Aは，ヨーロッパ各地の生活物資の代表としての小麦の価格を集成したグラフである。期間は大航海時代に先立つ1450年から産業革命に先立つ1750年まで，縦軸は小麦100リットル当りの価格を銀の重量（グラム）であらわす（対数目盛り）。ヨーロッパの最高価格が網のかかった帯の上端に，最低価格が下端にあらわれ，この帯のなかにすべての地域の小麦価格がおさまる。15世紀から18世紀にかけて外の世界と交渉しつつ大きく成長したヨーロッパ経済の動向を考えながら，このグラフを読みとり，次の設問に答えよ。

問(1)　このグラフによれば，1500年から1600年の間にヨーロッパ全域で価格が上昇し，ほとんど3倍から4倍になっている。この現象を何とよぶか。漢字5字以内で答えよ。

問(2)　1450年のヨーロッパにおける小麦の最高価格と最低価格との比は6.8であったが，1750年の最高価格と最低価格との比は1.8に縮小している。このことの背景にはどのような変化があったか。2行以内で記せ。

問(3)　グラフ内の折れ線は，地中海沿岸a，北西ヨーロッパb，北東ヨーロッパcの代表的な都市における価格変動をしめす。中世末から近代にかけて経済活動の中心が移動したこと，aとbは17世紀前半に交差して相対的位置が交代していること，cはほとんど常にヨーロッパの最低値に近いことに注目しながら，この期間のヨーロッパの商工業と農業をめぐる地域間の関係について，3行以内で記せ。

図A

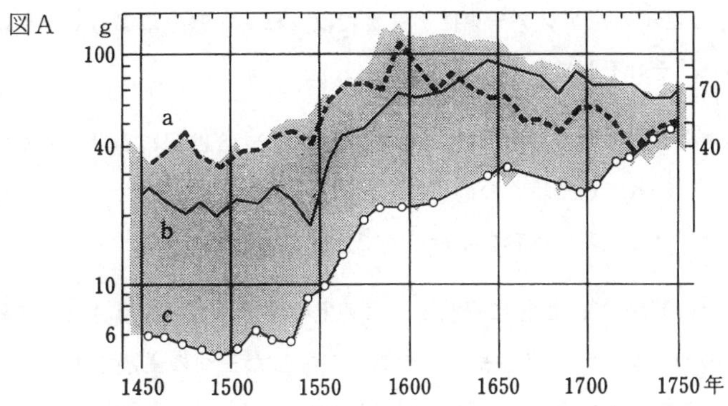

(B)　19〜20世紀の南アジアや東南アジアでは，生産と交易の形態は大きく変動した。

問(4)　次の表Aのa〜dは，1828〜60年度のインドの主な貿易相手国である。数値は，各相手国に関してインドの商品輸出額からインドへの商品輸入額を差し引いた貿易収支で，マイナスは輸入超過を示す。この表のaとbの二つの国との貿易収支に関して，この期間にみられる顕著な変動を生じさせた理由はなにか。a，bそれぞれの国の名称と主な取引商品に言及しつつ，4行以内で記せ。

表A　（単位　百万ルピー）

	a	b	c	d	その他
1828年度	18.9	21.0	4.8	4.5	8.5
1834年度	13.9	31.4	3.2	2.7	7.6
1837年度	15.1	40.6	7.2	3.0	4.9
1839年度	25.4	10.1	5.7	9.0	12.8
1850年度	− 2.4	53.6	1.8	2.2	10.7
1860年度	− 57.1	102.5	6.4	5.6	37.4

問(5)　19世紀後半から20世紀にかけては，南アジアや東南アジアでは，輸出向けの一次産品生産が発展し，そのために多数の労働者が海外から移動した。ビルマとマレー半島の2地域について，こうした特徴を持つ産品として最も重要なものを，両地域合わせて3品目挙げよ。解答は，ビルマについては(イ)，マレー半島については(ロ)の符号を付して，産品の名を記せ。

(C) 16世紀～19世紀の東アジアや東南アジアでは，様々な勢力によって交易の拠点が設けられ，それぞれ特色ある貿易が行われた。

問(6) 次の地図B上のaの港市では，16世紀後半から18世紀にかけて盛んな国際交易が行われていた。この港市の名を記せ。また，改行して，そこで行われていた交易の主要な内容を1行以内で述べよ。

問(7) 地図上のb島は17世紀に経済上，軍事上の要地として注目され，諸勢力の争奪の的となった。17世紀にこの島を支配した三つの主要な勢力に言及しつつ，その勢力の交替の過程を3行以内で述べよ。

問(8) 18世紀に地図上のc地点で，中国・ロシア間の国境と貿易方法を定める条約が結ばれた。この貿易を通じて中国に輸入された主な産品を一つ挙げよ。また，中国・ロシア間の東部国境線について，1800年時点と1900年時点での国境線を地図上のイ～ニのなかからそれぞれ一つ選び，「1800―ホ，1900―ヘ」のように記号で記せ。

図B

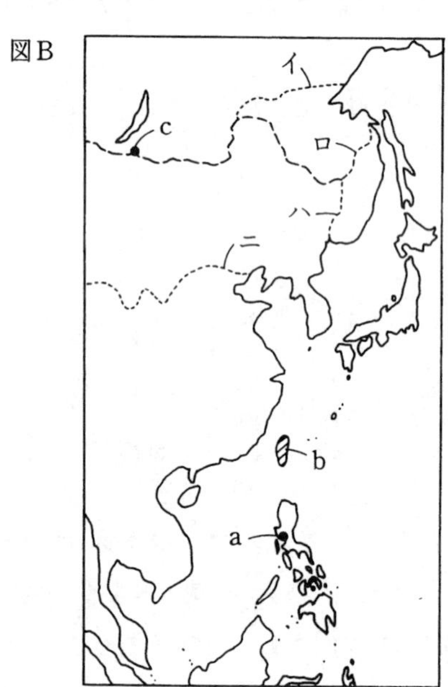

第 3 問

19〜20世紀の世界経済は，後発諸国家や後発地域の人々とその動向に大きな影響をあたえる一方，さまざまな対応を生み出し，他方で，新しい国際経済秩序を求める動きもよびおこした。これに関する問(1)〜(8)に答えよ。解答は解答欄(ハ)を用い，設問ごとに行を改め，冒頭に(1)〜(8)の番号，ａ，ｂの符号を付して記せ。

問(1)　アヘン戦争後に結ばれた南京条約で，清朝はイギリス人が開港場に居留することを認めた。その後，こうした外国人の居留地は清朝の行政権が及ばない特別な地域として拡大し，対外関係の窓口として特殊な発展をとげた。このような地域は何と呼ばれるか。また，こうした地域では外国商社と特に関係の深い中国人商人が成長した。彼らは何と呼ばれるか。それぞれ漢字2字で名称を記せ。

問(2)　後発地域における国家建設には，経済基盤の準備が重要な意味をもった。1834年，ドイツ連邦内の諸国がドイツ関税同盟を発足させたことは，後のドイツ統一の基礎となった。

(a)　関税同盟を早くから提唱し，一時アメリカ合衆国に亡命しながら，著作を通じて関税同盟の設立や保護関税の導入を働きかけたドイツの経済学者はだれか。その名を記せ。

(b)　当時のドイツ連邦構成国であったある有力国家は，この関税同盟には加わらなかった。その国名を記せ。

問(3)　オスマン帝国は，19世紀なかば，西欧化の改革であるタンジマートを実施して，旧来のイスラーム国家から法治主義にもとづく近代国家への移行を目指した。タンジマートはどのような結果をもたらしたか。2行以内で説明せよ。

問(4)　近代の人口増や工業化による大きな社会変動は，ヨーロッパから大量の移民をアメリカ合衆国に送り出した。

(a)　19世紀の合衆国への主要な移民送り出し地域は，北・西ヨーロッパであった。この地域で，19世紀後半，合衆国への移民を，イギリス（アイルランドを含む）についで多く出した国はどこか。その国名を記せ。

(b)　19世紀末からは，東・南ヨーロッパ地域からの移民が多くなった。19世紀末から1920年にかけて，この地域の国で合衆国への移民をもっとも多く出した国はどこか。その国名を記せ。

問(5)　ソヴィエト政権は戦時共産主義のもとで，極度の国家統制による経済政策を進めようとしたが失敗した。このため，1921年には新経済政策（ネップ）を導入した。ネップの具体的な内容を二つあげよ。

問(6)　1930年代，ローズヴェルト政権のもとで，ラテンアメリカ諸国との関係改善が具体化した。合衆国のこの政策は何と呼ばれるか。その名称を記せ。また，この時期に食肉市場を確保するため，イギリスとの経済関係を強めたラテンアメリカの国はどこか。その国名を記せ。

問(7)　辛亥革命で中華民国が成立したのちも，中国では軍事力を擁する地方勢力が割拠し，国家の統一は進まなかった。しかし，1920年代末に成立した南京国民政府は，1935年，通貨の統合にようやく成功した。この統合された通貨を何と呼ぶか。その名称を記せ。また，この改革を支援した有力な外国2ヵ国の国名を記せ。

問(8)　第二次世界大戦末，連合国はブレトン=ウッズで戦後の国際経済再建構想を協議し，ドルを機軸とする二つの国際経済・金融組織の設立に合意した。

(a)　この二つの組織の名称を記せ。

(b)　国際基軸通貨としてのドルの地位は，1960年代末から1970年代初めにかけて大きく動揺する。その背景について2行以内で説明せよ。

東大入試詳解

第3版①20231110

東大入試詳解

世界史

第3版

2023~1999

解答・解説編

駿台文庫

はじめに

もはや21世紀初頭と呼べる時代は過ぎ去った。連日のように技術革新を告げるニュースが流れる一方で，国際情勢は緊張と緩和をダイナミックに繰り返している。ブレイクスルーとグローバリゼーションが人類に希望をもたらす反面，未知への恐怖と異文化・異文明間の軋轢が史上最大級の不安を生んでいる。

このような時代において，大学の役割とは何か。まず上記の二点に対応するのが，人類の物心両面に豊かさをもたらす「研究」と，異文化・異文明に触れることで多様性を実感させ，衝突の危険性を下げる「交流」である。そしてもう一つ重要なのが，人材の「育成」である。どのような人材育成を目指すのかは，各大学によって異なって良いし，実際各大学は個性を発揮して，結果として多様な人材育成が実現されている。

では，東京大学はどのような人材育成を目指しているか。実は答えはきちんと示されている。それが「東京大学憲章」（以下「憲章」）と「東京大学アドミッション・ポリシー」（以下「AP」）である。もし，ただ偏差値が高いから，ただ就職に有利だからなどという理由で東大を受験しようとしている人がいるなら，「憲章」と「AP」をぜひ読んでほしい。これらは東大の Web サイト上でも公開されている。

「憲章」において，「公正な社会の実現，科学･技術の進歩と文化の創造に貢献する，世界的視野をもった市民的エリート」の育成を目指すとはっきりと述べられている。そして，「AP」ではこれを強調したうえで，さらに期待する学生像として「入学試験の得点だけを意識した，視野の狭い受験勉強のみに意を注ぐ人よりも，学校の授業の内外で，自らの興味・関心を生かして幅広く学び，その過程で見出されるに違いない諸問題を関連づける広い視野，あるいは自らの問題意識を掘り下げて追究するための深い洞察力を真剣に獲得しようとする人」を歓迎するとある。つまり東大を目指す人には，「広い視野」と「深い洞察力」が求められているのである。

当然，入試問題はこの「AP」に基づいて作成される。奇を衒った問題はない。よく誤解されるように超難問が並べられているわけでもない。しかし，物事を俯瞰的にとらえ，自身の知識を総動員して総合的に理解する能力が不可欠となる。さまざまな事象に興味を持ち，主体的に学問に取り組んできた者が高い評価を与えられる試験なのである。

本書に収められているのは，その東大の過去の入試問題25年分と，解答・解説である。問題に対する単なる解答に留まらず，問題の背景や関連事項にまで踏み込んだ解説を掲載している。本書を繰り返し学習することによって，広く，深い学びを実践してほしい。

「憲章」「AP」を引用するまでもなく，真摯に学問を追究し，培った専門性をいかして，公共的な責任を負って活躍することが東大を目指すみなさんの使命と言えるであろう。本書が，「世界的視野をもった市民的エリート」への道を歩みだす一助となれば幸いである。

駿台文庫 編集部

解答解説目次 

※本書の「解答・解説」は出題当時の内容であり，現在の学習指導要領や科目等と異なる場合があります。

出題分析と入試対策

年度	番号	出　題　内　容
23	1	1770年前後から1920年前後までのヨーロッパ・南北アメリカ・東アジアにおける政体の変化
	2	河川と都市や文明の発展
	3	病気と医学の歴史
22	1	８世紀から19世紀までのトルキスタンの歴史的展開
	2	支配や統治のための法や制度と基盤となった思想・理念・運動
	3	戦争や軍事的衝突が与えた影響
21	1	５世紀～９世紀の地中海世界における３つの文化圏の成立過程
	2	異なる形態の身分制度や集団間の不平等
	3	世界史上のヒトの移動とその影響
20	1	15世紀頃から19世紀末までの時期における，東アジアの伝統的な国際関係のあり方と近代におけるその変容
	2	民族の対立や共存
	3	歴史上の思想とその影響
19	1	18世紀半ばから1920年代までのオスマン帝国解体の過程
	2	各国の境界線と境界をめぐる争い
	3	ヒトの移動による知識や技術，モノの伝播とその影響
18	1	19～20世紀の女性の活動・女性参政権獲得の歩み・女性解放運動
	2	宗教の生成・伝播・変容
	3	地域や人々のまとまりとその変容
17	1	「古代帝国」が成立するまでのローマ，黄河・長江流域における社会変化
	2	世界史における「少数者」
	3	古代から現代に至る戦争の歴史
16	1	1970年代後半から1980年代の東アジア，中東，中米・南米の政治状況の変化
	2	国家の経済制度・政策
	3	世界史における民衆

15	1	「モンゴル時代」における交流の諸相
	2	国家の法と統治
	3	ユネスコの世界記憶遺産
14	1	19世紀ロシアの対外政策がユーラシア各地の国際情勢にもたらした変化
	2	各時代の「帝国」と周辺地域
	3	人間の生産活動
13	1	17～19世紀のカリブ海・北米両地域の開発・人の移動とそれにともなう軋轢
	2	国家と宗教の関わり
	3	少数者の歴史
12	1	アジア・アフリカにおける植民地独立の過程とその後の動向
	2	遊牧民の歴史的役割
	3	世界各地の建築や建造物
11	1	7～13世紀までのイスラーム文化圏の拡大に伴う異文化の受容と発展の動向と他地域への影響
	2	帝国の盛衰と内外の諸関係
	3	食生活と人類の生活圏
10	1	オランダおよびオランダ系の人々の世界史上の役割
	2	アジア諸地域の知識・学問・知識人の活動
	3	世界史における歴史叙述
09	1	18世紀前半までの国家と宗教（16～18世紀）
	2	世界史上の都市（古代～中世）
	3	18～20世紀前半の宗教政治結社
08	1	1850～1870年代までのパクス=ブリタニカの展開と諸地域の対抗策
	2	世界史上の領土と境界の画定をめぐる紛争
	3	道路や鉄道を軸にした交通のあり方（古代～20世紀）
07	1	11～19世紀にかけての世界各地の農業生産の変化とその意義
	2	世界史上の暦（エジプト暦，イスラーム暦，仏の革命暦，ユリウス暦，中国暦）
	3	植民地・領土獲得競争と民族主義運動（19世紀～1990年代まで）
06	1	三十年戦争・フランス革命戦争・第一次世界大戦時における戦争を助長，抑制する傾向の現れ（17～20世紀）
	2	海上交通結節点としてのインドとエジプト
	3	歴史上の帝国と同盟的連合（古代～16世紀）

05	1	第二次世界大戦中の出来事が1950年代までの世界に与えた影響
	2	ヘレニズム文明の各地への影響
	3	人間とモノの関わり，モノを通じた交流
04	1	16〜18世紀の銀を中心とする世界経済の一体化
	2	ユダヤ教・キリスト教（東西教会）・イスラーム教（カリフ権）
	3	書物の文化の歴史
03	1	運輸・通信の発展がアジア・アフリカの植民地化や民族運動に与えた影響
	2	文化の波及と継承
	3	交通手段の発展と文化交流
02	1	19〜20世紀における中国からの移民流出の背景とその影響
	2	清帝国・ムガル帝国・オスマン帝国
	3	世界史上の著名な都市
01	1	エジプト5000年の歴史
	2	20世紀における戦争と平和（条約・協定・冷戦）
	3	近代以前の商業とその影響
00	1	中国文化の評価を手がかりとする18世紀のフランスの時代思想
	2	世界史上におけるさまざまな民族問題
	3	古代〜中世における地中海世界の宗教
99	1	前３〜後15世紀末のイベリア半島の歴史
	2	15〜20世紀の「世界の一体化」に関する経済史
	3	19〜20世紀の世界経済

出題分析と対策

21世紀に入って以降，世界各地で発生した難民問題，各地で相次ぐ悲惨なテロ，格差の拡大に反発した大衆の無意識の反乱といわれたイギリスのEU離脱，トランプ氏のアメリカ合衆国大統領当選などを振り返ると，第一次世界大戦直後の混乱，日系移民の排斥，その後の恐慌勃発，ポピュリズムの台頭を彷彿とさせられる。

東大の世界史論述には語句の説明，歴史的経緯の説明の他に，現代と他の時代とを比較する視点を受験生に求めるという特徴がある。東大はかつてベルリンの壁が崩壊した翌年の1990年に，冷戦の終結後の世界が第一次世界大戦後の世界と同様に民族紛争が激化すると予測したかのような論述を出題した。アメリカの一極支配が進むという大方の予想に反し，その後，民族紛争や宗教紛争が頻発したことは周知の通りだ。

昨今のフランスの移民問題を予見したかのような2012年の大論述も印象的だったが，キング牧師の演説から50年，リンカンの奴隷解放宣言から150年という節目に出題された2013年のアメリカの移民問題は，移民排斥派の台頭を予見したかのように思える。ロシアがクリミアに「侵攻」した2014年に出題された，19世紀のロシアとイギリスの間の「グレート・ゲーム」，シルクロードと中国を結びつけたモンゴル帝国がムスリム商人による銀の循環を原動力として，ユーラシアの経済・文化交流を活性化させたとする2015年の大論述など，まるで近年のロシア-ウクライナ戦争や中国を念頭においたかのような出題であった。

2016年の大論述はイスラーム原理主義台頭の契機となったイラン革命が勃発した「1979年前後」が21世紀初頭に至る歴史の転機となったという着眼点からの出題で，受験生や教師にとっては戦後史の習熟度が問われる出題となった。2017年の第1問は一転して「前2世紀以後のローマ，および春秋時代以後の黄河・長江流域における『古代帝国』成立までの社会変化」が問われた。時代的には平成に入ってから初めての古代史オンリーであるが，古代版「帝国の盛衰」がテーマだと考えれば，近年の東大でもよく取り上げられる切り口ともいえる。過去の類似テーマの出題例としては「春秋・戦国時代の鉄製農具と牛耕の普及の影響」（1991年／第2問）や「同盟市戦争からカラカラ帝にかけてのローマ市民権拡大」（2011年／第2問）などがあり，アジアとヨーロッパ（地中海世界）を比較する問題は2009年の「ヨーロッパ，西アジア，東アジアの政治と宗教」以来の出題である。2018年の「19～20世紀の女性の活動・女性参政権獲得の歩み・女性解放運動」は，2010年の一橋大学・世界史・大問Ⅱの「女性参政権実現の歴史的背景」と極めて類似したテーマで，新傾向の先駆けとなる可能性がある「社会史」的な出題であり，2019年の「18世紀半ばから1920年代までのオスマン帝国の解体過程」では，現在の中東地域をめぐる対立の出発点とも言うべき時代とテーマが取り上げられた。

2020年の第1問は「15世紀頃から19世紀末までの時期における，東アジアの伝統的な国際関係のあり方と近代におけるその変容」について，朝鮮とベトナムの事例を中心に論述させた。この年の新傾向は，何と言っても問題文に提示した史料A～史料Cを論述内容の事例と結びつけて引用させる一方で，指定語句を例年の7～8個から6個に減らした点である。史料を指定語句の代用として，論述の骨子を固めることが求められており，共通テストやその2年後に導入された「歴史総合」を意識しているように思われる。また「女性の活動・女性参政権獲得の歩み・女性解放運動」を対象とした2018年，現在の中東問題の遠因となった「オスマン帝国の解体過程」をテーマとした2019年に続き，2020年の「東アジアの伝統的な国際関係のあり方と近代におけるその変容」で，３年連続で19世紀を出題対象に含め，現在，我々が抱える「日中・日韓・日朝」問題の淵源を探るという視点で受験生に大論述を出題したことにも注目したい。

冊封体制と主権国家体制の比較については，2009年に「(16世紀～) 18世紀前半までの国家と宗教」で宗教統制政策により国王が国家主権を独占する絶対王政を強化しようとするフランス，イギリス，ドイツ領邦国家と，多民族世界を宗教寛容政策で緩やかに統合しようとする中華皇帝の統治を比較させる論述を出題している。往々にして「現在まで存続する主権国家体制を生み出した西欧世界が近代的で，それを生み出せなかったアジアは遅れた地域」というマルクス主義的な歴史の「法則的な発展」(2017年第１問のリード文) を強調する考え方もあるが，東大世界史の出題者の歴史観はそのようなものではないと筆者は考える。アジア世界は「帝国＝多民族世界」であり，多様性豊かな世界である。中華皇帝，例えば清朝の皇帝は儒教を政治・社会の規範に据えつつ，例えばモンゴルに対してはハーンを名乗り，チベットに対してはダライ＝ラマを保護する大日如来であろうとする。そこには中華・周辺・属国・化外 (皇帝の徳化が及ばない) の地という，中華とこれを取り巻く世界を重層的構造とみなす認識が存在し，皇帝が多様性に満ちた世界を「支配」するために羈縻政策，冊封体制というシステムが考案されたのだ。例えば2020年の出題はかつて多様性に富んだ世界を柔軟に統治していた中華帝国の崩壊がもたらした影響を，受験生に考察させることが目的だったように思う。琉球・沖縄，朝鮮，そしてベトナムを含む東南アジア世界にしっかり目を向けてこそ，多様性が増す21世紀の日本の主権者に相応しい教養と新しい学問にチャレンジする素養が身に付くと，東大の歴史研究者たちは考えているのかも知れない。

2021年は「５世紀～９世紀の地中海世界における３つの文化圏の成立過程」を論述させた。前年の史料を論述内容の事例と結びつけて引用させる新傾向(いわば「令和型」)は継承されず，リード文と指定語句を骨子として論旨を展開する従来の「平成型」に回帰した。また2020年は史料を指定語句の代用としたため，指定語句は例年の７～８個から６個に減らされたが，2021年は７個に戻った。テーマ自体は1995年の「紀元前１世紀から紀元15世紀の地中海とその周辺地域における文明間の対立と交流」の類題であり，時代的には，2017年のローマ，黄河・長江流域における「『古代帝国』が成立するまでの社会変化」に続く時代を取り上げたものである。

続く2022年は「８世紀から19世紀までのトルキスタンの歴史的展開」を論述させた。このテーマは東大頻出の「特定地域の通史」に分類できるが，特にトルキスタンにおける民族の交替と宗教の変遷に留意することが論旨展開の上で重要になる。2021年に続き，2022年も従来の「平成型」の出題だった。また指定語句についても，

2020年には6個と減ったものが，前年の7個に続き，2022年は「平成型」でよく見られる8個に戻った。この「平成型」と「令和型」（「俯瞰型」と「史料分析型」）の2つの傾向に対応して，大論述の対策を立てることが必要だ。特定地域の歴史を広く概観させるのは第1問の過去問ではよくあるテーマ（1999年のイベリア半島の歴史，2001年のエジプト5000年史，2010年のオランダが世界史上で果たした役割）だが，いずれも民族の移動，交易，文化交流をテーマとしており，2022年のテーマもその流れに属する。ただこの年の大論述は，昨今の中国政府の新疆でのムスリム「抑圧」を背景としていることは明らかであり，時事問題への関心があるか否かを問うた点では，明治以来の日中韓の紛争の要因を取り上げた2020年のテーマと共通するものを感じさせた。また2019年から僅か3年後に再び大論述での出題となったトルコ史は従来，東大史学では重要なテーマであり，護雅夫名誉教授をはじめとして鈴木董氏，森安孝夫氏など錚々たる研究者を輩出している。1995年の第2問では東トルキスタンに対する清朝支配の経緯が問われ，2022年の大論述の後半部は英露の「グレート・ゲーム」をテーマとした2014年の第1問や，オスマン帝国の解体過程を問うた2019年の第1問と同様に，東大史学の成果を受験生に問う出題者側の視点を感じ取ることが出来る。

2023年は「1770年前後～1920年前後までのヨーロッパ・南北アメリカ・東アジアにおける政体の変化」がテーマだった。このテーマは東大世界史第1問頻出の「主権国家体制の展開」に属するテーマである。これは1992年・第1問の地図を利用して「18～19世紀前半の南北アメリカ，戦間期のヨーロッパ，第二次世界大戦後，1950年代までの東南アジアにおける主権国家体制の展開」を問う問題と類似した出題だが，1990年・第1問の「1910～20年代の世界各地の大衆運動」を問う問題にもよく似た，歴史事項を広く浅く羅列していくタイプの論述問題である。革命による政体の変化，立憲制や責任内閣制の採否，選挙法改正や参政権などの論点について，問題文に即してヨーロッパ，南北アメリカ，東アジアの地域別に整理する方法が現実的な答案作成法だろう。地域別に論点を整理するタイプの大論述としては，18世紀前半以前の西欧・西アジア（オスマン帝国）・東アジア（清）の政治と宗教の関係について比較・論述させた2009年の第1問がある。

このように近年の東大の出題テーマは，現在と過去を比較・検討し，その特徴を明確に認識させるところから発想されている。政治史のみならず，社会経済史に踏み込み，因果関係の分析と歴史的意義を理解し，これを出題者に答案として明確に伝える，いわば「キャッチボール」が出来る能力を受験生に求めていることは疑う余地がない。東大が受験生に何を求めるのかは，過去の東大の入試問題を分析することでしか，知り得ない。本書が，東大に挑戦する受験生にとって，東大の出題者との「キャッチボール」において，有益な示唆を与えることができれば幸いである。東大受験生の健闘を祈りたい。

◆分量と出題形式◆

東大の世界史入試問題は，本書に掲載されている1999年から2023年までの間に，出題形式の面で変遷を重ねてきた。以下にその変遷を簡潔に分析する。

大問は3つで変化はない。第1問の大論述の字数は15行～22行（450字～660字）に収まるが，2005年以降は，15行の出題は見られなくなり17～22行で出題されている。第2問は2行～5行（60～150字）の小論述問題が，3～6題程度の幅で出題されるが，稀に1行論述や単答式，あるいは複数解答を求める場合もある。第3問は主に単答式や1行論述が出題されるが，分量には大きな変動があった。2001年度以降は，ほぼ10～12題程度に収まっており，形式としては，第1問は大論述，第2問は小論述，第3問は一問一答型の単答式に落ち着いてきた。東大世界史の最大の特徴である論述問題の字数については，1999～2023年の第1問の平均字数が17～18行（510～540字）。第2問・第3問の小論述の平均は10～11行（300～330字）である。論述の字数，単答式の分量を以下にまとめたので，参考にしてほしい。

《東大世界史・入試動向変遷表》

年	第1問 論述字数	第2問 論述字数	第3問 論述字数	総字数	単答式 問題数
2023	600	330	0	930	12（複数回1）
2022	600	420	0	1020	12（複数回1）
2021	600	390	0	990	12
2020	600	480	0	1080	10
2019	660	330	0	990	10
2018	600	450	30	1080	10
2017	600	360	0	960	13
2016	600	360	0	960	10
2015	600	240	0	840	14
2014	600	300	60	960	12
2013	540	360	0	900	10
2012	540	240	0	780	14
2011	510	390	0	900	14
2010	600	420	0	1020	17
2009	600	360	0	960	10
2008	540	360	0	900	11
2007	510	360	0	870	15
2006	510	360	30	900	14
2005	510	270	0	780	15
2004	480	360	0	840	11
2003	510	90	0	600	27
2002	450	210	0	660	32

2001	540	120	0	660	23
2000	450	60	150	660	33
1999	450	390	120	960	22
平均	529.2	294.0	24.0	847.2	16.6

この表は1999～2023年までの東大世界史の入試動向の変遷をまとめたものだ。第1問の大論述，第2問・第3問（2001年以降は2006年，2014年みの出題）の小論述を合わせて，約900字前後の論述を試験時間内（75分程度）に書き上げることになる。注目すべきは単答式の出題数で，2004年以降はほぼ13問前後に落ち着いているが，それ以前はかなりのウエイトを占めていることがわかる。その分，大論述の字数は少ない場合が多いが，出題テーマは，以前に比べてグローバル化し，受験生には答案をまとめることが難しかっただろう。総じて2000年代に入ると，センター試験の影響か，単答式の出題が急減し，第2問の小論述のウエイトが高まった。指定語句がなく，少ない字数で歴史的経緯や用語の説明を簡潔にまとめなければならない第2問は受験生には意外に難しいようだ。2012年以降は，第2問の小論述の字数が一旦，減少したが，近年は再び11～15行にまで字数が増加してきている。受験生の世界史習熟度や論述答案の作成能力に配慮しながら作問する東大世界史の試行錯誤がこの表に如実に表れているように思われる。

次に東大25年間（1999～2023）の出題内容を見ていく。下の表は第1問・大論述の時代設定をまとめたものである。

時　代	出題年（問題内容）
20世紀史	2005（第二次世界大戦が50年代の世界に与えた影響） 2012（アジア・アフリカにおける植民地独立の過程とその後の動向） 2016（1970年代後半から80年代にかけての，東アジア，中東，中米・南米の政治状況の変化）
19世紀史	2008（パクス＝ブリタニカと世界） 2014（19世紀ロシアの対外政策がユーラシア各地の国際情勢にもたらした変化） 2002（華僑史） 2003（運輸・通信手段の発達と帝国主義）
19～20世紀史	2018（19世紀から20世紀の女性の活動・女性参政権獲得の歩み・女性解放運動）
	2019（オスマン帝国解体の過程）
18～20世紀史	2023（1770年前後から1920年前後までのヨーロッパ・南北アメリカ・東アジアにおける政体の変化）
18世紀史	2000（18世紀フランス啓蒙思想の歴史的意義）

17～20世紀史 17～19世紀史	2006（戦争の拡大要因と抑制） 2013（17世紀から19世紀のカリブ海・北米両地域の開発・人の移動とそれにともなう軋轢）
16～18世紀史 15～20世紀史 15～19世紀史	2004（世界経済の一体化） 2009（18世紀までの主権国家と宗教） 2010（オランダが世界史上で果たした役割） 2020（東アジアの伝統的な国際関係のあり方と近代におけるその変容）
11～19世紀史	2007（11世紀から19世紀までに生じた農業生産の変化とその意義）
13～14世紀史 8～19世紀 7～13世紀史	2015（「モンゴル時代」における経済的・文化的交流の諸相） 2022（8世紀から19世紀までのトルキスタンの歴史的展開） 2011（イスラームの拡大に伴う衝突と交流）
5～9世紀史 前3～後15世紀史	2021（地中海世界における3つの文化圏の成立過程） 1999（イベリア半島の歴史）
前6～前1世紀史	2017（「古代帝国」が成立するまでのローマ，黄河・長江流域における社会変化）
古代～現代	2001（エジプト5000年史）

続いて，次の表は第2問，第3問･小論述の各出題テーマおよび字数の一覧である。

年	第2問および第3問のテーマ	字数
23	•「湖広熟すれば天下足る」ということわざの背景にある長江流域の経済の発展と変化 •アッバース朝期のマムルークの特徴と役割 •パルティアの文化的変容 •前近代のナイル川流域の農業 •カーリミー商人の交易	60字×4　90字×1 単答式2問：呉・建業・晋（西晋）／アッバース朝・バグダード
22	•ハンムラビ法典の制定の時期と内容 •イラン・パフレヴィー2世の「白色革命」 •大憲章が作成された経緯 •『君主論』におけるマキァヴェリの主張 •変法自強運動の主張と経緯	60字×3　120字×2 単答式2問：イブン＝ハルドゥーン／康有為・梁啓超)
21	•14～15世紀の西欧の農民の地位向上 •ロシアの農奴解放後の農民の生活状況 •1896年のフィリピン革命の歴史的過程 •アパルトヘイトの内容および撤廃された背景	120字×1　90字×3 単答式2問
20	•前3世紀末頃の漢と匈奴の抗争 •辛亥革命前後のモンゴルとチベットの状況 •スエズ運河建設後の英とエジプトの対立 •オーストラリアへの白人入植の経緯と白人中心（白豪）主義 •1920年代のアメリカ合衆国における移民・黒人排斥運動 •アメリカ＝メキシコ戦争の経緯	120字×1　90字×2 60字×3

19	•ベンガル分割令の内容と意図 •19 世紀末～ 1920 年代までの南洋諸島の歴史的経緯 •ニュージーランドが 1920 年代～ 30 年代に経験した政治的地位の変化 • 4 ～ 7 世紀の満州と朝鮮半島の政治状況 •渤海に対する唐の影響	90 字× 1　60 字× 4
18	(第 2 問) •仏教やジャイナ教に共通する特徴 •大乗仏教の特徴 •典礼問題の経緯 •托鉢修道会（フランチェスコ会・ドミニコ会）の特徴 •イギリス国教会成立の経緯と国教会に対するカルヴァン派（ピューリタン）の批判	120 字× 1　90 字× 3 60 字× 1 単答式 2 問
	(第 3 問) •ノルマン人のシチリア征服	30 字× 1
17	•14 世紀・ポーランドの興隆の状況とその後の衰退の背景 •南ドイツ・カトリック勢力に対するビスマルクの文化闘争 •清朝の藩部統治政策 •シンガポールの独立の経緯と華人 •17 ～ 18 世紀の英仏の植民地抗争とケベック •南北戦争後の米国南部における黒人差別	90 字× 1　60 字× 4 30 字× 1
16	•イクター制の特徴 •カピチュレーションの内容と後世への影響 •マンサブダール制 •ムガル帝国の弱体化 •17 世紀・英仏の重商主義とオランダの動向	60 字× 4　120 字× 1
15	•13 ～ 14 世紀に英仏で成立した身分制議会の性格と君主との関係 •律令格式 •三省六部の役割と関係 •第 1 次ロシア革命における十月宣言（勅令）とニコライ 2 世の対応	60 字× 4 単答式 4 問
14	(第 2 問) •ビザンツ帝国とトルコ系諸国家の対立 •南洋華僑の東南アジア進出の背景 •アメリカ・ジョンソン政権のベトナム戦争への本格介入 •ニクソン = ショックの内容と国際的影響	20 字× 1　60 字× 3 単答式 1 問
	(第 3 問) •ツンフト闘争 •グーツヘルシャフトの特色	30 字× 2

13	・キリスト教徒がローマ皇帝に迫害された理由 ・ローマ皇帝によるキリスト教公認の経緯 ・魏晋南北朝時代の西域僧と渡印僧の活動 ・道教の特徴と確立の過程 ・フランク以外のゲルマン諸部族（諸王）の信仰 ・メロヴィング朝のクローヴィスの改宗	60字×6
12	・５世紀のフン族の最盛期と滅亡 ・６世紀半ばのササン朝とエフタル，東ローマをめぐる情勢 ・カリフによるマムルークの登用 ・前漢・武帝の対匈奴政策と西域政策との関連	60字×4 単答式４問
11	・ローマの公共施設 ・ローマの市民権の拡大 ・明～清代前期（17世紀末）の対外貿易と朝貢との関係の変化 ・モンロー宣言 ・アメリカ合衆国の門戸開放政策	60字×3　90字×1 120字×1
10	・前漢・武帝の儒教の官学化 ・唐代中期の古文復興運動 ・15世紀の朝鮮王朝の文化事業 ・徐光啓の活動 ・ワッハーブ運動 ・洋務運動	60字×4　90字×2 単答式１問：サティ（ラーム＝モーハン＝ローイ）
09	・ギリシアのポリスの形成過程 ・ヘレネスの民族意識 ・殷王朝の神権政治 ・周の東遷とそれに伴う政治的変化 ・東方交易（東方貿易） ・中世北イタリアのロンバルディア同盟	60字×6
08	・アイグン条約，清露北京条約締結の経緯と内容 ・第一次世界大戦後の英仏によるアラブ人地域の委任統治 ・第３次中東戦争 ・1648年～第一次世界大戦後に至るアルザスの帰属の変遷	120字×2　60字×2
07	（第２問） ・古代メソポタミアと古代エジプトにおける暦と発達の背景 ・イスラーム暦が他の暦と併用される理由 ・フランス革命暦の制定と廃止の経緯 ・ロシア革命期の暦の改定 ・元～清代の暦法の変遷	120字×1　90字×1 60字×2　30字×1
	（第３問） ・ソ連崩壊前後のモンゴルの政治・経済的変化	30字×1

06	（第２問） •10世紀末～16世紀前半におけるカイバル峠経由のインドへのイスラーム定着過程の政治的・文化的展開 •18世紀半ばのインドにおける英仏抗争とイギリス東インド会社のインド植民地化 •18世紀末から20世紀中葉に至るエジプトをめぐる国際関係（指定語句：ナポレオン　スエズ運河　ナセル）	120字×３
	（第３問） • 尊王攘夷	30字×１
05	•ガンダーラ美術の特質 •ギリシア文化のイスラーム世界への継承 •12世紀ルネサンスの経緯	90字×３
04	•ヘブライ王国の盛衰とユダヤ教の成立 •ビザンツ帝国と神聖ローマ帝国における皇帝と教会指導者の関係の相違 •７世紀と11世紀における政治権力者としてのカリフの実態の相違	120字×３
03	•イタリア戦争の誘因となった政治状況 •朱子学に対する明・清の対応	60字×１　30字×１ 単答式15問
02	•アクバルとアウラングゼーブの宗教政策の変化 •オスマン帝国の異教徒対策（ミッレト制） •イクター制とジャーギール制，ティマール制の共通点	90字×１　60字×２ 単答式11問
01	•日本の国際連盟脱退の経緯 •第一次中東戦争の結果	60字×２ 単答式７問
00	（第２問） •インカ帝国の交通，情報手段 •戦間期のパレスティナ問題	30字×２ 単答式16問
	（第３問） •オリンピックが禁止された理由 •ニケーア公会議の決定事項 •東西キリスト教会の分裂の経緯	30字×１　60字×２
99	（第２問） •価格革命と西欧・東欧の国際的分業による物価変動 •中世末(15世紀)～18世紀にかけての地中海沿岸・西欧・東欧の商工業と農業をめぐる関係 •英のインド洋三角貿易による英・インド・清の貿易収支の変動 •アカプルコ貿易 •17世紀の台湾をめぐるオランダ・鄭成功・清の交替	30字×１　60字×１ 90字×２　120字×１ 単答式６問

	（第３問） •タンジマートの結果 •ドル危機の背景	60字×２

◆東大第１問・第２問の論述の出題テーマと傾向◆

東大世界史の出題傾向が大きく変化した平成（1989年）以降の第１問の大論述は，以下の頻出テーマがある。

１．経済史

①世界システム論・覇権国家の交代　②農業と土地制度・人口変動と移民

２．国家論

③帝国の盛衰・主権国家体制の展開　④国家と宗教・植民地と民族問題

３．異文化間の交流

出題例：７～13世紀までのイスラーム文化圏の拡大に伴う異文化の受容と発展の動向と他地域への影響

出題例：モンゴル帝国の各地域への拡大過程とそこに見られた衝突・融合

４．特定地域の通史

出題例：エジプト5000年の歴史（エジプトへの侵入者とそれに対するエジプトの対応）

出題例：前３世紀～15世紀までのイベリア半島の民族交替史

第１問の大論述は，国際政治史・世界システム論・歴史人口学など，文字どおり世界史と呼ぶに値するスケールの大きい出題が特徴だ。論述を求められる対象が何世紀にもおよび，俯瞰的である割に，字数制限が厳しいので，持てる知識を取捨選択し，小異を捨てて大胆に統合していく作業を，受験生に求めている。一方，第２問の小論述は，「簡潔かつ的確な」分析を行うという一見，矛盾する表現能力が要求されているが，過去の問題を分析すると，第１問と第２問には共通するテーマがあることがわかる。このテーマに即して，「統合と分析」という二つの作業を行うことが，東大の論述問題を攻略するために必要なのだ。

◆第２問・第３問の解答の書き方◆

第２問，第３問では解答の書き方に注意する必要がある。東大の解答用紙には原稿用紙がそのまま使われており，問題番号が印刷されていない。問題文には，「設問ごとに行を改め，冒頭に(1)～(3)の番号を付して記しなさい」「以下の(a)・(b)に対応する以下の問いに，冒頭に(a)・(b)を付して答えなさい」とある。これは，設問のなかに小問が(a)・(b)など複数ある場合，「１マス目に(b)などの記号を記入し，２マス目から解答を書き始めよ」，という指示なのか，「問題番号(1)などの後に(a)と記入するように2マスを取って解答を書き始めよ」という指示なのか，ハッキリしないのだ。
2023年第2問・問(3)を例に取ると，

(3)	(a)	ナ	イ	ル	川	の	定

次に，問(3)(b)の解答を続けて書くのだが，

(3)	(b)	カ	ー	リ	ミ	ー	商

と書き始めるのか，あるいは(3)を略して，

(b)	カ	ー	リ	ミ	ー	商	人

とするのかについて明確な指示がないのである。また下記のように数字・アルファベットを1マスに2字記入してもよいのかも判断しがたい。

3a	ナ	イ	ル	川	の	定

1a	地	方	支	配	層	を

2017年の第2問・問3(b)は1行（30字）の論述と法律名・人名を問う単答式2問については，「解答はそれぞれ行を改めて記しなさい」と指示があったが，そのような指示はこれが初めてであった。東大としてはどんな形にしろ，問題番号・記号を含め，全体で指定された行数に収まるよう，解答すればよいということかも知れないが，字数制限に悩む受験生の立場からすれば，書式は明確な方がよい。本書では解答例作成に際しては，設問ごとの解答例における「字数」に問題番号(1)などと(a)，(b)…を記すための1～2文字分を含めたことを，念のためお断りしておく。

第3問も問題文には「設問ごとに行を改め，冒頭に(1)～(10)の番号を付して記しなさい」といった出題者からの指示がある。よって，1マス目に問題番号を記入し，2マス目から解答を書き始める。複数の解答を求める設問があるので，どの設問に対する答えなのかわかるように，下記のように明記した方が採点者にもわかりやすいだろう。
2019年・第3問・問(7)の例

(7)	(a)	プ	ラ	ノ	=	カ	ル	ピ	ニ					
	(b)	ル	ブ	ル	ッ	ク								

出題分析と入試対策

◆東大合格のための世界史対策◆

東大世界史の論述問題を解くためには,「問題文を読み取る力・基本的な歴史の知識・簡潔な表現力」を養うこと。これが最も重要である。

「東大が受験生に何を求めるのか」という根本的な問いの答えは「過去の東大の入試問題を徹底的に分析すること」である。

東大世界史の問題を政治・経済・文化・社会の四つの分野に分けてみると，出題の重心は政治史と経済史の二大分野にある。例年，第１問の大論述では，近現代（16～20世紀）の国際政治史（いわゆる外交や軍事のこと）や，貿易の拡大を機とする世界経済のグローバル化が問われる。2000年や2011年のように文化史が出題された場合も，必ず国際的な交流・伝播・その影響がテーマとなる。第１問の大論述は，文字どおり世界史と呼ぶに値するスケールの大きい出題が特徴である。出題者の要求を的確に把握し，論述の「軸」を見失わない読解力，歴史を宇宙ステーションから見下ろすように俯瞰し,あるいは時代ごとの特徴を比較して論旨を展開する雄大な構想力,そして答案をコンパクトにまとめる文章力が求められる。論述を求められる対象が百年度単位・大陸単位で遠大である割に，字数制限がきわめて厳しいので，テーマに則してもてる知識を取捨選択し，大胆に割愛しなければならない。文化史に関する出題も，とくに第２問・第３問では少なくない（共通テスト同様のテーマや図版が出題される場合もある)。また最近は社会史と呼ばれる分野（それぞれの時代の人々の日常生活や思想の研究）からの出題も散見される。

合計900字前後の論述を時間内に書くことは受験生にとっては容易にできることではなく，材料となる基本事項を速やかに思い出せないと苦しい。まず基本事項を身につけるには教科書・地図・年表・史料集をしっかり使い，共通テストレベルの地道な勉強をおろそかにしないことだ。そして最も大切なことは東大世界史の過去問に徹底的に取り組み，出題傾向やテーマを熟知することである。こうした学習に基づき，過去問や実戦模試,例題演習に取り組む際には,頭の中に設計図（フローチャート・組立メモ）を作って文章化することを早い時期から実戦することが合格への必須条件である。

本書では受験生が論述問題に取り組みやすいよう,「何を書くべきか」，料理で言えばレシピに相当する【加点ポイント】を具体的に示した。この【加点ポイント】は,論述を書き上げるための「組立メモ」でもあり,「採点基準」にもなる。論述答案を作成するに当たっては，必ずフローチャート（見取り図）や組立メモにまとめてから書き出さないと，論旨が混乱したり，書くべき必要事項が抜け落ちたりする。東大の問いは抽象的だが，東大の出題者が史実に基づいて抽象化した問いに，受験生が抽象的に答えても，それは史実に基づいて歴史を考証・分析する論述とはいえないだろう。

論述は具体的な事実に基づいて原因・結果を明示しながら論述することによって出題者に自身の思考過程を明らかにすることに，答案作成の目的がある。

東大の出題者が与える指定語句は答案作成のヒントでもあり，論旨の骨格にもなるが，指定語句を使用しただけでは，具体的に論証したことにはならない。加点ポイントには，指定語句から事項を取りあげ，重要なポイントには解説を付し，必要に応じて◎で許容表現，▲で加点対象外となるであろうデータを示している。これらを十分に活用して答案を作成することを望みたい。この**【加点ポイント】**をベースとして「**解答例**」を作成した。その際，出題内容に則して加点ポイントに優先順位を付けて答案をまとめている（数字とアルファベットについては，指示がない限り，２文字で１字分とした）。

加えて，第１問の大論述に対しては，論述テーマが明確になるように**【何が問われているか】**を冒頭に記した。まずは論述問題のテーマを理解することが，合格答案作成の第一歩だ。受験生は問題文をきちんと読みこなし，問われているテーマを明確に絞り込むトレーニングをしてほしい。さらに，**◆視点**，**【背景解説】**では述答案作成にあたって必要となる知識に加え，その問題への取り組み方，いわゆる「戦略」を示した。東大の論述は知識だけでは書き上げることが出来ない。出題者の意図，歴史観，解答作成に必要な歴史事項について，解説を加えている。出題者の意図が読み取れないときは，これらを読んでから答案作成に取り組むのがよいだろう。

写真提供・協力

2018年 問題 p.32，33

PPS通信社：「雲崗石窟」

京都大学人文科学研究所（同所蔵）:「文字拓本　遼道宗皇帝哀冊（契丹國書）（蓋）」

時事通信フォト：「牌譜」

2005年 問題 p.102，104および2003年 問題 p.120

ユニフォトプレス：「アッシリアの壁画」「刀銭」「円銭」「布銭」（© The Trustees of the British Museum）「アルノルフィーニ夫妻（ヤン＝ファン＝アイク）」「三才図絵の挿絵」「デルフト焼き」「アズハル学院」「城壁を持った都市図（1593年・イタリア）」「ヴェネチアとその潟（16世紀）」

2023年

第１問 「1770年前後から1920年前後までのヨーロッパ・南北アメリカ・東アジアにおける政体の変化」

解説

【何が問われているか？】

第１問の大論述は，1992年の地図を利用して「**18世紀から19世紀前半の南北アメリカ，戦間期のヨーロッパ，第二次世界大戦後，1950年代までの東南アジアにおける主権国家体制の展開**」を問う問題と類似した出題だが，論じ方でいうと**1990年・第１問の「1910年から20年代の世界各地の大衆運動」**を問うテーマのように**歴史事項**を広く浅く**羅列**していくタイプの論述問題である。答案のまとめ方としては，**リード文**に示された**革命による政体の変化**，**立憲制**や**責任内閣制の採否**，**選挙法改正**や**参政権**などの論点について，**問題文に即してヨーロッパ，南北アメリカ，東アジアの地域別に整理する方法**が現実的だろう。18世紀前半以前の西欧・西アジア・東アジア諸国の政治と宗教の関係について比較・論述させた**2009年・第１問の書き方**も参考になる。

◆視点

時代的にも地域的にも対象とする範囲が幅広いので，時系列でまとめるか，地域別でまとめるかで受験生の書き方も分かれたろうが，前述したように「**広く浅く**」まとめるタイプの大論述だと気が付けば，**地域別にまとめる書き方**を選択できただろう。この問題の場合，時系列でまとめようとすると，つい知識を盛り込みすぎて全体のバランスが崩れ，字数オーバーになる危険性がある。指定された1770年代～1920年頃の間の政体は，主に**絶対王政⇒立憲君主政⇒共和政**と変遷したので，この変遷を**論述の軸**として**地域別に歴史的経緯を簡潔に整理**することが高得点への戦略である。さらに**立憲君主政**の場合，**イギリスのように責任内閣制を採るか，ドイツのように採らない**(**外見的立憲君主政**)かということが，**君主権の強弱に影響を与え，国内の政治動向も変化させる**ことに注意すべきなのだが，この点に配慮した再現答案はあまりなかった。問題に示された地図に「**成文憲法を制定した主な国**」が示されているが，**憲法が制定されたことの意義**をよく理解していない受験生が多かったのだろう。再現答案を作成した受験生のアンケートでは，そもそもこの大論述で何が問われているのかよく分からなかったという声も多く，出題者が地図を提示した意味を掴めなかったのかも知れないが，各国の国民が君主権に対抗してどのように参政権を獲得し，あるいは国家主権を掌握したかという歴史的経緯が「**独立**」や「**革命**」に結びつくのであり，その中で**絶対**

王政から，**憲法を制定して立憲君主政に移行する経緯**は，**国民の初めての政治参加**という点でも重要であり，この点に気付けば得点も伸びただろう。イギリスに代表される**選挙法改正**による**参政権の拡大**や**女性参政権**の付与も，問題が指示する**政体の変化を促す重要な要素**となるので，この大論述に取り組む際には意識して言及することだ。

【論旨の組み立て】

①論述のまとめ方

具体的には，**ヨーロッパ**では**18世紀後半～20世紀前半の英・仏・独・露**などの**政体の変化**を述べ，**南北アメリカ**では**合衆国の独立**と，それに影響された**中南米の独立**(「**環大西洋革命**」)を経て，**メキシコ革命**での**1917年憲法**の制定や**合衆国での女性参政権の付与**まで叙述し，**東アジア**では**日本**，**清**を対象に，**欧米列強の進出**を機に**明治維新**で**立憲君主政に移行した日本**と，**変法自強運動**や**光緒新政**を行ったものの**立憲君主政への移行に失敗した清**とを比較するのだが，字数的にも細部までの言及はできない。様々な地域の政体の変化の特徴を**広く浅く**，**羅列に近い記述**でまとめるしかないだろう。このため**許容解が多く生じる出題**であるともいえる。前述したように，地図には「**成文憲法を制定した主な国**」が示されていることから，ヨーロッパでは「**1830年にベルギーが立憲王国として独立**」「**スペイン立憲革命**とその後の憲法制定」「立憲君主政で**イタリア王国**が成立」なども，**設問の範囲内における許容解**といえる。また**ポルトガル**が1910年に**共和政**となり憲法を制定していることは高校世界史の範囲とはいえないが，地図から判断すると，これも許容解であろう。**南北アメリカ**では，解答例ではスペイン領植民地の独立を中心にまとめたが，「**ポルトガル領ブラジル**が1822年に本国から独立して**立憲君主政**となり，後に**共和政に移行した**」ことも字数が許せば入れてもよいだろう。東アジアでは，**日清戦争**期の**甲午改革**で**立憲君主政への移行**を図ったが失敗し，その後の「**光武改革**」(1899)における**専制君主政による近代化**も行き詰まり，**日露戦争**を経て**日本に併合された朝鮮**(**大韓帝国**)をどう取り扱うかについては，設問が「**どのような政体の“独立国”が誕生したか**」という問いかけであり，字数の制限もあるので，駿台の解答例では植民地化された朝鮮は優先順位が低いと判断し，敢えて言及しなかった。

②指定語句に関する注意点

論述の骨格となる指定語句については，これまでの東大第１問では，２回以上，使用することが想定される場合でも，実際に使用するかどうかの判断は受験生に任されていたが，**本問では脚注において細かな指定がなされている**ので，その**注に沿った形で使用する必要**がある。

・選挙法改正

「**選挙法改正**」は「**イギリスにおける４度にわたる選挙法改正**」とあるので，**第１～４回選挙法改正**(1832・1867・1884・1918)**の全てを含むような使用法**を考えたい。

・帝国議会・二月革命

「**帝国議会**」は「**ドイツ帝国の議会**」なので，統一後のドイツ帝国でビスマルクが主導した外見的立憲君主政に言及するのだが，再現答案で「**フランクフルト国民議会**」(1848～49)と混同した答案が多かったのには驚いた。1848年当時は35の君主国と４つの自由都市から成る「**ドイツ連邦**」であり，22の君主国と３つの自由都市から成る「**ドイツ帝国**」ではない。ドイツ史の基本的な歴史認識が欠けていたということも考えられるが，「**二月革命**」という指定語句に引っ張られてしまったという事情もあるだろう。この「**フランス二月革命**」がドイツなど他国に波及し，「**1848年革命**」と総称される変革が生じ，その中で**フランクフルト国民議会**が開催され，**ドイツ国憲法**が作成されたことは受験生もよく認識しているからだが，この憲法に対するプロイセン王国の反対を契機に**国民議会が挫折**したことに象徴されるように「**1848年革命**」や「**諸国民の春**」では，**制度改革や革命，独立に成功した国はほぼない**。論旨が「**政体の変化**」なので，独立や改革，革命に「失敗した」という点は，敢えて論じなくてもよい，論ずる字数もないということになるが，この判断は受験生には難しかったろう。「**二月革命**」に関しては**立憲君主政**(**七月王政**)⇒(**第二**)**共和政**⇒**立憲君主政**(**第二帝政**)⇒(**第三**)**共和政**という**フランスの政体の変化**のみに「**広く浅く**」言及すればよいということになる。東大の大論述については，「**論述の軸**」**を見失わない**(本問の場合は**絶対王政**⇒**立憲君主政**⇒**共和政**の流れ)，**問われていることに優先的に答える**という**鉄則**を忘れないことだ。なお，**第一次世界大戦後の女性参政権**については，合衆国やドイツ共和国のように**男女普通選挙**となった国と，**英のように男女の年齢制限に差がある国**があることに注意すること。イギリスでは**1918年の第４回改正では男性が21歳，女性が30歳以上，1928年の第５回改正で男女とも21歳以上に参政権が付与された**。1920年頃という問題の指示に第５回改正が含まれるかどうかは受験生には判断が難しいので，出題者は前述のように指定語句の脚注で「４度」と指示したものと推測され，これにより第５回は論述の対象外となるが，これに気付いていない再現答案も多かった。女性参政権について，複数の国々についてまとめて論ずる場合には，事実誤認と見なされないよう慎重に記述してほしい。

【加点ポイント】①～㉙のポイントについて，29点まで与える。

①**アメリカ独立革命**で合衆国は英から独立した。

②合衆国は人民主権に基づく成文憲法を定めて共和政となった。

共和政と国民主権，大統領制を採る憲法が制定された。
③米英戦争後に白人男性の普通選挙が普及した。
④中南米諸国は，**シモン＝ボリバル**らの指導でスペインから独立した。
◎環大西洋革命／ハイチ独立／大コロンビアの成立などへの言及も可。
◎モンロー主義を掲げる合衆国や市場を求めるイギリスが独立を支持した。
◎ブラジルはポルトガル王室の帝政から共和政に移行した。
⑤中南米諸国は，白人地主による寡頭的な共和政となった。
◎軍事的実力者(カウディーリョ)による独裁制が続いた。
⑥(20世紀初め)メキシコでは革命で(ディアスの)独裁政権が崩壊した。
⑦メキシコでは民主的な1917年憲法が制定された。
⑧フランスでは革命を機に絶対王政から立憲君主政，共和政へと移行した。
⑨(フランスでは)第一帝政から七月王政までは制限選挙の立憲君主政だった。
◎ヨーロッパでも立憲革命や独立革命が頻発した。
◎七月革命で独立したベルギーで(英国流の)立憲君主政が成立した。
⑩(仏では)**二月革命**後の第二共和政で男性普通選挙が実施された。
◎フランクフルト国民議会が開催され，ドイツ国憲法が採択された。
◎ドイツ国憲法はプロイセン王に拒否された。
⑪(フランスでは)第二帝政崩壊後，共和政が確立した。
⑫ドイツ帝国は，統一後も連邦制を採った。
⑬ドイツ帝国憲法(ビスマルク憲法)では男子普通選挙が規定された。
⑭男子普通選挙で選出された議員が，下院である**帝国議会**を構成した。
▲ドイツ帝国議会をフランクフルト国民議会と混同した解答例は不可。
⑮ドイツ帝国では責任内閣制を採らなかった。
◎ドイツ帝国憲法では，強大な皇帝権が規定された。
⑯ドイツでは第一次大戦敗北後，ヴァイマル共和国が成立した。
⑰ロシア帝国では日露戦争後，制限選挙で国会が開催された。
⑱ロシア革命後は社会主義の共和国が成立した。
⑲**ヴェルサイユ体制**下では民族自決の原則に基づき，独・墺・露の旧領に多数の共和国が独立した。
◎バルト3国，ポーランドなど具体的な国名を挙げてもよい。
⑳ソ連やドイツ，合衆国で女性参政権が実現した。
㉑イギリスは議会主権の下，立憲君主政を採った。
◎イギリスでは(18世紀半ば以降)責任内閣制が採られた。

◎下院の優越を定めた議会法が20世紀初めに制定された。

㉒イギリスでは(４度の)**選挙法改正**で(中産階級から労働者に)参政権を拡大させた。

㉓イギリスでは第一次世界大戦末期に女性参政権が実現した。

＊男女普通選挙は1928年の第５次選挙法改正で成立したので，1920年前後という問題の指定と脚注の「４回にわたる選挙法改正」から女性参政権をのみに加点する。

㉔明治維新後，日本は立憲君主政となった。

◎帝国議会が開催された。

㉕**大日本帝国憲法**は独憲法に倣って責任内閣制を採らなかった(外見的立憲君主政)。日清戦争後，朝鮮は清への朝貢を止め，大韓帝国となったが，日本に植民地化された。

㉖清では日清戦争敗北後，日本を範とする変法自強運動が実施された。

◎洋務運動では専制君主政は変わらなかった。

㉗変法自強運動は(保守派に or 戊戌の政変で)弾圧された。

㉘清では義和団事件後，**光緒新政**で再度，立憲君主政を目指した。

㉙辛亥革命で共和政の中華民国が成立した。

解答例

アメリカ独立革命で英から独立した合衆国は人民主権に基づく成文憲法を定めて共和政となり，米英戦争後に白人男性の普通選挙が普及した。**シモン＝ボリバル**らの指導でスペインから独立した中南米諸国は白人地主による寡頭的な共和政となったが，メキシコでは革命で独裁政権が崩壊し民主的な 1917 年憲法が制定された。仏では革命を機に絶対王政から立憲君主政，共和政へと移行した。第一帝政から七月王政までは制限選挙の立憲君主政だったが，**二月革命**後の第二共和政で男子普通選挙が実施され，第二帝政崩壊後，共和政が確立した。統一後も連邦制を採った独帝国は，憲法で規定された男性普通選挙で下院となる**帝国議会**を構成したが，責任内閣制を採らなかった。独では第一次大戦敗北後，ヴァイマル共和国が成立した。露帝国では日露戦争後，制限選挙で国会が開催されたが，革命後は社会主義の共和国が成立した。**ヴェルサイユ体制**下では独墺露の旧領に民族自決の原則に基づき多数の共和国が独立し，ソ連や独，合衆国で女性参政権が実現した。議会主権の立憲君主政だった英では**選挙法改正**で段階的に参政権を拡大させ，第一次大戦末に女性参政権が実現した。明治維新後，日本では独に倣った**大日本帝国憲法**

を制定して立憲君主政となった。日清戦争敗北後，日本を範とする変法自強運動が弾圧された清では義和団事件後，**光緒新政**で再度立憲君主政を目指したが，辛亥革命で共和政の中華民国が成立した。

（600字）

第２問　「河川と都市や文明の発展」

解説

本問のテーマは，「**河川と都市や文明の発展**」である。東大志望者の中には，学習が第１問の大論述偏重で第２問を甘く見ているような傾向が散見される。そういった受験生は，大論述ばかりを意識して主要国の政治史や経済史については真剣に取り組むものの，古代史や周辺地域史，文化史などを軽視しがちとなる。2023年は第１問が18世紀後半から20世紀前半の政治史だったので，第２問で出題された範囲はおもに前近代の社会・経済史，文化史であった。特にオリエントや古代イラン（パルティア）についての設問は，難易度は標準的だが，学習が近現代史に偏っていた受験生は足元をすくわれたかもしれない。ただこの地域は，第２問では過去に何度も問われている。勝手な思い込みで学習範囲を絞ったり，主要国の近現代史以外を軽視したりせず，過去問に真摯に取り組むなど，きちんと対策をしてほしい。なお，解説中では，第２問全体の配点を21点と想定して，設問ごとの配点予想と加点ポイントを示した。**再現答案の分析結果**と**よくあるミス**については，**出題分析**で詳述したので，そちらを参照してほしい。

問⑴

(a)　基本的な用語の単答問題が３問である。中国で「３世紀前半に，３人の皇帝が並び立つ時代」とあることから，すぐに**三国時代**とわかる。本問で問われているのは，そのうち長江の「下流域に都を置いた国」なので，国名は**呉**，都は**建業**であり，呉を滅ぼしたのは**晋**（**西晋**）である。

・三国時代の始まり

後漢末期の184年に**黄巾の乱**が起きると，各地に群雄が割拠して事実上後漢は崩壊し，その中から台頭した**曹操**（155～220）は後漢最後の皇帝（献帝）を擁立して実権を握り，華北を制圧した。中国の人口は，後140年の時点で華北（河北・華南・山東・山西・陝西）が約2670万人，長江中・下流域の江南地方（江蘇・安徽・浙江・江西・湖北・湖南）が約1180万人，長江上流域の四川が約450万人（人口はいずれも上田信『人口の中国史』〔岩波書店，2020〕による）で，圧倒的に人口の多い華北を制圧した曹操が優位に立っていた。しかし，208年の赤壁の戦いで曹操が**劉備**・**孫権**の連合軍に南進を阻まれたため，中国は大きく三分され，曹操の息子の**曹丕**（文帝　位220～226）が後漢の皇帝から禅譲を受けて帝位に就き，**洛陽**を都として**魏**(220～265)を建国した。これに対抗して，長江上流域の四川地方で劉備(昭烈帝　位221～223)が漢の正統を継ぐ者を称して帝位に就き，**成都**を都として**蜀**(蜀漢)を建てると，長江下流域では**孫権**(位229～252)も帝位を称し，**建業**(現在の南京)を都として**呉**を建国した。こうして中国では，魏・蜀・呉が帝位を名乗って天下を三分する**三国時代**となった。

・三国時代の終焉

三国時代も長くは続かず，まず，華北で優勢となった魏が263年に蜀を滅ぼしたが，この間に軍事的功績の大きかった司馬氏が魏の実権を握り，265年，魏の元帝から禅譲を受けた**司馬炎**(武帝　位265～290)が帝位に就いて，**晋**(**西晋**)を建国した。さらに，280年には呉を滅ぼして中国を統一した。

・魏晋南北朝時代の江南開発

西晋は，武帝(司馬炎)の死後，帝位継承などをめぐる司馬一族の権力争い(**八王の乱**)で混乱し，この機に乗じて華北で自立した**南匈奴**の劉淵が漢を建国すると，洛陽・長安を制圧して西晋を滅ぼした(316)。この**永嘉の乱**の後，晋の皇族の一人であった**司馬睿**(元帝　位317～322)は，**建康**(現在の南京)で即位して晋を再興した(東晋，建業から建康への名称変更については，出題分析を参照してほしい)。一方，華北は**五胡十六国**時代と呼ばれる戦乱の時代となり，五胡と総称される異民族(**匈奴**・**鮮卑**・**羯**・**羌**・**氐**)などが次々と建国して，抗争が続いた。

こうした戦乱を背景に，華北から江南へと多くの漢族が移住した。長江中・下流域では人口が増え，開発が進んだ。特に華北出身の貴族は，すでに江南の豪族に開発されていた平野部を避けて，建康からさほど離れていない山間部に荘園を築き，果樹園の経営や鉱山の開発など，新たな産業を興した。このように，魏晋南北朝時代は，中国経済史においては，江南開発が始まった時期と考えておこう。江南開発については，続く(b)で出題されているので，あわせて確認してほしい。

(b)　本問では，長江流域の開発について，「**湖広熟すれば天下足る**」ということわざを生み出した背景が問われている。このことわざは**明代**における状況を示したものだが，それ以前の江南開発や農業生産の変化とあわせて，東大では何度か問われたテーマで，**2007年第1問**では「**11世紀から19世紀までに生じた農業生産の変化とその意義**」(中国とヨーロッパを合わせて17行)や，**1991年第2問(c)**では「**宋代の南方での人口増加に関係の深い技術上ならびに経済上の変化**」などがそれぞれ問われている。

・唐～宋代の江南開発と経済の発展について

唐代中期には**冬小麦を裏作とする二毛作が普及**し，江南では**田植え農法など水稲栽培の技術も向上**した。また，8世紀半ばに起きた**安史の乱**により華北が荒廃する一方，戦禍が及ばなかった江南へ人口が移動した。これに伴い，特に江南(長江)デルタを中心に開発が進み，堤防や水路などのインフラが整備され，低湿地の農田開発が進展した。これは，技術的に進んでいた華北から江南へ，その技術が伝えられたことも背景である。さらに税制として**両税法**(780)が施行されたことで土地私有が公認され，新興地主(**形勢戸**)が成長したことも，農業生産の拡大に影響を与えた。

五代十国時代，江浙地方を支配した呉越の時代から，中華を統一した**北宋**，江南に移った**南宋**代にかけて，江南デルタでは開発が大きく進展した。**囲田**やその一種である**圩田・湖田**などの造成によって干拓が進み，低湿地の水田化が進んだ。さらに11世紀以降，痩せた土地や乾燥などの悪条件に左右されにくい早稲種の**占城稲**の導入が拡大し，台地や海岸部の水利の悪い土地でも稲作が可能となった。こうして，長江下流域の江蘇・浙江(**江浙**あるいは**蘇湖**)地方が**麦米二毛作**により華北をしのぐ穀倉地帯となり，「**蘇湖(江浙)熟すれば天下足る**」と言われるようになった。

穀物生産の増大に伴い，江南では**茶**の栽培がさかんとなり，**喫茶の風習**が中国内だけなく**周辺民族にも普及**して，茶は重要な輸出品となった。また，茶器としての**陶磁器**生産も発展し，**石炭**の使用が始まったことでその生産量は増大して，江西省の**景徳鎮**など有名な生産地が現れた。また，周辺民族との交易や北方の**遼・西夏・金**などに対する**歳幣**(歳賜・歳貢)支払いの必要性から**絹織物**などの生産も拡大した。こうした経済発展を受けて，宋代には**都市の発展**も見られ，北宋の都である**開封**(黄河と大運河の結節点)や南宋の都である**臨安**(**杭州**・江南の港市)が繁栄したほか，地方の交通の要所には**鎮・市**と呼ばれる新興都市も出現した。海上交易では，引き続き**ムスリム商人**が来航したほか，中国商人の海上進出も始まり，唐代に設置された**広州**に加えて，**泉州・明州・杭州**(臨安)などにも海上交易を管理する**市舶司**が設置された。

こうした商業の発展に伴って貨幣経済も発達し，**銅銭**が大量に流通したほか，手形から生まれた**交子・会子**と呼ばれる**紙幣**が北宋・南宋で使用されるようになった。

・明代の変化について

宋代以降の江南開発により，経済・財政面で長江下流域の重要性は大きく増していた。**施肥**の普及や品種改良，**二毛作**の進展により，稲作がさらに発展し，特に王朝の財政基盤として，**江南地方(現在の江蘇・浙江・安徽・江西・湖北・湖南)からの税収が，政府の歳入の半分以上を占めていた**。このため，江南地方の農民は重い税や小作料を課され，貧しい家計を補充するために**綿花**や**桑**の栽培を行い，**家内制手工業**によって**綿織物**の生産や**養蚕**を行った。こうした動きは**洪武帝**(**朱元璋**)が奨励したこともあり，次第に広がっていった。さらに税制が，すべての税を**銀納**する**一条鞭法**に転換されると，農民たちは税糧を銀納する際に必要な貨幣(銅銭)を手に入れるため，主に**綿**

花栽培や手工業での綿布生産を拡大していった。こうして，長江下流域では水稲耕作から**綿花**や**桑**などの**換金作物栽培への転換**が進み，**稲作が減少**していった。この結果，明末には中国最大の穀倉地帯は，長江下流域の**蘇湖**(江浙)地方から長江中流域の**湖広**地方(湖北・湖南)へと移り，「**湖広熟すれば天下足る**」と言われるようになった。

穀物生産の増大に伴い，江南地方では前述の通り絹織物や綿織物などの生産が増大し，景徳鎮などを中心に生産される陶磁器などとともに，重要な輸出品となった。また福建では**サトウキビ**栽培が広がって**製糖業**が興った。また都市における商業の発展とともに，**客商**と呼ばれる遠距離商人も出現した。**山西商人**や**徽州**(**新安**)**商人**がこれに当たる。彼らは，**同業・同郷**での**相互扶助**を目的に，各地の都市に**会館・公所**を置いて，活動の拠点とした。

【加点ポイント】　※想定される配点：４点

• 明代以前

①宋代以来，(長江)下流域の江浙(蘇湖)地方が穀倉地帯であった。

• 明代

②木綿(綿織物)や絹(絹織物)生産などの家内制手工業が発展した。

③(②を背景に)下流域では(稲作から)綿花・桑などの栽培に転換された。

④施肥や二毛作の普及で，(長江)中流域の湖広地方が穀倉地帯となった。

• 解答への考え方

設問要件は，「湖広熟すれば天下足る」ということわざの背景にある「経済の発展」と「変化」を３行で論じることである。よって，単に長江中流域での稲作が発展したことだけを聞いているわけではなく，それを生じさせた他の産業の変化なども論じる必要がある。また，「変化」が問われているので，明代より前の状況にも一言触れなければならない。よって，宋代以来，長江下流域(江浙〔蘇湖〕)が穀倉地帯であったこと，さらに下流域で稲作が綿花や桑の栽培に転換されたこと，その背景にある木綿や絹などの家内制手工業の発展なども，あわせて論じたい。また，本問を解いた後で，2007年第１問の大論述「11世紀から19世紀までに生じた農業生産の変化とその意義」にも挑戦してみるとよい。

問(2)

(a)　解答が分かってしまえば基本用語の単答問題だが，資料を読み取る必要があるので，間違えた者もいるかもしれない。ただ，続く(b)の問題に「のちの９世紀」とあるので，設問から９世紀以前の王朝とわかる。設問がヒントになった可能性もあろう。

・資料の読み取り

まず1行目に「ティグリス川は…（中略）…インド洋からの物品すべてが我々のもとに」とあるので，ティグリス川を通じた交易の拠点となっていることが分かる。さらに4行目に「ユーフラテス川からは…（中略）…あらゆるものが到着する」ともあるので，ユーフラテス川を通じた交易でも，重要な位置を占めていることがわかる。そして5行目に**アッバース朝**第2代カリフである**マンスール**（位754～775）の名前が見える。以上の点から，王朝の名はアッバース朝，都の名は**バグダード**と判断することができる。またバグダードは，ティグリス川中流の河畔に位置するが，ティグリス川とその西側を流れるユーフラテス川は，河口付近を除けばバグダード付近でもっとも接近する。この位置関係は，きちんと地図で確認しておこう。

<アッバース朝期の西アジア>

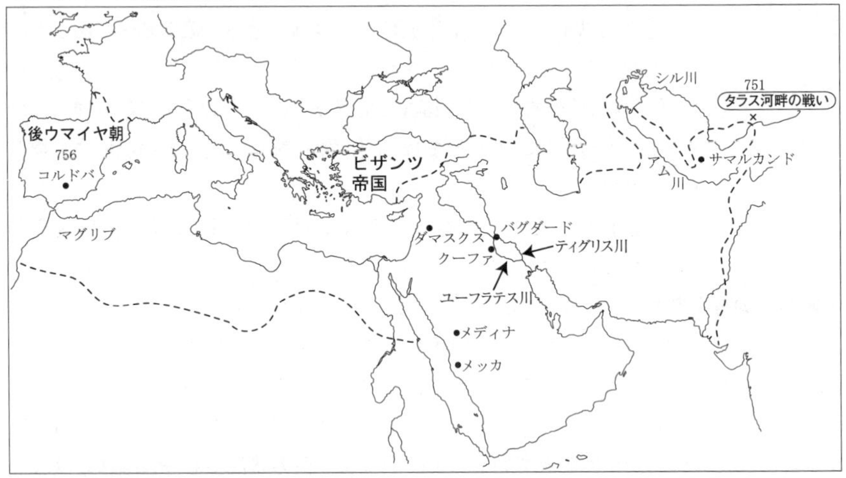

・アッバース朝とバグダード

ウマイヤ朝を倒して建国した**アッバース朝**の第2代カリフ・**マンスール**は，資料にある命を発して，**新都バグダードを建設**した。バグダードは上述の通り，ユーフラテス川が最も接近するティグリス川の中流の河畔に位置するため，両河の水上交通が接続する要衝で，東西交易の一大拠点として繁栄した。かつてセンター試験で出題されたこともあるが，円形の城壁の内側には宮殿とモスクがあり，その外側に市街地が広がっていた（「円城」と呼ばれた）。第5代**ハールーン＝アッラシード**時代には人口150万人を超え，唐の都**長安**と並ぶ世界的な大都市であった。

<バグダード>

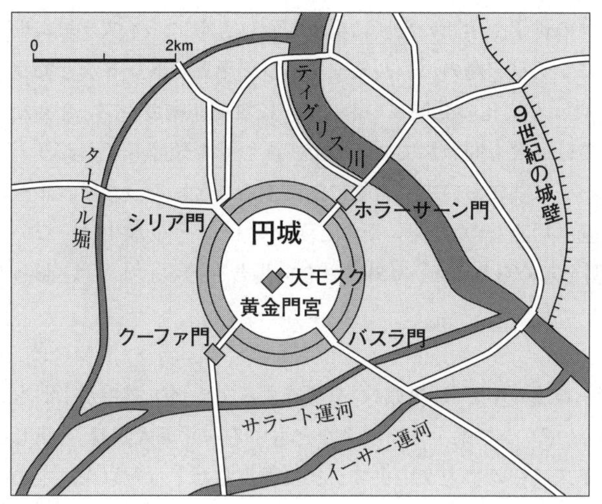

ただ，このような表面的な知識だけではなく，アッバース朝の統治とバグダードの持つ意味もあわせて確認しておきたい。アッバース朝の統治は，ウマイヤ朝のそれとは異なり，アラブ人の持つ特権が失われ，民族の区別なく**ムスリムの平等**が達成された。**マワーリー**(改宗者)の**ジズヤ**(**人頭税**)**が免除**されたほか，ウマイヤ朝末期から**アラブ人の土地所有者にも課せられたハラージュ**（**土地税**）も，引き続き課されて**ムスリムは税制において平等**となった。また，宰相(**ワズィール**)が率いる**官僚機構を整備**し，バグダードを中心に，情報伝達のための**駅伝制度**を敷くなど，**ウマイヤ朝時代の遊牧民的な統治**を脱し，**中央集権的な帝国支配を確立**していった。これらの制度を整備する際，**イラン人のムスリムを官僚として登用**し，彼らの持つ知識や，**イランの伝統的な支配制度**（**アケメネス朝やササン朝の中央集権的な制度**）**を帝国内に取り込んでいった**のである。ここで確認して欲しいのが，**パルティア**および**ササン朝**の都であった**クテシフォン**の位置である。バグダードとクテシフォンはいずれもティグリス川の中流域に位置し，世界地図くらいの縮尺で見ると，ほぼ同じ位置になってしまうほど近い。つまり，**バグダードはかつてのイラン人国家のほぼ中心に位置する**ことになる。アッバース朝におけるバグダードは，単に交易の要地というだけでなく，**イラン人を統治に組みこむための拠点**と考えることも出来る。

また，文化史上において問われる内容として，第7代**マームーン**がバグダードに創設した「**知恵の館**（**バイト＝アルヒクマ**）」がある。エジプトのアレクサンドリアなど，旧**ビザンツ帝国**領に保存されていた**ギリシア語**の哲学や科学の文献が，「**知恵の館**」ににおいて**アラビア語に翻訳**され，それらがイスラーム世界に広がって，「**外来の学問**」として各地で研究され，アラブの哲学や学問の発展に貢献した。さらに，イスラーム世界で研究された成果は，後に**シチリア島**の**パレルモ**や**イベリア半島**の**トレド**などで**ラテン語に翻訳**され，西ヨーロッパ文化の発展，いわゆる「**12世紀ルネサンス**」をもたらした。このテーマも東大では何度も問われているので，あわせて確認しておこう。

(b)　本問のテーマは，アッバース朝において9世紀に活躍することになった**マムルーク**についての論述である。基本用語なので「聞いたことがない」という受験生はいないと思うが，きちんとした説明を求められると，案外書けない場合もある。まずは，しっかりと内容を理解してほしい。

・マムルークとは何か

マムルークとは，イスラーム法の中では「男奴隷」を意味するアラビア語だが，おもに**トルコ人**(ほかにクルド系・ギリシア系・スラヴ系などもいる)の「**軍人奴隷**」を指して用いられた言葉である。イスラーム勢力が中央アジアに進出した7世紀以来，中央アジアでは**トルコ系騎馬遊牧民**が抗争していた。彼らは統一された政治勢力を形成せず部族ごとに争っていたが，争いの中で得た**戦争捕虜**を奴隷として売却しており，イスラーム王朝ではこうした**トルコ人奴隷を購入して訓練し**，**イスラーム教に改宗させて強力な騎馬軍団を編成**した。こうした軍人奴隷を**マムルーク**と呼ぶ。**アッバース朝カリフ**は，9世紀初めころからマムルークを軍事力の中核として**カリフの親衛隊を編成**した。しかし，9世紀後半になるとマムルークが次第に勢力を蓄え始めてカリフの統制下から離反し，しまいに**カリフの廃立にまで影響を与える**ようになった。受験レベルではないが，861年に起きた第10代カリフ・ムタワッキルの暗殺事件には，多数のマムルークが加担していたといわれる。以後，カリフ権がマムルークに操られることも多くなり，その権力は弱体化していった。ほかに，中央アジアで成立したイラン系の**サーマーン朝**は，強力なマムルーク軍団を組織したことでも知られる。

このように奴隷として購入されたマムルークだが，多くの場合，後に自由身分が与えられ，エリート軍人として統治に活躍し，のちに自立して別の王朝を建てることも多かった。例えば，サーマーン朝の地方総督が建国した**ガズナ朝**，セルジューク朝から自立した**ホラズム＝シャー朝**，アイユーブ朝を倒した**マムルーク朝**などは，いずれもマムルーク出身者が建国した王朝である。

【加点ポイント】　※想定される配点：3点

①(マムルークとは)トルコ系(騎馬)遊牧民をイスラーム改宗させた軍人奴隷である。

②カリフの親衛隊として，軍の中核となった。

③やがて，カリフの統制下から自立した or カリフの廃立にも影響を与えた。

• 解答への考え方

設問要件は，「**9世紀に活躍するようになったマムルークの特徴**」と「**彼らがこの王朝（→アッバース朝）で果たした役割**」を，２行で論じることである。あくまでもアッバース朝におけるマムルークの役割が問われているので，他の王朝に広げる必要はない。よって，上記の３ポイントについて，順に論じていけばよい。

(c)　本問では，**クテシフォン**を建設した国である「**パルティア**」で起きた「**文化的変容**」が問われている。そもそもクテシフォンを建設した国がパルティアであることが分からなければ，問題の土俵にすら乗れていないことになる。さらにパルティアで起きた文化的変容について，言語面を中心に論じていく問題である。

• パルティアの建国まで

アレクサンドロス大王は東方遠征（前334～前324）によって**アケメネス朝**を滅ぼすと，さらに中央アジアからインダス川までを征服して，広大な大帝国を築いた。この帝国はアレクサンドロスの死後，部下の将軍たちによる**ディアドコイ戦争**によって，前４世紀末には，**シリア**（**セレウコス朝**），**エジプト**（**プトレマイオス朝**），**マケドニア**（**アンディゴノス朝**）などの諸王国に分裂した。アレクサンドロスの遠征からプトレマイオス朝の滅亡までの約300年間を**ヘレニズム時代**と呼び，ギリシア文明がオリエント世界にまで拡大して両者が融合し，**ヘレニズム文化**が生まれた。ギリシア語は共通語である**コイネー**となり，諸学問がギリシア語で集大成された。また，エジプトのアレクサンドリアには**大図書館**を備えた研究機関**ムセイオン**が創設され，ヘレニズム文化の中心地となった。

しかし，アジアの領土の大半を受け継いだ**セレウコス朝**では，前３世紀半ばに中央アジアのアム川流域でギリシア系の**バクトリア**が自立し，イランでも遊牧イラン人の**アルサケス**が**パルティア**を建て，セレウコス朝から領土を奪って強大化した。本問で論じる時代はここからである。

• パルティアの繁栄

パルティアは，前２世紀半ばの**ミトラダテス１世**の時代にイラン全土を統一し，バビロニアに進出すると，ティグリス河畔の**セレウキア**を陥落させ，その対岸の**クテシフォン**に軍事施設を建設した（のちにパルティアの都となった）。さらに，東では**バクトリア・大月氏・クシャーナ朝**と国境を接し，西ではユーフラテス川に至る広大な領土を支配すると，前53年にはローマの**クラッスス**の遠征軍を破って，彼を敗死させた（カルラエの戦い）。こうしてパルティアは，**ローマ**と**漢**を結ぶ通商路（いわゆる「**絹の**

道〔シルク＝ロード〕」)を押さえて，東西交易で繁栄した。特に，絹貿易の利益を独占すると，中国との交渉を持ったほか(西アジアでは初)，後1世紀末に**後漢**の**班超**が大秦国(後漢代におけるローマの呼称)に**甘英**を派遣した際，漢とローマの直接交渉を阻止するため，甘英を妨害したとも言われている。

・文化的変容

パルティアは，初期にはヘレニズム文化の影響が強く，例えばミトラダテス1世は「**フィルヘレネ**(ギリシアを愛する)」という銘を付けた貨幣を発行したように，**ギリシア語**(共通語とされた**コイネー**)が使用されることも多く，また古代オリエント文化の名残で，**アラム語**も使用されていた。

しかし，前1世紀頃から徐々に**脱ヘレニズムの傾向**が表れ始めた。パルティアでは，バビロニアに支配権が拡大したことで都となるクテシフォンが建設され，またアレクサンドロスの遠征で大きな打撃を受けた**ゾロアスター教**が，紀元前後から保護され始めるなど，**イランの伝統文化の復興**が進んだ。特に1世紀後半からは意識的にイラン化が進められ，都市の名称が**イラン系言語**(中期ペルシア語の**パフラヴィー語**〔もともとはパルティア語の意〕)で表記されるなど，その使用が拡大していった。本問は，パルティアの文化について，イラン人の2つの大帝国(**アケメネス朝とササン朝**)の中間期に現れた**パルティアという国の位置づけ**を考察しながら論じていく問題である。イランにおける文化的変容を考えると，まずパルティアの初期には，アレクサンドロスの遠征で生まれた**ヘレニズム文化の影響**が強かったが，1世紀頃に転機を迎えて**イラン伝統文化の復興**が進み，それが後のササン朝で完成を迎えた。この文化的変容の全体像を頭に入れたうえで，パルティアという国の歴史的意義を考えてほしい。

【加点ポイント】　**※想定される配点：３点**

①国名：パルティア(設問に「国の名前に言及しつつ」という指定がある)

②文化的変容：初期にはヘレニズム文化を保護し，のちにイランの伝統文化を復活した。

③言語面：初期にはギリシア語(コイネー)を使用し，のちにイラン系言語を使用した。

＊変化なので，前後が揃って加点(②の二重下線部，③の波線部)

・解答への考え方

設問要件は，「**クテシフォンを建設した国**」に言及しつつ，「その国(**→パルティア**)で起こった**文化的変容**」を「**言語面**を中心に」2行で説明するものである。よって，初期の「**ヘレニズム文化の保護**」と「**ギリシア語**(共通語の**コイネー**)の使用」，のちの「**イラン伝統文化の復興**」と「**イラン系言語**(**パフラヴィー語**)の使用」を，**対比的に論ずる**必要がある。

問(3)

(a)　本問は，2022年の「**ハンムラビ法典**」に続き，**２年連続で古代オリエントからの出題**である。さらに，**エジプトの洪水**に関する類題としては，2007年に「**メソポタミアとエジプトの暦の発達の背景**」が問われ，その際に，**ナイル川の定期的な増水**（洪水・氾濫）に言及する必要があった。なお，問題の冒頭にある地図中のAは，「ナセル政権下に作られた公共建造物」で，地図中の位置とあわせて「**アスワン＝ハイダム**（教科書表記に従った。英語で“Aswan High Dam”なので，本来はアスワン＝ハイ＝ダムとすべきかもしれない）」とわかる。

・ナイル川の自然特性と，それを利用した農業

ナイル川は，アフリカ最大の湖であるヴィクトリア湖（ほぼ赤道付近に位置し，現在のケニア・タンザニア・ウガンダにまたがる）を源流とする白ナイル川と，エチオピア高原から発する青ナイル川が，スーダンのハルツームで合流してエジプトへと流れていく世界最長の河川である。**ナイル川の定期的な増水**は，青ナイル川の流域が雨季となる６～９月に最大水量となり，この時，合流後のナイル川の水量の約３分の２を青ナイルが供給する。

こうした定期的な増減水により，流域の**ベイスン**（窪地）には上流から運ばれてくる肥沃な土壌が堆積しため，減水期にこの窪地を耕作地に利用した（**ベイスン灌漑**）。同時に土中の塩分濃度が上がることも防いだため，塩害が起こらなかった。こうした**灌漑農業**により，エジプトは豊かな農耕文明を形成したのである。このようなエジプト文明の特徴を，古代ギリシアの歴史家**ヘロドトス**は「**エジプトはナイルのたまもの**」と書き記している。また，古代エジプト文明では，この定期的な増水の時期を正確に知るために，季節と暦のずれが少ない**太陽暦**が発達した（2007年第２問で出題された）。また，**大規模な治水･灌漑を統制**し，**共同管理を行う必要**から，**強大な王権**が生まれた。

・アスワン＝ハイダム建設の影響

本問で決定的に重要というわけではないが，アスワン＝ハイダム建設がナイル川の自然特性，つまりは**定期的な増減水を利用した農業のあり方を決定的に変える**ことになった点について解説しておく。地理選択者は知っているかもしれないが，最も大きな影響は，**塩害の拡大**である。ダム建設以前は増水によって肥沃な土壌が上流からもたらされていたが，それがなくなったことで，地下水や農業用水に含まれる塩分が乾燥によって地表に残り，塩分で土が固まってしまう。これが塩害で，一度塩分を含んでしまった土地はなかなか農地に戻すことができない。また，本問で言及する必要はないが，ダムの建設によってナイル川本流の水が減ったことで巻貝が大量発生し，それが宿主となる感染症が蔓延するなどの問題が生じている。**人間が意図的に自然環境**

を変えたことによって，**予期せぬ悪影響が発生した一例**と言えよう。

【加点ポイント】　※想定される配点：３点

①ナイル川の定期的な増水(洪水・氾濫)を利用した。

②増水によって，上流から肥沃な土壌が運ばれ，また塩害が除去された。

③減水期に小麦(穀物)などを栽培する灌漑農業を行った。

・解答への考え方

設問要件は，近代以前のエジプトにおいて，「この川(→ナイル川)の自然特性を利用する形で展開した農業」について，２行で説明することである。当然ながら，「ナイル川の定期的な増水」，「上流から運ばれてくる肥沃な土壌」，「減水期に小麦などを栽培する灌漑農業」といった基本的な内容については言及する必要があるが，設問で「アスワン＝ハイダム」に言及しているので，解答では自然特性の一つとして「塩害の除去」に触れられるとよいだろう。

(b)　まず，地図中の都市Ｂは**アレクサンドリア**，都市Ｃは**アデン**で，この２つの都市を結ぶ交易とは「**紅海貿易**」ということになる。地図には**紅海**を中心とする狭い範囲しか示されていないが，頭の中で**インド洋**から**地中海**に至る地図を思い浮かべられただろうか。交易に関する学習では，地理的なつながりを理解することが不可欠である。**エジプト**は「**地中海と紅海(とその先のインド洋)の結節点**」であり，「**ヨーロッパとアジアを結ぶ重要な拠点**」でもある。このことが歴史上大きな意味を持った。こうした地理的な理解は，**東大世界史では必須の視点**と言える。一例を挙げると，**2001年第1問「エジプト5000年史」**で問われた「**エジプトに到来した側の関心や，進出にいたった背景**」には，経済的・軍事的に重要な拠点であるエジプトを押さえるという思惑が当然ながら含まれ，これを軸として歴史的事象を整理していくことになる(**2020年第2問(2)(a)，2006年第2問(3)でも，近代エジプトをめぐる国際関係が問われている**)。この大論述は，エジプトを地政学的に眺める視点がなければ散漫な文章になってしまい，得点が伸びない。本問は時代が絞られているとは言え，同様の視点が求められている。

・地中海とインド洋を結ぶ交易

帝政ローマ初期に，アラビア海で**季節風**(「**ヒッパロスの風**」)が発見されると，これを利用してエジプトから紅海，インド洋を経由したインドとの交易が行われ(**季節風貿易**)，**ローマ**は**ガラス器・ブドウ酒・金貨**などを輸出し，**絹**，**象牙**，**香辛料**，**宝石**などを輸入した。以後，**インド洋**に繋がる**紅海と地中海の結節点**として，エジプトは重要拠点となった。プトレマイオス朝の都であったナイル・デルタ西端の都市**アレクサンドリア**は地中海有数の港市として，交易で繁栄した。インド洋と地中海を結ぶ交易路には，ペルシア湾からメソポタミア(陸路)を経由するルートと，紅海からエジプトを経由するルートの２つがあり，６世紀頃には，**ペルシア湾ルート**を押さえた**ササン朝**と，イエメンを制圧して**紅海ルート**を支配した**アクスム王国**が対立し，ササン朝の**ホスロー１世**(位 531 ～ 579)はイエメンに軍を派遣した。しかし，７世紀にアラビア半島で生まれた**イスラーム勢力**が，**シリア・エジプトを征服**し，続いて**ササン朝を滅ぼす**と，**いずれの交易路もイスラーム勢力の支配下に入った**。以後，**アラブ系ムスリム商人**が**ダウ船**を用いて，**インド洋交易の中心**となっていった。

＜ムスリム商人の交易ネットワーク＞

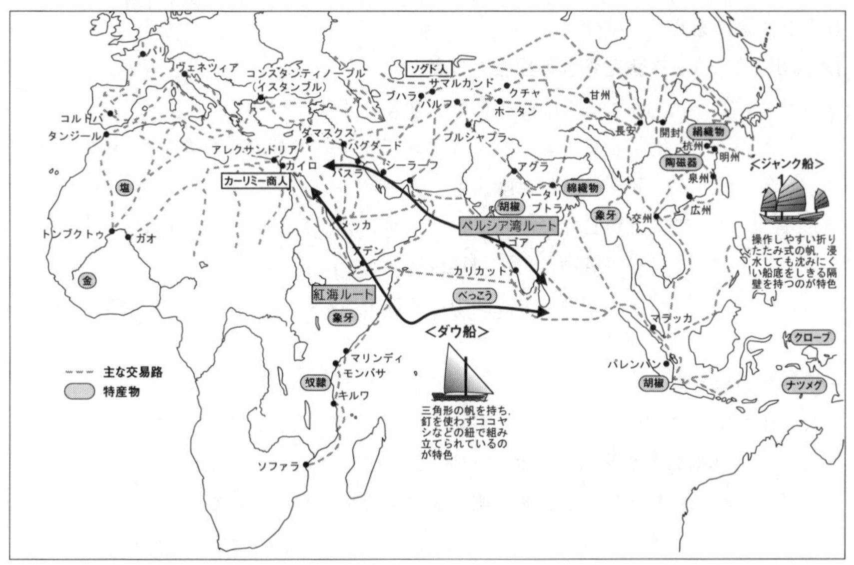

• カーリミー商人

カーリミー商人とは，**カイロ**を拠点に**紅海・インド洋の香辛料貿易**に従事していた**国際的商人**のことで，特に**アイユーブ朝**(1169 ～ 1250)や**マムルーク朝**(1250 ～ 1517)の時代には，国家的な保護を受けて，**香辛料貿易を独占**していた。11世紀以降，**アッバース朝の弱体化**に伴って**バグダードが衰退**したことも，エジプトの**カイロの繁栄**を促した。さらに，13世紀に**モンゴル軍**によってバグダードが破壊されると，そこから逃れたムスリム商人を**マムルーク朝**がカイロに集め，**海上の東西交易を奨励**した。このため，**モンゴル帝国が形成したユーラシア大陸全域にまたがる経済圏**において，**カーリミー商人はその一角を担っていた**(**2015年第１問**の「**『モンゴル時代』における**

経済的・文化的交流の諸相」でも問われた)。しかし，彼らを保護していたマムルーク朝が，15世紀に胡椒などの香辛料や絹織物などの**専売制を導入**すると，カーリミー商人は没落し始め，16世紀に入り，ヨーロッパ諸国がアジアとの直接交易を開始したため，マムルーク朝も急速に衰退し，滅亡に至った(1517)。

最後に地図を見ながら，**カーリミー商人**の交易を確認しておく。彼らは，イエメンの港市**アデン**(**地図上の都市C**)で**インドの商人**から買い付けた東南アジアやインド産の**香辛料**や中国産の**絹織物・陶磁器**を**紅海**経由でエジプトに運び，ナイル川を**アレクサンドリア**(**地図中の都市B**)まで下って，**ヴェネツィア**や**ジェノヴァ**などの**イタリア商人**に，これらの物産を売り渡し，代価として銀や絹織物を入手した。本問では，これらを簡潔に論じていけばよい。

【加点ポイント】　**※想定される配点：３点**

①商人たちの呼称：カーリミー商人

②都市Ｃでの活動：アデンでインドの商人から香辛料(絹織物・陶磁器)を得た(購入した)。

③都市Ｂでの活動：アレクサンドリアでイタリア商人のもたらす銀や毛織物と(香辛料を)交換した。

＊地図中にも設問中にも都市名が記載されていないので，波線部は必須

・解答への考え方

設問要件は，「12世紀から15世紀頃」に「この都(都市Ｂ)と都市Ｃの間で行われた交易」において「扱われた物産」と「取引相手」を，２行で説明することである。まず，設問で伏せられている部分については明らかにする必要があるので，「カーリミー商人」「アデン」「アレクサンドリア」は必須である。さらに，取引相手と物産を正しく組み合わせて論じなければならない。字数は少なめだが，盛り込むべき内容は多いので，簡潔にまとめてほしい。

解答例

問(1)

(1)(a)　国名：呉　都の名：建業　滅ぼした国：晋(西晋)

(b)宋代以来穀倉地帯だった下流域の江浙地方では，明代には木綿や絹などの家内制手工業の発達を背景に綿花・桑などの栽培に転換され，中流域の湖広地方が施肥や二毛作の普及で穀倉地帯となった。

(記号を含めて90字)

問(2)

(2)(a)王朝の名：アッバース朝　都の名：バグダード

(b)トルコ系遊牧民をイスラームに改宗させた軍人奴隷で，カリフの親衛隊として軍の中核となったが，カリフ廃立にも影響を与えた。

（記号を含めて60字）

(c)パルティアは初期にはヘレニズム文化を保護しギリシア語を用いたが，やがてイランの伝統文化を復活しイラン系言語を使用した。

（記号を含めて60字）

問(3)

(3)(a)ナイル川の定期的増水で塩害を除去し，上流から運ばれる肥沃な土壌を用いて，減水期に小麦などを栽培する灌漑農業を行った。

（番号・記号を含めて60字）

(b)カーリミー商人は，アデンでインドの商人から香辛料を得て，アレクサンドリアでイタリア商人のもたらす銀や毛織物と交換した。

（記号含めて60字）

第３問　「病気と医学の歴史」

解説

本問は病気や医学の歴史を扱った大問であり，語句の記述問題となっている。すべて基本的な内容を確認する問題なので，短時間で正確に解答していきたい。

問(1)　正解はペロポネソス戦争

古代ギリシアで「全ギリシアを二分する戦争」であること，ペリクレスが病死した時期に展開されていた戦争という点から，ペロポネソス戦争が正解と判断できる。

古代ギリシアで前５世紀に展開された戦争として，まず**ペルシア戦争**(前500/前499～前449)があるが，これはギリシアの諸ポリス対**アケメネス朝**(**ペルシア帝国**)という構図で出題される。ペルシア戦争を経て海上覇権を確立した**アテネ**では，**ペリクレス指導**の民主政が完成した。しかしスパルタとの対立が深まり，それぞれの同盟国を巻き込んで，**ペロポネソス戦争**(前431～前404)が勃発した。前429年にペリクレスが疫病で亡くなった後，アテネは**デマゴーゴス**による**衆愚政治**に陥り，スパルタに敗北した。なお，ペロポネソス戦争でアケメネス朝がスパルタを支援したことは覚えておこう。

また，ペルシア戦争を描いた歴史家は**ヘロドトス**，ペロポネソス戦争を描いた歴史家は**トゥキディデス**である。前者が物語的で様々な逸話を盛り込んでいるのに対し，後者は科学的で複数の情報を客観的に分析して事実を浮かび上がらせようとした。

問(2)　正解は『デカメロン』

ペストの流行を背景に「人間の愛や欲望など」を「赤裸々につづった物語」なので，ボッカチオの『デカメロン』が正解となる。基本的な出題であるが，作者と作品の組合せのみでは対応できない点は東大らしい出題といえるだろう。

ボッカチオ(1313～75)はイタリアの人文主義者・作家で，**フィレンツェ**の商人の子として生まれた。ナポリで法律を学んだが文学に没頭し，フィレンツェに帰った後は**ペトラルカ**(1304～74)と親交を結び，人文主義への傾斜を強めた。

代表作『**デカメロン**』は，**黒死病**(**ペスト**)の流行を避けてフィレンツェから逃れた7人の女性と3人の男性が，10日間各々10の話をするという構成になっている。あらゆる階層の人々を取り上げ，ユーモアや機知を含みつつ，人間の赤裸々な姿を大胆に描き，近代小説の原型となった。また当時文章語として優位にあったラテン語ではなく，イタリア語(フィレンツェ周辺の俗語)で書かれ，俗語作品の可能性を切り拓いた。『デカメロン』の精神は，イギリスの**チョーサー**（1340頃～1400)の『**カンタベリ物語**』など，後世の作品に受け継がれた。

『デカメロン』で描かれた14世紀半ばの黒死病の大流行は，気候の寒冷化による凶作・飢饉と相まって，ヨーロッパの人口の3分の1を失わせたといわれる。人口の減少による労働力不足は農民の解放や地位向上，労働者の賃金上昇につながった。一方，穀物価格が下落し，荘園経営を支えてきた農奴制が解体に向かったことで領主層は困窮し，封建社会は衰退していった。

問(3)　正解は『本草綱目』

李時珍が編纂した薬物に関する書物なので，『本草綱目』が正解となる。

本草学は中国の薬物学で，薬用となる植物・動物・鉱物などの産地や効能などを研究した。中国最古の本草書は『神農本草経』であり，その成立は漢代と推定される。その後『神農本草経』をもとに，新たな知見を付け加えて内容を充実させた本草書が，次々に書かれた。明代には本草書の数が増大し，内容もきわめて豊かになった。その代表的な本草書が李時珍の『本草綱目』である。**李時珍**(1523頃～96頃)は明代後期の医師・本草学者で，各地で実地調査を行いつつ，800余の医薬書を研究し，約30年かけて『**本草綱目**』を完成させた。

明代後期は，都市が発展した一方で農村が貧困化するなど，社会問題が山積みしていた時期だった。そのため知識人の間では，実用的な学問・技術によって社会問題の解決をめざす動きが生じた。16世紀末以降に来航した**イエズス会宣教師**が，布教の手段としてヨーロッパの科学技術を伝えたことも，こうした動きを刺激した。**徐光啓**の『**農政全書**』（農業技術・農政の総合書)や**宋応星**の『**天工開物**』（産業技術書)とともに，

『本草綱目』もこの時期の技術書の代表例であることを覚えておきたい。

またこうした技術書は江戸時代の日本に大きな影響を与えた。貝原益軒(1630～1714)は，『本草綱目』をもとに日本の物産も加えて修正した『大和本草』を著した。宮崎安貞(1623～97)は『農政全書』を学び，長年の農村生活の体験や見聞をもとに『農業全書』を著した。『天工開物』は中国よりも日本で珍重され，中華民国期に逆輸入された。

問(4)　正解はバタヴィア

ジャワ島におけるオランダ東インド会社の根拠地であるバタヴィアを答える。バタヴィア(現在のインドネシアのジャカルタ)は，ジャワ島北西部に位置する。バタヴィアの名称は，古代のオランダ地域に居住していたゲルマン人の一派であるバタヴィ人に由来する。

オランダは16世紀末からアジアに進出し，1602年にはそれ以前の多くの会社を連合して**オランダ東インド会社**(**連合東インド会社**)を設立した。東インド会社はアジア貿易を独占し，ジャワ島北西部の**バタヴィア**に拠点を置いて**モルッカ諸島**に進出し，**香辛料貿易**に参入した。香辛料貿易の独占を図るオランダは，イギリスやポルトガル勢力の排除を図った。オランダは，1623年に**モルッカ諸島のアンボイナ島**にあるオランダ東インド会社の要塞を乗っ取ろうとしたという疑いで，**イギリス東インド会社**の商館員や日本人傭兵などを処刑し，モルッカ諸島からイギリス勢力を追放した(**アンボイナ事件**)。1641年にはポルトガルの重要拠点だった**マラッカ**を占領し，1658年にはセイロン島からもポルトガル人を追放した。アジア航路の補給基地として，1652年にアフリカ南端に**ケープ植民地**を建設した。

東アジアでは，オランダ東インド会社は**台湾**に**ゼーランディア城**などの拠点を設け，ポルトガル人に代わり，中国の**生糸**で日本の**銀**を入手する貿易に参入した(ただし1661～62年に**鄭成功**の攻撃を受けてオランダ人は台湾から追放された)。日本の江戸幕府がオランダ人以外のヨーロッパ人を排除したので，オランダは東アジアにおける貿易でも他のヨーロッパ諸国よりも優位となった。貿易港となった**長崎**は，江戸時代の日本がヨーロッパの文物を吸収する「窓口」となった。18世紀に入ると，オランダはジャワ島中部・東部の**マタラム王国**を支配下に置くなど，領域支配を進めていった。しかし会社の財務状況の悪化や，フランス軍によるオランダ占領などによって，1799年に解散した。

問(5)　正解はコッホ

「結核菌やコレラ菌を発見したドイツの医師」という点から，コッホが正解となる。

ドイツの医師・細菌学者の**コッホ**(1843～1910)は，1876年以降炭疽菌・**結核菌**・**コレラ菌**などを発見した。1890年には結核の治療薬としてツベルクリンを創製した(後に診断薬として使用された)。多くの伝染病研究を行い，純粋培養法などの細菌学の手法を生み出したことから，近代細菌学の祖とされる。1905年には「結核に関する発見と研究」によりノーベル医学・生理学賞を受賞した。またベルリンに伝染病研究所を設立して所長を務め，全世界から近代細菌学を学ぶため，多くの研究者がやってきた。日本の細菌学の父といわれる**北里柴三郎**(1852～1931)もコッホに師事し，コッホ門下の四天王のひとりとされる。なお，同時期のフランスの化学者・微生物学者で，狂犬病の予防接種の成功などで知られる**パストゥール**(1822～95)も覚えておこう。

コレラはインドのベンガル地方を中心とする風土病であり，19世紀に入ると世界的に流行するようになり，ヨーロッパでは1830年代にコレラが流行し，**神聖文字**(**ヒエログリフ**)を解読したフランスの**シャンポリオン**(1790～1832)や，**ドイツ観念論**を大成した哲学者**ヘーゲル**(1770～1831)も，コレラに感染して死去した。西ヨーロッパでは，劣悪な都市環境がコレラの流行を促したとされ，上下水道の整備が進行した。日本にも1822年に入り，開国した幕末以降に猛威をふるった。

結核は産業革命による社会の近代化に伴い，欧米諸国に急速に広がっていった。欧米諸国は結核の蔓延が19世紀の中頃まで続き，それから急激に結核の死亡者数が減少した。食事･住環境の改善や患者の病院隔離の徹底などがその理由として考えられる。日本でも近世には「労咳(ろうがい)」などと呼ばれ，明治以降の工業化の進展とともに蔓延した。

問(6)　正解は京都議定書

環境問題からの出題。「1990年代後半」の日本で「温室効果ガス削減の数値目標が設定された」という点から京都議定書を答える。

1972年，**国連人間環境会議**がスウェーデンの首都**ストックホルム**で開催された。「**かけがえのない地球**」を合言葉に，環境問題が初めて世界規模で話し合われ，「**人間環境宣言**」や行動計画などが採択された。この会議の勧告に基づき，同年の国連総会は環境問題に専門的に取り組む機関として**国連環境計画**(**UNEP**)を創設した。

先進国を中心に環境問題への関心は高まったが，1973年に**第１次石油危機**が発生すると，各国の経済が停滞し，環境問題に対する取り組みが消極的になった。再び環境問題への関心を呼び覚ますため，国連人間環境会議から20年後の1992年，**ブラジルのリオデジャネイロ**で「**環境と開発に関する国連会議**」が開催された(国家元首級の代表が参加することとされたので，「**地球サミット**」と呼ばれる)。この会議では「**持続可能な発展**(**開発**)」を理念に，**リオ宣言**や**アジェンダ21計画**，**気候変動枠組み条約**などが採択された。

1997年に気候変動枠組み条約の第３回締約国会議(COP３　地球温暖化防止京都会議)が**京都**で開催され，**先進国**に温室効果ガスの削減を義務付ける**京都議定書**が採択された。しかし中国を含む開発途上国とされた国々に数値目標が定められず，アメリカが京都議定書からの離脱を表明するなどの課題も残った。2015年に採択された**パリ協定**では，**開発途上国を含むすべての国**に温室効果ガスの削減目標を定めることを求めた(2016年発効)。

問(7)　正解は茶

唐代に民衆に普及した嗜好飲料で，その貿易をめぐる問題がアヘン戦争の原因にもなったということから，茶が正解となる。

中国では漢代には四川で茶を飲む風習が行われていたが，**唐代**には庶民にも普及し，陸羽が世界初の本格的な茶書である『茶経』を著した。**茶の専売制**が確立した**宋代**には，喫茶の普及とともに**磁器**が全国に広まるなど，商工業の発展にも影響を与えた。また，同時期の**遼**や**西夏**などの隣接する国家も茶を求めたので，宋にとって茶は重要な輸出品となった。

17世紀に**オランダ東インド会社**によってヨーロッパに茶が伝わり，上流社会に珍重された。18世紀には，**イギリス東インド会社**が中国との直接的な茶貿易に参入した。その後**産業革命**で増加した労働者などの民衆にも紅茶が普及し，中国茶の需要が増大した。しかしイギリス製品の清(中国)での需要は限られており，イギリスから清への**銀**の流出が続いた。そこでイギリス東インド会社は，インド産の**アヘン**を清に輸出(密輸)することを認めた。こうしてインド産アヘンを清に，清の**茶**を本国に，本国の**綿製品**をインドに運ぶ**三角貿易**が展開された。さらに**1833年に東インド会社の対中国貿易独占権が廃止**となり，翌年から実施されると，清へのアヘン流入は急増した。また1830年代からは清から銀が流出し始め，清では銀価が高騰し，銀で納税する農民を苦しめた。事態を重く見た清の**道光帝**(位 1820 ～ 50)は，アヘン厳禁を主張した**林則徐**を広州に派遣した。林則徐はイギリス商人からアヘンを没収して廃棄したが，イギリスはこれを武力による自由貿易実現の好機と考えて軍を派遣し，**アヘン戦争**(1840 ～ 42)が勃発した。

問(8)　正解はマウリヤ朝

「インド亜大陸を最初にほぼ統一した王朝」という点から，マウリヤ朝を答える。また，設問文の「(仏教の)経典の編纂やスリランカへの布教を行った王」とはアショーカ王であり，これも解答の手がかりとなっただろう。

マウリヤ朝(前317頃～前180頃)は**マガダ国**の王朝で，古代インドで初の統一帝国を築いた。初代の**チャンドラグプタ(王)**(位 前317 ～前296頃)は，マガダ国の**ナンダ朝**を倒してマウリヤ朝を創始し，都を**パータリプトラ**に置いた。さらに**セレウコス朝**と戦って，アフガニスタン(東部)の地を獲得し，インド中部のデカン方面の征服も進めた。第３代**アショーカ王**(位 前268頃～前232頃)の時代に，デカン東北部の**カリンガ国**を征服し，マウリヤ朝の版図は南端部を除くインドのほぼ全域に及んだ。

アショーカ王はカリンガ征服後に武力による征服政策を止め，**ダルマ**(法・倫理)による政治をめざし，ダルマの重要性を説く詔勅を刻んだ**磨崖碑・石柱碑**を各地に建てた。また**仏教**に帰依し，**第３回仏典結集**を行ったとされる。伝説によれば，息子のマヒンダを**スリランカ**(**セイロン島**)に派遣し，仏教を布教させたといわれる(スリランカはその後**上座部仏教**の一大中心地となった)。

問(9)　正解はイブン＝シーナー

『医学典範』やラテン語名のアヴィケンナなどからイブン＝シーナーが正解と判断できる。

ブハラ近郊出身の**イブン＝シーナー**(980～1037)は，「世界がかつて見た最大の男の一人」と称される大学者だった。10代後半で**サーマーン朝**(875～999)の君主の病を治し，21歳で百科事典20巻を著すなど，若くしてその天才ぶりが西アジア全域に鳴り響いた。イラン系だが，主にアラビア語で著述し，**アリストテレス哲学**に基づいてイスラーム哲学を体系化した。膨大な著作の中でも，体系的な医学書である**『医学典範』**は特に有名で，12世紀後半にイベリア半島の**トレド**で翻訳され，西ヨーロッパの大学でテキストとして利用された。

『医学典範』は２世紀のギリシア人医師ガレノスの理論が中核となっている。**アッバース朝**(750～1258)は９世紀に「**知恵の館**」を設立して，ガレノスやアリストテレスなど多くのギリシア語文献を組織的に翻訳し，イスラームの学問の基礎を築いた。イブン＝シーナーもこうした成果を利用した学者の一人だった。さらにアラビア語やギリシア語の著作は，12世紀にイベリア半島の**トレド**や**シチリア島**のパレルモなどでラテン語に翻訳され，「**12世紀ルネサンス**」と呼ばれる西ヨーロッパの学問の発展に影響を与えた。『医学典範』もこの流れの中で，西ヨーロッパに伝わったことを覚えておこう。

問(10)　正解は陰陽家

古代中国で「天体の運行と人間生活との関係を議論する思想」を唱えた集団は，陰陽家である。

陰陽家は**諸子百家**の一つで，天体の運行と人間・社会の関連を説いた。代表的人物として，陰陽説・五行説を大成した戦国時代中期の**鄒衍**(前305～前240)がいる。

陰陽説は天・日などの「陽」と地・月などの「陰」の消長によって，五行説は「木火土金水」の５元素の循環によって，万物の生成・変化を説明した(戦国末期以降に両者が結びついた思想を「**陰陽五行説**」という)。鄒衍は，万物の運行は「火→水→土→木→金→火→…」の循環に則るもので(五行相勝説という)，王朝にも「殷は金徳，周は火徳」

などの五行の性質があり，周(火徳)の次の王朝は水徳を授かった王者によって興ると予言した。

陰陽五行説に基づいて王朝の交替の原因を説明するという方法は，**儒学**と結びつきながら後代の王朝に継承され，その正統化に利用された。**前漢**(前202～後8)の末期には，万物の運行が「木→火→土→金→水→木→…」の循環に則るとする五行相生説が確立され，漢は火徳の王朝とされた。この五行相生説を利用したのが**王莽**(前45～後23)である。王莽は自らを土徳と位置づけ，火徳の漢を継ぐ者とし，帝位簒奪の正統化を図った。また陰陽五行説は儒学のみならず，医学などの中国諸学の基本理論にもなり，日本では「陰陽道」として体系化された。

解答例

(1)ペロポネソス戦争
(2)『デカメロン』
(3)『本草綱目』
(4)バタヴィア
(5)コッホ
(6)京都議定書
(7)茶
(8)マウリヤ朝
(9)イブン＝シーナー
(10)陰陽家

2022年

第1問 「8世紀から19世紀までのトルキスタンの歴史的展開」

解説

【何が問われているか？】

問題のテーマは**8世紀から19世紀までのトルキスタンの歴史的展開**を記述することであり，「トルキスタンとはどこか？」という確認から答案作成が始まる。出題者もその点は承知していて，リード文ではトルキスタンと「**パミール高原の東西**」を同義に用いているので，これが手がかりになる。**パミール高原**は**アフガニスタン**，**タジキスタン**，中国の**新疆ウイグル自治区**に拡がる平均標高5,000メートル（最高峰は7,000メートル級）の高原で，この高原から東北に**天山山脈**，南に**崑崙**（クンルン）**山脈**，カラコルム山脈，**ヒマラヤ山脈**が走り，西南には**ヒンドゥークシュ山脈**が伸びている（下図参照）。

パミール高原の東西が「**トルコ化**」され，**トルキスタン**（ペルシア語で「**トルコ人の土地**」）と呼ばれるようになったという問題文の主旨と，**パミール高原の西**，**シル川**と**アム川**に囲まれた現在の**ウズベキスタン共和国一帯**が「**西トルキスタン**」，**パミール高原の東**，**天山山脈**と**崑崙山脈**に囲まれた**タリム盆地**と**天山北麓**の**トルファン**盆地から**ジュンガル**盆地（西部にイリが位置する）にかけて，現在の**中華人民共和国**の**新疆ウイグル自治区**一帯を「**東トルキスタン**」と呼称することが結びついているか？ がこの論述答案作成の成否を分ける。そのためには**図説などを通して，上記のような簡潔な地形図を見慣れておく**ことが肝要だ。パミール高原以東に位置する**タリム盆地**には，**亀茲**（現在の庫車（クチャ））を中心に天山南麓の**オアシス都市**を東西に結ぶ「**天山南路**」と**ホータン**（于闐）を中心として崑崙山脈北麓のオアシス都市を東西に結ぶ「**西域南道**」という2本の「**オアシスの道**」が走っていた（盆地の中心部はタクラマカン砂漠）。中華世界はタリム盆地一帯から西方を漠然と「**西域**」と呼び，**亀茲**には前漢後期に**西域都護府**が，また唐代には**安西都護府**が置かれ，中華帝国の支配拠点となった。また**亀茲**は，4世紀から5世紀にかけて五胡の侵入で戦乱の渦中にあった中華世界に仏教を伝えた**イラン系**の**僧侶・仏図澄**（ブドチンガ）や**鳩摩羅什**（クマラジーヴァ）の出身地でもあり，

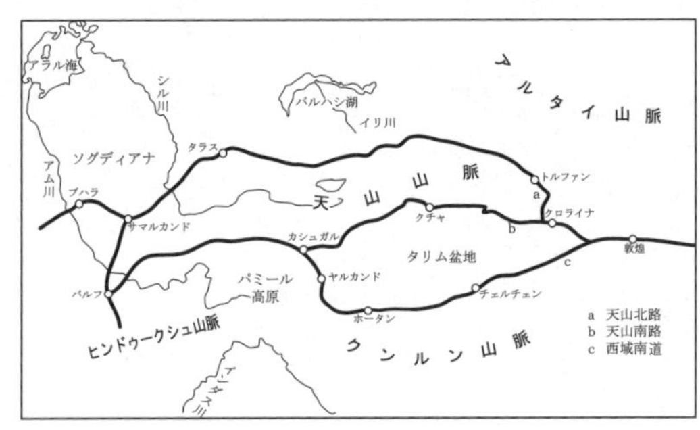

石窟寺院など仏教遺跡が多数遺る。これに対して天山北麓を抜ける「天山北路」はいわゆる「**草原の道**」であり，古来，**遊牧民**が活動をしてきた。一方，パミール高原以西では，アム川の支流域に発達したオアシス都市**サマルカンド**を拠点として，４世紀頃から12世紀頃にかけて**イラン系ソグド人**がビザンツ帝国から中華世界を結ぶ**東西交易で活躍**した。このため，シル川とアム川に挟まれた一帯はソグド人に因んで「ソグディアナ」と呼ばれた。**アム川はモンゴル・トルコ系など北方遊牧民と先住のイラン系民族との歴史的境界線**になっている。また，このソグド人は**ゾロアスター教**や**マニ教**といった**イラン起源の宗教を信仰**したことが史実から分かっている。

◆視点

リード文では，出題者が「トルキスタンの支配をめぐり，①その周辺の**地域に興った勢力がたびたび進出してきたが**，その一方で，②**トルキスタンに勃興した勢力が，周辺の地域に影響を及ぼす**こともあった」と述べており，その上で問題文は「**８世紀から19世紀まで**の時期における**トルキスタンの歴史的展開**」について記述せよと指示しているので，トルキスタンの歴史的展開を**時系列的に正しく追う**ことを骨子とし，「**西域**」と呼ばれた**タリム盆地**と天山北麓一帯からパミール以西のイラン系**ソグド人**の拠点である**ソグディアナ**までが，**いつイスラーム化し，またトルコ化したか**を明記できるかどうかが前半部の重要なポイントになる。その際，**パミール高原の東西に跨がる地域**が「**トルキスタン**」となり，仏教やゾロアスター教などに代わって**イスラーム化**した契機が，**ウイグルの西走**以降，パミール以西に進出した**トルコ系民族**が，**内陸アジアに初めて建国したイスラーム王朝**である**カラハン朝**の成立であるということは明確に指摘しなければならない。

【論旨の組み立て】

《トルキスタンの歴史的展開・時系列表》

ソグディアナ→西トルキスタン	時 代	西域→東トルキスタン		モンゴル高原
ウマイヤ朝 → **アッバース朝** ＊タラス河畔の戦い(751)	8世紀	**タリム盆地** **安西都護府**	**天山北路** **北庭都護府**	**東突厥** **→ウイグル**
アッバース朝 → **サーマーン朝**（イラン系スンナ派）	9世紀	吐蕃→ウイグル 天山(西)ウイグル王国 カルルク／＊ウイグルの西走		**ウイグル**(マニ教を信奉) **→キルギス**
サーマーン朝 →**カラハン朝**（初のトルコ系イスラーム王朝）	10世紀 カラハン朝 の聖戦	天山(西)ウイグル王国 (**仏教を信奉**)		**契丹**(**遼**)
セルジューク朝／ホラズム朝 カラハン朝	11世紀 セルジューク朝の西進	天山(西)ウイグル王国		契丹(遼)

セルジューク朝／ホラズム朝　カラハン朝→西遼	12世紀 カラキタイの移動	天山(西)ウイグル王国	契丹→金 モンゴル諸族の分裂
＊西遼→ナイマン部→モンゴルの支配 **チャガタイ＝ハン国**	13世紀 ハイドゥの乱	天山(西)ウイグル王国 ＊モンゴル帝国に服属	**モンゴル帝国** **元**
チャガタイ＝ハン国 西チャガタイ＝ハン国／**ティムール朝**	14世紀	**チャガタイ＝ハン国** **東チャガタイ＝ハン国** (イスラーム化の開始)	元／**北元**
ティムール朝 ＊アンカラの戦いでオスマン帝国を撃破 ティムール朝の分裂 →ウズベク人の侵入(シャイバーニー朝) →バーブルとウズベク人の抗争	15世紀	**タリム盆地**：東チャガタイ＝ハン国(モグーリスタン＝ハン国) **天山北路**：ウイグリスタン＝ハン国／**オイラト**	**オイラト** 〔エセン＝ハン〕／**韃靼** (北元・タタール)
ヒヴァ＝ハン国　**ブハラ＝ハン国** **ムガル朝** ＊バーブルがロディー朝を破ってアフガニスタン～北インドに建国	16世紀	東チャガタイ＝ハン国(モグーリスタン＝ハン国 or カシュガル＝ハン国) **オイラト**	**韃靼**(北元) 〔アルタン＝ハン〕
ヒヴァ＝ハン国　**ブハラ＝ハン国**	17世紀	**ジュンガル** ＊カシュガル＝ハン国を征服 ＊チベットのダライラマと連携 ＊ガルダン＝ハーンがハルハをめぐって清の康熙帝と抗争	**ハルハ** ＊清・康熙帝に服属／**チャハル** ＊清・ホンタイジに服属
ヒヴァ＝ハン国　**ブハラ＝ハン国**　**コーカンド＝ハン国** **ロシア帝国の進出**	18世紀	ジュンガル→清 ＊乾隆帝の征服により新疆を設置 ＊イリ将軍が天山北路とタリム盆地を管轄	**ハルハ** **チャハル** ＊清の理藩院の間接統治
ヒヴァ＝ハン国→ロシアの保護国化　**ブハラ＝ハン国→ロシアの保護国化**　**コーカンド＝ハン国→ロシアが併合** **ロシア帝国** ＊トルキスタン総督府，ステップ総督府による支配	19世紀	**新疆→回民蜂起** ＊コーカンド＝ハン国のヤークーブ＝ベクの介入 ＊清は新疆省を設置。 ＊ロシアがイリを占領(イリ事件) ＊清の左宗棠がヤークーブ＝ベクを敗死させる。 ＊清露間でイリ条約締結	**ハルハ** **チャハル** ＊清の理藩院の間接統治

では，論旨となる文脈を「トルコ化・イスラーム化→モンゴルのトルコ化・ティムール朝・ムガル朝が成立する→ウズベク3ハン国とジュンガル・清・ロシアが抗争する」の三段に分けて整理してみよう。

【加点ポイント】　①～㉚のポイントについて，26点まで与える。

・前段

①ソグディアナではゾロアスター教を信奉するイラン系ソグド人が交易で活躍していた。

②8世紀，イスラーム勢力がソグディアナに進出した。
③イスラーム勢力(アッバース朝)が唐を撃破して以降，ソグディアナのイスラーム化が進んだ。
④9世紀(マニ教や仏教を信奉した)ウイグルは(トルコ系の)キルギスに敗れて西走した。
⑤ウイグルの西走を機に，トルコ人はパミール高原の東西に進出した。
⑥(パミール以西の)トルコ人は，(イラン系の)サーマーン朝の影響でイスラーム化した。
⑦10世紀，サーマーン朝から**カラハン朝**が独立した。
⑧**カラハン朝**はパミール高原東西(ソグディアナとタリム盆地)のトルコ化を進めた。
⑨11世紀，イスラーム化したセルジューク朝が西アジア(イラン・アナトリア)に進出した。
⑩パミール以西では**ホラズム朝**が自立した。

・**中段**

⑪パミール以東では**宋**と結んだ金に滅ぼされた遼の王族(耶律大石)がカラハン朝を滅ぼし，西遼を建てた。
⑫西遼は，モンゴル高原から移動したナイマン部に簒奪された。
⑬(チンギス＝ハンの西征により)モンゴルがトルキスタン全域を征服した。
⑭チャガタイ＝ハン国の下でモンゴル人のトルコ化が進んだ。
⑮チャガタイ＝ハン国は東西に分裂した。
⑯西トルキスタンから台頭したティムール朝は，西アジアに進出して**アンカラの戦い**でオスマン帝国を撃破するなど，勢力を拡大した。
⑰ティムール帝国は細密画などイラン文化と融合した**トルコ＝イスラーム文化**を保護した。
⑱ティムールの子孫**バーブル**はトルコ系ウズベク人に敗れ，インドにムガル帝国を建てた。　▲「ティムールの子孫」であることに言及しない答案は，加点対象外。
⑲トルキスタンにはウズベク系**ブハラ・ヒヴァ両ハン国**が，後にコーカンド＝ハン国が成立した。
⑳東トルキスタンにはオイラト系のジュンガルが進出した。

・**後段**

㉑ジュンガルはトルコ系ムスリム(回族)を支配下に置いた。
㉒ジュンガルは，女真系が建てた清(康熙帝・雍正帝)と対立した。

㉓清の**乾隆帝**がジュンガルを滅ぼし(回部を征服し)た。

㉔清は東トルキスタンを理藩院の管轄下の藩部とし，新疆と名付けた。

㉕新疆ではウイグル人のベクが自治を行った。

㉖東トルキスタンでは「回民」(漢化したムスリム)が清に反乱を起こした。

㉗19世紀，ロシア(のアレクサンドル2世)がウズベク3ハン国を制圧した。

or ロシアは**ブハラ・ヒヴァ両ハン国**を保護国化した。

◎コーカンド＝ハン国のヤークーブ＝ベクは回族の反乱に乗じ東トルキスタンに侵入した。

㉘ロシアは新疆の回族反乱に乗じてイリ事件を起こした。

◎ロシアはヤークーブ＝ベクを支援する一方，イリ地方を占領した。

◎ロシアと対立するイギリスも英露両国の緩衝としてヤークーブ＝ベクを支持した。

㉙清(の陝甘総督)左宗棠は回族の反乱を鎮圧しロシアとのイリ条約で国境を画定した。

◎左宗棠はヤークーブ＝ベクを破り，イリ条約でロシアとの国境を画定した。

◎ロシアはコーカンド＝ハン国を併合した。

㉚清は新疆を直轄地とし(新疆省を置い)た。

これ以後は，論述答案作成のために必要な知識を確認していこう。

【背景解説】

1．トルキスタンの民族・宗教の変遷

東トルキスタン	民族交代の時期	西トルキスタン
西域(中国側の呼称) ★イラン系(仏教徒)	9世紀(トルコ化)以前	ソグディアナ ★イラン系ソグド人(ゾロアスター教徒)
新疆ウイグル自治区 ★トルコ系ムスリム	現在	ウズベキスタン(16世紀以降) ★トルコ系ムスリム

上記の付表を参照してほしい。重要なポイントは**民族移動に伴って地理的名称が変化している**点を正しく理解出来ているかどうかだ。

2．突厥の内陸アジア進出〜唐の西域支配

トルコ系遊牧民の内陸アジアへの進出は，**9世紀のウイグルの「西走」以前から始まっていた**。モンゴル系の遊牧民とともに早くから秦・漢などの中華帝国と抗争したトルコ系の遊牧民は，中華の史書に「**丁零**」「**突厥**」「**鉄勒**」「**高車**」などの名称でその存在を記録された。前3者は「**テュルク** Türk（トルコ）」の音訳であり，「高車」はその意訳で，遊牧民の移動式住居であるゲルや家財道具を載せて移動する荷車が語源である。モンゴル高原では言語別に**トルコ系**，**モンゴル系**，**イラン系**の遊牧民や，**半農半猟のツングース系**の諸族が興亡を繰り返した。もともと「匈奴」や「鮮卑」などの歴史用語は，我々が考えるような現代的な概念（共通の言語や文化を保有するという意味の）に基づく「民族」の名称ではなく，**国家名あるいは国家の中核を担う支配部族の名称**で，いずれも**複数の部族から構成される部族連合体**だった。モンゴル高原でトルコ系遊牧民が主導権を握ったのは6世紀に台頭した**突厥**（552～583分裂）からで，**柔然**を打倒した突厥は，ソグディアナからアフガニスタンにかけて勢力を振るっていた遊牧民**エフタル**を**ササン朝**の**ホスロー1世**と連合して滅ぼした。これが**トルコ系民族のパミール以西への進出の端緒**である。6世紀末，突厥は内紛と対立する**隋**の画策で**東西に分裂**したが，隋滅亡後，**唐**の建国を**東突厥**が支援するなど，依然として強勢を誇った。しかし中華統一を達成した唐・第2代の**太宗**は東突厥の内紛に乗じて遠征軍を派遣し，**東突厥を瓦解させた**（630）。一方の**西突厥**は天山以北のイリ盆地からソグディアナを中心に東はタリム盆地のオアシス都市から，南はバクトリア（アフガニスタン北部），西はカスピ海沿岸に勢力を及ぼし，「**パミール高原の東西**」**に跨がる大帝国を形成**した。しかし西突厥も遊牧国家特有の部族同士の内紛を機に第3代・高宗の遠征軍に敗れ，唐の支配下に入った（657）。この間，唐は**安西都護府**をオアシス国家・高昌国の故地である**天山北路**のトルファンから，**天山南路**の中央に位置するオアシス都市**亀茲**に進出させ，タリム盆地一帯の支配を確立するとともに，ジュンガル盆地東南部の現在の**ウルムチ**（新疆ウイグル自治区に位置する。言語・文化的に西トルキスタンとの関係が深い東トルキスタンの中心都市）付近に**北庭都護府**を置き（702），天山山脈の北西に位置する**イリ地方**を拠点とするトルコ系諸族（カルルクなど）を勢力下に置いた。これにより**唐はイラン系民族が居住する天山山脈以南のタリム盆地一帯と，トルコ系遊牧民が進出した天山山脈以北のジュンガル盆地の双方に勢力を及ぼすことになったが**，このことが8世紀にパミール以西に進出した**イスラーム勢力との衝突**の原因となり，**タラス河畔の戦い**（751）が勃発した。

3．唐の羈縻政策と東突厥の復興

唐は領土拡大にともない，領域内の辺境地域では**服属した部族の首長**を都護府の属官に任じて**従来通りの統治**を行わせ，要所に**都護府**や都督府（都督は都護より下位）を置き，中央から若干の兵士を伴って赴任する**都護**・都督に**部族長の統治を監督させる間接統治**の方策を用いた。これを「**羈縻政策**」という。「**羈縻**」とは牛馬をつなぐ綱のことで，牛馬をつなぐ・調教するなどの意味合いがあり，**異民族を夷狄**（いてき）**と蔑視する中華思想の表れ**であるが，**文化・伝統の異なる諸民族に対する極めて現実的な統治法**であった。唐は旧突厥領には単于・安北・**北庭**などの**都護府**を置いて**間接統治**を行ったが，この間，太宗と高宗の2代にわたって，支配下の遊牧民から「**天可汗**」の称号を贈られた。これは唐の皇帝が**中華皇帝という漢族向けの顔**と，**遊牧民向けの漢化した鮮卑族**

としての顔を使い分けていたことを示す史実であり，世界帝国と称される唐の多様性を示す実例である。しかし7世紀後半から8世紀初めにかけて唐が「**武韋の禍**」と呼ばれる混乱期に入ると，モンゴル高原では旧東突厥の支配層が蜂起して安北・単于の2都護府を滅ぼし，再独立した(**突厥第二可汗国** 682～744)。中華王朝の**伝統的な羈縻政策が破綻した**のである。**皇帝が冊封し，諸国が唐に朝貢して臣下の礼**(「**君臣の礼**」)**をとる**ことにより確立された国際秩序が「**冊封体制**」で，「**冊封**」する中国(「**宗主国**=儒教でいう本家」)と「**朝貢**」する周辺国(「**属国**=分家」)との間には厳格な上下関係があったが，唐を脅かした**突厥・ウイグル・吐蕃**などの強国に対しては，君臣の礼を用いることは出来ず，漢と匈奴の先例に倣って，儒教的な「**義理の親子・兄弟**」といった**家父長制的**な「**家人の礼**」が取られた。

武力で唐の支配を排除したという建国の経緯から，復興した**東突厥**では**中華王朝に対する民族的自覚**が高まり，モンゴル高原の遊牧民としては初めての文字(「**突厥文字**」)を創造した。モンゴル高原に現存する「**突厥碑文**」には彼らの民族意識の高揚が明確に認められる。この「突厥文字」は西アジア起源の**アラム文字**，あるいは**ソグド文字**の影響を受けているとされ，**パミール高原の東西を結ぶ交流が突厥文字創造の背景にあった。アラム人**も**ソグド人**も交易活動で栄えた民族であり，特にサマルカンドを中心とする**ソグディアナ**を本拠地とした**ソグド人**の交易活動が，西はコンスタンティノープルから東は唐の長安やモンゴル高原に及び，**ソグド人と突厥に属する遊牧民との混血も進んだ。**

東突厥は8世紀半ば，同じトルコ系の**ウイグル**(**回紇**)**に滅ぼされた**(744)。ウイグルも文字を発明し，これはモンゴル帝国の時代まで用いられた。この**ウイグル文字**は，ソグド文字を継承したと言われている。

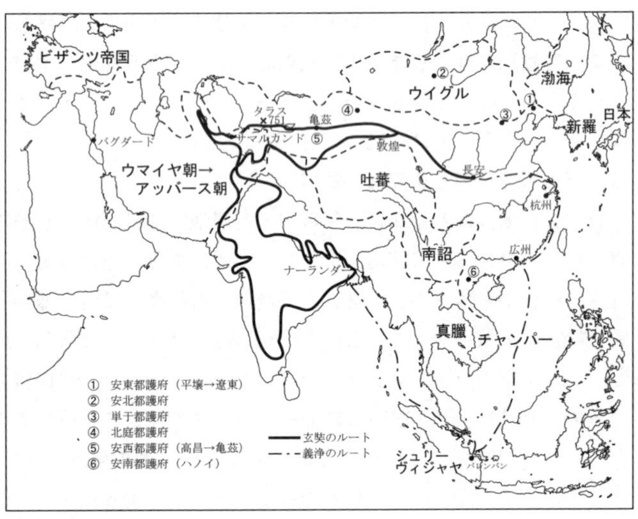

4．ソグディアナへのイスラーム勢力の進出と「タラス」後のイスラーム化

7世紀前半に，アラビア半島から台頭した**イスラーム教団国家**はササン朝を滅ぼし，8世紀初め，**ウマイヤ朝**の軍がソグディアナの中心都市**サマルカンド**を占領し，インド北西部のパンジャーブ地方にも侵入した(711)。ウマイヤ朝を滅ぼした**アッバース朝**の軍がソグディアナに進出すると，唐の**安西節度使・高仙芝**はトルコ系諸族を率いてパミール以西に進出し，天山山脈の西北の**タラス河畔**(現キルギス共和国)でアッバース朝の軍と戦ったが，トルコ系遊牧民(カルルク)の裏切りにより**大敗を喫した**(751)。これを機に**唐の勢力はパミール以東に後退**し，**ソグディアナのソグド人やトルコ系諸族のイスラーム化**が始まった。**タラス河畔の戦いの歴史的意義**は「**製紙法の西伝**」**だけではない**。

5．ウイグル(回紇)の西走と「西域」の「トルコ化」

ウイグル(**回紇，回鶻**)は，4～5世紀の中華王朝の史書には，前述した「高車」の一派として記録されている。6世紀以降，「高車」が「鉄勒(語源はTürk)」と呼ばれた頃には，ウイグルは唐からは「**九姓鉄勒**」，突厥からは「**トグズ＝オグズ**」と呼ばれるトルコ系遊牧民の有力な一派となっていた。8世紀半ばに東突厥を滅ぼしたウイグルは，**安史の乱**(755～763)の際には**唐を救援**したが，その後は唐に対して外交的に高姿勢を取った。一方の唐はタラス河畔の戦いでの敗北と安史の乱の勃発により衰退し，この後，チベット高原からタリム盆地・天山北麓に進出した**吐蕃**が安西都護府・北庭都護府を滅ぼしたが，モンゴル高原から西進した**ウイグル**が吐蕃を撃退し，**タリム盆地一帯と天山北麓のトルファン一帯を支配**し，唐との「**絹馬貿易**」や**ビザンツ帝国**などパミール以西の国家・地域との交易で繁栄した。モンゴル高原には東西交易を担った**ソグド人**の手で**ネストリウス派キリスト教**や**マニ教**，**ゾロアスター教**などが広まっていたが，当初，ウイグルは**マニ教**を信奉したことが史料や遺跡調査から分かっている。

9世紀前半，内乱状態に陥ったウイグルの政権は，同じトルコ系で鉄勒の一派・**キルギスの侵攻**で崩壊(840)し，**ウイグル人は四散**した。西走したウイグル人の一派は天山山脈の北東麓に「**天山ウイグル王国**(**西ウイグル王国**)」(856～1211)を建てて唐に，唐滅亡後には遼(契丹)に朝貢し，最終的には**モンゴル・元に服属**した。この間，ウイグル人はタリム盆地に定住し，先住のイラン系民族と融合し，これを「**トルコ化**」(言語がイラン系からトルコ系に変わる)していった。その一方でウイグルは**マニ教**を捨て，漢族やイラン系の人々によってこの地で古くから信仰されていた**仏教を受容**した。

9世紀後半，ジュンガル盆地まで西進したウイグルは，先住のトルコ系のカルルクと合流して天山北西麓に進出し，ベラサグン(現キルギス共和国)を拠点として，10世紀前半，**トルコ系初のイスラーム王朝**である**カラハン朝**(940頃～1132頃)を建てた。

さらに西アジアに移動した諸族は後の**セルジューク・オスマン・アゼルバイジャン・トゥルクメン**(トゥルクマーン，**10世紀にイスラーム化**)らの母集団となった。このカラハン朝の成立こそ，トルコ＝イスラームの世界である「**西トルキスタン**」の形成の契機となった出来事であった。

6．マムルーク

トルコ人とイスラームから連想されたのか，マムルークの出現について言及した答案が散見された。ここでマムルークについて解説しておく。**マムルーク**はイスラーム世界における**奴隷**，もしくは**奴隷身分の軍人**のことで「**白い奴隷兵**」の意味である。**トルコ人**や**モンゴル人**の他，イラン系遊牧民の**クルド人**，**アルメニア人**，**スラヴ人**，**ギリシア人**などから構成された。**8世紀**にイスラーム勢力が**アム川以東**に進出した後，多くのトルコ人が**戦争捕虜**や**購買奴隷**としてイスラーム世界にもたらされた。9世紀半ば，**アッバース朝・第8代カリフ・ムータシム**(位 833～842，ハールーン＝アッラシードの子)が**マムルークを大量に登用**して，**大規模な親衛軍を組織**してから，カリフ以外の有力者たちにも奴隷軍の採用が広まった。マムルークの中には奴隷身分から解放されて軍司令官や地方総督に抜擢された者も現れた。

奴隷身分の軍人がクーデタで**アイユーブ朝**を打倒し，王朝を樹立したエジプトの**マムルーク朝**では，最も**マムルーク登用制度が整えられた**。幼少時に購入された奴隷は，教育を施された後，解放されたが，これを恩義に感じて主人に対して絶対の忠誠を誓い，強い連帯感で結ばれたマムルーク軍団を構成し，**十字軍**や**モンゴル軍**に対抗したのである。マムルークはイスラーム世界では本来，**異民族出身**だったので，民衆と深い関わりを持つイスラーム法学者ウラマーの支持を得るため，**モスクや学校を建設**し，**イスラーム文化の擁護**に努めた。これらの経緯から**マムルーク朝では奴隷身分出身の軍人に登用されることが，支配階級と認められる前提**となった。したがってイスラーム世界では「**奴隷身分出身の軍人**」と本来の「**奴隷**」とは意味が異なる。13世紀初め，インドに成立した**奴隷王朝**の名称は，建国者**アイバク**をはじめとする有力なスルタンが宮廷奴隷出身だったことに由来する。マムルークが登場する歴史を振り返ってみると，**戦争捕虜や奴隷としてイスラーム世界に流入したマムルーク**と，本問が**8世紀～19世紀にかけてのトルコ系諸族の移動とその後の動向がトルキスタンに与えた影響**を問うというのは，場所も時代もスケールも全く違う話だとわかるだろう。

7．カラハン朝

カラハン朝は**アム川以北**の「**マーワラーアンナフル**」(アラビア語で「**アム川の向こう側**」という意味。現在の「**西トルキスタン**」)を支配したトルコ系遊牧民の**部族連合国家**である。西トルキスタンはカラハン朝を滅ぼした**西遼**(**カラキタイ**)，カラキタイを滅ぼしたナイマン部に相次いで占拠され，モンゴル時代以降は衰退した。**カラハン朝**はイラン系スンナ派の**サーマーン朝の影響**を受けて**イスラーム教を受容**し，サーマーン朝を滅ぼし(999)，**マーワラーアンナフルのトルコ化**を進めた。これ以降，マーワラーアンナフルはほぼ，トルコ系諸族の支配下に置かれることになり(下図参照)，現在は**カザフスタン**，**ウズベキスタン**，**キルギス**など旧ソ連から独立したトルコ系の国家の領土となっている(この地でトルコ化を免れたのは**タジキスタン**共和国のみである)。

＜トルコ系民族の変遷＞

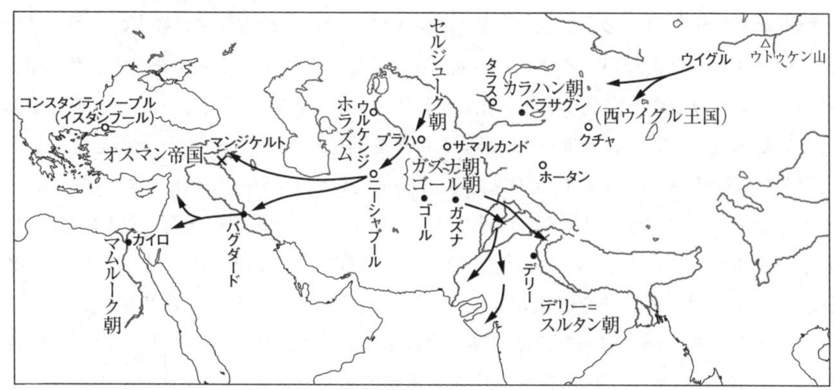

パミール以西のトルコ化を進めた**カラハン朝**はパミール以東にも軍を派遣し，仏教を信奉する**天山ウイグル王国**(**西ウイグル王国**)に対する，トルコ系民族同士の「**ジハード**(**聖戦**)」を展開したが，11世紀に東西に分裂して「**聖戦**」は終結した。この結果，パミール以西(西トルキスタン)とパミール以東(東トルキスタン)は，ともにトルコ化したものの，**天山ウイグル王国が支配する東トルキスタンのイスラーム化は遅れた**。東西トルキスタンの**イスラーム化に時間差が生じた**のである。

11世紀以降のカラハン朝は，アム川以南，現在のアフガニスタン北部で**マムルーク**のアルプティギーンが**サーマーン朝から独立**した**ガズナ朝**(962～1186)や，イラン高原に興起したトグズ＝オグズ系の**セルジューク朝**に圧迫されて衰退し，**遼**(**契丹**)の滅亡にともない，西走した契丹族が建てた**西遼**(**カラキタイ**)に滅ぼされた。**ガズナ朝**では**スルタン・マフムード**(位 998～1030，トルコ人の君主として初めてスルタンを称した)がインド侵攻を繰り返し，イスラーム浸透の契機となった。マフムードを支えた知識人層は叙事詩『**シャー＝ナーメ**(**王の書**)』の著者として有名なフィルドゥシーや『**インド誌**』を著した科学者**ビールーニー**らイラン系の人々であり，公用語には**ペルシア語**が用いられた。このようにガズナ朝は建国者こそトルコ系マムルークであるものの，言語・文化は全てイラン系のものであり，**部族的な結合を保ったまま内陸アジアや西アジアに移動した勢力**が建てた**カラハン朝**や**セルジューク朝**，**オスマン帝国**などとは**歴史上の位置づけが異なる**ことに注意したい。カラハン朝が支配したアム川以北の**西トルキスタン**とアム川以南の**アフガニスタン**では「**トルコ化**」の程度が違うのである。

8．セルジューク朝とホラズム朝

トルキスタンから部族的結合を維持したまま，西アジアに移動したトルコ系諸族はというと**セルジューク朝**と指定語句の**ホラズム朝**が該当する。**セルジューク朝**(1038～1157分裂，1194滅亡)は内陸アジアのシル川の流域にトルコ系諸族が進出して建国した。初期の拠点はメルヴ(現トルクメニスタン。当時のホラーサーン地方の主要都市の一つ。7世紀以前は仏教が栄えたが，アラブ人の進出後，イラン系住民がイスラーム化した。13世紀のモンゴルの侵攻で完全な廃墟と化した)や，ニーシャプール(ホラーサーン地方の都市で交易拠点。**オアシス＝ルートは必ずこの地を経由**した。「ジャラリー暦」を考案した数学者で四行詩『ルバイヤート』の作者でもある**ウマル＝ハイヤーム**の出身地)であった。

ニーシャプールを拠点にガズナ朝の軍を撃破してセルジューク朝を創始した族長**トゥグリル＝ベク**(位 1038～63)は，**アッバース朝カリフの要請**でバグダードを攻略(1055)し，当時，カリフを傀儡化して「**大アミール**」と称し，政治・軍事の実権を握っていたイラン系シーア派の**ブワイフ朝を滅ぼした**。これを機にトゥグリル＝ベクは「スルタン」の称号をカリフから賜り，**政治・軍事の実権を掌握**し，スンナ派イスラーム世界における政教分離が確立したとされる。この後，セルジューク朝は第2代のアルプ＝アルスラーンが**マンジケルト(マラーズギルド)の戦い**(1071)で**ビザンツ帝国軍を撃破**して**小アジア(アナトリア)**に侵入し，これが**十字軍**の原因の一つとなった。さらにカスピ海南岸のイスファハーンに遷都した第3代**マリク＝シャー**(位 1072～92)とイラン系の宰相**ニザーム＝アルムルク**の下で支配体制を整え，シリア・パレスチナに侵攻するなど，全盛期を迎えたが，両者の死後，急激に分裂・衰退した。

セルジューク朝のビザンツ帝国への侵攻の結果，それまでギリシア文化圏だった**アナトリアのトルコ化**が進んだことが今日の**トルコ共和国成立の遠因**となったが，セルジューク朝の本拠はイランであり，歴代スルタンにはアナトリアに進出する意図はなかったといわれる。アナトリアの「**トルコ化**」を進めたのはマンジケルトの戦いの後，新たに**マーワラーアンナフル**から移動した**トゥルクメン**や，反乱に失敗したセルジューク朝の一族がアナトリアに移動して建てた**ルーム＝セルジューク朝**(1077～1308)である。ルームとは「**ローマ**」のことで，「**旧東ローマ=ビザンツ帝国のセルジューク朝**」という意味になる。このトルコ系諸族の圧迫に耐えかねた**ビザンツ皇帝アレクシオス1世**は**ローマ教皇ウルバヌス2世**に援軍派遣を要請し，これが**第1回十字軍**(1096～99)

の契機となった。13世紀，モンゴル軍に敗れたルーム＝セルジューク朝は**イル＝ハン国に臣従**して権威を失い，アナトリアにはトルコ系の小さな君侯国（**ベイ＝リク**）が乱立した。その中から**オスマン君侯国**が台頭する。ホラズム（＝シャー）朝（1077～1231）は，セルジューク朝の**ホラズム**総督であったマムルーク・アヌーシュ＝テギンが自立して建国した。「ホラズム（フワーリズム）」はイラン東部・**アム川下流域**の名称で現在はウズベキスタンとトルクメニスタンに分割されおり，アッバース朝期の天才的科学者**フワーリズミー**（「ホラズム出身の」という意味の通称）や，前述のビールーニーの出身地である。ホラズム朝は本拠である**ウルゲンチ**や**サマルカンド**からマーワラーアンナフルに勢力を拡大し，**カラハン朝**や**西遼**（後述）**を圧迫**する一方，アフガニスタンに侵攻して，ガズナ朝を滅ぼして同地から北インドを支配していた**ゴール朝**（1148頃～1215）を征服した（北インドにはゴール朝から独立した奴隷王朝が成立し，デリー＝スルタン朝の始まりとなった）が，**チンギス＝ハーンの西征**（1219～23）で滅亡した。

９．耶律大石の西遷・西遼（カラキタイ）の建国とナイマンの簒奪

宋（北宋）と**契丹**（国家名でもある，言語的にはモンゴル語に近いが，習俗では半農半猟生活を営むなどツングース系に近い）が建国した**遼**は，五代の後晋が遼に割譲（936）した**燕雲十六州**（現在の山西省～河北省の北部一帯）をめぐって抗争したが，両国間で「澶淵の盟」（1004）が結ばれて以降は，燕雲十六州は遼が領有するが，遼は宋に「**家人の礼**（宋の皇帝を兄，遼の君主を弟とする）」を取り，宋が遼に絹20万匹・銀10万両の「**歳幣**（**歳賜**）」を与えるという講和条件が約120年間守られた。しかし12世紀初め，遼の内紛に乗じて**ツングース系女真族**の**完顔部**が台頭し，族長の**阿骨打**が「**金**」を建国すると，宋は遼との平和条約を破って金と結び，宋と金に挟撃された遼は1125年に滅亡した。金が燕雲十六州を占領すると，宋・金間の対立が激化し，華北に侵攻した金軍は宋の首都**開封**を攻略し，華北を占領した（「**靖康の変**」1126～27）。この後，金が遼を滅ぼす際，最後まで燕京（現在の北京）で抵抗を続けた遼の皇族・**耶律大石**が逃走し，モンゴル高原の遊牧諸族を糾合して，天山山麓を経てパミール以西からマーワラーアンナフルに進出し，**カラハン朝**の分裂に乗じてこれを**征服**して**西遼**（カラキタイ1132～1211）を建国した。契丹族は元来，固有のシャーマニズム信仰を保持していたが，遼を建国して以降は中華世界から道教・**仏教**・儒教が流入し，北宋に倣って**大蔵経**が刊行された。カラキタイの支配層も**仏教**を信奉し続けたが，耶律大石本人は密かに**マニ教**を信奉していたとも言われる。耶律大石が僅かの間にカラハン朝を滅ぼし，カラハン朝を支援したセルジューク朝を撃破したことが「**草原の道**」を経て西欧まで伝わると，キリスト教圏ではカラキタイが東方に存在すると信じられたキリスト教の指導者「**プレスター＝ジョン**」の国ではないか？　と誤解され，これを機に十字軍派遣の気運が再び高まった。キリスト教圏は**カラキタイによって内陸アジアにおけるイスラーム化の拡大が阻止された**と認識したのである。耶律大石は遼の復興を目指し，金を滅ぼすべく大軍を率いて東征を開始したが，中途で病死した。彼の死後，カラキタイは内紛状態に陥り，僅か80年足らずで，チンギス＝ハーンにモンゴル高原を逐われたトルコ系の**ナイマン部**に滅ぼされた。軍事力でトルコ系諸族を支配した少数派のカラキタイの支配は短期間で終わり，**トルキスタンのイスラーム化の流れは阻止されなかった**のである。

カラキタイを滅ぼした**ナイマン部**はモンゴル高原西部に居住するトルコ系遊牧民であるが，モンゴル高原統一を進める**チンギス＝ハーン**に圧迫され，ナイマン部の王グチュルクはカラキタイに逃走した。カラキタイはグチュルクを優遇したが，ホラズム朝との戦いでカラキタイが敗れ，国内が混乱するとグチュルクはカラキタイの王位を簒奪した。ナイマン部はモンゴル高原時代には**ネストリウス派キリスト教**を信奉していたが，カラキタイを簒奪した後，グチュルクはカラキタイの王女であった妻の勧めで**仏教**に改宗し，トルコ系イスラーム教徒を激しく弾圧した。この史実は，**パミール高原の東に位置するモンゴル高原と東トルキスタン**では依然として従来の宗教が混在しており，イスラーム化が進む西トルキスタンとの間で，**イスラーム化をめぐる大きな時間差**があったことを示している。モンゴル高原西部に居住したナイマン部は，モンゴル高原中部に居住するトルコ系のケレイト部とともにネストリウス派キリスト教を信奉していたが，このケレイト部出身の王女がチンギス＝ハーンの四男トゥルイの妃となり，**モンケ**，**フビライ**，**フラグ(フレグ)**，アリクブカを生んだ。フラグが建国した**イル＝ハン国**(フレグ＝ウルス，1258～1353)の歴代ハンの中には**マムルーク朝**に対抗するために**ビザンツ**の皇女と結婚して**キリスト教**を信奉したり，**フビライ**が尊崇した**仏教(チベット仏教)**を信奉したりする者がいたのも，フラグの出自をめぐる上記のような経緯があるためで，**イル＝ハン国で複数の宗教が信仰を許されていた**背景には，**モンゴル伝統の宗教寛容策**があったのだ。ところが仏教を信奉した第7代の**ガザン＝ハン**(位1295～1304)が内乱を克服して即位するに当たり，国内で圧倒的多数を占める**イスラーム教徒の支持を得るためにイスラームへの改宗を勧められ**，これに同意してイスラーム教を国教とし，仏教，キリスト教，ゾロアスター教，ユダヤ教の寺院の破壊を命じたのである。これ以降，イル＝ハン国は国家を挙げてイスラーム化を推進した。カラキタイと異なる**モンゴルのイスラーム改宗**には，征服された**トルコ系諸族とイラン系住民の強い影響と働きかけ**があったことを理解することだ。

10. モンゴルの西征とモンゴルのトルコ化・イスラーム化

チンギス＝ハーン(位1206～27)は多難な前半生を経て漸くモンゴル高原をほぼ統

一し，**クリルタイ**（部族会議）でモンゴル高原の遊牧諸部族から推戴されて即位した。チンギスはモンゴル高原の遊牧諸族を分断して支配していた女真族の**金**を攻撃し，華北に侵入して金の副都の中都（現在の北京）を占領した（1211～15）。金は本拠地の満洲を捨てて汴京（開封）に遷都したが，後に第2代ハーンのオゴタイによって滅ぼされた。この間，チンギスはモンゴル高原西部の**ナイマン部**を討ち，敗走してカラキタイの王位を簒奪（1211）したナイマン部を滅ぼし（1218），天山北路に進出した。チンギスは西トルキスタン以西に勢力を張る**ホラズム朝**に外交使節を派遣したが，ホラズムの地方総督がオトラルで使節団を虐殺したことを機にチンギスの**西征**（1219～24）が始まった。モンゴルの組織的な侵攻の前に**ホラズム朝**は一気に瓦解し，チンギスが派遣した遠征軍は，ホラズム王を追って**南ロシア**に達し，またホラズムの王子ジャラール＝ウッディーンを追撃してインドにまで侵入した（1221）。ただ，ホラーサーン地方への侵攻に際してはイスラーム教徒の激しい抵抗を受けたため，これへの報復としてメルヴなどの大都市の徹底的破壊と住民虐殺を行っている。ホラズム朝の支配下にあった西トルキスタンが，**チャガタイ＝ハン国**（1227～14世紀後半，東西に分裂）の領土となったのに対し，東トルキスタンの天山ウイグル王国（西ウイグル王国）はチンギスの厚い保護を受けて存続したが，その王族は13世紀半ば，モンゴル帝国を分裂させた**ハイドゥの乱**（1266～1301）の際にハイドゥに屈服し，ハイドゥの敗死後は，その領土を併合したチャガタイ＝ハン国に追われ，14世紀初めに**東トルキスタンは西トルキスタンとともにチャガタイ＝ハン国に属する**ことになった。ここからようやく**東トルキスタンのイスラーム化が始まる**のであり，時期的には**【背景解説】9．**で述べたイル＝ハン国のイスラーム国教化とほとんど変わらない。

　近年，**ラシッド＝ウッディーン**の『**集史**』などの**ペルシア語史料**の研究が進むにつれて，モンゴル・元の支配体制について，「**モンゴル**」は本来，言語・**部族名**であり，やがて**国家名**となったのであって「**民族**」の名称ではないこと，**モンゴル帝国の支配層に登用されれば，出身に関わらず，トルコ化・イスラーム化したとしても**「**モンゴル**」と**呼ばれた**ことが指摘された。モンゴルは**要職には実務能力優先で様々な民族を登用**し，徴税・治安維持が安定的に行われれば，従来の**社会・文化には寛容**であった。**イル＝ハン国に遠征したモンゴルやトルコ系諸族の連合軍**は現地に定住し，イスラーム化した結果，急速に**イラン系住民に同化**された。前述のガズナ朝と似たパターンである。これに対し，**部族的結合を維持したモンゴル・トルコ系の遊牧諸族**が，イラン系の定住農耕民に対して優勢を保ち，**社会や文化のトルコ化・イスラーム化が進んだ地域**が**東西トルキスタン**であり，**チャガタイ＝ハン国以降**，「**チャガタイ＝トルコ**」の世界が形成されるのである。

11. ティムール朝の興亡とムガル帝国・ブハラ・ヒヴァ両ハン国の成立

ティムール朝(1370～1507)を建国した**ティムール**(位 1370～1405)の出自については，**トルコ・イスラーム化**した**モンゴル系貴族**の子孫という説が有力である。分裂した西チャガタイ＝ハン国の諸族をその優れた軍事的能力で統合し，以後，南ロシアのキプチャク＝ハン国(ジョチ＝ウルス)に遠征し，さらにイル＝ハン国崩壊後のイラン・アフガニスタンを征服，北インドに侵攻しトゥグルク朝(1320～1414)に壊滅的打撃を与え，西アジアに進出してマムルーク朝と抗争した。当時，オスマン帝国のムラト1世(位 1360～89，イェニチェリの創始者)はコソヴォの戦い(1389)でセルビアを征服し，子の**バヤジッド1世**(位 1389～1402)は，英・仏・独のカトリック諸侯を率いたハンガリー王ジギスムント(ルクセンブルク家，後の神聖ローマ皇帝)の「**バルカン十字軍**」を**ニコポリスの戦い**(1396)で撃破し，ブルガリアを征服するなど，キリスト教世界を圧迫していたが，西アジア遠征中のティムールはオスマン帝国支配下のアナトリアに侵攻し，**アンカラの戦い**(1402)でバヤジッド1世を撃破してこれを捕らえ，オスマン帝国のバルカンへの進出を一時，頓挫させた。ティムールはマムルーク朝やオスマン帝国を敵視するヨーロッパの英王ヘンリ4世，仏王シャルル6世らにも重んじられ，カスティリャ王エンリケ3世(位 1390～1406)は，アンカラの戦いでのティムールの勝利の報に接すると，カスティリャ貴族クラビホをティムールへの使節として派遣した(1403～06)。**ティムール朝の最大版図は西トルキスタンを中心に東トルキスタンから北西はヴォルガ川，南東はインダス川，南西はシリア・アナトリア**に及んだが，この時代，トルキスタンを中心にペルシア語やアラビア語の影響を受けたチャガタイ＝トルコ語(トルコ語の文語体。20世紀，内陸アジアから西アジアにかけて複数の主権国家が成立するまで使用された)が確立し，次第に旧ティムール朝全盛期の領域に広まった。ティムールは**イスラーム教スンナ派**を国教としながら，**スンナ派以外の宗教にも寛容**であり，抵抗すればイスラーム教徒でも容赦なく虐殺するという「モンゴルらしさ」を十分に残した性格を持ち，抵抗した都市は徹底的に破壊したが，かつてのソグド人の本拠地でチンギス＝ハーンに破壊された**サマルカンド**を新都と定め，新首都建設に心血を注いだ。史料によればティムールは**モスク**，**マドラサ**，**バザール**，兵器工場などの建設，**灌漑水路**の復興を推進し，交易活性化のため道路網や**キャラバンサライ**(隊商の宿泊施設)も整備され，サマルカンドを中心とするマーワラーアンナフルを東西交易の一大中継地として発展させた。さらに学者・芸術家・職人などをイラン・シリアなどの征服地からサマルカンドに集め，**学問・芸術・手工業を奨励**した。この結果，**イラン＝イスラーム文化の影響を受けたトルコ＝イスラーム文化**(指定語句)がサマルカンドを中心に花開いた。

ティムールは最晩年に**明**への遠征を企図したが，その途上，シル川中流のオトラルで病死(1405)した。ティムールの死後，第3代・シャー＝ルフ(位 1409 ～ 47)の時代にはホラーサーン地方の**ヘラート**が第二の都とされ，オアシス＝ルートの要衝を占める**ティムール朝は明やマムルーク朝との交易で経済・文化ともに繁栄**した。

しかしティムールの死後，第4代ウルグ＝ベク(位 1447 ～ 49，『アルマゲスト』に修正を加えた『天文表』を著した学者でもあった)が暗殺された後はサマルカンドとヘラートを拠点とする二つの政権に分裂し，南ロシア(**ジョチ＝ウルス東部**)から台頭した**遊牧ウズベク人**のシャイバーニー朝(1428 ～ 1599)によってサマルカンド(1500)とヘラート(1507)が相次いで陥落し，ティムール朝は滅亡した。この間，ティムール朝の王族の一人で15世紀末には一時，サマルカンド政権の君主となった**バーブル**(サマルカンド政権，位 1497 ～ 98)は，サマルカンド陥落後もアフガニスタンの**カーブル**を拠点に，彼を支持するトルコ系諸族を率いてシャイバーニー朝と抗争を繰り返した。バーブルはティムール朝の滅亡を機にイラン高原でシーア派のスーフィー教団が建国した**サファヴィー朝**の**イスマーイール1世**に臣従を誓い，その代償として軍事援助を受け，一時はウズベク軍を撃破したが，サファヴィー朝の支援を受けるため**シーア派**に**改宗**したバーブルに，サマルカンドなどのスンナ派の民衆は反発し，ウズベク軍にも敗北してサファヴィー朝との提携も解消されたため，バーブルは豊かな北インド侵攻をめざすようになった。この間，チャルディラーンの戦い(1514)でサファヴィー朝の優勢な騎兵隊がオスマン帝国の銃砲隊(イェニチェリ)に大敗したとの報に接したバーブルは自軍の火砲・小銃の装備を進め，デリー＝スルタン朝の**ロディー朝**の内紛とラージプート諸侯との対立に乗じて北インドに侵攻し，デリー北郊の**パーニーパットの戦い**(1526)で10倍の軍勢と象部隊を擁するロディー朝の軍を火砲と小銃で撃破し，デリーに入城して**ムガル帝国**を創始した(ムガル皇帝位 1526 ～ 1530)。「ムガル」とは「モンゴル」という意味であるが，父方からティムール，母方からチャガタイの血を引くバーブルは「モンゴル」と呼ばれるのを嫌い，父方の祖先であるティムールを尊崇した。そのティムールは「**チャガタイ＝トルコ語**」を話すトルコ化・イスラーム化したモンゴルであり，「**チャガタイ**」はトルコ化・イスラーム化したモンゴルの代名詞であった。チャガタイ＝トルコ語の他にペルシア語にもアラビア語にも精通したバーブルは，ペルシア語の強い影響を受けながら，チャガタイ＝トルコ語をアラビア文字で表記した嚆矢である回想録『**バーブル＝ナーマ**(バーブルの物語)』を著したが，ムガル帝国ではサファヴィー朝との経済・文化面での交流を背景として，公用語は**ペルシア語**とされた。バーブルはティムールと同様にスンナ派を信奉したが，軍事基盤のトルコ･ムスリムはスンナ派，軍事的・経済的・文化的にムガル帝国に大きな影響を及ぼしたサファヴィー朝はシーア派，支配下の多数派はヒンドゥー教徒であったから，宗教的には「モンゴル」的な寛容策を採った。この宗教寛容政策は孫のアクバル（位 1556～1605）の**ジズヤ廃止**に結実したが，厳格なイスラーム教徒はティムール朝でもムガル帝国でも寛容策を嫌った。アクバルの曾孫で厳格なイスラーム教徒に支持された**アウラングゼーブ**（位 1658～1707）がジズヤを復活したため，ムガル帝国は分裂に陥った。

ティムール朝を滅ぼした後，**遊牧ウズベクはマーワラーアンナフルのチャガタイ＝トルコの人々と融合**し，現在のウズベキスタンを形成することになるが，領内には**トルコ系・イラン系の人々が雑居**した。16世紀後半にはかつてのサーマーン朝の首都であったアム川流域の中心都市**ブハラ**とホラズム地方の中心都市**ヒヴァ**を拠点に**ブハラ＝ハン国とヒヴァ＝ハン国が分立**し，抗争した。この頃から**ロシア帝国**との交易と外交交渉も始まった。17世紀には綿花栽培のための灌漑事業や都市建設も進められたが，18世紀にかけては国内の部族間の内紛に加えてブハラとヒヴァ両ハン国の対立や西隣のトルクメン人との抗争，**サファヴィー朝**，アフシャール朝，**カージャール朝**などイラン系王朝の侵攻が続いて国内は荒廃した。

12. ロシアのシベリア・内陸アジア進出

コサックの首長イェルマークと提携したリューリク朝の**イヴァン４世**（位 1533～84，47年にロシア皇帝に即位）は16世紀後半にウラル地方のウズベク系の**シビル＝ハン国**を征服する一方，キプチャク＝ハン国から分裂したモンゴル系の**カザン＝ハン国**，**アストラハン＝ハン国**を滅ぼして**カスピ海北岸に進出**した。以後，ロシアはカザフ地方の北に広がる**シベリアの森林地帯を開拓**しつつ，**南ロシアの辺境や西アジアから内陸アジアにかけて居住するトルコ系諸族に圧迫を加えた**。ロシアから「**タタール（韃靼人）**」と呼ばれたトルコ系諸族はロシアのキリスト教強制などの同化政策を嫌い，カザフやトルキスタンに移住する者が増加した。カザフのトルコ系諸族は西からロシア，東からは**ジュンガル**に圧迫され，18世紀前半，ロシアに服属し，以後，ロシアは境界を接した**ジュンガル**と外交や交易関係を持ったが，**清**がジュンガルを征服して藩部・**新疆**を設置する（後述）と，ロシア・トルコ系諸族・清という三極構造が生まれた。19世紀に入ると，イギリスとロシアの東方進出をめぐる対立（「**グレート・ゲーム**」）が激化すると，**ロシア**はペルシア（カージャール朝）からカフカスを奪い（トルコマンチャーイ条約 1828），カフカスの失地回復を図るカージャール朝のアフガニスタン侵攻を支援（イギリス＝イラン戦争 1856）する間に，**アレクサンドル２世**（位 1855～1881）が綿花生産の盛んな**ブハラ＝ハン国（1868），ヒヴァ＝ハン国（1873）を相次いで保護国**とし，西トルキスタン支配のためにタシケント（現ウズベキスタンの首都）に**トルキスタン総督府**（1867～1917）を，北隣のカザフ地方にはステップ総督府を設置した（マーワラーアンナフルとモグーリスタン・ウイグリスタンを「**トルキスタン**(**トルコ人の土地**)」と一括して呼称したのは，ロシアが最初である)。

13. チャガタイ＝ハン国の分裂と東トルキスタンのイスラーム化

イリ地方の重要拠点で天山北麓を通る交易ルート上に位置する**アルマリク**を都として東西トルキスタンを支配した**チャガタイ＝ハン国**は14世紀半ば，**東西に分裂**した。マーワラーアンナフルを支配する**西チャガタイ＝ハン国ではモンゴル系諸族のトルコ化・イスラーム化とオアシス都市への定住が進ん**だのに対し，**東チャガタイ＝ハン国はイスラーム化が遅れ**，モンゴル系中心の伝統的な遊牧生活・文化が維持されたので両者の間に対立が生じた。東チャガタイ＝ハン国は自らをモンゴル人の後継者として「**モグール**(**モンゴル**)**＝ウルス**」と称する一方，定住化した西チャガタイ＝ハン国の人々を「混血(カラウナス)」と蔑視した。一方の西チャガタイ＝ハン国では自らをチャガタイ＝ハン国(チャガタイ＝ウルス)の正統な後継者と見なし，都市定住民への略奪を繰り返す東チャガタイ＝ハン国の遊牧民を「盗賊」と呼んで嫌悪した。

しかし**14世紀半ば**以降，まず**東チャガタイ＝ハン国のハンがイスラームに改宗**した。その後，東チャガタイのハンは西チャガタイ＝ハン国の分裂に乗じてマーワラーアンナフルに遠征し，イリからタシュケント一帯まで勢力圏を広げたものの，**西チャガタイ＝ハン国**から台頭した**ティムール**に反撃された(ティムールの軍はトルファン盆地まで進出した)。その後，ティムール朝と**明**との関係が安定すると**東チャガタイ＝ハン国**は東西交易で繁栄したが，15世紀に入ると，東からはモンゴル高原西部の遊牧部族連合・**オイラト**，西からは**ウズベク**に圧迫され，ウズベクから分離したトルコ系遊牧民**カザフ**(定住化はソ連時代の1930年代である)，キルギスなどトルコ系諸族にも圧迫されてパミール以東に駆逐され，支配下のトルコ人はタリム盆地周辺で定住・農耕化した。この領土縮小と並行して東チャガタイ＝ハン国は天山北路のトルファンを拠点とする**ウイグリスタン＝ハン国**と，タリム盆地のオアシス都市・**カシュガル**，**ヤルカンド**を拠点とする**カシュガル**(**ヤルカンド**)**＝ハン国**に分裂した。

この15～16世紀の間に，ブハラを拠点としてマーワラーアンナフルで活動した**スーフィズム教団の布教が東トルキスタンにも浸透**し，15世紀には**東チャガタイ＝ハン国の全住民がイスラームに改宗**し，16世紀以降はスーフィー教団の指導者であるカシュガルの**ホージャ家**がハンたちの寄進で王侯を上回る権威と影響力を確立した。この点に高校世界史教科書は全く言及していないので，「**ティムール朝滅亡後，15～16世紀にかけて**(あるいは「遅れて」)**東トルキスタンもイスラーム化した**」と一言でまとめるしかない。16世紀後半，トルファン盆地のウイグリスタン＝ハン国を滅ぼしたカシュガル＝ハン国は，明や**清**に朝貢したが，この間，スーフィー教団は甘粛地方などにイスラームの布教を行い，徐々に漢族の信徒(**回民**)を獲得した。17世紀半ば以降，イリを本拠とする**オイラト系**の遊牧民**ジュンガル**(**チベット仏教**を信奉)がタリム盆地に侵攻し，**カシュガル＝ハン国を征服**した(1705)ことにより，東トルキスタンは**清**と**ジュンガル**の抗争に巻き込まれた。

14. 明とタタール，オイラト，後金＝清との抗争と東トルキスタン

ジュンガルの祖先とされる**オイラト**はモンゴル帝国以前からモンゴル高原西部に居住した遊牧民で，13世紀以降，チンギス＝ハーンに服属した。元来はトルコ系だったと推測されている。14世紀，朱元璋が建てた**明**の軍に敗れた元の皇室はモンゴル高原に退いた。明ではこの政権を**北元**と呼んだが，14世紀末，明の遠征軍に敗れたフビライ直系のハーンが内紛で殺害されたことで明は北元が滅亡したと見なし，モンゴル諸族が依然としてチンギス直系の子孫を擁立して自らを「**元**(**北元**)」と称したのにも関わらず，明はこれを認めず，彼らを「**タタール**(**韃靼**)」と呼称した。15世紀に入るとモンゴル諸族はチンギス直系の子孫を盟主とする**東部のタタール**(**北元**)と，**オイラト**(**瓦**(ワ)**剌**(ラ))を盟主とする**西北部**の部族連合に分かれた。14世紀前半，明の第３代・永楽帝(位1402～24)のモンゴル親征が失敗に終わると，オイラトが強大化した。チンギス＝ハーンの子孫を擁立したオイラトの族長**エセン**は，タタールを服属させ，西はタリム盆地の東チャガタイ＝ハン国からカザフまで侵入し，また東は大興安嶺以東の女真族の居住地まで勢力を拡大した。この広大な領土を維持するため，エセンは貿易の利を求めて明に対する**朝貢**を活発に行ったが，これが明との対立を招き，エセンは明に侵攻して北京郊外で明の第６代・**正統帝**(位 1434～49，重祚して第８代・天順帝〔位 1457～64〕)を捕虜とした(**土木の変** 1449)。しかし明軍の抵抗でエセンは撤退に追い込まれ，この後，チンギス直系の子孫でないにも関わらず，自らハーンに即位したため内乱を招いてエセンは敗死し，オイラトは衰退した。

15世紀末にチンギス直系の**ダヤン＝ハーン**(**大元汗**)が即位してオイラトを討ち，**内モンゴル**の**チャハル部**をハーンの直轄化に置いてモンゴル諸族の統一を進めた。16世紀，ダヤンの孫**アルタン＝ハン**(**俺答汗**)は本家のハーンを抑えて勢力を拡大し，**オイラトをモンゴル高原西部からアルタイ山脈以西のジュンガル盆地に追い払った**。このオイラトの移動が**ジュンガル部成立の契機**となったのである。この後，アルタン＝ハンは16世紀半ばから約20年間，明への侵攻を繰り返し(1550年の庚戌の変では北京を包囲した)，明と和睦して順義王に冊封された後は，内モンゴルの**フフホト**(帰化城)を拠点に明との**茶馬貿易**を活発に行った。またアルタン＝ハンは**チベット仏教**(**ゲルク**〔**黄帽**〕**派**)に帰依し，これを厚く保護した(彼の曾孫は**ダライ＝ラマ４世**となった)。これ以降，**チベット仏教がモンゴルから満洲に広まる**ことになった。アルタンの死後，チャハル部では内紛が起こり，この間，現在のモンゴル国に相当する**外モンゴル**では**ハルハ部**が台頭し，オイラトを服属させた。17世紀初め，チャハル部は一時，勢力を回復したが，今度は**大興安嶺**以東に台頭した**ツングース系女真族**の**後金**に圧迫され，チンギス直系のチャハル部のハーンは後金・第2代の**ホンタイジ**に降伏し，元から伝わる「玉璽(皇帝の印)」をホンタイジに献上した。これによりハルハ部以外のモンゴル諸族がホンタイジに服属することになり，満洲・漢・モンゴルの三民族から推戴された形式を取ってホンタイジは国号を清と改め，皇帝に即位した(1636，清の太宗〔位1627～43〕)。**清の皇帝がモンゴルの大ハーン**となったのである。またホンタイジはチャハル部統治のため**理藩院**を設置し，間接統治を開始した。

15. 清とジュンガルの抗争

清の勢力拡大に対して，ハルハ部に属するモンゴル諸族は対立していたオイラトと和解した。17世紀のオイラトは8部族に分かれており，**ジュンガル部**もこの中に含まれていた。オイラト8部族の一派・ホシュート部は**ダライ＝ラマ**(5世)と連携してチベット仏教の内部対立に介入し，ダライ＝ラマ(**ゲルク派**)と対立する宗派(カルマ派)と結んでモンゴル高原から侵入したチャハル部の軍を撃退して**チベット全土を支配する王権を確立**した。ホシュート部の族長はダライ＝ラマからオイラトのハーンの地位を認められた代償に**ダライ＝ラマをチベット仏教の教主として推戴**した。一方，ホシュート部からオイラトの本拠であるジュンガル盆地の統治を委ねられたオイラトの一派・ジュンガル部では内紛が生じたが，ダライ＝ラマ5世の弟子であったジュンガル部出身のガルダン(1644～97)が還俗してジュンガルに戻って内紛を平定し，ダライ＝ラマ5世の支持を得てジュンガル部の族長(称号はホンタイジ。語源は「皇太子」。副王などを意味する遊牧民の君主の称号の一つ。清の太宗だけを指す名称ではない)となった(1671)。次いでホシュート部を撃破して**オイラト部族連合の盟主**となったガルダンは，ダライ＝ラマからチベット仏教ゲルク派の守護者と認められて，ジュンガル部の指導者として最初で最後のハーンとなった(1676)。この後，**ガルダン＝ハーン**は天山北路のトルファン，ハミを奪い，次いで**タリム盆地**のカシュガル，ヤルカンドなどのオアシス都市を服属させて**カシュガル＝ハン国**(**東チャガタイ＝ハン国**)**を滅ぼし**，莫大な貢納金を背景に西トルキスタンまで勢力を拡大した。

その後，ガルダンは**ハルハ**諸部族が居住する**外モンゴルに侵攻**し，ハルハ部を擁護する清の第4代**康熙帝**(位1661～1722)と対決したが，決着がつかず外モンゴルに撤退した。その後，ジュンガルに滅ぼされた東チャガタイ＝ハン国の末裔であるハミの**ベグ**(トルコ系の族長の称号)がジュンガルの搾取を嫌って清との提携を図り，またハルハ部も康熙帝に臣従を誓ったことから，全モンゴル諸族の支持を得た康熙帝はハルハ奪還を掲げて親征し，ウランバートル近郊でガルダンの軍を撃破した(1696)。この間，ガルダンの本拠では反乱が起こり，ガルダンは逃亡先のアルタイ山中で病死した(1697)。康熙帝はハルハ部を**藩部**として**理藩院**の管轄下で間接統治を行い，ハミのトルコ系イスラーム教徒も清に朝貢するようになった。

ダライ＝ラマの承認を得てジュンガル部の族長(ホンタイジ)となった次代のツェワンラブタン(位 1697 ～ 1727)は西トルキスタンへの侵攻を繰り返す一方，ダライ＝ラマの地位の継承をめぐって混乱するチベットや青海に侵攻したが，ここでもジュンガルが信奉するゲルク派以外のチベット寺院を破壊し，僧侶を弾圧したのでチベット系住民の反発を招いた。康熙帝は青海，チベットに遠征軍を派遣してジュンガルを撃退して親清派のダライ＝ラマ(７世)を擁立し，ハミ，トルファンに軍事拠点を築いた。この際，トルファン盆地のイスラーム教徒はジュンガルの圧迫を恐れて清への移住を求め，許されて甘粛に移住している。康熙帝を継いだ**雍正帝**(位 1722 ～ 35)の時代，チベットをめぐるジュンガルとの抗争に対応するため，清は内閣の上に最高機関として**軍機処**を設置した。ジュンガル部ではツェワンラブタンを継いだガルダンツェリン(位 1727 ～ 45)がハルハ部と和解して両者の境界をアルタイ山脈に定め，余力をパミール以西に向けてカザフやシル川上流域のフェルガナに建国したばかりのコーカンド＝ハン国への侵攻を繰り返したためカザフ諸族はロシアに救援を求めた。ガルダンツェリンが死ぬとジュンガルとオイラト諸部族はたちまち内紛を起こした。これを好機とみた**乾隆帝**(位 1735 ～ 96)が派遣した遠征軍は３カ月ほどでジュンガルの本拠であるイリ盆地を制圧(1759 ～ 62)し，その後の反乱も弾圧したが，この際，清軍が持ち込んだ**天然痘**が蔓延し，**ジュンガル部の人々はほぼ全滅**し，オイラト諸族の人口も激減した。

清に対抗したジュンガルは，ロシアから軍事技術を導入して**火器を製造**し，従来の弓矢や槍に加えて銃砲を装備した騎兵を主力として，キルギスやブハラ人などを外国人部隊に編制して勢力を拡大した。

またジュンガルはトルコ系諸族やオイラトをイリ地方に移住させて農耕に従事させ，オアシス都市からは穀物，綿花，果物，金属などの現物や商業税を徴収し，カザフやキルギス草原の遊牧民には鉄製品・家畜・毛皮などを貢納させた。この時期になると**トルコ系諸族も定住・農耕民化することによって軍事的優越を失い，ジュンガルに圧倒されたの**である。しかしジュンガルのトルコ系イスラーム教徒やゲルク派以外のチベット仏教徒などの周辺異民族に対する搾取は強い反発を受け，内紛に乗じた清に敗れた。

天山以北のジュンガルの旧領イリ盆地を占領した清は，タリム盆地までを管轄する**イリ将軍府**を置いて**満洲八旗**に属する**旗人**(八旗から土地を分与され，平時は農耕・狩猟に従事し，戦時には軍役に従う)や漢人の**緑営**などによる軍政を布き，この地を「**新**

疆」と呼んだ。新疆の末端行政は中華王朝の伝統に倣って現地の有力者に委ねられた(**羈縻政策**)。ジュンガルに対抗して清に服属したハミやトゥルファンのイスラーム教徒の支配者らにはモンゴル人貴族と同様の特権が与えられ，タリム盆地の各オアシス都市の支配者(**ベグ**)に対しても清の官職が与えられ，自治を行わせ(**ベグ官人制**)，在地の社会構造はそのまま温存された。一方で漢人の入植者が多い新疆東部や青海には中国内地と同様の行政制度が敷かれ，**陝甘総督**が管轄することとなった(清は漢人入植者が先住の異民族の人口を上回った場合，辺境の統治を**土官**=官位を授与された異民族出身者から流官=中央から派遣の官僚に切り替える「**改土帰流**」策を採った)。

16. イリをめぐる清とロシアの対立とコーカンド＝ハン国の滅亡

ウズベク３ハン国の中で最も北東方に位置する**コーカンド＝ハン国**は，17世紀末以降のブハラ＝ハン国の衰退を受けて，シル川上流域(現在のウズベキスタン東部からタジキスタン，キルギスの国境地帯)に位置する**フェルガナ**地方にウズベク系諸族が流入し，18世紀前半にフェルガナ盆地南端の**コーカンド**を拠点に建国された。当初は天山北西麓のイリ盆地を本拠とするオイラト系のジュンガル部に圧迫されたが，ジュンガル滅亡後は，カシュガルを境に清と接した。コーカンド＝ハン国にはオイラト系の諸族や，清の支配を嫌ったタリム盆地のイスラーム教の指導者「ホージャ」が流入したため，清と対立することを嫌った**コーカンド＝ハン国は清に朝貢**し，**清はコーカンド＝ハン国と「新疆」との交易を許した**。清との外交関係が安定したコーカンド＝ハン国は，朝貢貿易によって得た茶・絹・陶磁器を西アジアに転売し，その利益を基にジュンガルの軍事的基盤だったキルギスの傭兵や砲兵を吸収して勢力を拡大した。18世紀末にはロシアとトルキスタンを結ぶ交易地として繁栄した**タシュケント**を征服し，その君主はチンギスの血統ではないにも関わらず支配下の諸族に推戴されてハンを称した。19世紀前半，コーカンド＝ハン国を警戒した清との関係が悪化すると，コーカンドはかつてカシュガル＝ハン国を支配したホージャ一族の反乱を支援してカシュガルに侵攻し，清は新疆のオアシス都市におけるコーカンド側の外交・交易の特権を認めた。しかし19世紀半ばには国内の内紛やブハラ＝ハン国との対立が生じ，その間にカザフ草原を押さえたロシアが南下したため，コーカンド側はロシアと対立するイギリスとの連携を図った。

19世紀半ば以降，新疆で清の迫害に反発した**回民**(**漢化したイスラーム教徒**)の反乱が頻発(「**回民蜂起**」1864)して清の新疆支配が弛緩すると，コーカンド＝ハン国は回民の反乱を支援してウズベク軍人**ヤークーブ＝ベク**(1820頃～77)を新疆に派遣した(1865)が，反乱軍と提携した**ヤークーブ＝ベク**はトルコ系のイスラーム教徒も保護しつつ，カシュガルを拠点に新疆の大半を占領(ヤークーブ＝ベクの乱 1865～77)し，コーカンド＝ハン国から事実上，独立した（カシュガル王国 1867）。イギリスは，新疆をロシアと**英領インド**の緩衝地帯とするべくヤークーブ＝ベクに軍事援助を行い，外交関係を結んだ。さらにヤークーブはかつてコーカンドと敵対したブハラ＝ハン国やオスマン帝国に使者を派遣し，オスマン帝国の宗主権を認め，アミールの称号を与えられるなど連携を深めた。この間，ブハラ＝ハン国（1868）を保護国化したロシアもヤークーブ＝ベクの王国を承認し，新疆の混乱に乗じて軍を派遣してイリを占領した（「**イリ事件**」1871～81）。この情勢に対し，**洋務派**官僚の**左宗棠**（1812～85，曾国藩の下で太平天国の乱鎮圧に活躍。戦後福州に造船所を建設した。新疆の回族の反乱を鎮圧後，清仏戦争でフランスと戦った）は，陝甘総督・欽差大臣に任じられ，甘粛省に軍需工場を建設して軍備を整えると，一気に天山北路に清軍を進出させ，ヤークーブ＝ベクの軍を撃破して彼を自殺に追い込んだ（1876～77）。イギリスは情勢の急展開に対応できず，また**ヒヴァ＝ハン国を保護国化**（1873）し，**コーカンド＝ハン国を併合**（1876）したロシアも，**露土戦争**（1877～78）の最中で対応できない間に，左宗棠はタリム盆地のカシュガルまで奪還した。ロシア軍が占領するイリの返還をめぐって清露間で外交交渉が行われたが，清軍を率いる左宗棠がロシア側に圧力をかけた結果，ロシアも妥協し，**イリ条約**（1881）で国境が画定され，清はイリ地方の一部を回復した。その後，清は新疆を藩部から省に格上げ（1884）し，ロシアの侵略に備えた。ロシアはタシュケントにトルキスタン総督府を置き，旧ウズベク３ハン国の領域にシルダリヤ州・フェルガナ州を設置した。この結果，**西トルキスタンがロシア**，**東トルキスタンの大半が清に服属した**。

付言すると，19世紀半ば以降，新疆東部や甘粛省・陝西省で蜂起した「**回民**」はイスラーム教を信奉してはいるが，清代までに漢族との混血が進み，**身体的特徴や風俗は漢族とほとんど変わらず**，むしろ新疆西部やパミール以西のトルコ系住民とは一線を画している。これに対して新疆西部から西トルキスタンに居住したトルコ系民族はイスラーム教に改宗し，異民族・異教徒の支配を受ける間に，自らと異民族とはイスラーム教徒であるかないかで区別し，カシュガルやヤルカンド，ホータンなど都市を単位とする部族集団に分裂していた。現在，トルキスタン，特に**新疆ウイグル自治区**を中心にウズベキスタンやカザフスタンにかけて1,200万人ほどの人口を有する「**ウイグル（維吾爾）人**」はそのほとんどが新疆に居住している（新疆の人口は約2,500万人で，その45％はウイグル人，５％が漢化したイスラーム教徒である，「回族」＝現在の中華人民共和国が定めた呼称）が，現代の「**ウイグル人**」という呼称は，オスマン帝国末期に広まった**パン＝トルコ主義**の影響などを受け，**ロシアやソ連**，**あるいは中華民国や中華人民共和国に対抗して**，自らのアイデンティティを確立するために「**自分たちはかつてのウ**

イグル人の子孫である」と主張する立場から20世紀初めに生まれたといわれている。

解答例

8世紀，ゾロアスター教を信奉するイラン系ソグド人が交易で活躍するソグディアナにイスラーム勢力が進出し，唐を撃破して以降，イスラーム化が進んだ。9世紀以降，マニ教や仏教を信奉したウイグルの西走を機にトルコ系諸族はパミール高原の東西に進出し，サーマーン朝の影響でイスラーム化して**カラハン朝**を建てるなど，この地のトルコ化が進み，セルジューク朝は西アジアに進出した。その後パミール以西では**ホラズム朝**が自立，以東では**宋**と結んだ金に滅ぼされた遼の王族が西遼を建てたが，ナイマン部に簒奪され，モンゴルがトルキスタン全域を征服すると，チャガタイ＝ハン国の下でモンゴル人のトルコ化が進んだ。西トルキスタンから台頭したティムール朝は西アジアに進出し，**アンカラの戦い**でオスマン帝国を撃破し，イラン文化と融合した**トルコ＝イスラーム文化**を保護した。ティムールの子孫**バーブル**はトルコ系ウズベク人に敗れ，北インドにムガル帝国を建て，西トルキスタンにはウズベク系**ブハラ・ヒヴァ両ハン国**が，後にコーカンド＝ハン国が成立した。東トルキスタンに進出したオイラト系のジュンガルはトルコ系ムスリムを支配して清と対立したが，**乾隆帝**に滅ぼされ，同地は藩部・新疆の一部となった。19世紀，ロシアがウズベク3ハン国を制圧する一方，新疆のムスリム反乱に乗じてイリ事件を起こしたが，清は反乱を鎮圧し，ロシアとのイリ条約で国境を画定した後，新疆を直轄化した。

(600字)

第2問　「支配や統治のための法や制度」

解説

本問のテーマは，「支配や統治のための法や制度」である。東大志望者の中には，学習が第1問の大論述偏重で第2問を甘く見ているような傾向が散見される。そういった受験生は，大論述ばかりを意識して主要国の政治史や経済史については真剣に取り組むものの，周辺地域史や文化史などを軽視しがちとなる。ただ2022年は第1問が周辺地域の歴史である「トルキスタン史」だったので，第2問で出題された周辺地域史はイラン革命に関する1題のみであったが，2021年は周辺地域史からフィリピンと南アフリカが，2020年にはモンゴル・チベットが，2019年・2020年と続けてオセアニアが，それぞれ問われている。また2022年は問(2)(b)で文化史が出題されている。勝手な思い込みで学習範囲を絞ったり，主要国以外を軽視したりせず，過去問に真摯に取り組むなど，きちんと対策をしてほしい。なお，解説中では，第２問全体の配点を24点と想定して，設問ごとの配点予想と加点ポイントを示した。

問(1)

(a)　本問はハンムラビ法典が制定された時期と，内容の特徴を問う基本問題で，字数も２行と少ない。よって，簡潔にポイントをまとめることを心がけよう。

・シュメール法の発展

前3000年頃，系統不明の**シュメール人**がメソポタミア南部にウル・ウルク・ラガシュなどの都市国家を建てた。メソポタミアは周囲から侵入しやすい地形であったため，さまざまな民族が流入し，国家の興亡が激しかった。一方で，人々が往来しやすかったことから都市が商業活動の拠点となり，契約に使用されたと思われる**印章**が出土していることから，交易ネットワークが形成されていたと推察できる。

このようなことを背景に，メソポタミアでは民族の構成が複雑になっていたため，支配者は秩序の維持などを目的として，**シュメール法**と総称される法を作成するようになった。現在確認されている「最古」の法はウルナンム法典である。

・ハンムラビ王によるメソポタミア統一

最初の統一王朝である**アッカド王国**，再興したシュメール人の**ウル第３王朝**などを経て，前19世紀にはセム語系の**アムル（アモリ）人**が**バビロン第一王朝（古バビロニア王国）**を建てた。この王国の**ハンムラビ王**（前18世紀頃）はメソポタミア全土を統一し，運河の大工事を行って治水・灌漑を進めたほか，商工業も奨励した。その統一事業の一つが，本問で問われた「ハンムラビ法典」の制定である。

・ハンムラビ法典

ハンムラビ法典は20世紀初頭にフランスの調査隊によるスサ発掘で発見された。法典は前文，刑法・商法・民法などを含む282の条文，後文よりなり，石碑の上部には太陽神シャマシュの前に立ち，王権を授かるハンムラビ王の姿が描かれている。ハンムラビ法典はシュメール法を継承し集大成したもので，この中で，自由人，半自由人，奴隷の階級は法的に差別されていた。そして，最も際立つ特徴は**同害復讐法**の原則が採用されていることである。ただし，刑罰は**身分によって異なり**，同害復讐法の原則は被害者も加害者も自由人の場合のみに適用され，被害者が半自由人や奴隷の場合には賠償になる。以下がその一例である。

第196条　もし人※がほかの人※の目を損なったならば，彼らは彼の目を損なわなければならない。 第198条　もし彼（人）※が半自由人の目を損なったか，半自由人の骨を折ったならば，彼は銀1マナを払わなければならない。 第199条　もし彼（人）※が（ほかの）人の奴隷の目を損なったか，人の奴隷の骨を折ったならば，彼は彼（奴隷）の値段の半分を払わなければならない。 ※人とは自由人のことを指す （小林登志子『古代メソポタミア全史』〔中公新書，2020〕より引用）

【加点ポイント】　※想定される配点：３点

- 制定と時期
  ①シュメール法を継承して前18世紀頃に制定された
- 内容の特徴
  ②同害復讐法の原則が採られていた。
  ③身分によって刑罰に差が付けられていた。

・解答への考え方

設問要件ははっきりしており，ハンムラビ法典が制定された「**時期**」と「**内容の特徴**」を明確にすればよい。時期については，年代を明示出来れば一番良いが，どうしてもわからなかった場合には「バビロン第一王朝期」など，何かしら時期を示す内容を組みこもう。内容の特徴は「**同害復讐法**」と「**身分による差**」の２点に触れられれば十分だろう。

(b)

・イブン＝ハルドゥーンについて

イスラーム文化の基本的な人名である。**イブン＝ハルドゥーン**(1332～1406)はチュニス生まれで，マグリブやアンダルス（イベリア半島）の王朝（ハフス朝・マリーン朝・ナスル朝）に仕えて政治生活を送った後，隠遁して膨大な通史『イバル（考察）の書』を著した。14世紀後半には，マムルーク朝のカイロに移住してカーディー（法官）として活動した。晩年，マムルーク朝の支配するシリアにティムールが侵攻してきた際，スルタンに請われてマムルーク朝側の代表として和平交渉にも臨んだ。この時，ティムールにサマルカンドへの同行を求められたが，彼は家族のいるカイロへの帰還を希望したと伝えられている。

・『世界史序説（歴史序説）』について

一般に『**世界史序説（歴史序説）**』として知られているが，これはイブン＝ハルドゥーンが著した通史『イバルの書』の序論の部分である。1370年代に執筆されたもので，文明論・王権論・経済論・学問論に大別される。特に有名なのは「**文明の民（都市民）と粗野な民（遊牧民）との関係を通じて歴史が展開する**」という，王朝興亡の歴史における法則性である。一部を簡単に紹介すると，以下のような内容である。部族や集団が王権を握ると外敵から自らを守るために都市を建設し，その都市で文明社会が発展する。しかし，豊かさを求める文明が繁栄すると，奢侈生活で人間は堕落し，不正などが横行して都市は衰退に向かっていく。都市と王権は不可分であり，ともに衰退していく。

イブン＝ハルドゥーンの構築した社会理論は，同時代の歴史家のほか，17世紀のオスマン帝国の学者に影響を与え，19世紀のヨーロッパの学者からは近代社会科学に通じる諸説の先駆であると認識され，高く評価されるようになった。

(c)　一見してイラン革命を問う問題と判断してはいけない。本問で問われているのは，イラン革命で批判された「**それまでのイランで推進されていた政策**」である。よって，1960年代以降，イラン革命の直前まで国王パフレヴィー２世のもとで進められていた近代化政策，いわゆる「**白色革命**」について概要と影響を説明する。「白色革命」は，2016年の第１問でも取り上げられたため，過去問のテーマが解答作成の際に大きなヒントになる。(a)と同様にわずか２行と字数が少ないので，簡潔な記述を心がけよう。

•「白色革命」以前のイラン

レザー＝シャー（**レザー＝ハーン**）の下での中央集権化政策により，首都テヘランと地方の格差が拡大していたイランでは，第二次世界大戦中にイギリス・ソ連両軍が駐屯したことによりシャーの独裁体制が崩壊し，大戦後，民族主義者が台頭した。1951年には，**モサデグ首相**が率いる民族主義者が石油国有化運動を進めたことを背景に，国民議会でイギリス系のアングロ＝イラニアン石油会社の接収と国有化を決議した（**イラン石油国有化**）。しかし，欧米系の国際石油資本がイランを石油市場から締め出したため，イランの石油収入は激減し，政権内の足並みが乱れた。1953年，石油利権の確保と左翼勢力の排除を狙う**アメリカの介入**で国王**パフレヴィー２世**（位 1941 ～ 79）を支持する軍将校のクーデタが発生して，モサデグ首相は逮捕された。こうして，国王の独裁体制が採られたイランは，1954年にはアメリカ資本を中心とする国際石油会社と協定を結んで石油収入を折半することとなったため，イラン側の石油収入は飛躍的に増大した。こうして，国王パフレヴィー２世とアメリカ合衆国との関係が強化された。

•「白色革命」

クーデタで権力を掌握した国王パフレヴィー２世は，親米政策を強め，アメリカに軍事基地を提供し，さらに中東条約機構（バグダード条約機構・METO）に加入するなど，反共陣営の一角を担った。そして1960年代に入ると，国王（シャー）主導の「**白色革命**」と称される近代化・欧米化が進められた。その内容は，農地改革（地主・小作関係の廃止)，国営企業株式の払い下げ，女性への参政権付与など多岐にわたったが，いわゆる**開発独裁**体制であった。またアメリカは，イランを中東におけるソ連とアラブ急進派に対する最前線と位置づけ，1965年にベトナムへの本格介入を始めた後は，中東における反共陣営を中心として軍事力の増強を支援し，イランをペルシア湾の覇権を握る軍事大国に成長させた。

・格差の拡大とイラン革命

「白色革命」が進展する中で，潤沢な石油収入を背景として急激な工業化が進んだが，農村部から都市部への大規模な人口移動でテヘラン市への一極集中が起こるなど，大きな社会変動を引き起こした。またインフレの激化や都市部での貧困層の増加，都市部と農村部の格差拡大など，さまざまな社会矛盾が表面化し始めた。さらに，イスラームの伝統を軽視する世俗化政策に対するムスリムの不満も高まっていた。国王はこれらを政治的に抑圧したため，かえって反発が強まった。こうした動きの中で，イスラーム法に基づく国家創設を目指すイスラーム主義が高まり，反体制デモが全国に波及した。1979年，国王パフレヴィー2世は事実上の亡命(名目は病気療養)を余儀なくされ，パリから帰国したシーア派の指導者**ホメイニ**は，**イラン＝イスラーム共和国**の樹立を宣言した(**イラン革命**)。

【加点ポイント】　※想定される配点：3点

①親米の国王パフレヴィー2世が主導した

②「白色革命」と称される欧米化(西洋化)・世俗化(世俗主義)政策であった。

③具体例：農地改革，女性参政権，国営企業の払い下げなど

・解答への考え方

まず，設問要件をおさえよう。本問ではイラン革命を起こした勢力によって「批判された政策」についての説明が求められているので，「白色革命」について2行で説明すればよい。推進した国王の名「**パフレヴィー2世**」や，改革の通称である「**白色革命**」は問題に示されていないので，明記したい。さらに，改革が「**欧米化**」や「**世俗主義**」に基づくものであったことも，イスラーム主義者が批判した点なので触れておこう。ここまで書くために字数を使うことになるので，残った字数で具体例を示せばよいだろう。

問(2)

(a)　本問のテーマは，13世紀にイギリスで作成された**大憲章**(**マグナ＝カルタ**)**の「作成の経緯」**である。大憲章は基本事項なので知らない受験生はいないと思うが，その内容ではなく作成の経緯が問われているということは，当時の政治的状況の正確な理解が求められている。単なる一問一答的な暗記では対応できないので，基本事項だからといって舐めていると，得点が伸びない設問であろう。

・11～13世紀の英仏対立

ノルマン＝コンクェスト(ノルマン征服 1066)以来，英仏両国は大陸のイングランド王領(在仏所領)をめぐって対立していた。さらに，ノルマン朝の断絶後，フランス諸侯であるアンジュー伯アンリが**ヘンリ2世**(位 1154～89)としてイングランド王位を継承し，プランタジネット朝が成立した。これにより，イングランド王の在仏所領はさらに拡大したため，英仏海峡を挟んだ広大な王国が形成された。一方，フランスのカペー朝は王領地がパリ周辺に限られていたため王権が弱体であったが，台頭する大諸侯との間に封建的主従関係を結んで，王の権威を維持していた。

12世紀，フランスでは**フィリップ2世**(位 1180～1223)が，イングランドでは**リチャード1世**(位 1189～99)が王となった。両者とも第3回十字軍(1189～92)に参加したが，途中帰国したフィリップ2世に対し，リチャード1世は最後までアイユーブ朝のサラディンと交戦したが，成果なく帰国した。この間，フィリップ2世は，イングランド王家内の対立などを利用して，その在仏所領の奪還を目論んでいた。

・ジョン王の治世と大憲章の作成

フランス王フィリップ2世との戦いの最中にリチャード1世が戦死すると，イングランド王位には，ヘンリ2世の息子でリチャード1世の弟である**ジョン**(位 1199～1216)がついた。そもそもジョン王にはアンジュー家の支配領域の相続に関して問題があった(兄たちが父ヘンリ2世から大陸側に広大な親王領を与えられていたにも関わらず，末弟のジョンだけは与えられなかったため「**欠地王**」と呼ばれた)。これを利用したフランス王フィリップ2世が，フランス北西部にあるイングランド領の没収を宣言したため，ジョン王はフランスとの戦闘に突入した。しかし，この戦いに敗れて**大陸側の所領の大半を失った**(1204)。ジョン王は大陸領の奪還を図るため，その戦費調達を目的に**貴族に重税**を課した。また，ジョン王は教皇インノケンティウス3世(位 1198～1216)とカンタベリ大司教選任問題で対立して破門され，イングランドを封土として教皇に臣従するという条件で，1213年に破門を解かれた。教皇との対立が一段落すると，ジョン王は再びフランスへの遠征を企てたが，イングランドの貴族は課税を拒んで反対した。しかし，ジョン王は遠征を強行し，神聖ローマ皇帝とも提携してフランスを攻撃したが，再びフィリップ2世に撃退された(ブヴィーヌの戦い 1214)。戦費負担に苦しんだ貴族層は，大貴族と高位聖職者による封建会議で結束して反抗し，ジョン王に**大憲章**(**マグナ＝カルタ**)を認めさせた(1215)。

大憲章は主に貴族たちの要求を承認した特許状で，**封建的諸権利を保障**するものである。内容は，高校世界史でも取り上げられる「**課税に貴族会議の同意を必要とする**」ことや「**不当逮捕・投獄を禁じる**」ことのほか，教会の自由，都市や商人の特権の確認など多岐にわたり，王権の制限を規定していたことから，後に法の支配などイングランド人の基本的な権利を定めたものと解釈されるようになった。

【加点ポイント】　※想定される配点：６点

①イングランド王ジョンがフランス王フィリップ２世に敗れて，大陸領の大半を失った。

②イングランド王ジョンが，（対仏遠征の）戦費調達のため重税を課した。

③貴族がジョン王に対して結束して反抗した。

④大憲章をジョン王に認めさせた。

⑤大憲章の内容：新たな課税に貴族・聖職者の会議の同意が必要。

⑥大憲章が明文化された（成文法である）。

・解答への考え方

設問要件は，「**大憲章（マグナ＝カルタ）が作成された経緯**」を「**課税をめぐる事柄を中心に**」論じることである。よって，カンタベリ大司教の選任をめぐる教皇との対立に触れる必要はない。端的に「戦費のための課税強化」ということになろうが，字数は４行と多めに設定されているので，その背景となった大陸領をめぐるフランスとの対立やイングランドの貴族の反抗にも触れること。また，作成された大憲章での課税に関する規定も示せば，全体としてバランスの取れた解答が作成できる。

(b)　本問はマキァヴェリが「『**君主論**』で述べた**主張**」が問われている。(a)と同様に，受験世界史の基本用語である『君主論』の内容を説明させるものだが，これも一問一答的な暗記では見落としがちな内容が問われている。当時のイタリアの状況を踏まえて理解できているかが問われている。

・当時のイタリア半島情勢

マキァヴェリ（1469～1527）の『**君主論**』が刊行されたのは没後の1532年である。当時は**イタリア戦争**（1494～1559）中で，フランス・スペイン・神聖ローマ皇帝（ハプスブルク家）などの大国がイタリアを舞台に覇権争いを繰り広げていた。教科書で，マキァヴェリの『君主論』がイタリア戦争と結びつけて記載されているのは，実教出版『世界史Ｂ』，山川出版社『新世界史Ｂ』くらいだが，イタリア戦争を抜きに『君主論』を考察すると，理解が薄くなることは否めない。

15世紀のイタリアは，北部にミラノ公国・ヴェネツィア共和国，中部にフィレンツェ共和国・教皇領，南部に両シチリア王国が割拠し，この五国の勢力均衡により現状維持を図っていた。しかし1494年，フランス王**シャルル８世**がナポリ王位の継承権を主張して，イタリアへの遠征を開始した。**イタリア戦争**の勃発である。フランスは1495

年にはナポリを占領し，フィレンツェでは**メディチ家が追放**された。これに対し，教皇アレクサンデル6世はヴェネツィア・ミラノ・スペイン・神聖ローマ帝国(ハプスブルク家)と反フランス同盟を結成して，フランスを撃退した。

これ以後，イタリアをめぐってスペイン・フランス・ハプスブルク家が対立し，また大国とイタリア内の小国が同盟を結ぶなど，外交関係が複雑化した。同盟関係は二転三転し，大国間の抗争の隙を突いて，一時，教皇領が拡大した時期もあった。この複雑な抗争は，スペイン国王と神聖ローマ皇帝を兼任した**カール5世**(スペイン王位 1516～56・皇帝位 1519～56)の登場により，ハプスブルク家とフランスの覇権争いに転じた。

・マキァヴェリの『君主論』

マキァヴェリは，フィレンツェの中級貴族の家に生まれた。彼は，メディチ家追放後のフィレンツェにおいて政治家として活躍し，外交使節として20数回も国外に派遣された。神聖ローマ皇帝・フランス王などとも外交交渉を行ったが，マキァヴェリが『君主論』を執筆する際に大きな影響を与えたのは，受験レベルではないが，教皇アレクサンデル6世の庶子(隠し子)であったチェーザレ＝ボルジアである。

チェーザレ＝ボルジアは，権力維持のために政敵の暗殺を含むいかなる手段も惜しまず，イタリア戦争中に，一時，中部イタリアを制覇した。彼の手法は，政治目的のためなら手段を選ばず，残忍で陰険であったが，当時，分裂状態にあったイタリアの弱体を嘆いていたマキァヴェリは，チェーザレを理想的な新君主と見ていた。

こうした状況を踏まえて刊行されたのが『君主論』である。**小国が乱立**するイタリアの現状と，**イタリア戦争による外国勢力の度重なる侵攻**を受けて混乱に陥っていることから，イタリア統一の必要性を論じた。その方法論として，宗教や道徳的な理想と政治を切り離し，権謀術数・軍事力・恐怖などの力に訴えた政治を主張したが，こうした手法はマキァヴェリズムとも呼ばれている。**強力な君主によるイタリア統一**が，大国の侵攻に対抗する手段であると考えたのであろう。

【加点ポイント】　※想定される配点：3点

①小国分立(分裂状態)のイタリアに，外国が侵攻(介入)していた。
　◎「イタリア戦争による混乱」でも可

②①に対抗するためには(権謀術数や軍事力，恐怖などを用いた)強力な君主によるイタリアの統一が必要である。

③そのためには宗教や道徳と政治を切り離した，現実的な統治が必要である。

・解答への考え方

設問は，「マキァヴェリが『君主論』で述べた主張」を説明するものである。背景や影響などは問われていないので，どのような主張をしたかを簡潔に論じればよい。単純に「権謀術数」や「強い君主」と書いても，得点は伸びない。あくまで当時のイタリア情勢を踏まえた主張なので，そのあたりをきちんと論じることが必要である。

問(3)　本問は日清戦争後に清で行われた**戊戌の変法**(**変法運動**)について問うものである。

(a)　単答問題で，その中心となった２人の人物が問われている。変法運動の指導者には，受験レベルでは**康有為・梁啓超**に加え，**譚嗣同**もいるが，問われているのは「日本に亡命した２名の人物」なので，康有為，梁啓超が解答となる。譚嗣同は戊戌の政変で処刑されているので，解答としては当てはまらない。

(b)　論述は，変法運動における主張と，その経緯を問う基本問題である。2010年第２問－問３(c)で「洋務運動の性格(３行)」が問われており，その続きともいえる出題なので，過去問とともに関連事項の理解を深めていれば解答できる。

• 洋務運動

アジアの大国である清朝の近代化は，2019年第１問で問われたオスマン帝国の近代化とその経過が似ているので，両者を比較しながら理解するとよい。近代化のきっかけとなった「戦争」，そして「近代化の内容」，そして「挫折」という３段階を考えよう。「挫折」についても戦争が関係している場合が多い。

ここではまず，変法運動の前段階である**洋務運動**について先に解説しておく。洋務運動は，アロー戦争での敗北後に行われた近代化の呼称である。中心となったのは，太平天国の鎮圧に活躍した郷勇を率いた**曾国藩・李鴻章・左宗棠**らの漢人地方官僚である。彼らは「**中体西用**」をスローガンに，中国の伝統的な学問や思想を温存することで(「中体」)皇帝の専制政治を維持しながら，西洋の近代技術の導入(「西用」)を図った。儒学は前漢の武帝による官学化以降，中国における皇帝の専制政治を支える学問であり，特に明代以降，大義名分を唱える朱子学に基づいて皇帝権を強化してきた。さらに中華思想に基づき，中国は「地大物博」であり夷狄(いてき)(野蛮な周辺諸国の意)から取り入れるべきものは何もないと主張していたため，清朝の政権内部では，アロー戦争の際に円明園を破壊された恨みも重なって，技術も含めて欧米のものは何でも排除するという守旧派勢力も強かった。しかし，郷勇を率いて，欧米人が編成した常勝軍とともに太平天国を鎮圧した曾国藩や李鴻章らの漢人官僚(洋務派)は，欧米列強の持つ近代兵器の優位性を認識し，李鴻章は上海に軍需工場を，左宗棠は福建に造船所を建設するなど，軍の近代化に努めた。反面で，彼らは改革の成果を私物化した。新たに設立された企業はほぼ官営であり，かつ官僚と企業の癒着によって，利益の大半が官僚個人の蓄財に利用されてしまい，結果的に富国強兵のための改革が，かえって清朝の皇帝権弱体化につながってしまうこととなった。このため改革の成果が十分に得られたとは言えず，清仏戦争(1884

〜85)，日清戦争(1894〜95)の敗戦によって，限界を露呈した。

・変法運動

日清戦争の敗戦によって，中国内の若手の官僚や知識人の中には，洋務運動を批判し，皇帝の専制政治そのものの変革を求める動きが高まった。これは，当時の中国の知識人階級が西欧の近代政治思想の影響を受け始め，さらに近代化を推進する日本を強く意識したことが背景にある。こうして始まったのが**変法運動**(**戊戌の変法**)である。

変法運動の中心となった**公羊学派**の**康有為**は，『孔子改制考』を著し，儒学の祖である孔子も政治改革を目指す改革者であるという新解釈を変法運動の理論的な根拠とし，**梁啓超**や譚嗣同らとともに1895年，強学会を設立して啓蒙運動を行った。この動きに刺激を受けた**光緒帝**は，彼らを登用して戊戌の変法を断行した。こうして始まった変法運動は，**日本の明治維新を模範**として**立憲君主政**を目指し，憲法制定や議会の開設，科挙改革などによって専制政治を変革しようとした点で，清朝の改革は新たな段階に進んだ。しかし，変法を進めようとする光緒帝に対し，改革に反対する保守派は西太后の下に集まった。そして改革派と目されていた北洋軍(李鴻章の淮勇を基とする洋式軍隊)の創設者**袁世凱**が背信し，西太后の命によりクーデタを起こして光緒帝を幽閉して，改革を挫折させた(**戊戌の政変** 1898)。康有為や梁啓超はかろうじて日本に亡命できたが，譚嗣同は処刑された。ただ，ここで行われようとした体制改革は，義和団事件後の光緒新政で再び進められることとなる。

【加点ポイント】　※想定される配点：６点

・変法運動の主張

①孔子を政治改革者とみなす公羊学派の康有為が，洋務運動を批判した。

②変法自強を掲げた。

③(日本の)明治維新に倣った立憲君主制の樹立を主張した。

・変法運動の経緯

④光緒帝が康有為らを登用して，改革が始まった。

⑤改革の具体例:行政改革，学校制度の改革(京師大学堂の設置)，科挙改革など

⑥西太后が袁世凱と結び，康有為らを失脚させた戊戌の政変で，改革は挫折した。

・解答への考え方

設問の要件として，「変法運動の主張」および「経緯」を論じる必要がある。主張の部分は康有為を中心に論じることになるので，彼が「公羊学派」であり，「変法(内政改革)

自強（強国となる）」を掲げ，「明治維新を範とする立憲君主政」を主張した点をしっかりと論じたい。経緯については改革が挫折に追い込まれる戊戌の政変までを書くことになるので，具体例を入れ過ぎると字数的に溢れてしまう。全体の構成を考えてから，具体例に割り振ることが出来る字数を判断して欲しい。

解答例

問(1)

(1)(a)シュメール法を継承して前18世紀頃制定され，刑法，商法，民法を含む。同害復讐法が原則だが，身分により刑罰に差があった。

（問題番号・記号を含めて60字）

(b)イブン＝ハルドゥーン

(c)親米の国王パフレヴィー２世が主導した「白色革命」という欧米化・世俗化政策で，農地改革や女性の権利拡大などが批判された。

（記号含めて60字）

問(2)

(2)(a)フランス王フィリップ２世に敗れて大陸領の大半を失ったイングランド王ジョンが，対仏遠征の戦費調達のため重税を課したが，これに貴族が結束して反抗し，新たな課税には貴族・聖職者の会議の同意を必要とすることを明文化した大憲章を，王に認めさせた。

（問題番号・記号を含めて120字）

(b)分裂したイタリアに介入する大国に対抗して，宗教や道徳と政治を分離し権謀術数を用いる強力な君主による統一の必要を説いた。

（記号含めて60字）

問(3)

(3)(a)康有為・梁啓超

(b)孔子を政治改革者と見なす公羊学派の康有為らは，洋務運動を批判して変法自強を掲げ，明治維新を範に立憲君主政樹立を主張して光緒帝に登用された。彼らは学校制度や行財政の改革を図ったが，西太后や保守派は袁世凱と結び，戊戌の政変で改革を挫折させた。

（記号含めて120字）

第3問 「戦争や軍事的衝突が人々の生活や意識に与えた影響」

解説

本問は世界史上の戦争や軍事的衝突に関する大問であり，語句の記述問題となっている。すべて基本的な内容を確認する問題なので，失点しないように短時間で正確に解答していきたい。

問(1)　正解はアクスム王国

エチオピア高原を拠点とし，4世紀に**キリスト教**を受容したという点から，**アクスム王国**と判断する。

アクスム王国は，アラビア半島からアフリカに移住してきた人々が紀元前後にエチオピア高原北部に建てた国である。当時ローマ帝国とインドとの間では，『**エリュトゥラー海案内記**』に記録されている**季節風交易**が盛んに展開されていたが，アクスム王国はローマ帝国とインドを結ぶ**紅海交易**の独占を図り，**アラビア半島南西部のイエメン地方**への出兵を繰り返した。当時のイエメン地方には，ヒムヤル王国やサバ王国などが分立していたが，アクスム王国はそれらの対立を利用しつつ勢力を拡大し，インド洋・紅海と地中海・ナイル川流域を結ぶ交易で繁栄した。

4世紀にアクスム王国はスーダンの**クシュ王国**(**メロエ王国**)を滅ぼし，**キリスト教**を受容した。なお，4世紀は**ローマ帝国がキリスト教を公認した時期**であり，アクスム王国のキリスト教受容は地中海との交易拡大戦略の一環だったとする説も存在する。その後アクスム王国のキリスト教は庶民にも広まったが，エジプトの**アレクサンドリア**から派遣された聖職者の影響力が強かったので，教義は**カルケドン公会議**(451)で異端とされた**単性論**を奉じるものとなった(エジプトのキリスト教単性論派はコプト派と呼ばれた)。7世紀以降に**イスラーム勢力が紅海に進出**すると，交易ルートを断たれたアクスム王国は衰退していった。

問(2)　正解はマムルーク朝

十字軍最後の拠点である**アッコン**(**アッコ，アッカー**)を陥落させたのは，**マムルーク朝**である。十字軍が派遣された当初，イスラーム勢力は**セルジューク朝**(スンナ派)と**ファーティマ朝**(シーア派)の対立やセルジューク朝の分裂によって，十字軍に対抗することができなかった。しかし12世紀半ばからイスラーム勢力の反撃が本格化し，**アイユーブ朝**(1169～1250)の創始者サラディン(**サラーフ＝アッディーン**)がエジプト・シリアを支配下におさめ，1187年にイェルサレムを奪還した。これに対抗して**第3回十字軍**(1189～92)が派遣されたが，イェルサレムを占領できなかった。

マムルーク朝(1250～1517)は，フランス王**ルイ9世**による**第6回十字軍**(1248～54)の最中に，アイユーブ朝のマムルーク軍が建てた王朝である。**アッバース朝**を滅ぼした**モンゴル**軍が1260年シリアに進出すると，マムルーク朝の**バイバルス**はこれをアイン＝ジャールートの戦いで撃破した。その後スルタンに即位したバイバルス（位 1260～77）は，アッバース家のカリフを都**カイロ**に擁立し，**メッカ・メディナ**の両聖都を保護下におさめ，イスラーム世界の盟主として振る舞った。さらにシリア地方の十字軍の拠点を次々に攻略し，バイバルス死後の1291年には**アッコン**を陥落させた。しかし14世紀にはヨーロッパと同様に**黒死病（ペスト）**の流行に見舞われて人口が激減し，1517年に**オスマン帝国のセリム１世**に滅ぼされた。なお，アイユーブ朝・マムルーク朝の保護下で紅海交易に従事した**カーリミー商人**も入試頻出事項である。

問(3)　正解はアチェ

ポルトガルのマラッカ占領後に，ムスリム商人が拠点としたことで発展した**スマトラ島北西部**の港市は**アチェ**である。

マラッカ王国は14世紀末に**マレー半島南西部**に成立した港市国家である。当初はタイの**アユタヤ朝**に従属したり，ジャワ島の**マジャパヒト王国**の圧力を受けて苦しんだりしたが，**鄭和**の南海遠征に協力したことで明の援助を受け，急速に発展した。交通の要衝である**マラッカ海峡**をおさえて，インド・東南アジア・中国を結ぶ交易を展開し，マジャパヒト王国に代わる東南アジア最大の交易拠点となった。15世紀半ばにはインド北西部のムスリム商人との関係を深めるため，国王が**イスラーム教に改宗**した。**マラッカ王国のイスラーム化を機に，イスラーム教が交易ルートに乗って東南アジア島嶼部に広まった**点は重要である。

1511年に**ポルトガル**のインド総督アルブケルケがマラッカを占領すると，ムスリム商人はマラッカを避けて，スマトラ島のインド洋側から**スンダ海峡**を抜けるルートを用いるようになった。その結果，新たな交易ルート上にあるスマトラ島北西部の**アチェ王国**やジャワ島西部の**バンテン王国**が**香辛料交易**で発展した。**アチェ王国**（15世紀末～1903）はとりわけ胡椒交易で繁栄するとともに，東南アジアのイスラーム勢力の中心地を標榜し，ポルトガルに対抗した。しかし17世紀後半以降はオランダに胡椒交易の独占権を奪われて衰退し，**アチェ戦争**（1873～1912）によって滅亡した。なお，バンテン王国やジャワ島中部・東部を支配したイスラーム国家の**マタラム王国**と混同しないように注意しよう。

問(4)　正解はラス＝カサス

スペインの**ラス＝カサス**（1474/84～1566）は，アメリカ大陸の先住民の救済を主張した人物として出題される。

スペインは16世紀初頭からアメリカ大陸で**エンコミエンダ制**を導入し，先住民の保護とキリスト教化を条件に，一定数の先住民をスペイン人入植者に委託し，労働力として使役する権利を認めた。しかし先住民は保護されずに酷使され，さらにヨーロッパから伝染病が持ち込まれたことによって，先住民の人口は激減した。

ドミニコ会修道士の**ラス＝カサス**は，先住民の保護・救済を訴え，スペイン人入植者を弾劾した。こうしたロビー活動を受け，スペイン王カルロス１世（位 1516～56）は1542年にインディアス新法を制定し，先住民の奴隷化を禁止してエンコミエンダ制の段階的廃止を定めた。しかし入植者の反発は激しく，エンコミエンダ制の廃止は遅々として進まなかった（16世紀後半には先住民の人口激減でエンコミエンダ制は衰退していった）。1550年代には，ラス＝カサスは先住民征服を是認する哲学者セプルベダと論戦を繰り広げた後，**『インディアスの破壊についての簡潔な報告』**を刊行した。この著作は，スペインでは1556年に回収が命じられたが，敵対する諸国では翻訳・出版されて，スペイン人の残忍性を強調する宣伝（「黒い伝説」）に利用された。

先住民の人口激減にともない，代わりの労働力としてアフリカの**黒人奴隷**が導入された。その際に西アフリカに拠点を持たないスペインは，外国商人と**アシエント**（奴隷供給契約）を結んで，黒人奴隷を入手した。ラス＝カサスは当初これに反対しなかったが，後にポルトガル人による奴隷獲得の状況を知り，意見を変えて反対派にまわった。

問(5)　正解はフィヒテ

連続講演「**ドイツ国民に告ぐ**」をおこなった哲学者は**フィヒテ**である。
フィヒテ（1762～1814）はドイツの哲学者で，**カント**の哲学に触れて感銘を受け，『あらゆる啓示の批判の試み』を著し，一躍有名となった（カントの宗教論と勘違いされるという幸運も味方した）。ドイツの哲学者カント（1724～1804）は，人間の理性の限界を批判したうえで，**合理論**と**経験論**の対立を克服し，**ドイツ観念論**の起点となった人物である。フィヒテはカントを継承しつつ，彼を乗り越えることをめざし，より道徳的色彩の強い観念論を展開した。ドイツ観念論はフィヒテやシェリングに継承され，**ヘーゲル**によって大成された。

フランス革命の時代，カントが革命に消極的な態度をとったのと異なり，フィヒテは革命の意義を賛美していた。しかし**ナポレオン**が台頭すると，フィヒテは反フランス的な姿勢に転じた。ナポレオンは1806年にプロイセンを撃破して首都**ベルリン**を占領し，翌年**ティルジット条約**を結ばせ，巨額の賠償金を課すとともに多くの領土を割譲させた。これを受けて，フィヒテは1807～08年に連続講演「**ドイツ国民に告ぐ**」をおこない，ドイツ＝ナショナリズムを鼓舞した。しかし，当時はまだ「ドイツ国民」や「ドイツ」という国家の概念は明確に意識されておらず，この講演はドイツの国民意識形成の一つの契機となったと考えられている。

国家存亡の危機に直面したプロイセンでは，**シュタイン**や**ハルデンベルク**の主導で，

農民解放・営業の自由化・教育改革などの改革が実施された。教育改革の一環として，言語学者のK.W.フンボルト（地理学者のA.フンボルトの兄）は1810年に**ベルリン大学**を創設し，フィヒテを哲学教授に招請している。

問(6)　正解はイギリス・フランス（順不同）

クリミア戦争（1853～56）に関する基本問題。オスマン帝国側で参戦したのは**イギリス・フランス**・サルデーニャの三国である。なお，オーストリアもイギリスやフランスと協調したが，オスマン帝国と同盟して対ロシア宣戦したわけではないので，解答としては除外される。

クリミア戦争の原因は，フランス（**ナポレオン３世**）・ロシア（**ニコライ１世**）の間で起こった**聖地管理権問題**である。オスマン帝国（アブデュルメジト１世）は，1852年に海軍を派遣したナポレオン３世の圧力に屈し，ギリシア正教会に代わってフランスの聖地管理権を認めた。これに反発したロシアが，ギリシア正教徒の保護を口実にオスマン帝国に宣戦した。ロシアの南進阻止を図る**イギリス・フランス**は，1854年にオスマン帝国側で参戦し（**サルデーニャ**は1855年に参戦），ロシアから黒海の制海権を奪い，ロシア軍をクリミア半島に追い詰め，**セヴァストーポリ要塞**を陥落させた。1856年に**パリ条約**が締結され，黒海の中立化などが決定されたことで，ロシアの南下政策は失敗に終わった。

クリミア戦争は各国および国際政治に大きな影響を与えた。ロシアは近代化の遅れを露呈することになり，これが**アレクサンドル２世**による「大改革」と呼ばれる近代化の契機となった。1861年の**農奴解放令**はその端緒となった法令である。オスマン帝国は1856年に英仏の要求に応じて，ギュルハネ勅令（1839）では曖昧だったムスリムと非ムスリムの平等原則を具体的に明記した**改革勅令**を発し，**タンジマート**をさらに進めた。しかし戦争中から外債への依存が始まり，1870年代には債務不履行（破産）に陥ることになった。また英仏露というヨーロッパの大国間の戦争となったことで，**ナポレオン戦争終結以降の国際協調体制が崩壊**し，1870年代初頭にかけてヨーロッパの大国間で戦争が多発するようになった。

問(7)　正解は大陸横断鉄道

合衆国の東西を結んで経済発展に大きく寄与した鉄道は，**大陸横断鉄道**である。

19世紀前半の合衆国では，道路や運河，鉄道などの交通・運輸手段が劇的に発達した。こうした「**交通革命**」は，19世紀半ばの**カリフォルニア**の**ゴールドラッシュ**を機に加速し，1869年の大陸横断鉄道の開通につながった。

大陸横断鉄道の建設に関しては，中国貿易を展開するニューイングランドの商人が1840年代からロビー活動を始めていた。**アメリカ＝メキシコ戦争**（米墨戦争 1846～

48)の勝利でカリフォルニアなどを獲得したことは，「大陸国家の完成」という物語として語られることが多いが，実際には東部から幌馬車で西海岸に到達するのは難しく，西海岸はメキシコやパナマ，さらに**アカプルコ貿易**によって形成された海のネットワークとのつながりが深かった。大陸国家の完成のために，ゴールドラッシュに沸くカリフォルニアとルイジアナ以東を結ぶ大陸横断鉄道の建設は，合衆国が早期に成し遂げなければならない事業だった。

リンカン政権は**南北戦争**中の1862年に太平洋鉄道法を定めたことは，ユニオン・パシフィック鉄道とセントラル・パシフィック鉄道を結ぶ大陸横断鉄道の建設を促した。1869年の大陸横断鉄道開通は同年の**スエズ運河の開通**とともに，世界の運輸・交通の歴史の画期となった。また国内の工業化を促し，合衆国は**第２次産業革命**の中心として世界最大の工業国となった。

大陸横断鉄道は建設した労働者もよく問われる。「東半分は**アイルランド系移民**が，西半分は**中国系移民**が作った」と言われるように，鉄道建設には大量の移民が労働者として貢献した。しかし中国系の移民労働者は，**1882年の移民法**によって排斥されることになった。

問(8)　正解はヒンデンブルク

ヒトラーを首相に任命したドイツ(ヴァイマル共和国)の大統領は**ヒンデンブルク**である。

ヒンデンブルクは，第一次世界大戦初期の**タンネンベルクの戦い**(1914)でロシア軍に勝利したドイツ帝国の軍人である。戦時下のドイツ帝国で「英雄」となったヒンデンブルクは，**軍部独裁による総力戦体制の中心**となった。大戦後の**ヴァイマル共和国**では，「保守派の大物」として，ドイツの敗北は銃後の裏切りによるものと主張し，反共和国勢力の台頭を促した(当時のドイツではヒンデンブルクのような考えも持つ者が少なくなかった)。ヴァイマル共和国の初代大統領**エーベルト**が死去すると，ヒンデンブルクは**大統領に選出された**(任 1925～34)。

世界恐慌がドイツに波及すると，ヒンデンブルクは国会に多数派を持たない「**少数派内閣**」を組織した。「少数派内閣」は憲法に規定された非常大権に基づく**大統領緊急令**を乱用し，国会から独立して政治を運営したが，これは**議会政治の空洞化**を招いた。一方で，**ナチ党**は既存の政党政治に失望した人々の支持を得て，国会選挙で議席を増大させていった(**共産党**も躍進)。ヒンデンブルクは党派を超えた国民(特に右派勢力)の支持を得て，国会を排除した権威主義的な統治を行うことを望んでおり，多くの国民の支持を得たナチ党は利用できる存在だった。ヒンデンブルクは周囲の勧めもあって，**ナチ党を利用する目的で1933年にヒトラーを首相に任命した**。しかしヒトラーは，

国会議事堂放火事件を機に大統領緊急令を出させて**共産党を弾圧**し，その後**全権委任法**を成立させた。ナチ党が独裁体制を構築していく中，ヒンデンブルクは1934年に死去した。彼の死後，ヒトラーは大統領と首相の役職を統一した**総統**(フューラー)に就任した。

問(9)　正解はスカルノ

インドネシア共和国初代大統領は**スカルノ**である。

オランダ領東インドでは，**スカルノ**は1920年代に**インドネシア国民党**を組織し，オランダから帰国した留学生たちとともに民族運動を指導した。スカルノは，オランダ領東インドの多くの民族を統合した「インドネシア人」という新たな国民の形成をめざした。そのためには国民的統一を進める言語的手段が必要であり，以前から民族運動で利用されていたマレー語(ムラユ語)をインドネシア語とし，国民統合を図った。第二次世界大戦中は日本に協力し，1945年8月17日に**インドネシア共和国の独立を宣言**した。

初代大統領に就任したスカルノ(任 1945～67)は，独立を認めない**オランダとの戦争**を経て，1949年に独立を達成した。スカルノ政権下のインドネシアは，1955年にバンドンで**アジア・アフリカ会議**を開催するなど，非同盟諸国の一員として存在感を示した。しかし国内で政権への不満が高まり反乱が勃発すると，スカルノは国軍にこれを鎮圧させ，1959年には西欧的な民主主義はインドネシアに適さないとして，大統領権限を強化した。

1963年に**マレーシア連邦**が発足すると，スカルノはこれをイギリスの新植民地主義と非難して，「マレーシア粉砕闘争」を展開し，国際的孤立を招いた。インドネシアは1965年に**国連から脱退し**，**中国や北朝鮮に接近**した(1966年に国連に復帰した)。こうしたスカルノの姿勢の下で**共産党**は党勢を拡大し，**国軍との政治的対立が激化した**。その中で1965年9月30日の深夜から翌朝にかけて，国軍内の親共産党勢力がクーデタを起こしたが，軍内の**スハルト**によって鎮圧された(この事件は今なお不明な点が多い)。この**九・三〇事件**(1965)を機に，**スハルトは共産党を壊滅させて政治の実権を握り**，1967年にスカルノを辞任させた。1968年に大統領に就任したスハルトは**マレーシアや西側諸国との関係を改善**し，**開発独裁**を推進した。またマレーシアとの関係改善は，1967年の**東南アジア諸国連合**(**ASEAN**)結成につながった。

問(10)　正解は(第1次)インティファーダ

1987年末からパレスチナ人住民の間で始まったイスラエルに対する抵抗運動は，(**第1次**)**インティファーダ**である(アラビア語で「蜂起」を意味する)。

第3次中東戦争(1967)はイスラエルの圧勝に終わり，イスラエルは**シナイ半島**(エジプト領)，**ゴラン高原**(シリア領)，パレスチナの**ガザ地区**(当時エジプトが支配)，

ヨルダン川西岸(当時ヨルダンが支配)を占領した。その後，エジプトは大統領サダトの下で**第4次中東戦争**(1973)を展開した後，1979年に**エジプト＝イスラエル平和条約**を締結した(条約によって1982年にシナイ半島が返還された)。

エジプトとイスラエルの戦争は終結したが，パレスチナ人の闘いは続いた。1964年に設立された**パレスチナ解放機構(PLO)**は，1969年に議長に就任した**アラファト**の指導の下，イスラエルとの闘いを続けていた。しかしエジプトと和解して「後顧の憂い」がなくなった**イスラエルは，1982年にPLOの本部が置かれていたレバノンに侵攻した**。アラファトたちはレバノンの首都ベイルートから退去し，PLOの本部はチュニジアのチュニスに移され，PLOの指導力は低下した。武力闘争による全パレスチナ解放というそれまでの政治目標は現実的ではなくなり，**アラファトは外交によってヨルダン川西岸およびガザ地区におけるパレスチナ国家の樹立という新たな政治目標をめざすことになった**。

こうした状況の中，1987年12月に**イスラエル占領下**の**ガザ地区**で**(第1次)インティファーダ**が発生し，ヨルダン川西岸にも拡大した。武器を持たずに投石などで抵抗するパレスチナ人の姿は国際社会に衝撃を与え，インティファーダを弾圧するイスラエルに対する国際的非難が巻き起こった。PLOはインティファーダを予期していなかったが，後に参加して運動を組織化した。そしてインティファーダの鎮圧を指揮したイスラエルの国防相**ラビン**は，武力でパレスチナ人の民族運動を押さえつけることはできないと悟った。1992年に首相に就任したラビンは，翌93年にアラファトと**パレスチナ暫定自治協定(オスロ合意)**を締結した。しかし1995年にラビンは急進派のユダヤ教徒によって暗殺され，PLOとの和平交渉も破綻していった。

解答例

(1)アクスム王国
(2)マムルーク朝
(3)アチェ
(4)ラス＝カサス
(5)フィヒテ
(6)イギリス・フランス(順不同)
(7)大陸横断鉄道
(8)ヒンデンブルク
(9)スカルノ
(10)(第1次)インティファーダ

2021年

第１問 「５世紀～９世紀の地中海世界における３つの文化圏の成立過程」

解説

【何が問われているか？】

５世紀～９世紀にかけての地中海世界において３つの文化圏が成立していった過程を，宗教の問題に着目しながら論じる。2017年に出題された「古代帝国の成立」のローマ帝国の部分に続くテーマが出題されたことになる。ここ数年の東大は一つの地域，あるいは一つのテーマを掘り下げる問題が多かったが，久々に複数の文化圏を対比的に論じていくという「東大らしい」出題になったとも言える。2021年の出題テーマのもう一つの特徴は，類題が過去に出題されていることだ。1995年第１問「地中海世界における文明と文化の交流と対立（ローマ帝国の成立～ビザンツ帝国）」である。時代設定は前１世紀から15世紀と2021年の第１問より長めになるが，地中海世界の三分をテーマにしている点は共通している。1995年の過去問題に取り組んだ受験生には「既視感」があったはずだ。但し2021年の問題は「５～９世紀」と，1995年より対象とされる時代が狭く設定されている。そのため情報をより多く，また深く分析することが求められる。1995年の問題に取り組んだことは，受験生にとって大きなアドバンテージになるが，たとえ解答を丸暗記して写したとしてもダメなわけで，2021年の問題の要求に沿って「応用」力を発揮して解答を作成しなければならない。平成以降の東大の大論述は2021（令和３年）までで33題ある。これに全て目を通し，出題テーマ・パターンを分析し，東大の出題者が求める「歴史観」を学ぶことが，東大世界史を学ぶ出発点になることを，2021年の出題は証明しているといえるだろう。

◆視点

・受験生に求められる「視点」

設問の要件は，ローマ帝国時代に統一されていた「地中海世界」が，ラテン・カトリック文化圏（西欧），ギリシア・ビザンツ文化圏（東欧），アラブ・イスラーム文化圏の３つに分かれていく過程を，「宗教の問題に着目」しながら論ずることなので，３つの文化圏=地域でのまとまりと時系列の流れ，そしてそれらを統合する文章力が問われる。駿台受験生の再現答案では，まず時系列が混乱した答案が多く見られた。時系列が混乱するということは，歴史の流れを掴むための基本である「因果関係」が理解出来ていないということだ。次に地域でのまとまりが理解出来ていないということは，前述の３つの文化圏が持つ歴史的意義を理解していないということになる。「歴史がこのように動きました」「あ，そうですか？」という学習態度では，ただの世界昔話を聞いているだけで，歴史的事象の因果関係や，その事象が持つ歴史的意義までは理解出来ない。「なぜ？」「何がどのように変化し，それがどのような意味を持ったのか？」を高校世界史の授業をベースに問う姿勢が，東大論述をまとめるために必要な「歴史観（歴史を観る目）」を掴むことに繋がる。歴史を観るためには，文字通り図解してみるとよい。時系列を縦軸に，地域の広がりを横軸に取り，表を作っていくと時代ごとの文化圏相互の関わり方が見えてくる。まず類題である1995年の問題を下に提示するので，論旨を組み立てるために表を作ってみよう。

• リード文に示された出題者の「視点」

この1995年の問題に取り組んでいた受験生は，2021年の論述のイメージも摑みやすいだろうが，今度は1995年と2021年の視点の違いに注目してみよう。

まずひとつめは，「諸民族の大移動を契機とする社会変動」である。4～6世紀のゲルマン人の移動，6世紀後半以降のスラヴ人の移動，7世紀のブルガール人の移動などを想起し，その「意義（移動前と移動後の状況の変化）」を論述することが求められる。次に「軍事的覇権を手にした征服者と被征服者」との関係性の説明が求められる。ゲルマン人とその支配下に入った旧ローマ系住民との関係，イスラーム教を創唱したムハンマドとこれに従ったアラブ人によって征服され，イスラームに改宗した非アラブ系ムスリムであるマワーリー，および自らの宗教を保持した異教徒（ジンミー）との関係が正統カリフ時代からウマイヤ朝を経てアッバース朝に至る間にどのように変化したかを想起する。ここで重要なことは東大の大論述で２つないし複数の地域・時代を比較させる場合，必ず共通する視点があることだ。今回の場合は，征服者と被征服者の間に存在する「分断・対立」を如何に克服したか，だろう。

参考例題・1995 年・東大世界史・第 1 問

「前 1 世紀から 15 世紀の地中海とその周辺地域における文明間の対立と交流」

1453年，オスマン帝国のメフメト２世は，コンスタンティノープルを陥れてビザンツ帝国を滅ぼし，その結果，地中海世界は東西二つの文明の対立するところとなった。西アジア世界と東ヨーロッパおよび西ヨーロッパ世界は，ローマ帝国の成立以後，地中海を舞台にしてたがいに長い交流と対立の歴史を重ねてきた。この間に新しい宗教や文明がおこり，これらの世界の間で人と文化の交流が活発に行われた。

では，ローマ帝国の成立からビザンツ帝国の滅亡に至るまで，地中海とその周辺地域では，どのような文明がおこり，また異なる文明の間でどのような交流と対立が生じたのか，下に示した語句を一度は用いて，解答欄（イ）に20行以内で記せ。なお使用した語句に必ず下線を付せ。
《指定語句》
ヘレニズム，　聖像禁止令，　カール戴冠，　ムスリム商人，　十字軍，　ギリシア語，　アラビア語，　イスラーム科学(※波線部は現在の教科書表記に変更)

＜何が問われているか＞

- **時代**：ローマ帝国の成立(前１世紀末) ～ビザンツ帝国の滅亡(15世紀半ば)
  ※指定された時代が極めて長期にわたるため，600字=30字×20行(短文20)と考えて，時系列を正確に追い簡潔な叙述を心がけること。
- **地域**：地中海世界とその「周辺地域」(西欧・東欧・西アジア)
- **要求される記述内容**：西アジア世界と東欧・西欧の交流と対立の経緯。

８つの指定語句は，ほぼイスラーム勢力の地中海進出により，８世紀以降，地中海世界が三分された後の時代に集中しているので，論点も８世紀以降の叙述に力点を置くように配慮することが求められる。

＜論旨の組み立て＞

※丸数字は時系列に合わせて付した。⑪～⑬まで番号が重複するのは同時期，並行した歴史事象であることを意味する。

<table>
<tr><th colspan="6">ローマ帝国時代</th></tr>
<tr><td colspan="6">①東地中海のギリシア世界を征服・ヘレニズム文化を受容。ギリシア語が公用語となる。
②ローマ法などラテン文化も東地中海に広まる。
③西アジアからキリスト教が広まり，４世紀末には国教化される。
④ササン朝から専制君主政を受容。
⑤ゲルマン人の侵入で帝国が東西に分裂。</td></tr>
<tr><th colspan="3">ローマ帝国分裂後の西欧世界</th><th colspan="3">ローマ帝国分裂後の東欧世界</th></tr>
<tr><td colspan="3">⑥ローマ教会がゲルマン人にカトリックを布教。
⑦フランク王国の下でカトリックを基盤としてラテン文化とゲルマン文化が融合。</td><td colspan="3">⑧ササン朝へネストリウス派が東伝。
⑨ユスティニアヌス帝が地中海世界を再統一。
⑩ランゴバルド人やスラヴ人，イスラームの侵入で，ビザンツ帝国は領土縮小。</td></tr>
<tr><th colspan="2">ローマ教会・フランク王国</th><th colspan="2">ビザンツ帝国・東欧</th><th colspan="2">イスラーム世界</th></tr>
<tr><td colspan="2">⑫フランク王国(の宮宰カール＝マルテル)がイスラーム勢力の拡大を阻止。
⑬聖像禁止令を巡り東ローマ皇帝と対立したローマ教会がフランク王国と提携。</td><td colspan="2">⑫ビザンツ帝国のレオン３世がイスラーム勢力の拡大を阻止。
⑬レオン３世が聖像禁止令を発布。ビザンツ皇帝とゲルマン布教に聖像を用いるローマ教会が対立。</td><td colspan="2">⑪イスラーム勢力はササン朝を征服する一方，東ローマから東地中海世界を奪い，北アフリカ・イベリア半島に進出。
※この間にヘレニズム文化がイスラーム世界に流入。</td></tr>
</table>

⑭**カール戴冠**により，西欧カトリック世界がビザンツ皇帝から自立。 ⑯ノルマン人・マジャール人などの移動を機に西欧封建社会が確立。 ⑰農業革命に伴い，西欧の人口が増加，都市の復興・商業の復活が進んだ。 ⑱叙任権闘争に勝利した教皇が**十字軍**を推進，イベリア半島でのレコンキスタも進展。	⑮ギリシア化したビザンツ帝国のキリスト教文化がスラヴ人に伝わる。	※イスラーム世界の分裂，アッバース朝・後ウマイヤ朝・ファーティマ朝が鼎立。 ⑲**ムスリム商人**との交易による中世都市の繁栄を背景に12世紀ルネサンスが発展し，シチリアやイベリアのトレドを拠点に**アラビア語**からラテン語への大翻訳が行われ，**イスラーム科学**やギリシア哲学などが西欧に流入。 ⑳オスマン朝の東ローマ征服を機にビザンツ文化がイタリアに流入，ルネサンスが発展

ここまでなら，高校世界史の教科書学習に基づいて，地域と時系列の整理をすれば，共通テストを突破して二次試験まで辿り着いた受験生なら「容易に」辿り着ける。整理していないから混乱して書けなくなるだけだ。但し，これらを統合する文章力があるか，ないかは，また別の問題になる。表をみれば，話のまとまりが「6ブロック」あることがわかる。そこでこの表をベースに論旨を箇条書きにまとめてみる。表化して地域のまとまりと時系列を整理した後の作業なら，思いつき任せのただの羅列にはならないはずだ。総字数は30字×20行なので，箇条書きも20個程度でよいだろう。難しいのは東西で話が同時進行する，**◇組立メモ**の⑫～⑭(前掲の表と同一番号)の書き方である。

◇組立メモ

1．ローマ帝国時代

①東地中海のギリシア世界を征服・**ヘレニズム**文化を受容。東地中海ではラテン語と**ギリシア語**が公用語となった。

②ローマ法などラテン文化も東地中海に広まった。

③西アジアからキリスト教が広まり，4世紀末には国教化された。

④ローマはササン朝から専制君主政を受容した。

⑤ゲルマン人の侵入で帝国が東西に分裂。

2．ローマ帝国分裂後の西欧世界

⑥ローマ教会によるゲルマン人へのカトリック布教。

⑦フランク王国の下でカトリックを基盤としてラテン文化とゲルマン文化が融合。

3．ローマ帝国分裂後の東欧世界

⑧ササン朝へネストリウス派が東伝。

⑨ローマ皇帝のユスティニアヌスが一時，地中海世界を再統一した。

⑩ランゴバルド人やスラヴ人，イスラームの侵入で，東ローマ帝国は領土縮小。

4．イスラームの地中海世界進出

⑪イスラーム勢力はササン朝を征服する一方，東ローマから東地中海世界を奪い，北アフリカ・イベリア半島に進出。この間にヘレニズム文化がイスラーム世界に流入。

5．西欧・東欧の分離

⑫ビザンツ帝国とフランク王国がイスラーム勢力の拡大を阻止。

⑬**「この間」聖像禁止令**をめぐりビザンツ皇帝と対立したローマ教会がフランク王国と提携。

⑭**カール戴冠**により，西欧カトリック世界がビザンツ皇帝から自立。

⑮ギリシア化した東ローマのキリスト教文化がスラヴ人に伝わる。

6．西欧の復興・イスラームとの対立と交流・東ローマ帝国の滅亡

⑯ノルマン人・マジャール人などの移動を機に西欧封建社会が確立。

⑰農業革命に伴い，西欧の人口が増加，都市の復興・商業の復活が進んだ。

⑱叙任権闘争に勝利した教皇が**十字軍**を推進，イベリア半島でのレコンキスタも進展。

⑲**ムスリム商人**との交易による中世都市の繁栄を背景に12世紀ルネサンスが発展し，シチリアやイベリア半島のトレドを拠点に**アラビア語**からラテン語への大翻訳が行われ，**イスラーム科学**やギリシア哲学などが西欧に流入。

⑳オスマン朝の東ローマ征服を機にビザンツ文化がイタリアに流入，ルネサンスが発展。

<解答例>

ローマ帝国は地中海統一で**ローマ法**や**ラテン語**を東半部に広める一方，**ヘレニズム**文化を受容し，ユダヤ教から生まれた**キリスト教**も**ギリシア語**で布教され，**テオドシウス帝**が**国教**とした。帝国の東西分裂により教会も東西に分かれ，**ローマ教会**は**ゲルマン人**に**カトリック**を布教した。一時地中海を再統一した**東ローマ**は**スラヴ**，**イスラーム教徒**などの侵入で領土を縮小して**ギリシア語**が**公用語**となり，**ビザンツ帝国**と称された。その**正教**文化はスラヴ人に伝えられた。**ササン朝**を征服した**イスラーム教徒**はビザンツから地中海東岸を奪い，北アフリカ・イベリア半島に進出，**ヘレニズム**文化がイスラームに流入した。**聖像禁止令**をめぐり**ビザンツ皇帝**と**対立**した**ローマ教会**はイスラーム教徒を撃退した**フランク王国**と提携，**カール戴冠**により西欧カトリック世界がビザンツから自立した。**ノルマン人**の侵入を機に**西欧封建社会**が確立し，**三圃制**普及などによる西欧の**人口増加**を背景に**教皇**が**十字軍**を推進，イベリア半島での**レコンキスタ**も進んだ。**ムスリム商人**との交易も活発化し，商業が復興して**中世都市**が繁栄，**12世紀ルネサンス**を生んだ。**シチリア**やイベリア半島の**トレド**を拠点に**アラビア語**の学術書が**ラテン語**に翻訳され，**イスラーム科学**や**ギリシア哲学**などが西欧に流入した。15世紀にはオスマン帝国の圧迫を逃れたビザンツの学者が**ギリシア語文献**をイタリアにもたらし，**人文主義**など**ルネサンス文化**に影響を与えた。

(600字)

※アミ　の部分は，2021年の第1問の時代設定から外れる部分である。

以下に**【背景解説】**として，本年の論述に必要となる，征服者と被征服者の間の「分断・対立」からその克服の過程についてまとめておく。

【背景解説】

1．フランク王国とローマ教会

フランク王国のクローヴィスがゲルマン古来の多神教からローマ帝国が国教化したアタナシウス派のキリスト教に改宗した意義を考えてみよう。このテーマは2013年の第2問・小論述で出題されている。ゲルマン人のキリスト教への改宗というと，アリウス派からアタナシウス派への改宗と思い込んでいる受験生が多いが，フランク人は建国以前，キリスト教を信仰していなかった。5世紀に入り，ライン川を越えてローマ帝国領のガリア(現在のフランス)に侵入したフランク人のなかで，サリ部族に属するメロヴィング家のクローヴィスがフランク人を統合し，フランク王国を建国し，間もなくクローヴィスは旧ローマ系の住民が信仰するアタナシウス派に改宗したのである。王のクローヴィス以下，部族長クラス数千名がまず改宗し，その後，民衆レベルの改宗が進んだといい伝えられているから，これは「上からの改宗」であり，征服者が被征服者の信仰する宗教に改宗するのだから，政治的な意図があったことは明らかだ。ローマ教会から派遣された聖職者たちは，布教活動とともにローマ法などの知識に基づいて王に政治的アドバイスを行ったという史料が遺されており，聖職者が単なる宗教活動のみならずゲルマンの君主たちの政治を支える「官僚」的役割を担っていたことが分かる。聖職者たちは慣習の違うフランク人と旧ローマ系住民との間の軋轢を緩和する役割を果たしたのであり，こうしたローマ教会との関係の緊密化がフランク王国の安定と発展に結びついたことを理解し，これに言及することが，論述のポイントになる。

クローヴィスのメロヴィング朝は，フランク人の分割相続の慣習によって6世紀以降衰退し，代わって財政を管轄する宮宰(マヨル＝ドムス)の地位を世襲する大貴族が台頭した。その中で最も有力なカロリング家の宮宰カール＝マルテルはトゥール・ポワティエ間の戦いでウマイヤ朝のガリア侵攻を阻止した。

このカロリング家の台頭とローマ教会が結びつく間のビザンツ帝国の動向を同時並行的に見ることで，教皇がカール1世に接近した要因を論述できるかが，本問の最大の山場だ。いわゆる「ヨコの世界史」の典型的パターンである。ヨコの世界史に対応するためには図説の地図・年表の比較，そして「表化」が効果的な対策になる。前掲の1995年の論旨の組立表を参照しながら取り組んでみるとよい。

726年，ビザンツ皇帝レオン3世(イサウリア朝)が聖画像の破壊(禁止)令を発布した原因は，偶像崇拝を行わないイスラームに対する敗北の影響と，当時，勢力を増した修道院に対する抑圧政策にあったと言われる。このレオン3世はカール＝マルテルと同時代人であり，ウマイヤ朝によるコンスタンティノープル包囲を「ギリシア火」と呼ばれる秘密兵器を駆使し，辛うじて撃退していた。これに対してゲルマン人への布教に聖像を用いたローマ教会が反発し，8世紀半ば，ローマ教皇はビザンツ皇帝に代わる保護者を求めてフランク王国に接近したのである。レオン3世の時代は，まだビザンツ帝国のラヴェンナ総督府がランゴバルドの圧迫に苦しみながらイタリアを防衛しており，皇帝は教皇の保護者として聖画像の破壊を命令したのである。

西方ではカール＝マルテルの子ピピンが教皇の承認を得て王位を簒奪してカロリング朝を創始し，ビザンツのラヴェンナ総督府を滅ぼしてローマ教会を脅かしたランゴバルド王国(7世紀にアリウス派からアタナシウス派に改宗していたが，イタリア統一を目指していた)に対して，教皇の要請で遠征軍を派遣してラヴェンナを奪回し，教皇に寄進するなど，教会と緊密な連携を築いた。簒奪を認めるから守ってくれという教皇の要請に答えたわけである。孫のカール1世(大帝，シャルルマーニュ)の主な戦いは次の通りである。①北イタリアのランゴバルド王国を征服(774)，②中欧のアヴァール人を征討(799～804)してドナウ川中流域に進出，③イベリア半島の後ウマイヤ朝と抗争し，ピレネーにスペイン辺境伯領を設置。この間の後ウマイヤ朝との戦いは叙事詩『ローランの歌』(11世紀)の題材となった。④北ドイツのザクセン人(非キリスト教徒)を約30年間の征戦で服属させ，エルベ川に進出し，スラヴ人居住域と接した。⑤南ドイツのバイエルン人を征服した。こうしたカールのキリスト教世界防衛の功績を背景にローマ教皇レオ3世はローマ皇帝冠をカールに授けた。これにより「西ローマ帝国」が復興され，ローマ教会がビザンツ皇帝から自立を果たし，ラテン・ゲルマン・カトリックが融合した西ヨーロッパ世界が形成されたのである。クローヴィス以来のローマとゲルマンの融和，ビザンツと教皇の対立が，教皇とフランクの提携を強化するという歴史の流れを論述の骨子にすることが重要だ。

2．アラブ人とマワーリー

アラブ人とマワーリーの関係については，マワーリーがアラブ人によって征服された後，イスラームに改宗した非アラブ系ムスリムであることをよく考えてみることだ。ムハンマドの時代はアラビア半島の大部分を統一するに止まっていたアラブ人の征服活動は，正統カリフ時代とウマイヤ朝の２回にわたって大規模に展開された。その結果，イスラーム国家は，東はササン朝ペルシアを征服して，ソグディアナ（現在のウズベキスタン）から北西インドのパンジャーブ地方（現在のパキスタン）に達し，西はエジプト・シリア・北アフリカを東ローマ（ビザンツ）帝国から奪い，さらにジブラルタル海峡を越えてイベリア半島の西ゴート王国を征服するに至った。さらにウマイヤ朝の軍はピレネー山脈を越えてガリアに侵攻し，フランス南部から中西部を経て大西洋に注ぐロワール川流域にまで進出したが，トゥール・ポワティエ間の戦いで，フランク王国の宮宰カール＝マルテルが率いるフランク王国軍に撃退された。この間，イスラーム世界には２つの分断が発生した。まず，スンナ派を信奉するウマイヤ朝と第４代カリフ・アリーとその子フサインの子孫のみを指導者と認めるシーア派との対立である。ウマイヤ朝はシーア派を激しく弾圧したが，シーア派はアリーの都があった現在のイラク南部を拠点に抵抗を続けた。

第２の分断の要因となったのは，アラブ人ムスリムと非アラブ系ムスリムであるマワーリーとの対立である。イスラームに征服され，改宗した異民族をマワーリーと呼ぶのだが，ウマイヤ朝はたとえイスラームに改宗したとしても，特権を与えられたアラブ人ムスリムと異民族改宗者であるマワーリーを税制上，厳然と差別した。アラブ人ムスリムは所得税に当たる十分の一税と宗教税に当たるザカート（喜捨）を負担するのに対し，マワーリーはハラージュ（土地税）とジズヤ（人頭税）の負担が加えられた。ウマイヤ朝が「アラブ帝国」と呼ばれた理由はここにある。この差別的税制に対するマワーリーの不満を利用したのが，ウマイヤ朝のカリフ世襲に反発したアッバース家であった。

ムハンマドの叔父の子孫であるアッバース家はイラン高原のホラーサン地方に所領を持った関係で，旧ササン朝支配下のイラン系マワーリーの支持を得て反乱を起こした。このウマイヤ朝との戦いにはシーア派も参加し，750年，ついにウマイヤ朝は打倒され，アッバース朝が成立した。これを「アッバース革命」という。この後，シーア派はスンナ派を信奉するアッバース朝にも弾圧され，北アフリカを拠点に勢力を維持することになる。このアラブ系シーア派は「七イマーム派」あるいは「イスマーイール派」と呼ばれる。こうしたスンナ派とシーア派との対立は，もともとアラブ人内部のカリフ位の継承をめぐる対立から生じたものであり，この論述が対象とする9世紀までの時代に限って言えば，受験生がイメージするシーア派＝イラン人という図式はあてはまらないことに注意する必要がある。イラン系シーア派は「十二イマーム派」であり，十二イマーム派を信奉する最初のイラン系王朝であるブワイフ朝が成立したのは10世紀前半である。イラン人は前8世紀にメディアがイラン高原に建国したのに始まり，アケメネス朝がオリエントを統一し，パルティアからササン朝にかけて1000年近く，西アジアから中央アジアにかけて支配した，歴史上大きな影響力を持った民族である。7世紀初めからイスラーム教を創唱したムハンマドの指導の下，急速に台頭した遊牧民系のアラブ人とは容易に相容れない面があったことに注意したい。かつて筆者がイランの高校生向けの教科書(日本語に訳された部分だが)を読んだ際，イスラームに征服された7世紀から8世紀の時代を「沈黙の2世紀」と表現していたことが強く印象に残った。アラブ人の影に隠れてイラン人の歴史が「見えてこない」という意味の言葉である。イラン人はイスラーム教を受け入れたが，アラブ人，そして10世紀以降，イラン人を支配するトルコ人に対しては複雑な民族感情を抱いていることを知ることが出来た。だからこそアッバース朝のイラン人に対する融和政策が，世界史論述の頻出テーマになるのである。

アッバース朝はマワーリーであるイラン人の協力を得てウマイヤ朝から政権を奪取した経緯からイラン人を優遇し，これを総督や官僚に登用し，また9世紀前半，アラブ系のみならず，インド数学を研究して代数学を発展させたフワーリズミーなどのイラン系知識人を集めて王立研究所「バイト＝アル＝ヒクマ」(「知恵の館」)を首都バグダードに創設した。5世紀前半，異端派とされ，ローマ帝国から追放されたネストリウス派は，ササン朝ペルシアで保護され，イラン系の人々に広まった。これらイラン系の人々がバイト＝アル＝ヒクマにおいて，ギリシア・ヘレニズム時代のギリシア語文献を，ペルシア語を経てアラビア語に翻訳するのに重要な役割を果たしたのである。バイト＝アル＝ヒクマの実質的な活動機関は50年程度と言われるが，この組織が果たした文化的役割と意義については2011年に東大・第1問で出題されている。アラブ人が政治・経済の特権を独占し，アラビア語を公用語化して「アラブ帝国」と呼ばれたウマイヤ朝に対して，政治・経済のみならず文化面においても，アラブ人とイラン人の連合政権的性格を有したアッバース朝が，イラン系が多数派を占めるマワーリーに対する税制改革を行ったのは歴史的必然であろう。アッバース朝ではムスリムは従来の十分の一税とザカート(喜捨)に加えて，占領地に所領を得た場合はハラージュ（土地税)を課されることとなった一方で，マワーリーはジズヤ(人頭税)を免除され，ムスリムに対する税制上の平等が実現した。この結果，ジズヤを負担するのは，イスラームに征服されながら自らの宗教を保持した異教徒(ジンミー)のみとなり，このアッバース朝の税制改革以降，ジズヤは｢不信仰税｣という意味を持つことになった。アッバース朝はムスリムの平等を実現したのであり，この時代以降，異民族改宗者を意味するマワーリーという概念も史上から消えていくことになる。興味深いのは，実はウマイヤ朝もこの税制改革の必要性を認識していたということだ。ウマイヤ朝の末期に即位したカリフ・ウマル２世は，後にアッバース朝が実施する税制改革とほぼ同じ改革を遂行しようとしたが挫折したという経緯があるのだ。歴代ウマイヤ朝カリフに対する悪口雑言しか書かなかったアッバース朝期の歴史家がウマル２世だけは高く評価しているのも面白い。ウマル２世の場合はやはり抵抗勢力が強固だったのであろうか。ともあれアッバース朝が｢イスラーム帝国｣と呼ばれる所以はムスリムの平等を実現した点にあることに言及することが出題者の意図に叶うことになろう。

アッバース朝はアラブ系とイラン系の対立を克服したかに見えたが，前述したように，やはりイラン人の反アラブ感情の克服は難しく，９世紀，アッバース朝が弱体化するとターヒル朝などイラン系の半独立政権が割拠するようになり，イラン東部に建国したサーマーン朝はスンナ派を信奉しつつ，ペルシア語を復興し，10世紀にイラン西部に成立したブワイフ朝はイラン系王朝として初めてシーア派を信奉し，バグダードを占領してアッバース朝を傀儡化した。アラブ人はこの後，18世紀にワッハーブ派がアラブ・イスラームの復興を図るまで歴史に埋没し，代わってブワイフ朝対セルジューク朝，サファヴィー朝対オスマン帝国など，イラン人とイスラーム世界に進出したトルコ人との対立がイスラーム世界の歴史の骨子となるが，これは本問の対象外である。2021年の第１問が論述の対象を９世紀に限定した理由は，ブワイフ朝以降まで言及すると｢分断・対立から融和へ｣という論旨の骨格が崩れるからだろう。ここでは東大の出題者の意図を摑み，アッバース朝が対立を超えてイスラーム帝国と呼ばれるようになった段階で，歴史叙述に一区切りを付けることだ。

３．ビザンツ帝国の衰退

再現答案で受験生が最も言及できなかったのは｢生き延びたローマ帝国(ビザンツ帝国)と周辺勢力の間に生じた葛藤｣（東ローマ帝国とイスラーム，ビザンツ帝国とスラヴ人･ブルガール人など)である。｢政権の交替や特定地域の帰属関係の変動｣(イスラームのイベリア半島進出とカロリング朝の成立，ウマイヤ朝からアッバース朝への交替とイスラーム帝国の成立）など，論じるべきテーマは多岐にわたるため，簡潔な表現で全体をまとめる必要がある。その際，「宗教」に加えて，指定語に「ギリシア語」があることから，「言語」にも注目したい。

ユスティニアヌス帝（1世）の死(565)の後，諸民族がヨーロッパ・バルカン半島に侵入し，ローマ帝国は危機に陥った。6世紀後半には南スラヴ(ユーゴスラヴ)人がドナウ川を渡河し，セルビア人・クロアティア人らがバルカン半島に侵入，建国した。この南スラヴ人の侵入により，帝国内のスラヴ化(混血)が進んだ一方，ユスティニアヌス帝時代まで残っていたラテン語文化が衰退した。この間，ヘラクレイオス1世は正統カリフ第2代のウマルが派遣した遠征軍にヤルムークの戦い(636)で敗れて属州エジプト・シリアを喪失した。この際，ヘラクレイオス1世は帝国の本領であるアナトリアへのイスラーム勢力の侵入を阻止するため，ビザンツ帝国は軍管区(テマ)制とこれを支える屯田兵制を実施したといわれる(実際にはもっと後の時代だとする学説もある)。帝国を軍管区(当初，6⇒30)に分け，各区の司令官(ストラテゴス)が軍事・行政の両権を掌握し，イスラーム勢力の侵攻に臨機に対応した。この軍管区制を支えるシステムが屯田兵制であり，コロヌスを自作農とする代償として軍役を課した。これにより南方からのイスラーム勢力の侵入の阻止には成功したが，北方の防備が手薄となり，帝国はスラヴ人の侵入を許したのである。そこで帝国はスラヴ人に対しては専ら懐柔政策を採り，キリスト教の布教を進めた。前述したように，北イタリアにはランゴバルド人が侵攻しており，帝国の領土はバルカン半島とアナトリア，つまりかつてのヘレニズム文化圏に縮小した。この結果，ヘラクレイオス1世の頃からラテン語に代わってギリシア語が公用語になり，ラテン文化が衰退する一方，帝国に侵入した南スラヴ人のギリシア化も進み，「ギリシア語を話すスラヴ人」の世界が生まれることになった。東のローマ帝国（といってもカール戴冠まではローマ皇帝はコンスタンティノープルの皇帝ただ1人であったが）からビザンツ帝国に歴史的呼称が変わるのは，帝国が「ギリシア化」したからである。9世紀頃を境にスラヴ人のキリスト教改宗も進み，帝国はラテン語に代わってキリスト教の儀礼(典礼)をギリシア語で行うようになった。マケドニア朝(867～1057)の下で第二の全盛期を迎えた帝国は，ユスティニアヌス帝の時代とは異なり「ギリシア帝国」と呼ばれた。これがビザンツ帝国のギリシア人とスラヴ人の分断・対立から融和の例として，ブルガール人の移動の経緯を見てみよう。このトルコ系ブルガール人の移動についても，東大世界史では2014年の第2問・小論述で既出である。

ブルガール人はアヴァールとともに西進したトルコ系民族で，アゾフ海の北岸一帯に最初の王国を建てた(7世紀)。その後，この地域に留まったヴォルガ＝ブルガールと，ドナウ川流域に移動したドナウ＝ブルガールに分かれ，後者はスラヴ人とともにビザンツ帝国の北辺を脅かした。7 世紀のビザンツ帝国は，南からアラブ帝国の侵入を受けてシリア・エジプトを奪われ(正統カリフ時代)，国土の半分を失った。皇帝ヘラクレイオス 1 世は小アジアに軍管区(テマ)を設置してアラブ人の侵入を食い止めた。しかし先述したように北方の防備が手薄になり，ブルガール人やスラヴ人のドナウ渡河を許すことになった。ビザンツ領内に入ったブルガール人はスラヴ人を従えてビザンツから独立した(第 1 次ブルガリア帝国 681 ～ 1018)。ボリス 1 世はギリシア正教に改宗して人口の多数を占めるスラヴ人と融合し，次のシメオン 1 世(位 893 ～ 917)はビザンツ帝国に勝利してバルカン半島の大半を領土に収め，コンスタンティノープルに入城，総主教の手により「皇帝」として戴冠した(913)。遊牧民の「ハン」が，ボリスの時に正教の守護者である「公(クニャス)」となり，さらにシメオンが「皇帝(ツァール)」になったことで，正教徒が多数を占めるスラヴ人との融合が進んだ。その半面，ブルガール固有の言語や文化は次第に失われていった。今年の論述の対象外であるが，以降のビザンツ帝国とブルガリアについても記しておく。その後，ビザンツ帝国は攻勢に転じ，皇帝バシレイオス 2 世がキエフ公国と結んでブルガリアを挟撃し，ついにこれを滅ぼした(1018)。バシレイオス 2 世は「ブルガリア人殺し」の異名を取り，ビザンツ帝国の中興者として知られる。なお，ビザンツ帝国のブルガリア人制圧に協力したキエフ大公ウラディミル 1 世はバシレイオスの妹アンナを降嫁されて正教に改宗(988)，ロシアのキリスト教化はここに始まる。その後，ビザンツの重税に苦しんだブルガリアは，再び独立を宣言(第 2 次ブルガリア帝国 1185 ～ 1393)。第 4 回十字軍(1202 ～ 04)のコンスタンティノープル攻略に伴うビザンツ帝国の混乱に乗じてバルカン半島に領土を拡大した。しかし西からはセルビア王国，南からはオスマン帝国が侵入して三つ巴の覇権争いが続き，最終的にはバルカン全域がオスマン帝国に併合された(1393)。

バシレイオス 2 世やキエフ大公の改宗など，受験生がよく知っている史実を具体例として使えない点は辛いところだ。しかしボリス 1 世の役割をフランク王国のクローヴィスに重ねてみれば，またシメオン 1 世の役割をカール 1 世に重ねてみれば，「分断・対立と融合」という論述の骨子が見えてくるのではないだろうか。過去問で出題されたブルガール人に対する認識を深められているかどうかが得点に影響したと思われる。

【論旨の組み立て】

以上の観点から全体の構成をまとめると，西方のカトリック圏では，ゲルマン人国家が異教やアリウス派(異端)を信奉していたが，クローヴィスの正統派(アタナシウス派)への改宗，グレゴリウス 1 世のゲルマン人への布教などで西方にカトリックが浸透し，聖像禁止令を機にビザンツ皇帝と対立したローマ教皇がカロリング家に接近して，ラテン語による文化復興を進めたカールの戴冠で，ビザンツ帝国から自立したラテン・カトリック文化圏が形成された点を，順に論じていく。少し難しいのが東方であろう。ユスティニアヌス帝が地中海を再統一した時点で，東ローマ帝国はローマ帝国を継承する「ラテンの帝国」であったが，イスラームなどの侵攻でバルカン半島とアナトリアのみに領土が縮小したことから，ギリシア語が公用語となり「ビザンツ帝国」に変質した。この点をきちんと指摘できたかが得点差に表れると思われる。その後，スラヴ人やブルガール人へギリシア語での布教(ギリシア正教)でギリシア・ビザンツ文化圏が形成された点を論じる。指定語句の「聖画像(イコン)」については，設定された年代から考えると，「聖画像(イコン)禁止令」で使用すればよいだろう。禁止令解除後のイコンへの崇敬については，字数などの問題から入れられないだろう。イスラーム圏については領土拡大とともに，指定語句の「ジズヤ」「マワーリー」から，アッバース革命を論じる。文化圏という観点から考え，アラビア語を公用語としてアラブ人の特権化を図っていたウマイヤ朝から，ムスリムのジズヤを廃止したアッバース朝がムスリム間の平等を実現してイスラーム文化圏が形成された点を論じる。では，フローチャートを作成し，それに基づいて組立メモを作成してみよう。その際，後の文脈も参考にすること。このメモが出題者の加点ポイントに近づければ，得点が伸びるということになる。

◆**フローチャート**　波線部：1995 年の指定語句　下線部：2021 年の指定語句

ローマ帝国時代	
①東地中海のギリシア世界を征服・**ヘレニズム**文化を受容。 ※東方ではラテン語と**ギリシア語**が公用語。 ②ローマ法などラテン文化も東地中海に広まる。 ③西アジアからキリスト教が広まり，４世紀末には国教化される。 ④ササン朝から専制君主政を受容。 ⑤ゲルマン人の侵入で帝国が東西に分裂。	
ローマ帝国分裂後の西欧世界	**ローマ帝国分裂後の東欧世界**
⑥ローマ教会がゲルマン人にカトリックを布教。 ⑦フランク王国**(クローヴィス)**の下でカトリックを基盤としてラテン文化とゲルマン文化が融合。 教皇**グレゴリウス１世**のゲルマン(イングランド)への布教	⑧ササン朝へネストリウス派が東伝。 ⑨東ローマ帝国が一時，地中海世界を再統一。 ⑩ランゴバルド人やスラヴ人，イスラームの侵入で，東ローマ帝国は**バルカン半島**とアナトリアに領土縮小。**ギリシア語**のみが公用語となる。

ローマ教会・フランク王国	ビザンツ帝国・東欧	イスラーム世界
⑫東ローマ帝国とフランク王国がイスラーム勢力の拡大を阻止。	⑫東ローマ帝国のレオン3世がイスラーム勢力の拡大を阻止。	⑪イスラーム勢力はササン朝を征服する一方，東ローマから東地中海世界を奪い，北アフリカ・イベリア半島に進出。
⑬**聖画像禁止令(聖像禁止令)**を巡り東ローマ皇帝と対立したローマ教会がフランク王国と提携。	⑬レオン3世が**聖像禁止令**を発布。東ローマ皇帝とゲルマン布教に聖像を用いるローマ教会が対立。	※この間にヘレニズム文化がイスラーム世界に流入。
※ランゴバルド王国・アヴァール人・後ウマイヤ朝との対立。 ⑭**カール戴冠**により，西欧カトリック世界が東ローマ皇帝から自立。	⑮**ギリシア語**を公用語化した東ローマ(ビザンツ帝国)のキリスト教文化がスラヴ人に伝わる。	※イスラーム世界の分裂 **ジズヤ**をめぐる**マワーリー**の不満を背景にアッバース革命が起こる。 ※スンナ派とシーア派の対立

◇**文脈**

《西ヨーロッパ》

ゲルマン人国家が異教やアリウス派(異端)を信奉していたが，フランク王国の**クローヴィス**の正統派への改宗，教皇**グレゴリウス1世**のゲルマン人への布教などで西方にカトリックが浸透し，**聖画像(イコン)**禁止令を機にビザンツ皇帝と対立したローマ教皇がカロリング家に接近し，カールの戴冠でビザンツ帝国から自立したラテン・カトリック文化圏が形成され，ラテン語による文化復興が進められた。

《東ローマ・ビザンツ》

ユスティニアヌス帝が地中海を再統一した時点で，東ローマ帝国はローマ帝国を継承する「ラテン語の帝国」であったが，イスラームなどの侵攻で**バルカン半島**とアナトリアのみに領土が縮小したことから，**ギリシア語**が公用語となり「ビザンツ帝国」に変質した。

北方から侵入したスラヴ人やブルガール人への**ギリシア語**での布教でギリシア・ビザンツ文化圏(ギリシア正教圏)が形成された。

《イスラーム圏》

拡大：正統カリフ時代にビザンツに侵攻，ウマイヤ朝がイベリア半島を征服し，フランク王国に侵攻し，撃退される。

アッバース革命：アラビア語を公用語としてアラブ人の特権化を図ったウマイヤ朝に反発したイラン系**マワーリー**やシーア派を，アッバース家が糾合してウマイヤ朝を打倒した。

ジズヤ廃止：アッバース朝はムスリムの**ジズヤ**を廃止し，ムスリム間の平等を実現した。これにより，イスラーム文化圏が形成された。

次にこの表に基づいて，文脈も参考にしながら組立メモを作成してみよう。このメモが出題者の加点ポイントに近づければ，得点が伸びるということになる。

【加点ポイント】 ①～㉖のポイントについて，26点まで与える。

①５世紀に西地中海で異教やアリウス派を信奉するゲルマン人国家が分立した。
　◎フン人のアッティラを西ローマ・ゲルマン連合軍が破った。
　◎教皇(レオ１世)がアッティラを退けた。

②西ローマ帝国が滅びた。

③ゲルマン系のフランク王国の**クローヴィス**がアタナシウス派に改宗した。

④**クローヴィス**のアタナシウス派改宗により，フランク王国はローマ教会と提携して台頭した。
　◎ラテン語・ローマ法を統治に用いた。

⑤６世紀に東ローマのユスティニアヌス帝が地中海世界を再統一した。
　◎ヴァンダル，東ゴート王国を滅ぼした。

⑥ユスティニアヌス帝の死後，地中海の統一は崩れた。

⑦７世紀にはトルコ系ブルガール人やイスラーム化したアラブ人(正統カリフ)がビザンツ帝国に侵入した。

⑧ビザンツ領は**バルカン半島**とアナトリアに限定された。
　◎ヘラクレイオス１世が軍管区制と屯田兵制を整えた。

⑨ビザンツ帝国は，**ギリシア語**を公用語とするようになった(ギリシア帝国に変質した)。
　◎ヘラクレイオス１世以降

⑩教皇**グレゴリウス１世**のゲルマン布教などでカトリック文化圏の形成が進んだ。
　◎ベネディクトゥス修道会の布教。

⑪アラブ人は，ウマイヤ朝の下でアラビア語を公用語として異教徒を支配した。
　◎正統カリフはササン朝を滅ぼし，ビザンツからエジプト・シリアを奪った。
　◎ウマイヤ朝は非アラブ人ムスリムの**マワーリー**にはハラージュ・ジズヤを課した。

⑫ウマイヤ朝は８世紀(前半)，イベリア半島に侵入し(て西ゴート王国を滅ぼし)た。

⑬ガリアに侵攻したウマイヤ朝軍をフランク王国(の宮宰カール＝マルテル)が(トゥール＝ポワティエの戦いで)撃退した。

⑭ビザンツ皇帝レオン３世はイスラームに対抗して**聖像画(イコン)**を禁止した
　◎ビザンツ帝国では，皇帝が政教一致の指導者であった。

⑮ローマ教会は聖像をゲルマン人布教に利用した。

⑯ローマ教会は**聖像画(イコン)**禁止令に反発し，東西キリスト教会は対立した。

⑰フランク王国(のカロリング朝)は，ローマ教会と提携して領域を拡大した。

◎ピピンが(ランゴバルドを撃退し)教皇領を寄進した。

◎ピピンの簒奪(カロリング朝成立)を教皇が支持。

◎カール１世はアヴァール人や後ウマイヤ朝と抗争し，キリスト教世界を防衛した。

⑱カールがローマ皇帝となって教皇とともにビザンツ皇帝から独立した。

⑲カール１世はラテン語による文化復興を進めた(カロリング＝ルネサンス)。

⑳ラテン・ゲルマン・カトリック文化圏を形成した。

㉑アッバース家は(アラブ人の特権化を図る)ウマイヤ朝を倒した。

◎後ウマイヤ朝がイベリアを支配してキリスト教勢力と対立した。

㉒アッバース家はアラブ人支配に不満を抱いたイラン系**マワーリー**の支持を得た。

㉓アッバース朝はムスリムの**ジズヤ**を廃止して平等を実現した。

◎ユダヤ人・キリスト教徒は啓典の民。**ジズヤ**は不信仰税化。

㉔アッバース朝は(アラブ・)イスラーム文化圏を形成した。

◎ビザンツから流入した**ギリシア語**文献が「知恵の館」でアラビア語に翻訳された。

㉕９世紀にはビザンツ帝国がスラヴ人・ブルガール人にギリシア語で布教を進めた。

㉖ビザンツ帝国(マケドニア朝)は，ギリシア・ビザンツ文化圏を形成した。

◎**聖像画(イコン)**禁止令は撤廃され，盛んに製作された。

◎**聖像画(イコン)**やキリル文字を用いてスラヴ人にキリスト教を布教した。

解答例

５世紀に西地中海で異教やアリウス派を信奉するゲルマン人国家が分立し，西ローマ帝国が滅びた。ゲルマン系のフランク王国は**クローヴィス**のアタナシウス派への改宗によりローマ教会と提携して台頭した。６世紀に東ローマのユスティニアヌス帝は地中海世界を再統一したが，帝の死後統一は崩れ，７世紀にはトルコ系ブルガール人やイスラーム化したアラブ人の侵入で東ローマ領は**バルカン半島**とアナトリアに限定され，**ギリシア語**を公用語とするビザンツ帝国に変質した。西方では教皇**グレゴリウス１世**のゲルマン布教でカトリック文化圏の形成が進んだ。一方，アラブ人はウマイヤ朝の下でアラビア語を公用語として異教徒を支配した。８世紀にイベリア半島に侵入したウマイヤ朝をフランク王国が撃退し，イスラームに対抗してビザンツ皇帝レオン3世が**聖像画（イコン）**を禁止すると，東西キリスト教世界は対立した。フランク王国はローマ教会と結んで領域を拡大しつつラテン語による文化復興を進め，カールがローマ皇帝となって教皇とともにビザンツ皇帝から独立，ラテン・カトリック文化圏を形成した。一方アッバース家がアラブ人支配に不満を抱いたイラン系**マワーリー**の支持を得てウマイヤ朝を倒し，ムスリムの**ジズヤ**を廃止して平等を実現し，アラブ・イスラーム文化圏を形成した。9世紀にはビザンツ帝国がスラヴ人・ブルガール人にギリシア語で布教を進め，ギリシア・ビザンツ文化圏を形成した。

(600字)

第2問 「異なる形態の身分制度や集団間の不平等」

解説

本問のテーマは，「**異なる形態の身分制度や集団間の不平等**」である。東大志望者の中には，学習が第1問の大論述偏重で第2問を甘く見ているような傾向が散見される。そういった受験生は，大論述ばかりを意識して主要国の政治史や経済史については真剣に取り組むものの，**周辺地域史を軽視しがち**となる。2021年は周辺地域史からフィリピンと南アフリカが出題されたが，2020年にはモンゴル・チベットが，2019年・2020年と続けてオセアニアが，それぞれ問われている。また，問(1)は農村に関する問題であったが，いずれも過去問で類似するテーマが出題されている((a)は1996年，(b)は1994年。詳細は後述)。よって2021年第2問は，過去問に真摯に取り組み，周辺地域まできちんと対策していた受験生と，そうではない受験生の得点差が開いたものと思われる。なお，解説中では，第2問全体の配点を24点と想定して，設問ごとの配点予想と加点ポイントを示した。

問(1)　問(1)は(a)で西欧中世の農奴解放，(b)で近代ロシアの農奴解放令がテーマとなっていることからも，時代や地域による農村社会の相違を意識させようという出題者の意図が見える。

(a)　本問のテーマは中世西ヨーロッパにおける農民の地位向上，いわゆる「**農奴解放**」の要因を問うものである（もし，設定された行数があと1行多かったならば，「富裕となった農民は解放金の支払いで農奴身分を脱し，独立自営農民が出現した」と続ける問題になっていただろう）。

社会史は，単なる用語の暗記では太刀打ちできないため，各時代・各地域のイメージをきちんと持っているかどうか，因果関係などの内容理解に努めていたかどうかがダイレクトに得点差となって表れる。また，本問は1996年・第3問(3)の類題である。1996年には，ボッカチオの『デカメロン』の一節を引用し，ペスト(黒死病)の流行による人口激減も一因となって生じた，西ヨーロッパ農村の変化が問われた。わずか1行の論述であったが，本問における要点は含まれている。本年は3行なので，1996年よりも詳細に論じる必要があるものの，同一のテーマなので過去問に丁寧かつ真摯に取り組んでいた受験生は，本問でもしっかり得点できたものと思われる。ポイントは「貨幣地代の普及」と「人口の激減」の2点なので，順に解説していく。

・貨幣地代の普及

貨幣地代が普及するためには，農村にまで**貨幣経済**が浸透していなければならない。よって，まずは農村にまで貨幣経済が広がっていく過程を考察していこう。11世紀ごろから，西ヨーロッパでは農業生産力が向上した。この点は論述問題では頻出のテーマなのですぐに想起できて欲しいが，**三圃制**や**重量有輪犂**の普及，**開墾**による耕地の拡大などが背景である。そして**農業生産の増大**に伴って余剰生産物が生じると，あらゆる経済の基盤となる人口が増加するとともに，それらを取引する**商業の活発化**をもたらした。また，12～13世紀には**十字軍遠征**の影響で交通路が発達し，遠隔地を結ぶ交易が盛んに行われるようになると，商業路の結節点に**中世都市**が成立した。こうした動きを「**商業ルネサンス**(**商業の復活**)」と呼ぶ。さらに，商工業の発展に伴い，交換手段として貨幣が普及し，貨幣経済の浸透をもたらした。

貨幣経済が普及すると，農村では領主が農奴に課す地代も変化していった。すでに，生産性の低い領主直営地を農民保有地に転換する動きは進んでいたが，貨幣を入手したい領主は，賦役(労働地代)をなくして**定額の貨幣地代**を納めさせるようになった。貨幣地代への転換により，農民は市場で生産物を売って貨幣を手に入れ，地代を納めた残りの貨幣を蓄積して，次第に経済力を付けていった。この動きが最も顕著であったのは**イングランド**で，**羊毛輸出**によって農村にまで大量に貨幣が流入してインフレーションとなっていたため，農民が負担する定額の貨幣地代が実質的に軽減され，貨幣を蓄積した農民が増加していた。

・人口の激減

14～15世紀のヨーロッパでは天候不順による凶作や飢饉が頻発したため，人々の栄養状態が悪化していた。また，モンゴル帝国がユーラシア大陸の大半を支配して交易を保護したことから，東西を結ぶ交易や人の往来が活発となった。このため，商人などの交易を媒介としてヨーロッパに**ペスト**(**黒死病**)が持ち込まれ，1348～50年頃に大流行し，ヨーロッパでは人口の約3分の1が死亡したとも言われている。さらにイギリスとフランスの百年戦争(1339～1453)などの戦乱で国土が荒廃したことも，人口減少の要因となった。

こうした人口激減により，農村では危機的な**労働力不足**に見舞われた。このため領主は，労働力を確保しようと地代を軽減するなど**農奴を優遇**した。こうして農民の地位や経済力が向上し，解放金を支払って領主の農奴的な従属から解放された**独立自営農民**が現れた。経済的に困窮した領主は，賦役の復活や地代の引き上げなどの**封建反動**を試みたが，反発した農民は激しい一揆で抵抗した。フランスにおける**ジャックリーの乱**(1358)やイングランドにおける**ワット＝タイラーの乱**(1381)などがこれにあたる。

【加点ポイント】　※想定される配点：５点

- 貨幣地代に関わる点
  ①貨幣地代の普及で農民の経済力が上昇した。
  ②①の背景として，農業生産の増大や商業と都市の発展
- 人口の激減
  ③ペスト(黒死病)の流行
  ④③以外の人口減少の要因として，気候の寒冷化による飢饉や戦乱
- 農民の地位向上
  ⑤領主が労働力確保のため，農民の待遇を改善した。

・解答への考え方

まず設問要件として，本問では**農民の地位が向上した「複数」の要因**が問われているので，異なる分野(具体的には「**貨幣地代の普及**」と「**人口激減**」)に複数触れる必要がある。さらに，「地位が向上した」要因なので，どのように地位の向上につながったのか，という点を明確にする必要がある。また，「農民による反乱が起こる以前」となっているので，ジャックリーの乱やワット＝タイラーの乱に触れる必要はない。

(b)　本問は，入試では頻出のロシアの**農奴解放令**(1861)に関する出題で，東大では1994年・第２問(B)に類題がある。1994年は「1860年はじめから1910年代末までにロシアでとられた代表的な農村社会変革の政策」という出題で，文字数も５行(150字)以内だったので，農奴解放令からロシア革命後の「土地に関する布告」や戦時共産主義までを幅広く論じる必要があった。本問は農奴解放令のみなので，1994年と比較すると，(a)と同様に詳細な記述をする必要がある。

・農奴解放令の発布まで

1853年に勃発した**クリミア戦争**は，当初オスマン帝国とロシアの戦争であったが，翌年トルコ側でイギリス・フランスが参戦すると戦況は一変し，ロシアにとっては絶望的な戦いとなった。産業革命を終えた先進国であるイギリス・フランスと，いまだ農奴制が残存する後進国のロシアとの国力の差は歴然であったため，ロシア国内では

知識人や開明的な官僚の間で体制批判が噴出したが，皇帝ニコライ１世はこれを抑え込んだ。しかし，戦争中にニコライ１世が急死し．息子の**アレクサンドル２世**(位1855～81)が即位した。戦争はロシアの敗北に終わり，1856年にパリ条約が結ばれた。

アレクサンドル２世は，皇太子時代に開明的な知識人が教育係であったことから**ロシアの後進性を認識**しており，クリミア戦争の敗北で自国の工業化の遅れを痛感させられたため，近代化を進める大改革に着手した。この時，アレクサンドル２世は「ことは下からよりも上から始められる方がはるかに良い」と演説している。改革の具体的な内容として鉄道建設とともに農奴解放が掲げられたが，保守派の貴族の抵抗も強かったため，領主貴族の要求を取り入れ，彼らと妥協しながら農奴解放令の内容が決定された。

・農奴解放令の発布と，その問題点

1861年，皇帝アレクサンドル２世は**農奴解放令**を発布し，農民に**人格的自由**と**土地所有権**を与えた。ただし，**土地の分与は有償**で，しかも領主に都合の良いような一定面積とされたため，**もともとの耕作地よりもはるかに小さかった**。さらに，**買い戻し金**を支払うために政府から多額の融資を受けることとなり，以後，長期(49カ年)にわたって返済をする必要が生じただけでなく，連帯保証のため**土地はミール**(**農村共同体**)**に引き渡された**。このようにロシアの農奴解放では，農奴が個人として解放されたわけではなく，あくまでミールの一員として解放されたに過ぎなかった。

・農奴解放の影響

まず，農民が自由身分となったため，移住が可能にはなった。さらに農奴解放後に農村の人口が急増したことから，土地不足が深刻となり，1880年代頃から資本主義的な工業が発展し始めると，農村からの出稼ぎが安価な労働力を提供することとなった。一方で，西欧思想に触れた**知識人**(**インテリゲンツィア**)の中から，農村を基盤とする社会変革を目指す**ナロードニキ運動**も発生した。彼らは「ヴ＝ナロード(人民のなかへ)」をスローガンに，ミールを基盤として平等な社会を建設しようとしたが，政府による弾圧を受け，また農民の無関心などで挫折したため，一部はテロリズムに傾き，皇帝アレクサンドル２世など要人の暗殺が続発した。

なお，ヨーロッパ各国における農奴解放を以下にまとめておく。18世紀後半から19世紀にかけて行われたヨーロッパ各国の農奴解放において，地代の無償廃止(無償での土地分与)を行ったのは革命期のフランスのみである。

★その他ヨーロッパ諸国の農奴解放

フランス	封建的特権の廃止(1789)	・領主権の廃止。人格的自由を認める ・教会の十分の一税を廃止 ・封建地代の廃止は有償
	封建地代の無償廃止(1793)	・農民が無償，無条件で土地所有者となる
オーストリア	農奴解放令(1781)	・ヨーゼフ２世が発布 ・農奴の人格的自由を認める ・賦役の廃止や土地の分与は有償 ・ヨーゼフ２世の死後，法令廃止 ・1848年革命に際して再び行われた
プロイセン	農奴解放(1807)	・プロイセン改革の一環ではじまる（シュタインによる） ・人格的自由を得たが，土地を得て自作農となったのは一部の富裕農民のみ ・1848年革命を経て終了

【加点ポイント】　※想定される配点：５点

①皇帝と領主貴族の妥協，あるいは領主貴族に有利となるよう配慮された。

②土地の分与が有償であった。

③農民は高額な買い戻し金を支払う必要があった。

④土地は連帯保証のため，農村共同体のミールに引き渡された。

⑤分与地は（耕作地の一部のみであったため）狭かった。

・解答への考え方

まず，設問要件をおさえよう。本問では「農奴解放令によって農民の身分は自由になったが」と前置きされているので，人格的自由に関する点には触れなくてよい。また，農民の生活状況が改善されなかったのは「なぜだったのか」と問われているので，**要因を答えればよい**。よって農奴解放令が発布された背景や契機，その後の影響などに触れる必要はない。

問(2)　本問のテーマは，2019年・2020年のオセアニアに続いて，周辺地域史からフィリピンが出題された。

(a)　単答問題「ホセ＝リサール」は，おおよその予測は付くものの，高校世界史レベルでは確信を持って解答するのは難しいかもしれない。小説『ノリ・メ・タンヘレ（ラテン語で「われにふれるな」）』(1887年にベルリンで発表し，スペインの暴政を暴いた）は，山川出版社『詳説世界史Ｂ』に掲載されたホセ＝リサールの肖像についての説明文の中にあるのみ。これで教科書レベルというのは早慶大的で，やや悪趣味な気もするが，設問文に「フィリピンでは，19 世紀後半，植民地支配に対する批判が高まっていた」とあるので，19 世紀後半に民族運動を展開した人物を想起すれば解答はできる。(b)の論述ではアギナルドがキーマンとなるので，残るフィリピンの民族運動指導者としてホセ＝リサールを解答することとなろう。

(b)　フィリピンの民族運動に関する教科書の記述は，多くても 10 行程度である。他地域とのつながりや比較を問うなど，深い考察が要求されているわけではないので，基本的な内容を時代順に論じていけばよい。

・スペイン領時代のフィリピン

東南アジアが欧米列強に植民地化されていったのは，おおむね19世紀半ば以降であったが，ジャワ島(オランダ領)とフィリピン(スペイン領)は，いち早く植民地化された。フィリピンは，1571年にスペイン(フェリペ２世治下)のレガスピがマニラを占領して以降，城郭都市を建設して拠点を置くと，以後スペインが征服を進めた。マニラは，太平洋を挟んだメキシコとの中継貿易の拠点となり，メキシコのアカプルコから運ばれてきたメキシコ銀と，中国商人がもたらす絹や陶磁器などの中国物産との取引で繁栄した。これを**アカプルコ貿易**と呼ぶ。また，現地支配については，スペインが政教一致の政策を採って住民を強制的にカトリックに改宗させたため，フィリピンではカトリック化が進んだ。

18世紀後半，これまで単なる貿易拠点だったフィリピンのルソン島では，**サトウキビ・マニラ麻・タバコ**などの輸出向け商品作物栽培が広がり，王立フィリピン会社がその販売にあたった。さらに，19世紀に入って欧米諸国の東南アジアへの進出が本格化し始めると，これまで欧米諸国を排除してきたスペインは政策を転換し，1834年には**マニラを開港**した。こうしてフィリピンも世界市場に組み込まれたが，国際商品の輸出拡大を狙う商人などによる土地の集積が進み，プランテーション経営の拡大で大土地所有制が成立した。

・フィリピンの民族運動

アジアの民族運動の担い手は，その多くが宗主国である欧米諸国で近代教育を受けた知識人エリートである。例えば，イギリスのインド支配において，イギリスは英語を習得してイギリスに留学したインド人エリートを現地の官僚として登用していたが，次第に民族意識を強めた彼らの意見を諮問する機関として，1885年インド国民会議が結成された。オランダ領東インド(インドネシア)でも，西洋式教育を受けたエリートが，1908年にジャワ人の団体ブディ＝ウトモ(最高の英知)を結成して，植民地人の地位向上を求めた。

フィリピンでも，宗主国スペインで高等教育を受けた新世代のフィリピン人エリートが，19世紀後半から民族意識を高めるために民衆の啓蒙運動を開始した。1880年に入ると，言論活動を通して植民地体制の改革を要求する「プロパガンダ運動」を展開した。特にスペインに留学したフィリピン人学生・知識人は，本国政府にフィリピン統治の改革を要求していた。設問に示された**ホセ＝リサール**の『ノリ・メ・タンヘレ(われにふれるな)』は，フィリピン支配におけるスペインとカトリック教会の腐敗と抑圧を暴いた小説で，フィリピン人の民族意識の形成に影響を与えた。さらにホセ＝リサールは，1892年に死を賭してフィリピンに帰国し，フィリピン民族同盟を結成したが，スペインの弾圧を受けてミンダナオ島に流刑となった。

1892年，リサールの逮捕を契機に秘密結社の**カティプーナン(党)**が結成され，各地に支部を創設してメンバーを増やし，1896年スペインに対する武装闘争を開始した(**フィリピン革命**　1896～1902)。植民地政庁が革命の首謀者としてリサールを処刑して弾圧を強めると，革命軍は**アギナルド**を指導者としてスペインと戦った。1898年に**アメリカ＝スペイン戦争(米西戦争)**が勃発すると，アメリカは一時香港に亡命していたアギナルドの帰国を援助した。帰国したアギナルドはアメリカ＝スペイン戦争に乗じてルソン島を解放し，1899年に**フィリピン(マロロス)共和国**の独立を宣言して大統領に就任した。しかし，アメリカ＝スペイン戦争に勝利し，**パリ条約**でフィリピンを獲得したアメリカは，この独立を認めず武力介入した。この**フィリピン＝アメリカ戦争**(1899～1902)で敗れたフィリピンは，合衆国政府の任命するフィリピン委員会が統治する直轄植民地になった。

【加点ポイント】　※想定される配点：７点

- フィリピン革命開始
  ①カティプーナンがスペインからの独立を目指して武装闘争を始めた。
  ②アギナルドがフィリピン革命の指導者になった。
- アメリカ＝スペイン(米西)戦争
  ③アギナルドが米西戦争に乗じてフィリピン(マロロス)共和国を樹立した。
  ④米西戦争でアメリカ合衆国がスペインに勝利した。
  ⑤米西戦争(後のパリ条約)でアメリカがフィリピンの領有権を得た。
- フィリピン＝アメリカ戦争
  ⑥アメリカがフィリピンの独立(フィリピン共和国)を認めなかった。
  ⑦アメリカがフィリピンを武力で制圧して(直轄)植民地とした。

・解答への考え方

設問要件は，フィリピン革命(1896～1902)によって「フィリピンの統治体制はどのように変化していくか」，その「歴史的過程」を4行で論じることである。統治体制の変化が問われているので，「スペイン領→フィリピン(マロロス)共和国→アメリカの直轄植民地」という変遷を軸に，関連する出来事を補足しながら論じていこう。単に「スペイン領→アメリカ領」を示しても，領有権の変遷を論じているだけで「統治体制の変化」を論じたことにはならない。フィリピン共和国については山川出版社『詳説世界史B』，東京書籍『世界史B』(表記はマロロス共和国)，実教出版『世界史B』，帝国書院『新詳世界史B』など，多くの教科書に記載があるので，きちんと論述に組み込みたい。

問(3)　本問は，南アフリカ共和国のアパルトヘイト(人種隔離政策)に関する出題である。2020年の第2問・問3(a)は「1920年代のアメリカ合衆国における移民や黒人に対する排斥運動」や「それに関わる政策」をテーマとする論述問題だったので，2年連続で人種差別問題が問われたことになる。2020年にアメリカ合衆国で高揚したBLM(ブラック・ライブズ・マター)運動を意識したのであろうか。ただ，20年に合衆国を出題していたため，同様の歴史的な問題である南アフリカが取り上げられたとも考えられる。

(a)　単答問題「アパルトヘイト」は基本事項なので，確実に解答したい。

(b)　本問のテーマは，2019年・2020年のオセアニアに続いて，周辺地域史の分野から南アフリカの，しかも戦後史が出題された。用語のみを覚えていた受験生にとって，アパルトヘイト政策の内容や撤廃の背景は盲点だったかもしれない。

・アパルトヘイト(人種隔離政策)のはじまり

ウィーン議定書(1815)でイギリスがオランダから**ケープ植民地**を獲得すると，オランダ系植民者の子孫である**ブール人(アフリカーナー)**はイギリスの支配を嫌って北方に移住し(グレート＝トレック)，アフリカ系黒人から奪った土地に**トランスヴァール共和国**と**オレンジ自由国**を建国した。しかし，ここで金鉱・ダイヤモンド鉱が発見されると，イギリスが両国の併合を狙ったためブール人との対立が激化し，1899年**南アフリカ戦争(ブール戦争)**が起きた。この時イギリスは，膨大な戦費を注ぎ込み，大軍を派遣して強引な併合を行ったため，ブール人の反発が強まった。南アフリカ戦争はあくまでヨーロッパ系白人同士の戦争であったが，現地のアフリカ人はいずれの側でも戦争に用いられ，また戦争による土地の荒廃などの被害を被った。

戦争で勝利したイギリスは，二等白人として蔑視してきたブール人の反発を和らげるため，ブール人国家を併合するものの，極力早い時期に広範な自治を許すことなどを約束した。そして1910年に**南アフリカ連邦**を成立させた頃には，白人間(イギリス人とブール人)の和解を図るため，**アフリカーナーを中心とする白人の優越**を制度化し，その下にインド人などのアジア系や人口の大多数を占めるアフリカ系黒人を位置づける**アパルトヘイト(人種隔離政策)**の原型を形成すると，アフリカ系黒人は指定された地域以外での土地取得を禁じられるなどの差別を受けた。また，経済不況などで白人労働者が困窮するたびに，黒人を差別して白人を優遇する差別法規が整備されていった。このように，アパルトヘイト(人種隔離政策)の目的は，黒人やアジア系への差別によって白人同士の対立を緩和するためであった。これに対し，1912年に南アフリカの人種差別撤廃運動を進めるための組織として**アフリカ民族会議**(**ANC**)が結成され，ガンディーの影響を受けた非暴力主義をとり，黒人の市民権獲得を目指した。

・第二次世界大戦後のアパルトヘイト政策

1948年以降，白人の**アフリカーナー(ブール人)政権**は，すでに制定されていた先住民土地法(黒人が土地を所有できる地域を制限)に加えて，人口登録法(人種を登録する。白人，黒人，カラード〔混血〕，インド人に分け，生活に関わるあらゆることを人種分類によって決定)，集団地域法(居住や就業区域を人種別に指定)，背徳法(白人と非白人の恋愛を禁止する)などを制定し，**アパルトヘイト体制を確立**した。これに対し，アフリカ系黒人は反発したが，1960年，首都ヨハネスブルク近郊での黒人の大規模なデモに警官が発砲したシャープビル事件を機にアフリカ民族会議は非合法化され，活動家が次々と逮捕された。アフリカ民族会議の指導者であった**マンデラ**も1962年に逮捕され，64年には終身刑の判決を受けた。国内での反発だけでなく，アパルトヘイトは国際社会からの批判も受け，国連総会では毎年非難決議が採択されたことから，1961年，南アフリカ連邦はアパルトヘイトを維持するためイギリス連邦から離脱，共和政に移行して**南アフリカ共和国**となった。植民地であったアフリカ諸国の独立が進むと，国連における批判も強まり，経済制裁を受けるようになった。

・アパルトヘイトの撤廃

1980年代に入り，国内における反対運動の激化や国際的な非難の高まりなどを受けてアパルトヘイトの緩和策が採られ始めた。80年代後半にソ連でゴルバチョフが登場し，「新思考外交」を進めて米ソの対話が進むと冷戦構造が崩れていったが，これに伴って南アフリカへの批判が強まっていった。特にアメリカは，社会主義化の恐れが少ない南アフリカにはあまり圧力をかけてこなかったが，冷戦が終結に向かうにつれて，南アフリカへの働きかけを強めた。こうした国際情勢の変化を受け，白人の**デクラーク大統領**は黒人との対話を推進し，アパルトヘイト撤廃に動き出した。まず，1990年に**アフリカ民族会議**(**ANC**)**を合法化**してマンデラを釈放し，1991年には**アパルトヘイトの廃止**を宣言すると，関連する法律を廃止した。そして1994年には初めて黒人も参加した全人種参加の選挙が実施され，アフリカ民族会議が第１党となると，**マンデ**

ラが初の黒人大統領となった。

【加点ポイント】 ※想定される配点：５点

・アパルトヘイト政策の内容

①少数派の白人が非白人やアフリカ系住民(黒人)に対して行う人種隔離政策。

②①の具体例として，居住地の制限，市民権(参政権)の剥奪など

・撤廃された背景

③アフリカ民族会議(ANC)が抵抗運動を行った。

④各国の経済制裁が強化された。

⑤冷戦(米ソ対立)の緩和に伴い，国際的な批判(国際世論)が高まった。

・解答への考え方

設問の要件として，「政策の内容」および「政策が撤廃された背景」を論じることになる。内容については，用語集的な説明でも構わないが，「背景」については国内・国際関係などを幅広く考察したい。アパルトヘイトの撤廃を宣言したデクラーク大統領が就任した1989年は冷戦終結の年(ただしマルタ会談は12月なので，まだ終結はしていない)であることにも注目したい。

解答例

問(1)

(1)(a)農業生産の増大や商業と都市の発展で貨幣地代が普及すると農民の経済力が上昇したが，寒冷化に伴う飢饉や戦乱，黒死病の流行で人口が減少し，労働力確保のため領主は農民の待遇を改善した。

(問題番号・記号２字含めて90字)

(b)領主貴族に有利となるよう，土地の分与は有償で高額な買い戻し金の支払いが必要であり，土地は連帯保証のため農民個人ではなくは農村共同体ミールに引き渡されたうえ，分与地も狭かったから。

(記号含めて90字)

問(2)

(2)(a)ホセ＝リサール

(b)スペインからの独立を求めたカティプーナンの武力革命を引き継いだアギナルドは，米西戦争を利用してフィリピン共和国を樹立したが，米西戦争後のパリ条約でスペインからフィリピンの領有権を

得たアメリカはこれを認めず，武力で制圧して直轄植民地とした。

（記号含めて120字）

問(3)

(3)(a)アパルトヘイト

(b)少数派の白人が非白人やアフリカ系住民の居住地を制限し，市民権などを奪う人種隔離政策で，アフリカ民族会議の抵抗や各国の経済制裁強化，冷戦の緩和に伴う国際的批判の高まりから撤廃した。

（記号含めて90字）

第３問　「世界史上のヒトの移動とその影響」

解説

本問は世界史上のヒトの移動とその影響に関する大問であり，全て一問一答形式の記述問題となっている。基本事項中心の出題なので，ミスをすることなく短時間で正確に解答していきたい。

問(1)　正解は安史の乱

唐のソグド系の節度使が755年に起こした反乱なので，「**安史の乱**」が正解。イラン系の**ソグド人**は**ゾロアスター教**などを信仰し，中央アジアのソグディアナの**サマルカンド**や**ブハラ**を拠点に貿易活動を展開したことで知られる。ソグド人は単に商人として活動したばかりではなく，モンゴル高原の**突厥・ウイグル**や**中国の唐**の政治や軍事にも大きな役割を果たした。突厥では政権の中枢で重要な役割を果たすソグド人も存在し，多くのソグド人がモンゴル高原に居住して騎馬遊牧民となった。騎馬遊牧民化，すなわち「突厥化」したソグド人は，近年「**ソグド系突厥**」と呼ばれることが多い。安史の乱を起こした**安禄山**も，ソグド人の父と突厥人の母をもつソグド系突厥だった。

安禄山は**唐の玄宗**の信任を得て３つの**節度使**を兼任した武将だったが，**楊貴妃**の親族である宰相**楊国忠**と対立し，755年に反乱を起こした（**安史の乱**）。安禄山は大燕皇帝を称して唐の都**長安**を占領したが，息子によって殺害された。その後，同じくソグド系突厥だった**史思明**が反乱を指導したが，唐はモンゴル高原を支配する**ウイグル**（トルコ系）の援軍を得て，763年に反乱を鎮圧した。

安史の乱は唐の地方支配を弱体化させ，地方の節度使には行政・財政権を握って**藩鎮**となる者も現れたため，唐は780年に**両税法**を導入するなど新たな体制への変革を迫られた。また東部ユーラシアにおける唐の地位が低下したことは，ウイグルや**吐蕃**（チベット）の台頭につながった。８世紀後半から９世紀前半の東部ユーラシアは，**唐・ウイグル・吐蕃の３国が鼎立する状況**となった。

問(2)　正解はシチリア王国(両シチリア王国，ノルマン＝シチリア王国)

ノルマン人が地中海に建てた「**シチリア王国(両シチリア王国)**」を答える設問。ゲルマン人の一派である**ノルマン人**は，スカンディナヴィア半島やユトランド半島を原住地とし，８世紀後半からヨーロッパ各地に遠征を行うようになった。**リューリク**率いるノルマン人の一派**ルーシ**は，ロシア北西部の**スラヴ人**地域に進出し，862年に**ノヴゴロド国**を建てた。リューリク死後にルーシは南下して，**ドニエプル川**流域に**キエフ公国**を建国し，ロシアの起源となった。一方，**ロロ**が率いたノルマン人の一派は，911年に西フランク王から北フランスのセーヌ川下流域を受封され，**ノルマンディー公国**を建てた。イングランドは，1016年に**デーン人**(デンマーク地方のノルマン人)の**クヌート（カヌート）**の支配下に入った。その後**アングロ＝サクソン朝**が復活したが，1066年に**ノルマンディー公ウィリアム**がイングランドに攻め入り，**ヘースティングズの戦い**でアングロ＝サクソン朝の軍に勝利し，**ノルマン朝**を樹立した。

地中海では，傭兵として活動していたノルマンディー公国出身のロベール＝ギスカールが，11世紀後半にイタリア半島南部を制圧し，弟のルッジェーロ１世がシチリア島を征服した。ルッジェーロ１世の息子**ルッジェーロ２世**は，父の領土に加えて南イタリアの支配権も獲得し，1130年には教皇から王位を認められ，**シチリア王国(両シチリア王国)**が成立した(「両シチリア王国」の名称が使用された時期は1442～58年と1816～60年に限定される)。シチリア王国の都**パレルモ**は，イベリア半島の**トレド**と並び，**多くのアラビア語やギリシア語の文献がラテン語に翻訳**された都市であり，こうした翻訳事業は「**12世紀ルネサンス**」の要因となった。

問(3)　正解はガズナ朝

10世紀後半にアフガニスタンで成立したトルコ系の王朝は「**ガズナ朝(962／977～1187)**」である。12世紀にアフガニスタンで成立した**ゴール朝**と混同しないように注意したい。

840年にモンゴル高原のトルコ系遊牧国家**ウイグル**が，同じトルコ系遊牧民の**キルギス**に滅ぼされると，ウイグル人の一部は中央アジアに移住した。この移住は他のトルコ系遊牧民の中央アジアへの移動を促し，ソグド人などのイラン系が居住していた中央アジアはトルコ化が進展し，「**トルキスタン**」と呼ばれるようになった。

一方，西方からは**イスラーム教とその勢力**が西トルキスタンに進出した。875年に西トルキスタンで成立したイラン系イスラーム王朝の**サーマーン朝**は，多数のトルコ人を軍人奴隷の**マムルーク**として西アジアに供給した。サーマーン朝の下でトルコ系遊牧民のイスラーム化が進み，10世紀半ばには中央アジア初のトルコ系イスラーム王朝である**カラハン朝**が成立し，999年にサーマーン朝を滅ぼした。また，**トゥグリル＝ベ**

ク率いるトルコ系遊牧民は西アジアに移動し，イラン東部のニーシャープールを占領して**セルジューク朝**を建国した。1055年には**バグダード**に入城して**ブワイフ朝**を駆逐し，トゥグリル＝ベクは**アッバース朝のカリフ**から**スルタン**の称号を授かった。

アフガニスタンでは，サーマーン朝のトルコ系軍人のアルプテギンが962年にガズナで自立し，977年に即位したサブクティギーンが君主位を世襲化したことで，**ガズナ朝**が成立した。ガズナ朝は10世紀末から北インドへの侵攻を繰り返した。特にサブクティギーンの子の**マフムード**（位 998 ～ 1030）は，「偶像破壊者」を自称して北インドへの侵攻を繰り返した。セルジューク朝やガズナ朝などのトルコ系イスラーム王朝は，トルコ系を軍事力とする一方で，イラン系を官僚に登用した。ガズナ朝はマフムード死後に衰退し，セルジューク朝に敗北した後，ゴール朝によって滅ぼされた。イラン系を自称する**ゴール朝**（1148頃～ 1215）はアフガニスタンで成立したイスラーム王朝で，ガズナ朝から自立してこれを滅ぼし，北インドにも侵攻した。1206年には，ゴール朝のトルコ系マムルークの**アイバク**が北インドのデリーで**奴隷王朝**を建国し，**デリー＝スルタン朝**が始まった。

問(4)　正解はメスティーソ（メスティソ）

中南米地域の人種構成に関する設問で，スペイン領ラテンアメリカでは先住民（インディオ）と白人の混血の人々は「**メスティーソ**」と呼ばれる。植民地生まれの白人である**クリオーリョ**や，黒人と白人の混血である**ムラート**との区別は重要である。

スペイン領ラテンアメリカでは，**ペニンスラール**と呼ばれる本国出身の白人が最も優遇され，植民地政府の高官や高位聖職者の多くを占めていた。その次の階層であるクリオーリョには高い経済力を有する地主層が存在し，本国政府のペニンスラール優遇政策に不満を抱いていた。19世紀初めの**ナポレオンによるスペイン占領**の影響で本国の植民地支配が弱まると，スペイン領ラテンアメリカ各地で独立運動が勃発した。メスティーソも独立運動に協力したが，スペイン領ラテンアメリカの独立運動の中心となったのは**クリオーリョ**である。ベネズエラ・コロンビアなどの独立を指導した**シモン＝ボリバル**や，アルゼンチン・チリなどの独立を実現した**サン＝マルティン**（ただしスペイン本国で教育を受けた），メキシコ独立運動の口火を切った**イダルゴ**もクリオーリョだった。スペイン領ラテンアメリカ諸国の独立は，メスティーソを従えたクリオーリョが，先住民を支配下に抑え込んだ状態で，ペニンスラールのみを排除して達成したものだったといえる。クリオーリョの地主層主導の独立は，メスティーソや先住民に対する支配体制や大土地所有体制の維持を意味したため，独立後のラテンアメリカ諸国はこれらをめぐる問題に苦しむことになった。

問(5)　正解は鄭成功

オランダ人を駆逐して台湾を支配し反清活動を展開した人物は「**鄭成功**」である。16世紀半ば以降，東シナ海では**日本の銀**と**明の生糸**を取引する密貿易が盛んに行われた(1567年の海禁緩和後も明は日本との貿易を禁止していた)。明の衰退が明らかになった16世紀末から17世紀初頭の海上貿易を実際に取り仕切っていたのは，海商たちであり，鄭成功の父である**鄭芝竜**は日明間の密貿易を展開する海商の頭目だった。鄭芝竜は1628年に明の招きを受けて降伏したが，依然として海上貿易を支配する勢力であり続けた。鄭芝竜と結んで日明間の密貿易に参入したのが**オランダ人**である。**オランダ東インド会社**は17世紀初頭に明との貿易を求めたが認められなかったため，1624年に**台湾南部**に**ゼーランディア城**を築き，東アジア貿易の拠点とした。

1644年に明が**李自成**によって滅ぼされ，清が李自成を倒して中国に進出すると，1646年に鄭芝竜は清に降伏した。しかし鄭芝竜と日本人との間に生まれた**鄭成功**は，厦門を拠点に反清復明運動を続けた。清が海禁令を発令して攻勢を強めたため，鄭成功は**新たな拠点を求めて1661年に台湾に侵攻**し，翌年ゼーランディア城を攻略してオランダ人を駆逐した。清は1661年に鄭芝竜を処刑し，同年に発した**遷界令**によって沿岸部の住民を内陸へ移住させ，鄭成功の経済基盤である海上貿易に打撃を与えた。鄭成功死後も，鄭氏台湾は**三藩の乱**(1673～81)と連携しつつ清との戦いを続けたが，**清の康熙帝**は三藩の乱鎮圧後の1683年に**鄭成功の孫を降伏させて台湾を制圧**し，翌84年に**海禁を解除**した。なお，鄭成功は明へ忠義を尽くして朱姓を賜ったことから「国姓爺」と呼ばれ，日本の近松門左衛門は彼をモデルに浄瑠璃『国性爺合戦』を著した。

問(6)　正解はナポレオン＝ボナパルト

フランス領サン＝ドマングと呼ばれた**ハイチの独立**は1804年１月であり，同年の「**ナポレオン＝ボナパルト**」の皇帝即位を想起したい。ただしナポレオンの皇帝即位は５月なので，「ナポレオン１世」は不可となる。

スペイン領だった**イスパニョーラ島西部**は，**ファルツ戦争**を終結させたライスワイク条約(1697)でフランス領となり，サン＝ドマングと命名された。サン＝ドマングでは，黒人奴隷を利用した**砂糖やコーヒーのプランテーション経営**が行われ，フランスに莫大な富をもたらした。しかし1789年に**フランス革命**が勃発すると，その影響はサン＝ドマングにも及び，1791年８月に黒人たちは奴隷からの解放を求めて蜂起し，**ハイチ革命**が勃発した。1792年に本国が他国と革命戦争を開始し，93年にイギリスやスペインとも交戦状態に入ると，イギリス軍やスペイン軍がサン＝ドマングに侵攻した。そこで本国の**国民公会**はサン＝ドマングの黒人勢力を味方にして戦力とするため，1794年に**黒人奴隷解放宣言**を発した。

この過程でサン＝ドマングの黒人勢力の指導者として台頭したのが,「黒いジャコバン」と呼ばれる**トゥサン＝ルヴェルチュール**である。彼はフランス軍に合流してスペイン軍やイギリス軍を撃退し，1800年にはサン＝ドマングのほぼ全域を掌握し，翌1801年に「サン＝ドマング憲法」を発布した。しかし1799年の**ブリュメール18日のクーデタ**で本国の政治の実権を握った**ナポレオン**は，1802年に奴隷制の復活を図り，サン＝ドマングに遠征軍を派遣した。トゥサン＝ルヴェルチュールはナポレオン軍の罠にかかって捕らえられ，1803年に獄死した。その後サン＝ドマングの黒人勢力はナポレオンの遠征軍に勝利し，1804年1月に**史上初の黒人共和国ハイチ**が独立した。

ハイチ革命は奴隷解放運動やラテンアメリカ諸国の独立運動を鼓舞した。また，**ウォーラーステインの近代世界システム論**に基づいた場合，ハイチ革命は「**脱周辺化**」の最初の運動であり，近代世界システムに対する挑戦であったともいえる。しかし黒人国家のハイチは，ヨーロッパ諸国のみならず，米国やラテンアメリカ諸国からも警戒され，孤立を余儀なくされた。1825年にフランスはハイチを承認したが，ハイチはその見返りとして多額の賠償金を支払うことになり，モノカルチャーと並んでハイチの経済を停滞させる大きな要因となった。

問(7)　正解はマオリ人(マオリ)

ニュージーランドの先住民は「**マオリ人**」。オーストラリアの先住民**アボリジニー**と混同しないようにしたい。18世紀のイギリスの探検家**クック**は，金星の観測や南方大陸の探索，イギリスの領土拡大を目的とする航海を行い，太平洋の全貌を明らかにした。その過程で，クックは1769年にニュージーランドを回航し，翌70年にはオーストラリア東部をイギリス領と宣言した。

ニュージーランドは1830年代からイギリス人の入植が激増し，1840年にイギリスはマオリ人の首長たちと**ワイタンギ条約**を締結し，ニュージーランドを植民地とした。マオリ人は入植者のもたらした伝染病で人口が減少し，多くの土地を安価で買収された。1860年には，土地をめぐる紛争からマオリ人とイギリスとの間で**マオリ戦争**が勃発した。イギリス軍はマオリ人を完全に打倒することはできなかったが，1881年にマオリ人は政府との和解交渉を受け入れた。1970年代にはマオリ権利復興運動が本格化し，その後マオリ人の権利や文化の復権が進んだ。2018年の国勢調査ではニュージーランドの人口の約15％を占めているが，白人との経済格差などの問題も残っている。

問(8)　正解はジャガイモ飢饉

19世紀半ばにアイルランドから米国への移民が増加したきっかけは，「**ジャガイモ飢饉**」である。17世紀半ばの**クロムウェル**の侵攻を機にアイルランドはイギリスの事実上の植民地となり，プロテスタントのイギリス人がカトリック教徒であるアイルランド人を支配した。多くのアイルランド人はイギリス人地主の下で**小作人**となり，18世紀にはジャガイモを主食とする貧しい生活を強いられた。1840年代半ばから後半のアイルランドは「**ジャガイモ飢饉**」に襲われ，多くの餓死者が発生し，また100万人以上がアイルランドを去って米国などに移民した。その後もアイルランドから海外への移民は止まず，19世紀のヨーロッパで例外的に人口減少を経験した地域となった。

米国に移民したアイルランド人は，西部で農地を開拓するだけの資金がなく，ニューヨークやボストンなどの都市部に集住し，**下層労働者**となった。**アイルランド系移民**は，1869年に開通した**大陸横断鉄道**の東部を建設する労働力となった(西部を建設したのは**中国系移民**)。また**カトリック**信仰を維持したアイルランド系移民は，プロテスタント系住民からの差別にも直面した。その一方で，アイルランド系労働者は当時の最底辺の仕事をめぐって競合していた自由黒人や中国系移民を敵視し，その排斥を強く主張した。アイルランド系移民は英語を話し，団結心も強かったことから，次第に社会的地位を上昇させ，1880年頃には都市政治を支配するようになった。特に**民主党**はアイルランド系移民の組織化に熱心であり，ジャガイモ飢饉で米国に移住したアイルランド人の子孫である**ケネディ**が民主党から出馬し，1961年に大統領に就任した。

問(9)　正解は大韓民国臨時政府

三・一独立運動が起こった年(1919年)に，朝鮮人が上海で抗日団体を統合して結成した組織は，「**大韓民国臨時政府**」である。基本事項ではあるが，2021年の第3問の中で最も解きにくい問題だっただろう。日本統治下の朝鮮半島では，当初軍事的性格の強い**武断政治**が行われた。それを制度的に支えていたのは憲兵警察制度である。これは本来軍事警察のみを担当する憲兵に，普通警察事務を遂行する権限を与えた制度で，憲兵が朝鮮人の日常生活の細部に干渉するものだった。また植民地経営の基盤を形成するため，**土地調査事業**を実施して土地の所有権を定め，地税を確実に徴収できる仕組みを整備した。土地調査事業は**地主層の形成**をうながし，**土地を失った農民は労働者として日本に渡航した**。その他に，中国東北地方やロシアの沿海州などに移住する人々も存在した。

第一次世界大戦後，**ロシア革命**や**ウィルソン**の民族自決主義の提唱を背景に，朝鮮で民族自決を求める運動が高揚した。1919年3月1日に**ソウル**のパゴダ公園で独立宣言書が発表され，学生以外に多くの民衆が参加する大規模なデモが発生した(**三・一独立運動の勃発**)。運動は各地の都市や農村に拡大したが，日本軍や警察によって弾圧された。

三・一独立運動の歴史的意義として，それまでの**義兵闘争・愛国啓蒙運動**・農民運動などの流れが1つに合わさった初の全民族的な抗日運動だったことがある。また，事態を重く考えた日本政府が武断政治から「**文化政治**」に転換し，憲兵警察制度の廃止や言論統制の緩和など一定の譲歩を行ったことがあげられる（ただし民族運動を分断する意図があったとされる）。

海外に亡命した独立運動家たちは，三・一独立運動の勃発を受けて，1919年４月に上海で**大韓民国臨時政府**を樹立した。６月には，後に韓国の初代大統領となる**李承晩**を臨時政府の大統領に選出した。しかし，大韓民国臨時政府は外交による独立をめざす路線と独立戦争を主張する路線が対立し，1920年代半ばには弱体化した。その後，臨時政府はかろうじて組織を維持していたが，1937年に**日中戦争**が勃発すると，1940年に臨時政府の主席となった**金九**は，**中国国民党**とともに重慶に移動して日本への抵抗を続けた。しかし戦中から戦後にかけて，米国は金九が率いる臨時政府を「亡命政府」と認めることはなかった。現在の韓国では，大韓民国臨時政府は三・一独立運動後の独立運動の中心的役割を果たしてきたとして，歴史的に高く評価されている。

問(10)　正解はベルリンの壁

1960年代以降の東ドイツからの避難民の移動制限を象徴する建造物は「**ベルリンの壁**」である。第二次世界大戦後のドイツは**米英仏ソの４カ国に分割占領**され，ソ連占領地域にある首都ベルリンの内部も４カ国に分割された。冷戦が本格化すると，1948年に米英仏の３国はドイツの経済復興のため，**通貨改革**を実施した。これに反発したソ連は米英仏の管理する西ベルリンを封鎖した（**ベルリン封鎖**）。封鎖は翌49年５月に解除されたが，ドイツの分断は決定的となり，米英仏が支援する**西ドイツ**（**ドイツ連邦共和国**）と，ソ連が支援する**東ドイツ**（**ドイツ民主共和国**）が成立した。

東ドイツは**社会主義統一党**の指導下で，農業の集団化などのソ連型の社会主義政策を実行したが，食料や消費財が不足し，人々の不満は高まった。一方，西ドイツでは首相**アデナウアー**の下で「**奇跡の経済復興**」が進んだため，東ドイツから西ドイツへ多くの人口が流出した。特に東ベルリンから米英仏の管理する西ベルリンへ亡命する人々は多く，労働力不足を恐れた東ドイツ政府は1961年に西ベルリンの周囲に**ベルリンの壁**を築き，西ベルリンへの移動を制限した（社会主義統一党のナンバー２の**ホネカー**が壁の建設を指揮した）。冷戦の象徴となったベルリンの壁建設は，東西ドイツの統一を遠ざけることになった。1980年代になると，ソ連・東ドイツなどの東側諸国の経済不振は深刻となり，人々の間では社会主義体制に対する反発が強まった。1980年代後半のソ連では**ゴルバチョフ**が改革を実行したが，これに刺激された東欧諸国の人々の間で変革を求める声が高まった。しかし1976年以降東ドイツの指導者となっていた**ホネカー**は改革に消極的だったため，東ドイツでは西ドイツへ脱出する市民の急増や市民デモの多発などの事態に陥った。1989年10月にホネカーは退陣に追い込まれ，

11月に政府は「**ベルリンの壁**」を**開放**し，12月には**冷戦が終結**した。1990年には，米英仏ソの同意を得て，東ドイツが西ドイツに吸収される形で**東西ドイツは統一**された。

解答例

⑴安史の乱
⑵シチリア王国(両シチリア王国，ノルマン＝シチリア王国)
⑶ガズナ朝
⑷メスティーソ(メスティソ)
⑸鄭成功
⑹ナポレオン＝ボナパルト
⑺マオリ人(マオリ)
⑻ジャガイモ飢饉
⑼大韓民国臨時政府
⑽ベルリンの壁

2020年

第１問 「15世紀頃から19世紀末までの時期における，東アジアの伝統的な国際関係のあり方と近代におけるその変容」

解説

【何が問われているか？】

第１問は「**15世紀頃から19世紀末までの時期における，東アジアの伝統的な国際関係のあり方と近代におけるその変容**」について，**朝鮮とベトナム**の事例を中心に論述する。**東大・第１問の新傾向**として特筆すべきなのは，問題文に提示した**史料Ａ～史料Ｃを論述内容の事例と結びつけて引用させる**一方で，**指定語句を例年の７～８個から６個に減らした点**である。**史料を指定語句の代用として，論述の骨子を固める**ことが求められており，**史料分析から歴史的経緯を論理的に説明させる**ことを狙う「**共通テスト**」や今後導入される「**歴史総合**」を意識した出題か。

◆視点

問題文に指定された**朝鮮**，**ベトナム**に加えて，指定語句「**薩摩**」と**史料Ｃ**から**琉球**にも言及する必要があるが，忘れてはならないのは**日本**に関する言及である。

論旨展開については，国別に中国や欧米との関係の変化を叙述するか，時系列で追うかの二通りの方法が考えられる。一見すると国別の方が書きやすそうだが，朝鮮・琉球・ベトナムについて，国別に15世紀～19世紀末まで書くと，これら三国と中華王朝=明･清との関係をその都度，説明しなければならず，重複する内容で字数を使い，必要な事項を論旨に盛り込むことが出来なくなる可能性が高い。特に**19世紀，欧米諸国や日本が清に圧力をかけてくる場面では，朝鮮と琉球，あるいは朝鮮とベトナムをめぐる対立が同時並行で発生**する。情報量が多くなるため，同一内容の重複は避けたい。同時並行的な対立（いわば「横の世界史」）を上手にまとめるためには，**史料集の年表を参考に，本問の解答に必要な事項をまとめた簡単な年表を作ってみる**とよい。

本問の場合は，欧米主導の主権国家体制に組み込まれる以前（15～18世紀）の**朝鮮・ベトナム・琉球（属国）と中華王朝（宗主国）=明・清との関係（冊封体制）**を述べた前段と，19世紀に中華皇帝（清）を頂点とする**冊封体制が崩壊していく経緯**を述べた後段に分けて考えるのが最も無理のない書き方だろう。とすると，300字×２段，前段と後段の各300字の中で中華帝国と朝鮮・ベトナム・琉球，そして日本との関わりを約100字ずつでまとめていく，というイメージになろう（**◆フローチャート**参照）。時系列を整理することは，歴史的経緯の因果関係を整理することであり，採点者が読むに当たって，説得力のある論述(当然，得点が高くなる)を作成するためのよい練習になる。時系列で文脈を整理する書き方にチャレンジし，歴史的経緯の理解を深めながら，600字という全ての受験生に平等に与えられた字数内で，必要且つ十分な歴史事項を盛り込めるような，上手な書き方を身に付けるということが，本問に取り組む意義ということになるだろう。

【論旨の組み立て】

では具体的に論旨の組立を考えてみよう。指定語句(6個と少ないが)と答案に用いるよう指示された**史料A～C**が論述の骨子になる。

◆フローチャート

<table>
<tr><th>国名</th><th>朝鮮</th><th>ベトナム</th><th>琉球</th></tr>
<tr><td>文脈</td><td colspan="3">明の冊封体制(海禁=朝貢体制)</td></tr>
<tr><td>15世紀</td><td>李朝，明に朝貢・冊封される</td><td>永楽帝の支配(07～27)
黎朝，明軍を撃退し，明に朝貢</td><td>琉球王国，明に朝貢
史料C・中継貿易で繁栄</td></tr>
<tr><td>16世紀</td><td>壬辰・丁酉の倭乱⇒明の援軍を受ける</td><td>黎朝が分裂状態に陥る</td><td>明の海禁緩和
ポルトガルの進出で琉球の中継貿易は衰退</td></tr>
<tr><td>文脈</td><td colspan="3">明清交代にともなう国際関係の変化</td></tr>
<tr><td>17世紀</td><td>明清交代期
丁卯・丙子の胡乱で清に服属
清に朝貢，冊封を受ける
⇒小中華思想の成立
日本への通信使派遣</td><td></td><td>薩摩の支配を受け，清との両属状態となる</td></tr>
<tr><td>18世紀</td><td colspan="3">史料A</td></tr>
<tr><td>文脈</td><td colspan="3">欧米諸国の進出⇒条約に基づく対等外交で，主権国家体制に組み込まれる
一方で清は周辺国に対して冊封体制を維持　史料B</td></tr>
<tr><td>19世紀</td><td>日朝修好条規(76)
⇒清が宗主権主張，日清対立

下関条約で清から独立(95)
⇒大韓帝国と改称(97)</td><td>阮朝が仏の援助で建国
阮朝は清に朝貢
仏の侵略(仏越戦争)
⇒サイゴン条約
阮朝は清への朝貢を継続(史料B)
ユエ条約(83)
⇒仏が阮朝を保護国化
清が宗主権主張⇒清仏戦争(84～85)
⇒天津条約(85)で清が宗主権を放棄
⇒仏領インドシナ連邦成立(87～99)</td><td>日清修好条規(71)
⇒国境画定せず
台湾出兵(74)⇒日本が琉球領有の根拠とした
琉球処分(79)⇒日本が併合
⇒日清対立</td></tr>
</table>

◇文脈

前段（15～18世紀の国際関係）

①朝鮮

明清交代後の**小中華**思想について述べた18世紀の**史料A**に基づいて，明・清と朝鮮の関係を分析し，これに日本との関係を絡めて論旨をまとめる。**史料A**は1780（乾隆45)年，朝鮮王朝の正祖(イ＝サン 位 1752～1800)の命令で「燕行使(清への朝貢使節)」の一員として派遣された朴趾源(ぼくしげん)(1735 or 37～1805)が著した『熱河日記』[※1]からの引用。彼自身は小中華思想には批判的な北学(西洋の文化を取り入れた清朝に学ぶべきだとする学派)に属した。正祖の時代は清では乾隆帝が君臨し，日本では享保の改革を行い，蘭学を推奨した徳川吉宗が死去した後であるが，正祖も大変，開明的な君主で，清がイエズス会士を登用し，西洋の学問なども取り入れているのを見て，夷狄として見るのではなく，清から学べるものは学ぶべきだとする姿勢を示した。彼は両班階層の「党争」を文治主義で収めるため，党派に関わらず優秀な学者を登用して王立アカデミーである「奎章閣(けいしょうかく)」を創設し，当時不遇だった庶子(妾腹の子)からも有能な者は閣員に登用した。このため西洋の科学技術を学び，キリスト教にも傾倒した丁若鏞(ていじゃくよう)をはじめとする優れた実学者が現れた。正祖は奴婢の解放なども行ったが，正祖の死後，こうした改革は反発する保守派(老論派)のために，ほとんど無に帰した。

（※1） 朴趾源の『熱河日記』については，『上智史学』(1992.11)に掲載された山内弘一氏(東京大学文学部・東洋史専攻卒，同大学人文科学研究科・東洋史学専門課程を経て，現在は上智大学文学部の教授を務めている)の論文「朴趾源に於ける北学と小中華」で詳しく紹介されている。

15～18世紀の朝鮮については，**豊臣秀吉**の侵攻(**文禄・慶長の役**)の際に宗主国・明の援軍を受けたこと(朝鮮側の呼称は「**壬辰(じんしん)・丁酉(ていゆう)の倭乱**」)，明清交代期には明を支持したため清のホンタイジに侵略され，服属を余儀なくされたこと(**丁卯(ていぼう)・丙子(へいし)の胡乱**)，このため清に朝貢しつつも[※2]，清を**夷狄**とみなし，自らを「**朱子学**」を基盤とする中華文明の後継者とする**小中華**意識を持ったこと，日本には**通信使**を派遣して対等な国交を保ったことへの言及が必要となる。

清は漢族にとっても征服王朝であり，漢族から夷狄扱いされたが，清の皇帝はこう答えた。「中華，即，漢族ではない。現に漢族出身の明は歴代，暗君続きだったではないか？　中華とは儒教文化を学び，身に体した君子の世界を表す。我が清朝の皇帝は歴代，君子の道を修め，これを政治に活かしている。夷狄も君子の道を究めれば，中華の世界に相応しい支配者となる。清こそ中華皇帝に相応しい」と。これに反発した漢族の朱子学者たちは「文字の獄」などで弾圧を受けたのだ。

（※2） 余談だが朝鮮王朝の諸王は明に次いで清からも「諡号(亡くなった時に贈られる称号)」

を賜ったが，これを国内では極秘にし，英祖，正祖などと，中華皇帝と同様の「廟号」を称した。このあたりにも朝鮮側の複雑な心境を垣間見ることが出来よう。

②ベトナム

史料Bが19世紀のベトナム・フランス・中国（清）の関係を述べたものなので，ここでは高校世界史で学んだ知識を活かすしかない。ベトナムでは14世紀末，**陳朝**大越国が滅亡した。陳朝は13世紀後半，3度の**モンゴル・元**の遠征軍を撃退して事実上の独立を維持し，民族意識を高めて漢字の影響を受けた民族文字「**字喃（チュノム）**」を創始した王朝として有名だが，元軍を撃退したにも関わらず，その後，元に**朝貢**して，元の**冊封**を受け，元をモンゴル高原に逐った明の冊封も受けた。この史実は14世紀のことなので，本問が対象とする15世紀以前の話で，論述の対象外であるし，また「**撃退して朝貢する**」という流れが受験生には分かりにくいところかも知れないが，実はこれが**ベトナム諸王朝にとっての巨大な中華帝国との「付き合い方」**だったのである。陳朝以前にも11世紀以降の**李朝**は北宋の侵攻を撃退しながら，北宋に朝貢したし，農民反乱を契機に18世紀末，明・清に冊封された（後）黎朝を滅ぼした**西山朝**も，清軍の侵攻を撃退した後，清に朝貢して清から冊封を受けている。中華（を支配した元）帝国に朝貢してこれを宗主国として冊封体制に組み込まれ，属国として名目上，服属しつつ，事実上の独立を容認され，貿易の実利を上げるというのが五代十国の時代に中華帝国から独立した歴代のベトナム王朝の外交方針だった。ところがその上を行ったのが明の永楽帝（位 1402 ～ 24）で，属国であった陳朝の滅亡を契機として，宗主国として，属国だった「陳朝の復興」を掲げてベトナムに遠征軍を派遣し，これを占領して「**安南**布政使司」を置いて直轄支配した（1407 ～ 1427）のである。図説などの地図を見ると「**鄭和の南海遠征**」の時点でベトナムが明の直轄地となっていたことが分かるはずだ。しかしベトナムでは激しい抵抗運動が起こり，やがて永楽帝の死後，ベトナム中部の豪族出身の**黎利**が明軍を撃退して独立を回復して（後）**黎朝**を建て，明に朝貢して冊封を受けた（ただし，黎利は明が認めた陳朝の末裔を殺害していたため，彼の在世中は「安南」の事実上の支配者を意味する称号は与えられたものの，「安南国王」には冊封されなかった）。紛らわしいことに黎朝と同名のベトナム王朝は10世紀（中国では五代十国時代）に成立した短命な王朝があり，これを前黎朝と呼び，15世紀前半に明から独立した黎朝を「後黎朝」と呼んで区別するが，高校世界史教科書で黎朝といえば，ほぼ黎利が建てた王朝のことを指している。ここでも黎利が建てた王朝は，以下，黎朝と表記する。本問では，この**永楽帝の遠征軍派遣**と**黎朝の独立**から書き起こせばよい。黎朝は15世紀後半に**チャンパー（占城）**を滅亡させ，現在のベトナム南部にまで勢力を拡大したが，16世紀には分裂状態に陥り，有力な臣下である鄭氏，莫氏，阮氏が抗争し，なかでも阮氏はベトナム中部の**フエ**を都に**広南**(**クアンナム**)朝を建てて，事実上，独立した。18世紀末になると，農民出身の阮文岳，阮文恵が**西山**(**タイソン**)**党**を組織して農民蜂起を主導し，宗主国である**清**(**乾隆帝**)の軍事介入を撃退して黎朝と広南(クアンナム)朝を滅ぼし，西山朝を建て，清に朝貢した。清はベトナムの現状を追認する形で西山朝を冊封したが，広南(クアンナム)朝の一族・**阮福暎**(グエン＝フック＝アイン　**嘉隆帝　位 1802～20**)は，フエを拠点として**シャム**の**ラーマ1世**(プラーヤー＝チャクリ・チュラーローク王 位1782～1809)や当時，ベトナム南部で布教活動を行っていたフランスのカトリック宣教師**ピニョー＝ド＝ベーヌ**(**1741～99**)の支援を受けて西山朝を滅ぼし，**阮朝越南国**(1802～1945)を建て，清に朝貢するという大逆転劇を演じることとなった。この間の経緯は当時，清を訪れていたイギリスの使節**マカートニー**(1737～1806)の旅行記にも記されている。ピニョーはベトナムでのカトリック布教のため阮福暎と結んだのだが，当初から軍事的支援を積極的に行い，阮福暎の息子を伴ってフランスに帰国し，**ルイ16世**に拝謁させ，フランスと阮福暎の同盟の締結に尽力した。インドのフランス軍はイギリスに敗れて弱体化しており，ピニョーが企画したフランス軍のベトナム派遣は実現しなかったが，ピニョーは義勇兵を組織して阮福暎を支援した。阮福暎は清から「**越南国王**」に冊封されたが，国内および勢力下においていたラオスやカンボジアに対しては中華皇帝と同様に「嘉隆(ベトナム語の発音ではでザーロン)」という元号を建て，帝号を称したため，史上，「嘉隆帝」と呼ばれる。前述の黎朝の建国者・黎利も国内向けには帝号を称している。中華王朝に朝貢し，冊封され，臣従しつつ，これを自己の権威付けに利用し，国内向けには中華皇帝同様，帝号を称したところにベトナム諸王朝のしたたかさを見る思いがする。ちなみにフランス，日本，そしてまたフランスに擁立された阮朝最後の皇帝・保大(バオダイ)帝は，この阮福暎の末裔である。◆**視点**で述べたように，情報は多いが字数には限りがあり，論述は史実を要約するところから始まるのであるから，本問の場合は，黎朝独立以来，中華帝国(明・清)は時としてベトナムに軍事介入するものの，**黎朝⇒西山朝⇒阮朝**の交代を追認していることに触れ，**フランス**(**ピニョー**)の**阮福暎支援**が**フランスのインドシナ進出の契機**となり，後の**清仏戦争**の遠因となったことに言及すればよい。

③琉球

中継貿易で繁栄したことを示す**史料C**と17世紀初めに「**薩摩**」が**琉球を服属**させたことと，これを遠因とする19世紀の**琉球をめぐる日本と清の対立**に言及する，というアプローチが考えられる。14世紀に建国した**琉球**はいち早く**明に朝貢**して冊封体制に組み込まれ，15世紀には**朝貢貿易**を軸に**日明間の中継貿易**や**朝鮮との交易**を活発化させた。琉球の明への朝貢回数は171回を数えるが，安南(89回)，占城(74回)，シャム(73

回)，ジャワ(37回)，朝鮮(30回)を圧倒していることが分かる。ちなみに室町時代，日明貿易を展開した日本の「朝貢」は19回を数えている。史料Cは1458年，琉球国王・尚泰久王が鋳造させた梵鐘「**万国津梁之鐘**」の銘文からの引用で，海洋貿易国家としての琉球王国の存在意義を明記した文として有名である(この梵鐘は，かつて首里城正殿に懸けられていた)。**琉球船**は東南アジアの**シャム(暹羅)=アユタヤ朝**，**マジャパヒト王国**，**マラッカ王国**にまで進出し，琉球王国はこれらの国々と国交を結び，交易で繁栄を極めたが，16世紀に入ると，**ポルトガル**商船や，明の**海禁緩和**(1567)によって活発な商業活動を開始した**中国商船**，加えて同世紀半ば以降は**日本商船**も東南アジア海域に進出して国際競争が激化したため，これに圧倒された琉球の交易活動は明への朝貢を除いて急速に衰退した(琉球船の東南アジアへの渡航記録は1570年を最後に途絶えている)。これに言及した上で17世紀初頭，**島津氏(薩摩藩)**の侵攻を受けて服属を余儀なくされた後も，明，次いで清への朝貢を続けて日中への両属状態となった点を述べることが重要だ。

後段（19世紀の国際関係）

④清

19世紀以降，欧米の進出については，清がアロー戦争を期に締結された天津条約(1858)と北京条約(1860)で対等外交を強要された(欧米列強の外交官の北京駐在は天津条約で認められ，追加条約である北京条約で再確認された)が，朝鮮・琉球・ベトナムとの従来からの冊封関係は維持するというダブルスタンダードを取ったことが，清仏戦争，日清戦争の遠因となった。中華王朝にとっては漢字文化圏であり，儒教を信奉する朝鮮とベトナムは皇帝の徳化が及ぶ，最も重要な属国であった。これがこの部分の論旨に最も必要な「視点」となる。

⑤ベトナム

ベトナムではキリスト教布教をめぐって阮朝とフランスの対立が深まり，阮朝は嘉隆帝を継いだ明命(ミンマン)帝(阮朝第2代 位 1820～41，彼の治世の1839年から阮朝最後の保(バオ)大(ダイ)帝まで国号を「大南」と称した。日本が仏領インドシナを占領したバオダイの末年，「越南」に国号を戻している)が，キリスト教布教を禁止(1820)し，交易拡大を図るフランスとの国交を断絶した(1826)。その後も阮朝のキリスト教抑圧が続いたため，アロー戦争で清と交戦中のフランス(第二帝政・ナポレオン3世)はベトナムに軍を派遣し(仏越戦争 1858～62)，サイゴン条約でベトナム南部のサイゴンとその周辺のコーチシナ東部3省を占領し，キリスト教布教と賠償金，および交易の自由化を勝ち取ったが，阮朝(第4代・嗣徳帝，ベトナム語の発音では「トゥドック」帝 位 1847～83)は仏越戦争後も清への朝貢を継続した。史料Bはこの間の経緯を物語るものである。

史料Bについては，原典そのものに当たることはできなかったが，『近代ヴェトナム政治社会史』の第三章「阮朝独立期における中国と中国人」(坪井善明，東京大学出版会，1991年，p.97～p.98)[※3]に，史料Bで取り上げられた1876年の阮朝の朝貢に関する史料と同じ内容が記された，フランスのフエ弁理公使レナールとハノイ領事ケルガラデックの二通の報告書が紹介されている。

ベトナム北部・紅河(ホンハ，旧名ソンコイ=「コイ川=母なる川」)流域への進出を図るフランス(第三共和政期のフェリー内閣)がベトナム北部を占領する黒旗軍の劉永福と衝突したことを契機に，フランスと劉永福，そしてこれと結んだ清との対立が激化する中で，フエ条約(1883)でフランスが弱体な阮朝を保護国化すると，阮朝に対する宗主権を主張する清との対立が激化し，清仏戦争(1884～85)に発展した。清仏戦争で敗れた清は天津条約(1885)で宗主権を放棄，フランスがインドシナ連邦を形成(1887)した。この部分では，フランス進出後も阮朝が清に朝貢していることを示す史料Bと，これを原因とした「清仏戦争」により，清がベトナムに対する宗主権を喪失した経緯を書くのだが，仏越戦争⇒サイゴン条約(サイゴンとコーチシナ=ベトナム南部へのフランスの進出)⇒フエ条約(フランスが阮朝を保護国化)⇒清仏戦争⇒天津条約(清とベトナムの冊封関係が崩壊)⇒フランス領インドシナ連邦(ベトナムとカンボジア)成立⇒ラオス併合(1893)という流れを，正しく理解しておくことがポイントになる。

(※3)　著者の坪井氏は東京大学法学部卒業後，パリ大学で博士号を取得し，北海道大学，早稲田大学で教鞭をとり，現在では早稲田大学の名誉教授に就任されているが，同書の原型は1975年の東京大学大学院法学政治学研究科修士論文とのことである。1975年と言えば，受験生も承知のようにサイゴン陥落の年であり，ベトナム戦争による長期の混乱で史料の収集・整理を思うに任せなかったため，坪井氏は阮朝の正史(王朝公認の歴史書)『大南寔録(実録と同義)』を根本史料としながら，日本の「東洋文庫」(東京都文京区にある東洋史学の専門図書館)に保管されていた史料や，南フランスのエクサンプロヴァンス(Aix-en Provaence)の植民地省文書館に保管されていた1850年代～1930年代までの「未公刊の第一次史料」を渡仏して閲覧し，これを日本との史料と対比して分析を行い，フランスの侵略に対して清との冊封関係に固執した阮朝・嗣徳帝(前出)の時代を描き出した研究成果が同書である。日本やフランス，ベトナムの研究者の指導と坪井氏の大変な研鑽と史料分析の結果，同書が刊行されたわけだが，坪井氏がフランス語の原典から日本語訳した史料の中に，史料Bも含まれるものと推察する。

⑥朝鮮

朝鮮については清が朝鮮に対する宗主権を喪失した日清戦争後の「下関条約」に至る経緯を書くこと。19世紀の日清・日朝関係については比較的よく知られているが，以下の経緯に注意してまとめよう。朝鮮については，日清修好条規で清と対等な国交を樹立した日本は主権国家として国境画定を進め，台湾出兵(1874)を法的根拠に日清両属だった琉球を領有(琉球処分 1879)した。これに清は強く反発し，日本が日朝修好条規で朝鮮を開国させ，清との宗属関係を否定させようとしたことと相まって日清の対立が激化し，日清戦争に至った。日清戦争後の下関条約で清が朝鮮に対する宗主権を放棄し，冊封体制が崩壊した，という論旨でまとめる。ここで注意したいことは清は日本に対しては主権国家同士の対等の国交を結んだということであり，これは清や朝鮮王朝には，明治維新後の日本が「倭洋一体」と捉えられていた証左になるということである。一方で清は朝鮮との冊封関係の存続を図っていたから，これがその後の日清・日朝の関係において，日本が欧米列強の側に立って，東アジアの儒教的国際秩序ともいうべき冊封体制を崩壊させる要因となったことが答案の結びになるだろう。

この部分は，受験生にとっても情報量が多いところだろうが，◆**視点**で述べたように字数を考え，論点を絞ることが重要だ。台湾出兵や事大党・独立党の党争などは，それだけでも論述のテーマになるが，ここはストーリー優先で簡潔に触れるに止めよう。**【背景解説】**では19世紀後半の日本，朝鮮，清をめぐる対立の経緯を概説しておく。

【背景解説】

1．江戸時代に来訪した朝鮮通信使

朝鮮王朝は**豊臣秀吉**の**朝鮮侵略**(**壬辰・丁酉の倭乱**)の際，宗主国・明の援軍を得て日本軍を撃退した。日朝両国の交わりは断絶したが，秀吉に代わって権力を掌握した**徳川家康**は積極的に朝鮮との国交修復を図った。

大阪(当時は大坂)に**豊臣氏**が残存している中で，**江戸幕府が日本の諸大名の盟主であることをアピールする狙い**があり，さらに朝鮮との交易の回復を最も切実に求めていた**対馬藩・宗氏**の働きかけも大きかった。一方，朝鮮側が日本側の呼びかけに応じた背景には，日本に連れ去られた朝鮮人捕虜の返還要求が国内で高まったこと，**女真族の台頭**に伴って**明軍の半島撤退**を機に日本が三度目の侵入を行うことへの警戒，および交易の再開を求める機運の高まりなどがあった。**壬辰・丁酉の倭乱**の終息からわずか10年後の1607年５月，正使・呂祐吉(りょゆうきつ)ら朝鮮の使節一行約500人が来日するに至った。**江戸幕府は，対外関係を中国・オランダとの「通商」，朝鮮と琉球との「通信」**という範囲に限定していたが，その中で正式な外交関係を結ぶに至った独立国は朝鮮のみであり，**朝鮮通信使**の来日は，徳川幕府の国際的地位を承認する舞台として大きな政治的意義を持っていた。**1607年～1811年までの間に計12回，朝鮮国王の使節として日本を訪問した通信使**一行が，対馬から江戸までの長い旅路の各地で，日本の知識人や民衆との文化的交流をもち，それを通じて朝鮮文化に対するブームが巻き起こった。通信使は訪日のたびに朝鮮国王の国書と贈り物を徳川将軍に進呈し，同じく将軍より国王への返書と答礼品を受け，朝鮮に帰国して国王に復命することでその任務を終える。

国書交換などの外交儀礼のほか，**清に服属し**，その清が康熙帝・雍正帝・乾隆帝の全盛期を迎えてもなお，**内心ではこれを蕃夷とみなし**，**朝鮮民族こそ儒教を身に体する君子(士大夫)の世界であるとする小中華思想に基づき「北伐論」が絶えなかった朝鮮**にとって，使節派遣の目的の一つは，**日本の知識人との文化的接触を通して朝鮮の高度な漢文・儒教文化を誇示し**，**同時に日本人を教化すること**であった。とりわけ当時の日本の儒学者の関心は「**東方の小朱子**」と称された朝鮮の**李退渓**(1501 ～ 1570)に集まっており，彼の著述のほとんどが日本で翻刻され，版を重ねていた。したがって，儒学者たちと通信使の交流においては，李退渓の学問が話題の中心とならざるを得なかった。17世紀末に入ると日本の儒学のレベルも上がり，儒学者の層も厚くなった。その代表的な人物である**新井白石**(1657 ～ 17250)は，1682年通信使の製述官・成琬(せいえん)に自著『陶情詩集』の序文と跋文を求めた。成琬は白石の詩文が卓抜であることを認めてその求めに応じた。これは当時の日本の文人にとって，自他ともに認める最高の名誉であった。1711年と1719年の２度にわたって対馬から江戸まで通信使一行に随行した**雨森芳洲**(1668 ～ 1755)の文章も朝鮮側から高く評価された。一方で，この負けず嫌いな朝鮮の使節たちは江戸後期の日本の街道や水道設備の充実に瞠目し，サツマイモの効用には感動し，「日本にも学ぶべきところがある」などというレポートを遺している。江戸幕府は対馬藩を窓口として交流する朝鮮を，薩摩藩を窓口とする琉球王国と共に日本と正式な国交のある「**通信国**」と位置づけ，貿易関係のみで正式な外交関係を持たなかった明や清(康熙帝の遷界令撤廃後，清国船の来航が増え，清国商人は長崎の唐人屋敷を拠点とした)，ポルトガル，イギリス，オランダ(1641年以降，長崎の出島を貿易拠点とした)など「**貿商国**」と呼ばれた国々と明確に区別した。朝鮮通信使の将軍への謁見の儀式は，幕府の威信を国内に示す好機であり，朝鮮通信使は琉球の使節と同様に朝鮮が日本(幕府)に完全に従属したことを示す「来貢使」だという認識が国内に広まった。幕府の公式文書では「来貢使」という用語は使われていないが，江戸幕府もまた朝鮮との外交関係を国内における自らの権威付けに利用したのだ。

２．冊封と朝貢

その起源：中華帝国と周辺地域との交渉は，「**朝貢**」という一種の**交易形式**で行われたが，「**朝貢**」は**中華思想**と**儒教的な徳治主義**に基づき，**周辺諸民族**(**夷狄**)が**中華帝国の君主の徳を慕い**，**貢物を持って来訪する**という「建て前」で行われた。**漢帝国**は「**郡国制**」を採り，諸侯王に封土を与えた。これを「**冊封**」という。この「**冊封**」方式を**国際関係にも拡大適用**して，**朝貢国の首長に爵位や官位を与え**，**その地域の統治を承認**した。この**中華帝国の皇帝を頂点とする**「**儒教的**」**国際秩序を**「**冊封体制**」という。**唐はこの冊封体制を基盤に唐を中心とした一大文化圏を築き**，「**世界帝国**」**に発展**した。唐は領土拡大に伴い，領域内の辺境地域では**服属した部族の首長**を都護府の属官に任じて**通常の統治**を行わせ，要所に**都護府**や都督府(都督は都護より下位)を置き，中央から若干の兵士を伴って赴任する**都護**・都督に**部族長の統治を監督させる間接統治**の方策を用いた。これを「**羈縻政策**」という。「**羈縻**」とは牛馬をつなぐ綱のことで，牛馬をつなぐ･調教するなどの意味合いで，**異民族を夷狄と蔑視する中華思想の表れ**であるが，**文化・伝統の異なる諸民族に対する極めて現実的な統治法**であった。唐はまた**隣接する諸国**に対しては，極力，これらを**冊封体制に組み込んだ**。朝鮮半島で敗れた**新羅**や，これと対立した**渤海**を冊封したことがその典型例である。**皇帝が冊封し，諸国が唐に朝貢して臣下の礼(「君臣の礼」)をとる**ことにより確立された国際秩序が「**冊封体制**」で，「**冊封**」する中国(「**宗主国**=儒教でいう本家」)と「**朝貢**」する周辺国(「**属国**=分家」)との間には厳格な上下関係があった。唐は太宗・高宗の全盛期には中華の皇帝を称する一方，遊牧民からは「天可汗」の称号を奉られた。2017年の第1問で問われたように中華世界とは文化圏であり，遊牧民たちは漢字文化圏の外に存在したが，これに対しては鮮卑族を祖先に持つ唐の皇帝は「可汗」の顔で影響力を及ぼしたのである。一方で唐中期以降，唐を脅かした**突厥・ウイグル・吐蕃**などの強国に対しては，君臣の礼を用いることは出来ず，漢と匈奴の先例に倣って，儒教的な「**義理の親子・兄弟**」といった**家父長制的な**「**家人の礼**」が取られた。唐の次の**北宋と契丹**の関係がこの例に該当する。交易のみを望んで来訪する遠隔地の諸民族に対しては，「朝貢」の方式が採用された。日本の「**遣唐使**」は皇帝に謁見する際，新羅との序列を争ったが，唐に冊封された新羅との差は歴然としており，日本に唐が与えた絶大な影響に比して，唐(中国)側に遣唐使に関する記録はあまり遺されていない。この「近場には羈縻政策，遠隔地には冊封と朝貢」という体制は明・清代にも継承された。

明代：冊封と朝貢の具体例として有名なものは，**室町幕府**の**第三代将軍**であった**足利義満**(**1358～1408，将軍 位 1368～94**)のパターンだ。義満は当初，建文帝から，**靖難の変**の後には**永楽帝**(位 1402～24)から「**日本国王**」に封じられ(冊封を受けたということ)，**勘合**(**勘合符は江戸時代の呼称**)を所持する貿易船にのみ，**朝貢貿易**(**公貿易**)**が許可**された(1404)。明側は**倭寇鎮圧を目的**として室町幕府と提携したが，日本側は**私貿易船を勘合船に同行**させ，結果的に**明側も私貿易を黙認**し，前期倭寇は沈静化した。勘合貿易には皇帝に献上品を奉り，回賜(頒賜=お返し)を戴く「**進貢貿易**」とこれに伴う「**公貿易=勘合船と明の政府との貿易**」と「**私貿易=寧波の特権商人との交易や北京の交易場・沿道での交易**」があった。室町幕府は勘合船に官員や水夫(かこ)の他に**多数の商人を随行**させ，交易を行わせたのである。明から勘合貿易を認められた国は60余国に上る。「勘合貿易」は日本との貿易のみを特定した呼称ではない。

3．清と欧米諸国との交易

明代は**海禁**を行ったため，**市舶司**の権限は外国使節の接待などに限定され，貿易上の意義は低下していた。**鄭氏降伏**後，**康熙帝**は**海禁を解除**(1684～85)し，**上海・寧波・漳州・広州**に**海関**を設置し，外国貿易を管理した。1757年，**乾隆帝**は海港貿易を**広州(粤海関)に限定**し，特権商人・**公行(広東十三行)に対外貿易を独占**させた。乾隆年間から**アヘン戦争後の南京条約締結**(1757～1842)の間に，清とヨーロッパ諸国との間で行われた貿易管理体制を「**広東システム**」と呼ぶ。ヨーロッパ商人との交易を**広東(広州)１港のみに限定**し，独占的商人(公行)を通じて行った貿易体制で，日本の江戸時代の「鎖国」体制下の「長崎貿易」(長崎・出島での管理貿易体制)と類似する。近年では，**朝貢形式の儀礼などの手間を省き，広州における商人同士の通商行動を重視**した「**互市**(モンゴル高原の遊牧民との間で行われた交易)」と同様のシステムと見なす説が有力である。1757年，**乾隆帝**は海港貿易を**広州(粤海関)に限定**し，特権商人・**公行(広東十三行)に対外貿易を独占**させ，**関税の徴収強化**を図った。**外国商人は公行を通さなければ中国物産を購入できず，これが茶貿易による銀の流出と毛織物貿易の不振に苦しむイギリス側には，保護貿易政策による通商の圧迫に見えたわけである。アヘン戦争**後，**南京条約で５港が開港**され，**天津・北京条約**以降，**長江流域**の河港や**天津**にまで**開港場が拡大**したが，これらに置かれた**海関を管理した**のは**イギリス人**であった。外国人による海関管理は中華人民共和国成立まで続いた。

4．黒旗軍

19世紀後半，ベトナムのフランスに対する抵抗戦争で活躍した中国人部隊。**太平天国の乱**の際，**天地会**の反乱に参加した広東省の**客家**(洪秀全や孫文と同様)出身の**劉永福**(1837～1917)が，太平天国滅亡後にベトナムに逃れ，阮朝に帰順して組織した農民主体の私兵部隊。1873～74年にかけて，トンキン(ベトナム北部の紅河デルタ一帯)を攻撃したフランス軍に激しく抵抗(**トンキン事件**)した。清朝はフランスとの抗争に際しては，本来，敵対する黒旗軍と共同した。黒旗軍は清仏戦争で清朝が敗北した後，解散した。

5．日清戦争までの経緯

征韓論政変(1873)：「征韓論」は幕末から明治初期にかけての朝鮮侵略論。

江戸幕府と**李朝**(**朝鮮王朝**)は**朝鮮通信使**の来訪などを通して友好関係を維持していた。これに対し「国学」や朱子学を基盤とする「水戸学」の学者が，**古事記**や**日本書紀**に記述された古代大和政権による「(神功皇后の)三韓征伐」を根拠に，朝鮮侵略を主張した。また，幕末期にも長州の**吉田松陰**ら**尊王攘夷派**が**列強による圧迫の代償**として**征韓を主張**した。**明治維新**後，明治新政府は朝鮮に対し，**対馬藩**を介して**新政府の発足を通告**し，**天皇の名による新たな国交の樹立を求めた**(1868)。しかし**鎖国攘夷策**を採る**大院君**執政下の朝鮮政府は，**明治政府の外交文書**が**江戸幕府の形式と異なることを理由に受け取りを拒否**した。その後，日朝双方の対立は激化し，日本政府内部でも出兵が論議されるようになり，1873年8月，**岩倉使節団**(1871.11～73.9)が欧米諸国を巡っている間の留守を預かる「**留守政府**」は参議・**西郷隆盛**を使節として朝鮮に派遣することを決定した。しかし翌9月，**岩倉使節団**が帰国すると，**岩倉具視**，**大久保利通**，木戸孝允らは西郷の派遣に強く反対し，西郷や板垣退助らの**征韓派は下野**した。この争いは西南戦争の要因となると共に，自由民権運動の契機ともなった。

閔氏政権:鎖国政策を採った大院君(高宗の実父)の失脚(1873)後，成立した閔妃(明成王后 1851～95)一族の政権で，日清戦争までの間，宗主国清朝や植民地化を図る欧米列強・日本，圧政に反発する農民反乱に苦しみつつ開化政策を進めた。この政権が直面したのが江華島事件(1875)で，日本軍艦雲揚号が飲料水補給を名目に，朝鮮の海防拠点である江華島に上陸を図り，朝鮮軍に砲撃され，反撃して朝鮮側に損害を与えた事件である。早い話，日本が22年前のペリー艦隊の真似をしたわけだ。この事件を契機に，日本が朝鮮に開国を強制した不平等条約である**日朝修好条規**（江華条約1876)が締結された。

日朝修好条規：①釜山など3港(後に仁川と元山に決定)の開港，②公使館・領事館の設置，③領事裁判権の承認，④日本に対し，輸出入関税の免除を認める，という内容で，日本は**清朝と朝鮮王朝の冊封関係**を絶つため，条約文に「**朝鮮の自主独立**(朝鮮が主権国家となることを支援するという意味)」を掲げた。条約締結以後，閔氏政権の要請で日本軍人が朝鮮軍に洋式訓練を施し，旧軍隊兵士は冷遇された。この点も明治維新直後の日本の洋式軍隊編成とそれに対する士族の反発に，若干，構造が似ている。

壬午軍乱(1882)：**朝鮮王朝(李朝)**・**鎖国攘夷派**による**閔氏政権打倒**のクーデタである。原因としては鎖国攘夷を主張する両班・儒学者や旧軍兵士の閔氏政権に対する反発，開国を強要した欧米列強や「倭洋一体」の日本に加えて洋務運動を進める清への反発，そして開国による外国資本の進出に伴う物価の高騰に苦しむ民衆らの反発が挙げられるが，これも維新直後の日本の状況と類似する部分がある。

経緯は以下の通り。蜂起した鎖国攘夷派は漢城(現ソウル)の日本公使館などを襲撃し，閔氏政権に退けられていた大院君を擁立したが，宗主国清朝は，北洋陸海軍(首都圏(直隷)を警備する最精鋭軍)を朝鮮に派遣し大院君を逮捕し，大院君派の兵士・民衆を弾圧，閔氏政権を復活させ，軍隊を漢陽(漢城，現ソウル)に進駐させた。日本も公使花房義質が軍隊を率いてソウルに入り，**済物浦条約**を強制し，賠償金支払いや公使館警備を名目に日本軍駐留を閔氏政権に承認させた。壬午軍乱の影響としては，清朝が冊封関係の維持を閔氏政権に要求し，直隷総督・**李鴻章**が政治顧問を朝鮮に派遣し，閔氏政権への内政干渉を強化することになったことや，閔氏政権はその後の国内保守派の反発を恐れ，日本の**明治維新的な急進的改革**ではなく，清の**洋務運動に倣って儒教主義を温存した漸進的改革**への転換を図り，以後，**日本の欧化主義に反発**するようになったことが重要であり，**事大党**と**独立党**の対立はここから始まる。

事大党と独立党：**閔氏政権**は清に事大の礼（「大国に事＝仕えること」）を執り，清の李鴻章の勧告により，清を仲介とした対欧米開国条約締結交渉を推進し始めた。これは朝鮮自ら，清の属国であることを欧米列強に印象づける結果を招いた。次いで閔氏政権は，儒教尊重の立場から清朝内部の洋務派と結んで冊封関係を維持しつつ改革を進めようとした。**事大党**とは欧米・日本の圧力に対抗し朝鮮の独立を維持するため，従来からの**清との冊封（事大）関係を一段と重視**するようになった**閔氏政権**とそれを支える勢力を指す。

これに対する**独立党（開化派）**は，**金玉均**（1851～94）・朴泳孝ら朝鮮の自主的な近代化を目指した急進開化派で，壬午軍乱以後の清の介入に反発し，**明治維新を近代化のモデル**として，借款導入など**日本との関係強化**を図り，清への朝貢廃止・門閥打破・人民平等権の確立・税制改革など「上からの**近代化**」を企てた。

甲申政変（1884）：独立党の閔氏政権打倒のクーデタ未遂事件である。

政変の契機は**清仏戦争**での清の敗北であり，朝鮮駐留の清軍の主力がベトナムに移動しようとした間隙を縫って，日本公使竹添進一郎と日本軍の支援を得た独立党が漢城で決起し，閔氏政権の打倒を図ったが，民衆の反発と閔氏を支持する清軍の反撃で独立党のクーデタは失敗に終わり，日清両国は天津条約を締結し事変を収拾した（この時の清の朝鮮駐留軍司令官は**袁世凱**〔1859～1916〕であった）。日本の全権は伊藤博文であり，清側の全権・李鴻章（1823～1901，この当時は直隷総督）の任地・天津に赴いて条約を締結したのだが，日清戦争の下関条約ではこれが逆になって，李鴻章が下関に赴くこととなった。天津条約の内容は朝鮮からの日清両国軍の撤兵・**将来の出兵時の事前通告**などを確認などであり，この政変の意義は清がさらに朝鮮の内政・外交への干渉を行い宗主権の強化を図ったことで，李鴻章や袁世凱は，**李朝が清の属国であること（つまり冊封体制下にあること）の国際的承認**を求めた。これは朝鮮にとってもありがた迷惑なことだったから，閔氏政権は**日清両国を牽制するため，ロシアへの接近を企図**し，清の宗主権からの脱却を図って各国に公使を派遣し独自外交を展開し始めた。日清両国の朝鮮における紛争にロシアが介入してくることだけは避けたい日本は，清の朝鮮での当面の優越を認めつつ欧米列強の進出を抑えようとした。

東学：没落両班の出身である崔済愚（1824～64）を教祖とする朝鮮の宗教である。朝鮮では19世紀に入ると没落した両班や地方官吏，貧農が蜂起した洪景来の乱（1811～12）などが頻発しており，社会情勢は不穏だった。この間，**崔済愚**は18世紀から朝鮮に浸透し始めた**西学**(キリスト教)に対抗して，民間信仰を中心に**儒仏道三教を融合**した**東学**を提唱(1860)したが，危険思想として当時の政権を担当した大院君に処刑された(1864)。儒仏道を融合するとどうなるか？　といえば，列強の侵略に対する「**保国**」と「**人，乃天**」の平等思想に基づき，封建支配に反対する「安民」を説き「地上天国」の実現を目指す思想ということで，東学が批判したキリスト教を基盤とする太平天国の主張とほとんど変わらないところが興味深い。東学の第２代教主・崔時亨(さいじきょう)(1829～98)は師の死後，教団の組織化を図り，朝鮮王朝の腐敗と列強の侵略を背景に東学は没落両班や農民に急速に拡大した。この東学党の蜂起が日清戦争を招くのである。

日清戦争(1894～95)：日清戦争は実は複雑な過程を辿った。まず**甲午農民戦争**(東学の乱)が勃発した(1894)。これは閔氏政権の腐敗と開化政策に対する反発から東学党の全琫準(1854～95)らが蜂起したのだが，困窮した農民は「**逐滅倭夷**(日本や欧米などの外国勢力を排除せよ)」「**尽滅権貴**(閔氏政権を支える特権的な両班階層を打倒せよ)」などのスローガンを掲げ，東学の組織を利用して反乱を拡大した。このため「東学の信徒より世を恨む民衆の方が多い」と称された。この甲午農民戦争を機に日清両軍が衝突し，**日清戦争**(1894～95)が勃発する。甲午農民戦争の鎮圧に苦しんだ閔氏政権は清に派兵を要請(94.5)した。その際，清は天津条約(1885)に基づき，日本に出兵を通告したが，その文書で朝鮮を「属領」と称したため，日朝修好条規(江華条約)以降，朝鮮を独立国と見なす日本としては，清の出兵理由を容認することは出来ず，清軍の出兵に対し日本も朝鮮に派兵(94.6)することとなった。派兵の口実は済物浦条約(1882)に定めた日本公使館護衛のための駐兵権・邦人保護の規定であり，速やかな日本軍派遣の背景には，この事態を予測した伊藤博文首相(第２次内閣 1892～96)や陸奥宗光外相，川上操六参謀総長らの入念な計画があった。日清両軍の出兵に驚愕したのは農民反乱軍である。彼らは一時，閔氏政権と「全州和約」を結び，日清両軍の撤兵を求めたが，この際，一気に朝鮮に対する支配権確立を図った日本は，日清両国による朝鮮の内政改革を提案し，宗主権を主張する清がこれを拒絶すると，日本軍は漢陽を占領して，大院君を擁立し，親日派政権を成立し，**甲午改革**(**後述**)を推進する一方，日本は清に宣戦布告した(94.8，戦闘そのものは７月に始まっていた)。日本は開戦の詔勅に「朝鮮の自主独立」のための戦いであることを謳ったが，後に伊藤博文を暗殺した安重根は明治天皇の名で発せられたこの宣言が偽りだったことを伊藤暗殺の理由に掲げている。日本軍は黄海海戦(史上初の蒸気軍艦同士の海戦だが日清両国とも欧米から軍艦を輸入していた)などで清軍を圧倒し，大院君を首班とする新政権の親日姿勢と日本の露骨な侵略に反発して再蜂起した朝鮮農民軍を弾圧し，全琫準ら農民軍の指導者を捕らえ処刑した。

下関条約 (1895.4)：日清戦争の講和条約で，日本側の全権は伊藤博文と陸奥宗光，清側は李鴻章である。その内容は①**朝鮮の完全独立**。**これは清の冊封体制の崩壊を意味する**。②清は日本に遼東半島・台湾・澎湖諸島を**割譲**する。③日本に対して賠償金を支払う。この賠償金を基に日本は**金本位制**を導入し，**八幡製鉄所**を建設するなど，第２次産業革命を進めることになる。④欧米列強と同等の通商上の特権や開港都市における**製造業の経営権を清から得る**，等々である。なかでも**製造業経営権**は，日本が欧米列強に先んじて清朝に認めさせた特権である，列強も最恵国待遇発動を清朝に要求して日本に追随し，外国資本による**中国の市場化と民族資本圧迫**につながった。また日本に割譲された台湾では，割譲に反対した台湾在住の中国人に。前述したように劉永福も加わって「台湾民主国」(1895.5 ～ 1902)の建国運動が起こったが，日本軍の弾圧で崩壊した。また後述するが，これ以降，清側は琉球の帰属について日本に抗議する機会を失ったが，琉球処分を清や中華民国政府，中華人民共和国政府が公式に認めたことは一度もないということは留意する必要がある。

６．台湾出兵から琉球処分へ

琉球と台湾：琉球は17世紀初頭の島津氏の征服以来，**薩摩藩**(**明治政府の成立後は日本**)**と清朝に両属する国家**であったが，明治政府は琉球を日本の領土とすべく1872年には琉球藩を設置して，琉球王尚泰を華族に列した。1871年，台湾先住民(「生蕃」)に宮古島の琉球民54名が殺害される事件が起こった。これに対し清は台湾先住民を「化外の民(清朝支配の及ばない人々)」として，これを管轄しないという伝統的な立場をとったため，日本は「台湾＝無主の地(支配者のいない土地)」として「生蕃」を処罰するという名目の下，**琉球の両属体制の解消**をもくろんで**台湾出兵**を行った(1874)。

この事件は，イギリスの調停により，**清朝が日本の出兵を「義挙」と認めて**補償金50万両を支払い，日本が撤兵することで一応の決着を見た。この結果を**日本側**は「**清朝が琉球民を日本の民と認めた**」ものとみなしたが，**清朝側はあくまでも「琉球民は日本の属民でもある」という旧来の両属関係を再確認した**に過ぎないと考えていた。同時に清朝側は，この決定によって，日本が「無主の地」とした台湾の支配を回復したものと考え，国際的にも清朝の台湾領有が承認されたものと捉えた(1885年，清朝は台湾省を設置した)。この認識の違いが，この後の日本の政策によって明らかとなるのである。日本は台湾出兵の処理を**日本の琉球領有の根拠**と捉え，西南戦争後の1879年には軍を派遣した上で琉球の廃藩置県を行い，**沖縄県を設置した**(**琉球処分**)。しかし，**清朝は琉球に対する宗主権を強く主張**して日本に激しく抗議したため，日清両国の緊張が高まった。その後，前アメリカ大統領グラントの仲介による琉球分割案(1880)なども示されたが両国の対立は解消せず，**琉球帰属問題は最終的に日清戦争へと持ち越された**。

尖閣諸島問題：台湾領有に絡んで発生した**尖閣諸島問題について，付言しておく。**

日本は1885（明治18）年以来，尖閣諸島を取り巻く情勢を調査した上で「いずれの国にも属していない（「無主の地」）」と判断，日清戦争中の1895（明治28）年１月，「**先占権**」により沖縄県に編入した。したがって日清戦争後，締結された下関条約（1895.5公布）で獲得した台湾や澎湖諸島には含まれない，というの現在の日本政府の主張である。

先占（権）とは，国際法上，いかなる国の領有にも属していない地域（無主の土地）を，**ある国が他の国より先に占領し，実効的に支配すること**によって，その領域とすること。地理上の発見以降，ヨーロッパ列強が植民地を獲得する際に援用された。先住民が存在しても国家の領土となっていなければ，これを先占することが出来る，という取り決めである。

これに対し，中国側の主張は尖閣諸島（中国では釣魚台列島と呼称）は明代からその存在が知られており，無主の地ではない，日本側の尖閣諸島調査は，尖閣諸島が中国領であることを認識していたことを示す，日清戦争（中国名・甲午中日戦争）で勝利した日本が，下関条約（中国名・馬関条約）にも拠らず，不法に占拠したものである，第二次世界大戦前までは，尖閣諸島は日本の台湾総督府の行政権に属していた，中華人民共和国はサンフランシスコ講和条約に参加しておらず，この条約に拘束されない，などである。

<尖閣諸島>

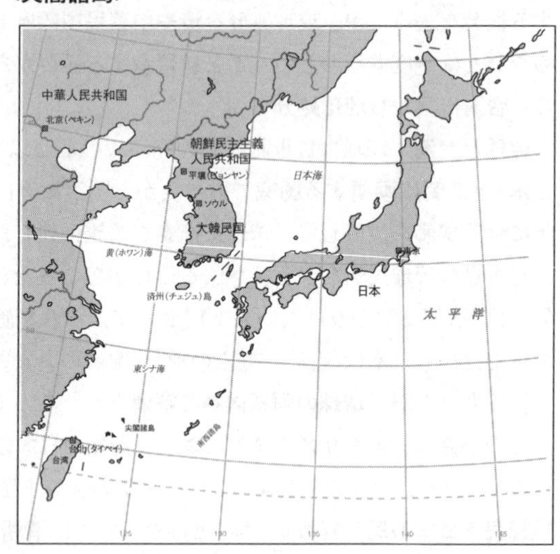

7．甲午改革と乙未改革

これは日清戦争の後日談であるが，小中華思想が絡み，現在の日韓・日朝関係にも関係する事項なので，付記しておく。

朝鮮（李朝）では日清両国がせめぎ合う最中の1894（干支は甲午）～95年（干支は乙未）にかけて急進的な近代化が進められた。これを**甲午改革**という。さらに95～96年にかけて行われた**乙未改革**をも含めて，これら一連の近代化を「**甲午改革**」と呼ぶ場合もある。日清戦争の前段階で李朝保守派（**事大党**）は清の**李鴻章・袁世凱**と結び，**改革の阻止を図ったが，日清戦争**における**日本側の優勢，勝利**を背景に，国王**高宗**は**日本が提案した内政改革案を受諾**した。これにより高宗から政務を委任された父・**大院君**

を擁した**開化派**の**金弘集**(1880年に朝鮮通信使＝修信使として来日している)や，**甲申政変**に参画した**朴泳孝**らが軍国機務処を設置し，改革を主導した。その内容は，清からの独立(中国の元号使用を止め，独自の開国紀元を用いる)，内閣の設置と行政機構の改編，政府と宮内府(宮中)の分離，科挙の廃止，封建的身分制度の廃止，奴婢の廃止，財政官庁の一元化，租税の金納化，銀本位制の採用などである。ところが95年4月の**三国干渉**以降，**日本の影響力が弱まる**と，王妃である**閔妃を中心に親露派が台頭**し，改革は停滞した。95年10月，日本公使三浦梧楼を首謀者とする**閔妃暗殺事件**(**乙未の変**)が起こると，事態の穏便な収束を図った金弘集は，反日感情を高めた民衆の支持を失ったが，断髪令や太陽暦採用，小学校設置などの**学制改革**，**軍制改革**，**種痘法の実施**などの急激な改革を再開した(**乙未改革**)ため，**保守派**(特に**小中華思想**を保持する**両班層**)**の強い反発**を招いた。96年初め，金弘集に反対する保守派かつ親露派の両班が民衆を煽動してクーデタを起こすと，ロシアは高宗に働きかけてこのクーデタを容認させ，高宗は保守派の手でロシア公使館に遷された(「**露館播遷**」)。金弘集は民衆に殺害され，改革は完全に挫折した。この後，**朝鮮には親露派政権が樹立**されたが，これを機に**朝鮮=大韓帝国をめぐる日露の対立が激化**し，**日露戦争**が勃発することとなる。19世紀後半の李朝をめぐる問題の特徴は，**近代的改革を推進するグループ=親日派と改革を拒む保守派=親清派・親露派が対立する構造**となったこと，すなわち**内政改革と外交問題が連動**した点である。改革派が売国奴と罵倒され，保守派が愛国者と見なされることになったわけで，2013年の一橋大・第3問は，こうした視点から李朝の改革が停滞した要因を受験生に論述させている。2020年・一橋大・第3問も本文とほぼ同じテーマであった。令和の東大世界史が目指すものを受験生とともによく見極めていきたい。

では，最後に加点ポイントを整理しておこう。

【加点ポイント】　文脈点と①～㉘のポイントについて，27点まで与える

《文脈点》

①東アジアの伝統的な冊封体制では，周辺国の<u>**朝貢**</u>に対し，中華王朝が官爵を与えて冊封した。

▲鄭和の南海遠征は，加点対象外。

②19世紀以降の欧米の進出で，東アジア諸国は<u>**条約**</u>関係に基づく主権国家体制への転換を迫られた。

《18世紀以前の中華王朝・朝鮮・日本》

①朝鮮は，明の冊封を受けた。

◎明は，貿易を朝貢貿易のみに限定する海禁政策を採った。

◎明は，室町幕府の将軍・足利義満を日本国王に冊封した。

◎室町幕府や有力な守護大名は，日明貿易を行った。

②朝鮮は，明を模範に国制を整えた。

◎明に倣って朱子学を官学とした。

③朝鮮は，豊臣秀吉の侵攻（文禄・慶長の役／壬辰・丁酉の倭乱）の際に，宗主国・明の援軍を受けた。

④朝鮮は，明・清の抗争の際，明を支援した。

◎明が滅亡し，清が中華文明を継承した。

⑤朝鮮は，清（のホンタイジ）の侵攻を受け，降伏した（丁卯・丙子の胡乱）。

◎朝鮮は，清の宗主権を認めた／属国となった。

⑥朝鮮は，明滅亡後は清を夷狄と見なし，自らを中華文明の後継者とする**小中華**意識を持った。（**史料A**）

⑦朝鮮は，海禁政策を採った。

⑧朝鮮は，日本とは通信使を派遣して国交を持った。

《琉球と中華王朝・18世紀以前の日本》

⑨琉球は，朝貢貿易を軸に日明間の中継貿易で繁栄した（**史料C**）。

◎琉球は東アジア諸国間の中継貿易で栄えた。

⑩琉球の交易活動は，16世紀のポルトガルのアジア進出で衰えた。

⑪琉球は，17世紀初頭，**薩摩**に服属した。

⑫琉球は，**薩摩**に服属した後も，明・清への朝貢を続けて両属状態となった。

⑬江戸幕府は明・清との国交を結ばなかった。

◎清は鄭氏台湾の降伏後，海禁を緩め，朝貢貿易と（これを簡略化した）互市貿易を行った。

《ベトナム》

⑭ベトナムは，一時，明（の永楽帝）の支配を受けた。

◎ベトナム王朝は中華文明の影響を受けた。

⑮黎朝が自立して明に朝貢した。

◎ベトナムは明・清から冊封される一方，国内では皇帝と称して独自の権威を確立した。

《19世紀以降の東アジア・清》

⑯清は，アロー戦争後の北京条約で欧米諸国との対等外交を強要された。

◎海禁は解除された。

⑰清は，朝鮮・ベトナム・琉球など，周辺国との冊封関係を維持した。

《19世紀以降の東アジア・琉球と朝鮮をめぐる清と日本の対立》

⑱日本(明治政府)は日清修好条規で清と対等な国交を樹立し,国境画定を進めた。

◎幕末に欧米諸国と不平等条約を締結した日本は，明治維新後，主権国家体制に組み込まれた。

⑲日本は，台湾出兵を根拠に日清両属だった琉球に対し「琉球処分」を行い，沖縄県を置いた。

◎琉球処分により，清への朝貢は停止された。

◎清は琉球処分に反発した。

⑳日本は，(江華島事件を機に)日朝修好条規で朝鮮を開国させ，清との宗属関係を否定させた。

㉑日本の朝鮮への進出に対し，宗主国の清が反発した。

◎甲午農民戦争を機に日清戦争が勃発した。

㉒日清戦争後の**下関条約**で，清が朝鮮に対する宗主権を放棄した。

㉓朝鮮は国号を大韓帝国に改称し(主権国家体制に組み込まれ)た。

《19世紀以降の東アジア・ベトナム》

㉔ベトナムでは，阮朝がフランスの進出後も，清への朝貢を継続した(**史料B**)。

◎阮朝はフランス(宣教師ピニョー)の支援で西山朝を倒した。

◎キリスト教布教をめぐって，阮朝とフランスの関係が悪化した。

㉕フランスがフエ条約で阮朝を保護国化すると清との対立が激化した。

㉖**清仏戦争**で敗れた清は,天津条約でベトナム(阮朝)に対する宗主権を放棄した。

㉗フランスはインドシナ連邦を形成した。

▲㉕～㉗について時系列が誤っている場合，加点しない。

㉘**清仏戦争**と日清戦争により,清を頂点とする東アジアの冊封体制が完全に崩壊した。

解答例

東アジアの伝統的な冊封体制では，周辺国の**朝貢**に対し，中国王朝が官爵を与えて冊封した。朝鮮は明の冊封を受け，明を模範に国制を整えた。豊臣秀吉の侵攻の際に明の援軍を受けた朝鮮は，明滅亡後は自らを中華文明の後継者とする**小中華**意識を持ち(史料A)，海禁政策を採ったが，日本とは通信使を派遣して国交を持った。琉球は，朝貢貿易を軸に日明間の中継貿易で繁栄したが(史料C)，ポルトガルの進出で衰え，17世紀初頭に**薩摩**に服属した後も明・清への朝貢を続けて両属となる一方，江戸幕府は明・清との国交を結ばなかった。一時，明の支配を受けたベトナムでは，黎朝が自立して明に朝貢した。19世紀以降，欧米の進出により，東アジアは**条約**関係に基づく主権国家体制への転換を迫られた。清はアロー戦争後の北京条約で対等外交を強要されたが，周辺国との冊封関係を維持した。日清修好条規で清と対等な国交を樹立した日本は国境画定を進め，台湾出兵を根拠に日清両属だった琉球を領有した。ベトナムでは，阮朝が仏の進出後も清への朝貢を継続したが（史料B），仏がフエ条約で保護国化すると清と対立し，**清仏戦争**で敗れた清は天津条約で宗主権を放棄，仏はインドシナ連邦を形成した。日本が日朝修好条規で朝鮮を開国させ，清との宗属関係を否定させると，宗主国の清が反発，日清戦争後の**下関条約**で清が宗主権を放棄し，朝鮮は国号を大韓帝国に改称した。これにより冊封体制が崩壊した。

（600字）

第２問　「民族の対立や共存」

解説

本問のテーマは，「**民族の対立や共存**」である。東大志望者の中には，学習が第１問の大論述偏重で第２問を甘く見ているような傾向が散見される。そういった受験生は，大論述ばかりを意識して主要国の政治史や経済史については真剣に取り組むものの，**周辺地域史を軽視しがち**となる。ただ，過去問をよく見てほしい。本問ではチベット・モンゴル，オーストラリアといった周辺地域が出題されているが，第２問では過去にも「**国家や社会のなかの少数集団**（2017）」や「**『遊牧民』の歴史的役割**（2012）」などで同様のテーマが問われており，そう言った意味でも，2020年第２問は，過去問に真摯に取り組み，周辺地域まできちんと対策していた受験生とそうではない受験生の得点差が，予想以上についているものと思われる。なお，解説中では，第２問全体の配点を23点と想定して，設問ごとの配点予想と加点ポイントを示した。

問(1)

(a)　本問では，漢の武帝の時代に中国の北辺の支配をめぐり激しい攻防を繰り返した騎馬遊牧民国家（＝**匈奴**）の「**前３世紀末頃の状況**」を２行（60字）以内で論じることが求められている。恐らく，論じるべき遊牧民国家が「**匈奴**」であることはすぐに気づいたであろうが，注意しなければならないのは時期である。前３世紀末頃なので，「**秦代末期**」を中心とする時代が論述の対象となる。設問に武帝が示されてはいるが，**武帝**（位前141 ～前87）の治世は「**前２世紀後半～前１世紀前半**」にかけてである。よって本問では武帝時代に触れても得点にはならない。論じるべき内容を明確にするため，以下に匈奴と中国王朝の関係を簡単な表にまとめておく。

春秋・戦国	匈奴がスキタイ文化の影響を受けて強大化 戦国時代の各国は，北辺防衛のための壁(長城)を建設
秦(中国統一) 〔前221～前206〕	始皇帝が蒙恬に命じて匈奴を攻撃し，オルドスを奪取 戦国時代の各国の長城を連結・修築(万里の長城) ・月氏・東胡などを破り，モンゴル高原に大勢力を形成 ・秦滅亡後の混乱に乗じ，オルドスを奪還
前漢 〔前202～後8〕	高祖(劉邦 位 前202～前195)が中国を統一し，匈奴と対峙 →　高祖が冒頓単于に大敗(前200) →　漢は毎年の貢納(歳貢)を課されて講和 匈奴は月氏を追ってタリム盆地まで支配を伸ばす 武帝(位 前141～前87)が対匈奴積極策に転じる ・匈奴挟撃のため，張騫を大月氏に派遣　→　同盟は失敗 ・匈奴遠征　…　衛青・霍去病らに命じる →　河西回廊を奪い，敦煌郡など4郡を設置(河西4郡) ・大宛遠征　→　タリム盆地まで支配を拡大 武帝の死後，西域都護府を設置 匈奴の東西分裂(前1世紀半ば)

2012年の第2問・問(3)(a)では，「漢の武帝の対匈奴政策と西域政策のかかわり」が問われた。本問はその前の時代を論じるものである。上の表では2012年に問われた時代もまとめておいたので，合わせて確認してほしい。

【加点ポイント】　※想定される配点：3点

・秦代

①(蒙恬の遠征で)匈奴は秦に敗れた(オルドスを失った)。

・匈奴の強大化

②冒頓単于が月氏(や東胡)などを破り，モンゴル高原で大勢力を形成した。

・前漢初期

③前漢の高祖を破り，匈奴に有利な和議を結んだ。

・解答への考え方

まず，設問要件として時期を明確にしよう。「前３世紀末」と言い切っているのであれば，「前210～前201」の10年程度を想定すればよいが，本問は「前３世紀末**"頃"**」となっているので，その前後で最大５～10年程度の幅を考えても良いだろう。よって，冒頓単于（位 前209～前174）を中心に，**秦の始皇帝**が蒙恬に命じた**匈奴討伐**（前215），その後，匈奴で冒頓単于が登場し，モンゴル高原を統一して大勢力となり，前漢の**高祖が冒頓単于に敗れて和議を結んだ**ところまでを論じればよい。論じるべきポイントは３点あるので１ポイントあたり20字程度である。細かなデータにこだわらずに簡潔にまとめないと，指定された字数の範囲に収まらない。

(b)　本問は，「**辛亥革命前後**」の藩部の状況について，「**モンゴル**」と「**チベット**」の「**独立の動き**」を３行（90字）以内で論じることが求められている。設問自体は明確だが，設問文中になぜ「漢民族自立の機運がおこる一方」と記されているか，その意味が分かったであろうか。清朝が大領土を支配した体制を理解していないと，出題の本質はつかめない。第１問の大論述と第２問の小論述を分けて対策しようとしている受験生も見受けられるが，それでは東大世界史が問う「歴史観」や「歴史の本質」が理解できない。本問と同様の視点は，すでに第１問で出題されている。「**国家（政治権力）と宗教の関係**」を問う2009年・第１問で「ダライ＝ラマ」と「理藩院」が，さらに「**帝国の解体過程**」を問う1997年・第１問で「三民主義」と「モンゴル」が，それぞれ指定語句となっているが，これらを貫く歴史観を理解できれば，他の問題にも応用できる知識となろう。

・清朝の藩部支配について

<清朝の版図>

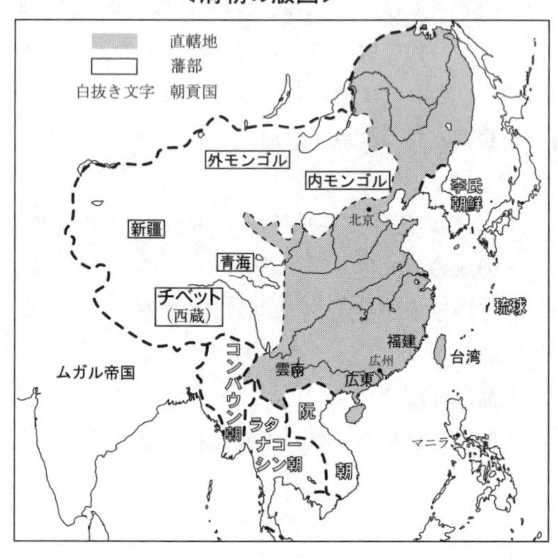

清朝は支配領域のすべてを「**中華皇帝**」として支配したわけではない。清朝の支配は大きく分けて「満・漢・藩」の３つの体制が並立しており，清皇帝は地域によって異なる顔を持っていた。**満州**においては瀋陽の「ハン」であり，**八旗**を軸とする満州人の「旗体制」の中心であった。漢民族地域においては伝統的な「**中華皇帝**」として，**中国本土と台湾を直轄地**として支配し，周辺諸国の**朝貢**に対しても明の制度を踏襲して**冊封**を行うなど，北京の「皇帝」として「中華世界」の頂点に君臨した。藩部においてはモンゴル帝国の「**大ハーン**」の継承者として，**理藩院**を通じて部族集団を統轄しながら**チベット仏教（ラマ教）の保護者**として振る舞った。清朝の統治を単に「伝統的な中国王朝」としてのみとらえると，この重層的な統治は理解できない。清朝は，皇帝が「満・漢・藩」における３つの地位を同時に持つ，複合多民族国家であった。

・清朝の支配におけるチベット仏教の位置づけ

藩部の統治において，チベット仏教（ラマ教）は非常に重要な意味を持っていた。これは，モンゴル時代にさかのぼる。もともとチベット仏教がチベットにおいて重要なのは当然だが，モンゴルにおいても，まずオゴタイが遠征軍を送った際にモンゴル王室がチベット仏教に帰依し，さらに**フビライ**（位 1260 ～ 94）も**チベット遠征を通じてチベット仏教（ラマ教）に心酔**し，チベット仏教サキャ派の高僧**パスパ**を国師に任じて，盛んに寺院を建立するなど手厚く保護した。元朝崩壊後，16世紀後半になるとモンゴル高原で勢力を拡大したタタールの**アルタン＝ハン**（1507頃～ 82）は，チベット仏教ゲルク派（黄帽派）の教主に**ダライ＝ラマ**の尊称を贈り，ダライ＝ラマの権威とチベット仏教における転生思想を利用して，自らをフビライの転生者として「大ハーン」を名乗った。これに伴ってモンゴル人が広くチベット仏教を信奉するようになると，**チベット仏教の保護者**の地位を得ることが，モンゴルおよびチベットの支配において重要な意味を持つようになった。このことが，清の**康熙帝**が**ジュンガル**との間でチベット仏教の保護者の地位をめぐって争い，チベットを保護下に置いた背景である。結果，清の皇帝がチベット仏教の最高施主となり，さらに**乾隆帝**がジュンガルと回部を征服してトルコ系ムスリムも支配下に収めると，**内・外モンゴル**，**チベット**，**新疆**（ジュンガルと回部）の藩部に対しては，ダライ＝ラマの権威を後ろ盾に，**モンゴル帝国を継承する「大ハーン」**として君臨したのである。そして藩部では，モンゴル王侯やチベットの仏教指導者，ムスリム有力者など現地の支配層に統治をゆだね，中央の**理藩院**が監督する間接統治を行った。

いろいろ細かく解説したが，きちんと理解しておいてほしいことは「**清朝が藩部を“中華皇帝として支配したことはない”**」ということである。

・辛亥革命前後の状況

近代に入り，欧米列強の進出などによって清朝の支配が動揺し，さらに**日本の琉球領有**（1879）や清仏戦争後の**ベトナム宗主権の喪失**（天津条約 1885）など，旧来の朝貢国の喪失が続くと，清朝は辺境支配の強化を図った。これは清朝の中央政府が藩部を，従来の理藩院を通じた間接統治から**直轄支配**へと転換しようとするもので，３つの支配体制が並立した清朝を近代的な領域国家（主権国家）に転換する試みであった。新疆におけるトルコ系ムスリムの反乱を鎮圧した後，**新疆省**を設置（1884）したのも，こうした動きの一環であった。

しかし，藩部を「中国本土」と同様の直轄支配とすることに対し，モンゴル人やチベット人は反発し，彼らの間で「反清」あるいは「反漢」の動きが起き始めた。前述の通り，遊牧民を中心とする藩部の人々は，自分たちが「漢民族」あるいは「中華」に支配されていたとは考えておらず，**モンゴル帝国を受け継ぐ「大ハーン」としての清皇帝に従っていた**と認識していたため，漢民族による清朝打倒の動きの中で，孫文が「**五族（漢・満州・モンゴル・チベット・ウイグル）共和の中国**」を提唱すると，藩部の人々の**漢民族の「中華」に対する反発**が起きた。

こうして**辛亥革命**（1911 ～ 12）が勃発すると，**外モンゴル**ではハルハ地方が中心となって**独立を宣言**し（1911），**チベット**でも**ダライ＝ラマ13世**が**事実上の独立宣言**とみなされる「五カ条宣言」を発布した（1913）。しかし，新たに中国で成立した中華民国は，自らを漢民族が「中国」の帝政を打倒した「共和国」とみなし，清朝の藩部はあくまで「**中華民国の辺境**」であると考え，**チベットの独立を認めなかった**。さらに**列強も独立を承認することはなかった**。

外モンゴルについては，ロシア帝国が勢力圏としていたが，日露戦争後，ロシアは東アジアへの勢力拡大政策をやめており，南満州に利権を獲得した日本との対立を望んでいなかった。さらにアメリカ合衆国が「領土保全」を主張するなかで（国務長官ジョン＝ヘイのいわゆる「門戸開放宣言」の一部〔1900〕），ロシアが内・外モンゴルを含む独立の主張を認める余地はなかった。こうしてロシアは，中華民国の外モンゴルに対する宗主権を認め，**中華民国も外モンゴルの自治を認めた**。外モンゴルが独立を実現するのは，ロシア革命後にモンゴル人民党がソヴィエト＝ロシアの赤軍の支援を受け，1924年に**モンゴル人民共和国**を成立させるまで待つことになる。

一方，チベットと境界を接するインドを植民地とするイギリスは，清朝のチベットに対する宗主権を認めていた。しかし，中華民国成立後の1913年に中華民国（北京政府），イギリス（インド政庁），ダライ＝ラマ政権の間でシムラ会議が開かれた際には，中華民国が調印を拒否して合意に至れなかった。結果的にチベットの地位が曖昧なまま独立が認められず，第二次世界大戦後，インドもイギリスから独立したため，チベットはイギリスを後ろ盾にすることも出来ず，**中華人民共和国の武力侵攻**を受けて(1951)，強引に支配下に組み込まれた。

現在，清朝の藩部だった地域のうち，中華人民共和国の領域に組み込まれていないのは外モンゴルのモンゴル国(モンゴル人民共和国から1992年に改称)のみで，そのほかの地域は内モンゴル自治区，チベット自治区，新疆ウイグル自治区として，中華人民共和国に属している。

【加点ポイント】　※想定される配点：４点

・辛亥革命前
①清朝が(藩部に対して)支配強化を図っていた。
・外モンゴル
②辛亥革命勃発後，外モンゴルが独立を宣言した。
③外モンゴルは，中華民国内での自治を認められた。
・チベット
④ダライ＝ラマ13世が，チベットの独立を布告したが，独立は認められなかった。

・解答への考え方

まず，設問要件として時期を明確にしよう。「**辛亥革命前後**」なので，「**前**」にも触れる必要がある。モンゴルの独立宣言から始めてしまうと「後のみ」になってしまうので注意してほしい。また，外モンゴルが実際に独立を実現するのは，その10年以上も後のことなので，「前後」に含めるのは少々無理があると思われる。

問(2)

(a)　本問に示された図版は「**スエズ運河**」である。仮に図版がわからなかったとしても，設問文中の「**19世紀後半の世界の一体化を進める画期となった一大工事**」として想定できるのは「スエズ運河」とアメリカの「大陸横断鉄道」なので，あとは図版から鉄道ではないと判断できる。さらに「1922年に王国として独立した」という点でもエジプトと確認できる。ここまでわかれば，あとは設問から論点を読み取ろう。まず時期は「**その(スエズ運河の)完成(1869)から20年程の間**」なので，「1869～1889年頃」における，「**その地域(=エジプト)に対するイギリスの関与**」と「**それに対する(エジプトの)反発**」を論じていけばよい。同様のテーマは2006年の第２問・問(3)でも問われているので，過去問とのつながりも意識して学習しよう。

・エジプトの地理的な位置

2001年の第１問の大論述は，「エジプト文明の発祥以来，(エジプトが)いかなる歴史的展開をとげてきたのか概観せよ」という出題であった。この問題では，設問の要件として「エジプトに到来した側の関心や，進出にいたった背景」が挙げられていたが，この「関心」こそがエジプトの持つ地理的な重要性である。

エジプトは古来，ヨーロッパとアジアを結ぶ交通において，**地中海とインド洋を結ぶ重要な中継点**であった。古代ローマ時代には，インド洋で季節風(「ヒッパロスの風」)が発見され，エジプトから紅海を経由しインド洋を経て南インドに至る**季節風貿易**が行われた。またムスリム商人が活躍し始めると，**カーリミー商人**がアイユーブ朝やマムルーク朝の保護を受け，同様の航路を使ってアジアから香辛料などのアジア物産をもたらし，地中海交易を行うヴェネツィアなどのイタリア諸都市の商人が，これらをエジプトのアレクサンドリアなどで入手した。ヨーロッパ諸国のアジア進出が進み，イギリスがインドから綿布などを輸入して利益をあげるようになると，イギリスとインドを結ぶ交通路の遮断を狙うフランスの**ナポレオン**が，**エジプト遠征**を行った。

• スエズ運河の開通まで

このように，各時代を通じて交通の要衝であったエジプトの重要性をさらに高めたのが，1869年の**スエズ運河**開通であった。

19世紀前半，２次にわたるエジプト＝トルコ戦争(1831～33，39～40)の際，最終的にフランスの援助を受けたエジプトが勝利すると，フランスの中東進出とエジプトの強大化を警戒したイギリスやロシアなどが介入し，1840年のロンドン条約でムハンマド＝アリーのエジプト世襲権が認められた。さらに，1838年はオスマン帝国がイギリスと結んだ通商条約の適用を認め，エジプト政府は列強に治外法権を承認し，関税自主権を放棄して，国内市場を開放した。こうして，ムハンマド＝アリーの目指した自立的な近代国家建設は挫折した。エジプトではイギリス向けの輸出用綿花栽培が拡大し，ヨーロッパが主導する近代世界システムに組み込まれていった。さらに，フランス人外交官の**レセップス**が**国際スエズ運河会社**を設立すると，おもにエジプト政府とフランスの出資でスエズ運河の開削が始まった。運河は1869年に完成したが，工事費用の多くを外債に頼ったため，**エジプトの国家財政は破綻**した。

• イギリスの進出とエジプトの対応

1875年，イギリス首相**ディズレーリ**(保守党)は，財政破綻に陥ったエジプト政府から**国際スエズ運河会社の株式を買収**し，運河の経営権を握った(買収資金の調達に際し，イギリス政府はユダヤ系金融資本のロスチャイルド家の協力を得た)。これにより，運河の株式を保有するイギリスとフランスの内政干渉が強まり，1876年には国家財政も列強の国際管理の下に置かれ，イギリスやフランスが財政権を握った。こうした政情不安のなかで，**ウラービー運動**(**ウラービー革命**)が起きた。

ウラービー運動は，エジプト最初の民族主義運動である。指導者のウラービーは農民出身のエジプト人将校で，**アフガーニーのパン＝イスラーム主義**（ムスリムが西欧列強に対抗するために団結・協力するという思想）の影響を受けて列強の内政干渉や経済侵略に対抗し，また宗主国であるオスマン帝国の支配にも反発して蜂起した（1881）。この革命では，**立憲制の確立**と**議会の開設**によって外国支配を排除し，同時にムハンマド＝アリー朝の権力を抑えることも目指した。しかし財政権を握るイギリスは，議会による国家予算の管理につながる運動を警戒して軍事介入し，これを鎮圧した。以後，**エジプトはイギリスの軍事占領下に置かれ**，**事実上の保護国となった**（名目上はオスマン帝国領）。エジプトが正式にイギリスの保護国とされたのは，第一次世界大戦勃発後の1914年である。

【加点ポイント】　※想定される配点：６点

・「どこで」「何が」造られたのか

①地中海と紅海を結ぶ（水路として）スエズ運河（が開削された）。

②スエズ運河はフランスの援助で開削された。

・イギリスの関与

③イギリスがエジプト政府からスエズ運河会社の株式を買収した。

④イギリスはエジプトの財政権を獲得した。

・イギリスに対する反発

⑤立憲制の確立と外国の排除を狙いウラービー運動が起きた。

⑥イギリスが運動を鎮圧し，（エジプトを）事実上保護国とした。

・解答への考え方

まず，設問要件として時期を明確にしよう。「**どこで何が造られたかを明らかに**」という要求なので，まずは**スエズ運河**という名称と，その地理的な位置を明確にする。単に「エジプト」とするのではなく，歴史的な視点での地理的位置として「**地中海と紅海を結ぶ**」とした。イギリスの関与については，**スエズ運河会社株の買収**は基本事項なので，加えて**財政権の獲得**もポイントに入れた。エジプト側の反発については，「**ウラービー運動**」が**立憲運動**であったこと，**イギリスが鎮圧して事実上の保護国**としたことを簡潔に記そう。単に「反乱を鎮圧して保護国化」のような安易な暗記をしていた受験生は，しっかりと内容を理解しておこう。

(b)　本問のテーマは，2019年に続いてオセアニアからの出題である。2019年の第２問・問２(a)では「太平洋の分割と第一次世界大戦後の委任統治」を，(b)は「イギリスの自治領の政治的な地位の変化」をニュージーランドから想起させる出題であった。19年の出題はオセアニア史としては変化球であったが，本問は「**オーストラリアへのヨーロッ**

パ人の入植の経緯」と「**白人中心主義（＝白豪主義）が形成された過程**」を問うもので，オセアニアの近代史を直球で問う出題である。受験生には盲点かもしれないが，テーマはオーソドックスなので，本問を通して理解しておこう。

・ヨーロッパ人のオーストラリアへの到達

17，18世紀は「探検の時代」で，未知の世界として太平洋地域が注目された。17世紀半ば，オランダ東インド会社の航海士であった**タスマン**（1603～59）はバタヴィアから出航して２度の太平洋探検を行い，タスマニア島，ニュージーランド，フィジー島などに到達し，帰途，オーストラリアやニューギニアを探検し，オーストラリア大陸と南極が接続していないことを確認した。イギリス王立協会の依頼を受けたイギリスの軍人**クック**（1728～79）は，タヒチ島からニュージーランドを回航し，オーストラリア東岸を北上した。第２回航海では南極圏からニューカレドニア，第３回航海ではタスマニア，ニュージーランド，タヒチを経てベーリング海峡からハワイに至った。こうした探検や航海によってオセアニアがヨーロッパ人に知られるようになった。

・ヨーロッパ人の入植

イギリスがオーストラリアに植民を開始するのは1780年代である。クックの航海でオーストラリア大陸東部のニューサウスウェールズがイギリスの植民地となったが，当初は囚人を移送する**流刑植民地**であった。イギリスはこれまで流刑囚をアメリカ植民地へ送っていたが，18世紀後半の独立戦争を経てアメリカ合衆国が独立すると，新たな囚人の流刑地が必要となったため，オーストラリアに流刑とすることになった。1830年頃までは，オーストラリアの植民地人口の約７割が流刑囚として送られた人々であったと言われている。その後，ナポレオン戦争で国土が戦場となったスペインから良質の羊毛を生産する羊（メリノ種）が全世界に流出すると，この一部を手に入れた入植者たちが品種改良を重ね，オーストラリアの羊毛産業の基礎とした。同じ頃から**ヨーロッパからの自由移民**も受け入れて，オーストラリアでは**農業と牧羊業**が発展した。移民たちは，移動型の狩猟採集生活を送っていた先住民の**アボリジニー**を迫害しながら，内陸の開拓を進めた。

・ゴールドラッシュと白豪主義

1848年のカリフォルニア（北米）に続いて，1851年にニューサウスウェールズで**金鉱が発見**されると，オーストラリアでも**ゴールドラッシュ**が始まり，さらにヴィクトリアでも金が発見されると，移民の流入が本格化した。1850年代にヴィクトリアの人口は約８万人から約50万人となり，ニューサウスウェールズも約19万人から約35万人になるなど，人口が急増した。初期には多くがイギリス領諸島（太平洋の島々）からであったが，その後アメリカやヨーロッパ諸国からの移民も増加した。さらに低賃金労働者として**中国人労働者**(**華僑**)も流入すると，中国人に反発する白人労働者の暴動なども発生した。これに対し，一部の州では中国人の移民制限も始まった。

1901年，イギリスの自治領として**オーストラリア連邦**が発足すると，全国的な移民制限法が採択され，**非白人の移民が禁止**となった。この白人中心主義を**白豪主義**といい，アジア系移民の禁止だけではなく，国内では露骨な差別政策が採られた。こうしてオーストラリア連邦は，アジアのなかのヨーロッパとして，イギリスの代理としての役割を担った。第二次世界大戦後の1970年代前半に移民制限が撤廃され，人種差別禁止法も成立した結果，白豪主義は消滅し，オーストラリアは多文化主義に転換した。

【加点ポイント】　※想定される配点：３点

- ヨーロッパ人の入植の経緯

①イギリスの流刑植民地となり，後に牧羊の発展で(自由)移民が増加した。

- 白人中心主義が形成された過程

②金鉱発見で中国系移民(華僑)が増加した。

③(中国系移民への反感から)非白人移民を禁じる白豪主義を採った。

• 解答への考え方

設問要件は「(1)ヨーロッパ人の入植の経緯」と「(2)白人中心主義が形成された過程」の２つなので，順に論じればよい。(1)は「イギリスの流刑植民地」のみでは経緯にならないので，その後の展開が最低一つは必要である。よって，流刑囚ではない自由移民が流入した背景として「牧羊の発展」に触れたい。(2)は白豪主義の形成だが，その背景として「金鉱発見後の中国系移民(華僑)の増加」に触れること。細かい範囲とはいえ，ほぼすべての教科書に記載がある事項なので，しっかり確認しておこう。

問(3)

(a)　本問は，「**1920年代のアメリカ合衆国における移民や黒人に対する排斥運動**」や「**それに関わる政策**」を問うもので，2013年に第１問で出題された「17～19世紀のカリブ海・北米両地域の開発・人の移動とそれにともなう軋轢」に続くテーマである。2013年・第１問では，論述すべき時期が「19世紀まで」であったため「白人下層労働者」「アメリカ移民法改正(1882年)」が指定語句となっていたが，本問は第一次世界大戦後が論述の対象なので，この２題を合わせて確認すれば，アメリカの移民問題をまとめて理解できる。

• 19世紀後半のアジア系移民に対する反発(2013年・第１問で問われた内容)

1848年に**カリフォルニアで金鉱が発見され**，翌49年に全世界から移民が殺到すると，カリフォルニアへの移民流入に刺激されて**西部開拓が加速**し，**鉱山開発や採掘**，**太平洋岸**(**西海岸**)**からの大陸横断鉄道建設**など，**低賃金労働者の需要**が高まっていた。この労働需要を支えたのが**中国人やインド人**などアジア系の「**苦力**（クーリー）」であった。特に合衆国の太平洋岸には**中国から大量の契約移民「苦力」が流入した**。**アロー戦争**（第２次アヘン戦争）後の**北京条約**（1860）で**中国人の海外渡航が自由化**されたことも「**苦力**」**の流入が拡大**した要因である。こうしたアジア系移民労働者が**白人下層労働者の雇用を圧迫**し始めたため，彼らへの排斥の動きが起こり，1882年にはアメリカの移民法が改正されて**中国人移民が禁止**されたため，代わって**日系移民**が増加した。

・19世紀ヨーロッパ系の新移民に対する反発

南北戦争後，北部を中心に**急速な工業発展**が進むと，北部の**工業都市では慢性的な労働力不足**となった。さらに，1869年の**大陸横断鉄道の開通**により合衆国の東西が結びつき，市場の一体化をもたらした。こうした工業発展に伴う労働需要の増大を支えたのが，「**新移民**」と称される**東欧・南欧からの移民**であった。特に多かったのは**イタリア系**と**ロシア系**で，イタリア系移民は統一後の経済混乱（工業化が進む北イタリア主導で保護貿易政策を採ったため，農業中心の南部が困窮したこと）によって貧困化した南イタリア出身の農民が多く，**ロシア系**は「**ポグロム**」（**ユダヤ人迫害**）を逃れたロシア系ユダヤ人が多かった。彼らが**北部都市の低賃金労働者**としての工業発展を支えたため，合衆国北部では工業生産は飛躍的に発展し，1890年頃，**アメリカ合衆国は工業生産でイギリスを抜いて世界１位**となった。こうした**発展に伴う労働需要の増大**はさらに移民を呼び込んだが，その多くが**東欧・南欧系**の「**新移民**」で，**カトリックやユダヤ教徒**，**ギリシア正教徒**であったから，徐々に白人中産階級の**WASP**（白人・アングロ＝サクソン系・プロテスタント）との対立や摩擦を引き起こした。

・南北戦争後の黒人問題（2013年・第１問で問われた内容）

南北戦争中の1863年に共和党の**リンカン大統領**（任 1861～65）が**奴隷解放宣言**を発表すると，**プランテーションからの奴隷の逃亡**が加速し，一説には南部黒人人口の実に４分の１にあたる約100万人の黒人が，なんらかの形で北軍の保護下に入ったといわれる。そして北軍の勝利により，**奴隷解放宣言**が**憲法修正第13条**（1865）として法文化された。さらに第14条（1868）で黒人の公民権が，第15条（1870）で黒人の投票権が保障された。このような北部の急進派が主導する改革に南部の白人層は反発し，1865年テネシー州で反黒人組織**KKK**（クー＝クラックス＝クラン）が結成されるなど，多くの混乱が発生した。結局，北部の穏健派が南部の白人に接近して改革は破綻し，南部諸州では**黒人差別を助長する州法が制定された**（「**ジム＝クロウ法**」）。また，解放黒人は土地所有権を付与されたわけではないため，南部に残った黒人の多くは，**シェアクロッパー**（**分益小作人**）として，元プランターの地主に搾取された。このように，南北戦争後も現実の黒人差別はなくならなかった。

・第一次世界大戦と移民・黒人問題

1914年に**第一次世界大戦**が勃発すると，当初合衆国は参戦せずに連合国（英仏露など）に対して軍需物資を輸出したり，アメリカの銀行が融資を行ったりしたが，1917年になると**ドイツの無制限潜水艦作戦**開始を口実に**連合国側で参戦**した。合衆国は**戦時下の総力戦体制に転換**したため，**軍需物資の生産拡大**や**食糧増産**によって輸出を増やし，連合国の戦争遂行を支えた。同時に**戦時産業の膨張から労働需要が急増したが，**第一次世界大戦によって**ヨーロッパからの移民が減少**していたため，この労働力不足を支えたのは**黒人**と**女性**だった。この時期，労働力の不足から北部の工業都市での賃金が高騰し，南部諸産業での１日の賃金の６～７倍にもなることもあったため，**北部への黒人の移住が加速**した。

北部の都市において黒人人口が増加したことは，戦後の合衆国社会に変化をもたらした。これまで白人中心であった**北部の都市に，突然多数の黒人が流入したことから，各地で白人の黒人に対する反感が高まった**。特に第一次世界大戦の終結によって戦時経済体制が解除されると，白人の労働者は自らの雇用を脅かすものとして黒人労働者への反感を強め，1919年にはシカゴなど北部の多くの都市で**人種暴動**（黒人への襲撃）が発生した。こうした動きは**白人層の保守化**を招き，特に**WASP**（ワスプ，白人・アングロ＝サクソン系・プロテスタント）は自らの価値観こそが**アメリカニズム**であると強調し，賃金面などで優遇されている現状を守るため，自分たちとは**異質な思想や民族・人種への偏見や差別**を強めた。例えば，白人至上主義を唱える**KKKが復活**し，反黒人・反カトリック・反ユダヤ・反移民などの主張を展開した。黒人たちはこうした暴力団体の襲撃を受けるだけではなく，劣悪な居住環境と低賃金の厳しい生活を強いられた。特に**黒人街は都市の中でも最も**非衛生で**劣悪な環境条件の地域**に作られたため，結核などの病気が蔓延した。また**白人層の偏見はWASPではない移民にも向けられ**，1924年に制定された**移民法**では，移民総数の上限を設定した上で（1927年までは16万4000人，27年からは15万人）**出身国別の割り当て数を定めた**ため，実質的には**「新移民」を制限**するものとなり，さらに**アジア系移民は全面的に禁止**された（正確には帰化不能外国人の移民禁止。当時，アジア系の帰化は認められていなかったため）。こうしたWASPの保守化の影響は，禁酒法の制定（1919）やサッコ＝ヴァンゼッティ事件（1920～27），進化論教育への批判などにも見られる。

【加点ポイント】　※想定される配点：４点

・移民や黒人に対する排斥運動の背景

①ワスプの保守化で，（東欧・南欧系の[注]）新移民やアジア系，黒人への差別（偏見・反感）が強まった。

・具体的な移民や黒人に対する排斥運動

②白人至上主義を唱えるKKKが復活した。

・排斥運動に関わる政策

③1924年の移民法で(東欧・南欧系の注)新移民が制限された。

④1924年の移民法で，日本人などアジアからの移民を事実上禁止した。

＊注は①か③のどちらかに入れること

・解答への考え方

設問要件は1920年代(第一次世界大戦後)のアメリカ合衆国で起きた「(1)**移民や黒人に対する排斥運動**」と「(2)**それに関わる政策**」の２つである。(1)は，設問でどのような地域からの移民であるかが示されていないので，「**東欧・南欧系の新移民**」「**アジア系**」であることを明確にする。また，排斥運動の中心となったのが「**保守化したワスプ**」であったことも示せると良いだろう。具体的な運動として「**KKKの復活**」を論じる。(2)は具体的な政策を挙げる必要があるので，「**1924年の移民法**」で「**新移民の制限**」と「**アジア系移民の事実上禁止**」を示せればよい。

(b)　本問は，アメリカ合衆国の戦争による領土の拡大や併合のうち，「**1846年に開始された戦争**(＝**アメリカ＝メキシコ戦争**)の名」，および「**その戦争の経緯**」が問われている。わずか２行なので，要点だけを簡潔にまとめよう。

このうち，本問で問われているのは，「テキサス併合」と「アメリカ＝メキシコ戦争」による「カリフォルニアなどの獲得」である。

<アメリカ合衆国の領土拡大>

ミシシッピ川以東のルイジアナ(1783)	独立戦争後，イギリスより割譲
ミシシッピ川以西のルイジアナ(1803)	フランス(ナポレオン)から購入
フロリダ(1819)	スペインから購入
テキサス(1845)	メキシコから独立したテキサス共和国を併合
オレゴン(1846)	イギリスとの協定で獲得
カリフォルニアなど(1848)	アメリカ＝メキシコ戦争で獲得
アラスカ(1867)	ロシアから購入

・テキサス併合とアメリカ＝メキシコ戦争

アメリカ合衆国は**西漸運動**(西部への領土拡大と西部開拓)を経済発展の基盤としており，**メキシコ領テキサス**が膨張の矛先となった。1821年にスペインから独立したメキシコは，北方への領土拡大を推進するため，移民を奨励した。この政策がアメリカ人をテキサスに殺到させることとなり，入植したアメリカ系白人は奴隷制の綿花プランテーション経営を広げ始めた。アメリカ系移民の増加を警戒したメキシコ政府はアメリカ人の移民を禁止し，あわせて奴隷制の廃止も宣言した。しかし，移民たちがこの決定を無視したため，効果はなかった。こうした状況に対し，アメリカ政府はテキサスの買収を申し出たが，メキシコ政府は拒否した。これを機に**テキサスのアメリカ系住民が武装蜂起**し，1836年にメキシコからの**独立を宣言**すると，**テキサス共和国**を発足させた。その後，テキサスで合衆国への併合運動が起こると，1845年アメリカ合衆国は**テキサスを奴隷州として併合**した。

テキサスを併合した後，アメリカ合衆国がさらなる領土拡大をはかると，メキシコとの対立が深まり，1846年に**アメリカ＝メキシコ戦争**が勃発した。合衆国軍はメキシコシティにまで至り，48年に終結した。**勝利したアメリカはカリフォルニアを獲得**，同年にここで豊富な金鉱が発見されると，多くの移民が殺到して人口が急増した(ゴールドラッシュ)。ゴールドラッシュ以降の移民問題は(a)の解説を参照してほしい。

【加点ポイント】　※想定される配点：３点

①テキサス併合を背景(に戦争が勃発した)。

②アメリカ＝メキシコ戦争(戦争の名称)

③アメリカが勝利し，カリフォルニアなどを獲得した。

・解答への考え方

設問要件は「**1846年に開始された戦争の名**」と「**戦争の経緯**」の２点である。経緯は「**テキサス併合→アメリカ＝メキシコ戦争勃発→アメリカが勝利→カリフォルニア獲得**」を順に書けばよい。

解答例

問(1)

(1)(a)匈奴は秦に敗れたが，冒頓単于が月氏などを破ってモンゴル高原に大勢力を形成し，前漢の高祖に勝利して有利な和議を結んだ。

(問題番号・記号含めて60字)

(b)辛亥革命の勃発後，以前から清の介入強化に反発していた外モンゴルが独立を宣言したが中華民国内での自治にとどまり，チベットはダライ＝ラマ13世が独立を布告したが中華民国は認めなかった。

(問題記号含めて90字)

問(2)

(2)(a)地中海と紅海を結ぶスエズ運河が仏の援助により開削された。英はその後スエズ運河会社の株をエジプト政府から買収し，さらに財政権を獲得するなど影響力を強めた。英は立憲化と外国の排除を目指すウラービー運動を鎮圧し，エジプトを事実上保護国化した。

(問題番号・記号含めて120字)

(b)英の流刑植民地となり，後に牧羊を行う移民が増え，金鉱発見で華僑流入が増大すると非白人の移民を禁じる白豪主義が採られた。

(問題記号含めて60字)

問(3)

(3)(a)ワスプの保守化で東欧・南欧系新移民やアジア系，黒人への偏見や差別が強まり，白人至上主義のＫＫＫが復活した。1924年の移民法で新移民を制限，日本人などアジア系移民は事実上禁止した。

(問題番号・記号含めて90字)

(b)米国によるテキサス併合を背景にアメリカ＝メキシコ戦争が勃発した。米国が勝利しメキシコからカリフォルニアなどを獲得した。

(問題記号含めて60字)

第３問　「世界史上の思想とその影響」

解説

本問は世界史上の思想とその影響に関する大問であり，全て一問一答形式の記述問題となっている。文化史を学習していれば難しい内容ではない。第１問や第２問で同じテーマの論述問題が出題されることを想定しながら，解説を読むとよいだろう。

問(1)　正解はソロン

前6世紀初頭にアテネの貴族と平民の調停者に選ばれて改革を断行した人物は，**ソロン**である。

前8世紀以降，人口増加による土地不足を背景に，ギリシア人は地中海・黒海沿岸への植民活動を展開した。地中海貿易に従事する**フェニキア人**と競合しながら，ギリシア人は**マッサリア**(現フランスのマルセイユ)，**ネアポリス**(現イタリアのナポリ)，**ビザンティオン**(現トルコのイスタンブル)などの植民市を建設し，交易活動を盛んに行った。ギリシアでは商工業が発達して富裕な平民が増えた一方で，没落し債務奴隷化する平民も現れるなど貧富の差が拡大した。**重装歩兵**となる平民の債務奴隷化はポリスの国防力の低下を意味し，大きな社会問題となった。

以上のような経済・社会状況の中，国防の中心となった平民は参政権を求め，政治を独占していた貴族と激しく対立した。**ソロン**は前594年アルコン(統領 or 執政官)に就任し，貴族と平民の調停者として改革を断行した。家柄ではなく財産によって市民(貴族・平民)を4等級に分け，等級に応じて権利・義務を定め，上層平民の政治参加を可能にする**財産政治**を実施した。また**負債を帳消し**にし，**市民の債務奴隷化を禁止**した。ソロンの改革は貴族と平民の不満を呼び，混乱を解消することはできなかった。しかし長期的には貴族政治の原理を否定し，民主政への道を開くことになった。

また本問ではソロンを「思想家」と記しているが，彼には思想家・詩人としての顔も存在する。ソロンは若い頃から海外を旅し，当時アナトリア西岸の**イオニア地方**で発達していた**自然哲学**の影響を受けたという説がある。ソロンは自らの思想を詩で表し，その詩は後世にまで伝わっている(中には僭主の出現を警告した作品もある)。なお，イオニア自然哲学を代表する思想家**タレス**も，ソロンと同じく「ギリシア七賢人の一人」とされている。

問(2)　正解は墨家

「孔子を開祖とする学派(＝儒家)を批判」，「人をその身分や血縁に関係なく任用しかつ愛するよう唱える(＝尚賢・兼愛)」という内容から，**墨家**が正解となる。

春秋末期から戦国初期の思想家である**墨子**を祖とする墨家は，親への「孝」などを重視する**儒家**の「**仁**」を差別愛と批判し，血縁を超えた無差別の愛である「**兼愛**」を説いた。また，身分にとらわれずに有能な人材を登用する「尚賢」を主張し，他国への侵略戦争を否定する「**非攻**」を唱えた(防衛戦は否定せず)。「非攻」を唱えた墨家は防衛戦のスペシャリスト集団であり，大国の侵攻に苦しむ小国の依頼を受け，城の防衛戦に参加することもあった(『墨子』にも城の防衛戦術を記した篇が存在する)。墨家は厳格な規律を有し，団員に対し指導者に対する絶対的な服従を要求した。

墨家の流行の背景には，春秋末期から戦国時代に発生した経済・社会の変化がある。**牛耕**や**鉄製農具**の普及による農業生産の拡大は，氏族制の衰退や小農民の増加につながった。農業の発展は商工業の発達をうながし，**青銅貨幣**も普及した。諸侯の富国強兵策も農業・商工業の発展を後押しした。氏族制の衰退は家柄にとらわれない人材登用を可能にした。こうした変化を受けて，**諸子百家**と呼ばれる様々な思想家・学派が生まれた。墨家もその一つであり，儒家と並んで戦国時代の思想界を二分する勢力を誇った。秦漢時代になると墨家は衰退し，その思想は忘れ去られた。しかし清末の考証学者孫詒譲（そんいじょう）の『墨子』研究を機に，再び評価されるようになった。

問(3)　正解はコルドバ

後ウマイヤ朝の首都なので，**コルドバ**が正解である。

イベリア半島南部の都市コルドバは，紀元前からローマの支配下で発達した（**ネロ**の師である**ストア派**哲学者**セネカ**はコルドバ出身である）。その後**西ゴート王国**，さらに**ウマイヤ朝**の支配を受け，８世紀半ばには**後ウマイヤ朝**(756～1031)の都となった。

後ウマイヤ朝を創始したアブド＝アッラフマーン１世（位 756～788）はコルドバを整備し，**メスキータ**（「**コルドバの大モスク**」）の建設に着手した。設問文にある「８世紀後半に建造された大モスク」とは，メスキータを指している。メスキータはその後３度の大増築を経て，イスラーム世界で最大規模のモスクとなった（礼拝堂には紅白に彩られた華麗なアーチと850本の円柱が林立している）。後ウマイヤ朝最盛期の君主**アブド＝アッラフマーン３世**（位 912～961）の時代にコルドバの発展は頂点を迎え，人口は50万を数えた。しかし後ウマイヤ朝滅亡後にキリスト教勢力による**レコンキスタ**が本格化し，コルドバは1236年に**カスティリャ王国**によって征服されると，**セビリャ**に繁栄を奪われていった（メスキータもキリスト教の聖堂に改変された）。

コルドバの歴史はイベリア半島の前近代史と連動しているので，それを踏まえて確認しておこう。

問(4)　正解はガザーリー

設問の「神秘主義」とは，**スーフィズム**を指している。スーフィズムの発展に貢献した**セルジューク朝**時代のスンナ派神学者なので，**ガザーリー**が正解となる。

スーフィズムは内面の信仰を重視する考え方で，神との一体感を得るために神の名を唱え続け，旋舞を行うなどの独特の修行を積むことを特徴とする（スーフィズムの語源は修行者の**スーフィー**）。スーフィズムは，イスラーム世界の堕落やイスラーム法学の形式主義化への反発を背景に10～11世紀頃から盛んとなり，12世紀には各地にタリーカと呼ばれるスーフィー教団が形成された。スーフィーやスーフィー教団の活動によって，イスラーム教は農民や都市民衆に普及するとともに，インドや東南アジア，マグリブ(北アフリカ西部)などに拡大した。しかし初期のスーフィズムには反体制的な性格があり，公然と飲酒に走るスーフィーが現れるなど，イスラーム法を軽視する傾向があった。そのため法学者の**ウラマー**はスーフィーを危険視し，両者は対立関係にあった。ウラマーとスーフィーの橋渡しを試みた人物の一人がガザーリーだった。

ガザーリー（1058～1111）は**セルジューク朝**の**ニザーミーヤ学院**の教授だったが，後にスーフィーとなって各地を放浪した。スーフィズムとイスラーム神学の調和に取り組み，スーフィズムの重要性を認めつつ，スーフィーに対してイスラーム法の遵守を説いた。ガザーリーらスーフィズムに理解のある神学者たちの活動の結果，スーフィズムは神学の中に組み込まれ，ウラマーとスーフィーの和解も進み，スーフィー教団の隆盛につながった。

問(5)　正解は全真教

金代に「道教の革新」を図って成立した「教団」という条件から，全真教が正解となる。

道教は**老荘思想**(**道家思想**)・**神仙思想**・民間信仰などが習合され，仏教の要素も加わって成立した。その起源は，後漢末に**張角**が創始した**太平道**や，**張陵**を祖とする**五斗米道**とされる。太平道は184年に**黄巾の乱**を起こして鎮圧されたが，五斗米道は**曹操**に降伏し，魏晋南北朝時代には**天師道**として華北や江南に広まった。華北では**寇謙之**が道教の改革を図って新天師道を組織し，**北魏の太武帝**が寇謙之を尊信して道教を国教とした(同時に仏教を弾圧した)。唐では道教を仏教の上位に置き，特に玄宗は道教を好んだ。北宋でも真宗(３代)や**徽宗**(８代)は厚く道教を信仰した。しかし国家権力と結びついた道教界は腐敗し，旧来の道教のあり方を反省して道教の革新を求める動きが起こった。**金**の**王重陽**による**全真教**の創始もその一環である。

全真教は道教の一派であるが，儒・仏・道教の一致を唱える傾向があり，静坐を奨励するなど禅の影響を強く受けている。静坐などによる内面的修行を重視し，旧来の道教に見られた呪術的な教説や丹薬(不老不死などの霊薬)の摂取を排除した。王重陽の弟子の長春真人が**チンギス＝ハン**に謁見した後，モンゴルの保護を受けた全真教は華北を中心に発展し，**正一教**(天師道が元代に改称)と道教界を二分した。

問(6)　正解はトンブクトゥ

マリ王国や**ソンガイ王国**の時代に，交易・学術の中心地として栄えた**ニジェール川**中流域の都市なので，**トンブクトゥ**が正解となる。

サハラ縦断交易は，サハラの**岩塩**とニジェール川流域の**金**を交換する隊商交易であり，その発展を背景にサハラ砂漠南縁では**ガーナ王国**が成立した。ガーナ王国は金の生産・輸出を厳重に管理し，交易を独占することで繁栄した。サハラ以北の諸国はサハラ縦断交易の支配を図った。特に金の鉱脈が少ない**マグリブ**(北アフリカ西部)では金の需要が高く，マグリブの**ムラービト朝**(1056～1147)が11世紀後半にガーナ王国に侵攻した理由の一つは，サハラ縦断交易の支配権を得ることだった。

ムラービト朝のガーナ王国侵攻は西アフリカのイスラーム化をうながし，13世紀にイスラーム教を受容した**マリ王国**が，15世紀には**ソンガイ王国**が台頭した。両国の繁栄を支えたのはサハラ縦断交易であり，西アフリカは「金のバブル経済」といえる状態が16世紀まで続いた。特に14世紀前半のマリ王国の王**マンサ＝ムーサ**は，メッカ巡礼の際に金を湯水のごとく分け与えたことで知られる(ただし途中で金が足りなくなって借金した)。また**イブン＝バットゥータ**もマリ王国を訪れている。

トンブクトゥはサハラ縦断交易とニジェール川水運との結節点に位置し，マリ王国・ソンガイ王国の下で経済・文化都市として発展した。特にソンガイ王国の時代には最盛期を迎え，西欧では「黄金の都」として知られた。しかしサハラ縦断交易の衰退とともに，トンブクトゥも繁栄を失った。現在は世界遺産であるが，砂漠化や地域紛争でたびたび危機遺産に登録されている。

問(7)　正解は考証学

清代に盛んになった「精密な文献批判によって古典を研究する学問」なので，**考証学**が正解となる。

南宋で生まれ明で官学となった**朱子学**や，明代に生まれた**陽明学**は，四書五経を哲学的に解釈する学問で，主観的・思弁的な性格が強かった。社会が大きく混乱した明末清初の時代になると，官学化した朱子学はすでに生気を失い，陽明学は**李贄**(**李卓吾**)らの急進派が従来の社会秩序を突き崩す傾向を見せた。これに対し，政治や社会の秩序回復に役立つ実証主義的な学問を求めた知識人が，反清復明運動に参加した**黄宗羲**や**顧炎武**だった。

黄宗羲は将来的に現れる漢民族王朝に対してあるべき政治の姿を示すために，『**明夷待訪録**』を著した。『**日知録**』を著した顧炎武は，儒学の古典を研究することで，あるべき政治の姿を明らかにしようと試みた。古典を実証的・客観的に研究する黄宗羲・顧炎武の方法は**考証学**に継承され，黄宗羲は考証学の先駆者，顧炎武は考証学の祖とされる。

考証学は18世紀～19世紀初頭の**乾隆帝**・**嘉慶帝**の時代に全盛期を迎えたが，「**文字の獄**」や**禁書**などの清の思想統制・言論弾圧策の影響により，現実の政治への関与を控え，古典の研究自体に没頭するようになった。この時期の考証学者として入試で出題される人物が，**銭大昕**である。銭大昕は様々な学問に秀でた多才な学者だったが(ヨーロッパから伝わった球面三角法などの数学にも精通していた)，特に史学研究の業績が評価され，後に「清代第一の歴史家」と呼ばれた。清末には古典を利用して政治改革をめざす**康有為**らの**公羊学**が盛んになったが，考証学の伝統は『墨子』を研究した孫詒譲らが継承し，近代以降の中国や日本の歴史学にも影響を与えた。

問(8)　正解はバーブ教

1848年に**カージャール朝**に対して武装蜂起した宗教は**バーブ教**である。

イランでは，1796年に**テヘラン**を都とするカージャール朝が成立した。少数のトルコ系遊牧民が建国したこともあって，カージャール朝は国王専制の下で抑圧的な支配を行った。

カージャール朝は北方のカフカスをめぐってロシアと争ったが敗北し，1828年に不平等条約である**トルコマンチャーイ条約**を締結した。その結果，カージャール朝はロシアに治外法権を認め，**アルメニア**東部を割譲した。ロシアに対抗するため，イギリスも1841年に最恵国待遇を含む通商条約を締結した。こうしてカージャール朝は，ロシアやイギリスなどの列強の圧力に苦しむことになった。

外圧と重税によってカージャール朝統治下のイランでは人々の不満が高まり，救世主を求める宗教運動が高まった。その最たるものが**バーブ教**である。バーブ教は**サイイド＝アリー＝ムハンマド**がシーア派をもとに創始した新宗教で，自らを救世主に至る「門(バーブ)」と称し，イスラーム教からの離脱を宣言した。バーブ教徒は1848年に武装蜂起し，反乱はイラン全土に広まったが，1850年にサイイド＝アリー＝ムハンマドが処刑され，1852年には反乱も鎮圧された。反乱鎮圧後にバーブ教徒の一派は**バハーイー教**となり，現在も各国で布教活動を行っている。

問(9)　正解はマルサス

『人口論』を著した古典派経済学者なので，**マルサス**が正解である。

入試では主に近世以降の経済思想が問われる。具体的には，重商主義・重農主義・古典派経済学・歴史学派経済学・マルクス経済学・ケインズ経済学などである。次の表を確認してほしい。

マルサスは**『人口論』**の中で，人口がかけ算で増えるのに対して食糧はたし算でしか増えないと述べ，食糧不足が貧困や犯罪の増加につながることを警告し，人口増加を防ぐために道徳的な抑制が必要と主張した。また，古典派経済学者として自由放任主義を提唱する一方，外国からの安い穀物流入を阻止して地主を保護する**穀物法**を支持し，穀物法に反対する**リカード**と論争を繰り広げた。一見矛盾しているようだが，人口増加による食糧不足を憂えるマルサスにとって，最も重要な問題は食糧の安定的供給であり，穀物法による農業保護こそが国益にかなう政策だった。後に**マルクス**はマルサスの考えを批判したが，**ケインズ**はマルサスをリカードよりも高く評価した。

<近世以降の経済思想>

経済思想	内容	代表的な人物
重商主義	国家が自国の経済を保護。絶対王政諸国で採用。	**コルベール**(仏)　**ルイ14世**の財務総監
重農主義	農業を重視。経済活動の自由放任を主張。	**ケネー**（仏）『**経済表**』 **テュルゴー**（仏）　**ルイ16世**の財務総監
古典派経済学 (**自由主義経済学**)	国民の生産活動全体を重視。市場原理に基づく自由な経済活動が富を増大させると主張。	**アダム＝スミス**(英)『**国富論**』 **マルサス**(英)『**人口論**』 **リカード**(英)　比較生産費説 **J.S.ミル**(英)　**功利主義**哲学者
歴史学派経済学 (**国民経済学**)	後発国では関税などの経済保護政策が必要。	**リスト**(独)　**ドイツ関税同盟**を提唱
マルクス経済学	資本主義を分析・批判。	**マルクス**(独)　『**資本論**』
ケインズ経済学	不況時には国家が経済に積極的に介入し，完全雇用をめざす。	**ケインズ**(英)『雇用・利子および貨幣の一般理論』

問⑽　正解はフロイト

「夢の分析」を行ったオーストリアの精神医学者なので，**フロイト**が正解である。

フロイト(1856～1939)は**精神分析学**の創始者で，人間の深層心理に着目して研究を進めた。彼はヒステリーや神経症の治療をする過程で，病気の原因が本人の自覚していない「無意識」にあると考えた。「人間が理性ではなく無意識によって動かされる」という考えは，**デカルト**以来の哲学(形而上学)を根底から否定するものだった(ただしフロイト自身は自らの精神分析を**啓蒙思想**の延長線上に位置づけていた)。そのため，フロイトの学説は様々な非難を受けた。特にフロイトがユダヤ系出身だったことから，彼の精神分析は「ユダヤ人の疑似科学」と非難されることもあった。彼の生きた時代は，フランスの**ドレフュス事件**やロシアの**ポグロム**に見られるように，反ユダヤ主義が高揚した時代だった。

しかしフロイトの理論は次第に影響力を持つようになり，無意識の世界を表現するダリの**シュールレアリスム**(**超現実主義**)などの芸術の分野にも影響を与えた(フロイトは晩年ダリと面会し，その才能を評価した)。ユダヤ系だったフロイトは，1938年の**ナチス＝ドイツによるオーストリア併合**の際にロンドンに亡命し，翌39年に死去した。

解答例

⑴ソロン

⑵墨家

⑶コルドバ

⑷ガザーリー

⑸全真教

⑹トンブクトゥ

⑺考証学

⑻バーブ教

⑼マルサス

⑽フロイト

2019年

第1問 「18世紀半ばから1920年代までのオスマン帝国の解体過程」

解説

【何が問われているか？】

第1問の「**18世紀半ばから1920年代までのオスマン帝国の解体過程**」では，現在の**中東地域をめぐる対立の出発点**とも言うべき時代とテーマの出題となった。

「**帝国の解体」は，東大が第1問で繰り返し問うてきたテーマ**である。**オスマン帝国・清朝・オーストリア＝ハンガリー帝国，ロシア帝国の解体過程の比較は1997年に出題**されている。本問のテーマは，**2008年の「1850年代～70年代のパクスブリタニカ」，14年の英・露間の「グレート・ゲーム」をテーマとした第1問が取り上げた世界を，侵略されるオスマン帝国側から見つめ直したもの**といえる。「オスマン帝国の解体」が単独で第1問のテーマになったことはなく，東大としては満を持した出題といえる。また18世紀末から20世紀後半までの女性参政権を対象とした18年の第1問に続き，2年連続で現在，我々が抱える問題(中東問題)の淵源を探るという視点で出題されたことにも注目したい。

◆視点

字数が60字増えたが，時代設定が18世紀半ばまで遡っているので，内容と記述のバランスを考える必要がある。「紛争・戦争⇒改革」の繰り返し，「改革⇒挫折」の展開，挫折に乗じた少数民族の独立運動の高揚と，トルコに対する列強の介入の経緯を，120字×4ないし5段構成でまとめる。帝国解体の歴史的経緯を問われているので，時系列に混乱があると得点が伸びにくい。時系列が混乱すると言うことは因果関係の把握が曖昧だということでもある。普段の授業から誤魔化すことなく，整理し，納得することが知識の確立につながる。**再現答案ではカルロヴィッツ条約(1699)以降のオスマン帝国の衰退から書き出す答案が散見されたが，問題の設定は「18世紀半ばから」なので注意が必要だ。**オスマン帝国がハンガリー全土・セルビアとボスニアの北部・ワラキア西部を喪失したパッサロヴィッツ条約(1718)や，アフメト3世(位1703～30)とルイ15世時代のフランスとの交流を表す「**チューリップ時代**」への言及も不要だ。本文の書き出しは露土戦争(18～19世紀の間に計11回も戦われた)で帝国がロシア(**エカチェリーナ2世**)に敗北し，**キュチュク＝カイナルジ条約**(1774)で**クリム＝ハン国**の宗主権を喪失した結果，ロシアが**黒海北岸**に進出した時点からである。

【背景解説】

1．ワッハーブ派とアラブの覚醒（「目覚め」＝ナフダ，nahda）

トルコ人やイラン人の**神秘主義**と聖者崇拝を堕落とみなす，アラブ人の**イスラーム復古主義**運動である。ネジド地方の豪族**サウード家**が支援した。サウード家のイブン＝サウードは20世紀前半，**サウジアラビア王国**を建てた(1932)。**サウジアラビア王国**は現在もワッハーブ派を国教とする。

またシリア(レバノンを含む「歴史的な」シリア)やエジプトでは19世紀初め，アラブのキリスト教徒知識人(ナーシーフ＝アルヤージジー)らの間に，アラブ文化の復興運動が起こった。彼らは教会の書記を務めながら，アラビア語古典の「文芸復興」を行い，現代アラビア語の基礎を作った人々である。この活動は，アラビア語の再生を通じてアラビア語メディアを成立させたことにより，アラブの民族意識を高めた結果，19世紀末以降に展開するアラブ民族運動への道を切り開いた。この運動からアッバース朝分裂以降，分裂に分裂を重ねたアラブを一つの民族と見なす方向性が生まれた。

2．ムハンマド＝アリーの近代的改革

エジプトの自立の契機はフランス・**ナポレオンのエジプト遠征**(1798～99)である。ナポレオンは**ピラミッドの戦い**でオスマン帝国のマムルーク騎兵を撃破したが，インド航路の遮断を恐れるイギリスはネルソン提督が率いる艦隊を派遣し，**アブキール湾の海戦**でフランス艦隊を敗北させ，ナポレオンはフランスに逃げ帰った。

ムハンマド＝アリー(1769～1849)はアルバニア系の軍人で，対フランス戦に従軍したが，オスマン帝国の影響力の弱体化と英・仏両軍の撤退というエジプトの政治的空白を利用し，アラブ系民衆の支持を得てエジプトの支配権を掌握したため，オスマン帝国はやむを得ず彼をパシャ(総督)と認めた(1805)。

ムハンマド＝アリーは産業の基盤として**綿花栽培**を奨励する一方，政治的にはトルコ系の封建領主**マムルークを弾圧**するなど積極的な改革を行い，**フランスを模倣した近代的陸海軍**を創設し，エジプトの占領をめざした**英軍を撃退**した。

これを警戒したオスマン帝国のマフムト2世はエジプトの国力消耗を図って次々と遠征を命じた。ムハンマド＝アリーはアラビア半島の**ワッハーブ王国**を一時滅ぼし(1818)，スーダン北部に侵攻し，これを征服(1820～21)，**ギリシア独立戦争**の際には**オスマン帝国を支援**したが，**ナヴァリノの海戦**(1827)で英・仏・露の連合艦隊に敗北した。

帝国の衰退を見越したムハンマド＝アリーは**エジプト＝トルコ戦争**(第1次 1831～33，第2次 1839～40)を起こし，オスマン帝国からの完全独立を図ったが，列強の介入によって目的を果たすことは出来なかった。この間の衰えたオスマン帝国の領土と支配下の民族問題をめぐる**19世紀ヨーロッパ列強の対立**の総称を「東方問題」と呼称する。

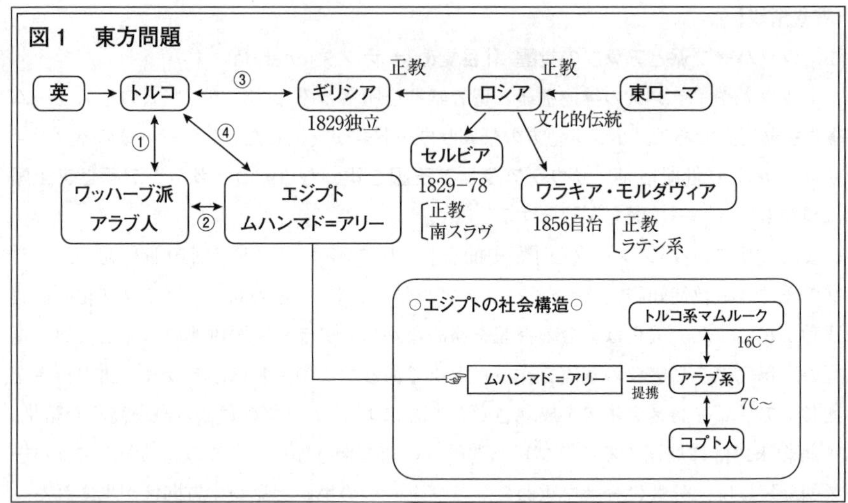

3．ギリシア独立戦争

バルカン半島ではフランス革命を契機にギリシア人，セルビア人･ブルガリア人(スラヴ系)，ルーマニア人(ラテン系)など，東方正教系民族の独立運動が高揚し，これをヨーロッパ諸国(特にロシア)が支援した。ロシアのオデッサ(現ウクライナ)で結成されたギリシア商人らの秘密結社フィリキ＝エテリア(｢友好結社｣)の運動に影響されてペロポネソス半島でギリシア人の大規模な反乱が起こり，ギリシア独立戦争(1821〜29)が勃発した。ギリシアの独立宣言に対し，オスマン帝国はギリシア独立を支持したエーゲ海東部のキオス島の住民を大虐殺した(キオス島の虐殺 1822)が，フランス・ロマン主義の画家ドラクロワがキオス島の虐殺をテーマに「シオの虐殺」(1824)を描くなど，ヨーロッパ側の大きな反発を招き，英のバイロンなど多くのヨーロッパ人が義勇兵としてギリシアを支援する契機となった。

オスマン帝国はエジプト総督ムハンマド＝アリーに援軍を要請した。一方，ウィーン体制を主導する墺のメッテルニヒは民族主義や自由主義の高揚を警戒し，ギリシア独立戦争への介入に反対したが，英・仏・露はギリシア支援を決議し，戦争に共同介入した。露は地中海への南下のため，また英は地中海航路とダーダネルス海峡通航の確保のため，参戦したのである。ナヴァリノの海戦(1827)で英・仏・露の連合艦隊がトルコ・エジプト艦隊を破り，ロシア(ニコライ１世)がオスマン帝国領のバルカン半島に侵攻した結果，アドリアノープル条約(1829，ロシア＝トルコ間)でオスマン帝国がギリシアの独立を承認したが，ロシアはオスマン帝国の賠償支払終了までセルビアを占領したため，セルビアの独立運動が活発化した。この間，フランス(シャルル10世)

はトルコ領アルジェリアを占領(アルジェリア出兵)した。

ロンドン会議(1830)で列強はロンドン議定書(1830)でギリシア独立を承認し，ギリシア王国が成立した(1832)。本問の指定語句は，このロンドン会議を指すのだが，エジプト＝トルコ戦争の戦後処理もロンドンで行われ，ロンドン議定書が締結された。

4．エジプト＝トルコ戦争

ムハンマド＝アリーは**ギリシア独立戦争でトルコを支援した代償**として「歴史的なシリア」(現在のシリア・レバノンなど，いわゆるレヴァント=東地中海沿岸)を要求した。オスマン帝国がヨーロッパ諸国に援助を求めたのに応じて，ロシア(ニコライ1世)が派兵した。**ロシアの南進を恐れた英・仏**はトルコ政府に圧力をかけ**エジプトのシリア領有を認めさせた**(第1次エジプト＝トルコ戦争 1831 ～33)。

本来ならロシアとトルコは宗教的にも地政学的にも対立関係にあるが，この場合はエジプト，英・仏も絡んだ「四極構造(次頁図2参照)」になっていたので，エジプトの再攻撃を恐れるオスマン帝国はロシアの援助を仰がざるを得ず，ロシアとの戦時における相互援助と，秘密条項としてロシアが対外戦争を起こした際，トルコは**ロシアにのみボスフォラス・ダーダネルス両海峡の通航権**を認める**ウンキャル＝スケレッシ条約**を締結した(1833)。

この後，ムハンマド＝アリーがエジプト・シリアの世襲統治権を求める(1839)と，オスマン帝国はエジプトに宣戦し，第2次エジプト＝トルコ戦争(1839 ～40)が勃発した。ロシアと結ぶトルコに対し，フランス(七月王政期)は**エジプトを支援し，トルコは大敗を喫した。これに対してイギリスはオーストリア・ロシア・プロイセン**を誘い，第1次とは異なり，今回は**トルコを支援したため，フランス・エジプトは敗れ，シリアなど全占領地を返還**することとなった。戦後処理のため**ロンドン会議**(1840)が開かれ，トルコと英・墺・露・普の四国間にロンドン四国条約が締結された。この条約でムハンマド＝アリー家は**エジプト**(現スーダンも含む)**総督の地位の世襲を認められる一方**，エジプトは開国し，ヨーロッパ資本が進出することとなった。また**ウンキャル＝スケレッシ条約は破棄され**，軍艦のボスフォラス・ダーダネルス両海峡通航が禁止された結果，エジプト・トルコの対立を利用した10年に及ぶロシア(ニコライ1世)の南下政策は水泡に帰した。再現答案ではクリミア戦争後のパリ条約における黒海中立化と混同した例が多数見られたが，対象とされる範囲が全く違う。

このロンドン会議を主導したのがイギリスの**パーマストン外相**(自由党)である。パーマストンは**列強の勢力均衡**を図る**メッテルニヒと結んで露の南下を阻止する一方**，**貿易の拡大**を基本方針に，**フランスに対抗**して**エジプト進出**を目指し，オスマン帝国に対しては，エジプトとの戦争における援助の見返りに**イギリス＝トルコ通商条**

約(1838)を結び，トルコ国内の**イギリスの貿易特権を確認**し，**トルコの関税自主権を否定**した。16世紀にスレイマン1世が仏のフランソワ1世に「恩恵」として与えたカピチュレーションは，トルコの宿敵オーストリアに対抗するオランダやイギリスにも与えられたが，軍事力が逆転した19世紀には不平等条約化を免れなかった。

またこの通商条約は，国際法上トルコの支配下にある**エジプトの産業発展をも妨害**し，**英の市場兼原料供給地化**が進んだ。**ロシア脅威論に立ち，自国の利益のためにトルコを支援してロシアの南下を阻止する一方，エジプト植民地化を推進**した結果から**ロンドン会議**(1840)は「**パーマストン外交の勝利**」と評される。

前掲の駿台の直前・東大プレでは，入試の出題頻度が高い後者のロンドン会議を指定語句としたのだが，混同した受験生も多かった。ロンドンやパリで締結された条約には重要なものが多いので，知識を整理しておくことが望ましい。

本問には関わりはないが，この間，英は**アヘン戦争**(1840～42)も遂行しており，侵略と一体化した経済のグローバル化が進んだ。

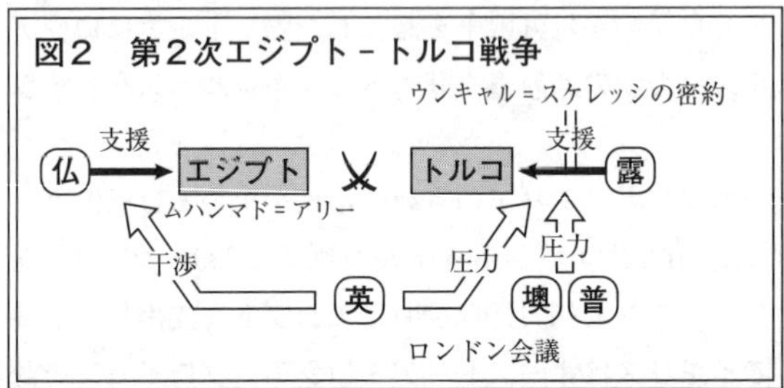

5．ヨーロッパの「瀕死の病人」オスマン帝国の改革と挫折

タンジマート(**恩恵改革**，1839～76)は，オスマン帝国の**西欧的近代化**を目指す改革運動である。**エジプト＝トルコ戦争**直後，スルタンの**アブデュルメジト1世**(位1839～61)は外相**ムスタファ＝レシト＝パシャ**に起草させた「**ギュルハネ勅令**」を発布し，**イスラーム教徒であるか否かを問わず，全国民の法の下の平等，生命・財産の保証，裁判の公開，徴税請負制度の廃止**などを宣言，政治改革推進を掲げた。その結果，**帝国の行政・教育・法制は大幅に西欧化**され，オスマン帝国は**政教一致のイスラーム国家**から**近代的な法治国家**への道を歩みだした。しかし**専制政治の放棄は実現せず**，バルカン半島などでの**被支配民族の不満を解消することは出来なかった**。

この間，国内経済においても**エジプト＝トルコ戦争**末期の1838年に締結された**イギリス＝トルコ通商条約**により，**イギリスの工業製品などが流入**して**産業の発展が阻害**され，**列強による植民地化が進展**した。

6．クリミア戦争

さらに**ロシア**(**ニコライ1世**)と**フランス**(**ナポレオン3世**)の間の**聖地管理権問題**を原因として**クリミア戦争**(1853〜56)が勃発すると，戦争継続のため**対外債務は増大**し，ついに1875年，**オスマン帝国の財政は破綻**し，1881年には列強によって**オスマン債務管理局**が設置された(〜1923年，**ローザンヌ条約**で廃止)。このクリミア戦争については，再現答案では意外なほど時期もロシアが孤立した経緯もトルコの財政破綻の要因となったという歴史的意義についても曖昧な答案が多かった。ヨーロッパ側からだけではなく，侵略されるアジア側からの視点も，グローバル化の光と影を理解するうえで重要になるだろう。

クリミア戦争は「蒸気鉄船と木造帆船の戦い」と呼ばれ，**露の後進性**が露呈した戦争でもあった。その原因となった**聖地管理権**は16世紀からフランスが保持していた。聖地管理権はスルタンがキリスト教徒に与えるものだが，トルコはかつてのビザンツ帝国の文化圏を支配しており，「啓典の民」でもあるキリスト教徒はイスタンブールの人口の4割を占めたという(現在はほとんどがムスリムである)。それにも関わらず，何故，カトリックのフランスに聖地イェルサレムの管理権が与えられたかといえば，ナポレオン3世の「聖地管理権はフランソワ1世以来のフランスの権利」という言葉が象徴するように，ハプスブルク家に対抗する16世紀以来のフランス＝トルコ同盟が理由であった。18世紀半ば，マリア＝テレジアとルイ15世が同盟した「外交革命」でフランス＝トルコ同盟がその意義を失い，18世紀末，フランス革命で当初，キリスト教が否定されると，聖地管理権はロシアが支援するギリシア正教徒(トルコでは多数派)に移った。キリスト教を否定するフランスを敵視したローマ教皇がロシアのエカチェリーナ2世を介してスルタンに要請したからだ，というエピソードが遺っている。トルコ進出の足がかりを得た女帝のほくそ笑む顔が浮かびそうな話だ。

1852年，産業革命が本格化し，アジアでの市場拡大を図るフランスの**ナポレオン3世**が海軍を派遣し，トルコから**聖地管理権を回復**した。エジプト＝トルコ戦争の際にはエジプトに対抗するためロシアと連携したトルコだが，フランスとロシアのいずれと結ぶかという二択になれば，ギリシア正教徒を支援してトルコ領内の宗教対立を図るロシアのニコライ1世に与することはできない。当然ながら**ニコライ1世**はフランスの聖地管理権を認めず，「**トルコ領内のギリシア正教徒の保護**」を名目に宣戦し，クリミア戦争が勃発した。

ロシアと対立するイギリスはトルコとフランスを支援し，またサルデーニャもイタリア統一への支援を期待してフランスを援助した。ギリシア独立戦争の時が変則的だったわけで，クリミア戦争で本来の「トルコをめぐる英・露の対立構造」に戻ったことになる。一方，ロシアは当てにしていたオーストリアが参戦せず，孤立した。木造帆船を主力とする黒海艦隊は蒸気軍艦(まさに黒船だ)を主力とするイギリス海軍に壊滅させられ，ロシア軍はクリミア半島のセヴァストーポリ要塞に追い詰められ，約1年の攻防戦(1854～55)の結果，要塞は陥落し，ロシアは講和を申し出た。講和条約である**パリ条約**(1856)では，**ボスフォラス・ダーダネルス両海峡の非武装化**(1840年の**ロンドン条約**の再確認)，**黒海の中立化**，**ドナウ川の自由航行権**の容認，露から**モルダヴィア公国にベッサラビアを割譲**することなどが取り決められ，ロシア(戦争末期にアレクサンドル2世〔位1855～81〕に交代)の南下政策はエジプト＝トルコ戦争に次いで挫折することとなり，アレクサンドル2世による「**大改革**」(**1861～74**)の**契機となった**。**この戦争の意義として重要なことは，英・仏と露というかつての同盟国が争った**ことにより，**列強間の勢力均衡を図ったウィーン体制は完全に崩壊し**，以後，列強は自国の権益を最優先して抗争する**帝国主義時代**に突入したということである。特にロシアとオーストリアの関係は悪化し，これがバルカン半島の民族運動と絡んで国際情勢を険悪なものとした。こうしたヨーロッパ側の動向に詳しい受験生も，前述した戦勝国トルコが英・仏からの莫大な戦費の借り入れで財政破綻した点を見落としている場合が多い。

また本問では「帝国の解体過程」に留意することを求めているが，トルコの領土喪失に言及できない受験生も多かった。クリミア戦争ではフランスが支援の見返りとして**ワラキア・モルダヴィア両公国**に自治権を与えることをトルコに強要した(1856)。同じ「ラテン系」のフランスの支援で民族意識が高揚した両公国は合併(1859)し，その後「ルーマニア(ローマ人の国)」を国号に採用した(1866)。ローマのトラヤヌス帝以来のガリア(フランス)とダキア(ルーマニア)の関係を持ち出されれば，トルコとしても返す言葉もなかっただろう。

7．ミドハト憲法と専制の復活

こうした状況下で改革は頓挫し，スルタン・アブデュル＝アジーズ(位1861～76，アブデュルメジト1世の弟)は再び専制的となった。しかし，これを批判する**ミドハト＝パシャ**(1822～84・大宰相=サドラザム 任1876～77，84刑死)らは軍隊の支持を得てスルタンを廃位し，新スルタン・**アブデュルハミト2世**(位1876～1909)の下で**ミドハト憲法**を発布して立憲君主政樹立に踏み出した。全国民を平等とみなし「新オスマン人」という理念を確立しようとしたミドハト＝パシャの改革は，理想的であるが故に，多民族間の対立の前に混乱をもたらす結果に終わり，**露土戦争**を機に**専制復活を企図**したスルタン・**アブデュルハミト2世の弾圧**に屈した。改革の理念は若手の官僚・軍人らから構成される「統一と進歩委員会(青年トルコ)」に受け継がれた。

8．パン＝イスラーム主義

パン＝イスラーム主義は，**ヨーロッパ列強の帝国主義政策に対抗**して**イスラーム教徒を団結**させ，**イスラーム世界の統一**を目指す思想。19世紀後半に**アフガーニー**(1838 or 39～97)らが提唱した。イラン出身の**アフガーニー**は**英**による**シパーヒーの乱**の鎮圧と**ムガル帝国の滅亡**から**ヨーロッパの脅威**を実感し，**エジプトやインド**，ヨーロッパを巡り，**欧米列強の帝国主義への抵抗と専制の否定**，**立憲体制の確立**，**イスラーム教徒の連帯**を呼びかけた。**アフガーニー**の運動は，**エジプトのウラービー＝パシャの対英革命**に影響を与え，また**カージャール朝**のシャー(国王)とも対立し，**タバコ＝ボイコット運動**(**英にタバコの専売権を認めたカージャール朝のシャーに対する反対運動**)の**思想的背景**となった。また彼が同志と発行したアラビア語の政治評論誌**『固き絆』は**，**アフリカ**から**インドネシア**に至るイスラーム世界に持ち込まれ，**イスラーム教徒の抵抗運動の進展に大きな影響を与えた**。

パン＝イスラーム主義を自己の専制の正当化に利用しようとした**オスマン帝国のアブデュルハミト２世**は，アフガーニーを招いたが，彼の思想を危険視し，彼を幽閉，まもなくアフガーニーは死去した。

9．露土戦争と領土喪失

露土戦争(1877～78)では，ボスニア・ヘルツェゴヴィナやブルガリアで起こったスラヴ系住民の反乱(1875～76)をトルコが弾圧したことを契機に「大セルビア主義(セルビア民族の統一国家建設を目指す)」を掲げるセルビアがトルコに宣戦(1876)し，ロシア(アレクサンドル２世)がこれに介入してトルコに宣戦し，これを破った。

戦後，締結されたサン＝ステファノ条約ではセルビア，モンテネグロ，ルーマニアのトルコからの独立を認めたが，大セルビア主義を掲げるセルビアが，セルビア人とカトリックのクロアティア人，モスレム(ムスリム)が雑居するボスニア・ヘルツェゴヴィナの併合を求めて同地に進出することを警戒するオーストリア＝ハンガリーが反発した。クロアティア人は言語的にはセルビア同様，南スラヴ系だが，中世以来，ハンガリーやオーストリアとの歴史的関係が深く，これ以降，セルビアとの間で対立が激化した。

またロシアの保護下に「大ブルガリア」が独立した。「大ブルガリア」は14世紀にセルビア，オスマン帝国とバルカン半島を三分した，かつてブルガール王国(第２次)の旧領=バルカン半島の40%を占めることとなり，ロシア皇帝(ロマノフ家)の一族を君主に迎える予定であった。大ブルガリアにはマケドニアが含まれるため，イギリスの海軍力によって事実上，封鎖されていたボスフォラス・ダーダネルス両海峡を経ずとも，ロシアのエーゲ海への進出が可能となったのである。

ロシア人とルーマニア人が雑居するベッサラビアはロシアのアレクサンドル１世が

トルコから奪っていたが，ルーマニア独立を機に北部はルーマニア，南部がロシアに割譲された。その代償としてルーマニアはオスマン帝国からドブルジャ(ドナウ川下流部と黒海に挟まれた地域)を得たが，同地はブルガリアとの係争地となり，第２次バルカン戦争でルーマニアが同じ正教系のブルガリアと対立する原因となった。このように多民族国家であるオスマン帝国が解体する過程で喪われた領土が，一民族一国家を目指す国家間の対立(「民族浄化」)を招いたことに言及してほしい。

ヨーロッパ列強間の勢力均衡を崩すロシアの大勝に対し，ボスニア問題でセルビアと対立するオーストリア＝ハンガリーと，大ブルガリアを経由してエーゲ海進出を図るイギリスが反発したため，墺・露と三帝同盟(1873～78)を結ぶドイツ帝国の宰相ビスマルクが「公正なる仲買人」と称してベルリン会議を主催し，対立の解消を図った。ドイツ統一後は平和外交の下，経済発展を図るビスマルクが列強間の勢力均衡を望んでいることを察したイギリス(ディズレーリ)の働きかけが功を奏し，ベルリン条約(1878)ではセルビア人が３割を占めるボスニア＝ヘルツェゴヴィナはオーストリア＝ハンガリーがトルコから統治権を獲得すること，ブルガリアはマケドニアを喪うなど領土縮小のうえ，トルコ領内の自治国とすることが定められ，ロシアの南下政策はエジプト＝トルコ戦争，クリミア戦争に引き続き，挫折した。因みに東地中海最大の要衝であるキプロスはギリシア正教徒が多かったが，ビスマルクの容認の下，ベルリン条約とは別枠でイギリスはトルコから統治権を獲得した。

この後，スルタン・アブデュルハミト２世はパン＝スラヴ主義を掲げるロシアに対抗するため，ドイツにバグダード鉄道敷設権を与えるなど，ドイツと連携する道を採ることとなった。

本問はトルコからの視点で論旨を展開するのであるから，この間の領土喪失の経緯ばかりを詳述するのではなく，これらの戦争の敗北がトルコを弱体化させ，また民族運動の高揚によって理想主義的なミドハト憲法がかえって民族間の対立を誘発し，これがスルタンの専制復活につながり，改革が挫折した点を説明できればよい。

10. 青年トルコ革命・バルカン戦争・第一次世界大戦

青年トルコは前述したように正式名は「統一と進歩委員会」。西欧的近代化と立憲君主政樹立を目指して設立され，学生・青年将校・官吏に組織が拡大した。日露戦争で立憲君主政体を採る日本が専制体制のロシアに勝利したことに強い影響を受けた彼らは，軍人エンヴェル＝パシャの指導の下，ギリシアのサロニカで革命を起こし，イスタンブルに進撃して政権を掌握，スルタン・アブデュルハミト２世は廃位された(青年トルコ革命，1908～09)。

青年トルコの改革は「イスラーム信仰と西欧的自由主義の両立」を目標とし，ミドハト憲法と議会(メシェルティエト)政治を復活させ，さらにミドハト＝パシャが提唱した「信仰や人種差別を超えたオスマン帝国全住民を対象とする友愛主義=新オスマン主義」を掲げた。これは非トルコ系イスラーム教徒であるアラブ人・クルド人・アルバニア人にもある程度，支持されたが，結局はミドハト＝パシャと同様に民族の利害が複雑に絡んで，政治の混乱を招いた。

アルバニア人の反乱を契機に民族主義的なパン＝トルコ主義が台頭すると，青年トルコ政権は「パン＝トルコ主義」を掲げ，トルコ系諸民族の統合を目指し国内の非トルコ系民族運動の抑圧を図ったが，今度はアラブ人の反発を招き，これが第一次世界大戦中のアラブ独立運動の原因ともなった。アラブ人に対してはイスラーム世界の統一を目指すパン＝イスラーム主義を掲げて，民族運動の沈静化を図ったが，これは自らが打倒したスルタンの専制を正当化したスローガンであり，アラブ人の反発を抑えることは出来なかった。この青年トルコの「迷走」も多民族国家ゆえであろう。

この間,北アフリカではイタリアに敗れてトリポリ・キレナイカ(現リビア)を喪い,これに便乗したロシア主導のバルカン同盟との間で勃発したバルカン戦争(第１次：1912　第２次：13)でバルカン半島側の領土を喪失し，このため第一次世界大戦ではロシア・セルビアに対抗してドイツ・オーストリア＝ハンガリーなどの同盟国側に参戦したが敗れ，青年トルコは解体した。エンヴェル＝パシャらは革命後のロシアでトルコ民族の統一実現を目指したが，ソヴィエト政権の赤軍に敗死させられた。

大戦終結後，ギリシア軍が侵攻し，イズミルを占領するなど混乱の中，セーヴル条約(1920)が締結され，トルコは半植民地化された。

バルカン戦争の対立構造については，本問では詳述する必要はないが，下に構造図として示しておく(図３)

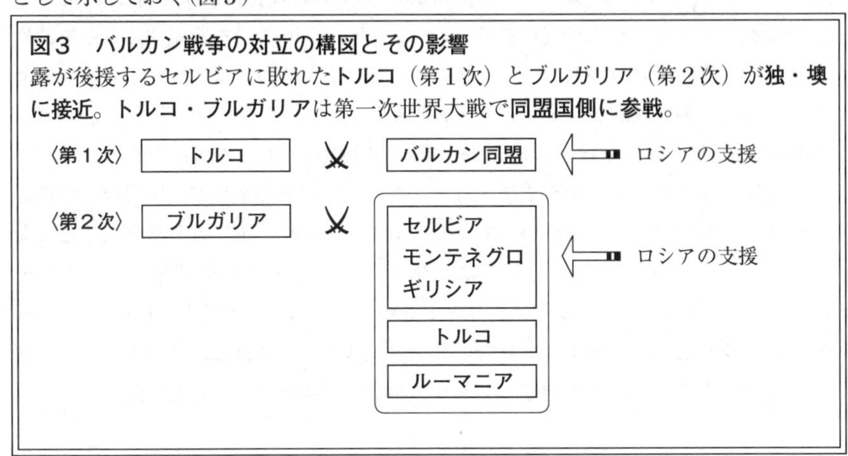

図３　バルカン戦争の対立の構図とその影響

露が後援するセルビアに敗れた**トルコ**（第１次）とブルガリア（第２次）が**独・墺に接近**。**トルコ・ブルガリア**は第一次世界大戦で**同盟国側に参戦**。

バルカン戦争の影響としては，ロシアが後援するセルビアに敗れたトルコ(第1次)とブルガリア(第2次でセルビアとマケドニアの領有権を争った)がドイツ・オーストリア＝ハンガリーに接近し，トルコ・ブルガリアは第一次世界大戦で同盟国側に参戦したことが理解できていればよい。

11. 英の二重外交・トルコ革命・帝国の崩壊とトルコ共和国の成立

第一次世界大戦中，対トルコ戦争にアラブ人・ユダヤ人を利用した。アラブ民族の二大中心勢力はフセイン(フサイン，1856頃～1931 トルコから統治権を認められたメッカの首長ハーシム家＝ムハンマドの子孫)と，ネジド地方のリヤドを拠点とするイブン＝サウードであった。英軍将校「アラビアの」ローレンス(1888～1935)がアラブ人の反乱を煽動したことは有名だ。

悪名高いイギリスの二重外交について，簡潔に言及することも本問の「トルコ帝国の解体」の趣旨に叶うだろう。フセイン＝マクマホン協定(書簡ともいう，1915)ではイギリスのエジプト駐在・高等弁務官マクマホンが，秘密書簡でフセインに「アラブ人居住地の独立を支援する」と約束した。フセインが最初に提示した案にはパレスチナが「アラブ人居住地」に含まれていた。これに対し，ユダヤ教徒やキリスト教徒も住むパレスチナについては，イギリス側は「純粋にアラブ人の地とはいえない」として協定に含めなかった。これについてフセインは，この段階では反論していない。サイクス＝ピコ協定(1916)では英・仏・露とトルコ領分割を密約(批准せず)したが，戦後，ソ連のレーニンによって暴露され，英国内からも批判が出たが，アラブ民族のイギリスに対する反発の要因となった。この協定では「シリア」をフランス領とするなど，フセイン＝マクマホン協定(書簡)と矛盾する点が多かったからである。さらにバルフォア宣言(1917)ではバルフォア英外相はユダヤ財閥の経済援助を得るため，「戦後，パレスチナにユダヤ人の民族的郷土(ナショナル・ホーム)を設定することを認める」と宣言した。これは当時，イギリスにおけるユダヤ人コミュニティーの指導者でシオニズム運動の財政的な後援者であったロスチャイルドへの書簡の形で表明された。

この後，16年に独立を宣言しヒジャーズ王(位1916～24)となったフセインはバルフォア宣言に反発したが，英が支援するイブン＝サウードのネジド王国に敗れて亡命した。イギリスはフセインを使い捨てにし，イブン＝サウードに乗り換えたことになる。イブン＝サウード(1880～1953)は，サウジアラビア王国の建国者(位1932～53)。王名はアブド＝アルアジーズ。リヤドを中心とするネジド地方を拠点とし，ワッハーブ派を支援したサウード家出身で，ヒジャーズ王国を滅ぼし，ヒジャーズ＝ネジド王(1924)となり，イエメンを除くアラビア半島の大部分を統一した(1932)。

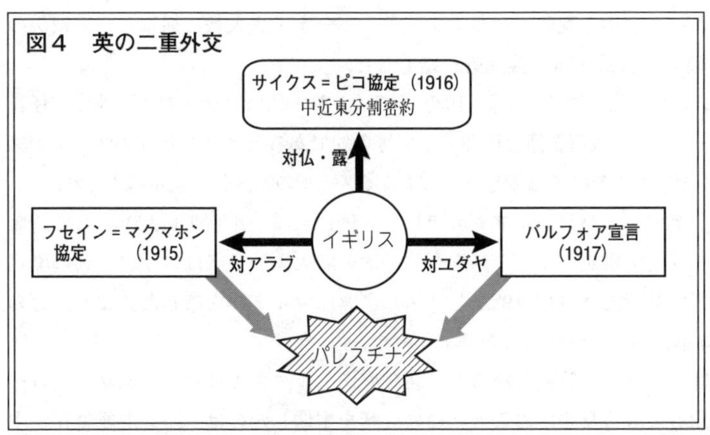

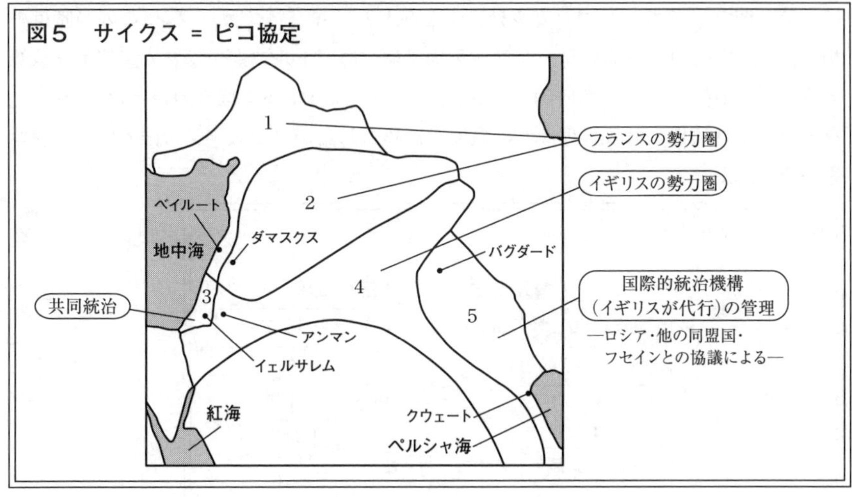

第一次世界大戦後，連合国側に参戦していたギリシア軍はイズミル(スミルナ)を占領した(1919.5)。イズミルは古代，イオニア植民市の有力都市でホメロスが居住していたという。現在はイスタンブルに次ぐトルコ第２の港湾設備を保有し，人口ではイスタンブル，アンカラに次いで第３位の都市である。ギリシアのイズミル占領に対し，東部アナトリアで「アナトリア＝ルーメリア権利擁護団(後の人民党)」とトルコ国民軍を組織したトルコ軍人ケマル＝パシャ(ムスタファ＝ケマル)は，英に支援されたギリシア軍に対抗し，22年，ギリシア軍を撃退した。

ケマル＝パシャ(ムスタファ＝ケマル，ケマル＝アタテュルク「トルコの父」1881～1938)はサロニカの出身で，一時「青年トルコ」にも参加したが，エンヴェルらと対立し，袂を分かった。伊土戦争，バルカン戦争，第一次世界大戦に従軍し，大戦後の1919年以降，連合国に対する民族運動を指導した。

この間，サン＝レモ連合国最高会議(1920.4)では，英・仏にアラブ人居住地の委任統治権を認定し，スルタン政府と連合国間の不平等条約であるセーヴル条約(1920.8)が締結された。このセーヴル条約ではギリシアによるイズミルの期限付占領が認められた。

これに対し，ケマル＝パシャはアンカラに「大国民会議」を召集(1920.4)して新政府を樹立し，ギリシア軍からイズミルを奪回，次いで大国民会議はスルタン制の廃止を決議し，オスマン帝国は滅亡(1922)し，スルタンはマルタへ亡命した。この一連の経緯を「トルコ革命(1922～23)」と呼ぶ。

本問の論述はここまでが範囲となるが，新政府がトルコの主権回復に成功したローザンヌ条約(1923)にも言及しておこう。この会議を主催したのは，インド総督在任中に，第2問で出題されたベンガル分割令を発したイギリスのカーゾン(この当時は外相，任1919～24)である。ローザンヌ条約では改めてトルコがアラブ人居住地を放棄することを前提に，セーヴル条約を改訂してトルコは「トルコ固有の領土(小アジア)」を回復，治外法権・財政管理などの撤廃を認められたが，オスマン帝国の外債の継承を強いられた。

図6　ケマルの戦い

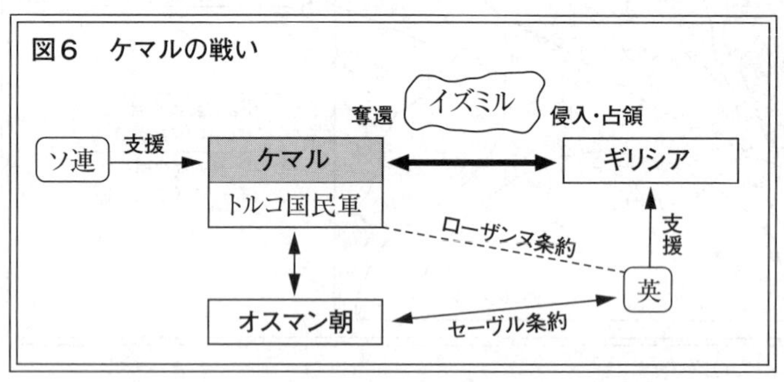

滅亡寸前のトルコが何故，このように自国に有利な条件で講和条約を結べたか，という理由については，ケマルの軍事的勝利もさることながら，当時の国際情勢を考慮すると見えてくるものがある。ケマルはソ連(旧ロシア帝国とトルコは第一次世界大戦で交戦)とは単独講和しており，一方のイギリスはインドやエジプト，アイルランドなどの民族運動やドイツ賠償問題を抱えていた。イギリスとフランスはトルコ単一民族国家の樹立を目指すケマルが放棄したアラブ人居住地を国際連盟からの委任統治領としたが，その分割については，かつてのサイクス＝ピコ協定(批准されていないから不成立だった)の案に基づかざるを得なかった。これが現在のイラクやシリアの

民族・宗教対立の要因となっている。またトルコ共和国に，多数居住するクルド人との民族対立も解消されていない。

トルコ共和国はアンカラを首都とし，ケマルを初代大統領(任 1923 ～38)として成立した(1923.10)。ケマルの西欧的近代化政策は「世俗主義」と呼ばれる。本問では加点対象外だが，次年度以降は十分，出題の可能性があるので，ここで確認しておこう。①政教は完全分離(トルコ共和国の圧倒的多数はムスリム)，カリフ制は廃止(1924.3)・イスラーム国教制廃止(1928.4)，②トルコ共和国憲法を発布(1924.4)⇒主権在民・一院制議会・任期4年の大統領制，③「文字革命」(1928)⇒アラビア文字に代わりローマ字(新ラテン文字29文字)を採用，④イスラーム暦をグレゴリウス暦に改める，⑤女性参政権実施(1934)。女性のチャドルの廃止・一夫一婦制の樹立など，一連の女性解放政策を実施，などである。

現在のイスラーム諸国の改革の先駆けのようでもあるが，皮肉にもそのトルコでイスラーム主義が再び台頭しつつあるのが現状である。西アジア世界の動向は近代～現代にかけての日本とも大きなつながりがある。東大世界史がこの地域に深い関心を持っていることを認識し，東大が求める論述答案を書き上げる力を育成してほしい。これらの視点に立って歴史的経緯を確認したら，要約し，論旨の組立を作成しよう。

【論旨の組み立て】

設問が求める時代の範囲は18世紀半ばからなので，サウード家と結んだワッハーブ運動に始まる被支配民族の反発，ロシアの南下政策によるクリミア半島喪失から書き始める。

①ロシアの南下と帝国の衰退

(セリム3世による)**軍の近代化**や，その後の**イェニチェリ解体**などの近代化を進めたものの，19世紀に入ると，**英・露対立を主軸とする列強間の複雑な対立**(**東方問題**)に巻き込まれ，**ギリシア独立戦争・エジプト＝トルコ戦争**に直面した。

②帝国の近代化

帝国の近代化は列強の介入の格好の契機となり「**恩恵改革(タンジマート)**」を開始したものの，**英との不平等条約**により**市場化**され，**クリミア戦争**での**財政破綻**を契機とする**ミドハト＝パシャの立憲政体樹立**の試みは，**露土戦争**を機に**パン＝イスラーム主義**を**専制正当化に利用しようとするスルタン**により，挫折させられた。また露土戦争後の列強の対立の結果，**ベルリン会議**で**バルカン諸国の独立**が承認され領土喪失を招いた。

③青年トルコ革命

スルタンの専制は，**日露戦争の日本の勝利**に影響された**青年トルコ革命**で打倒されたが，混乱に乗じて**スラヴ系民族運動**が高揚し，**バルカン戦争**に敗北したオスマン帝国は，露とセルビアに対抗するため，ドイツ・オーストリアに接近した。

④帝国の解体

青年トルコが主導するオスマン帝国が**パン＝トルコ主義**に傾いたため，**第一次世界大戦**では，反発した**アラブ人**が**フセイン＝マクマホン協定**で**イギリスと提携**した。大戦に敗北した帝国は**セーヴル条約**で列強の**委任統治**を認めるなど半植民地化され，これに反発してトルコ民衆を組織した**ムスタファ＝ケマル**の**トルコ革命**で遂に解体された。

【加点ポイント】（32点まで）

《18世紀半ばから19世紀初めまで》

①**サウード家**と連携したワッハーブ派が王国を建てた。

◎ワッハーブ派はイスラームの原点回帰を図った（イスラーム復古主義を唱えた）。

◎帝国はムハンマド＝アリーに第1次ワッハーブ王国を滅ぼさせた。

②露がクリミア半島を奪った。

◎露が南下政策を本格化させた。

◎仏のナポレオンがエジプトに侵攻した。

③帝国（マムフト2世）は軍の近代化を図り，イェニチェリを解体した。

◎帝国は洋式軍隊を創設した。

《ギリシア独立戦争》

④ギリシア独立戦争が勃発した。

◎仏革命の影響で，バルカン半島では民族運動が高揚した。

◎帝国の衰退を受けて，列強が「東方問題」に介入した。

⑤帝国はギリシアを支援した英仏露に敗れた。

⑥**ロンドン会議**（1830）でギリシアは独立した。

《エジプト＝トルコ戦争》

⑦この間，エジプト総督ムハンマド＝アリーが自立を図った。

◎ムハンマド＝アリーはエジプトの産業発展を図った。

⑧エジプト＝トルコ戦争が勃発した。

◎（ギリシア独立戦争後）ムハンマド＝アリーはシリア領有を主張した。

◎エジプトは仏と結んだ。

◎英・露の支援を得た帝国は仏・エジプトに勝利した。

◎露は一旦，得たボスポラス・ダーダネルス両海峡の通航権を失った。

◎英はロンドン会議で露の南下を阻止した。

⑨帝国は英の支援を受けた見返りに不平等条約を強要された。

◎イギリス＝トルコ通商条約を結んだ。

◎エジプトはイギリスに経済的に従属した。

⑩エジプトは(ロンドン四国条約で事実上)自立した。

《タンジマート》

⑪帝国は**ギュルハネ勅令**を発布し西欧的近代化をめざすタンジマートを始めた。

◎タンジマートでは全帝国民の法の下の平等が掲げられた。

⑫英による市場化が進んだ。

《クリミア戦争》

⑬クリミア戦争では，帝国は英仏の支援で露に勝利した。※言及少ない。

◎露の敗北で黒海は中立化した。

◎露は正教徒保護を目的に帝国に宣戦した。

⑭帝国は外債で財政が破綻した。

⑮国内で専制への批判が高まった。

《ミドハト憲法》

⑯立憲君主制を定めた**ミドハト憲法**が施行された。

◎**ミドハト憲法**は諸民族の平等を目指した／新オスマン主義を掲げた。

◎**アフガーニー**は(ムスリムの団結と統一を図る)パン＝イスラーム主義を説いた。

⑰憲法の施行を機に，国内に混乱が生じた。

⑱露土戦争が勃発した。

◎露はパン＝スラヴ主義を掲げた。

◎帝国は露土戦争で敗れた。

◎バルカン半島のセルビア(・モンテネグロ・ルーマニア)などが独立した。

⑲スルタン(アブデュルハミト２世)は憲法を停止し(専制に回帰)した。

《ベルリン会議》

⑳独がベルリン会議で仲裁(調停)を行った。

㉑ベルリン条約では，セルビアなどの独立が認められた。

◎ボスニア・ヘルツェゴヴィナの行政権をオーストリアに認めた。

◎キプロス島の行政権をイギリスに認めた。

＊イギリスがエジプトを事実上の保護国とした。

《青年トルコ革命》

㉒スルタンは**アフガーニー**のパン＝イスラーム主義を専制の正当化に利用した。

㉓**日露戦争**の影響で青年トルコ革命が起こった。

㉔青年トルコはミドハト憲法を復活させた。

◎民族対立がかえって激化した。

㉕(青年トルコ革命の影響で)ブルガリアが独立した。

㉖墺がボスニア・ヘルツェゴヴィナを併合した。

◎セルビアと墺の対立が激化した。

《バルカン戦争》

㉗イタリア＝トルコ戦争で帝国はリビアを失った。

㉘バルカン戦争では露と結ぶ正教系諸国にも敗れバルカン半島の大半を失った。

㉙バルカン戦争で敗れた帝国は，第一次世界大戦では独・墺側で参戦した。

《帝国の解体》

㉚スルタン＝カリフはジハードを宣言して領土回復を図った。

㉛アラブ人は英と**フサイン＝マクマホン協定**を結んで独立を図った。

▲帝国の解体との関わり(史実の内容)が明記されない答案には加点せず。

㉜英・仏・露はサイクス＝ピコ協定で中近東分割を密約した

㉝英はバルフォア宣言でユダヤ人の民族的郷土建設への支援を表明した。

◎パレスチナではアラブ人とユダヤ人の対立が激化した。

㉞大戦に敗れた帝国は**セーヴル条約**で半植民地化された。

㉟アラブ人地域は英仏の委任統治領となった。

㊱帝国はアンカラ政府を組織したケマルによるスルタン制廃止で滅亡した。

◎ケマルはギリシア＝トルコ戦争に勝利／ギリシアからイズミルを奪還した。

▲ローザンヌ条約で主権を回復した／ケマルの改革⇒加点対象外。

解答例

18世紀に**サウード家**と連携したワッハーブ派が王国を建て，露がクリミア半島を奪うと，帝国は軍の近代化を図りイェニチェリを解体したが，ギリシア独立戦争で帝国はギリシアを支援した英仏露に敗れ，**ロンドン会議（1830）**でギリシアは独立した。この間エジプト総督ムハンマド＝アリーが自立を図ってエジプト＝トルコ戦争が勃発すると，帝国は英の支援を受けた見返りに不平等条約を強要された。エジプトの自立を許した帝国は，**ギュルハネ勅令**を発布して西欧的近代化をめざすタンジマートを開始したが，英による市場化が進んだ。クリミア戦争では帝国は英仏の支援で露に勝利したが，外債で財政が破綻し，専制への批判が高まったため，立憲君主制と諸民族の平等を目指した**ミドハト憲法**を施行したが，国内に混乱が生じ，露土戦争勃発を機にスルタンは憲法を停止した。帝国は独が仲裁したベルリン会議でセルビアなどの独立を認める一方，**アフガーニー**のパン＝イスラーム主義を専制の正当化に利用した。**日露戦争**の影響で憲法復活を図る青年トルコ革命が起こると，ブルガリアが独立，墺がボスニア・ヘルツェゴヴィナを併合した。さらに伊土戦争でリビアを，また露と結ぶ正教系諸国にも敗れ，バルカン半島の大半を失った。第一次世界大戦では帝国は独墺側で参戦し，ジハードを宣言して領土回復を図ったが，アラブ人は英と**フサイン＝マクマホン協定**を結んで独立を図った。敗れた帝国は**セーヴル条約**で半植民地化され，アラブ人地域は英仏の委任統治領となった。帝国はアンカラ政府を組織したケマルによるスルタン制廃止で滅亡した。

（660字）※**ロンドン会議（1830）**…10字で数えた。

第２問　「各国の境界線と境界をめぐる争い」

解説

本問のテーマは，簡潔にいえば**国家の歴史と境界線**である。東大志望者の中には，学習が第１問の大論述偏重で，第２問を甘く見ているような傾向が散見される。そういった受験生は，大論述ばかりを意識して主要国の政治史や経済史については真剣に取り組むものの，**周辺地域史を軽視しがち**となる。ただ，過去問をよく見てほしい。第２問では，**世界史における「少数者」**（2017）など周辺地域史も問われており，また本年と同じテーマである**国家の領土や境界**（2008）も問われている。そういった意味でも，2019年第２問は過半が周辺地域の歴史だったので，予想以上に点差がついているのではなかろうか。なお，解説中では，第２問全体の配点を15点と想定して，設問ごとに想定される配点と加点ポイントを示した。

問(1)　本問は，イギリスのインドに対する植民地政策のなかで制定された1905年の**ベンガル分割令**に関する出題である。

設問の中に「**A：どのように分割し**」「**B：いかなる結果を生じさせることを意図して制定されたのか**」と２つの論点が挙げられている。**A**については，ベンガル分割令の内容を問うものなので基本事項である。**B**は「いかなる結果を～意図して」とあるので，イギリスがこの法令を制定した目的が問われている。よって，実際に生じた結果を答えるのではなく，「制定前から考えていた点」について論じる問題であり，そこを読み間違えてしまうと事後の結果を論じるために字数を使ってしまい，必要な部分を書く字数がなくなってしまうので注意してほしい。

・イギリスのインド統治政策

まずは，本問の前提となるイギリスのインド統治政策について確認しよう。**インド大反乱**(1857〜59)の鎮圧により，本国によるインドの直接統治を開始したイギリスは，インド内部の分断によってイギリスへの反抗を抑え込むという政策をとった。1877年に成立したイギリス領**インド帝国は直轄領**11州と約550もの**藩王国**で構成されていたが，親英の藩王たちは自治権を与えられてイギリス支配に協力的であったため，旧支配層はすでに民族運動から分断されていた。一方イギリスは，直轄領においては，いわゆる「**分割統治**」を行った。これは，すべてのインド人をいずれかの宗教およびカースト集団に振り分けたうえで，カースト集団の貴賤を明示して，旧来は地域ごとに差異のある緩やかな制度であったヴァルナ制を厳格なものとして，インド内の分断を図るものである。これにより既存の宗教，カーストごとの分裂・対立が助長された。

またイギリスは，**インド人エリート**を統治に利用した。イギリスは植民地化の進展とともに英語による学校教育を開始し，大学も開設した。こうした教育を受けた者の多くはイギリス統治下で成長したインド人**民族資本家**の子弟であり，イギリスに留学して大学教育を受けた。彼らのようなイギリス式の高等教育を受けた**インド人エリートは当初は親英的**であったが，やがて民族意識に目覚めはじめた。一例を挙げると，インドの貧困の原因をイギリスへの「富の流出」と主張した**ナオロジー**や，裁判における人種差別に反対して全インド国民協議会を結成した**バネルジー**などがエリートにあたる。

イギリスはこうした**インド知識人の不満を懐柔**するため，1885年に**ボンベイ**にインド人有力者を集めて**インド国民会議**を開催した。以後，国民会議は毎年開催場所を変えて開かれた。この参加者が次第に政党としての組織を整え，民族運動の中心となる**国民会議派**となったが，**ヒンドゥー教徒中心**の組織となったため，イスラーム教徒は反発した。また，19世紀末から**ティラク**らの指導によって国民会議派の主張が徐々に「スワラージ(自治，あるいは独立)」に傾き始めると，彼らの主張する「国民(ネーション)」は多数派のヒンドゥー教徒を中心とする「ヒンドゥー・ネーション」であるとして，ムスリムの多くは協力せず，**アフガーニー**(1838 or 39〜97)の**パン＝イスラーム主義**の影響なども受けて，ヒンドゥー教徒との対立を深めた。

・ベンガル分割令の意図と影響

本問の論点はここからである。イギリスは**ヒンドゥー・イスラームの宗教対立を民族運動の分断に利用**した。特に，インド帝国の政治的中心であり，商工業も盛んであった**ベンガル州**(中心都市はカルカッタ)には，高等教育を受けたエリートが多く，民族運動も盛んであった。また，インド政庁の歳入が減少しつつあったため，イギリスは行政制度の見直しを迫られていた。こうして1905年，イギリス人の**カーゾン**総督が

ベンガル分割令を発布した。これは広大なベンガル州の行政を能率化することが表向きの理由であったが，**ヒンドゥー教徒多住地域の西ベンガル**(現インドの西ベンガル州)と**イスラーム教徒多住地域の東ベンガル**(現バングラデシュ)に分割することで，反英に傾きつつあったヒンドゥー教徒(国民会議派)から東ベンガルのムスリムを引き離し，国民会議派の過激派を孤立させようという意図は明らかであった。もう少し詳しく説明すると，すでに親英である藩王たちに加えてムスリムを味方にすれば，残る反英勢力の国民会議派過激派だけが孤立することになる。このため国民会議派は，ベンガル分割令を宗教による民族運動の分断であるとして猛烈に反発，1906年の**カルカッタ大会**において，急進派の**ティラク**を中心に，「**英貨排斥**」「**スワデーシ(国産品愛用)**」「**スワラージ(自治)**」「**民族教育**」からなる有名な反英4綱領を採択した。

これに対しイギリスは，インドの少数派としての政治的権利を要求するムスリムを取り込んで，1906年に**全インド＝ムスリム連盟**を組織させ，**親英・反国民会議派**の立場を取らせることに成功した。以後イギリスは，**ヒンドゥー・イスラーム両教徒の宗教対立**を利用して，巧みな**分割統治**を行った。ただ，反発の大きかったベンガル分割令は，1911年に廃止された。同時に，民族運動の激しいカルカッタからデリーへと，インド帝国の首都が移された。また，これ以後のインドの民族運動では，「**反英のヒンドゥー教徒(国民会議派)**」と「**親英のイスラーム教徒(全インド＝ムスリム連盟)**」の対立が，1947年のインド・パキスタンの分離・独立まで続くこととなる。

【加点ポイント】 ※想定される配点：3点

- ベンガル分割令の内容(「どのように分割し」たか)
  ①民族運動の盛んな(エリート／知識人が多い)ベンガルをムスリム中心の東部とヒンドゥー教徒中心の西部に分割した。
  ②(インドでは少数派である)イスラーム教徒の多住(多数派を占める)地域を形成した。
- イギリスの意図(「いかなる結果を生じさせることを意図し」たか)
  ③ヒンドゥー教徒とイスラーム教徒の対立による民族運動の分断を狙った(イギリスへの抵抗を抑えようとした)。
  ④ムスリムを親英に傾けて，国民会議派の過激派を孤立させようとした。

• 解答への考え方

まずベンガル分割令の内容を明確にしよう。単に「ベンガル州を分割した」と書くだけでは不足である(それは法令の名称から明らかである)。①ベンガル州を**ムスリム中心の東部とヒンドゥー教徒中心の西部に分割**して，②**東部にイスラーム教徒の多住**

地域を形成する，という点を明確にしたい。続いてイギリスの意図は，一言で表すと「**民族運動の分断**」である。その点を明確にしたうえで，③**ヒンドゥー教徒とムスリムの宗教対立**を煽って民族運動を分断した点を示そう。あるいは④ムスリムを親英に傾けて国民会議派を孤立させるという意図を書くのもよいだろう。

なお，カルカッタ大会における反英4綱領の採択，親英的な全インド＝ムスリム連盟の結成などはあくまで結果なので，出題の意図とは異なる。

問⑵　太平洋諸地域の分割とイギリスの自治領に関する出題。

⒜　本問は，太平洋の分割と第一次世界大戦後の委任統治に関する出題である。

太平洋の島嶼は盲点だったかもしれないが，センター試験レベルの知識だけしかなかったとしても，第一次世界大戦後に委任統治になったということは，それ以前に「ドイツ領であった」ということは想像できるはずである。設問では「19世紀末から1920年代までにたどった経緯」が問われているので，「**どのように(あるいはいつから)ドイツ領になったのか**」という点と，「**第一次世界大戦後にどのような経緯で委任統治になったのか**」という点を論じればよい。

・ドイツによる南洋諸島の獲得

初めに，19世紀におけるドイツの南洋諸島獲得について解説していく。まずは該当する教科書の記述を抜き出してみると，以下のようになる(太字は執筆者による)。

◎山川出版社『詳説世界史B』

「**ドイツ**も，1880年代以降，**ビスマルク諸島**(メラネシアの一部)，**カロリン・マリアナ・マーシャル・パラオの諸島**(**ミクロネシア**)**を獲得**した」

◎東京書籍『世界史B』

「1898年の**アメリカ＝スペイン戦争の結果**，スペインはグアムをアメリカ合衆国に割譲し，そのほかの**スペイン領ミクロネシア**(**グアムをのぞくマリアナ諸島，パラオなどのカロリン諸島**)**をドイツに売却**した」

◎帝国書院『新詳世界史B』

「19世紀後半に入ると，残るオセアニアの各地(前述。オーストラリア・ニュージーランドをのぞく地域)も次々に，イギリス・フランス・**ドイツ**・アメリカによって占有された」

◎実教出版『世界史B』

「1880年代以降，帝国主義的なはげしい領土争奪が展開され，その結果，フランスはタヒチ島など，**ドイツはマリアナ諸島・パラオ諸島など**，イギリスはフィジー諸島などを獲得した」

上記の教科書の記述を総合すると以下の通りとなる。

「1880年代以降，帝国主義的なはげしい領土争奪が展開され，その結果，ドイツもビスマルク諸島(メラネシアの一部)を獲得した。さらに1898年のアメリカ＝スペイン戦争の後，スペインからスペイン領ミクロネシア(グアムをのぞくマリアナ諸島，パラオなどのカロリン諸島)を購入した。」

これが教科書レベルでの最も詳しい解説である。センター試験対策という面で考えても，受験レベルではここまでおさえておこう。

もう少し詳しく説明しておくと，まず**メラネシア**とは大西洋西部(180度経線の西側)で**赤道以南**に点在する諸島を，**ミクロネシア**とは大西洋西部の**赤道以北**に点在する諸島を指す。今回，地図で指定された地域はミクロネシアである。

メラネシアへのドイツの進出は，まず1857年にサモア島に交易拠点を置いていたが，1884年には**ニューギニア島東部**(西部はオランダ)をイギリスと分割して東北部を領有した。この地域に含まれる島々には**ビスマルク諸島**という名前が付いているので，ビスマルクの時代に領有したことはすぐにわかるだろう。一方，欧米のミクロネシアへの進出は捕鯨の活発化とともに進んだが，特に**カロリン諸島**ではドイツとスペインの対立が国際問題に発展した。結果，1885年のローマ教皇の裁定によりカロリン諸島はスペイン領となったが，ドイツにはミクロネシア全域での自由な経済活動と航海が保障された。この翌年，ニューギニア島に続いて西太平洋でのイギリスとドイツの協定が成立し，ドイツは**マーシャル諸島の一部などを領有**することとなった。その後，米西戦争(1898)で敗れたスペインが，財政難から**マリアナ諸島**(**グアムをのぞく**)，**カロリン諸島**，**マーシャル諸島**(**残り**)**をドイツに売却**した。これにより，ドイツによるミクロネシア(南洋諸島)の支配が完成した。

・第一次世界大戦と太平洋

第一次世界大戦中の太平洋における戦況は，教科書ではほとんど言及されていないが，日英同盟を理由としてドイツに宣戦した**日本**は，1914年10月には**赤道以北のドイツ領ミクロネシア**(**南洋諸島**)**を無血占領**した。さらに第一次世界大戦中，イギリス海軍が地中海を中心とするヨーロッパにくぎ付けとなっていたため，日本海軍は太平洋の防衛を肩代わりした。このため，日本は大戦終結後も含めて約5年間，ドイツ領ミクロネシアを実質的に統治することとなり，終戦後，イギリスに対して日本の統治継続への支持を内密に求めていた。

結果，パリ講和会議では**旧ドイツ領の島々は列強の委任統治**の下に置かれることとなり，1920年の国際連盟発足とともに，**赤道以北のミクロネシアは日本**の，**赤道以南のメラネシアはオーストラリア**の**委任統治領**となった(ほかにナウル島はイギリス，西サモアはニュージーランド)。これにより日本は，国際会議で正式な植民地保有国と認められ，名実ともに列強の仲間入りを果たすことが出来たといえる。

ただし，教科書での記述は非常に少ない。大戦勃発後，日本がドイツ領の南洋諸島を占領した点は，山川『詳説世界史Ｂ』，東京書籍『世界史Ｂ』，実教出版『世界史Ｂ』，帝国書院『新詳世界史Ｂ』に記載があるが，戦後の委任統治についての記述はほとんどない(帝国書院『新詳世界史Ｂ』には地図付きで記載されている)。

<太平洋における列強の勢力図>

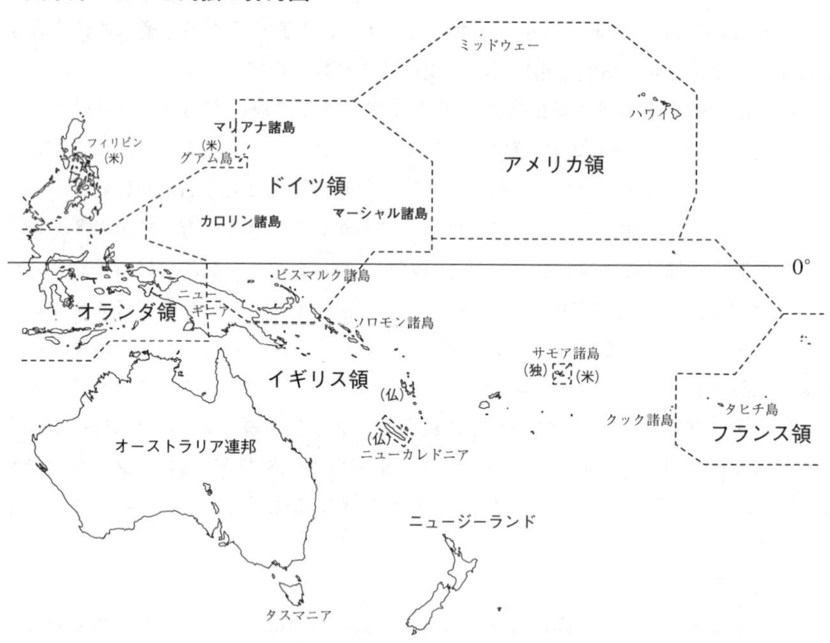

【加点ポイント】 ※想定される配点：３点

①19世紀末(あるいは米西戦争後)に(スペインから購入して)ドイツ領となった。

②第一次世界大戦中に日本が占領した。

③戦後，国際連盟の下(あるいはヴェルサイユ条約)で(赤道以北が)日本の委任統治領とされた。

・解答への考え方

ポイントは大きく３点である。まず①では**ドイツ領となった**ことを明確にしよう。単に「ドイツ領」と書くだけではなく，「**19世紀末(あるいは米西戦争後)**」という時期には言及しておきたい。もちろんヴィルヘルム2世の「世界政策」の時期だが，字数的に言及は難しい。もちろん，きちんと知識があって，かつ字数に余裕があるなら「米西戦争後にスペインから購入」した点をきちんと書くのが望ましい。続いて，②「**第一次世界大戦中に日本が占領した**」点を論じる。いきなり戦後に話が飛ばないようにしよう。最後に，③「**日本の委任統治とされた**」ことを書こう。これも，単に「委任統治」とだけ書くのでは少し不足である。委任統治とは「**国際連盟が委任**」するので，その点に触れたい。もしくはヴェルサイユ条約を入れても良いだろう。字数に余裕があれば，設問の地図上での南の境界は「赤道」なので「**赤道以北が日本の委任統治領**」と明記できるのが望ましい(設問の地図の範囲外だが，赤道以南はオーストラリア)。

(b)　本問は，イギリスの自治領の政治的な地位の変化に関する出題である。

設問は「**ニュージーランドが1920～30年代に経験した**」という問い方だが，ニュージーランド単独での政治的地位の変化ではなく，カナダ，オーストラリアといった**イギリス連邦内の自治領すべてが経験した変化**を説明すればよい。具体的には**イギリス帝国会議**と**ウェストミンスター憲章**による変化で，大きな流れとして「自治領としてイギリス本国に従属→帝国会議でイギリス連邦を形成→ウェストミンスター憲章で本国と対等」を論じる。このことに気付いてしまえば，センター試験レベルの知識で解ける基本出題だが，再現答案を見てみると，本番では思ったほど出来ていなかったようである。

・イギリスの自治領形成とイギリス帝国

19世紀に入り，イギリスでは植民地統治の再編が行われていた。19世紀前半のイギリス国内では，アメリカ合衆国の独立やフランス革命の影響で，自由主義改革が進んだが，産業革命の進展による人口の急増と貧富格差の拡大を背景に，本国から**白人植民地(カナダ，オーストラリア，ニュージーランド)への移民**が増加していた。こうした動きを背景に，自由主義的な植民理論(自由を与えた方が植民地の本国への忠誠が高まるという理論)も生まれ，19世紀後半以降，イギリス系の白人植民地には一定の自治権が付与されていった。まず，1867年に**カナダが最初の自治領**となり，次いで1901年に**オーストラリア**が，1907年に**ニュージーランド**とニューファンドランドが，1910年に**南アフリカ連邦**がそれぞれ自治領となった。ただ，自治権については**内政・外交ともに本国によって制限**されていたため，あくまで**本国に従属**する植民地としての地位であった。

一方で，白人主体ではないアジア・アフリカの植民地については，自治領の地位も与えられなかった。問(1)で出題されたインドでは，インド大反乱鎮圧の過程で，東インド会社を通じた支配から本国による直接統治への転換が行われ，1877年にはヴィクトリア女王を皇帝とするインド帝国が成立した。こうして，いわゆる大英帝国(イギリスの「第二帝国」／「公式帝国」)が完成した。その内実は，**白人の自治領**(**ドミニオン**)には制限付きの自治権を認めて緩やかに統治する一方で，**アジア・アフリカ**は強圧的に支配し，その中心がインドの植民地化であった。また，イギリスは植民地ではないラテンアメリカなどの地域に対しても自由貿易を強要して経済的に従属させ，その影響下に置いた。こうした「**非公式帝国**(**自由貿易帝国**)」との関係が，イギリスの貿易や資本輸出においては重要であった。

・第一次世界大戦とイギリス連邦の成立

第一次世界大戦後，イギリスは中東の旧オスマン帝国領(パレスチナ，トランスヨルダン，イラク)やアフリカの旧ドイツ領(西カメルーン，東アフリカ)を委任統治領とし，さらにオーストラリアが赤道以南のメラネシアを，ニュージーランドが西サモアを委任統治領とするなど，**イギリス帝国の版図は史上最大**となった。しかし，イギリス帝国は岐路に立たされていた。イギリスは，第一次世界大戦中の戦争協力の見返りとして，自治領を大戦後のパリ講和会議に事実上の独立国として出席させ，国際連盟などの国際機関への代表権も認めたため，**自治領の地位が高まった**。また，大戦中に独立を求めるイースター蜂起が起きたアイルランドは，1922年に**アイルランド自由国**として自治領となったものの，独立の主張は収まらなかった。さらに，第一次世界大戦中の財政悪化と莫大な戦債によって，イギリス本国は国際金融センターの地位をアメリカに奪われ，世界一であった海軍力を背景とする覇権も，アメリカの台頭によって揺らぎはじめた。こうした**本国の弱体化**に伴って，自治領は主権国家としての独自性を主張しはじめ，イギリス本国もそれを抑えることが難しくなっていた。結果，イギリスは帝国の再編を余儀なくされた。

1926年の**イギリス帝国会議**では，こうした自治領の独立要求を受け，本国と自治領が対等であるとするバルフォア報告書を提出した。これにより**本国と対等な地位を持つ自治領**で構成された**イギリス連邦**(**コモンウェルス**)が形成され，この体制は1931年の**ウェストミンスター憲章**で法制化された。ただし，英領コモンウェルス(The British Commonwealth of Nations)を構成するのは白人主体の自治領のみで，インドを中心とするアジアやアフリカは従来通りの従属的な植民地のままであった。なお，第二次世界大戦後にアジア・アフリカの植民地が独立する際に「イギリス連邦内の自治領として」と説明されているのは，自治領となった時点で英領コモンウェルスの構成国としてイギリス本国と対等な国となるため，国際的に「独立した」ことになるからである。

【加点ポイント】 ※想定される配点：３点

①自治領として本国に従属していた。

②イギリス帝国会議でイギリス連邦の構成国(一員)となった。

③ウェストミンスター憲章で(法的に)本国と対等な地位を得た。

• 解答への考え方

まず，1920年代当初の状況として①**自治領として本国に従属**していたことを論じる。続いて②**イギリス帝国会議**で**イギリス連邦**が形成されて，その構成国となった点を示し，最後に③**ウェストミンスター憲章で本国と対等な地位を認められた**点を示そう。再現答案を見ると，オタワ会議で形成されたスターリング＝ブロックに触れているものもあったが，政治的な地位の変化ではないので加点対象にはならない。

問(3)　現在の**中華人民共和国と北朝鮮の国境(鴨緑江)付近**に関する出題である。

本問で論じる国は**高句麗**と**渤海**で，どちらも鴨緑江の南北に支配領域が広がっていた。ここで設問に示された「歴史的解釈をめぐる対立」とは，鴨緑江を挟む地域が歴史的に「朝鮮なのか，中国なのか」という対立である。少し詳しく解説すると，中国でも韓国でも高句麗は長らく「朝鮮史(韓国史)」の範疇とされていた。よって韓国は，高句麗が支配していた鴨緑江以北にまで朝鮮半島の王朝の影響力が及んでいたと主張したいのであろう。一方，1990年代以降，中国が「高句麗は中国の地方政権」と主張し始めた。これは中国が歴史的に朝鮮半島まで支配していたという意味であり，続く渤海も中国の地方政権と考えれば，現在の北朝鮮の領域の大半は中国に従属する地域ということになる。こうした歴史認識の違いから，中国と韓国との対立が生じた。さらに，現在の中朝国境に位置する「白頭山」も国境問題を複雑にしている。「白頭山」は，朝鮮民族にとっては，建国説話(檀君説話)における民族発祥の地であり，同時に日本の植民地支配に対する抗日運動の拠点で，北朝鮮にとっては抗日建国革命の聖地でもあった。一方で満州人(女真族)の建国説話によれば，愛新覚羅(アイシンギョロ・清朝帝室の姓)の発祥の地とされる。こうしたことも，中国と韓国が対立した一因である。現在，日本も領土をめぐる対立を抱えているが，自国の主張だけではなく相手が何を根拠としているかを知らずに議論をしても，解決の糸口が見えてこない。さすがに，現在の日本が抱える問題を直接出題するわけにもいかないので，受験生に「国境問題」を考える題材を示したのではなかろうか。

(a)　本問は，「満州と韓半島」の「4～7世紀の政治状況」について論じる出題である。

具体的には**朝鮮半島の三国時代(高句麗・新羅・百済)から，新羅による半島統一**までと考えればよい。ただ，本問は前述の「韓国の歴史的解釈」をふまえて解答を構成する必要があり，「満州」までを朝鮮史とする解釈を解答に組み込まなければならない。よって，満州を支配していた高句麗を主体として，論述を構成しよう。

• 朝鮮半島の「古三国時代」

ツングース系貊族の一派である**高句麗**は，紀元前後に王国を形成し，満州(現在の中国東北地方)から朝鮮半島(韓半島)北部にかけて勢力を拡大し，鴨緑江の北岸に王都を建設した(王の居城である国内城と，その背後に大規模な山城としての丸都城)。ここを拠点に勢力を強めた高句麗は，４世紀前半に中国の混乱期に乗じて**楽浪郡**，**帯方郡を滅ぼし**，４世紀末に即位した**広開土王**(**好太王**)の時代に最盛期を迎え，半島南部や遼東に領域を拡大した。その後，長寿王の時代に**平壌**に遷都した。

一方，半島南部では，３世紀頃には**韓族**の部族連合体である**馬韓**(西側)，**辰韓**(東側)**弁韓**(南側)の諸勢力が帯方郡の管轄下にあったが，４世紀になると高句麗が帯方郡を滅ぼしたため，馬韓から**百済**が，辰韓から**新羅**が成立して，弁韓は統一されずに加羅諸国と称された。こうして朝鮮半島(韓半島)は，高句麗・新羅・百済が並び立って勢力を争う**三国時代**となった。いずれの国も，中国の南北分裂を自国に有利に利用するため，**北朝・南朝それぞれに朝貢**した。一方で，北朝と国境を接する高句麗は，中国北朝ともしばしば交戦した。三国の関係は情勢に応じて変化し，高句麗の南下に対して百済と新羅が連合することもあったが，６世紀に入ると，新羅と百済は加羅諸国をめぐって抗争した。加羅諸国は倭(日本)に救援を求めたこともあったが，最終的に新羅が加羅諸国を滅ぼし，半島南部で勢力を拡大した。

• 新羅による半島統一

６世紀末，**隋**が中国を統一すると，高句麗・新羅・百済はいずれも**隋に朝貢し冊封を受けた**。その後，７世紀初めに隋が**高句麗遠征**での失敗を機に滅亡し，代わって**唐**が成立すると，三国はいずれも**唐に朝貢**した。しかし，唐が朝鮮半島への介入を図ると，高句麗は百済と連合して新羅に対抗し，孤立した新羅は唐に救援を要請した。

７世紀後半，**新羅は唐と連合して660年に百済を滅ぼし**，さらに百済の救援要請を受けて派遣された倭の援軍を白村江の戦い(663)で破った。百済を滅ぼした唐は，その勢いのまま高句麗に軍を向け，唐・新羅の連合は668年に**高句麗も滅ぼした**。半島進出を図る唐は平壌に**安東都護府**を置いたが，**新羅はこれを撃退して韓半島を統一**した。ただし，その領域はほぼ半島南部に限られ，現在の北朝鮮の北半は唐，のちに渤海が支配した。

【加点ポイント】 ※想定される配点：３点

①満州を拠点としていた高句麗が韓半島に南下(勢力を拡大)した。

②楽浪郡(や帯方郡)を滅ぼして，半島北部を支配した。

③唐と新羅が結んで高句麗を滅ぼし，新羅が韓半島を統一(唐を駆逐)した。

• 解答への考え方

「**満州と韓半島が朝鮮史**」という解釈を示す必要から，①**満州から興った高句麗が**

韓半島に南下した点を明確にしよう。その具体例が②の「**楽浪郡を滅ぼして半島北部を支配した**」ことである。そして，高句麗を明確に朝鮮史とするために，③**高句麗を滅ぼして新羅が統一**したことまで論じたい。実際，現在の韓国の領域はこの統一新羅の領域に近い。韓国の前身としての新羅が半島北部の高句麗を滅ぼし，さらに唐を駆逐したことは，韓国が半島北部，さらに満州までも「韓国史」と考える根拠となる。こうした点を考慮せずに，ただ朝鮮半島の三国時代を論じただけでは，満点の解答とは言えない。

(b)　続いて，**渤海**の歴史的帰属に関する出題である。

「**中国側が渤海を中国の地方政権(属国)と主張する根拠**」という前提で解答を構成する必要があるが，教科書では「唐に朝貢した」こと以外への言及は少ない。例えば，山川出版社『詳説世界史B』での記述は以下の通りである。

「高句麗の滅亡後，大祚栄が中国東北地方に建国した渤海は，唐の官僚制や都城プランを熱心に取り入れて日本とも通交し，８～９世紀に栄えた。」(65字)

帝国書院『新詳世界史B』もほぼ同様であるが，東京書籍『世界史B』は**唐の冊封を受けた**ことに言及している。最も詳しい説明があるのは実教出版『世界史B』なので，以下に記述を引用しておく。

「７世紀末，ツングース系の靺鞨人である大祚栄が，高句麗の遺民をひきいて，中国東北部から沿海州・朝鮮半島北部にかけて渤海をたて，都を東京城(とうけいじょう)(上京竜泉府)においた。唐の冊封を受け，都城制など唐の制度・文物をとりいれ，仏教もさかんであった。「海東の盛国」ともよばれた渤海は，唐・新羅その他諸部族に包囲されていたため，日本とむすんで対外的緊張を打開しようとした。また日本も新羅との外交関係が悪化したのち，唐や西域の物資や情報を得るうえで渤海との交流を重視するようになった。この関係は渤海が滅亡するまで続いた。」

世界史の受験レベルで必要なことは，ここまでであろう。もう１科目が日本史選択の場合には，日本と渤海の間で盛んに使節の往来(渤海使や遣渤海使)が行われていたことを，日本史で学習したかもしれない。

• 渤海について

もう少し詳しく解説をしておこう。高句麗の滅亡後，その遺民は唐の営州(現在の遼寧省)に強制移住させられていたが，その後離反して故国の地に向かい，**靺鞨人**の**大祚栄**の下に**高句麗遺民**が結集した。こうして建国されたのが**渤海**である。建国時は**震国**(**振国**)と称していたが，その後大祚栄が唐に朝貢して**渤海郡王として冊封を受け**(713)，国号を**渤海**と改めた。初期の渤海は周辺を新羅，唐，靺鞨人の別部族に包囲されていたため，事態を打開するために日本と結んだ。こうして，渤海使や遣渤海使の交換が行われ，日本にとっても大陸の最新の文物をもたらす窓口となっていた。

8世紀末までに，渤海は周辺の靺鞨諸部族を併呑して勢力を拡大し，**唐とも友好関係を維持**して(例えば，8世紀後半には郡王より格上の「渤海国王」に封じられた)，その文物や制度を取り入れた。中央官制として**三省六部**の設置，唐の長安城をモデルとした都城制の王都・**上京竜泉府**(**東京城**)の造営，加えて漢文学や儒学の受容など，唐の影響は政治や文化など随所に見られる。こうして勢力を拡大した渤海を,唐は「**海東の盛国**」と評した。また渤海では**仏教が盛んに信仰されていた**。多様な文化を持つ諸部族の統合に，仏教が大きな役割を果たしていたのであろう。その後，内紛によって徐々に国力が低下し，926年に契丹を統合した耶律阿保機によって滅ぼされた。

【加点ポイント】 ※想定される配点：3点

①建国者の大祚栄が唐(に朝貢して，唐)から冊封された。

②唐の都城制をモデルに王都の上京竜泉府を造営した。

③官僚制や律令制など唐の制度(官制)を導入した。

・解答への考え方

本問は「中国が帰属を主張している」という観点で解答を作成する必要がある。「**唐が渤海を冊封した**」ことが，渤海が中国の地方政権であったことの根拠となるので，①では「**唐から冊封された**」**点は必須**である(単に「朝貢した」のような書き方では，厳密には設問の要求に答えていない)。あとは，唐の影響を「政治的」な面を中心に論じる(これも「中国の地方政権」という観点)。教科書に言及のある②**都城制をモデルとした上京竜泉府の造営**，③**唐の官僚制の導入**，を順に論じればよい。なお，再現答案では「仏教が盛んであった」ことや「日本との通交」に触れているものもあったが，本問の観点からずれているので加点対象とはならない。

解答例

問(1)

(1)民族運動の盛んなベンガルをイスラーム教徒中心の東部とヒンドゥー教徒中心の西部に分割し，イスラーム教徒が多数派を占める地域を形成し，ヒンドゥー教徒と対立させ民族運動の分断を図った。

(問題番号含め90字)

問(2)

(2)(a) 19世紀末にドイツが獲得したが，第一次世界大戦で日本が占領し,戦後に国際連盟の下で赤道以北が日本の委任統治領とされた。

(問題番号・記号含め60字)

(b)本国に従属する自治領だったが，イギリス帝国会議で英連邦の構成国となり，ウェストミンスター憲章で本国と対等な地位を得た。

（問題記号含め60字）

問(3)

(3)(a)満州を拠点とした高句麗は韓半島に南下し，楽浪郡を滅ぼし北部を支配したが，唐と新羅が結んで滅ぼし，新羅は唐も駆逐した。

（問題番号・記号含め60字）

(b)建国者の大祚栄が唐から冊封されると，唐の都城制を模範に王都の上京竜泉府を造営し，官僚制や律令制など唐の制度を導入した。

（問題記号含め60字）

第３問　「人の移動による知識・技術・ものの伝播とその影響」

解説

「人の移動による知識・技術・ものの伝播とその影響」をテーマとする大問である。資料や図版，地図を利用した設問や１行論述が出題された2018年とは異なり，2019年は従来の単答式に戻った。問題の難易度も一部を除いて標準的であり，短時間で正確に解き，高得点をめざしてほしい。

問(1)　正解は世界市民主義（コスモポリタニズム）

前４世紀のギリシアでは，長期の戦争で農地が荒廃し，多くの市民が没落した。彼らの中には傭兵となる者も多く，傭兵の流行は人々に**ポリスへの帰属意識や連帯感を失わせ，ポリス社会は変容していった**。アレクサンドロス大王がギリシア・オリエントにまたがる大帝国を建設すると，ポリスの枠を超えた新しい支配体制が成立し，それに呼応して新しい価値観が生まれた。ポリスにとらわれない**世界市民主義**（**コスモポリタニズム**）はそのひとつである。

世界市民主義は，**ゼノン**が創始した**ストア派哲学**に影響を与えた。禁欲で知られるストア派哲学は，理性を重視して個人を普遍的な世界の一員としてとらえた。世界市民主義の理念は**ローマ帝国に継承され，万民法の形成に影響を与えた**。

問(2)　正解は『エリュトゥラー海案内記』

『**エリュトゥラー海案内記**』は，１世紀の紅海・インド間の交易の状況を**ギリシア語**で記録した通商ガイドブックであり，１世紀にエジプト在住の**ギリシア人**によって書かれた（ギリシア系商人がこの交易に従事していた）。

インド洋では夏に南西から，冬に北東からの**季節風**（**モンスーン**）が吹く。この季節風は前１世紀頃にギリシア人ヒッパロスが発見したとされ，「ヒッパロスの風」と呼ばれた(『エリュトゥラー海案内記』や**プリニウス**の『**博物誌**』に記載がある)。1世紀頃には，季節風を利用してアラビア半島南西岸とインド西岸を往復する航海術が確立し，海の東西交流が盛んになった。インドからは**香辛料・綿布**などが地中海世界に運ばれ，地中海世界からは**金貨やガラス器・ブドウ酒**などがインドに輸出された。インドと東南アジア・中国を結ぶ航路も開かれ，南インドは「海の道」における交易の中心として発展し，**サータヴァーハナ朝**などの諸王国が繁栄した。

問(3)　正解は班超

班超(32～102)は，**紀伝体の前漢一代史『漢書』**を著した歴史家**班固**の弟であり，後漢時代に**西域都護**に任命され，西域諸国を服属させた(西域都護自体は，前漢時代の前59年に初めて設置された)。**前漢武帝の命を受けて，匈奴挟撃のために大月氏に赴いた張騫**と区別して覚える必要がある。

漢代は西方との東西交流が本格的に始まった時期だった。班超は，97年に部下の**甘英**を大秦(ローマ)に向けて派遣したが，甘英は条支国(シリアと推定される)まで至ったところで引き返した。また，166年に**大秦王安敦**(**ローマ皇帝マルクス＝アウレリウス＝アントニヌスとされる**)の使節が**日南郡**に到着し，洛陽に至ったことも漢代の東西交流を示す例として覚えておこう。

問(4)　正解は義浄

義浄は**法顕・玄奘**と並んで，入試頻出の渡印僧である。玄奘が陸路でインドに赴いて帰国し，唐の太宗の知遇を得て活動して以降，インドへの旅を志す僧が増えた。義浄もそのひとりであり，671年に広州を出発して海路でインドに赴き，玄奘と同じく**ナーランダー僧院**で学び，多くの仏跡を訪れた。インドから帰国する際に，**シュリーヴィジャヤ**に滞在し，旅行記の『**南海寄帰内法伝**』を著した(この時，義浄はインドに赴いた僧たちの伝記である『大唐西域求法高僧伝(だいとうさいいきぐほうこうそうでん)』も著している)。

義浄がインドに赴いた7世紀後半は，すでに**海路からアラブ系・イラン(ペルシア)系の商人が中国に到来**し，交易活動を展開していた(8世紀に入ると南海貿易は一層盛んとなり，**玄宗**の治世初期には海上交易を管理する**市舶司**が**広州**に設置された)。義浄自身もペルシア船に乗って広州を出発しており，**彼の旅は唐代の海上交易の進展と結びついていた**。また，義浄が695年に帰国した際には**則天武后**が親しく出迎えたという。これは，則天武后が自らの権威を正当化するために仏教を信奉したことが影響していると考えられる。

問(5)　正解はドニエプル川

ドニエプル川は，現在のロシア北西部からベラルーシ・ウクライナを南に流れて黒海に注ぐ大河である。近年大学入試で出題が増えており，得点差がつく設問となるだろう。

ドニエプル川は古代から**バルト海と黒海を結ぶ水上交通路**のひとつとして知られ，中世には**スカンディナヴィア半島・バルト海沿岸とビザンツ帝国を結ぶ交易路**となった。ドニエプル川流域にある現在のウクライナの首都**キエフ**は，この交易路の要衝であった。**ノルマン人**はこの交易路を利用してビザンツ帝国との交易活動を盛んに行い，**ノヴゴロド国**を建国したとされる**リューリクの継承者オレーグ**が9世紀後半にキエフを占領し，**キエフ公国**が成立した。

キエフ公国はドニエプル川を利用した交易活動を展開し，ビザンツ帝国との関係を深め，10世紀末にはキエフ大公**ウラディミル1世がビザンツ皇帝バシレイオス2世の妹と結婚し，ギリシア正教に改宗した**。その後，地中海貿易の活発化によりドニエプル川を利用した交易路の経済的役割は低下し，キエフ公国は内紛や諸公の自立化もあって衰退し分裂した。

問(6)　正解はスワヒリ語

10世紀以降，東アフリカ沿岸地域はインド洋海域世界との交易活動が盛んになり，多くのムスリム商人がアフリカ東岸の都市に到来し，**金や奴隷**，**象牙**などを購入した。その過程で，アフリカの**バントゥー系言語**に**アラビア語**などの影響が加わり成立したのが，**スワヒリ語**である(語源はアラビア語の「サワーヒル(海岸地帯)」)。イスラームを受け入れ，スワヒリ語を生み出した東アフリカ沿岸地域は，「**スワヒリ文化圏**」と呼ばれる独自の文化圏を形成した。

スワヒリ文化圏の都市として，**モンバサ・ザンジバル**以外に，**マリンディ・キルワ**も重要である。モンバサやキルワは，14世紀に**イブン＝バットゥータ**が来訪した。また，マリンディは15世紀に**鄭和**の艦隊が訪れ，同世紀末には**ヴァスコ＝ダ＝ガマ**が水先案内人を雇ったことで知られる。沿岸部で使用されていたスワヒリ語は，19世紀に象牙や奴隷の需要が拡大し，長距離交易が活発化して，内陸部と沿岸部の結びつきが深くなることで内陸部にも普及し，タンザニアやケニアなどの公用語となっている。

問(7)(a)　正解はプラノ＝カルピニ　　(b)　正解はルブルック

モンゴル帝国は，当初から国際商人を保護するとともに，**駅伝制**(**ジャムチ**)を設けて**陸上交通路の整備**に努めた。その後**フビライ＝ハン**は現在の北京に**大都**を建設し，**江南と大都を結ぶ大運河を建設・補修して，山東半島を経由する海運も整備した。大都は大運河や海運を通じて，東南アジアやインド洋と結びついた**。こうしてユーラシア大交流圏が形成されていくに伴い，人々の移動も活発化した。

プラノ＝カルピニは，モンゴル帝国軍のヨーロッパ侵入に驚いた**教皇**インノケンティウス４世が，モンゴル帝国の偵察とモンゴル人のキリスト教改宗を目的に派遣したフランチェスコ修道会士であり，**カラコルム**近郊でモンゴル帝国第３代皇帝グユク＝ハンに教皇の親書を渡した。**ルブルック**は，**フランス王ルイ９世**が十字軍への協力とキリスト教布教のために派遣したフランチェスコ修道会士で，**カラコルム**でモンゴル帝国第４代皇帝**モンケ＝ハン**に謁見した。**大都を訪れて中国で初めてカトリックを布教したモンテ＝コルヴィノ**（フランチェスコ修道会士）も含めて，区別できることが重要である。

問(8)　正解はトウモロコシ・ジャガイモ・サツマイモのうち２つ

アメリカ大陸原産の作物の中で，飢饉を減らして人口の増大を支えたという条件を満たすものは，ジャガイモ・トウモロコシ・サツマイモである。

アンデス原産のジャガイモは，やせた土地でも栽培して食糧とすることができる作物だったが，芽に毒性があることやいびつな形状から「悪魔の植物」とされ，**18世紀頃からようやく民衆の食糧として普及するようになった**。特に**プロイセン王フリードリヒ２世**は，ジャガイモの栽培を推進し，自らも進んでジャガイモを食した。イギリス支配下の**アイルランド**でも重要な食糧として普及したが，**1840年代後半にジャガイモに病気が発生したことから「ジャガイモ飢饉」が起こり，100万人以上が餓死し，多くのアイルランド人が北米に移住した**。この時，後のアメリカ大統領**ケネディ**の曾祖父も米国に移住している。

一方，**トウモロコシ・サツマイモ**は，18世紀の清で栽培されたことが重要である。**18世紀の清では人口が急増したが，その背景には荒れ地や山地でも栽培できるトウモロコシ・サツマイモの普及があった**。人口が増加したことで山地に移住して開墾する人々が増え，彼らは山地でも栽培できるトウモロコシやサツマイモを食糧とし，タバコや藍などの商品作物を栽培した。このように**トウモロコシ・サツマイモは18世紀の清の人口増と開発を支えた**が，過度の開発は土壌流出などの環境の悪化を招き，移住者の生活を脅かした。そのため，18世紀末の新開地は不況や災害に対して脆い社会となっており，四川などの新開地では**白蓮教徒の乱**（1796～1804）が勃発した。

問(9)　正解は綿織物（綿布，キャラコ）

17世紀のヨーロッパで人気を博したインド産の織物なので，**綿織物**が正解である。

インドでは，綿織物は古くから生産されて主要産業となっていた。12世紀には中国にも技術が伝わり，明代には長江下流域の松江や**蘇州**が綿織物の一大生産地となった（蘇州は**絹織物**の産地としても有名である）。**これを受けて宋代には稲作が盛んだった長江下流域では明代には綿花や桑などの商品作物の栽培が普及した**（綿花は綿織物の原料，桑は蚕の餌となる）。それに伴って，**明末には長江中流域が穀倉地帯となり，「湖広熟すれば天下足る」と称された**。

ヨーロッパでは中世から綿織物がもたらされていたが，本格的に普及していくのは**17世紀**になってからである。**アンボイナ事件**(1623)以降，オランダによって東南アジア島嶼部の香辛料交易から排除された**イギリス東インド会社**は，インドに拠点を設けて交易活動を展開したが，その際に目をつけたのがインド産の綿織物だった。以前から東南アジアとの交易品として利用されていた**綿織物を，イギリスは自国に輸入した**。綿織物はイギリスをはじめとするヨーロッパ諸国で人気を博し，**大西洋三角貿易**における西アフリカへの輸出品となった。イギリスでは，毛織物業者の圧力によって1700年にはインド産綿布の輸入禁止法が定められた。しかし**イギリス国内では，綿織物の国産化が進み，その際に新たな機械が発明・導入され，産業革命が進展した**。19世紀には**米国南部が綿花の一大生産地となり，イギリス綿工業の原料供給地となった。イギリスの機械製綿布はインドにも輸出され，1810年代末には輸出入が逆転し，インドは綿花や中国向けのアヘンなど一次産品の輸出を中心とする経済構造となった**(特にアメリカ合衆国の**南北戦争**で世界的な綿花不足が発生した後，イギリスへの綿花輸出は本格化した)。

問⑽　正解はニューハンプシャー・マサチューセッツ・ロードアイランド・コネティカットのうち２つ

本年の第3問で，最も難しい設問である。13植民地の中で**ニューイングランド植民地**に含まれるのは，ニューハンプシャー・マサチューセッツ・ロードアイランド・コネティカットである。受験生にとって，マサチューセッツ以外は書きにくいだろう。

イギリス本国(**ジェームズ1世**の治世)で迫害されていた**ピューリタン**を中心とする**ピルグリム＝ファーザーズ**が，1620年に**メイフラワー号**で北米に渡り，**プリマス植民地**を建設した。これがニューイングランド植民地の起源とされるが，**プリマスは1691年にマサチューセッツに吸収されており，13植民地には入らない**。

1629年には，ジョン＝ウィンスロップが**チャールズ1世**から特許状を得て，翌30年に多くのピューリタンを連れて北米に移住し，**マサチューセッツ(湾)植民地**を建設した。**1773年の茶会事件**で有名な**ボストン**もこの時に建設された都市であり，商業・造船業で繁栄した。マサチューセッツでは，異なる信仰をもつ者を排除し，教会への出席を強制させる神政政治が17世紀末まで行われた。ニューハンプシャーは，1623年に漁業・交易を目的に建設された植民地で，日露戦争の講和条約で有名な**ポーツマス**はこの州の南東部に位置する。コネティカットは，1630年代にマサチューセッツから移住したピューリタンが中心となって建設した。ロードアイランドは，宗教と政治の自由を求めてマサチューセッツから逃れた人々が1636年に入植し建設された。

ニューイングランド植民地は南部とは異なり，タバコのような世界商品が生産され

なかったので，プランテーションは発達せず，自営農民を中心とする社会が形成され，タウン＝ミーティング(住民集会)で政治的な決定を行う直接民主主義的な自治が行われた。**商工業が発達していたニューイングランド植民地は，タバコなどをイギリスに輸出していた南部と比べて，イギリスからの自立性が高く，ボストン茶会事件のようなアメリカ独立革命の重要な事件の舞台となった。**

解答例

⑴世界市民主義（コスモポリタニズム）
⑵『エリュトゥラー海案内記』
⑶班超
⑷義浄
⑸ドニエプル川
⑹スワヒリ語
⑺(a)プラノ＝カルピニ
　(b)ルブルック
⑻トウモロコシ・ジャガイモ・サツマイモのうち２つ
⑼綿織物（綿布，キャラコ）
⑽ニューハンプシャー・マサチューセッツ・ロードアイランド・コネティカットのうち２つ

2018年

第１問 「19～20世紀の女性の活動・女性参政権獲得の歩み・女性解放運動」

解説

【何が問われているか？】

第１問の「**19～20世紀の女性の活動・女性参政権獲得の歩み・女性解放運動**」は，2010年の一橋大・世界史・大問Ⅱの「**女性参政権実現の歴史的背景**」と極めて類似したテーマで，新傾向の先駆けとなる可能性がある「社会史」的な出題である。

「**フェミニズム**」や「**ジェンダー**」は，現代社会における重要テーマであるが，大学入試の世界史論述問題として扱われるのは極めて稀であり，一橋大では出題があるが，**東大入試では初めて**といえる。指定語句も，**一橋大**と**18年の東大・第１問は**「**総力戦**」が共通で，一橋大が指定した「クリミア戦争」の代わりに東大は「**ナイティンゲール**」を指定している。したがって，こういったテーマを高校や予備校の授業で扱った際に，しっかり考えて理解したか，あるいは問題練習に取り組んだか否かが，得点差に結びつくことになる。

そこで，先に類題となった一橋大の入試問題も紹介しておこう。世界史教科書・史（資）料集を学ぶと，社会経済史的なテーマが近年の世界史教科書の主要なテーマになっていることがわかる。こうしたテーマに対する考察と理解を深めた上で，様々な大学の入試問題を高校や予備校で紹介してもらい，チャレンジしてほしい。確実に大学の出題者が求める論述力が高まるはずだ。

〔類題〕 2010年・一橋大・Ⅱ

問２　アメリカ合衆国以外の各国においても，この1920年前後に，女性参政権が実現した国々が多い。なぜこの時期に多くの国々で女性参政権が実現したのか，その歴史的背景を説明しなさい。その際 下記の語句を必ず使用し，その語句に下線を引きなさい。(350字以内)

クリミア戦争　総力戦　ウィルソン　ロシア革命　国民

《解答例》　２仏革命以降，**国民**国家形成の過程で女性参政権実現が叫ばれた。**クリミア戦争**でナイティンゲールが従軍看護婦として活躍するなど，一部の女性が社会進出したが参政権は実現しなかった。第一次世界大戦が長期化し，国家の生産力が勝敗を左右する**総力戦**に突入すると，家庭での家事や育児への貢献を求められていた女性が工場労働に従事するようになった。**総力戦**で高揚した社会主義運動と女性運動が結び付き，**ロシア革命**後ソヴィエト政権は女性参政権を付与した。これらの運動は資本主義諸国でも圧力となり，英ではロイド＝ジョージ内閣の第 4 次選挙法改正で一部の女性に参政権が付与され，第 5 次改正では男女普通選挙が実現した。また独では敗戦後のヴァイマル憲法で，米では**ウィルソン**政権下で女性参政権が付与されるなど，女性が**国民**国家に組み込まれた。(350 字)

◆**視点**

解答作成へのアプローチ

指定語句を史実に沿って並べると，「1918 年以前における女性の地位」⇒「第一次世界大戦を機に社会進出」⇒「各国で女性参政権拡大・国民国家に女性が参加」という出題者が想定した筋書きが見えてくる。この経緯は本問の答案作成の際にも，十分，考慮すべき論点になる。「戦った(戦争に協力した)人間に参政権を与える」という国民国家の意思が，女性参政権実現の土台にある，という歴史認識である。「ロシア革命」という指定語句から，女性の社会進出と，過酷な労働を背景とした社会主義運動の高揚が結びついて女性参政権付与に至る経緯を論述することが重要になる。

論点は①女性の活動　②女性参政権の歩み　③女性解放運動の三つである。

多くの受験生が難解に感じたと思うが，**第一次世界大戦後の女性参政権拡大**については，高校世界史の教科書や史(資)料集レベルの事項で，十分書けるだろう。

指定語句から，**国民国家に女性が「参加」していく経緯**についての理解が求められていることが分かるが，それがこの問題を難解なものにしている。

解答例では上記の**三つの論点のうち，②・③を時系列でまとめ**ながら，「**19 世紀～第一次世界大戦における女性の地位**」⇒「**第一次世界大戦を機とする女性の社会進出**」⇒「**女性の社会進出と差別の残存**」⇒「**1960 年代以降のフェミニズム**」という**4 段構成**にした。①の女性の活動については，時系列の中に組み込む形で解答例を作成したが，東大のリード文・問題文は，一橋大ほど「社会主義」「労働運動」に絞りこまず，「女性はどういう活動をしましたか？」といった問いかけになっているためか，取りあえず，歴史上，著名な女性を羅列する答案も散見され，ここでどういう採点をするかで，得点が左右された可能性もある。さすがに再現答案を提出した受験生は「論点は三つ」を意識して，既知の有名な女性の名を書きまくるような，節操のないことはしていない。

【背景解説】

・ジェンダーとナショナリズム

歴史的背景のうち「**大戦中の女性の社会進出**」は高校世界史の授業でも扱うが，**女性の社会進出**と，**過酷な労働を背景とした社会主義運動との結びつき**を答えることは難しい。**労働者と女性**は「**被抑圧者**」として同列と社会主義者は考えていることに言及する受験生と，スルーしてしまう受験生の差が大きい。

一方で，**女性参政権獲得はナショナリズムへの協力の代償**であり，**国民国家への女性の統合**という逆説を生む。この部分では，出題者は「ジェンダー」とナショナリズムの関係の理解を求めているのだろう。

ソヴィエト政権の女性参政権付与が資本主義諸国にとって「脅威」となった点，家電製品の普及が女性を家事負担から解放し社会進出を促した(早慶大でも出題)ことなど，教科書・史(資)料集には記述はあるが，答案で言及できるかは，近現代史の学習の進度次第であり，世界史に対して受験生が「なぜか？」と問いかけながら学んでいるかどうかで，差がつくように思われる。

女性参政権付与が第二次世界大戦末期以降となったフランス･日本については，リード文で触れているので答案で言及する必要はない。第二次世界大戦後については，「世界人権宣言」で男女の同権が確認されたにもかかわらず，社会的差別が残存したのに対し，アメリカでの公民権運動，ベトナム反戦運動，カウンターカルチャーの高揚を契機として，フェミニズムが広まった。

指定語句の「人権宣言」(1789)が18世紀末に発せられたにもかかわらず，問題の時代設定が19世紀からとなっていたため，苦し紛れに「世界人権宣言」という使い方をした受験生もいたが，これはご愛敬というか，反則だと思う。フェミニズムという言葉は，20世紀の言葉だが，その淵源は啓蒙思想にあり，女性はフランス革命で活躍しながら，「ナポレオン法典」でいわゆる「良妻賢母」の箍(たが)に嵌(は)められた(と言っては過言か)経緯を思い出せれば，19世紀の女性観について，書きやすかったのではないか。悩むだけマシで，「フランス人権宣言やナポレオン法典で男女平等になった」と断言した答案も意外と多かった。正直なところ，親の世代の側としては，歴史は変化するものであることを知らず，現代の価値観が当たり前という受験生が東大に合格するのか，母親たちの世代は男女雇用機会均等法を経て，なお男社会の壁と闘っただろうに，という複雑な思いもある。

女性差別撤廃条約(1979)は，2016年度の「1970年代後半から80年代にかけての東アジア，中東，中米・南米の政治状況の変化」を連想させる指定語句。日本でもこれを受けて「男女雇用機会均等法」が成立したことに言及してまとめる。

・クリミア戦争

ナイティンゲールに代表される**従軍看護婦**による戦傷者の看護が世界中に知られた。彼女はこの活躍によってヴィクトリア女王から勲章を授かり，看護婦の社会的地位を高めたのである。またこの戦争は，イタリア統一戦争と並んで**国際赤十字社の設立の契機**の一つとなるなど社会的に影響が大きかった。こうした活躍にもかかわらず，女性に参政権は与えられなかったことに注意すること。

・総力戦

第一次世界大戦は，戦場での勝敗もさることながら女性や植民地の人員など非戦闘員を動員して，いかに多くの兵器・弾薬・軍需物資を生産するかという国家の生産力が勝敗の決め手となる「**総力戦**」となった。このため従来，家庭で「**良妻賢母**」として家事や育児への貢献を求められていた**女性の多くが家事から離れ，工場労働者として軍需生産に従事して社会的地位を高めた**。これが女性参政権の実現に結びつくことになる。

・ロシア・イギリスの女性参政権

ロシア革命1917年の「**国際女性デー**」(International Women' s Day)の3月8日，女性労働者らのデモを契機に三月(ロシア暦二月)革命が勃発し，十一月(ロシア暦十月)革命の後にレーニン率いるソヴィエト政権は，女性に男性と平等な権利を付与した。

国際女性デーは1908年の同日，アメリカのニューヨークで女性が参政権などを求めて行ったデモがその起源と言われる。1910年，コペンハーゲンで開催された第2インターナショナルの「女性会議」で独の社会主義者で後にスパルタクス団の創設にも関わったクララ＝ツェトキン(後のコミンテルンの女性局長)がアメリカでの運動を記念して3月8日を「女性の完全な政治的自由と平等，平和維持のために戦う日」とすることを提案し，認められた。この日に女性のデモからロシア革命が勃発したことは，女性の社会進出を考える場合，象徴的であるが，論述答案作成の場合は，「**ロシア革命に参加した女性労働者に参政権が与えられた**」という文脈でまとめる。

ロシアで第一次世界大戦中，女性労働者らのデモを契機に革命が勃発し，その後成立したソヴィエト社会主義政権下で男女平等が謳われたことも資本主義国中枢にとっては脅威であり，「社会主義に対抗する」ためにも大戦後に各国の労働者とともに女性への権利付与が図られた。

イギリスではロイド＝ジョージ挙国一致内閣が行った第4次選挙法改正(1918)で，30歳以上の既婚女性参政権が実現。第2次ボールドウィン保守党内閣が実施した第5次選挙法改正(1928)では21歳以上の男女に参政権が与えられた(現在は18歳)。英で女性参政権を要求した運動家としては，エメリン＝パンクハースト(Pankhurst)が知られる。彼女は「婦人社会政治連合」を結成，19世紀末から第一次世界大戦後まで女性参政権獲得のために過激な活動を展開した。

・アメリカの女性参政権

ウィルソンは女性参政権には元来反対の立場だったが，1920年の大統領選に際して，民主党候補への女性票獲得を目当てに女性参政権を付与した(結果的には孤立主義への復帰を掲げた共和党のハーディングが当選)。ここでは単に「**ウィルソンが女性参政権を付与**」で十分である。

独では敗戦後の1919年に制定された**ヴァイマル憲法**で**女性参政権**が明記された。

総力戦と**女性参政権**についての**文脈整理をすると，以下のようになろう。**

第一次世界大戦下のヨーロッパの趨勢として，

①戦争が長期化

②国家の生産力が勝敗を左右する**総力戦**に突入

③従来家庭で「良妻賢母」たることを求められていた女性が工場労働に従事

④総力戦で高揚した労働者の権利確立を求める社会主義運動と女性運動が結び付いた結果として，露・英・独で女性参政権が実現した。

国民…この指定語句の使用法が最も難しい。2018年の東大でも，19世紀を国民国家の形成期として捉えていることはリード文から明らかである。国民とは何か？ ということを世界史を学んだ上で，考えることが求められている。「(ナポレオン法典に見られるように)**国民国家形成の過程で女性には家庭を守る『良妻賢母』の姿勢が求められた**」「**当時は『国民』とは参政権を持つ男性のみを指した**」「**女性は国民ではなかった**」というように1918年以前の例で用いる方法もある。また第一次世界大戦後の女性参政権実現の意義を述べる際に「**第一次世界大戦下の総力戦を経ることで女性も国民として国民国家に統合され，戦争に参加・協力した**」というように用いる方法もある。

ここでは19世紀の国民国家形成期には参政権を与えられなかった女性が，総力戦を期に「国民」として戦争協力を強いられ，その代償として参政権を獲得していく，という経緯を意識して，この指定語句を使うことが望ましい。

ここまでの分析を参考にした上で，本問の【加点ポイント】を整理しておく。

【加点ポイント】　＊再現答案で受験生が言及した女性の活躍および女性解放運動の具体例。

第1段「19世紀～第一次世界大戦における女性の地位」

①フランス革命の**人権宣言**で人間の平等が謳われた。

＊オランプ＝ド＝グージュ『女性および女性市民のための権利宣言』，女性も革命に参加したが，国民公会による弾圧で処刑された。

②国民国家形成の過程で男女の地位平等を求める運動が広まった。

③ナポレオン法典では女性の社会進出は制限された or 参政権は男性のみに制限。

④**産業革命**期に女性は工場労働力となった。

⑤女性労働者の待遇は劣悪だった。

＊イギリスでは(1847年の)工場法で，初めて女性労働者の権利が擁護された。

⑥社会主義者は女性解放を訴えた。

＊ウェッブ夫妻がフェビアン協会の設立，イギリス労働党の結党に尽力した。

⑦クリミア戦争に従軍した**ナイティンゲール**が近代的看護制度を創始した。

＊**ナイティンゲール**は，アンリ＝デュナンと共に国際赤十字設立に貢献した。

⑧女性の大学入学も認められた。

⑨仏に移住した**キュリー(マリー)**が物理・化学に貢献した or ノーベル賞を受賞した。 or 文化面での女性の活躍も見られた。

＊カルティニ(Kartini，1879～1904)は，インドネシアの女性解放運動の先駆者で，中部ジャワの領主の娘に生まれ，オランダ語教育を受けた。私塾を開き，女性教育を通して女性の民族的自覚の向上に努力した。没後，オランダ人の知人に宛てた手紙が書簡集『光は闇を越えて』(1911)として刊行された。

＊ストウ(奴隷解放運動に尽力。『アンクル＝トムの小屋』を執筆)

＊イプセン(ノルウェーの劇作家，男性)。戯曲『人形の家』で，家庭で人形のように可愛がられていた弁護士の妻ノラが自我の確立を求めて家を出て行くまでを描いた。ヴィクトリア朝期の家庭生活における価値観を否定した主人公ノラは「新しい女」の象徴として同時代の欧米人に大きな衝撃を与え，日本でも新劇で取り上げられるなど，世界各地の女性解放運動に大きく貢献した。

＊平塚らいてう(1886～1971)は日本の社会運動家・女性運動の先駆者で，文藝組織・青鞜社を結成し，機関誌『青鞜』を刊行した。その創刊号における「元始，女性は太陽であった」との言葉は有名。母性保護論争に参加した後，市川房枝(1893～1981)らとともに新婦人協会を設立。男女の機会均等と同権，女性・母・子供の権利擁護や婦人参政権獲得運動に尽力した。

⑩(イギリスのヴィクトリア女王の家庭生活を範とした)家事や育児に専念する既婚女性が当時の理想的な女性像であった。

第2段「第一次世界大戦を機とする女性の社会進出」

⑪第一次世界大戦は**総力戦**となった。

⑫男性が兵役に就くと女性の社会進出が加速した。

⑬社会主義運動と相まって国民の権利として女性参政権を求める声が高まった。

＊スパルタクス団を結成したローザ＝ルクセンブルクの活躍。

⑭ロシア革命後のソヴィエト政権が女性参政権を認めた。

⑮英では**第４次選挙法改正(1918)**で(30歳以上の既婚の)女性参政権が実現した。

＊第5次選挙法改正(1928)で男女普通選挙が実現した。

⑯独では敗戦後に，女性参政権が実現した。

⑰米ではウィルソン政権下で，女性参政権が実現した。

⑱イスラーム世界では，トルコ共和国を樹立したムスタファ＝ケマルの西欧的近代化により女性参政権が実現した(さらにケマルは女性のチャドルの廃止・一夫一婦制の樹立など一連の女性解放政策を実施した)。

※ブルカ，チャドル着用など，イスラーム世界では欧米的価値観から見れば女性差別的な慣習が現代でも根強く残る。

＊第二次世界大戦期に，日本の女性は「銃後の支え」として，勤労動員などで軍需産業の労働力となった。

第３段「女性の社会進出と差別の残存」

⑲第二次世界大戦後には国連総会が世界人権宣言を採択した。

⑳世界人権宣言には，性差別の禁止が明記された。

㉑家電製品の普及を背景として女性の社会進出が広がった。

※この視点は，20年代のアメリカ合衆国の社会を取り上げた入試の論述問題や世界史・史(資)料集などでも言及されている。

＊日本の女性参政権は以下の経緯で実現した。1945年11月21日，勅令により治安警察法が廃止され，女性の結社権が認められた。同年12月17日の改正衆議院議員選挙法公布により女性の国政参加が認められた。これが1946年公布の日本国憲法に明記されたのであり，憲法公布で女性参政権が認められた，という表現は正確ではない。地方参政権は1946年9月27日の地方制度改正により実現した。

㉒就学や就職，昇進などの面で女性差別は残っていた。

第４段「1960年代以降のフェミニズム」

㉓黒人解放運動やベトナム反戦運動など反体制運動が米から世界に拡大した。

㉔**フェミニズム**運動が高揚した。

㉕国連総会は**女性差別撤廃条約(1979)**を採択した。

㉖日本でもこれを受けて**男女雇用機会均等法**が成立(1986年施行，97年と2006年に大幅に改正)した。

＊この他に，女性の活躍例として受験生が取り上げた人物

- ラクシュミー＝バーイー(インド大反乱の指導者の一人)
- ラーム＝モーハン＝ローイ(1772頃～1833)はインドの民族運動家(男性)。東大第3問で出題例があり，言及した受験生が複数いた。『ヴェーダ』の研究を行った彼は，イスラーム教・キリスト教の影響も受け，ヒンドゥー教の偶像崇拝を批判し，一夫多妻やサティー(寡婦の殉死)などの因習の改善を目指す団体ブラーフマ＝サマージを創設。また英語教育活動などを通して近代的合理主義の導入を図った。
- サッチャー(イギリス首相，任 1979～1990)，アウン＝サン＝スー＝チー(ミャンマーの政治指導者)，ベーナジール＝ブット(パキスタン首相 任 1988～90，93～96)，コラソン＝アキノ(フィリピン大統領 任 1986～92)，バンダラナイケ(母子でスリランカの大統領・首相を務めた)など，著名な政治家に言及する事例が多いが，女性参政権獲得・女性解放運動との関連性があるかどうかも，答案に記述する際の検討事項になるだろう。ユニークな視点としては，ココ＝シャネル(孤児院で育ち，お針子となり，世界的なデザイナーになった)を取り上げた受験生がおり，感心させられた(この生徒は見事に合格した)。

解答例 (30点)

フランス革命の**人権宣言**で人間の平等が謳われ，国民国家形成の過程で男女の地位平等を求める運動が広まったが，ナポレオン法典では女性の社会進出は制限された。**産業革命**期に工場労働力となった女性の待遇は劣悪で，社会主義者は女性解放を訴えた。クリミア戦争に従軍した**ナイティンゲール**が近代的看護制度を創始し，女性の大学入学も認められ，仏に移住した**キュリー（マリー）**が物理・化学に貢献するなど，文化面での女性の活躍も見られたが，良妻賢母が当時の理想的な女性像であった。**総力戦**となった第一次世界大戦で男性が兵役に就くと女性の社会進出が加速し，社会主義運動と相まって国民の権利として女性参政権を求める声が高まった。ロシア革命後のソヴィエト政権が女性参政権を認めたのをはじめ，英では**第４次選挙法改正（1918）**で，独では敗戦後に，米ではウィルソン政権下で，イスラーム世界ではトルコで女性参政権が実現した。また第二次世界大戦後には国連総会が採択した世界人権宣言で性差別の禁止が明記された。しかし家電製品の普及を背景として女性の社会進出が広がったにも関わらず，就学や就職，昇進などの面で女性差別は残っていた。黒人解放運動やベトナム反戦運動など反体制運動が米から世界に拡大する中で，あらゆる性差別の撤廃を目指す**フ**

ェミニズム運動が高揚し，国連総会は女性差別撤廃条約(1979)を採択した。日本でもこれを受けて男女雇用機会均等法が成立した。

(600字)

※キュリー(マリー)は9字，第4次選挙法改正(1918)は12字，女性差別撤廃条約(1979)は12字で数えた。

第2問　「宗教の生成，伝播，変容」

解説

本問のテーマは，**宗教の生成，伝播，変容**である。解説中では，第2問全体の配点を22点と想定して，設問ごとに想定される配点と加点ポイントを示した。

問(1)

(a)　**本問で問われているのは「仏教やジャイナ教に共通のいくつかの特徴」**である。**単にそれぞれの宗教の特徴を論じる問題ではなく，「共通の特徴」が問われているので，どちらか一方にしか当てはまらないものは解答にはならない。**また，**「いくつか」と問題に書かれている以上，少なくとも二つ以上の共通点を挙げる必要**がある。こうした論点がきちんとつかめたかどうか確認してほしい。教科書などにあまり記載がない内容なので，3行が埋められない受験生も多かったのではなかろうか。

・仏教・ジャイナ教が出現した背景

まず，仏教やジャイナ教が出現した時代背景から確認しよう。前1000年頃，**アーリヤ人がガンジス川流域に進出**して農耕社会を形成し，鉄器の普及なども影響して農業生産力が向上すると，社会階層の分化が進んだ。先住民への支配が拡大する一方で，王や戦士などの**クシャトリヤが政治的な支配階級を形成**するとともに，農業生産の高まりで商業や手工業も発達して**富裕なヴァイシャ**が現れた。さらに，ガンジス川中流域では前6世紀頃までに大都市が生まれて，都市を拠点とする遠隔地交易も発展し，ヒト・モノ・情報などが行き交うようになった。こうした社会情勢を背景に，**都市を拠点とする学者や宗教家が活発に交流**するなかで，それまでの**祭式主義のバラモン教を批判**する新しい哲学や思想が生み出された。そのうちの一つが(b)の解答「**ウパニシャッド哲学**」である。これらの思想はいずれも深い思索や個人の修行を重視して，業，輪廻，解脱など，インド生まれの宗教に共通する人生観・世界観を確立し，またインドでは**出家修行者と在家信者という宗教的区分**が明確になっていった。ただ当時のバラモン教では，**バラモンのみが出家して修行することによって救済(解脱)が得られるという宗教的な特権**を持っていたため，不満を持つ他の階層は新たな思想を求めた。学問的ではないが，噛みくだいた表現で言うと，「バラモンは解脱のチャンスがあるので必死に修行する。他の3階級はどうせ解脱できないのだから，神にでも祈ってろ」というバラモン教に対し，クシャトリヤやヴァイシャが「自分たちも解脱したい」と不満を持ったということである。

・新宗教の成立

社会の変化を受けた新思想のうち，保守的なバラモンの支配に不満を持つ**クシャトリヤやヴァイシャ階級の支持**を受けたのが，**仏教**と**ジャイナ教**である。二つの宗教に共通するのは「**既存のバラモン教に対する批判**」から現れた新宗教という点である。まず**ヴェーダ**(**文献**)**の権威を認めず**，ヴェーダに基づく**祭祀の有効性を否定**した。特に批判の対象となったのは，多数の犠牲獣(生贄としてささげる動物)を必要とする**供儀**である。これはジャイナ教が極端な「不殺生」を主張した点につながる。第二に**ヴァルナの否定**である。ヴァルナ制では**バラモンだけが救済**(**解脱**)**に至る特権**を持ち，儀式における特別な地位と権威を持って君臨するとともに，他の階級の思想や行動をヴァルナの枠内に押し込めた。そして新宗教の創始者たちは，階級を超えた広範囲の人々に平易な言葉で教えを説き，**生まれに関わらない新たな救済の道**を示した。

ガウタマ＝シッダールタが開いた仏教は，極端な苦行を否定し，**八正道**(八つの正しい修行法)の実践により，**生老病死の四苦から解脱できる**と説いた。また，すべての人の平等，すべての生き物への慈悲を唱え，王侯などの**クシャトリヤやヴァイシャ**に信者を増やした。一方，**ヴァルダマーナ**が開いたジャイナ教は，**禁欲的な苦行**や**極端な不殺生**を説き，主にヴァイシャに信者を増やした。

【加点ポイント】 ※想定される配点：4点

①ヴェーダの権威を認めなかったこと。

②バラモン教が重んじた供儀や難解な祭式を否定したこと。

③バラモンにのみ特権を認めるヴァルナ制を否定したこと。

④生まれに関わらない救済を説き，バラモンに反発する新興階層が支持したこと。

・解答への考え方

①について，**ヴェーダはバラモン教の聖典**であり，神々への賛歌や祭式の方法などを示した**ヴェーダの権威を否定した点は必須**。本問の解答の根本はこの部分である。②は単に祭式主義の批判というよりも，犠牲獣を必要とする**供儀**や，**バラモンが特権的に行う祭式を否定**したということなので，単純に「祭式を否定」や「祭式主義を批判」では内容不足であろう。③のヴァルナの否定も，身分そのものを否定するというよりは，**バラモンのみが特権を持つ点が問題**である。④の新興階層とはクシャトリヤやヴァイシャのことであるが，ジャイナ教は極端な「不殺生」を説いたことからクシャ

トリヤは支持できない。よって，**「クシャトリヤ，ヴァイシャ」のように具体化してしまうと「二つの宗教の共通点」とは言えなくなってしまう**ので，**「バラモンに反発する新興階層」**という表現とした。前半の「生まれに関わらない」という表現も，「平等な」という意味と「バラモン以外」という意味の両方を含む表現として，解答例に採用した。

(b)　**解答はウパニシャッド哲学**　※想定される配点：1点

ウパニシャッド哲学が出現した背景は，(a)の解説を参照してほしい。**ウパニシャッド**とはヴェーダ文献中の哲学書群で，「傍らに座る」という語義から**奥義書**と訳される。その中では，生命が死と再生を永遠に繰り返し(**輪廻転生**)，来世は現世での行い(業=カルマ)によって決定されると考えられ，宇宙の根本原理である「**梵(ブラフマン)**」と個人の根源である「**我(アートマン)**」が究極的には同一であること(**梵我一如**)を悟ることで，輪廻からの解脱に至ると説いた。こうして明確となった輪廻や業などの観念は，今日までインド思想に大きな影響を与えている。

(c)　**設問をよく読むと，「仏教の中から新しい運動が生まれ」，この運動を担った人々が「大乗仏教と呼んだ」この仏教の特徴を説明せよ，というのが本問の要求である。単純に「大乗仏教について3行以内で説明せよ」という問題ではない。よって，大乗仏教が成立する過程に関わる特徴を中心に論じることになる。ただ，書くべき内容に比して字数が多めなので，何を書くべきか迷ったのでないだろうか。**

・仏教の新展開

ブッダ(ガウタマ＝シッダールタ)の死後，仏教は，僧が守るべき戒律の教えや解釈をめぐっていくつかの部派に分かれた。これらの仏教は**部派仏教**と呼ばれ，基本的に**出家者が厳しい修行を通じて自らの個人的な救済を求める**ものである。つまり，救済のためには出家しなければならない。こうした出家僧中心の仏教に対抗するかたちで現れた**在家信者の立場を重視する運動が大乗仏教**である。一説には，仏舎利(ブッダの遺骨)を納めた塔(ストゥーパ)を中心に，在家と出家の区別を超えた信仰が生まれ，出家者は仏塔に付設の施設(寺院)に住み，参詣に訪れた在家信者に説法をしたことから信仰集団が形成された，とも言われる。他にも諸説あるが，こうした信仰集団が行った新しい運動が大乗仏教であり，**出家・在家に関わらない万人の救済(衆生救済)を目指した。**

・大乗仏教の特徴

大乗仏教の特徴を端的に言うと「**菩薩信仰をもとに衆生救済を目指す**(16字)」ということになるが，本問は3行(90字)で説明するので，「菩薩信仰」「衆生救済」をもう少し細かく説明しなければならない。

★菩薩信仰について**教科書の記述を見てみよう**

「自身の悟りよりも人々の救済がより重要と考え，出家しないまま修行をおこなう意義を説いた菩薩信仰が広まった」　（山川出版社『詳説世界史Ｂ』）

「菩薩は元来，悟りをひらくために修行中の者のことであるが，大乗仏教では衆生救済のために修行にはげむ者を広く菩薩として信仰した」（実教出版『世界史Ｂ』）

「悟りや知恵を求める修行者を広く菩薩として信仰する大乗仏教がおこった」（東京書籍『世界史Ｂ』）

こうして比べてみると，元来の菩薩の意味と，大乗仏教における菩薩信仰があいまいにされているようである。まず，**元来の菩薩の意味**は「ボーディ（悟り）を求めて努力するサットヴァ（存在）」というサンスクリット語の音を漢字で表したものであり，**従来の伝統的な仏教では，悟りを開く前のブッダの尊称**として使用されていた。大乗仏教ではこの「菩薩」の意味をさらに広げ，出家者のみならず在家者であっても「**悟りを求めて努力する者は菩薩である**」と主張した。この場合の努力とは「**自分を犠牲にして他人の利益のために努める**（利他行）」ことで，これが菩薩行であるとされた。ただ，菩薩行は自己を犠牲とすることが前提で，一般の在家信者が行うのは非常に難しかった。むしろ，在家信者の関心は「現世での利益や来世での救済」であろう。そうした一般人の救済のために現れたのが，「**菩薩行をすでに十分に積んで，悟りを開く直前の段階に達している偉大な菩薩にすがる**」という新たな信仰形態である。この場合の偉大な菩薩とは，観音菩薩や弥勒菩薩などのことであり，これらの大菩薩は「ブッダになれるにもかかわらず，なお衆生救済のための菩薩行を続けているのだから，その慈悲にすがれば救済してくれるはず」として，信仰の対象となった。こうして，救いを求める人々の欲求に応えるように，信仰の対象としての諸仏・諸菩薩が数多く生み出された。

【加点ポイント】 ※想定される配点：４点

①従来の仏教は，出家僧侶が修行を通じて個人の救済を目指したこと。

②菩薩信仰，あるいは菩薩を信仰（の対象と）すること。

③菩薩の説明：自らを犠牲として他人の利益のために努める者，あるいは利他行を行う者

④出家・在家を問わない衆生救済（すべての者の救済）を目指したこと。

・解答への考え方

①はあくまでも比較の対象として論じる部分なので，従来の仏教の説明がメインにならないように注意してほしい。書き方によっては，下手をすると従来の仏教の説明の方が長くなってしまう場合もあろう。②は「**菩薩信仰**」，あるいは「**菩薩を信仰する**」と書いてあるかどうか，③は菩薩信仰の正しい説明が書けているかどうか，という点が判断のポイントである。④は単に「**衆生救済**（すべての者の救済）」と書いただけでは，

従来の仏教との対比が弱いので，「**出家・在家に関わらず**」という点を明確に論じたい。

問(2)

(a)　**解答は平城，雲崗石窟，B**　※想定される配点：完答で１点

基本問題である。北魏は**太武帝の仏教弾圧**(**廃仏**)が有名だが，太武帝の死後は仏教弾圧も止み(復仏)，以後，**北魏では仏教が国家の統制下に置かれ，皇帝支配と結びついて信仰が再興された**。例えば，本問の解答である雲崗石窟には皇帝になぞらえた仏像が造られたり，他の寺院においては皇帝や皇太子の繁栄を祈願して造像されたりするなど，仏教は北魏の支配理念の役割を果たした。本問の解答は，太武帝による弾圧が終わった時点での北魏の都なので「**平城**」，その近郊に造営された「**雲崗石窟**」，地図上の位置はBである。なお，地図中のAは敦煌の莫高窟，Cは洛陽近郊の竜門石窟である。

(b)　**いたってシンプルな出題であり，「清朝でキリスト教の布教が制限されていく過程」が問われている。本問とほぼ同内容の問題が，1996 年第２問で出題されている。カトリック教会の内部で生じた典礼問題と，それに伴う清朝の対応を順に論じていけばよい。**

・イエズス会宣教師の来朝

東アジアに来航したポルトガル商船には，商人だけでなくキリスト教宣教師も乗船していたが，1557 年に**ポルトガルがマカオに居住権を得る**と，ポルトガル商船の中国への来航がますます盛んとなった。カトリックの海外布教の中心となった**イエズス会**の創設メンバーの一人**フランシスコ＝ザビエル**(1506 頃～52)は，はじめインドのゴアや東南アジアで布教活動を行っていたが，その後1549 年には**日本に初めてキリスト教を伝えた**。さらに，中国での布教を目指したが，広州郊外の上川島(じょうせんとう)で病死した。こうした動きの中で，**イエズス会宣教師が中国に来航**して，積極的な布教活動を行うようになった。

イエズス会宣教師のうち，明末に中国で最初に布教を認められたのはイタリア人の**マテオ＝リッチ**(利瑪竇 1552 ～1610)である。彼は中国文化を検討し，中国の知識人と対話するところから中国での布教を始めようという方針を採った。科挙試験による官吏任用が行われていた中国では，**儒学的な教養を持つことが必須**であったため，マテオ＝リッチは，まず**キリスト教の神と儒教の上帝が同一**であることを対話の糸口として，教養を重視する士大夫たちの文化的風土を理解した上で，**実学的な側面として西洋の科学技術を紹介**しながら，士大夫たちとの交流を深めた。彼が中国初の世界地図「**坤輿万国全図**」を作成したり，エウクレイデスの『幾何学』を漢訳した『**幾何原本**』を著述したりしたのは，こうした交流を円滑に進めるためであった。

こうした宣教師を通して西洋文化を最も深く理解した漢人官僚が，**徐光啓**(1562 ～

1633)である。マテオ＝リッチと協力して**『幾何原本』の漢訳**に携わり，ドイツ人のアダム＝シャール(湯若望 1591 ～1668)とともに**『崇禎暦書』**を作成したほか，**洗礼を受けてカトリック教徒となった**。その後も，イエズス会宣教師は西洋技術の紹介などを通じて清朝の宮廷へと入り込み，科挙官僚として清に仕える士大夫との交流を通じて，**他の修道会よりも有利に布教を進めた**。

・典礼問題と清朝の対応

中国の士大夫(知識人)と交流のあったイエズス会の宣教師たちは，中国文化に対する理解があったため，中国人のカトリック信者が祖先祭祀を行い，儒教における天を祀る行事などに参加することを認めていた。こうした**祖先崇拝**や**孔子崇拝**，**儒教における祭祀**などの**典礼とキリスト教の両立を認める布教方式**によって，イエズス会は中国でのカトリック布教に成功した。しかし，イエズス会に遅れをとった**フランチェスコ会**や**ドミニコ会**などは，典礼はカトリックの教義に反する許されない行為であるとして否認し，**ローマ教皇にその非を提訴**した。1704 年，教皇(クレメンス11 世)は典礼を異端とし，**中国の典礼を受け入れて布教することを禁止**した。このカトリック内部における対立が**典礼問題**である。

カトリック教会におけるこの決定に対し，清の**康熙帝**は，**イエズス会の宣教師(典礼を認める宣教師)以外の布教を禁止**し，教皇の支持に従って典礼を否認する者には，マカオへの退去を命じた。その後，**雍正帝**は1724 年に**キリスト教布教を全面禁止**するに至った。ただ，学問や芸術で特殊な仕事についている宣教師については，そのまま宮廷に留まることを許される場合もあり，一例として，宮廷画家のカスティリオーネは康熙帝・雍正帝・乾隆帝の３代に仕えた。また，日本のキリシタン禁令のような厳しい弾圧は行われず，殉教者は出なかった。

【加点ポイント】 ※想定される配点：４点

①イエズス会士は中国人信者の儒教的な典礼への参加を認めたこと。

②他派(他の修道会)の告発をもとに教皇が典礼を禁止した(異端とした)こと。

③康熙帝はイエズス会以外の典礼否認派の布教を禁止したこと。

④雍正帝はキリスト教布教を全面禁止したこと。

・解答への考え方

①は**イエズス会が典礼を容認した**ことを論じればよいが，単に「典礼」とだけ書くのでなく，典礼が「(中国伝統の)**儒教的な儀礼**」であることを論じたい。字数に余裕があれば，具体的に「祖先崇拝」「孔子崇拝」「天を祀る儀礼」などを入れても良いのだが，本問はそこまでの字数の余裕はないだろう。②は**他の修道会が典礼を否認**して

「教皇に告発し」「教皇が典礼を禁じた(異端とした)」ことを論じる。ここも単に「他派が禁止した」ことを書くだけでは不足である。きちんと**教皇も絡めて論じること**。③について，康熙帝は**「典礼を否認する修道士の布教を禁止」**したのだが，典礼を容認していたのはイエズス会だけなので，①・②で**「イエズス会は典礼容認」**「他派は典礼否認」という点が明確にされているのであれば，「イエズス会以外の布教禁止」のみでも良いだろう。④については，加点できるのはポイントで挙げた「**雍正帝が(キリスト教布教を)全面禁止した**」のみである。

問(3)

(a)　いわゆる「**托鉢修道会**」**の特徴**を論じる。設問では「**フランチェスコ会（フランシスコ会）やドミニコ会**」という**二つの托鉢修道会**が挙げられ，それらが「**それまでの西欧キリスト教世界の修道会とは異なる活動形態**」であったことが述べられている。よって本問では，「**従来と何が異なるのか**」を明確にしつつ，活動の特徴を論じていこう。ただ，字数がわずか2行（60字）しか与えられていないので，細かな説明はできない。問(1)の論述は字数が多めだったが一転して字数が少ないので，同じ感覚で書いてしまうと字数がオーバーしてしまう。簡潔に論じること。

・教会刷新運動と修道院

中世西ヨーロッパでは，特に西暦1000年を過ぎるころには「キリストの再来」や「最後の審判」などの終末論が強調され，王侯から民衆に至る幅広い階層でキリスト教信仰が高まり，**ローマ＝カトリック教会は精神的・文化的権威**となった。また，聖遺物収集や聖地巡礼などへの熱狂とともに，**教会や修道院への荘園の寄進**が相次ぎ，広大な荘園を所有する修道院も現れた。こうして世俗との関係を深めた教会では**腐敗や世俗化**が進んだが，11世紀になるとフランス中部ブルゴーニュ地方の**クリュニー修道院**を先陣とする改革運動が本格化した。クリュニー修道院は「**祈り，働け**」をモットーとする**ベネディクト派の修道院**であり，**聖ベネディクトゥスの戒律の厳守**を徹底する改革運動を主導した。これが教皇グレゴリウス7世による改革にも影響を与えた。その後，11世紀末に誕生した**シトー修道会**は，**ベネディクトゥスの戒律をさらに厳格に守る**生活を目指し，フランス中部の荒地で共同生活を始め，荒地に簡素な修道院を新設すると，質素な生活を守りながら熱心に**開墾**に励んだ。こうしてシトー修道会は**中世の「大開墾運動」の中心**となり，またドイツにおける**東方植民でも活躍**した。ただ，シトー修道会に属する修道院が建設されて10年もすれば，彼らの開墾によって十分な収穫を得られる荘園が形成され，当初は荒地での質素な生活であったはずが，結果的には広大な荘園を支配する修道会となり，清貧とかけ離れていくこととなった。

・托鉢修道会の創設

托鉢修道会創設の背景には，**商業・手工業の発展**とそれに伴う**中世都市の成立**が挙げられる。労働を重視する**ベネディクト派の修道院**や**シトー修道会**は多くの荘園を抱え，世俗からの離脱という建前から**人口の少ない農村部を拠点**とすることが多かった。しかし，農村の教会や修道院は都市を拠点に活動する商人や職人(手工業者)の宗教的不安には応えられず，結果的に都市では「カタリ派」「ヴァルド(ワルド)派」などの異端が広がった。こうした**都市民の不安に応えたのが托鉢修道会**である。托鉢修道会は，あえて人口の密集する都市で積極的に人々と交わり，**福音を宣教**しようとした。また，説教の神学的な基礎を固めるために**学問が奨励**され，優秀な者は**大学で教鞭をとった**。そして，清貧を追求するために，都市経済における弱者と同じ立場に身を置くことを理想として，**土地財産の所有を放棄し**，**信徒の喜捨**(**托鉢**)を頼りに生活した。

こうした托鉢修道会には，フランチェスコ修道会とドミニコ修道会がある。イタリアのアッシジのフランチェスコが創設した**フランチェスコ修道会**は，キリストの清貧に倣って**財産所有を否定**し，信徒主体の福音的生活を目指した。また研学面では，**イギリスのオクスフォード大学で神学を指導**した。一方，南フランスでスペイン人のドミニクスが創設した**ドミニコ修道会**は，**異端のカタリ派に対する改宗**の遂行という明確な目的を基盤とし，**パリ大学における神学研究や異端審問**で活躍した。

【加点ポイント】 ※想定される配点：３点

①従来の修道会は労働重視であったこと。

②清貧を重んじて財産所有を否定し，托鉢修道会と呼ばれたこと。
　後半は「托鉢で(信徒の喜捨)で生活する」のように書いてもよい。

③都市民への教化や神学研究，異端撲滅に努めたこと。

・解答への考え方

①は，従来のベネディクト派やシトー修道会との違いを明確にすること。「**ベネディクトゥスの戒律**」**との相違点**，簡単に言うと「祈り，働け」との違いは何か，という点を論じる必要がある。「祈り」については，修道士である以上どちらの修道会でも行うに決まっているので，「働け」の部分が違いということになる。②は「**財産所有を否定**」した点と「**托鉢修道会**」という名称(もしくは「**托鉢で生活する**」)の両方が入って加点。③は，托鉢修道会の**活動拠点が都市**である点が明確になるように論じること。よって「**都市民への教化**」は必須である。その他の活動については，字数が許す限り「神学研究」「大学での教鞭」「異端撲滅」などを組み込めばよい。

(b)　前半は**イギリス国教会の成立の経緯を問う標準的な内容**だが，後半はさすが東大といったところ。「**カルヴァン派**(**ピューリタン**)**の批判点**」が問われているので，単純にイギリス国教会の特徴を答えても加点はされない。**国教会の教義や組織などの特徴を考察**したうえで，それを「**カルヴァン派（ピューリタン）の視点**」で論じることが求められている。2018年の小論述では一番長い4行の字数が割り振られているので，じっくり考察してほしい。

・イギリス国教会の成立

イギリス国教会の成立は基本事項である。イギリス国王**ヘンリ８世**（位1509～47）は，王妃カザリン（スペイン王女で，カール５世の叔母にあたる）との**離婚を教皇が認めなかったこ**とから，1534年に議会の支持のもとで**国王至上法**（**首長法**）を制定し，**英国王を首長とするイギリス国教会を成立**させ，教皇と絶縁した。以後，イギリス国教会確立の過程は，主権国家としてのイギリスの絶対王政確立の過程と連動する。王は，改革に反対した修道院を解散してその領地を没収したほか，これまで教皇庁に納められていた十分の一税などが王室財源に組み込まれ，財政基盤が強化された。ただ，国王の離婚問題に端を発する教皇との軋轢が宗教改革の背景であったため，この時点では教義はほぼカトリックと変わらず，あくまで教会組織がカトリック教会から分離されたに過ぎなかった。また，**エドワード６世**治下で**一般祈禱書**が制定され，教義は新教に近づいたものの，儀式や教会組織はカトリック的であった。その後，メアリ１世のカトリック復活を経て，**エリザベス１世**（位1558～1603）が**統一法**を制定して国教会の祈禱・礼拝の統一を図り，**イギリス国教会が確立した**。

・カルヴァン派（ピューリタン）の批判点

本問はここが肝である。まず，イギリス国教会は「**王権の下に組み込まれた国教会**」であり，宗教改革自体が信仰の面ではなく政治的な目的で行われたため，乱暴な言い方をすれば「基本的に教義はどうでもいい」のである。しかも，王権の下での国教会体制は「国王を頂点とするヒエラルキー（**主教制**）」となり，「教皇を頂点とするヒエラルキー（**司教制**）」と大差はない。そもそもヘンリ８世自身が，国教会を「**教皇抜きのカトリック**」と考えていたくらいである。これに対し，**カルヴァン派**（改革派教会）は，**カトリックのような階層的な教会制度を否定**し，信徒の代表である**長老**と**牧師**が教会を運営する**長老制**をとった。そもそも，スイスにおける宗教改革は，**政治的な独立運動**を背景に理解する必要があろう。宗教改革の当時，スイス諸邦は独立のための戦争状態にあり，カトリック派を追放して司教と絶縁することは，事実上の独立を勝ち取ることであった。特に，**カルヴァンは教会の政治権力からの自律**を目指した。こうして創始された長老制では，聖書についての説教をする牧師，信徒の訓練に携わる長老，ほかに受験レベル外だが宣教の純正を保持する教師，慈善を司る執事の4者が教会に奉仕する。そして，信徒の代表である長老の選出には牧師の同意が必要となった。このように宗教を政治権力よりも優位に置き，政治権力からの自律を徹底したのが改革派教会である。

つまり「**王権の下にある国教会**」と「**政治権力からの自律を求めるカルヴァン派**」という根本的な違いが，本問で問われた内容ということになる。ピューリタンは，「教皇抜きのカトリック」ともいうような**イギリス国教会の主教制**や**カトリック色を色濃く残す儀礼**など(例えば，イギリス国王の戴冠式を行うのも国教会であり，質素な儀礼では国王の権威が示せないためカトリック的なままである)を「改革が不徹底である」と批判し，徹底した改革(ピューリタンにとっては政治権力からの自律ということになる)を求めた。ただ，この主張を国教会の首長たる英国王が受け入れることはできず，後に王権との衝突を招くこととなる。それがピューリタン革命である。

【加点ポイント】 ※想定される配点：５点

①離婚問題で英王ヘンリ８世が教皇と対立したこと。

②ヘンリ８世が(議会の支持で)国王至上法を定め，英国王を首長として教皇と絶縁したこと。

③エリザベス１世が統一法を制定して国教会を確立したこと。

④ピューリタンは長老制をとること。

⑤主教制や儀礼にカトリック的な要素を残す国教会の組織を批判したこと。

・解答への考え方

①の**離婚問題**は，ヘンリ８世が宗教改革を行った原因である。本問の前半は国教会成立の「経緯」が問われているので入れておきたい。②は，**国王至上法**は当然必須だが，**英国王を首長として教皇と絶縁**(教皇からの独立／分離)した点にも触れないと，何が宗教改革なのかが明確にならない。③は基本的な内容なのできちんと得点してほしい。④と⑤だが，まず**ピューリタンが長老制**，**国教会が主教制**であることがわかるように論じること。そのうえで，ピューリタン視点で**国教会の主教制がカトリック(旧教)的**であることが批判の対象となった，という点を論じて欲しい。

解 答 例

(1)(a)ヴェーダの権威を認めず，供儀や難解な祭式を重んじるバラモン教やバラモンにのみ特権を認めるヴァルナ制を否定し，出自に関わらない救済を示し，バラモンに反発する新興階層の支持を得た。

(問題番号・記号を含めて90字)

(b)ウパニシャッド哲学

(c)出家僧侶が修行を通じて個人の救済を求める従来の仏教に対し，自らを犠牲として他人の利益のために努める者を菩薩として信仰し，在家・出家を問わず悟りを得られるとする衆生救済を目指した。

(記号を含めて90字)

(2)(a)平城，雲崗石窟，B

(b)イエズス会士は中国人信者の儒教的な典礼への参加を容認したが，他派の告発をもとに教皇は典礼を禁止した。康熙帝はイエズス会以外の典礼否認派の布教を禁止し，雍正帝は布教を全面禁止した。

(記号を含めて90字)

(3)(a)労働重視の従来の修道会に対し托鉢修道会と呼ばれ，清貧を重視し財産所有を否定，市民の教化や神学研究，異端撲滅に努めた。

(問題番号・記号を含めて60字)

(b)離婚問題で教皇と対立した英王ヘンリ8世は議会の支持で国王至上法を定め，英国王を首長として教皇と絶縁，エリザベス1世が統一法を制定し国教会を確立した。長老制をとるピューリタンは，主教制や儀礼に旧教的要素を残す国教会の折衷的な組織を批判した。

(記号を含めて120字)

第3問 「地域や人々のまとまりとその変容」

解説

近年の第3問の出題傾向とは異なり，資料や図版，地図を利用した設問や1行論述が出題された。ただし内容は教科書レベルの標準的な問題である。

問(1)　正解は燕雲十六州

図版aは契丹文字，設問文中のモンゴル系遊牧国家は**契丹**(時期によっては「遼」と称するが，ここでは「契丹」で統一する)，南に接する王朝は五代の**後晋**である。契丹文字は大字と小字があり，大字は**漢字**を，小字は**ウイグル文字**をもとに作られた(まだ完全には解読されていない)。

後唐の有力者石敬瑭は，政敵の李従珂(りじゅうか)(後唐の末帝)と対立した際，契丹に援助を求めた。契丹の第2代皇帝**太宗**(**耶律堯骨**(ぎょうこつ))の援軍を得た石敬瑭は後晋を建国し，後唐を滅ぼした。後晋は援助の代償として**燕雲十六州**(現在の北京や大同など)を契丹に割譲した。石敬瑭の救援要請は，契丹の太宗にとっても，中国への本格的な進出を果たす絶好の機会だった。五都制を採用した契丹は，燕雲十六州内の幽州を南京析津府，雲州を西京大同府とし，農耕地帯の統治の拠点とした。燕雲十六州は後に**北宋**との間で係争地となったが，1004年に**澶淵の盟**が結ばれたことで両国の国境は安定し，燕雲十六州は契丹の支配下にとどまった。

問(2)　正解はパスパ文字

設問文中の滅ぼした国家とは**金**(金も交鈔を発行している)，**図版b**の紙幣は**交鈔**である。モンゴル帝国は，経済の先進地域である西アジアが銀の重量単位を計算単位としていたこともあり，**銀**を主要通貨としていた。銀中心の通貨体制の下で銀不足を補いつつ,膨大な通貨需要に応えるため利用されたのが交鈔や塩引(塩の引換証)だった。

1244年に**チベット仏教**サキャ派の座主がモンゴルに招かれたことが契機となり，モンゴル人の間にチベット仏教が広まった。彼の死後，座主を継いだ甥の**パスパ**は1253年**フビライ**に謁見して師となり，1258年道仏論争で道教側を論破したことで名声を高めた。1260年にフビライが即位すると国師に任ぜられ，**元**の仏教界に君臨し，フビライを権威付けるための大法会を挙行した。また，フビライの命を受け，帝国内の諸言語を表記するため，**チベット文字**をもとに**パスパ文字**を作成した。パスパ文字は，モンゴルの権力・権威を示す公用文字として用いられた。このようにパスパは，宗教・文化面でフビライの帝国統治を支える役割を果たし，1270年には功績により帝師の位を授けられた(以後，歴代帝師はサキャ派から選ばれた)。

問(3)　正解はチャンパー

図版cに含まれる文字とは**チュノム**(**字喃**)，13世紀に成立した王朝とは**陳朝**(1225～1400)である。ベトナム北部は中国の王朝に支配された期間が長かったことから，政治制度や文化などの面で中国の影響が強かった。陳朝統治下のベトナム北部は，3度にわたるモンゴル軍の侵攻を受けたこともあって，民族意識が高揚し，漢文の歴史書『**大越史記**』が編纂され，民族文字のチュノムが用いられるようになった。

チャンパーは2世紀末に**チャム人**がベトナム中部に建てた**港市国家**。中国側の史料では当初の呼称は**林邑**だったが，後に**環王**(8～9世紀)，**占城**(9世紀以降)と変化した(占城は北宋時代の中国に流入した**占城稲**でも有名)。4世紀頃に交易を通じてインド文化の影響が強まり(東南アジア各地でおこった「**インド化**」のひとつ)，7世紀頃からサンスクリット語で「チャンパー」と名乗るようになった。

チャンパーは中継貿易で繁栄したが，たびたびベトナム北部の**李朝**やカンボジアの**アンコール朝**の侵攻を受けた。13世紀に入ると，李朝に取って代わった陳朝の南進を受け，世紀末には**元**の遠征軍が海路から侵入した。元の遠征軍の撃退には成功したが,14世紀前半のチャンパーは陳朝の圧倒的な軍事攻勢の前に屈服を余儀なくされた。15世紀初めに**明の永楽帝**がベトナム北部を支配すると，チャンパーは旧領土の一部を取り戻したが,明軍を撃退して独立した**黎朝**が積極的な南進政策を実施すると，チャンパーは大打撃を受け，17 世紀には残存勢力も阮氏の広南王国によって征服された。

チャンパーはゆるやかな連合国家であり，この国家形態が統一行動を妨げたことは否定できない。しかしこのことは同時に，長期にわたってベトナム人の南進に抵抗することを可能にした。連合体であるため，一部が攻撃を受けても他の港市拠点が機能することで，戦闘を継続することができたのである。また，衰退したとされる16・17世紀にもチャンパーの商人は貿易活動を続けていたが，その背景にはイスラーム教の受容があった(現在でもカンボジアなどに居住するチャム人にはムスリムが多い)。

問(4)　(a)　正解はアウグスティヌス　　(b)　正解はヴァンダル（人）

地図中の**都市 A** は**ヒッポ**(現アンナバ)，**B** は**カルタゴ**。

北アフリカ出身の**アウグスティヌス**は，古代キリスト教会最大の教父と呼ばれ，キリスト教の教義を確立し，中世の**スコラ学**などに大きな影響を与えた。青年時代に女性や演劇などに熱中した彼は，そうした自分を深く恥じ，一時**マニ教**に接近したが，その後キリスト教に回心した。北アフリカのヒッポの司教となったアウグスティヌスは，この地で説教と著述に専念した。代表作として『**神の国**』と自伝の『**告白録**』を覚えること。前者は，410 年の**西ゴート人**によるローマ侵入の責任がキリスト教にあるという異教徒の非難に反論したもので，教会の権威を確立した歴史哲学書として知られる。アウグスティヌスは，430 年にヒッポが**ヴァンダル人**に包囲される中，その生涯を閉じた。

ヴァンダル人は東ゲルマン人の一派で，5 世紀初めイベリア半島に移動したが，西ゴート人に圧迫され，ガイセリックに率いられてアフリカに渡り，カルタゴを中心に王国を建国した。455 年にローマを略奪するなど，地中海に覇を唱える勢力となった。ヴァンダル人は**アリウス派**を受容したため，しばしば正統派のカトリックを圧迫した。ガイセリックの死後，内紛が発生し，534 年**ビザンツ帝国**の**ユスティニアヌス帝**が派遣した軍によって滅ぼされた。

問(5)　解答例(5)ノルマン人の支配の下，モスクがキリスト教の教会に変わった。(番号含めて 30 字)

地図中の**都市 C** は**パレルモ**，資料中の空欄 あ は**モスク**，新支配者勢力とは**ノルマン人**，信奉する宗教とは**キリスト教**(**カトリック**)である。

論述のポイントは，以下の 2 点である。

①イスラーム教のモスクがキリスト教の教会に変化したこと

②1154 年頃のパレルモがノルマン人の支配下にあったこと

まず設問の要求が，旧来の宗教施設が新支配者勢力の信奉する宗教の施設に変化したことを説明することなので，①が解答の核心部分に当たる。しかしモスクがイスラーム教の宗教施設という点は当然のことなので，解答から省くことができるだろう。代わりに入れたい内容が②である。

シチリア島は，9世紀以降イスラーム勢力の支配下にあった(北アフリカのイスラーム王朝であるアグラブ朝が827年に侵入を開始し，878年にはほぼ全島を征服した)。シチリア島の住民は，税負担が少なく，信仰に寛容なイスラーム勢力による支配を受け入れ，西部ではパレルモを中心にイスラーム化が進んだ。**ファーティマ朝**がアグラブ朝を倒すと，シチリア島のムスリム勢力はファーティマ朝の支配下に入った。ファーティマ朝が**カイロ**に遷都した後，シチリア島のムスリム勢力は自立性を高め，11世紀前半には島内各地にムスリム勢力が割拠し，抗争する状態となった。

11世紀後半に，傭兵として活動していたノルマン人騎士のロベール＝ギスカールが南イタリアの征服に乗り出すと，弟のルッジェーロ1世(ロジェール1世)はシチリア島の征服を任された。ルッジェーロ1世は1072年にシチリア島の中心地パレルモの占領に成功し，兄からシチリア伯に任じられ，11世紀末にシチリア島は完全にノルマン人の支配下に入った。

ルッジェーロ1世の息子が**ルッジェーロ2世**である。ルッジェーロ2世は父の領土に加えて，南イタリアの支配権も獲得し，1130年には教皇から王位を認められ，**ノルマン朝シチリア王国**が成立した(教科書や用語集では，この王国を「**両シチリア王国**」としているが，実際にこの名称が使用された時期は1442～58年と1816～60年に限定されるので，ここでは「ノルマン朝シチリア王国」という呼び方をする)。設問にある1154年頃は，ルッジェーロ2世の晩年に相当する。

ノルマン朝シチリア王国はシチリア島内に諸侯を置かず，直属の軍を有する強力な王権を確立し，効率的な行政制度を整備していた。これは中世ヨーロッパの他の地域とは大きく異なる点である。支配層はノルマン系ラテン人が多数を占めたが，王国全体ではムスリムの人口が多く，他にギリシア人も居住していた。そのためラテン，ギリシア(ビザンツ)，イスラームの文化が共存し，独自の文化が栄えた。その文化水準の高さは，首都パレルモで多くのアラビア語やギリシア語の文献がラテン語に翻訳され，**12世紀ルネサンス**の中心となったことからもうかがえる。多文化共存が実現したシチリア島だったが，ムスリムを保護・利用していた王権が衰退すると，ムスリム排斥の動きが高まり，ムスリムはシチリア島から消滅していった。

問(6)　正解はニース

設問文中の人物は**ガリバルディ**，隣国は**フランス**，地図中の**都市Dはナポリ**である。

ニース出身のガリバルディは「**青年イタリア**」に参加し，1834年にジェノヴァで蜂起したが失敗して南米に亡命した。南米ではウルグアイなどの独立運動に参加して勇名を馳せ，帰欧後は**ローマ共和国**の防衛などに活躍したが敗北し，再びアメリカに亡命した。

その頃イタリアでは，**サルデーニャ王国**が首相**カヴール**の指導の下で富国強兵を図り，**オーストリア**支配下の北イタリア(ロンバルディア・ヴェネツィア)の解放をめざした。1858年にフランスの**ナポレオン3世**と**プロンビエールの密約**を結んだサルデーニャ王国は，1859年にフランスとともにオーストリアと戦ったが，フランスが早期終戦を決断したため，**ロンバルディア**を獲得するにとどまった。帰国していたガリバルディもこの戦争に参加していた。

オーストリアとの戦争が終わった後，**中部イタリア諸邦**の議会がサルデーニャ王国との合併の意志を表明した。ナポレオン3世はこれに難色を示したが，カヴールはプロンビエールの密約で決められた**サヴォイア**と**ニース**のフランスへの割譲と引き換えに，1860年，サルデーニャ王国による中部イタリア併合をナポレオン3世に認めさせた。しかし，ガリバルディは故郷のニースがフランスに割譲されたことに激怒し，カヴールとの対立を深めた。

同じ頃，**両シチリア王国**のシチリア島では，ナポリにある政府からの自立・解放をめざす蜂起がおこり，シチリア島出身の活動家はガリバルディに救援を求めた。ガリバルディはこの機会に両シチリア王国に打撃を与え，そこからローマに進攻してイタリアの統一を実現することを考え，**千人隊**を率いてシチリア島に上陸した。ガリバルディは両シチリア王国の軍を破り，シチリア島を制圧し，さらにイタリア半島に上陸してナポリに無血入城した。しかしローマに駐留するフランス軍との衝突を恐れたカヴールは，ガリバルディを説得してローマ進攻を断念させ，占領地をサルデーニャ王**ヴィットーリオ＝エマヌエーレ2世**に「献上」させた。翌1861年，ヴィットーリオ＝エマヌエーレ2世を国王とする**イタリア王国**が成立した。

問(7)　正解は第五共和政

設問文中の**都市A**(ヒッポ，現アンナバ)を含む地域とは**アルジェリア**，宗主国とは**フランス**である。

1830年にフランス王**シャルル10世**の派遣した軍がアルジェを占領して以降，フランスはアルジェリアの植民地化を進めた。**七月王政**(**国王ルイ＝フィリップ**)の下で，フランス軍は**アブドゥル＝カーディル**らアルジェリア人の抵抗を鎮圧した。普仏戦争後に植民者が激増し，1950年代のアルジェリアは100万人のフランス人入植者(「コロン」と呼ばれる)が居住する植民地となった。

第二次世界大戦直後のフランス人にとって，植民地は「フランスの偉大さ」を示すものであり，植民地化とは「文明化」に等しかった。したがって植民地の独立運動は文明国フランスへの反抗であり，抑圧されるべきものと考えた。この意識が脱植民地化の遅れにつながり，アルジェリア戦争とそれに伴う**第四共和政**の危機を呼んだ。

アルジェリアの独立運動家によって**アルジェリア民族解放戦線(FLN)**が結成され，1954年11月に独立を求めるアルジェリア戦争が勃発した。第四共和政政府はアルジェリアのフランス軍を増強して鎮圧に当たらせたが，アルジェリア人の抵抗は激しく，戦争は泥沼化した。国内では強硬な独立反対派から「弱腰」を批判され，国際社会でも過酷な弾圧や誤爆で批難を受けたフランスの政界は混迷を極めた。1958年には独立に反対する入植者らがフランス政府に対して反乱を起こし，フランスは内戦の危機に陥った。この時，事態の収拾を期待されて政権に復帰したのが，大戦の英雄**ド＝ゴール**だった。

首相に就任したド＝ゴールは国民投票による承認を得て新憲法を公布し，**第五共和政**を発足させた。第五共和政の最大の特徴は，大統領に対して緊急措置発動権などの強大な権限を認めた点にある。大統領に就任したド＝ゴールは，当初アルジェリア問題に対して明確な答えを持っていなかったが，「フランスの栄光」を取り戻すという最大の目標を達成するためには，独立を承認する必要があると考えるようになった。1962年，ド＝ゴールは反対派をおさえて**エヴィアン協定**を結び，アルジェリアの独立を承認した。

問(8)　正解はイ

資料中の都市［い］は**サマルカンド**(資料中の**ティムール**がヒント)。**ウルグ＝ベク**の天文台を想起すればイが解答だと判断できる。なお，**アがイスタンブル**，**ウが唐の長安城**，**エがアッバース朝時代のバグダード**。教科書・図説に図版が掲載されているので，消去法で解答した受験生もいただろう。

現在のウズベキスタンにある**サマルカンド**は，問(9)(a)の**ソグド人**の拠点であり，東西交易の中心地として発展した。**チンギス＝ハン**の遠征軍によって破壊されたが，その後復興し，**ティムール朝**の首都となった。ティムールはモンゴル帝国の為政者と同様にオアシス都市の経済力を重視し，西トルキスタン，特にサマルカンドの繁栄に並々ならぬ情熱を注いだ。商業活動の保護に加え，被征服地から多くの学者や職人などを強制移住させ，盛んに建設活動を行うなど，サマルカンドをイスラーム世界の政治・経済・文化の中心にしようと試みた。なお，前述したティムール朝の第4代君主のウルグ＝ベクがサマルカンドに天文台を建設した点も覚えておくこと。

問(9)　(a)　正解はソグド人　　(b)　正解は正統カリフ

(a)サマルカンドを含む西トルキスタンの中心地は古く**ソグディアナ**と呼ばれ，**ソグド人**がここを拠点に東部ユーラシア各地で商業活動に従事していた。ソグド人は**唐**や**突厥**，**ウイグル**など東部ユーラシアの大国と結びつき，経済や文化面で大きな影響を与えた(文化面の影響としては，**ウイグル文字**がソグド文字をもとに生み出された点などが挙げられる)。ソグド語は，中央ユーラシア東部の国際共通語となった。さらに近年では，ソグド人が軍事面で果たした役割も注目されている(ソグド人の父をもつ**安禄山**が唐の**節度使**だったことを思い出そう)。このようにソグディアナを含むアジア中央部の乾燥地帯は，ソグド人などの**イラン系民族**が活動し，**ゾロアスター教**や**仏教**などが盛んな地域だったが，9世紀以降住民の**トルコ化**が進み(「トルキスタン」と呼ばれるようになった)，宗教面でも**イスラーム教**が広まった。

(b)ムスリム共同体は**ウンマ**と呼ばれる。**ムハンマド**の死後，初期のウンマの指導者は「預言者の後継者」すなわち「**カリフ(ハリーファ)**」と呼ばれ，ウンマの政治的・社会的指導権を有していた。しかしカリフにはムハンマドの持っていた宗教的権威はなく，クルアーン(コーラン)の解釈などは**ウラマー**(イスラーム諸学を修めた法学者)に委ねられていた(この点は誤解されていることが多いので，注意しよう)。カリフの地位は**アブー＝バクル**，**ウマル**，**ウスマーン**，**アリー**の順に継承されたが，彼らは信者から選出される形でカリフとなった。この4人のカリフは，神に正しく導かれたカリフたちという意味で，スンナ派ムスリムから「**正統カリフ**」と呼ばれ，正統カリフ時代はイスラーム教の理念と政治が一致していた理想の時代と見なされている(実際は異なる)。**ウマイヤ朝**以降，カリフの位は世襲化され，ウンマの統治者として君臨した。10世紀以降，**大アミール**や**スルタン**に政治の実権が移り，カリフの統治権は形骸化したが，カリフはウンマの一体性の象徴として，大アミールやスルタンの支配に正当性を与える役割を担っていた。

問⑽　正解はウルドゥー語

ティムールの子孫である**バーブル**が建国した王朝とは，**ムガル帝国**である。

10世紀以降，**ガズナ朝**や**ゴール朝**などのイスラーム勢力はインドへの侵攻を繰り返し，1206年に**奴隷王朝**が北インドに成立したことで，ムスリムによる北インド支配が本格化した。奴隷王朝に始まる**デリー＝スルタン朝**やその後のムガル帝国の下では，**インド＝イスラーム文化**が発達した。

ウルドゥー語は，北インドの地方語にムガル帝国の公用語である**ペルシア語**やアラビア語の語彙が取り入れられて成立した言語であり，アラビア文字で表記される(ウルドゥーとは「陣営」を意味する)。主に南アジアのムスリムが使用し，**パキスタン**の国語であるとともに，インドのジャンムー＝カシミール州の公用語にもなっている。**シク教**とともに，**インド＝イスラーム文化**を代表するものとして確認しておこう。

解答例

⑴燕雲十六州

⑵パスパ文字
⑶チャンパー
⑷⒜アウグスティヌス
　⒝ヴァンダル（人）
⑸ノルマン人の支配の下，モスクがキリスト教の教会に変わった。(番号含めて30字)
⑹ニース
⑺第五共和政
⑻イ
⑼⒜ソグド人
　⒝正統カリフ
⑽ウルドゥー語

2017年

第1問　「『古代帝国』が成立するまでのローマ，黄河・長江流域における社会変化」

解説

【何が問われているか？】

第1問は，「前2世紀以後のローマ，および春秋時代以後の黄河・長江流域における『古代帝国』成立までの社会変化」を論ずる。時代的には平成に入ってから初めての古代史オンリーであるが，古代版「帝国の盛衰」がテーマだと考えれば，近年の東大でもよく取り上げられる切り口ともいえる。アジアとヨーロッパ(地中海世界)を比較する問題は2009年度の「ヨーロッパ，西アジア，東アジアの政治と宗教」以来の出題である。過去の類題としては，1991年度の第2問「春秋・戦国時代の鉄製農具と牛耕の普及の影響」で社会経済史上の変化が問われた。ローマに関しては2011年度の第2問で「同盟市戦争からカラカラ帝にかけてのローマ市民権拡大」が出題されている。

◆視点

「比較」する論述

京大型の300字論述×2に見えるが，帝政確立までの政治史を羅列する問題ではない。リード文には「各地に成立した『帝国』の類似点をもとに，古代社会の法則的な発展が議論されてきた」とある。その一方で，「地域社会がたどった歴史的展開はひとつの枠組みに収まらず」とし，出題者は二つの地域の「帝国」の成立過程における社会変化を比較――類似点と相違点を明確にすることを求めている。

問題文には「二地域の社会変化を論じなさい」とあるが，帝国の成立過程を論じることは，すなわち政治史を述べることである。ただ，政治史を書いただけでは「社会変化を論じなさい」という出題者の要求に答えたことにはならない。どのような「社会的変化」が政治に如何なる影響をおよぼし，「皇帝」が登場する原因となったのか？という因果関係の説明を論旨の中心とするべきだろう。

【背景解説】

1．社会変化が古代帝国の成立に与えた影響を比較する

ローマでいえば「属州拡大」に起因する「重装歩兵市民団の解体」という社会変化が，また黄河・長江流域でいえば「鉄製農具と牛耕の普及」を背景とした「邑=氏族共同体の崩壊」という社会変化が，それぞれ「第一人者」と「皇帝」の登場に与えた影響を論理的に説明することが論述の骨子となる。

ローマでいえば「都市国家 → 都市国家連合 → 領域国家」と発展する過程で，中小農民を主力とする重装歩兵市民団が解体され，土地を放棄して無産市民に没落した彼ら(社会変化)を貴族や騎士階級出身の有力者が「パンとサーカス(見世物)」で懐柔し，その一部を傭兵として再編成したこと，さらに傭兵を「私兵化」した有力者間の抗争の結果，最終的に勝利したオクタウィアヌスが市民の「第一人者(プリンケプス)」となることで共和政から帝政に移行した(政治変化)という経緯を述べることが論旨の軸になる(以下の図1・2を参照)。

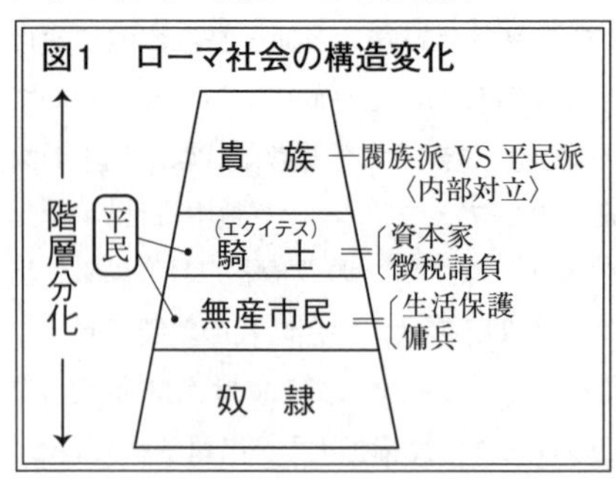

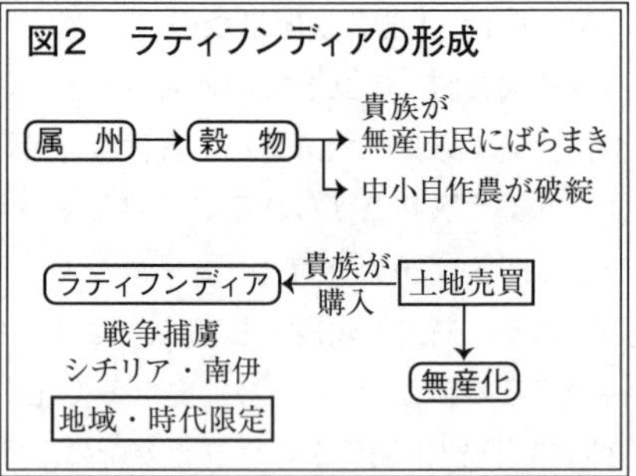

黄河・長江流域でいえば，「春秋時代=都市国家連合の対立(「春秋の五覇」の時代)」から「戦国の七雄」と呼ばれる領域国家が割拠する時代に移行したという政治変化が同時代の鉄製農具と牛耕の普及を背景とする邑=氏族共同体の崩壊という社会変化とどのように結びついているか，という点を述べることが論述の軸になる。

変化を言うからには，前提として邑制国家・殷と周代の封建制の時代の社会の特色を押さえておく必要がある。以下に概略を述べよう。

殷は都市国家(邑=氏族制国家)の連合体のリーダーで自らを「大邑・商」と称した。その政治は祭政一致の神権政治で，占卜で国事を決定(漢字の起源となった甲骨文字で占卜を記録した)しており，殷王はエジプトのファラオに似た絶大な権力を振るった。殷代の社会は血縁制度に基づく大家族制が形成する邑を基盤とした農耕社会であった。

殷を滅ぼした周は封建制を採った。封建制は「宗法」に基づく血縁関係の基盤の上に成り立っていた。「宗法」とは，親族同士が相互扶助を行うことなどを主とする大家族制的秩序のことで，周王(本家)は諸侯(分家)の盟主となり，諸侯は貢納と軍役の義務を果たした。さらに封土を授けられた諸侯の下に世襲の領土(采邑)を構成する卿・大夫・士(ここまでが広い意味での貴族層)がおり，諸侯を支えた(図3参照)。諸侯(公・侯・伯・子・男などの爵位を持つ)および家臣の身分は世襲であった。こうした封建制は周代の邑制社会で行われた，大家族制(氏族制)を基盤とする農業制度を政治秩序に応用したもので，農民は社(氏神=土地神・祖先神を祀る)を中心とした血縁的共同体を構成し，土地は公有(王土王民=日本では公地公民)とされた。これは鉄製農具が存在しない時代，サザエさん的な５人程度の小家族では経済的に自立不可能であったことを意味する。この社会制度は儒家(特に孟子)が「井田制」と呼んで理想化し，後世の均田制や太平天国の天朝田畝制度にも影響を与えた。

周代の封建制と有力諸侯が「尊王攘夷」を掲げて覇者の地位を争った春秋時代の大まかな政治・社会体制は図４の通りであるが，この体制を支えた邑=氏族共同体が崩壊した時代が戦国時代であり，この経緯を端的に表した言葉が「下剋上」なのだ。

図3　周の政治の仕組み(封建制)

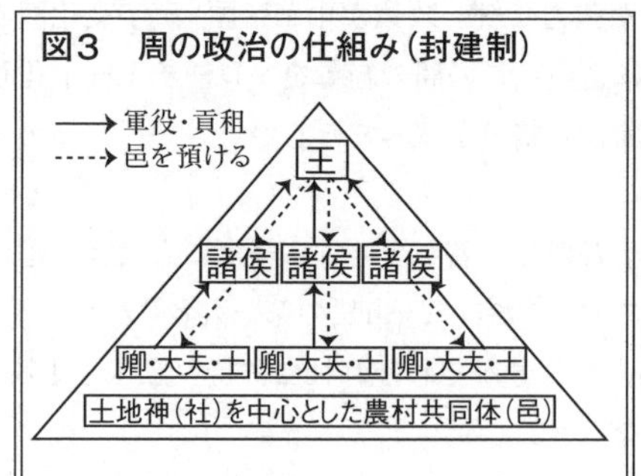

図4　覇　者

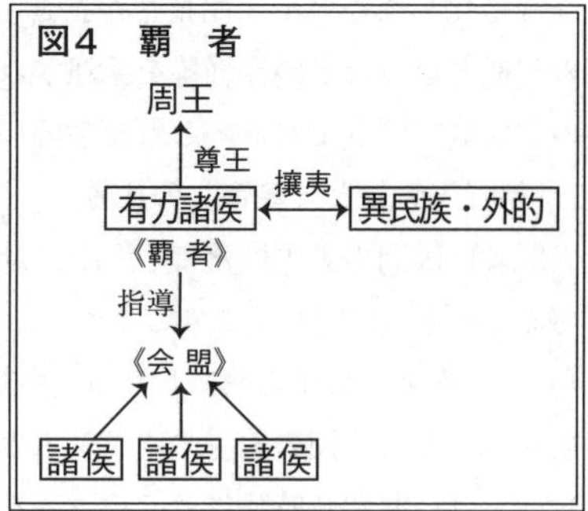

図5　戦国時代の社会変化

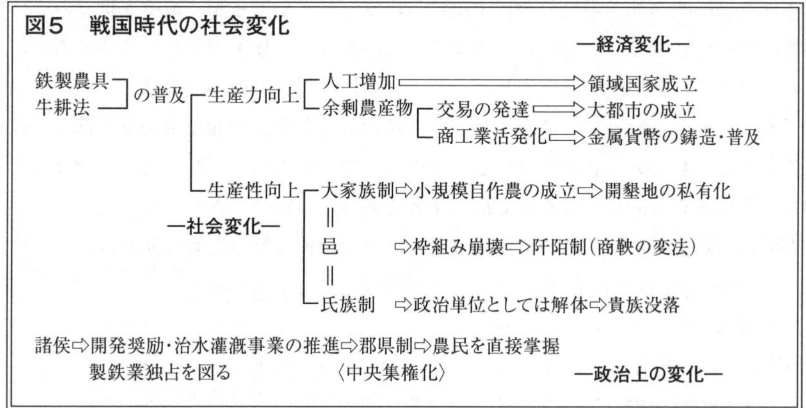

鉄製農具と牛耕の普及の影響により開墾が進み，生産力・生産性の向上で大家族から小農民(「五口の民」＝５人家族)が自立し，大家族制に支えられた邑(城郭都市)共同体が解体したこと，余剰生産物の発生で人口が増加し，商工業が発展し，貨幣が流通するようになり，交易場としての大都市が成立したこと(社会変化)を，丁寧に説明すること。その上で，邑=氏族制を政治・経済・社会単位とした封建制が崩壊し，邑を基盤とする旧支配勢力(貴族)が社会変化に対応できずに没落した(例えば春秋時代に覇者・文公を出した晋が臣下の韓・魏・趙に三分された)一方で，貴族層に代わって

能力のある者を官僚として登用し，解体された邑に代わって県，後に郡を置き，これらの役所で戸籍を作成して直接，農民を掌握するなど，社会変化に対応した諸侯が台頭(「下剋上」)し，複数の都市を支配する領域国家が成立したという政治変化に言及すること。これら「戦国の七雄」と呼ばれる，周王を無視して王号を唱えた有力諸侯の中から，商鞅らの法家思想に基づき郡県制の施行や官僚制の確立などで集権化を推進した秦が強大化し，秦王政が「天下統一」を果たし，王号を超えた「皇帝」を称して自らを神格化したことや，始皇帝が推進した強力な統一政策が中華帝国=漢字文化圏成立の契機となったという経緯を論述すればよい。この間の経緯をフローチャート化したのが前頁の図5である。これを参考に論旨の整理を試みてほしい。

2.「第一人者」と「皇帝」の比較

出題者は設問の第1段落で「『帝国』統治者の呼び名が登場する経緯にも大きな違いがある」と述べている。このことから，ローマにおける「市民の第一人者(プリンケプス)」と，黄河・長江流域における「皇帝」の称号がそれぞれ社会に持つ意味を比較・考察することも本問の論旨のポイントとなろう。

ローマは，共和政時代にはラテン人を中心とする都市国家の連合体であったが，同盟市戦争後にイタリア半島の全自由民に市民権を与えたことが，地中海世界の一体化の要因の一つとなった。ローマ市民権の拡大の経緯は，以下の図6の通りであるが，当時の出生率を歴史的に考慮すれば，ローマ市民権保持者の増加率は明らかに出生率を上回っている。従って，これはローマの権力者たちが意図的に市民権の拡大を図ったことを意味している。ローマにとっての市民権の拡大は，征服した地域の支配を維持し，異民族を「同化」する上で最も重要な施策だったのであり，その契機となったのが同盟市戦争であった。この同化政策はガリア遠征を行ったカエサル以降，属州民に対しても進められた結果が図6でも顕著に示されている。ローマ帝国の全自由民に市民権を付与したカラカラ帝の「アントニヌス勅令」(212)は有名だが，そこまで話を飛躍させずに市民権拡大の経緯と意義を理解することが肝要なのだ。

図6　ローマ市民権取得者

共和政初期：13万人(BC.508)
前3世紀初頭：26万人
第2次ポエニ戦争直後(前3世紀末)：14万人
第3次ポエニ戦争後(前2世紀半ば)：32万人
同盟市戦争後（前1世紀初頭)：90万人
アウグストゥス即位時（前1世紀後半)：406万人
アウグストゥス没後（1世紀初頭)：493万人
クラウディウス帝時代(1世紀半ば)：約600万人

ローマは征服と市民権拡大を背景に多くの民族が共通の価値観の下で共生する「世界帝国」に発展したのである。例えばオクタウィアヌスの権力基盤であるローマ軍兵士(正規兵)はローマ市民権を与えられた者から構成されるのが当時のルール(現在の

アメリカ軍も同様)であり，広大な領土を維持する軍事力を確保するためには市民権の拡大は当然の施策であった。彼らローマ市民を尊重する姿勢を見せることが，オクタウィアヌスの権威と権力の確立にとって重要な施策であり，「第一人者(プリンケプス)」登場の背景となったのである。

地中海世界を統一したオクタウィアヌスは元老院から神格化されたことを意味する「アウグストゥス(尊厳者=尊敬されるべき者)」との称号を与えられたが，彼はあくまで共和政の伝統を尊重して，共和政時代からローマ市民の代表である元老院筆頭議員を意味する称号として用いられた「第一人者(元首)=プリンケプス」を称し，元老院との協調を掲げながら，実際にはインペラトル(imperator〔ラテン語〕=最高軍司令官)やコンスルなどの要職を合法的に独占する「元首政(プリンキパトゥス)」を創始したのだ。

アウグストゥスから軍人皇帝時代までの「ローマ皇帝」には「アウグストゥス」「プリンケプス」「インペラトル」と実に3つの呼称があったのだが，オクタウィアヌス本人は当時としては耳慣れない「アウグストゥス」と呼ばれることは独裁的なイメージを市民に与える(暗殺された養父のカエサルが「終身独裁官」を称して共和派からの反発を買ったことを反面教師とした)として好まず，「インペラトル」と呼ばれることを好んだという。オクタウィアヌスの権力基盤がローマ軍にあることを想起させる話であるが，そのためか，ラテン語の影響を受けた英語やフランス語，あるいはロシア語などでは「皇帝」は「インペラトル」に由来するEmperor，Empereur，Императорであり，ナポレオンも自らをフランス国民から選ばれた「皇帝」を称している。この論述問題ではオクタウィアヌスが「第一人者=プリンケプス」を称した背景を説明できればよい(図7参照)。

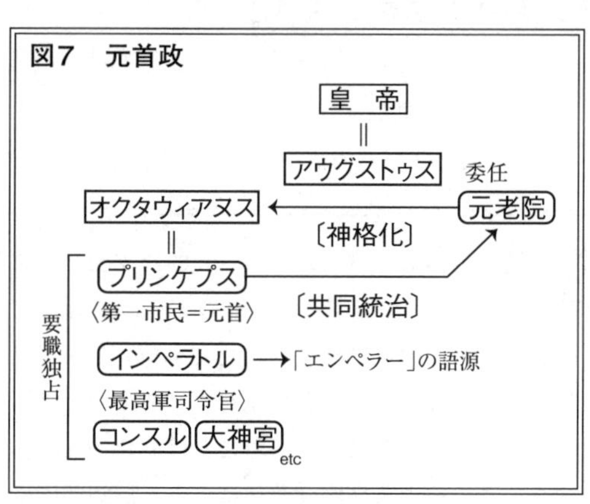

ちなみに日本ではともに神格化を意味するという点から「アウグストゥス」の訳語

として秦王政が初めて称した「皇帝」をあてたが，これが受験生を混乱させることがある。3世紀末に軍人皇帝時代を収拾したディオクレティアヌス帝の時代にはイタリアは経済的に疲弊し，分裂傾向の中で元老院の指導力は失われていた。彼はローマとイタリアを捨ててアナトリア(小アジア)のニコメディアに遷都し，「プリンケプス」の称号を捨て「ドミヌス=主」(対義語は僕=奴隷)を名乗り，皇帝の権威回復を意図して専制君主政(ドミナトゥス)を開始した。ディオクレティアヌスも歴代の皇帝と同じく「アウグストゥス」を称したが，その皇帝は市民の「第一人者」から「奴隷の主」に変わったのであり，さらにコンスタンティヌス帝以降は「キリスト教の守護者」を意味するようになる。同じく「ローマ皇帝」による「帝政」でも実態が大きく異なるので，高校世界史レベルでは「帝政」を「元首政(プリンキパトゥス)」と「専制君主政(ドミナトゥス)」を区別するようになった。これもローマの社会変化が招いた政治変化の例として論述では頻出である。

3．この問題がなぜ「中国」という言葉を敢えて使わないか？

黄河・長江流域の場合は，前述したように秦王政が集権化を進める自らの権威を確立するため，王号を超える皇帝(光り輝く神)を称し，自らを神格化した。始皇帝は「焚書・坑儒」で知られるように，封建制を理想とする儒教を排除した。後に儒教を官学化し，儒教理念で皇帝支配の正当化を図った前漢の武帝とは，当然ながら皇帝の支配についての政治理念が異なる(図8参照)点に注意したい。武帝以降の皇帝は理念としての「儒教(儒家)」と実務的な「法家」の論理を「合わせ行う」(武帝の曾孫・宣帝の言葉)ことになり，これが清末まで続く皇帝支配のスタイルとなった。

図8　始皇帝と武帝の皇帝理念

始皇帝――神→法治→臣民　【法家思想】
〈皇帝〉　〈民衆〉
武　帝――父→徳治→子　【儒教思想】

このような始皇帝の統一事業は，君主による一元的な支配を理想とする法家思想に基づき，政治・経済(郡県制の施行・度量衡・貨幣の統一)・文化など多岐にわたった。黄河・長江流域には殷代以来，徐々に形成された文字(漢字)が普及したが，実は諸侯が割拠した春秋・戦国時代には，文字も多様化しつつあったのである。六国平定を機に始皇帝(と丞相李斯)が文字を小篆に統一したことは文化的な一体性(中華文明)が形成される契機となった。さらに中華文明は漢代に入ると周辺諸国にも影響を与え，東アジアに漢字文化圏が形成されたが，ここでは「契機」となったことに言及すればよい。これは本問が何故「中国」という言葉を使わずに「黄河・長江流域」と言っているか？ を考えると理解できるだろう。

東大は本問が対象とする時代に対して，安易に「中国」という呼称を使いたくないのであろう。往々にして教科書でも歴史事典の類いでも，「中国を初めて統一した始皇帝が漢字や度量衡，貨幣を統一した」といった記述が見られるが，厳密に言えば「漢字」とは秦の六国統一を継承した漢王朝による，さらなる領域拡大によって周囲に広まったから「漢字」と呼ばれるのである。指定語句の「漢字」を論旨の上で使うには「漢字文化圏の拡大」という視点が必要になる。

戦国時代，殷周から黄河･長江流域に広まった文字は，諸侯の割拠により各地で「変化」が生じつつあったが，始皇帝の統一によって「小篆」に統一された。始皇帝が行った「文字の統一」と「中華帝国」の領域拡大が漢字文化圏を生む要因となったことへの注意が肝要である。

この問題で「中国」が使われなかったのは，いわゆる「中国」という概念は，始皇帝の統一や前漢の武帝による領域拡大によって漢字文化圏が成立した結果，後世(19世紀末)に生み出されたものだという認識を，東大の出題者が持っているからである。

この問題に関して言えば，

1．殷周以降，優れた農耕技術を持ち，氏族を基盤とする都市国家（邑）を建設した「中華」の人々と，主に狩猟･牧畜を営む「夷狄」とは異なるという概念（華夷の別）が生まれた。
2．「中華文明圏」が文字とともに黄河から長江流域に拡大した。
3．封建制の絆が綻んだ春秋時代には斉や晋など黄河流域の都市国家連合と，楚・呉・越など淮水・長江流域の都市国家連合が対立する中で，周王に代わり「尊王攘夷」を掲げる「覇者」が登場し，「中華文明圏」の盟主となった。
4．戦国時代になると鉄製農具と牛耕の普及を背景に，実力主義の風潮が高まる中で王号を唱える領域国家群（「戦国の七雄」）が成立し，これを秦が統一して，王に代わる「皇帝」を頂点とする「中華帝国」が成立した。

という捉え方が重要なのである。

「中国史」という後世から見た概念から「王朝交代史」的な捉え方をすれば「春秋・戦国時代」は分裂期であり，それを秦の始皇帝が統一した，という話になるが，「中華文明圏」の「拡大･発展期」であると捉えれば，そこに「拡大･発展した要因は何か？」という問いが生まれるはずで，出題者は「社会変化 → 政治への影響」を明確に述べた答案を期待しただろう。

「比較する」視点から言えば，秦による黄河・長江流域の統一を機とする漢字文化圏の確立と発展は，ローマにおける地中海の統一と帝政の開始を機とするラテン語(ラテン文字)の普及，ローマ文化圏の成立を連想させる。こうした視点は「ローマの同化政策」と，ラテン語，ローマ字の果たした役割を考える上でも面白い。教科書的にはローマ史と「中国」史でそれぞれに関連する記述があるが，両者を「比較」する視点を持てるかどうか？

以上，さまざまな視点から本問を分析してきたが，これらの視点に立って，具体的な論旨を組み立ててみよう。

【論旨の組み立て】

◆フローチャート(見取り図)の例

《ローマ》	《黄河・長江流域》
時代：前2世紀（第2次ポエニ戦争後）〜オクタウィアヌスの帝政開始まで	時代：鉄製農具と牛耕が普及した春秋後期〜始皇帝の統一まで
旧共同体の崩壊	
「古代帝国」の成立（政治的変化）の前提となる社会変化――重装歩兵市民団の崩壊	春秋時代から戦国時代にかけての社会変化――氏族共同体の崩壊
• ポエニ戦争後，ローマが**属州**支配によって**有力者（貴族・騎士階級）**が富を蓄えた。 • **属州**からの**安価な穀物の流入**で**中小自作農が経営難**に陥り，耕地を放棄した。 • 失地農民の土地を有力者が買占め，**奴隷制大農場（ラティフンディア）を経営**した。 • **自作農の没落**は，**重装歩兵軍を構成する市民団の弱体化**につながった。 •（商業や徴税請負で富裕化した上層平民の）**騎士階級**が台頭するなど，市民の階層分化が加速する中で，**無産市民**と**貴族**（後に閥族派・平民派に分裂）が対立した。	• 春秋時代（後期）以降，**鉄製農具・牛耕の普及**によって**農業生産力が向上**した。 •（5人）**家族単位の小規模な農業経営が可能**となり，農村における階層分化が進んだ。 • **宗法**を規範とする**氏族共同体**（**宗族**）の**統制が緩んだ**（土地の私有化が進んだ）。 • 城郭都市である**邑**は（開墾の過程で城壁が壊されて）**解体が進み**，**旧支配層が没落**した（周代以来の**封建制の動揺**）。＊「**開阡陌**(かいせんぱく)」＝邑が解体され，諸侯によって治水・灌漑事業・開墾が進められたこと。「阡陌」は田のあぜ道のこと。秦の商鞅が盛んに井田を壊し田地の区画整理を行ったことが史書に記されている。 •（余剰生産物の発生による）**商工業の発展**と（交易場としての）**大都市**の形成，それに伴う（塩・鉄を商う）**大商人**の出現や**青銅貨幣**の鋳造で流通が活発化。 • **諸子百家**の活躍（個の自立）など，**実力主義の風潮**が強まった。 • 人口の増加を背景に，**領域国家**が形成された（「**戦国の七雄**」）。

「皇帝」権力による新しい共同体の掌握・支配	
内乱の一世紀から帝政開始まで 無産市民の傭兵化・有力者による**私兵**化	春秋後期・戦国時代にかけての社会変化 郡県制による小自作農の直轄支配
• 市民団（中小自作農）の再建を目指した**グラックス兄弟の改革**が挫折した。 •（**兵制改革＝無産市民を傭兵に登用**したマリウス以降）有力者による無産市民の**私兵**化が進み，**閥族派・平民派の抗争**が激化し，内乱となった。 • **同盟市戦争**で（ローマ＝閥族派のスラが）**イタリア半島の全自由民に市民権を与えた**。 • 閥族派に勝利した**平民派のカエサルの独裁**を経て，**オクタウィアヌス**が**地中海世界を統一**し，**帝政（元首政）**を樹立した。＊この間の属州への市民権の拡大にも注意すること。 • オクタウィアヌスは**共和政の伝統を重視**して市民の**第一人者**を称し，**元老院との共同統治**を行った。 • **ポエニ戦争**に続く「**内乱の一世紀**」が，ローマが都市国家の連合体からラテン人以外の民族を含む地中海帝国へ変質し帝政が樹立される契機となった。 • ラテン語が後のヨーロッパ諸語の形成に影響を与えた（**漢字**との対比）。	• 有力な**諸侯**が**富国強兵**を図った。 • 有力諸侯のうち（**商鞅の変法**など）**法家**の採用で強大化した秦が他の六国を征服した。＊**直轄地**である県，次いで郡を置き，貴族に代わって**官僚**を登用し，小規模農民を**戸籍**に登録して直接，支配した（「什伍の制」＝五人組を組織）。 • 秦王政が**王号に代えて皇帝の称号を使用**し，自らを**神格化**した。 • **郡県制**の全国施行や**官僚制**の整備で，中央集権化が進んだ。 •（政治的な中央集権に加えて）**文字を統一**したことで（「**中華文明圏**」が成立），後の**漢字文化圏形成の契機**となった。

◇ **文脈**

市民団の崩壊につながる社会の変化

- ポエニ戦争以降，ローマでは**属州**からの穀物流入で重装歩兵市民団の基盤である中小自作農が没落した。
- 徴税請負で騎士階級が台頭し，貴族と共に奴隷制大農場を経営した。
  「ラティフンディアはイタリアやシチリア島に広まった」（東書・p.50）
  「**属州**では主に小作制」（山川・世界史Ｂ用語集）

内乱の一世紀から帝政開始まで

- 市民団の再建を図ったグラックス改革は挫折した。
- 元老院を掌握する閥族派と平民派の対立が激化した。
- **社会変化で没落した無産市民を傭兵化した有力者が「私兵化」する**

- 傭兵を**私兵**化した有力者同士の内乱の過程で共和政は形骸化した。

「軍隊は有力者が無産市民を集めてつくる私兵となり…」（山川・p.43）

「平民派にマリウスらが，閥族派にスラらが登場し，彼らはそれぞれ私兵を率いて外征し…」（東書・p.50）

「平民派のマリウスは従来の軍制を改め，無産市民を私兵として育成して利用し……」（実教・p.43）

「マリウスは無産市民から志願者を募り武装させて職業軍人とする軍制改革を行った。これ以後，ローマ市民の軍隊は有力な将軍の私兵としての性格が強くなり，軍事力で政権を奪おうとする者が続出した」（帝国・p.29）

- **同盟市戦争**でイタリア半島の全自由民に市民権を拡大した。
- 平民派のカエサルの独裁を経て，オクタウィアヌスは市民の**第一人者**として共和政の伝統を尊重し，元老院と共同統治を行った。
- これ以後ローマは都市国家連合体から多民族を内包する地中海帝国へと発展した。
- ラテン語はヨーロッパ諸語に影響を与えた。

「ラテン語は，ローマ字とともに帝国の西半に普及し，後世に至るまで西ヨーロッパの学問や教会で使われる言語として重視された」（東書・p.53）

封建制・氏族制の崩壊

- 春秋時代以後，鉄製農具・牛耕の普及で農業生産力が向上し，家族単位の小農経営が成立した。」
- **宗法**を規範とする氏族共同体が弛緩した結果，城郭都市である**邑**の解体と旧支配層の没落が進んだ」
- 周以来の封建制は動揺した。

社会経済史上の変化

- 余剰生産物の交易により商工業が発展して大都市が各地に成立，塩・鉄を交易する大商人も現れた。」
- 流通の円滑化を図って青銅貨幣が鋳造された。
- 諸子百家の活躍など実力主義の風潮が強まった

※社会変化が，秦による六国統一・皇帝登場までの政治変化に与えた影響

- 有力**諸侯**が富国強兵策を実施，領域国家が成立した。

※社会変化で台頭した農民の掌握のために郡県制・官僚制が整備された。

- 法家を採用した秦は他の六国を征服。秦王政は王号に代えて皇帝を称し自らを神格化，官僚制と郡県制を整備して集権化を進めた。
- 文字の統一は後の**漢字**文化圏形成の契機となった。

【加点ポイント】

・ローマ

《市民団の崩壊につながる社会の変化》

①ポエニ戦争後，ローマは**属州**支配を行い，有力者（貴族・騎士階級）が富を蓄えた。

◎**属州**を獲得した or **属州**が増加した。

▲分割統治(同盟市戦争で終結)に言及するなど，時系列が混乱した答案は不可。

②**属州**からの安価な穀物が流入した。

③中小自作農が経営難に陥った（没落した）or 無産市民化した。

◎中小自作農は重装歩兵を担うことで，政治に参加した。

◎長年の従軍により重装歩兵を担う中小自作農が疲弊した。

④失地農民が手放した土地を有力者が買い占めた。

⑤有力者は（属州出身の）奴隷（を使役する）制大農場（ラティフンディア）を経営した。

◎「属州でラティフンディアが発達した」は不可。

⑥自作農の没落は重装歩兵軍を構成する市民団の弱体化につながった。

◎失地農民が無産市民として都市に流入した。

◎傭兵が増加した。

《内乱の一世紀から帝政開始まで》

⑦貴族階級（これがのちに閥族派・平民派に割れる）と，（商業や徴税請負で富裕となった上層平民の）騎士階級，無産市民などの社会階級が形成され，対立した。

⑧市民団（あるいは自作農）の再建を目指したグラックス兄弟の改革が挫折した。

⑨(マリウス以降)有力者による無産市民の**私兵**化が進んだ。

＊この⑨は受験生が再現答案で最も表現に苦しんだポイント。

◎平民派のマリウスから傭兵を**私兵**化した権力闘争がはじまった。

◎マリウスは軍隊の**私兵**化を試みた。

◎市民を**私兵**として組織した。

◎「没落した農民を私兵として雇う軍制改革」

◎有力者はパンとサーカス(見世物)で無産市民を懐柔した。

◎傭兵を**私兵**化 or 有力者が**私兵**を有した。

◎武力が権力者の必要条件となった。

▲「私兵を用いる傭兵制」という表現…閥族派は自らのクリエンテス（被保護民）を傭兵とし私兵化したが，その私兵も建前はローマ軍兵士である。内乱の一世紀の特色は，平民派も閥族派も公権力を私物化して抗争した点にある。前述のように現行の世界史教科書では帝国書院が最も因果関係を分かりやすく書いているが，やはり「無産市民

→傭兵（ローマ軍兵士となる）→兵士を保護する有力者の私兵化」という流れが明記されないと，この論述問題の場合，厳密には不可だろう。

⑩閥族派・平民派の派閥抗争が激化し，内乱(「内乱の一世紀」)となった。

▲単に「私兵を率いた・用いた」のみは不可。

⑪この間，**同盟市戦争**でイタリア半島の全自由民に市民権を与えた。

＊「市民権の拡大」に言及できていない。「市民権拡大」の意義も摑めていない受験生が多い。市民権の付与はローマによる同化政策の要である。

▲「参政権付与」は不可。
▲同盟市戦争後に市民権が拡大
▲同盟市戦争を鎮圧
▲市民権が同盟市に与えられた
◎三頭政治期には**属州**への市民権付与も進んだ。

⑫平民派のカエサルの独裁を経てオクタウィアヌスが帝政を樹立した。

▲平民派などの言及がなく，カエサルが唐突に登場する答案は不可。
◎カエサルが市民権を拡大
◎元老院から皇帝(尊厳者)の称号を与えられた。

⑬共和政の伝統を重視して市民の**第一人者**を称した。

⑭元老院との共同統治（元首政）を行った。

◎元首政を行った。
◎共和政の伝統(元老院)を尊重する一方で要職を独占した。

⑮「内乱の一世紀」は，ローマが都市国家の連合体からラテン人以外の民族を含む地中海帝国へ変質する契機となった。

◎ローマは市民権が拡大して多民族の国家が成立した。
◎地中海を統一する国家となった。
▲「ローマは拡大した」は加点対象外。

⑯ラテン語がのちのヨーロッパ諸語の形成に影響を与えた。

・**黄河・長江流域**

＊黄河・長江流域の春秋・戦国における変化の意義が理解できていない答案が多い。

《封建制・氏族制の崩壊》

①春秋時代以降，鉄製農具・牛耕の普及で農業生産力が向上した or 開墾が進んだ。

◎春秋時代は**諸侯**らが尊王攘夷を掲げて覇を競った。
◎血縁的封建制に基づき，**宗法**を重視する邑制国家が存在した。
◎邑制国家・周が**宗法**で統治される宗族を基盤に血縁的封建制を行った。

▲有輪犂，牛馬耕は不可。

②家族単位の小規模な農業経営が可能となり，農村における階層分化が進んだ。

③宗法を規範とする氏族共同体（宗族・大家族集団）の統制が緩んだ。

▲血縁社会から地縁社会への変化を誤って記述した場合は不可。

④（開墾の過程で）城郭都市である邑の（城壁が壊されて）解体が進んだ。

▲邑が領域国家に発展した。

▲邑制国家が領域国家に発展した。

⑤旧支配層が没落した（周代以来の封建制の動揺）。

◎血縁社会から地縁社会に転換した。

《社会経済史上の変化》

⑥商工業の発展と大都市の形成，それに伴う大商人（塩・鉄）が出現した。

◎余剰生産物の交易が活発化した。

◎製塩業などを営む商人が台頭した。

⑦青銅貨幣の鋳造で流通が活発化した。

⑧諸子百家の活躍などの実力主義の風潮が強まった。

◎漢字が用いられて諸子百家と呼ばれる思想家が活躍した

▲尊王攘夷 → 周王の権威を尊ぶ春秋時代から，「下剋上」の戦国時代への変化に言及しない場合は不可とする。

《社会変化が，秦による六国統一・皇帝登場までの政治変化に与えた影響》

⑨各地の有力諸侯が富国強兵策を進めた or（周王の権威を軽んじ）王号を唱えた。

⑩中央集権化が進み，領域国家が形成された。

◎開墾の進展が領域国家の争いを招いた。

▲「領域国家だった」は社会変化が論じられていないので不可。

⑪有力諸侯の中で（商鞅の変法など）法家の採用で強大化した秦が他の六国を征服した。

⑫秦王政が王号に代えて皇帝の称号を使用し，自らを神格化した。

◎皇帝を名乗る。

⑬官僚制や郡県制で中央集権化が進んだ。

▲始皇帝の他の事績に関しては加点対象外

⑭集権化と文字の統一により中華文明圏が生まれ，漢字文化圏形成の契機となった。

▲「文字を漢字に統一」は不可。

▲「中国の民族意識が生まれた」は不可。

▲「秦が漢字を制定」は不可。

＊指定語句「漢字」の使い方が最もバリエーションが多く，難しい。

◎**漢字**が広範囲で使用された。

◎小篆を定めて文字を統一し，後の**漢字**の原型となった。

◎封建制から中央集権化を進めることで統一国家が成立した。

◎**漢字**などの文化を共有

◎中華帝国が成立した。

解答例

ポエニ戦争以降，ローマでは**属州**からの穀物流入で重装歩兵市民団の基盤である中小自作農が没落する一方，徴税請負で騎士階級が台頭，貴族とともに奴隷制大農場を経営した。市民団の再建を図ったグラックス改革の挫折後，元老院を掌握する閥族派と平民派の対立が激化した。傭兵を**私兵**化した有力者同士の内乱の過程で共和政は形骸化し，平民派のカエサルの独裁を経て，オクタウィアヌスは市民の**第一人者**として共和政の伝統を尊重し，元老院と共同統治を行った。この間，**同盟市戦争**でイタリア半島の全自由民に市民権を拡大し，これ以後ローマは都市国家連合体から多民族を内包する地中海帝国へと発展，ラテン語はヨーロッパ諸語に影響を与えた。黄河・長江流域では春秋時代以後，鉄製農具と牛耕の普及で農業生産力が向上し，家族単位の小農経営が成立した。**宗法**を規範とする氏族共同体が弛緩した結果，城郭都市である**邑**の解体と旧支配層の没落が進み，周以来の封建制は動揺した。余剰生産物の交易により商工業が発展して大都市が各地に成立，塩・鉄を交易する大商人も現れ，流通の円滑化を図って青銅貨幣が鋳造された。諸子百家の活躍など実力主義の風潮が高まる中，有力**諸侯**が富国強兵策を実施，領域国家が成立した。法家を採用した秦は他の六国を征服。秦王政は王号に代えて皇帝を称し自らを神格化，官僚制と郡県制を整備して集権化を進めた。文字の統一は後の**漢字**文化圏形成の契機となった。

(600字)

第2問　「世界史における『少数者』」

解説

2013年度の第3問で同じテーマが出題されている。(1)(a)はポーランド王国の盛衰，

(1)(b)はビスマルク政権が南ドイツのカトリック教徒を抑圧した「文化闘争」についての問題。(2)(a)清朝の理藩院は09年度（第1問）・95年度（第2問）にも出題された頻出テーマ。(2)(b)イギリスが建設した自由港シンガポールに来住した華人が，のちマレーシアから分離独立した経緯を問う問題。2016年度の大論述で「アジアニーズ」が出題されたが，その関連か。(3)(a)は17～18世紀の英仏の植民地抗争関連の出題だが，16年度の第2問でも英・仏・蘭の植民地抗争が出題されている。(3)(b)の法律名と大統領の名はセンター試験レベル。1行(30字)論述は南部諸州での選挙権の制限と公共施設での人種分離政策を問う。合わせて3点程度の配点か。

問(1)

(a)　ポーランドがヤゲウォ朝期の繁栄を経て，同朝断絶後に選挙王制に移行したことで衰退していく過程を説明する問題。

隆盛期の状況としては，ポーランドとリトアニアが同君連合を形成してヤゲウォ朝が成立したこと，ヤゲウォ朝がドイツ騎士団に勝利したことが必須。現在のロシアとウクライナの対立の遠因として，モンゴル(キプチャク＝ハン国)の衰退に乗じてヤゲウォ朝がウクライナまで勢力を拡大したことも書きたいが，これについては教科書の記述が少なく，字数的にも苦しいだろう。

衰退した背景は選挙王制の下で国政を左右した貴族(シュラフタ)間の抗争が周辺諸国の介入を招いたことを説明する。経済的背景として，貴族が農場領主制(グーツヘルシャフト)と穀物輸出を通じて経済的実力をつけていたことにも触れたい。

【加点ポイント】　①**ヤゲウォ朝**の下で**リトアニア**と**同君連合**となった。

▲カジミェシュ大王をヤゲウォ朝の君主とする誤り

②**ドイツ騎士団**を破って隆盛した or ドイツ騎士団の**東方植民**に対抗。

◎タンネンベルクの戦いで(ドイツ騎士団に)勝利

▲カジミェシュ大王はドイツ騎士団とは武力対決せず，外交交渉で対応した。

▲「ドイツ人の東方植民に対抗」は不可(対象となる時代が広すぎる)。

③**ヤゲウォ朝**の**断絶**で**選挙王制**になった。

④(**再版農奴制・穀物輸出**で台頭した）**貴族**（シュラフタ）間の争い or 王権弱体化

⑤**ポーランド分割**…「普・墺・露の分割で消滅」は問題文に明記。

(b)　ビスマルク政権の「文化闘争」について説明する問題。

プロテスタント（ルター派）が主流のプロイセンが主導するドイツ帝国内において，バイエルンなど南部諸州はカトリックを信仰し，反プロイセン感情の強い地域であった。この感情は，宗教改革期に南ドイツで発生したドイツ農民戦争に対し，ルターが諸侯側に立って鎮圧を主張したことに起因する。

集権化をめざすドイツ帝国宰相ビスマルクは「文化闘争」と呼ばれる一連の反教権政策を展開し，聖職者の政治活動を禁止するなどローマ教皇やカトリック教会の政治介入を排除し，教会を国家の統制下に置くなど政教分離の実現を試みた。

その後,社会主義者の台頭もあり,ビスマルクはカトリック勢力との和解を進めた。カトリックを支持母体とする中央党は，ナチス政権下では共産党に対抗するため全権委任法に賛成し，冷戦下ではキリスト教民主同盟(CDU)と改称して親米路線を掲げた。北大西洋条約機構(NATO)に加盟したアデナウアー政権，東ドイツを吸収したコール政権，今日のメルケル政権の与党である。東大では19世紀ヨーロッパ史の細かい出題は意外と少ないせいか，再現答案の出来はよくない。

【加点ポイント】　①**カトリック教徒**。…「南部」は問題文に明記。

◎カトリック教徒が中央党を組織

②**ビスマルク**（国家統合を強めようとした）は，カトリックに対して**文化闘争**を起こしたorカトリック教会を弾圧した。

▲主語(ドイツ帝国・ビスマルク)なしの「弾圧のみ」は不可。

▲「国内の宗派統一」は不可。

③**ローマ教皇**の介入を排したor**聖職者の政治活動を禁止**or**政教分離**を図った。

◎弾圧の具体例：聖職者の任免権，出生・死亡・結婚など戸籍事務を国家管轄下に移譲，教育における教会の監督権を排除

◎聖職者の政治活動禁止・教会の公教育監督権の剝奪

◎社会主義勢力に対抗するため，抑圧を緩めたor懐柔策に転じた(1878)。

◎国内の統一を図った。

▲文化闘争と社会主義者鎮圧法の時系列の誤り

▲「ビスマルクはカトリック教会と和解した(理由なし)」は加点対象外。

問(2)

(a)　清朝が藩部を統治するためにとった政策を説明させる設問。

2009年度の第1問では理藩院の監督下にチベットでダライ＝ラマによる間接統治が行われていたことを指摘させたが，本問ではチベットだけでなく，モンゴルやウイグル（トルコ系）にも言及することが必要。藩部に居住している民族を，有力者を通じて間接統治し，理藩院が監督したことを挙げる。

【加点ポイント】　①**モンゴル人・ウイグル人**の首長に**自治**を認めたor**官爵**を与えたor統治を任せた。

or **チベット仏教**（の指導者の**ダライ＝ラマ**）を**保護**した or の**権威**を認めた。

▲「藩部の事実上の統治者」「地方の長を長官とした」→抽象的・加点対象外。

◎現地の指導者に統治を任せた。

②**理藩院**（必須）がこれらを**監督** or 理藩院の監督下で**間接統治**した。

③現地の**宗教・慣習を尊重**した or 宗教に対して**寛容**であった。

(b)　シンガポール独立の経緯を説明させる設問。

16年度の大論述で「アジアニーズ」が指定語句として出題されたが，その関連か。独立時の多数派住民がどのような人々だったかに言及する必要がある。

シンガポール住民の多数派は19世紀に自由港シンガポールが開港して以来，主に港湾，錫鉱山などの労働者として来住した中国系住民(華人)であったため，彼らがマレー人優遇政策に反対したことに言及すればよい。

シンガポールが1963年に成立したマレーシア連邦に参加していたこと，マレーシア政府がマレー人優遇政策(ブミプトラ政策)を採用したこと，およびそれに反対した中国系の人々がリー＝クアンユー(李光耀)を指導者としてマレーシアから分離・独立したことがポイントとなる。

図　マレーシアの変遷

マラッカとペナン＋**マレー連合州**(1895)⇒マラヤ連邦(1948成立，1957英から独立)＋**サラワク・サバ**(英領ボルネオ)＋**シンガポール**⇒**マレーシア連邦**(1963)

★シンガポール(華僑主体)：1965年，マレーシアから独立。　★海峡植民地は1946年に解体

★ブルネイ(1888～英の保護領：石油資源豊富)。

⇒マレーシア連邦への加盟を拒否⇒完全独立(84)。

【加点ポイント】　①**マレーシア連邦**発足に参加した or マレーシア連邦から**独立**した。

▲海峡植民地やマラヤ連合からの独立と読み取れる答案は不可。

②(シンガポールは問題文に明記) 経済力を持つ多数派の**中国系住民**が分離・独立した。

◎英植民地時代に流入した(錫鉱山開発に従事した)華僑が多数派を占めるシンガポールが独立した。

③独立の要因：政府のマレー人優遇政策（**ブミプトラ政策**）への反発。

◎マレー人との対立も可。地理選択者には書きやすいテーマだったようだ。

問(3)

(a)　17～18世紀の英・仏の北米における植民地抗争についての設問。

現在のケベック州ではフランス語が公用語として認められているが，その由来を問うたもの。先にフランスが入植し，イギリスがフレンチ＝インディアン戦争で同地を奪ったことを書けばよい。戦争名としては七年戦争でも許容するが，欧州における七年戦争の勃発(1756)より北米におけるフレンチ＝インディアン戦争の勃発(1755)のほうが1年早くこちらを書くのがより正確だろう。戦争名と条約名(パリ条約)を明記すること。

【加点ポイント】　①17世紀（条件）：**フランス人**が入植した。

◎アンリ4世の命令による，探検家シャンプラン　※言及は少ない。

▲ルイ14世の命でルイジアナを探検したラサールは，加点対象外。

◎セントローレンス川流域を開拓

②18世紀半ば（条件），**フレンチ＝インディアン戦争** or 戦後の**パリ条約**　＊いずれか必須

③イギリスに**カナダ**全土を割譲した。

(b)　公民権問題についての出題。

字数が厳しいので州法による選挙権の制限と，事実上の人種隔離法（いわゆるジム＝クロウ法）について書くのが限界。なお「公民権法」と「ジョンソン」の間でも改行が必要だと思われるので，注意を要する。

【加点ポイント】　①**州法**で**選挙権を制限** or **公共施設**の利用を**人種別に分離**した。

＊いずれか一方で可。

◎ジム＝クロウ法(州法)で差別された。

＊「平等だが分離」への言及例あり。

◎ジム＝クロウ法で黒人の公共施設利用が制限された。

▲「公民権法によって是正された差別的な待遇」とあるからシェアクロッパー(分益小作人)として搾取されたことは，加点対象外。

＊シェアクロッパー制は1940年代に綿花収穫機が普及した結果，解体した。

＊シェアクロッパー制は1944年までに最高裁で違憲判決が何度か出ている。

▲KKKによる迫害→これのみの記述では加点対象外。

▲「州法で差別 or 人権制限 or 差別 or 迫害 or 権利の制限」は加点対象外。

▲「市民権がなかった」は具体性がなく，加点対象外。

②法律の名称：**公民権法**

③大統領の名前：**ジョンソン**

▲ケネディの誤りあり。

＊ケネディは公民権法を議会に提出した直後に暗殺された（1963）。この結果，副大統領から昇格したジョンソン政権下で同法は成立した。

解答例

(1)(a)ヤゲウォ朝の下でリトアニアと同君連合を結び，ドイツ騎士団を破って隆盛した。同朝の断絶で選挙王制になると，穀物輸出で台頭した貴族間の争いに諸外国が干渉し，ポーランド分割を受けた。

（番号・記号を含めて90字）

(b)カトリック教徒。ビスマルクは，文化闘争を通じてローマ教皇の介入を排し，聖職者の政治活動を禁止して政教分離を図った。

（記号を含めて58字）

(2)(a)モンゴル人・ウイグル人の首長や，チベット仏教の指導者のダライ＝ラマに大幅な自治を認めつつ，理藩院がこれらを監督した。

（番号・記号を含めて60字）

(b)マレーシア連邦発足に参加したが，経済力を持つ多数派の中国系住民が，政府のマレー人優遇政策に反発して分離・独立した。

（記号を含めて58字）

(3)(a)17世紀にフランス人が入植した。18世紀半ば，フレンチ＝インディアン戦争後のパリ条約でイギリスにカナダ全土を割譲した。

（番号・記号を含めて59字）

(b)州法で選挙権を制限し，公共施設の利用を人種別に分離した。

（記号を含めて29字）

法律の名称：公民権法

大統領の名前：ジョンソン

第３問　「古代から現代に至る戦争の歴史」

解説

古代から現代に至る戦争の歴史に関連する設問。全問が単答式であり，教科書レベルの出題。迅速かつ正確に解答し，全問正解をめざしたいが，１つの設問で複数の用語を解答させる問題が出題されるので，問題文は慎重に読む必要がある。

問(1)　正解はシャープール１世

シャープール１世（位241頃～272頃）はササン朝の第２代王で，初代王アルダシール１世の子。ローマ帝国にたびたび侵攻してアルメニアを征服し，エデッサの戦い

(260)ではローマ皇帝ウァレリアヌスを捕虜とした(ウァレリアヌスがローマの軍人皇帝のひとりであることも注意)。東方のクシャーナ朝にも侵攻してアフガニスタンを支配下に入れるなど，王朝の領域を拡大した。父が「イラン人の諸王の王」を名乗ったのに対し，シャープール1世は「イラン人および非イラン人の諸王の王」という称号を初めて使用した。この称号はササン朝の君主が継承していくことになる。マニ教の創始者であるマニを重用したことも覚えておきたい(ササン朝はゾロアスター教を国教としていたので，マニ教はシャープール1世死後に弾圧された)。再現答案では，6世紀前半，ササン朝の最大領土を築き，東ローマのユスティニアヌス帝と抗争したホスロー1世(12年度の第2問で出題)との混同が多い。

問(2)　正解はイスラーム勢力：ウマイヤ朝
**　　　　　　フランク王国：メロヴィング朝**

ウマイヤ朝(661～750)は，第6代カリフのワリード1世(位705～715)の時代に，ジブラルタル海峡を越えてイベリア半島に進出し，711年西ゴート王国を滅ぼした(ワリード1世は現存最古のモスクであるダマスクスのウマイヤ＝モスクを建設したことでも有名)。ウマイヤ朝イスラーム軍は南西フランスに進出したが，732年のトゥール・ポワティエ間の戦いでフランク王国軍に敗北した。フランク王国軍を率いて勝利した宮宰(マヨル＝ドムス)のカール＝マルテルはカロリング家の基礎を築いた人物だが，この時期のフランク王国はメロヴィング朝(481～751)なので注意。カール＝マルテルは教会領を没収して騎士に与え，騎馬封臣団を組織したことでも知られている。カール＝マルテルの名声を背景に，子のピピン(3世)がメロヴィング朝を廃して751年にカロリング朝を創始した。再現答案ではウマイヤ朝と，カール1世(大帝)やレコンキスタ(国土回復運動)勢力との抗争で知られる後ウマイヤ朝(756～1031)とを混同した答案が目立つ。

問(3)　正解はグスタフ＝アドルフ

ハプスブルク家の旧教(カトリック)強制に対するベーメンの新教徒の反乱を機に，三十年戦争(1618～48)が勃発した。ハプスブルク家の神聖ローマ皇帝軍はベーメンの反乱を鎮圧した後，介入してきた新教国デンマークの国王クリスチャン4世の軍を撃破し，バルト海への進出を図った。皇帝軍の北進に脅威をおぼえた新教国スウェーデンの国王グスタフ＝アドルフ(位1611～32)は，フランスの支援を受けて新教側として参戦した(スウェーデン参戦の背景に，バルト海の支配権を巡る争いがあったことは盲点となりやすいので注意)。スウェーデン軍は各地で皇帝軍を撃ち破り，リュッツェンの戦い(1632)でもヴァレンシュタイン率いる皇帝軍に勝利したが，グスタフ＝アドルフ自身はこの戦闘の最中に戦死した。スウェーデンは，その後もクリスティーナ女王(グスタフ＝アドルフの子)の下で，宰相オクセンシェルナが皇帝軍との戦いを続けた。旧教国のフランスが新教側として参戦してきたことで，戦争はフランス(ブルボン家)とハプスブルク家の覇権争いと化した。ウェストファリア条約(1648)で，スウェーデンは西ポンメルンなどを獲得してバルト海の制海権を握り，「バルト帝国」を形成した。北方戦争(1700～21)でロシアに敗北するまで，バルト海の覇権はスウェーデンが握ることになった。三十年戦争における活躍から，優れた軍事指導者という点で注目されることの多いグスタフ＝アドルフだが(「北方の獅子」と呼ばれた)，宰相オクセンシェルナの協力を得て，中央・地方の行政制度を整備し，オランダ人を招いて重商主義政策を展開するなど，内政にも力を注いだ君主でもあった。なお，前述したデンマークもバルト海に面した新教国であり，三十年戦争に参戦しているので，国王クリスチャン4世も許容解になる可能性はあるが，北進した皇帝軍をヴァレンシュタイン軍と考え，正解はグスタフ＝アドルフとした。

問(4)　正解はトラファルガーの海戦

ナポレオンの皇帝即位(1804)を機に，イギリスの首相ピットはロシア・オーストリアとともに第3回対仏大同盟を結成した(1805)。ナポレオンはイギリス本土への侵攻を図ったが，トラファルガーの海戦(1805)でフランス・スペイン連合艦隊はネルソン率いるイギリス艦隊に大敗した(ネルソン自身は戦死)。この海戦の結果，イギリスはヨーロッパにおける制海権を掌握したが，ナポレオンはイギリス本土への侵攻を断念し，対英戦略は大陸封鎖令(1806年のベルリン勅令・1807年のミラノ勅令)による経済封鎖への転換を余儀なくされた。スペイン艦隊が参加していることを意識すると，戦場がジブラルタル付近であることがわかりやすい。この戦いの後，アウステルリッツの三帝会戦(1805)で，ロシア・オーストリア軍がナポレオン軍に敗れたことから第3回対仏大同盟は崩壊し，ピットも敗戦に衝撃を受けて1806年に病死した。

設問文は，イギリスとインドの連絡路遮断を目的としたナポレオンのエジプト遠征についても触れている。当時のエジプトはオスマン帝国の下で在地のマムルークが支配層となっていたが，ナポレオンはカイロ近郊のピラミッドの戦い(1798)でオスマン帝国のマムルーク軍を破り，カイロを占領した。しかし，フランス艦隊がアブキール湾の戦い(1798)でネルソン率いるイギリス艦隊に敗北したことにより，遠征軍は補給を絶たれて苦境に陥った。1799年に遠征軍はシリアに転戦するも戦況は悪化を続け，ナポレオンは密かに帰国してブリュメール18日のクーデタを起こし，統領政府を樹立して権力を掌握した。軍事的には成功しなかったエジプト遠征だが，ナポレオンは百数十名の学者・画家を従軍させ，エジプトの古代文化や地理に関する調査・研究を行わせた。その成果は『エジプト誌』にまとめられ，ヨーロッパのエジプト研究の出発点となった。ロゼッタ＝ストーンがこの遠征中に発見されたことはあまりにも有名だが，ナポレオンの残した遠征軍が1801年にイギリス軍に降伏した際に戦利品として没収され，現在は大英博物館に所蔵されている。また，この後ムハンマド＝アリーがエジプトの総督となって近代化を進めたことに見られるように，ナポレオンのエジプト遠征が中東世界全体における本格的な近代の幕開けを告げる事件となった点は強調しておきたい。再現答案での誤答はアブキール湾の戦い(1798)との混同であった。

問(5)　正解は李鴻章

設問文にある西洋の軍事技術などを導入して富国強兵をめざす政策とは，洋務運動をさす。1860年代にはじまる洋務運動は，太平天国の制圧に活躍した曾国藩・李鴻章・左宗棠などの漢人官僚が指導し，軍事技術の導入や鉄道建設，近代的工場の経営，鉱山開発などを進めた。曾国藩の部下だった李鴻章は，曾国藩の指示を受けて故郷の安徽省で淮軍と呼ばれる郷勇(地方の義勇軍)を組織し，太平天国鎮圧に功績をあげた。後に曾国藩は清朝政府に警戒されたこともあって湘軍を解散させたが，李鴻章は淮軍を維持してその強化に努め，1868年に捻軍(太平天国と同時期に長江以北で活動した反乱軍)を討伐し，新式海軍の北洋艦隊も建設した。清朝最強の軍隊を有する李鴻章は洋務運動を指導する中で清朝最大の実力者となり，清朝の外交を取り仕切った。日清戦争(1894～95)で北洋艦隊が壊滅して敗北した際には，全権として下関条約を締結した(1895)。その後も李鴻章は外交面で活躍し，日本に対抗するため1896年ロシアと密約を結び(露清密約，三国干渉の代償として東清鉄道の敷設権を認めた)，義和団事件(1900～01)の際には全権として北京議定書(辛丑和約)に調印した(1901)。李鴻章の死後，部下の袁世凱がその基盤を継承し，清朝最大の実力者となった。李鴻章は淮軍・北洋艦隊を組織して近代的な装備による強化を図ったが，これらの軍は李鴻章の私兵的性格を有していた。李鴻章は自らの軍事力を背景に政治的な活動を行ったが，この手法は袁世凱やその部下などにも継承され，清朝滅亡後の軍閥の台頭・割拠につながった。再現答案では，曾国藩・李鴻章・左宗棠などの洋務派官僚と変法派(康有為，梁啓超ら)との混同が見られた。

問(6)　正解はサン＝ステファノ条約

1875年にバルカン地域のボスニア・ヘルツェゴヴィナで，スラヴ系の農民がオスマン帝国に対する反乱を起こし，ブルガリアに波及した。オスマン帝国が反乱を苛酷に弾圧すると，ロシア(皇帝アレクサンドル２世)はスラヴ民族の保護を口実に宣戦し，露土戦争(1877～78)が勃発した。勝利したロシアは1878年にオスマン帝国とサン＝ステファノ条約(サン＝ステファノはイスタンブル近郊)を結び，セルビア・モンテネグロ・ルーマニアの独立や，ブルガリアの領域を拡大してロシア保護下の自治国にすることを認めさせ，バルカン地域における勢力を拡大した。ロシアの南下政策は成功するかに見えたが，イギリス・オーストリアが激しく反発したため，ドイツ帝国の宰相ビスマルクが調停役となり，ベルリン会議が開催された(1878)。その結果，セルビア・モンテネグロ・ルーマニアの独立は国際的に承認され，ブルガリアは領域を縮小されたうえでオスマン帝国下の自治国とされ，ロシアの南下政策は挫折した。

一方，オーストリアはボスニア・ヘルツェゴヴィナの，イギリスはキプロス島の統治権を獲得した。ドイツはこの会議の成功で国際的威信を高めたが，ロシアとオーストリアの対立が深まり，三帝同盟は事実上崩壊した(1881年に新三帝同盟として復活)。またオスマン帝国では，1876年にミドハト憲法が制定され立憲君主制がはじまったが，スルタンのアブデュルハミト2世は露土戦争を口実に憲法を停止し専制化した。

再現答案では「露土戦争 → サン＝ステファノ条約 → ブルガリア保護国化 → 英・墺の反対 → ベルリン会議 → ロシアの南下政策の挫折」という経緯を摑めていない答案があった。

問(7)　正解はファショダ事件

1898年にマフディーの反乱を鎮圧したイギリス軍は，スーダンのファショダ(現・南スーダン共和国領)でフランス軍と遭遇し，衝突の危機が起こった。両国の世論は開戦へと高まったが，最終的にフランスが譲歩して衝突は回避され，スーダンはイギリス・エジプトの共同統治下に置かれた。フランスが譲歩した理由として，ヴィルヘルム2世の下で帝国主義政策を採るドイツに対する脅威があったこと，またドレフュス事件(1894～99)で国論が二分されていたことがあげられる。これ以降英仏両国は接近し，1904年日露戦争の勃発を機に英仏協商が締結され，イギリスはエジプトでの，フランスはモロッコでの優越権を相互に承認した。ファショダは前述のように，現・南スーダン共和国領。これも自衛隊の派遣が問題となっている昨今，一種の時事問題といえるか。

問(8)　正解はベトナム独立同盟(同盟会)(ベトミン，ヴェトミン)

第二次世界大戦中の1940年9月，ヨーロッパ戦線におけるフランスの敗北・ドイツの勝利に刺激された日本は，膠着する日中戦争(1937～45)の打開を図り，援蔣ルート(連合国による中華民国への軍事援助の輸送路)遮断などを目的に，軍をフランス領インドシナ北部に進駐させた。さらに1941年7月には，南方の資源獲得のため，日本はヴィシー政府の承認を得てフランス領インドシナ南部に進駐した。1941年5月，ホー＝チ＝ミンの提唱でインドシナ共産党を中心にベトナム独立同盟(ベトミン)が結成され，ゲリラ戦で日本軍に抵抗した。日本敗戦後の1945年9月，ホー＝チ＝ミンはベトナム民主共和国を建国したが，旧宗主国のフランスが植民地支配の復活を図ったことで，インドシナ戦争(1946～54)が勃発し，ベトナム独立同盟はフランス軍とも戦った。東南アジア史は受験生の盲点になりやすく，再現答案でも誤答が多いが，その中でもベトナム史は東大がよく取り上げるので注意すること。

問(9)　正解はアメリカ合衆国・ソ連・イギリス

キューバ危機(1962)で核戦争の瀬戸際を経験した米ソ両国は，以前から行われていた核実験禁止交渉を進展させ，1963年に米・ソ・英の3国がモスクワで部分的核実験禁止条約(PTBT)を締結した。この条約は地下実験以外の核実験を禁止する内容であり，米・ソ・英の3国以外の核保有を阻止する意図が込められていたことから，核兵器寡占につながるとして，フランス・中国が反発した。地下実験が許されていたことから核開発抑止効果は薄かったので，1996年に国連総会はオーストラリアが中心となって提出した条約案に基づき，包括的核実験禁止条約(CTBT)を採択した。しかしこの条約の発効には，核開発能力を有する44カ国の批准が必要であり，米国・中国・イラン・イスラエル・エジプト(以上の国は条約に署名済)・インド・パキスタン・北朝鮮が批准していないことから，現在も未発効の状態が続いている。また米国は爆発を伴わない未臨界核実験(臨界前核実験)は禁止の対象外として，実験を続けている(ロシアも同様の実験を行っている)。再現答案ではPTBTとCTBTとの混同が目立った。ソ連を「ロシア」とするのは当然，不可だが，ソ連を知らない世代の受験生は社会主義と冷戦の崩壊の意義を再確認することが必要だろう。これは当然ながら3カ国揃って完答を求められていると考えるべきだ。

問(10)　正解はグロティウス

オランダ出身の法学者グロティウスは，11歳でライデン大学に入学し，15歳の時にはフランス王アンリ4世から「オランダの奇跡」と讃えられた。16歳で弁護士となった後に公職を経験したが，1619年宗教的対立を巡る政治上の紛争に巻き込まれて逮捕され，終身刑となった。妻の助けで書物を運ぶ木箱に身を潜めて脱出に成功し，パリに亡命したグロティウスは，三十年戦争中の1625年に『戦争と平和の法』を完成させ，自然法思想に基づき国際法を体系化した(「近代国際法の祖」と呼ばれる)。後にスウェーデンの駐仏大使となり，クリスティーナ女王(問(3)を参照)とも親交があった(なおクリスティーナ女王は，後にフランス出身の哲学者デカルトを招いている)。また，三十年戦争以前の1609年に公刊された『海洋自由論』は，オランダ東インド会社がポルトガル船を捕獲した際に，スペイン・ポルトガル(当時スペインの支配下)の海洋独占に反対してオランダの立場を擁護した著作の一部で，国際法における公海自由の原則の確立に貢献した。再現答案では誤答はなかった。東大の大論述で幾度も指定語句になっているせいだろうか。ただ，グロティウスの事績の意義を論ずる問題が出された場合，答えることができるか，確認しておこう。

解答例

⑴シャープール1世

⑵イスラーム勢力：ウマイヤ朝
　フランク王国：メロヴィング朝

⑶グスタフ＝アドルフ

⑷トラファルガーの海戦

⑸李鴻章

⑹サン＝ステファノ条約

⑺ファショダ事件

⑻ベトナム独立同盟(同盟会)（ベトミン，ヴェトミン）

⑼アメリカ合衆国・ソ連・イギリス

⑽グロティウス

2016年

第1問 「1970年代後半から80年代の東アジア，中東，中米・南米の政治状況の変化」

解説

【何が問われているか？】

第1問は「1970年代後半から1980年代にかけての，東アジア，中東，中米・南米の政治状況の変化」がテーマ。第二次世界大戦後のみを時代範囲とする出題は1993年度以来で，受験生にとっては戦後史学習の習熟度が出来不出来に直結することとなった。

戦後史が出題され，緊張が走った受験生は，続けざまに衆知のはずの「ベルリンの壁崩壊」(1989.11)と，これに続く「マルタ会談」(同年12月)を期とする冷戦の終結が，必ずしも世界史の転換点ではない，というリード文に驚かされたことと思う。

ここで慌てずに問題文の第1段落をしっかり読み込むと論点が明確になる。

◆視点

この第1問の出題者は，1990年以降(冷戦終結後)の「米ソ，欧州以外の地域=非欧米世界のありかたを決定づけた」のは，米ソ「新冷戦」，つまり「ソ連にとってのベトナム戦争」と呼ばれたソ連のアフガニスタン侵攻によって「デタント(緊張緩和)」の時代が終わり，冷戦の最終局面に突入する「70年代後半から80年代の変化」である，という立場だ。受験生は，この出題者の「視点」に立って現代史を再構成する必要がある。

問題文の第2段落を読めば，論述の対象地域となる米ソ，欧州以外の地域=非欧米世界は東アジア，中東，中米・南米の4地域と明示してある。この地域で70年代後半から80年代にかけて生じた政治状況の変化を想起するためのヒントが指定語句ということになる。では，指定語句を4つの地域に振り分けてみよう。

東アジア：アジアニーズ，光州事件，鄧小平

中東：イラン＝イスラーム共和国，サダム＝フセイン，シナイ半島

中米・南米：グレナダ，フォークランド紛争

これらの用語から想起される「1990年代以降につながる」「70年代後半から80年代の変化」は何だろうか？　本問の解答を導き出すために70年代後半から80年代にかけての国際情勢を概観し，これがどのように90年代以降の変化に結びついたかを見てみよう。

【背景解説】

1．中東の情勢

1979年といえば，「ソ連のアフガニスタン侵攻」により，いわゆる米ソ「新冷戦」（第

２次冷戦)がはじまり，これを機にソ連が経済的に崩壊への道をたどった。1940年代後半以来の「冷戦」が最終段階に入った年ということだ。このアフガニスタン侵攻の契機となったのが，ホメイニ師指導のイラン革命(1979.1)の勃発である。親米のパフレヴィー朝は「白色革命」を掲げ，石油資源を背景に工業化を推進したが，国内の貧富の差を拡大させ，民衆の反発を招いた。国王の言論弾圧に対し，イラクに亡命して反国王運動を展開したシーア派のウラマー・ホメイニは民衆の武装蜂起を指導し，「イスラーム原理主義」に基づき反米・反ソを掲げるイラン=イスラーム共和国を成立させたのである。ソ連が支援するアフガニスタンの社会主義勢力はイスラーム勢力の抵抗に遭っていたが，イラン革命がアフガニスタンに波及することを恐れたソ連はアフガニスタンに軍事介入したのである。中東ではエジプト＝イスラエル平和条約が同年３月に締結されたが，中東和平の曙光が兆したのも束の間であった。このイラン革命により「第２次石油危機(オイル＝ショック)」が発生。エジプトとイスラエルの講和を仲介したカーター米政権は，テヘランの米大使館人質事件での対応を誤り，その威信は失墜した。同年７月に成立したイラクのサダム＝フセイン政権は，イラン革命がイラク国内で多数を占めるシーア派に波及することを恐れ，翌80年，イランに侵攻し，イラン＝イラク戦争が勃発した(～1988)。親米から反米に転じたイランに反発した米はもちろんのこと，シーア派主導の共和制を樹立したイランに反発するサウジアラビア(スンナ〔スンニー〕派が圧倒的多数)やクウェートなどのペルシア湾岸の王制国家，ペルシア湾岸に石油利権を有する英(サッチャー・保守党政権)，国内のムスリムへの原理主義の波及を懸念するソ連は全てイラクを支援した。

２．ラテンアメリカ(中南米)の情勢

この1979年に就任した英のサッチャー首相(任 1979～90)は「サッチャリズム」と呼ばれる国有企業の民営化，政府規制の緩和，社会保障の削減，労組活動の制限などを実施し，「イギリス病」の克服に成功するなど，英国経済再建を図る一方，前述のようにイラン＝イラク戦争ではイラクを支援した。この間にはアルゼンチンと領有権を争ったフォークランド紛争が起こっている。

70年代，ソ連とのデタントを進めた米は，その一方でキューバ革命以降，ラテンアメリカにおける社会主義勢力の台頭を警戒した。米のニクソン政権(1969～74)は，民主的な選挙で成立したチリのアジェンデ人民連合政権(1970～73)に対する軍部クーデタ(1973)を支援して同政権を打倒した。この事件はこの問題の時代設定からは外れるが，これがラテンアメリカ諸国に対する米外交の基本姿勢であることを確認すること。

1979年，中米ではニカラグア革命が起こり，左翼ゲリラ組織のサンディニスタ民族解放戦線によって，親米のソモサ独裁政権が打倒された。また小アンティル諸島の

島国グレナダでも社会主義政権が成立した。米のレーガン政権(1981～89)はグレナダに侵攻して社会主義政権を打倒(1983)し，ニカラグアでは親米派ゲリラ「コントラ」を支援するなど，ラテンアメリカ諸国における社会主義勢力の台頭を抑止するため，親米軍事政権への支援を続けた。米はフォークランド紛争においても，フォークランド(アルゼンチン名・マルビナス)諸島を占領したアルゼンチン(ガルティエリ軍事政権)と英との外交交渉による解決を模索したが，「同島居住の英系住民の意思を尊重する」としたサッチャー首相は，米の懸念を押し切って英艦隊を派遣してアルゼンチン軍を破り，同諸島を確保した。これがアルゼンチン軍事政権の崩壊，民政移管(1983)の契機となった。これ以降，米はパナマ，ハイチなどの軍事政権に対しても民政移管を進め，文民政権樹立を後押しした。また累積債務問題を背景にブラジルなどでも軍政から民政移管が進んだ(1985)。

3．国際紛争と軍需産業

イラン＝イラク戦争やフォークランド紛争は世界各国の軍需産業には大きな利潤を生み出した。武器輸出に関しては，戦争を食い物にする軍需産業を支援する関係諸国は，外交関係とは一線を画し，利益追求を最優先したことが後に明らかになっている。イラン＝イラク戦争では，イラクへの軍需物資提供の90％をソ連・中国・フランスなどが占めた。フォークランド紛争ではアルゼンチン海軍のシュペールエタンダール艦上攻撃機(フランス製)から発射された，アクティブ・レーダー・ホーミング(ミサイル本体による電波誘導)システムを採用した空対艦ミサイル・エグゾセ(これもフランス製)が英海軍の駆逐艦やコンテナ船を撃沈し，仏の同盟国・英のサッチャー首相を激怒させた。また外交的にはイラクを支援していたはずの米・レーガン政権は，レバノン内戦でイスラーム教シーア派の武装勢力ヒズボラの人質となった米兵解放のため，ヒズボラを支援するイランに対する武器輸出を密約し，さらにイランに武器を売却した収益をニカラグアの親米派ゲリラ「コントラ」に与えていた。前述したテヘランの米大使館人質事件以来，米議会(民主党が多数派)はイランへの武器輸出と親米派ゲリラ「コントラ」への支援に反対しており，これが1986年に発覚すると，米のみならず国際世論を揺るがす一大スキャンダルとなった(「イラン＝コントラ事件」)。このイラン＝イラク戦争では，アラブ民族主義・反シオニズムを掲げるイラクのサダム＝フセイン政権に反発したイスラエルがイランに武器援助を行ったが，湾岸戦争(1991)，イラク戦争(2003)でサダム＝フセイン政権が崩壊した後は，反米・反イスラエルを掲げるイランとの対決姿勢を強めている。これらの歴史的事件や経緯は教科書記述の範囲外であるが，自国の国益を最優先する関係諸国が国際情勢を混乱させている点が，現在のイラク，シリアを巡る情勢と共通しているということは受験生にも認識可能だろう。

4．東アジアの情勢

第1問が対象とする時代の東アジアでは，鄧小平が実権を握った中国は米との国交正常化を実現した(1979)。その後改革・開放を掲げて欧米や日本など資本主義諸国との関係改善を契機とする外資導入を進めたが，これを背景に学生主導で進展した民主化要求に対しては弾圧(第2次天安門事件,1989)を行い,共産党独裁体制を維持した。

韓国では，日米の経済援助の下で典型的な「開発独裁」を進め「漢江(ハンガン)の奇跡」（輸出総額29倍，GNP〔国内総生産〕14倍を実現)と呼ばれる高度経済成長を達成した朴正熙(パクチョンヒ)大統領が暗殺された(1979)。これを契機に金大中(キムデジュン)，金泳三(キムヨンサム)(第14代韓国大統領，任1993～98)，金鐘泌(キムジョンピル)ら「三金」を中心とする民主化運動(「ソウルの春」)がはじまったが，全斗煥(チョンドゥホァン)を中心とする軍部がこれを弾圧し(光州事件，1980)，民衆蜂起の首謀者と見なされた金大中は死刑判決を受けた。これに対し欧米や日本を含めた国際世論は韓国軍事政権を強く批判した。日本はかつて「金大中事件[注]」(1973)を経験しており，これを想起した世論が韓国軍事政権に反発したのである。国際世論の民主化への圧力や，ソ連・ゴルバチョフ政権登場後の中ソ和解などの外交情勢の変化を背景に，韓国国内でも民主化要求が高まり，1987年，直接選挙で盧泰愚(ノテウ)大統領が選出され，翌88年，ソウル五輪(オリンピック)の開催に成功した。この五輪は韓国の民主化と経済発展を象徴するイベントとなり，同年開催されたトロント・サミットで韓国は台湾，香港，シンガポールと並んで「アジアNIES，Newly Industrializing Economies」に数えられるに至った(台湾，香港は独立国家ではないとする中国の立場を考慮してNICS，Newly Industrializing Countries=新興工業国家ではなくNIES=新興工業経済地域と呼称した)。NICSには1960年代以降，世界平均を上回る経済成長を遂げたメキシコやブラジルも含まれたが，累積債務問題に苦しむ両国をいわば排除する形で「アジアニーズ」という言葉が生まれたのである。

(注) 金大中（1925～2009）といえば，受験生には韓国大統領（第15代，任1998～2003）として北朝鮮との宥和政策（「太陽政策」）を進め，平壌で北朝鮮の最高指導者・金正日(キムジョンイル)（国防委員長）と会談，ノーベル平和賞を受賞したイメージが強いだろう。金大中は1970年代初めから民主化と自由選挙を求めて朴正熙政権の独裁化を批判し，日米両国で反対運動を展開していた。これに脅威を感じた朴大統領の側近が主導して，1973年，滞在中の東京のホテルから金大中が韓国中央情報部（KCIA）秘密機関によって拉致されるという「金大中事件」が起こった。この事件は日本の主権を侵害したものであったが，当時の田中角栄政権は韓国との政治決着を図り，金大中は辛うじて解放されたものの，日本国内で反朴政権の世論が高まったという経緯があった。

5．1990年代以降の情勢

- 中国は「改革・開放」で経済発展が持続し，香港は「一国二制度」の原則の下，英から中国に返還されたが，共産党独裁のまま民主化は進んでいない。
- 朝鮮半島では南北朝鮮が国連に加盟。韓国は開発独裁による経済発展を経て民主化を実現したが，北朝鮮は硬直した独裁体制が存続している。
- 中東――イラン，イラク，エジプト，イスラエルの情勢

イラン＝イラク戦争後，イラクは軍事大国化し，クウェートに侵攻して同国の併合を図った(1990　※クウェートは19世紀末まで旧オスマン帝国・バスラ州〔現イラク領バスラ〕に属し，その後英の保護領となった。かつてはイラク革命〔1958〕で親英的な王政を打倒したカセムもクウェート返還を英に要求したが，クウェートに利権を有する英はイラクの要求を拒否し，クウェートを独立〔1961〕させた経緯がある)。

国際連合はフセイン政権の行為を侵略と見なし，米英などを主力とする多国籍軍の派遣を認め，イラクを敗北に追い込んだ。これが湾岸戦争(1991)である。9.11同時多発テロ事件(2001)の際には，アル＝カーイダのテロの背後にサダム＝フセイン政権が介在していることを疑った米のブッシュ政権が，国連の承認を得られないまま「有志連合」軍を派遣した。このイラク戦争(2003)でサダム＝フセイン政権が崩壊すると，イラクはシーア派(60%)，スンナ派(20%)，クルド人勢力(スンナ派が多数，20%)に事実上，三分されてしまった。現在のイラクは米が支援するシーア派主導の政権とスンナ派の過激派集団IS(イスラーム国)が抗争を続けている。サダム＝フセイン政権の崩壊後，隣国のイランは核開発を進め，イランと米・欧州・イスラエルが対立を続ける。エジプトはムバラク親米独裁政権が続いたが，2011年の「アラブの春」を機に原理主義を掲げるムスリム同胞団の主導で一時民主化した後，再び親米軍事政権が成立した。

ラテンアメリカ諸国では，「軍政が民政に移管」したが，ベネズエラのチャベス政権(1999～2013)のように国営化した石油産業を背景に反米路線を採る国が現れた。ブラジルは豊富な地下資源と農業生産を背景に輸出を増加させ，米資本を導入して工業化を進め，2003年以降はロシア，インド，中国などとともに「BRICs」と称された。

以上が「1990年代以降」の状況，つまり各地域の解答の直後に続く時代の状況である。本来なら結論になるべきこれらの「変化」に結びつく1970年代後半から80年代の政治情勢を検討することが求められているので，ここまでの分析に基づいて論旨を組み立ててみよう。

【論旨の組み立て】

①1970年代後半から80年代にかけての東アジア（中国・朝鮮）の情勢

- 独裁下で欧米・日本などと関係を改善し，外資導入により経済発展(「改革・開放」，

「漢江の奇跡」)→民主化運動の進展→弾圧(中国)，弾圧を経て民主化(韓国)

②同時代の中東の情勢

- 中東和平でイスラエルからシナイ半島を返還されたエジプトは反米から親米に転換。
- イラン革命で親米のパフレヴィー政権が崩壊し，イラン＝イスラーム共和国が成立，反米・反ソのイスラーム原理主義の台頭。
- ソ連はイラン革命が波及することを恐れてアフガニスタンに侵攻。
- 国内のシーア派とイランの連携を恐れたイラク・サダム＝フセイン政権がイランに侵攻。米ソ・欧州，湾岸のアラブ諸国はイラクを支援。

③同時代の中米・南米の情勢

- 米は，地主・軍部・資本家らに支持された中米・南米諸国の親米独裁政権・軍事政権・反共ゲリラを支援し，社会主義政権が成立したニカラグアやグレナダに軍事介入した。しかし英とのフォークランド紛争に敗れたアルゼンチンで軍事独裁政権が崩壊し，民政に移管すると，米もパナマ，ハイチなどで軍政から民政移管への移行を後押しした。

以上が2016年度の大論述の論旨となろう。論述の「軸」となるのは，米との関係の変化である。論述の書き方としては，朝鮮に関する指定語句が2つあり，これに関する記述が増えるという予測を立てて，東アジアの中国，朝鮮半島，中東，中米・南米の4段構成(150字×4)を目安に論旨をまとめるとよい。2012年度の第1問「アジア・アフリカ(ベトナム・インド・エジプト・アルジェリア)における植民地独立の過程とその後の動向」と似た組み立てになるだろう。

2015年1月，『すべては1979年から始まった』(C.カリル著，北川知子訳　草思社)という本が発刊されたが，「1979年」が歴史の転機となったという着眼点は，この大論述と共通する。16年度の大論述は，東大が受験生に対して，歴史をただ闇雲に暗記するだけではなく，歴史がいかに現在の世界に影響を与えているか，という視点での分析を求めていることを認識させる問題であるといえよう。

◆**フローチャート（見取り図）の例**

中国	朝鮮半島	中東	中米・南米
【中華人民共和国】 ＊毛沢東死去・文化大革命終結（1976） ①**鄧小平**による改革・開放政策。 ・米中国交正常化(1979) ・経済特区を創設(1979〜) ＊外資の導入で経済発展 ・香港返還協定(1984) ②学生主導の民主化要求（1987） ・天安門事件で民主化要求を弾圧（1989） ＊チベットで民族紛争が勃発（1989）	**【韓国】** ①朴正煕政権が日米の援助で開発独裁を推進。 ＊「漢江の奇跡」 ②朴大統領暗殺(1979) ③金大中らによる民主化運動(ソウルの春)。 ④全斗煥ら軍部が民主化運動を弾圧（「**光州事件**」1980） ⑤全斗煥が軍事政権を樹立。 ⑥国民の直接選挙で盧泰愚が大統領に就任。 ⑦米の圧力で盧泰愚政権下のソウル五輪（1988）に合わせて民主化を推進。 ⑧**アジアニーズ**に数えられる（1988）	**【エジプト】** ①エジプト＝イスラエル平和条約が締結され，イスラエルが**シナイ半島**をエジプトに返還（1979）。 ②エジプトのサダト(1981暗殺)，ムバラク政権が親米に転じる。	**【中米】** ①（サンディニスタ民族解放戦線による）ニカラグア革命など各地で左翼政権が成立。 ＊米と結ぶソモサ政権が崩壊。 ②米・レーガン政権（1981〜89）の介入で，内戦が続いた。 ③**グレナダ**で左翼政権が成立（1979） ④レーガン政権の侵攻で**グレナダ**に親米政権が成立（1983）
【中華民国】 ①台湾では国民党の独裁体制が続く。 ②李登輝が中華民国総統代行に就任し，民主化を推進（1988）。同年，台湾もNIESに数えられる。 ＊台湾と香港は国家ではないとしてトロント・サミット（1988）からNIESという言葉が使われるようになった。	**【北朝鮮】** ⑨北朝鮮では金日成による独裁体制が続く。 ＊北朝鮮はソウル五輪に不参加。	**【イラン・イラク】** ①イランはシーア派のウラマー・ホメイニが指導するイスラーム革命（1979）で親米のパフレヴィー政権が打倒され，**イラン＝イスラーム共和国**が成立。イランは反米・反ソに転換。 ②イラン・イスラーム革命の波及を恐れたソ連がアフガニスタンに侵攻(1979〜89)。 ③イラン革命政権とイラク国内のシーア派との連携を恐れたイラクの**サダム＝フセイン**政権がイランに侵攻してイラン＝イラク戦争が勃発。 ④イランと敵対する米がイラクを支援して**サダム＝フセイン**政権が軍事的に強大化した。	**【南米】** ①**フォークランド紛争**勃発（1982）。アルゼンチンは英に敗北。 ＊英のサッチャー首相との関係からレーガン政権はアルゼンチンの親米軍事政権を支持しなかった。 ②英に敗れたアルゼンチンは軍政が崩壊して民政に移行（1983）。 ③ハイチやパナマなど中米・南米諸国の民政移管の先駆けとなった。 ④ブラジルなどでも深刻な累積債務問題などから民主化要求が高まった結果，民政への移管が進んだ（1985）。

◇ **文脈**

• **中国**

中国では文革終結後，実権を握った**鄧小平**が**四つの現代化**を受け継ぎ**改革開放**を推進，米中国交正常化や英との**香港返還協定**など欧米と関係を改善，**経済特区**創設で外資による経済発展を進めたが，学生主導の民主化要求が高まると**天安門事件**で弾圧した。

• **朝鮮半島**

北朝鮮と対立が続く**韓国**では，日米の援助を受けた**朴正熙**政権が**開発独裁**を進めて高度経済成長を実現した。彼の暗殺後，民主化運動を**全斗煥**ら軍部が**光州事件**で弾圧したが，後に直接選挙で選ばれた**盧泰愚**政権下での**ソウル五輪**を経て民主化し，**台湾**，**香港**などと並び**アジアニーズ**に数えられた。

• **中東**

中東では，**エジプト**が**シナイ半島**返還と引き換えに**エジプト＝イスラエル平和条約**を締結，親米に転じた。**イラン**では親米の**パフレヴィー朝**が進める**白色革命**への反発から，**シーア派**の**ホメイニ**が**イラン革命**を指導し**イラン＝イスラーム共和国**が成立，反米に転じた。**イスラーム革命**波及を恐れた**ソ連**は**アフガニスタン**に，国内の**シーア派**との連携を恐れた**イラク**はイランに侵攻。この**イラン＝イラク戦争**で米がイラクを支援し，**サダム＝フセイン**の強大化を招いた。

• **中米・南米**

中米では，**ニカラグア**や**グレナダ**に左翼政権が成立，米の**レーガン政権**は親米派ゲリラを支援して介入し，内戦が続いた。南米では，米が反共軍事政権を支援したが，**フォークランド紛争**では**アルゼンチン**の軍事政権を支持せず，同国は英に敗れて民政移管し，周辺国でも深刻な**債務問題**などから民政に移行した。

【加点ポイント】

《中国》

①文化大革命が（毛沢東の死と文革を推進した極左四人組の失脚で）終結した。

②**鄧小平**が実権を握った。

③（農業・工業・国防・科学技術の）「四つの現代化」を受け継ぎ改革・開放を推進した。

＊「四つの現代化」は1975年に周恩来が提唱した。

＊「人民公社の解体」「生産責任制」「郷鎮企業」→改革の具体例。

④欧米と関係を改善。

⑤米中国交正常化や英との香港返還協定を実現。

⑥**経済特区**を創設し，外資による経済発展を進めつつ，共産党独裁と土地の国有制

度は維持された（社会主義市場経済）。

⑦学生主導の民主化要求が高まった。

⑧天安門事件で弾圧した。

＊中国では欧米諸国との関係改善を契機とする外資導入によって経済発展が進み，これを機に民主化運動が本格化した。字数制限もあり，敢えて内政と外交に分けて記述する必要はない。

《朝鮮半島》

①北朝鮮と韓国の対立が続く／北朝鮮は金日成（キムイルソン）の独裁

②（日韓基本条約締結，1965以降）日米の援助を受けた朴正熙政権（1961年に軍事クーデタ，大統領在任63～79）が開発独裁を進めた。

③（80年代以降も）韓国は高度経済成長を実現した（「漢江の奇跡」）。

④朴大統領の暗殺後，民主化運動を全斗煥ら軍部が**光州事件**で弾圧した。

＊この弾圧に対して，日米などを含む国際世論の厳しい批判が起こった。

⑤直接選挙で選ばれた盧泰愚政権下でのソウル五輪を経て民主化した。

＊米国は韓国に民主化を働きかけた。

⑥台湾，香港などと並び**アジアニーズ**に数えられた。

◎単に「**アジアニーズ**が成長」でもよい。

◎韓国の高度経済成長はアジア通貨危機(1997)まで続き，この間，OECD(経済協力開発機構)にも加盟(1996)しているが，このような経済発展が軌道に乗った70年代～80年代までを論述すればよい。

《中東》

①エジプトがエジプト＝イスラエル平和条約を締結した。

＊米(カーター・民主党政権)の仲介

②エジプトは親米（親イスラエル）政策に転じた。

③**シナイ半島**がイスラエルからエジプトに返還された。

＊アラブ諸国はエジプトと断交,PLO(パレスチナ解放機構)がイスラエルに抵抗を続けた。

④イランでは親米のパフレヴィー朝が白色革命を進めた。

⑤反発したシーア派のホメイニがイラン革命を指導し，パフレヴィー朝を倒した。

⑥**イラン＝イスラーム共和国**は反米・反ソを掲げた。

⑦イスラーム革命波及を恐れたソ連はアフガニスタンに侵攻した。

⑧国内のシーア派との連携を恐れたイラクはイランに侵攻した。

＊**サダム＝フセイン**政権は少数派のスンナ派を基盤とした。

＊ペルシア湾岸のスンナ派主導のアラブ王制国家は，イラクを支援した。

⑨このイラン＝イラク戦争で米はイラクを支援した。

⑩米（ソ）の軍事的支援は**サダム＝フセイン**の強大化を招いた。

《中米・南米》

①ニカラグア(サンディニスタ戦線がソモサ政権打倒)や**グレナダ**に左翼政権が成立。

②米のレーガン政権は親米派ゲリラを支援して介入し，内戦が続いた。

③南米においても米は反共軍事政権を支援した。

④**フォークランド紛争**ではアルゼンチンの軍事政権を支持しなかった。

⑤アルゼンチンは英に敗れて民政移管した。

＊米もこれを機にハイチ，パナマなどで軍政から民政への移管を進めた。

⑥周辺国でも深刻な債務問題などから民政への移管が進んだ。

▲再現答案では，南米のポピュリズム(東京書籍『世界史B』などで説明されている)に言及する答案が多いが，ポピュリズムの具体例となるカルデナス(メキシコ)，ヴァルガス(ブラジル)，ペロン(アルゼンチン)などは，いずれも時代設定と異なるため，加点対象外である。

＊東大・第1問の大論述には論旨上，使いにくい指定語句が含まれることが多い。16年度の場合はこの「**フォークランド紛争**」であろう。ラテンアメリカの親米軍事(独裁)政権は革命運動や労働運動を抑圧しつつ，外資導入や自由主義的な経済政策で経済成長を図ったが，不況は克服できず，累積債務問題とともに貧富の差は拡大し，国民の不満が高まった。これが各国で民政移管が進んだ要因となったのだが，その契機が**フォークランド紛争**敗北を契機としたアルゼンチンの軍事政権崩壊だったのである。前述したように米は軍事政権がラテンアメリカにおける社会主義の拡大を抑止すると見なし，これを支援したが，その米もアルゼンチンの民政移管以降は，冷戦終結に向かう中，ハイチなどで軍政から民政への移管を進めたのである。ラテンアメリカの民政移管の経緯は教科書に記されているが，米とのかかわりについて明記してあるのは東京書籍の『世界史B』程度である。社会主義の拡大を阻止するために軍事政権を支援する例なら，これも前述したように，米のニクソン政権やカーター政権が，チリのアジェンデ人民連合政府を打倒(1973)したピノチェト軍事政権を支持した例が，教科書にも記載され，受験生にもよく知られているものだろう。70年代後半～80年代という時代設定を前提としたため「アジェンデ」ではなく「**フォークランド紛争**」を指定語句としたのなら，受験生には少々，酷だったかも知れない。

解答例

中国では文革終結後，実権を握った**鄧小平**が四つの現代化を受け継ぎ改革開放を推進，米中国交正常化や英との香港返還協定など西側と関係を改善，経済特区創設で外資による経済発展を進めたが，学生主導の民主化要求が高まると天安門事件で弾圧した。北朝鮮と対立が続く韓国では，日米の援助を受けた朴正熙政権が開発独裁を進めて高度経済成長を実現した。彼の暗殺後，民主化運動を全斗煥ら軍部が**光州事件**で弾圧したが，後に直接選挙で選ばれた盧泰愚政権下でのソウル五輪を経て民主化し，台湾，香港などと並び**アジアニーズ**に数えられた。中東では，エジプトが**シナイ半島**返還と引き換えにエジプト＝イスラエル平和条約を締結，親米に転じた。イランでは親米のパフレヴィー朝が進める白色革命への反発から，シーア派のホメイニがイラン革命を指導し**イラン＝イスラーム共和国**が成立，反米に転じた。イスラーム革命波及を恐れたソ連はアフガニスタンに，国内のシーア派との連携を恐れたイラクはイランに侵攻。このイラン＝イラク戦争で米がイラクを支援し，**サダム＝フセイン**の強大化を招いた。中米では，ニカラグアや**グレナダ**に左翼政権が成立，米のレーガン政権は親米派ゲリラを支援して介入し，内戦が続いた。南米では，米が反共軍事政権を支援したが，**フォークランド紛争**ではアルゼンチンの軍事政権を支持せず，同国は英に敗れて民政移管し，周辺国でも深刻な債務問題などから民政に移行した。

（600字）

第２問　「国家の経済制度・政策」

解説

問(1)

(a)「イクター制」を答え，改行した上で制度の特徴を説明させる問題。

解答方法が細かく指示されるのは初めて。指示に従って改行することに気をつけたい。1)軍人や官僚に対して実施した，2)俸給であるアターに代わるもの，3)俸給にみあう金額を徴収できる分与地の徴税権・管理権を与えた，4)代償として軍事奉仕等を求めた，などの論点に言及すればよい。

【加点ポイント】　①**イクター制**

②**軍人**や**官僚**に対し，**俸給**（**アター**）に代わる制度。

③アターにみあう金額を徴収できる**分与地の徴税権・管理権**を付与。

④**代償**として**軍事奉仕**等を求めた。

(b)「カピチュレーション」を答え，改行した上で内容と影響を説明させる問題。

2016年度の大阪大学・第２問でも，ほぼ同じ形で出題された。ただし影響まで書かせる点で東大の方がひとひねりしている。(a)に比べると書くことが多く，制限字数以内に収めるのが難しい。論点としては，1)外国人商人に恩恵的特権を与えた，2)特権の具体的な内容＝治外法権，免税，通商の自由など，3)影響＝帝国が衰退すると不平等条約として解釈された，という構成でまとめたい。

【加点ポイント】 ①**カピチュレーション**

②**治外法権**や**免税**などの**恩恵的特権**を与えた制度。

③帝国が衰退した**19世紀**には，**欧州諸国**に**不平等条約**として利用された。

イスラーム法(シャリーア)では，外交官や旅行者，商人など異教徒の滞在者(ムスターミン)に対して，その身体・財産を保障することを定めている。十字軍の時代においてさえ，ヴェネツィア商人らがアイユーブ朝やマムルーク朝と交易できたのは，このムスターミンの扱いを受けたからである。

オスマン帝国もこの政策を継承したが，特にスレイマン1世の次のセリム2世が，対ハプスブルク戦争で同盟関係にあったフランスと結んだ協定(1569)で，フランス人の免税特権，領事裁判権，身体・財産の自由などを認めた。これをカピチュレーションと呼ぶ。のちイギリス人，オランダ人にも同様の特権が付与され，絹織物，羊毛などの商品の西欧への輸出拡大に寄与した。

ところが産業革命を推進するイギリスは，19世紀以降，オスマン帝国への綿製品の輸出拡大をもくろみ，従来のカピチュレーションの存続に加えて，専売制の廃止，関税引き下げ，イギリス商人に帝国全土での商業活動の自由を認めるトルコ＝イギリス通商条約(1838)を締結した(ちょうどエジプト＝トルコ戦争の頃である)。この条約が，このあとアジア各国(カージャール朝ペルシア，シャム，清朝，日本の江戸幕府)と締結する不平等条約の雛型となった。

問(2)

(a) 「マンサブダール制」の説明は難問。

論点としては1)地方支配層を官僚に登用した，2)官僚には騎兵の準備を義務づけた，3)騎兵数に応じた俸給または徴税権を与えた，4)マンサブという位階で序列化した，などの内容を書けばよい。

なお，イクターに該当する徴税権つきの土地をインドではジャーギールと呼び，2002年度の第2問では，ジャーギール制とオスマン帝国のティマール制の共通項を書かせる問題（＝事実上問(1)(a)に近い）が出されている。

【加点ポイント】 ①**地方支配層**を**官僚**に登用して**マンサブ**という**位階**で序列化。

②それに応じた**騎兵の準備**を義務づけた。

③**俸給**または**徴税権**を与えた。

④**ヒンドゥー諸侯**を**官僚**に登用。

ペルシア語(ムガル帝国の公用語)で「官職(マンサブ)＋所有者(ダール)」，すなわち官僚制度を意味する。ちなみに「土地(ザミーン)＋所有者(ダール)」でザミンダール(地主)。英東インド会社が彼らを地税納入の責任者とした制度を，ザミンダーリー制という。一緒に覚えておくとよい。

ティムール帝国の継承国家であるムガル帝国は，主にトルコ系，イラン人のムスリム官僚に支えられた「異民族の征服王朝」だった。

アクバル帝は，ヒンドゥー教徒のラージプート諸侯の娘たちを娶(めと)って同盟を結び，彼らにムガル帝国の官職(マンサブ)を与えて懐柔した。つまりマンサブダール制とは外見上は集権的な官僚制度であるが，実態はヒンドゥー諸侯を温存する半封建制的なシステムだった。のちにアウラングゼーブ帝の宗教的不寛容政策に反発したヒンドゥー教徒がマラーター(マラータ)王国を建て，またシク教徒が離反すると，帝国はたちまち崩壊へ向かった。これが次の(b)のテーマとなっている。

マンサブダール制については教科書の記述も内容・具体性など，まちまちである。教科書の「読み比べ」も世界史学習には有意義だ。主要な教科書の表記を列挙してみよう。教科書には政治史を重視するものと社会経済史を手厚く説明するものとがある。どの教科書が答案作成に最も有為か，比較することも重要だ。

・帝国書院『新詳世界史Ｂ』(p.136～p.137)

「検地が行われ，地税額が確定したことによって財政基盤が確立した。官僚制度(マンサブダール制)が整備され，官僚は官位に応じて土地を与えられ，その地税額に応じた騎兵・騎馬数を維持した。その一方で，その役職や給与地は世襲化を防ぐため，短期間で変更された」

・山川出版社『詳説世界史Ｂ』(p.197)

「アクバルは支配階層の組織化を図り，維持すべき騎兵・騎馬数とそれに応じた給与によって彼らを等級づけ，官位を与えた(脚注：この制度はマンサブダール制と呼ばれる)」

・東京書籍『世界史Ｂ』(p.200)

「アグラに都を置いたアクバルは，支配階級の統制のために，彼らを30ほどの官位に分け，その等級に応じて土地の徴税権を与え，功績によってその身分を上下させた(脚注：身分をマンサブといい，この制度をマンサブダール制といった。)」

・実教出版『世界史Ｂ』(p.226)

「検地にもとづく徴税制度をととのえるいっぽう，貴族と官僚を，位階(マンサブ)に応じて給与地と保持すべき騎兵・騎馬数が決まるマンサブダール制のもとに組織した」

どの教科書も軍役の対価として位階が与えられていることに言及している。この点を忘れないことだ。

(b)　アウラングゼーブ時代に進行した「ムガル帝国の支配の弱体化」について説明さ

せる問題。

領土の拡大によって統治に必要な官僚が増加したのに対して，給与にみあう分与地が不足したことと，ジズヤ復活に代表される厳格なイスラーム化政策がラージプートなど地方有力者の反発を招き，帝国の解体につながったことを指摘したい。また地方勢力の自立要因として，問(3)とリンクする形になるが，ヨーロッパ勢力との交易による地方勢力の経済力向上を指摘しても許容される可能性もある。

論点として(a)とリンクさせる形で，1)官僚増加と分与地不足で財政が悪化，2)ジズヤ復活が原因，3)ヒンドゥー勢力やシク教徒の反乱が発生，4)地方勢力の自立化が進んだ，などの構成で書きたい。 なお第3問・問(5)でシク教を答えさせており，この問いと内容面で重複している。

【加点ポイント】 ①**ジズヤの復活**など**厳格なイスラーム化**を推進した。
②**領土拡大**を背景とする**官僚増加**と**分与地不足**で**財政が悪化**
③**ヒンドゥー教徒**や**シク教徒**の反乱が発生／**地方勢力の自立化**が進んだ。

3代アクバル帝の異教徒融和政策(ジズヤの廃止，マンサブダール制)は，人口の大多数を占めるヒンドゥー教徒を帝国の統治機構に組み込むことに成功し，税収増と治安の安定をもたらした。この政策は5代シャー＝ジャハーン帝まで継続され，イスラーム文化とヒンドゥー文化の融合も進んだ。その象徴がタージ＝マハルで，イスラームの建築技法で建てられているが，王妃のための霊廟である。

霊廟はシーア派には見られるが『クルアーン(コーラン)』を厳格に解釈するスンナ派にはない。既にシャー＝ジャハーン帝時代から，スンナ派の法学者たちは『クルアーン』からの逸脱を声高に非難するようになっていた。その影響を受けたのが，皇子のアウラングゼーブである。彼はクーデタで父を幽閉し，父の寛容政策を継承しようとした兄を処刑して6代皇帝となった(1658)。

これにより，アクバル帝以来の宗教融和の時代は終わり，異教徒税のジズヤが復活した。ラージプート諸侯は帝国に反旗を翻し，デカン高原西部ではシヴァージーがヒンドゥー教の即位儀礼で王となり，マラーター(マラータ)王国の独立を宣言した(1674)。この頃，パンジャーブ地方ではシク教徒が教団国家の建設と武装を進め，10代教主(グル)がアウラングゼーブに処刑されたのを機に，反乱を起こした。アウラングゼーブは軍事力による制圧を進め，一時はデカン高原の大半を占領するが，その死(1707)をもって帝国は急速に瓦解へ向かった。

アウラングゼーブ帝については，世界史教科書の記述でも，

「イスラームから逸脱した帝国運営をイスラーム国家に修正しようと試み…」(帝

国)，「イスラーム教を重視」(東書)，「イスラーム教に深く帰依」(山川)，「イスラーム教を深く信仰」(実教)などのように，敬虔なムスリムであるアウラングゼーブ帝がイスラーム国家の樹立を図ったことが記されている。ヒンドゥー教徒とムスリムの融和を図るため，マンサブダール制でヒンドゥー諸侯を取り込み，自ら神聖宗教(ディーネ＝イラーヒー)を創唱した曾祖父アクバル帝とはあまりに対照的であり，アウラングゼーブ帝の政策転換がムガル帝国に分裂をもたらしたことを確認すること。

問(3)　17世紀の英仏の重商主義政策を対比する問題。

設問要求の「人名や法令をあげつつ」や「オランダの動向と関連づけて」は，英仏両国が揃ってオランダに対抗していた17世紀後半に焦点を当てて書かせる意図があるのだろう。人名としてはイギリスのクロムウェル，フランスのコルベールを挙げる。

論点としては，1)蘭が中継貿易を独占していた，2)英仏は重商主義で対抗した，3)英はクロムウェルの時代(クロムウェル本人は同じ新教国オランダと敵対する航海法の制定には否定的だった)，4)外国船排除のため英議会が航海法を制定すると英蘭戦争が勃発した，5)仏ではルイ14世のもとでコルベールが重商主義推進，6)東インド会社再建，7)オランダに対抗する保護関税政策を進める，8)国内では特権(王立)マニュファクチュアを育成したことを書きたい。

【加点ポイント】　①**オランダは中継貿易を独占**。

▲イギリス本国の商人たちがオランダ商人と競合したのは，主に北米植民地との貿易においてである。したがってアンボイナ事件については加点対象外とした。

②**英仏は重商主義を採用し**，オランダ商人を排除した。

▲「英は東インド会社を創設した(1600)」は加点対象外。

③**クロムウェル時代／共和政期の英議会は航海法を制定**した。

④**外国船**(主に**オランダ船**)**排除／オランダの中継貿易に打撃**(航海法の内容)。

⑤**英蘭戦争が勃発した**。

⑥**仏ではルイ14世／コルベールが重商主義政策を採った**。

⑦**コルベールは東インド会社を再建した**。

⑧**保護関税や特権マニュファクチュア育成**を進め，蘭に対抗した。

▲ルイ14世の「ナントの王令廃止」は重商主義とは矛盾する。

▲「ユグノーの商工業者が亡命」といった経済的影響への言及には加点しない。

▲「名誉革命後，オランダ資本がイギリスに流入した」という表現は加点対象となるだろう。

国境を越えて資本・モノ・ヒトを移動させ，経済合理性を追求するグローバリズムと，国境線を明確化して各国固有の産業を守ろうとする経済ナショナリズムとの対立は，TPP問題や欧州移民問題など今日の世界的テーマであり，東大入試でもよく取り上げられる。グローバリズムの起源は，古代のフェニキア商人やアラム商人，中世のユダヤ商人やソグド商人，近代になるとオランダ商人が代表的だ。国土の大半が低湿地というオランダでは，人々は進んで航海に乗り出し，商業活動を生活の糧とした。最初はハンザ同盟が衰退した北海・バルト海交易に乗り出し，ついでポルトガル商人の後を追うように，アジア貿易に参入した。

しかしオランダ本国は7つの州の連合体で強力な中央政府を持たず，国内産業の育成は遅れた。オランダの後塵を拝していたイギリスはテューダー朝，フランスはブルボン朝のもとで絶対王政が確立し，重商主義政策に転じたのとは対照的である。イギリスでは，大商人とジェントリを主体とする議会がステュアート朝の王権との争いに勝利して共和政府を樹立，航海法(1651)を制定してオランダを排除し，英蘭戦争を引き起こした。カルヴァン派を信奉するオランダに同情的だったクロムウェルは議会を解散して，護国卿独裁体制を敷くが，彼の死により再び主導権を回復した議会は，チャールズ2世を擁立してステュアート朝の王政を復活させ，英蘭戦争を再開，ニューアムステルダムを奪った(1664年占領，67年ブレダの条約で獲得)。

英蘭関係を好転させたのは，フランスの14世(太陽王)の脅威だった。ルイ14世が登用したコルベールの重商主義がオランダの貿易にさらなる打撃を与える中で，王はかつてその王政復古を支援したイギリスのチャールズ2世(ルイ14世とはいとこにあたる)と密約し，オランダ本土に対して侵略戦争を開始した。しかし英議会はフランスとの提携に反対し，ハプスブルク家を中心とした反ブルボン連合がオランダを支援してフランスは孤立した。この状況下でイギリスはフランスから離反し，オランダ侵略戦争は失敗に終わった。イギリスと結んでフランスへの対抗を図るオランダ総督ウィレムはチャールズ2世の弟ジェームズ2世の娘メアリ(のちのメアリ2世，ウィレムとはいとこ同士)と結婚(1677)し，カトリック主義を掲げたジェームズ2世を英議会が追放する名誉革命(1688)が起こると，議会の招請に応じてメアリとともに英に渡り，ウィリアム3世として即位した。ここにフランスに対抗する英蘭連合が成立し，北米植民地を舞台にフランスとの間でウィリアム王戦争(フランスは同時期にファルツ継承戦争を遂行していた)が勃発した。ウィリアム3世は戦費調達のため，国債制度と銀行制度をオランダから導入したが，これがイギリス資本主義発展の転機となった。

解答例

(1)(a)イクター制

軍人や官僚に対し，俸給アターの支給に代え，それにみあう分与地の徴税権・管理権を与えて，代償として軍事奉仕等を求めた制度。

（番号・記号を含めず60字）

(b)カピチュレーション

治外法権や免税などの恩恵的特権を授与。帝国が衰退した19世紀には欧州諸国に不平等条約として利用され侵略の手段とされた。

（記号を含めず58字）

(2)(a)地方支配層を官僚に登用してマンサブという位階で序列化し，それに応じた騎兵の準備を義務づけ，俸給または徴税権を与えた。

（番号・記号を含めて60字）

(b)官僚増加と分与地不足で財政が悪化し，ジズヤ復活によってヒンドゥー教徒やシク教徒の反乱が発生，地方勢力の自立化も進んだ。

（記号を含めて60字）

(3)中継貿易を独占する蘭に対し英仏は重商主義を採った。クロムウェル時代の英議会は外国船排除のため航海法を制定し英蘭戦争が勃発した。ルイ14世時代の仏ではコルベールが東インド会社を再建し，蘭に対抗する保護関税や特権マニュファクチュア育成を進めた。

（番号を含めて120字）

第3問 「世界史における民衆」

解説

「世界史における民衆」をテーマとした教科書レベルの出題。全問が単答式であり，1行論述や複数解答を求める設問は，15年度と同様，出題されなかった。内容は15年度より易化しており，第1問・第2問に十分な時間をかけるためにも，短時間で手際よく解答し全問正解をめざしたい。

問(1)　正解はクレイステネス

「理想の時代」と褒めたたえられた僭主ペイシストラトスの死後，僭主の座を継承した息子のヒッピアスは次第に暴政を敷くようになり，ついにアテネを追放された(後にヒッピアスはアケメネス朝ペルシアに亡命し，マラトンの戦いでペルシア軍の道案内を務めたといわれる)。その後アテネでは貴族間の政権争いが行われ，有力貴族であるアルクメオン家のクレイステネスが民衆の支持を得て，国家の指導者となった。クレイステネス主導の下，アテネでは一連の国政改革が実施されたが，その中心が旧来の血縁に基づく4部族制を廃し，新たに地縁原理に基づく10部族制を導入することだった。10部族制では，１つの部族の下に３つのトリッテュス（グループ。「３分の１」の意），各トリッテュスの下には１つもしくは複数のデーモス（区）があり，すべての市民は現住しているデーモスに所属した。同じデーモス出身者は社会的・政治的行動をともにする傾向があった。デーモスは「人民･民衆」の意でも使用され,「デモクラシー」はギリシア語の「デーモス（人民･民衆)」による「クラティア（支配)」を語源としている。さらに各部族から50人ずつ，計500人の評議員からなる五百人評議会が設置され,民会の予備審議や日常行政などを担当した。評議員は任期１年で,就任は生涯に２回までと限られた。

10部族制導入で貴族勢力に打撃を与える一方，クレイステネスは僭主の出現を防ぐため，オストラキスモス（陶片追放）を創設したとされる。ただしオストラキスモスが実際に施行されたのは前487年であり，クレイステネスの改革の一環という説を疑う研究者もいる。実際に追放されたのはわずか10例ほどであり，サラミスの海戦を勝利に導いたテミストクレスもそのひとりである。

クレイステネスの改革の後，ペルシア戦争を経てアテネの民主政は完成した。なお民主政を指導したペリクレスもまた，母がクレイステネスの姪であり，アルクメオン家出身だった。

問⑵　正解は陳勝　※呉広を含む解答は不可となると思われる。

陳勝は人に雇われて耕作を行う貧農出身であり，ある時彼が「いつか富貴になってもお互いのことを忘れないようにしよう」と述べた際に，「人に雇われて耕作している分際で富貴などになれるか」と笑われた。この時陳勝が述べた言葉が「燕雀(えんじゃく)いずくんぞ鴻鵠(こうこく)の志を知らんや」であり，燕雀（ツバメやスズメ。ここでは小人物を意味する）に，鴻鵠（大きな鳥。ここでは大人物を意味する）の遠大な志などわかるものかという意味である。

秦は始皇帝の死後も宮殿・陵墓の造営や北方防備に多くの人民を駆り出し，人々の反発や抵抗をまねいた。陳勝も北方防備の兵として徴発されたが，900人の集団で集結地に行く途中，大雨に遭って進路を阻まれ，予定期日に間に合わなくなってしまった。厳しい法治主義を採る秦では，期日に遅れれば斬刑（死刑）である。陳勝は仲間の呉広と相談し，反乱の兵をあげることにした。この時陳勝が発した「王侯将相いずくんぞ種あらんや」という言葉は，王侯将相（王・諸侯・将軍・丞相）の位は血統や家柄によってではなく実力で奪い取ることができるという意味であり，農民たちを勇気づけた。

陳勝・呉広が起こした農民反乱は数万の軍に膨れ上がり，陳勝は王に即位し国号を「張楚」としたが，秦の反撃に遭い，陳勝・呉広はともに部下に殺され，反乱は半年で鎮圧された。しかし陳勝・呉広の乱を機に各地で反乱が起こり，その中から台頭した項羽と劉邦が秦を滅亡に導くことになった。後に劉邦は陳勝のために墓守を置き，彼の果たした役割を高く評価している。また陳勝・呉広の乱は後世，中国史上初の農民反乱といわれ，積極的な評価がなされるようになった。

問(3)　正解はコロッセウム（コロセウム，コロッセオ）

ローマの風刺詩人ユウェナリスの言葉である「パンと見世物（サーカス）」とは，無産市民に提供された無料の穀物と娯楽を意味する。財力が乏しいにもかかわらず選挙権を有する無産市民は政治を左右する重要な存在であり，彼らの歓心を得るために有力政治家は無料の穀物や娯楽を提供した。また民衆に恩恵を施すという行為は，単に公職選挙で支持を得たいというのみならず，皇帝をはじめとする為政者の権威・尊厳を高めるうえでも極めて大切なものであった。

提供された娯楽には映画『ベン・ハー』にも描かれたことで有名な戦車競走もあるが，ここでは剣闘士競技について説明したい。剣闘士は見世物として人や動物と真剣勝負をさせられた奴隷であり，捕虜出身者が多かった。その苛酷な環境から，共和政末期の前73年にスパルタクスをはじめとする剣闘士たちが蜂起したことは周知の事実である。剣闘士競技が行われた場として最も有名なものはローマ最大の円形闘技場コロッセウムだろう。コロッセウムはウェスパシアヌス帝が着工し，息子のティトゥス帝治世下の後80年に完成した。名称はコロスス（ネロ帝の顔立ちをした巨像）が近くにあったことに由来し，4万～5万人を収容することができた。ウェスパシアヌス帝（位69～79）は当時から貪欲だという批判があり，様々な課税を行った（トイレ税を課したこともあり，現在のイタリア語でも市中の公衆トイレは「ヴェスパシアーノ」と呼ばれている）。一方で，彼は実務に秀でた皇帝であり，コロッセウム建設のように人々に気前よく散財したことでも知られる。息子のティトゥス帝（位79～81）は，ポンペイを埋没させたウェスウィウス（ヴェスヴィオ）火山の噴火などの災害に見舞われたが，全力で支援を行い，深く民衆に愛された皇帝だった。なおウェスウィウス火山の噴火の際に，『博物誌』の作者であるプリニウスが調査および救助活動中に事故死したことも覚えておきたい。

問(4)　正解はミュンツァー

ドイツ農民戦争（1524～25）は，ルターの影響を受けたドイツ中部・南部の農民が起こした一揆である。農民側の代表的な指導者ミュンツァーは当初ルターの考えを支持したが後に急進化し，神の直接的な啓示を重視するあまり，ルターの聖書中心主義を批判し，聖書は書物としては紙とインクにすぎないと述べ，その教えは文字が読めない人々の間で広まった。さらにミュンツァーは信仰者が不信仰者と戦うことを主張し，共産主義的な共有社会の実現をめざした。ミュンツァーの過激な主張を警戒したルターは，ザクセン選帝侯にミュンツァーに注意するように警告した。このためミュンツァーはルターを「うそつき博士」と罵倒し，両者の関係は完全に決裂した。

農民側は「十二カ条」と呼ばれる要求書を発し，農奴制廃止・賦役の軽減などを求めた。ルターは当初農民に同情的であり，領主と農民との間で仲裁がなされることを勧告した。しかし農民側が社会変革をめざして急進化すると，ルターはミュンツァーを否定したのと同様，領主側にたって農民反乱の弾圧を呼びかけた。農民側は鎮圧され，ミュンツァーも捕えられて処刑された。これ以降，農民たちはルターから離れる者も多かった。

またドイツ農民戦争の背景を，社会経済史の観点から述べると以下のようになる。中世後期になると農民は余剰の穀物を売却することで貨幣を得て，経済力を上昇させていった。さらに14世紀にペストの流行などで人口が減少すると，労働力を確保するため，領主は農民の待遇を向上させる必要があり，農奴身分から解放される農民も増加した。特にエルベ川以西（イギリス・フランス・西南ドイツ）では農民の身分的解放が進み，自営農民が成長していった。成長した農民層に対し，困窮した領主層が再び賦役を復活させ（封建反動），集権化を進めつつあった国家が課税を強化した。これに対する農民側の抵抗がフランスのジャックリーの乱（1358）やイギリスのワット＝タイラーの乱（1381）などの農民一揆だったが，その頂点がドイツ農民戦争だった。ドイツ農民戦争以降，農民は各地の集権国家の支配下に置かれていくようになった。

問(5)　正解はシク教（シーク教）

13世紀初頭の奴隷王朝成立以降，イスラーム教は本格的にインドに浸透していった。政治権力を行使して強制的に改宗を迫るという方法をとることは少なく，インドにおけるイスラーム教普及を担ったのは，主にスーフィーと呼ばれる神秘主義教団の人々だった。スーフィーたちは神秘的体験を通じて神との直接的な合一をめざすことで，信者数を増加させた。当時インドではヒンドゥー教の最高神への絶対的帰依を唱えるバクティ運動が広まっていたが，イスラーム教のスーフィズムはこれによく似ていた。バクティ運動とスーフィズムの類似性はインドにおけるイスラーム教普及につながったのみならず，ヒンドゥー教・イスラーム教の融合を図り，それらを超えるものをめざす信仰を生むことにもなった。

15～16世紀初頭に活動したとされるカビールは，「神は1つであり，ラーマとアッラーは同じである」として，神の合一性を説いた。カビールの影響を受けたナーナクは，「ヒンドゥーもいなければムスリムもいない」と述べ，16世紀初頭にヒンドゥー教・イスラーム教を統合しそれを超える新たな宗教として，シク教を創始した（「シク」とはナーナクの弟子を意味する）。シク教の教義は，神を唯一としてカースト制・偶像崇拝などを否定する。シク教は5代教主がムガル帝国の4代皇帝ジャハーンギールと対立して処刑された事件を機に武装化し，6代皇帝アウラングゼーブの宗教政策に反発してムガル帝国との本格的な戦闘に入った。1799年シク教勢力はランジット＝シングの下でパンジャーブ地方に王国を建設したが，彼の死後内部分裂を起こして弱体化し，イギリス東インド会社との二度のシク戦争(1845～46，48～49)に敗北して王国は滅亡した。しかしシク教自体は現在にいたるまで存続し，インドの首相を務めたマンモハン＝シン(首相，任2004～14)もシク教徒だった。またシク教の総本山の黄金寺院はパンジャーブ地方のアムリットサールにあるが，1919年この地でローラット法に反対する集会が開催された際，イギリス軍が発砲して多数の死傷者が出た「アムリットサール事件」も覚えておこう。

問(6)　正解はシパーヒー（セポイ）

シパーヒー(ペルシア語・ウルドゥー語で「兵士」を意味する)は，イギリス東インド会社がインドの諸勢力と戦う中で大量に雇ったインド人傭兵である。上位カーストのヒンドゥー教徒や上層のムスリム出身者が多く，イギリス東インド会社軍の主力として活動した。

マイソール戦争(1767～69，80～84，90～92，99)やマラーター戦争(マラータ戦争1775～82, 1803～05, 17～18)に勝利したイギリス東インド会社は，シク戦争(1845～46，48～49)でシク王国を滅ぼし，インド全域をほぼ掌握した(1850年代にはアフガニスタンに侵攻したカージャール朝に宣戦し撃破した)。しかしインド国内に打倒すべき勢力がほぼ消滅したことで，シパーヒーの待遇は悪化した。世界各地に植民地をかかえ兵力を必要とするイギリスは，シパーヒーに海外勤務を求め，1856年には海外勤務を受け入れなければ解雇，という通達を出した。当時ヒンドゥー教徒の間では海を渡る行為は不浄なこととされていたので,海外勤務の強制はシパーヒーの反発をまねいた。

反乱の直接の引き金となったのは，新式銃の弾薬包を巡る問題である。弾薬包は装塡の際に嚙み切る必要があったが，そこにヒンドゥー教徒の神聖視する牛の脂とムスリムが不浄視する豚の脂が塗られていたことが，シパーヒーの怒りをまねいた。1857年イギリス当局が新式銃の使用を拒否した兵を投獄したため，シパーヒーはメーラトで蜂起し，デリーを占領してムガル皇帝バハードゥル＝シャー2世を擁立した。

イギリスの支配に不満をもっていた旧支配層・民衆も反乱に参加し，反乱は北インド全域に広まった。特に旧支配層は，イギリスの藩王国取り潰し政策に対して強い反感を持っており，反乱に加わった。その代表がイギリスに廃絶されたジャンシー藩王国の王妃ラクシュミー＝バーイーであり,「インドのジャンヌ＝ダルク」と称された。圧倒的な軍事力・組織力をもつイギリス軍を前に，反乱は1859年に鎮圧された。

1858年ムガル皇帝バハードゥル＝シャー２世はビルマに流され，ムガル帝国は滅亡した。また反乱の責任を問われた東インド会社も1858年に解散し，イギリス政府によるインドの直接支配がはじまった。イギリス本国にインド省が置かれ，その下で現地のインド総督(インド副王を兼ねる)・参事会がインドの政庁を統轄した。

反乱鎮圧後，イギリスは藩王国を温存してインド支配に協力させ，軍にパンジャーブ地方のシク教徒を多数採用するなど，統治方式の見直しを行った。またローマ帝国にならって，宗教やカーストの違いを強調することでインド人同士の対立を煽る「分割統治」を実施した。一方，敗北したインド側は軍事力による抵抗をひかえるようになり，国民会議派主導の非軍事的・非暴力的な抵抗が独立運動の主流となった。

問(7)　正解はパリ＝コミューン

プロイセン＝フランス戦争(1870～71)がはじまると，フランスは大敗し，皇帝ナポレオン３世自身も1870年９月にスダンで捕虜となり，第二帝政は崩壊した。パリではブルジョワ共和派によって臨時政府が樹立され，第三共和政が成立した。この後も戦闘は続き，パリの臨時政府は鼠のパイまで売られたという苦しい籠城戦の末，1871年１月28日に降伏した。ティエールを首班とする臨時政府は２月に仮講和条約を結び，50億フランの賠償金とアルザス・ロレーヌの割譲を認めた。

またプロイセンはパリ降伏前の1871年１月18日に，ヴェルサイユ宮殿でプロイセン王ヴィルヘルム１世のドイツ皇帝即位式を行い，ドイツ帝国を成立させた。ビスマルクとしては，南ドイツ諸邦の離反やプロイセン内部の抵抗が起こる前に急いで皇帝即位式を済ませたかったのだが，これはフランス人に強い屈辱感を与えて復讐心を植えつける行為であり，後にフランスが第一次世界大戦後のパリ講和会議でドイツに苛酷な要求をする要因の１つとなった。

一方，ドイツとの講和が屈辱的だとして反対するパリの民衆は，1871年３月にパリ＝コミューンを樹立した。マルクスはパリ＝コミューンを支持し，パリ＝コミューンは史上初の労働者などによる革命的自治政府とされ，高く評価された。コミューン神話は20世紀後半になってもソ連型の社会主義に批判的な左派知識人に受け継がれ，パリ＝コミューンは西欧型社会主義の源流とみなされた。

講和を推進するティエール政権は一時ヴェルサイユに逃れたが，ドイツの協力を得て反撃し，パリ＝コミューンを鎮圧した。その際の市街戦は「血の週間」と呼ばれ，コミューン派は３万人近い死者を出したといわれる。この後ティエールは第三共和政初代大統領に就任した。なお，パリ＝コミューンには「石割り」「オルナンの埋葬」で有名な写実主義画家クールベも参加した。また第１インターナショナルはパリ＝コミューンを支持したことで各国政府の激しい弾圧を受けることになり，解散に追い込まれた（1876年のフィラデルフィア大会で正式に解散）。

問(8)　正解は五・三〇運動（五・三〇事件）

孫文の没年は1925年（3月）。この年に発生した反帝国主義運動は五･三〇運動である。五・四運動（1919）と混同しないこと。

1925年2月上海の日本人経営の紡績工場で中国人労働者がストライキを起こした。5月に中国人労働者が日本人職員の発砲により死亡すると，中国共産党はこの問題を重視し，労働者・学生は抗議集会・デモを展開した。租界当局により学生らが逮捕されると，5月30日逮捕された学生の釈放を要求して上海の労働者・学生が大規模なデモを起こしたが，イギリス租界警察の発砲によって13人の犠牲者が出た。この事件を受けて，6月には上海で中国共産党が指導する20万人規模のゼネストが発生し，都市機能が麻痺した。

五・三〇運動は全国に広まったが，特に広州では沙基事件（デモに対するイギリス軍の発砲で多数の死者が出た），香港では省港ストが発生した。7月に改称した広州国民政府は，五・三〇運動による反列強・反帝国主義運動の高まりを背景に国民革命軍を組織し，1926年北伐を開始した。

問(9)　正解はホー＝チ＝ミン

ホー＝チ＝ミン（本名グエン＝タット＝タン）は1919年初頭フランス社会党に加入し，当時開催中だったパリ講和会議に，ベトナム人の地位向上を求める請願書を「グエン＝アイ＝クォック（阮愛国）」の名で提出し，一躍有名になった。1920年フランス社会党が分裂し，左派がフランス共産党を結成すると，ホー＝チ＝ミンもこれに参加した。1923年にはフランスを離れてソ連に赴き，コミンテルンの一員として活動した。

当時孫文らが拠点とする広州にベトナム人ナショナリストが避難してきているとの情報を得たホー＝チ＝ミンは，1925年広州で若い知識人を中心とするベトナム青年革命同志会を結成した。ベトナム青年革命同志会は将来共産党を結成するための準備を目的とした組織であり，急進的な青年知識人に共産主義的な政治訓練を施した。1930年，ホー＝チ＝ミンはベトナム青年革命同志会を基礎にベトナム共産党を創設した。ベトナム共産党はカンボジア・ラオスを含む仏領インドシナ全体の独立をめざすため，同年インドシナ共産党に改称した。その後インドシナ共産党はゲティン・ソヴィエト運動などの大衆運動を展開したが，フランス植民地政府の激しい弾圧を受けた（1951年ベトナム労働党と改称）。

ホー＝チ＝ミンはフランスの追及から逃れるため，ソ連に渡り実践から離れて研究活動に入った。第二次世界大戦がはじまり，1940年6月フランスがドイツに降伏すると，日本軍が同年9月北部インドシナに，1941年7月には南部インドシナに進駐した。1941年1月，ほぼ30年ぶりにベトナムに帰国したホー＝チ＝ミンは，5月ベトナム独立同盟（ベトミン）を結成して反日闘争を繰り広げた。ちなみに，ホー＝チ＝ミンは1942年蔣介石の支援を受けるため中国に向かったが，この時から「グエン＝アイ＝クォック」の名をやめて「ホー＝チ＝ミン（胡志明）」を名乗るようになる。

1945年8月に日本軍が敗北すると，ホー＝チ＝ミンは一斉蜂起を起こし（八月革命），9月2日ベトナム民主共和国の独立を宣言し，初代大統領（国家主席）に就任した。しかし植民地支配の復活を図るフランスとの間で，1946年にインドシナ戦争が勃発した。1954年のジュネーヴ休戦協定によりフランス軍は撤退したが，共産主義勢力の拡大を恐れる米国は1955年ベトナム南部にベトナム共和国を建て，ベトナム民主共和国に対抗した。1960年代に米国との間でベトナム戦争がはじまると，ホー＝チ＝ミンは戦争を指導したが，戦争中の1969年に病没した。なおベトナム共和国の首都だったサイゴンは，ベトナム民主共和国・南ベトナム解放民族戦線による攻略後，彼の名にちなんでホー＝チ＝ミン市と改称された。

問⑽　正解はペレストロイカ

1960年代半ば以降のソ連では書記長ブレジネフによる長期政権が続いたが，技術革新の遅れなどにより1970年代後半には経済が停滞し，危機的な状況にあった。1985年書記長に就任したゴルバチョフは，ソ連の経済・社会の再建を図り，「ペレストロイカ（立て直し）」と呼ばれる一連の改革を実施した。ペレストロイカはまず経済面の自由化からはじまり，企業の個人経営を認める一方で，国営企業の自主性も拡大した。また言論活動による社会の活性化を図るため，「グラスノスチ（情報公開）」を奨励した。1986年のチェルノブイリ原子力発電所事故の際に対応が遅れ，事故の情報公開が不適切だったことを反省して，ゴルバチョフはグラスノスチを拡大し，ペレストロイカを加速させた。政治改革では民主化を進めて複数政党制・大統領制を導入し，ゴルバチョフがソ連大統領に就任した（任1990～91）。

ゴルバチョフは国内再建のために平和的な国際環境を求め，西側諸国との協調を図る「新思考外交」を展開した。1987年に米国とINF（中距離核戦力）全廃条約を締結して核軍縮を実現すると，1989年にはアフガニスタンからの撤兵を完了し，米国とのマルタ会談で冷戦終結を宣言した。1950年代後半から対立を続ける中国との関係改善にも取り組み，1989年の天安門事件直前に中国を訪問し中ソ対立を終結させた。

しかしゴルバチョフの経済改革は物不足や価格高騰などの混乱をもたらし，国民生活を悪化させた。またグラスノスチで歴史の見直しを行った結果，ソ連共産党の過去の不法・非人道的行為が明らかとなり，共産党への支持が低下した。対外的にもソ連が各国共産党の自主性尊重・相互不干渉などを提唱したことから，東欧諸国の共産主義政権が崩壊し，ソ連の影響下から離脱する結果となった。

1991年8月，ゴルバチョフの改革に批判的な保守派がクーデタを企てた。クーデタ自体はソ連内のロシア共和国大統領エリツィンの抵抗により失敗したが，ゴルバチョフは政治の実権を失い，ソ連共産党も解散を余儀なくされた。さらにエリツィン率いるロシアは，ウクライナ・ベラルーシとともにソ連の解体とCIS（独立国家共同体）の発足を発表した。1991年12月，ゴルバチョフはソ連大統領を辞任し，ソ連は解体した。ソ連の立て直しを図ったゴルバチョフの改革は，皮肉にもソ連と共産主義陣営の解体という結果を生んだのである。

解答例

⑴クレイステネス

⑵陳勝

⑶コロッセウム（コロセウム，コロッセオ）

⑷ミュンツァー

⑸シク教（シーク教）

⑹シパーヒー（セポイ）

⑺パリ＝コミューン

⑻五・三〇運動（五・三〇事件）

⑼ホー＝チ＝ミン

⑽ペレストロイカ

2015年

第1問 「『モンゴル時代』における交流の諸相」

解説

【何が問われているか？】

答案作成の最大のポイントは「何が問われているか」を正確に摑むこと。そのためには「東大のリード文」を文章構成上の最大のヒントとしてしっかり読み込むこと。論述の前提となる留意事項は以下の通りである。

- 13～14世紀，モンゴル帝国がユーラシア大陸の大半を統合した。
- これにより，広域にわたる交通・商業ネットワークが形成された。
- 人・モノ・カネ・情報が盛んに行きかうようになった。
- 広域交流はモンゴル帝国の領域を超え，南シナ海･インド洋･地中海まで広がり，西アジア・北アフリカやヨーロッパまで結びつけた。

上記の留意事項を踏まえて，以下の問いに答えて論旨をまとめる。

時代：13～14世紀のモンゴル時代

地域：日本列島からヨーロッパにいたるモンゴル帝国と交流のあった地域

対象：経済的および文化的（宗教を含む）な交流の諸相について論ずる。

◆視点

「モンゴル時代」にユーラシアの東西の「人・モノ・カネ・情報」を結びつけた原動力が「モンゴルの平和」の到来による交通網の確立，およびムスリム商人の交易活動，さらに絹・陶磁器・銀などに象徴される中国の経済力だと気づけば，決して書きにくい論述ではない。過去問対策に十分取り組んだ受験生には，1994年度のモンゴル史の「融合」の部分と，2011年度の「7～13世紀までのイスラーム文化圏の拡大にともなう異文化の受容と発展の動向・他地域への影響」の13世紀に関する論述部分が構成上のヒントとなっただろう。

とくに，文化面については指定語句「授時暦」「モンテ＝コルヴィノ」が94年度と共通しているなど，過去問の解答例を使える。また，指定語句「博多」(元寇後の日元貿易の拠点)は，10年度の「長崎」と同様，日本の歴史を世界史の一部として俯瞰することを求めたものである。

全体の構成としては，(1)「情報」をテーマにモンゴル帝国の下で形成された交通ネットワークを用いた交流の具体例(指定語句を例に取れば，**ジャムチ**，**ダウ船**，**ペスト〔黒死病〕**，関連事項としては，運河整備などを通じて大循環網が形成されたことなど)をまとめた上で，(2)経済的交流（指定語句としては，**東方貿易**，**染付〔染付磁器〕**，**博多**），(3)文化的交流（指定語句としては**授時暦**，**染付〔染付磁器〕**，**モンテ＝コルヴィノ**）の具体的内容について書くのがよいだろう。「染付（染付磁器）」についてはイスラーム世界から顔料のコバルトが輸入され，景徳鎮などで作られたこと，ジャンク船と「ダウ船」の交易で海の道が香辛料に加えて「陶磁器の道」となったことに言及する。「ペスト（黒死病）」については，交通ネットワークの活性化によってペストが流行し，各地に影響を与えたことを指摘したい。以下の**【背景解説】**と**【加点ポイント】**を参考に，自分なりの組み立てを考え，答案を作成してみよう。

【背景解説】

1．港湾整備による陸海路の結合

港湾整備による陸海路の結合についてのポイントは「モノ」の動きに関する事項をまとめる。大運河のみでは輸送力に限界があるので，天津（当時の名称は直沽）に至る運河と河川を利用して，山東半島を経由する海路と大運河を連結，経済の中心である江南（長江下流域）と大都との間を水運で結び，流通を円滑化しようとしたフビライの意図に言及できればよい。天津に至る運河や内陸都市である大都に乗り入れる運河を整備してフビライを喜ばせたのは，『授時暦』の作成者として知られる郭守敬（1231〜1316）である。天才的暦学者は天才的な技術者でもあったのだ。モンゴル時代の中国本土での「モノ」の動きについては，教科書に上記のような記述があるにもかかわらず，再現答案でも国際関係にばかり注意が向き，ほとんど言及できていなかった。モンゴル帝国・元を支えた経済・文化の「心臓部」は中国本土である。フビライの帝国全土に対する「宗主権」は，軍事力の基盤であるモンゴル高原と，経済の中心・中国本土の双方を掌握したことに由来することを忘れないようにしたい。

2．泉州の繁栄

市舶司は8世紀の唐代・玄宗期に広州に設置されたのが初めだが，北宋代に中国商人の南シナ海進出による交易の活発化と軌を一にして杭州・明州などに増設され，南宋〜元代にかけては泉州（『世界の記述』〔『東方見聞録』〕ではザイトンと紹介，福建省の都市）が広州を上回る港湾都市として繁栄した。南宋末期の泉州の市舶司の長官であった蒲寿庚（ほじゅこう）はムスリム（蒲＝アブー）であり，彼が南宋を見限ってフビライと結んだことにより，南宋は滅亡した。「交流の諸相」を問うこの問題で，広州や泉州での盛んな交易に言及した答案が少なかったことは，東大受験生の脳裏にモンゴル時代の「人とモノとカネ」の動きについての具体的なイメージが乏しかったことの裏づけだろう。

3．交鈔

この紙幣＝「カネ」の部分が再現答案でも最も言及できていなかった。かつて1994

年度の第1問・「モンゴル時代の衝突と融合」について，『テーマ別東大世界史論述問題集《改訂版》』（拙著，駿台文庫 2017年）で解説した際に，フビライについて，マルコ＝ポーロが「最高の錬金術師」と評したことを記したが，これは元代の紙幣の流通を念頭に置いた記述であることを理解しよう。センター試験でもマルコ＝ポーロが見聞したモノとして「紙幣」が出題されたことがある。交鈔は金が発行した紙幣で，モンゴル・元がこれを継承した。事実上の銀本位制の通貨であるが，銀が不足がちになり，また元朝宮廷の浪費によって発行額が増えると，価値の暴落を防ぐため，専売品である塩との引換の際，交鈔の使用を強制した（これを「塩引」という）。交鈔は単に「鈔」ともいい，この場合は紙幣の代名詞として，明代の紙幣（宝鈔）のことも指すが，宝鈔は金銀との兌換準備がなく，全く流通しなかった。大航海時代以降のグローバル化を支えたのは新大陸産の銀であったが，それ以前，モンゴル時代のユーラシア大交易圏の流通を支えたのも中国産の銀やムスリム商人がもたらす南ドイツ産の銀であることを認識すること。ともすれば元代の貨幣制度や税制は中国史の枠組みで考えがちだが，東大世界史はそのような一国史的な見方はせず，グローバル化の一環としてモンゴル・元代史を捉え直そうとしていることに注意したい。「11. 税制・貨幣制度と馬蹄銀」「12. 銀の大循環」で詳述したので参照してほしい。

4．輸送手段

モンゴル時代最大の輸送手段・船に関するポイント。インド洋交易に活躍した三角帆の船はダウ船と呼ばれた。ダウ船については，コロンブスの船（サンタ＝マリア号）に代表されるカラック船や，レパントの海戦で活躍した大型船であるガレオン船，宋代（10世紀あるいは11世紀）頃から羅針盤を搭載して使用された中国の帆船であるジャンク船との比較がセンター試験でも出題されている。

5．交易品

染付（日本での呼称。中国では「青花」）は，白地に藍色一色で図柄を表わした磁器。磁器の生地にコバルト系の絵具である「呉須」（焼成後は藍色に発色する）で図柄を描き，釉薬（ガラス質の素材・陶磁器の素地に水などが浸透しないようにする）を掛けて焼成した。元代にはコバルト顔料をイル＝ハン国支配下のイランから輸入した。これを「回青」という。江西省・景徳鎮で焼かれた染付は「海の道」を通ってペルシア湾のホルムズ経由で西方に伝わった。

6．マムルーク朝

問題文にある「インド洋・西アジア・北アフリカ・ヨーロッパ」を結びつける広域交流の要衝はエジプトである。モンゴルのシリア・エジプト進出を阻止したマムルーク朝を簡潔・的確に説明すること。マムルーク朝（1250～1517）は，アイユーブ朝のトルコ系マムルークが自立して建てたスンナ（スンニー）派を信奉する王朝。建国者は女性のスルタン・シャジャル＝アッドゥルであった。第5代スルタン・バイバルスはアイン・ジャールートの戦い（1260）で，アッバース朝を滅ぼしたイル＝ハン国のシリア侵入を撃退し，カリフの子孫を保護した。マムルーク朝は紅海貿易に従事するカーリミー商人を保護し，13～15世紀にかけて東地中海沿岸を舞台とする東方貿易を独占的に支配したが，インド北西岸のディウ沖の海戦（1509）でポルトガルに敗れて，香辛料貿易独占が崩れ，ペストの流行などで国力も衰え，オスマン帝国に征服された（1517）。

7.カーリミー商人

再現答案の中ではカーリミー商人の交易範囲を誤っているものが多い。カーリミー商人をムスリム商人の代名詞のように考え，インド洋を横断する貿易を行ったかのように記述した答案が多かったが，これは誤り。紅海だけでも全長2300kmある。カーリミー商人はマムルーク朝時代，紅海を通る香辛料貿易で活躍したムスリム商人団のことで，彼らは「胡椒と香料の商人」と呼ばれた。アイユーブ朝・マムルーク朝の手厚い保護の下，香辛料の他，小麦・砂糖・織物・武器・材木などを売買した。香辛料は紅海の出口・イエメンのアデンを訪れるインド商人から購入した。15世紀末，マムルーク朝が香辛料の専売制を採ったため，急速に衰えた。

8．東南アジアへのイスラーム伝播

ムスリム商人の東南アジア進出は，アッバース朝以降，ペルシア湾のバスラ（湾岸戦争・イラク戦争の激戦地）やエジプトのフスタートを拠点としてインド洋経由で東南アジアや中国との交易が活発化したことが契機であるが，仏教やヒンドゥー教の「壁」は厚く，東南アジアにイスラーム教が定着するのは13世紀にスマトラ北部のサムドラパサイ（スマトラの語源）にイスラーム教の拠点が成立してからで，イスラーム教の拡大とともに胡椒栽培が普及した。

9．スーフィズムの拡大

ここでは経済活動と宗教の広まり（カネと文化）の関連性がポイントである。スーフィズムはウラマー（イスラーム法学者）らによるイスラーム法（シャリーア）の難解な解釈や形式主義に従うことを不十分として，より内面的な救いを重視する考え。修行者（スーフィー）は，羊毛（スーフ）の粗衣を纏って清貧に甘んじながら修行に励んだことが語源とされる。その中でも神との一体感（神との合一）を求めて禁欲的な修行に励む一派はイスラーム神秘主義と呼ばれた。分かりやすい倫理観を説いたため，聖者崇拝などと結びついて一般民衆に受け入れられ，12～13世紀以降，スーフィー教団が成立。ムスリム商人の活動とともに現在のイラクから中央アジア・インド・東南アジア・中国・東アフリカ・西アフリカにまで広まった。

一方，7～8世紀以降，ヒンドゥー教世界ではヴィシュヌやシヴァなど神への絶対帰依を説く「バクティ信仰」が普及し，『マハーバーラタ』や『ラーマーヤナ』などのヒンドゥー神話の主人公であるクリシュナやラーマ王子，仏陀などがヴィシュヌ神の化身とされた。難解な教義・知識や苦行を否定し，ひたすらに神への愛を歌うバクティ信仰は民衆に普及したが，これがスーフィズムとの接点となり，ヒンドゥー教に代わってイスラーム教が東南アジアに広まる契機となった。

主にトルコ人やイラン人に広まった神秘主義と聖者崇拝を堕落と見なしたのは18世紀のワッハーブ派で，ネジド地方（現サウジアラビア王国の首都リヤドを中心とした地方）の豪族サウード家の支援を受けたが，これがアラブ人のイスラーム復古主義運動の出発点となった。

10. 博多

博多は，奈良時代から西海道（九州および対馬・壱岐）の内政を管轄し，朝鮮・中国などとの交流・外交の窓口ともなった大宰府の外港であった。11世紀頃までは律令国家の外交使節・鴻臚館が置かれたが，これが衰退した11世紀頃からは日宋貿易の拠点として栄え，宋銭が流通し，中国人街（大唐街）が形成され，外国商人が行きかう国際商業都市として発達した。平清盛（1118～81）は博多に人工の港「袖の湊」を開き，日宋貿易の中継地とした。船団を組んで博多に来航する宋の商人たちは「綱首」と呼ばれ，博多に居館を構え，地元の寺社とも結びつき，禅宗を宋からもたらした栄西（1141～1215）らを支援した。NHKの大河ドラマ『北条時宗』にも登場した謝国明（演・北大路欣也）は実在した「博多綱首」，つまり中国系商人であった。博多は文永・弘安の役（1274，81）では激戦地となったが，元寇の後は日元貿易の拠点となり，博多商人が幕府の公認を受けて建長寺，あるいは天竜寺などの寺社造営費用を獲得するために元に半官半民の交易船（寺社造営料唐船）を派遣した。鎌倉幕府は鎮西探題，室町幕府は九州探題を置くなど，中世日本では博多は大宰府に代わって北九州の政治・経済・外交の中心となった。15～16世紀には博多商人は日明貿易・日朝貿易だけではなく，琉球王国を経由して東南アジアとも交易を行ったが，これは本問の対象となる時代のことではない。また「堺」に言及した再現答案もあったが，堺の商人が日明貿易をステップに朝鮮・琉球との貿易にまで進出するのは15世紀末のことである。

11. 税制・貨幣制度と馬蹄銀

モンゴル・元の税制・貨幣制度と馬蹄銀について整理しておく。

これは東大の論述で出題される内容ではないが，早稲田大学に出題例がある。中国の銀納税法というと，明代後半の「一条鞭法」が有名だが，実は元で最初の銀納税法が施行された。ここでモンゴル・元の税制と貨幣制度を確認しておく。

1．税糧…オゴタイ＝ハン以降，元代まで華北で実施された。各戸の壮丁ごとに人頭税として穀物を徴収するか，田畑の面積ごとに徴収するか，いずれか高額の方を納めさせる税制。

2．科差…各戸に絹と銀を納めさせる税法。中国史上初の銀納税法で銀本位制の紙幣・交鈔が流通する基盤となった。

3．交鈔…基本通貨は銀で交鈔2貫（銅銭2000文分の額面）を銀1両（約37g）と兌換した。

4．馬蹄銀…元・明・清で高額の取引に用いられた馬蹄形の銀塊。特定の鋳型から鋳造された銀地金を「銀錠」と呼ぶが，大・中・小の3種の銀錠のうち，最大の「元宝銀（約2kg）」が馬蹄形をしていたので，「馬蹄銀」の別称が生まれた。

12. モンゴル時代のユーラシア大陸における「銀の大循環」

答案の書き方としては後の加点ポイント㉓，あるいはその許容表現程度でよいのだが，東大は受験生にこのポイントを書かせたかったのではないか？と筆者は考えている。15年度・第1問の核心であるユーラシア大交流圏を支えた経済の中心（フビライ統治下の中国）と，経済活動を支える銀の大規模な循環を，16世紀以降の銀の流通（2004年度第1問で出題）と比較するのも面白いと思う。

13世紀に内陸アジアから興ったモンゴル勢力は，騎馬遊牧民族の軍事力を駆使して支配領域を拡大すると，13世紀半ばにはユーラシア大陸の大半を支配するモンゴル帝国を成立させた。これにより，それまでユーラシア大陸各地に並立していた地域的な経済圏が結びつけられ，一つの広域経済圏が形成された。さらに，フビライ＝ハン（位1260～94）は大都（現在の北京）に遷都して国号を元と改称すると，江南の穀倉地帯をモンゴル帝国の経済基盤とすべく，南宋を滅ぼして中国全域を支配するに至った。これは，澶淵の盟（1004）以来の南北分立を前提とする銀の流通形態を変化させるものであった。

澶淵の盟では「北宋を兄，遼を弟」として，北宋が毎年絹20万匹・銀10万両を華北に勢力を拡大してきた遼に「歳幣（プレゼント）」として支払った。さらに，南宋時代には金と紹興の和議（1142）を結んで南宋が金に臣礼をとり，淮河と秦嶺山脈を国境に，南宋が毎年金に対して絹25万匹・銀25万両を「歳貢（貢ぎ物）」として贈った。政治的・軍事的な観点で考えると，どちらも一見すると宋にとっては屈辱的に見える。しかし経済的な側面から考えると，遼や金は宋から受け取った銀を使って江南を中心に生産された中国物産（絹・茶など）を入手しており，この銀が間接的には江南開発を促進することとなった。そもそも，北方には中国物産を入手するための対価を賄えるほどの物産は質・量ともに無いに等しく，宋は経済発展と輸出拡大で中国が獲得した銀を税として吸収し，再び北方の王朝に支払うことで，彼らの中国物産に対する購買力を支えていた。これが，多額の銀の支払いにもかかわらず宋の経済が破綻しなかった理由である。こうして南北に漢民族と遊牧民が並立する政治体制によって，中国の南北で銀が循環するシステムが形成された。しかし北方に銀を送るためには，中国内部での取引での銀の使用は避けなければならない。北方に大量の銀を送ると中国内部は極端な銀不足となり，貨幣経済が破綻するからである。このため中国内部の取引には銅銭が使用され，不足した部分には交子・会子などの紙幣が充当されたのである。北宋代に世界最初の紙幣が中国から出現したのは偶然ではない。

この体制はモンゴル帝国のユーラシア大陸支配によってさらに拡大した。モンゴル帝国の大ハン位を継いだフビライは，元朝をチンギス＝ハンの子孫たちが支配する諸ウルス（ハン国）の宗主国「大元ウルス」と位置づけた。これに対する反抗も起きたが（ハイドゥの乱 1266～1301），その後もモンゴル帝国は緩やかな連合を保ち，陸海交通の保護により東西交易は繁栄した。モンゴルの諸ウルスはすでに内陸アジアに交易圏を形成していたイラン系ムスリム商人やウイグル商人を保護下に置き，商人たちの持つ情報や経済のネットワークを支配に活用した。また商人たちも，モンゴル支配を受け入れることで，ユーラシア大陸全域で安全に交易を行うことが可能となった。モンゴル支配下で施行された駅伝制（ジャムチ）はその具体的な政策の一つである。さらにフビライによって中国南部の海港が支配領域に組み込まれ，海上交易に従事するムスリム商人も，このネットワークの一翼を担った。そして，中国本土を支配する元朝は税収を土地税に依存せず，もっぱら商業活動に課税して商業税を銀で徴収し，さらに華北では生糸と銀を徴収する新たな税制（科差）を施行した（反面，江南では旧来の地主勢力が強く，実態として元の支配が届かず，従来の両税法が継承された）。こうして元の中央政府に集められた銀は，「大元ウルス」を宗主国と仰ぐ他のウルスの領主や貴族に贈られ，彼らはその銀を保護下のムスリム商人やウイグル商人へと投資した。つまり中国から贈られた銀は，ユーラシア大陸西方の商人たちが中国物産を入手する資金源となったのである。こうして元の中国支配により，東方の中国から西方へ送られた銀が，交易によって再び中国へと戻るという，ユーラシア大陸全域にまたがる「銀の大循環」システムが形成された。そして，このシステムでは，常に中国から西方へと銀が送られなければならないため，元朝統治下では銀を中国国内の貨幣として使用せず，「交鈔」と呼ばれる紙幣を一の法定貨幣としたのである。そして，元は紙幣の使用と競合する銅銭の使用に消極的であったため，中国の周辺諸国に銅銭が輸出され，各国で補助通貨となった。こうして各国は，元朝を中心とする銀を基軸通貨とした広域経済圏に組み込まれた。

13世紀後半以降，元朝は交鈔と不足しがちな生糸や金銀との兌換を停止した。交鈔の価値は下落し続けたが，フビライは専売品である塩との交換券である「塩引」を，銅銭ではなく銀あるいは交鈔でのみ販売することとした。この結果，消費財として常に生産され続ける塩が，不足がちな銀に代わって交鈔の価値を支えることとなった。フビライは銀と塩を巧みに使い分けながら交鈔の価値を維持したのであり，マルコ＝ポーロは『世界の記述』（『東方見聞録』）の中でフビライを「最高の錬金術師」と呼んでいる。

しかし，次第に交易の拡大に銀の供給が追いつかなくなって経済の不調をもたらし，さらに元末には，交鈔の濫発や専売制の強化によって物価の高騰を招いた。こうした社会の混乱で困窮した民衆が紅巾の乱（白蓮教徒の乱1351～66）を起こすと，反乱軍から現れた朱元璋が明を建国し，元朝はモンゴル高原に追いやられた。

13. 東西交易路の衰退

シルクロードの盛衰について確認しよう。元代の東西交渉を支えたのは「草原の道」「オアシスの道」「海の道」の3本のシルクロードである。このうち「草原の道」はカラコルム，アルマリク，サライといった大ハンや各ウルスの都を貫いてアゾフから黒海経由でコンスタンティノープルに向かうルートで，教皇の使者カルピニや仏王の使者ルブルックが通ったが，ハイドゥの乱以降，衰退した。

「オアシスの道」は敦煌，ホータン，ブハラ，ホルムズを通り，イル＝ハン国の都の一つタブリーズを経てメソポタミア北部から東地中海岸のシリアを経由し，海路にてイタリア，或いは陸路にてアナトリア（小アジア）に抜けるルートである。モンゴル帝国の分裂後，一旦，トルキスタン・アフガニスタン・イランを再統一したティムール朝の時代に最後の全盛期を迎えたが，ティムール朝の崩壊後は，ウズベク族とサファヴィー朝との対立などにより，衰えた。

「海の道」は香辛料や陶磁器の道として，泉州からマラッカ，カリカット，ホルムズ，或いはアラビア半島西南岸のアデン（イエメン）から紅海を経てマムルーク朝支配下のエジプトに至った。紅海を拠点とするカーリミー商人の活躍も元代が中心である。政治的影響を最も受けにくい「海の道」では，このルートにポルトガル人が進出する15世紀末まで，インド商人とイスラーム商人の活発な交易が続いた。マルコ＝ポーロは，往路はオアシスの道，復路は泉州から海の道を通った。イブン＝バットゥータはインドのトゥグルク朝の使節として海路，元末の中国を訪れている。

14. ペスト（黒死病）

腺ペストと推測される伝染病。1346～50年頃に流行。モンゴル軍と交戦したクリミア半島からイタリア・フランス・イングランドに拡大。百年戦争中の英仏両軍はペスト（黒死病）のために休戦協定を結んだ。北欧・東欧にまで感染が拡大し，1351年に終息したが，60年代，70年代，90年代，1400年にも再流行した。幼児の死亡率が高く，当時のヨーロッパ人口（約1億）の1/3が死亡したと推測される。ペスト（黒死病）の流行により，封建貴族の軍事力は衰え，貢租負担が増えた農民の反乱が頻発した。

15. 授時暦

郭守敬が作成した授時暦（1280，翌年から施行）は，イスラーム（アラビア）天文学の影響を受けた精密な天体観測に基づいて作成された，ほぼ完成された太陰太陽暦（太陰暦を基にしながら，閏月を入れて季節＝太陽年とのズレを調整する暦）である。郭守敬は自ら天文儀器（観測器具）の製作と観測に従事した。再現答案の中には，11世紀にセルジューク朝で活躍したウマル＝ハイヤームが作成に参加した「ジャラリー暦」（1079）の影響を受けた，と断定した答案があったが，イスラーム暦＝ジャラリー暦とした受験生らしい勘違いで，「イスラーム暦学」の影響とは，ジャラリー暦も授時暦も，イスラーム天文学の精緻な観測データに基づいて作成された，ということである。またイスラーム教の宗教儀式に欠かせないイスラーム暦が純粋太陰暦（太陽年と調整をしない暦）であるのに対し，ジャラリー暦は太陽暦である。また「郭守敬は天文台を設立した」という再現答案の記述があったが，明清交代期に『崇禎暦書』（清では時憲暦）を作成し，欽天監（今の国立天文台）の長官として活躍したイエズス会宣教師・アダム＝シャール（湯若望）と混同したか。

授時暦は明では大統暦と改称され1644年の明の滅亡まで3世紀半以上にわたって用いられたが，長年の使用で日食・月食などの天体現象と時期が合わなくなっていた。日本では平安時代から使われていた宣明暦（862～1685）に天体現象との狂いが生じており，江戸時代前期，京都の朝廷は明の大統暦を用いることを定めたが，渋川春海が授時暦に基づき，自ら観測して求めた日本と中国の経度の差（里差）を勘案して大和暦を作成し，こちらの方が正確だと分かったため，朝廷の命で当時の元号に基づき貞享暦と改称されて施行された（1685，貞享の次の元号が元禄である）。大統暦や貞享暦に言及した再現答案もあったが，問題は「13～14世紀の交流の諸相」を論述せよというものであり，駿台世界史科では加点対象外とした。設問の内容次第によっては，当然ながら貞享暦に言及する必要がある場合も出てくるだろう。ちなみに貞享暦以降の江戸時代の暦，特に寛政暦以降は時憲暦と同じく西洋天文学の影響を受けている。

16. イル＝ハン国（フレグ＝ウルス）の文化

ガザン＝ハン（第7代，位1295～1304）はイスラーム教に改宗し，イクター制を採用，ハラージュを徴収するなど，イスラーム化を進めた。彼の時代にイラン・イスラーム文化が復興した。ガザンの宰相ラシード＝アッディーン（ウッディーン）はイラン系あるいはユダヤ系（本人はユダヤ人説を否定）といわれ，ペルシア語で記述したモンゴル史の史料『集史』（『ジャーミー・アッタワーリフ』）を編纂した。モンゴルに対する悪口を列挙する明代編纂の中国側の史料に対し，その客観性と史実に近い内容に対する評価は高まっている。マムルーク朝と対峙したイル＝ハン国は，シルクロードの利権を巡ってキプチャク＝ハン国とも対立する一方で，元やヨーロッパ諸国と通交したことでも知られ，ネストリウス派の僧侶ラッバン＝バール＝ソーマがイル＝ハン国の使節としてヨーロッパを訪問し，教皇や英王エドワード1世・仏王フィリップ4世に拝謁している。これが教皇ニコラウス4世によるフランチェスコ修道士モンテ＝コルヴィノ派遣の契機となった。

17. パスパ文字

13世紀，チベット仏教・紅帽（サキャ）派の僧侶パスパが元のフビライ＝ハンの師となり，チベット仏教がモンゴルに伝播した。その際，パスパはフビライの命でモンゴル語を記述するため，チベット文字からパスパ文字を作成した（1269）。公文書に用いられたが一般には普及しなかった。

18. 陳朝大越国（1225～1400）と字喃（チュノム）

陳朝は王子・陳興道（チャンフンダオ）の奮戦により，モンゴル・元の侵入を三度にわたって撃退する一方で，元に朝貢して二国間の関係の安定化を図り，冊封体制に組み込まれた。国内ではモンゴル・元の侵攻を撃退したことにより，民族意識が高まり，14世紀頃，漢字に基づいて民族文字「字喃（チュノム）」を制定したが，チュノムは漢字を読めないと読めない，という問題点があり，19世紀以降，フランスがベトナム語のローマ字表記（「国語，クオック・グー」）を広めると使われなくなった。陳朝時代には，黎文休（レヴァンフー）が漢字を用いてベトナム初の史書『大越史記』を編纂しており，科挙制など中国の制度文化を導入，儒教や大乗仏教も盛んであるなど，中国文化の影響を強く受けている点がベトナムと他のインドシナ半島やジャワの王朝・国家との相違点である。明の成祖永楽帝は，15世紀末に内乱で陳朝が滅亡すると，宗主国として属国・陳朝大越国の復興を名目にベトナムに遠征軍を派遣して支配（1407～27）したが，黎利が明軍を撃退し，新たに黎朝を建てた。

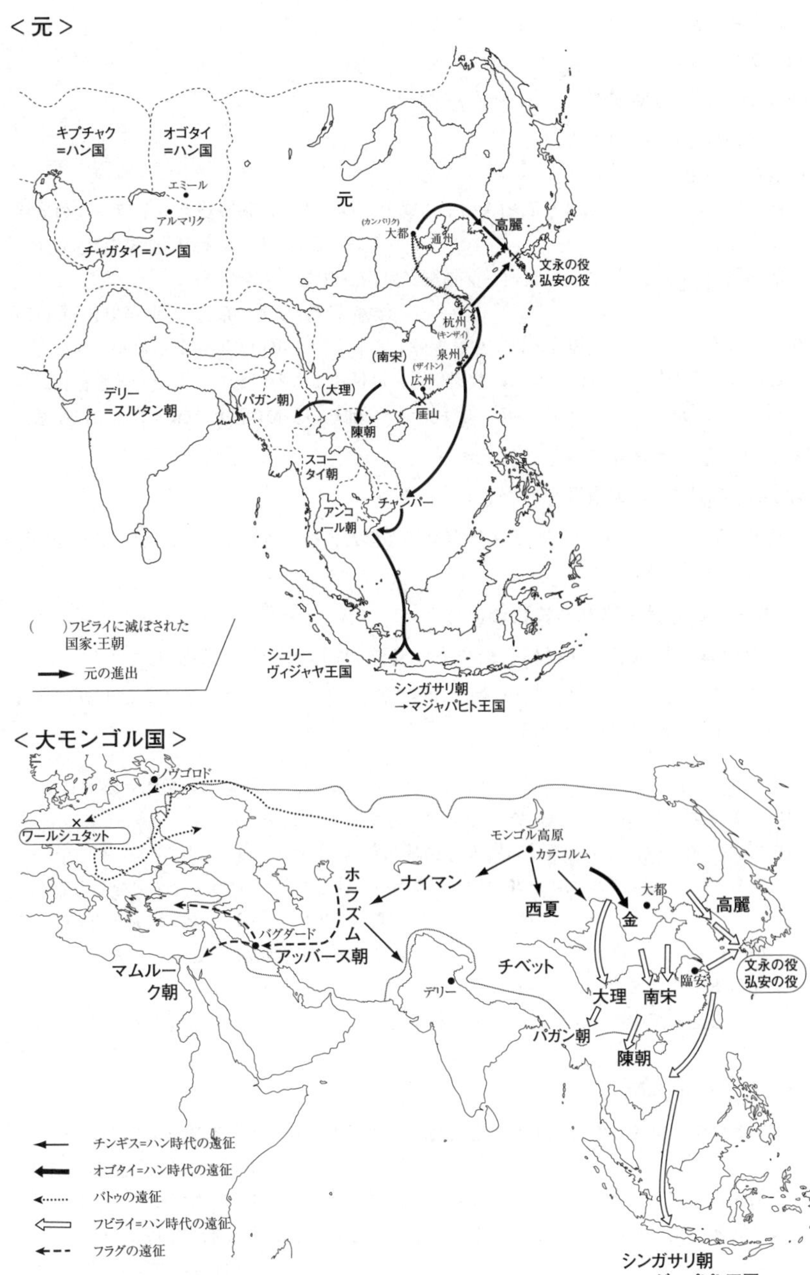

＜元＞
キプチャク
=ハン国
オゴタイ
=ハン国
エミール
アルマリク
チャガタイ=ハン国
元
(カンバリク)
大都
通州
高麗
文永の役
弘安の役
杭州
(キンザイ)
泉州
(ザイトン)
広州
(南宋)
(大理)
(パガン朝)
デリー
=スルタン朝
陳朝
厓山
スコー
タイ朝
アンコ
ール朝
チャンパー
(　　)フビライに滅ぼされた
国家･王朝
元の進出
シュリー
ヴィジャヤ王国
シンガサリ朝
→マジャパヒト王国
＜大モンゴル国＞
ノヴゴロド
ワールシュタット
モンゴル高原
カラコルム
ナイマン
ホラズム
西夏
金
大都
高麗
バグダード
アッバース朝
マムルーク朝
チベット
臨安
文永の役
弘安の役
デリー
大理
南宋
パガン朝
陳朝
チンギス=ハン時代の遠征
オゴタイ=ハン時代の遠征
バトゥの遠征
フビライ=ハン時代の遠征
フラグの遠征
シンガサリ朝
→マジャパヒト王国

【加点ポイント】

《情報について》

①モンゴル帝国は**駅伝制ジャムチ**を整備した。

◎使者の移動を迅速化した。

◎**牌符**を使用した。

◎**駅伝制**(ジャムチ)は**ムスリム商人**による**隊商**がゆきかう**広域商業ネットワーク**の**形成に寄与**した。　(実教出版〔以下，実教〕『世界史B』p.168)

◎**駅伝制**(ジャムチ)によって交通・交易網が整備された。

(東京書籍〔以下，東書〕『世界史B』p.175)

＊ジャムチについては「通行人に安全を保障した」という再現答案があったが，ジャムチ自体は公用の使節・官僚・軍人に食糧や馬を提供するものであり，上記の教科書表記の通り。「広域ネットワークの形成に寄与」し,「交通網の整備の要因となった点」に注意。

②モンゴル帝国は**草原の道**を確保した。

③**オアシスの道**や**中国市場**を統合した。

◎**東アジアからヨーロッパにいたる陸路交易が盛んに行われた**(山川出版社〔以下，山川〕『詳説世界史B』p.168)

《モンゴル・元の経済・通商政策について》

④帝国では**ムスリム商人が財務官僚や文化交流の担い手**として活躍した。

＊ムスリム商人の元代の活動については再現答案でも言及が少なかった。問われている「人」に関する重要な要素である。

◎イル＝ハン国では(ガザン＝ハンが)イスラームに改宗，**イスラーム文化を継承**した。

◎キプチャク＝ハン国のウズベク＝ハンがイスラームに改宗した。

◎キプチャク＝ハン国がムスリム商人を保護した。

◎支配者である**モンゴル人がトルコ化・イスラーム化**して統治下の社会に根をおろした。

(帝国書院〔以下，帝国〕『新詳世界史B』p.112)

＊この「モンゴル人のトルコ化」がイスラームとの融合の要因である。「人」と「文化」に関する重要な要素なので，受験生にはよく理解してほしい。

◎色目人を通じて中国にもイスラームが流入した。　(実教『世界史B』p.168)

⑤元は大運河を整備した。

◎**江南と大都を結ぶ南北の交通路**としては，**大運河が補修**され，**新運河**も開かれた。

(山川『詳説世界史B』p.168)

◎大都から大運河・渤海湾へとつながる水運路を開いた。(帝国『新詳世界史B』p.113)

◎大運河と海路によって(広州・杭州・泉州など)華南の都市と大都が結ばれた。

(東書『世界史B』p.173)

⑥港湾の整備で陸路と海路を結合した。

◎海の道と結んだ。

◎大都は海路で(経済の中心である)江南(長江下流)を経て，東南アジア・インド洋と結ばれることとなった。

◎モンゴル皇帝は宮廷・政府・軍団とともに大都(冬の都)・上都を季節ごとに移動しながら，世界中から集まる**人・モノ・情報**に接した。　(帝国『新詳世界史B』p.113)

⑦広州・泉州などに市舶司を設置して交易を管理した。

◎泉州・杭州・寧波(明州)など中国沿岸諸都市が繁栄した。

◎長江下流から山東半島を経由した海運も開かれて，物流は大都までつながった。

(帝国『新詳世界史B』p.113，実教『世界史B』p.168)

⑧モンゴル・元は**交易で得た銀**を元手に**紙幣**の**交鈔**を発行した。

◎銀の循環が起こった。

◎通貨は銀が帝国全域で基本となり，その補助として**紙幣**(**交鈔**)が発行された。

◎遠距離・高額の取引には銀・交鈔が用いられた。

◎元が発行した紙幣(交鈔)は銀との交換が保証されたため普及し，ときに西アジアでも流通した。　(東書『世界史B』p.175)

《交易圏の拡大＝モンゴル支配外の地域をも統合した交流について》

⑨中国商人はジャンク船を操り，南シナ海を交易圏とした。

＊「(モンゴル時代は)茶はシルクロードの交易品ではなかった」(松崎芳郎『茶の世界史』八坂書房 2012年 p.9)ので，注意すること。茶の文化がヨーロッパに知られたのは16世紀以降である。西欧への中国茶の輸出は17世紀以降に活発化した。

⑩**ダウ船**を用いたムスリム商人はインド洋を交易圏とした。

◎ムスリム商人はインド洋航路を掌握し，香辛料貿易を支配した。

◎ムスリム商人は地中海・紅海・インド洋・南シナ海を結びつけた。

◎海路でも主としてムスリム商人が交易を担った。　(東書『世界史B』p.173)

⑪モンゴル・元の時代には南シナ海とインド洋交易圏が結びついた。

◎中国商人とムスリム商人は東南アジアで交易した。

◎東南アジアの港市にムスリム商人が定着し，島嶼部のイスラーム化が始まった。

(東書『世界史B』p.173)

◎陶磁器や絹，香辛料を取引した。

◎元軍撃退後のマジャパヒト王国は元に朝貢(元との交易が活発化)した。

⑫イラン産のコバルト顔料を用いて**染付(染付磁器)**が景徳鎮(中国)で製作された。

⑬**染付(染付磁器)**は海の道を通じて西方へ輸出された。

◎**ホルムズ**などで交易された。

⑭**マムルーク朝**はモンゴルを撃退した。

⑮**マムルーク朝**は紅海貿易に従事するカーリミー商人を保護した。

◎**カーリミー商人**は紅海での交易を支配した。

◎カイロが紅海貿易との中継地として栄えた。

⑯マムルーク朝は**ヴェネツィア商人**らとの**東方貿易**を行った。

◎北イタリア商人がムスリム商人と**東方貿易**を行った。

⑰（中国産の）**絹**・（東南アジア産の）**香辛料**と（ヨーロッパ産の）**銀**・**毛織物**を交易した。

◎**北イタリア**（**イタリア**）**諸都市**がムスリム商人から香辛料を輸入した。

⑱イル＝ハン国を経由して**東方貿易**が行われた。

⑲ムスリム商人が（香辛料を求めて）東南アジアに来訪した。

⑳ムスリム商人によってイスラーム教（**スーフィズム**）が広まった。

㉑日本は元を撃退した。

◎日本や東南アジアの**大越国**（**陳朝**）やジャワなどは，モンゴル帝国の武力侵攻を退けたが，帝国との交易活動は活発に行った。（東書『世界史B』p.173）

㉒日本では**博多**が日元貿易の拠点となった。

◎建長寺船など幕府公許船が派遣された。

㉓日本に銅銭（宋銭）が流入した。

◎**銀・交鈔の使用**で余った（使用されなくなった）**銅銭**は日本などに流出して各地の経済を刺激した。（山川『詳説世界史B』p.169，東書『世界史B』p.175）

《人の交流とその影響》

㉔ヴェネツィア商人**マルコ＝ポーロ**が来訪（往路はオアシスの道・復路は海の道を経由）した。

◎マルコ＝ポーロが『**世界の記述**』（『**東方見聞録**』）に元の繁栄を記録した。

㉕宣教師**モンテ＝コルヴィノ**が（イル＝ハン国経由で元へ・大都で没）カトリックを伝道した。

◎教皇の使者プラノ＝カルピニ，仏王（ルイ９世）の使者ルブルック

㉖イスラーム法学者イブン＝バットゥータらが訪れ（『**三大陸周遊記**』〔『**旅行記**』〕を著し）た。

㉗交流の活発化により**ペスト**（**黒死病**）が各地で流行し，西欧で人口が激減した。

▲単に「流行した」では，この論述の論旨にそぐわない。

▲「東方貿易でペストがもたらされた」→クリミア半島から流入したとされる。

▲「ヨーロッパから中国に広まった」とする誤答が多かったのには驚いた。

㉘人口が激減した西欧では荘園制の解体が進んだ。

▲ヨーロッパで貨幣経済が普及した→「モンゴル時代」以前の**商業ルネサンス**の影響。

《文化面での影響》

㉙郭守敬がイスラーム天文学の影響を受けた**授時暦**（太陰太陽暦）を作成した。

◎郭守敬は天文儀器の製作と観測に従事した。

◎ラシード＝アッディーン（ウッディーン）が（ペルシア語で，モンゴル史を記した）『集史』を編纂した。

▲スワヒリ語文化圏の形成は，7世紀以降のムスリム商人の東アフリカ沿岸への進出の結果であり，再現答案では加点対象外とした。

▲東方貿易・十字軍・レコンキスタを契機とした，パレルモやトレドでの「大翻訳時代」をモンゴルの地中海世界内部の文化的交流と考え，再現答案では加点対象外とした。

㉚中国（院体）画の影響でイランでは細密画（ミニアチュール）が発達した。

▲南宗画は不可。94年度の過去問題にも取り上げられている。

㉛ウイグル文字起源のモンゴル文字が作られた。

㉜チベット文字由来のパスパ文字が作られた。

㉝元軍を撃退した陳朝では民族意識が高まり，民族文字チュノムが制定された。

◎元軍撃退後の陳朝は，元に朝貢した。

㉞（宋代以来の）火薬・羅針盤・印刷術・陶磁器などがイスラーム世界やヨーロッパに伝わり，大きな影響を与えた。

解答例

モンゴル帝国は駅伝制**ジャムチ**を整備，草原の道・オアシスの道と中国市場を統合した。帝国ではムスリム商人が経済や文化交流の担い手で，西方の諸ハン国ではイスラーム化が進んだ。元は大運河や港湾の整備で陸路と海路を結合，広州・泉州などに市舶司を設置して交易を管理，ジャンク船を操る中国商人の南シナ海交易圏と，**ダウ船**を用いたムスリム商人のインド洋交易圏とを結び，交易で得た銀を元手に紙幣の交鈔を発行した。モンゴルを撃退し紅海貿易に従事するカーリミー商人を保護したマムルーク朝やイル＝ハン国がヴェネツィア商人らとの**東方貿易**を行った。またムスリム商人によりスーフィズムが普及し東南アジアにイスラーム教が広まった。元を撃退した日本では**博多**が日元貿易の拠点となり，銅銭が流入した。ヴェネツィア商人マルコ＝ポーロ，カトリック宣教師**モンテ＝コル**

ヴィノ，イスラーム法学者イブン＝バットゥータらが訪れた。交流の活発化により**ペスト**が各地で流行し，人口が激減した西欧では荘園制の解体が進んだ。文化面では郭守敬がイスラーム天文学の影響を受けた**授時暦**を作成し，ウイグル文字起源のモンゴル文字やチベット文字由来のパスパ文字が作られた。元軍を撃退した陳朝では民族意識が高まり民族文字チュノムが制定された。イラン産のコバルト顔料を用いて**染付**が景徳鎮で製作され，海の道を通じて西方へ輸出された。また中国院体画の影響でイランでは細密画が発達した。

(600字)

第2問　「国家の法と統治」

解説

「帝国と法」は東大の定番テーマであり，2009年第2回東大実戦模試でも取り上げた。では問題毎に解説を加える。

帝政期のローマでは，属州の統治のため皇帝が法務官を任命し，勅令や法務官告示という形で新たな立法を行った。これは，元老院や平民会がローマ市民のために制定する市民法から，「世界の統治者」たる皇帝が制定する万民法へと，ローマ法の性格が変化したことを意味する。これを支えたのが，各国の法の上に自然の理性の法(自然法)が存在するというストア派の世界市民主義の思想であった。4世紀，コンスタンティヌス帝の時代には，専制君主政の確立にともない，法の解釈権が皇帝に独占された。

問(1)　古代ローマ法と中世ヨーロッパの身分制議会に関する問題。

(a)　①ユスティニアヌス，②トリボニアヌス

「ローマ法の集大成の編纂を命じた皇帝と，法典編纂の中心にいた法学者の名」を答える単答式の問題。トリボニアヌスは世界史教科書の掲載頻度が低いが，東大(特に文科Ⅰ類)志願者なら知っておくべき名前だ。

ユスティニアヌス帝については，2014年度第2問（ビザンツ帝国とトルコ系民族），12年度第2問（ササン朝を巡る国際関係）で関連問題が出題されている。コンスタンティヌス帝が建設したコンスタンティノープルの中心にハギア＝ソフィア聖堂を建設したユスティニアヌスは，「ソロモンよ，我は汝に勝てり！」と叫んだという。古代イェルサレムにヤハウェの神殿を建設したソロモン王に自分をなぞらえたわけだ。その反面，異教徒に対する弾圧を強め，プラトンが創建したアテネ近郊のアカデメイアを閉鎖させたのもこの皇帝である。

ユスティニアヌスの業績として世界史に刻まれているのは，じつは文武の側近たち

の功績である。一人は武官のベリサリオス。首都の競技場で発生した反対勢力の反乱(ニカの乱)を徹底的に鎮圧して帝権を安定させ，西方遠征軍を指揮して北アフリカのヴァンダル王国を滅ぼし，イタリアの東ゴート王国にも勝利して地中海全域を(一時的に)回復した。

もう一人が法務長官のトリボニアヌスだ。10名の法学者チームを率いて，ハドリアヌス帝以降の歴代皇帝の勅令を集大成し，注釈をつけた。

ローマ帝国には憲法というものが存在せず，新しい勅令が出るたびにそれと矛盾する古い法は無効になるというシステムだった。しかし勅令数が膨大になってくると，チェックされずに放置される法も多く，混乱が生じていた。

トリボニアヌスを筆頭に10名の法学者を集めて6年がかりの国家事業として行われた。内容は，次の4つに分かれる。

- 『勅法彙纂』…ハドリアヌス帝以来の勅令を項目ごとに分類。
- 『学説彙纂』…法学者による法の解釈を集めたもの。
- 『法学提要』…法を学ぶ学生のための教科書。
- 『新勅法彙纂』…ユスティニアヌス帝の追加勅令（534年以降)。

編纂に当たっては，古くなった法をそのまま採用するのではなく，時代の変化に合わせて修正しても良いという皇帝の意向により，トリボニアヌスがかなり加筆・修正している。一方，法典として刊行された後の加筆・修正・解釈が禁じられたので，「法の聖典」として祭り上げられてしまった。

東ローマの影響力が後退した西欧諸国ではローマ法は忘却され，カトリックの教会法やゲルマンの部族慣習法がローマ法に取って代わった。

長い空白の後，11世紀に北イタリアのボローニャ大学で『学説彙纂』が再発見され，ボローニャ学派と呼ばれる研究者グループが出現した。12世紀には1万人を超える学生が全ヨーロッパからボローニャ大学に集まり，各国の法曹(職業的法律家)として巣立っていった。彼らは最初イタリア諸都市やシチリア王国で，ついでドイツの領邦やフランスで裁判官や国王の法律顧問として職を得た。

15世紀，神聖ローマ帝国はローマ法を全面的に採用した。のちのナポレオン1世が編纂させたフランス民法典(ナポレオン法典1804)も，明治政府のフランス人法律顧問ボアソナードが起草した日本の民法典(1890)も，ドイツ民法典(1896)も，ローマ法の伝統を受け継いでいる。

『ローマ法大全』“Corpus Iuris Civilis”――直訳すれば『市民法大全』という名称は，16～17世紀フランスの法学者ゴトフレドゥスが名づけたものだが，高校世界史のレベルでは，「ユスティニアヌス帝が『ローマ法大全』を編纂させた」と教えている。

なお欧州大陸系の市民法(Civil Law)に対して，米英系の慣習法(コモン＝ローCommon Law)がある。ローマの影響が弱かったイギリスでは，ゲルマン古来の慣行の上に判例が積み上げられていった。マグナ＝カルタや権利章典など具体的な法の蓄積が憲法の代わりをしているので，イギリスにはいまなお成文憲法がない。イギリス植民地から出発したアメリカ合衆国には，連邦および各州に憲法がある。しかしその解釈は固定的なものでなく，「憲法修正条項」として時代に合わせて書き加えられていく。この大陸法(Civil Law)，英米法(Common Law)という区別は，大学の法学部の学生が最初に必ず学ぶことである。

(b) 13世紀末～14世紀初頭に英・仏で生まれた国政にかかわる代表機関の名称，性格，君主との関係を説明する（2行)。

論述の構成としては，(1)代表機関(身分制議会)の名称と国名の組み合わせ，(2)議員が(国民の代表ではなく)各身分の代表であること，(3)課税審議権を持っており，(4)それによって王権を抑制したこと，を指摘すればよい。

【加点ポイント】 ①**フランスの三部会（イギリスの〔模範〕議会）**など具体例。

▲「聖職者課税問題から…」→中世身分制議会の性格と君主との関係を問うている。

②**身分制議会**。

③**貴族・聖職者**に**市民代表**らが加わった。

◎「各身分の代表から成る…」▲「国民の代表から構成」▲「有力者が参加」

④**君主との関係：国王の諮問機関**として設置／**課税審議権**を持った／**君主権を抑制**

⑤君主は恣意的に議会を招集できた。

設問に「身分制議会」と書いてないので，解答にこれを明記すべきだろう。

中世の封建国家においては，国王から封土を授与されて臣下となった貴族・高位聖職者は，戦時における軍役義務を負い，平時には宮廷に召し出されて国王からの諮問(問い合わせ)に答える義務があった。

十字軍の遠征を契機に王権が伸張する一方で，商業の復活にともなって都市の商業資本が急成長した13世紀になると，王の恣意的な課税に反発した市民代表が貴族・聖職者と連携するようになった。

その最初の例がイギリスだ。ノルマンディー公ウィリアム以来，イギリス王は北フランスのノルマンディー公を兼ねた。婚姻関係からアンジュー伯，アキテーヌ公も兼ねて西フランスの広大な領地を継承したプランタジネット朝は，フランス・カペー朝にとって最大の脅威となった。

プランタジネット朝の第２代リチャード１世は，教皇の命を受けて第３回十字軍に参戦し，イェルサレム奪回を夢見てエジプト・アイユーブ朝のサラディン(サラーフ＝アッディーン)と戦ったが，イェルサレム奪回には失敗した。カペー朝のフィリップ２世もこの十字軍に参加していたが，途中で病気を理由に帰国し，リチャードの不在に乗じて大陸のイギリス領を次々に奪った。フランス王と結託した神聖ローマ皇帝は，帰国途中のリチャードを捕えて莫大な身代金を支払わせた。

リチャードは帰国直後にフランスへ出兵したがアキテーヌで戦傷死した。即位以来10年間の治世で，リチャードがイギリスにいたのは極めて短期間であった。十字軍および対仏戦争の戦費と身代金支払いの重荷は，後継者に指名された弟ジョンにすべて押しつけられた。即位後のジョンが失政を重ねたにせよ，同情の余地はある。

ジョン王は臨時課税を行ってフランスに出兵するが敗れ，大陸領土の大半を失ってしまう。失意のまま帰国したジョンに対し，聖職者・貴族代表とロンドン市の代表が協議の上，都市の自治の尊重や，貴族会議による課税承認権を求める文書――マグナ＝カルタ(1215)を起草して，ジョン王に迫って署名させた。

特に重要なのは次の項目である。原文はラテン語なので，英訳文で見てみよう。（下記，第12・13条ともにhttp://www.bl.uk/magna-carta/articles/magna-carta-english-translation による）

> 第12条（一般評議会の合意による課税）
> No 'scutage' or 'aid' may be levied in our kingdom without its general consent…中略…'Aids' from the city of London are to be treated similarly.
> いかなる軍役免除金または御用金も，一般評議会による合意なしに，余の王国では課されない。…中略…ロンドン市からの御用金についても同様である。

「軍役免除金」'scutage'とは，封建的主従関係に基づく軍役の代わりとして臣下から徴収する貨幣であり，「御用金」'aid'も臣下から臨時に徴収する貨幣である。対仏戦争で慢性的な財政難に陥っていたプランタジネット朝は，これらの名目で頻繁に臨時課税を行っていた。これを阻止するのがマグナ＝カルタ制定の直接的な目的であった。

「一般評議会による合意」'general consent'とは聖職者・貴族会議の承認を意味する。この「評議会」に市民代表はまだ参加していないが，のちの議会の原型になったものだ。

> 第13条（自由と関税の保有）
>
> The city of London shall enjoy all its ancient liberties and free customs, both by land and by water. We also will and grant that all other cities, boroughs, towns, and ports shall enjoy all their liberties and free customs.
>
> ロンドン市は，そのすべての古来の自由を享受し，陸路によると海路によるとを問わず，関税を徴収すべきである。また，他のすべての都市，自治都市，町，港湾が，そのすべての自由と関税とを享受すべきことを余は欲し，許容する。

ロンドン市をはじめ，都市や港湾の自治権と関税徴収権を確認した条項である。マグナ＝カルタが市民階級の利害を反映していることは，この条文からも明らかだろう。

なお，文中のwe，ourはroyal weといって君主の人称代名詞である。漢字の「朕」とか「余」にあたる。

ジョン王の没後，次のヘンリ3世が再び専制を強化してシモン＝ド＝モンフォールを中心とする貴族との内戦に突入したとき市民代表も貴族側に加担し，1265年に召集された議会では，聖職者・貴族代表に加えて各都市の代表と各州の騎士代表に議席が認められた。これがイギリス議会(パーラメントParliament)の起源である。Parler(パルレ)とはフランス語でspeechの意味。「スピーチの場所」である議会をパーラメントと呼んだわけだ。当時のイギリス貴族の間では英語ではなくフランス語が公用語だった。

議会の開催が定例化されたのはエドワード1世が召集した模範議会Model Parliament(1295)からで，上院・下院の二院制になるのは百年戦争がはじまった14世紀からだ。

こうしてノルマン征服以来，(他の欧州諸国と比べて)強大だったイギリス王権が，各身分の代表によって制約を受けるようになった。王権の制約こそが，身分制議会の最大の機能である。この中世以来の議会の特権を17世紀のステュアート朝が無視したときイギリス革命が勃発し，権利の章典(1689)で古来の議会の特権が再確認されてイギリス独特の立憲君主政が確立した。

余談だがフランス史でParlement(パルルマン)とは最高裁判所に当たる「高等法院」を意味する。これに対して，課税問題で教皇ボニファティウス8世と対立したフィリップ4世がはじめて召集した身分制議会(1302)はétats généraux(エタ・ジェネロー)，英語でEstates General(エステート・ジェネラル)と呼ぶ。直訳すると「各身分の総会」となり，日本語ではこれを意訳して「三部会」と呼んでいる。

のちにフランス革命で身分制が撤廃され，三部会は解体されて国民議会に変質した。イギリスでも19世紀の選挙権拡大で下院(庶民院)は国民代表としての性格を強めたが，上院議員はいまも世襲貴族と一代貴族(首相の助言により国王または女王が任命)によって構成されている。

問(2)　唐の法体系と官制に関する設問。

(a)唐の法体系の４つの種類について説明する（２行)。「４つ」と聞いて律令格式を思い出しても，違いについて戸惑った受験生も多いだろう。

【加点ポイント】　①**刑法典**に該当する**律**。
②**官制・行政法**や民法を定めた**令**。
③律令の**補充・改訂規定**にあたる**格**。
④律令の**施行細則**にあたる**式**。

再現答案を見ると，律と令は比較的書きやすかったようだが，格と式の内容まで把握できているかどうかで得点差につながっている。

古代から官僚機構が高度に発達した中国の法は，官吏を統制する行政法である「令」と，人民を統制する刑法である「律」が中心となる。

中国史で「法」といえばまず，諸子百家の韓非が大成した法家が重要である。商鞅と李斯は秦に仕えて郡県制などの政治改革を断行し，秦による天下統一に貢献した。儒学的な徳治主義を掲げた漢代にも，帝国の実際の統治は法によって行われ，魏晋南北朝時代には刑法の律，行政法の令という二本柱が整備された。隋唐時代には律令が完成した。隋・文帝の開皇律令，唐・玄宗の開元律令が有名だ。渤海，新羅，日本でも律令は採用された。

律令は歴代皇帝の詔勅を項目別に集大成した法典であり，追加法令は格と呼ばれ，施行細則(マニュアル)の式も定められた。宋では勅令格式，明では大明律(洪武帝が制定)，大明会典(16世紀)，清では康熙帝以降，大清会典が編纂されたが，いずれも絶対君主である皇帝が官僚・人民を統制するための法であり，法が皇帝権力を制限するという発想はない。慣習法をもとに，私法(民法)が発達したローマ法やコモン＝ローとは著しい対照をなす。

「法令とは治の具にして，清濁を制治するの源にはあらざるなり」

(司馬遷『史記・酷吏列伝』)

法とは権力者をも拘束する超越的な善悪の基準(清濁を制治するの源)ではなく，単に権力者の道具(治の具)に過ぎない，という発想である。だから中国では，法はしばしば権力者の恣意的解釈により無視され，また改変される。今日なお中国が「法治国家」ではなく「人治国家」であるといわれるのは，そのためである。

(b)唐の三省六部における詔勅の処理と相互の関係について説明する（２行)。

【加点ポイント】 ①**中書省が詔勅を起草**した（**草案を作った**)。

▲再現答案に「立法機関」という表現があったが，これは不可。

②貴族の権力基盤である**門下省**が**詔勅案を審議**した（封駁(ふうばく)を行った／拒否権を有した）。

▲「門下省と吏部が門閥貴族の権力基盤となった」ことのみを記しても，問題は三省と六部の関係を問うているので「審議」というニュアンスは必須である。

③**尚書省の管轄下に六部があった。**

▲再現答案では中書門下省が行政を担当する六部を管轄した宋代との混同が多い。

④**六部が詔勅を執行した。**

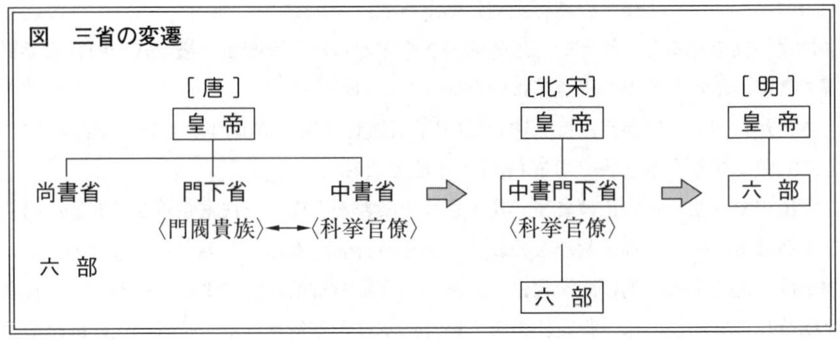

皇帝だけが立法権を持つ中国では，実際の法案(詔勅案)作成に当たるのは官僚であるから，その官職もしくは組織が実質的な立法機関ということになる。秦では，丞相・太尉・御史大夫，漢では丞相・大司馬・大司空の三公が置かれ，丞相が立法・行政の最高権力を握った。

魏晋南北朝時代，皇帝は丞相に代わって秘書室である中書省を重用するようになった。また門閥貴族の台頭にともない門下省の発言力が増大した。君主権を制約したという意味では，古代ローマの元老院や，中世ヨーロッパの聖職者・貴族会議と共通するものがある。

科挙が採用された隋唐時代には，中書省を科挙官僚が占めるようになり，門閥貴族代表の門下省と牽制しあうようになった。

唐においては中書省が作成した詔勅案は門下省で審議され，修正，拒否されることもあった。これを封駁(ふうばく)という。唐の建国を助け，なお強大な力を保つ門閥貴族の意向を政策決定に取り入れることで，反対勢力が出現することを未然に防いだといえる。

こうして三省六部の制が確立し，中書省と門下省が事実上の立法機関となった。三省の長官はやがて名誉職化し，高宗のとき中書省・門下省の長官を兼ねる宰相を設置した。両税法を定めた楊炎が宰相である。中書省と門下省の関係は，一見，イギリスの二院制にも似ているが，中書省のメンバーは学科試験(科挙)で選抜される官僚であり，選挙で選ばれる国会議員ではない。

執行機関である尚書省は，六つの部署(吏部・戸部・礼部・兵部・刑部・工部)に分かれ，六部と総称する。尚書省が六部を統括したということだ。しかし尚書省の長官は長く空席が続き，尚書省は有名無実化した。

唐末五代の内乱で貴族階級が消滅したため門下省も事実上，消滅し，宋代には中書省長官が門下省長官を兼ねて強大な権力を握った(中書門下省)。王安石の政治改革が可能になったのはこういうわけだ。

元代には中書省の権限を代行する「行中書省(略して「行省」)」が各地の州県の上に置かれ，明の地方行政単位もこれを引き継いで「省」と称した。現在中国の地方行政が「河北省」「浙江省」など省単位になっているのは，この名残である。

明の建国者・洪武帝(朱元璋)は，臣下の粛清の際に中書省を廃止した。皇帝権力に一定の制限を加えてきた三省が全て消滅したのであり，これを以て皇帝独裁が確立したとされる(前頁の「図　三省の変遷」を参照)が，皇帝個人の政治能力には限界があり，まして世襲王朝であるから政治的能力に欠けた皇帝も現れる。結局，本来，皇帝の補佐官であった内閣(当初は殿閣)大学士が事実上，宰相の任を果たすことになった。16世紀後半，一条鞭法を全国に普及させた張居正がその典型例である。

問(3)　帝政ロシアの立憲運動に関する問題。

(a)　①プーシキン，②トゥルゲーネフ

専制を批判した19世紀ロシアの作家として，『大尉の娘』，『父と子』の作者をそれぞれ問う単答式の問題。

再現答案では①のプーシキンの誤答が目立った。

ロシア文学は，リューリクによる建国からキエフ大公ウラディミル1世までを描いた『原初年代記』，キエフ諸公国と遊牧民ポロヴェツとの戦いを描いた『イーゴリ遠征物語』など叙事詩にはじまる。これらはいずれも古ルーシ語(ロシア語やウクライナ語の祖語)で書かれている。その後，正教会の影響が強まり，聖人伝や偉人伝が多く書かれた。

17世紀，軍事・産業分野でロシア近代化の大改革を行ったピョートル1世はキリル文字の改革(簡略化)と普及に努めたが，文学には無関心だった。

ドイツ出身のエカチェリーナ2世の時代には西欧文化がどっと流入した。ロシア貴族は西欧貴族社会の公用語だったフランス語を受け入れた。哲学的な抽象概念はフランス語，軍事用語はドイツ語の語彙が取り入れられ，ロシア語を豊かなものにした。

19世紀初頭，ナポレオン戦争の衝撃は，ロシア＝ナショナリズムを覚醒させ，ロシアの大地や歴史を題材にしたロシア＝ロマン主義文学が生まれた。アレクサンドル

1世とニコライ1世に仕えた詩人のジューコフスキーは多くの愛国詩を発表し，「神よ，ツァーリを護りたまえ」はロシア帝国国歌に採用された(1833)。

ナポレオンのモスクワ遠征を描いたチャイコフスキーの「序曲『1812年』」は，フランス国歌の「ラ＝マルセイエーズ」と「神よ，ツァーリを護りたまえ」を効果的に取り入れている。

地主貴族の家に生まれ，乳母からロシアの民話を学んだ詩人のプーシキンは，ロシア史をテーマにした『ボリス＝ゴドゥノフ』，『大尉の娘』を発表してロシア＝ロマン主義の頂点を極めた。しかし，デカブリストの乱(1825)後に反動化したニコライ1世の政府によって「自由主義的作風」を忌避され，秘密警察の監視下に置かれた。

プーシキンの母方の祖父は北アフリカ出身の奴隷で，オスマン帝国経由でピョートル1世の宮廷に仕え，将校にまで昇進した。プーシキンはこの祖父のことを誇りにしており，異民族を受容する寛容性をロシアの本質と見た。

『大尉の娘』(1836)は，ロシアの辺境で起こったプガチョフの農民反乱を背景に，父親と対立して辺境に送られた17歳の少年士官と，現地の要塞司令官の娘との恋物語だ。なお，この作品を書くためにプーシキンが集めた膨大な史料は，『プガチョフ反乱史』として発表されている。

19世紀半ば，西欧では空想的なロマン主義から写実主義(リアリズム)への転換が起こり，ロシア文学にも影響を与えた。ロシア写実主義文学を代表するのがトゥルゲーネフの『初恋』，『父と子』，『猟人日記』である。

トゥルゲーネフは作家人生の半分をパリで過ごし，フロベール，モーパッサンなどと交友して，フランス・リアリズム文学から強い影響を受けた。

トゥルゲーネフの実家も地主貴族で農奴を酷使していた。農奴の悲惨な生活をリアルに描いた『猟人日記』(1852)は皇太子時代のアレクサンドル2世に影響を与え，農奴解放令(1861)に結実した。

『父と子』(1862)は，大学でニヒリズム(虚無主義)に感化され大学生と学友が夏休みに帰郷し，素朴な自由主義を信奉する父親と伯父との間で引き起こす心の葛藤を描いた作品だ。トゥルゲーネフ自身は両者を突き放した視点で見ているので，双方の立場から批判を受けた。

19世紀後半，外的世界を描写する写実主義から，内面世界を描写する自然主義の時代に転換する。ロシア自然主義文学を代表するのがドストエフスキーの作品――『罪と罰』(1866)，『カラマーゾフの兄弟』(1880)であろう。プーシキンも重いが，ドストエフスキーを読むとなお重いものを感じる。

(b)ロシアの第一次革命(1905)に対する皇帝ニコライ2世の対応と，皇帝が発布した文書について説明する（２行）。

(b)では第１次ロシア革命における自由主義者の改革要求に対する皇帝ニコライ２世の「対応」が問われた。皇帝が発した文書の名称に触れよ，とあるので「十月宣言」の名称とその内容について書く。内容としては「立憲主義を理想とする改革要求」（問題文）への対応なので，立法権を持つ国会であるドゥーマ（国会）の開設に言及すること。加えて立憲政治が約束されたことも必要。その後，革命運動が退潮に向かう中での皇帝の対応，すなわちドゥーマ（国会）の権限縮小など再び専制的姿勢が強められたことを記す。

十月宣言がウィッテ(ヴィッテ)の起草，あるいは彼の進言をもとに出されたことも加点ポイントと思われるが，優先順位はその他の事項より下になる。「ストルイピンの改革」は第１次ロシア革命弾圧後のことなので不要であろう。

【加点ポイント】 ①（皇帝が）**十月宣言**／**十月勅令**を発した。

②自由主義貴族の**ウィッテが起草**した。（実教『世界史Ｂ』p.291）

◎改革派のウィッテを首相として事態の収拾をはかった。

（東書『世界史Ｂ』p.288）

③**立憲政治を約束**した。（帝国『新詳世界史Ｂ』p.228）

◎ドゥーマは立法権を有した。

④**ドゥーマ**／**国会を開設**し，立法権を与えた。

◎国会(ドゥーマ)開設を認めた。（山川『詳説世界史Ｂ』p.313）

◎国会(ドゥーマ)の開設を約束した。（東書『世界史Ｂ』p.288）

⑤革命が退潮すると**自由主義を弾圧**し，反動を強めた。

◎ソヴィエトは弾圧された／壊滅した。

▲カデット(立憲民主党)が国会に参加した→皇帝ニコライ２世の対応を問うているので，加点対象外。

▲ストルイピンの改革(1906)は加点対象外とした。

加点ポイントに示したように高校世界史教科書もさまざまな書き方でロシア第１次革命にかかわった皇帝・ウィッテ・自由主義者・強硬派・ソヴィエトの動きとその意図を伝えている。受験生は革命に直面した皇帝が妥協点を探りながら，結局は革命を弾圧していく(⑤)ところに，専制的なロシア帝政の問題点が象徴されていることを教科書の学習から読み取り，少ない字数の中で的確に言及しなくてはならない。

日露戦争でロシア太平洋艦隊の拠点・旅順港を日本軍に攻略された1905年１月，首都ペテルブルクでは冬宮前広場で反戦デモに軍が発砲する血の日曜日事件が発生し，第一(次)革命が勃発した。社会革命党やボリシェヴィキは労働者・農民・兵士を組織して各地に評議会(ソヴィエト)を結成し，権力の奪取を図った。自由主義貴族や産業資本家は，社会主義革命を阻止するためにも皇帝政府に譲歩を求めた。その中心人物がウィッテである。

ウィッテ伯爵は財務大臣としてアレクサンドル３世に仕え，フランス資本の導入によるシベリア鉄道建設を推進した。専制を維持するために外資導入が必要だ，という立場である。日清戦争後の三国干渉を経て清朝から東清鉄道敷設権を獲得して旅順・大連を建設したが，これが日本との緊張を高め，結果的に日露戦争の原因となった。

ロシアの経済状況から日本との戦争は無理と進言したウィッテはニコライ２世に疎まれ，財務大臣を更迭された。

しかし戦況の悪化と革命勃発を目の当たりにしたニコライに再び起用されたウィッテは，ニコライにドゥーマ(国会)開催を約束させ(1905.8)，ポーツマス会議のロシア全権として日本との講和を結び(1905.9)，翌月には十月宣言を起草してニコライの名で発布させた。

十月宣言の内容を見てみよう。

> 一　人身の真の不可侵，良心，言論，集会，結社の自由の原則上に，市民的生活のゆるぎない基礎を住民に与えること。
> 二　定められた国会選挙を中止することなく，再び定められた立法機関に普通選挙原則の一層の発展を認めて，…中略…可能な限り，選挙権を現在まったく奪われている階級を国会に参加させること。
> 三　国会の承認なしではいかなる法律も効力をもたざるよう，国民から選出されたものに朕により設置された当局の行為の適法性監視への真の参加の可能性を与えるよう，ゆるぎない規則として定めること。
> (歴史学研究会編『世界史史料６　ヨーロッパ近代社会の形成から帝国主義へ』)

一見すると普通選挙を認めたように見えるが，「原則の一層の発展」とか，「可能な限り」という条件がついている。この辺がウィッテの狡猾なところだ。革命勢力は十月宣言を評価する自由主義者と，なおも帝政打倒を目指す過激派との間で分裂し，戦争終結に伴う食料高騰の終息は，民衆を革命運動から引き離し，ソヴィエトは弾圧された。加点ポイント⑤を必須としたのは，この間の経緯がロシア帝政の限界を露呈しているからである。

ドゥーマ(国会)の起源はモスクワ大公国時代の身分制議会にさかのぼるが，ピョートル１世の絶対主義改革で停止されていた。ニコライが構想していたのは，このような諮問機関としてのドゥーマだった。

1906年5月に発布されたロシア最初の憲法では普通選挙を認めたが，皇帝は閣僚任免権，議会解散権を握り，国会は無力だった。ニコライはウィッテを首相に任命し，第一国会，第二国会で急進派が多数を占めると，たちまちこれを解散した。国会に妥協的だったウィッテも解任され，後継首相となった保守派のストルイピンが憲法を改定して財産制限選挙に改めたため，第三国会では急進派が一掃された。

こうして国会が帝政を脅かすことはなくなったが，民衆の声は国会に届かなくなり，1917年の三月革命(ロシア暦二月革命)と帝政崩壊を防ぐことはできなくなったのである。

解答例

(1)(a)①ユスティニアヌス(ユスティニアヌス帝，ユスティニアヌス1世，ユスティニアヌス大帝)

②トリボニアヌス

(b)仏の三部会など，貴族・聖職者に市民代表らが加わった身分制議会は国王の諮問機関であり，課税審議権を持ち君主権を抑制した。

(記号を含めて60字)

(2)(a)刑法典に該当する律，官制・行政法や民法を定めた令，律令の補充・改訂規定にあたる格，律令の施行細則にあたる式の4種類。

(番号・記号を含めて60字)

(b)中書省が起草した詔勅の草案を貴族の権力基盤である門下省が審議し，通過した詔勅は尚書省が管轄下の六部に分担・執行させた。

(記号を含めて60字)

(3)(a)①プーシキン　②トゥルゲーネフ(ツルゲーネフ)

(b)ウィッテ起草の十月宣言で立法権を持つドゥーマ開設と立憲政治を約したが，革命が退潮すると自由主義を弾圧し，反動を強めた。

(記号を含めて60字)

第3問　「ユネスコの世界記憶遺産」

解説

ユネスコの世界記憶遺産に関連する設問。近現代史からの出題が多かったが，全問が一問一答の単答式であり，昨年度のような1行論述や複数解答を要求する設問は出題されなかった。内容も基礎事項であり，全問正解が望まれる。

問(1)　正解は武器貸与法

2014年度の全国産業復興法（NIRA）に続き，フランクリン＝ローズヴェルト政権に関する設問。

1935年にイタリアのムッソリーニ政権によるエチオピア侵攻がはじまると，フランクリン＝ローズヴェルト政権下のアメリカは，国際紛争に巻き込まれることを恐れる国内の孤立主義の世論に配慮し，中立法を制定し交戦国への武器・軍需品の売却などを禁止した。1936年には交戦国に対する借款禁止事項を追加し，同年にスペイン内戦がはじまると翌37年には内乱国にも適用できるように中立法を改正した。しかし39年に第二次世界大戦がはじまると，フランクリン＝ローズヴェルト大統領の要請により，アメリカ議会は「現金取引・自国船輸送」を条件に英仏への武器輸出を認めるように中立法を改正した。

1940年にフランスがドイツに降伏すると，孤立したイギリスを支援するため，フランクリン＝ローズヴェルトはアメリカが「民主主義の兵器廠」になりイギリスを支援するべきと訴えた。これを受けてアメリカ議会は41年3月に大統領の権限で武器・軍需品を提供する武器貸与法を制定した。この法は41年6月に中国，11月にソ連にも適用され，アメリカは総額500億ドルを超える支援を行った。これによりアメリカは事実上，連合国の一員となったのである。

問(2)　正解はイエズス会（ジェズイット教団）

イエズス会は1534年にスペインのイグナティウス＝ロヨラがフランシスコ＝ザビエルら6人の同志とともに結成したカトリックの修道会。厳格な規律と組織を有して教皇への絶対服従を唱え，1540年には教皇パウルス3世に認可され，対抗宗教改革の旗手となって各地でプロテスタントと激しく対立し，宗教戦争の要因をなした。

またカトリックの海外布教に尽力し，日本にはフランシスコ＝ザビエルやヴァリニャーニなど，中国にはマテオ＝リッチなどの宣教師を派遣した。中南米への布教に関しては，ラス＝カサスがドミニコ修道会に属していたように，当初はドミニコ修道会やフランチェスコ修道会などの托鉢修道会が中心だった。イエズス会も16世紀後半から布教活動に参入し，アシエンダを経営し世俗権力に介入するなど急速に勢力を拡大した。各国の王権と衝突したイエズス会は1773年に教皇クレメンス14世によって解散させられたが，1814年に再興されて世界最大の修道会となった。

問(3)　正解は全斗煥（チョンドゥホァン，チョンドゥファン）

1963年大統領に就任した軍部出身の朴正熙は，65年に日韓基本条約を締結して日本との国交を樹立するとともに，開発独裁によって「漢江の奇跡」と呼ばれる経済成長を実現したが，民主化運動に対しては厳しく弾圧した。

1979年朴正熙が部下に殺害されると，全斗煥らの新軍部が粛軍クーデタ（1979.12.12）を起こして混乱を収拾し，1980年には戒厳令（1980.5.17）を発して民主化運動（「ソウルの春」）の指導者金大中，元首相の金鐘泌（キムジョンピル）らを逮捕し金泳三を自宅軟禁とした（金大中・金泳三・金鐘泌を「三金」という）。金大中の逮捕に反発した光州の学生・市民が民主化運動を起こしたが，全斗煥は軍隊を投入しこれを制圧した（光州事件，1980.5.18～5.27）。その後，全斗煥は大統領に就任（任1980～88）し，開発独裁を継続し経済成長を維持したが，反政府運動は激化し，アメリカからも民主化への圧力がかかった。これを受けて後継者の盧泰愚は軍部出身でありながら，民主化宣言（1987.6.29）を発し，国民の直接選挙による16年ぶりの大統領選挙（1987）で大統領（任1988～93）に当選した。但し盧泰愚の得票率36.6％は「三金」の61.9％に劣り，野党分裂に助けられての当選で，その野党陣営に対する盧泰愚側からの選挙妨害や不正があったといわれ，「民主化の実現」には程遠いものがあった。その後，全斗煥と盧泰愚は文民出身の金泳三が大統領に就任すると1995年に逮捕され，97年に不正蓄財と光州事件の責任で全斗煥は無期懲役，盧泰愚は懲役17年の判決を受けた（その後釈放）。再現答案の中には，全斗煥とともにクーデタの中心となった盧泰愚を答えたものもあった。全斗煥の次の大統領であり，民主化宣言や直接選挙での大統領当選，ソウルオリンピック開催（1988）時の大統領として知名度があるからだろうが，粛軍クーデタの際に，第9師団長であった盧泰愚に対し，全斗煥は保安司令官としてクーデタを主導し，戒厳令の布告，光州事件弾圧の際の軍部の事実上の最高指導者であった。これにより再現答案の採点基準では全斗煥を正解とした。

問(4)　正解は袁世凱

朱子学の経典解釈を中心とし実務を軽視する科挙は，19世紀末にはその弊害が批判されるようになり，1898年の戊戌の変法では西学の導入などの科挙改革が提唱された。義和団事件後に清は本格的な政治改革（光緒新政）を実施し，国内の新式学校の学歴や海外学校の学位に基づいて官僚を採用する方針を決め，1905年に袁世凱や張之洞らの意見により科挙を廃止した。

張之洞とともに光緒新政を主導した袁世凱の経歴は次のようなものである。李鴻章の部下として甲申政変（1884）の際には朝鮮駐留軍を率いてこれを鎮圧し，日清戦争勃発を機に，天津で編成された西洋式軍隊（定武軍）を継承して新建陸軍と改称して規模を拡大し，日清戦争両江総督在任中の張之洞が編制した自強軍をも吸収して，自らの権力基盤とした。戊戌の政変（1898）の際には西太后に味方して変法派を弾圧したが，義和団事件の際には西太后を援助せず，連合軍との戦いを回避した。李鴻章の死後，北洋軍を率いて清の最大実力者となった袁世凱は，1911年に辛亥革命が勃発すると，革命派と取引し，12年に宣統帝を退位させ，孫文に代わって中華民国の臨時大総統に就任した。その後独裁化を進め，帝政を復活させ自ら皇帝に即位したが，国内の反対（第三革命）や諸外国の不支持を受けて帝政を取り消し，まもなく病死した。これらの経緯と問題文の「科挙の廃止」と「新建陸軍の創設にも大きな役割をはたした」という条件から，駿台の再現答案の採点基準では袁世凱のみを正解とした。

問(5)　正解はラーマ5世（チュラロンコン，チュラロンコーン）

ラタナコーシン朝のタイは，隣国のビルマ（コンバウン朝）が第1次イギリス＝ビルマ戦争（1824～26）に敗北したことに脅威を感じ，1826年にイギリスとの間で最初の通商条約（バーネイ条約）を結んだ。開明的なラーマ4世（モンクット 位1851～68）が即位すると，タイは1855年にイギリスと不平等な修好通商条約（ボーリング条約）を締結し，さらにフランスやアメリカとも同様の条約を結んだ。これは東アジアの国際秩序の中心だった清がアヘン戦争（1840～42）に敗退したことに加え，ビルマが第2次イギリス＝ビルマ戦争（1852～53）に敗北して下ビルマを奪われたことを知り，欧米諸国の要求を受容することが最良の方法と判断したためである。ラーマ4世は親西洋的政策を採るとともに，王室独占貿易を廃止し自由貿易を進め，科学技術の導入を図るなど近代化の基礎を築いた。ラーマ4世は，ハリウッド・ミュージカル『王様と私』（最近の映画では『アンナと王様』と改題。ちなみにタイでは上映禁止。ロケは全てマレーシアで行われた）で有名なようにタイの近代化を準備した。この王を答えた答案もあったが，軍事・行政・司法の近代化は4世の子・ラーマ5世（チュラロンコン）の事績であることからラーマ5世が正解となる。

ラーマ5世（チュラロンコン 位1868～1910）は本格的な近代化政策を推進し，中央集権体制の確立，奴隷制廃止，軍事・行政・司法の近代化を実現した（チャクリ改革）。近代化を推進したタイは，イギリス・フランスの圧力を受けながらも緩衝国となることで，独立を維持した。一方，ラーマ5世は憲法の制定や議会の開設には消極的であり，立憲君主制はラーマ5世死後の立憲革命（1932）によって実現されることになる。なおラーマ5世の治世の記録は，2009年にユネスコの世界記憶遺産に登録されている。

問(6)　正解はナポレオン

オランダ東インド会社（連合東インド会社）は，1602年に多数存在した貿易会社を統合して設立された世界初の株式会社であり，アジア貿易の独占権を認められた。ジャワ島のバタヴィアを拠点に香辛料貿易に従事し，競合していたイギリスを1623年のアンボイナ事件で排除し香辛料貿易を独占した。

18世紀末になると，オランダ東インド会社の経営は悪化したが，その原因は内部の腐敗や貿易量の減少などに加え，アメリカ独立戦争の際に発生したイギリスとの戦争で船を拿捕されるなどの打撃を受けたことにあった。このころオランダでは民主的政体を求める愛国者派が台頭して政府と対立し，政府の弾圧を受けた愛国者派はフランスなどに亡命した。1795年にフランス革命軍がオランダを占領すると，愛国者派はフランスの支援を受けてバタヴィア共和国を建てた。バタヴィア共和国の語源は，フランスに亡命した愛国者派が自らをオランダ人ではなくバターフ人（ローマ時代のオランダに居住していたバタヴィ族に由来）と称したことによる。フランス革命の影響を受けたバタヴィア共和国は中央集権的改革を断行し，経営が悪化していたオランダ東インド会社は1799年12月31日に解散した。なお同年11月にはフランスでブリュメール18日のクーデタが発生し，ナポレオンが政治の実権を握っている。1806年にナポレオンの弟ルイがオランダ王となったことで，バタヴィア共和国は消滅した。インド大反乱を機とするイギリス東インド会社解散（1858）に比べて，オランダ東インド会社解散は印象に残りにくいが，18世紀末にフランス革命軍がオランダを占領したことを知っていれば解答は可能だろう。オランダ東インド会社解散時のフランスの権力者は，ブリュメール18日のクーデタ後に成立した統領政府の第一統領ナポレオンであるが，1795年にフランスがオランダを占領した頃は，ナポレオンはまだ王党派の反乱を鎮圧したばかりである。問題文がやや甘いように思える。再現答案では，「ナポレオン1世」と答えるものが散見されたが，時期が皇帝即位（1804）前であり，不可とした。

問(7)　正解はポンディシェリ

アンボイナ事件で東南アジアの香辛料貿易から排除されたイギリスはインドに進出し，インド南東岸のマドラス（現在のチェンナイ），インド西岸のボンベイ（現在のムンバイ），インド北東部のベンガル地方に位置するカルカッタ（現在のコルカタ）に拠点を設けた。特にカルカッタは1772～1911年に英領インドの首都となり，民族運動の中心地となった。

フランスはコルベールが1664年にフランス東インド会社を再建すると，インドへの進出を本格化し，シャンデルナゴルとポンディシェリに拠点を設けた。シャンデルナゴルはベンガル地方の都市であり，カルカッタの北方に位置する。ポンディシェリはマドラスの南方にあるインド南部の都市なので，こちらが正解となる。地図によく目を通していれば間違えることはない。再現答案でもポンディシェリとシャンデルナゴルの混同はさすがに少なかった。プラッシーの戦い（1757）でイギリスに敗北したフランスはインドから事実上撤退したが，その後もシャンデルナゴルとポンディシェリを領有し続け，1954年インドに返還した。

なお設問にあるヒンドゥー教のシヴァ神は破壊と創造の神であり，世界維持の神であるヴィシュヌ神との区別が重要である。

問(8)　正解はナセル

地中海と紅海を結ぶスエズ運河は，フランスの外交官レセップスが建設し1869年に開通した。当初イギリスはスエズ運河の建設に反対していたが，1875年に財政難のエジプトが保有していたスエズ運河株式会社株を売りに出すと，首相ディズレーリはロスチャイルド家から資金を調達して購入し，イギリスは運河の経営権を握った。1881年にエジプトでウラービー（アラービー，オラービー）革命（ウラービーの反乱）が勃発すると，82年イギリスはこれを鎮圧しエジプトを軍事占領した。1922年にエジプト王国が独立した後もイギリス軍はスエズ運河地帯への駐屯を続け，1936年のエジプト＝イギリス同盟条約でも20年を期限とするスエズ運河地帯への駐屯権が認められた。

1952年にエジプト革命が勃発し，翌53年に共和国が成立すると，実権を握ったエジプトのナセルは外国支配からの脱却をめざし，54年にはイギリスとの間でスエズ運河地帯からのイギリス軍撤退に合意した。しかしナセルがチェコスロヴァキアを通じてソ連製の武器を購入したことで，アメリカ・イギリスは約束していたアスワン＝ハイ＝ダム建設の資金援助を撤回した。これに対し，大統領に就任したナセルはダム建設の資金を得るため，スエズ運河国有化を宣言した（1956）。イギリス・フランス・イスラエルはナセル政権の打倒を主張してエジプトに侵攻し，第2次中東戦争（スエズ戦争1956～57）が勃発したが，国際社会の批判を受け，アメリカやソ連も撤退を求めたので，3国はエジプトから撤退した。ナセルはこれ以降アラブ民族主義の指導者となったが，第3次中東戦争（1967）でイスラエルに大敗を喫して威信を失い，1970年に死去した。

問(9)　正解はプトレマイオス

設問の「1507年刊行の世界地図」とは，ドイツの地理学者ヴァルトゼーミュラー（ヴァルトゼーミューラー）が作成した世界地図である。周知の通り，アメリカの名称はフィレンツェの航海者アメリゴ＝ヴェスプッチに由来するが，これを初めて地図に記載したのがヴァルトゼーミュラーである。

2世紀に地球中心の天動説を唱えたギリシア人天文・数学者プトレマイオスはアレクサンドリアで活躍し，『天文学大全』を著した。『天文学大全』は後にアラビア語に訳され，『アルマゲスト』と呼ばれた。天動説はカトリック教会公認の学説となり，コペルニクス（1473～1543）が地動説を体系化するまで絶対的な権威を持っていた。またプトレマイオスは地理学者でもあり，緯度と経度を使用した世界図は大航海時代まで最も権威ある地図とされ，ヴァルトゼーミュラーの世界地図にもその影響が見られる。再現答案ではヘレニズム時代に地動説（太陽中心説）を唱えたアリスタルコスや，16世紀に地動説を唱えたコペルニクスとの混同が見られた。東大受験生にとって文化史は盲点になりやすいが，センター試験レベルの内容は確実に得点することが合格ライン突破には不可欠である。

問⑽　正解はド＝ゴール

1940年ドイツ軍に敗北したフランスでは，第一次世界大戦のヴェルダン要塞攻防戦（1916）で活躍したペタンが首相に就任し，ドイツに降伏した。フランスの北部はドイツの占領下に置かれ，南部にはペタンを首班とする対ドイツ協力政権（ヴィシー政府）が成立した。これに対し，ド＝ゴールはロンドンに亡命しBBC放送からドイツへの抵抗を呼びかけ，自由フランス政府を組織した。

1944年のパリ解放後に凱旋したド＝ゴールは臨時政府の首班となったが，共産党と社会党の勢力が強い制憲議会と対立し，46年1月に辞任した。同年10月に第四共和政が成立したが，小党分立で内閣が頻繁に交代する不安定な政体だった。アルジェリア独立問題を機にフランス国内が混乱すると，1958年ド＝ゴールは再び首相に復帰し，新憲法を制定して大統領権限を強化し，第五共和政を樹立した。大統領に就任したド＝ゴールは，1962年アルジェリア民族解放戦線（FLN）との間にエヴィアン協定を締結しアルジェリアの独立を承認する一方，核兵器の保有（1960）や中華人民共和国の承認（1964），北大西洋条約機構（NATO）の軍事機構からの脱退（1966）など，「フランスの栄光」を掲げて独自外交を展開した。1968年に学生運動をきっかけとする五月危機が発生し，翌69年上院と地方制度の改革を問う国民投票に敗北すると，ド＝ゴールは退陣した。

解答例

⑴武器貸与法
⑵イエズス会(ジェズイット教団)
⑶全斗煥(チョンドゥホァン，チョンドゥファン)
⑷袁世凱
⑸ラーマ5世(チュラロンコン，チュラロンコーン)
⑹ナポレオン(第一統領時代のナポレオン＝ボナパルト，ナポレオン1世は不可)
⑺ポンディシェリ
⑻ナセル
⑼プトレマイオス
⑽ド＝ゴール

2014年

第1問　「19世紀ロシアの対外政策がユーラシア各地の国際情勢にもたらした変化」

解説

《「The Great Game」とは何か》

「あんたはどうするの？」

「また北へ行く。グレートゲームに行くんだよ。ほかに何があるというんだ」

（キップリング『少年キム』　斎藤兆史訳）

ラドヤード＝キップリング（1865～1936）は，英領インド帝国生まれの詩人，児童文学作家。幼年期を過ごしたインドを『ジャングルブック』で情感豊かに描く一方，「人口問題・食糧問題・失業問題を解決するためには植民地が必要だ」と唱えたケープ植民地首相セシル＝ローズとも交友関係にあり，「白人の責務を担え……飢えた者たちの口を満たし，病の広がりを食い止めよ」（『責務』）と歌う彼の詩は，「イギリス帝国主義の伝道者」（『カタロニア賛歌』『1984』の作者ジョージ＝オーウェルの言葉）と見なされたこともある。『少年キム』は，第2次アフガン戦争（1878～80）を背景に，白人の孤児キムが巡礼のチベット僧と旅を続けながらロシアの対英諜報戦に巻き込まれていく物語だ。この作品にしばしば登場するThe Great Game（グレートゲーム）という言葉が，19世紀のイギリスとロシアとの覇権争いを指すものとして広く使われるようになった。20世紀後半の米ソ対立がThe Cold War（「冷戦」）と呼ばれたことに対比できる。

【何が問われているか？】

答案作成の最大のポイントは「何が問われているか」を正確に摑むこと。そのためには「東大世界史のリード文」を，文章構成上の最大のヒントとしてしっかり読み込むこと。

東大・大論述のテーマにふさわしい19世紀の英露対立，いわゆる「グレートゲーム」が取り上げられた。要求された論旨から答案の全体像をイメージしてみよう。

《時代設定・地域・論述対象の明確化》

時代：19世紀

地域：「ユーラシア＝ヨーロッパ＋アジア（西アジア・中央アジア・極東）」

対象：「ウィーン会議から19世紀末までの時期のロシアの対外政策」の内容

：「ロシアの対外政策がユーラシア各地の国際情勢にもたらした変化」

「ユーラシア」とあるので，「ヨーロッパ＋アジア（西アジア・中央アジア・極東）」

全域に対する，ロシアの対外政策（外交）と，国際情勢にもたらした変化（影響）を論述させることが出題者の意図である。リード文を読んだ段階で，ロシアが上記のヨーロッパとアジア３地域にどのような影響を与えたかを論じる問題だとイメージすること。

◆視点

論述の留意点として「不凍港の獲得」についてはロシアの南下政策を思い出すこと。さらに「隣接するさまざまな地域に勢力を拡大しようと試みた」から「ポーランド，オスマン帝国，カージャール朝ペルシア，ウズベク３ハン国，清 etc.」が並ぶ歴史地図を連想してみること。ここではポーランド以東のユーラシアほぼ全域におよぶ俯瞰的な視野が求められる。「西欧列強の対応にも注意しながら」からは，19世紀のヨーロッパ外交が「イギリス対ロシア」を軸に展開したこと，イギリスが時にはメッテルニヒと結び（パーマストン外交），時には（ディズレーリが）ビスマルクと結んでロシアの地中海やバルカン半島への「南下」を阻止したことが想起できれば，論旨の「軸」はあらかた定まったようなものである。

時代的にはアレクサンドル１世，ニコライ１世，アレクサンドル２世および(アレクサンドル３世を経て)ニコライ２世の時代におよぶので，皇帝の事績から時系列的(タテ)にまとめることが最も簡単な書き方だが，「ロシアの対外政策と国際的影響」という「論旨の軸」を見失って羅列に陥る危険性もあるし，何より受験生は個人の事績と時系列に弱いのでこれは難しい。したがって８つの指定語句(ヨーロッパ４つ，アジア４つ)を骨組みとして，ロシアのユーラシア進出を西(ポーランド)から東(西アジア・中央アジア・極東)へと地域別(ヨコ)に整理し，地域ごとに時系列(タテ)を意識してまとめ，最後に東西の動きが連動する19世紀末の帝国主義期の日本を巻き込んだ露・英の対立で終わる「５段ないし６段構成」が現実的だろう。第１問の大論述では指定語句が論証に必要な具体例のサンプルとして出題者が受験生に与えた貴重なヒントであり，論述の骨格を成すことを忘れないこと。

【論旨の組み立て】

受験生もよく学んでいる分野なだけに知識は多い方だろうが，ロシアの対外政策を「軸」に論旨を簡潔にまとめないと，たちまち字数オーバーする。論述のテーマ全体を論じるには，字数が少ないので「何を書くか」ということより「何を削るか」という点の方を，答案をまとめる際の最大の注意点とすること。フローチャート(見取り図)を書きながら，授業で学んだ時系列や後に掲載した地図，あるいは模式図をイメージして論旨を整理しよう。

◆フローチャート(見取り図)の例

★これほど詳細ではなくても**地域ごとの時系列(タテ)を意識した見取り図**を作ること。

皇　帝	ヨーロッパ	アジア
アレクサンドル1世 **(位1801～25)**	ウィーン会議で**神聖同盟**を提唱。英・墺と協調して四国(**五国**)同盟に参加。**ポーランド立憲王国**の国王を兼任。	＊ゴレスターン条約(1813) グルジア・アゼルバイジャン獲得
ニコライ1世 **(位1825～55)**	①**ポーランド11月蜂起**を鎮圧。 ②**ギリシア独立戦争**ではギリシアを支援。 ＊セルビアの民族運動を支援。 ③**エジプト＝トルコ戦争**でトルコを支援。**ロンドン会議**で**英・墺**(メッテルニヒ)**に南下(両海峡通過)を阻止**される。 ④「**諸国民の春**」を弾圧。 「**ヨーロッパの憲兵**」 ⑤聖地管理権問題を発端とする**クリミア戦争**で英・仏・トルコに敗北。	〈**西アジア**〉 ①**トルコマンチャーイ条約**で**カージャール朝**(シーア派)から(東)**アルメニア**を奪う。 〈**極東**〉 ＊**ムラヴィヨフ**を東シベリア総督として派遣
アレクサンドル2世 **(位1855～81)** ＊クリミア戦争敗北を機とする「**大改革**」(1861～74)で**農奴解放・工業化**など**近代化を推進⇒植民地獲得の動機**(論旨はロシアの対外政策を論じるので，記述するかどうかは字数との兼ね合いになる)。	⑥**パリ条約**で**黒海の中立化**(南下政策の挫折)。 〈**バルカン問題**〉 ⑦**パン＝スラヴ主義**を掲げ，**ボスニア・ヘルツェゴヴィナでのスラヴ系民族の対トルコ反乱**に介入し，**露土戦争**に勝利。 ⑧**サン＝ステファノ条約**締結。**大ブルガリア公国を保護国化**。 ＊ロマノフ家の皇族がブルガリア王となる予定。	〈**中央アジア**〉 ②アルメニアの失地回復を図る**カージャール朝**の**アフガニスタン侵攻を支援**(イギリス＝イラン戦争)。 ＊イギリスは**インド防衛**のため「シパーヒー(スンナ派)」を動員してイラン軍を撃退。 ③イギリスは**第2次アフガン戦争**で**アフガニスタンを保護国化**。

▲樺太·千島交換条約は「ユーラシア」との条件から不要か。 ＊**ポーランド**1月蜂起(1863)鎮圧を機にポーランド領をロシアに併合。	⑨**イギリスとオーストリア＝ハンガリー帝国**(セルビアとのボスニア・ヘルツェゴヴィナ問題を抱える)が**反発**。 ⑩**ビスマルク**主催の**ベルリン会議(1878年)**で，**勢力均衡を図るビスマルクがイギリス(ディズレーリ)と提携**してロシアの地中海への**南下を阻止**。 ＊**三帝同盟**破棄 ＊大ブルガリアは**領土縮小**(マケドニア喪失)の上，**トルコ領内の自治国**となる。 ＊イギリスは**キプロス島**を管理。	④**ウズベク3ハン国**を**保護国化**(ヒヴァ・ブハラ)あるいは**併合**(コーカンド)。 ＊以後，コーカンド＝ハン国のヤークーブ＝ベクを支援。 ⑤**新疆のムスリム反乱**に介入。**イリ地方**を占領(**イリ事件**)。 ⑥**清**と**イリ条約**を締結。 ＊**イリ地方**の一部を確保。通商特権獲得。 〈**極東**〉 ⑦(ムラヴィヨフが)**アロー戦争**と**太平天国の乱**で動揺する**清**と**アイグン条約**を締結。 ＊アムール川を国境・**沿海州**は共同管理。 ⑧(清・露)**北京条約**を締結。ウスリー江以東の**沿海州を領有**し，ウラジヴォストーク港を建設。
アレクサンドル3世(位1881～94) ▲この皇帝個人の名称は教科書レベルではないので言及する必要はないが，ニコライ2世の事績と混同しないように注意。 ▲「ロシア(露)は…」を主語にすること。	〈**帝国主義時代のロシア**〉 ＊**三帝同盟の復活**(1881) ＊**再保障条約**(1887) ＊**ドイツ**(ヴィルヘルム2世)が**再保障条約の更新を拒否**。 ＊**露仏同盟**成立(1891)	〈**極東**〉 ①**フランス資本を投下**して**シベリア鉄道建設**を開始。 ＊ヴィッテ蔵相
ニコライ2世(位1894～1917)	⑪**露仏同盟**が軍事同盟に発展(1894)。	②**日清戦争**の**下関条約**で**遼東半島を取得**した日本に対し，**仏·独**とともに**三国干渉**を行う。 ＊朝鮮で親露派が台頭。乙未の変(閔妃殺害事件)後，甲午改革を勧めた親日派が弾圧され，親露派政権が成立。

		③日本から清への遼東半島返還の代償に**東清鉄道敷設権**を獲得。 ④遼東半島を清から租借。**旅順・大連を建設**。 ＊旅順に至る東清鉄道支線の敷設権を獲得。 ⑤**義和団事件**に際し，**８カ国連合軍の主力**として出兵。以後，**満州を占領**。 ▲北京議定書(1901)に言及する必要はない。 ⑥満州・朝鮮を巡る日本との対立が深まる。イギリスがロシアの極東進出を警戒。日英同盟の契機となる。

図　19世紀ロシアの対外政策

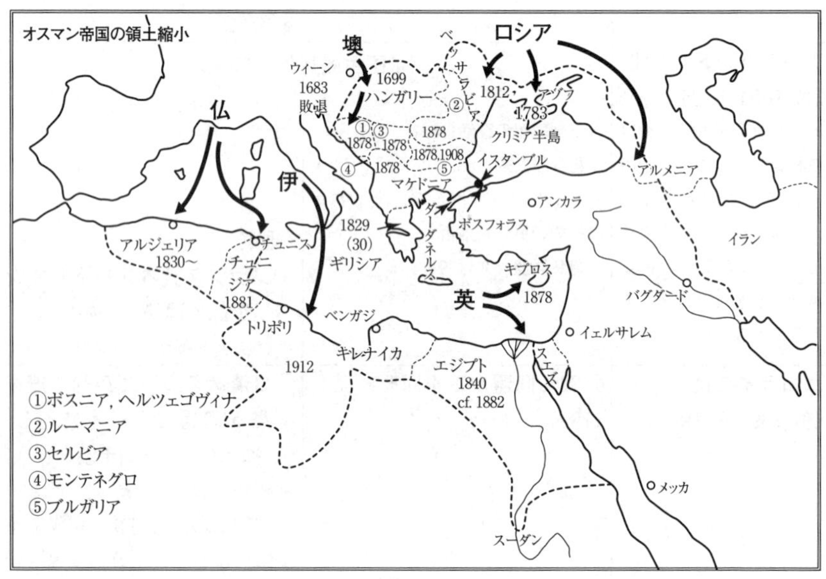

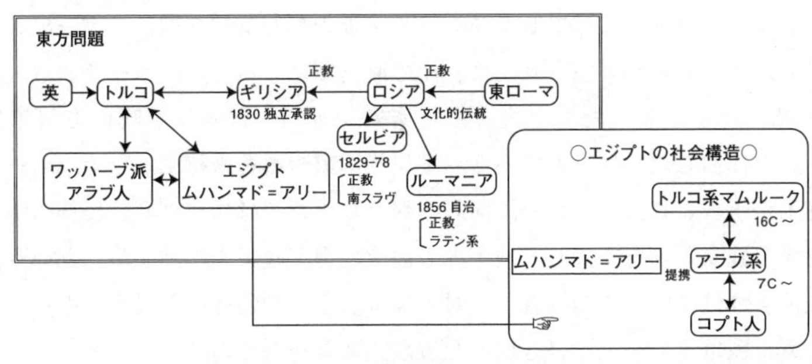

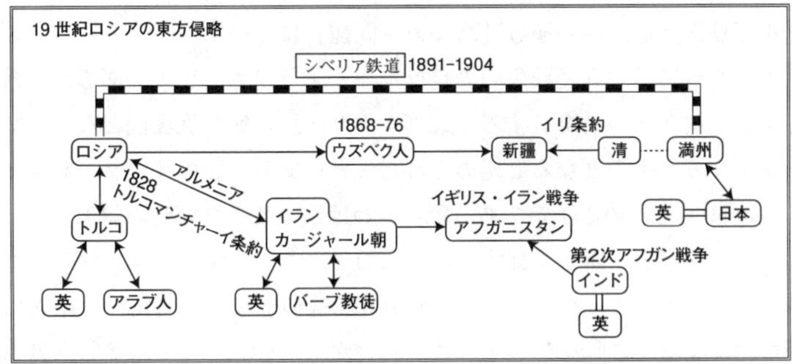

【背景解説】

1．ウィーン体制期のポーランドについて

再現答案全体としては19世紀前半が書けず，19世紀末の極東侵略は詳述する傾向にあった。それは多くの受験生が指定語句「ポーランド」の使い方に迷ったためである。そこで19世紀のポーランドについて解説しておく。ポーランド分割（1772～1795）で三分割されたポーランドのうち，プロイセン領とされた西ポーランドは，ナポレオン戦争中は「ワルシャワ大公国」として仏の保護国となった。ナポレオン戦争後，神聖同盟を提唱し，墺とともにウィーン体制を主導した露はワルシャワ大公国を解体して「ポーランド立憲王国」を樹立，アレクサンドル１世がポーランド王を兼ねた。英は神聖同盟に加盟せず，ポーランド問題には介入しなかったが，露とは微妙な距離感を保った。形式上，ポーランド立憲王国は独自の憲法と議会を持ったが，露の総督はこれらを無視して言論統制を強め，事実上，ポーランドは露に従属した。仏で七月革命（1830）が起こると，鎮圧のためニコライ１世はポーランド軍を派遣しようと計画した。これに反発したポーランドの士官学校の学生たちが反乱を起こした。これが11月蜂起（ワルシャワ蜂起）である。蜂起軍は仏七月王政からの支援を期待したが，ルイ＝フィリップは自らの政権を列強に承認させるため，ポーランドを見放した。孤立無援の中，露軍がポーランドを再占領して蜂起を鎮圧し，形式的な自治権も

剥奪してしまった（厳密にはアレクサンドル２世の農奴解放を機に，ポーランドの自由化を求めた１月蜂起が弾圧された後，露の直轄領になった）。ポーランド人は多大な犠牲を払ったが，友人たちを失った音楽家ショパンが弾圧を嘆いて『革命のエチュード』を作曲した話は有名である。多民族国家の露を維持するため，ポーランドの民族運動が圧殺されたわけだが，同じ露がバルカンではスラヴ系諸民族のオスマン帝国に対する独立運動を支援し，地中海方面への南下政策を推進する，という流れで論旨を展開すればよい。この場合，「対トルコ」を一つの地域と捉え，ギリシア独立戦争から露土戦争まで一気に書き切った方が，スムーズに書ける。

２．大ブルガリアなど，いわゆる「バルカン問題」について

加点ポイント⑩に関する受験生の表現は上記のようにさまざまであるが，露と英の対立の焦点は，マケドニアを有する「大ブルガリア」が露の保護国となり，ロマノフ家の皇族がブルガリア王となると定められたことにある。この「大ブルガリア」はバルカン半島の40%を占める予定であった。いわばかつての全盛時の領土をブルガリアに与え，これを事実上，露が支配することになる。さらにマケドニアはエーゲ海に面しており，ボスフォラス・ダーダネルス両海峡を突破しなくとも露は地中海に進出することが可能になる。これを想起すれば，論旨から「(大)ブルガリア」は外すべきではない。他方，セルビアに関しては，サン＝ステファノ条約の段階では，セルビア人が他民族と雑居するボスニア・ヘルツェゴビナ(カトリック系のクロアティア人やモスレム＝スラヴ系のムスリムが居住)やコソヴォ(イスラーム系のアルバニア人が居住)，そしてマケドニア(同地ではセルビア人とブルガリア人は歴史的に対立しており，これが第２次バルカン戦争の要因となる)の領有は認められておらず，これが露の支援の下でセルビア民族の統一を図る「大セルビア主義」が急進化する背景となった。クロアティア人はハンガリー領内に居住する同胞のクロアティア人を頼り，露と同様の多民族国家であるオーストリア＝ハンガリー帝国もまた国内の秩序を維持するためにクロアティア人を支援せざるを得ず，露と英・墺の対立が深まることになった。露と墺は独と⑨の三帝同盟を締結していたため，独のビスマルクが「公正なる仲買人」として仲裁に乗り出したのだが，仏を孤立させるために露との同盟を堅持しようとするビスマルクは，一方ではトルコの弱体化に乗じて露がバルカン半島で急激に影響力を強めることがスラヴ系民族を領内に抱える墺を弱体化させ，ひいてはヨーロッパの勢力均衡が崩れることを危惧していた。独は統一直後で，英に対抗して保護貿易主義の下，産業発展を図っており，勢力均衡の維持はビスマルクにとっては至上命題だったのである。前述したように英のディズレーリはビスマルクと提携し，トルコとの戦争に勝利した露がバルカン半島からマケドニアに面するエーゲ海，ボスニア･ヘルツェゴヴィナに面するアドリア海に進出することを外交交渉で阻止し，かつインド航路防衛のため，エジプトへの中継地であるキプロスの管理権までトルコから得たのである。さすがに「バルカン問題」は重要テーマであるだけに，再現答案ではよく書けていたようだが，この間の経緯を加点ポイント⑨～⑪のように簡潔に表現できるかどうかがポイントなのだ。

3．イギリス＝イラン戦争について

初耳の受験生も多いと思うが，この戦争については教科書にも「露が支援するカージャール朝がアフガニスタンに侵攻した」「英がイランを撃退した」などの言及がある。露はカージャール朝に対してはトルコマンチャーイ条約（1828，ニコライ1世）でアルメニアを奪い，不平等条約を強制する一方，失地回復を図るカージャール朝（国民はシーア派が圧倒的多数派）のアフガニスタン侵攻を支援し，英領インドへの進出を図った。これをイギリスが撃退した戦争が「イギリス＝イラン戦争」（1856，アレクサンドル2世）である。アフガニスタンの主要民族であるパシュトゥーン（ドゥッラーニー）人は，言語はイラン系であったが，スンナ派が多数を占めており，カージャール朝の侵略に反発した。これに対して，英はインドへの唯一と言ってもよい侵攻路にあたるアフガニスタンを防衛するため，インドのスンナ派の協力を得て，カージャール朝の軍を撃退した。この戦争は，露にとってはトルコマンチャーイ条約とセットの重要な対外政策であり，英にとってはインド防衛の重要な一コマなのである。ちなみに「イラン」とはペルシア語で「アーリヤ人の国」の意味で，民族名や言語系統を表す用語として使われることが多い。イラン高原の一地方名である「ペルシア」とは同義語ではない。

4．アレクサンドル2世の中央アジア・極東への進出

前掲のフローチャートを見てもらえば，この「第3段・イラン～中央アジア」が関連する歴史事項も多く，かつなじみのない時代と地域を扱うため，この論述では最も書きにくいということがわかると思う。ここで重要な点は，敗北したクリミア戦争の戦後処理を行ったアレクサンドル2世が中央アジアに「転進」したことを論ずることである。「フローチャート」および「19世紀ロシアの対外政策・関連図」を参照しながらアレクサンドル2世の時代の露が露土戦争，イギリス＝イラン戦争，イリ事件，そして極東への進出を一気に進めた状況と，これに対する英の動向を確認し，簡潔にまとめてほしい。但し，アレクサンドル2世の「大改革」（農奴解放を契機とする工業化と国民国家形成）は対外進出の主な要因であるが，「露の対外政策と国際的影響」を問うこの論述では言及すると確実に字数が足りなくなるので，省いた方が無難である。上記**【背景解説】3**で触れたように，トルコマンチャーイ条約はニコライ1世が結んだのであるが，それから約30年を経て，バルカンへの進出を一時中断したアレクサンドル2世が中央アジア，そして極東への進出を本格化させたのである。皇帝名があやふやなら「露は…」を主語に，その対外政策の方向が中央アジアに向いたことを論ずること。

5．ウズベク3ハン国に対する露の侵略

ブハラ(1868年，保護国化)，ヒヴァ(1873年，保護国化)，コーカンド(1876年，併合)の順に露は影響下においた。この経緯は煩雑であるが，この問題では注意すること。

6．新疆の「回民蜂起」(ムスリム反乱)と清の弾圧について

19世紀半ば(1862)，太平天国の乱の末期，清の支配に対するトルコ系ムスリムが蜂起し，これを英･露が支援した。英は新疆を露とインドの緩衝地帯としようと考え，ここでは露と結んだのである。一方，ウズベク3ハン国を勢力下においた露は，自らが保護国化したコーカンド＝ハン国のヤークーブ(ヤクブ)＝ベクを支援して，新疆への進出を図り，イリ地方を占領(イリ事件 1871)した。露が新疆のムスリム反乱に介入したのである。コーカンド＝ハン国出身のヤークーブ＝ベクはカシュガルを拠点に新疆の大半を征服し，オスマン帝国の国際的承認を求めたが，清が派遣した左宗棠らに敗北して戦死した(1877)。この後，イリ条約(サンクトペテルブルク条約 1881.2)で露清国境が画定し，清はイリ地方の一部を回復した。露は露土戦争終結直後という状況下で清と妥協したが，この直後，アレクサンドル2世がナロードニキに暗殺されている(1881.3)。ヤークーブ＝ベクについては東大のイスラーム近代史でも主要な研究対象の一つであり，英・露の外交上の駆け引きが非常に面白い局面ではあるが，それだけに上記のように経緯も複雑で対立の構造を表現するにも字数的に無理である。再現答案でも「露がヤクブ＝ベクの反乱を支援」までは言及できても，「清がムスリムの反乱を弾圧した」ことについては，一部の答案を除いて，なかなか言及できていない。したがって新疆については深入りせず，加点ポイント⑭のように「イリ地方を占領したが清と妥協して国境を画定した」という表現に止めた方がよい。

7．第2次アフガン戦争

インド防衛を図る英（大英帝国にとってインド航路は生命線であった）は第2次アフガン戦争（1878〜80）を仕掛け，イギリス＝イラン戦争では支援したパシュトゥーン人を屈服させてこれを保護国とし，英・露間の緩衝国とした。露は強く反発したが，アフガニスタンを巡る英・露の対立は，英露協商の締結（1907）まで続くことになる。

8．義和団事件〜日露戦争

義和団事件までを取り上げ，日英同盟・日露戦争への流れを暗示する。

◆**視点**でも述べたが，この時期は英・露・独・仏といったヨーロッパ列強の対立が即刻，アジアに影響をおよぼしたので，今までの地域別の対立が，どのように日英同盟や日露戦争に収斂（しゅうれん）していくかをまとめること。

【加点ポイント】

《ウィーン体制期のヨーロッパ》

①ロシアは**神聖同盟を主導**して西欧諸国との勢力均衡に努めた。

＊「アレクサンドル１世」に言及した再現答案が多いが，アレクサンドル２世やニコライ２世の方がこの論述ではウエイトが重い。字数の問題もあり，皇帝名を書かないなら書かないで方針を統一した方がよい。単に「露がウィーン体制を主導」という表現は間違いではないが，オーストリア(メッテルニヒ)もともに中核であったこと，神聖同盟に加盟しないイギリスがラテンアメリカ独立を機に五国同盟をも有名無実化した経緯を考慮しつつも，露が英・墺と協調したことに言及したい。露の皇帝を国王とするポーランド立憲王国の成立は，ウィーン体制の「勢力均衡」の例の一つだが，再現答案ではほとんど言及していなかった。

②フランス**七月革命**(など)を契機とする**ポーランド**独立運動を弾圧した or **ポーランド**を影響下におき，その独立運動を弾圧した。

＊誤って「18世紀の普・墺・露３国によるポーランド分割」やエカチェリーナ２世の第２回ポーランド分割に抵抗したコシューシコに言及する答案が多い。彼はナポレオンには協力せず，19世紀のポーランドの戦いには参加していない。一方でウィーン体制を動揺させた「七月革命の影響」に関する言及が少ない。ポーランドのロシアへの併合について，問題の論旨に則して19世紀全体を俯瞰するなら，「ポーランド立憲王国を英・墺との協調の下，自国の影響下においた露は，ポーランドの独立運動弾圧を機にこれを併合した」といった文脈でまとめよう。「11月蜂起(1830)」と「1月蜂起(1863)」は省略可である。

③ドイツ三月革命ではハンガリー独立運動に軍事介入し体制維持を図った。

＊「諸国民の春」を弾圧した「ヨーロッパの憲兵=ロシア」には言及するが，ニコライ１世に対する言及は少ない。皇帝名は省いてもよい。

《対トルコ》

④**ギリシア独立戦争**を機に東方問題に介入し地中海進出を図った。

＊露はギリシア独立戦争ではギリシアを支援したのだが，エジプト＝トルコ戦争時の国際対立の構造と混同し，「トルコを支援」とした誤答が多かった。

⑤**インド航路防衛**のため英が対抗した。

⑥**エジプト＝トルコ戦争**後の**ロンドン会議**で地中海進出は阻止された。

＊「第１次エジプト＝トルコ戦争で露はボスフォラス・ダーダネルス両海峡の独占通航権を得た」「第２次エジプト＝トルコ戦争ではトルコを支援する英・露が仏・エジプトに勝利した」「ロンドン会議(で締結されたロンドン４国条約)で英が墺や普と協調して露

の南下を阻止」「両海峡を中立化した」など，この間の経緯はよく書けていたが，「黒海の通航権を得た」という誤りも多かった。ウンキャルスケレッシ条約 or「露は海峡通航権確保を図る」と書く場合には「第1次エジプト＝トルコ戦争後」という時期にも注意しなければならない。

⑦**クリミア戦争**ではオスマン帝国を支援する英・仏（など）に大敗した。

＊「英に敗北した」という答案が多い。聖地管理権問題の発端は露のニコライ1世と仏のナポレオン3世との対立であり，トルコが仏と結び，イタリア統一をめざすサルデーニャも仏の支援を期待してクリミア戦争に参戦している。

⑧**パリ条約で黒海が中立化**された。

＊この⑧黒海の中立化と⑥の両海峡通航権を混同しないこと。またパリ条約締結時の皇帝はアレクサンドル2世であることにも注意(フローチャート参照)。

⑨普仏戦争後，独・墺と**三帝同盟**を結んだ。

⑩露土戦争で**ブルガリア保護権**を得たため英・墺が反発した。

＊「正教国のセルビアなどが独立し，露がバルカン半島への影響力を拡大した」「露がブルガリアを足がかりに南下を図った」「ブルガリアを保護国化した」「サン＝ステファノ条約で地中海への進出が可能となった」など，おおむね正しい言及がなされていた。

⑪ビスマルクが**ベルリン会議（1878年）**を主催，露にブルガリアを放棄させ独・露に摩擦が生じた。

＊「ベルリン会議によって露の南下は阻止された」，「ブルガリアはトルコ領内の自治国にとどまった」，「英との協調を図る(勢力均衡を尊重する)ビスマルクに南下を阻止された」などについて正しく言及した答案が多い。「三帝同盟が崩壊した」ことについては，その理由(ビスマルク外交で露の南下が挫折したこと)に言及しなければならない。またベルリン条約の内容(墺がボスニア・ヘルツェゴヴィナを管理 or 英がキプロスを管理)への言及は字数に配慮して必要最小限にすること。「パン＝スラヴ主義とパン＝ゲルマン主義の対立」については，「どう対立したか」を具体的に述べること。

《イラン～中央アジア》

⑫露は**トルコマンチャーイ条約**でカージャール朝から（東）アルメニアを獲得した。

＊カージャール朝に言及しない答案が多かったが「カージャール朝」は必須。中国と清のニュアンスの違いと同じことである。露はカージャール朝からカフカスを奪った，露はカージャール朝に不平等条約締結を強要した，英も露に対抗してイランに進出した，などが許容される表現である。

⑬**クリミア戦争**後は中央アジアに進出，**ウズベク３ハン国**を支配下に置いた。

＊再現答案では「保護国化」「併合」の表記が混在していたが，**【背景解説】5**に記したよう

に経緯が煩雑なので注意すること。「中央アジア」の範疇には，清が確保した新疆(東トルキスタン)や英が保護国化したアフガニスタンなども含まれるので，「露がウズベク3ハン国(西トルキスタン)を(事実上)支配下に置いた」と明記すべきである。

⑭新疆のムスリム反乱に乗じてイリ地方を占領した。

＊⑬露のウズベク3ハン国の併合・保護国化と⑭新疆での清・露の対立の時系列と，「イリ事件(ムスリム反乱を機に露が1881年まで一部を占領)でイリ地方の一部を獲得した」「イリ条約で露は同地(一部)を清に返還した，イリ条約で清・露の国境が画定した」「イリ条約で国境は露に有利に画定 or 露は通商上の利権を得た」など，一連の経緯はよく書けている。その一方で「新疆のムスリム反乱」への言及がない答案や，「露が同地を返還」とのみ記し，清との条約である点に言及しない答案が多い。意外と知られていないが，イリ条約は清が露から領土を取り戻した唯一の条約である。対外政策には相手が存在することを忘れないこと。

⑮英はインド防衛のため**アフガニスタン**を保護国化した。

＊「英がアフガニスタンに侵攻した」「英が第2次アフガン戦争を起こした」のみを述べ，結果まで言及していない答案が多い。

《極東》

⑯アロー戦争に乗じて清との間にアイグン条約，北京条約を結んだ。

＊2008年度の第2問で出題された範囲だけによく書けていた。「東シベリア総督ムラヴィヨフ」への言及については，任命者はニコライ1世であることに，注意。「アイグン条約で黒竜江以北を獲得」「アイグン条約でウスリー江以東の沿海州を共同管理」「英・仏と清の北京条約締結仲介の代償として」，⑰ウラジヴォストークの建設が開始されたのは，アレクサンドル2世の時代である。皇帝名は時系列整理の手段にするのならよいが，答案でその都度，言及する必要はない。

⑰**沿海州**を獲得して軍港**ウラジヴォストーク**を建設した。

＊樺太・千島交換条約(1875，アレクサンドル2世)については，「ユーラシア」の条件に合わないことと，字数から考えて言及しない方がよい。日本に言及すると「安政の五カ国条約」に数えられる日露修好通商条約(1858, アレクサンドル2世, 2008年第2問関連)や，日露和親条約(1855)まで対象に入ってしまう。

《帝国主義期のロシア外交》

⑱ビスマルク失脚後（再保障条約更新拒否を受けて），**露仏同盟**を締結した。

⑲仏の支援で**シベリア鉄道**を建設して極東進出を進めた。

＊「シベリア鉄道建設で露の支配を強化」といった，やや抽象的な表現も見られた。

⑳日清戦争後，**仏・独**と**三国干渉**を行った。

㉑日本に遼東半島を返還させ，代償に清から**東清鉄道敷設権**を獲得した。

＊「日本は下関条約で獲得した遼東半島を返還」とのみ記し，「日本が遼東半島を獲得した」ことに対し「露が独・仏と結んで，遼東半島を清に返還することを日本に強制した(三国干渉)」こと，その後に「露が同地を清から租借した」という経緯が混乱している答案が多い。また閔妃殺害(乙未の変)を機に朝鮮に親露政権が樹立されたことなど，朝鮮を巡る日露の対立への言及は少なかったが，当然，加点対象となる事項である。

㉒日本が返還した**旅順**・大連も租借した。

＊「不凍港・旅順を租借」「旅順・大連に進出」といった記述が多い。

㉓**義和団事件**（北清事変）への８カ国共同出兵では露が主力となった。

㉔**義和団事件**を機に露は満州占領を進めた。

＊㉓・㉔に言及した答案は少ない。義和団事件は19世紀末に勃発した。言及した答案も「日本との対立が激化」といった「あっさりした」記述が多い。

㉕露の極東進出を警戒した英は日本に接近した。

＊「英は威海衛を租借して露に対抗した」など，威海衛に言及した答案が多いが，「英は露の南下を警戒して(不平等条約改正に応じ)日英通商航海条約を締結した」という露と日・英の対立を十分，意識した答案もあった。

解答例

神聖同盟を主導して英・墺などとの協調を図る露は**ポーランド**を従属させ，その独立運動を弾圧。三月革命ではハンガリー独立運動に介入するなどウィーン体制維持に努めた。一方，ギリシア独立戦争を機に東方問題に介入し地中海進出を図ると，インド航路防衛のため英が対抗，エジプト＝トルコ戦争後のロンドン会議で阻止された。**クリミア戦争**ではオスマン帝国を支援する英仏に大敗，パリ条約で黒海が中立化された。普仏戦争後，独墺と三帝同盟を結び，露土戦争でブルガリア保護権を得たため英墺が反発，ビスマルクが**ベルリン会議（1878年）**を主催，露にブルガリアを放棄させ独露に摩擦が生じた。イラン方面では，露は**トルコマンチャーイ条約**でカージャール朝からアルメニアを獲得し，**クリミア戦争**後は中央アジアに進出，ウズベク３ハン国を支配下に置き，新疆のムスリム反乱に乗じて**イリ地方**を占領すると，英はインド防衛のため**アフガニスタン**を保護国化した。極東でも，アロー戦争に乗じてアイグン条約，北京条約を結び，**沿海州**を獲得して軍港ウラジヴォストークを建設した。ビスマルク失脚後に露仏同盟を締結した露は，仏の支援でシベリア鉄道を建設して極東進出を進め，日清戦争後，仏独と三国干渉を行って日本に遼東半島を返還させ，代償に清から東清鉄道敷設権を獲得，日本が返還した**旅順**・大連も租借した。義和団事件への8カ国共同出兵を機に露が満州占領を進めると英は日本に接近した。

(600字)

注記：指定語句「ベルリン会議(1878年)」の年号については，受験生が「アフリカ分割に関するベルリン会議(1884年)」と混同するのを避けるために，東大が付したものと考える。これについては13年度にも「アメリカ移民法改正(1882)」の例があるが，これもいわゆる「(排日)移民法(1924年)」との混同を避けるための東大側の受験生への配慮であろう。解答例ではこの指定語句を11字と換算している。

第2問　「各時代の『帝国』と周辺地域」

解説

「各時代の『帝国』と周辺地域」という大きなテーマでビザンツとトルコ，オランダと東南アジア，アメリカとベトナムとの関係を取り上げた。それぞれ「ビザンツ帝国に対するトルコ系諸国家の攻撃」(4行),「オランダ東インド会社の東南アジア支配」(短答・2行),「アメリカ合衆国のベトナム介入」(2行×2)という3つの小問から構成されている。

問(1)「ビザンツ帝国に対するトルコ系諸国家の攻撃」というテーマ。

第1回十字軍の契機となったセルジューク朝の小アジア（アナトリア）侵入，オスマン帝国のコンスタンティノープル攻略は書けるだろう。

120字論述として,これでは情報量不足だろう。「6世紀のユスティニアヌス帝の死後,次第にその支配地を失っていった。その過程で…」というリード文に対し，11世紀のセルジューク朝から書きはじめるのも不自然だ。7世紀のビザンツ帝国は，南からアラブ帝国(正統カリフ時代)にシリア・エジプトを奪われて弱体化し，北からの遊牧民の侵入を許した。このとき，国境のドナウ川を越えて，ビザンツ領内に建国したトルコ系の民族がいる。ブルガール人だ。このことに気づけば，120字は容易に埋まる。

【加点ポイント】 ①7世紀，**ブルガール人**が（アジアから）移動した。

②ブルガール人は**バルカン半島に侵入**，ブルガリア帝国を建てた。

③11世紀，**セルジューク朝**が成立。

④**セルジューク朝**がマンジケルトの戦いでビザンツ帝国を破った。

⑤この結果，セルジューク朝は**小アジアに進出** or ルーム＝セル

ジューク朝が**小アジアをトルコ化**した。

⑥**オスマン帝国**が小アジアに成立した。

⑦オスマン帝国がバルカン半島に領土を拡大した。

⑧15世紀半ばに**オスマン帝国** or **メフメト２世**が**ビザンツ帝国を滅ぼした**。or **コンスタンティノープルを占領** or **攻略**した。

＊11世紀のセルジューク朝の小アジア侵入，15世紀のオスマン帝国の侵入についてはよく書けているが，7世紀後半のブルガール人の侵入に言及した答案は極めて少ない。トルコ系ブルガール人については，2013年度から実施された新課程の教科書では「トルコ系」と明記しているが，旧課程の教科書ではブルガール人については「トルコ系」「非スラヴ系」など表記もまちまちで受験生には難しかったのではないか。

地中海帝国の再建を夢見たユスティニアヌス帝（位527～565）の西方遠征は，帝国の財政を圧迫した。東方属州のシリアにはササン朝のホスロー１世が侵入し，中央アジアでは柔然の支配を脱したトルコ系の突厥がササン朝と結んだ。突厥に追われた柔然は西進して姿を消した。6世紀後半に東欧に侵攻して大帝国を建てたアヴァール人の君主がカガンと称していることから，柔然とアヴァールは同族であるという説が有力だ。

ブルガール人はアヴァールとともに西進したトルコ系民族で，アゾフ海の北岸一帯に最初の王国を建てた（7世紀）。その後，この地域に留まったヴォルガ＝ブルガールと，ドナウ川流域に西進したドナウ＝ブルガールに分かれ，後者はスラヴ人とともにビザンツ帝国の北辺を脅かした。

7世紀のビザンツ帝国は，南からアラブ帝国の侵入を受けてシリア・エジプトを奪われ（正統カリフ時代），国土の半分を失った。皇帝ヘラクレイオス１世は小アジアに軍管区（テマ）を設置してアラブ人の侵入を食い止めた。しかし北方の守りが手薄になり，ブルガール人やスラヴ人のドナウ渡河を許すことになった。

ビザンツ領内に入ったブルガール人はスラヴ人を従えてビザンツから独立した（第１次ブルガリア帝国681～1018）。ボリス１世はギリシア正教に改宗し，次のシメオン１世（位893～927）はビザンツ帝国に勝利してバルカン半島の大半を領土に収め，コンスタンティノープルに迫り，総主教の手により「皇帝」として戴冠した（913）。遊牧民の「ハン」が，ボリス１世の時に正教の守護者である「公（クニャーシ）」となり，さらにシメオンが「皇帝（ツァール）」になったことで，正教徒が多数を占めるスラヴ人との融合が進んだ。その半面，ブルガール固有の言語や文化は次第に失われていった。

その後，ビザンツ帝国は攻勢に転じ，皇帝バシレイオス２世がキエフ公国と結んでブルガリアを挟撃し，ついにこれを滅ぼした（1018）。バシレイオス２世は「ブルガリア人殺し」の異名を取り，ビザンツ帝国の中興者として知られる。なお，キエフ大公ウラディミル1世はバシレイオスの妹を降嫁されて正教に改宗（988 頃），ロシアのキリスト教化はここにはじまる。

その後，ビザンツの重税に苦しんだブルガリアは，再び独立を宣言（第2次ブルガリア帝国 1187 ～ 1393)。第4回十字軍（1202 ～ 04）のコンスタンティノープル攻略にともなうビザンツ帝国の混乱に乗じてバルカン半島に領土を拡大した。しかし西からはセルビア王国，南からはオスマン帝国が侵入して三つ巴の覇権争いが続き，最終的にはバルカン全域がオスマン帝国に併合された（1393)。オスマン帝国のバルカン支配は600 年間におよび，19 世紀末の露土戦争でセルビアが，20 世紀初頭の青年トルコ革命に乗じてブルガリアが独立を回復。両者はバルカン同盟を結成し，第1次バルカン戦争（1912）でオスマン軍を駆逐するが，いずれも中世の最大領土の復活を求め，第2次バルカン戦争で衝突（1913)。敗れたブルガリアは独・墺と同盟し，第一次世界大戦に突入する。本問では，ブルガール人の侵入，第1次ブルガリア帝国とビザンツ帝国の関係に触れれば十分だろう。

セルジューク朝とオスマン帝国については教科書の基本事項。「トルコ人の歴史」というテーマ問題にもなるので，簡単に確認しておこう。

東突厥から独立したウイグルはモンゴル高原に大帝国を築いて唐を脅かしたが，大寒波で弱体化したところをキルギスの攻撃を受けて崩壊，中央アジアへ西走して同地のイラン系住民をトルコ化した（トルキスタン＝ペルシア語で「トルコ人の土地」の成立)。その一部がイスラームに改宗してカラ＝ハン朝を建てたが，その実態は部族連合国家だった。セルジューク朝（1038 ～ 1194）もイスラーム化したトルコ系遊牧民で，建国者のトゥグリル＝ベクがブワイフ朝を倒してバグダードに入城し，アッバース朝のカリフからスルタンの称号を付与され（1055)，政治軍事の実権を握った。2代アルプ＝アルスラーンはマンジケルト（マラーズギルト）の戦い（1071）でビザンツ帝国に勝利した。この結果，それまでギリシア文化圏だった小アジアのトルコ化が進み，今日のトルコ共和国の原型となった。実はこの「トルコ化」を進めたのが，セルジューク朝の一族がアナトリアに建てたルーム＝セルジューク朝（1077 ～ 1308）である。ルームとは「ローマ」のことで，「旧東ローマ領のセルジューク朝」という意味になる。セルジューク朝の本拠はあくまでイランであり，アナトリア半島のトルコ化を進めたのがルーム＝セルジューク朝である，という話は高校教科書のレベルを超える。ともあれ，このトルコ人の圧迫に耐えかねたビザンツ皇帝アレクシオス1世はローマ教皇ウルバヌス2世に援軍派遣を要請し，第1回十字軍（1096 ～ 99）の契機となった。

セルジューク朝は軍事イクター制を採用し，国家の財政と軍事基盤を強化した。イクター制はイスラームの封建制と見なされていたが，西欧のような主従間の双務的契約はないため君主権が強いこと，軍人へのイクターは散在する傾向にあり，都市に居住するイクター保有者は在地領主ではないこと，中世では封建制崩壊の要因となった都市の発達がイスラーム世界ではむしろイクター制発達の経済的要因となるなど，近年の歴史学では西欧封建制との相違点が強調されている。セルジューク朝では，行政権とイクター保有権の双方を有する総督（アミール）が，12 世紀になると大規模なイクターを世襲化するようになり，セルジューク朝は分裂していった。

13 世紀，モンゴル軍に敗れたルーム＝セルジューク朝はイル＝ハン国に臣従して権威を失い，アナトリアにはトルコ系の小さな君侯国（ベイ＝リク）が乱立した。その中から台頭したオスマン君侯国は，ボスフォラス海峡に臨む北西部に位置し，対岸で繁栄するビザンツ帝国への領土的野心を持った。

第 3 代ムラト 1 世はバルカン半島の攻略を本格化させた。ビザンツ帝国からアドリアノープル（エディルネ）を奪ってアナトリア北西部のブルサから遷都し，コソヴォの戦い（1389）ではセルビア王国に勝利した。ムラト 1 世は講和会議の席でセルビア貴族に刺殺されたが，セルビア王国の滅亡により，バルカン半島の大半がオスマン帝国領となった。ベイ（君侯）の称号をスルタンに改め，キリスト教徒の子弟を徴兵してイェニチェリを組織したのもムラト 1 世だ。オスマン帝国の基礎はこの時代に築かれたといえる。

次のバヤジット 1 世がアンカラの戦い（1402）でティムールに捕らわれ，アナトリアの君侯国も離反してオスマン帝国は危機を迎えた。ビザンツ帝国にとっては好機だったが，すでに首都コンスタンティノープル周辺を維持するだけの小国に転落していたビザンツには自主防衛の力はなく，数千人のジェノヴァ人傭兵を維持するのが限界だった。十字軍の熱狂が終わって 1 世紀を経た西欧諸国は，もはやビザンツ帝国救援に何の関心も持たなかった。

1453 年，体制を立て直したオスマン帝国のメフメト 2 世は，火砲を配備した 10 万の大軍を持ってコンスタンティノープルを包囲し，ついに陥落させた。ギリシア正教の総本山ハギア＝ソフィア聖堂はモスクに改造され，この街はオスマン帝国の都イスタンブルとして新たな歴史を刻むことになった。

問(2)　「オランダ東インド会社の東南アジア支配」がテーマ。

オランダの海上覇権の歴史は，2010 年度の第 1 問大論述（600 字）のテーマ。関連テーマとして，アンボイナ事件と航海法についても過去に出題例がある（1992 年第 2 問　90 字× 2）。

(a)マラッカ　※ペナンなどの誤答があった。

「ポルトガルの重要拠点」の多くが「オランダ側の手に落ち，オランダ東インド会社の拠点」となっているが，「マレー半島にある海港都市」という条件を満たすのは，1641年にオランダが攻略したマラッカである。マラッカ王国史についても出題例がある（1997年第2問　90字）。ちなみに誤答として多かったペナンはマレー半島のケダ王国，シンガポールは同じくジョホール王国の領土であり，いずれもポルトガル・オランダの支配を経ずにイギリスの手に渡った。

(b)ジャワ製糖業を支えた南洋華僑進出の政治的・社会的要因。

【加点ポイント】 ①**明清交代** or **明の滅亡**による政治的混乱にともなう亡命者の発生。

＊客家の亡命や反清思想に言及した答案もある(2002年第1問・華僑史関連)。

②後期倭寇の活動によって，**明の海禁が緩んだ**。

③康熙帝は，**三藩の乱** or **鄭氏台湾を平定**した。

④康熙帝は，台湾平定後に**海禁を緩和** or **遷界令を撤廃**した。

⑤**人口増加** or **土地不足**による困窮にともなう抗租運動などの激化。経済難民の発生。

⑥製糖が盛んな**福建・広東**から移住者が増え，彼らが製糖技術を伝えた。

＊南洋華僑の進出の政治的・経済的要因に言及する問題だが，福建・広東の製糖業については，「世界史Ｂ」の教科書では「農村と国際市場を結ぶ商業網をにぎって経済力をのばし，のちの南洋華僑のもとになった」（山川出版社・p.191）「オランダは，強制栽培させたサトウキビから砂糖をとる製糖工場をつくったが，技術や労働力の面では中国人にたよった」（東京書籍・p.319）などと説明している。⑥の「福建・広東」に触れず，流出要因を単に「重税」としたり，19世紀の苦力貿易と混同した答案が多かった。

明清の海禁政策については，2011年度の第2問（120字）で出題されている。後期倭寇の活動により明朝の海禁政策は破綻し，海外渡航も許可された（1567)。福建の鄭芝龍に代表される武装商人（海商）たちが，中国産絹織物の代価として九州の平戸から日本銀，マニラからメキシコ銀を輸入し，巨利を上げた。鄭芝龍と平戸の日本人妻との間に生まれたのが，台湾の英雄・鄭成功だ。

李自成の乱による明朝の滅亡（1644）と清朝による中国大陸平定は，政治的大混乱を引き起こした。明朝の皇族が江南へ逃れて各地の有力者に擁立され，これらの亡命政権を「南明」と総称する。鄭成功は万暦帝の孫・桂王（永明王）を擁して南京へ進軍するが清軍に大敗。桂王はビルマのトゥングー朝へ亡命を図るが捕らえられ，明の降将呉三桂に引き渡されて処刑された。この時期に清朝の支配を嫌う政治難民が，東南アジア諸国へ移住している。

清朝の康熙帝は，抵抗を続ける鄭成功政権に打撃を与えるため，遷界令を発布した(1661)。浙江・福建・広東などの東南諸省の沿岸住民を30里（15km）内陸へ強制移住させ，交易を禁ずるという強力な海禁令だ。鄭成功は台湾へ逃れオランダ人を排除して反清復明の拠点とし，独立政権を建てた（鄭氏台湾 1661～83)。これと呼応する形で呉三桂らが三藩の乱（1673～81）を起こすが，南明政権を滅ぼした呉三桂には人望がなく，康熙帝によって個別撃破された。

台湾も平定した康熙帝は遷界令を撤廃し，海外渡航も自由化された。これ以後は，人口増加による土地不足という経済的な理由による東南アジア移住が主流になっていく。なお，苦力（クーリー）貿易はアヘン戦争以後のことなので，「17～18世紀」を対象とする本問では加点対象外である。

中国からの海外移住者を華僑と呼ぶ。「僑」は「よそ者」,「仮住まい・一時滞在者」というニュアンスだ。現地の国籍を取って,「中国系○○人」となった者を「華人」とよんで区別する。華僑の大半は東南アジア諸国へ渡った。その出身地は広東省が最も多く，福建省がこれに次ぐ。

サトウキビはニューギニアなど西太平洋地域の原産で，インドに伝わった。アレクサンドロスの東方遠征の際に,「インド人は蜂を使わずに蜜を作る」という記録がある。グプタ朝期のベンガルでは白砂糖の精製が行われた。

中国における製糖は唐代にはじまる。亜熱帯に属する広東や福建は，サトウキビ栽培が可能である。砂糖は高価な医薬品とされ輸出も禁じられたが，日本へは鑑真がもたらした。琉球王国は17世紀に福建からサトウキビを導入し，主要産業に育てた。

砂糖はインドからイスラーム世界を経てヨーロッパへ広まったが，寒冷なヨーロッパではサトウキビ栽培ができなかったため，ルネサンス期までは香辛料に並ぶ高級品であった。大航海時代にカリブ海植民地が建設されてから，ようやく砂糖の生産が可能になり，紅茶・コーヒーの普及で砂糖の需要が高まると，ハイチやジャマイカなどで奴隷を労働力とする大規模なプランテーションが建設された。

問(3) 「アメリカ合衆国のベトナム介入」がテーマ。

ベトナム現代史については，1993年度の第1問大論述（ドイツとベトナム，分断国家の形成と統合）で出題例がある。第二次世界大戦後，圧倒的軍事力と経済力によりソ連と対峙したアメリカ合衆国の覇権は「パックス＝アメリカーナ」と呼ばれたが，ベトナム戦争介入の失敗でその権威は揺らぎ，米ソ間のデタント，米中接近など，冷戦構造の枠組みを大きく変貌させることになった。

(a)はベトナム介入時の「アメリカ大統領と介入の内容」を説明する。

ジョンソン政権による「北爆」を説明するだけでは字数が埋まらない。南ベトナム解放民族戦線に対する地上軍の投入にも言及すべきだが，後者に言及した答案は少ない。

アメリカの軍事介入の目的は，ベトナム共和国(南ベトナム)の親米政権に対してゲリラ戦を展開する南ベトナム解放民族戦線に打撃を与えるのが目的であり，その手段として彼らを支援するベトナム民主共和国(北ベトナム)への空爆(北爆)を行い，さらに北ベトナムからラオス・カンボジアを経由して南ベトナムの「解放区」に至る「ホー＝チ＝ミン・ルート」を遮断し，「解放区」を殲滅するため，南ベトナムへの地上兵力の増派——最終的には50万人に達した——を行ったのである。

【加点ポイント】 ①(民主党の) **ジョンソン**大統領。
②**トンキン湾事件**を口実に**軍事介入を開始**。
③**北ベトナム** or **ベトナム民主共和国に対する爆撃**を開始。
④**南ベトナム解放民族戦線**に対抗するため**地上兵力を増派** or **派遣**した。

＊ゴ＝ディン＝ジエム親米政権の崩壊 or 彼の暗殺(1963)を北爆開始の要因とする誤りや，南ベトナム解放民族戦線を支援する北ベトナム vs. 南ベトナムを支援する米国という対立構造がつかめていない答案が多かった。米軍が「枯葉剤を撒いた」ことに触れた答案もあったが，ベトナム戦争では枯葉剤のような化学兵器の他，核兵器以外のあらゆる大量殺戮兵器(ジャングルを焼き尽くす気化爆弾など)が用いられた。

ベトナムの南北分断は，フランスによる植民地統治の負の遺産である。第二次世界大戦中，ドイツに降伏したヴィシー政権は，援蔣ルートの遮断を目的とする日本軍の仏印進駐（1940）を容認し，共産主義者のホー＝チ＝ミンが率いるベトナム独立同盟のゲリラ活動に対抗した。阮朝最後の王であるバオダイは，フランスと日本の傀儡として名目的な君主に留まり，1945年の日本の敗戦とともに退位し，翌年に英領香港へ逃亡した。

ハノイでベトナム民主共和国の独立を宣言（1945.9.2）したホー＝チ＝ミン政権に対し，フランスは再びバオダイを擁立し，南部のサイゴンを首都とするベトナム国を成立させた。ここにはじまったホー政権とフランスが支援するバオダイ政権との戦争がインドシナ戦争（1946～54）だ。

民族独立を訴えるホー＝チ＝ミンに対するベトナム民衆の支持は圧倒的であり，戦争の大義に欠けるフランス軍の士気は低かった。ディエンビエンフーの戦い（1954）でのフランス軍大敗を契機にジュネーヴ休戦協定が結ばれた。北緯17度線を休戦ラインとしてフランス軍は全面撤退し，2年以内の南北統一選挙が約束された。このまま選挙を行えば，ホー＝チ＝ミンの勝利は明らかだった。

この前年には朝鮮戦争が引き分けの形で休戦（1953）し，米国では対ソ巻き返しを唱える共和党のアイゼンハウアー（アイゼンハワー）が大統領選に勝利した。ダレス国務長官は，東南アジア諸国が連鎖反応的に共産化していくというドミノ理論に基づき，軍事顧問団の派遣などベトナムへの介入をはじめた。アメリカ中央情報局（CIA）の支援を受けた南ベトナム首相ゴ＝ディン＝ジエムがバオダイを追放し，大統領に就任した。彼は南北統一選挙を拒否し，弟を秘密警察長官に任命して反政府勢力を弾圧した。

ゴ政権の独裁に反発する諸勢力は南ベトナム解放民族戦線を結成し，南ベトナム内部で内戦がはじまると，北ベトナムが解放民族戦線を軍事援助した。米国では民主党のケネディ政権が発足，カトリック教徒のケネディは自身の反共主義と同じカトリックであるゴ＝ディン＝ジエムへの親近感も相まって，ゴ政権に対する武器援助，軍事顧問団・地上部隊の派遣と次第に深入りしていった。しかしゴ大統領一族の独裁と腐敗に民心はますます離反し，米国もこれを持て余した。結局，軍事クーデタでゴ大統領は殺害され（1963），以後，南ベトナムでは将軍たちの権力闘争から毎年のように軍事クーデタが繰り返され，戦局も泥沼化した。ケネディは軍事顧問団の段階的撤収を検討中に暗殺された。

次のジョンソン大統領は，トンキン湾における米駆逐艦への北ベトナム軍による２度の魚雷攻撃（トンキン湾事件 1964）を口実に，連邦議会から開戦の大権を与えられた（トンキン湾決議）。１度目の攻撃は，米艦を南ベトナム艦艇と誤認しての誤爆だったが，２度目の攻撃はそもそも存在せず，米軍の虚構であったことが明らかになったのは開戦後のことだ。

1965年２月，ジョンソン大統領は大規模な北ベトナム爆撃（北爆）を命じるとともに，南ベトナム支援のためダナン港に海兵隊を上陸させた。これ以後をベトナム戦争（1965～73）と呼ぶ。なお，北ベトナム領土への米軍地上部隊の侵攻は最後まで行われなかった。朝鮮戦争の時のように義勇軍と称して中国人民解放軍が介入してくるのを恐れたためである。

(b)はベトナム戦争の戦費拡大による「アメリカの新しい経済政策と国際的影響」を説明する。

ドル危機は，世界史論述の頻出テーマ。早慶大など私大論述でもよく出題される。2013年度は変動相場制に移行してから40周年でもあった。受験生も時事的問題に対応できるよう，準備が必要だ。問われているのが「政策の背景」なのか，「内容」なのか，「影響」なのかを見極めてから書こう。今回は，内容と影響を書けばよい。

【加点ポイント】　①**ニクソン**大統領。

②**金とドルの交換停止**を宣言。

③**ドルの下落**が原因。

④**ブレトン＝ウッズ体制／金ドル本位制が崩壊**。

⑤**固定相場制**から**変動相場制へ移行**した。

＊「日本，西ドイツ（西欧・EC）の台頭，三極化」「円高・マルク高となった」という教科書に基づいた表現の答案が多かったが，「ドルを変動相場にした」との誤った表記も多い。

世界恐慌期に金本位制の停止とブロック経済を各国が採用したことが世界貿易を縮小させ，市場を求める日・独の軍事行動を誘発して第二次世界大戦を引き起こした反省から，大戦後は金本位制への回帰が求められた。

本土が戦場にならなかった米国は，大戦中に欧州諸国や中国への軍需物資の輸出で莫大な富を築き，世界の金の約半分を保有するにいたった。この豊かな金準備を背景として，米国政府はドルと金との交換を保証し，ドルを各国通貨と固定する金ドル本位制が確立した（ブレトン＝ウッズ体制）。

国土が荒廃した敗戦国である日本・西独の経済復興は，この固定相場制と巨大な米国市場の存在によって可能になった。変動相場制のもとでは経済復興とともにその国の通貨価値が上がり（円高・マルク高），輸出には不利になる。ところが固定相場制のもとでは1ドル＝360円という安いレートが維持されるため，日本（や西独）からの輸出品は米国市場では割安と見なされる。日本・西独の経済復興は，軍国主義やファシズムの復活を防ぐという意味で，米国の利益に合致していたわけだ。1960年代に日本と西独は「奇跡の経済復興」を成し遂げ，対米輸出を拡大した。この結果，米国の貿易収支は1971年に赤字に転落した。

これに加えてケネディ，ジョンソンと続いた民主党政権は，労働者保護の高福祉政策（ニューフロンティア，偉大な社会）を推進しつつ，ベトナム戦争への軍事介入にのめり込んだ。この結果，社会保障費と軍事費が増大して国家財政が赤字になった。米国の中央銀行であるFRB（連邦準備制度理事会）がドルの増刷で対処したため国内ではインフレが発生し，ドルの信認が揺らいだ。不安になった各国の金融機関は，手持ちのドルを売って金に代えようとした。このドル売りが進んだ状態をドル危機という。

金ドル本位制のもとでは，米国は無条件で金とドルの交換に応じなければならない。これを放置すれば，米国の保有する金が流出し，ドルとの交換もやがて不可能になる。以上がニクソン＝ショックの背景である。

ニクソン大統領（共和党）は，1971年8月15日（日本の終戦記念日）にテレビ会見を行い，金とドルの交換停止，10％の輸入課徴金（実質的な関税）の徴収を一方的に発表した。米国政府によるブレトン＝ウッズ体制の終焉宣言で，これが「ニクソン＝

ショック」の内容である。最も打撃を受けたのが，対米貿易で潤っていた日本と西独であったことはいうまでもない。

1ドル＝360円というタガがはずれ，外貨を売買する為替市場ではドル売りが殺到してドルは急落した。各国は1ドル＝308円で固定相場制を維持することで合意した（スミソニアン合意 1971.12）が，その後もドル売りの動きは止まらず，ついには固定相場制そのものが放棄された。このため，通貨は他の商品同様，市場における需要と供給のバランスで価格が決まり，しかも刻一刻と変化する変動相場制へ移行した。以上が，「ニクソン＝ショック」の世界経済への影響である。

日本では急激な円高を阻止して固定相場を維持するため田中角栄内閣が金融緩和（円の増刷）を行ったことに，第1次石油危機（1973）も重なり，狂乱物価と呼ばれるインフレが1974（昭和49）年に発生した。ドル安円高の流れは止まらず，輸出に依存した日本の高度経済成長には終止符が打たれた。

ちなみに，「固定相場制を維持する」とは，中央銀行が自国通貨を売買して価格を調整することである。たとえば円高の時は日銀が円を売ってドルを買い，円安の時には円を買ってドルを売る。こうしてドル円レートを一定の枠内に保とうとするわけだ。

短期的には市場のさまざまな思惑からドル価格も上下しているが，長期のスパンで見ればドル安の傾向は変わらない。本稿執筆の時点（2014.4）では1ドル＝100円前後であるから，固定相場制時代の1/3以下に下落したことになる。長期のドル安傾向は米国の国家としての信用失墜を意味するが，同時に米国の輸出産業にとっては，追い風となった。米国はメンツを捨てて実利を取ったわけである。

日本企業は，コスト削減や省エネ化など涙ぐましい努力を重ねて再び米国市場へ立ち向かい，1980年代には日本製自動車が米国市場を席巻するまでになった。このため米国のレーガン政権（共和党）は，日本・西独・英・仏の主要五カ国財務省・中央銀行総裁会議を呼びかけ，円（マルク）高ドル安へ向けて協調介入することで合意した。これがプラザ合意だ（1985）。ドルは再び急落し，日本は円高不況に苦しむことになる。

解答例

(1)7世紀にブルガール人がバルカン半島に侵入し，ブルガリア帝国を建てた。11世紀にはセルジューク朝が小アジアに進出した。その後オスマン帝国が小アジアに成立し，バルカン半島に領土を拡大，15世紀半ばにメフメト2世がコンスタンティノープルを占領した。

（番号を含めて120字）

(2)(a)マラッカ

(b)明清交代による政治的混乱や海禁の緩み，人口増加，土地不足による困窮を背景に製糖が盛んな福建・広東から移住者が増えた。

(記号を含めて59字)

(3)(a)ジョンソン大統領は北ベトナムに対する爆撃を開始するとともに，南ベトナム解放民族戦線に対抗するため地上兵力を増派した。

(番号・記号を含めて60字)

(b)ニクソン政権が金とドルの交換停止を宣言。ドルの下落でブレトン＝ウッズ体制が崩壊，固定相場制から変動相場制へ移行した。

(記号を含めて59字)

第３問 「人間の生産活動」

解説

問(1)　正解はヒッタイト（人）

ヒッタイトは，中央アジアに起源をもつインド＝ヨーロッパ語族の一派で，前2000年ころ，小アジアに移住したと考えられている。前1650年ころ，ハットゥシャを都に強大な帝国を築いたが，その強力な軍事力を支えたのが馬と戦車，そして鉄製武器である。彼らは製鉄技術を秘匿し，周辺国への流出を防いだが，前1200年ころ，ヒッタイト王国が滅亡するとともに，製鉄技術はシリア，エジプト，メソポタミアに拡散した。なお，ハットゥシャの北東30 km地点にあるアラジャホユック遺跡からは前2300年ころの鉄剣(隕鉄製)が発見され，また南西に100 kmほど離れるものの，カマン＝カレホユック遺跡からも前2000年ころの製鉄のあとが発見されており，ヒッタイト以前に小アジアに製鉄技術があったと考えられている。

問(2)　正解はペリオイコイ

スパルタには３つの身分があり，第１がスパルティアタイ(スパルタ人)，第２がペリオイコイ(「周辺に住む人々」)，第３がヘイロータイである。支配階級のスパルティアタイが軍事と政治に専従する一方，ペリオイコイが商業・工業に，ヘイロータイが農業に従事してスパルタの生産活動を支えた。なおペリオイコイは従軍義務を課されるが，参政権はもたない劣格市民であり，ヘイロータイはスパルティアタイやペリオイコイの所有地に分属させられて貢納の義務を負う隷属農民である。ドーリア系のスパルタ人がラコニア地方を征服した際，先住民のうち同族のドーリア人をペリオイコイとし，アカイア人をヘイロータイにしたと考えられている。人口比はスパルティアタイ１：ペリオイコイ７：ヘイロータイ16とも言われ，スパルティアタイは少なくとも自分たちの10倍におよぶヘイロータイを軍事的に圧倒するため，厳しい軍事教練を子弟に課した。これが「スパルタ教育」の語源である。ヘイロータイの扱いは過酷で，軍事教練の一環として，スパルティアタイによる「ヘイロータイ狩り」が行われたほどであった。スパルティアタイとペリオイコイを合わせて「ラケダイモン(ラコニア人)」と呼ぶ。劣格市民とはいえ，ペリオイコイはスパルティアタイから仲間扱いしてもらっていたようである。再現答案では「ヘイロータイ」の誤答が意外に多かった。

問(3)　正解は養蚕技術

「中国産のある繊維」といえば「絹」。その原料生産技術の名称を聞かれているので，原料＝蚕の生産技術となる。中国産の絹の伝来は古く，前2000年ころにはヨーロッパにもたらされていた。エジプトのファラオの墓からも発見されており，また古代ローマでは中国を「セリカ(絹の国)」と呼んでいた。中国人は，ヒッタイト人が製鉄技術を秘匿したように，絹の製法を秘匿した。そのため，この驚くほど滑らかな繊維が何から作られているかをヨーロッパ人は知らなかった。ビザンツ帝国の歴史家プロコピオスによれば，552年，ユスティニアヌス1世の命を受けたネストリウス派の修道士が，中央アジアから「蚕の繭」を竹の杖に隠して帰国，これを機に養蚕技術がビザンツ帝国に伝播したという。このころ，ホスロー1世期のササン朝がイラン・イラクを制圧して絹の交易ルートを遮断したので，ビザンツ帝国が思うように絹を輸入できなくなったのがその理由とされる。ともあれ，6世紀半ばころ，養蚕技術がコンスタンティノープルに伝播し，以降，ビザンツ帝国が養蚕業・絹織物業を独占して大いに利益をあげた。なお現在ヨーロッパで飼育されているカイコガはすべて，杖に隠れてシルクロードを旅した，この繭の子孫とのこと。再現答案では「絹織物」を答えた受験生が多かったが，絹織物の原料生産技術の伝播を尋ねているので不可である。山川出版社『詳説世界史B』は「養蚕技術が伝わった」と明記しており，東京書籍『世界史B』は養蚕と手工業としての絹織物業を分けて書いている。

問(4)　正解は占城稲

占城とは，ベトナム南部にあったチャム族の王国チャンパーのこと。チャンパー(占城)原産なので，占城稲と呼ぶ。占城稲は日照りに強く，比較的収量の多い早稲であり，二期作や，小麦と組み合わせた二毛作を可能にした。1012年，北宋の真宗(「澶淵の盟」で有名)皇帝が，干害に悩む長江下流域(江南)に導入した。南宋時代には，江南で栽培される稲の8～9割が占城稲になるほど普及した。

問(5)　解答例(5)市政を独占していた商人ギルドに対して市政への参加を求めた。

(番号を含めて30字)

【加点ポイント】　①商人ギルドが市政を独占。

②これに対して(ツンフトは)市政への参加を求めた。

＊「流通と市政を独占する商人ギルド」「大商人からなる参事会ギルド」と正しく言及した答案もあったが，ツンフトと参事会を混同した答案が多い。

ツンフトとは，ドイツ語で「手工業者のギルド」を指す。ギルドは日本語では「同職組合」とか「同業組合」と訳されるが，資本家に労働環境の改善や賃金の値上げを求める「労働組合」とは異なり，既得権益の維持と同業者の連帯を目的に商人や手工業者が結成するものである。商人ギルドがやがて領主から裁判権や自衛権などを含む自治権を獲得して自治都市を形成した。これがヨーロッパの中世都市の特徴である。自治都市と聞けば，民主的な感じを受けるが，実際は商人ギルドの成員とその家族だけが市民権を持ち，少数の富裕商人家門が市政を独占（参事会ギルド）しており，民主的とはとても言いがたい状況だった。そこで，商人ギルドに対して，手工業者が市政参加を求めて運動を起こした。これをツンフト闘争と呼ぶ。

問(6)　解答例(6)大航海時代の西欧の好況を受け農奴の賦役で輸出用穀物を生産。

（番号を含めて30字）

【加点ポイント】　①大航海時代の西欧の好況 or **人口増加**

②農奴の賦役で輸出用穀物を生産

＊①については「銀の流入でインフレが続く西欧」「大航海時代で工業発展した西欧」など，繁栄の背景について言及した答案は少ない。単に「商工業の発達した西欧」などの表現が目立った。②では的確な説明をした答案が多かった。

ドイツ語のグーツヘルシャフトは，農場領主制と訳される。農奴は領主の土地を耕す以上，地代を支払わなければならない。地代の形には，①収穫物をそのまま納める生産物地代，②収穫物を換金して貨幣で支払う貨幣地代，③領主のために畑を耕したり種を播いたり家畜を世話したりする賦役（労働地代）の３種類があった。荘園は領主直営地と農民保有地からなり，農奴は農民保有地を耕作して領主に地代（生産物地代・貨幣地代）を納めたほか，賦役として領主直営地も耕作した。エルベ川以西では９割が農民保有地となり，領主直営地はわずかだったので，農奴の賦役負担は少なかった。一方，同じドイツでも，エルベ川以東では領主が直営地を拡大して，多数の農奴を支配下に置き，彼らの賦役労働で穀物を大量生産した。これがグーツヘルシャフトである。領主が直営地を拡大できた背景には東方植民とペストの影響があった。東方植民でエルベ川以東に進出した領主層は，ペストの被害を恐れて農奴が逃亡した後，放棄された耕地を集積し，自作農やスラヴ系などの被征服民を農奴に没落させ，直営地で賦役を強いたのである。彼らが生産した穀物は自家消費用ではなく，西ヨーロッパ向けの輸出用として生産された。なぜグーツヘルシャフトが発達したのか。設問に「当時の交易の発展と関連づけて」とあるように，16世紀に大航海時代が本格化し，大西洋交易が発展して西ヨーロッパが経済的に豊かになり，人口が増加して穀物需要も増えたからである。この需要を満たすため，エルベ川以東で輸出用穀物を大量生産するようになった。したがってグーツヘルシャフトの特色を説明するには，①(西ヨーロッパでは農奴解放が進んでいるというのに，時代の流れに逆行しているので「再版農奴制」という）領主直営地を拡大し，②農奴の賦役労働で，③西ヨーロッパ向け輸出用穀物を生産する，という要素を入れる必要がある。かつ「当時の交易の発展と関連づけて」という条件を満たすため，④大航海時代の本格化を受けて大西洋交易が発展し，⑤西ヨーロッパが経済的に豊か（工業化）になって人口も増加，穀物需要が増えた，という要素も入れる必要がある。

問(7)　正解は第1インターナショナル（国際労働者協会），ロンドン

設問にあるように，マルクスとエンゲルスは『共産党宣言』(1848)で労働者の国際的な団結を呼びかけた。２人が「共産主義者同盟」のために書き上げた，この綱領は「万国のプロレタリア(労働者)よ，団結せよ」で締めくくられている。同年，1848年革命の騒ぎの中，活動家のマルクスはプロイセン，ベルギー，フランスの警察にマークされ，イギリスのロンドンに亡命を余儀なくされた。そこで彼は赤貧に耐えながら，大英博物館の図書館で研究生活を続けた。1860年代，ヨーロッパ各地に社会主義団体が生まれ，国際的な団結の機運が高まった。そうした中，1863年１月，マルクスや無政府主義者のバクーニンの思想的影響を受けたポーランドの労働者が，帝政ロシアの支配をくつがえすため，武装蜂起した(１月蜂起)。各国政府がポーランドの革命軍を見殺しにする中，マルクスの尽力で，1864年９月，イギリス，フランス，ドイツ，ポーランドなどの社会主義者・労働者代表がロンドンに集結し，ポーランドの革命の支援と国際的な連携を目的に第１インターナショナル(国際労働者協会)を発足させた。この第１インターナショナルには，マルクス主義者，社会民主主義者，無政府主義者など，さまざまな立場の社会主義者が参加していたが，マルクスがこの組織を主導した。1871年，パリ＝コミューンの挫折の後，マルクスとバクーニンら無政府主義者とが激しく対立し，また各国政府による弾圧が強化されたこともあって，1876年，第１インターナショナルはフィラデルフィアで解散した。再現答案では，フランス革命百周年を機にパリで結成された第２インターナショナルと混同した誤答が多かった。

問(8)　正解は塩の行進，ガンディー

イギリスの植民地インドでは，自治獲得や独立を求めて，繰り返し民族運動が起きた。20世紀前半にこの民族運動を主導したのがガンディーである。彼の有名な非暴力・不服従運動(彼はこれを「サティヤーグラハ(真理の把握)」と呼んだ)は二度あり，第１次は1920年代に，第２次は1930年代に行われた。設問は「1930年」の方を問うているので，第2次非暴力・不服従運動＝「塩の行進」を答える。第1次のきっかけは1919年のアムリットサール虐殺事件である。シク教の総本山アムリットサールで，イギリスの独立約束無視とローラット法に反対する住民デモをイギリス軍が武力弾圧して375人の死者を出した。ガンディーはこの事件を悪魔的所業と断罪し，「私はイギリスの秩序よりもインドのカオスを望む」と宣言して，あらゆるヨーロッパ製品のボイコットをインド人に呼びかけた。自分の綿布は自分で織るように訴え，彼自身，毎日糸車(チャルカ)に向かって糸を紡いでみせた。綿織物業はイギリスの総輸出額の1/5を占め，年平均1億4000万ポンドの利益を生みだしており，そのかなりの割合をインドに依存していた。「綿ボイコット」はイギリス経済に大きな打撃を与えた。1930年，インドの自治を認めようとしないイギリスに対して，ガンディーは第2次非暴力・不服従運動を組織した。彼はイギリスによる塩の専売に抗議して，78人の側近とともに海を目指して歩いた。目的は法を犯して塩を作ること。彼は1日約16 kmのペースで，24日間かけて約380 kmを歩き切り，海岸にたどり着いて海水からひとつまみの塩を作ってみせた。これが「塩の行進」である。このガンディーのパフォーマンスに刺激を受けた多くのインド人が彼に倣って法を犯し，何千何万という逮捕者を出した。しかしインド人は屈せず，集団で道路や線路に横たわっては交通を麻痺させたり，どれだけ警棒で殴られてもデモを続けたり，といった非暴力・不服従運動を続けた。監獄はすぐに許容量を超え，結局，イギリスはインド人に屈して逮捕を停止した。

問(9)　正解は農業調整法（AAA），全国産業復興法（NIRA）

1930年代のアメリカ史の出題は東大としては珍しいが，ニューディール政策のうち「政府が経済に積極的に介入・統制するための法律」を問うているので，答えは農業調整法(AAA)と全国産業復興法(NIRA)となる。再現答案では「ワグナー法」を答えた受験生もいたが，これはNIRAの違憲判決後に制定された労働保護立法であり，問題文の「政府が経済に積極的に介入・統制するために制定された法律」の条件に合わない。農業調整法(Agricultural Adjustment Act)は，農産物(小麦・牛乳・ブタ・綿花・タバコなど)の価格維持を目的に，計画的に農作物の作付制限を行って，生産量を調整するもの(農家が利益を求めて生産すればするほど，農産物が市場にあふれて値崩れするので，自由競争を抑制して，勝手に生産させないようにした。生産量が減れば減るほど，農産物は貴重になり，高値がつく)。作付制限は強制ではなく任意であり，これに応じた農民には補償金が支払われた。また全国産業復興法(National Industrial Recovery Act)は，全国復興局NRAを設置して，全産業を監督下に置くもの。ある意味では，当時のソ連や全体主義のナチス＝ドイツで行われた計画経済的要素を取り入れた経済政策である。産業部門別に「公正競争規約」という一種のカルテルの締結を認める(フランクリン＝ローズヴェルト政権と同じ民主党のウィルソン政権が定めた「クレイトン反トラスト法」を公然と破る法であった)一方，団結権や団体交渉権の保障，最低賃金の設定などによって労働者の権利を保護した。これに対して，1934年，ニューディール政策の経済統制に反発した民主党保守派や共和党，資本家などが超党派の「アメリカ自由連盟」を結成。このようなローズヴェルト政権への批判的世論の高まりを背景に最高裁はNIRAに違憲判決を下し，AAAと同様の運命をたどった。ワグナー法は違憲となったNIRAの労働者保護条項を抜き出して，再度，立法化したものである。

問⑽　正解は「ヨーロッパ石炭鉄鋼共同体（ECSC）」

再現答案ではEECの誤答が多かった。第3問ではこうした初歩的なミスは禁物。1950年，フランス外相シューマンがフランスと西ドイツの鉄鋼・石炭業の共同管理を提案した(シューマン＝プラン)。この提案に西ドイツ，イタリア，ベネルクス3カ国(ベルギー・オランダ・ルクセンブルク)が応じて，1951年，ヨーロッパ石炭鉄鋼共同体(European Coal and Steel Community)を発足させた。域内では石炭・コークス･鉄鉱石･鉄鋼の関税と割当てを撤廃し，域外に対しては共通の関税率を設定した。産業を限定した関税同盟であり，これがヨーロッパの経済統合の第一歩となった。1957年，ECSC加盟6カ国はローマで2つの条約を結び，翌1958年，原子力の共同管理・共同開発のためのヨーロッパ原子力共同体(European Atomic Energy Community 通称EURATOM)，および，域内の関税撤廃と域外に対する共通関税率の設定で共同市場を創設するヨーロッパ経済共同体(European Economic Community 通称EEC)を発足させた。ECSCもEURATOMもEECも国際協調機構ではなく超国家的機構であり，各国政府の政策決定に拘束力をもった。この超国家的な性格(ECSCに参加すれば主権を制限される)を嫌ったイギリスは，EEC圏外のデンマーク，ノルウェー，スウェーデン，スイス，オーストリア，ポルトガル(EEC加盟の圏内(インナーシックス)6カ国に対して圏外(アウターセブン)7カ国と呼ばれる)とともに，1960年，ヨーロッパ自由貿易連合(European Free Trade Association 通称EFTA)を結成した。EFTAでは，域内の関税は撤廃するものの，域外に対する関税率は各国が自由に決めてよい。この点がEECとの違いである。EFTAは，結局，経済成長の面でも貿易拡大の面でもEECほどの成果をあげることはできなかった。1967年，ECSC・EURATOM・EECは，それぞれの理事会(立法機関)と委員会(執行機関)を一つに統合して，ヨーロッパ共同体(European Communities 通称EC)を結成した。なお1973年，不況にあえぐイギリスはデンマークとともにEFTAを離脱してECに加盟している。受験生としてはこの後の拡大ECから政治的統合を目指すヨーロッパ連合(EU)成立と通貨統合(ユーロの発足)の経緯までおさえておく必要があるだろう。

解答例

⑴ヒッタイト(人)

⑵ペリオイコイ

⑶養蚕技術

⑷占城稲

⑸市政を独占していた商人ギルドに対して市政への参加を求めた。

(番号を含めて30字)

⑹大航海時代の西欧の好況を受け農奴の賦役で輸出用穀物を生産。

(番号を含めて30字)

⑺第１インターナショナル(国際労働者協会)　ロンドン

⑻塩の行進　ガンディー

⑼農業調整法(AAA)　全国産業復興法(NIRA)　※順不同

⑽ヨーロッパ石炭鉄鋼共同体(ECSC)

2013年

第1問 「17～19世紀のカリブ海・北米両地域の開発・人の移動とそれにともなう軋轢」

解説

【何が問われているか？】

受験生にとって論述解答の指針となるのはリード文である。答案作成の最大のポイントは「何が問われているか」を正確に摑むことである。そのためには「東大のリード文」を，文章構成上の最大のヒントとしてしっかり読み込むこと。

《時代設定と論じるべき地域，対象》

時代：17～19世紀

地域：「カリブ海と北アメリカ両地域」

対象：「非白人系の移動」と「開発」の内容・それにともなう「軋轢」

「非白人系の移動」とあるので，19世紀初めまで奴隷として移入された黒人と，その代替労働力であり，指定語句にもなっている中国系やインド系の「年季労働者(クーリー)」を説明できるか，がポイントとなる。

◆視点

リード文に「奴隷制廃止前後の差異」に留意せよとある。どのような差異か？

〈カリブ海地域〉黒人反乱から19世紀の植民地奴隷制の廃止に至る経緯を整理する。

〈北米〉南北戦争前後の黒人がおかれた地位の変化を想起する。

解放奴隷が「分益小作人」となった状況や，大陸横断鉄道建設の労働力となったクーリーが，白人下層労働者と競合し，排斥されるに至る経緯を論じることが要求されている。

この「排斥」については，指定語句の「アメリカ移民法改正(1882年)」を的確に使えるかが重要なポイントになる。「1882年の移民法改正」は，太平洋岸の白人下層労働者や東部からの白人移住者と競合した中国系移民を標的にした立法で，この時，対象にならなかった日系移民が増加したため，今度は「1924年の(排日)移民法」が制定されるに至る。1924年の移民法については，第一次世界大戦後のWASPの価値観を基盤とするアメリカニズムなど，受験生もよく知っている事項だが，これと「1882年の移民法改正」を区別できるかどうか。17～20世紀にかけての北米(アメリカ合衆国)への移民流入の経緯を，通常の授業や2012年・第2回東大実戦模試の復習で整理した受験生，および近現代の「移民の歴史」という東大頻出のテーマに関心を持って学んでいた受験生にとっては，決して手の届かない歴史事項ではない。

「クーリー」については，カリブ海地域の英領植民地では，黒人奴隷の解放後，19世紀末から20世紀にかけてインド系のクーリー(印僑)が流入しているが，これは時期的にも内容的にも受験生には無理である。印僑は東南アジアや東アフリカ・南アフリカが主な移住先である。アプローチできる中国系クーリーの北米への流入について，的確に記述すること。

【論旨の組み立て】

要求された論旨と指定語句から答案の全体像をイメージすること。東大の場合は指定語句（2011年・2012年と同様に8つ）が論述の骨格を成すことを忘れないようにしたい。指定語句とは，論証に必要な具体例のサンプルとして東大の出題者が受験生に与えた貴重なヒントである。これに基づき，書くべき文章の構成・骨組みを考えることが東大の大論述の解答法である。駿台生には，大論述を書く際には，段落に分けることを意識してフローチャート（見取り図）で全体像をイメージし，これに基づいて下書き代わりの「組立メモ（箇条書きでよい)」を作成するよう指導している。

◆フローチャート(見取り図)の例

	カリブ海	北アメリカ
17世紀	サトウキビ・プランテーション ＊オランダ人の栽培技術がバルバドス(英領)に導入される。 黒人奴隷の導入	南部でタバコ・プランテーション 黒人奴隷の導入
18世紀	**大西洋三角貿易** ユトレヒト条約でイギリスが奴隷貿易を独占 **リヴァプール**：奴隷貿易の拠点 黒人奴隷の逃亡・反乱が頻発	**産業革命** 奴隷貿易の利益が投資され，木綿工業の機械化が促進・綿花需要の増大 →南部で綿花プランテーション拡大 ＊タバコから綿花への転換
19世紀	**ハイチ独立**（ルヴェルチュール） ＊シモン＝ボリバルはハイチの黒人と提携して独立運動を推進。これにともない黒人奴隷解放も進んだ。 **奴隷貿易禁止**（イギリス：1807） **奴隷制廃止**（イギリス：1833） ＊カリブ海地域の英領植民地で有名なのはジャマイカ。 ＊キューバとブラジルにサトウキビ栽培の中心が移動。	**奴隷州**が分離・独立宣言→**南北戦争** 合衆国**南北の産業構造の相違** 西部開拓にともない南北の対立激化 **リンカン大統領** **奴隷制廃止**（アメリカ：1865） 憲法修正第13条 **黒人解放奴隷が分益小作人となる。**

	年季労働者（クーリー）の流入 混血社会の形成 ＊スペインがプエルトリコなど植民地奴隷制を廃止(19世紀後半) ＊インド系移民の増加(英領へ)	年季労働者（クーリー） 中国系移民の増加 大陸横断鉄道の建設 白人下層労働者の生活を圧迫 アメリカ移民法改正（1882） 中国系移民の禁止

- 「カリブ海」と「北米」の２段論述でフローチャート（見取り図）を作成する。時系列の整理に不安のある受験生には地域別にまとめる方が書きやすく無難だが，北米（合衆国関連）の情報量が多いと思うので，字数配分に注意すること。
- フローチャートを書きながら，授業で学んだ時系列を想起して，論旨を整理する。主要な論述のテーマに関する時系列は，因果関係にかかわるだけに疎かにせず，通常の学習段階から丁寧に確認しておく必要がある。
- 論述のテーマ全体を論じるには，字数が少ないので「何を書くか」ということより「何を削るか」という点の方が，答案をまとめる際の最大の注意点とすべきである。

◆文脈

17～19世紀初めのカリブ海地域・北米・英の状況

- 欧州商人が**大西洋三角貿易**に参入し，植民地プランテーションで砂糖生産を開始。モノカルチャー経済を形成した。先住民の人口激減により，西アフリカの黒人奴隷を導入。北米では英・蘭がタバコ・プランテーションを経営した。(104字)
- ユトレヒト条約で英が奴隷貿易を独占し，**リヴァプール**が繁栄。**産業革命**の原資を蓄積した。カリブ海地域では奴隷反乱が頻発し，米の独立や仏革命の影響からサン＝ドマングで奴隷反乱が発生。初の黒人共和国である**ハイチ独立**に至った。(108字)
- 安価な労働力を求める産業資本家の要求で，英が植民地奴隷制を廃止。英領植民地ではインド系などの労働者が増加した。(55字)
- 英**産業革命**で木綿工業が発展，綿花需要が増加した。独立後の米国南部では綿繰り機発明を機に黒人奴隷を使役する綿花プランテーションが拡大し，黒人奴隷が急増した。(77字)

19世紀北米の黒人と中国系移民の状況

- 西部開拓が進展し，自由州と**奴隷州**の対立が激化した。南北戦争で北部が勝利し，奴隷制は廃止されたが黒人は分益小作人として搾取され，ジム・クロウ法などの黒人差別も残った。(82字)
- ゴールドラッシュを機に中国系移民が増加。**年季労働者（クーリー）**として大陸横断鉄道建設などに従事した。クーリーの増加に反発した**白人下層労働者**との対立が

激化し，**アメリカ移民法改正（1882年）**で中国系移民が禁止され，日系移民が増加した。(114字)

【加点ポイント】

東大の出題意図と指定語句，駿台生の再現答案から，下記の加点ポイントを想定した。

下記の具体的な論点について，「バランスを意識して」論述することが肝要である。受験生としては原則的に時系列に誤りのある文脈には加点されないと考えること。

前半部（17～19世紀初めのカリブ海地域・北米・英の状況）

《大西洋三角貿易》

①時期：17世紀。

②担い手：欧州(イギリス・スペイン・オランダ・フランスなど)諸国の商人。

③内容：西アフリカから黒人奴隷をカリブ海地域に運ぶ。

④目的：砂糖(や綿花)プランテーションなどの労働力。

⑤影響：モノカルチャー経済が成立。

◎要因：酷使による先住民の人口激減

《リヴァプール・産業革命》

⑥時期：18世紀初頭。

⑦契機：英が(スペイン継承戦争の)ユトレヒト条約でアシエントを獲得。

⑧状況：奴隷貿易で栄えた。

⑨影響：奴隷貿易の巨利は**産業革命**の原資となる。

＊**産業革命**については，さまざまな文脈での使用法が考えられるが，前頁の文脈で示したように使用するのが論旨構成上，最も効果的だろう。

《ハイチ独立》

⑩カリブ海地域の状況：奴隷反乱が頻発。

⑪**ハイチ独立**の原因：米の独立と仏革命の影響。

◎ジャコバン政府の奴隷制廃止(人権思想)

◎ナポレオンの奴隷制復活(奴隷は富裕階級の私有財産という立場)

＊結果的に，仏の奴隷解放は1848年(二月革命)まで遅れた。

⑫経緯：仏領サン=ドマングの反乱。

⑬結果：世界初の黒人共和国としての**ハイチ**独立(1804年)に至る。

◎トゥサン＝ルヴェルチュールの指導

《19世紀前半のカリブ海地域の状況》

⑭英の植民地奴隷制廃止(1833年)。

◎ウィルバーフォースの活躍／人道主義的見地　※砂糖の価格暴落も要因

⑮廃止の背景：安価な労働力を求める産業資本家の要求。

⑯影響：英領植民地(ジャマイカなど)にはインド系移民が流入。

◎白人地主を頂点とする社会構造が固定されるor混血による複雑な人種構成。

◎ラテンアメリカの独立進展にともない，黒人奴隷の解放が進んだ。

後半部（19世紀北米の黒人と中国系移民の状況）

《英**産業革命**の影響》

⑰英で綿工業が発展。

⑱綿繰り機の発明。

◎ホイットニー

◎時期：1793年／合衆国の独立後

⑲米国南部で黒人奴隷を使役した(綿花)プランテーションが発達。

⑳プランテーションの主要産物がタバコから綿花に転じる。

《**奴隷州**と自由州を巡る対立が激化》

㉑要因：奴隷制綿花プランテーションの発達。

㉒英の市場兼原料供給地である南部と工業化を進める北部の対立が，南北戦争に発展。

㉓北部が勝利した結果：奴隷制が廃止(1865年)。

◎奴隷解放宣言・憲法修正第13条

㉔解放後の黒人の動向：黒人の大半は分益小作人(シェアクロッパー)として搾取された(1868年頃～)。

▲「奴隷解放が不徹底」という表現は不可である。

◎ジム・クロウ法などの黒人差別が残るor州法で差別された。

ジム・クロウ法は19世紀末～20世紀前半にかけて南部諸州で成立した。公共施設において，黒人や黒人との混血者，インディアンなど，白人以外の有色人種を隔離する法律の総称。

《**年季労働者（クーリー）**の流入と**白人下層労働者**による移民排斥運動》

㉕中国系移民：鉱山開発や大陸横断鉄道の建設などに従事。

◎アヘン戦争・アロー戦争後に流入or人口増加・(列強の進出による)経済的困窮。

㉖奴隷解放後，米国で労働力の自由市場が確立された。

㉗クーリーに職を奪われる危機を感じた**白人下層労働者**が移民排斥運動を起こした。

▲クーリーとの競合に言及できない答案ではさまざまな文脈で「**白人下層労働者**」が使われているが，あまり効果的ではない。

㉘**アメリカ移民法改正(1882年)**で中国系移民は排除された。

▲「移民制限」のみに言及する答案が多い。

◎中国系移民に対する差別の背景：独自の共同体を営み米社会に同化しない。

㉙以後，日系移民が増加した。

▲「アジア系移民」が制限(1924年の移民法と混同)

解答例

17世紀，欧州商人が**大西洋三角貿易**に参入し，砂糖プランテーション労働力として西アフリカから黒人奴隷をカリブ海地域に運び，モノカルチャー経済が成立した。18世紀初頭，英がユトレヒト条約でアシエントを獲得すると，**リヴァプール**は奴隷貿易で栄え，その巨利は**産業革命**の原資となった。この間カリブ海地域では奴隷反乱が頻発，米の独立と仏革命の影響を受けた仏領サン＝ドマングの反乱は1804年，初の黒人共和国としての**ハイチ独立**に至った。19世紀前半には安価な労働力を求める産業資本家の要求で英は植民地奴隷制を廃止し，英領植民地にはインド系移民が流入した。独立後の米国南部では英**産業革命**による綿工業の発展と綿繰り機の発明にともない，黒人奴隷を使役したプランテーションの主要産物がタバコから綿花に転じた。米国内では**奴隷州**と自由州を巡る対立が激化して南北戦争に発展。北部が勝利した結果，奴隷制が廃止されたが，黒人の大半は分益小作人として搾取された。また**年季労働者（クーリー）**として流入した中国系移民は大陸横断鉄道の建設などに従事した。米国で労働力の自由市場が確立されると，彼らに職を奪われる危機を感じた**白人下層労働者**は移民排斥運動を起こし，**アメリカ移民法改正（1882年）**で中国系移民は排除され，日系移民が増加した。

(540字)

第２問　「国家と宗教の関わり」

解説

「国家と宗教」という東大の頻出テーマ。「ローマ帝国とキリスト教」，「魏晋南北朝時代の仏教と道教」，「ゲルマン人のキリスト教改宗」という三つの小問からなる。2行(60字)論述という形式は，2012年度の第２問と同じである。60字では，単純な語句説明とならざるをえない。指定語句がない第２問型の小論述で失点する受験生が多いが，これだけ基本的な内容の小論述となると，書くべきことは決まってくるだろう。

- **問**(1)は，「ローマ帝国とキリスト教」というテーマ。

(a)キリスト教迫害の理由を書く。キーワードは一神教，多神教，皇帝崇拝。1行で書ける内容だが，周辺情報を盛り込んでいかに2行に延ばせるかが勝負。

(b)キリスト教公認の経緯と理由を説明する。コンスタンティヌス，ミラノ勅令，帝国統一などがキーワード。比較的よく書けていた。

• **問(2)**は，「魏晋南北朝時代の仏教と道教」がテーマ。

(a)陸路・海路で西域・インドと往来し，仏教を普及させた人々の活動について説明する。仏図澄，法顕らの業績をまとめればよい。唐代の玄奘･義浄と混同しないこと。

(b)道教の名称と特徴，確立の経緯を説明する。キーワードは五斗米道，神仙思想，寇謙之など。

• **問(3)**は，「ゲルマン人のキリスト教改宗」というテーマだが，(a)(b)合わせて2行で書ける内容なので，いかに周辺情報まで盛り込んで字数を延ばすか。

(a)アタナシウス派に改宗したフランク人以外のゲルマン諸族が信仰していた多神教や，キリスト教アリウス派について説明する。アリウス派を信奉していたのは東ゴート，ヴァンダル，ランゴバルドなどで，ゲルマン人の全てではない。フランクやアングロ＝サクソンも，アタナシウス派に改宗する前は，ゲルマンの多神教を信仰していた。この点に触れている答案が少なかった。

(b)クローヴィスの名前と，改宗の内容を書く。クローヴィスもゲルマンの多神教からアタナシウス派へ改宗した。改宗前の信仰については教科書にもはっきり書いていないので，「アリウス派から改宗した」と勘違いしている人が多い。

問(1)　ローマ帝国とキリスト教に関する問題

(a)「キリスト教徒がローマ皇帝に迫害された理由」を説明する（2行)。冒頭で述べたとおり，一神教，多神教，皇帝崇拝などがキーワードだ。これを単純につなげただけでは，字数が全然足りないだろう。

ネロ帝による最初の迫害は，ローマ大火に対する民衆の怒りを向ける「スケープゴート」としてキリスト教徒を選んだもので，皇帝崇拝と直接の関係はない。一方，ディオクレティアヌス帝による最後の迫害は，専制君主政(ドミナトゥス)を支える儀礼である皇帝崇拝を拒否したことが，キリスト教徒の罪状となっている。この点を書き加えよう。

【加点ポイント】　①**一神教**を信奉するキリスト教徒が急増した。
②キリスト教徒は，ローマ帝国の**多神教**に基づく祭儀を認めなかった。
③キリスト教徒は，**皇帝崇拝**を拒否した。
④キリスト教徒は，**専制君主政**と対立した。

古代においては政治と宗教は一体不可分のものであり，伝統的な多神教の祭儀に参加することはローマ市民の義務だった。ローマ市の七つの丘には最高神ユピテル(ギリシア神話のゼウス)を中心とする神々の神殿が建てられ，歴代皇帝は最高神祇官という官職を兼任した。

エジプトでは王は太陽神の化身として崇拝されたし，ヘレニズム時代にはアレクサンドロス大王が神として祭られた。ローマでは，終身独裁官カエサルが暗殺後に神として祭られたし，オクタウィアヌス以後の皇帝たちも神格化され，皇帝の彫像を神として祭る神殿が建てられた(皇帝崇拝)。多神教においては神と人との境界が明確ではなく，君主や聖人が神として祭られる。ヒンドゥー教でも，日本の神道でも同じことだ。

キリスト教徒はこれらの祭儀を異教と呼んで拒絶し，信徒共同体を組織したため，反社会的存在とみなされた。最後の晩餐を模して行われる聖餐式(ミサ)で，ワインとパンを「血と肉」と呼んだことは，人肉食と誤解された。

一神教という点ではユダヤ教も同じである。しかしユダヤ教徒は，ローマ帝国に対する独立運動―第１次ユダヤ戦争(66～70)を引き起こすまでは，信仰の自由を認められていた。これに対してキリスト教徒は反乱を起こしたわけでもないのに迫害の対象となったのはなぜか？　それは，ユダヤ教がユダヤ人の民族宗教であるのに対し，キリスト教が世界宗教としてローマ帝国に拡散したからだ。３世紀の軍人皇帝時代には社会不安を背景にキリスト教徒が急増したため，ローマ皇帝権力を脅かす存在と見なされるようになった。

キリスト教迫害について教科書に載っているのはネロ帝の迫害とディオクレティアヌス帝の迫害だけだが，その間に何もなかったわけではない。１世紀後半，第１次ユダヤ戦争を鎮圧してコロッセウムを建設したティトゥス帝の弟，ドミティアヌス帝がキリスト教徒迫害を行い，多くの犠牲者を出した。このときアナトリア(小アジア)で行われた迫害を背景として成立したのが『ヨハネ黙示録』で，同書の中でローマ帝国は最後の審判で裁きを受ける「大淫婦バビロン」,「汚れた霊の巣窟」と呼ばれて糾弾されている。

２世紀の五賢帝時代には，アナトリアの総督だった小プリニウス(『博物誌』の著者である大プリニウスの甥)がトラヤヌス帝に書簡を送っている。

「悪い迷信（キリスト教）は都市に止まらず，町から農村地域にも広がっています」

「罪を犯さずともキリスト教徒というだけで，罪に問うべきでしょうか」

トラヤヌス帝は答えていう。

「告発されたキリスト教徒は，神々と皇帝の像を礼拝すれば釈放し，拒否すれば処刑せよ」

地下墓地(カタコンベ)での礼拝が続けられ，『新約聖書』の原型が完成したのも五賢帝時代のことだ。ハドリアヌス帝とアントニヌス＝ピウス帝は比較的寛容だったが，哲人皇帝マルクス＝アウレリウスは，キリスト教徒に対しては容赦しなかった。

3世紀，景気後退を背景にクーデタが頻発し，社会不安が増大した軍人皇帝時代には，キリスト教が下層民を中心に浸透した。歴代皇帝による弾圧もエスカレートしていき，やがてディオクレティアヌスの勅令(303)による大迫害に至る。

(b)「キリスト教徒公認の経緯と理由」を説明する（2行)。コンスタンティヌス，ミラノ勅令はすぐ出てくるが，「理由」をどう書くかがポイントとなる。受験生もここで迷っただろう。

ディオクレティアヌスの迫害が多くの殉教者を出したことは，逆にキリスト教徒の結束を固め，帝国の解体を促進させた。よってコンスタンティヌスが意図したことは，統一の維持ではなく，回復となる。更に，迫害に屈せず信徒を増大させたキリスト教徒を帝国統一の基盤にしようとした，という積極的なニュアンスを込めるとこうなる。

【加点ポイント】　＜皇帝名と公認の経緯＞

①**コンスタンティヌス帝**。

②同帝は**ミラノ勅令**でキリスト教を公認した。

＜公認の目的＞

③増加する**キリスト教徒の支持**を得ようとした。

④**帝国の統一**を回復しようとした。

キリスト教徒がローマ帝国の祭儀を拒否し，帝国内に教団国家を樹立することをローマ政府は恐れた。ローマ市民が伝統的な多神教徒共同体とキリスト教徒共同体とに分裂してしまうからだ。

ディオクレティアヌスのキリスト教迫害は，キリスト教徒を多神教徒に強制的に同化させる試みだった。コンスタンティヌスのキリスト教公認は，キリスト教徒共同体を丸ごと認め，ローマ帝国に取り込む試みだった。両者のやったことは正反対に見えるが，「ローマ帝国の統一」という目的では同じなのだ。だからこの問題では，「帝国統一」もキーワードとなる。

コンスタンティヌスは最初のキリスト教徒の皇帝だった(アリウス派の司教，ニコメディアのエウセビオスによって最晩年に洗礼を受けている)。しかしコンスタンティヌスがキリスト教を公認した動機は，非常に政治的なものだ。

ユダヤ属州からシリア，小アジア，ギリシアへと広まったキリスト教は，帝国の東方属州に深く浸透したため，大規模な迫害も主に東方属州で行われた。ディオクレティアヌスがはじめた四分統治により，東方属州，西方属州のそれぞれに正副の皇帝がおかれた。コンスタンティヌスは，西方正帝の地位を巡る内戦に勝利してローマに入城した(この際，キリストを意味するギリシア文字のXPが天空に現れたという伝説がある)あと，東方正帝リキニウスとミラノで会見し，ミラノ勅令を発布した(313)。

> 我，皇帝コンスタンティヌスと，我，皇帝リキニウスとは，幸いにもミラノに会して公共の利益と安寧に関わる全ての事柄を協議したる時，大多数の人々にとり有益であると我等が考えた他の事柄の中にあっても先ず第一に，神格に対する敬意を堅持するような事柄が規定されるべきと考えた。即ち，キリスト者に対しても万人に対しても，各人が欲した宗教に従う自由な権能を与えることである。
>
> （『西洋古代史料集』東京大学出版会）

ここにあるように，キリスト教だけでなく「万人が欲する宗教に従う」ことを認めたのがミラノ勅令であり，伝統的な多神教も当然，尊重された。リキニウスがのちにキリスト教迫害を再開すると，コンスタンティヌスはリキニウスを破って東方属州を再統合し，キリスト教徒から歓迎された。

東方属州に新都コンスタンティノープルを建設(330)した背景として，ローマ市の経済的な衰退のほかに，キリスト教を帝国統一の基盤にしたいというコンスタンティヌス帝の強い意志があった。

キリスト教会もこれに応え，ローマ皇帝を，神の恩寵を受けて統治する神の代理人とする「神寵帝理念（しんちょうてい）」をエウセビオスが提唱し，のちのビザンツ帝国における皇帝教皇主義へ受け継がれていく。

問(2)　魏晋南北朝時代の仏教と道教に関する問題

(a)「陸路・海路で西域・インドと往来し，仏教を普及させた人々の活動」について説明する（２行)。時代設定が魏晋南北朝時代であること，問題文中に鳩摩羅什が出てくることから，仏図澄，法顕，『仏国記』などがキーワードとなる。唐代の玄奘・義浄を書いても得点にはならないので注意。教科書掲載の頻度は低いが，南朝を訪れて禅宗の祖となったインド僧・達磨について書いてもよいだろう。

【加点ポイント】　①亀茲出身の**仏図澄**は，**五胡十六国時代**の**華北**で布教した。
②東晋の**法顕**は，仏典を求めて**グプタ朝**を訪れた。
③法顕は，インド旅行記の『**仏国記**』を著した。
④インド僧の**達磨**は中国で**禅宗を開いた**。

仏図澄と鳩摩羅什は教科書では一緒に扱われているので混同する受験生が多い。ともにタリム盆地の亀茲（きじ）(クチャ)出身のイラン系の僧侶だ。４世紀前半，華北で本格的な布教を行ったのが仏図澄。門弟およそ１万人と言われた。再現答案では「仏図澄が仏典を漢訳した」という誤答が多かったが，彼は仏典漢訳を行ってはいない。一方，５世紀初頭に五胡(前秦・後秦)の皇帝によって長安へ迎えられたのが鳩摩羅什。語学力に優れ，サンスクリット語の仏典を漢訳した。漢訳仏典には鳩摩羅什が訳した「旧訳」と，唐の玄奘が訳した「新訳」とがある。

法顕については，5世紀初頭に仏典を求めてグプタ朝インドを訪れたこと，『仏国記』を著したことは必須事項だろう。ときのグプタ朝の国王は第3代チャンドラグプタ2世。次のクマーラグプタ1世のときにナーランダー僧院が創建されたので，法顕はナーランダーでは学んでいない。唐の玄奘がナーランダーで学んだのは，7世紀前半のヴァルダナ朝の時代である。

達磨(ボディーダルマ)は，南インドのパッラヴァ朝の王子として生まれ，出家して海路，中国南朝に渡り，熱心な仏教徒であった梁の武帝とも対話した。その後，北魏を訪れ，洛陽近郊で禅宗を開いたという。七転び八起きの「だるまさん」のモデルである。

(b)「北魏太武帝の保護を受けた宗教の名称と特徴，確立の過程」について説明する(2行)。キーワードは道教，五斗米道，神仙思想，老荘思想，寇謙之となるだろう。寇謙之の役割は，思想的に道教を大成したのみならず，教団として組織化を行った点にある。その目的は，仏図澄の布教以来，勢力を拡大しつつあった仏教教団に対抗することであった。この点も書き加えよう。

【加点ポイント】　＜名称と特徴＞

①**道教**

②**不老不死**や**現世利益**を追求する。

＜確立の過程＞

③古来の**神仙思想**，老荘思想などを源流とする。

④後漢末に生まれた民間信仰である**五斗米道**を融合した。

⑤北魏の**寇謙之**が新天師道として教団化し，仏教に対抗した。

道教は中国古来の多神教であり，特定の教祖を持たない民間信仰である点で，ヒンドゥー教や日本の神道とも似ている。不老不死，病気治療，商売繁盛などの現世利益を求める。中華人民共和国が進めた非宗教化政策，特に文化大革命によって大陸では廃れたが，台湾や東南アジア各地の華人社会では今も濃厚に残っている。日本でも横浜や神戸の中華街に行けば，道教の寺院(道観)に参拝することができる。そこでは老子，関羽(三国志の英雄)，媽祖(航海・漁業の女神)などが，神として祭られているのを見ることができる。

ヒンドゥー教が，バラモン教，仏教，さまざまな民間信仰を融合したものであるように，道教の源流も一つではない。不老不死の仙人(神仙)になることを求めて山中で修行する神仙思想，これを哲学化した老荘思想(道家の思想)や陰陽五行説がもっとも古い源流である。修行者は方士とも道士とも呼ばれ，秦の始皇帝は徐福という方士に不老不死の薬の探索を命じ，3000人の若者とともに東方海上へ出航させた(徐福はついに戻らず，始皇帝は死んだ)。

後漢末に五斗米道を開いた張陵も山中で修行し，神々の啓示を得て民衆に布教し，懺悔と贖罪により病気を治すと説いた。教祖の張陵を天師と呼んだので天師道，信者が五斗の米を納めたので五斗米道ともいう。孫の張魯は後漢末の混乱の中で四川に教団国家を築いたが，曹操の軍門に下って教団を維持し，江南に勢力を拡げた。

太平道を開いた張角も病気治療から出発して華北に教団国家を築き，漢王朝打倒を掲げて黄巾の乱(184)を起こしたが鎮圧され，組織は離散した。道教の直接の源流とされるのは，五斗米道(天師道)のほうである。

北魏の寇謙之も，はじめ五斗米道を学んだ。ところが洛陽近郊の山中で修行中に，太上老君(老子)が降臨してこう告げたという。

「汝に天師の位を授け，経典を授ける。汝はわが教えを広めて道教を清め整え，三張の偽法(五斗米道)の誤りを除去せよ」

ここでは老荘思想に基づき五斗米道(天師道)を革新する寇謙之の新宗教(新天師道)という意味で「道教」という言葉が使われている。

寇謙之が道教の教義を確立し，教団を組織化するにあたってモデルにしたのが，ライバルの仏教であった。そもそもサンスクリット語の仏典漢訳の際に，仏教の概念を老荘思想の学術用語で表現することが行われたため，逆に仏教を道教の傍流とみなす考えも生まれていた。

ただし，現世を否定して解脱を求める仏教と，病気治療や不老不死といった現世利益を求める道教との間には，越えられない壁がある。両者の争いに政治権力が介入したのが，北魏の太武帝による道教国教化と最初の廃仏であった。

問(3)　ゲルマン諸国のキリスト教改宗に関する問題

(a)「フランク以外のゲルマン諸部族の王が信仰していた宗教」を説明する（2行)。

多神教，キリスト教アリウス派がキーワードとなるが，ゲルマンの多神教については教科書にほとんど記述がない。これでは到底字数が埋まらないので，アリウス派の説明を書き加えればよいだろう。

【加点ポイント】　①ゲルマン人の古来の**多神教**を信仰していた。
②**キリスト教アリウス派**を信仰していた。
③アリウス派は，**イエスの神性を否定**した(人性を強調した)。
④アリウス派は，**ニケーア公会議**で異端とされた。

キリスト教はユダヤ教から派生した一神教であるからヤハウェを最高神とするが，同時に教祖イエスをキリストと呼んで神格化した。だから一神教の原則を守るためには，ヤハウェとイエスの関係を説明しなければならない。

アリウス派は，唯一の創造神ヤハウェと，被造物すなわち人間としての性質(人性)

を持つイエスとを明確に区別し，イエスの神性を否定した。これは，本来のユダヤ教に近い立場だ。東方属州に広まっていたアリウス派は，ニケーア公会議(325)で異端とされ，弾圧された。

アタナシウス派は，「ヤハウェが聖霊となって聖母マリアに宿り，イエスとなって生まれた」と説明する。ヤハウェ＝聖霊＝イエスの三者は唯一神の三つの位格(ペルソナ)であるという三位一体説により，イエスの神格化を完成した。カトリック教会もギリシア正教会もアタナシウス派だ。

布教の自由を失ったアリウス派は，ゲルマン人への布教による勢力挽回をはかった。この結果，西ローマ帝国内に建国された西ゴート，ヴァンダル，ランゴバルド，ブルグンドがアリウス派に改宗した。もっとも彼らは人口において少数派であり，アタナシウス派を奉じるローマ人が圧倒的多数派であった。また，フランクやアングロ＝サクソンは，ゲルマン古来の多神教を信仰していた。

ゲルマン古来の多神教については記録がほとんど残っていない(キリスト教徒によって抹消されたらしい)。『エッダ』など北欧神話にはその名残がある。最高神ウォーディンは戦いと知恵の神で，帽子をかぶった片目の老人の姿で表される。英語でSundayは太陽Sunの日，Mondayは月Moonの日であるが，Wednesdayは最高神ウォーディンWodenの日を意味する。他の曜日もゲルマンの神々の名がついている(Saturdayのみローマ神話のサトゥルヌス)。

ゲルマンの神々は不死ではなく，巨人族との最終戦争で滅びる運命にある。19世紀ドイツ・ロマン派の作曲家ワグナーの代表作『ニーベルングの指輪』は，神々と巨人族の戦いという北欧神話と，中世の叙事詩『ニーベルンゲンの歌』とを融合し，脚色したものだ。

キリスト教会はゲルマン布教にあたり，彼らの多神教を取り込んでいった。多神教の聖地だった場所にはカトリックの聖堂が建てられ，多神教時代から存在した冬至の祭りはクリスマス(生誕祭)，春分の祭りはイースター(復活祭)となってキリスト教の祭礼に変質した。なお，子どもたちがお化けに扮してお菓子をねだるハロウィン(万聖節)はケルト人の多神教(ドルイド教)に起源を持つものでドイツ・北欧諸国にはなく，スコットランド移民やアイルランド移民が北アメリカへ伝えた。

(b)「メロヴィング朝の基礎を築いた王の名」と，「この王がどんな宗教に改宗したのか」について書く（2行)。

フランク人を統一してメロヴィング朝を建てたのがクローヴィスであること，彼が改宗したのが，アタナシウス派キリスト教(のちのカトリック)であることは，ともに基本事項だ。これだけでは足りないので，アタナシウス派の説明を書き加えればよい。

【加点ポイント】 ＜王の名＞

①**クローヴィス**

＜どんな宗教に改宗したのか＞

②**アタナシウス派キリスト教**に改宗した。

③アタナシウス派は**三位一体説**を採用していた。

④アタナシウス派は，**ローマ教会**が正統とみなしていた。

フランク王クローヴィスの改宗に関する同時代の史料は，トゥールの司教グレゴリウスが書いた『フランク史』である。これによれば，ブルグンド出身の王妃がアタナシウス派キリスト教徒であり，彼女の説得を受けたクローヴィスは異教(ゲルマンの多神教)からアタナシウス派へ改宗したという。しかし改宗の動機は，もっと政治的なものであっただろう。

当時のガリア(フランス)は，北部にフランク王国，南部にブルグンド王国があり，勢力を争っていた。ブルグンド王はアリウス派であったので，クローヴィスの改宗によりフランク王国は，ローマ教会とローマ人貴族の支持を取りつけ，のちのガリア統一への布石を打った。北魏の太武帝が道教を国教化し,漢人官僚の支持を取りつけたのと似ている。

フランク王権(世俗権力)とローマ教会の教権(宗教権威)との結合はこのときはじまり，のちのピピンの寄進，カールの戴冠で完成する。こうして生まれた西欧世界における聖俗両権の二極構造は，その後も叙任権闘争や宗教改革という軋轢(あつれき)を生み，19世紀にいたってようやく政教分離の原則を確立した。

解答例

(1)(a)一神教を信奉し，ローマ帝国の多神教に基づく祭儀や皇帝崇拝を拒否するキリスト教徒が増加し，専制君主政と対立したから。

(番号・記号を含めて59字)

(b)コンスタンティヌス帝がミラノ勅令でキリスト教を公認し，増加するキリスト教徒の支持を得て帝国の統一を回復しようとした。

(記号を含めて59字)

(2)(a)亀玆出身の仏図澄は華北で布教し，東晋の法顕はグプタ朝を訪れて『仏国記』を著し，インド僧の達磨は中国で禅宗を開いた。

(番号・記号を含めて59字)

(b)道教。不老不死や現世利益を追求する。神仙思想，老荘思想と後漢末の五斗米道が融合。寇謙之が教団化し，仏教に対抗した。

(記号を含めて58字)

⑶⒜ゲルマン人の古来の多神教や，イエスの神性を否定しニケーア公会議で異端とされたキリスト教アリウス派を信仰していた。
（番号・記号を含めて58字）

⒝クローヴィスは，ローマ教会が正統とみなす三位一体説のアタナシウス派キリスト教に改宗し，ローマ人の支持を獲得した。
（記号を含めて57字）

第３問 「少数者の歴史」

解説

教科書レベルの基本事項が出題されるので，極力，ミスは避けたい。

例年，明確なテーマに基づいた設問が工夫されていたが，2011年度・2012年度に続き，2013年度も事実上の雑題に近く，個々の設問で問われている項目にはテーマがほとんど反映されていない。三択問題が出題されたが，内容はセンター試験レベル。その他は，2008年度以降，単純な一問一答形式が続いている。2013年度は人名を問う設問が半分を占め，知識偏重の問題である。問⑼でなぜ，ドプチェクが出題されるかが分からない。確かにスロヴァキア出身のドプチェクは連邦からの分離・独立を主張していたが，チェコならズデーテン問題など，中欧・東欧の少数民族の歴史を問うべきではないか。問⑽は設問文自体から解答を導ける。むしろ大統領や所属政党を問うなど多少の工夫が必要ではないか。

問⑴　正解は②

基本的な設問。元の建国者フビライはその治世の間，科挙を実施していない。かつて元の統治方針は「モンゴル人第一(至上)主義」などと呼ばれ，中央政府や地方行政機関の長はモンゴル人が独占し，主に西域出身の色目人が財務官僚などとして優遇され，かつて女真族の金の支配下にあった漢人(漢民族という意味ではなく，契丹・女真・漢族を含む)と南宋系の南人が冷遇されたと言われてきた。しかし近年は，元では中国伝統の儒学や科挙は軽視されたが，江南への元の支配は浸透せず，南人などへの差別はあまり行われなかったという説が提唱されている。元で科挙が実施されたのは14世紀前半の第4代仁宗の時代で，合格者は極めて少なかったが，この頃からようやく元でも儒学の教養が重視されるようになった。元の儒学軽視が漢族士大夫層の反発の要因となったことは間違いなく，この点が漢族士大夫層に対する「威圧(辮髪令や文字の獄)と懐柔(『四庫全書』などの大編纂事業の推進)」を使い分けた清(選択肢③)との対応の違いである。

問(2)　正解は紅巾の乱

白蓮教は浄土教の阿弥陀信仰を起源として，南宋～元にかけて成立した仏教の一派。仏教の救世主である弥勒菩薩がこの世に生まれ変わる「弥勒下生」を信ずる。紅巾の乱(1351 ～66)は，自らを弥勒菩薩であると偽称した韓山童とその子・韓林児と白蓮教徒を中心に江南で勃発した。朱元璋はこの反乱への参加を機に台頭し，明建国の基盤を築いた。

問(3)　正解はマジャパヒト（マジャパイト）王国

13世紀末，フビライの朝貢要求を拒否したジャワのシンガサリ朝が元の遠征軍の来寇を目前に内乱で崩壊すると，代わって成立したマジャパヒト王国(マジャパイト王国 1293～16世紀前半)が元軍を撃退した。マジャパヒト王国はジャワ東部を中心に，現在のインドネシアのほぼ全域を支配した強大なヒンドゥー教国で，東南アジアや中国との交易で栄え，15世紀初めには明の鄭和の艦隊も来訪した。しかし15世紀後半，イスラーム勢力の進出で衰退し，16世紀前半に滅んだ。マジャパヒトの支配層の一部はバリ島に逃れたと言われ，現在，イスラーム教国であるインドネシアではバリ島にのみ，ヒンドゥー教が残存している。

問(4)　正解はアクバル（大帝）

アクバルはムガル帝国の第3代皇帝(位 1556 ～1605)。父はバーブルの子・第2代フマーユーンで，母はフマーユーンを支援するサファヴィー朝から嫁いだ王女である。またアクバル本人はヒンドゥー系のラージプート族出身の王妃を迎えた。父とムガル帝国を支えるトルコ系貴族の多くはスンナ(スンニー)派であり，母の実家はシーア派を国教とし，王妃はヒンドゥー系である。アクバルが宗教融和策を採った背景には，彼を取り巻くムガル帝国の権力構造内部の対立が存在していた。アクバルの宗教融和策としては，①ジズヤを廃止してヒンドゥー教徒(ラージプート族など)との融和を図り，彼らを積極的に登用したことと，②「神聖宗教」(ディーネ＝イラーヒー)を創始したことが挙げられる。また「アクバル検地」と呼ばれる農地の測量・調査を実施し，これに基づいてインドのイクター制とも言うべき「ジャーギールダール制」(ジャーギールはムガル帝国などから給与された土地のことで，ジャーギールダールはその保有者)を導入，さらに「マンサブダール制」を実施した。マンサブは軍事・行政の官僚全てに与えられる位階で，位階に応じて保持すべき騎兵の数(50～5万人)が定められ，ムスリム・ヒンドゥー双方に軍役を課した。これらの改革によって，帝国の統治機構が確立され，ムガル帝国の権力基盤は安定した。

問(5)　正解はクルド人

クルド人はインド・ヨーロッパ語族に属し，リード文に記されているようにトルコ，イラク，イラン，シリアの他，アフガニスタンや旧ソ連領のアゼルバイジャンなどにも居住し，その人口は約2800万人と推定される。7世紀頃からシルクロード上で遊牧民として活動してきた彼らの多数派はイスラーム教スンナ派に属するが，シーア派(アレヴィー派)を信奉する者もあり，今なおイスラーム以前のゾロアスター教などの影響を受けた民族宗教を信仰する者もある。12世紀以降には，第3回十字軍と戦ったアイユーブ朝のサラディン(サラーフ＝アッディーン)のような有力なクルド人君主が現れ，16世紀にオスマン朝に服属した。第一次世界大戦後，オスマン朝が崩壊すると独立運動を起こしたが，単一民族主義を採るムスタファ＝ケマル率いるトルコ政府や，中東分割を企図する英仏などに弾圧された歴史を持つ。クルド人が最も多く居住するのはトルコ(約1100万〜1500万人)であり，トルコ政府と独立運動を推進するクルド人との対立は現在も続いているが，EU加盟実現を目指すトルコはEU諸国からの批判に対して，クルド人の政治活動を容認する方向に転換しつつある。またイラクのサダム＝フセイン政権もトルコと協調してイラク北部(クルディスタン)に居住するクルド人の弾圧を図った。クルド人は湾岸戦争に際して，フセイン政権に対するインティファーダ(住民蜂起)を行ったが，合衆国などはこれを支援せず，クルド人はフセイン政権による残虐な弾圧を被った。イラク戦争でフセイン政権が崩壊すると，イラク北部の石油資源を背景にクルド人は自治権拡大を進めているが，隣接するトルコ領内のクルド人過激派がイラク側に逃げ込み，これをトルコ軍が越境して攻撃するなど，ことはイラク一国の問題では済まされないため，自治権拡大は進展していない。再現答案では，比較的に正答率が高かった。時事問題でもあり，サラディンがヒントになったようである。

問(6)　正解は（ネルソン＝）マンデラ

マンデラ(1918〜)は南アフリカ共和国初のアフリカ人大統領(任1994〜99)。学生時代にアフリカ民族会議(ANC)に参加した彼は，弁護士業を営む傍ら反アパルトヘイト運動の指導者となったが，1962年に禁固刑となり，さらに終身刑に処せられ27年間服役したが，アパルトヘイト廃止の気運が高まる中，1990年にアフリカーナー(ボーア人系)のデクラーク大統領がマンデラの釈放を決定した。マンデラはデクラーク大統領と協力してアパルトヘイトを平和的に撤廃(1991)し，デクラークとともにノーベル平和賞を受賞。94年の選挙でANCが勝利し，ANC議長であったマンデラは大統領に就任すると民族間の和解と協調，白人と黒人間の格差の是正や黒人内部の対立の解消に努めた。マンデラを主人公としたクリント＝イーストウッド監督のハリウッド映画『インビクタス』は，南アフリカで開催されたラグビーワールドカップで，南アが強豪ニュージーランドを破って優勝した時のエピソードを題材にしている。白人のスポーツであったラグビーを国全体が支援することで多民族が共存する「虹色の国」を目指したマンデラの姿が理想的に描かれている。受験勉強の憂さを晴らすには格好の映画である，お勧めしたい。

問(7)　正解はジョルダーノ＝ブルーノ

13年度の再現答案で最も誤答率が高かった問題である。ブルーノ(1548～1600)はイタリアの哲学者。ドミニコ会の修道院に入ったが異端の嫌疑を受けて逃亡し，西欧諸国を遍歴した。ポーランド・クラクフ大学のコペルニクスの地動説を支持し「地球自体が回転しているため，それによって地球からは見かけ上，天球が回転しているように見える」と明確に説いた。スイスではカルヴァン派と交流したが，ヴェネツィアで捕らえられ，ローマの獄中で7年過ごした後，異端宣告され火刑に処された。この時，「私よりも処刑を宣告するあなたたちの方が真実の前に恐れ戦(おのの)いているではないか」と言ったとされる。20世紀末，教皇ヨハネ＝パウロ2世はブルーノに対する判決を撤回し，彼の魂に謝罪したため，ブルーノの名誉は回復された。地動説に対して，当時のカトリック教会がなぜ，過剰な反応をしたのだろうか？　受験生にとっては，ただの文化史かも知れないが，天文学と宗教改革を結びつけて考えるとこうした問題の狙いが見えてくる。天動説を採ったカトリック教会は，地動説が広まるにつれ，「カトリック教会は神が創造した天球の運動原理にすら，無知であるのか」という宗教改革者のカトリック教会批判が強まることを恐れたのである。以下，地動説絡みのデータをまとめておく。

①コペルニクスは地動説を提唱した『天体の回転について』(1543)を没年に発表した。カトリックからの迫害を恐れたのである。

②ガリレオ＝ガリレイはイタリア・ピサの自然科学者。『天文対話』(1632)で教皇庁から断罪された。「近代科学の父」と呼ばれる。ガリレイは地動説に賛同し，自作の望遠鏡（倍率30倍）で木星の4大衛星（イオ，エウロパ，ガニメデ，カリスト）を発見した。全ての天体が地球の周囲を回っている天動説が否定されたのである。

③ドイツの天文学者ケプラーは17世紀初め，ティコ＝ブラーエの観測データに基づき，地動説を数学的に証明した（ケプラーの惑星運動の三法則)。彼の研究はニュートンの万有引力の法則発見に多大な影響を与えた。

問(8)　正解は（エミール＝）ゾラ

「ドレフュス事件」がヒントにあり，正答率が高かった。ドレフュス事件(1894～1906)は，ユダヤ系のフランス陸軍大尉ドレフュスがドイツのスパイ容疑で軍法会議にかけられ，仏領ギアナへ流刑となったことが発端である。その後，容疑者が判明し，ドレフュス有罪の証拠偽造も発覚したが，フランス軍部は国民の反ユダヤ人感情を背景に再審を拒否した。これに対し，自然主義文学者であったゾラは日刊紙「オーロール」（編集長クレマンソー）紙上に大統領宛の公開質問状「私は弾劾する」を発表し，ドレフュスの無罪を主張，再審を要求した。これを機に社会党・急進社会党や知識人ら「共和派」を中心とする「人権同盟」がドレフュス擁護を図ったのに対し，軍部や反ユダヤ主義（アンチ・セミティズム＝反セム主義）を掲げる民族主義者，さらにはカトリック教会の支持を受けた「フランス祖国同盟」は国家・軍部の威信維持を主張し，国内の対立が激化した。再審（1899）もドレフュスは有罪となったが，大統領特赦で釈放という政治的妥協が図られた。1906年，再々審でドレフュスの無罪と名誉回復の確定により共和派が勝利した結果，軍部と保守派（王党派）の権威は失墜し，第三共和政は安定に向かった。この事件がフランス国内に与えた影響としては，ドレフュス事件を契機に社会主義諸政党が合同して統一社会党が結成された（1905）ことと，ユダヤ人迫害に加担したカトリック教会への反発を背景に「政教分離法」が成立（1905）した（12年の東大第1問と関連）ことが挙げられる。事件の余波はこれに止まらなかった。オーストリアのユダヤ人作家テオドール＝ヘルツル（1860～1904）は，ドレフュス事件の進行中，ユダヤ人の団結とユダヤ民族国家建設を目指し，シオニスト会議を開催（1897）し，これがイスラエル建国を目指すシオニズム運動の発端となった。

問(9)　正解はドプチェク

アレクサンデル＝ドプチェク（1921～92）はチェコスロヴァキアの政治家。スロヴァキアの出身である。キューバ危機以降，東西のデタント（緊張緩和）が進んだ1960年代後半，当時のノヴォトニー大統領兼第一書記の硬直した独裁政治を批判し，68年，これに代わってチェコスロヴァキア共産党第一書記に就任。「人間の顔をした社会主義」を掲げた「プラハの春」と呼ばれる改革を指導した。ドプチェクは共産党指導の下での市場経済への移行や連邦制の導入を企図したが，自由化・民主化の動きは急進化した。これに対し，改革の波及を懸念したワルシャワ条約機構加盟諸国であるソ連（ブレジネフ政権），東ドイツ，ポーランド（当時の指導者はゴムウカ。1956年のポズナニ暴動を収拾），ハンガリー（当時の指導者はカーダール。ハンガリー動乱でイムレ＝ナジが処刑された後，ソ連との関係を「正常化」）およびブルガリアが軍事介入したため改革は挫折し，ドプチェクらはモスクワに呼び出され，ブレジネフの圧力に屈して改革の放棄を受け入れた。その後，ドプチェクは第一書記を辞任，共産党からも除名され，チェコスロヴァキアではフサークがソ連との関係を「正常化」した。ブレジネフはこの事件後，ブレジネフ＝ドクトリンで社会主義陣営全体の利益のためには一国（チェコスロヴァキア）の主権を制限しても構わないとする「制限主権論」を提唱した。後にゴルバチョフが「新ベオグラード宣言」（1988）で制限主権論を否定し，東欧の自由化を容認することになる。1970 年代後半，「プラハの春」の挫折から10 年を迎えたチェコスロヴァキアではヘルシンキ宣言(1975)で提唱された人権擁護を求める作家ハヴェルらが「憲章 77」を発表し，反体制運動を継続した。1980 年代後半の東欧自由化に際し，ハヴェルらは反体制勢力を結集して「市民フォーラム」を組織し，「ビロード革命」(1989，スロヴァキアでは「静かな革命」という)と呼ばれる無血革命によりフサークらの共産党政権を崩壊させた。ドプチェクはこれを支持し，久々にプラハ市民の前に登場した彼は大歓声で迎えられ，政界復帰を果たし，連邦議会議長を務めた。ドプチェクはかねてからスロヴァキアのチェコからの分離を主張しており，連邦解消の交渉が進む中，1992 年に交通事故で死去した。

問⑽　正解は強制移住法

原語はRemoval Actである。アメリカ先住民がフレンチ＝インディアン戦争でフランスと結んで英軍に抵抗したことは受験生もよく知っていると思うが，その後のアメリカ先住民の合衆国に対する抵抗は19 世紀初めがピークであった。ミシシッピ川以東の先住民全部族の軍事同盟を組織したショーニー族のテクムセがティピカヌーの戦い(1811)とテムズ川の戦いで合衆国のハリソン将軍(後の第 9 代大統領)と激戦を交えたが戦死し，これ以後，先住民の抵抗は弱まっていった。解答となった強制移住法(1830)は，西部出身のジャクソン・合衆国大統領(第 7 代・民主党)の意向で成立した。白人による「西漸運動」を進めるため，ミシシッピ川以東の広大な土地から先住民を追放したもので，白人からも「文明化」していると見なされていたチェロキー族なども対象とされ，「涙の旅路」と称されたオクラホマの移住地までの過酷な移動で1/4 が死亡したと言われる。この後も先住民や逃亡黒人奴隷も加わった散発的な抵抗が続いたが，合衆国は武力でこれを鎮圧し，彼らを「保留地」に閉じ込め，先住民の民族共同体を解体していった。19 世紀後半，アリゾナからニューメキシコへの移住命令に反発したチアリカーワ＝アパッチ族のジェロニモの抵抗が最後で，これ以後，組織的な抵抗は止んだ。アメリカ先住民に公民権が付与されたのは1924 年になってからである。

解 答

⑴②

⑵紅巾の乱

⑶マジャパヒト(マジャパイト)王国

⑷アクバル(大帝)

⑸クルド人

(6)(ネルソン＝)マンデラ

(7)ジョルダーノ＝ブルーノ

(8)(エミール＝)ゾラ

(9)ドプチェク

(10)強制移住法

2012年

第1問 「アジア・アフリカにおける植民地独立の過程とその後の動向」

解説

【何が問われているか？】

①テーマは「アジア・アフリカにおける植民地独立の過程とその後の動向」。

②時代設定は明示されていないが，指定語句「ワフド党」が上限，「宗教的標章法」(フランスの公立学校スカーフ着用禁止法)が下限となるので，第一次世界大戦直後から21世紀初頭までとなる。

③地域設定は，指定語句から次の4つの地域に絞られる。

・**アルジェリア(北アフリカ)**…「アルジェリア戦争」，「宗教的標章法」

・**エジプト**…「スエズ運河国有化」，「ワフド党」

・**インド**…「カシミール紛争」，「非暴力・不服従」

・**ベトナム**…「ドイモイ」，「ディエンビエンフー」

「植民地と民族問題」というテーマが第1問で出題されたのは，

- 交通通信革命がアジア・アフリカの民族運動に与えた影響（2003年度第1問）
- 第一次世界大戦～1920年代，欧州とアジアの大衆政治運動（1990年度第1問）
- ベトナムとドイツ，分断国家の形成と統合（1993年度第1問）
- 第二次世界大戦中の出来事が1950年代までの世界に与えた影響(2005年度第1問)
- アジア・アフリカの植民地独立の過程とその後の動向（2012年度第1問）

上記5年と冷戦終結の1989年以降，2012年度が5回目である。

◆視点

今回は，指定語句「アルジェリア戦争」から北アフリカの独立運動がテーマの一つとなっているのが目新しい。2011年1月のチュニジア革命にはじまり，エジプト革命，リビア内戦，シリア内戦と続いた「アラブの春」の影響が見られる。知識として問われているのはセンター試験レベルの基本事項であるが，戦後のアジア・アフリカ史の学習がきっちり終わらなかった現役受験生にとっては，やや厳しい内容となった。

2012年度は，第2問との字数の比率が大幅に変化した結果，必然的に第1問の配点が高くなったと推定される。実際に書いてみると600字を優にオーバーする内容であり，540字に削るのは至難の業である。時間軸は第一次世界大戦から21世紀初頭まで，地域はベトナムからアルジェリアまでを範囲とする大テーマを東大・大論述らしく「まとめる力」，「要約する力」，「細部にとらわれず本質を摑む力」が要求されて

いる。留意点として，

A．旧宗主国への経済的従属

…独立後も植民地時代の産業構造が変化せず，地下資源や農産物など一次産品，労働力の供給地に甘んじていること。

B．同化政策のもたらした旧宗主国との文化的結びつき

…旧宗主国の言語(文字)や価値観を共有していること。

C．旧植民地からの移民増加による旧宗主国内の社会問題

…不法移民の流入，失業の増大と治安の悪化，移民排斥運動。

D．ヨーロッパ諸国それぞれの植民地政策の差異

…イギリスの妥協的政策と，フランスの非妥協的政策との対比。

E．社会主義や宗教運動などの影響

…社会主義の影響を受けたベトナム独立運動･アラブ民族主義運動，ヒンドゥー教徒が主導したインド独立運動，イスラーム教徒が主導したパキスタン分離独立運動，80年代以降のイスラーム原理主義運動。

これらすべてを盛り込むと700字を超えるので，どれかを削らざるを得ないが，とりあえずやってみよう。540字の大論述といっても恐れるに足りない。60字の小論述を9個書けばいい。600字なら10個書けばいいだけのことだ。第2問型の小論述の訓練を積んでおくことが，第1問の基礎となることを忘れてはいけない。

【論旨の組み立て】

いきなり原稿用紙に書いていくのは愚の骨頂である。書けるはずがない。まずは全体のプランを立てる。どういう材料(歴史用語)を用いて，どういう順番に書くのか，というプランだ。とはいえ，本番では時間内に書き終えることが何よりも優先されるので，あまり悠長に構想を練っている時間はない。まずは指定語句を手がかりにして，全体のプランを練っていこう。時代を縦軸，地域を横軸とし，指定語句を書き入れていく。その際，はじめから指定語句に下線を引いておけば，清書の際に書き忘れることもない。(次ページの図1)

図1

	北アフリカ	エジプト	インド	ベトナム
WWⅠ				
		ワフド党	非暴力･不服従	
WWⅡ				
	アルジェリア戦争	スエズ運河国有化	カシミール紛争	ディエンビエンフー ドイモイ
冷戦終結				
	宗教的標章法			

これが全体の骨格になる。次に，指定語句に関連する語句――事件，戦争，人名などを書き加えて「すき間」を埋めていく。センター試験レベルの歴史用語で十分だ。採点官の気持ちになって，加点ポイントになりそうな語句を列挙していく。(図2)

図2

	北アフリカ	エジプト	インド	ベトナム
WWⅠ				
		ワフド党 スエズ運河駐兵権	ローラット法 非暴力･不服従 新インド統治法	ホー=チ=ミン 日本の進駐 ベトミン
WWⅡ				
	アルジェリア戦争 FLN ド=ゴール	ナセル スエズ運河国有化 スエズ戦争 サダト暗殺	カシミール紛争 印パ戦争 METO	インドシナ戦争 ディエンビエンフー ベトナム戦争 ドイモイ
冷戦終結				
	宗教的標章法	アラブの春		

次に，意味のまとまりを考えて，枠で囲っていく。たとえば，アルジェリア戦争，FLN，ド＝ゴール，宗教的標章法で一つのまとまりができるだろう。これが60字程

度の小論述の単位となる。今回のベトナム史やインド史のように情報量が多いものは，60字論述を二つ分と考えればよい。（図３）

図３

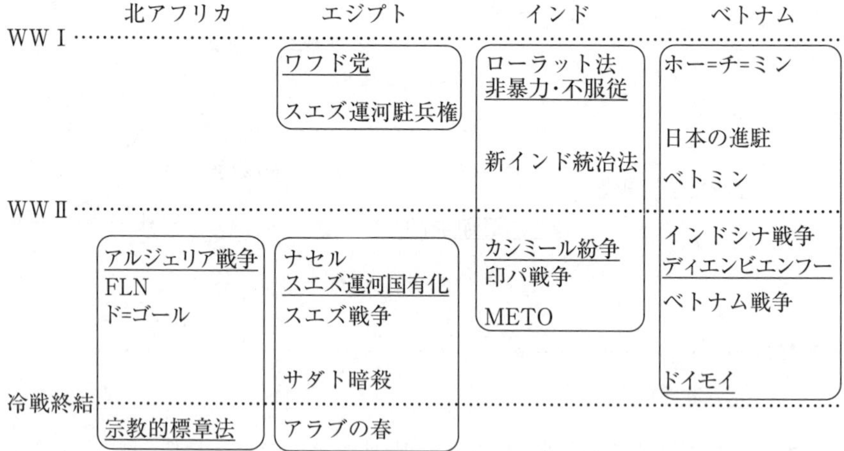

最後に，叙述の順番を考える。時系列（年代順）が原則であるが，今回は指定語句から地域が四つに限定されるので，地域別に書くのが書きやすい。東のベトナムから西に書いていっても，その逆でもよい。（図４）

図４

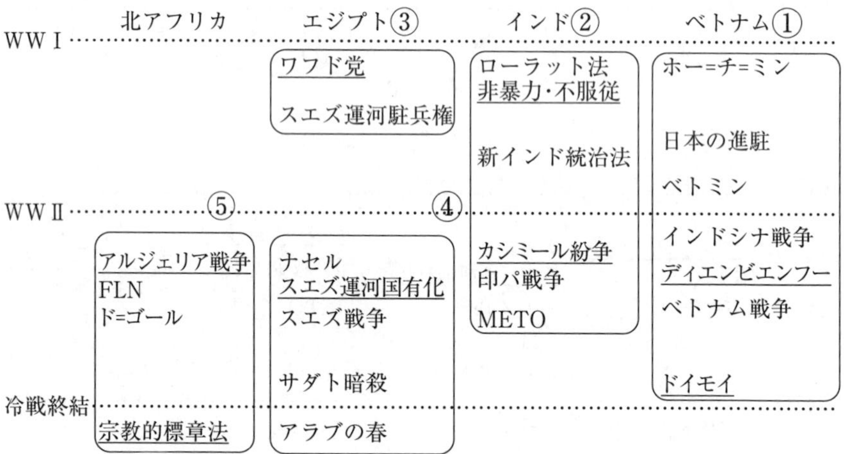

ほとんどの受験生がこのような書き方をしたはずだ。これで十分得点できるので問題ないのだが，やや高度な書き方も紹介しよう。イギリス植民地における妥協的な植

民地政策(エジプトの形式的独立やインド自治権の付与)と，フランス植民地(ベトナム・アルジェリア)における非妥協的な植民地政策(武力弾圧)，これに対する抵抗運動(インドシナ戦争，アルジェリア戦争)とを対比させるやり方だ。インドシナ戦争におけるフランスの敗北がアルジェリア戦争を引き起こした，というように，ヨコの関係という視点も盛り込める。エジプトの場合は，親英的な立憲君主国として独立をした段階(①)と，ナセルの革命以後，反英親ソに転じた共和国の段階(④)に分けてみた。(図5)

図5

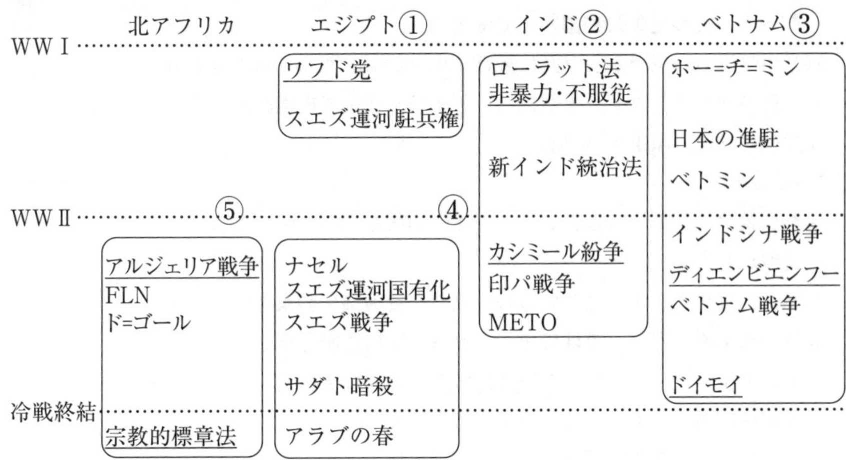

さらに，宗教政党(国民会議派，全インド=ムスリム連盟)が独立運動の担い手となったインドの例と，世俗的な社会主義の運動が独立運動の担い手となったベトナム，エジプト，アルジェリアの例とを対比する方法もある。エジプトとアルジェリアはアラブ民族主義で親ソ政権という共通項があり，ベトナムも親ソ政権である。エジプトの革命政権(ナセル・サダト・ムバラク)がムスリム同胞団を弾圧しているように，

親英王政vs親ソ革命政権vsイスラーム原理主義

という3項対立がある。イスラーム原理主義政権が反米運動を展開するのは，イラン革命(1979)以降のことだ。

【加点ポイント】

《A　ベトナム》

①**仏領インドシナの一部**としてフランスが統治，独立運動を弾圧。

②ロシア革命の影響で，**ホー＝チ＝ミンがベトナム青年革命同志会(のちのインドシナ共産党)を結成**。

③第二次世界大戦中，**ベトナム独立同盟**を結成し**日本軍の進駐に抵抗**。
④第二次世界大戦後，ソ連型社会主義の**ベトナム民主共和国を建国**。
⑤**インドシナ戦争**が勃発，フランスはバオダイ政権を擁立。
⑥**ディエンビエンフーの戦いで，フランスに勝利**。
⑦**ジュネーヴ休戦協定**で**フランス軍撤退**と南北統一選挙を定める。
⑧南ベトナムの**ゴ＝ディン＝ジエム親米政権**が統一選挙を拒否。
⑨**ベトナム戦争**で米国に勝利。パリ和平協定で**米軍撤退**。
⑩**ベトナム社会主義共和国**として南北統一。
⑪米中接近への反発から**ソ連に接近**，カンボジア問題から**中越戦争**に。
⑫ソ連のペレストロイカを契機に，**ドイモイ政策で市場経済を導入**。
⑬冷戦終結後，**ASEANに加盟**。

《B　インド》
①英国統治に反発する**ヒンドゥー主体の国民会議派と親英的な全インド＝ムスリム連盟が対立**。
②**第一次世界大戦中**，対英協力の見返りに**自治権を約束**される。
③第一次世界大戦後，**英はローラット法で民族運動を弾圧**。
④**ガンディー**が宗派を超えた**非暴力・不服従運動を展開**。
⑤**国民会議派はラホール大会で完全独立を要求**。
⑥イギリスは，**英印円卓会議**で宗教対立を煽る。
⑦イギリスは，**新インド統治法で州の自治**を認める。
⑧**全インド＝ムスリム連盟**は，ムスリム諸州の**分離独立を要求**。
⑨第二次世界大戦後，**インドとパキスタンが分離独立**。
⑩**カシミール紛争**から**印パ(インド・パキスタン)戦争**に発展。
⑪**パキスタン**は米・英と結び，**METO・SEATOに加盟**。
⑫**インドは非同盟主義**を掲げ，**中・ソに接近**。

《C　エジプト》
①第一次世界大戦後，イギリス支配に対して**ワフド党が独立運動**。
②立憲君主政(親英王政)の**エジプト王国として独立**。
③イギリスはエジプトとの同盟条約で**スエズ運河駐兵権を維持**する。
④第二次世界大戦後，**パレスティナ問題から親英王政への不満**が高まる。
⑤**ナセルら自由将校団が親英王政を打倒**し，エジプト共和国を建国。
⑥**スエズ運河国有化問題**で米・英と対立。
⑦**スエズ戦争が勃発。ナセルはソ連の支援を受け**，英・仏・イスラエルを撤退させた。

⑧スエズ戦争の影響で，**アラブ民族主義**が各国で高揚。

⑨**第３次中東戦争**でイスラエルにシナイ半島を占領される。

⑩サダトは**第４次中東戦争**を起こし，**OAPECが石油戦略を発動**。

⑪サダトがイスラエルとの平和条約を結び，シナイ半島を奪回。

⑫イスラーム原理主義過激派による**サダト大統領の暗殺**。

⑬冷戦終結後，**ムバラク政権の経済自由化**により貧富の差が拡大。

⑭**「アラブの春」と呼ばれる民主化運動**で，**ムバラク政権が崩壊**。

《D　アルジェリア》

①**フランス統治下**で仏系入植者(コロン)とアラブ人・ベルベル人が対立。

②インドシナ戦争の影響で，**FLNがアルジェリア戦争を開始**。

③フランスでは混乱収拾のため，**ド＝ゴールの第五共和政**が発足。

④ド＝ゴールは，**エヴィアン協定でアルジェリア独立を承認**。

⑤FLNの指導者**ベン＝ベラ**が初代大統領となる。

⑥一党独裁，石油国有化など**ソ連型社会主義を導入**。

⑦FLNの独裁に対し，**イスラーム原理主義過激派のテロ**が激化。

⑧経済政策の失敗から，多くの**移民(経済難民)が欧州へ流出**。

⑨西欧諸国では，**ムスリム移民に対する排斥運動**が発生。

⑩フランスは政教分離の立場から**宗教的標章法**を制定。

【背景解説】

以下，加点ポイントごとに解説を加える。

《A　ベトナム》

①**仏領インドシナの一部**としてフランスが統治，独立運動を弾圧。

②ロシア革命の影響で，**ホー＝チ＝ミンがベトナム青年革命同志会(のちのインドシナ共産党)を結成**。

フランスのベトナム支配は，ナポレオン3世のインドシナ出兵(1858)にはじまり，第二次世界大戦後まで続く。日本でいえば，幕末から明治・大正・昭和20年代まで，他国の支配を受けたことになる。フランスはフエを都とする阮朝を傀儡として存続させつつ，ハノイのインドシナ総督が実権を握るという間接統治を行った。これに対する抵抗運動は２段階に分かれる。

第１段階は，貴族出身のファン=ボイ=チャウが阮朝再興を目指した運動。日露戦争後に日本の支援を期待して維新会を組織し，日本留学運動(ドンズー運動)を展開，五・四運動後は孫文との連携を求めてベトナム光復会を組織したが，いずれも挫折した。第２段階はホー=チ=ミンの社会主義運動。ロシア革命後にコミンテルンの指導を受け，青年革命同志会(のちのインドシナ共産党，現在のベトナム労働党)を結成した。今回は時代設定が第一次世界大戦後からなので，ホー=チ=ミンから書きはじめればよい。

③第二次世界大戦中，**ベトナム独立同盟**を結成し**日本軍の進駐に抵抗**。

④第二次世界大戦後，ソ連型社会主義の**ベトナム民主共和国を建国**。

日中戦争中，米・英は仏領インドシナ経由で蔣介石政権に軍需物資を提供した(援蔣ルート)。第二次世界大戦中，ドイツに敗北したフランスでヴィシー政権が発足すると，日本は援蔣ルートを断つためヴィシー政府と協定を結び，日本軍のインドシナ進駐(1940～45)を認めさせた。ホー=チ=ミンはベトナム独立同盟(ベトミン)を組織して，フランスと日本の共同統治に抵抗した。ヴィシー政府の崩壊を受け，日本軍は阮朝最後の王であるバオダイを傀儡政権の君主として擁立したが間もなく敗戦。日本が降伏文書に調印した1945年9月2日，ホー=チ=ミンはハノイでベトナム民主共和国の建国を宣言し，社会主義と共和政の立場を明確にした。

⑤**インドシナ戦争**が勃発，フランスはバオダイ政権を擁立。

⑥**ディエンビエンフーの戦いで，フランスに勝利**。

フランスはホー=チ=ミン政権を承認せず，インドシナ戦争(1946～54)を引き起こした。南部のサイゴンにバオダイ政権を擁立したフランスだが，第二次世界大戦で疲弊してもはや余力はなく，ディエンビエンフーの戦い(1954)で大敗。同年，ジュネーヴ休戦協定を結び撤退した。北緯17度線を境として二つの政権が共存し，2年以内の統一選挙が定められ，バオダイ政権の崩壊とホー=チ=ミン政権によるベトナム統一は時間の問題となった。

⑦**ジュネーヴ休戦協定でフランス軍撤退**，南北統一選挙を定める。

⑧南ベトナムの**ゴ=ディン=ジエム親米政権**が統一選挙を拒否。

米国アイゼンハウアー(アイゼンハワー)政権のダレス国務長官は，共産主義政権が将棋倒し(ドミノ倒し)のように拡大するというドミノ理論に基づき，南ベトナムに介入した。親米派のゴ=ディン=ジエム首相は米国CIAの支援を受けてバオダイを追放し，ベトナム共和国の大統領に就任して統一選挙を拒絶したため，もとベトミンを中心とする南ベトナム解放民族戦線との内戦がはじまった。北ベトナムは，ラオス・カンボジアを経由して解放戦線を軍事援助し，南ベトナムは崩壊の危機に陥った。

⑨**ベトナム戦争**で米国に勝利。パリ和平協定で**米軍撤退**。

⑩**ベトナム社会主義共和国**として南北統一。

南ベトナム支援のため米国のジョンソン政権が北ベトナム空爆を開始，ベトナム戦争(1965～73)がはじまった。米軍は決定的な勝利を得られぬまま財政危機と大規模な反戦運動に直面した。ニクソン政権が北ベトナムを支援する中国の毛沢東政権との直接交渉(ニクソン訪中 1972)を行い，翌年のパリ和平協定で米軍撤退を実現した。北ベトナムは自力で南北統一を成し遂げ，ベトナム社会主義共和国(1976～)が成立した。

⑪米中接近への反発から**ソ連に接近**，カンボジア問題から**中越戦争に**。

⑫ソ連のペレストロイカを契機に，**ドイモイ政策で市場経済を導入**。

⑬冷戦終結後，**ASEANに加盟**。

宿敵アメリカに接近する中国との関係が悪化したベトナムは，隣国カンボジアの内戦に介入して親中派のポル=ポト政権を打倒した(1979)。同年，中国の鄧小平政権は「ベトナム懲罰」と称して中越戦争を起こしたため，ベトナムは中国と対立するソ連に支援を求め，カムラン湾にソ連艦隊の駐留を認めた。

冷戦末期，ソ連でゴルバチョフ政権が市場経済を導入するペレストロイカ(1986～)を開始すると，ベトナムも「刷新」を意味するドイモイを開始。共産党独裁を維持しつつ市場経済への移行に成功した。この点，中国の改革開放政策(1978～)とも似ている。1990年代には東南アジア諸国連合(ASEAN)への加盟を果たし，勤勉な国民性と安価な労働市場を武器に急激な経済成長を遂げている。一方，南シナ海の西沙(せいさ)諸島の領有権を巡って中国との対立がエスカレートしており，米国やインドとの軍事協力も模索している。

《B　インド》

①英国統治に反発する**ヒンドゥー主体の国民会議派と親英的な全インド＝ムスリム連盟が対立**。

②**第一次世界大戦中**，対英協力の見返りに**自治権を約束される**。

インド独立運動においては主導権を握った多数派の国民会議派(ヒンドゥー)と，少数派ゆえにイギリスに妥協的な全インド＝ムスリム連盟との宗教対立という図式が重要で，これをまず明示すべきだろう。プラッシーの戦いやインド大反乱，国民会議派カルカッタ大会に言及するゆとりはない。

③第一次世界大戦後，**英はローラット法で民族運動を弾圧**。

④**ガンディー**が宗派を超えた**非暴力・不服従運動を展開**。

⑤**国民会議派はラホール大会で完全独立を要求**。

⑥イギリスは，**英印円卓会議**で宗教対立を煽る。

第一次世界大戦でイギリスに協力すれば自治(スワラージ)を認めるという約束をイギリスは反故にし，インド統治法で形式的な自治を認めつつローラット法(1919)で反英運動を弾圧した。市民集会にイギリス軍が発砲したアムリットサル事件を機に，全土に暴動が拡大した。南アフリカで非暴力による反アパルトヘイト運動を長く指導していたガンディーが帰国し，宗派や階級(カースト)を超えた非暴力・不服従運動(サティヤーグラハ)を開始した。

ガンディーを師と仰ぐネルーが国民会議派の指導者となり，ラホール大会(1929)で完全独立(プールナ=スワラージ)を決議。地主・民族資本など有産階級の政党だった国民会議派は，民衆に根を下ろした大衆政党へと変質した。イギリスのマクドナルド内閣は各宗派,藩王,各界代表を招いて英印円卓会議を開き,独立運動の分断を試みた。

⑦イギリスは，**新インド統治法で州の自治**を認める。

⑧**全インド＝ムスリム連盟**は，ムスリム諸州の**分離独立を要求**。

⑨第二次世界大戦後，**インドとパキスタンが分離独立**。

世界恐慌とインド独立運動の二重苦に直面したイギリスは妥協し，新インド統治法(1935)で州単位の議会選挙と責任内閣制を認めた。大半の州では国民会議派の州政府が生まれたが，北西諸州やベンガルではムスリム連盟の州政府が生まれた。これらの州はムスリム国家パキスタンの分離独立を要求し，第二次世界大戦後，インドとパキスタンが分離独立した。

⑩**カシミール紛争**から**印パ(インド・パキスタン)戦争**に発展。

⑪**パキスタン**は米・英と結び，**METO・SEATOに加盟**。

⑫**インドは非同盟主義**を掲げ，**中・ソに接近**。

両国の国境では独立と同時に宗教紛争が多発し，調停を試みたガンディーはヒンドゥー教徒過激派に暗殺された。北部のカシミール藩王国では，人口の8割を占めパキスタンへの帰属を求めるムスリムと，インドへの帰属を求めるヒンドゥー教徒の藩王が対立。インド･パキスタン両軍が介入して第1次印パ戦争(1947～49)に発展した。両国はカシミール問題をめぐる第2次印パ戦争(1965)，バングラデシュ独立問題をめぐる第3次印パ戦争(1971)でも戦火を交えた。

軍事的に劣勢なパキスタンは米・英の支援を求め，ソ連封じ込めにパキスタンを利用したい米・英との利害が一致，パキスタンは中東条約機構(METO)，東南アジア条約機構(SEATO)の加盟国として西側陣営に組み込まれた。一方，インドは「反帝国主義」「非同盟中立」の立場で中国に接近し，冷戦構造が南アジアにも展開することになる。チベット問題をめぐる中印対立やバングラデシュ独立問題に言及するのは，字数的に難しいだろう。

《C　エジプト》

①第一次世界大戦後，イギリス支配に対して**ワフド党が独立運動**。

②立憲君主政(親英王政)の**エジプト王国として独立**。

③イギリスはエジプトとの同盟条約で**スエズ運河駐兵権を維持**する。

ウラービー(アラービー，オラービー)=パシャの反乱（1881～82）鎮圧以来，イギリス軍の占領下に置かれたエジプトでは，名目上はオスマン帝国の地方官である世襲総督のムハンマド=アリー家が統治していた。第一次世界大戦でオスマン帝国が敗北すると，エジプト独立を求めてパリ講和会議に代表(ワフド)を送ろうというワフド党の運動が活発化した。イギリスは軍隊の駐留継続を条件に譲歩し，ムハンマド=アリー家を国王とするエジプト王国(1922)が独立した。翌年，立憲君主政に移行し，ワフド党党首のザグルール=パシャが首相となった。しかし独立後もイギリス軍の駐留は続き，実態は保護国であった。1936年の同盟条約でイギリス軍はスエズ運河駐兵権を確保し，本土からは撤退した。

④第二次世界大戦後，**パレスティナ問題から親英王政への不満**が高まる。

⑤**ナセルら自由将校団が親英王政を打倒**し，エジプト共和国を建国。

イスラエル建国に伴うパレスティナ戦争(1948～49)に敗北したエジプトでは，親英王政に対する不満が一気に高まった。自由将校団を組織したナセルは軍事クーデタ(1952年のエジプト革命)で国王を追放し，翌年，エジプト共和国を樹立した。最初，上官のナギブを大統領に擁立したが，56年に自ら大統領となり，アラブ社会主義を掲げて主要産業の国有化を進めた。外交的には非同盟中立路線を採り，アジア=アフリカ会議に出席した。

⑥**<u>スエズ運河国有化</u>問題**で米・英と対立。

⑦**スエズ戦争が勃発**。**ナセルはソ連の支援を受け**，英・仏・イスラエルを撤退させた。

⑧1950年代にはスエズ戦争の影響で，**アラブ民族主義**が各国で高揚。

ナセル政権の対ソ接近を危惧したアメリカは，アスワン=ハイ=ダム建設への世界銀行の融資を停止させた。ナセルはダム建設資金を得るためスエズ運河国有化を宣言，仏・英・イスラエルがエジプトに侵攻してスエズ戦争(1956)が勃発した。中東への足がかりを得たいソ連のフルシチョフ政権がナセルを支持し，ソ連との雪どけを優先するアメリカのアイゼンハウアー政権がこれを容認したため，3国は何も得ることなく撤退した。

ナセルが英・仏に屈しなかったことは，近隣アラブ諸国に強烈なインパクトを与え，シリアのバース党政権がエジプトとの合同を宣言した(アラブ連合共和国 1958～61)。イラクではカセムのクーデタ(1958)，リビアではカダフィのクーデタ(1969)により，それぞれ親英王政が打倒された。これらのアラブ民族主義政権は，反イスラエル，反欧米，親ソ，社会主義，世俗主義という共通点がある。イスラーム国家を目指したわけではない。

⑨**第３次中東戦争**でイスラエルにシナイ半島を占領される。

⑩サダトは**第４次中東戦争**を起こし，**OAPECが石油戦略を発動**。

⑪サダトがイスラエルとの平和条約を結び，シナイ半島を奪回。

⑫イスラーム原理主義過激派による**サダト大統領の暗殺**。

第3次中東戦争(1967)でイスラエルに大敗し，シナイ半島を占領されたエジプトでは，ナセルの後継者サダト大統領が第4次中東戦争(1973)を引き起こしたが戦線は膠着。第1次石油危機に始まるインフレはエジプト経済をも直撃した。サダトはイスラエルとの平和条約(1979)に応じ，パレスティナ問題から事実上手を引いた。このことは，アラブ民族主義への民衆の幻滅を招いた。

この1979年は，イスラーム原理主義の台頭を象徴する年だった。ホメイニが指導するイラン革命の成功と，ソ連のアフガン侵攻に対するイスラームゲリラの抵抗がはじまったためである。エジプトのムスリム同胞団は本来，穏やかなイスラーム原理主義の大衆組織であった。しかし，ナセル政権を批判したため大弾圧を受け，一部の急進派がテロ活動に転じ，サダト大統領の暗殺(1981)を実行した。軍事パレードの最中に兵士が貴賓席に銃を乱射するという衝撃的な事件だった。このとき奇跡的に難を逃れた副大統領ムバラクが大統領に就任し，非常事態宣言を発令して独裁を強化していくことになる。

⑬冷戦終結後，**ムバラク政権の経済自由化**により貧富の差が拡大。

⑭**「アラブの春」と呼ばれる民主化運動**で，**ムバラク政権が崩壊**。

「反テロ」で米国と歩調を合わせるムバラクは，冷戦終結後ますます親欧米路線に傾斜し，外資導入など新自由主義による経済再建を図った。改革は経済成長をもたらす一方，貧富の差を拡大させ，ムバラク一族の権力独占と蓄財に対する民衆の怒りが蓄積していった。新聞やテレビは政権によって完全にコントロールされていたが，携帯電話の爆発的普及とインターネットの交流サイト(FacebookやTwitter)や動画投稿サイト(YouTube)の出現が，若者を中心とする個人による情報発信を可能にした。

2011年1月，チュニジアでベン=アリ長期政権が打倒されたジャスミン革命の情報はネットを通じて逐一エジプトにも伝えられ，これに感化された一部の若者が反ムバラクデモを呼びかけると，大群衆が広場に集まった。ムバラク政権は動揺し，軍も政権を見放し，2月にムバラクは辞任し，身柄を拘束された。12月に実施された総選挙では，ムスリム同胞団系の自由公正党を中心にイスラーム諸政党が議席の6割を獲得している。

チュニジアからエジプトへ広まった革命のうねり――「アラブの春」は，リビアへ飛び火し，激しい内戦を経てカダフィ独裁政権を崩壊させ，さらにシリアのアサド独裁政権をも揺るがした。

《D　アルジェリア》

①**フランス統治下**で仏系入植者(コロン)とアラブ人・ベルベル人が対立。

②インドシナ戦争の影響で，**FLNがアルジェリア戦争を開始**。

フランスのアルジェリア支配は130年以上におよぶ。そのはじまりはウィーン体制下，ブルボン復古王政のシャルル10世によるアルジェリア出兵(1830)である。アルジェリアの大半はサハラ砂漠だが，地中海沿岸だけは雨に恵まれブドウ栽培が可能なので，フランスの農民が土地を求めて入植した。アブド=アルカーディルが率いる抵抗運動が鎮圧された後，フランス本国同様に県が設置され，普仏戦争後にはドイツ支配を嫌うアルザス住民がアルジェリアに入植した。これらの白人入植者(コロン)にはフランス市民権が保障された。ノーベル賞作家のアルベール=カミュ，世界的デザイナーのイヴ=サン=ローラン，哲学者のルイ=アルチュセール，ジャック=デリダ，いずれもコロンの出身である。一方でムスリム(アラブ人・ベルベル人)には市民権が与えられず，二級市民として扱われた。二つの世界大戦ではアルジェリアでも徴兵が実施されたが，見返りはなかった。

不動と思われたフランス支配が揺らぐのは第二次世界大戦後のことである。ナセルのエジプト革命(1952)はアラブ民族主義を覚醒させ，インドシナ戦争(1946～54)でのフランスの敗北は，アルジェリア独立への指針を与えた。ジュネーヴ休戦協定が結ばれた1954年，民族解放戦線(FLN)が組織され，武装闘争がはじまった。フランスはスエズ戦争(1956)で国際非難を浴びるとスエズ運河を手放し，同年，チュニジアとモロッコの独立を認めた。アルジェリア独立を認めなかったのは，100万人に達する入植者(コロン)が猛反対したからである。

③フランスでは混乱収拾のため，**ド=ゴールの第五共和政**が発足。

フランスでは，第二次世界大戦中ドイツに協力したヴィシー政府に代わって，第四共和政(1946～58)が発足した。かつての第三共和政と同様，名誉職の大統領，行政権を握る首相をいずれも議会が選出する議院内閣制的な大統領制だった。選挙制度が比例代表制であるため二大政党は生まれず，過半数を占める政党がないため，連立政権が首相を擁立し，すぐに瓦解するという不安定な政治情勢が続いた。インドシナ戦争，アルジェリア戦争，スエズ戦争への対応が後手後手に回ったのはこのためである。

この間，アルジェリアでは，政府の優柔不断な対応に不満を持つ駐留フランス軍や入植者(コロン)の間で，強力な政府の樹立を求める声が高まった。1958年にはアルジェリア駐留軍が本国フランスに対するクーデタを起こし，第二次世界大戦の英雄，ド=ゴール将軍の政界復帰を要求した。政府の要請で首相に就任したド=ゴールはクーデタを収拾するとともに国民投票で憲法を改正して第五共和政(1958～)を発足させ，初代大統領に就任した。第五共和政では，国民から直接選ばれる大統領が行政権を握り，首相任免権，国民投票の実施権を持つ。任期は7年(2000年に憲法改正が行われ，これに基づいて実施された2002年の大統領選挙で再選されたシラク大統領から任期5年に短縮された)で，アメリカ大統領を超える強大な権限を持つ。

④ド＝ゴールは，**エヴィアン協定でアルジェリア独立を承認**。

⑤FLNの指導者**ベン＝ベラ**がアルジェリア大統領となる。

政権を握ったド=ゴール大統領は，軍部の期待を裏切って植民地独立承認へと動いた。1960年(アフリカの年)には西アフリカを中心に13カ国の独立を承認。FLNとの対話も開始し，エヴィアン協定(62)でアルジェリア独立とフランス軍の撤退を認め，その是非を問う国民投票を経て1962年アルジェリア民主人民共和国が独立，翌年，ベン=ベラが大統領に就任した。

入植者や軍の一部は独立阻止を叫び，ド=ゴール暗殺未遂事件を起こすが失敗。戦争に疲れたフランス世論の支持を得ることはなかった。アルジェリア戦争はフランス現代史の暗部であり，今日なおさまざまな感情を呼び起こす。1966年，この戦争を描いたイタリア映画『アルジェの戦い』がヴェネツィア国際映画祭のグランプリ(金獅子賞)を獲得した時，フランス代表団は抗議の退席をしている。2001年10月に開催されたフランス対アルジェリアのサッカーの親善試合では，アルジェリア系移民の観客がフランス国歌「ラ=マルセイエーズ」にブーイングを浴びせ，終了間際には観客がピッチに乱入したため試合中止となっている。

⑥一党独裁，石油国有化など**ソ連型社会主義を導入**。

ベン＝ベラ政権は，アフリカ統一機構の設立，キューバのカストロ政権との提携，第2回アジア＝アフリカ会議の招致など華々しい外交を展開した。その一方で国内では，FLN内部における権力闘争，アラブ化に反対する少数派(20%)のベルベル人の運動など混乱が続いた。混乱を収拾したのが1965年の軍事クーデタを起こしたブーメディエン将軍で，ベン＝ベラを監禁して第2代大統領となり，FLN独裁体制を樹立した。(注)

(注)このクーデタにより，同年アルジェで開催される予定だった第2回アジア＝アフリカ会議が流会となり，そのまま開かれることはなかった。

エジプトの自由将校団，アルジェリアのFLN，イラクやシリアのバース党など，アラブ民族主義政権はいずれもソヴィエト連邦の経済支援を受け，五カ年計画，産業の国営化など，社会主義経済の導入を試みた。その結果，「本家」のソ連と同様に国民の勤労意欲の減退，国営企業の生産性の悪化，輸出競争力の減退，国営企業を私物化する党官僚の腐敗などの問題に直面した。第1次石油危機(1973)はアルジェリア経済にも打撃を与え，インフレによる生活苦から欧州への出稼ぎ労働者の流出がはじまった(後述)。

⑦FLN政権の独裁に対し，**イスラーム原理主義過激派のテロ**が激化。

1980年代のイスラーム原理主義運動はアルジェリアにもおよび，イスラーム救国戦線(FIS／フィス)が結成された。冷戦が終結した1989年，FLNは憲法改正して複数政党制を認めた。1991年の総選挙では，FISが全議席の8割を獲得するという地滑り的勝利をおさめた。これに対し，世俗主義を守りたい軍部は再びクーデタを起こし，FISを非合法化した。イスラーム原理主義を恐れる欧米諸国もクーデタを追認した(イスラーム世界が民主化すると反欧米的なイスラーム原理主義が台頭する，というジレンマは，直近の「アラブの春」でも繰り返されている)。

1990年代のアルジェリアは，テロ戦争の時代に突入した。アフガン帰りのゲリラを多く抱える武装イスラーム集団(GIS)は，政府要人のほか外国人や一般市民を巻き添えにした無差別テロ，虐殺事件を繰り返し，約20万人が犠牲となった。このような無差別テロは，イスラーム原理主義への嫌悪感を強めただけだった。1999年，軍部は民政移管に応じ，国民和解を掲げるFLNのブーテフリカが大統領に当選して以来，テロは沈静化している。

⑧経済政策の失敗から，多くの**移民(経済難民)が欧州へ流出**。

⑨西欧諸国では，**ムスリム移民に対する排斥運動**が発生。

⑩フランスは政教分離の立場から<u>**宗教的標章法**</u>**を制定**。

FLNの一党独裁体制の下，国民の不満は軍と警察により力で抑え込まれた。経済の低迷とテロの恐怖にさらされた人々は，よりよい生活を求めて欧米諸国へ流入するようになった。

1960年代以降の西欧諸国は戦災から立ち直り，またECの成立(1967)で市場統合が実現し，高度経済成長がはじまっていた。これを支える労働力が不足したため，各国は外国人労働者を歓迎した。フランス語圏である北アフリカ出身者はフランスへの移住を望んだ。彼らはパリの郊外に建設されたニュータウンに居住し，フランスの経済発展を支えた。第1次石油危機(1973)を機に新規の移民受け入れは停止されたが家族呼び寄せや不法入国の形で移民は増え続け，二世，三世と代を重ねて人口の1割を超えた。しかしムスリムである彼らはフランス社会になかなか融合せず，さまざまな軋轢を生んだ。公立学校の生徒の8割以上が移民の子どもという地域も出現し，フランス人の親は公立学校を避けて私立学校に子どもを通わせるようになった。

ルイ14世のナントの勅令廃止(1685)に象徴されるようにブルボン朝絶対主義と結びついたフランス=カトリック教会は学校教育の担い手でもあり，教育を通じた思想統制を行ってきた。このシステムを打破したのがフランス革命である。1791年憲法は全市民を対象とする無償の公教育を規定し，ジロンド派の議員コンドルセが教育制度改革を提言した。ナポレオン時代(1806)に高等教育に関する集権的な学制が定められ，第三共和政期にはフェリー教育相の改革により，初等教育の無償化(1881)と宗教教育の禁止(1882)が定められ，教室から十字架が撤去された。ドレフュス事件(1894)への教会の介入に危機感を強めた世俗派は，イエズス会が経営する私立学校を国有化し，政教分離法(1905)で国家の宗教的中立性と信教の自由の原則を確立した。

一方，イスラーム法(シャリーア)では「美しい部位」を隠すのはムスリム女性の義務である。その解釈により髪だけを隠すヒジャブ(スカーフ)，顔以外の全身を隠すチャドル，目以外をすべて隠すブルカなどを着用する。北アフリカ諸国では比較的規制が緩く，髪だけを隠すヒジャブ(スカーフ)の着用が一般的である。「夫や親兄弟以外の男性の目から女性を守る」というのがシャリーアの趣旨であるが，政教分離と個人の自由を重視するフランス社会においては，女性のスカーフ着用は，「イスラーム教の強制」，「夫や父親への女性の従属の象徴」と受け取られるわけだ。

冷戦が終わった1989年，パリ郊外の公立中学校で小さな事件が起こった。北アフリカ系の３人の女子学生が，教室でスカーフを外すことを拒否して退学処分を受けたのだ。フランスにおけるスカーフ批判には次の三つの論点がある。１．公立学校における宗教教育を禁ずる政教分離の原則に反する。２．スカーフは女性の従属の象徴である。３．閉鎖的な移民のコミュニティーによる学校支配を認めることになる。

景気低迷の中で職を失うフランス人が増えると同時に，移民排斥運動が高まり，極右政党の国民戦線(FN)が若者や労働者の間で支持を拡大した。2002年の大統領選挙では同党党首のジャック=ルペンが現職のシラク大統領と決選投票を行うまで票を伸ばし，「ルペン=ショック」といわれた。スカーフ問題がクローズアップされたのは，政教分離の原則を守れという建前と同時に，移民排斥の世論に支えられていたことは間違いない。このような経緯を経て，2004年に宗教的標章法がフランス国民議会で可決されたのである。

「公立の小，中，高等学校において，それによって生徒が誇示的に宗教的な帰属を示す標章や服装の着用は禁じられる」

同法は通称「スカーフ禁止法」とも呼ばれるが，ユダヤ教徒が被る帽子(キッパ)や，キリスト教を象徴する十字架の装身具も対象となる。しかしムスリムを主体とする移民たちは，自分たちを標的とした宗教差別と受け取った。

2005年，パリ郊外で移民の若者らが大規模な暴動を引き起こした。警官に追われ，変電所に逃げ込んだ移民の少年が感電死したことがきっかけだった。暴徒と化した若者たちが路上の自動車への放火を繰り返し，死傷者も出した。シラク政権の内務大臣だったサルコジは彼らを「社会のクズ」と呼び，強権的な取締りを行った。フランスの世論は圧倒的に彼を支持し，このことが2007年大統領選挙でのサルコジの当選へとつながった。なお，サルコジはルペンと違って人種差別主義者ではない。アフリカ出身者を閣僚に登用しているし，彼自身がユダヤ系ハンガリー人の移民の子である。2006年のサッカー・ワールドカップ，ドイツ大会でフランス代表を率いて準優勝に導いたジダン選手は，ベルベル人系アルジェリア移民の2世である。ジダンの成功は移民の若者たちに希望を与えた。

2011年7月，ノルウェーのオスロで起こった爆弾テロ・銃乱射事件の犯人は移民排斥論者だった。同年8月にはロンドンで警官による黒人射殺事件を機に大規模な暴動が発生している。日本でも将来の人口減少を見越して，大量の移民を受け入れようという意見がある。ヨーロッパにおける多文化共生の実例を「他山の石」とすべきだろう。

「政治と宗教」というテーマは，2009年度の第1問でも取り上げられている。これと関連して，トルコ現代史における政教分離問題にも触れておく。建国の父ムスタファ＝ケマル以来の政教分離と親米路線を堅持する軍部と，1980年代以降台頭したイスラーム回帰の政治勢力との軋轢が，トルコの政治を不安定にしている。イラク戦争がはじまった2003年，反米感情の高まりを背景に，イスラーム色の濃い公正発展党が総選挙で勝利し，エルドアン政権が発足した。2008年には国民投票で憲法を修正し，それまで禁じられていた公的施設における女性のスカーフ着用を「個人の自由」として容認，大学キャンパスにはスカーフ姿の女子学生があふれた。フランスの「スカーフ禁止」とは逆の流れがここでは生まれている。

解答例

〔解答例①〕　第一次大戦後，インドでは国民会議派のガンディーが**非暴力・不服従**運動を推進し，完全独立を決議したが，英は宗教対立を煽って民族運動を分断，第二次大戦後，ヒンドゥー教徒のインド，ムスリムのパキスタンに分離独立した。両国間では**カシミール紛争**が勃発，現在まで未解決である。ベトナムではホー＝チ＝ミンがインドシナ共産党を結成して独立運動を進め，戦後ベトナム民主共和国を建国した。これを仏が認めずインドシナ戦争に発展，**ディエンビエンフー**で大敗した仏はジュネーヴ休戦協定で撤退した。ベトナム戦争では米を破って社会主義国として統一を達成したが，ソ連のゴルバチョフの影響で**ドイモイ**を進めた。エジプトは第一次大戦後**ワフド党**

の下で独立が実現したが，英はスエズ運河駐兵権を確保した。第二次大戦後，エジプト革命で親英の王政を打倒したナセルの**スエズ運河国有化**宣言を機にスエズ戦争が勃発すると，アラブ民族主義はソ連に接近し，英仏は撤退した。これが周辺のアラブ諸国を刺激，アルジェリアではFLNの独立運動が激化して**アルジェリア戦争**に発展した結果，ド＝ゴールに独立を承認された。これ以降，困窮した多くのムスリムは仏に渡ったが，政教分離を掲げる仏が**宗教的標章法**を制定するなど，反発する移民との間で宗教的な軋轢が生じた。

(539字)

〔解答例②〕　※時系列を意識した例

第一次世界大戦後，エジプトでは**ワフド党**が独立を要求。英はエジプト王国独立を認め，スエズ運河駐兵権を留保した。英はインドには形式的な自治を与え，ローラット法で反英運動を弾圧，ガンディーは**非暴力・不服従**運動で抵抗した。英の分割統治を原因とする宗教対立から，第二次世界大戦後，ヒンドゥー教徒主体の国民会議派がインド，ムスリム連盟がパキスタンの独立を宣言，両者は**カシミール紛争**から印パ戦争に突入した。日本軍が進駐した仏領インドシナでは，ホー＝チ＝ミンのベトナム独立同盟が抵抗し，日本降伏後に社会主義政権を樹立。仏とのインドシナ戦争では**ディエンビエンフー**の戦いで勝利し，ベトナム戦争では米に勝利した。米中接近に反発してソ連と結び，ペレストロイカと同時期に**ドイモイ**を開始し，市場経済を導入した。50年代の北アフリカでは，インドシナ戦争に刺激されて**アルジェリア戦争**が勃発。エジプトでは王政を倒したナセルが**スエズ運河国有化**を宣言し，スエズ戦争で英・仏を敗退させ，アラブ民族主義が高揚した。80年代，経済危機と冷戦終結で独裁的な体制が動揺，イスラーム原理主義が支持を拡げ，アラブの春と呼ばれる民主化運動も起こった。またムスリム系移民が流入した仏では政教分離を図る**宗教的標章法**の施行に対し移民が反発した。

(540字)

第２問 「遊牧民の歴史的役割」

解説

第２問は遊牧民の歴史。テーマはアッティラ時代のフン族の動向，東ローマのユスティニアヌスやエフタルと抗争したホスロー１世時代のササン朝の情勢，マムルークについての説明，前漢・武帝の匈奴対策と西域経営といった教科書レベルの歴史事項を問う。論述は60字×４問の単なる語句説明に近い出題。単答式４問は得点調整的意味合いか。第２問の小論述には指定語句が与えられないが，基本事項を問うのでミスは禁物である。第２問・第３問で確実に加点できれば，ボーダーラインの40点代は目前なのだ。

第２問では60字論述４問の他，10年度に出題された単答式記述が４問，出題された。04年度以来，第２問は60字～120字の小論述が数題，合計240～360字という形式が続き，10年度には計420字，11年度は390字であったが，12年度は240字と大幅に減少した。11年度に３年ぶりに出題された120字論述と60字論述では書ける内容が全く異なる。１問･60字あたり４ポイント程度の加点ポイントが含まれると考えて「要点を簡潔に説明する」という取り組み方が重要である。

問(1)

(a)　５世紀のフン族の最盛期とその後の状況についての出題。

５世紀という時代設定から，アッティラ王の全盛期を連想できるかがポイント。４世紀に東欧から中欧に進出したフン族はゴート族を圧迫してゲルマンの大移動を引き起こしたが，５世紀前半にはアッティラ王がパンノニアを拠点に大帝国を築いた。アッティラは東西のローマ帝国に侵攻を繰り返したが，451年のカタラウヌムの戦い(現在のフランス・シャロン付近)で将軍アエティウスが率いる西ローマと西ゴートなどゲルマン諸族の連合軍に敗北した。その後もイタリアに侵入したが教皇レオ１世の説得で撤退し，まもなく急死した。アッティラの死後，フン族の帝国は急速に衰退し，５世紀末には崩壊した。

【加点ポイント】　①**アッティラ**の下で**最盛期**を迎えた。

②パンノニア(中欧)を拠点に大帝国を建設。／領土を拡大した。

③**カタラウヌム**の戦いで(アッティラが)敗北／西ローマ・ゲルマン連合軍に敗北した。

◎アエティウス軍は西ローマ・西ゴート・フランク・アラン・ブルグンドなどの連合軍であったが，アッティラの侵攻の目的が西ゴート王国攻略であったので，西ゴートだけでもよいであろう。

④イタリアに侵入したが，**ローマ教皇レオ１世**に説得されて撤退。

⑤アッティラの死後，帝国は崩壊。

再現答案では，①・②のポイント，つまりアッティラの活動が書けていなかった。名前は知っていても，いつ何をしたかを理解していなければ，論述は書けない。またマジャール人と混同して「ハンガリーに定住」という答案もあったが，フン族は分散・消滅したため，不可である。ハンガリーという国名については，「フン族の土地(フンガリア)」やローマがドナウ川中流に置いた属州名である「パンノニア」を語源とする説がある。パンノニアはフン族の後，アヴァール人，マジャール人などヨーロッパに侵攻したアジア系遊牧民の拠点となった。アヴァール人を撃退したフランク王国のカール１世やマジャール人をレッヒフェルトの戦いで破ったザクセン朝のオットー１世が，キリスト教世界の守護者として「ローマ皇帝」の地位を獲得したことも確認しておこう。

(b)　ササン朝を中心とする６世紀半ばの西アジア情勢についての出題。

エフタルは５～６世紀にかけてアフガニスタン北部のアム川中流域を拠点にイランのササン朝，北インドのグプタ朝への侵攻を繰り返した遊牧民族で，５世紀には華北を支配する北魏とも通交している。エフタルが勢力を張ったアフガニスタンは「民族の十字路」とも呼ばれるシルクロードの要衝で，エフタルは地の利を活かしてイラン・インドに侵攻し，このためグプタ朝は衰亡したといわれる。ササン朝もまたエフタルの侵攻に苦しめられた。設問では「エフタルに苦しめられた西アジアの大国を中心とした６世紀半ばの情勢」とあるので，ササン朝の動向を論述すること。６世紀半ばのササン朝はホスロー１世（位 531 ～ 579）の時代で，西方では東ローマのユスティニアヌス帝と争う一方，東方ではタリム盆地に進出した突厥と結んでエフタルを挟撃し，その政権を崩壊させた。突厥もまたこの時代，東ローマと交流している。６世紀の南北朝時代の中国から突厥・エフタル・グプタ朝・ササン朝を経て東ローマに至るユーラシアの交易路とそれを取り巻く政治情勢を確認しておくこと。これと唐・イスラーム・東ローマ・フランクから構成される次の７世紀の世界にどのように移行したのかも整理しておくとよい。

【加点ポイント】　①**ササン朝**

②**ホスロー１世**

③**東ローマ**の**ユスティニアヌス帝**と抗争。

④**突厥**と同盟して**エフタル**を(挟撃して)滅ぼした。

再現答案でも，ユーラシアのネットワークとも関連するこの問題はよく書けていた。

問(2)

(a)　イスラーム世界に進出したトルコ人の名称と，カリフが彼らをどのように用いたのかを問う。

マムルークはアラビア語で奴隷の意味であるが，アブドと呼ばれた黒人奴隷に対し，「白い奴隷」を指し，後に奴隷出身の軍人を指す言葉となった。遊牧民族として優れた騎兵を輩出したトルコ人やモンゴル人・クルド人・アルメニア人などがマムルークとして購入された。アッバース朝の全盛期を築いたハールーン＝アッラシードの息子で第8代のカリフ・ムータシム(11年度の第1問の重要な関連事項である「バイト＝アルヒクマ」を建てたマームーンの弟)が現在のウズベキスタン地方から約4000人のトルコ人奴隷を購入して親衛隊に配属したが，これがトルコ人奴隷軍団のはじまりである。カリフに認められたマムルークは奴隷身分から解放されて地方総督にも登用された。カリフはマムルークを自身の権力基盤の強化に利用したが，地方の有力者もマムルーク軍団を構成し，アッバース朝の衰退後はマムルーク出身の軍人がカリフやスルタンから権力を奪うに至った。この設問では「どのように用いたのか」までを答えればよい。字数的にもそれ以上は書けないだろう。

【加点ポイント】 ①**マムルーク**
②**奴隷**出身の**軍人**　◎「奴隷身分から登用された軍人」でもよい。
③**騎兵**として雇われる。
④**親衛隊**に登用されるなど，**カリフ権の強化**に利用。
⑤**地方総督**にも登用。

再現答案では④・⑤のカリフとのかかわりが書けていなかった。また「カリフの政治的実権を奪った」という答案については，カリフがどう用いたかという設問の答えとしては，ややずれた内容なので採点対象外とした。

(b)　①セルジューク朝　②スンナ派（スンニー派）

「中央ユーラシアから西アジアに進出した」「トルコ人が建てた最初の王朝」の二つがヒントであるが，後者のみを見て「カラ＝ハン朝」と誤答した再現答案が多かった。確かに問題文も紛らわしいが，カラ＝ハン朝はトルキスタン，つまり現在のウズベキスタンと新疆ウイグル自治区を版図とし，この地のイスラーム化を推進した。西アジアに進出したトルコ人が最初に建てた王朝としてはセルジューク朝を答えるべきであろう。イラン系シーア派のブワイフ朝に実権を奪われたアッバース朝カリフに招かれたセルジューク朝のトゥグリル＝ベクは1055年，バグダードに入城してブワイフ朝を滅ぼし(1062年)，信仰の擁護者としてカリフからスルタンの称号を得た。さらにセルジューク朝はアナトリア(小アジア)のビザンツ帝国領に侵攻し，次いでセルジューク系の諸侯がルーム＝セルジューク領を建設，これらの軍事的圧迫に耐えかねたビザンツ皇帝の要請で十字軍が起こされた。ちなみに現在のトルコ共和国は小アジア(アナトリア半島)を「トルコ固有の領土」と見なしている。第3代マリク＝シャーの宰相ニザーム＝アルムルクはスンナ派(スンニー派)の神学・法学を学ぶニザーミーヤ学院を各地に建設した。このことからもセルジューク朝が支持した宗派はスンナ派であることがわかる。

問(3)

(a)　前漢の武帝の対匈奴政策と西域政策のかかわりについて論ぜよという設問。

武帝の西域経営と言えば，張騫の大月氏への遣使が有名であるが，これが漢と大月氏による匈奴挟撃のためであったという知識が欠けている受験生が多い。武帝の西域経営が本来，匈奴対策を機に開始され，張騫の大月氏への派遣を機に匈奴の内紛と西域の情報を得た武帝が，衛青・霍去病らの軍を派遣して匈奴を黄河上流域のオルドスから駆逐して，西域との窓口となる敦煌郡など河西4郡(現在の甘粛省)を設置したという時系列になる。武帝はさらにシル川上流,現在のウズベキスタン～タジキスタン・キルギス一帯を支配したフェルガナ(大宛)を攻めて汗血馬を得た。このように武帝の治世に前漢は西域＝タリム盆地のオアシス諸都市への支配権を匈奴から奪ったのであるが，タリム盆地・天山南路の有力なオアシス都市であった亀茲(現在の新疆ウイグル自治区のクチャ)に西域都護府が設置されたのは武帝の死後のこと(前60)である。

【加点ポイント】　①**張騫**の**大月氏**への派遣。
②**西域**の情報を獲得。
③(衛青・霍去病らの)**漢軍**が**匈奴**を攻撃。
④**敦煌**など**河西4郡**を設置／**長城**を修築／**オルドス**地方から**匈奴**を駆逐。
⑤**フェルガナ**(**大宛**)を攻め，**タリム盆地**(西域)を支配／**汗血馬**を得た／**オアシスの道**を掌握。

以上のような文脈になる。再現答案では時系列が混乱した答案や匈奴遠征の意義(後世におよぼした重要な影響)，つまり河西4郡の設置や西域への進出について言及していない答案が多かった。欧米史重視の東大受験生には盲点かも知れないが,古代中国史・東西交渉史では頻出のテーマである。武帝の匈奴対策と西域進出が連動し，張騫の派遣が中国側から見ればシルクロードと結びつく契機となったことを確認すること。

(b)　①オイラト（オイラート・瓦剌）　②土木の変

明朝を苦しめた「北虜南倭」の「北虜」の一環である。西北モンゴルを拠点としたオイラト部のエセン(也先)＝ハンは15世紀半ばに明に侵攻し，北京近郊の土木堡で親征した明の英宗正統帝を捕らえた。これを土木の変(1449)という。明は滅亡の危機に瀕したが，北京では正統帝の弟を擁立して抵抗を続け，またエセンが内紛で暗殺されたため，危機を脱した。その後のオイラトは，16世紀には東モンゴルのタタール部に押されて，イリ地方に移動し，17～18世紀にはジュンガル部として強大化し，清朝の康熙帝・雍正帝・乾隆帝と争ったが敗北した。清朝は天山南路の回部とジュンガル部を併せて「新疆」と呼称し，藩部として理藩院管轄の下，間接統治を行ったが，ジュンガル部は折から流行した伝染病でほぼ壊滅した。

解答例

(1)(a)アッティラはパンノニアを拠点に大帝国を築いたが，カタラウヌムの戦いで西ローマ・西ゴートに敗北。死後，帝国は崩壊した。
（番号・記号を含めて60字）

(b)ササン朝のホスロー1世は西方で東ローマのユスティニアヌス帝と争う一方，東方では突厥と結びエフタルを挟撃して滅ぼした。
（記号を含めて59字）

(2)(a)マムルークと呼ばれる奴隷出身の軍人を，騎兵として親衛隊に配属し，地方総督にも登用するなど，カリフ権の強化に利用した。
（番号・記号を含めて60字）

(b)①セルジューク朝
②スンナ（スンニー）派

(3)(a)張騫の大月氏への派遣を機に匈奴を駆逐し，西域に進出。敦煌など河西4郡を設置した後，大宛を攻め，タリム盆地を支配した。
（番号・記号を含めて60字）

(b)①オイラト（オイラート・瓦剌）
②土木の変

第3問　「世界各地の建築や建造物」

解説

さまざまな時代に造られた著名な建築や建造物に関する設問であるが，問(10)のアジェンデの大統領府を除けば，全て世界遺産関連の出題である。チリのアジェンデ大統領は史上初めて，民主的な選挙で社会主義政権を樹立したが，合衆国と結ぶチリ軍部のクーデタで打倒された。第3問は例年，教科書レベルの基本事項が出題されるので極力，ミスは避けたい。

第3問は2008年度・11問，2010年度・16問，2011年度・14問と複数解答が要求されたが，2012年度は複数解答を求める設問がなく，2011年度に出題された正誤問題もなかった。

問(1)　正解はドーリア（ドーリス）式

「ドーリス式」ともいう。再現答案では意外にも誤答が多かった。よほど古代史を軽く見ているのだろうか。古代ギリシアの神殿建築様式の一つで，飾りのない柱頭と円柱中央部を膨らませたエンタシスを特徴とする。前6世紀頃からギリシアやシチリアの神殿建築に用いられた。ペリクレス時代のアテネでフェイディアスの監督の下で建てられたパルテノン神殿が代表例である。パルテノン神殿を含むアテネのアクロポリスは1987年に世界文化遺産に登録された。

問(2)　正解はジャワ島

ボロブドゥールはジャワ島中部の大乗仏教遺跡である。シャイレーンドラ王国によって8～9世紀に建てられた石造建築で仏像を用いた立体マンダラとも言うべきものである。イギリスのラッフルズがジャワを統治していた1814年に発掘が開始された。20世紀後半，国連教育科学文化機関UNESCOの提唱で大規模な修復が行われ，1991年に世界文化遺産に登録された。

問(3)　正解はロマネスク様式

ロマネスク様式は11～12世紀，地域によっては13世紀にかけて発達した教会建築様式である。主に北イタリア・南フランスを中心とし，石造の半円アーチ，上空からの写真で分かるラテン十字型の構造，厚壁，小窓が特徴である。ロマネスク様式の時代は，次のゴシック期の特徴であるステンドグラスを製作する技術が未熟であった。北イタリアのピサ大聖堂が有名であるが，初期のものとしてはフランスのクリュニー，ヴェズレー，また中世史・キリスト教史の重要な舞台となったドイツのヴォルムス，シュパイエル，マインツの教会建築も知られる。

問(4)　正解はカルロス1世

神聖ローマ皇帝としての「カール5世」を書いた答案が多いが，スペイン王としてはカルロス1世(位1516～56)が正しい。カルロス1世の治世には，彼が支援したマゼランの世界周航やコルテスのアステカ帝国征服，ピサロのインカ帝国征服，ポトシ銀山の発見など，ラテンアメリカの植民地化が進んだ。ドミニコ修道会のラス＝カサスがエンコミエンダ制の弊害を訴えたのもカルロス1世に対してである。マチュピチュはインカ帝国の要塞都市遺跡。神殿・宮殿・軍事施設・貯蔵庫・灌漑施設を有し，自給自足の都市であった。1983年に世界複合遺産に登録された。

問(5)　正解は永楽帝（成祖）

彼は父である明の洪武帝の命でモンゴルへの押さえとして現在の北京に封ぜられ「燕王」と称したが，父の死後，甥の建文帝に対して反乱を起こし，都の金陵(後の南京)

を陥れて皇帝位を奪った。これを靖難の変という。その後，モンゴル遠征を遂行した永楽帝は，対モンゴル防衛の拠点として，かつての根拠地であった北京に遷都した。これを機に北京に到る新運河が再び整備されることになった。永楽帝が築いた紫禁城は明清代の宮殿となり，現在は「故宮」と呼ばれ，有名な天安門もその一角を構成している。1987年に世界文化遺産に登録されたが，その2年後に民主化運動を弾圧する第2次天安門事件が起こった。

問(6)　正解はナスル朝

グラナダ王国ともいう(1232～1492)。レコンキスタを推進するカスティリャ王国に臣従しながらも，モロッコのイスラーム王朝であるマリーン朝の支援も得て独立を維持し，交易で栄えた。アルハンブラ宮殿はグラナダ郊外に建てられた宮殿兼城塞で「赤い城」の意味である。13世紀前半から建造がはじまり，14世紀半ばにほぼ完成した。宮殿とイスラーム庭園が調和したスペイン・イスラーム文化の粋であり，1984年に世界文化遺産に登録された。

問(7)　正解はサンスーシ宮殿

ドイツ語で「Schloss Sanssouci」。Sanssouci(サンスーシ)は1単語であるが，再現答案では「サン＝スーシ」の表記が多い。「憂いなし(無憂)」の意味である。18世紀半ばにプロイセンのフリードリヒ2世がベルリン郊外のポツダムに建てたロココ式の夏の離宮である。広大な庭園で知られ，啓蒙思想家のヴォルテールらが滞在した。1990年に世界文化遺産に登録された。

問(8)　正解はセシル＝ローズ（セシルローズ）

「セシルローズ」も許容。イギリスのケープ植民地政府首相で，南アフリカ(ボーア)戦争の要因を作ったセシル＝ローズの名を取った英領植民地がローデシアである。このうち北ローデシアは1964年に独立してザンビアとなったが，南部は少数派の白人政権が65年に一方的に「ローデシア」の独立を宣言した。旧宗主国イギリスをはじめとして国際社会の承認を得られない中で，人口の5％足らずの白人による政治・経済支配と人種差別に対し，多数派の黒人はゲリラ戦を行って白人政権を追い詰め，80年の総選挙で黒人の愛国戦線が圧勝して，ジンバブエ共和国として独立を果たした。国名の由来となったジンバブエは「石の家」の意味。

バンツー系のショナ人が金山の莫大な富を背景に築いた約200を数える巨大な石造建築群で，13～14世紀を中心に建設された一大都市遺跡である。1986年に世界文化遺産に登録された。

問(9)　正解はトルーマン

1945年7月，ポツダム会談に出席中のトルーマン・米大統領の下に「ベビーが生まれた」という原爆実験成功を意味する暗号電報が届いた。日本に無条件降伏を呼びかけたポツダム宣言が黙殺されると，トルーマンは日本への原爆投下を許可した。ヤルタ会談で密約したソ連の参戦が迫っていたことに加えて，本土決戦を唱える日本側の抵抗が激しかったため，日本の戦意を喪失させる意図があったとされる。広島の原爆ドームは大正時代のはじめに広島県物産陳列館として建設され，後に産業奨励館となった。1945年8月6日のアメリカによる原爆投下により，ドームの鉄骨がむき出しになった。1966(昭和41)年，広島市議会は全額募金による永久保存を決議し，67年に保全工事が完了した。1996(平成8)年，「平和の象徴」として世界文化遺産に登録された。

問⑽　正解はアジェンデ

チリのアジェンデ大統領は1970年，史上初めて民主的な選挙で社会主義政権(人民連合政権)を樹立し，銅鉱山の国有化や地主制の弊害を取り除く農地改革を推進したが，1973年9月11日，合衆国と結ぶチリ軍部のピノチェット将軍のクーデタで打倒された。軍部による殺害説と自殺説がある。大統領宮殿から国民に向けた最後のラジオ演説を行った後，最後まで銃を執って戦うアジェンデの姿が実況され，世界中に大きな衝撃を与えた。ラテンアメリカ世界では「9･11」といえば，2001年のアメリカの同時多発テロではなく，このチリ＝クーデタを指すのだそうだ。再現答案で「アジェンダ(agenda　行動計画)」の誤記が多かったのは環境問題に関心を持つ東大受験生のご愛敬だろうか。

解答例

⑴ドーリア(ドーリス)式
⑵ジャワ島
⑶ロマネスク様式
⑷カルロス1世
⑸永楽帝(成祖)
⑹ナスル朝
⑺サンスーシ宮殿
⑻セシル=ローズ(セシルローズ)
⑼トルーマン
⑽アジェンデ

2011年

第1問 「7～13世紀までのイスラーム文化圏の拡大に伴う異文化の受容と発展の動向と他地域への影響」

解説

【何が問われているか？】

《時代設定》 7～13世紀

《要求された論旨》

・13世紀までにアラブ・イスラーム文化圏をめぐって生じた異文化の受容・発展と他地域への影響の動き。

・エジプト・シリア・メソポタミア・イランなど新たな支配領域からの文化的影響。

・中国・インドなど周辺の他地域からの文化的影響。

・その結果生まれた文化の他地域への影響。

どの時代から書き出せばよいか。11年度の問題は10年度同様，論述解答の時代範囲の設定が明解である。受験生としては今回の「7～13世紀」という時代設定が持つ意味をよく考えること。東大は単純な通史は出題しないということは，毎年，この解説で言及している。今回もイスラーム通史を書くと，東大の問いに対してピント外れの答案になるし，字数オーバーで失敗する。答案作成の最大のポイントは「何が問われているか」を正確に摑むことであり，そのためには「東大のリード文」を，文章構成上の最大のヒントとしてしっかり読み込むしかない。論題は「アラブ・イスラーム文化圏が拡大する中で新たな支配領域や周辺の他地域から異なる文化が受け入れられ，発展し，そこで育まれたものはさらに他地域へ影響を及ぼしていった。13世紀までにアラブ・イスラーム文化圏をめぐって生じたそれらの動き」を論ぜよ，ということである。このリード文の文脈から筆者が二重下線を付した「それらの動き」とは波線部を指すことは明らかで，これが本問で，東大が受験生に求めている論点の全てである。この抽象的な問いに対して，具体的な例を挙げながら論証していけばよい。

受験生にとって論述解答の指針となるのはリード文であるが，もう一つ，東大の場合は指定語句(10年度と同様に8つ)が論述の骨格を成すことを忘れないようにしたい。指定語句とは，論証に必要な具体例のサンプルとして東大の出題者が受験生に与えた貴重なヒントである。これに基づき，書くべき文章の構成・骨組みを考えることが東大の大論述の解答法である。駿台生には，大論述を書く際には，段落に分けることを意識して組立メモを作成するよう指導している。

◆**視点**

では答案の組立を明確にするため，リード文を具体的に読み込んでみよう。

「アラブ・イスラーム文化圏の拡大」は，7～8世紀のイスラーム勢力の征服活動によるものであることを想起しよう。資料集の地図をイメージすると良い。「異なる文化間の接触や交流」は歴史的には戦争によって生じることが多い。イスラーム勢力は正統カリフ時代からウマイヤ朝にかけて，東ローマ帝国(ビザンツ帝国)からシリア・エジプト・北アフリカを奪い，ササン朝ペルシアを滅ぼしてメソポタミア・イランから中央アジア，西北インドにまで勢力を拡大した。こうした「新たな支配領域や周辺の他地域」はアラブ・イスラームとは異なる独自の優れた文化を育んでいた地域である。これらの地域から「異なる文化が受け入れられ」イスラーム世界で発展していったというのだから，この「異なる文化」について具体的に記述し，これが他地域にいかに伝わり，影響を与えたかを論ずればよい。この段階でイスラーム文化に受容されたギリシア文化を指す「外来の学問」という言葉を思い出した受験生は，いち早く論述の方向性を見出せたであろう。

この際，受験生に思い出して欲しい，イスラーム勢力の拡大と異文化との接触，流入，発展の典型的な例がある。タラス河畔の戦いを機とする「製紙法の伝来」である。この歴史的な戦いは，ササン朝の残存勢力や中央アジアを拠点にシルクロードの交易権を握っていたイラン系ソグド人がイスラーム勢力に圧迫され，唐王朝に救援を求めたことが原因となったが，アッバース朝の軍に敗れた唐軍の捕虜の中に偶然，製紙工がいたことが，イスラーム世界に製紙法が普及する端緒となった。筆者は駿台の授業で製紙法の西伝について「タラス河畔の戦いの僅か5年後に，ソグド人の拠点であったサマルカンドに製紙工場が建設され，イスラーム世界で紙といえばサマルカンド，と言われるくらいの一大生産地になった。8世紀末，アッバース朝全盛期のカリフ・ハールーン=アッラシードの治世には首都バグダードにも製紙工場が建てられ，さらに製紙法はエジプト・北アフリカを経て，十字軍やレコンキスタを機にイベリア半島やシチリア島を経てヨーロッパに伝来した。この間の経緯は，製紙法の伝来がイスラーム世界とその文化にいかに多大な影響を与えたか，ということについての重要な証拠となる。製紙法の伝来はイスラーム教およびイスラーム文化の普及にとって，現代のインターネット革命に例えられるほどの影響があったと言えよう」と話すことにしている。高校世界史でもよく紹介されるこのエピソードは，今回の論旨にフィットすると思うのだが，いかがだろうか。リード文に示された「イスラーム文化圏は中国やインド，ササン朝，ビザンツ帝国などの文化を吸収し，これを発展させ，ヨーロッパに伝える役割を果たした」という歴史観に立脚し，十字軍やレコンキスタというキリスト教勢力とイスラーム勢力との「軋轢や衝突」が文化交流の契機にもなったことが想起できれば，論述答案のイメージは半ばでき上がったようなものである。ただし，この問題は「イスラーム文化の発展について論ぜよ」というテーマではないので，イスラーム神学や法学，歴史学といった「固有の学問」について論じても，恐らくは採点対象外となろう。

【論旨の組み立て】

◇東大論述の特徴と時系列の整理について

東大論述の特徴としては，

- 視点が宇宙ステーションのように高く，同時代のヨーロッパ・アメリカ・アジアなどを俯瞰するタイプ，
- 「農業の歴史」のようにタイムマシンで通史的に一つのテーマを追うタイプ，
- ウェストファリア体制・ウィーン体制・ヴェルサイユ体制など異なる時代に共通するテーマを比較するタイプ

などの論述パターンがある。

11年度の問題の場合，時代指定が「13世紀まで」とあった意味を，受験生は指定語句から類推しなければならない。今回の論述問題について，「時系列」を無視してイスラーム文化史に関する知識を羅列しては，出題者の意図には応えられない。

時系列に従った論述の展開例としては，

①ビザンツ・ササン朝・中国・インドから流入した文化がアッバース朝の都バグダードを中心に発達。

②その後，アッバース朝とバグダードの衰退に伴い，ファーティマ朝・アイユーブ朝・マムルーク朝エジプト期のカイロや後ウマイヤ朝からムワッヒド朝にかけてのコルドバにイスラーム文化の中心が移ったこと。カイロについてはファーティマ朝が建てた「アズハル学院」を連想できるだろうか。

③エジプトのイスラーム勢力と十字軍の抗争やイベリア半島におけるレコンキスタの進展，あるいは東方貿易の進展に伴い，キリスト教文化圏へイスラーム文化が流入。

といったパターンが考えられる。

次いで指定語句を時代順に並べながら，歴史事項をメモ風に書き出す。どの時代・地域で活躍した文化人か？ というセンター試験レベルの知識があれば，これも十分に整理可能である。参考図のように歴史的経緯を図解すると答案の構成がわかりやすくなるだろう。

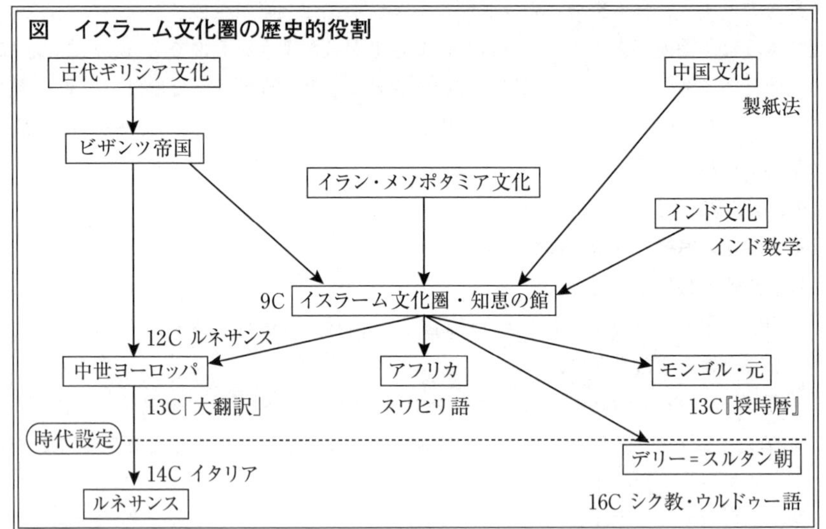

【背景解説】

◇指定語句から想定できること

イスラーム世界における文化の「発展」と「他地域への影響」については，アッバース朝の第7代カリフ・マームーン(ハールーン＝アッラシードの子 位813～833)が9世紀前半にバグダードに設立した「知恵の館(バイト＝アルヒクマ，語源はササン朝ペルシアの「図書館」との説がある)」についての知識があれば，「何が問われているか」「何を書くべきか」のイメージが大きく膨らむはずである。マームーンはビザンツ帝国と抗争を繰り返したが，その一方でビザンツ帝国に使節を派遣し，文化の移入に努めた。「知恵の館」ではエジプト・シリアの征服を機に流入したギリシア以来のアリストテレスの哲学やヒポクラテスの医学，エウクレイデスの幾何学，プトレマイオスの天文学などがアラビア語に翻訳・研究された。こうした翻訳の担い手は，東ローマから追放され，ササン朝ペルシアで保護されていたネストリウス派キリスト教徒であったといわれるが，彼らの多くはイラン人であり，文献はギリシア語から一旦，ペルシア語に翻訳された後，アラビア語に訳された。貿易商人としても活躍したイラン人らしいエピソードではある(アッバース朝はイランのホラーサーン地方を拠点としてイラン系マワーリーと結んでウマイヤ朝を打倒した経緯から，イラン人を積極的に登用したが，マームーンの代にはその傾向が顕著になった)。こうした「外来の学問」が流入する中で，特にイスラーム文化圏からキリスト教文化圏に伝わって大きな影響を与えたのはアリストテレス哲学である。アリストテレス哲学はイブン=シーナーやイブン＝ルシュドらによりイスラーム神学確立のために研究され，製紙法同様，十字軍やレコンキスタを機にキリスト教世界に流入し，13世紀にはシチリア島のパレルモやイベリア半島のトレドでラテン語に翻訳され，トマス＝アクィナスによるスコラ哲学の確立にも大きく寄与した。13世紀のヨーロッパが「大翻訳」時代と呼ばれる所以である。

- **「アリストテレス」からの類推**

「万学の祖」と言われたアリストテレスは，ルネサンスの「万能人」の範となったが，イスラーム世界にも哲学者であり，且つ医師でもあるという博学多才の文化人がいた。その代表例が10世紀後半～11世紀前半のイランで活躍したイブン＝シーナーや，12世紀，ムワッヒド朝支配下のコルドバでアリストテレス哲学の注釈者として活躍したイブン＝ルシュドである。ギリシア医学を土台にイブン＝シーナーが確立したアラビア医学は，南イタリアのサレルノ大学などで研究され，16世紀までヨーロッパ医学の主流となった。また，イブン＝ルシュドの注釈書は，13世紀前半にムワッヒド朝を破ってコルドバを占領したカスティリャの都トレドに持ち帰られてラテン語に翻訳された。イタリア＝ルネサンスの先駆者ダンテはイブン＝ルシュドを「最も優れたアリストテレス哲学の注釈者である」と評している。

一方，12～13世紀のシチリア島では，両シチリア王国の下，ノルマンとイスラームの融合が進められ，13世紀には神聖ローマ皇帝と両シチリア王を兼任したシュタウフェン朝のフリードリヒ2世がシチリア島のパレルモを拠点にアラビア語文献やビザンツ帝国からもたらされたギリシア語文献のラテン語訳を行った。その中にはイブン＝シーナーが著した『医学典範』や哲学書『治癒の書』も含まれていたであろう。このアラビア語にも堪能な皇帝フリードリヒ2世はナポリ大学を創立したが，そこで学んだドミニコ修道士の1人がトマス＝アクィナスである。

12～13世紀のヨーロッパでは三圃制の普及などによる農業生産力の向上に伴い，商工業が活性化し，十字軍やレコンキスタを機とするイスラーム勢力圏との接触により東方貿易も進展し，北イタリアやフランドルでは中世都市が繁栄期を迎えた。こうした中世都市の繁栄を基盤とした一連の文化動向を「12世紀ルネサンス」と呼ぶ。台頭する都市商人層に支えられてロマネスク・ゴシック美術が発達し，教会や修道院の付属学校「スコラ」から大学が誕生した。こうした大学などを舞台に「普遍が先(実在論)か，個物が先(唯名論)か」という普遍論争が展開された。アリストテレス哲学は中世前期のカトリック教会から危険視され，キリスト教文化圏では衰退を余儀なくされたが，イスラーム勢力圏でギリシア語からアラビア語に翻訳され，12世紀ルネサンス期のキリスト教文化圏とイスラーム文化との「接触と交流」を機に13世紀の「大翻訳」でラテン語に翻訳されてヨーロッパに「逆輸入」されたのである。13 世紀半ば，トマス＝アクィナスはイブン＝ルシュドのアリストテレス哲学注釈の強い影響を受けて『神学大全』を著し，「普遍は個物に内在する」としたアリストテレスの哲学を用いて実在論と唯名論を折衷し，ローマ教皇から「天使博士」と称賛された。アリストテレス哲学に象徴される「ギリシア→アラブ・イスラーム文化圏→中世ヨーロッパ文化圏」という流れは，論題である「イスラーム文化圏で育まれたものが他地域へ及ぼした影響」の具体的例として取り上げるべきであろう。

・インド・代数学からの類推

インドとイスラーム文化圏の接触は 8 世紀前半のウマイヤ朝によるパンジャーブ地方への侵入に始まる。かつて東大はガズナ朝・ゴール朝からデリー＝スルタン朝，ムガル朝にかけてのイスラーム勢力のインド侵入に伴うイスラームの普及と融合文化，例えば16 世紀のシク教の成立や混成言語ウルドゥー語について問う小論述を出題した。それに引きずられたのか，「13 世紀まで」という時代設定を無視した再現答案も多かったが，これは文字通り「論外」である。知識がなければどうにもならないが，インドからイスラーム文化圏に受容された最も大きな影響と言えば，やはり「数学」であろう。インドではすでにグプタ朝の時代に「ゼロ」の概念や「十進法」が生み出されていた。また私たちが現在，数学に用いている「アラビア数字」も，実はインドで生まれて「ゼロ」や「十進法」とともにイスラーム文化圏に受容されたもので，正確には「インド・アラビア数字」と呼んだ方がよいが，これがヨーロッパで「アラビア数字」と呼ばれる理由は，この数字をイスラーム文化圏から受容したからである。9 世紀に知恵の館(バイト＝アルヒクマ)で活躍したフワーリズミーはプトレマイオスの地理学を研究した地理学者であると同時に，二次方程式や三角法，積分法などの代数学や幾何学にも言及した数学書『アルジャブル(直訳「インドの数の計算法」「Algebra(代数学)」の語源)』を著した数学者でもあるが，彼の著作にすでにインド・アラビア数字と十進法による位取り記数法が用いられており，彼の名は「アルゴリズム(algorithm，筆算・コンピューターの計算法)」の語源にもなっている。イスラームの数学者としては，他に 9 ～10 世紀に三角法を発見し，『天文表』(後にラテン語訳)を著したバッターニーも有名である。こうして代数学はインドの数学を受容したイスラーム文化圏で発展し，ヨーロッパにもたらされたのである。ヨーロッパでは10 世紀の偉大な数学者でもあったローマ教皇シルウェステル 2 世によるアラビア数字の使用例が見られるが，アラビア数字が本格的に普及したのはやはり13 世紀からで，ピサ出身の商人レオナルド＝フィボナッチの『算盤の書』でアラビア数字が紹介されてからである。彼はイベリア半島に赴き，ムワッヒド朝との交易を通じてアラビア数字がローマ数字より計算に便利であることに気づき，アラビア数学をアラブ人から学ぶために東地中海世界を遍歴し，帰国後，上記の書を出版した。彼を保護したのは前述した神聖ローマ皇帝フリードリヒ2世である。勿論，レオナルド＝フィボナッチに関する知識は受験生の守備範囲外であり，「東方貿易を含むイスラーム商人との交易を通じて便利なアラビア数字が代数学や幾何学とともにヨーロッパに伝わり，大翻訳を通じてヨーロッパに普及した」という認識で十分であろう。

この他にもエジプトの錬金術の影響を受けてイスラーム文化圏で発達した化学(Chemistry)関係にもアラビア語起源の用語が多数，含まれる。イスラーム文化の高度な水準とヨーロッパに与えた影響の大きさを知ることができる。

【加点ポイント】

①イスラーム勢力の領土拡大への言及・ジハード・イスラーム商人の活動。

- **アッバース朝**

②タラス河畔の戦いで製紙法が伝来。

③製紙法がイスラーム文化の流布に貢献(サマルカンド・バグダード・カイロに製紙工場)。

④バグダード

⑤知恵の館(バイト＝アルヒクマ)

▲クルアーン(コーラン)・ウラマー・神学・哲学・歴史学・文学・固有の学問→加点せず。

⑥ギリシア語文献のアラビア語への翻訳　▲単なる「翻訳」は不可。

- **医学　流入したギリシア文化の具体例**

⑦**アリストテレス**哲学の流入。

⑧ヒポクラテスの**医学**。

⑨エウクレイデスの幾何学やプトレマイオスの天文学。

- **インド**

⑩グプタ数字・ゼロの概念の受容・十進法・**インド**数学が伝わる。

- **代数学**

⑪フワーリズミー(9世紀)　◎「アラビア数字・数学の西欧への伝播」でも可。

⑫エジプトの錬金術。

- **イスラーム文化の伝播**

⑬流入した諸文化がイスラーム文化圏で発展し，ヨーロッパへ伝播したことへの言及。

⑭ファーティマ朝のカイロ・アズハル学院での**アリストテレス**哲学研究。

⑮コルドバ・後ウマイヤ朝。

⑯12世紀ルネサンス　◎「西欧ルネサンスの基盤となった」という表現も可。

⑰十字軍・レコンキスタがイスラーム文化流入の契機となったことへの言及。

- **シチリア島**

⑱パレルモ・両シチリア王国が文化交流の拠点。　◎フリードリヒ２世の文化政策

- **トレド**

⑲カスティリャ

⑳アラビア語文献のラテン語への翻訳。　◎大翻訳時代　▲単なる「翻訳」は不可。

- **イブン＝シーナー**

㉑『**医学**典範』

㉒西洋**医学**への影響・サレルノ大学。

㉓治癒の書・**アリストテレス**哲学研究。

- **アリストテレス**

㉔イブン＝ルシュドの**アリストテレス**哲学研究。　◎ 著書『**医学**大全』への言及も可。

㉕トマス＝アクィナスのスコラ哲学・『神学大全』への影響。

- **ヨーロッパ以外への影響**

㉖暦学・ウマル(オマル)＝ハイヤーム・ジャラーリー暦

ペルシア語の叙情詩『ルバイヤート』

㉗郭守敬『授時暦』へのイスラーム暦の影響。

㉘７世紀以降のイスラーム文化圏と東アフリカ沿岸との交易によりアラビア語が伝播し，スワヒリ語が派生。

▲中国の三大発明→イスラーム経由→「ヨーロッパの三大改良」については，加点対象外とした。その根拠として，火薬・活版印刷については，西欧で独自に発達したとの説が有力。羅針盤については，中国で発明された「磁針」をイラン系商人が西アジア・ヨーロッパに伝え，イタリアで方位盤を組み合わせるなどの改良が行われてイスラーム圏に逆輸入された経緯があるため。

解答例

〔解答例①〕　イスラーム勢力は８世紀までにイベリア半島・北アフリカから中央アジア・**インド**まで勢力を拡大した。この結果**アッバース朝**ではタラス河畔の戦いを機に唐から製紙法が伝来し，イスラーム文化の流布に貢献した。バグダードの知恵の館を中心に**アリストテレス**哲学，ヒポクラテスの**医学**，エウクレイデスの幾何学，プトレマイオスの天文学などのギリシア文献がアラビア語に翻訳された。**インド**から受容した数字やゼロの概念を用いてフワーリズミーが発展させた

代数学は，エジプトから受容した錬金術とともにヨーロッパに伝わった。ウマル＝ハイヤームらが発展させた暦学は元代の郭守敬の授時暦に，中国絵画はミニアチュールに影響を与えた。カイロやコルドバで発達したイスラーム文化は，十字軍やレコンキスタなどキリスト教勢力との衝突を機に西欧に流入，**シチリア島**のパレルモやカスティリャの**トレド**などで**イブン＝シーナー**の『**医学**典範』やイブン＝ルシュドのアリストテレス哲学研究がラテン語に翻訳され，西洋医学やトマス＝アクィナスのスコラ哲学確立に影響を与えた。言語面ではジハードやイスラーム商人の活動に伴い，アラビア語が各地に伝播し，東アフリカ沿岸では混成言語スワヒリ語が派生した。

(510字)

〔解答例②〕　**★文化史の業績を中心にまとめた答案**

ササン朝ペルシアの征服でイラン文化を継承し，フィルドゥシーの『シャー＝ナーメ』，オマル＝ハイヤームの『ルバイヤート』などペルシア語文学を生み出した。マムルーク朝時代には各地の説話が『千夜一夜物語』にまとめられた。一方，ビザンツ帝国領の征服，ネストリウス派の亡命受け入れにより，エウクレイデスの幾何学，ヒポクラテスの**医学**，プトレマイオスの天文学，**アリストテレス**の哲学などのギリシア文化も流入。**アッバース朝**の首都バグダードの知恵の館では，ギリシア語文献のアラビア語への翻訳が行われた。**インド**からは数字やゼロの観念も含めた数学が流入し，これらは外来の学問として，神学・歴史など固有の学問とともにマドラサで教授された。レコンキスタや十字軍を機に，**シチリア島**のパレルモや，イベリア半島の**トレド**でアラビア語文献がラテン語に翻訳されて西欧に伝わり，12世紀ルネサンスを生んだ。イブン＝ルシュドの**アリストテレス**注釈はトマス＝アクィナスの『神学大全』に影響を与え，**イブン＝シーナー**の『**医学**典範』はサレルノ大学で教授された。フワーリズミーの**代数学**は西欧数学を発展させた。また，イスラーム天文学は元朝に伝わり，郭守敬の『授時暦』に影響を与えた。

(510字)

第2問　帝国の盛衰と内外の諸関係

解説

「帝国の盛衰と内外の諸関係」という大きなテーマで，古代ローマ，中華帝国(明・清)，19世紀のアメリカ合衆国を取り上げている。この場合の「帝国」とは，「皇帝が治める国」という意味ではなく，「世界システムの中心国家として，多くの従属国を従えている国」という意味だ。よってローマ共和国やアメリカ合衆国も「帝国」となる。

問(1)

(a)　ローマの都市生活を支えた公共事業について説明する（2行)。

道路，水道，円形闘技場（パンと見世物）などがキーワードだ。これを単純につなげただけでは，字数が全然足りない。具体例を書くのも一つの方法だろう。道路，水道…と事例を列挙しただけではもの足りないので，政治的背景やそれぞれの建築物の役割を書き加えると後の解答例のようになる。

【加点ポイント】　① **皇帝や有力者が，市民の支持を得る**ためインフラを整備した。
② パンと見世物・**フォルム・水道施設・公衆浴場・道路網**の整備。
③ **道路**(アッピア街道)・**水道**(ガール水道橋)などライフラインの整備
④ **フォルム・闘技場**(コロッセウム)・公衆浴場・凱旋門など政治・娯楽施設の建設

駿台の東大受験生に再現してもらった答案では具体例を列挙したものが多く，公共施設の政治的な役割に触れたものはほとんどなかった。

「すべての道はローマに通ず」ということわざ通り，ローマ市を中心に放射状に道路が建設された。その目的は第一に軍事であり，イタリア半島各地にローマ軍を急行させることができた。アッピア街道は共和政時代の執政官アッピウスが建設した最も名高い街道である。ローマからまっすぐ南東へ延び，ブルンディシウム(現ブリンディシ)という港町まで続く。ここからギリシア方面へ向かう船が出る。

フォルムは民会・市場としても機能した広場。ギリシアのアゴラと同じで，英語の「フォーラム forum」の語源だ。ローマ市の中心にほぼ完全な形で残っている。公衆浴場は歴代皇帝が建設しているが，カラカラ帝のものが最も保存状態が良い。円形競技場(闘技場)も各都市にあり，剣闘士の試合のほか，政治集会にも使われた。ローマ市の円形競技場のことを，コロッセウムという。5万人を収容した最大級のもので，ネロ帝暗殺後の内乱を平定したティトゥス帝が，ネロ帝の宮殿跡にオープンした。オープン記念に催された剣闘士の試合は100日間におよんだ。今でもほぼ完全な形で残っていて，その巨大さと美しさは見る者を圧倒する。

なお，社会的経済基盤を指すインフラ(infrastructure)という言葉は，道路や水道のほか，公園や住宅も含む。浴場や競技場は当然含まれる。

平民派・閥族派を問わず，有力政治家や軍人たちは，常に民衆の支持を必要とした。内乱の時代でさえ，すべての官職は選挙で選ばれ，候補者は民衆に投票の見返りを約束した。それは敵から奪った土地や財宝であり，道路・水道などの公共建築であり，剣闘士の試合であり，無産市民に対する穀物の配給だった(パンと見世物)。

政治家が地元の選挙民に道路や橋の建設を約束するのは，現代の日本と同じなのでわかりやすい。国土交通大臣にあたる按察官(あんさつ)(アエディリス)という官職がある。道路の補修，上下水道の管理，剣闘士の試合などを担当するため，ローマ市民と直接触れ合って要望を聞き，名を売ることができた。按察官→法務官(プラエトル)→執政官(コンスル)，と昇進するのがローマの若手政治家の出世コースであった。あのカエサルも按察官として派手な公共事業を行い，市民からの人気を不動のものとした。また，選挙の際には票の買収も公然と行われた。カエサルは，大富豪(ローマでは，騎士階級と呼ばれた)クラッススからの借財でこれをまかなった。のち，クラッススが第1回三頭政治に加わったのには，こういう背景があった。

ローマ人が公共建築に優れていたことは教科書にも書いてある。ローマの公衆浴場の建築技師を主人公にした『テルマエ・ロマエ』もヒットした。それでは，なぜローマ人がそこまで公共建築にこだわったのか。それは彼らの政治体制がそうさせたのだ。

(b)　「ローマ市民権の拡大を説明せよ」(２行)という問題。

キーワードは「同盟市」,「属州」,「カラカラ帝」となるだろう。カラカラ帝の勅令でローマ市民権を得たのはもちろん自由民のみで，奴隷は除外される。このことにも触れておこう。同盟市戦争以前のイタリアの分割統治に言及すれば解答例のようになる。

【加点ポイント】　① **分割統治**で**植民市・自治市**に市民権（の一部)。
② **同盟市戦争**を機に**全イタリア**に市民権。
③ カエサルのガリア遠征以後，元首政期に**属州民の兵士**に拡大。
④ **カラカラ帝の勅令**(**アントニヌス勅令**)で**帝国全土の自由民**に拡大。

再現答案では，同盟市戦争とカラカラ帝の勅令についてはほぼ全員が書けていた。しかし，あと１ポイントが書けなくて苦しんだようだ。

ローマははじめから多民族国家だった。テヴェレ(ティベル)川を境にして東に印欧系のラテン人，西に系統不明のエトルリア人の居住地が広がっていた。両者の交易の場に築かれたのがローマという都市であり，高度な文明を持ち，建築技術に優れたエトルリア人の王が，ラテン人を支配していたが，ラテン人が結束してエトルリア人の王を追放し，共和政ローマが成立した(前509)。彼らはアテネの国家体制をモデルとし，重装歩兵として従軍する市民で構成する民会が執政官(コンスル)を選出した。執政官をはじめとする官職の経験者は，退任後に貴族会議(元老院)のメンバーになった。この元老院が，共和政ローマの最高立法機関となる。

この間，ローマはイタリア半島を統一していくが，そのやり方は力づくではなく，敵対者と妥協し，見返りを与えるものだった。服属した諸都市に対して，兵役義務を負わせる代わりにローマ市民権を付与し，同盟関係を結んでいった。また，各都市がローマと結んだ条約の内容は一様ではなく，彼らが「反ローマ」で結束することを防いだ。これを分割統治という。

・植民市…ローマ市民が移住して建設。完全なローマ市民権を付与。
・自治市…ローマに服属した非ラテン人の都市(エトルリア人など)。
　　参政権を除くローマ市民権(民法上の権利)を付与。
　　★軍事・裁判を司る権利はない。
・同盟市…ローマに最後まで抵抗した南イタリアのギリシア人都市。
　　ローマ市民権を与えず，兵役を課した。

いずれにせよ，市民権のディスカウント(大安売り)がローマの特徴であり，都市国家ローマが地中海全体を統合する大帝国に成長した秘密はここにある。最後まで血統を重視し，外国人参政権を認めなかったアテネとの大きな違いだ。

参政権ははじめ貴族が独占したが，長い身分闘争を経て平民が徐々に参政権を拡大し，ホルテンシウス法で平民会の決議が国法と認められ，貴族と平民との法的差別はなくなった。しかし，元老院は廃止されずに存続し，元老院と平民会は法的に対等だったため，両者が矛盾する立法を行うことになった。グラックスの土地改革法案を巡る両者の対立が，ローマ市民を二分する閥族派と平民派との内戦を引き起こした。混乱の中で，マリウス，カエサルら平民派の軍人たちが台頭し，元老院の力は衰えていった。カエサル暗殺後，内乱に勝利したオクタウィアヌスは元老院と和解し，アウグストゥス(事実上の初代ローマ皇帝)として元老院から承認された。

ローマは，ポエニ戦争以降の新しい領土である属州にはローマ市民権を付与しなかった。同盟市と違って属州住民は重税を課されたが，市民権がないので兵役を免除された。しかし前1世紀の内乱の際に，有力政治家は属州を拡大して自らの財源にするとともに，属州民を傭兵として軍団に採用し，その見返りに属州兵が退役するとローマ市民権を付与した。このしくみはカエサルがガリア遠征のときに導入し，オクタウィアヌスが帝国全土でシステム化した。従って，カラカラ帝の勅令以前に，ローマ市民権を持つ属州民はどんどん増えていたわけだ。

カラカラ帝の一族(セウェルス家)は，北アフリカ・リビアのフェニキア人(カルタゴ人)の有力者で，早くからローマ市民権を付与されていた。父のセウェルスは五賢帝最後のマルクス＝アウレリウス帝の下で重用され，属州総督に任じられた。マルクス帝の死後，息子のコンモドゥスが暴君と化したため各地の属州軍団が司令官を皇帝として擁立した。最終的にセウェルスが勝利し，ローマを占領して元老院から皇帝として承認された。元老院や民会ではなく軍隊を基盤に権力を握ったため，セウェルスは最初の軍人皇帝とも呼ばれる。

息子のカラカラは先代のマルクス帝と養子縁組してマルクス帝と同じ名前(マルクス＝アウレリウス＝アントニヌス)を名乗った。紛らわしいので「カラカラ」(彼が愛用した「ガリア風のコート」の意味)というニックネームで呼ばれるようになった。

212年のカラカラ帝の勅令(アントニヌス勅令)は，属州民の徴兵を容易にするというメリットの反面，属州民だけに課していた属州税の徴税ができなくなり，中央政府の財政難を引き起こした。また，セウェルス朝の軍隊優遇政策は属州軍団をますます増長させ，同朝の断絶とともに各属州軍団が勝手に皇帝を選出する軍人皇帝時代(235～284)の混乱を招いた。

こうして，元老院と民会が皇帝を選出，承認するという元首政(プリンキパトゥス)のシステムは完全に崩壊し，ディオクレティアヌス帝以後，軍団に擁立された皇帝が，元老院を完全に無視して専制的に統治する専制君主政(ドミナートゥス)へと移行し，ローマ市民の参政権も有名無実化していった。

問(2)　「明から清の前期（17世紀末まで）にかけて，対外貿易と朝貢との関係がどのように変化したかについて，海禁政策に着目しながら説明せよ」（4行）という問題。

「いったい何を聞きたいのか？」と感じた受験生が多かっただろう。内容を整理してみよう。

1．「明から清の前期(17世紀末まで)」という時代設定は明確だ。

2．「対外貿易と朝貢との関係」。朝貢は貿易の一形態であるから，前半の「対外貿易」は「朝貢以外の貿易」と解釈する。「朝貢以外の貿易」には，

　a．朝貢使節に随行する商人が行う合法的な民間貿易。

　b．朝貢使節とは無関係に行われる違法な民間貿易(密貿易)。

があり，bの密貿易を禁止するのが海禁政策だ。そこで，

3．「海禁政策に着目する」

という部分が生きてくるわけだが，高等学校の世界史教科書では，aとbの区別を明確に説明していない。だから受験生は混乱する。

教科書レベルの情報でこの設問に立ち向かうには，明・清の単元で貿易，朝貢，海

禁にかかわる情報を列挙していくのが手っ取り早い。

- 明の洪武帝が，海禁政策により民間貿易を禁じた。
- 明の永楽帝が，鄭和に命じて南海諸国に朝貢を促した。
- 日本の足利義満が明に朝貢した。
- 倭寇(後期倭寇)の密貿易により，明の海禁が緩んだ。
- 鄭氏(鄭成功)が清に抵抗して台湾を拠点にした。
- 清の康熙帝が台湾平定のため海禁を強化した(遷界令)。
- 台湾平定後，海禁を解除した。

これだけの内容を，4行(120字)でまとめてみる。

【加点ポイント】 ① **明（の洪武帝）**が，**朝貢貿易のみを認める海禁**を実施。
② 永楽帝が鄭和を派遣し，南海諸国の朝貢を促進。
③ **日明貿易**(日本との**勘合貿易**)。
④ **(後期)倭寇**の激化により，**海禁を緩和**。
⑤ この結果，**民間貿易が増大**。**鄭成功などの貿易商人**が出現。
⑥ **清の康熙帝**が**海禁を強化**(**遷界令**)し，**鄭氏台湾**に対抗。
⑦ 鄭氏台湾の降伏後，康熙帝は**海禁を緩和**。

▲時代指定が「17世紀末まで」なので，乾隆帝の海禁については加点しない。

再現答案では，海禁の意味，鄭和の南海遠征，後期倭寇による海禁緩和については比較的よく書けていたが，日明貿易，鄭氏台湾について言及しないもの，乾隆帝の海禁まで書いてしまったものが少なくなかった。

朝貢は，帝国が周辺諸国に対して貢物(みつぎもの)を献上させること。アケメネス朝ペルシアのダレイオス1世が建造したペルセポリスの壁面には，ペルシアに朝貢する諸民族の浮き彫りがある。ローマのカエサルが，ガリア遠征の一環としてブリタニア(イギリス)に出兵したとき，ケルト人(ブリトン人)の諸部族に人質と貢物をローマに贈ることを認めさせた。漢の劉邦は，白登山の戦いで匈奴の冒頓単于に敗れ，匈奴に対する貢物を約束した。このように弱者が勝者に対して貢物を差し出し，安全を保障してもらうという習慣は世界中にある。カネで平和を買うわけだ。

朝貢システムを世界で最も発達させたのは中華帝国だろう。それは儒学の徳治思想と関係がある。宇宙の最高神である「天」が有徳者に天命を下し，天子として地上を統治させる。天子＝皇帝は地上で最も徳高き人間であるから，世界中の人々がこの徳を慕って朝貢に来る「はず」である。

逆にいえば，朝貢使節が多ければ多いほど，皇帝の徳の高さが証明されることになる。それでは，どうすれば朝貢使節が集まってくるか？　皇帝の側が，たっぷりお返しをすればいいのだ。皇帝からの返礼を回賜(かいし)といい，中国の特産品(絹織物や陶磁器)という形で，あるいは権威の付与という形で行われた。

権威の付与というのは，中華帝国の官位(官僚や軍人の地位)を与えることだ。これを冊封(さくほう)という。周王が一族・功臣を諸侯として封じた封建制度を外国との関係にも適用したのがこのシステムだ。周辺諸民族の首長にとって中華帝国の官位を得るのはたいへん名誉なことであり，自らの権威付けにも役立った。官位とともに元号と暦も授与された。冊封が確認できるのは漢代からで，前漢は衛氏朝鮮の首長を「朝鮮王」として冊封し，後漢は北九州の一首長を「倭奴国王」として冊封した。三国・魏は邪馬台国の首長を「親魏倭王」として冊封し，南朝はヤマト政権の首長(のちの天皇家)を「安東大将軍・倭王」として冊封した。朝鮮半島の諸王朝は，すべて冊封を受けている(地続きなので，冊封を拒否すると侵略の口実にされる)。なお，白村江の戦い(663)で唐に大敗した倭国は唐から臣下として冊封されることを嫌い，遣唐使は朝貢のみを行った。

朝貢・冊封システムは，中華皇帝の権威を高めるという政治的動機からはじまったものなので，経済的得失は度外視された。皇帝は朝貢を促すため，献上された貢物の数倍の回賜(かいし)を授与したので，経済的に儲かるのは周辺民族のほうだった。頭を下げればカネになるという仕組みだ。中国側からみれば朝貢国が増えれば増えるほど出費が増えていくので，朝貢の回数や船の数，入港場所などを細かく制限するようになった。

一方，唐の中期から宋にかけての中国経済の急成長により，朝貢以外の民間貿易も増大した。このような自然発生的な民間貿易のことを互市(ごし)という(海上貿易の場合は市舶(しはく)ともいう)。唐代にムスリム商人(大食／タージー)が来航して貿易を求めたため，玄宗は広州に貿易管理の役所として市舶司を置いた。宋代になると，市舶司は広州のほか，泉州・明州(めいしゅう)(寧波(ニンポー))・杭州などに置かれた。明州(寧波)は日本・高麗との交易で栄え，鎌倉仏教の僧侶たちが宋に留学するときは，博多から明州に渡った。大運河によって内陸とも結ばれた杭州は，のちに南宋が都を置いて臨安と呼ばれた。ムスリム商人が多く住んだ泉州は，色目人を優遇した元朝の下で繁栄を極め，マルコ＝ポーロはここを「世界最大の港ザイトン」と記録した。

元末，紅巾の乱が起こると江南に群雄が割拠したが，海上貿易で勢力を蓄えた者も多かった。これらの群雄を平定して明を建国したのが，洪武帝(朱元璋)だ。彼は，自らの権力基盤を固める必要から，また朱子学的な農業中心思想(農本主義)の立場から，自由な民間貿易(互市・市舶)を禁止した。これが海禁のはじまりである。海禁とは「通蕃下海の禁」の略で，「民間人が外国人(蕃)と勝手に貿易することを禁止する」という意味だ。これを徹底するため，「寸板も下海を許さず」と中国人の海外渡航をも厳禁した。

洪武帝に仕えた胡惟庸(こいよう)は中書省の長官(宰相)として権勢をふるい，皇帝権力を脅かした。このため洪武帝から疑われ，逮捕，処刑された。この事件(胡惟庸の獄 1380)は連座して処刑された者が1万5千人という大粛清事件に発展し，中書省(宰相)の廃止につながった。胡惟庸の罪状は，占城(チャンパー)からの朝貢使節の到着を洪武帝に報告しなかったこと，日本から密かに軍事援助を得ようとしたこと，であった。敵対勢力が外国と内通して謀反を起こすことを洪武帝が極度に恐れていたことが，この事例からもわかるだろう。

遣唐使の廃止以来，公式には途絶えていた日本との関係は，神戸港の前身である大輪田泊を修築した平清盛が，日宋貿易に参入したことで再開された。なお，清盛は朝貢したのみで，冊封は受けていない。鎌倉時代にも民間貿易として日宋貿易は続き，博多や堺を拠点に日本から銀や銅を輸出して大量の銅銭(宋銭)を輸入した。多くの禅僧がこのルートで宋と往来した。しかしモンゴル帝国の南宋攻略と日本遠征(元寇)により，日宋貿易は途絶した。

さて，元寇のあと前期倭寇が出現する。対馬・壱岐・五島列島・済州島を中心に西日本の沿岸を拠点とする武装海上集団で，これに鎌倉幕府の弱体化に乗じて統制を失った「悪党」と呼ばれる武士たちが合流したらしい。高麗や山東半島の沿岸部を襲撃し，交易や略奪を行った。高麗では李成桂が倭寇を鎮圧し，やがて高麗を倒して朝鮮を建国した。元では，紅巾の乱で江南が無政府状態となり，倭寇と結んで日本と貿易を行う地方勢力も出現したことはすでに説明した。

明の洪武帝は海禁令を出すと同時に，日本に倭寇禁圧と朝貢を要求した。日本では鎌倉幕府の崩壊後，後醍醐天皇の南朝と，足利家が擁立した北朝との内戦が続いていたが，北九州の太宰府を拠点とした懐良親王(後醍醐天皇の皇子)が明に朝貢し，「日本国王良懐」として冊封を受けた(『明史』は懐良親王を「良懐」と誤記している)。これに対抗して足利義満も明に朝貢し，２代建文帝から「日本国王臣源」として冊封された。日本からの朝貢は永楽帝以後本格化し，嘉靖帝に至るまで20回以上におよんだ。

博多あるいは堺を出港した遣明船は，東シナ海を横断して明州(寧波)に入港し，市舶司で入国審査を受ける。このときにパスポートとして使われるのが勘合だ。左半分を市舶司が保管し，右半分を日本側に発給してある。両者がぴったり合えば入国許可。合わなければ密入国者として国外退去処分となる。だから日明貿易を勘合貿易ともいうのだが，明は東南アジア諸国にも勘合を発給している。

入国を許可された朝貢使節団は市舶司で歓迎の宴を受けたあと，大運河を通って北京へ向かう。北京でも連日の接待を受けたあと，紫禁城に参内して三跪九叩頭の礼を行い，皇帝に日本からの朝貢品を献上する。硫黄・銅などの鉱産物，刀剣・漆器などの工芸品が喜ばれた。皇帝からの回賜としては，銅銭・絹織物・生糸が与えられた。

明への朝貢は室町幕府に莫大な富をもたらし，京都の金閣に代表される北山文化が花開いた。また，明の銅銭(永楽通宝)が大量に日本へ持ち込まれ，江戸時代まで流通した。以上は，公式の朝貢貿易の話である。

実は朝貢使節団には博多や堺の商人たちが随行し，中国商人との交易が許された。日本の銅は銀を含むため，中国商人はこれを高値で買い求めた。逆に中国の絹織物は日本では高値で売れるため，日本商人が競って買い求めた。こうして非公式の貿易がどんどん拡大することになった。

公式の朝貢貿易は明朝の財政負担が大きすぎるため，日明貿易も10年に1回と制限された。しかしこれでは随行商人の利益が上がらない。そこで朝貢とは無関係に，非合法の貿易も行われた。寧波の市舶司を通らずに，浙江省・福建省のリアス式海岸を利用してこっそり行われる密貿易だ。こうして政治の論理(朝貢)を，経済の論理(自由貿易)が飲み込んでいく。密貿易商人は地方有力者(郷紳)とも結びつき，明朝の地方官憲は見て見ぬふりをした。日本との密貿易は地元に富をもたらすからだ。中国では法より政治権力者への賄賂が力を持つ。これは今も昔も変わらない。

日本側にも問題があった。室町幕府は応仁の乱(1467～77)で有名無実化し，有力大名の細川氏と大内氏が実権を握った。細川氏は堺の商人と，大内氏は博多の商人と結びついていた。彼らは幕府が保管する勘合を勝手に持ち出しては朝貢を行い，その利益を自分の懐に入れようとした。敵対する両氏が同時に送った2隻の朝貢船が寧波で鉢合わせをしてしまい，武力衝突するという珍事も起こった(1523　寧波の乱)。この事件で勝利した大内氏は，やがて毛利氏に滅ぼされてしまい，日本からの朝貢は断絶する。

日本は戦国時代に突入し，各地の大名(諸侯)が鉱山開発を進めた結果，石見(いわみ)銀山などの開発が進んだ。安価な日本銀を求めて東シナ海の密貿易はますます盛んになり，浙江・福建の中国商人，日本商人のほか，ポルトガル商人がこれに加わった。さらに室町幕府の統制を離れた日本の武士団がこれに加わり，無国籍の海上武装集団を形成した。これを後期倭寇という。

浙江省の舟山(しゅうざん)諸島や，福建省の廈門(アモイ)周辺が後期倭寇の本拠地となった。明朝(嘉靖(かせい)帝)はようやく取り締まりに乗り出し，軍を派遣して舟山諸島の本拠地を襲撃したが，倭寇の主力部隊は海上へ逃れ，日本の五島列島や平戸に本拠地を移した。以後，毎年のように倭寇が明の沿岸を襲撃するようになった(1553～　嘉靖の大倭寇)。後期倭寇の首領であった王直という人物は，ポルトガル人から鉄砲を輸入する武器商人でもあった。ポルトガル人2名と中国人1名(王直本人という説もある)が乗ったジャンク船が日本の種子島に来航して鉄砲を伝えたのは1543年，嘉靖の大倭寇がはじまる10年前のことだ。鉄砲を売り込み，日本銀を得ようとしたのだろう。

北方では，モンゴル系タタール部が北京を脅かしていた。「北虜南倭」に苦しむ明朝は，海禁の緩和によって倭寇を手なずける方針に大転換した。ポルトガル人に対してはマカオ居住と交易を認め(1557)，東南アジア諸国との民間貿易も許容した。中国商人の東南アジア移住も本格化し，アユタヤ，マニラ，マラッカなどには華人街が出現した。

この時代，スペインのフィリピン征服，日本(豊臣秀吉)の朝鮮出兵，オランダの台湾占領など東アジア・東南アジア情勢は激変し，朝貢貿易に代わって自由な貿易が主流となった。日本銀やメキシコ銀が明朝に流れ込み，江浙地方では輸出用の絹織物・綿織物が大量生産された。明朝は銀の流通を前提とした新しい税制―― 一条鞭法を実施した。

秀吉の朝鮮出兵以来，明と日本との国交は断絶した。日本では関ヶ原の戦い(1600)で豊臣家を破り，江戸幕府を樹立した徳川家康が，貿易の国家統制を強め，民間の貿易船に朱印状(貿易許可証)を発給した。朱印船は東南アジアに渡航し，華僑と取引して中国の物産を入手した。こうすれば，明に朝貢する必要がなくなる。3代将軍家光は，幕府直轄地の長崎だけに貿易を制限し，ポルトガル人を追放して，オランダ人と中国人だけに貿易を許可した。これが鎖国令(1639)だ。なお，当時のポルトガルはスペインと同君連合であり，フィリピンを植民地化したスペインに対する対抗措置でもあった。

17世紀初頭，東シナ海の貿易を制したのは鄭芝竜という福建人だ。彼は1000隻の大船団を所有する武装商人(海商)で，実態は倭寇と変わらない。日本の平戸にも屋敷があり，日本人妻との間に男子が生まれた。鄭成功である。明朝は鄭芝竜を懐柔するため官位を授け，忠誠を誓わせた。1644年，清朝が北京に入城。鄭芝竜は明の皇子を擁して清朝に抵抗したが，清朝の奸計により処刑され，日本人妻は自殺した。息子の鄭成功は「反清復明」を掲げて清朝から独立した。王直ら後期倭寇の流れを汲む東シナ海の武装商人団が，ついに独立国を樹立したわけだ。鄭氏の経済基盤は日本との中継貿易であり，日本の長崎に入港した「中国船」には，鄭氏が派遣した船が多数紛れ込んでいた。

しかしこの「東シナ海の自由」にも，終わりがやってくる。清朝第4代康熙帝が即位し，遷界令を発布した(1661)。浙江・福建・広東の沿岸住民を20キロ内陸へ移住させるという徹底的な海禁令であり，鄭氏に対する「大陸封鎖令」であった。鄭成功は艦隊とともに台湾へ逃れ，オランダ人を排除して鄭氏台湾を建てたが，翌年マラリアで急死した。鄭成功は日本へも援軍派遣を求めたが，鎖国に入った徳川家は応じなかった。鄭氏一族は，呉三桂らの三藩の乱と結んで清に抵抗したが，20年後に清に屈服した。鄭成功の活躍をテーマにした近松門左衛門の人形浄瑠璃『国性爺合戦（こくせんやかっせん）』は大坂(現・大阪)で大ヒットし，彼の存在は日本の庶民にも知れ渡った。国性爺(こくせんや)とは正しくは「国姓爺」と表記する。明の皇族から「朱」姓(明朝の皇帝の姓＝国姓)を賜った鄭成功に対する敬称である。

鄭氏を倒した康熙帝は遷界令を解除して民間貿易を許可し(展海令　1684)，広州・漳州(しょうしゅう)(厦門(アモイ)の近く)・寧波・上海の4港に海関を設置した。関税の徴収は各港の商人組合(公行)に代行させた。海関と市舶司は実質的には同じもので，民間貿易は認めるが国家が管理するというスタイルだ。ところが工業地帯の江浙地方に近い寧波が発展する一方，広州は廃れた。広州商人からの訴えにより，また貿易の国家統制を強めるため，乾隆帝は貿易港を広州一港に限定した(1757)。これが最後の海禁令となる。

アヘン戦争後の南京条約(1842)で，広州・厦門・福州・寧波・上海が自由貿易港として開かれ，明初以来の海禁政策は終わる。中国人の海外渡航は康熙帝末期(1717)に再禁止されていたが，アロー戦争(第2次アヘン戦争)後の北京条約で解除された。東シナ海は再び自由の海となるが，そこを席巻したのはマンチェスターから綿布を運ぶイギリス船だった。

問(3)

(a)　モンロー宣言の内容を説明する問題（2行)。

私大入試でもよく出題される定番なので，きっちりまとめよう。キーワードは「相互不干渉」，「ラテンアメリカ（中南米)」，「神聖同盟」，「孤立主義」だろう。

【加点ポイント】　① **南北アメリカ諸国とヨーロッパ(神聖同盟加盟)諸国の相互不干渉**を提唱。

② **ラテンアメリカ(中南米)諸国の独立を支持**。

③ **神聖同盟**(**メッテルニヒ**)の干渉に反対。

④ アラスカを領有する**ロシアの南下を牽制**。

⑤ ラテンアメリカの**市場化を図るイギリスを牽制**。

⑥ モンローが**合衆国大統領**であること。

⑦ **孤立主義外交**の確立。

再現答案では，「相互不干渉」，「ラテンアメリカ(中南米)の独立支持」，「孤立主義」は比較的よく書けていたが，あと1ポイントが足りない答案が多かった。

「モンロー宣言」と呼ばれている文書は，5代大統領モンローが1823年12月に議会へ送った一般教書演説の一部だ。合衆国憲法は完全な三権分立を定めているので，議会は行政に関与できない。その代わりに，行政府の首長である大統領を議会に招いて，一年間の施政方針報告を行わせる。これが一般教書演説State of the Union Address(直訳すれば，「国家の現状に関する演説」)という。今日の日本でいえば，総理大臣の施政方針演説に近い。モンローはいう。

> 南北アメリカ大陸は，自由と独立の地位を獲得し維持してきたのであるから，今後，いかなるヨーロッパの列強による植民地化の対象ともならないと主張するのが，この際妥当であると判断した。…
>
> 神聖同盟列強の政治制度は，本質的にアメリカのそれとは異なっている。…ヨーロッパ列強がこの制度をこの半球(西半球＝アメリカ大陸)の何処かに拡大しようとする試みはすべて，われわれの平和と安全にとっての危険であるとみなすと言明することは，われわれの義務である。
>
> (歴史学研究会編『世界史史料７』)

<1830年の北米>

ナポレオン戦争が終結して８年。ヨーロッパはウィーン体制の下，神聖同盟が成立し，フランス革命以前に時計の針を戻す正統主義の原則を掲げていた。一方，アメリカ大陸では，ナポレオン戦争の混乱に乗じて400年続いたスペイン・ポルトガルの植民地支配からの独立が相次いでいた。神聖同盟諸国はラテンアメリカ諸国の再植民地化を画策して出兵準備を進めた。その中心となったのはロシアだった。ロシア領アラスカから太平洋岸に軍隊を南下させればメキシコ領カリフォルニアに到達する。オホーツク海からカリフォルニアにいたる北太平洋沿岸がすべてロシア領となり，アメリカ合衆国も，カナダを領有するイギリスも，太平洋への出口を失う。このため米・英は，ラテンアメリカ諸国独立を支持し，神聖同盟諸国の干渉を牽制する必要に迫ら

れた。モンロー宣言が出されたあと，イギリスのカニング外相が同様の声明を出している(イギリスははじめから神聖同盟に加入していない)。

アメリカは，(将来のカリフォルニア併合も視野に入れた)西部開拓を，欧州列強(特にロシア)に邪魔させないようにするのがこの宣言の目的であった。一方イギリスは，中南米独立によりこの地域をスペインの保護貿易主義から開放し，英国製品の市場にするのが目的だった。当時のアメリカは基本的に農業国であり，同じ農業国のラテンアメリカ諸国とは競合関係にあった。「米国が，ラテンアメリカ諸国を市場にしようとした」というのは，南北戦争後の説明としては正しいが，モンロー宣言の背景としては誤りとなる。あくまでも西部開拓でフリーハンドを維持することが目的だった。

(b)　米西戦争(アメリカ=スペイン戦争)以後のアメリカの対中国政策について説明する(3行)。

まずは，時系列で追っていこう。主語はすべて「アメリカは」である。

1．米西戦争の結果，フィリピンを領有した。
2．フィリピン制圧のため，日清戦争後の中国分割に乗り遅れた。
3．国務長官ジョン＝ヘイが，門戸開放宣言を発して中国分割を牽制した。
4．T.ローズヴェルト政権が，日露戦争の講和を仲介した(ポーツマス条約)。
5．石井・ランシング協定で，日本の二十一カ条要求を容認した。
6．ワシントン会議(九カ国条約)で，中国の門戸開放を実現した。
7．この結果，日本は二十一カ条要求を撤回した。
8．上海クーデタ後，蔣介石の南京国民政府を承認した。
9．日中戦争では重慶国民政府に軍事援助を与えた。

これらすべての動きは，たった一つの目的――アメリカ製品の中国市場参入のためである。このことにも必ず言及しよう。時代設定の下限がないので，制限字数の範囲で「書けるところまで」となる。解答例はワシントン会議まで含めたものと2パターン掲載した。

【加点ポイント】　① **米のフィリピン領有**。
② 共和党**マッキンリー政権**。
③ 国務長官**ジョン＝ヘイ**。
④ **門戸開放宣言／門戸開放**・機会均等・主権尊重・領土保全
⑤ 列強の**中国分割に反対**。
⑥ 米国製品の**中国市場参入**を図る。
⑦ **義和団事件に際し，8カ国連合軍**に参加。
⑧ **T.ローズヴェルト**が**日露戦争の講和**(**ポーツマス条約**)**を仲介**。

⑨ **満州の鉄道利権**を巡って**日本と対立**。日本の中国進出を抑制。

⑩ **石井・ランシング協定**で**日本の「対華二十一カ条要求」を容認**。

⑪ **ワシントン会議**(**九カ国条約**)で門戸開放(勢力圏の禁止)を実現。

再現答案では,「ジョン＝ヘイ」,「門戸開放宣言」,「中国市場参入」についてはよく書けていた。時代設定の下限がないので，さまざまな書き方ができる。答案も多種多様で，ワシントン会議(九カ国条約)にまで言及したものもあった。

19世紀，各国はその経済発展の段階と地理的条件により，独自の外交政策を追求してきた。イギリス外交の原則はインド・中国の市場開放とインド＝ルートの確保である。ロシア外交の原則は南下政策による不凍港の確保である。それではアメリカ外交の原則は何か？　孤立主義(モンロー主義)である。しかしこの言葉ほど，誤解を受けやすいものはない。

孤立主義 Isolationism は,「ヨーロッパ列強からの干渉を拒否し，ヨーロッパの紛争にも干渉しない」という意味であって,「引きこもり」ではない。アメリカは独自の国益を追求するために，ラテンアメリカやアジアの問題には積極的に介入する。従って，米西戦争以後のカリブ海諸国に対する帝国主義外交(棍棒外交)と孤立主義とはまったく矛盾しない。「中東やアフリカをヨーロッパ列強が支配することに異論はないが，ラテンアメリカはアメリカに支配させろ」，という意味になる。

それでは中国はどうか。当時すでに世界最大の人口を擁していた清朝は，製品市場として無限の可能性を持っていた。中国市場に最初に目をつけたのはイギリスであり，アヘン戦争・アロー戦争で開国させ，中国の少なくとも沿岸部はイギリス製品の市場となっていた。アメリカはアヘン戦争に乗じて清朝と望厦条約(1844)を結び，中国市場参入の足掛かりを得ていた。しかし当時のアメリカ製品は，イギリス製品と競合しては勝ち目がなかった。

日清戦争以後，事態はさらに深刻化する。ロシア，フランス，ドイツ，日本，そしてイギリスまでもが，中国に勢力圏を設定したからだ。アヘン戦争以来，自由市場だった中国は，閉鎖的な半植民地へ転落していった。「中国のドアは閉められた」のだ。アメリカは米西戦争でスペインから獲得したフィリピンの独立運動鎮圧に手こずり，中国市場への進出が遅れていた。このため，マッキンリー政権の国務長官だったジョン＝ヘイが，中国に関する門戸開放宣言 Open Door Notes を二度にわたり，列強政府に送付したのである(1899・1900)。国務長官は外交担当の国務大臣で，行政府におけるその地位は大統領・副大統領に継ぐNo.3である。内容を見てみよう。

> わが国はいかなる紛争原因をも取り除くと同時に，中国におけるすべての国の通商に対して「権益圏」を主張する列強各国が，その「圏」内におけるすべての通商と航海を完全に平等に取り扱う原則を承認すること…を真剣に望んでいる。
> （歴史学研究会編『世界史史料7』）

「権益圏」は勢力圏と同じ意味。中国を勢力圏として分割することを認めながら，勢力圏内におけるアメリカの通商・航海の自由と中国市場での機会均等を保障せよ，と要求している。「勢力圏」そのものに反対できないのは，アメリカ自身がフィリピンを植民地化しているからだ。以上を第1次門戸開放宣言という。義和団事件をはさんで翌1900年には，第2次門戸開放宣言を発し，中国の領土保全を訴えた。こちらは勢力圏そのものに反対するもので，各国はもちろん無視した。

そこでアメリカは，帝国主義列強の対立を仲裁することで中国市場への参入をはかった。日露戦争に際してT.ローズヴェルト政権がポーツマス条約締結を仲介したのがそのはじまりだ。戦勝国日本に対しては，アメリカの鉄道王ハリマンがロシアから奪った南満州鉄道の日米共同経営を持ちかけた。日本の小村寿太郎外相はこれを拒否し，米国は日本を警戒するようになった。

第一次世界大戦中，日本は中華民国に二十一カ条の要求を受諾させ，山東省のドイツ利権を奪った。国際協調主義を掲げる民主党ウィルソン政権は日本の要求を容認し，石井・ランシング協定を結ぶ一方，ヨーロッパ戦線に参戦し，連合国の勝利に貢献した。しかしウィルソン自身が設立を唱えた国際連盟への加盟は，孤立主義への回帰を求める世論と野党共和党の反対で否決された。

続いて共和党ハーディング政権は，大戦中の発言力増大を背景にワシントン会議を主宰し，列強および中華民国と九カ国条約(1922)を結んで，中国の領土保全・機会均等・勢力圏の禁止を認めさせた。列強がこれに応じたのは，中国国内での反帝国主義運動(五・四運動)の沈静化を図るためである。

日本政府は「協調外交」を掲げてワシントン会議に協力したが，その結果は日英同盟の破棄，二十一カ条要求の撤回(山東省の利権放棄)，日本に不利な海軍軍縮条約の締結だった。開放された中国市場はアメリカ製品が席巻し，日本製品は競争に勝てない。軍部や財閥を中心に日本国内には政府への不満がくすぶり，このことがやがて満州事変(1931)の導火線となる。

アメリカは蒋介石の南京国民政府を承認し，日中戦争(1937～45)がはじまると日本に対して経済制裁を課す一方，蒋介石政権に軍事援助を行い，望厦条約以来の不平等条約を撤廃した。日本軍を排除して中国市場を守るのが目的であったが，日本の敗戦後，ソ連と結んだ中国共産党が勢力を拡大し，蔣介石政権を排除して中華人民共和国が成立(1949)したため，結局，アメリカは中国市場から排除されてしまった。

しかし，アメリカの「中国幻想」はその後も続く。中ソ対立の結果，毛沢東がニクソン訪中(1972)を受け入れ，カーター政権下では米中国交正常化(1979)が実現した。鄧小平が改革開放政策に踏み切ると，アメリカ資本は雪崩を打って中国市場に参入した。このカネが中国の高度経済成長の原動力となり，中国はついに日本を抜いて米国に次ぐ世界第2のGDPを生み出す国となった。ジョン=ヘイ以来の門戸開放政策が，共産党政権の下で実現したというのは何とも皮肉な話だ。

米・中はイデオロギーの違いや人権問題などでは対立しているように見えるが，経済的にはもはや不可分の関係である。

解答例

(1)(a)皇帝や有力者が，市民の共用空間であるフォルム，水道施設，市民が交流した公衆浴場，円形闘技場などのインフラを整備した。
（番号・記号を含めて60字）

(b)分割統治により植民市・自治市に，同盟市戦争を機に全イタリアに，カラカラ帝の勅令で帝国内の自由民男子に市民権が拡大した。
（記号を含めて60字）

(2)明は朝貢貿易のみを認める海禁を実施し，永楽帝は鄭和を派遣するなど朝貢を促し，日本などとの勘合貿易を拡大させた。後期倭寇の激化を機に海禁は緩和され，民間貿易が増えた。清の康熙帝は海禁を強化し鄭氏台湾を征服，以後，海禁を緩和，貿易が拡大した。
（番号を含めて120字）

(3)(a)神聖同盟の干渉に対し中南米諸国の独立を支持，ヨーロッパと南北アメリカ大陸の相互不干渉を唱え，孤立主義外交を確立した。
（番号・記号を含めて60字）

(b)フィリピン領有を契機にマッキンリー政権の国務長官ジョン＝ヘイが中国に対する門戸開放・機会均等・主権尊重・領土保全を提唱し，列強の中国分割の阻止とアメリカの中国市場参入を図った。
（記号を含めて89字）

あるいは

(b)フィリピン領有後，国務長官ジョン＝ヘイが門戸開放宣言で中国分割に反対し，中国市場参入を図った。T. ローズヴェルトは日露戦争講和を仲介し，ハーディングはワシントン会議を主催した。
(記号を含めて 89 字)

第３問「食生活と人類の生活圏」

解説

問(1)　正解はシュメール：楔形文字，エジプト：神聖文字（ヒエログリフ）

楔形文字は粘土板に葦(あし)のペンの先を押し当てて書く。粘土だから書き直しができる。保存する場合には粘土版を焼く。最初は絵文字としてはじまり，表意文字(漢字と同じ)に発展，のちには音節文字(仮名文字と同じ)としても使用された。ちょうど日本語の漢字仮名交じり文のような使い方をしていた。前3500 年頃シュメール人が発明し，アッカド，アムル，ヒッタイト，アッシリア，アケメネス朝ペルシアに継承された。アケメネス朝では実用文字としてはアラム文字が使われたので儀式用の文字となり，アレクサンドロスの東方遠征以後，ギリシア文字が普及したため楔形文字は廃れた。

アケメネス朝の第３代ダレイオス１世による反乱平定を称えたベヒストゥーン碑文をイギリスの軍人ローリンソンが1835 年に発見し，解読に成功した(1846)ことが，楔形文字解読の契機となった。実はこれ以前に，ドイツ人教師グローテフェントも解読に成功していた(1802)が，無名の高校教師の業績は世に知られることはなくローリンソンに栄冠を奪われた。その後，アッシリア帝国の首都ニネヴェの遺跡から，アッシュール＝バニパル王の図書館が発見され，２万点以上の粘土板が出土した(1849)。これらの粘土版はロンドンの大英博物館に運ばれ，楔形文字の解読(アッシリア学)が飛躍的に進んだ。この結果，それまで『旧約聖書』やヘロドトスが伝える断片的な情報に頼るしかなかった古代オリエント史の全貌が明らかになった。

古代エジプト文字は，神殿の壁などに彫り込まれる正書体の神聖文字(ヒエログリフ)が最初に生まれ，宗教文書などに記された神官文字(ヒエラリック)，さらに商業文書などに記された民衆文字(デモティック)が生まれた。神官文字や民衆文字は，パピルスにペンで書かれた。ヒエログリフは絵文字として生まれて表意文字に発展し，表音文字に変化した。一つの文の中で，漢字仮名交じり文のように表意文字・表音文字が併用されたのは楔形文字と同じ。前3100 年頃の古王国時代に成立し，ギリシア系のプトレマイオス朝でも儀式用文字として使われた。ローマ時代になると，ギリシア文字をもとにしたコプト文字が考案され，コプト教会(単性説キリスト教)の宗教文書はこれによって記された。

プトレマイオス朝時代の三つの字体の碑文――ロゼッタ石がナポレオンの遠征軍によって発見され，シャンポリオンによって解読されたことはよく知られている。なお，神聖文字は子音だけ表記するので，母音は補って読む。どういう読み方が正しいのか，本当のところはわからない。

*I*tn → Atonアトン，またはAtenアテン

*I*khntn → Ikhnatonイクナートン，またはAkhenatenアクエンアテン

Rmss → Ramessラメス，またはRamsesラムセス

（*I*は語頭の母音を表す）

問(2)　正解は塩・酒

専売とは，国家が特定商品の生産・販売を独占すること。古代エジプトではパピルスを専売制にしていた。中国で専売制をはじめたのは漢の武帝である。対匈奴戦争で財政難に陥った武帝は，塩・酒・鉄を専売制とした。塩は調味料というより保存料(塩漬け肉)として大量に使われ，鉄は鉄製農具の原料として農民の生活に不可欠な商品だった。海に囲まれた日本では理解しにくいことだが，大陸の内陸部における塩不足は深刻だ。内陸の塩は岩塩という形で採掘されるので，岩塩の産地を政府が押さえてしまえば塩の専売を実施できる。専売は国営事業であり，民間の商工業者を圧迫する。前漢末には宮廷で専売の是非に関する論争が行われた。これをまとめたのが桓寛の『塩鉄論』だ。唐代になると茶も専売の対象となり，専売収益は国家予算の半分に達した。唐末には塩に重税がかけられ，民衆は塩の密売人と結んで大規模な反乱を起こし，唐を崩壊へと導いた。これが黄巣の乱(875～884)だ。

問(3)　正解はヴァンダル人（族）

バルト海沿岸から南下し，フン人の侵攻に押されてドナウ川を遡り，ライン川を越えてガリアからイベリア半島に一旦定住した。イベリア半島南部をアンダルシア地方というのは，アラビア語で「ヴァンダル人の土地」を意味するAl-Andalusに由来する。その後，あとからやってきた西ゴート人との紛争を避けるため，ガイセリック王はジブラルタル海峡を渡り，北アフリカに建国，カルタゴを都とした(439)。このときヴァンダル人に包囲されたヒッポでは，司教のアウグスティヌスが『神の国』を著した。ガイセリックはさらに旧都ローマを略奪(455)。ヴァンダルの名は「野蛮人」と同義語となった(英語のvandalは，「公共物破壊者」の意味)。アリウス派を信奉したためアタナシウス派(カトリック)のローマ人との対立が続き，東ローマ皇帝ユスティニアヌスが送った遠征軍に滅ぼされた。

問(4)　正解は「都市の空気は自由にする」

12世紀にアルプス以北で成立した慣習法を表す言葉。ドイツ語でStadtluft macht frei.という。Stadtは都市，luftは空気，freiは自由。農奴が都市に逃げ込んで1年と1日たつと市民として認められ，領主は引き渡しを要求できなくなる。不法滞在者が

合法的な市民権を得るわけだ。この場合の都市とは，国王(皇帝)から特許状を与えられた自治都市(ドイツでは自由都市 Freistadt)でなければならない。また，不法滞在中の１年間は生活の保障はなく，市民権を得たあとも市内にはギルドの規制があるため営業の自由はなく，いずれかの親方の下で徒弟・職人として雇われなければならなかった。なお，「アダムが耕し，イヴが紡いだ時，誰が領主だったか」はワット＝タイラーの乱の指導者の一人であるジョン＝ボールの言葉。領主に対して農奴解放を求めたもので，都市の自由とは関係ない。

問(5)　正解は香辛料（香料，スパイス）

香りを発する植物を総称して香料といい，食品として使われる物を香辛料という。英語では同じspice。オリエント・インド・中国では，古くから香木や樹脂をいぶした香りを宗教儀式や医薬品，化粧品として使っていた。アラビア産の樹脂系香料である乳香・没薬(もつやく)，東南アジア産の香木である白檀(びゃくだん)が高値で売買され，海の道を通じて東西に運ばれた。『新約聖書』によれば，イエス誕生の時，東方より訪れた３賢者(マギ)が乳香・没薬・黄金を聖母マリアに捧げたという。食品添加物としての香辛料は，南インド・スマトラ・ジャワの胡椒，スリランカのシナモン(肉桂)，モルッカ諸島の丁子(ちょうじ)(クローヴ)が代表的だ。防腐作用と整腸作用，肉の臭い消しの効果があり，西欧では黒死病や天然痘を防ぐという迷信まであった。ヴァスコ＝ダ＝ガマによるインド航路開拓の目的が，香辛料の獲得だったことはよく知られている。

問(6)　正解はトウモロコシ・ジャガイモ

新大陸原産の作物といえば，タバコやトマト，サツマイモも重要だが，「世界中に広まり，人口の増大に寄与」したものといえば，トウモロコシとジャガイモだろう。サツマイモは寒冷地に向かないので，ヨーロッパや北中国では栽培できない。

トウモロコシの野生種は中米からアンデスにかけて広く分布するが，前3000年頃までには中米で大規模な栽培が始はじまり，これを基盤としてオルメカ文明からアステカ王国にいたるメソ=アメリカ文明が築かれた。16世紀，コロンブスによって欧州へもたらされ，ポルトガル人によって東アジアにも伝来した。明代に伝来して山間部で栽培され，清代には爆発的な人口増加を支えた。

ジャガイモはアンデス原産の根菜で，その栽培化はトウモロコシよりずっと遅れる。南米ペルーの標高約4000 mにあるチチカカ湖周辺で，後５世紀頃にようやく栽培がはじまり，アンデス文明における主食となった。芽や日光に当たった表皮にソラニンという有害物質を生じるため，現地では寒冷な気候を利用してフリーズドライにし，毒抜きをする。旧大陸へいつ，誰がジャガイモをもたらしたかは定かではない。インカ帝国を征服したスペイン人は1570年頃に本国へジャガイモを持ち帰ったらしいが，イギリスへはヴァージニアの植民地化を推進したウォルター=ローリー(1552～1618)がもたらしたとされる。ドイツで栽培されるようになったのは三十年戦争の後である。プロイセン王フリードリヒ2世は七年戦争中の食糧確保のためジャガイモ栽培を奨励する勅令を出した。合衆国へはアイルランド移民がもたらしたと言われるが，独立戦争期にはジャガイモ栽培が普及していたことが知られる。欧州の寒冷な気候はジャガイモの生育に適しているため，土地がやせたアイルランドでもジャガイモは人々の主食となった。1840年代のジャガイモ飢饉はジャガイモの伝染病が原因で，アイルランドの人口の約10%が餓死し，約40%が経済難民として北米などへ渡った。この飢饉が穀物法廃止につながったことは，論述問題のテーマとなる。

東大は2007年度の第1問で，アンデス，トウモロコシ，穀物法廃止を指定語句として食糧生産と人口問題を論ずる良問を出題している。このテーマは今後も繰り返し出題される可能性があり，注意を要する。

問(7)　正解はポルトガル・ブラジル

マラッカ王国は1400年頃に成立した港市国家。スマトラから渡来してきたヒンドゥー教徒の王家が建国した。明の鄭和艦隊の寄港地としても知られ，まもなくイスラーム教に改宗した。マラッカ海峡の中継貿易で栄えたが，香辛料貿易の独占を目論むポルトガル艦隊により占領された(1511)。以後，ポルトガル領，オランダ領，イギリス領海峡植民地を経て，第二次世界大戦後に独立したマレーシアの一部となった。一方，ポルトガルはスペインとのトルデシリャス条約(1494)で世界を二分し，アメリカ大陸の領有権をスペインに譲ったが，カブラルが漂着したブラジルが同条約の分界線の東側(ポルトガル勢力圏)にあることが明らかになったため，ブラジル領有を宣言した。国土の大半が熱帯にあるブラジルでは，サトウキビ，コーヒーのプランテーションが営まれ，先住民の人口が少なかったため，西アフリカから黒人奴隷が導入された。ナポレオン戦争でフランス軍に追われたポルトガル王家はブラジルに亡命し，王子ペドロが皇帝になる条件でブラジル独立を認めた。のち帝政は倒され共和国となった。ブラジルの公用語は今もポルトガル語であり，北部(熱帯地方)ではアフリカ系と白人との混血(ムラート)の比率が高い。

問(8)　正解は④

突然，取ってつけたような正誤問題が出てきて面食らった。受験生を飽きさせないようにという出題者の親心か。難易度はセンターレベルであり，もう少しひねりがあってもいいと思う。

① **正しい**。コンバウン朝はアラウンパヤーが建国した(1752)。トゥングー朝がモン人の反乱で崩壊したあと，ビルマ人を再統一してモン人を制し，タイ(シャム)

のアユタヤ朝に侵攻した。アユタヤ包囲中に病没。

② **正しい**。コンバウン朝のシャム侵攻はその後も続き，ついにアユタヤを攻略して徹底的に破壊した(1767)。アユタヤの破壊がすさまじかったので，タイの都はトンブリーを経て，バンコク(クルンテープ)へと遷った。

③ **正しい**。アユタヤ攻略後，コンバウン朝は西のアッサム地方へ領土を拡大し，ベンガル地方を支配するイギリスと衝突した。3度のビルマ戦争(1824～86)でコンバウン朝は敗れ，滅亡した。

④ **×1947年まで存続した→○滅亡した**。第3次ビルマ戦争でコンバウン朝最後の王ティーボーはイギリス軍に捕らわれ，ボンベイに幽閉された。コンバウン朝は滅亡し，ビルマはインド帝国の一州として併合された。1947年はビルマ独立の父アウン＝サンがイギリス首相アトリーとの間でアウンサン・アトリー協定を結び，1年以内の独立を認めさせた年。この年，アウン＝サンは政敵に暗殺され，翌年1月の独立を見ることはなかった。

問(9)　正解はホロコースト

優生学eugenicsというのは，家畜の品種改良と同じ発想で「劣った遺伝形質を持つ人間」を淘汰し，「人種改良」を行おうとする思想。19世紀末，イギリスの遺伝学者フランシス＝ゴルトンが提唱した。ゴルトンはダーウィンの従兄であり，ダーウィンの進化論に強い影響を受けていた。この思想は人種差別主義 racismと結びつき，アメリカ合衆国や南アフリカにおける人種隔離政策，ナチスの人種政策として応用された。ナチスは「アーリヤ民族(＝ゲルマン民族)の遺伝的優越性」を保持するため，異人種間の結婚を禁じ，遺伝的疾患を持つ者，身体障害者，精神障害者，同性愛者に不妊手術を行い，また安楽死させた。第二次世界大戦がはじまると，「劣等民族」とされたユダヤ人やロマ(ジプシー)を収容するため占領地のポーランドなどに強制収容所が建設された。独ソ戦争が膠着状態に陥った1942年1月，ナチス親衛隊や国家秘密警察(ゲシュタポ)の幹部15名が集まったヴァンゼー会議で，「ユダヤ人問題の最終解決」を協議し，1100万人のユダヤ人を強制収容所に移送し，働ける者は強制労働に従事させ，それ以外は抹殺することを決定した。強制収容所の入り口には，「働けば自由になる Arbeit macht frei」という標語が掲げられていたが，「働けるうちはまだ殺されない」というのが実情だった。強制収容所の実態については，アウシュヴィッツに収容されていたユダヤ人精神科医フランクルの『夜と霧』(1947)で知ることができる。

ジェノサイドgenocideはギリシア語のgenos(種族)と，ラテン語のcaedes(殺害)の合成語で1944年に初めて使われた。第二次世界大戦後，ナチスの戦争犯罪を裁いたニュルンベルク裁判で「一般人民に対する殺人，殲滅，奴隷化，強制移送，政治的・

宗教的・人種的理由に基づく迫害」を「人道に対する罪」と規定した。国連総会は,「集団殺害の防止および処罰に関する条約(ジェノサイド条約)」を採択した(1948)。

ホロコースト holocaust は，ギリシア語の holos (全部)と，kaustos (焼く)の合成語で，羊を丸焼きにして神に捧げるユダヤ教の「全燔祭」(ヘブライ語でオラー olah)を意味したが，転じてナチスによるユダヤ人虐殺の意味になった。なお，ユダヤ人は「惨劇」を意味するショア shoah という言葉で呼ぶ。イスラエルでは，ユダヤ暦 1 月 27 日(西暦では毎年変動する)をホロコースト記念日(ヨム＝ハショア Yom HaShoah)とし，毎年追悼行事を行っている。

問⑽　正解はドイモイ（刷新）

ベトナム共産党第 6 回党大会(1986)で提唱された経済自由化政策。具体的には計画経済から市場経済への転換，外国資本の導入を意味するが，共産党の一党支配は維持している。直接的には同年にソ連ではじまったゴルバチョフ政権のペレストロイカ(立て直し)の影響で始まり，ソ連崩壊後は中国の改革・開放政策をモデルにしていると思われる。インドシナ戦争，ベトナム戦争と続いた長い戦争と，カンボジア侵攻(1978 ～)以来の国際的孤立により疲弊していたベトナム経済は，ドイモイによって急成長を遂げた。1995 年には ASEAN(東南アジア諸国連合)，98 年には APEC(アジア太平洋経済協力)に加盟し，2007 年には WTO(世界貿易機関)にも加盟した。ベトナムに対する最大の経済援助国は日本であり，民法などの法整備にも日本が協力している。ベトナムではどの町でもオートバイが溢れている。現在では安価な中国製が多くなったが，歴史的に反中国感情が強く，ホンダやヤマハといった日本ブランドへの信用は絶大だ。

解答

⑴シュメール人：楔形文字
　エジプト人：神聖文字(ヒエログリフ)
⑵塩・酒
⑶ヴァンダル人(族)
⑷「都市の空気は自由にする」
⑸香辛料(香料・スパイス)
⑹トウモロコシ・ジャガイモ
⑺ポルトガル・ブラジル
⑻④
⑼ホロコースト
⑽ドイモイ(刷新)

2010年

第1問 「オランダおよびオランダ系の人々の世界史上の役割」

解説

【何が問われているか？】

《時代設定》中世末期〜マーストリヒト条約締結

《要求された論旨》

・オランダが欧州の経済・文化の中心であったことへの具体的言及。

・オランダの海外進出に関する具体的記述。

・オランダの植民地支配に関する具体的記述。

どの時代から書き出せばよいか。2010年度の問題は2009年度と異なり，論述解答の時代範囲の設定が15世紀後半から現代に至るオランダと明解であるが，これは単純なオランダ通史ではない。東大は単純な通史は出題しない(あの「エジプト5000年」にしても国際関係史である)。オランダ通史を書くと字数オーバーで失敗する。「何が問われているか」を摑むためには「東大のリード文」が文章構成上の最大のヒントを与えてくれる。リード文には①「低地地方で中世から現代まで都市と産業が発達した」こと，②「16世紀末に連邦として成立したオランダがヨーロッパの経済や文化の中心」となり，③「多くの人材を輩出」し，また④「海外に進出した」こと，⑤「近代のオランダは植民地主義の国」でもあった，とした上で，「オランダおよびオランダ系の人びとの世界史における役割について……論述しなさい」とある。ここに東大が受験生に求めている論点の全てが提示されていることに気づけば，東大の大論述をまとめる途は開けるはずである。

◆視点

指定語句からは「コーヒー」→「17世紀・カリブ海のプランテーション経営」・「19世紀・ジャワの強制栽培制度」と「苦力(クーリー)によるプランテーションへの移行」,「南アフリカ戦争」→「アパルトヘイト」,「太平洋戦争」→「スカルノと日本の提携・インドネシアの独立」,「マーストリヒト条約」→「オランダでEU条約が締結」,「ベネルクス3国とフランスを軸とした欧州統合」などが想起できる。ここから，東大は主に19世紀以降の近現代史に関する歴史を中心に「オランダが果たした役割」を論ずることを受験生に求めているのだな，と察することが重要であろう。

例年通り，指定語句(2009年度から1つ増えて8つ)が大きなヒントとなっているので，これに基づき，書くべき文章の構成・骨組みを考えることが東大の大論述の解答法である。大論述を書く際には，段落に分けることを意識して構成・組立メモを作成してみよう。指定語句を時代順に並べながら，前近代から現代にかけてのオランダ関連の国際関係・経済史を想起し，歴史事項をメモ風に書き出す。ただし，指定語句に対する詳細な説明にこだわりすぎると確実に字数オーバーするので，勇気を持って簡潔に表現するよう，字数配分に注意する。17世紀に独立したオランダが海外に進出して覇権を掌握する経緯(前記リード文の①〜④を意識する)と，オランダがイギリスに覇権を奪われていく経緯，残された植民地の経営の経緯(前記リード文の分析⑤)という,論旨の大筋を意識しながら答案作成をはじめること。こういったことに注意を払って答案を作成するよう，普段から意識づけを図ることが肝要であろう。

【論旨の組み立て】

2010年度の問題に対しては，17世紀の植民地獲得(前記の①)と，新大陸植民地喪失後のアジア・アフリカでの植民地経営(前記の②)の組み合わせで構成した方が書きやすい。三段構成で考えてみよう。

第一段は，オランダの独立から覇権獲得の間の2008年度の「パクス＝ブリタニカ」のオランダ版的な視野の広さをイメージする。地図的にはケープ→セイロン→バタヴィア→マラッカ→ゼーランディア→長崎・出島に至る経緯，あるいはニューアムステルダムからコーヒー＝プランテーション経営・黒人奴隷貿易などを想起できるか，である。「長崎」を太平洋戦争から原爆投下の文脈で取り上げた答案は出題の趣旨を摑めていないので，正しい知識を書きながら加点はされないであろう。経済的な繁栄は文化的繁栄の基盤となる。「17世紀はオランダの世紀」である。グロティウス・レンブラント・ホイヘンス・スピノザ…などの文化人を想起しつつ，全体のバランスを考えればグロティウス1人について言及するのが限界である。オランダの海上覇権獲得を正当化した『海洋自由論』を取り上げることが文脈上，最も効果的であるが，受験生は三十年戦争から『戦争と平和の法』→ウェストファリア条約でオランダ独立・主権国家体制確立と連想するパターンが多かったようである。

第二段として英に覇権を奪われて衰退していく歴史的経緯を追う視点が必要になるが，クロムウェル・航海法・英蘭戦争・英のニューヨーク獲得・コルベールの重商主義とルイ14世のオランダ侵略戦争・ウィリアム3世による名誉革命後の英蘭同君連合など，この範囲は受験生もよく知るところである。しかしこの時代に該当する指定語句は「ニューヨーク」のみで，前述したようにこの時代以降に関する指定語句が4つもあるから，知識が豊富にある，書きたいことが沢山ある，この部分をいかに簡潔に書くか？　で，後半部分の充実度が変わってくることに注意して欲しい。

第三段目の19世紀以降の植民地経営とそれによって生じた強制栽培制度やアパル

トヘイトなどの諸問題，さらにインドネシアなど植民地の喪失の経緯と民族運動については，字数的には厳しいが，問題の趣旨から簡潔に言及する必要がある。

ウィーン体制期の植民地喪失・ベルギーの独立がジャワでの強制栽培制度開始の経済的背景になっていること，ケープ植民地へのイギリスの進出を嫌ったオランダ系移民の子孫であるボーア人(ブール人)の「グレート=トレック」からオレンジ自由国・トランスヴァール共和国の建国，金・ダイヤモンドなど鉱物資源の発見を契機とした南アフリカ戦争の勃発，イギリスとボーア人の「妥協」の産物としての「アパルトヘイト」などが想起できるか，であるが，アパルトヘイトに関して言及した答案はかなり少なかった。「アパルトヘイト」はオランダ語である，という入試問題が有名私大で出題されたことがあるが，これを完全に失念していた受験生が多かったと言うことであろうか。

更に言えば，前記リード文の分析⑤の「植民地主義」の国であったオランダという部分を完全に読み飛ばし，「オランダおよびオランダ系の人びとの世界史上における役割」を肯定的にのみ捉える答案が非常に多かった。

20 世紀のジャワでは，オランダに対して「サレカット = イスラーム」が抵抗運動を展開するが，ここで歴史的経緯への追及が止まってしまい，スカルノに言及せず，現在では日本政府が国民を煽動するために掲げたとされる「ABCD包囲網」にばかりこだわる受験生が非常に多かった。世界史の視点としてはむしろ「大東亜共栄圏の思想と東南アジアの反応」の方が重要だろう。

【加点ポイント】

《オランダの独立までの経緯》

①中世自治都市(商工業)の繁栄。これを背景にカルヴァン派(ゴイセン)が普及し，旧教との対立が生じたことへの言及。16 世紀前半のエラスムスの活躍。

②スペイン=**ハプスブルク家**・フェリペ２世の旧教強制。

③オラニエ公(ウィレム)が独立を指導・ユトレヒト同盟・アラス条約による南部 10 州の脱落・北部７州の抵抗。

④ネーデルラント(オランダ)連合共和国の独立・英(エリザベス１世)の援助で独立。

⑤ウェストファリア条約で承認。

《17 世紀・オランダの覇権獲得》

⑥アムステルダムの繁栄・世界金融の中心・ユダヤ商人，カルヴァン派商人の流入。アムステルダム銀行の創設。

⑦オランダ東インド会社・世界初の株式会社であることへの言及。

⑧**グロティウス**が『海洋自由論』でスペインの海洋独占を批判・公海の概念を提唱。

⑨**グロティウス**が近代自然法に基づく『戦争と平和の法』で国際法の整備を提唱。

◎全体の字数から判断して，書名はなくとも可であろう。

⑩アジア・新大陸などとヨーロッパを結ぶ中継貿易で繁栄。

⑪ポルトガルを排除して香辛料貿易を独占。

⑫ジャワ島にバタヴィア(Batavia)市を建設。

⑬アンボイナ事件でモルッカ諸島から英勢力を排除。

⑭台湾にゼーランディア城を建設。

⑮**長崎**(の出島)で鎖国期の日本と貿易。

⑯(西インド諸島での)コーヒーの交易。

⑰オランダの文化的繁栄，スピノザ・レンブラント・ホイヘンスらの活躍。

◎ここで**グロティウス**に言及してもよいであろう。

《17 世紀後半～ 19 世紀・英に覇権を奪われて衰退する経緯》

⑱英の航海法制定・英仏は保護貿易政策で対抗・オランダ侵略戦争(仏のルイ14 世との抗争に言及した駿台生の答案は少なかった)。

⑲英蘭戦争で新大陸植民地を喪失・ニューアムステルダムは**ニューヨーク**と改称。

⑳名誉革命以降，総督ウィレム(英王ウィリアム３世)は英と同君連合を結成。仏のルイ14 世に対抗。

㉑ナポレオン戦争・ウィーン会議で，オランダはケープ・セイロン・マラッカなどの海外拠点を英に奪われて喪失。

㉒ウィーン会議で植民地喪失の代償にオーストリアから譲渡されたベルギーが，七月革命を機に独立。

《残された植民地の経営の経緯》

・東南アジアの植民地について

㉓ジャワ島での**コーヒー**など商品作物の強制栽培制度を展開。

㉔オランダの東インド総督ファン=デン=ボスの名称への言及。

先住民がオランダに抵抗したジャワ戦争で先住民に犠牲。

ベルギー独立による財政破綻が，強制栽培以降への原因。

㉕(19 世紀後半)商品作物のプランテーションに移行。

◎中国から契約移民(苦力)が流入したことに言及してもよい。

＊強制栽培制度とプランテーションの混同が多いので注意すること。

オランダの東インド総督ファン＝デン＝ボスが実施した強制栽培制度は，1830 年代からコーヒー・サトウキビ・タバコ・藍(インディゴ)など商品作物をジャワ島民の耕地の1/5から1/3に強制的に栽培させ，オランダ政庁の委託業者が独占的に買上げる制度であった。労働力はジャワの先住民であり，農地を転用したため，稲の作付面積の減少と労働力不足から飢餓が深刻化した。この結果，内外の批判が高まり，1870年代以降，コーヒー以外の強制栽培を中止(コーヒーの強制栽培も1915年には中止)し，プランテーションに移行したのである。プランテーションは，外国資本経営の商品作物栽培専用の農場で，労働力は契約移民である「苦力」であった。先住民の負担が大きかった強制栽培制度との区別をすること。

㉖蘭領東インドの形成(1904)・スマトラ島北西部のイスラーム系・アチェ王国の征服(アチェ戦争)・サレカット=イスラームなどムスリムの抵抗。

㉗日本への石油輸出をオランダが停止・**太平洋戦争**で石油資源のある蘭領東インドを日本が占領。

＊独ソ戦の勃発(1941.6)を受けて大西洋会談(41.8)が開催されて以降，対独戦で苦境に立つ英のチャーチルと抗日戦を続ける中華民国の蔣介石が合衆国の第二次世界大戦参戦を望み，ローズヴェルト政権も対日石油禁輸(41.8)に踏み切ったことが日米開戦(41.12)＝米独開戦の要因となった経緯がある。この間，オランダは第二次世界大戦勃発に対して中立を維持したが，1940年5月に独軍に占領され，オランダ政府と王室(オラニエ家)は英に亡命し，蘭領東インドは亡命政府に従って連合国側に与した。日本がオランダに対する独立運動を指導したスカルノと結んだ理由はここにある。しかし日本に対する「ABCD包囲網」が意図的に結成されたものであるかどうかについては現在でも諸説があり，日本のマスコミなどが国民の列強への敵愾心を煽るため「ABCD包囲網」という用語を使用した経緯もあり，これを日米開戦の直接の要因と短絡的に考えることは難しい。従って「オランダがABCD包囲網を形成し…」といった断定的な用法は避けた方がよいと思う。

㉘日本と結ぶスカルノの独立運動への言及。

㉙戦後，スカルノの指導でインドネシアが独立したことへの言及。

・南アフリカ（ボーア）戦争の背景・結果について

㉚ケープ植民地にオランダ系ボーア(Bohr)人が入植。

㉛ボーア人と英系入植者との対立・ボーア人の「グレート=トレック(北東への移動)」とそれに伴うズールー族との抗争への言及。

㉜ボーア人によるトランスヴァール共和国とオレンジ自由国の建国。

㉝金・ダイヤモンドなど鉱物資源を巡る英(ケープ植民地政府)とボーア人の争い。

㉞**南アフリカ戦争**に敗北後，英領に併合・南ア連邦成立・アパルトヘイト政策への言及。

㉟**南アフリカ戦争**が日英同盟締結の要因となったことへの言及。

◎万国平和会議がオランダのハーグで開催されたことや，国際仲裁裁判所・国際司法裁判所がオランダのハーグに設置されたことへの言及。

《冷戦～欧州統合》

㊱ベネルクス3国同盟を結成。

㊲ECSCに参加(原加盟国)したことへの言及。

㊳オランダの**マーストリヒト条約**で結成されたEUに加盟。

解答例

15世紀後半に**ハプスブルク家**領となったネーデルラントでは中世以来，商工業が発展，宗教改革後，カルヴァン派が拡大した。フェリペ2世の旧教強制などの抑圧に対しオラニエ公を中心に北部7州がネーデルラント連邦共和国として独立した。17世紀には世界初の株式会社・蘭東インド会社がポルトガルや英を排しバタヴィア，台湾などを拠点に鎖国中の**長崎**で得た日本銀で中国物産も獲得するなどアジアとの中継貿易を独占，首都アムステルダムは欧州経済の中心となった。蘭独立を国際的に承認したのは三十年戦争後のウェストファリア条約であるが，この戦争中**グロティウス**は『戦争と平和の法』で国際法の確立を提唱した。新大陸には蘭領ネーデルラントを築いたが，英蘭戦争で喪失し英領**ニューヨーク**とされ，続く英仏との抗争で海上覇権も失った。フランス革命末期に東インド会社は解散，戦後，蘭系ボーア人の入植したケープ植民地は英領となった。ボーア人の移住地は**南アフリカ戦争**後に英領南アフリカ連邦に併合されたが，彼らの懐柔のため人種隔離政策が開始された。一方，ジャワではベルギー独立による経済破綻を背景に**コーヒー**など商品作物の強制栽培で農民を困窮させた。20世紀初めまでに島嶼部を征服して蘭領東インドを形成したが，**太平洋戦争**中，スカルノは日本と提携，戦後インドネシアとして独立した。冷戦期の蘭は欧州統合に参画し，同国で調印された**マーストリヒト条約**でEUが成立した。

(599字)

第2問　「アジア諸地域の知識・学問・知識人の活動」

解説

テーマは，「アジアの伝統的な知識・学問のヨーロッパ文化との交流による変容」。漢代儒学，朝鮮の文化事業，明の文化へのイエズス会の影響，ヒンドゥー改革運動，イスラーム復興運動，洋務運動までを問う幅広い内容だ。いずれも基本的な語句を問いているが，歴史的背景まで書くのは容易ではない。

問(1)　中国の知識人にとって必須の教養であった儒学と詩文に関する問題だ。

中国は，多民族・多文化社会である。同じ漢族でも，地方により方言の差が極めて大きい。このような多言語国家を一元的に統治するためには，共通語が必要である。漢代に共通語とされたのは，周代から中原で徐々に形成されていった言葉，すなわち古文である。官僚たちが五経を学んだのは，儒学の思想を学ぶという以前に，中華帝国の公用語をマスターするという意味もあった。その一方で，時代の流行としての新しい文体も登場した。これが魏晋南北朝時代の貴族社会が生み出した四六駢儷体であり，明代の庶民社会が生み出した『水滸伝』,『西遊記』など伝奇(小説)の文体である。明・清代になると，北京を中心とする北方方言が，官僚の話し言葉(官話，白話)として全国に普及していくが，文章語はあくまで古文であった。20世紀の初頭，胡適が提唱した文学革命というのは，「文章も白話で」という言文一致の運動であり，現在，中国政府が普及に努めている普通話(プートンファ)というのは，この白話である。

(a)　前漢半ばに，儒学が特別な地位を与えられるきっかけとなった出来事について説明する（2行)。董仲舒，武帝，五経博士，儒学の官学化，がキーワードだ。

次に，「儒学の官学化」以前には，どんな思想で統治が行われたのかを考えよう。秦の始皇帝が法家を採用し，焚書・坑儒で儒家を弾圧したことは誰でも思いつくだろうが，漢もはじめから儒家を採用したわけではない。高祖・劉邦は秦の苛酷な法を嫌い，殺人，傷害，盗みだけを罰する「法三章」を定めたという。しかし法三章だけで帝国を維持できるはずがない。建前としては道家的な無為自然を唱えつつ，実際の政治は法家思想を用いた(これを「黄老刑名の学」という)。これが，前漢初期の実情である。要するにさまざまな思想の折衷であり，そこには首尾一貫した統治思想はない。

このような思想的混乱を儒学で統一しようとしたのが董仲舒だった。法家が国家統治の技法(テクノロジー)を極めたのに対して，儒家は国家統治の理念，権力の正統性をまず論じる。「有徳者が天命を受けて地上を統治する」という理論である。この論法でいけば，秦が天下を失ったのは徳を失ったからであり，漢が天下を取ったのは，劉邦の徳を天が認めたからだ，となる。「天」という抽象的な権威を皇帝の上におくことで，皇帝権力の正統性を保証した。その半面，「天」の名において為政者に善政を求め，人民に対する恣意的な支配を制限するという効果もあった。始皇帝は後者を嫌って焚書・坑儒を行い，漢の武帝は前者を評価して儒家を採用したわけだ。

董仲舒は，孔子の祖国・魯の年代記である『春秋』を専門とする儒家として，景帝(武帝の父)に仕えた。彼は，『春秋』の故事と陰陽五行説を駆使して，自然災害を天の警告と見なし，皇帝に自制を求めた(災異思想，天人感応説)。武帝が即位して諸子百家のどれを官学に採用すべきか迷ったとき，董仲舒が儒家の採用を建議し，武帝がこれを認めた。儒家が国家統治のイデオロギー(統治理論)として，初めて採用されたのだ。

焚書・坑儒以後，散逸した儒家の経典を収拾，研究することも，董仲舒の悲願であった。『春秋』のほか，『書経』，『詩経』，『易経』，『礼記』を五経として，その研究者である五経博士に長安の太学で教授させ，官吏候補生に五経を学ばせた。また，官吏採用に当たり，有徳者を採用する郷挙里選をはじめたことも，「法治主義」ではなく「徳治主義」を掲げる儒家イデオロギーの具体化である。

実は，儒学の官学化後も，武帝は法家的な統治をやめたわけではない。『史記』には酷吏伝という部分があるが，これは景帝・武帝に仕えた法家官僚の列伝である。よって，「儒学の国教化」という記述は不可となるだろう(注1)。また，訓詁学や鄭玄は後漢の時代なので，加点されないと思われる(注2)。

武帝の曾孫・宣帝という皇帝は「建前は儒家，実際には法家で治める」と明言した。このように本音と建前の使い分けの巧みさは，「中体西用」「社会主義市場経済」を平然と唱える現代中国人に受け継がれている。

(注1)漢王朝が全面的に儒学を採用，すなわち国教化したのは，前漢末期の元帝時代という説，王莽時代という説などがある。

(注2)董仲舒ら前漢の儒家は，『春秋公羊伝』など漢代の文字で書かれた経典(今文経)をテキストとし，口伝として語り伝えられた解釈を講義した。一方，前漢末には『春秋左氏伝』など戦国時代の文字で書かれた経典(古文経)が再発見され，その一字一句を研究する訓詁学が生まれた。この訓詁学を大成したのが後漢の鄭玄である。

法家に代わる統治理論として儒学が採用されたこと，『春秋』などの五経が定められたことも書き加えると，後の解答例のようになる。

【加点ポイント】　①**董仲舒**が建議
②**武帝**のとき，**儒学**を**官学化**(▲「儒学の国教化」は不可)
③**五経博士**の設置／**五経**の経典化／**郷挙里選**を実施(▲訓詁学／鄭玄は不可)

(b)　漢代までの文章に戻ろうとする機運が，唐代中期以降に生まれたことについて説明する。韓愈・柳宗元，古文復興がキーワード。これをつなげただけでは字数が足りない。受験生の多くは，ここで「フリーズ」してしまったようだ。

「変化」を説明するときには，韓愈らが古文を復興する前は，どうだったのかを書けばよい。「古文」に対応する語句として，「四六駢儷体」，「四六文」，「駢文」という言葉が出てくるかどうかがポイントだろう。

会桃李之芳園，序天倫之楽時。	○○○○○○，○○○○○○
群季俊雄，皆為恵連。	○○○○，○○○○
吾人詠歌，独慚康楽。	○○○○，○○○○
（李白『春夜桃李園に宴する序』）	

これが四六騈儷体だ。六字・六字，四字・四字の組み合わせで対句（ついく）をつくり，詩のようなリズム感を生み出す。やがては対句にするために不要な文字を入れるようになり，美しいが内容の空疎な文章が量産された。これを批判したのが韓愈や柳宗元である。彼らは，漢代以前の素朴でストレートな古文に戻ろうと提唱した。

古文と四六騈儷体の比較をしてみよう。

古　文	四六騈儷体
漢代以前の文章	魏晋南北朝時代に確立した文章
簡潔，力強い，実務的	対句を多用，装飾的，形式的，優美
科挙官僚が求めた様式	門閥貴族が好んだ様式

問題文に「(古文復興の)機運が唐代中期以降に生まれたこと」を説明せよ，とあるので，唐の前期と中期以降との違いを考えてみよう。

唐は，魏晋南北朝の貴族社会から，宋代以降の官僚(士大夫)社会に移行する過渡期の王朝だった。中央官制においては，科挙官僚の牙城である中書省と，門閥貴族の牙城である門下省が共存し，官吏採用においては，実力重視の科挙制度と，貴族の子弟を採用する蔭位の制が併用された。文化的には，六朝時代に流行した仏教・道教が大きな力を持ち続け，一方で科挙の科目ともなった儒学も復興しつつあった。

唐の前半に圧倒的だった門閥貴族の力は，則天武后の政権奪取や，玄宗時代の安史の乱などを通じて次第に衰え，科挙官僚がそれに代わった。韓愈も柳宗元も門閥の出身ではなく，科挙を経て官僚になっている。古文復興の「機運」とは，「反貴族」，「仏教・道教に対する儒学の復興」ということだ。この点を書き加えよう。

【加点ポイント】　①**四六騈儷体**／四六体／騈儷体／**貴族的**，形式的な文章
②**韓愈**や**柳宗元**
③**古文の復興**／**漢代**の文章の復興／儒学の復興／**唐宋八大家**

問(2)　元朝の崩壊によって成立した，明朝と朝鮮王朝の文化事業に関する問題。世界帝国モンゴルの崩壊は，各地に民族主義的政権を生み出した。明朝はモンゴル人，色目人を排斥し，華夷の別（中華思想）を重んじる朱子学を科挙の科目に採用した。朝鮮王朝も，元に服属した高麗時代の旧体制を一新し，仏教を捨てて朱子学を採用し，貴族政治を廃して国王に直属する科挙官僚（両班）が政権を握った。

しかし朝鮮王朝の民族主義は，明の文化を徹底的に模倣して自らを「小中華」と自負する方向と，朝鮮独自の文化を再評価する方向とに分裂していった。訓民正音の採用を巡る対立は，その典型である。一方，明朝はその末期にイエズス会宣教師を通じて西欧のルネサンス文化と接触するが，西洋文明の進んだ技術だけを取り入れるという，極めて選択的な文化導入を行った。この精神は，清朝末期の洋務運動にも受け継がれている。

(a)　15世紀前半の朝鮮で行われた文化事業について説明する。15世紀前半は，朝鮮王朝（李朝 1392～1910）の初期。このころの文化事業といえば，銅活字，訓民正音，世宗がキーワードとなる。

リード文に「明の諸制度を取り入れながら…」とあるので，この辺も補足しておこう。李成桂は，元が明によって北方に追われ，その北元も洪武帝の遠征によって瓦解したことを背景に，元の属国と化していた高麗を打倒した。明は李成桂に「朝鮮」の国号を与え，李成桂の子・太宗（3代，李芳遠）を朝鮮国王に冊封した。このため朝鮮王朝は明の制度や文化を徹底的に模倣した。それが科挙制度であり，朱子学である。科挙は高麗時代にも行われたが，高麗では建国以来の貴族階級が依然として権勢をふるっていた。すべての官僚（両班）を科挙で採用するようになったのは朝鮮王朝からである。科挙が大々的に行われれば，朱子学関係の書籍の需要が高まり，出版が盛んになる。

活字の発明者は11世紀・北宋の畢昇で，粘土を固めて膠泥活字を作ったというが，活字の現物も出版物も残っていない。漢字の数があまりに多すぎて，活字化して組むのは非効率なので，中国で普及したのは活字ではなく，木版印刷だった。これは2ページ分を1枚の木の板に彫りこむものだ。高麗では，12世紀に『詳定礼文』という書物を金属活字で印刷したという記録から，「世界最古の金属活字」といわれるが，この書物は現存しない。現存最古の金属活字本は高麗末期の1377年に出版された仏教書『直指心体要節』で，グーテンベルク（1445頃）に70年先立つ。しかし，高麗においても木版印刷が主流であり，その集大成が，『高麗版大蔵経』（現存するのは13世紀のもの）だ。殿試が導入され，科挙制度が整備された宋代の中国で木版印刷が盛んになったのと同様に，朝鮮では官僚制度の整備，学問の奨励を行った名君・太宗の命により銅活字（癸未活字）が鋳造され，出版が奨励された。木版から銅活字への移行については銅銭鋳造の技術の応用・出版物の増加・木版の場合，『高麗版大蔵経』のように版木が焼失した場合のダメージが大きいから，などの理由が考えられる。

太宗の子・4代世宗は学問を好み，学者を集めて集賢殿というアカデミー兼諮問機関を設置して出版事業を行う一方，漢文が読めない庶民のために朝鮮語の発音を表す訓民正音（ハングル）を制定した。仏典や儒学書の翻訳にはじまり，のちには詩歌や大衆文学もハングルで出版された。また父の作成した銅活字を改良して甲寅活字を鋳造している。しかし朝鮮王朝の公文書は漢文で書かれ，科挙の問題も漢文で出題された。朱子学の華夷思想を学んだ両班階級は漢字を「正字」とし，ハングルを「諺文(オンモン)(俗語)」，「アムクル(女文字)」と呼んで卑しみ，私信以外では決して使おうとしなかった。ハングル廃止運動も繰り返され，16世紀には暴君として知られる10代燕山君が，諺文庁の文献を焼却し，次の中宗のとき諺文庁は廃止され，国家事業としてのハングル普及は中止された。以後，ハングルは民間でのみ継承された。グーテンベルクの活版印刷術が，ルネサンスや宗教改革に大きな影響を与えたのは，ラテン語に代わる俗語(口語)文学の普及とセットになっていたからである。朝鮮王朝がハングル活字で朝鮮語の文献を大量印刷していれば，朝鮮における国民国家の形成はもっと早まったかもしれない。ハングル活字で最初に印刷されたのは，1886年発行の新聞『漢城周報』で，福沢諭吉の弟子で実業家の井上角五郎が活字を鋳造している。諺文(オンモン)が「ハングル(偉大な文字)」として再評価されるのは，日本統治下の1920年代のことだ。

【加点ポイント】 ①**銅活字**の**鋳造**／銅活字による**出版事業**
②**世宗**
③**訓民正音**／ハングルの制定

(b) 明末，ヨーロッパ科学技術を学んだ徐光啓について説明する。イエズス会宣教師が伝えた中国の情報が，フランス啓蒙思想に与えた影響を論じよという問題が，2000年度の第1問で出題されている。本問はその逆で，イエズス会宣教師が伝えた西欧の科学技術が，明代末期の中国に与えた影響を問うものだ。

キーワードは，『幾何原本』，『崇禎暦書』，『農政全書』，マテオ=リッチ(利瑪竇)，アダム=シャール(湯若望)。徐光啓は問題文にあるので，書く必要はない。また，内容まで書くには字数が足りないので，人物名と著作名との組み合わせを示すだけでよいだろう。徐光啓は上海の出身。科挙の勉強中にマテオ=リッチの教えを受け(リッチは豊臣秀吉の朝鮮出兵を避けて北京から南京に移っていた)，リッチの学識と人格に感服してカトリックの洗礼を受けた。科挙合格後もリッチとの交遊は続き，数学・暦学・地理学・水利学など，ルネサンスの最新技術を貪欲に学んだ。最初に漢訳したのが古代ギリシアの数学者エウクレイデス(ユークリッド)の『原論』で，『幾何原本』の名で刊行した(1607)。当時の暦は，元代に郭守敬が著した『授時暦』(明代の名称は大統暦)であったが，日食の予測が外れたことから信頼が揺らいだ。徐光啓の建議を受けた崇禎帝は，西洋暦学による改暦を命じ，徐光啓の監修の下で『崇禎暦書』を制定した。この作業に加わっていたのが，アダム=シャールである。この功により徐光啓は内閣大学士に昇進し，明末，李自成の乱の渦中に没した。西洋水利やアンデス原産の農産物の栽培法を紹介した『農政全書』は，彼の死後，刊行されて中国農業に大きな影響を与えた。ジャガイモ・サツマイモの普及については，2007年度の第1問で出題されている。以上，ポイントを簡潔にまとめてみよう。

【加点ポイント】 ①**『幾何原本』**／**マテオ=リッチ**と協力／**エウクレイデス**幾何学を翻訳

②**『崇禎暦書』**／**アダム=シャール**と協力／**西欧暦法**を採用

③**『農政全書』**／**西洋農法**を紹介／**ラテンアメリカ産作物**を紹介

④**カトリック改宗**

⑤実学の発達に貢献／西欧の科学や技術(▲技術のみは不可)を紹介。

問(3)　18世紀以降，西欧列強の圧力を受けたアジア諸国では，西欧に対抗するため近代化・西欧化を受け入れようとする動き（タンジマート，洋務運動，明治維新）と，逆に近代化・西欧化を拒絶し，民族的アイデンティティを求める復古主義（イスラーム復興運動，義和団，尊王攘夷運動）という二つの潮流が生まれた。両者は対立しつつも複雑に影響しあい，社会を大きく変革していく（明治維新が「王政復古」と「文明開化」を両立したことを想起せよ）。

近代イスラーム世界において，「開化」を代表するのがオスマン帝国のタンジマートや，エジプトのムハンマド=アリーの改革であり，「復古」を代表するのがアラビアのワッハーブ運動，両者を折衷したのがアフガーニーのパン=イスラーム運動である。

インドのムスリム社会においては，「開化」を代表するのがアーリガル運動(注3)，「復古」を代表するのがデオバンド運動(注4)。ヒンドゥー社会で「開化」を代表するのがナオロジーらの国民会議派，「復古」を掲げつつも近代合理主義を取り入れたのが，ラーム=モーハン=ローイのブラフマ=サマージだ。

(注3)アーリガル運動…近代合理主義とイスラームの融合を目指し，北インドにアーリガル=ムスリム大学を創設，インド帝国の官僚を養成した。国民会議派と対立，対英協力へと傾いた。

(注4)デオバンド運動…18世紀の神学者シャー=ワリー=ウッラーの教えに基づき，ムガル帝国の衰退の原因を『クルアーン(コーラン)』からの逸脱に求め，ムハンマド時代への回帰を説く運動。インド大反乱の後，北インドのデオバンドにマドラサを設立，多くの法学者を輩出した。現在，パキスタンの過激イスラーム組織の多くは，この系統に属す。

(a)　ワッハーブ派の運動について説明する。ワッハーブ派はスンナ（スンニー）派の分派で，現在，サウジアラビアの国教だ。

次に，なぜワッハーブ運動が起こったのかを考える。イブン=アブドゥル=ワッハーブが生きた時代，18世紀のアラビアはどういう状態だったのか。ワッハーブは何をどう変えたかったのか。18世紀のアラビア半島は，メッカ・メディナを含むヒジャーズ地方からイラク，ペルシア湾岸にかけてオスマン帝国領であり，半島の中部は空白になっている。ここでは，砂漠のオアシスを拠点とするアラブ人の豪族たちが抗争を続けていた。半島中部のネジド(ネジュド)地方を拠点とするサウード家は，その一つである。北方からは異民族に圧迫され，アラブ人は内紛を繰り返すという状況は，預言者ムハンマドが生まれた当時のアラビア半島と似ていた。ムハンマドが唯一神アッラーへの絶対的な帰依を説いてアラブを統一し，ササン朝やビザンツ帝国に対抗したように，ムハンマド時代の純粋なイスラームに回帰し，アラブを再統一してオスマンに対抗する，これがワッハーブの思想だった。

「純粋なイスラーム」に対して，「不純なイスラーム」とは何か。それは，『クルアーン(コーラン)』に規定のない，もしくは禁じられている行いのことだ。たとえば肉体的修行により，直接アッラーの啓示を受けるという神秘主義(スーフィズム)，修行者(スーフィー)やシーア派の指導者(イマーム)らを「聖者」と呼び，その廟を崇拝すること，儀式の際に音楽を鳴らす，酒を飲む……などである。これらの多くはトルコ人やイラン人が持ち込んだ習慣であり，トルコ人のスルタンが統治するオスマン帝国では容認されていた。だから，イスラーム復興はアラブ復興を意味するのだ。サウード家はこの思想に共鳴し，ここに“『クルアーン』と剣”(サウジアラビアの国旗)が結びついてアラビア半島が統一され，ワッハーブ王国(正式にはサウード王国)が建国された(1740年代)。1802年にはオスマン帝国からメッカとメディナを奪い，多くの「不純な」聖廟を破壊した。オスマン帝国はエジプト総督ムハンマド=アリーにサウード追討を命じ,近代化されたエジプト軍の前にサウード家は敗れた(1818)。その子孫は,リヤドを首都とする第2次サウード王国を建てる(1824)が内紛で崩壊した。20世紀初頭，クウェートに亡命したイブン=サウードが敵対部族からリヤドを奪回し，メッカの太守フサインが建てたヒジャーズ王国との抗争に勝利してアラビア半島を再統一し，ヒジャーズ=ネジド王国(1924)，のちのサウジアラビア王国(1932)を建国した。

ファンダメンタリズム(Fundamentalism 原理主義／根本主義)という言葉は,本来,キリスト教の用語である。イギリス国教会を批判して起こった信仰覚醒運動が19世紀の米国で先鋭化し,『聖書』の記述を絶対化して，人口妊娠中絶や同性愛，進化論などを激烈に糾弾するようになった。宗教右派とも呼ばれ，共和党の強力な支持基盤の一つである。1980年代以降，この言葉がイスラーム過激派に対しても使われるようになった。イスラーム研究者はこの言葉を嫌い，イスラーム復興運動，イスラーム主義などと称する。要するに,『クルアーン』の記述を絶対化し，現代社会に適用しようとする思想のことである。イスラーム復興主義には，三つの流れがある。

A．18世紀にアラビア半島で起こった，ワッハーブ派。

B．19世紀にイランではじまった，パン=イスラーム主義。

C．20世紀後半にイランで台頭した，シーア派の原理主義。

Aは，スンナ(スンニー)派の厳格派であり，シーア派や神秘主義(スーフィズム)を『クルアーン』からの逸脱として攻撃する。サウジアラビア建国運動の原動力となり，現在もサウジアラビアの国教である。女性はチャドルで顔を覆い，車の運転も許されない。酒を飲んだ者は鞭打ち，窃盗犯は手首切断，姦通した者は石打ちで処刑，殺人犯は公開斬首である。

Bは，イラン出身のアフガーニーが唱えた思想。彼は，英領インド・エジプト・オスマン帝国を視察し，ヨーロッパ列強の植民地に転落しつつあるイスラーム世界を憂い，スンナ派・シーア派の枠を超えた全イスラーム教徒の団結と，異教徒の支配に対する聖戦(ジハード)を訴えた。エジプトのウラービー革命(ウラービー＝パシャの反乱)，イランのタバコ＝ボイコット運動は，彼の影響を受けた若者たちが原動力となった。エジプト最大の反政府勢力であるムスリム同胞団もこの系譜に連なる。メンバーの大多数は穏健派であるが，エジプト政府の弾圧を受けるうちにその一部が先鋭化してジハード団，イスラーム集団などのテロ組織を結成し，サダト大統領の暗殺(1981)，ルクソール事件(1997)など政府や欧米人に対するテロ活動を起こすようになった。彼らはその後，アフガニスタンへ渡り，アルカイダと合流した。

Cは，米ソ冷戦下のイランで，法学者ホメイニが唱えた思想。ソ連に対する防波堤として，また石油供給基地として米国への従属を強めるパフレヴィー王朝の西欧化政策(白い革命)の結果，イスラームの伝統が破壊され，貧富の差が拡大したことを糾弾し，「大悪魔アメリカの手先」である国王ムハンマド＝レザーを打倒し，イスラーム法の復活によって平等な社会を作ろうと訴えた。1979年のイラン革命で，国王はエジプトを経て米国へ亡命。イラン＝イスラーム共和国の建国が宣言され，ホメイニが最高指導者に就任した。

このように欧米人が「イスラーム原理主義」と呼ぶ運動はさまざまであり，その源流の一つがワッハーブ運動であるに過ぎない。よって，「原理主義」という言葉を避けて，「イスラーム復興運動」もしくは「復古運動」と呼ぶのが妥当である。

【加点ポイント】 ①**オスマン**(トルコ)**支配**や**神秘主義**に**反発**

②**ムハンマド**時代(原始イスラーム)への**復古**／**イスラーム復興**／**アラブ復興**／『**クルアーン**(コーラン)』と**ハディース**を重視(▲原理主義は加点せず)

③**サウード家**／**ワッハーブ王国**(サウード王国)

④**ムハンマド＝アリー**(エジプト)に滅ぼされた

⑤**サウジアラビア王国**／ヒジャーズ・ネジド王国／**イブン＝サウード**

(b) サティー（寡婦殉死）

ラーム＝モーハン＝ローイが批判した，女性に対するヒンドゥー教の非人道的な習慣を何というか，語句を答える。

山川出版社『世界史用語集』の教科書掲載頻度でサティーは④，ラーム＝モーハン＝ローイは③。早大・上智大など難関私大では出題例がある。ラーム＝モーハン＝ローイ(1772～1833)は，イギリス支配下のベンガルで活躍した思想家。バラモン階級の出身だがヒンドゥー教徒の因習を批判し，英語，フランス語，ギリシア語，ラテン語，ヘブライ語にも通じ，キリスト教やイスラーム教を学んで，東洋と西洋の思想的融合を目指した。その立場はのちのガンディーとよく似ている。当時，ベンガルのバラモン階級の間では，未亡人は「不吉な者」と見なされていた。外出も化粧も禁じられ，食事は１日１食に制限された。夫に先立たれた妻が名誉を保つ唯一の方法は，夫の火葬の火の中に身を投じて殉死するサティー(寡婦殉死)とされた。賑やかな音楽が流れる中，生きながら身を焼かれ，死に切れないときには棒を持った親族の男たちが火の中に追い立てるという，すさまじい習慣である。ローイの兄が亡くなったとき，兄嫁がサティーを志願し，ローイの目の前で死んだ。衝撃を受けたローイは，生涯をサティー廃止運動に捧げた。彼は，ヒンドゥーの聖典を根拠にサティーを批判し，火葬場を訪れては人々を説得して回った。また幼児婚の禁止や女性の財産相続権を主張して運動を組織化した。正統派ヒンドゥー教徒からは異端者として排斥されたが，イギリス人のインド総督ベンティンクはローイの訴えを採用し，サティー禁止条例を発布した(1929)。ローイはまた，ヒンドゥーの偶像崇拝を否定し，唯一・無形・遍在の神ブラフマンの崇拝を通じて世界の宗教を統一しようとした。この運動をブラフマ＝サマージといい，詩人でノーベル文学賞を受賞したタゴールが受け継いだ。

(c) 洋務運動について説明する。洋務運動･変法運動の説明は，世界史論述の「定番」ともいえる問題だ。５Ｗ１Ｈで整理してみよう。

(When&Where) アロー戦争敗北後の清朝

アヘン戦争のとき首都北京は平穏で，清朝政府の要人は，「洋夷が南方で暴れている」程度の認識であった。しかし，アロー戦争の際には北京が陥落し，咸豊帝は逃亡，円明園が略奪・破壊されるという衝撃に加え，北京条約で対等外交を認めさせられるという「屈辱」を受けた。正規軍の八旗・緑営は無力だった。

(Who) 曾国藩・李鴻章・左宗棠ら漢人官僚

逃亡先で病死した咸豊帝を継いだのは幼い同治帝で，母親の西太后が摂政となり，漢人地方官僚の曾国藩・李鴻章・左宗棠らを抜擢した。彼らは傭兵隊(郷勇)を率いて太平天国の乱を鎮圧した功績を評価されたのである。曾国藩は直隷総督(首都圏知事)，李鴻章は直隷総督・北洋大臣(外交通商大臣)に就任した。

(Why & What) 富国強兵のため，軍事・産業技術を導入。

鉄道建設，工場や造船所の建設，軍艦の購入を行った。旅順・威海衛には近代的な要塞を建設した。李鴻章が建設した北洋艦隊は，ドイツから最新鋭の軍艦を購入してアジア最強の海軍といわれた(この艦隊は，日清戦争で壊滅した)。

(How)「中体西用」により，専制体制は維持した。

「中体西用」は，「中学を体とし，洋学を用とする」の意味。「中学」は儒学，「洋学」は西洋の科学技術だ。西洋から学ぶべきは科学技術だけ，儒学的な皇帝専制は微動だにしないという発想は，明代末にイエズス会から数学や暦学を学んだときから変わらない。洋務運動は西太后の専制の下で行われた。外務省にあたる総理衙門を設置し，直隷総督，北洋大臣を置いたほかは，これといった政治体制の変化はない。日清戦争後の変法運動との対比を明確化するため，「専制の維持」，「立憲制を導入せず」，「政治改革を回避」などの表現があったほうがよい。これらを無駄なく配列すればよい。

【加点ポイント】 ①**アロー戦争**敗北後の清朝

②**曾国藩・李鴻章・左宗棠**／**漢人官僚**／**郷勇**を組織した官僚

③「**中体西用**」／**儒教的皇帝専制**を**維持**／立憲制を認めず／政治改革を回避

④西洋の軍事・産業技術を導入／富国強兵／技術の表面的な模倣

解答例

(1)(a)法家を採用した秦に対して，漢は武帝のとき董仲舒の建議により儒学を官学化し，五経博士を設置，太学で五経を学ばせた。

(番号・記号を含めて58字)

(b)魏晋南北朝以来の貴族的で形式化した四六駢儷体を批判した韓愈や柳宗元らは，儒学の復興と漢代以前の簡潔な古文復興を唱えた。

(記号を含めて60字)

(2)(a)太宗・世宗は銅活字を鋳造し，朱子学関連の出版を奨励。また世宗は朝鮮語を表す音標文字・訓民正音を制定し，庶民に広めた。

(番号・記号を含めて60字)

(b)マテオ＝リッチと共に『幾何原本』を漢訳，アダム＝シャールと『崇禎暦書』を作成，『農政全書』を編纂し西洋農法を紹介した。

(記号を含めて60字)

(3)(a)18世紀以降，トルコ支配や神秘主義に反発しアラブ復興とムハンマドへの復古を唱えた。豪族サウード家と結び２次に渡り王国を建て，20世紀にはイブン＝サウードがサウジアラビア王国を樹立。

（番号・記号を含めて90字）

(b)サティー（寡婦殉死）

(c)アロー戦争後の清朝で，漢人官僚を中心に「中体西用」を掲げて儒教的皇帝専制を維持，西洋の軍事・産業技術を導入して富国強兵を図った。政治改革を避け，近代技術の表面的な模倣に留まった。

（記号を含めて90字）

第３問「世界史における歴史叙述」

解説

問(1)　正解は人物：マキァヴェリ（マキアヴェッリ），作品：『君主論』

マキァヴェリ(1469～1527)はメディチ家追放後の共和政期のフィレンツェで書記官として軍事･外交にかかわった。彼が活躍した15世紀末～16世紀前半のイタリアは，仏・ヴァロワ朝とスペイン(後にハプスブルク家)との間でイタリア戦争が続く一方，オスマン朝がハンガリーに侵攻するなど，イタリアの危機が眼前に迫っていた。こうした政治情勢を背景にマキァヴェリは列強やトルコに対抗してイタリア統一を達成し得る政治家の出現を望み，代表的著作『君主論』『ローマ史論』では，政治と歴史を宗教や道徳的価値観から切り離して分析した。このため近代政治学・歴史学の祖とされるが，君主に必要な素養は信仰心や道徳ではなく「ライオンの力と狐の知恵」だなどという巧みな警句から，政治目的達成のためには手段を選ばない「マキァヴェリズム」という言葉が生まれた。メディチ家がフィレンツェに復帰した後，隠棲して文筆活動に専念したマキァヴェリは，メディチ家と和解して『フィレンツェ史』を執筆したが，メディチ家が再度，追放されると彼も失脚し，失意のうちに没した。マキァヴェリが死去した1527年は，戦局打開のためルター派と妥協したカール５世の軍がイタリアに乱入し，ルター派傭兵のためにローマが破壊されてイタリア=ルネサンスが決定的なダメージを受けた年であったのも歴史の因縁であろうか(史上，この掠奪を「サッコ=ディ=ローマ(ローマ荒掠)」と呼ぶ)。

問(2)　正解は『ペルシア戦争史』の著者：ヘロドトス，
『ペロポネソス戦争史』の著者：トゥキディデス

前５世紀に活躍したヘロドトスは小アジアのハリカルナソスの出身。地中海世界を遍歴した彼は『ペルシア戦争史』を物語風に叙述し，「歴史の父」と称される。ペルシア戦争を「オリエント的専制に対するアテネ民主主義の勝利」と分析したことは有名。

一方，トゥキディデスはアテネの出身でペロポネソス戦争に従軍し，『ペロポネソス戦争史』を厳密な史料批判に基づいて執筆し，アテネ敗北の要因を分析したため，「科学的歴史記述の祖」とされる。彼が引用したペリクレスの戦没者追悼演説は度々，入試に出題されている。

問(3)　正解は前２世紀：ポリビオス（ポリュビオス），
建国以来の歴史：リウィウス（リヴィウス・リビウス）

ポリビオスはヘレニズム時代の歴史家。アカイア同盟に加盟したメガロポリス出身。アカイア同盟がマケドニアと結んでローマと戦って敗れたピュドナの戦いでローマ軍の捕虜となった。ローマに連行された後，小スキピオの知遇を受け，ローマの社会と政治を研究し，前220年～前146年のカルタゴ滅亡に至る『歴史』を執筆して，いかにローマが地中海世界を征服したかを分析した。ここでポリビオスが説いたのが政体循環史観と混合政体論である。アテネが王政→貴族政→民主政→衆愚政と変遷し，ヘレニズム期に王政に回帰した（政体循環論）のに対し，ローマは王政の長所を戦争などの緊急時に対応する「独裁官」制に活かし，また少数エリートの支配である貴族政の長所を「元老院」の指導体制に活かし，更に民衆が政治参加する「民主政」の長所を「平民会」と「護民官」制に活かしたため，ギリシア世界やカルタゴに勝利した，と考察した。つまりローマは政体が循環するのではなく，「王政」「貴族政」「民主政」の長所を「混合した政体」であったことが地中海世界を支配するに至った要因である，とポリビオスは考えたのである。この考え方は現在のアメリカ合衆国の政体を考える上でも興味ある分析となっている。

リウィウスはアウグストゥスに優遇された元老院議員で『ローマ建国史』を著したが，自身の死のため，ローマ建国から前９年までの叙述に止まった。現存しているのは更にその一部である。ローマ共和政の伝統を賛美しているが，一方で共和政の伝統を尊重したアウグストゥスの元首政も高く評価している点が興味深い。元首政が実際には元首が軍事・行政の要職を独占した独裁体制であり，共和政が変質した状況へのリウィウスの言及はなく，歴史の転機に対する感度が敏感だったとは言い難い。

問(4)　正解は『教会史』：エウセビオス，
『神の国』：アウグスティヌス

パレスチナのカエサリア出身のエウセビオス（256？～339）は『教会史』を著し，「教会史の父」として知られる古代ローマ末期の教父である。キリスト教を公認したコンスタンティヌス（１世）帝を「神によって選ばれた者（神寵帝）」とする皇帝観を提唱した。これはローマ専制君主政とキリスト教会の妥協である。軍人皇帝時代を収拾したディオクレティアヌス帝（位284～305）は元老院の権限を停止し，官吏と軍人を増員，皇帝の称号を「プリンケプス(元首・第一市民)」から「ドミヌス(主, 君主)」に変更し, 古代ローマの多神教の権威回復と皇帝の神格化を強化する専制君主政を創始した。当時, 内乱と貧困を背景に勢力を拡大しつつあったキリスト教徒はこれに反発したため, 皇帝はキリスト教徒の根絶を図ったが, これは失敗に終わった。ディオクレティアヌスが退位した後の混乱を収拾したコンスタンティヌス帝(位 306 ～337)は, 拡大するキリスト教を帝国再建と皇帝の権威回復に利用するため, 根絶から教会支配に方針を転じ, ミラノ勅令(313, 当時のコンスタンティヌスは西ローマ皇帝)でキリスト教を公認し, 対立する東のリキニウス帝を打倒して帝国を再統一した直後の325 年, ニケーア公会議を召集・主宰して三位一体説を正統とし, アリウス派を異端とするなど, 教義にも介入し, 帝国教会の基盤を確立した。ディオクレティアヌス帝の専制君主政を継承したコンスタンティヌス帝は, その権威づけに人びとに見捨てられつつあった古来の多神教に代わって新興のキリスト教を利用したのであるが, その皇帝を「神によって選ばれた者(神寵帝)」と見なしたエウセビオスは, キリスト教を保護する皇帝の支配を受け入れる代償として皇帝の庇護下でのキリスト教の勢力拡大を図ったのである。この「キリスト教徒の保護者としてのローマ皇帝」という観念は,「ローマ皇帝理念」として中世フランク王国のカール１世や神聖ローマ皇帝オットー１世にも強い影響を与え,「神の代理人」としての中世ローマ皇帝がローマ教会と対立することになるのである。蛇足ながらもう一人, 著名なエウセビオスに言及しておく。ニコメディア出身のエウセビオス(?～343)で, 彼はコンスタンティヌス帝の政治的顧問となり, 臨終のコンスタンティヌス帝に洗礼を施したアリウス派の教父である。この混乱を収拾し, 三位一体説の正統を確立したのはテオドシウス帝である。辻邦生の名著『背教者ユリアヌス』でも２人のエウセビオスが混同されている。一方のアウグスティヌス(354 ～430)は北アフリカ・ヒッポの聖職者。『告白(録)』では一時, マニ教を信奉していたことを告白。『神の国』ではゲルマン, 特に西ゴート族の侵入(410)によるローマ帝国の衰退をキリスト教国教化に起因するとする異教側の批判に反駁して今こそ神に帰依すべき時であり,「最後の審判」の後に「神の千年王国」が到来することを説き, キリスト教的歴史観(歴史哲学)を確立した。中世の「スコラ哲学」に多大な影響を与えた代表的な教父である。ヴァンダル族包囲下のヒッポで没した。

問(5)　正解は現在の国名：トルコ共和国（トルコ), 匈奴の君主：冒頓単于

匈奴は民族系統不明の遊牧民で, 所謂,「漢民族」とは800 年以上にわたって抗争を続けた。単于を輩出した氏族はイラン系とも言われるが定かではない。モンゴル系・テュルク(トルコ)系の混成民族の可能性が高く, いずれにしても「匈奴」とは特定の民族名というよりは, 遊牧民の連合国家の名称と考えた方がわかりやすい。騎馬遊牧をはじめたイラン系スキタイ人の影響で前4世紀頃から強大化し，戦国時代の中国北辺を脅かした。これに対して「戦国の七雄」の一角を占める趙・燕などの諸国は匈奴防衛用に「長城」を築いたが，秦の始皇帝は天下統一後，将軍・蒙恬を派遣して黄河上流のオルドス地方から匈奴を駆逐し，趙・燕の長城を補修・連結・延長して「万里の長城」を建設させた。しかし始皇帝の死(前210)後，政争に巻き込まれた蒙恬が刑死すると長城線の防衛は崩壊し，匈奴は再び長城内部に侵入してオルドス地方を占拠した。この間に父を殺して単于に即位したのが冒頓単于(位 前209～前174)で，彼は東胡・大月氏ら対立する有力な部族を駆逐してモンゴル高原を制覇した。更に冒頓単于は，楚の項羽との抗争に勝利して天下を再統一した前漢の北辺に侵入したため，高祖劉邦はこれを討つため親征したが，前200年，平城(白登山，現在の山西省大同市付近)の戦いで冒頓単于に大敗した。その後も冒頓単于は漢王朝に対する反逆者を支援，亡命者を保護するなど圧迫を続けたが，前漢は匈奴に対して和親策を採り，「和蕃公主」と呼ばれる皇族の娘が単于の下に嫁ぎ(実際は人質)，財物を贈り，「敵国(対等)」の礼で匈奴を遇するなど，屈辱的な外交を強いられた。この状況を打破すべく，前漢が匈奴遠征を開始するのは劉邦の曾孫・武帝の時代である。

トルコ系の民族も古くからモンゴル高原で活動している。丁零・突厥・鉄勒(回紇の出身部族)などは皆，テュルク(Turk)の音写で現在の「トルコ(Turkey)」の語源である。トルコ系遊牧民は6世紀頃，突厥がササン朝と結んでアフガニスタンのエフタルを挟撃した結果，中央アジアへ進出した。7世紀半ば，西突厥が唐の高宗の遠征で衰退した後もトルコ系遊牧民は中央アジアで活躍した。タラス河畔の戦いではアッバース朝側に寝返って唐軍大敗の原因となったことが知られる。これらトルコ系遊牧民はまた軍事奴隷(マムルーク)として9世紀頃からイスラーム世界に流入したが，トルコ系遊牧民の大移動が本格化するのは，840年，モンゴル高原を支配していたウイグル政権がキルギス族の攻撃で崩壊し，その一部が西走して以降である。当時，イラン東部から中央アジア(アフガニスタン・ウズベキスタン)を支配したイラン系サーマン朝(スンナ派)の支配下に入って傭兵として登用されたトルコ人はイスラームに改宗し，10世紀にはウズベキスタンにカラ=ハン朝(10世紀半ば～12世紀半ば)，アフガニスタンにガズナ朝(962～1186)というトルコ系イスラーム政権が自立した。カラ=ハン朝はサーマン朝を滅ぼし，約2世紀にわたって現在のウズベキスタン(イラン系ゾロアスター教徒の商業民族ソグド人が活躍したソグディアナ)から新疆ウイグル自治区(イラン系仏教僧の仏図澄・鳩摩羅什が活躍した，狭義の「西域」)一帯のトルコ化・イスラーム化を進めた。イラン系民族が主力であった中央アジアは「トルコ化」して「トルキスタン=トルコ人の土地」と呼ばれるようになったのである。一方，ガズナ朝は北インドへの侵攻を繰り返し，インドのイスラーム化を進めた。11世紀に入るとセルジューク朝がアッバース朝カリフの要請でイラン西部からイラクを支配したイラン系シーア派のブワイフ朝を滅ぼして西アジアに進出し，さらにファーティマ朝(シーア派の一派イスマイール派)，ビザンツ帝国に対する「聖戦」を遂行した結果，トルコ系遊牧民は小アジア・シリア・エジプトに進出し，これが十字軍の要因となった。セルジューク朝の小アジア進出を契機として，この地に「ルーム(「ローマの意」)・セルジューク諸侯国」が成立し，その中から欧亜に大帝国を築いたオスマン朝が台頭する。このように9世紀から13世紀にかけてのトルコ系遊牧民の西方への進出はユーラシアの歴史に多大な影響をおよぼした。

問(6)　正解はイブン＝ハルドゥーン

イブン=ハルドゥーンは14世紀に活躍したチュニス出身のアラブ人歴史哲学者。マグリブ(北西アフリカ，モロッコ・チュニジア・アルジェリアの一帯)やグラナダを遍歴し，マグリブに戻った後，自身の政治的体験を背景にイスラーム史やベルベル人の歴史を叙述した『イバル(「教訓」あるいは「実例」)の書』を著した。この書の第1部が『世界史序説』である。イブン=ハルドゥーンによれば，歴史学の使命は個々の出来事の叙述だけではなく，それらの背景にある法則性の解明にあるとした。例えば，遊牧民は質実剛健で社会的な連帯意識が強く，その武力で都市を制圧し王朝を樹立するが，やがて華美で奢侈な都市生活に耽溺して連帯意識を弱め，新たな征服者に屈服していく。一方で農耕民を基盤とする都市は，さまざまな労働が富を生み出し，商工業なども発展する，いわば文明の頂点に位置する存在であるとの認識を示している。こうした遊牧民と都市文明を営む定住農耕民の対立抗争が歴史を転換する原動力であると考えたのである。彼の歴史観は，同時代や後世のイスラーム歴史学者のみならず19世紀の西欧歴史学に多大な影響を与え，20世紀イギリスの歴史学者アーノルド=トインビーからも高く評価されている。この書の執筆後，イブン=ハルドゥーンはマムルーク朝に仕えて大法官となり，学者として名声を馳せたため，シリア遠征中のティムールに招かれて拝謁したという逸話も遺されている。

問(7)　正解は『集史』

『集史(ジャーミー・アッタワリーフ)』の著者はイル=ハン国(1256／1258～1353分裂)の第7代の王でネストリウス派キリスト教からイスラームに改宗したことで知られるガザン＝ハン(位1295～1304)とその子に仕えた宰相ラシード＝アッディーン(ウッディーン)である。彼自身はユダヤ系との説がある。『集史』の第1部ペルシア語で書かれた古代からガザン=ハンに至るモンゴル史，第2部はラシードが認識した世界の歴史について，第3部は未発見の地理に関する叙述である。モンゴルの歴史の研究についてはモンゴル語の史料と中国側の漢文史料に頼らざるを得ない状況が続いてきたが，漢文史料にはモンゴル支配に対する偏見も含まれるなど，「世界帝国」と言うべきモンゴルの時代を解明するためには西アジア，あるいはイスラーム側からの視線が不可欠である。この点で近年の『集史』への関心の高まりと研究の深まりは，漢文史料のフィルターを外した，新たなモンゴルの時代像を提示する契機となっている。中国側ではチンギス=ハンの政治的ブレーンとして評価の高い耶律楚材(モンゴル文字の作成者)への低評価なども目を引くが，何よりラシード＝アッディーンと同時代人で，フビライ=ハンの名でイル=ハン国を訪れたはずのマルコ=ポーロ(Marco Polo)に『集史』が全く言及していないため，マルコ=ポーロは架空の人物である，或いは複数の人物の業績を一人の架空の人物に仮託したのだとの説が生まれた。中国史では頻出の「モンゴル第一主義」も近年の学説では中国側の偏見として否定されつつある。歴史を多角的に分析することの必要性を痛感させられる話である。

イル=ハン国はイスラーム商人を保護するカスピ海北岸のキプチャク=ハン国と対立したため，イスラーム教に改宗し，イクター制を採用・ハラージュを徴収するなど，イスラーム化を進めた。この結果，イラン・イスラーム文化が復興したが，一方では元やヨーロッパ諸国と通交し，ネストリウス派の僧侶ラッバン＝バール＝ソーマがイル=ハン国の使節としてヨーロッパを訪問するなど，東西交流の接点となった。彼は教皇・英王エドワード１世・仏王フィリップ４世に拝謁したが，この訪欧が教皇ニコラウス４世によるフランチェスコ修道士モンテ=コルヴィノ派遣の契機となった。またイル=ハン国特産のコバルトが元に輸出され，これを釉薬として景徳鎮で生産された「染付」がホルムズを経由して西方にもたらされたこと，あるいは中国の文人画の画法がイル=ハン国に伝わって細密画(ミニアチュール)に影響を与えたことなども，東西交流の例証である。受験生としてはイル=ハン国にはラシード＝アッディーンのような国際的視野を有する歴史家が登場する背景があったことに注意してほしい。

問(8)　正解はシュペングラー

シュペングラー(1880～1936)はドイツの歴史家。ベルリン大学などで学んだ後，独自に研究を進め『西洋の没落』(1918, 22)で，歴史上の諸文明を比較し，非ヨーロッパ的なアメリカやソ連の台頭を意識しつつヨーロッパ中心史観を批判し，人類の諸文化は生成・展開・死滅の過程をたどるという運命論的な視点から，ヨーロッパ文化は没落の過程に入っているとの論旨を展開した。第一次世界大戦で疲弊し，戦後の苦境に喘ぐヨーロッパ人の心理状態も反映し，大きな反響を呼んだ著作である。トインビーなどに歴史研究の手法が継承された一方で，予定調和説的な歴史観はナチスにも影響を与えたとされる。

問(9)　正解は世界革命論：トロツキー，

ロシア革命を批判・宥和政策に反対した政治家：チャーチル

トロツキー(1879～1939)は「世界革命論」で知られるロシアの革命家。著書からのアプローチは難しい。ウクライナのユダヤ人農家に生まれた。当初はメンシェヴィキに属し，ロシア第一革命(1905)でペテルブルクのソヴィエトを指導した。ロシア三月革命後，ボリシェヴィキに参加し，レーニンと共に十一月革命を成功させ，外務人民委員としてブレスト=リトフスク条約を締結して独と単独講和する一方，赤軍を創設して反革命軍を鎮圧するなど，革命政権の中枢を担ったが，ロシア革命の勝利を保障するためには西欧革命・世界革命へ革命運動を拡大すべきであるとの「世界革命論」に立ち，「一国社会主義論」を唱えるスターリンとの権力闘争に敗れ，1927年に共産党から除名され，29年には国外追放された。国外でもスターリンに対する批判を続けたが，39年，亡命先のメキシコでスターリンが派遣した刺客に暗殺された。一方のチャーチル(1874～1965)は英の保守党の政治家。一時，自由党に属したこともある。海軍軍人として英海軍の近代化に努め，第一次世界大戦ではトルコのムスタファ=ケマルと激戦を演じた。戦後，第1次ボールドウィン保守党内閣の蔵相として金本位制復帰を行った。終始，ボールドウィン・チェンバレン保守党政権の対独宥和政策を批判し，第二次世界大戦開始後，チェンバレン内閣の辞職を受けて挙国一致内閣を組織(任1940～45)すると対独戦を強力に指導するとともに大西洋会談以降，ポツダム会談途中で労働党のアトリーと交代するまで，F.ローズヴェルトやトルーマン米大統領，スターリン・ソ連首相らとの首脳会談を通し，連合国の戦争指導や第二次世界大戦後の世界構想に多大な影響をおよぼした。戦後も「鉄のカーテン演説」(1946)や「ヨーロッパ合衆国構想」などで優れた大局観を示した。51～55年にかけて再度，首相を務めたが，欧州統合から疎外され，冷戦の深刻化と大英帝国の衰退を食い止めることはできなかった。第二次世界大戦に関する歴史叙述でノーベル文学賞を受賞している。20世紀の政治に最も大きな影響を与えた人物の一人と言ってよい。

問(10)　正解はネルー（ネール）

ネルー(ネール，Nehru)（1889～1964)はカシミール地方のアラハバードの上級カースト(バラモン)の出身。1920年代後半からガンディーの影響を受け，インド国民会議派・急進派の指導者となり，ラホール大会の議長を務め，イギリスに対する「プールナ・スワラージ(完全独立)」を主張した。第二次世界大戦中，チャーチルはインドの独立に反対していたが，1946年，反英独立運動の拡大の中でアトリー労働党内閣がインド独立を承認した。しかし独立を巡り，国民会議派とジンナーが指導する全インド・ムスリム連盟の対立が激化し，1947年，イギリスの調停でインド連邦とパキスタンが英連邦内の自治領として分離・独立した。ネルーは独立後，初代首相(任1947～64)となった。藩王がヒンドゥー教徒でありながらムスリムが人口で多数派を占めるカシミール地方が係争地となって第1次インド=パキスタン戦争が勃発(～49)し，その間にガンディーは狂信的ヒンドゥー教徒に暗殺された(1948.1)。1950年，インド共和国が成立し，ネルーはインド憲法を制定してカースト制度を禁止したが，ネルー本人も娘のインディラの婿選びではバラモンの家系に固執するなど，実情はカーストの弊害が残存したため，ネルー内閣の大臣を務めた不可触賤民出身のアンベードガルは憤慨し，仏教改宗運動を展開することになった。ネルーは外交的には非同盟路線を推進しコロンボ会議・中華人民共和国の周恩来との平和五原則発表・アジア=アフリカ会議の開催などに尽力したが，1959年のチベット紛争に際しては，インドに亡命したダライ=ラマ14世を保護したため，中国との関係が悪化し，62年には中印国境での武力衝突が発生した。これ以後，ネルーは中国との対立を表面化させたソ連に接近することとなった。

解答例

(1)人物：マキァヴェリ(マキアヴェッリ)　作品：『君主論』

(2)『ペルシア戦争史』：ヘロドトス
　『ペロポネソス戦争史』：トゥキディデス

(3)前2世紀：ポリビオス(ポリュビオス)
　建国以来の歴史：リウィウス(リヴィウス・リビウス)

(4)『教会史』：エウセビオス　『神の国』：アウグスティヌス

(5)現在の国名：トルコ共和国(トルコ)　匈奴の君主：冒頓単于

(6)イブン=ハルドゥーン

(7)『集史』

(8)シュペングラー

(9)世界革命論：トロツキー
　ロシア革命を批判・宥和政策に反対：チャーチル

(10)ネルー(ネール)

2009年

第1問 「18世紀前半までの国家と宗教（16～18世紀）」

解説

【何が問われているか？】

政教両権の歴史的かかわりがテーマ。テーマと字数自体は，1992年度の入試で10～17世紀の西欧・イスラーム・南アジアの政治体制の変化を「カリフ制・イクター制・マムルーク・スルタン制・封建制度・教皇権・絶対王政(絶対主義)・ヒンドゥー教徒・人頭税」などを指定語句として，600字で比較・論述させた問題に類似している(こちらの問題は指定語句が9つである)。

2009年度の特徴としては,「18世紀までの「西ヨーロッパ」「西アジア」「東アジア」の3つの地域における政治・宗教のかかわりについて具体例を挙げて論ぜよ」との出題に対して，受験生としてはどの時代から書き出せばよいのか，論述解答の時代範囲の設定が難しかったことと，リード文が例年に比して短いため，従来のような文章構成上のヒントを期待した受験生にはあまり参考にはならなかったことが挙げられる。

2009

リード文に示された日本国憲法の条文は，信教の自由を認めた近代国家の原則を示しており，出題者は「宗教寛容令」に象徴される，近代国家の政教分離や思想・信教の自由を連想させた上で，前近代における政治と宗教の不可分のかかわりを問うたのだと思われる。しかし駿台生の再現答案を見る限り,「近代国家＝宗教に寛容であろうとする」と「前近代＝政治と宗教の密接なかかわり・宗教が統治の基盤となる」という比較の図式が，脳裏に浮かばなかった受験生も多かったようである。

◆視点

東大の大論述攻略には，出題者の意図を正確に把握する読解力と，歴史的事実に基づく具体的・論理的な文章作成能力が必要である。受験生にとって解答の指針となるのはリード文であるが，もう一つ，東大の場合は指定語句が論述の骨格になることを忘れないようにしたい。

2009年度の指定語句を見れば，時代設定は，ほぼ16～18世紀に絞られる。絶対王政の確立とこれに伴う主権国家体制の成立に際して，英・仏では宗教が王権の確立に利用され，特に仏では，一旦認められた信教の自由が否定されたこと，独では領邦教会制の下，信教の自由が制限されたこと，これに対してイスラーム世界ではオスマン朝によって宗教寛容政策が採られたこと，東アジアでは清朝の藩部，特にチベットに対する羈縻政策を想起すれば600字の字数は決して多くはない。

駿台生の再現答案のなかには，指定語句に対して的確な説明を付すことや，指定語句から関連事項を連想することができず，このため抽象的な記述に走るか，あるいは字数が余ってしまうという初歩的なミスを犯し，このため時代を大きく遡って古代オリエントやローマのキリスト教公認にまで言及したものもあった。

このため受験生が何を具体例として選択し，どの時代から書きはじめるかで答案内容が大きく変わり，指定語句が減った結果，解答にも幅が出ることが予想されるが，指定語句を的確に使いながら叙述することを勧めたい。

【加点ポイント】

《文脈点》

①近代以前の西欧：教皇権を抑圧した英・仏では絶対王政成立の過程で国王が政教両面の最高権威となった。皇帝権弱体の独では領邦教会制が成立，異宗派の排除が継続した。絶対王政の成立から主権国家体制確立の過程で，西欧では宗教統制を通して王権の強化が図られたと言えよう。

②一方，多民族世界であるイスラームや東アジア世界ではおおむね，宗教寛容政策が採られた。民族独自の言語・文化を尊重しなければ，支配下の異民族の反発を受けるということは，アッシリア・ウマイヤ朝などの例を見れば，受験生にも理解できるであろう。

《フランス》

①フランスではアナーニ事件でローマ教皇ボニファティウス８世を屈服させたフィリップ４世以来，王権が教会に優越するガリカニスムの伝統があった。

②アンリ４世がナントの王令を発布し，新旧両派に信仰の自由を保障，ユグノー戦争を収拾した。これもガリカニスムの伝統があったからで，本来なら新旧両派の和解には教皇の了承が必要なところであった。アンリ４世は教皇の干渉を排除して宗教戦争を収拾し，絶対王政を確立したのである。

③王権神授説を信奉するルイ14世は**ナントの王令廃止**により，旧教を強制したため商工業者を主体とするユグノーは亡命した。

④啓蒙思想家ヴォルテールらは王権による信仰の強制を批判した。

＊リード文の趣旨からこの記述は必要であろう。フランスの啓蒙思想家は絶対王政の思想弾圧を批判し，宗教的統制を科さない中国王朝の「寛容な」政策を称賛している。東大の過去問題を研究している受験生なら，2000年度の大論述を連想するはずである。

《イギリス》

①旧教国の干渉排除を図るヘンリ８世が**首長法**を発し，国教会が成立した。

②エドワード６世が，カルヴァン派の教義を受容した一般祈禱書を発布した。

③エリザベス1世の「礼拝統一法」制定により国教会が確立し，一般祈禱書の使用が強制された。

④王権神授説を掲げて国教会あるいは旧教を信奉したステュアート朝は，法の支配を求める議会と対立した。

⑤名誉革命で議会の優位と国教会主義が確立され，非国教徒は審査法で公職から排除されるなど差別を受けた。

《ドイツ》

①皇帝権弱体の独ではルターの宗教改革以降，新旧両派の対立が続いた。

②アウグスブルクの宗教和義で領邦に信仰の選択権を認める**領邦教会制**が成立。

③新旧両派が激しく抗争した三十年戦争後のウェストファリア条約では，カルヴァン派の信仰と領邦主権が認められた。

④政治的・宗教的分裂に陥った独の人口は三十年戦争で激減した。

《西アジア》

①オスマン帝国が非ムスリムには不信仰税**ジズヤ**を課した。

②オスマン帝国は宗教別自治体**ミッレト**に独自の言語・文化・宗教を容認した。

＊「**ミッレト**」という制度の起源は古く，アッバース朝に遡ると言われている。これを整備したのがオスマン朝である。

③イスラーム世界ではシャリーアの優位の下で政教一致体制が取られた。

④ウマイヤ朝は異民族に**ジズヤ**を課したが，アッバース朝以降，**ジズヤ**はムスリム以外に課す不信仰税となった。

⑤ブワイフ朝以後はカリフ権が名目化し，スルタンなどが政治権力を握った。

イラン系のブワイフ朝はアッバース朝カリフの権威を借りて支配下のアラブ系ムスリムを服属させたのであり，この点に言及した答案も多いと思われる。

⑥サファヴィー朝成立以降は，スンナ(スンニー)派とシーア派の対立が激化した。

＊④～⑥の事例に限らず，問題文の時代設定が曖昧であるため，幾らでも思いつく事例はあるだろうが，あくまで指定語句から類推できる「西欧・イスラーム・中国」のバランスを取ることを忘れてはならない。

＊ムガル帝国のアクバルの宗教改革・アウラングゼーブのジズヤ復活に関しては，「南アジア」の事例であるので，許容されるかどうかは微妙なところである。

《東アジア》

①16世紀以降，チベット仏教の指導者**ダライ=ラマ**の権威がモンゴルから満州におよんだ。

②満州族の清朝はチベットやモンゴルを征服，これらの異民族居住地域に藩部を置いた。

③清朝は**理藩院**に藩部を管轄させ，間接統治を行わせた。
④清朝は，**ダライ=ラマ**を政教両面の最高指導者とするチベット仏教徒の信仰・文化を容認し，理藩院を通して管轄した。
⑤タタール部のアルタン=ハンが**ダライ=ラマ**の権威を保護した。
⑥儒教的な権威を背景に統治した中国皇帝は，宗教の強制を行うことは少なかった。

＊中国における宗教弾圧としては，いわゆる北魏〜五代・後周にかけて四度にわたって行われた「三武一宗の法難」が有名である。元朝のフビライ=ハンが宗教に寛容であったことは，マルコ=ポーロの『世界の記述』に記されている。また清朝では「典礼問題」を機に康熙帝がイエズス会以外のカトリック修道会の布教を禁止し，次代の雍正帝はカトリック布教自体を禁止したが，これは康熙帝が教皇によって中国皇帝の権威が侵害されたと認識し，また雍正帝はイエズス会が皇位継承に介入(康熙帝の皇子でキリスト教に改宗した人物を推薦)したと疑ったためである。一方で雍正帝はキャフタ条約締結を機にロシア正教の布教は認めている。中国王朝の宗教政策はこのように時宜に応じて変動するものであり，おおむね，儒教的権威を否定しない限りは，宗教に対して寛容であった。この中国に関する記述も，イスラームと同様に幾らでも思い浮かぶ事例があるが，あくまで「西欧・イスラーム・中国」という全体のバランスを考えなければならない。

解答例

西欧では王権の伸張と宗教改革により教皇権は揺らぎ，16世紀に王権が教権を排除する形で主権国家が成立した。英ではヘンリ8世の**首長法**により，国王を首長とする国教会が成立。統一法で教義が定まった。王権神授説に基づき国教会あるいは旧教を信奉したステュアート朝の諸王は議会と対立したが，名誉革命で議会の優位と国教会主義が確立し，非国教徒は審査法で公職から排除された。王権神授説を信奉する仏ではユグノー戦争収拾のためアンリ4世が新旧両派に個人の信仰の自由を認めたが，ルイ14世の**ナントの王令廃止**により国家の宗教統制が強化され，商工業者を主体とするユグノーは亡命，啓蒙思想家は王権による信仰の強制を批判した。三十年戦争後の独では領邦君主に宗派の選択権を認める**領邦教会制**が確立し，領邦主権も認められた。イスラーム諸王朝ではシャリーアに基づいて異教徒に**ジズヤ**を課し，信仰の自由を保障した。オスマン帝国では，異教徒の宗教共同体**ミッレト**が徴税を請け負う代わりに，自治を認められた。東アジアでは，明朝皇帝の儒教的専制体制の下で儒・仏・道の三教が共存した。チベット・モンゴル・満州の諸民族では，16世紀以降，チベット仏教の教主**ダライ＝ラマ**の権威が確立した。満州族が建てた清朝は，チベット仏教を保護し，チベット・モンゴルなどを藩部として**理藩院**による間接統治を行うと同時に，儒教的皇帝観念を継承し，典礼問題を機に旧教布教の禁止に至った。

（600字）

第2問　「世界史上の都市（古代〜中世）」

解説

古代ギリシア・古代中国・中世西欧の都市の成立とその特徴，発展の経緯を問う，センター試験レベルのオーソドックスな社会経済史である。

問(1)(a)は「アッティカ型」と「ラコニア型」の区別がついているかどうか，(b)では「民族」の概念の典型とも言うべき，共通の言語・宗教を持つヘレネスとバルバロイの相違についての設問であるが，(a)の二つのタイプの区別ができなかった。(b)も言語と宗教(文化・価値観)という二つの識別基準が揃わない答案が多い。

問(2)の古代中国史は2006年度・第3問に「尊王攘夷」に関する1行論述が出題されたが，それ以来の出題。過去問題に出題例があるにもかかわらず，中国史に関しては近年の受験生の多くは敬遠してイメージ自体を摑もうとしていない。

(a)殷王が祭政一致の神権政治を行う点には言及した答案が多いが，氏族を単位とする邑の連合の盟主(「大邑商」)として権力を行使した点に触れた答案は少ない。(b)犬戎の侵入による西周の滅亡については諸説あるが，教科書レベルの理解で十分である。周の東遷後，春秋時代に入ると封建制度が動揺し，周王の権力は衰え，有力諸侯が尊王攘夷を唱えて覇権を争った点については，言及できていない。「変化」とその「意義」を理解しようとする取り組みを受験生共々，進めていく必要があろう。

問(3)(a)も論述の基本であるwhen・where・who・what(これが論述のフローチャートになる)に着目すれば，加点ポイントを押さえることができるのだが，その点の詰めが甘い答案が多い。(b)もロンバルディア同盟が誰(教皇)と提携し，誰(皇帝)となぜ(イタリア政策・自治権)抗争したのか，を考えながら記述した答案は少ない。いずれも出題内容は明確であり，論述対策の基本である５Ｗ１Ｈを明確に意識して得点を確保したい。

2009年度は，「世界史上の都市」をテーマとして，60字(２行)×６題=360字(12行)。総字数は前年と同じだが，１問あたり２行(60字)と縮まり，単純な語句の説明問題になった。「都市」をテーマにした問題は，2000年度の第3問，2002年度の第3問(いずれも記述・地図)で出題例がある。内容的には，教科書に記述があるような平易なものだが字数制限が厳しいので，「何を書き加えるか」より，「どう削るか」で頭を使うことになるだろう。枝葉末節を省略して本質を摑む力を問う，東大らしい問題とも言える。

リード文に，①「都市は，周囲の都市や農村との関係に応じて，都市ごとに異なる機能を果たしてきた」，②「特定の地域や時代に共通する概観や特徴を示す場合もある」，「以上の点をふまえて…設問に答えなさい」とある。①都市と周辺との関係性，②特定の地域・時代の都市の特徴，以上の2点が採点基準になると教えてくれる。ちなみに2009年度の東大は全体を通して「国家と宗教」がテーマであった。

問(1)　古代ギリシアのポリスの形成とギリシア人意識に関する問題。

ギリシア・ローマ史は世界史教科書のはじめのほうにあって，まだ初々しい気持ちで取り組めるからか，学生の理解も深く，試験の正答率も高い。だが油断は禁物である。

(a)　ポリスの形成過程（2行）

「ポリスの形成」と聞いて，「集住(シノイキスモス，シュノイキスモス)」という言葉がまず思い浮かぶだろう。ついで，「アクロポリス」と「アゴラ」か。これで核となる部分を作ってみよう。

「アクロポリスを中心に集住し，アゴラで民会を開いた。」(25字)

主語がない。ポリスを建設し，兵役の義務を負い，民会での参政権を独占したのは誰か。貴族と呼ばれた有力市民，大土地所有者である。はじめから全市民に参政権があったわけではないことを思い出そう。古代ギリシアでは，市民といっても城壁外に私有地(クレーロス)を所有し，農業収入を生活基盤としていた。リード文にある，「都市と農村との関係」がここで生きてくる。

ギリシア人の遺跡を見に行くと，遺跡にたどり着くまでが大変である。バスがないと，夏には汗だくになる。「何でわざわざこんな不便な山の上に町をつくったか」と感じる。平和であれば，平地に住めばよいのである。それができないから，山の上に住んだ。アクロポリスは防衛上の拠点であり，集住は敵の侵入を阻むのが目的である。このことも書き加えよう。アゴラや民会はポリスの機能の説明であり，形成過程とは直接かかわらないのでカットする。

「有力者が，軍事拠点のアクロポリスを中心に集住し，周辺農村を支配した。」(34字)

これまではまだ半分である。残りは何を書くか。すべてのポリスがアクロポリスを中心に集住したわけではない。ラコニア地方の谷間に建設されたのが，ドーリア人のスパルタである。なぜスパルタはアクロポリスを持たなかったのか。彼ら自身が征服者であり，強力な軍隊を持っていたからであろう。このことを念頭に，征服型ポリスのことを書き加え，「集住型」と「征服型」を対比させてみよう。

ミケーネ文明の崩壊(前12世紀)により，線文字Bで書かれた史料が途絶える。3世紀におよぶ暗黒時代を経て，フェニキア文字から発達したギリシア文字の史料が出てくる前8世紀には，すでにポリス社会が成立している。ポリスの成立過程を語る同時代史料は存在せず，神話・伝承や考古学的調査から推測するしかない。

【加点ポイント】 二つのパターンがあることを明示する。

①**有力農民(貴族)**を中心に**軍事・経済的要地に移住**し形成された**集住型**

②**先住民を支配**して形成された**征服型**

「有力農民／有力者／大土地所有者／貴族」「軍事拠点／城山／**アクロポリス**／**集住**／**シノイキスモス**」「農村を支配／農村部も含む」「**アテネ**／**アッティカ**」「**ドーリア人**／**征服**／鉄器時代」「**スパルタ**／**ラコニア**」などがキーワードとなろう。

(b) ギリシア人意識を支えた諸要素（2行）

ギリシア人意識といえば「ヘレネス」，反対概念としての「バルバロイ」という言葉がまず思い浮かぶだろう。

「ヘレネスと自称し，異民族をバルバロイと呼んだ。」(23字)

次に諸要素を考える。「自分は○○人である」という自己認識(アイデンティティ)は何を根拠にしているか。それは言語であり，信仰であり，共通の体験(神話・歴史)である。ギリシア語・オリンポス12神・ギリシア神話(ホメロスの叙事詩)は欠かせない。他に，オリンピア競技，デルフィの神託，隣保同盟と列挙すればよいだろう。

【加点ポイント】 ①**ギリシア語**（あるいは言語，前5世紀のアテネで用いられ，ヘレニズムの公用語となった**コイネー**は許容した）を共有した。

②宗教「**オリンポスの12神**」「主神**ゼウス**」「**デルフィ**の(**アポロン**神の)神託」「**オリンピック**」などの語句の使用。

③**ヘレネス・バルバロイ**の差別

※同胞意識に関しては，具体的な記述が必要。

「**ギリシア語**／**オリンポス12神**／**ゼウス**神を主神とする多神教／**オリンピア**競技／**デルフィ**の神託／**隣保同盟**／**ヘレネス**／ヘレン(ヘレーン)の子孫／**バルバロイ**／異民族」などがキーワードとなろう。

問(2) 古代中国の都市と王朝に関する問題。

古代ギリシアのポリスに該当するものが，古代中国の邑(ゆう)である。殷も，周も，諸侯国もみな，邑制国家であった。邑は，四角い城壁に囲まれた市街地と，その周囲の耕地からなる。城内に住み，邑の構成員として認められるのは，同姓の一族（氏族・宗族）であり，共通の祖先を神として祭った。このような氏族制度は世界中に見られるが，ギリシアでは早い時期に解体に向かった（クレイステネス改革における４部族制の解体)。中国の特色は，社会主義体制となった今日もなお，濃厚な血縁社会が存続していることにある。

(a)　中国最古の王朝の政治の特徴（２行)

文献上,「最古とされる王朝」は夏だが,「20世紀初頭に発掘」されたのは殷である。そこで出土した記録は，甲骨に刻まれた卜辞(ぼくじ)。卜辞に記されている殷の政治の特徴について書け，という問題である。殷といえば,「神権政治」という言葉がまず浮かぶ。「甲骨」,「占い」と続くだろう。なお，問題文には「殷」と書いてないので明記する必要がある。殷の後期の都である殷墟(安陽遺跡)からは，大量の甲骨と，祭器としての青銅器が出土している。

「殷王は，甲骨を焼いて神意を占い，青銅器を用いて神権政治を行った。」(32字)

これでは足りない。第２問の全体の趣旨をもう一度思い出そう。「世界史上の都市」であり,「国家と宗教」が統一テーマである。古代ギリシアのポリス，中国古代の邑を比較させているのだ。だから，邑について触れないわけにはいかない。殷(商)そのものが大邑であり,他の複数の小邑を従えていた。殷は,都市国家同盟の盟主だった。この点，デロス同盟の盟主だったアテネや，ペロポネソス同盟の盟主だったスパルタと，比較できよう。

なお,「殷」を「商」と書いてもよい。「殷」は他称であり,「商」は殷人の自称である。「ギリシア」(他称)＝「ヘラス」(自称)や,「ユダヤ」(他称)＝「ヘブライ」(自称)と同じことである。甲骨には,「大邑商」と刻まれ,「殷」という文字は出てこない。周の記録に「殷」と記録されるようになる。漢字学者の白川静は殷周時代の呪述の研究から,「殷」とは周人による呪詛の文字ではないかと推測している。周の武王が殷(商)を滅ぼした後,殷人の末裔は物を売りに歩くことを生業とした。これを「商人」という。

【加点ポイント】　①祭政一致の**神権政治**
②**甲骨文字(卜辞)／亀甲・獣骨**を用いて神意を占う
③**氏族**を単位とする**邑**の連合の盟主／**大邑商**

「**殷(商)**／**甲骨**(亀甲・獣骨)／**青銅器**／神意／**神権政治**／王が神官／**氏族(宗族)**／**邑**／**邑制国家**」などがキーワードとなろう。

(b)　周の東遷について（２行)

「紀元前11世紀に華北に勢力を伸ばした別の王朝」は周。「首都の移転により時代区分がなされる」とは，周の東遷による春秋時代のはじまりのこと。「移転前と移転後の首都名」は，鎬京から洛邑へ。「移転にともなう政治的変化」だから，春秋時代の特徴を書けばよい。

「鎬京から洛邑へ遷都。周の封建制が揺らぎ，春秋時代がはじまった。」(31字)

春秋時代といえば，春秋五覇，斉の桓公，尊王攘夷…といった言葉が出てくるだろう。100字くらいの論述なら，戦国七雄，下剋上，青銅貨幣，諸子百家についても書けるが，今回は60字なので，これは入らない。

なお，遷都の直接の理由は犬戎の侵略だが，封建制はそれ以前から動揺していた。むしろ，封建制の動揺が，異民族の侵入を容易にしたというべきか。前9世紀後半，諸侯や民衆が蜂起して10代厲(れい)王を追放し，14年間の空位期間があった。この間，有力諸侯の合議制が行われ，共国の和という諸侯が君主権を代行した。よってこの14年間を「共和何年」と記す。すでに封建制は有名無実化していたことがわかる。12代幽王が犬戎に攻め込まれたとき，烽火(のろし)を焚いても諸侯が集まらなかったという有名な故事は，このような状況を象徴的な物語にしたものであろう。

余談だが，幕末から明治にかけて，日本の知識人が欧米のRepublicの訳語として「共和」を採用した。孫文は，「民国」という言葉を造語したが(中華民国)，結局日本語の「共和」が定着し，「中華人民共和国」という国名が採用された。

【加点ポイント】　①**犬戎**の侵入
②**鎬京**から**洛邑**へ遷都
③**封建制度**が動揺／**周王**の権力の衰退／**覇者**／有力諸侯が**尊王攘夷**を唱えて抗争。

「鎬京から洛邑へ／犬戎の侵攻(侵入)／封建制の動揺／王権の衰退／春秋五覇／覇者／斉の桓公／晋の文公／尊王攘夷」などがキーワードとなろう。

問(3)　中世ヨーロッパの都市に関する問題。

ギリシア・ローマ時代の植民都市（キウィタス）は，民族大移動と西ローマ帝国の解体，ノルマン人の侵攻によって衰退し，そのいくつかはカトリック教会の司教が居住する司教座都市として，細々と命脈を保った。ノルマン人の侵攻が終息した9世紀，遠隔地商人の活動が再開され，交通の要衝や古代都市（キウィタス）の隣接地に新たな商業都市（独語でブルク，仏語でブール）を建設した。これが中世都市である。無政府状態のなかで，都市の平和を実現するため，市民たち（独語でビュルガー，仏語でブルジョワ）は制約団体（コミューン）を結成し，自治権を獲得していった。国王や諸侯も都市からの税収を見返りに，自治を認める特許状を発行した。ドイツでは，神聖ローマ皇帝から特許状を与えられた都市は帝国都市と呼ばれ，諸侯とともに帝国議会への代表出席権を有した。

(a)　地中海の「東方交易」について（2行）

世界史教科書では,「東方交易」,「レヴァント貿易」という言い方が一般的。レヴァントは「太陽の昇る土地」, すなわち東方を意味する。ヨーロッパ側から東地中海方面を指した呼称である。レヴァント貿易といえば, 香辛料, 絹, ヴェネツィア, ジェノヴァ, エジプト…といった言葉が思い浮かぶだろう。

「ヴェネツィアなどイタリアの諸都市が, エジプトなどムスリム商人から香辛料や絹を輸入した。」(43字)

貿易は交換であるから,代価として何を持っていったかを書くべきだろう。ヨーロッパ側の輸出品は, 最初は刀剣や奴隷などしかなく, 完全な入超だった。14世紀以降, アウクスブルクのフッガー家による銀山の開発, ミラノやフィレンツェ, フランドル地方の毛織物工業の発達が進んだため…というより, 東方貿易の拡大がこれらの産業を刺激したため, 銀や毛織物(壁掛け用のタペストリーが中心)が, 東方へ輸出されるようになった。

「ヴェネツィアなどイタリアの諸都市が, 銀や毛織物を輸出し, エジプトなどムスリム商人から香辛料や絹を輸入した。」(53字)

香辛料も絹も, 日用品というよりは上流階級向けの贅沢品, 奢侈品であった。香辛料はインド・東南アジアから, 絹は中国から運ばれたので, 長距離の輸送コストに見合うだけの高価な品物である必要があった。このことも書き加えてみよう。

「ヴェネツィアなどイタリアの諸都市が, 銀や毛織物を輸出し, エジプトなどムスリム商人から香辛料や絹など奢侈品を輸入した。」(58字)

東方貿易の活性化をもたらした政治的背景についても考えてみよう。一つは, 東地中海地域全体に大規模な人とモノの移動をもたらした十字軍の遠征である。もう一つは,モンゴル帝国によるユーラシア統一である。モンゴルの平和(パクス=タタリカ)は, 陸路による中国貿易を飛躍的に拡大させた。マルコ=ポーロもモンテ=コルヴィノも, レヴァント地方からイル=ハン国を経て中国へ向かっている。ヴァネツィア商人の道は, レヴァント地方を経て大都までつながっているのである。

【加点ポイント】 ①**十字軍**
②**ヴェネツィア**など北イタリア諸都市が**銀**や**毛織物**を輸出
③**エジプト**などの**ムスリム商人**から**香辛料**や**絹織物**など**奢侈品**を輸入

「十字軍／モンゴル／**ヴェネツィア**／ジェノヴァ／北イタリア諸都市／**銀**／**毛織物**／エジプト／シリア／**東地中海**／ムスリム商人／**レヴァント**商人／**香辛料**(香料)／**絹**(絹織物)／象牙／**砂糖**」などがキーワードとなろう。

(b) ロンバルディア同盟について（2行）

「北イタリアに結成された都市同盟」は, ロンバルディア同盟。中世は, 自力救済の世界である。都市が特許状をもらっても，敵対勢力がそれを無視して攻め込んでくるのは日常茶飯事。結局，都市自らが城壁を構えて軍隊を持たなければ，「都市の平和」など絵に描いた餅である。ギリシア・ローマのポリスは市民皆兵の原則だったが，中世都市は傭兵を雇うのが一般的だった。敵が強大な場合は，複数の都市が攻守同盟を結んだ。これが都市同盟である。ロンバルディア同盟は，神聖ローマ皇帝フリードリヒ１世を破り(1176)，北ドイツのハンザ同盟は，デンマーク王に勝利している(1370)。

ロンバルディア地方は北イタリア，アルプス山脈の南側の豊かな平原である。その名は，古代末期にこの地に建国したランゴバルド(伊語でロンバルド)族に由来する。中心都市はミラノで，アルプス越えの峠に通じる交通の要衝。ドイツ王権神聖ローマ皇帝のフリードリヒ１世は，帝国の再統一を図り，イタリア遠征を５回繰り返した(イタリア政策)。その際，ドイツ軍のイタリア侵攻の玄関口にあたるのがミラノであった。これに反発した諸都市が，ミラノ大司教の仲介で制約を結んだのが同盟のはじまりである。最盛期には30を超える都市が参加していた。同盟軍は皇帝軍に勝利し(レニャーノの戦い 1176)，自治権を承認させている。

ロンバルディア同盟の勝利は，イタリアの諸侯・都市における皇帝派(ギベリン)を失墜させ，教皇派(ゲルフ)を勢いづかせた。ミラノとフィレンツェはその中心であった。1300 年頃，フィレンツェのゲルフ政権は，派閥抗争から白党と黒党に分裂。町から永久追放された白党の人々のなかにダンテがいた。彼は哀れにもイタリア各地をさまよったが，そのおかげであの珠玉の名作『神曲』が生まれたわけである。

一方，イタリア平定をあきらめたフリードリヒ１世は，第３回十字軍に参加したが，アナトリア(小アジア)で事故死(脳卒中により溺死)してしまう。彼の息子は，イタリア政策の一環としてノルマン=シチリア王国(両シチリア王国)の王女と結婚，生まれた子どもがフリードリヒ２世となり，神聖ローマ皇帝とシチリア王を兼ねた。シチリア島でアラブ人やギリシア人の知識人に囲まれて成長した彼は，アラビア語を含む数カ国語を理解し，イスラームの自然科学に興味を示した。教皇から破門で脅され，いやいや第５回十字軍を率いたが，文通相手でもあったエジプトのアイユーブ朝スルタンと密約を結び，イェルサレムへの無血入城と10 年間の休戦を実現した。フリードリヒ２世が占領したイェルサレムでは，イスラーム教徒の信仰の自由は保障され，キリスト教徒の巡礼者と共存した。19 世紀の歴史家ブルクハルトは，フリードリヒ２世のことを「玉座の上の最初の近代人」と呼んだ。現代の人類は再びこの寛容の精神を忘れてしまい，パレスチナではいまも流血が続いている。

【加点ポイント】　①（ミラノを中心とする）**ロンバルディア同盟**

②**イタリア政策**を推進する**神聖ローマ皇帝**に勝利／**教皇**と提携して

皇帝を撃破

③**自治権**を獲得

「ミラノ／**ロンバルディア同盟**／神聖ローマ皇帝／**イタリア政策**／帝国の統一／フリードリヒ１世／**シュタウフェン朝**／自治権／教皇／**教皇派**(ゲルフ)」などがキーワードとなろう。

解答例

(1)(a)有力農民を中心に軍事・経済的要地に移住し形成された集住型と，先住民を支配して形成された征服型という二過程で成立した。

(番号・記号を含めて60字)

(b)ギリシア語やオリンポス12神の信仰，オリンピア競技などの祭祀を共有。自らをヘレネスと称し，異民族をバルバロイと蔑視した。

(記号を含めて60字)

(2)(a)殷王は亀甲・獣骨を用いて神意を占う祭政一致の神権政治を行い，氏族を単位とする邑連合の盟主として絶大な権力を行使した。

(番号・記号を含めて60字)

(b)犬戎の侵入で鎬京から洛邑へ遷都した後は，封建制度が動揺し，周王の権力は衰え，有力諸侯が尊王攘夷をとなえて覇権を争った。

(記号を含めて60字)

(3)(a)十字軍以降，ヴェネツィアなど北イタリア諸都市が銀や毛織物を輸出，ムスリム商人から香辛料や絹織物など奢侈品を輸入した。

(番号・記号を含めて60字)

(b)ミラノを中心とするロンバルディア同盟は教皇と提携し，イタリア政策を推進する神聖ローマ皇帝に勝利し，自治権を獲得した。

(記号を含めて59字)

第３問　「18～20世紀前半の宗教政治結社」

解説

全10問で解答数は10。例年，第３問には共通したテーマが設けられるが，2009年度は18～20世紀の政治史に多大な影響を与えた「宗教政治結社」に関する出題であった。問(9)のベトナム光復会以外は教科書レベルの基本事項。問(6)の全琫準などの漢字は間違わないようにしたい。問(8)の全インド=ムスリム連盟は，ガンディー没後60年を意識したか。問(10)で日本人ジャーナリストが殺害されたミャンマーの民族政党・タキン党が問われたが，意外とよく解答できていた。時事問題に対する関心の高さも得点に結びつくことになろう。

問(1)　正解は白蓮教徒の乱

白蓮教は浄土教の阿弥陀信仰を起源とし，南宋～元にかけて成立した。仏教の救世主である弥勒菩薩が人間の世に生まれ変わる「弥勒下生」を信ずる。明の太祖・朱元璋が台頭する契機となった元朝末期の紅巾の乱(1351～1366)や，清朝・乾隆末年から嘉慶帝の初年にかけて，湖広・四川の農民らが蜂起した「白蓮教徒の乱」が有名。清朝はこの反乱の鎮圧に手こずり，郷勇が編成される契機となった。郷勇は地方官僚や郷紳が組織した郷土防衛を目的とする義勇軍。正規軍の八旗・緑営が腐敗弱体化したため本来の目的を超えて白蓮教徒の乱・太平天国の鎮圧の主力となり，以後清朝も郷勇の軍事力に依存するようになった。19世紀初めの天理教徒の乱や19世紀末の義和団の乱も白蓮教の影響を受けていると言われる。

問(2)　正解はバブーフ

バブーフは1796年，フランス総裁政府に対する陰謀を企て処刑された。彼は資本主義に対して農民の立場から土地私有を否定・共産主義と武装革命を提唱したため，世間からは「平等主義者の陰謀」と言われたが，組織された武装蜂起によって国家権力を奪おうとする試みは，後世に大きな影響を与えた。

問(3)　正解はカルボナリ（炭焼党）

カルボナリはナポレオン戦争期にイタリアで成立した，立憲政治樹立を目指す秘密結社。19世紀前半，秘密結社とサルデーニャ王国による反オーストリア・イタリアの統一運動(リソルジメント，目覚め・復活の意)が展開された1820～30年代初めに活躍したが，カルボナリの革命運動は極端な秘密主義を取ったため大衆的基盤を確立できなかった。1820～21年にはナポリ・ピエモンテ(サルデーニャの首都トリノ)で蜂起に失敗。フランス七月革命(1830)の影響を受けて1831年には中部イタリアで蜂起したが，これにも失敗し，潰滅した。

問(4)　正解はデカブリスト（十二月党員）の乱

ロシアでは1825年，アレクサンドル1世が急死し，弟のニコライ1世が即位した。フランス革命の影響を受けた自由主義的な青年貴族将校たちは，ナポレオンの影響を受けたアレクサンドル1世に比して専制的な新帝ニコライ1世に反発し，デカブリスト(十二月党員)の乱を起こしたが弾圧された。

問(5)　正解はK・K・K（クー＝クラックス＝クラン）

K・K・K(クー＝クラックス＝クラン)は1865年にテネシー州で結成。反黒人秘密結社で残虐な黒人迫害を行った。一時衰えたが，1915年に復活。アメリカ出生主義・

白人プロテスタント(WASP)の優越・外国的な文化・不道徳性を排撃し，こうした偏見から移民・黒人・ユダヤ人を排撃した。

問(6)　正解は全琫準

全琫準(チョンボンジュン 1854～95)は東学の信徒で甲午農民戦争の指導者。再現答案では誤字が多かった。東学は没落両班の出身である崔済愚(チェジェウ　1824～64)を教祖とする朝鮮の宗教。崔済愚は18世紀から朝鮮に浸透しはじめた西学(キリスト教)に対抗し，1860年に民間信仰を中心に儒仏道三教を融合した東学を提唱した。東学は列強の侵略に対する「保国」と「人，乃天」の平等思想に基づき封建支配に対する「安民」を説き「地上天国」の実現を目指したが，大院君は民を惑わす者として崔済愚を捕らえ63年に処刑した。第2代教主崔時亨(チェシヒョン 1827～98)は師の死後，教団の組織化を図り，李朝の腐敗と列強の侵略を背景に東学は没落両班や農民に急速に拡大した。東学党の全琫準らは閔氏政権の腐敗と開化政策に対する反発から，1894年，甲午農民戦争(東学党の乱)を起こした。「東学少なく寃民多し」と言われるように，困窮した農民は東学信徒と結び「逐滅倭夷」「尽滅権貴(閔氏政権打倒)」を掲げ，東学の組織を利用して反乱を拡大したが，日清両国の介入を受け，日清戦争が勃発，全琫準らは日本軍に弾圧された。

問(7)　正解は中国同盟会

中国(革命)同盟会は1905年，孫文らが東京で結成した革命団体。日露戦争終了後，興中会・光復会・華興会が合同して孫文を総理として組織した。副総理執行部長は黄興。孫文の三民主義に立脚する四大綱領を基本方針とし，日本の民間有志も支持した。機関紙『民法』は1905年東京で創刊された。三民主義は1905年中国同盟会成立直前に孫文が発表した中国革命の基本理念で，民族の独立，民族の伸張，民生の安定を標語とし，内容は辛亥革命以後，中国国民党の指導理念となった。なかでも「民族主義」は民族の独立を標語とする孫文の主張。当初の「滅満興漢」から孫文晩年には国内諸民族の平等と反帝国・反封建(軍閥)主義を主張するに至った。民権主義は民権の伸張を標語とし，当初の清朝打倒後の共和政樹立から人民の選挙・罷免・創制・複決権と政府の治権の確立を説く。民生主義は民生の安定を標語とし，孫文の「平均地権」の主張は当初の佃戸制の廃止から土地所有の平等や，資本の集中独占の排除へと深められた。四大綱領は1905年中国同盟会の結成と同時に孫文が三民主義に基づいて掲げた基本綱領で「駆除韃虜(清朝打倒)・恢復中華・創立民国・平均地権」の四つをいう。

問(8)　正解は全インド＝ムスリム（イスラーム教徒）連盟

1906年に結成されたインド＝ムスリムの政治団体。民族運動分裂を狙うイギリスは結成を歓迎。国民会議派とは第一次世界大戦中のラクナウ協定で自治を目指して提携，ガンディーの第1次非暴力・不服従運動にも参加するなど一時反英的となったが，ジンナー(1876～1948)の指導下で反ヒンドゥー・親英路線を採り，40年にムスリム国家建設を決議した。

問(9)　正解はベトナム光復会

これは難問。ベトナムの学者・革命家ファン＝ボイ＝チャウ(潘佩珠・Phan Boi Chau 1867～1940)が組織した。ファン＝ボイ＝チャウは東遊(ドンズー)運動を指導したことで知られるが，その際，彼が組織した「維新会」と区別できるかがポイント。ファン＝ボイ＝チャウははじめ，清朝の変法運動や漢訳本により西洋思想に接しフランスに対して外国の援助による抵抗運動を計画した。1904年，彼は知識人を中心に維新会を設立。翌05年日本の武器援助を期待して来日した際，大隈重信や梁啓超にベトナムの惨状を訴えるため『ベトナム亡国史』を著し，また梁啓超の助言で東遊運動を提唱。ベトナムの知識階級は，日露戦争における日本の勝利に刺激されてフランス支配からの脱却を図るファン＝ボイ＝チャウの呼び掛けに応じ，日本の明治維新を範として近代化に必要な人材を育成するため，青少年を日本へ留学させ，日本の明治維新に倣ってベトナムの独立を図ったが，維新会の武装蜂起は失敗し，1907年日仏相互の反政府運動・独立運動の取締りを約した日仏協約が成立すると日仏両国に弾圧され，留学生のほとんどは09年には日本国外に退去し，ファン=ボイ=チャウもタイに亡命した。維新会の「維新」は明治維新から取ったのである。日本に見捨てられた彼は，以後は孫文に傾倒し，1912年の辛亥革命成功に伴い広州に渡り，日本への留学生を中心にベトナム光復会を結成した。孫文の支援を受けて反仏武力革命を計画，フランスの意を受けた民国軍閥政府に弾圧されたが屈せず，香港を拠点に活動を続けた。第一次大戦後は孫文の中国国民党に倣ってベトナム国民党設立を計画したが，25年上海でフランス官憲に捕えられ，フエに軟禁されて没した。ベトナム国民党は27年彼の同志が設立，軍の兵士に組織を拡大し30年に武装蜂起したが，フランスに鎮圧された。以後のベトナムの民族運動はホー＝チ＝ミンの共産主義運動が担うことになる。

問(10)　正解はタキン党（我らビルマ人協会）

イギリスは1935年の新インド統治法により自治権の拡大を余儀なくされたが，これとは別に1937年，ビルマ(現ミャンマー)統治法を制定し，英領インドからの完全分離を定めた。これによりビルマはビルマ総督直轄の準自治領となった。これに反発したビルマの民族主義団体・タキン党(Thakin)は30年代半ばからウー＝ヌーらを指導者としてビルマの即時完全独立を要求して反英闘争を展開した。ビルマ独立運動の指導者であるアウン＝サン(オン＝サン・Aung San 1915～47　アウン＝サン＝スーチー女史の父)は38年タキン党に入党。太平洋戦争中，日本軍に協力，44年反ファシスト人民自由連盟を組織して抗日に転じたが戦後，暗殺された。

解答例

⑴白蓮教徒の乱

⑵バブーフ

⑶カルボナリ(炭焼党)

⑷デカブリスト(十二月党員)の乱

⑸K・K・K(クー＝クラックス＝クラン)

⑹全琫準

⑺中国同盟会

⑻全インド＝ムスリム(イスラーム教徒)連盟

⑼ベトナム光復会

⑽タキン党(我らビルマ人協会)

2008年

第1問 「1850～1870年代までのパクス＝ブリタニカの展開と諸地域の対抗策」

解説

【何が問われているか？】

1850～70年代にかけて日本を含む諸地域がいかにパクス=ブリタニカに組み込まれたか，または対抗したか。

◆視点

1．アジア（インド・中国・トルコなど中近東）の諸地域がイギリスに政治的・経済的に従属させられた経緯を思い浮かべること。さらにアジアの中で明治維新を機にいち早く西欧的近代化を図った日本が，江華島事件以降，朝鮮の植民地化を開始し，欧米に対抗したことへの言及ができるかどうか。

2．アメリカ合衆国においては，イギリスに対抗して連邦主義と保護貿易の確立を主張する北部が南北戦争で勝利したのを機に，産業革命が進展し，イギリスからの自立が進んだことが想起できるか。特に「綿花プランテーション」が発展した南部が，イギリスの市場兼原料供給地として自由貿易を要求し，「内乱」勃発の際，南部がイギリスの支持を期待したこと，リンカンの奴隷解放宣言が戦争へのイギリスの介入を防ぐ目的で発せられたこと，南部の敗北は合衆国がイギリスの従属下から自立することを意味した点などに連想がおよぶかどうか。

3．ヨーロッパでは「東方問題」における列強の対立，なかでも19世紀半ばの「クリミア戦争」から露土戦争後のベルリン会議に至る間のイギリスとロシアの抗争に，統一を進めるビスマルクのドイツがどのように絡んだかが書けるか。

上記3点は，それぞれが論述問題として出題されることがある頻出テーマである。これらをバランスよく組み立てる文章力･構成力，そして19世紀半ばの世界を「俯瞰」する能力(ヨコの世界史的視点に立てるか否か)が求められている。

【加点ポイント】

《「世界の工場」イギリスの全盛期について》

- **第1回万国博覧会**　＊パクス＝ブリタニカの象徴として使用されているか。
  ①ロンドンで開催されたこと
  ②英の圧倒的な国力の誇示になったこと

《トルコ（「東方問題」）をめぐる英とヨーロッパ諸国との関係》

- **クリミア戦争**　＊英・露の対立の具体例として使用しているか。
  ①英は仏とともにオスマン帝国側で参戦
  ②露の南下を阻止
  ③露の対抗策…農奴解放などの改革(大改革)の推進
- **ミドハト憲法**　＊トルコの近代化が欧米への対抗であることが書けているか。
  ①英はタンジマートを利用して工業製品を輸出・トルコ産業を衰退に追い込む
  ②列強の圧力に対するオスマン帝国の立憲運動であること
  ③露土戦争の勃発で停止されたこと
  ④スエズ運河の株式を英がエジプトから購入して植民地化を進めたこと
- **ビスマルク**　＊**ビスマルク**外交(勢力均衡)と英独の経済的対立に言及しているか。
  ①サン＝ステファノ条約で露の南下の動きが強まる
  ②**ビスマルク**が「公正なる仲買人」としてベルリン会議を主宰したこと
  ③英が露の南下の阻止をはかったこと
  ④独の統一が英への対抗でもあること
  ⑤英に対抗して保護貿易政策を推進したこと

《アメリカ合衆国の対応》

- **綿花プランテーション**　＊米北部の連邦主義・保護主義の勝利が書けるか。
  ①プランテーション拡大に伴い黒人奴隷が増加したこと
  ②南部は市場兼原料供給地として，英に経済的に従属
  ③南北戦争の勃発
  ④英への対抗上，保護貿易と国内市場の統一を求める北部が勝利
  ⑤プランテーションが衰退・英の主要な綿花輸入先がインドとなった

《東アジアの対応》

- **総理衙門**　＊ヨーロッパ主権国家体制に中国を組み込んだ点が書けているか。
  ①アロー戦争で英が仏とともに清を破った
  ②北京条約で対中国自由貿易を達成・市場開放・自由貿易を強要
  ③**総理衙門**の設置…対等な外交関係を築くことに成功・清朝に対等外交を強要
  ④西欧の軍事技術の導入を中心とした洋務運動が開始された
- **日米修好通商条約**…日本は開国倒幕・明治維新以後の西欧的近代化で対抗
  ①日本の開国
  ②安政の五カ国条約で不平等条約を欧米諸国に強要された
  ③明治維新後，日本は西欧的近代化を進める

- **江華島事件**　＊日本の侵略の契機が書けているか。
  - ①江華島事件を機に日本は李朝(朝鮮王朝)に開国を強要
  - ②不平等条約の日朝修好条規(江華条約)を締結

《インドの植民地化》　＊**インド大反乱**……英が植民地化を推進した経緯が書けているか。

- ①シパーヒー(セポイ)の反乱が契機
- ②ムガル帝国が滅亡
- ③東インド会社が解散・インドは英政府の直轄領となったこと
- ④ヴィクトリア女王を皇帝とするインド帝国が樹立された

《東南アジア》海峡植民地に対するイギリスの「領域的支配」が進展したこと

解答例

ロンドンで**第１回万国博覧会**を開催して国力を誇示した英は，**クリミア戦争**に仏とともにオスマン帝国側で参戦して露の南下を阻止した。露では農奴解放などの改革と並行して仏などの資本を導入して近代化を進めた。オスマン帝国でも立憲運動が高まり，**ミドハト憲法**が制定されたが，露土戦争を機に停止された。独では普仏戦争を機に政治統合を達成した**ビスマルク**が保護貿易を推進して英に対抗したが，露土戦争で露の南下の動きが強まると，**ビスマルク**が主宰したベルリン会議で英はこれを阻止した。米では**綿花プランテーション**の拡大に伴う黒人奴隷の増加を背景として南北戦争が起こったが，英への対抗上保護貿易と国内市場の統一を求める北部が勝利した。東アジアではアロー戦争で英仏に敗れた清が北京条約で11港を開き，対等外交を認めて**総理衙門**を設置し，洋務運動を開始した。開国以来**日米修好通商条約**などの不平等条約を欧米諸国に強要された日本は，明治維新後西欧的近代化を進める一方，**江華島事件**を機に不平等条約の日朝修好条規を朝鮮に結ばせた。英が植民地化を進めてきたインドでは**インド大反乱**が起こったが鎮圧された。この反乱でムガル帝国は滅亡，英は東インド会社を解散させてインドを直轄領とし，ヴィクトリア女王を皇帝とするインド帝国を樹立した。

(540字)

第2問 「世界史上の領土と境界の画定をめぐる紛争」

解説

「領土と境界の画定をめぐる紛争」をテーマに3問・計4題の論述が出題された。第2問は2004年度以降，全て論述問題となり，2008年度は2006年度の120字(4行)3題というスタイルに近い形となった。また2006年度は語句指定があったが，2007・2008年度は語句指定がなくなった。2007年度のように字数と問題数に若干のバリエーションはあろうが，1行論述(用語説明)を含めて，語句指定に頼らず，リード文から歴史的背景とキーワードを連想して，短い論述を的確に書く練習をしてほしい。また地図・史料問題に取り組むためには，常日頃から地図その他に慣れ親しんでおくことが大切である。今回の第2問は地図問題ではないが，教科書や史料集の地図を使い慣れていないと，答えは書きにくい。受験生としては普段から地図に親しんでおく必要性を認識させられたのではないか。では，問題ごとに解説を加える。

問(1)　沿海州をめぐる清露国境問題について。

中国近代史の頻出事項であり，第1問の大論述とも表裏の関係にある問題。ロシアの侵略の結果，国境線を変更・画定した条約について，正しく記述すればよい。問題文にある1969年の中ソ国境紛争は「珍宝島事件(ロシアではダマンスキー島事件)」である。アムール川(黒竜江)の支流ウスリー江にある中州の領有をめぐる衝突であるが，19世紀半ばに，この両河川流域の境界線を画定した露清間の二つの条約，アイグン条約と北京条約を想起できるかどうかがポイントである。

まず条約締結の時代的背景を考えること。「蒸気鉄船と木造帆船の戦い」と称されたクリミア戦争に敗北した露のアレクサンドル2世は農奴解放にはじまる「大改革」を推進し，産業革命の進展を図った。こうした経緯が露の侵略の背景にある。指定語句がない論述を書く場合，時代背景(When)，地政学的な背景(Where)，行動の主体とこれを取り巻く環境(Who)，動機(Why)に考えをおよぼし，その経緯がいかに歴史的影響をおよぼしたか(How)を考察することである。こうした「5W1H」を想起する基盤は通常の受験勉強にある。常に「5W1H」を意識しながらの学習こそ，論述対策の根幹となるし，こうした学習には史料集が極めて有効である。そこで想起された歴史事項が論述の重要な骨格を構成する。第1問の大論述では例年いくつかの指定語句があるのだから，文章構成の骨組みは容易に発想できるはずだが，第2問の小論述形式では，受験生自らキーワードを連想し，骨組みを考え，短字数の中で簡潔且つ的確にまとめなければならない。小論述形式が定着した04年度以降，受験生の再現答案を見ると第2問の得点率が最も低いが，その原因は構成力とキーワードを連想する力量にあるだろう。小論述を教科書・用語集・一問一答集などの暗記に頼って，いわば文章をコピー・ペースト(切り貼り)するような取り組みは実戦的ではない。一つの歴史的事項を「５Ｗ１Ｈ」を考えながら理解し，納得し，使いこなせるようになってこそ，本番で解答が「湧き出してくる」のではないか。第２問に付け焼き刃は効かない。小論述をクリアできない受験生は東大世界史では苦戦をする。第１問の大論述も構成上はおよそ150字～200字×３である。普段から短い文章を簡潔且つ的確に書く取り組みを望みたい。

1850年代の清朝は太平天国の乱(1851～64)とアロー戦争(第２次アヘン戦争 1856～60)に苦しんでいた。模式図にすれば次のような国際関係が存在した。露の侵略はこの混乱に乗じたもので1858年のアイグン条約と60年の北京条約の二段階で行われた。条約とその内容が符合していなければ加点対象とはなり得ないから注意すること。因みに駿台では，国名の漢字略記は日本語表記の慣例に合致していれば，使用してかまわないと考えている。

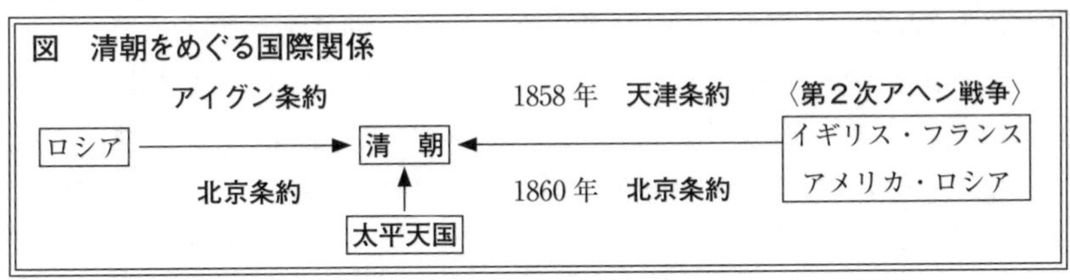

第２次アヘン戦争は英仏両国の清朝に対する侵略戦争で，アヘン戦争後も工業製品の対中国輸出が伸び悩んだ英は中国市場拡大を狙い，仏と共に条約の改訂を求め，市場拡大を要求した(1854)が，咸豊帝(位1851～61)統治下の清朝はこれを拒否した。ちなみに咸豊帝の妃の１人が後の西太后である。クリミア戦争の講和条約であるパリ条約が締結されたばかりの1856年，広東港でイギリス国籍と称するアロー号を，密輸容疑で清朝の官憲が臨検したアロー号事件が発生すると英のパーマストン・自由党内閣はこれを口実に，当時，宣教師殺害事件をめぐって清朝と対立していた仏(ナポレオン３世)と共同で出兵した。1858年には英仏連合軍が広州を占領，北上して天津に迫ったため清朝は天津条約を締結した。この間，露(アレクサンドル２世)の東シベリア総督ムラヴィヨフがネルチンスクから軍を率いてアムール川(黒竜江)を下りアイグンに上陸，清側に国境線の変更を迫り，アイグン条約(1858)を締結させ，ネルチンスク条約で画定させたスタノヴィオ山脈(外興安嶺)とアルグン川を結んだ線からアムール川(黒竜江)まで国境線を南下させた。この国境線変更は史料集の地図を見ると忘れがたい。露はアイグン・北京・イリの３条約で日本５個分の領土を清から奪ったのである。1859年，批准書交換の英仏使節が大沽で清軍に砲撃され戦闘が再開，60

年に連合軍は北京を占領して円明園などを破壊，清朝は屈伏し，露のアレクサンドル２世の仲介で天津条約を批准，追加条約を結んだ。この経緯自体も論述のテーマとなるから確認しておこう。追加条約とはこの場合，天津条約の内容を全て含んだ上で，更に新たな内容を加えた条約を言う。従って天津条約に含まれない北京条約独自の内容が要注意ということになる。ちなみに天津条約の内容をおさらいしておこう。1858年に天津で英・仏・米・露のそれぞれと清が結んだ条約で，米・露は戦争には加わらず条約改正要求のみ英・仏と共同で行ったことに注意しておくこと。主な内容は，①英仏両国公使の北京駐在，②キリスト教布教の容認，③英仏商船の内地航行と貿易の自由化，④新たに10港を開港し，長江の航行権を認める，⑤英・仏への償金支払い，⑥アヘン輸入の公認などである。特に英仏両国公使の北京駐在に関しては清朝側の反対が強く，前述したように条約批准(批准は皇帝の直裁であった)を拒否した清側が戦闘を再開した。これに次ぐ北京条約は第２次アヘン戦争の講和条約で，1860年10月，英仏軍の北京占領後，これも前述したように天津条約の批准書交換と追加条約として英仏両国と清朝との間で締結された。賠償金は増額，さらに清は九竜半島の南端(九竜市街)を英に割譲。開港場の追加に関しては，天津条約では牛荘・登州・淡水・台南・潮州・瓊集，長江流域の鎮江・漢口・九江・南京の計10港(港の数だけで十分)，北京条約で天津を加え11港となった。この天津が加わった部分のみ，論述ではよく問われる。主権国家体制に巻き込まれ，欧米との対等外交に迫られた清朝は，伝統的な外交政策を放棄し，外交官の北京駐在に対応して，1861年，対外事務を管轄する総理各国事務衙門，略して「総理衙門(総署)」を北京に設置した。初代総理は咸豊帝の弟・恭親王である。これは第１問の大論述の加点対象となる事項であった。

この間，露は英仏と清朝の交渉を仲介し，その代償に清露間の北京条約を締結した。この条約で露は，アイグン条約で清露の共同管理地としたウスリー江以東の沿海州を獲得し，東シベリア総督ムラヴィヨフは軍港ウラジヴォストーク(Vladivostok, Vladiは「征服」，Vostokは「東」を意味する)の建設を開始した。前頁の国際関係の模式図を見れば，英仏と清，清露間の北京条約の位置づけが明確になるだろう。

・アイグン条約に関して

露は①東シベリア総督ムラヴィヨフ(Who)を派遣し，②太平天国の乱・アロー戦争で混乱する清朝(When)に圧力をかけ，国境線変更を強要し，③黒竜江以北を獲得(Where)した。④1858年という年代の暗記も，こういうピンポイントの事項説明の場合は加点対象になるであろう。やたら年代を書いて点を稼ごうとする受験生もいるが，大論述ではあまり得策ではない。論理的且つ具体的な叙述で中身を充実させ，論旨に必要不可欠な年号のみ，答えることを考えよう。駿台生の再現答案ではアレクサンドル2世の侵略動機は書けなくともムラヴィヨフに言及したものがあった。国際線変更に関しては，ウスリー江以東の沿海州(現ロシア領プリモルスキー)の共同管理を書くかどうか，迷った受験生もいると思うが，120字という絶対的な枠組みがあるので全体の構成とバランスを考えて，敢えて削ることを進めたい。ネルチンスク条約から書き出した受験生もいたようだが，これは120字という条件からは無理である。字数の枠内で如何に簡潔・的確に書くかということをわきまえていない，論述答案を書き慣れていない受験生の書き方といえよう。

・北京条約に関して

①露が英・仏と清の講和を仲介・仲介の代償として北京条約を締結した結果，②露は北京条約でウスリー江以東の沿海州を獲得し，③ウラジヴォストークを建設，極東侵略を本格化した。③まで言及した答案はかなりあったが，だからこそ簡潔な表現が必要になろう。簡潔な表現を身につければ，要求される重要な歴史的事項をもらさず言及できる。

問(2)　イスラエル・シリア間における領土紛争。

(a)　1923年のローザンヌ条約を想起できるかがポイント。現在のパレスチナ（パレスティナ)・イラク問題の淵源は，トルコが崩壊し，その後に英・仏がアラブ人居住地に対して委任統治を行ったことにある。この点についてよく学習すべきである。類題としては07年度の慶大経済がサイクス・ピコ協定の境界線図を，また08年度の東京外大の論述もこの図に関連した出題をしている。

第一次世界大戦に敗れたオスマン朝支配下のトルコは半植民地化が進んだが，このトルコの窮地を救ったのがムスタファ=ケマル(「トルコの父」1881～1938)である。ケマルは大戦後の1919年以降，連合国に対する民族運動を指導し，ギリシア軍がイズミル(スミルナ)を占領するとギリシア=トルコ戦争(1919～22)でトルコ国民軍を指導，20年にはアンカラで「大国民会議」を開催して新政府を樹立，英に支援されたギリシア軍を撃退した。

この間，英・仏を中心とする連合国は20年4月，イタリアのサンレモで開催された連合国最高会議で英・仏がトルコ領内のアラブ人居住地を委任統治することを決定し，20年8月のセーヴル条約でトルコのスルタン政府にこれを認めさせたのである。セーヴル条約はトルコと連合国間の不平等条約という通り一遍の解釈だけでは不足なので，委任統治とも絡めて考える必要がある。

トルコ国民党を率いたムスタファ=ケマルのトルコ革命(1922～23)はギリシア・英だけでなく，連合国に屈服したイスタンブルのスルタン政府を打倒するという三正面作戦であり，ケマルの外交政策の巧みさは，イズミルを奪回してギリシア軍を撃退し，

22年にスルタン政府を打倒した後，英・仏をはじめとする連合国との交渉の中でアラブ人居住地をトルコが放棄することを条件にトルコの主権回復を成功させたことである。

これが1923年のローザンヌ条約なのである。これも通り一遍の「ローザンヌ条約でトルコは主権回復に成功」という覚え方では足りないのであり，「……で，アラブ人居住地はどうなったの？」という点まで考えているか？　と東大は受験生に問うているのである。ローザンヌ条約ではトルコの半植民地化を図ったセーヴル条約は廃棄され，トルコは「固有の領土≒アナトリア(小アジア)」を回復し，治外法権や連合国による財政管理などを撤廃することに成功したが，その代償がアラブ人居住地の放棄だった。英・仏の委任統治はサイクス・ピコ協定の分割ラインから更に変更され，この23年に画定されたのである。

これについては必ず各自の史料集の地図を参照してほしい。この結果，23年10月にアンカラを首都としてトルコ共和国が成立し，ケマルは初代大統領(任1923～38)となった。以後のケマルの改革も論述のテーマになるが，一般に「世俗主義」と呼ばれ，①イスラーム教徒が人口のほとんどを占める国家としては初めての政教完全分離を実施し，カリフ制は廃止(1924.3)，②主権在民・一院制議会・任期4年の大統領制を規定したトルコ共和国憲法を発布，③イスラーム国教制を廃止，④アラビア文字に代わりローマ字(新ラテン文字29文字)を採用した「文字革命」を実施，⑤イスラーム暦をグレゴリオ暦に改め，⑥女性参政権の実施や女性のチャドルの廃止・一夫一婦制の樹立といった一連の女性解放政策の実施など多岐にわたる西欧的近代化政策が推進された。この1923年はヨーロッパでは独の賠償問題が暗礁に乗り上げ，独ではハイパーインフレーションが進行していた。またソ連がケマルと連携する動きを見せたことも見逃せない。こうした事情が英・仏にケマルとの妥協を強いた要因である。

こうしてトルコから切り離されたアラブ人居住地，その中でもパレスチナが問題の焦点となるのだが，近年ではパレスチナだけでなくイラク問題もこの委任統治に淵源があったことを受験生に問う出題が相次いでいる。来年に向けてよく学習してほしい分野である。

論述では頻出のテーマである戦間期のパレスチナ問題はこのように要約できる。

「パレスチナでは，英の二重外交が発端となり，フサイン・マクマホン協定で大戦後の独立を約束されたアラブ系パレスチナ人と，バルフォア宣言に基づいて民族国家建設のため入植を本格化させたユダヤ人との間で対立が激化した。列強は西アジアの利権を確保するため，国際連盟の委任統治という形での植民地支配を継続したが，パレスチナを除く地域は30～40年代にかけて独立していった。」

イギリスの二重外交に関しては，英のエジプト駐在・高等弁務官マクマホンが，秘密書簡でフサインに「シリア西部以外のアラブ人居住地の独立を支援する」と約束した「フサイン・マクマホン協定(1915)」，英が仏・露とトルコ領分割を密約し，戦後，レーニンによって暴露され，アラブ民族の英に対する反発の原因となった「サイクス・ピコ協定(1916)」，およびバルフォア英外相がユダヤ財閥の経済援助を得るため，当時，シオニスト協会(1897～)会長を務めていたロスチャイルドへの書簡の中で「戦後，パレスチナをユダヤ人の民族的郷土(ナショナル・ホーム)とすることを支援する」と宣言した「バルフォア宣言(1917)」を的確に説明できるようにしておくこと。ユダヤ人は「民族的郷土」を「民族国家」と解釈したが，バルフォアは現地のアラブ系パレスチナ人とは対立しないようにとも述べており，早くも自らの二枚舌外交に対する責任の回避を図っている点がいかにも英らしい。ちなみに1947年の国際連合総会におけるパレスチナ分割案採択に際しても英は「棄権」している。一方，バルフォア宣言自体，実はシオニスト側からの働きかけが契機となったことも明らかになっており，これが今後，どのように高校教科書に反映されるかである。

ここで今後の論述対策のためにも，パリ講和会議後のアラブの民族運動を整理しておこう。

・セーヴル条約に基づくアラブの分割

①シリア・レバノンは仏の委任統治領，②イラク(メソポタミア)・パレスチナ・トランス＝ヨルダン(現ヨルダン王国)は英の委任統治領，③フサインのヒジャーズ王国の独立のみ承認された。

・ローザンヌ条約で英仏の委任統治領が画定された後のアラブ民族運動

①アラビア半島では1924年，英に支援されたイブン=サウードのネジド王国がフサインのヒジャーズ王国を併合。1932年には国名をサウジアラビア王国とした。②イラクではフサインの子ファイサルがイラク王に即位し，同32年にイラク王国が独立。これはアラブ民族運動を指導したフサイン・ファイサル親子の支持勢力をなだめるため英が承認したとされる。③英の委任統治下のヨルダンでもフサインの子アブド=アッラーフが1928年，ヨルダン王に即位。1946年に完全独立を達成した。この家系が現在のヨルダン王家である。

しかしパレスチナのみは，バルフォア宣言の結果，多くのユダヤ人が移住し，先住のアラブ系パレスチナ人との間に激しい争いがはじまり，さらに1933年以降はヒトラー政権によるユダヤ人迫害によって移民が増加した。④仏の委任統治領であったシリアは1936年に自治承認，43年に共和国，46年完全独立を達成。1920年にシリアから分離されて仏の委任統治領となったレバノンも41年に独立した。これらは一括して第二次世界大戦末頃までに独立を達成したと論述では整理すればよいので，要はパレスチナだけ問題を戦後に引きずってしまった点に留意することである。

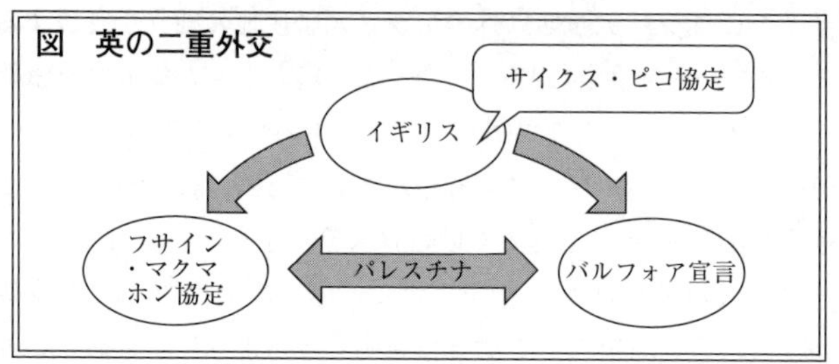

・イラクの混乱の要因

これも今後の対策を見据えての解説である。本来，受験生が青本を読むのはそのためであろう。このテーマに関しては北大・早大なども既に論述で出題している。

イラク問題の淵源は，第一次世界大戦後，オスマン帝国が崩壊した際，英が「イラク」という委任統治領を形成したことにある。この地域は受験生にはメソポタミア文明の故地としてよく知られているが，オスマン帝国の視線はバルカン半島から以西のヨーロッパに向けられ，オスマン時代の600年間，メソポタミアはサファヴィー朝など主にイラン人との争奪の舞台となる辺境地帯にすぎなかった。しかもサファヴィー朝はシーア派を国教としたため，スンナ(スンニー)派を信奉するオスマン帝国との争奪が繰り返される間に，この地のアラブ人の間にシーア派が浸透した。さらにトルコ・イラク・イランに数千万の人口を有しながら，未だに独立国家を形成することができないイラン系クルド人(スンナ派が多数)の存在が事態を複雑にしている。このクルド人はシルクロードの交易に従事した剽悍(ひょうかん)な遊牧民であった。

南部のアラブ系シーア派(油田あり)，中部のアラブ系スンナ派(資源に乏しい)，北部のイラン系クルド人(最大の油田地帯を含む)という三つの勢力から構成される「モザイク状」のこの地域に，イラクという国家を「建設」した英の思惑は，主にこの地の石油の利権を独占することにあったと言われる。同時期にカージャール朝末期のイランでもアングロ=パーシャン石油会社(後に国有化をめぐって揉めたアングロ=イラニアン石油会社)を設立していることからも，この間の英の思惑を知ることができる。こうした英の冷徹な外交政策の前には，かの「アラビアのロレンス」やイラク建国の母と言われた英の外交官ガートルード=ベル(2006年，『砂漠の女王』という彼女の伝記が出版された)らも翻弄された。

英はイラクを委任統治領にし，1932年に独立した際も親英的なアラブの名門・ハーシム家(予言者の子孫)出身で，ロレンスと共にトルコと戦ったファイサルを王として，彼の「カリスマ性」でイラクをまとめ上げることを期待したのである。この経緯は映画にもなったが，この名作は時代背景を理解した上で鑑賞すると，受験生にも十分，面白いと思う。

ファイサルの父は前述したように「フサイン・マクマホン協定」(1915)以降，英と協力してオスマン帝国に対するアラブ独立の戦いを展開した，あのフサインである。フサインは英の「二重外交」によって，聖地イェルサレムのあるパレスチナにユダヤ人の民族国家建設運動が開始され，英・仏による委任統治によってアラブ独立の期待が踏みにじられたことに反発したが，英と結んだライバルでワッハーブ派を信奉するネジト王国のイブン=サウード(サウジアラビアの建国者)にアラビア半島を追放された。英はフサイン支持者を宥めるためにもファイサルとその弟をイラクとヨルダンの国王としたのである。ちなみにイラク王制は1958年のカセムの革命で打倒され，これが現在のイラクの混乱に直接，影響を与えている。英の委任統治が，現在の中東問題やイラク戦争の要因となっていることが分かってもらえただろうか？

現在のイラクはアラブ系シーア派が多数派(約60%)を占め，アラブ系スンナ派とイラン系クルド人が約20%ずつを占める。かつての独裁者サダム=フセイン前大統領は少数派のスンナ派の出身だったため，独裁体制を取って多数派のシーア派やクルド人を弾圧したのである。フセインはかつて「このイラクのような国は民主主義では統治できない。独裁のみが統治を可能にする」と語っていた。そのフセインはイランのホメイニ師が指導するシーア派の革命(1979)がイラクに浸透することを恐れていた。そこでフセインを支援して，イランを崩壊させようとイラン=イラク戦争(1980～88)を仕掛けさせたのは，世界最大の産油地域であるペルシア湾岸に反米・反社会主義を掲げるイスラーム政権の出現を嫌ったアメリカ合衆国やソ連など,欧米の大国などである。

そのフセインが90年，オスマン帝国時代には現イラクのバスラ県に属していたクウェートのイラクへの併合を望んだ時，かつての「支援者」である合衆国と英が「多国籍軍」の主力となってイラクを叩いたのも石油利権が背景に存在したのではないかと疑われている。

争点となったクウェートは1889年，イギリスが，その生命線であるカイロとカルカッタ(現コルカタ)を結ぶ３Ｃ政策の中継地として植民地化したところで，ペルシア湾岸の油田はこの当時から掘削がはじまっていた。このクウェートの隣のバスラは，実はドイツが建設したバグダード鉄道の終点であり，３Ｂ政策と３Ｃ政策はこのクウェート・バスラ間で衝突していたのである。クウェートがいかに英にとって重要であったかは，反英民族主義を掲げた，前述のカセムが併合を求めたのに対し，英が1961年にクウェートを独立させてしまったことでも分かる。それから30年後の権力者フセインにとっても，カセムと同様にクウェートは併合すべき貴重な石油資源の産出地であったが，彼のもくろみは多国籍軍に粉砕されてしまった。

またクルド人は1991年の湾岸戦争の際，合衆国の援助を期待して悲願の独立を目指したが，戦争の早期終結を図った合衆国のブッシュ大統領(パパ)は，クルド人に期待を持たせながら最終的にはこれを見捨て，クルド人は存続を許されたフセイン政権から大弾圧を被った。今のイラクはシーア派が多数を利用して政治を主導しようとしているが，これに対してサダムを失い，少数派として危機感を深めるスンナ派内の過激派が外国勢力と結んでテロを繰り返しているのだとの見方がある。

今なお，クルド人はトルコとイラクに跨って約3000万人が居住しているが，2008年初頭には，独立国家「クルディスタン」建国を目指す民族主義勢力とトルコ政府軍がイラク国境を挟んで戦争状態に入った。東大受験生には現代のこうした混乱の要因を歴史的に遡って考察する思考力を是非，養ってほしい。

パレスチナ委任統治・イスラエルとシリアの境界が画定した「1923年」の意味合いが書けているかどうかをチェックすること。①ローザンヌ条約でトルコがアラブ人地域を放棄，②国際連盟の委任統治が行われたこと，③英はパレスチナ(イスラエルも許容)を委任統治，④仏はシリアを，委任統治という形で分割支配したこと，これらの諸点に言及すればよい。

(b)　07年度はイスラエルが占領地を大きく拡大した第3次中東戦争から30年であることを想起すること。受験生には，21世紀まで継続する，こうした重要なテーマに関して，現在から顧みる視点が求められている。この分野が得意な受験生はあまり見かけないが，この分野も受験世界史のトレンドの一つである。08年度では要求された字数は60字だが，いつ400～500字以上で出題されてもおかしくないテーマであり，東大受験生としては十分な学習が必要だと思う。

中東戦争の経緯は次のように要約できる。

1947年，国際連合総会で米ソなどの賛成の下，パレスチナ分割案が採択されると，ユダヤ人側は翌48年，英の委任統治終了に伴い，イスラエル国の独立を強行したため，アラブ連盟との間で第1次中東戦争が勃発，この戦争でイスラエル占領地から大量の難民が発生した。1956年，エジプトのナセルのスエズ運河国有化をめぐって，イスラエルは英仏両国と共に出兵したが，アジア・アフリカ諸国などの反発で撤兵，67年にはイスラエルがアラブ側を奇襲した第3次中東戦争でアラブ側は大敗し，シナイ半島など多くの領土を失った。このためアラブ側は1968年にOAPEC(アラブ石油輸出国機構)を結成，73年にアラブ側が奇襲した第4次中東戦争の際には，イスラエル支援の西側諸国に対する石油禁輸を実施した。以後，中東問題が世界経済におよぼす影響を懸念した米の仲介により，サダト大統領のエジプトとイスラエル間で和平交渉が行われた結果，1979年，PLO(パレスチナ解放機構)や他のアラブ諸国の反対を押し切って平和条約が締結された。

国際連合総会で米ソなどの賛成の下，採択されたパレスチナ分割案は，同地における人口が22%にすぎないユダヤ人にパレスチナ(北海道の2/5，約2万平方キロ程)の57%の領土を与え，人口78%を占めるアラブ人側には僅か40%強の土地しか与えないという，ユダヤ人側に有利な内容であった。こうした決定が行われた背景には，ナチス・ドイツによるアウシュビッツ(現ポーランド領オシフィエンチム)強制収容所などでのジェノサイド(大量虐殺)が世界に知られ，ユダヤ人への同情論が高まったという事実がある。パレスチナ紛争は第一次世界大戦末期にはじまり，1930年代にはアラブ・ユダヤの対立は激化しており，このためユダヤ人が悲願とする民族国家をオーストラリアの荒野やマダガスカル，果ては第二次世界大戦で降伏した日本の四国に建設してはどうか？　といった破天荒な案まで検討されたことがあるが，ユダヤ教を基盤とするシオニズム運動にとって「神から与えられた土地」イスラエルとはパレスチナ以外にはあり得なかった。

分割案採択の翌48年，英のパレスチナ委任統治終了に伴い，ユダヤ人側はアラブ人の反発を押し切ってイスラエル国の独立を強行したため，アラブ連盟との間でパレスチナ戦争(第1次中東戦争)が勃発，これに対して大統領選挙を迎えていた合衆国のトルーマン大統領は，国内のユダヤ人票を期待して，直ちにイスラエルの独立を承認した。戦争は米・英の支持を受けたイスラエルの勝利に終わり，イスラエル占領地から100万人規模の大量の難民が発生した。

米・英の支援を受けるイスラエルに敗北した事実は，アラブ民族主義者やパン=イスラーム主義者を強く刺激した。パン=イスラーム主義とは，欧米の侵略に対してイスラーム教徒の団結と統一を目指す考え方で，19世紀後半にアフガーニーらによって広められた。パレスチナのイスラーム教徒への攻撃は，パン=イスラーム主義者の反発を招くことになったのである。

米英はエジプトやイラン，イラク，サウジアラビアといった石油産出国の国王など特権階級と提携することにより，イスラーム圏との関係を強化してきたが，エジプトではナセルら「自由将校団」を中心とするアラブ民族主義者による革命が起こり，イランでもモサデグ政権によりアングロ=イラニアン石油に象徴される欧米石油資本からの利権回収を目指して「石油国有化」が行われたが，欧米の不買運動に直面して挫折した。イラクでも1958年に革命が起こり，アラビアのロレンスと共に戦ったハーシム家のファイサル1世の孫が殺された。

この間の1956年，エジプトの大統領となったナセルのスエズ運河国有化をめぐって，イスラエルは英仏両国と共に出兵したが，アジア・アフリカ諸国などの反発で撤退した。これがスエズ紛争で東大では既出である。ナセルは前年の55年，「アジア・アフリカ(A.A)会議」に出席しており，諸国は反植民地主義を掲げ，イスラエルを支援する欧米を非難した。この「スエズ紛争」のみ，英・仏対エジプトという点で，他の中東戦争とは構図が異なることに注意すること。

1967年には第3次中東戦争が勃発した。イスラエルがアラブ側を奇襲した，この「六日戦争」でアラブ側は大敗し，シナイ半島・ガサ地区・ヨルダン川西岸地区・ゴラン高原など多くの領土を失った。

このためアラブ側は1968年に従来のOPEC(石油輸出国機構，1960年結成)とは別にOAPEC(アラブ石油輸出国機構)を結成，73年にアラブ側が奇襲した第4次中東戦争(「ラマダン戦争」)の際には，イスラエル支援の西側諸国に対する石油禁輸を実施した。以後，中東問題が世界経済におよぼす影響を懸念した合衆国の仲介により，サダト大統領のエジプトとイスラエル間で平和交渉が行われた結果，1979年，PLO(パレスチナ解放機構，1964年結成，69～2004年にかけてアラファトが議長)や他のアラブ諸国の反対を押し切って平和条約が締結され，シナイ半島が返還されたのである。

この一連の経緯も大論述に化けておかしくないテーマで，中東戦争全体を把握しておく必要があろう。第二次世界大戦以降，中東では七度の戦争(中東戦争，イラン=イラク戦争，湾岸戦争，イラク戦争)が勃発した事実の重さに留意してほしい。

第3次中東戦争に関しては，①エジプトがアカバ湾を封鎖したことが戦争の要因である。これは石油輸入ルートを封鎖するためナセルが実施した。この点に言及した合格者の答案も複数，あった。「要因」を考えることは論述の基本である。②エジプトとシリアをイスラエルが奇襲したことに言及する。これで③第3次中東戦争が勃発し，「イスラエルの電撃的勝利」と書いた受験生もいたが，結果として④ゴラン高原・シナイ半島などをイスラエルが占領した点に触れればよい。

問(3)　アルザスの1648年から第一次世界大戦後に至る間の帰属の変遷について。

テーマへの関心の持続性，いわゆる「タテの歴史」を追求する学習ができているかどうかがポイントとなる。かつて一橋大が1991年度に400字で書けといったテーマとほぼ同じだが，両大学の論述に対する姿勢(120字か400字か)の違いが顕れていて面白い。問題文にあるとおり，ヨーロッパ連合(EU)の直接の起源となったヨーロッパ石炭鉄鋼共同体(ECSC)は，独仏間の領土と資源をめぐる長年にわたる争いの解消と永続的な和解の構築を目指したものである。和解を象徴する欧州議会はアルザスの中心都市ストラスブールに存在するが，ドイツ名ストラスブルク(「街道の町」)をフランス風にストラスブールと改名したのはルイ14世である。その1648年から第一次世界大戦後に至る帰属の変遷について書きなさい，ということで歴史的背景に言及しなくて済むだけ，平易な論述となっている。当然ながら戦争と条約名・内容が符合しなければ加点されないであろう。

・三十年戦争

講和条約が①ウェストファリア条約であり，②仏がハプスブルク家からアルザスを獲得したことに触れる。ロレーヌとは地域も併合の過程も全く異なるから混同しないこと。これらはルイ14世のライン川・アルプス・ピレネー・大西洋・地中海まで僕の仏の領地だいという「自然国境説」との絡みで頻出のテーマだが，結局，ラインラントで仏が領有できたのはこのアルザスだけだという点を，地図を見ながら確認すること。ハプスブルク家から奪ったという点には言及しておきたい。

・普仏戦争

①ビスマルクのドイツ帝国が(ロレーヌとともに)アルザスを併合した。産業革命期には石炭・鉄鋼石の産地であるアルザス・ロレーヌの価値は，従前とは比較にならないくらい高まっていた。しかも仏は資源小国である。ドーデの『月曜物語』のなかの『最後の授業』や，ブーランジェ事件の際など，ことあるごとに仏の対独報復感情をかき立てる要因となったことを想起すること。②1871 年のフランクフルト条約については書けなくてもよいと思うが，念のため。

・第一次世界大戦

①ヴェルサイユ条約で，②仏が奪回したことに言及すればよい。

解 答 例

(1)クリミア戦争に敗北した露のアレクサンドル２世は，東シベリア総督ムラヴィヨフに命じてアロー戦争に乗じて1858年のアイグン条約で黒竜江以北を獲得。英・仏と清を仲介，60年の北京条約でウスリー江以東の沿海州を獲得し，ウラジヴォストークを建設した。

(番号を含めて119 字)

(2)(a)ローザンヌ条約でトルコが放棄したアラブ人地域を国際連盟の委任統治として，英はパレスチナを，仏はシリアを分割支配した。

(番号・記号を含めて60 字)

(b)アカバ湾を封鎖したエジプトとシリアをイスラエルが奇襲して第３次中東戦争が勃発，ゴラン高原・シナイ半島などを占領した。

(記号を含めて59 字)

(3)三十年戦争後のウェストファリア条約でフランスはライン川以西

のアルザスをハプスブルク家から獲得した。1870年からの普仏戦争後，ビスマルクのドイツ帝国がロレーヌとともにアルザスを併合した。第一次世界大戦後のヴェルサイユ条約でフランスが奪回した。

（番号を含めて120字）

第３問　「道路や鉄道を軸にした交通のあり方（古代～20世紀）」

解説　例年，第３問には共通したテーマが設けられるが，2008年度は交通と歴史を絡めた出題であった。テーマとしては2003年度の第３問「交通手段の発展と文化交流」は若干，切り口は違うが類題といってよい。「站赤（ジャムチ）」や大陸横断鉄道が出題されている。過去問題の傾向分析は，実践的にも重要であるが，何よりも世界史全般の学力向上にきわめて有効である。受験生にはしっかり取り組んでほしい。難関私大並みのやや細かい事項の出題が見られた2007年度に比して，2008年度は答えやすい出題となったが，全10問で解答数は11と昨年より４題減少している。その分，第１問や第２問の配点が高まった可能性がある。問(6)(b)などの漢字はしっかり練習しよう。総じて第３問での失点は避けたい。では問題ごとに解説していく。

問(1)　正解はスサ（スーサ）

アケメネス朝ペルシアのダレイオス１世は，王都と地方を結ぶ大規模な道路整備事業を行い，駅伝制を敷いて中央集権化を図った。これが「王の道」で，そのうち幹線となったのは，アッシリアの崩壊後，アナトリア(小アジア)に建国され，イオニアのギリシア植民地との交易で栄えたリディアの旧都サルディス(サルデス)とダレイオス１世が王都としたスサ(スーサ)とを結ぶ約2700 kmのルートで，ヘロドトスによれば通常は徒歩で３カ月以上かかる道のりを，公用の使節が「王の道」を利用すれば７日間で踏破できたとされる。スサは現在のイラン南西部でイラクと国境を接するフーゼスターン州に属する。かつては古代エラム王国の都で，エラム王国が古バビロニア王国崩壊の際に奪ったハンムラビ法典が出土したことでも有名。ダレイオス１世は，アッシリアに破壊されたスサを復興し，ここに行政上の中心を置いた。他にもアケメネス朝では，ペルシア湾に接するイラン南部の本拠地ファールス地方にキュロス１世によってパサルガタエ，ダレイオス１世からクセルクセス１世にかけてペルセポリスが建設され，アケメネス朝が滅ぼしたメディア王国の旧都エクバタナ(イラン西部・現在のハマダーン)は夏の都として，またメソポタミアの中心バビロンも王都の一つとして栄えたが，「王の道」はこれら帝国の要衝を結んだ一大ネットワークで，公用の使節には旅券が発給された点などは，モンゴル帝国の站赤（ジャムチ）に酷似している。

問(2)　正解はアッピア街道

名称は前312年，ローマ共和国の監察官(ケンソル，戸口の調査が主要任務)であったアッピウス・クラウディウス・カエクスが建設をはじめたことに由来する。ローマから南に伸びて初めはカプア，前2世紀までに南イタリアのタレントゥム(現タラント)やブリンディシウム(現ブリンディシ)まで延長され，ローマからヘレニズム世界に進出するための重要な幹線道路となった。総延長540 kmに及ぶ最も有名なローマ街道で「街道の女王」と呼ばれ，2世紀末に至るまで綿密なメンテナンスを受けた。

問(3)　正解はサンチャゴ=デ=コンポステラ

スペイン北西部ガリシア自治州の都市で，中世西欧ではイェルサレムやローマと並称される三大巡礼地の一つであった。サンチャゴはイエスの弟子で12使徒の一人「大ヤコブ」のスペイン語名。大ヤコブは伝統によればイベリア半島にキリスト教を伝えた後，1世紀前半にイェルサレムで殉教した。その死後，弟子たちがイベリアに運んで葬ったとされるヤコブの遺骸が，9世紀になってサンチャゴで「発見」された。これを機に「大ヤコブ=サンチャゴ」はイスラーム勢力に対するレコンキスタの象徴とされ，ダンテも記したように，サンチャゴにはピレネー山脈を越えて多くの巡礼が集まることとなり，イスラーム勢力と対決するキリスト教諸侯もこれを歓迎して巡礼ネットワークが大いに整備された。11世紀にはロマネスク様式の大聖堂も建立されている。こうした「巡礼」の活発化からレコンキスタや十字軍などの軍事，あるいは商業ネットワークが発展する経緯は，資料集にも取り上げられている。第3問はこの問(3)のサンチャゴ=デ=コンポステラ以外は基本的な事項の出題であったが，実はこれも2007年度のセンター試験・第1問で出題されており，受験生のアプローチは可能である。因みに2008年度の早大文学部の第3問にもサンチャゴ=デ=コンポステラに祀られる聖人・大ヤコブが出題された。センター試験の影響はやはり大きいのであろうか。

問(4)　正解はソグド商人（ソグド人）

ソグド人 Sogdiansは，中央アジアのアム・シル両河上流の中間地帯であるソグディアナ(Sogdiana，中国名・粟特，現在の西トルキスタンの一部)のイラン系民族。ソグディアナ地方の中心都市であるサマルカンド(中国名・康国)はソグド人が建設した。東西交易の要地として早くから繁栄し，アケメネス朝時代の記録にはマラカンダと記される。ソグド人は古来，東西交易に従事したためソグド語は中央アジアの商業語となり，またアラム文字系統のソグド文字はウイグルに影響を与えた。ゾロアスター教を信仰し，これやマニ教などのペルシア系宗教をウイグルや唐代の中国に伝えた。ソグディアナはアレクサンドロス東征の後，バクトリア・大月氏・クシャーナ朝・ササン朝・エフタル・突厥などの支配を受けたが，これらの勢力の保護下でソグド商人の交易範囲は，西は東ローマのコンスタンティノープル，東は唐の長安に達した。しかし8世紀初めのイスラームの中央アジア侵入に際しては唐に救援を要請したが，唐がタラス河畔の戦いで敗れ，イスラーム教が普及した後は，ソグド人は衰退した。なおサマルカンドは13世紀にチンギス=ハンの破壊を破ったが，14世紀にティムールが復興した。現ウズベキスタン共和国に属する。

問(5)　正解は陶磁器

「海の道」は香辛料を運ぶ道であると同時に中国産の陶磁器を運ぶ道「Ceramic Road」でもあった。特に磁器の生産は宋代以降，景徳鎮を中心に発展し，特産品として海の道を経由して西アジアからヨーロッパへ広まっていった。例えば元代に発達した「染付(中国では青花という)」はイル=ハン国から輸入したコバルトを原料とする顔料で絵付けをし，釉薬(ゆうやく)をかけた上で高温で焼成した鮮やかな磁器で，これが海の道を通ってペルシア湾のホルムズなどから西アジア，さらには東アフリカ・ヨーロッパにまでもたらされた。明代中期以降はイスラーム世界との交易が活発化し，16世紀末から17世紀には文禄・慶長の役を契機に朝鮮から日本にも染付が伝わり，この中国から，あるいはオランダ商人がもたらす日本からの輸出品に刺激されて18世紀後半からヨーロッパでも磁器の製作が開始された。オランダ総督妃から名誉革命を機に英の女王となったメアリ2世は日本の有田焼を秘蔵していたと言われるが，まさに海の道は陶磁器の道(Ceramic Road)だったわけである。陶器と磁器(素地がガラス状で吸収性がない，中国では宋代以降，発展)は違うので陶器のみの解答は不可になる危険性がある。

問(6)　正解は(a)站赤（ジャムチ），(b)牌符・牌子（パイザ）

モンゴル帝国の駅伝制は「站赤」と呼ばれ，チンギス=ハンが創設し，オゴタイ=ハンが新たに建設した首都カラコルムを中心に各ハン国までネットワークを張りめぐらして集権化を進めるとともに，これを維持するための諸制度を整備した。元ではフビライ=ハンが大都(現在の北京)を中心に中国全域に普及させた。10里(4km，中国の1里は日本の1/10)毎に站(モンゴル語で駅の意味)を設置し，公用の使節の証である「牌符」(牌子，パイザ)保持者には人馬・食料が提供された。1日に400kmもの速度で情報が逓伝(ていでん)されたと言われる。また最も重要な使節が保持するパスポートは「銀牌」であり，ほとんどの史料集に写真が掲載されている。この站赤の維持は周辺の民戸の責任とされ，その税負担は重いものであった。

問(7)　正解は南北戦争

最初の大陸横断鉄道は南北戦争の1869年に完成した。ネブラスカからはアイルランド移民の労働者たちが，カリフォルニアからは中国系移民が大陸横断鉄道の建設を進めたことは有名である。この鉄道の建設は英領カナダからオレゴンが割譲(1846)され，アメリカ=メキシコ戦争でカリフォルニアを獲得(1848)してから盛んに提唱されたが，南北の対立の激化で建設は遅れていた。南北戦争がはじまるとリンカン大統領は大陸横断鉄道の建設を推進することを条件に西部諸州を懐柔した。西部諸州が北部を支持した理由は，5年間，フロンティアの国有地に定住・耕作すれば，160エーカー(64ヘクタール)まで土地を無償給付するというホームステッド法の制定と，この鉄道建設推進の表明にあると言われている。民主党の基盤でもあった西部の自作農は，南部プランターよりも経営規模が小さく，また綿花の栽培に向かないことから奴隷制へのこだわりも南部ほどではなく，彼らの生産する小麦などの農産物の国内市場は北部諸州で，ホームステッド法と大陸横断鉄道の建設が西部の小農民層にとって有利だったことが，合衆国支持の背景となったことに注意すること。南北戦争終了後は，復員軍人らも鉄道建設に参加し，大陸横断鉄道は1869年に完成した。この年にはスエズ運河も完成しており，この時期は交通革命が一層進展した時代であった。

問(8)　正解はメッカ

オスマン帝国のアブデュルハミト2世(位1876～1909)は，ロシア=トルコ戦争(1877～78)の勃発後，立憲君主政を定めたアジア最初の近代的憲法であるミドハト憲法(1876年制定)を停止し，大宰相ミドハト=パシャを罷免したスルタンである。ミドハト=パシャは，多民族国家オスマン帝国内部の団結を維持するため，全ての臣民は平等であるとする「新オスマン主義」を掲げ，ミドハト憲法では①国会の設立，②責任内閣制，③国内諸民族の平等が謳われたが，かえって国内諸民族の間に混乱を招く結果となった。これに対してアブデュルハミト2世は専制体制の強化によって帝国の統一を維持しようとし，これを正当化するため，アフガーニーらが提唱した，イスラーム教徒の団結と統一を図る「パン=イスラーム主義」を利用した。カリフとしての立場を強調したスルタンが各地のムスリム(イスラーム教徒)の歓心を買い，自らの宗教的権威を高めるために，この巡礼鉄道(ヒジャーズ鉄道)を建設(1900～08)したのであるが，その底意にはヒジャーズ地方のアラブ人への軍事的圧力の強化があった。ヒジャーズ鉄道はシリアのダマスカスから預言者ムハンマドが眠るメディナまで約1300kmを結んだが，最終目的地である聖地メッカまでは400kmを残して，遂に到達できなかった。問題には「ムスリム巡礼の最終目的地はどこであったか」とあるので，正解はメッカとした。この鉄道が多くの巡礼をメッカに至らしめる手段として用いられたことは間違いないからである。またこの鉄道建設に独が資金援助したことは，スルタンがパン=スラヴ主義を推進する露に対抗するため，バグダード鉄道の敷設権を独に認めたことと考え合わせると興味深い。第一次世界大戦の際には，この鉄道は第

２問の解説で述べた「アラビアのロレンス」とアラブ人勢力の攻撃により寸断された。現在は中東情勢の悪化の影響もあり，ほとんどが廃線となっているが，その荒廃した様子はNHKの「新シルクロードシリーズ」で紹介されたこともある。

問(9)　正解は幹線鉄道国有化

単に「鉄道国有化」としても誤りにはされないであろう。1911年の辛亥革命は，問題文にもあるとおり，清朝が外国からの借款を得て，幹線鉄道を国有化しようとしたことへの反発が契機となった。その辛亥革命を支えた勢力は，まず洋務運動以後，紡績業を中心に台頭した中国人資本家層である「民族資本」が挙げられる。彼らは外国資本とその下請けの買弁資本に対抗し，中国からの富の流出を防ぐため，戦争などにより列強に奪われた鉄道敷設権や鉱山採掘権などの権利の回収を目指していた。また，この間の科挙の廃止(1905)後は，資本家への転身を図る地主層も現れていた。次いで清朝によって欧米・日本などに派遣された留学生が革命の担い手となった。彼らは民族資本家らの子弟が多く，旧態依然たる清朝に反発していた。1905年，孫文らを中心に東京で結成された中国同盟会も留学生らを中心とする革命組織である。この05年以降，本国で展開された「光緒新政」の下で各省に設置された西洋式軍隊である「新軍」の将校・兵士となった者のなかには留学帰りが多く，彼らは辛亥革命の際，武昌蜂起などで重要な役割を果たした。

清朝にとって致命傷となった「幹線鉄道国有化令」(1911.5)は，英・米・独・仏４カ国からの借款による鉄道建設とその利益による財政確保を企図したもので，清朝と列強は最初に湖広鉄道(四川省の粤漢・川漢の両鉄道)国有化費用として600万ポンドの借款を成立させた。これに対して，利権回収を目指して民営化が進んでいた四川省で地主・郷紳・民族資本家らが強く反発し，四川保路同志会を結成して鉄道国有化反対運動を開始した。彼らの反発の要因には，民営鉄道を買い上げる価格が低く，新たに組織される国営鉄道の経営には民間人がほとんど参画できないとされたこと，そして何より列強への借款返済に鉄道運賃を充てる清朝の方策は，民族資本家が推進してきた利権回収運動に全く逆行するという批判があった。11年９月には清朝の鉄道国有化に反対して四川省で民衆暴動が発生した。この「四川暴動」は湖広・広東に拡大したため，清朝は武昌(現在の武漢)に駐屯する湖北新軍を鎮圧に向かわせようとしたが，湖北新軍内部の革命派が11年10月10日に蜂起し，新軍総統の黎元洪を擁立して独立を宣言した(武昌起義)。これが辛亥革命の勃発で全国の８割の14省に革命が波及し，翌12年，南京を首都に中華民国が樹立されることになった。

問(10)　正解はアウトバーン

ナチス政権下の独でも世界恐慌下のデフレ進行に対しては軍需産業などを振興して

雇用を創出して失業率を下げ，国民の購買力を高める必要があった。合衆国のニューディールと根本的には変わらない政策が採られたのだが，「戦争で国家を養う」点にナチズム・ファシズムの特徴がある。独の公共事業の一環として推進されたのが高速自動車道路「アウトバーン，Autobahn」，文字どおり「自動車道路」の建設であった。実はアウトバーンの建設はヒトラー政権成立前からはじまっていたが，1933年にヒトラー政権は失業対策と軍用道路の整備を兼ねて1万4000 kmにおよぶ「ライヒス(第三帝国の意味)・アウトバーン Reichs-Autobahn」の建設計画を立て，第二次世界大戦中の42年までに約27%に当たる3859 kmを完成させた。アウトバーンは立体交差や中央分離帯を備えた先駆的な高速道路であった。現在も「ブンデス(連邦という意味)・アウトバーン Bundes-Autobahn」として建設が進められている。

解答例

(1)スサ(スーサ)

(2)アッピア街道

(3)サンチャゴ＝デ＝コンポステラ

(4)ソグド商人(ソグド人)

(5)陶磁器

(6)(a)站赤(ジャムチ)　(b)牌符・牌子(パイザ)

(7)南北戦争

(8)メッカ

(9)幹線鉄道国有化

(10)アウトバーン

2007年

第1問 「11～19世紀にかけての世界各地の農業生産の変化とその意義」

解説

【何が問われているか？】

11世紀から19世紀までに生じた中国とヨーロッパの農業生産の変化とその「意義」を論ずるということは「農業生産の変化が関連する事項(この場合，中国やヨーロッパの政治・経済・社会)に与えた重要性」を説明することである。

「アンデス」→ラテンアメリカ，「トウモロコシ」→ラテンアメリカ原産の農産物による「食料革命」を連想する。

【背景解説】

1．アンデス産の農作物

トウモロコシの野生種は中米からアンデスにかけて広く分布するが，前3000年頃までには中米で大規模な栽培がはじまり，これを基盤としてオルメカ文明からアステカ王国に至るメソアメリカ文明が築かれた。現在でもトウモロコシ粉で作った薄いパン(トルティリャ)はラテンアメリカの主食である。16世紀，コロンブスによって欧州へもたらされ，ポルトガル人によって東アジアにも伝来した。中国では「玉米」と呼ばれ，明代に伝来して山間部で栽培(米麦は平野部)され，清代には爆発的な人口増加を支えた。日本へはポルトガル人がもたらした。「トウ(唐)」は「舶来の」という意味で，「舶来のモロコシ」という意味である。18世紀末，中国を訪れたマカートニーは「およそ耕作されていないところは全くない。非常な勤勉さで耕されていて，無理矢理といわんばかりに，およそ植えることのできる限りのあらゆる穀物や野菜を作っている(1793年11月21日)」とコメントしている。

ジャガイモはアンデス原産の根菜で，その栽培化はトウモロコシよりずっと遅い。南米ペルーの標高約4000 mにあるチチカカ湖周辺で，後5世紀頃にようやく栽培がはじまり，アンデス文明における主食となった。芽や日光に当たった表皮にソラニンという有害物質を生じるため，現地では寒冷な気候を利用してフリーズドライにし，毒抜きをする。旧大陸へいつ，誰がジャガイモをもたらしたかは不明である。インカ帝国を征服したスペイン人は1570年頃に本国へジャガイモを持ち帰ったらしいが，イギリスへはヴァージニアの植民地化を推進したウォルター=ローリー(1552頃～1618)がもたらしたとされる。ジャーマン=ポテトで有名なドイツへは，イタリア，あるいはスペイン(ハプスブルク家)から移入されたらしい。16世紀末のフランクフルト=アム=マインでの栽培が確認されるが，一般で栽培されるようになったのは三十年戦争の後である。プロイセン王フリードリヒ２世は七年戦争中の食糧確保のためジャガイモ栽培を奨励する勅令を出した。フランスにも16世紀末に持ち込まれたが，18世紀後半，ルイ16世時代にプロイセンの捕虜となったフランス人によって普及した。合衆国へはアイルランド移民がもたらしたと言われるが，第２代大統領となったジョン=アダムズが「英国への服従より最悪の貧困の方を選ぶ……不当且つ恥ずべき屈服を受け入れるよりは，ジャガイモを食べ，水を飲もう」と手紙に書き残しており，独立戦争期にはジャガイモ栽培が普及していたことが知られる。ジャガイモはまさに「地球を一周した食物」なのである(『ジャガイモの世界史』伊藤章治，中公新書，2008年)。日本へはオランダ人の手でバタヴィア(ジャカルタ)経由で伝来したため，「ジャガタライモ」が訛って「ジャガイモ」となった。欧州の寒冷な気候はジャガイモの生育に適しているため，各国は救荒作物としてジャガイモ栽培を奨励した。土地が痩せているアイルランドでもジャガイモは育ち，人々の主食となった。1840年代のジャガイモ飢饉はジャガイモの伝染病が原因で，アイルランドの人口の約10%(約100万人)が餓死し，約40%(約400万人)が経済難民として北米などへ渡った(「ジャガイモ移民」)。この飢饉が保護貿易法である穀物法(1815制定)の廃止(1846)につながった。中国への伝来はずっと遅れて19世紀末で，満州の開拓に貢献した。

２．唐末～宋代の農業生産力の向上

唐代後半から華北では二年三毛作(粟・小麦・大豆の輪作)が展開された。両税法の名称は，華北において唐代に普及した「二年三(毛)作」(麦・粟 or 稲・豆)型の農法を背景とした「夏税・秋税」の徴収に基づくものである。一方，江南(長江下流域，江蘇・浙江地方の歴史的呼称)では田植え農法が開始され，水稲が増産されるようになった。綿花(福建以南)や茶の栽培も本格化し，養蚕業も盛んとなった。これにより江南の経済力は唐代後期以降，華北を逆転し，安史の乱後，江南は唐朝を支える穀倉地帯となった。

五代十国の時代には，杭州を都に江南一帯を支配した「呉越」(907～978)や，揚州を都に一時は長江下流域から長江中流域に勢力を広げ，北は安徽，南は福建まで支配した南唐(937～975)が積極的に農地開発を進めた。これが宋代の江南の発展の基盤となった。

宋代の農業社会では，形勢戸(在地地主)，大商人らが佃戸(荘客・客戸，没落した自作農などから成る。法的には自由民だが小作料を支払い，両税は負担しなかった。明清代に至るにつれ，形勢戸への従属度を強め，小作料は収穫の９割に達したと言われる)を使役して荘園を経営した。彼らが華北の水利技術を導入して長江下流域(江浙地方・江蘇省・浙江省)の干拓(干拓地には湿地帯・河川敷を干拓した囲田，沼地を干拓した圩田，湖水の一部を堤防で区画して干拓した湖田などがあった)を進めた結果，耕地面積が急増した。

さらに11世紀初め(1012)，北宋政府が占城(チャンパー)から干害に強いインディカ米の早稲(早場米)である「占城稲」を輸入。栽培を促進した結果，麦・米二毛作(福建は水稲二毛作)が普及し，宋から明代前半(15世紀頃)にかけて「江浙(蘇湖)熟すれば天下足る」と称される穀倉地帯となった。厳密には11世紀末には江南東路・西路(江蘇省南部や浙江省北部)を「江浙」と称し，銭塘江沿岸=浙東・浙西の両浙地方は含まれないが，それでも同地の水田の８割から９割が占城稲で占められた。この他，茶の専売制度がはじまり，西夏への歳賜(歳幣)に茶が加えられるなど，宋代の農業の発展は著しいものがあった。

３．明・清代の農業の発展

明代に入ると江南では大土地所有が進展し，城居地主(不在地主)が増加した。その一方で，明では長江下流=江浙地方は重税を課され，副業としての商品作物(換金作物)の栽培が普及した。綿花の産地としては松江・蘇州，桑は湖州・蘇州，サトウキビ，藍は福建で生産された。江浙地方が商品作物栽培に転換したのは，明の洪武帝の建国に抵抗した江浙地方に重税を課したのが契機である。商品作物栽培が普及した結果，これらを原料として雇用労働による絹織物業・綿織物業などの農村手工業が江浙地方一帯で発達した。綿布は松江，絹織物は蘇州・杭州，生糸は湖州が有名であった。これに伴い，遠隔地との交易も発展し，沿岸部商人の対外交易も活発化した。明の海禁強化に反発した16世紀の後期倭寇の担い手は，この浙江・福建など中国沿岸部の商人であった。ポルトガル商人などとの交易が活発化したのは16世紀に入ってからで，受験生の答案に「南欧商人との対外交易が活発化したから工業化した」という論旨展開をよく見かけるが，これは前後関係に誤りがある。このように明代後半(16世紀以降)，商品作物栽培が普及し，工業化した江浙地方に代わり，長江中流域(湖広地方)に麦・米の二毛作，米の二期作が拡大し，同地が穀倉化した結果，明・清代にかけては「湖広熟すれば天下足る」と称されるようになった。

明代後半の農業における最大の転機は，上述したようにラテンアメリカ原産の外来作物の栽培がはじまったことである。甘藷(サツマイモ)は飢饉対策として，またトウモロコシは「代用穀物」「代用飼料」として，山間部での栽培が普及した。このうちサツマイモはラテンアメリカ原産ではあるが，寒冷なアンデス地方ではなく，温暖な低地で栽培され，大航海時代よりずっと早い10世紀頃にはポリネシアでも栽培されていた。この問題の場合，指定語句はラテンアメリカ原産ではなく「アンデス」であるから，サツマイモについては言及しなくともよいのである。これらの作物をもたらしたイエズス会の宣教師と親しく交流した明末の内閣大学士で大学者でもあった徐光啓の『農政全書』には，これらの外来作物の栽培法が記載されている。ともあれ，明後半〜清代には，都市近郊では商品作物，湖広地方など，内陸の平野部では主食となる米麦，山間部ではトウモロコシという生産体制が確立し，これが清代の人頭税の事実上の廃止と相まって中国の人口増加を招いたことに触れればよい。

【加点ポイント】

《中国における農業生産の変化》

①宋代…長江デルタ地帯での開拓(囲田の拡大)・**占城稲**の伝来(11世紀初め)
「江浙熟すれば天下足る」・長江下流域が最大の穀倉地帯となった。

②明清代…穀倉地帯が長江中流域に移動→「**湖広熟すれば天下足る**」
江浙地方は商品作物としての綿花などの栽培が活発化・家内制工業が発展。

③明後期(16世紀)〜清代に**アンデス**原産の**トウモロコシ**・サツマイモの栽培が普及。**トウモロコシ**は山間部で栽培。サツマイモは救荒作物として中国の人口急増の要因となる。

《ヨーロッパにおける農業生産の変化》

①12〜15世紀

- 鉄製農具や有輪犂の使用(8世紀頃から)と**三圃制**の普及による開墾の進展(大開墾時代)。
- 余剰生産物の流通を背景とした中世都市の成立(商業ルネサンス)。
- 人口増加を背景とした西欧の対外発展(十字軍・レコンキスタ・東方植民)。

②16〜18世紀

- 大航海時代以降，新大陸の市場化に伴い，西欧が工業化。
- 商業革命…北イタリア都市が衰退・ハプスブルク家の拠点アントウェルペン(アントワープ)が繁栄。
- 価格革命を背景に，生産活動の効率化を図るマニュファクチュアが発達し，西欧が工業化。
- 西欧の人口増加に対応して東欧の農場領主制(グーツヘルシャフト)が発展・国際的分業の成立。
- 英でノーフォーク農法・第2次囲い込み・資本主義的大農経営が成立(**農業革命**)・失地農民が労働力提供。
- **アンデス**原産のジャガイモが小麦の代替作物化(代替穀物)・**トウモロコシ**が家畜の飼料(代替飼料)となる。

＊トマト(世界で最も生産量が多い野菜)，カボチャ，トウガラシ，カカオ，タバコ，天然ゴムなどがラテンアメリカから普及した。

③19世紀…**アイルランド**のジャガイモ飢饉・米への移民急増。

- コブデンとブライトの反穀物法同盟・保守党政権の**穀物法廃止**，自由貿易体制樹立
- **穀物法廃止**により，安価な外国産穀物が流入・労働者は救済されたが，農民は破綻。

《アンデス原産農作物の農業への影響→世界中に普及。「食料革命」・人口増加の要因》

①**トウモロコシ**(中米～**アンデス**で栽培)…代用穀物・代用飼料として人口増加を支えた。

②ジャガイモ(**アンデス**原産)…18世紀頃から貧困層の食品として，ヨーロッパに普及。

解答例

宋代，干拓地の急増や**占城稲**の伝来により長江下流域が最大の穀倉地帯となり「江浙熟すれば天下足る」と言われたが，明代になると同地方では換金作物として綿花・桑などの栽培が盛んとなる一方，穀倉地帯は長江中流域に移り「**湖広熟すれば天下足る**」と言われた。西欧では12世紀頃から鉄製重量有輪犂を使用した大開墾が行われ，**三圃制**の普及で農業生産が急増，十字軍などの対外進出や商業ルネサンスをもたらした。大航海時代以降，新大陸の市場化を背景に工業化し人口が増加した西欧に対応して東欧では農場領主制が発達し，国際的分業が進んだ。18世紀には英を中心にノーフォーク農法が普及，第2次囲い込みを伴う**農業革命**が進行し，市場向けの大規模な穀物生産が発展した。この間，ラテンアメリカ原産の農産物が中国でも広まり，清代に**トウモロコシ**が山間部で，サツマイモが江南で広く栽培され人口急増の要因となった。ヨーロッパでは**トウモロコシ**が代替飼料となり，**アンデス**地方原産のジャガイモは小麦などの代替作物として普及，貧困層の生活を支えた。一方1840年代の**アイルランド**ではジャガイモ飢饉により米への移民が急増したため，英政府は**穀物法廃止**に踏み切り，英の自由貿易体制が確立した。

(510字)

第２問 「歴史上の暦（エジプト暦，イスラーム暦，仏の革命暦，ユリウス暦，中国暦）」

【解説】

問(1)

(a) 古代メソポタミアと古代エジプトにおける暦とその発達の背景について，説明させる問題。

【加点ポイント】 ＜古代エジプト＞

①**ナイル川の定期的氾濫／洪水**を予知する必要があった。

②**太陽の運行を基準／365日を１年**とする**太陽暦**が発達した。

＜古代メソポタミア＞

③農耕の時期を知る必要があった。

④**月の満ち欠けを基準／約30日を１カ月**とする**太陰暦／太陰太陽暦**。

エジプトでは毎年６月にナイル川の増水がはじまり，その流域が水没した。古王国時代のエジプト人は，ナイル川の氾濫の開始時期を，太陽と星座との位置関係から予知した。氾濫がはじまる頃，明け方の東の空にオリオン座が上り，後を追うように一等星シリウスが太陽と同時に昇る日がある。同じ現象が起こるのが365日後であることから，１年の長さが確定された。だから正確には太陽暦でなくシリウス暦である。ナイルの恵みをもたらす星々は神格化され，オリオン座は死と再生の神オシリス，シリウスは女神イシスとして，太陽神ラーとともに崇拝された。エジプト太陽暦では１年が365日とされ，12カ月で割り（１カ月＝30日），余った５日間は年末におかれた。

一方古代ローマでは，古くから太陰太陽暦（後述）が使われており，月の名はローマ神話の神々の名に由来していた。しかし暦を担当する神官団の怠慢などもあり，長年の間に季節との大きなずれが生じていた。ポンペイウスを追ってエジプトに上陸したカエサルは，エジプトの太陽暦を称賛して，季節と暦のずれを是正するため，前46年にローマに導入（ユリウス暦，実施は前45年１月から）した。前44年のカエサル暗殺後，彼の誕生月である７月がユリウス月（ユリウスはカエサルの氏族名，英語のJuly）と命名された。また後継者のオクタウィアヌスは，８月をアウグストゥス月（アウグストゥスは前27年にオクタウィアヌスが元老院から贈られた尊称，英語のAugust）と命名した。

ところで地球の公転周期は365.25日なので，毎年0.25日（約６時間分），４年で約１日分の余りが出る。４年に１度，366日の閏年（うるうどし）を設けて補正するようになるのはユリウス暦からだ。なお２月末に閏日がおかれたのは，初期のローマの暦では現在の３月が年初だったからである。

16世紀，ルネサンス期のローマ教皇グレゴリウス13世（位1572～85）の時代には

10日ほどの誤差が生じていた。そこで1582年に現行のグレゴリウス暦に改暦し，400年に97回の閏年をおくことになった。

これに対しメソポタミアでは，ティグリス・ユーフラテス川の氾濫があったが，ナイル川ほど定期的ではなかった。シュメール人は月の満ち欠け(29.53日)から29日／30日を1カ月とし，12倍した355日を1年とする太陰暦(純粋太陰暦)を使用した。しかし，毎年11日の余りが生じるので，古バビロニア王国(バビロン第1王朝，前1894頃～前1595頃)になると，3年に1回，閏(うるう)月をおき，1年を13カ月として補正する太陰太陽暦が使われるようになった。

暦の作成には天体観測が必要である。そのため古代メソポタミアでは占星術が発展した。占星術とは，月・太陽・五大惑星(水星・金星・火星・木星・土星)の運行から未来を予知しようとする疑似科学である。ここから七曜制(1週7日制)も生まれた。

(b)　イスラーム教徒独自の暦が，他の暦と併用されることが多かった最大の理由を説明させる問題。

【加点ポイント】　①**閏月で補正しない太陰暦／純粋太陰暦**であった。
②**1年の長さが不正確／季節とのずれ**が生じた。
③このため**農耕用**に**太陽暦を併用**した。

イスラ－ム教を開いたムハンマドの，メディナ移住(622)を元年とするイスラーム暦(ヒジュラ暦)は，1年354日の純粋太陰暦である。つまり，暦と季節にずれが生じ，農耕の時期を知ることには役に立たなかった。

一方アラビア半島では，一部のオアシスを除き砂漠が広がっており，アラブ人はあまり農耕に依存していなかった。ムハンマドが生まれたメッカは農業が不可能な土地で，商業に特化した都市であった。ムハンマド自身，当初は商人として活躍していたのである。こうしたこともあって，農業に役立たないヒジュラ暦でもアラブ人には構わなかったのである。

ヒジュラ暦は正統カリフ第2代のウマル(位634～644)の時代に制定された。1カ月が29日の月と30日の月があり，1日は日没から次の日没までである(つまり1日のはじまる時間が現在の日本とは異なる)。第9月のラマダーンは，断食月と呼ばれ，イスラーム教徒の五行(信仰告白・礼拝・喜捨・断食・巡礼)の一つである断食を30日間(ただし日の出から日没まで。夜は食べてよい)行う月となっている。年によって季節がずれるため，夏など昼が長い時期にあたると断食は辛い。第12月は巡礼月と呼ばれ，この月の8～10日の間に，イスラーム教徒が定められた方法・順序で聖地メッカに巡礼することも五行の一つである(自分の都合のいい時に勝手に行っても承認されない)。

しかしイスラーム教がメソポタミアやイランの農耕地帯に広まると，宗教行事はヒジュラ暦に従い，農耕は従来通り太陰太陽暦や太陽暦に従うようになった。ヒジュラ暦のみでは農耕ができないからである。例えばイランではイスラーム化される以前から,春分もしくは秋分を元日とする太陽暦(ペルシア暦)が使用されていた。セルジューク朝(1038～1194)時代には，マリク=シャー(位1072～92)の命により，1年を365.24日とする太陽暦であるジャラーリー暦が作成された(1079)。ジャラーリー暦作成に参加した天文学者のウマル(オマル)=ハイヤームは，4行詩集『ルバイヤート』を著したイラン最大の詩人でもある。

大モンゴル国(モンゴル帝国，1206～1368)の時代になると，イスラーム科学が中国に伝えられた。なかでもイラン出身の天文学者ジャマールッディーンはフビライ(位1260～94)に仕え，大都の天文台の長官となった。これらのイスラーム天文学の成果を取り入れ，中国暦法の大改革を行い，1280年に授時暦を作成したのが郭守敬である(問(3)参照)。

問(2)

(a)　18世紀末と19世紀初めのフランスにおける暦制度の変更について問う問題。

【加点ポイント】　①**国民公会**が実施。
②カトリックと**グレゴリウス暦を廃止**した。
③**革命暦／共和暦を制定**した。
④**ナポレオン／統領政府**が実施。
⑤カトリックと**グレゴリウス暦を復活**した。

フランス革命が激化すると，1792年9月には男性普通選挙により国民公会が成立し，王制廃止と共和政が宣言された。翌1793年1月にはルイ16世(位1774～92)が処刑され，6月には急進共和主義のジャコバン派(山岳派)が権力を掌握した。なかでもロベスピエールを中心とする公安委員会は，反対派を処刑し恐怖政治を行う一方，様々な急進的政策を打ち出した。その一つが革命暦(共和暦)の制定である。これは反キリスト教の立場からグレゴリウス暦(問(1)参照)を否定したもので，共和政を樹立した1792年9月22日を第1年第1日とした。グレゴリウス暦はローマ教皇によって制定されたものだから，教皇・カトリックとのつながりを断つべく暦の改正を行ったのである。またローマ神話に由来する月の名称も「迷信」としてすべて変え，1カ月はすべて30日とし，余った5日(閏年の場合は6日)は年末において休日とした。1週7日制も廃止し，新たに10日ずつを1週(1旬)とした。1日は10時間，1時間は100分，1分は100秒とすべて「理性的な」10進法にした。当然民衆は混乱し，不評を買い，定着しなかった(同時期に度量衡も10進法のメートル法に統一されたが，こちらは今日まで使われている)。歴史用語としてのテルミドール(熱月)の反動(1794

年7月，ロベスピエールらが，穏健共和派などに倒された出来事)や，ブリュメール(霧月)18日のクーデタ(1799年11月9日，ナポレオンが総裁政府を倒し，統領政府を樹立した出来事)などに名が残るのみである。

旧体制においてカトリックの聖職者は第一身分として特権を得ていた。そのためフランス革命が激化するとカトリックに対する弾圧が起こった。様々な教会や修道院が破壊され，祭具も没収された。ジャコバン派左派のエベールは，啓蒙思想に基づき，カトリックに代わるものとして「理性」を神とし，理性の崇拝を強制した。エベールを処刑したロベスピエールも，神に代わるものとして最高存在の祭典を行った。

1799年のブリュメール18日のクーデタで統領政府(1799～1804)を建て，第一統領となったナポレオンは，1801年ローマ教皇と宗教協約(コンコルダート)を結んでカトリック教会と和解し，カトリック復活を認めた。さらにナポレオン1世として即位して第一帝政(1804～14，15)をはじめると，1805年には革命暦をやめてグレゴリウス暦に戻した。

(b)　20世紀初めのロシアにおける暦制度の変更について問う問題。

【加点ポイント】　①**ソヴィエト政権／ボリシェヴィキ政権／共産党政権**が実施。
②**ユリウス暦を廃止**した。
③**グレゴリウス暦を採用**した。

ヨーロッパのキリスト教文化圏では，ローマ帝国滅亡後もユリウス暦が使われていた。しかし1582年にローマ教皇グレゴリウス13世によりグレゴリウス暦が制定されると，その導入時期には宗派・国によってずれが生じた。教皇を認めるカトリック諸国の導入は早かったが，ドイツのプロテスタント領邦は17世紀，国教会のイギリスは18世紀までグレゴリウス暦を導入しなかった。

さらにロシア正教会を国教とするロシア帝国は，ピョートル1世(位1682～1725)以降，20世紀初めまでユリウス暦を使い続けた。ローマ教皇の権威を認めなかったためである。この結果,20世紀初頭にはグレゴリウス暦と13日のずれが生じていた。1917年のロシア革命で政権を握ったボリシェヴィキは，1918年に帝政ロシアの象徴であったユリウス暦を廃してグレゴリウス暦を採用した。もちろん，西欧諸国との暦の統一という実用的な観点からであり，ローマ教皇の権威を認めたわけではない。こういうわけで，かつては三月革命と呼ばれていたロシアの革命は二月革命(ロシア暦二月革命)と呼ばれ，十一月革命は十月革命(ロシア暦十月革命)と書かれることが多くなったわけである。受験生としては，二月革命・三月革命という用語を見たら，1848年の出来事なのか1917年の出来事なのか，混同せずに文脈で判断できるようにしてほしい。

問(3)　元～清代の中国における暦法の変遷について説明させる問題。

【加点ポイント】　①**元の郭守敬**は，（色目人から）イスラーム天文学を学んだ。
②郭守敬は，**授時暦**を作成した。
③授時暦は，**明の大統暦／日本の貞享暦**に影響を与えた。
④**明末の徐光啓**は，西洋暦法を学んだ。
⑤徐光啓は，**アダム=シャールらイエズス会宣教師**と協力した。
⑥徐光啓は，**崇禎暦書**を作成した。
⑦崇禎暦書は，**清の時憲暦**に継承された。

郭守敬(1231～1316)は元(1271～1368)に仕えた天文学者である。1276年フビライから改暦事業を命じられ，色目人と呼ばれた中央・西アジア出身の人々からイスラーム天文学を学んだ。天文儀器の製作と精密な観測を行い，1280年に授時暦を完成し，翌年頒布・施行された。これは太陽太陰暦であるが，1年の長さを365.2425日とするなど，その正確さは，3世紀後のグレゴリウス暦に匹敵する。郭守敬はまた，大都から通州(現在の北京市通州区)に至る運河を開削するなど，水利工事でも活躍した。

この授時暦は，明(1368～1644)でも大統暦と改称され，ほぼそのまま採用された。また日本でも，江戸時代(1603～1867)に数学者の渋川春海が授時暦を補正して1684年に貞享(じょうきょう)暦を作成した。この暦は江戸幕府に採用され，翌1685年から使用された。

徐光啓(1562～1633)は明末の官僚である。マテオ=リッチらイエズス会宣教師の教えを受けてカトリックに改宗し，彼らからルネサンス期の科学技術を学んだ。1607年にはユークリッド幾何学の前半をマテオ=リッチと共同で漢訳し，『幾何原本』と題して発刊した。明末に日食の予告が外れたことで授時暦の信憑性が揺らぐと，崇禎帝(位1627～44)は改暦を命じた。徐光啓を中心に，ドイツ人のイエズス会宣教師アダム=シャール(湯若望)も加わった改暦チームが組織され，崇禎暦書を完成(1631～34)した。明はまもなく滅ぶ(1644)が，清(1636～1912)もこの暦を時憲暦と改称して採用し(1645)，1912年1月の中華民国建国，同年2月の清の滅亡まで使用された。中華民国は建国するとすぐにグレゴリウス暦を採用し，清が滅亡すると中国全土でグレゴリウス暦が使われるようになった。

解答例

(1)(a)古代エジプトでは，ナイル川の定期的氾濫を予知するため太陽の運行を基準とする太陽暦が発達した。古代メソポタミアでは，農耕の時期を知るため月の満ち欠けを基準とする太陰暦が発達した。

（番号・記号を含めて90字）

(b)閏月で補正しない純粋太陰暦であるため，１年の長さが不正確で季節とのずれが生じた。このため農耕用に太陽暦を併用した。

（記号を含めて58字）

(2)(a)国民公会はカトリックとグレゴリウス暦を廃止，革命暦を定めた。ナポレオンはカトリックを復活し，グレゴリウス暦に戻した。

（番号・記号を含めて60字）

(2)(b)共産党政権はユリウス暦を廃し，グレゴリウス暦を採用した。

（記号を含めて29字）

(3)元の郭守敬はイスラーム天文学を学び，授時暦を作成した。これは明の大統暦に継承され，日本の貞享暦にも影響を与えた。明末の徐光啓は西洋暦法を学びアダム＝シャールらイエズス会宣教師とともに，崇禎暦書を作成した。これは清の時憲暦に継承された。

（番号・記号を含めて118字）

第３問　「植民地・領土獲得競争と民族主義運動（19世紀～1990年代まで）」

解説　19～20世紀の世界各地の政治史がテーマ。時代的にも政治史は難問。

問(1)　正解はシンガポール・マラッカ・ペナン（からいずれか二つ）

イギリス東インド会社は1791年ペナン（島）を租借，1819年ラッフルズがマラッカ王の後裔であるジョホール王からシンガポールを租借，英蘭協定によりマラッカの支配権がイギリスに移り，1826年これらを統合して海峡植民地とし直轄地とした。

問(2)　正解は(a)ジャクソン，(b)マニフェスト＝デスティニー（明白なる天命，明白な運命，自明の運命）

(a)　アメリカ先住民をミシシッピ以東の地から追放することを定めた「先住民強制移住法」(1830)は，ジャクソン大統領（民主党 任 1829～1837）によって制定された。ジャクソンは西部出身，かつ民主党出身の最初の大統領。同法によりチェロキー族，セミノール族など先住民約６万人がミシシッピ川以西のインディアン準州への移住を強制された。一方でジャクソンは西部の小農民など，白人男性への普通選挙権の拡大や，公立学校の普及に努め，ジャクソン以前の東部プランター主導の政治を改めたため，彼の改革は「ジャクソニアン＝デモクラシー」と呼ばれ，同時代のフランスの歴史家トクヴィルの著書『アメリカのデモクラシー』でその平等主義を称賛された。

(b)　「明白な天命（マニフェスト＝デスティニー Manifest Destiny）」は，1845年ニューヨークのジャーナリスト・オサリバンが提唱した，アメリカの膨張主義を象徴する言葉。「大陸を覆い尽くすのは我々の明白な（判りきった）天命（運命）」であるという意味。「地理的予定説」とも呼ばれた。この年はメキシコから独立したテキサス共和国を合衆国が併合した年であり，メキシコとの対立が深まっていた。オサリバンは「合衆国は自由の拡大という使命を負う」とも述べ，イギリスをアメリカ国内市場から排除することを主張し，メキシコとの戦争を煽動したのである。

問(3)　正解はリベリア（リベリア共和国）

設問中の「解放奴隷」は合衆国北部の自由州で解放された黒人のこと。北部では既に独立戦争中に黒人奴隷の解放がはじまり，「自由証明書」を持つ「自由黒人」が現れた。こうした黒人の増加による失業や反乱を恐れた白人，アフリカでの植民地建設を図る政治家，黒人の奴隷制廃止論者，アフリカに戻ることが人種差別に対する解決策だと考える黒人など，雑多な考えを持つ人々から，黒人のアフリカへの帰還を図る「アメリカ植民地協会」(モンロー大統領もメンバーに名を連ねた)が設立された。白人，黒人の間でも賛否両論だったが，1822年，ギニア湾岸に「モンロビア植民地」が建設され，これを基盤にリベリア共和国が成立した(1847)。問題文で言及されている「奴隷貿易の終焉」とは，イギリスの奴隷貿易停止(1807)の影響で合衆国も奴隷貿易を停止したことで，このため合衆国内では「国内奴隷貿易」が活発となり，北部の黒人奴隷や自由黒人が奴隷商人によって拉致同然に南部に売却され，奴隷の確保が図られた。

問(4)　正解はリヴィングストン(リビングストン)

リヴィングストン(1813～73)はスコットランド出身の探検家・宣教師・医師。当時，「暗黒大陸」と呼ばれていたアフリカを，ヨーロッパ人としては初めて横断して探検記を著し，現地の状況を詳細に報告した。この間，黒人を治療し，キリスト教を広めたほか，黒人奴隷貿易の停止や奴隷解放にも尽力した。三度目のナイル源流域の調査(1869)で行方不明となったが，イギリス人探検家・ジャーナリストのスタンリーが捜索に向かい，２年後の1871年タンガニーカ湖畔の農村で，リヴィングストンを救出した。スタンリーはのちに，ベルギー国王レオポルド２世の要請でコンゴ川流域を探検したが，これがベルギーによるコンゴ植民地化の端緒となり，ヨーロッパ列強によるアフリカ分割の契機ともなった。

問(5)　(a)ウラービー(アラービー，オラービー)(＝パシャ)，(b)ムハンマド＝アフマド

(a)エジプトは，エジプト＝トルコ戦争後，オスマン帝国の属領でありながら，実際にはムハンマド＝アリー家の支配下にあったが，ディズレーリによるスエズ運河株買収後，イギリスの干渉が強まっていた。1881年，エジプトの陸軍大臣ウラービー(アラービー，オラービー 1841～1911)＝パシャは「エジプト人のエジプト」を唱えて，親英的な王政に反発し，立憲君主政と議会の開設を求めて武装蜂起した(ウラービーの反英革命)が，イギリスのグラッドストン政権は軍隊を派遣してこれを鎮圧し，エジプトを事実上の保護国とした。ウラービーは流刑となったが,「エジプト人のエジプト」というスローガンは「1919年のエジプト革命」を指導したワフド党のザグルール=パシャらに受け継がれた。

(b) スーダンでは,イスラーム教の「マフディー(救世主)」であると称したムハンマド=アフマド(1844頃~85)が,イギリスとエジプトに対して武装蜂起した(マフディーの乱)。この反乱ではイギリスのスーダン総督ゴードン(太平天国の乱の際,常勝軍を指揮して鎮圧にあたったことで有名)が首都ハルツームで戦死するなど,イギリス側は激しい抵抗を受け,「アフリカ縦断政策」は頓挫した。この間,「アフリカ横断政策」を進めるフランス軍がスーダン南部に侵入し,ナイル河畔のファショダを占領したので,現地に急派された英軍との間で一触即発の危機を迎えたが,フランスが譲歩して撤退する一幕もあった(ファショダ事件 1898)。反乱は1899年に鎮圧され,スーダンはイギリスとエジプトの共同管理下に置かれることとなった。

問(6)　正解はドイツ(ドイツ帝国)

「ルワンダ内戦」は,1990年代前半に同国の少数派でツチ族(植民地化以前は遊牧生活を営み,支配階層を形成)と多数派のフツ族(農耕民)との間で展開された民族紛争で,50~80万人の犠牲者が出た。ルワンダの旧宗主国はベルギーで,ベルギーがツチ族と結んで間接統治を行ったことが両派の対立の遠因となっている。解答は「ドイツ(帝国)」だが,これは問題文中の「タンザニア」から導ける。この一帯は,第一次世界大戦以前は「ドイツ領東アフリカ)」であったが,大戦後のヴェルサイユ条約で国際連盟の委任統治領としてイギリス領タンガニーカとベルギー領ルアンダ=ウルンディに分割された。タンガニーカ(現タンザニア)は第二次世界大戦後,1961年に独立し,ザンジバルと連合してタンザニアと改称した(1964)。

問(7)　正解は(a)(アル=)アフガーニー,(b)タバコ(煙草)

(a) パン=イスラーム主義は,ヨーロッパ列強の侵略に対抗してムスリムを団結させ,イスラーム世界の統一を目指す思想。19世紀後半にアフガーニー(1838/39~97)らが提唱した。アフガーニーはエジプトやインド,ヨーロッパを巡り,欧米列強の帝国主義への抵抗と専制の否定,立憲体制の樹立,ムスリムの連帯などイスラームの内部改革を説き,エジプトのウラービー革命(問(5)参照)や,タバコ=ボイコット運動に影響を与えた。アフガーニーが同志と発行したアラビア語の政治評論誌『固き絆』は,交通・通信の発達を背景にアフリカからインドネシアに至るイスラーム世界に持ち込まれ,ムスリムに大きな影響を与えた。

(b) タバコはコーヒーと並ぶムスリムの嗜好品であるが,タバコ=ボイコット運動(1891)は,イギリスにタバコの販売・製造・輸出の独占権を与えたカージャール朝に対し，アフガーニーの影響を受けたシーア派指導者を中心に，民衆が展開した抵抗運動である。カージャール朝はイギリスとの契約破棄に追い込まれ，かえって多額の賠償金をイギリス系銀行から借りてイギリスに支払う羽目に陥った。

問(8)　正解はエチオピア(エティオピア)(エチオピア帝国)

エチオピア帝国のメネリク2世(位 1889～1913)は，「アフリカ横断政策」を進めるフランスの支援を受け，1895年イタリア軍をアドワの戦いで撃破した(第1次エチオピア戦争)。一方，1935～36年にかけてイタリア王国のムッソリーニ政権はエチオピアに侵攻し，たちまち全土を占領し,イタリア王国との同君連合を形成した(イタリア領東アフリカ)。エチオピア皇帝ハイレセラシエ(位 1930～74)はイギリスに亡命し，抵抗を続けた。国際連盟はイタリアに経済制裁を行った(石油を除く)が，ナチス=ドイツのヒトラーはイタリアの侵攻を支持し，これが両者の急接近とベルリン-ローマ枢軸同盟成立の契機となった。

問(9)　正解は(a)ズデーテン，(b)ネヴィル(ネビル，N)=チェンバレン

(a)ズデーテンはドイツ・チェコ国境地帯。中世後期からドイツ人が進出した。ナチス台頭後この地のドイツ人は1935年，ズデーテンラント=ドイツ人党を結成，ドイツへの併合を求めた。第二次世界大戦後この地はチェコスロヴァキアに返還され，人口の80%を占めた300万のドイツ人は追放された。(b)ミュンヘン会議の出席者は独：ヒトラー，伊：ムッソリーニ，仏：ダラディエ，英：チェンバレン。チェンバレンの父は南アフリカ(ボーア)戦争で有名なジョゼフ=チェンバレン。ミュンヘンでの宥和は大戦の遠因となった。

問(10)　解答例(10)一党独裁を放棄して民主化し，国際援助で市場経済に移行した。

(番号を含めて30字)

1991年のソ連解体の翌92年，モンゴル人民共和国は国名をモンゴル国に改めた。この「変化」は旧ソ連圏の東欧社会主義国でも生じ，政治的には各国「共産党」が一党独裁を放棄し，複数政党による民主的選挙が実施されたこと，経済的には資本主義国が主導する国際機関の援助を受けた市場経済への移行が進んだが,これらの「変化」による混乱，たとえば貧富の差の拡大などが，旧社会主義国の政治情勢を不安定化させた側面も考慮する必要がある。

解答例

(1)シンガポール，マラッカ，ペナン(いずれかから二つ)

(2)(a)ジャクソン

(b)マニフェスト=デスティニー(明白なる天命，明白な運命，自明の運命)

⑶リベリア(リベリア共和国)

⑷リヴィングストン(リビングストン)

⑸(a)ウラービー(アラービー，オラービー)(＝パシャ)

(b)ムハンマド＝アフマド

⑹ドイツ(ドイツ帝国)

⑺(a)(アル＝)アフガーニー　(b)タバコ(煙草)

⑻エチオピア(エティオピア)(エチオピア帝国)

⑼(a)ズデーテン

(b)ネヴィル(ネビル，N)＝チェンバレン

⑽一党独裁体制を放棄して民主化し，国際援助で市場経済に移行した。

(番号を含めて30字)

2006年

第1問 「三十年戦争・フランス革命戦争・第一次世界大戦時における戦争を助長，抑制する傾向の現れ（17～20世紀）」

解説

【何が問われているか？】

第1問によく見られる3段構成。

1．「三十年戦争を助長した要因」と，戦禍を背景として生じた「戦争を抑制する傾向」
2．「フランス革命戦争を助長した要因」と，ウィーン体制期の「戦争を抑制する傾向」
3．「第一次世界大戦を助長した要因」と，ヴェルサイユ体制期の「戦争を抑制する傾向」

◆視点

典型的な「比較」型の論述なので，戦争を「助長」する要因と「抑制」する要因を明確に提示することが，答案作成の際の重要なポイントになる。

戦争を助長する要因として，第1段では，主権国家体制が，国王による国家主権の独占という形で成立し，これが国王による恣意的な戦争(例えばフランスのルイ14世の絶対主義戦争)を助長する要因となったことを述べる。第2段では，フランス革命で人権宣言が発せられ，国民国家が成立したこと，「フランス共和国」の防衛を掲げてナショナリズムが高揚し，国民軍が編成されたこと，これを支えるため義勇兵制から徴兵制に移行したことなどを指摘する。これに対して，ヨーロッパ各国でもフランスに対抗するべくナショナリズムが高揚したこと，その典型例として，ドイツ領邦のプロイセンで国制改革が行われ，徴兵制が実施されたこと，フィヒテの「ドイツ国民に告ぐ」によって，ドイツ統一への機運が醸成されたことにも言及する必要がある。第3段の第一次世界大戦に際しては，市場兼原料供給地として植民地を拡大し，独占資本育成のため保護貿易を推し進める帝国主義列強間の対立の激化，および自国民を戦争に動員するため，国家がナショナリズムを煽ったことに着目すること。その際，第一次世界大戦期の特徴である，飛行機や戦車，毒ガスなどの「新兵器」の登場を，列強の軍拡の一環とみなして，戦争を助長し，戦禍を拡大させた要因とすることは可能だが，第一次世界大戦を象徴するもう一つのキーワードである「総力戦」については，戦争を助長する要因というよりは，戦争の長期化によってもたらされた影響と考えるべきだろう。

一方の戦争を抑制する要因として，第1段では，絶対君主の恣意的な戦争行為から，人々の「自然権」を守るため，グロティウスが国際法の整備を唱えたこと，第2段では，フランス革命以降，ヨーロッパに広まった民族主義・自由主義の風潮を，キリスト教的友愛を唱える神聖同盟が抑圧しようとしたこと，カントが国際平和機関の設立を提唱したこと，「正統主義」の下，列強による勢力均衡が図られたことなどを想起する。第3段では，第一次世界大戦末期にロシアで社会主義革命を指導したレーニンが即時停戦，無併合・無賠償・民族自決を掲げた「平和に関する布告」を発したこと，これに対してウィルソンが「14カ条」の中で世界初の集団安全保障体制である国際連盟の設立を提唱したことなどに言及できるとよい。

【論旨の組み立て】

では，論旨の組み立てを整理した上で論述作成の最終段階である「フローチャート」を作成してみよう。これが論述を書く上で重要な手順になる。

◆フローチャート(見取り図)の例

三十年戦争～ウェストファリア体制	
戦争を助長した要因	戦争を抑制する傾向
《教皇権と皇帝権の普遍的権威が失墜》 • 旧教と新教の宗教対立･宗教戦争の激化。 ＊「神の平和」を提唱した教皇権の失墜 • 絶対王政の確立 • 反ハプスブルク政策を採る仏・ブルボン朝とハプスブルク家の覇権争奪。 • **ウェストファリア条約**で主権国家体制が確立し，国家主権の不可侵性が確認された。 • 神聖ローマ帝国は事実上，解体。 ＊「永久ラント平和令」を布告した皇帝権が失墜	《国際法制定の提唱》 • 三十年戦争の惨禍を見たグロティウスは『**戦争と平和の法**』を著した。 • グロティウスは人権を重んじる自然法に基づく戦時国際法の整備を説き，戦争を助長する王権の主権行使抑制の必要性を説いた。
フランス革命・ナポレオン戦争～ウィーン体制	
戦争を助長した要因	戦争を抑制する傾向
《ナショナリズムと徴兵制》 • 仏では革命防衛のための義勇兵制から発展した徴兵制が施行された。 • **徴兵制**で組織された国民軍が，ナポレオンに率いられて対仏大同盟軍を圧倒した。 • ナポレオンによる大陸制圧は欧州各地で仏に対する**ナショナリズム**を高揚させた。 • フィヒテの連続講演「ドイツ国民に告ぐ」がドイツ民族意識を高揚させ，ライプツィヒの戦いでドイツ領邦を主力とする連合軍が仏を破った。	《キリスト教と平和機関設立の提唱》 • ナショナリズムを抑制するため，キリスト教的友愛に基づく神聖同盟が成立。 ＊キリスト教的友愛思想はメッテルニヒが主導するウィーン体制下では自由主義・民族主義の抑圧に利用された。 • フランス革命以前への復古を図る正統主義と勢力均衡を基調とする国際秩序「ウィーン体制」が成立した。 • 恒久的平和機関の設立を説いたカントの『永遠平和のために』が知識人層に影響を与えた。

第一次世界大戦〜ヴェルサイユ体制	
戦争を助長した要因	**戦争を抑制する傾向**
《保護貿易・ナショナリズム・総力戦》 ・保護貿易を推進する帝国主義列強が三国同盟・三国協商を形成して対立。 ・ナショナリズムを煽る列強は，国民を総動員する**総力戦**体制を取った。 ・戦車・飛行機など新兵器の登場により戦争犠牲者が急増する一方，戦線は膠着・長期戦化した。	**《社会主義・集団安全保障体制》** ・ロシア革命で成立したソヴィエト政権（レーニン）は**平和に関する布告**を発し，交戦国に即時停戦を訴えた。 ＊国際共産主義に立つレーニンは「戦争から内乱へ」と唱え，各国の労働者・農民に地主・資本家主体の政府打倒を訴えた。 ・米大統領ウィルソンは（レーニンに対抗して／民族自決や国際連盟設立を掲げた）**十四カ条**を発表した。 ・**十四カ条**に基づき，パリ講和会議で史上初の集団安全保障機構として**国際連盟**の設立が認められた。

【背景解説】

・「神の平和」「神の休戦」「永久ラント平和令」

イタリア戦争から三十年戦争にかけてのヨーロッパにおける主権国家体制の成立期に「失墜した」教皇権･皇帝権が戦争と平和にどのような意味合いを持っていたのか？をまず考えてみよう。三十年戦争で最終的に教皇権・皇帝権が失墜したから初期の主権国家体制=絶対王政期に戦争が頻発し，グロティウスが唱える人間の持つ自然権が侵害されたのである。

中世ヨーロッパでは貴族は自らの権利を守るための自力救済権(フェーデ，Fehde)を有し，10世紀頃には盛んに行われたが，やがて身代金や略奪目的の私闘が頻発したため，これを防ぐために教会が「神の平和」運動を主導した。この運動は10世紀末の中南部フランスにはじまり，11世紀には北フランスに，後半にはフランス全土やドイツ，イタリア，スペインにも拡大した。一般に教会会議を開いて平和令を交付する形を取るが，あわせて住民の平和令遵守制約を要求することも多かった。規定の中で，特定の場所あるいは集団の不可侵を定めた「神の平和」（アジール=聖域・避難所の思想につながる)と，一定の期間(木曜日から日曜日，祝祭期間など)を聖なるものと見なして戦闘を禁ずる「神の休戦」を区別することもあった。初めは信仰に基づいた運動であったが，ドイツでは裁判権を確保して一元的支配を図る皇帝・国王・領邦君主が「神の平和」(平和令)を布告するようになり，信仰に基づく運動としては12世紀以降，衰退した。12世紀初めにザリエル朝のハインリヒ4世(叙任権闘争で有名)，13世紀にはシュタウフェン朝のフリードリヒ2世が「ラント(領邦)平和令」を発し，

15世紀末のハプスブルク家のマクシミリアン1世(カール5世の祖父)の「永久ラント平和令」によって神聖ローマ帝国の諸侯は自力救済のためのフェーデを完全に失った。日本史選択者にとっては，豊臣秀吉の「惣無事」令を想起すると分かりやすいかも知れない。平和を唱えることは，自身が諸侯を超越する普遍的権威であることをアピールする何よりの手段だったのである。

・国家主権の概念の成立

ボーダン(1530～1596)はユグノー戦争の混乱期に，社会秩序を回復するため，「国家主権」を国王に独占させる絶対王政の概念を提唱した。「主権とは国家の絶対的・永続的権力である」「立法権を保有して国家を形成した君主は，既成の法の制約を受けない絶対権力を持つ」などと説くボーダンの概念は絶対王政期のヨーロッパの君主に受容された。国家主権の提唱は，神聖ローマ皇帝や教会法を定める教皇が持つ「普遍的権威」に対する各国君主の「自立宣言」であった。これにより戦争行為などの「主権の発動」を自由に行えるようになった各国の君主は，お互いの主権平等・主権不可侵をも承認した。ウェストファリア条約締結を機に，対等な「主権国家」間の「国際外交」関係が成立したとされる。

・自然法思想と国際法

絶対王政の確立と国民国家の成長に伴い，国際紛争が激化した。これに対して，ルネサンス以来の理性主義と貴族に対抗する市民勢力の成長を背景に，「自然法思想」(人間は自由であり且つ平等である)の思想が広まった。グロティウス(1583～1645)は，国際紛争のみならず各国内部や異宗派間の対立などに対し，これを規律するため自然法思想(時間･空間を超越して，全人類に普遍的に通用する理性の法)に基づく国際法の整備を唱えた。『海洋自由論』(1609)はスペインの海洋独占に対し，「公海」の概念を提唱した。1609年はオランダがスペインから事実上の独立を達成した年であるが，グロティウスはこれを機に海上でのオランダの生存権を主張したのである。『戦争と平和の法』(1625)では三十年戦争の惨禍を背景に，人間の理性的本性を信頼し，宗教的寛容を説き，国際法による戦争規制を訴え，戦時国際法の整備を説いた。これは国王を頂点とする主権国家体制の確立に対し，国際法によって国家主権を抑制しようとしたもので，これによりグロティウスは「国際法の父」「自然法の父」と呼ばれることとなった。

・徴兵制

ヨーロッパにおける徴兵制は，17世紀にプロイセン，18世紀にロシアなど絶対王政期の諸国で採用されたが，フランス革命の場合は革命防衛のための義勇兵制から発展した点に特徴がある。1792年4月にジロンド派内閣がオーストリアに宣戦布告すると，プロイセン・イギリス・オランダ・スペインがオーストリア側に参戦し，フランスは危機に陥った。フランスと言えば，ルイ14世が組織したヨーロッパ最大の「常備軍」があったが，絶対王政を支える常備軍は，貴族が将校を占める「身分制の軍隊」であり，革命勃発とともに瓦解していた(この間の経緯は名作『ベルサイユのばら』に描かれている)。同年7月，立法議会は「祖国は危機にあり」の宣言を採択し，これを機に国内各地より義勇軍がパリに集結した。こうした中でマルセイユから到着した義勇兵によって現在のフランス国歌「ラ･マルセイエーズ La Marseillaise」が生まれた，という逸話は有名だ。この直後の「8月10日事件」によってジロンド内閣打倒の謀議を主導したラ=ファイエットがオーストリアに亡命し，ルイ16世の王権が停止(立憲君主政を定めた「1791年憲法」の停止でもある)されると，憲法に規定されていないフランス初の男子普通選挙が実施され，国民公会が成立し，王政廃止が決議され，「第一共和政」(～1804)が発足した。国民公会成立の前日の9月20日，フランスに侵攻したプロイセン・オーストリア連合軍をフランスの「国民軍」が「ヴァルミーの戦い」で撃破した。この「国民軍」を構成した主力は「サン=キュロット(「貴族・ブルジョワ風の半ズボン(キュロット)を履かない者」)と呼ばれた手工業者・職人・小規模経営の商人・小ブルジョワら革命運動の基盤となった都市部の民衆であった。彼らが「三色旗」を持って戦場に立つ姿は教科書にも掲載されている。装備も軍服も揃わないフランス「国民軍」の善戦健闘にプロイセンの将軍が感嘆した，という逸話は革命防衛のナショナリズムの高揚を示す具体例である。1793年1月21日のルイ16世処刑を契機に，イギリス，オーストリアなどによって第1回対仏大同盟が結成されると，フランス革命政府は徴兵制を実施した。しかし，この徴兵制の実施には国民の反発も強かったことを忘れてはならない。同93年3月，フランス西部のヴァンデーで徴兵制に反発した農民の蜂起が契機となり，教会財産国有化に反対する聖職者や領主も参加した農民反乱(～95)が勃発した。革命を利用して国有財産を買い占めた都市ブルジョワへの反発が反乱の最大の要因であったが，ナショナリズム高揚の背後にあった革命期の社会の内部対立の実態をよく認識する必要がある。無敵を誇ったナポレオンの全盛期ですら，徴兵忌避のパーセンテージがかなり高かったという史料も存在する。単純に「ナショナリズムが高揚して徴兵制が施行された」とすると，史実を誤認する可能性がある。ただ事実として言えるのは，絶対王政期の常時待機の傭兵制である常備軍に比して，徴兵制の軍隊は「義務兵役」ということもあって規模が拡大したということであり，この点を取り上げて出題者が「戦争を助長した要因」として「ナショナリズム」を指定したと考えるべきだろう。

• グロティウス以降の近代ヨーロッパの恒久的平和思想

17世以降の「危機のヨーロッパ」の時代には，フランスのルイ14世に代表される絶対王権による戦争が繰り返され，大きな被害を各地にもたらした。これに対し知識階層からヨーロッパの恒久的平和をめざす思想が生まれた。スペイン継承戦争の講和条約を締結したユトレヒト会議にフランス外交団の随員として参加したイエズス会士サン=ピエール(1658～1743)は『永久平和論』を発表し，国際平和機関の設立を提唱した。ドイツの観念論哲学者カント(1724～1804)は，フランス革命戦争を背景にサン=ピエールに触発され，『永遠平和のために』(1795)を著し，国際平和・軍縮の思想に影響を与えた。ウィーン体制の支柱となった二つの同盟のうち，ロシア皇帝アレクサンドル1世によって提唱された神聖同盟はキリスト教精神に基づいてヨーロッパの平和維持を目的として結成され，ヨーロッパに領土を保有する諸国中，教皇・オスマン帝国(イスラーム教国)・イギリスを除く全ヨーロッパの君主が加盟したが，「隣人愛」を説くキリスト教思想は，ウィーン体制を主導するメッテルニヒによって自由主義・民族主義弾圧のため反動的に利用された。神聖同盟はアレクサンドル1世の死(1825)とともに解体した。ウィーン体制を支えるもう一方の柱である四国同盟(オーストリア・ロシア・プロイセン・イギリス，後にフランスが参加して五国同盟)は革命の再発防止を目的とする軍事同盟であったが，これにはイギリスも参加し，イエナ大学中心の学生組合・ブルシェンシャフトの自由とドイツ統一を求める運動や，ナポレオン戦争期にイタリアで成立し立憲政治樹立を目指す秘密結社カルボナリ(炭焼党)など，ウィーン体制期の自由主義・民族運動が弾圧されたが，ラテンアメリカ諸国の独立を巡るメッテルニヒとイギリスの対立を機に崩壊した。メッテルニヒが自由主義・民族主義抑圧に狂奔した背景には多民族国家オーストリア帝国の実態があった。支配階層のドイツ人は25％にすぎず，最大多数の少数民族マジャール人は20％を占め，他にスラヴ系・イタリア系・ルーマニア系など，計11の民族で構成される多民族国家であり，カトリック系と東方正教系の歴史的対立も根深いものであった。フランス革命の思想的影響としては，啓蒙思想の普及によりブルジョワを中心に市民(シトワイヤン)の自由・平等が追求された一方で，革命とナポレオン戦争を通して，言語・宗教・歴史観を共有する「民族」の概念が確立し，民族(ナシオン)の他民族に対する自由・平等・独立・統一国家の樹立が提唱された。フランス革命以降のナショナリズムと自由主義の高揚は，メッテルニヒにとってはオーストリア帝国解体の予兆となったのであり，それはメッテルニヒの時代から100年後に締結された第一次世界大戦のサン・ジェルマン条約とトリアノン条約で現実のものとなったのである。

• 総力戦と女性参政権

第一次世界大戦下のヨーロッパの趨勢として，①戦争が長期化，②国家の生産力が勝敗を左右する総力戦に突入，③従来家庭で良妻賢母たることを求められていた女性が工場労働に従事，④総力戦で高揚した，労働者の権利確立を求める社会主義運動と女性運動が結びついた。その結果として露・英・独で女性参政権が実現した。ちなみに世界最初の女性参政権は，早くから社会保障制度の確立を進めたニュージーランドで実現した(1893)。

・ロシア革命と女性参政権

「国際女性デー」の３月８日，女性労働者らのデモを契機に三月革命(ロシア暦二月革命)が勃発し，十一月革命(ロシア暦十月革命)の後にレーニン率いるソヴィエト政権は，女性に男性と平等な参政権を付与した。国際女性デー(International Women's Day)は1904年の同日，アメリカのニューヨークで女性が参政権などを求めて行ったデモがその起源と言われる。1910年，コペンハーゲンで開催された第２インターナショナルの「女性会議」で，独の社会主義者で後にスパルタクス団の創設にもかかわったクララ＝ツェトキンが，アメリカでの運動を記念して３月８日を「女性の完全な政治的自由と平等，平和維持のために戦う日」とすることを提案し，認められた。ツェトキンはコミンテルンの女性局長にも就いている。ロシア革命に参加した女性労働者には参政権が与えられたのである。ソヴィエト社会主義政権下で女性が平等な権利を付与されたことは，資本主義国中枢にとっては脅威であり，「社会主義に対抗する」ためにも，大戦後に労働者とともに女性への権利付与が図られた。

・平和に関する布告

ボリシェヴィキと社会革命党左派が武装蜂起してケレンスキー内閣を打倒した十一月革命(1917.11.7，ユリウス暦17.10.25)勃発の翌日，ソヴィエト政権は『平和に関する布告』を発し，全交戦国に対し，無併合・無賠償を原則に即時停戦を提唱した。この背景にある考えは，レーニンが1916年に発表した『帝国主義論』に明示されている。『帝国主義論』では，第一次世界大戦について，資本主義国内の社会経済構造が対外的な支配拡張の要因であり，帝国主義は資本主義の最高の段階であり，かつ死滅しつつある資本主義と指摘している。レーニンに言わせれば，第一次世界大戦は資本主義の破綻にすぎず，インターナショナルに加盟する世界の労働者，社会主義者はナショナリズムに煽られ，戦場に駆り立てられて地主・資本家のために戦争に協力するのではなく，国際的に連帯して故国で社会主義革命を起こすべきだというのである。「戦争を資本家打倒の内乱へ転換せよ」というのが『平和に関する布告』に込められたメッセージである。受験生はこの布告を「文字通り」受け取ってしまう傾向があるが，なぜウィルソン米大統領が『平和に関する布告』に「対抗」して「14カ条」(1918.1)を発表し「勝利なき平和」を主張せざるを得なかったのか，を考えると，そこに世界初の社会主義政権の成立に対する合衆国首脳の危機意識を読み取ることができる。そのウィルソンがレーニンに対抗して戦争を抑制する手段として提唱したものは，これも史上初の「集団保障体制」である国際連盟設立であった。

・国際連盟

国際連盟(League of Nations 1920.1発足)は，従来の勢力均衡(例えば「三国同盟」対「三国協商」のような調停者を持たない二極対立構造)に代わる「集団安全保障」体制の樹立を目指した。その前提となったのがアメリカ合衆国のウィルソン大統領(民主党　任1913～21)がソヴィエト政府の「平和に関する布告」に対抗して，大戦末期の1918年1月にアメリカ連邦議会で発表した「14カ条」である。「14カ条」では①秘密外交(三国同盟など大戦勃発・拡大の契機)の廃止，大戦の経済的原因となった保護貿易体制打破を図るための②海洋の自由と③関税障壁の撤廃，大戦の被害を鑑みた④軍備縮小，⑤ヨーロッパ諸民族の独立(民族自決)，⑥平和に寄与する国際連盟の設立などが謳われた。民族自決といっても列強の植民地アジア・アフリカは対象外となるなど，列強の利害調整に留まった点もあり，パリ講和会議ではウィルソンの「14カ条」は対独報復を唱えるフランスのクレマンソーから「十戒」を神から授かったモーセに例えられて「宣教師外交」と揶揄され，形骸化を余儀なくされた。それでも国際連盟はジュネーヴ(スイス)で1920年に発足したが，肝心の合衆国は孤立主義を採る上院・共和党の反対でヴェルサイユ条約に批准せず(1920.3.19)，この直後，ウィルソンは病に倒れるなど，政権の文字通りの致命傷となってしまった。第一次世界大戦の講和条約の冒頭には全て国際連盟に加盟することが約定されていたが，連盟加盟を拒否した合衆国は全ての条約を批准せず，全ての同盟国と単独講和条約を結んだのである(パリ講和会議における日本の対華二十一カ条容認に反発した中華民国はヴェルサイユ条約調印を拒否したが，他の講和条約には調印・批准したため連盟の加盟国となった)。これにより当初の常任理事国は英・仏・日・伊の4カ国，原加盟国は42カ国となったが，アメリカ抜きで当初から国際的影響力の弱さが危惧された。連盟設立の目的は安全保障(平和維持・国際紛争の処理)・軍備縮小・労働問題の改善であり，この中で労働時間制限や年少労働者の労働条件を定めた国際労働機関の役割は画期的なもので，第二次世界大戦後の国際連合の専門機関・ILO(国際労働機関)に受け継がれた。国際連合と比較される連盟の特色としては，総会・理事会が原則，全会一致であること，経済制裁と補助的軍事措置(港湾の封鎖など)が規定されていることなどであるが，反国連的な行動を取る国々に対する影響力の弱さは争えず，国際連合では安全保障理事会の常任理事国が拒否権を有する「大国一致」の原則に転換した(これが「冷戦」構造下での安保理の機能不全の原因となる)。主な不参加国のうち，ドイツは賠償問題について国際賠償委員会が主導したドーズ案が成立したことを背景に，ヨーロッパの集団安全保障体制を確立したロカルノ条約に基づき，1926年に加盟した(シュトレーゼマンの協調外交の時期である)。1933年，ナチスのヒトラー政権は軍備平等権を主張して連盟を脱退した。これに代わって連盟が加盟を許したのがソ連である。ソ連は当初，連盟を反ソ機関視したが，日独の脱退後の1934年に加盟し常任理事国となった。その後，英仏の対独宥和政策に反発したソ連は独ソ不可侵条約を締結し，ドイツとともにポーランドに侵攻して第二次世界大戦を開始した。バルト3国を併合したソ連のスターリンは次いでフィンランドに侵攻し，ソ連=フィンランド戦争(1939～40)を起こした。連盟はソ連を除名したが，すでにドイツと同盟したスターリンにとっては英仏主導の連盟は利用価値のない存在にすぎなかった。イタリアはムッソリーニ政権のエチオピア侵略(1936)に際して，連盟の経済制裁を受けたが，石油が禁輸品から除外されたため大きなダメージを受けることなく，同年，ヒトラーと「ベルリン=ローマ枢軸」同盟を結び，37年に連盟を脱退した。連盟のリットン調査団によって満州事変・満州国建国(1931～32)を侵略行為と見なされた日本の脱退は最も早く，1933年3月である。連盟の問題点としてはドイツの旧植民地やオスマン帝国の崩壊後の西アジアにおける「委任統治」が，結局は常任理事国である英・仏・日の権益拡大にすぎなかったこと，またドイツ賠償問題にしても，ワシントン条約，不戦条約，ロンドン条約などの戦間期の軍縮交渉にしても合衆国の主導なしには達成できなかったことなどが，受験生に問われることがある。また，全会一致から大国一致への転換の説明の際に述べたように，連盟の反省に立った国際連合の改革も論述問題や正誤問題でよく出題される(例えば連合では委任統治に代わって，厳格な規定を持つ信託統治が行われている)。注意しておくこと。

【加点ポイント】

《三十年戦争を助長した要因》

①旧教と新教の宗教対立・宗教戦争の激化。

②絶対王政の確立。

③反ハプスブルク政策を採る仏・ブルボン朝とハプスブルク家の欧州覇権の争奪。

④**ウェストファリア条約**で主権国家体制が確立し，国家主権の不可侵性が確認された。

⑤神聖ローマ帝国は事実上，解体。

《三十年戦争後の戦争を抑制する傾向》

⑥三十年戦争の惨禍を見たグロティウスは**『戦争と平和の法』**を著した。

⑦グロティウスは自然法に基づく戦時国際法の整備を説いた。

《フランス革命戦争を助長した要因》

⑧仏では革命防衛のための義勇兵制から発展した**徴兵制**が施行された。

⑨**徴兵制**で組織された国民軍が，ナポレオンに率いられて対仏大同盟軍を圧倒した。

⑩ナポレオンによる大陸制圧は欧州各地で仏に対する**ナショナリズム**を高揚させた。

⑪フィヒテの連続講演「ドイツ国民に告ぐ」を機に**ナショナリズム**が高揚。
ライプツィヒの戦い(「諸国民戦争」)でドイツ領邦などが仏を破った。

《ウィーン体制期の戦争を抑制する傾向》

⑫**ナショナリズム**を抑制するため，キリスト教的友愛に基づく神聖同盟が成立。

⑬仏革命以前への復古を図る正統主義と勢力均衡を基調とする国際秩序「ウィーン体制」が成立した。

《第一次世界大戦を助長した要因》

⑭保護貿易を推進する帝国主義列強が三国同盟・三国協商を形成して対立。

⑮**ナショナリズム**を煽る列強は，国民を総動員する**総力戦**体制を採った。

⑯戦車・飛行機など新兵器の登場により戦争犠牲者が急増する一方，戦線は膠着・長期戦化した。

《ヴェルサイユ体制期の戦争を抑制する傾向》

⑰ロシア革命で成立したソヴィエト政権(レーニン)は**平和に関する布告**を発し，交戦国に即時停戦を訴えた。

＊国際共産主義に立つレーニンは「戦争から内乱へ」と唱え，各国の労働者・農民に地主・資本家主体の政府打倒を訴えた。

⑱米大統領ウィルソンは(レーニンに対抗して／民族自決や国際連盟設立を掲げた)**十四カ条**を発表した。

⑲**十四カ条**に基づき，パリ講和会議で史上初の集団安全保障機構として**国際連盟**の設立が認められた。

解答例

新旧両派の宗教戦争としてはじまった三十年戦争ではフランスの新教側への参戦で神聖ローマ帝国が事実上解体，**ウェストファリア条約**でドイツ領邦の国家主権が認められた。主権国家体制の確立は戦争を助長するためグロティウスは自然法に基づく戦時国際法の整備を説き，**『戦争と平和の法』**を著した。フランス革命期に国民主権の原理による**ナショナリズム**が生まれ，**徴兵制**に基づく国民軍を編成したナポレオンがプロイセンなどを圧倒した。ナポレオン戦争は欧州各地でフランスに対する**ナショナリズム**を高揚させ，プロイセンは軍制改革で国民軍を編成し，フィヒテはドイツの**ナショナリズ**

ムを鼓舞した。戦後は正統主義と列強の勢力均衡に基づくウィーン体制が形成され，キリスト教的友愛を掲げた神聖同盟が中核となった。帝国主義列強による三国同盟・三国協商の対立を背景とした第一次世界大戦が長期戦となると，国民を総動員する**総力戦**体制が取られ，戦車・飛行機などの新兵器の登場は犠牲者を急増させた。ロシア革命後成立したソヴィエト政権は**平和に関する布告**で即時停戦を訴え，またアメリカ大統領ウィルソンの**十四カ条**に基づき，史上初の集団安全保障機構として**国際連盟**が発足，戦争抑止を試みた。

(510字)

第2問 「海上交通結節点としてのインドとエジプト」

解説

問(1) インド亜大陸へのイスラームの定着について，カイバル峠を通るルートによる定着過程の，10世紀末から16世紀前半にかけての展開を，政治的側面と文化的側面の双方にふれながら説明させる問題。

【加点ポイント】
①**アフガニスタンのガズナ朝やゴール朝が**（北）インドへ侵攻した。
②インド初のイスラーム王朝である**奴隷王朝／デリー=スルタン朝**。
③**ムガル帝国の成立／バーブルがムガル帝国を建てた**。
④**スーフィー教団がイスラームの布教**を行った。
⑤**スーフィズム**が受容された。
⑥ヒンドゥーの**バクティ信仰**と融合した。
⑦(ナーナクにより)スーフィズムとバクティ信仰が融合してシク教が起こった。
⑧言語も融合して**ウルドゥー語**が生まれた。

解答の条件にある10世紀末はガズナ朝のインド侵入がはじまった時期。16世紀前半はムガル帝国の初期(アクバルの即位が16世紀後半の1556年)。この間の時代のインドのイスラーム化を説明する設問である。

「政治的側面」では，イスラーム王朝がどのようにインドを征服したか，「文化的側面」では，インドにおいてイスラーム布教がどのように行われ，どのような文化的影響を与えたかを説明すればよい。

7世紀にヴァルダナ朝が崩壊すると，8～13世紀の北インドではヒンドゥー教諸王朝が分立することとなった(ラージプート時代)。一方，8世紀初めにウマイヤ朝(661～750)の将軍がインダス川下流域のシンド地方に侵入したが，カイバル峠(現在はアフガニスタンとパキスタンの国境に位置する）を越えての本格的な侵攻には至らず，イスラームのインド亜大陸への定着も進まなかった。

10 世紀はアッバース朝の統制が緩み，中央アジアやアフガニスタンに非アラブ系のイスラーム政権が成立した時代だ。イスラームの教義自体も変容し，神との一体感を得るため，歌や踊り・瞑想など独特の修行を行うスーフィズム（イスラーム神秘主義）が広まったのもこの時代だった（スーフィズムについては，1998年度第２問問(4)(5)参照）。

10 世紀，アフガニスタンに建国されたイスラーム政権であるトルコ系のガズナ朝（962 ～1186）は何度もインド遠征を行い，ヒンドゥー教寺院などを破壊し，多数の略奪品を得た。ガズナ朝に代わってアフガニスタンに成立したイラン系のゴール朝（1148頃～1215）もインドに進出し，その一部を支配した。この二つの王朝はいずれもアフガニスタンからカイバル峠を越えてインド亜大陸へ侵入したわけである。ゴール朝のムハンマド（ムハンマド=ゴーリー）は12 世紀末にラージプート連合軍に勝利すると，さらに遠くベンガル地方まで遠征軍を送り，インド最後の仏教文化を破壊した。ナーランダー僧院が廃墟になったのはこの時である。

ゴール朝のマムルーク出身のアイバクは，主君ムハンマドから北インドの統治を委ねられていたが，ムハンマドが暗殺されるとデリーで自立した。これがインド初のイスラーム王朝である奴隷王朝（1206 ～90）の建国である。続く 4 王朝（ハルジー朝・トゥグルク朝・サイイド朝・ロディー朝）と合わせてデリー=スルタン朝（1206 ～1526）と総称され，いずれもイスラーム王朝であった。

300 年以上続いたデリー=スルタン朝の時代，（後のムガル帝国のアウラングゼーブとは異なり）政権自体が社会のイスラーム化を強く推し進めることはなく，ヒンドゥー教徒と共存しながら統治を行っていた。これに対しインドのイスラーム化の中心となったのがスーフィー教団であった。彼らはインドの聖者崇拝と結びついて信仰の拡大に努めた。イスラーム教の聖者廟にはムスリムのみならずヒンドゥー教徒も盛んに参詣していたからである。またスーフィズムには，神の愛を強調し，歌や踊りを伴った信仰告白を行うヒンドゥー教のバクティ信仰との共通点があり，インド人には受容しやすかった。さらにムスリム商人が多数到来したため，ヒンドゥーの下位カーストを中心に，万民平等を説くイスラームへの改宗が進んだ。

このような状況下で，15 ～16 世紀のインドでは，イスラーム教とヒンドゥー教の融合を図る信仰が起こった。カビール（1440 頃～1518 頃）は一神教を唱え，不可触民への差別やカーストを否定した。またヴェーダや『クルアーン（コーラン）』の権威を否認し，人類が根本的に一つであることを説いた。一方ナーナク（1469 ～1538）はシク教を開き，偶像崇拝やカースト制度による差別を否定した。シク教団はインド北西部のパンジャーブ地方に勢力を広げ，19世紀には独立王国を建てることとなる。

言語の面でも融合が起こった。デリー=スルタン朝以来，ヒンディー語が北インドの日常語であったが，ムガル帝国(1526～1858)はペルシア語を公用語としていた。そのためヒンディー語にペルシア語の語彙を多数取り入れた混成言語であるウルドゥー語が成立し，次第に広まることとなった。ウルドゥー語は現在ではパキスタンの公用語となっている。

問(2)　18世紀半ば頃のイギリス東インド会社によるインドの植民地化の過程を，フランスとの関係に留意して説明させる問題。

【加点ポイント】　①**マドラス・ボンベイ・カルカッタを拠点**とした。

②**綿布(キャラコ)を輸入**。

③(ポンディシェリなどを拠点とする)**フランス東インド会社と争**った。

④**オーストリア継承戦争**を契機とする**カーナティック戦争**に勝利した。

⑤**七年戦争**を契機とする**プラッシーの戦い**に勝利した。

⑥ムガル皇帝から**ベンガル地方など／ベンガル・ビハール・オリッサの徴税権**を獲得した。

⑦第3次カーナティック戦争でポンディシェリを占領した。

18世紀半ば頃のインドにおける英仏対立の全体像を俯瞰せよ，という問題である。カーナティック戦争(1744～63)やプラッシーの戦い(1757)という局地戦の細かい経緯について，あれこれ書くより，なぜ英・仏が対立したのか，どういう結果になったのかに言及しよう。

18世紀半ば頃は，イギリスにとってはまだ産業革命の初期の段階であるから，英・仏ともにインド進出の目的は，インドを自国製品の市場とすることではなく，インドの工業製品――特に綿布(キャラコ)を安く輸入することだった。当時インドでは，アウラングゼーブ(位1658～1707)の死後，ムガル帝国が解体に向かっていた。1724年にはデカン高原のニザーム(ハイデラバード)王国や，ガンジス川中流域のアウド(アワド)王国が事実上独立し，ベンガルの太守も自立化した。1739年には，イラン・アフガニスタンなどを支配していたアフシャール朝(1736～96)のナーディル=シャー(位1736～47)が一時デリーを占領したため，ムガル帝国の権威は失墜した。さらに北インドではマラーター(マラータ)同盟(1708～1818)の諸侯などがムガル帝国の領土を奪い，南インドではマイソール王国(17世紀～1947，マイソール戦争後，イギリスの藩王国となる)が台頭した。こうしてムガル帝国はデリー周辺を支配するのみになっていた。

一方イギリス東インド会社は，南インドのマドラス(1639)，アラビア海沿岸のボンベイ(1661)，ベンガル地方のカルカッタ(1690)を拠点とし，綿布などを本国へ送っていた。フランス東インド会社も南インドのポンディシェリ(1672)やベンガル地方のシャンデルナゴル(1673)を拠点として，同様の交易を行っていた(歴史地図を見ると，マドラスとポンディシェリの位置，そしてカルカッタとシャンデルナゴルの位置が近いことが分かる。両国はこのように睨み合っていたのである)。

しかしインドにおいて地方勢力が分立・抗争すると，それまで主に交易に従事していた英仏の東インド会社もその争いに介入し，勢力拡大を図って互いに激しく対立し，軍事的にも衝突するようになった。

ヨーロッパでオーストリア継承戦争(1740 ～48)が起こると，これを契機として南インドのカーナティック地方を中心として，英仏間で３次にわたるカーナティック戦争(第１次 1744 ～48, 第２次 1749 ～54, 第３次 1756 ～63)が起こった。第１次では，フランスのインド総督デュプレクス(任 1742 ～54)がインド人傭兵(シパーヒー)を組織して活躍し，イギリスのマドラスを占領した。1748 年のアーヘン条約で返還したが，フランスがカーナティック地方の指導権を得た。第２次でもデュプレクスが活躍したが，フランス本国が戦費増大による財政難を恐れたこと，そしてイギリス東インド会社のクライヴの策謀(デュプレクスが私利のため戦っていると中傷し，フランス軍撤退後もフランスの商業権を保護すると約束)のため，フランスはデュプレクスを本国に召還し，イギリスのカーナティック地方の保護権を承認して講和した。第３次(後述するヨーロッパの七年戦争と連動)ではイギリスがフランスのポンディシェリを占領した。1763 年のパリ条約でフランスに返還されたが，イギリスによるカーナティック地方の支配権は確立した。

一方ベンガル地方では，ヨーロッパの七年戦争(1756 ～63)を契機として英仏間の抗争が激化した。1756 年，イギリスがベンガル太守に無断でカルカッタの要塞の補強・拡張工事をはじめた。怒った太守はカルカッタを攻撃し，これを陥落させた。しかしクライヴがマドラスからの援軍を率い，1757 年カルカッタを奪回した。ベンガル太守が親仏反英の政策を採ると，イギリスは太守の追放を画策した。こうして1757 年６月，プラッシーの戦いで，クライヴ率いるイギリス東インド会社軍(インド人傭兵=シパーヒーを組織していた)がフランスと同盟したベンガル太守軍を破った。この際クライヴはベンガル太守軍の主力を率いていた総司令官ミール=ジャアファルを内通させていた。ミール=ジャアファルは戦闘を傍観するのみで参加しなかったため，イギリスが勝利したのである。ミール=ジャアファルは新たなベンガル太守に就任したが，イギリスの傀儡であり，ベンガル地方の実権はクライヴに握られてしまった。

その後ミール=ジャアファルがイギリスと対立するようになると，今度はその娘婿ミール=カーシムが新たなベンガル太守となった。しかしこの人物もイギリス支配からの独立を図ったため，イギリスに廃された。そこでミール=カーシムはアウド王国に逃げ込んだ。ここには戦乱を避けたムガル皇帝も保護されていたため，前ベンガル太守・アウド王・ムガル皇帝の連合軍が成立し，ベンガル奪回をめざしイギリス軍と会戦することになった。これが1764年のブクサールの戦いである。イギリス軍はこれに圧勝した。1765年，新たにベンガル知事(任1765～67)となったクライヴはムガル皇帝とアラーハーバード条約を結んだ。この条約でイギリス東インド会社は，ムガル皇帝からベンガル・ビハール・オリッサ３州のディーワーニー(徴税権)を得，間接的に司法権をも獲得した。のちには拡大解釈により行政権も獲得し，インド東部の大部分をベンガル管区に編入し，この地域の事実上の支配者となった。これがイギリスによるインド植民地化のはじまりである。

なお，このあとのマイソール戦争(1767～99)・マラーター(マラータ)戦争(1775～1818)・シク戦争(1845～49)・インド大反乱(1857～59)などは，いずれも「18世紀半ば頃」という条件に反するため，本問では答案で論ずる必要はない。

問(3)　18世紀末から20世紀中葉にいたるエジプトをめぐる国際関係について説明させる問題。指定語句が三つ（ナポレオン・スエズ運河・ナセル）与えられている。

【加点ポイント】　①**ナポレオン**の遠征以来，**英仏がエジプトに出兵した。**

②**ムハンマド=アリー家**が総督(ワーリー)(後には副王(ヘディーヴ))を世襲した。

③英が**スエズ運河会社株をエジプトから買収。**

④**ウラービーの反乱／ウラービー革命**を機に**英に占領された／英の事実上の保護国となった。**

⑤第一次世界大戦後，**ワフド党**政権により**独立した。**

⑥ワフド党政権は**英の運河地帯駐兵**を承認した。

⑦エジプト革命後，**ナセル**が**スエズ運河を国有化した。**

本来なら５～６行(150～180字)は必要になるような内容を，いかに４行でまとめるか，要約力を問われる問題である。指定語句もあることだから，大論述と同様に組立メモを作ってみるとよい。指定語句と重要な事項をフローチャートなどに入れてみよう。

指定語句のナポレオンは，エジプト遠征(1798～99)を行った人物として使おう。イギリスとインドとの連絡を絶つのが目的だった。二つ目の指定語句のスエズ運河の完成は1869年。ただ，この論述では運河をつくったことよりも，イギリスによるスエズ運河会社株の買収(1875)で使うべきだろう。スエズ運河地帯の駐兵権(1882年獲得,1936年合法化)でも使える。三つ目の指定語句のナセルはエジプトの軍人・政治家。1956年にスエズ運河の国有化を宣言した箇所で使おう。

その他の重要語句としては，問題で指定された時期の大半を占めるエジプトの王朝であるムハンマド=アリー朝(1805～1952，ムハンマド=アリー家)，エジプトがイギリスの事実上の保護国となったきっかけであるウラービー(オラービー，アラービー)の反乱(1881～82)，エジプトの独立を指導し，独立後もイギリスにスエズ運河地帯の駐兵権を認めたワフド党などが挙げられる。これらの語句をうまく使って，コンパクトにまとめたい。

オスマン帝国(1299～1922)がマムルーク朝(1250～1517)を滅ぼして以後，エジプトはオスマン帝国の属州であったが，18世紀には現地の支配者であるマムルークが実権を握っていた。1798年フランスのナポレオンは，イギリスのインドへの通商路を阻むためエジプト遠征を行い，エジプトを占領した。ナポレオン本人は1799年に帰国するが，フランス軍はエジプト占領を続け，オスマン帝国軍やイギリス軍と抗争した。この抗争の中で，1801年にオスマン帝国から派遣されたアルバニア人の軍人であるムハンマド=アリーは，民衆の支持を得てエジプト総督(任1805～48)となり，オスマン帝国もこれを追認した。以後約150年間，彼とその子孫がエジプトを支配した。これがムハンマド=アリー朝である。

ムハンマド=アリーは在地のマムルーク支配層を一掃し，中央集権化と富国強兵を進めた。ギリシア独立戦争(1821～29)が起こると,オスマン帝国はムハンマド=アリーに鎮圧のための援軍を求めた。彼はその見返りとしてシリアの領有とエジプト・スーダンの総督の世襲権を要求したが，帝国は認めなかった。そこで彼は二度にわたって帝国と戦い勝利した(エジプト=トルコ戦争 1831～33，39～40)。1840年のロンドン会議(イギリス・ロシア・プロイセン・オーストリアが参加)で，オスマン帝国の宗主権の下，ムハンマド=アリーにはエジプト・スーダンの総督の世襲権のみが認められ,シリアは放棄させられた。

さらに1838年のトルコ=イギリス通商条約がエジプトにも適用されることになった。これは不平等条約であり,エジプトは列強の領事裁判権を認め,関税自主権を失って国内市場を開放させられた。またスエズ運河の開削(1859～69)や，鉄道や電信網の建設などで経費がかさみ,外債が累積してエジプトの国家財政は破綻寸前となった。このためエジプトは1875年に，所有していたスエズ運河会社の株(全体の株の約44%)を，ディズレーリ内閣のイギリスに売却した(この時融資したのはユダヤ系財閥のロスチャイルド家)。イギリスは同会社の筆頭株主となり(50%以上はフランス人が所有していたが，単独ではなく，フランス政府の所有でもなかった)，スエズ運河の管理権・経営権を獲得した。それでもエジプトは財政の立て直しができず，外債の利子支払いを停止したため，1876年から国家財政がイギリスとフランスの管理下に置かれることになった。

このような列強の内政干渉に対し，1881年に抵抗運動を起こしたのが陸軍将校のウラービー(アラービー，オラービー)=パシャである(エジプトから見ればウラービー革命，イギリスから見ればウラービー=パシャの反乱)。彼は「エジプト人のためのエジプト」というスローガンを掲げ，立憲制の確立・議会の開設を目指した。1882年2月，ウラービー=パシャらは政権を握ったが，インドへの道の確保を目指すイギリスが単独出兵し，同年9月この政権を倒した。以後エジプトはイギリスの事実上の保護国となった。イギリス占領下でもムハンマド=アリー家は傀儡(かいらい)政権として存続した。その後，第一次世界大戦(1914～18)でオスマン帝国がドイツ側についたため，1914年イギリスはエジプトを正式に保護国とし，オスマン帝国の主権を排除した。

第一次世界大戦後，アジア諸国の民族自決の動きに刺激され，民族主義者のワフド党が独立と立憲君主政を目指す運動を展開した。1922年，イギリスは保護権を放棄し，エジプトは，立憲君主制のエジプト王国として形式的な独立を果たした。しかしスエズ運河の経営権は依然としてイギリスが握っていた。そこで完全な独立を目指す運動が継続され，ワフド党は1924年に政権を握った(以後1952年のエジプト革命まで政治を主導した)。

1936年にエジプト=イギリス同盟条約が結ばれ，エジプトはほぼ主権を回復した。しかしイギリスはスエズ運河地帯における軍隊の駐屯権を保持したままであった(他の地域からは撤兵することを取り決めた)。まもなく第二次世界大戦(1939～45)が起こると，1940年にイタリアが，エジプトの西隣で植民地のリビア(トリポリ・キレナイカ，1912獲得)から，スエズ運河をめざしてエジプトに侵攻した。エジプト=イギリス同盟条約にもかかわらず撤兵が不十分であったイギリス軍は，これに応戦した。1941年にはドイツ軍も参戦し，エジプトはドイツ・イタリア軍とイギリス軍との戦場となった。この状況下でイギリス軍はエジプトを軍事占領し，軍政を敷いた。独立国であるにもかかわらず，相変わらずイギリスに植民地扱いされていることに，エジプト人の不満は高まっていった。こうして第二次世界大戦後，エジプト人の反英運動が激化することとなった。

1945年3月，エジプトなどアラブ7カ国(他にシリア・イラク・レバノン・トランスヨルダン・イエメン・サウジアラビア，これらはいずれもこの時点で一応独立していた)は，エジプトのカイロでアラブ連盟を結成し，植民地支配下のアラブ地域の独立や，アラブ諸国間の経済協力をめざした。しかし，イギリスの委任統治が終了するパレスチナでは，従来居住していたアラブ人と，ユダヤ人移民が各々独立国家建設をめざして争っていた。1947年，国際連合が総会でパレスチナ分割案を決議すると，ユダヤ人はこれを受け入れて1948年にイスラエルを建国したが，アラブ連盟はこれに反対してパレスチナ戦争(第1次中東戦争 1948～49)が起こった。この結果，パレスチナの80%の領域がイスラエルの支配下に入り，100万人以上のアラブ人が難民となった(パレスチナ難民)。

アラブ諸国では，イスラエル建国に衝撃を受けてアラブ民族主義が高揚した。エジプトでは親英政策を続ける国王とその腐敗した政権に対する民衆の不満が高まり，スエズ運河地帯からのイギリス軍の撤退を求める運動が激化した。1952年，ナギブやナセルらの自由将校団がクーデタ(エジプト革命)を起こし，国王を追放した。1953年エジプト共和国が成立し，ナギブが大統領(任 1953～54)となった。ナギブがナセルと対立して失脚すると，ナセル(首相 任 1954～56・大統領 任 1956～70)が政権を握った。ナセルは経済開発のためにアスワン=ハイ=ダムの建設に着手し，スエズ運河地帯のイギリス軍を撤兵させた。しかし1956年にアメリカやイギリスが，このダム建設の資金援助を停止すると，ナセルは資金確保のために同年7月，スエズ運河の国有化を宣言した。

同1956年10月，スエズ運河国有化に反発するイギリス・フランスは，イスラエルとともにエジプトに侵攻した。これがスエズ戦争(第2次中東戦争 1956～57)である。しかし，この行動は国際世論の批判を招き，アメリカとソ連も3国に対し停戦と撤退を警告した。アメリカの支持を得られなかったことは英･仏にとって大きな痛手であった。結局国際連合の勧告を受け入れて3国は撤兵し，エジプトはスエズ運河を確保した。

解 答 例

⑴アフガニスタンのガズナ朝やゴール朝の侵攻にはじまり，デリー=スルタン朝からムガル帝国に至るイスラーム王朝が成立。スーフィー教団がイスラーム布教の中心となり，ヒンドゥーのバクティ信仰を取り入れシク教が成立，混成言語のウルドゥー語が生まれた。

(番号を含めて120字)

⑵マドラス・ボンベイ・カルカッタを拠点とし，綿布の輸入を巡りフランス東インド会社と争った。オーストリア継承戦争を契機とするカーナティック戦争や，七年戦争を契機とするプラッシーの戦いに勝利し，ムガル皇帝からベンガル地方などの徴税権を獲得した。

(番号を含めて120字)

(3)ナポレオンの遠征以来，英仏が出兵。ムハンマド=アリー家が総督を世襲。英はスエズ運河会社株を買収，ウラービーの反乱を機にエジプトを占領。第一次世界大戦後，ワフド党政権が独立，英の運河地帯駐兵を承認。エジプト革命後，ナセルが運河を国有化した。

（番号を含めて120字）

第3問　「歴史上の帝国と同盟的連合（古代～16世紀）」

解説

時代や地域は多岐にわたるものの，用語問題はすべてセンター試験レベルで解答可能であり，東大志望者としては完答してほしい基本問題である。ここで間違えるようでは，正直なところ勉強不足であると言わざるを得ない。あとは，問(3)の語句説明がうまくまとめられるかどうかであろう。

問(1)　正解は(a)ニネヴェ，(b)(イ)

(a)はアッシリアの首都を問う基本問題である。本問の「その首都」の「その」とは直前の内容を受ける指示語と考え，初期の都ではなく前7世紀にオリエント全域を支配する大帝国を築いた時点での首都を答えるべきであろうから，ニネヴェが解答となる。アッシリアは前2000年紀初頭には都アッシュル（アッシュール）を中心に都市国家を形成したが，前9世紀頃から鉄製武器や馬・戦車などを導入して強大化し，前7世紀になると，メソポタミア，エジプトを征服してオリエント初の統一国家となった。なお，前8世紀以降の首都ニネヴェはティグリス川中流の東岸に位置する。

問(2)　正解は(a)ギリシア，(b)ビザンティオン（ビュザンティオン，ビザンティウム）

基本問題である。黒海と地中海を結ぶボスフォラス海峡に面した地にギリシア人が建設した植民市はビザンティオン（ラテン語読みでビザンティウム）である。324年にローマ帝国を再統一したコンスタンティヌス帝（位306～337）は，330年にこの地に都を移し，自らの名を冠してコンスタンティノープル（コンスタンティヌスポリス）と改称し，ローマ帝国の東西分裂後は，東ローマ（ビザンツ）帝国の首都となった。1453年，オスマン帝国のメフメト2世がコンスタンティノープルを占領してビザンツ帝国を滅ぼすと，この地に都を移し，以後イスタンブルと呼ばれるようになった。本問では教科書表記にあわせてビザンティオン（山川・東京書籍），ビュザンティオン（帝国書院），ラテン語表記のビザンティウム（実教出版）のいずれも許容される解答であろう。

問(3)　解答例(3)周王室を尊び，その下で夷狄と呼ばれた異民族をうち払うこと。

（記号を含めて30字）

基本的な用語説明問題である。周（西周）は，王室の内紛と西方から犬戎の侵入により都を渭水盆地の鎬京から黄河中流の洛邑(現在の洛陽)に移した。これ以後を東周時代と呼び，その前半が春秋時代，後半が戦国時代である。周の東遷により周王の実力は諸侯以下となったが，有力諸侯は周王の権威を利用して権力を握った。その際のスローガンが「尊王攘夷」である。「尊王」とは,「周王(周王室)を尊重する」こと,「攘夷」とは「夷狄(異民族)をうち払う」ことであり(南宋の朱熹も『論語』の注釈で「夷狄を攘いて周室を尊ぶ」と述べている)，このスローガンに則り，周王の権威の下に多くの諸侯を召集して盟約の儀式を行って(会盟)，主導権を握った。このような諸侯が覇者であり，斉の桓公，晋の文公などの代表的な覇者を総称して春秋の五覇と呼ぶ。

問(4)　正解はプトレマイオス朝

基本問題である。ローマの地中海統一は，地中海東岸に残ったヘレニズム諸国の征服によって完成した。まず，第2回ポエニ戦争後，カルタゴを支援したアンティゴノス朝マケドニアを滅ぼし(前168)，その後ポンペイウスがセレウコス朝シリアを征服した(前64)。最後まで残ったプトレマイオス朝エジプトは，女王クレオパトラがカエサル，のちにアントニウスと結んだものの，前31年のアクティウムの海戦でオクタウィアヌスが率いるローマ軍に敗れ，翌年滅亡した。こうしてエジプトはローマに併合され,ローマの地中海統一が実現した。本問では王朝の名が問われているので「プトレマイオス朝」と解答する。「エジプト」は付ける必要はない。

問(5)　正解は(a)コルドバ，(b)後ウマイヤ朝

イスラーム世界の分裂に関する基本問題。8世紀後半のイベリア半島に出現したということは，後ウマイヤ朝(756～1031)である。アッバース朝に実権を奪われたウマイヤ家の一族は，北アフリカからイベリア半島に逃れると，756年，アブド＝アッラフマーン1世をアミール(総督)として後ウマイヤ朝を興した。当初はカリフを称していなかったが，第8代のアブド＝アッラフマーン3世(位912～961)は，カリフを称したシーア派のファーティマ朝に対抗してカリフを称し，以後，イスラーム世界には3人のカリフが鼎立した。都のコルドバは，西方イスラーム世界の宗教・文化の中心となった。

問(6)　正解はクリルタイ

モンゴル史に関する基本問題である。「クリルタイ」とは「集会」を意味するモンゴル語だが，この場合はモンゴルの最高議決機関としての諸部族長会議を指す。ケレイト部・ナイマン部などの征服によってモンゴル高原を統合したテムジンは，1206年にクリルタイでハンに推戴されチンギス＝ハンとして即位し，大モンゴル国(モンゴル＝ウルス)が成立した。以後，モンゴル帝国ではハンの選定と推戴，遠征と作戦の決定，法令の発布など重要事項はクリルタイで協議されたが，ハン位の継承をめぐる対立を引き起こす場合もあった。

問(7)　正解は永楽帝

明代初期の政治史を内容で理解していれば，「永楽帝」と簡単に解答できる。問題文の「明代初期に燕王として北平に封ぜられ，のち反乱を起こして皇帝の位を奪った人物」のうち，「燕王」や「北平(現在の北京)」は少々細かい知識かもしれないが，「反乱で帝位を奪った」という点から，靖難の役(1399～1402)で帝位を奪った永楽帝(位1402～24)とすぐにわかる。洪武帝の死後，孫の建文帝が即位すると，北方の諸王の勢力削減を図った。これに対し，建文帝の叔父で燕王に封じられていた朱棣(洪武帝の第4子・のちの永楽帝)は，「君側の奸(かん)をのぞき，難を靖んず」との名目で挙兵すると，首都南京を攻略して帝位を奪った。これが靖難の役である。

問(8)　正解は(a)金印勅書（黄金文書），(b)カール4世

本問も基本問題である。シュタウフェン朝の断絶後，ドイツの有力諸侯が皇帝選出を巡って対立し，ドイツに統一国王が存在しない状態が続き，実質的に皇帝のいない大空位時代(1256～73)となった。この時，イングランドやカスティリャの貴族などを国王に推戴する動きがあったものの，有力諸侯の支持は一致しなかった。しかし1273年には，自分たちよりも弱体なハプスブルク家のルドルフ(1世)を選出することで，大空位時代に終止符を打った。その後，1356年にルクセンブルク家の皇帝カール4世が金印勅書を発し，7人の選帝侯に皇帝選出権を付与して，彼らの選挙だけで皇帝が確立することとした。また，選帝侯には本来は国王大権である高級裁判権や関税徴収権，貨幣鋳造権，のちに立法権などの特権を認めたため，彼らの支配する領邦の独立性が高まった。

問(9)　正解は(a)コンスタンツ公会議，(b)フス

コンスタンツ公会議は2000年度第3問にも出題されている。設問文中に「3人の教皇が並立」となっているので，疑問に感じたかもしれないが，大シスマ(教会大分裂，1378～1417)では，最終的に3教皇が鼎立する体制となった。フランス王フィリップ4世による「教皇のバビロン捕囚」ののち，1377年に教皇庁は一旦ローマに戻ったが，これに対抗してアヴィニョンでも別の教皇が立てられた。この時点でローマとアヴィニョンに2人の教皇が並立していたが，分裂の収束を図って開かれたピサ公会議(1409)でも新たな教皇が立てられ，3教皇が鼎立する事態となった。これを終息するため，神聖ローマ皇帝ジギスムントはコンスタンツ公会議(1414～18)を開催，3教皇を廃位したのちに統一教皇を選出し教会大分裂は終結した。また，コンスタンツ公会議では，聖書主義を主張したイングランドのウィクリフ(すでに死去していた)とベーメンのフスが異端とされ，フスは火刑に処された。この火刑に反発したベーメンのフス派と，ドイツ人の支配に反発するベーメンの民族運動が結びつき，ジギスムントがベーメン王位に就くと，フス戦争(1419～36)が起きた。

問⑽　正解はユトレヒト同盟

商業や毛織物業が発展していたスペイン領ネーデルラントでは，貴族や商工業者の間にカルヴァン派(ゴイセン)が拡大していた。対抗宗教改革を進めるスペイン国王フェリペ2世(位1556～98)は，ネーデルラントにカトリックを強制したうえ，都市に重税を課した。このため，貴族が自治権を求めて反抗し，これに商工業者が加わると,1568年,オラニエ公ウィレムを指導者とするオランダ独立戦争が起こった。当初,北部7州,南部10州がともに参戦していたものの,カトリック勢力の強い南部10州は,フェリペ2世の懐柔策によって脱落した。このため，ホラント州を中心とする北部7州は，信仰の自由を獲得するまで脱落しないことを誓い，1579年にユトレヒト同盟を結ぶと，1581年にはオラニエ公を世襲の総督とするネーデルラント連邦共和国(オランダ)の独立を宣言した。その後，イギリスの支援などもあり，1609年にスペインと休戦条約を結んで事実上の独立を達成すると，1648年のウェストファリア条約で，正式に独立が認められた。

解答例

⑴(a)ニネヴェ　(b)(イ)

⑵(a)ギリシア　(b)ビザンティオン(ビュザンティオン，ビザンティウム)

⑶周王室を尊び，その下で夷狄と呼ばれた異民族をうち払うこと。

(記号を含めて30字)

⑷プトレマイオス朝

⑸(a)コルドバ　(b)後ウマイヤ朝

⑹クリルタイ

⑺永楽帝

⑻(a)金印勅書(黄金文書)　(b)カール4世

⑼(a)コンスタンツ公会議　(b)フス

⑽ユトレヒト同盟

2005年

第1問 「第二次世界大戦中の出来事が1950年代までの世界に与えた影響」

解説

【何が問われているか？】

大戦中の出来事と冷戦の勃発・展開の因果関係を具体的事例に基づいて記述するというのが本問の要求である。

すでにリード文中で大戦中の連合国首脳会談→国際連合の創設→国共内戦→二つの中国が示されている。また指定語句は「使わなければならない」ものではなく，答案作成上の大きなヒントとなっており，それほど難しい内容を記述させるものではないと想定できる。

現代史の出題で，予想が外れ戸惑った受験生が多かったのではないか。しかし例のごとく，指定語句がヒントとなり，また書くべき内容についても，基本事項とその因果関係を把握していれば十分に合格点に到達できる設問である。問題は，そうした知識をいかに短時間で解答欄に反映できるか，現代史学習と普段の文章作成の習熟度が問われる設問である。

◆視点

論述答案作成に必要な第1のポイントは，教科書でも指摘されている上記の「基本的な事項」を知識として蓄え，指定語句から連想できるか否かである。戦後史の学習を疎かにしていては，本問の場合，合格に結びつく答案作成は不可能である。模擬試験などで，よく提示された語句だけを利用して解答を作成している答案を見かけることがある。8つかそこらの語句にのみ依存して450～500字以上の文章を書くのは無理なことで，それら指定された語句にどれだけの事項を付け加えることができるか，日頃の学習の姿勢が問われる。

第2のポイントは，基本事項を理解した上で，どのように解答を組み立てるかである。例えば「台湾」をヒントに国共内戦から中国の分断，「金日成」をヒントに朝鮮半島の分断，あるいは「東ドイツ」をヒントにドイツの分断など，第二次世界大戦後に展開された冷戦の象徴とも言うべき，「分断国家」に言及して字数を費やすことは構わないが，それだけに行数を割いても，バランスの悪い解答になってしまう。

答案作成の冒頭でフローチャートを作成する際に，文章全体の構成・バランスを意識しながら，指定語句から「連想」される歴史事項を箇条書きに列挙していくなど，技術的なトレーニングも必要となってくるだろう。

【加点ポイント】

＊1950年代までの重要事項にいかに優先順位をつけるかがポイント。

・**大西洋憲章**

①時期：1941年8月　※独ソ戦勃発を受けて，ソ連との連携を図った。

②参加者：F.ローズヴェルト・米大統領とチャーチル英首相

③**大西洋憲章**の内容：領土の拡大や自決権に基づかない領土の変更に反対。
／被侵略国の主権と自治の回復
／国際連盟に代わる平和機構創設をソ連に提唱→サンフランシスコ会議で国際連合創設。

・**日本国憲法**

①カイロ宣言，ポツダム宣言を受諾，事実上アメリカの単独占領下での憲法起草。

②アメリカ占領軍による民主化→**日本国憲法**のほか軍国主義の除去，東京裁判など。

③朝鮮戦争勃発を受けて，占領軍のマッカーサー元帥の要請で警察予備隊設立(1950)。

④サンフランシスコ講和会議で，西側陣営として国際社会に復帰(1951)。

⑤ソ連・東欧諸国，非同盟を目指すインドなどは講和条約に調印せず。

⑥日米安全保障条約の締結／警察予備隊は保安隊(1952)→自衛隊(1954)に改組。

・**台湾**

①大戦末期から再開された国共の武力衝突・戦後の国共内戦。

②共産党が勝利し，中華人民共和国が成立。

③中華民国・国民政府主席の蔣介石は**台湾**に逃れて，政権を維持(**台湾**では「総統」)。

・**金日成**

①大戦終結後，北緯38度線以北をソ連が，以南をアメリが占領(1945.9)

②冷戦の展開による米ソの対立，朝鮮内部での左右両派の対立(南北連席会議の頓挫)。

③1948年，南に李承晩を大統領とする大韓民国，北に**金日成**を首相とする朝鮮民主主義人民共和国が分立。

④朝鮮戦争(1950～53)

・**東ドイツ**

①大戦後，ヤルタ協定に基づき，米・英・仏・ソ4大国が分割占領。

②1947年：米のトルーマン=ドクトリン・マーシャル=プランに対し，ソ連はコミンフォルム結成で対抗。

③1948年：チェコスロヴァキアクーデタを契機に英を中心に西欧連合結成→西側占領地区の通貨改革
→ソ連のベルリン封鎖→米・英・仏３国はベルリン空輸で対抗。
→ソ連は封鎖を解除(1949)
④1949年：ソ連，核兵器保有を宣言
→**東ドイツ**(ドイツ民主共和国)と西ドイツ(ドイツ連邦共和国)に分断。
⑤西ドイツは再軍備(1954)後，NATOに加盟(1955)。
東ドイツはワルシャワ条約機構に加盟(1955)

- **EEC(ヨーロッパ経済共同体)**

①大戦の原因となった独仏対立抗争に対する反省から，米ソ冷戦構造に対抗する西欧の，協力関係樹立の議論が高まった。
②仏外相シューマンの提唱でヨーロッパ石炭鉄鋼共同体(ECSC)の成立(1951～52)
③**EEC(ヨーロッパ経済共同体)**とヨーロッパ原子力共同体(EURATOM)の成立(57～58)。
④**EEC(ヨーロッパ経済共同体)**の成立による「多極化」
⑤上記①～④に関連して，IMFを中心とするブレトン=ウッズ体制(金・ドル連動体制)の成立→米のマーシャル=プラン→米の世界経済支配に西欧が対抗したことに言及してもよい。

- **アウシュヴィッツ**・**パレスチナ難民**

①大戦中におけるナチス=ドイツによるユダヤ人の大量虐殺(ホロコースト)。
②大戦後におけるシオニズム運動の加速，パレスチナへのユダヤ人の移住急増。
③国連パレスチナ分割案(ユダヤに有利／ユダヤ側への国際世論の同情)。
④パレスチナ分割案に対するアラブ側の反発。
⑤イスラエル国の独立強行→米(トルーマン大統領)と英の独立支持。
⑥パレスチナ戦争(第１次中東戦争)の勃発とそれに起因する**パレスチナ難民**の発生。
⑦スエズ戦争(第２次中東戦争)勃発。
イスラエルと結ぶ英仏に対し，非同盟諸国を中心に国際世論の批判が高まる。

解答例

大西洋憲章に基づき国際連合が発足，武力制裁も可能になったが，米ソの対立で安保理は戦争抑止力を失った。中国では国共内戦に勝利した共産党が中華人民共和国を建国。ソ連と中ソ友好同盟相互援助条約を結び，米が支援する国民党は**台湾**に逃れた。カイロ宣言で独立を約束された朝鮮は北緯38度線を境に米ソに分割占領された後，**金日成**首相の北朝鮮と，李承晩大統領の韓国に分裂した。ポツダム宣言に基づいて連合軍が占領した日本では**日本国憲法**が制定され非武装化が図られたが，朝鮮戦争を機に米は対日講和を急ぎ，日本を日米安全保障条約で西側陣営に組み込み，再軍備を認めた。ドイツはヤルタ協定により米英仏ソに分割占領され，ソ連によるベルリン封鎖を経て分断国家となり，西ドイツはNATO，**東ドイツ**はワルシャワ条約機構に加盟し，再軍備した。その後米ソに対抗し欧州の経済統合を目指す**EEC**が結成された。ナチスによる**アウシュヴィッツ**などでのユダヤ人虐殺はシオニズム運動を加速させた。国連総会のパレスチナ分割決議を経てユダヤ人が建てたイスラエルは米英の支持の下，パレスチナ戦争で領土を拡大し**パレスチナ難民**を発生させ，アラブ民族主義の反発と中東でのソ連の影響力拡大を招いた。

(510字)

第2問　「ヘレニズム文明の各地への影響」

解説

問(1)　1世紀頃から西北インドにおいてヘレニズムの影響を受けながら発達した美術の特質について説明させる問題。

【加点ポイント】　①**クシャーナ朝**／**カニシカ王**の支配。
②**大乗仏教**が保護された。
③バクトリアから**ヘレニズム文明が広まった**。
④写実的な**ギリシア彫刻の影響**を受けた／**ギリシア風**の美術。
⑤**ガンダーラ美術**。
⑥**最初の仏像**がつくられた／仏教美術。

まず問題文をよく読もう。ヘレニズム時代とは，アレクサンドロス大王の東方遠征(前334～前324)から，プトレマイオス朝(前304～前30)滅亡までの，約300年間を指す。この時代にギリシア文明とオリエント文明が融合してできたのがヘレニズム文明である。そして，1世紀の西北インドと言えば，クシャーナ朝(1～3世紀)を想起できるだろう。そこでヘレニズムの影響を受けて発達した美術は，ガンダーラ美術である。だから,この美術の特質を説明すればよい。それは「仏像がつくられるようになった」ことである。しかし，これだけでは字数が余ってしまうので，ガンダーラ美術を生み出した政治的背景・宗教的背景に言及すればよい。

まず政治的背景について。ガンダーラ地方とは,現在のパキスタン北部のペシャワール(クシャーナ朝の都プルシャプラ)を中心とする地域で，ヒンドゥークシュ山脈の南に位置する。この地方の北には，アム川とヒンドゥークシュ山脈の間のバクトリア地方があった。アレクサンドロス大王死後，ここはセレウコス朝(前312～前63)の支配下に入った。セレウコス朝はバクトリアに多くのギリシア風都市を建設し，ギリシア語は公用語となった。前3世紀，セレウコス朝のギリシア人総督が自立し，バクトリア王国(前255頃～前139)を建て,この地でヘレニズム文明を維持した。一方ガンダーラ地方はマウリヤ朝(前317頃～前180頃)の支配下にあったが，その衰退に乗じてバクトリアのギリシア人勢力がヒンドゥークシュ山脈を越えて侵入した。前1世紀にはイラン系遊牧民のサカ族がガンダーラ地方に侵入し，後1世紀にはクシャーン(クシャーナ)人がヒンドゥークシュ山脈を越えて侵入し，クシャーナ朝を建てた。このような相次ぐ移動により，バクトリア地方からガンダーラ地方にヘレニズム文明が広まったのである。

次に宗教的背景について。従来は，出家者が戒律を重んじ，厳しい修行を行って自己の解脱を目指す上座部仏教が行われていた。しかし1世紀頃から，出家・在家にかかわらず万人の救済を重視し，菩薩(自己より他者の救済を目指して修行する者)になることを目指す大乗仏教が生まれた。クシャーナ朝のカニシカ王(位130頃～170頃)は大乗仏教を厚く保護した。また従来は恐れ多いこととしてブッダの像を作ることはなく,菩提樹や法輪,足跡などでその存在が示唆されていた。しかし1世紀頃からガンダーラ地方などで，ヘレニズム文明のギリシア式彫像の影響を受け，祈りのよりどころとして仏像が作られるようになった。この仏教美術がガンダーラ美術である。ガンダーラ様式の仏像は高い鼻や口髭，たくましい身体表現を特徴とする。ガンダーラ美術は大乗仏教とともに，東西交易路により，中央アジアから東アジアへと広がっていった。

その後，グプタ朝(320頃～550頃)時代のインドでは，優美で気品のある，純インド的な表情を持つグプタ様式の仏像がつくられるようになった。この様式も中国・朝鮮・日本などの仏教美術に影響を与えた。仏像は時代と地域によって様々な違いがある。図説などで確認しておくとよい。

問(2)　古代地中海世界における学問・思想のイスラーム世界への継承の歴史について，中心となった都市をとりあげながら説明させる問題。

【加点ポイント】　①（**ビザンツ帝国**領の）**エジプト・シリア**を征服し，ギリシア語文献が伝来した。

②**アッバース朝**が首都**バグダード**に**知恵の館**(**バイト=アルヒクマ**)**をつくった。**

③ギリシア語文献が**アラビア語に訳**された。

④**アリストテレス／ヒッポクラテス**など(ギリシアの古典の具体例)。

⑤哲学・医学など**外来の学問**が発達した。

ギリシア語はもともと様々な方言に分かれていたが，ヘレニズム時代(前4世紀～前1世紀，問(1)参照)にコイネーと呼ばれる共通語が生まれた。これはアッティカ地方(アテネなど)の方言を基礎とし，他方言，特にイオニア方言の要素が採りいれられたものである。前3世紀には東地中海沿岸の諸地域からインドまでの広い地域で共通語となった。このコイネーで，オリエントやギリシアの諸科学の著作が著され，集大成された。コイネーはローマ帝国でも，特に東半部で用いられた。『新約聖書』がコイネーで書かれたことは有名だ。コイネーは大体紀元後500～600年頃まで用いられ，その後は徐々に中世ギリシア語(ビザンツ帝国で使用される)へと変わっていった。

多くのギリシア語文献がイスラーム世界にもたらされたのは，コイネーが使用されていた地域をイスラーム勢力が征服したことによる。正統カリフの第2代ウマル(位634～644)は，ビザンツ帝国(395～1453)がササン朝(224～651)から奪回した直後のシリアとエジプトを攻め，その地を征服した。シリアのアンティオキアとエジプトのアレクサンドリアは，ギリシア語の学術・文芸の中心地であったから，これによって多くの文献がイスラーム世界に伝わったのである。

アッバース朝(750～1258)の第5代カリフ，ハールーン=アッラシード(位786～809)は，首都バグダードに「知恵の宝庫」と呼ばれる図書館をつくり，ギリシア語の文献を集めてアラビア語に翻訳することをはじめた。その子で，第7代カリフのマームーン(位813～833)の時，「知恵の宝庫」は「知恵の館(アラビア語でバイト=アルヒクマ)」と呼ばれる機関に発展した。そこではギリシア語の文献が組織的・網羅的にアラビア語に翻訳された。翻訳官の大部分はネストリウス派のイラン系キリスト教徒であった。

ムスリムの学者はギリシアの哲学・化学・医学・論理学などを学び，インドやイランの学問を融合させて，哲学・論理学・数学・天文学・錬金術(化学)・医学などを発達させた。これらの非アラブ地域に起源をもつ諸学問を外来の学問と呼ぶ。例えば数学では，ギリシアの数学にインド起源のゼロの概念が加わり，十進法に便利なアラビア数字がつくられた。これに大きく貢献したのが，数学者のフワーリズミー(780頃～850頃)である。彼は「知恵の館」で研究し，代数学と三角法を開発した。またイブン=シーナー(980～1037)はアリストテレスの著作を基にイスラーム哲学を完成させ，『医学典範』という医学書も著した。そしてイブン=ルシュド(1126～98)はアリストテレスの高度な注釈を行い，『医学大全』という医学書も著した。これらの学術文献は，やがてラテン語に翻訳され，ヨーロッパに伝わることになる(問(3)参照)。

なお，マームーンの甥で，第10代カリフのムタワッキル(位847～861)の時代になると，「知恵の館」は自然消滅した。しかしイスラーム王朝の君主が文献と学者を集めた学院(マドラサ)を設立するという伝統は存続することとなった。

問(3) 12世紀以降，ギリシア・ヘレニズムの学術文献がどのようにして西ヨーロッパに伝わったのか説明させる問題。

【加点ポイント】 ①**十字軍や東方（レヴァント）貿易**，**レコンキスタ**を契機とする。
②**シチリア島(のパレルモ)**。
③**イベリア半島のトレド**。
④イスラーム世界やビザンツ帝国から学術文献が伝来した。
⑤**アラビア語やギリシア語からラテン語に翻訳**された。

この問題では，「なぜ12世紀なのか？」，「どういう経路で伝播したのか？」の２点について明確に答えなければならない。

古代ギリシアやヘレニズム・古代ローマの古典はビザンツ帝国に継承され，やがてイスラーム世界にも吸収された。しかし西欧は，４世紀後半から約200年におよぶゲルマン人の大移動に脅かされた。さらに８世紀から10世紀まで，東からはスラヴ人やアヴァール人・マジャール人の侵入を受け，南イタリアや南フランスはイスラーム勢力の脅威にさらされた。また，北部と西部にはノルマン人が侵入，大ブリテン島や北フランスの一部を占領した。このような状況下で古典文化の継承は容易ではなく，西欧人の知識水準も大きく低下した。フランク王国のカール大帝(位768～814)ですら，ラテン語の読み書きができなかったという。外民族の侵入により遠隔地交易も小規模となったため，ビザンツ文化が西欧に流入することも難しくなっていた。

しかし西欧の封建社会は1000年頃から安定と成長の時代に入った。三圃制の普及など農業技術の進歩により農業生産が増大し，人口も増えた。余剰生産物が生まれると商業が発展し，やがては遠隔地貿易も盛んとなった。なかでも11世紀には，ヴェネツィア・ジェノヴァ・ピサなどの北イタリアの海港都市が，レヴァント(地中海東岸)地方との東方貿易によって栄えるようになった。これは，レヴァント地方から香辛料や絹織物などの奢侈品を輸入し，銀や毛織物などを輸出する貿易である。また11世紀末から十字軍がはじまると(第１回十字軍 1096～99)，それらの海港都市は攻城兵器や武具，兵糧などをレヴァント地方へ輸送するようになった。のちには兵員輸送をも担当するようになり，十字軍を契機に東方貿易は一層盛んとなった。こうしたことから，イスラーム世界に伝わり，そこでアラビア語に翻訳されていた古代ギリシアやヘレニズムなどの学術文献や，ビザンツ帝国から伝わったギリシア語文献に，西欧人が接する機会が増えていった。そのような学術文献を，西欧知識人が読むことのできるラテン語に翻訳した主な拠点は2カ所ある。それはシチリア島(のパレルモ)と，イベリア半島のトレドである。

シチリア島はビザンツ帝国の領土であったが，9世紀にイスラーム教徒のアグラブ朝(800〜909)に征服された(827年シチリア島上陸，878年征服完了)。そのためここでは，イスラーム教徒・ギリシア正教徒・カトリック教徒などが共存する多文化社会が形成された。アグラブ朝はイスラーム文化をヨーロッパに伝えたことで知られる。その後シチリア島は，アグラブ朝を滅ぼしたファーティマ朝(909〜1171)や，その総督が独立した政権などの支配下にあった。11世紀にこの島を占領したノルマン人はアラブ人を官僚として採用し，首都パレルモにはモスクを模した教会が建てられた。ノルマン人はイスラーム教を排斥せず，多文化社会は維持され，この地で学術文献のラテン語への翻訳が進んだのである。ノルマン人のルッジェーロ2世(位1130〜54)は，シチリア島と南イタリアにまたがって両シチリア王国(1130〜1860)を建てた。彼は様々な文化圏の学者を集めた。地理学者のイドリーシー(1100〜65)は彼の宮廷に仕え，アジア・アフリカ・ヨーロッパの地図と解説書である『ルッジェーロの書』を作成し，献上した。

ルッジェーロ2世の娘と結婚したシュタウフェン朝(1138〜1208，1215〜54)のハインリヒ6世は，神聖ローマ皇帝となると，シチリアに遠征し，1194年ここを征服し，両シチリア王国の王位を得た。この夫妻から生まれたのが，神聖ローマ皇帝フリードリヒ2世(位1215〜50)である。しかし彼は神聖ローマ皇帝と言いながら，シチリア島で育ち，パレルモを首都とし，ドイツに滞在した期間の方が短かった。ノルマン人支配下以来の，ラテン文化・イスラーム文化・ビザンツ文化の融合文化の影響を受け，カトリックのみならずイスラーム教・ギリシア正教・ユダヤ教の信仰を認めた。ラテン語のほか，ギリシア語やアラビア語などを話し，第5回十字軍(1228〜29)ではアイユーブ朝(1169〜1250)のスルタンと交渉し，戦わずしてイェルサレムを返還させた。彼の宮廷では，宮廷占星術師スコトゥス(スコット 1175〜1232頃)が活躍し，アリストテレスの著作を翻訳した。また数学者フィボナッチ(1170頃〜1250頃，アラビア数字のシステムをヨーロッパに導入)もたびたび宮廷に招かれた。フリードリヒ2世は1224年南イタリアにナポリ大学を創立し，その後その南方にあるサレルノ大学を公認した。ここでは翻訳されたイブン=シーナー(980〜1037)の『医学典範』がテキストとして使用された。

一方イベリア半島では，11世紀に後ウマイヤ朝(756〜1031)が崩壊して小王国に分裂すると，キリスト教徒によるレコンキスタが本格化した。イスラーム王朝の支配下では，キリスト教徒やユダヤ教徒の多くがアラビア語を習得し，アラビア語の文献がラテン語に翻訳された。1085年カスティリャ王国(1035～1479，その後アラゴン王国と統合してスペイン王国へ)がイベリア半島中部のトレドを攻略すると，ここが翻訳の中心地となった。12世紀前半から13世紀末にかけて，イスラーム教徒・キリスト教徒・ユダヤ教徒の各学者の共同作業により，古代ギリシアやヘレニズムなどのアラビア語文献がラテン語に翻訳された。そのため，これは「トレド翻訳学校」と呼ばれる。こうした翻訳により，アリストテレスの注釈で有名なイブン=ルシュドの著作がヨーロッパに伝わり，スコラ学の発展に貢献した。パリ大学神学部教授トマス=アクィナスの『神学大全』はその集大成である。この時代の西欧における学問の発展を12世紀ルネサンスと呼ぶが，本問では「どのように伝わったか」が問われているので，12世紀ルネサンスにまで言及する必要はない。

解答例

(1)クシャーナ朝のカニシカ王は大乗仏教を保護し，バクトリアからヘレニズム文明が広まった。この結果，写実的なギリシア彫刻の影響を受けたガンダーラ美術が生まれ，最初の仏像がつくられた。

(番号を含めて89字)

(2)エジプト・シリアの征服で，ギリシア語文献が伝来した。アッバース朝は首都バグダードに知恵の館をつくり，アリストテレスなどの著作をアラビア語訳し，哲学・医学など外来の学問が発達した。

(番号を含めて90字)

(3)十字軍や東方貿易，レコンキスタを契機とし，シチリア島やイベリア半島のトレドで，イスラーム世界やビザンツ帝国から伝来した学術文献が，アラビア語やギリシア語からラテン語に翻訳された。

(番号を含めて90字)

第3問　「人間とモノとの関わり，モノを通じた交流」

解説

出題範囲は古代オリエントから中国，ヨーロッパ，インドなど世界各地にわたる。図版が多数あるものの，解答の際には直接使わないものも多い。教科書に記載のない事項や考えにくい問題もあるが，惑わされずに基本的な問題は確実に得点したい。

問(1)　正解は(a)ペリシテ人，(b)ダヴィデ

「海の民」とは，前1200年ころ東地中海岸一帯を襲撃し，これまでの体制を崩壊させた移民集団の総称である。原住地や民族系統は判然としないが，エジプト新王国初期にはナイル＝デルタへ侵入し，一部はエジプト軍の傭兵としてヒッタイトとのカデシュの戦いに参加している。その後，彼らの活動が活発化すると，エジプト新王国は衰退し，ヒッタイト王国は滅亡した。古代パレスチナの海岸平野に定住したペリシテ人は「海の民」の一派とされ，鉄器の使用をこの地に伝えた。一方ヘブライ人は，ペリシテ人に対抗するために諸部族が連合して王国を建てたとされる。初代国王のサウルはペリシテ人との戦いの最中に死亡したが，その後，第2代のダヴィデ王はイェルサレムを都として王国を発展させ，ペリシテ軍を破ってパレスチナ全土を統一したとされる。なお，パレスチナという呼称はペリシテ人に由来する。

問(2)　正解は(a)楔形文字，(b)アラム文字

図版Aはティル＝バルシブから出土した前8世紀のアッシリアの壁画(現ルーブル美術館所蔵)に描かれた書記の図で，当時のアッシリアの公用語が問われている。オリエントを初めて統一したアッシリア王国では，公的記録はアッカド語とアラム語の2つの言語で取られたため，書記官は2人1組となり，一方は粘土板にアッカド語を記し，もう1人は羊皮紙，あるいはパピルスにアラム語を記した。アラム語は，アラム人の交易活動によってオリエント全域から西アジア，中央アジアへと広まり，当時の国際商業語となっていた。またアラム人の使用したアラム文字は，西アジアの文字の起源となった。ヘブライ文字やアラビア文字，さらに中央アジアではソグド文字などは，アラム文字から発展した文字である。なお，本問ではそれぞれに記した文字が問われているので，(a)は粘土板に記したことから楔形文字(粘土版に先の尖った棒で記すので楔形になる)，(b)はアラム語を記したのでアラム文字であろう。パピルスなのでエジプト文字と考えられなくもないが，アッシリアの公用語のアラム語を表記したと考えると，アラム語をエジプト文字で表記したと考えるよりも，アラム文字で記したと考える方が自然であろう。

問(3)　正解は韓，魏，趙，斉，燕，秦，(楚※注) からいずれか3つ

※注…**楚は蟻鼻銭を使用していたが，図版に蟻鼻銭は示されていない。**

古代中国では，戦国時代の各国が富国策を進めると商工業が発展し，青銅貨幣が使用されるようになった。斉・燕・趙などでは刀銭が，韓・魏・趙などでは布銭が，斉・韓・魏・趙や秦では円銭(環銭)が，楚では蟻鼻銭が，それぞれ用いられた。本問では「この種の貨幣を用いていた国家は複数あり，覇権を争っていた」とあるので，戦国の七雄と考えればよい。任意の3つを答えればよいのでどれを答えてもよいだろうが，図版の中に蟻鼻銭が示されていないので，楚に関しては微妙である。この種の貨幣を「青銅貨幣全般」と考えればもちろん解答となり，「図版Bに示したような」を厳密にとらえれば，楚は抜いて考えた方がよいことになる。残り６つから任意に選んだ場合には何の問題もない。

問⑷　正解は蔡倫

紙自体はすでに前漢以前に発明されていたが，後漢の宦官であった蔡倫は樹皮，麻くず，魚網を混ぜ合わせた紙を作り，和帝に献上した(蔡侯紙)。前漢時代の麻紙のような粗末な紙であったものを蔡倫が改良したので，彼は最初の発明者ではない(敦煌などの遺跡から，前漢時代の紙が出土している)。中国では，書写の材料としてかさばる竹簡・木簡や，高価な絹が使用されていたが，これらの問題は紙の改良によって解決した。紙は官僚制の発達とともに普及し，隋唐では科挙試験でも用いられ，８世紀のタラス河畔の戦いでイスラーム世界にも伝わった。

問⑸　正解は⒜馬，⒝マルコ＝ポーロ

⒜「軍用の動物」で「この地(南インド)で繁殖することのむずかしい」ものを考えると，馬ということになろう。教科書などには一切記載はない。アラビアなどではラクダが軍用に使用される場合もあっただろうし，場合によってはゾウなども戦闘で使用されたかもしれないが(ただし，インドにはゾウが生息している)，継続的に輸入したとすれば，最も一般的，かつ軍用として広く用いられた馬と考えるのが自然であろう。

⒝「13 世紀に(インドをめぐる交易の)記録を残したイタリア商人」という問いかけに面食らったかもしれないが，13 世紀と言えばモンゴルの時代であると，すぐに気づいてほしい。モンゴル時代にこの地を訪れたイタリア商人は，マルコ＝ポーロである。ヴェネツィア出身のマルコ＝ポーロは，往路はペルシアから天山南路を経由して元の都大都(カン＝バリク)に到達してフビライに仕えたのち，帰路は海路でインド洋からイル＝ハン国を経由して帰国した。彼が海路を経由して帰国したことがわかれば，インド洋交易についての記述が『世界の記述(東方見聞録)』にあることも予測できるはずである。

問⑹　正解は毛織物

図版Ｃはフランドル派の画家ヤン＝ファン＝アイクの「アルノルフィーニ夫妻像」だが，解答の際に図版は必要ない。当時のネーデルラント，特にフランドル地方(現在のベルギー)は毛織物業で繁栄していたことは基本事項である。しかも，設問文中に挙げられた「ブリュージュ(ブルッヘ)」は，ハンザ同盟が在外商館を置いたことからも推測できてほしいが，一時はヨーロッパ最大の毛織物生産地となった都市である。一方，16 世紀のイギリスでは第１次囲い込み(エンクロージャー)で牧羊地が拡大し，羊毛を増産した地主たちは毛織物のマニュファクチュア経営をはじめた。これが，設問文中の「生産の中心はイギリスに移っていった」という点である。さて，問題に「この絵の中に描かれているあるモノ」とあるが，絵の詳細がわからなくても人物が描かれている以上，当時の人であれば毛織物を身につけていたであろうから，問題とも整合する。

問(7)　正解は(a)農政全書，(b)徐光啓

中国の農業書として出題される書物は二つある。一つは，北魏の賈思勰（かしきょう）が編纂した『斉民要術（せいみんようじゅつ）』である。これは中国における現存最古の農書で，先行した農書も多く引用しながら，様々な農産物の生産から調理・保存にいたる全過程におよぶ農業経営の技法を集大成している。特に華北における乾地農法についての記述に優れ，朝鮮や日本の農業技術の発展にも影響を与えた。もう一つが，明代に徐光啓(1562 ~1633)が編纂した『農政全書』である。こちらは，中国古来の農法に加え，西洋から導入した新作物の栽培法や水利法などにも触れ，内容は農政・農耕の全般にわたる。なお，徐光啓はイエズス会宣教師との交流からカトリック教徒(天主教徒)となり，マテオ=リッチとともに『幾何原本』を漢訳したほか，アダム=シャール(湯若望)らの協力を得て『崇禎暦書』を編纂したことでも有名である。

問(8)　正解は景徳鎮

デルフト焼は，オランダ南西部のデルフトで作られた軟質陶器で，中国陶磁器のほか，日本の伊万里焼などを模写した陶器が多数作られた。ただ，これが分からなくとも解答は十分可能である。設問に「明が滅びて中国からの輸入が激減した」ための代替品とあるので，本問では明代に陶磁器生産の中心だった都市を答えればよい。景徳鎮は唐代以来の陶磁器生産地で，宋代には青磁・白磁が(特に釉が青みを帯びた影青（いんちん）〔青白磁〕が名高い)，元代にはイラン産のコバルト顔料を輸入して染付が，さらに明代には赤絵が多数作られた。これらは海上交易を通じて輸出され，明代後期以降はヨーロッパ諸国へも盛んに輸出された。

問(9)　正解はコーヒーハウス（カフェ）

18 世紀のヨーロッパは，飢饉や疫病の減少から人口増加の時代を迎え，大西洋三角貿易がもたらす富や，アジア貿易の拡大などにより都市が大きく成長した。プランテーションで生産された砂糖，中国から輸入した茶，イスラーム世界から伝わったコーヒーなどが大量に輸入されると，これに伴って都市の市民の生活も変化した。フランスでは，貴族の女性が主催するサロンが学者・文人・政治家などが集まる上流階級の社交場になった。一方，イギリスの「コーヒーハウス」やフランスの「カフェ」は，現代風に言えば喫茶店で，新しい飲み物であるコーヒーや紅茶を飲み，タバコを薫らせながら自由に議論ができる，身分階層を問わない市民の交流の場であった。コーヒーハウスでの情報交換を通じて，初期の政党や，保険会社のロイズなども生まれ，また新聞などのジャーナリズムも登場したため，形成された世論を国王も無視し続けることはできなくなっていった。特に革命直前には，変革を目指す知識人が盛んな議論を繰り広げて，新たな思想を形成していった。

解答例

(1)(a)ペリシテ人　(b)ダヴィデ

(2)(a)楔形文字　(b)アラム文字

(3)韓，魏，趙，斉，燕，秦，(楚※注)からいずれか３つ

(4)蔡倫

(5)(a)馬　(b)マルコ=ポーロ

(6)毛織物

(7)(a)農政全書　(b)徐光啓

(8)景徳鎮

(9)コーヒーハウス(カフェ)

2004年

第1問 「16～18世紀の銀を中心とする世界経済の一体化」

解説

【何が問われているか？】

「16世紀のアジア・ヨーロッパは…」「17世紀は…」という整理は必要だが，実際に答案を書く場合は480字という少ない字数を考慮すること。この問題の場合，「明清代の中国」と「戦国時代末～江戸時代前期の日本」の動向のみが受験生の持つ情報である。ポルトガルとスペインのアジア貿易に言及した際に，明清代の中国の動向に言及すると，後の16世紀：スペイン・ポルトガル→17世紀：オランダ→18世紀：イギリスという論旨展開がスムーズになる。加点ポイントで示すような4段構成で論旨を整理するとよい。600字でじっくり書きたいテーマである。

◆視点

本問の出題者が依拠していると考えられるのが**ウォーラーステインの「近代世界システム」論**である。ウォーラーステイン（Immanuel Wallerstein 1930～，アメリカ合衆国の社会・経済・歴史学者）はマルクスとブローデルの影響を受け，「近代世界システム」論を提唱した。近代世界とはヨーロッパ世界経済のことで，近代に西欧を中核とし，東欧・ロシアを半辺境，新大陸・アジア・アフリカを辺境と位置づける資本主義的分業体制が確立されたと説く。また西欧で経済・外交の主導権を握った「覇権国家（Hegemonic State, Hegemon）」は製造業で台頭し，次いで流通業，最終的に金融業に移行するとした。毛織物業で繁栄し，スペインを破って制海権を得たのちは香辛料や陶磁器，東欧の穀物などの中継貿易に移行し，最終的には蓄積した資本をヨーロッパ各国に投資して金融の中心となったオランダや，このオランダから制海権を奪ったイギリスが典型的である。本問の出題者もこの「近代世界システム」論に立って作問していると考えられる。

【背景解説】

1．ヨーロッパ側の動向

・商業革命と価格革命

16世紀前半にインド航路の開拓と新大陸市場の成立により，北イタリア諸都市が衰退。大西洋沿岸の都市（リスボン・アントウェルペン）が繁栄した。新大陸から大量・安価な銀が欧州に流入したため，16世紀半ば～17世紀半ばにかけて，約100年の間に銀価が約1/3に下落した。その結果，地代収入の減少で封建領主が没落する一方，市場の拡大で商工業が活性化し，生産効率が重視され，マニュファクチュアが発達した。

• アントウェルペン（アントワープ）の繁栄

毛織物の生産地として著名なブラバント地方のアントウェルペンは，ブルゴーニュ公が支配したフランドル伯領(15世紀以降，ブルゴーニュ公と同君連合となる)に含まれ，ブルゴーニュ公家の血統を引くハプスブルク家のカール５世に継承された。2010年度の大論述「オランダおよびオランダ系の人々が世界史上の役割」でも，ハプスブルク家とネーデルラントとの関連事項が問われている。

• 農場領主制（グーツヘルシャフト）

15世紀以降,東欧で発達。地主貴族(グーツヘル)が農奴制を再強化(再版荘園制)し,穀物を西欧に輸出して外貨を獲得した。これにより「西欧と東欧の国際的分業」が促された。

• 奴隷請負貿易＝アシエント（Asiento）

「契約 contract」「請負」を意味するスペイン語。スペイン王室の資金調達法の一環で歴史的にはスペイン領アメリカに黒人奴隷を供給する特権を指す。16世紀半ば以降,スペインはアメリカ植民地経営のために西アフリカから黒人奴隷を輸入し，この奴隷供給の特権を，スペイン商人を含む各国の奴隷商人や商人団に認めてきた。カルロス１世がセビリャに来航したジェノヴァ商人に与えたのがはじまりであったが，ポルトガルを併合したフェリペ２世が，初めて一元的に管理し，ポルトガル商人にアシエント権を与えた。奴隷商人はスペイン王室に一定の前渡し金を払い，西アフリカからアメリカに黒人奴隷を輸送して販売する権利を独占的に獲得した。スペイン王室側には前渡し金と奴隷貿易に伴う関税が収益となり，奴隷商人側には奴隷貿易のコストと前渡し金,奴隷貿易にかかる関税を差し引いた額が利益となった。ポルトガル独立(1640)後，アシエント権は一時廃止されたが，奴隷供給を求める植民地側の要求で復活し,17世紀後半にはオランダ(西インド会社)やイギリス(アフリカ会社)が参加し，18世紀初めからはフランスのギニア会社が契約を結んだ。スペイン王室の管理も緩み，アシエント権は奴隷貿易に付随して行われる工業製品の交易権も含むため，各国の争奪の的になったが，スペイン継承戦争のユトレヒト条約(1713)でフランスからイギリスに譲渡され，これによってイギリスの「南海会社」が30年間に毎年4800人の奴隷と船１隻をスペイン植民地に供給する権利を得た。その後，「南海会社」の経営破綻を受け，アシエント権は1750年に撤廃され，奴隷貿易は政府の管理下で，1807年奴隷貿易停止まで行われた。

• アムステルダムの繁栄（17 世紀前半）

権力者である商人貴族たちは中世都市の商業慣習・制度を拡充し，海運・造船業を振興，アムステルダム銀行，株式取引所，東・西インド会社を設立した。また全国的に私有財産と取引の自由を保障し，近代的な市場制度を確立した結果，アムステルダムはリスボン，アントウェルペンに代わる世界商業の中心となった。この間，大西洋ではニューアムステルダムを中心とするニューネーデルラント植民地が成立し，西インド会社が奴隷やコーヒー・砂糖など特産品の貿易で利益をあげた。また東南アジアではスンダ海峡を押さえてバタヴィア市を建設し，アンボイナ事件ではモルッカからイギリスを排除した。以後，インド航路の要衝マラッカ，セイロン，ケープをポルトガルから奪い，香辛料貿易を独占。さらに台湾南部にゼーランディア城(現・台南)を築き，日本近海からポルトガル船，スペイン船を排除し，江戸幕府から平戸・長崎での交易の許しを得て対日貿易を独占した。

・オランダ衰退の背景

ホラント州を中心とする連邦制度であり，オラニエ公は軍事・外交に関する権限は与えられていたが，内政については中央集権が不十分で内紛が繰り返された。オランダの貿易は中継貿易中心で，毛織物業も原料をイギリスやスペインから輸入する加工貿易であり，イギリスの航海法(1651，クロムウェル時代のオランダ商船排除)施行を原因とする英蘭戦争に敗北して制海権を失うと衰退に向かった。さらにフランスのルイ14世と財務総監コルベールによるオランダ侵略戦争(1672～78，一時参戦したイギリスでは第3次英蘭戦争と呼ばれる)で疲弊した。名誉革命(1688)後，オランダ総督ウィレムがイギリス議会の招聘でイギリス王ウィリアム3世(位1689～1702，彼自身がジェームズ2世の甥でもある。妻で従姉妹であり，ジェームズ2世の娘メアリ2世と共同統治を行った)となると，オランダの財政制度が英国に導入され，オランダ海軍も英国海軍の下に統合された。イングランド銀行設立(1694)以後，オランダは軍事・経済両面で弱体化した。この間，17世紀後半には，香辛料の供給過剰(イギリス・オランダの競争激化)と，新大陸産の銀の流入の減少による不況(価格革命の影響の消滅)を背景に，香辛料価格が暴落した。この間，独占していた日本との貿易についても，日本銀の減産がオランダにダメージを与えた。

・航海法

中継貿易で利益を得ていたオランダに打撃を与える目的で，イギリス議会が制定した重商主義的法律。イギリス本国と植民地間の海運は英国船に限定し，ヨーロッパ各国からの商品は商品の生産国か英国船での輸入以外は認めないとした。イギリスおよびその植民地を最大の貿易相手としていたオランダが受けた影響は大きく，英蘭戦争勃発の原因となった。クロムウェル自身はアイルランドとの宗教戦争の最中に，新教国であるオランダとの対立を激化させる同法の制定には反対だったとされるが，重商主義政策を推進するイギリス議会が可決した。同法は次第に強化され，タバコ・綿花・藍など，ヨーロッパ以外の主要な植民地の産品のイギリス本国への輸入は，英国船に限定すること，英領植民地への輸入も英国船に限定することなどが定められた。自由貿易の気運が高まった19世紀半ばに同法は廃止された。

・18世紀・イギリスによる大西洋三角貿易

17世紀はスペイン，オランダ，フランス，イギリスなどが奴隷貿易圏を争奪したが，スペイン継承戦争のユトレヒト条約で，イギリスが奴隷貿易の独占権を得た。この結果，イギリスは18世紀の大西洋三角貿易を独占した。まずイギリスから火器（黒人間の抗争に用いられた）や東インド会社がもたらすインド産綿布が西アフリカにもたらされた。次いで西アフリカの黒人奴隷商人から購入した黒人奴隷が西インド諸島のプランテーションに移入され，このプランテーションで黒人奴隷によって生産された砂糖・綿花などが本国に運ばれた。この貿易ではリヴァプールなどの港湾都市の商人が巨富を築き，これが産業革命の原資となった。

２．アジア側の動向

・明朝の海禁政策と勘合貿易，後期倭寇，南蛮貿易

明の洪武帝は主に倭寇対策のため，国家間の公貿易のみ許可し，民間貿易を禁止する「海禁（下海通蕃の禁 1371）」を国是としたが，倭寇（前期）はかえって激化した。室町幕府の第３代将軍であった足利義満（1358 ～ 1408・将軍在任 1368 ～ 94）は当初，建文帝から，靖難の変の後には永楽帝（位 1402 ～ 24）から「日本国王」に封じられ，勘合（勘合符）を所持する貿易船にのみ，朝貢貿易（公貿易）が許可された（1404）。明側は倭寇鎮圧を目的として室町幕府と提携したが，日本側は私貿易船を勘合船に同行させ，結果的に明側も私貿易を黙認し，前期倭寇は沈静化した。勘合貿易には皇帝に献上品を奉り，回賜（頒賜=お返し）を戴く「進貢貿易」とこれに伴う「公貿易=勘合船と明の政府との貿易」と「私貿易=寧波の特権商人との交易や北京の交易場・沿道での交易」があった。室町幕府は勘合船に官員や水夫（かこ）の他に多数の商人を随行させ，交易を行わせたのである（私貿易は厳密に言えば，朝貢貿易の一環として行われたのであり，民間貿易の意味で用いることは慎重を要する）。明から勘合貿易を認められた国は60余国にのぼる。日本との貿易のみを特定した呼称ではない。この日明貿易で14世紀の元寇以来の前期倭寇は沈静化した。16世紀に入ると室町幕府を支える有力守護大名の大内氏と細川氏が貿易利権を巡って抗争した寧波の乱（1523）で日明間の公式な貿易は一時，途絶したが，その後，石見銀山の開山（1526）と灰吹法の普及による日本銀の増産が密貿易を刺激した。石見銀山を支配した大内氏により日明間の貿易は継続されたが，その大内氏が16世紀半ばに滅亡したこと，また明朝が倭寇の拠点・漳州月港（福建省東南部)を攻撃(1547)し，私貿易も全面禁止したため，むしろ経済的発展を背景に私貿易の拡大を求めた中国沿岸部の郷紳・商人階層による密貿易を誘発し，1550年代の「嘉靖の大倭寇」が発生した。この後期倭寇(～1560年頃がピーク)は中国人が主体で浙江・福建を略奪した。この頃，マカオから平戸に進出したポルトガル人は明朝からマカオ居住権を獲得し，海禁の緩和を明朝に求めた。明朝はついに海禁を緩和(1567)し，漳州月港の開港・東南アジア(ルソン，シャム，パレンバン，カンボジア)や台湾などへの渡航・貿易を許可した。ポルトガルは日明間の中継貿易(南蛮貿易)を行い，莫大な利益を上げた。

・倭寇とポルトガル人の連携・種子島への鉄砲伝来・倭寇の終息

日本史上の一大画期となった「鉄砲伝来」には，明の密貿易商人・倭寇の頭目であった王直(？～1559)が関与したと言われている。浙江省舟山列島の双嶼(寧波の沖合)港を拠点に密貿易を展開していた王直は，アユタヤから双嶼に向かう途中，自身の乗るジャンク船が種子島に漂着した。その際，同乗していたポルトガル商人が鉄砲を伝えたという。王直は本拠地が明軍に攻略されると，日本の五島列島や平戸に移住し，博多商人と交易。ザビエルを保護した豊後(大分県)の戦国大名・大友宗麟とも交渉を持ったといわれるが，最後は明の浙直総督・胡宗憲の罠にかかって投降し，殺された。後期倭寇は豊臣秀吉の天下統一を期に発布された海賊停止令(1588)で日本側の倭寇の拠点が壊滅したことと，明の万暦帝の宰相張居正に重用された明の将軍・戚継光らの活躍もあり，終息に向かった。

天下統一の過程で九州遠征に向かった豊臣秀吉は「伴天連追放令」(1587)を発し，自らが朱印状を与えた貿易船による「朱印船貿易」を開始した。朱印船貿易は江戸幕府を開いた徳川家康にも受け継がれ，慶長年間(1596～1615)に全盛期を迎えた。朱印船は個人で仕立てるのではなく，江戸幕府や大名，商人らの資金で運営されたが，船賃を払って自己の商品を持ち込む客商もいた。朱印船の主な渡航先はルソン・台湾やシャムなどインドシナ半島の港湾で，中国本土から来航したジャンク船と交易した。日本からの主な輸出品は銀，銅，鉄，硫黄などで，輸入品は生糸，絹織物，砂糖，鹿革，鮫皮(武具に用いる)，蘇木(蘇芳の心材，漢方薬に用いる)などであった。貿易額はポルトガル船との交易額に匹敵したが，江戸幕府の「鎖国」政策により途絶した(1635)。

・明代の江南の繁栄と銀の流通

宋～明代前半にかけて「江浙熟すれば天下足る」と呼ばれた穀倉地帯の江浙地方(長江下流域)は，明の建国以来，重税を課されたため副業としての商品作物栽培が普及した。主要な商品作物は，綿花(松江・蘇州)，桑(湖州・蘇州)，サトウキビ，藍(福建)

などであり，これらを原料に江浙地方では松江の綿布（モンゴル遠征を機に防寒着として用いられた），蘇州・杭州の絹織物，湖州の生糸など，雇用労働による農村手工業が発達した。これを受けて明代には各地で会館・公所（同郷人・同業者の商業ネットワーク）が成立し，安徽省出身で塩商から金融業などに進出した「新安商人」や，鉄の産地で五代から商人勢力が形成された山西省出身で当初，米穀や塩を交易し，運輸業から金融業に進出した「山西商人」などにより，国内遠隔地交易が発展した。この間，中国国内では雲南省・浙江省・福建省で銀山の開発が進んでいたが，16世紀に入ると前述のように倭寇による密貿易の活発化と手工業製品（絹・生糸・綿布・陶磁器・茶）の輸出が増加し，代価の銀が海外から流入するようになった。明代の窯業では景徳鎮の「赤絵」が海外に輸出された。これらの手工業製品の代価として，マカオを拠点とするポルトガル商人は「南蛮貿易」によって日本銀をもたらし，マニラを拠点としたスペイン商人はマニラとヌエバ=エスパーニャ副王領（メキシコ副王領）の港湾都市アカプルコをガレオン船で結ぶ「アカプルコ貿易」で新大陸産の銀をもたらし，マニラを訪れる中国商人から生糸・絹や陶磁器を購入したのである。スペイン政府は本来，ペルー副王領のポトシで産出する銀はパナマ・キューバ経由で本国へ送らせようとした。このスペイン銀船隊はイギリスの私掠船（私拿捕船）の襲撃を受け，これがアルマダ海戦の要因の一つとなった。また銀は地場産業が重税で衰退したスペインではなく，新大陸市場に輸入される毛織物の産地ネーデルラント（後に北部がオランダとして独立）や，原料の羊毛をネーデルラントに輸出するイングランドに流入しており，オランダの独立はスペインにとって深刻な打撃となった。一方，ヌエバ=エスパーニャ副王領で産出した銀はアカプルコ貿易でマニラにもたらされ，中国産の生糸の代価となったが，生糸の需要が高まると，ペルー副王領からの銀の中国への密輸が増えた。アカプルコ貿易の全盛期に中国へもたらされた銀の40％はポトシ産の銀であった。16世紀のヨーロッパにおける金：銀のレートは「金１：銀12」であるのに対し，中国では「金１：銀８」と「銀高」であったことも，中国への銀流入を促した。こうした銀の流通を背景に，神宗万暦帝（位 1572 ～ 1620）の「宰相（内閣大学士であるが，事実上，かつての宰相のような権限を持った）」張居正（任 1572 ～ 82）は，税制の簡素化を図って土地税（地租・田賦）と人頭税（丁賦）を一括銀納させる一条鞭法を実施した。実はこの一条鞭法は16世紀前半，景徳鎮がある江西で最初に施行された（1531）税制で，17世紀後半の万暦年間，張居正によって全国に拡大されたが，銀が流通しない地域では実施されず，また強引な実施に対する反乱が起こった例もある。

• 華僑の活動

華僑は15世紀前半の鄭和の南海遠征を機に東南アジアへの進出をはじめたが，明代半ばから後半にかけての「抗租」（佃戸の抵抗運動）や富裕層に所有された奴僕（賤民）の抵抗運動である「奴変」，重税に反発した江南の商工業者・手工業労働者など，都市在住の民衆の暴動である「民変」の頻発を背景に，華僑の東南アジア流出が本格化した（「南洋華僑」）。福建の製糖業者がオランダによってジャワに移住し，またルソン島のスペイン領マニラ市，ジャワ島のオランダ領バタヴィア市の建設に当たっては，華僑が主な建設労働力を提供した。こうした華僑の進出も中国への銀の流入に大きな影響を与えたのである。

・鄭成功の復明運動

清朝が北京を占領した後も，泉州出身の密貿易商人で海賊の鄭芝竜を父に，平戸の日本人女性を母に持つ鄭成功（1624～1662）は，南明政権と結んで明朝復興の戦いを展開した。これに対し，清朝は遷界令（1661）を発し，福建・広東など東南部の５省の沿岸住民を海岸から30華里（約15km）奥地に強制移住させ，鄭成功を孤立させたため，鄭成功はオランダ人が台湾南部に建設したゼーランディア城（1624）を攻略して安平城と改称し，福建の厦門から台湾に拠点を移した（1661）。鄭成功の死後も，鄭氏一族は呉三桂らが起こした三藩の乱（1673～81）と連携して清朝に抵抗したが，三藩の乱を鎮圧した康熙帝に降伏した（1683）。この後，康熙帝は台湾封鎖のため貿易を制限した遷界令を撤廃して展海令を施行し，海禁を解除した（1684）。これにより絹・茶・陶磁器が輸出され，海外の銀が流入し，国内商業が発達した。

・明代の市舶司と康熙帝の海関設置

明代は海禁を行ったため，市舶司の権限は外国使節の接待などに限定され，貿易上の意義は低下していた。鄭氏降伏後，康熙帝は海禁を解除し，上海・寧波・漳州・広州に海関を設置し，外国貿易を管理した。1757年，乾隆帝は海港貿易を広州（粤（えつ）海関）に限定し，特権商人・公行（広東十三行）に対外貿易を独占させた。アヘン戦争後，南京条約で５港が開港され，天津・北京条約以降，長江流域の河港や天津にまで開港場が拡大したが，これらに置かれた海関を管理したのはイギリス人であった。外国人による海関管理は中華人民共和国成立まで続いた。

・清朝の地丁銀制実施

16世紀～18世紀にかけての明清代の中国では，従来からの主要な輸出品である絹・生糸・陶磁器に茶を加えた「片貿易（清側の輸出超過・貿易黒字）」が行われ，海外からの銀の流入が続き，世界の1/3の銀が流入したとも言われた。清朝ではこうした片貿易による銀の流入を背景として「地丁銀」制が施行された。地丁銀制は定額化された丁税を地税に繰り入れ，地主（自作農）にのみ，戸毎の地銀の額の多寡に応じて課税する税制。康熙帝による，丁税を1711年の額で定額化し，1713年以降の壮丁（成人男子）からは丁税を取らないとする「盛世滋生人丁」の設定を受けて雍正帝から乾隆帝の時代にかけて，広東省から全土に拡大した。受験生はよく「定額化された丁税を地税に上乗せした」，あるいは「人頭税が消滅」などと分かったような説明をするが，それほど単純な税制ではない。具体的にいうと，省や州県の地銀の総額を計算した上で，地銀1両ごとに定額化された旧丁税（人頭税の要素が失われた）を一定の割合で戸毎に付加（上乗せ）した。これにより地税の負担額の多寡に比例して，地税に上乗せして地主に課税されることになり，大地主が旧丁税を，より多く負担することになった。この「人頭税廃止」により零細な自作農の負担が軽減し，トウモロコシなど代用穀物の普及の結果，清代の人口は康熙帝から乾隆帝にかけて3倍増の3億に達したのである。

・片貿易——銀の流入と清代の銀の流通

清朝は典礼問題の影響もあり，康熙帝の末年から再び貿易を制限しはじめたが，乾隆帝（位1735～96退位）はイギリスなどとの貿易トラブル多発を受けて，ヨーロッパ貿易を広州一港に制限した（1757，例えば朝貢国であった琉球王国は福州への来航を許された）。乾隆帝は貿易特権商人公行（「広東十三行」）に外国商人の管轄を委ね，対外独占貿易を認めたが，産業革命進展を背景にインド進出を本格化させたイギリスは，マカートニーを派遣して清朝に自由貿易を要求した（1793）が，清朝はイギリスの貿易拡大要求を拒絶し，以後，両者の対立が深まった。乾隆帝の末年には世界総人口の20%を占める4億人の人口を擁した清は，ヨーロッパ人が求める生糸，絹織物，茶を輸出したが，国民の需要はすべて国内で賄えた（「地大物博（乾隆帝がマカートニーに語った言葉）」）ため，目立った輸入をする必要はなく，大幅な輸出超過で，銀が大量に流入した。当時の主な貨幣は，「制銭（銅銭）＝通常1枚1文」，「銀両（銀錠，馬蹄銀などの秤量貨幣，1g～1kg，単位は両（テール））」，スペインの「カルロスドル」の3種類である。「カルロスドル」は，スペイン領のメキシコとペルーなどで作成された8レアル銀貨で「本洋」の名で，そのまま秤量貨幣として通用した。銅銭と銀両の相場は「銀1両（37.3g）＝制銭1000文（17世紀半ば・順治年間）」が基本であったが，銀の流入が続いていた18世紀までは，銀と銅銭のレートは1両=700～800文程度の「銀高銅安」であった。

・三角貿易の影響——銀の流出

大幅な対中国貿易赤字に悩んだイギリスは，インドでアヘンを生産し，これを中国に密輸した。当局の禁止措置にもかかわらずアヘンは蔓延し，今度は中国から銀が大量に流出することになった。その転換期は1827年（道光7年）頃である。銀の流出により，銀の高騰=銅銭の暴落（1両=700～800文→1600文前後）が生じた。庶民は普段は銅銭を使用するが，納税時は銀で納める（地丁銀制）ため，特に農産物を売って銅銭に替え，納税用の銀を購入する農民にとっては，銀の高騰は事実上の増税となった。生活苦と政治腐敗から太平天国の乱（1851～64）が勃発し，4億以上あった人口が3億人以下に激減し，窮乏から海外へ流出する人々も急増した。この頃（19世紀半ば），スペインから独立したメキシコが発行した8レアル銀貨が中国で流通しはじめた。太平洋を越える貿易はまだ継続していたのである。ポトシ銀山（現在はペルーから独立したボリビア領）は18世紀には枯渇していたが，ペルーやメキシコ，そして中国は現在もなお，世界有数の産銀国である。

【論旨の組み立て】

では，こうした分析を利用して論旨を組み立ててみよう。

◆フローチャート（見取り図）の例

	ヨーロッパ諸国・中南米の動向	アジア各地域の動向
16世紀	《16世紀：スペイン・ポルトガルのアジア進出》 〔スペイン〕 ・バルボアがパナマ地峡を横断し太平洋に到達 ・マゼランがスペイン王・カルロス1世（カール5世）の特許状を得て世界周航（1519～22） ・コルテスがメキシコのアステカ王国を滅ぼす。 ・サラゴサ条約でトルデシリャス条約の境界線の適用は大西洋地域に限定。 ＊太平洋側にスペイン・ポルトガルの境界を分ける子午線を引いた。スペイン（カール5世）はポルトガルにモルッカ領有権を売却し，東回りで発見されたモルッカはポルトガルの勢力範囲となった。 ・ピサロがペルーのインカ帝国を滅ぼす。＊ピサロはペルーの現在の首都リマを建設。 ・ペルー副王領（現ボリビア）のポトシ銀山やメキシコ副王領のサカテカス銀山の採掘はじまる。	《アジアにおける銀の流通とその影響》 〔ポルトガル〕 ・ディウ沖の海戦でポルトガル艦隊（総督アルメイダ）がマムルーク朝の艦隊を破る→ムスリム商人の香辛料貿易独占を崩す。 ＊スンダ海峡はムスリム商人が使用。 ・ポルトガル総督アルブケルケがインド西岸のゴアを占領。 ・アルブケルケが東南アジア初のイスラーム国家マラッカ王国を征服。 ・ポルトガルがモルッカ（香料）諸島に到達→「商業革命」＊首都リスボンの繁栄。 〔明・日本・ポルトガル〕 ・ポルトガル人，マカオに来航。 ・種子島に到達した倭寇の船に乗り込んでいたポルトガル人から火縄銃が伝来。 ＊イエズス会宣教師フランシスコ=ザビエル，ポルトガル船で鹿児島来航。 ・寧波の乱 ＊室町幕府主導の日明貿易の途絶

• オランダ独立戦争(1568 ～ 1609) ＊スペインの「銀船隊」に対する英・蘭の攻撃が本格化。 • レパントの海戦でスペイン・教皇・ヴェネツィアの連合艦隊がオスマン帝国海軍を撃退。 • スペイン，ポルトガルを併合(1580 ～ 1640) ＊フェリペ2世がポルトガル王位を継承 • アルマダ海戦でスペインの無敵艦隊がイギリス艦隊に敗北 • フェリペ2世，アシエント権をポルトガル商人に付与。 〔イギリス〕 • **イギリス東インド会社創設**	• 石見銀山の採掘開始(大内氏, 1526 ～) • 大内氏(長門・周防の守護大名)滅亡 ＊日明・勘合貿易の途絶 • ポルトガル船，平戸に来港。 • 嘉靖の大倭寇(後期倭寇の本格化) • ポルトガル人が明朝からマカオ居住を認められる(1557)。 • 明朝，海禁を緩和(1567)。 • ポルトガルは日明間の中継(南蛮)貿易を展開。 ＊ポルトガルは**日本銀**を代価に中国から陶磁器や絹などを購入。 • 銀が流入した明朝では銀納税法である**一条鞭法**が実施された。 • 豊臣秀吉が朱印船貿易を推進。 ＊宣教師追放(1587，伴天連追放令) 〔スペイン〕 • マニラ市建設開始(1565 ～ 71) ＊メキシコ副王が派遣したフィリピン総督レガスピによる。 **＊アカプルコ貿易展開(～ 19世紀)…新大陸に進出し銀山を開発したスペインはアカプルコからマニラに銀を運び(アカプルコ貿易)，中国と生糸や陶磁器を交易。**

《「世界の一体化」がヨーロッパ経済におよぼした影響》

〔16世紀前半の商業革命〕

• ヨーロッパでは経済の中心が大西洋岸のリスボン(ポルトガルの首都)やスペイン(ハプスブルク家)の拠点**アントウェルペン**に移った(「**商業革命**」)。

〔16世紀後半～ 17世紀にかけての価格革命〕

• 新大陸産の銀の流入で物価が高騰する**価格革命**が本格化。

〔西欧と東欧の国際的分業の成立〕

• 西欧諸国の商工業が発展した反面，東欧では再版農奴制を基盤に西欧向けの穀物生産を行う**グーツヘルシャフト**が拡大し，国際的分業体制が成立した。

17世紀	〔オランダ〕 • オランダ東インド会社設立 • **グロティウス『海洋自由論』**を発表。 ＊蘭は**スペイン**の**海上独占**に対し**公海の自由**を唱える。 ＊アムステルダム銀行設立 • **毛織物業者が移住しニュー＝ネーデルラント植民地建設。** ＊**ニュー＝アムステルダム建設（1626）** • オランダ商人，英の**ジェームズ＝タウン**（ヴァージニア植民地）に**黒人奴隷を輸入**。 ＊**オランダ西インド会社設立（1621）** • **ケープ植民**開始。 ＊**ボーア（「農民」の意）人**の入植。 • **英蘭戦争**勃発 ＊蘭衰退の要因となった。 • 17世紀後半の不況を背景とした香辛料価格の暴落で蘭経済が衰退した。	〔オランダ・イギリス〕 • **オランダ商館**が**平戸**に設立。 • **オランダ東インド会社**，英とバンテン王国の連合軍を破り，ジャワ島に**バタビア市**（現ジャカルタ）建設。＊バタビア市建設には**華僑**が動員された。 • **アンボイナ事件**→英勢力を**モルッカ諸島**から追放（1623） ＊英はインドの**綿織物**（キャラコ）貿易を推進。 〔オランダと明・清，日本〕 • **蘭**，台湾にゼーランディア城建設（1624～1661，鄭成功に奪われる） ＊福建の製糖業者がジャワ島に移住。 • **オランダ商館，長崎の出島**（1634建設）**に移る**（1641） ＊**対日貿易を独占し，日本銀を明・清代の中国にもたらした。** • **蘭，マラッカ**をポルトガルから奪う。 ＊オランダは香辛料貿易を独占 • 清の康熙帝が遷界令を施行。 ＊鄭成功は台湾から蘭人を追放して抵抗。 • 鄭氏降伏後，康熙帝は海禁を解除。 ＊清への銀の流入が続く。
18世紀	〔イギリスの大西洋三角貿易〕 • スペイン継承戦争のユトレヒト条約で黒人奴隷貿易権を独占した。 • 仏を破り，インド進出を本格化。 ＊18世紀後半，英はインドでアヘンの専売を開始。 • 大西洋三角貿易を独占し，リヴァプールの港湾商人らが資本を蓄積して産業革命に投資。 ＊綿織物業で機械化が進み，綿布をインドに輸出。 • 喫茶の風習拡大に伴い，対中貿易赤字が拡大した。	〔清とイギリスの交易と対立〕 • 清朝，地丁銀制を実施。 • 清の乾隆帝が貿易を広州一港に限定。 • イギリス**東インド会社**は中国から茶を輸入した。 ＊茶貿易は18世紀にはじまる。 • 貿易赤字解消のため，英は清朝にマカートニーを派遣し，自由貿易を求めたが，乾隆帝に拒絶され，対立を深めた。

【加点ポイント】

《16世紀：スペイン・ポルトガルのアジア進出／アジアにおける銀の流通とその影響》

①16世紀，アジアに進出したポルトガルは，日本と中国を結ぶ中継貿易(南蛮貿易)を展開。

②ポルトガルは**日本銀**を代価に中国から陶磁器や絹などを購入。

③新大陸に進出して**ポトシ**などの銀山を開発したスペインもアカプルコからマニラに銀を運び(アカプルコ貿易)，中国と生糸や陶磁器を交易。

④銀が流入した明・清では銀納税法である**一条鞭法**や地丁銀が実施された。

《「世界の一体化」がヨーロッパ経済におよぼした影響》

＊アントウェルペン(アントワープ)・価格革命・グーツヘルシャフト(農場領主制)という指定語句から16世紀前半の商業革命，16世紀後半～17世紀にかけての価格革命，および，西欧と東欧の国際的分業の成立に言及する必要がある。

⑤ヨーロッパでは経済の中心が大西洋岸のリスボン(ポルトガルの首都)やスペイン(ハプスブルク家)の拠点**アントウェルペン(アントワープ)**に移った(「**商業革命**」)。

⑥新大陸産の銀の流入で物価が高騰する**価格革命**が発生した。

⑦西欧諸国の商工業が発展した反面，東欧では再版農奴制を基盤に西欧向けの穀物生産を行う**グーツヘルシャフト(農場領主制)**が拡大し，国際的分業体制が成立した。

《17世紀：オランダのアジア貿易独占》

⑧17世紀にはオランダが**東インド会社**を設立して東南アジアや中国などとの交易を独占した。

⑨オランダの首都アムステルダムが国際金融の中心として繁栄した。

⑩英蘭戦争でオランダが敗北し，イギリスのロンドンが国際金融の中心となった。

《17～18世紀：イギリスの進出》

⑪イギリス**東インド会社**は中国から茶，インドから**綿織物**(キャラコ)を輸入した。

⑫18世紀には大西洋の三角貿易で黒人奴隷貿易権を独占した。

⑬資本を蓄積して産業革命を開始し，綿織物をインドに輸出した。

⑭喫茶の風習拡大に伴う対中貿易の赤字が拡大した。

⑮貿易赤字解消のため，イギリスは清朝にマカートニーを派遣し，自由貿易を求めて対立した。▲字数の問題から，マカートニーらの固有名詞は入りにくい。

解答例

16世紀，アジアに進出したポルトガルは日本と中国を結ぶ中継貿易　1

で**日本銀**と中国の陶磁器や絹などを交換し，スペインは新大陸に進出して**ポトシ**などの銀山を開発，アカプルコからマニラにメキシコ銀を運び中国と交易した。銀が流入した明では**一条鞭法**，清では地丁銀が実施され，税が銀納となった。ヨーロッパでは経済の中心が大西洋岸の**アントウェルペン**に移り，新大陸産の銀の流入で物価が高騰する**価格革命**が発生した。西欧諸国の商工業が発展した反面，東欧では再版農奴制を基盤に西欧向けの穀物生産を行う**グーツヘルシャフト**が拡大する国際的分業体制が成立した。17世紀にはオランダ**東インド会社**がアジア貿易を独占，首都アムステルダムが国際金融の中心となったが，英蘭戦争を機に衰え，イギリスのロンドンに繁栄を奪われた。イギリスでは**東インド会社**が中国から茶，インドから**綿織物**を輸入したが，18世紀には大西洋の三角貿易で黒人奴隷貿易権を独占，資本を蓄積して産業革命を開始し，逆に**綿織物**をインドに輸出しはじめた。イギリス国内では喫茶の風習が広まり，茶の対価として銀が流出したため，清に自由貿易を求めて対立した。

（480字）

第2問　「ユダヤ教・キリスト教(東西教会)・イスラーム教(カリフ権)」

解説

問(1)　ユダヤ教の成立過程について，ヘブライ人の王国の盛衰とのかかわりを考慮しながら説明させる問題。

【加点ポイント】　①ソロモン王の死後，王国は**分裂した**。
②北の**イスラエル王国**はアッシリアに**滅ぼされた**。
③南の**ユダ王国**は**新バビロニア**／**カルデアに滅ぼされた**。
④住民は**バビロン捕囚**を受けた。
⑤**アケメネス朝に解放され**パレスティナ(パレスチナ)に帰還した。
⑥**選民思想**／**救世主の思想**が形成された。
⑦『**旧約聖書**』が完成した。

特定の教祖を持たない一神教であるユダヤ教は，長い歴史の中で徐々に形成された。ユダヤ教形成に決定的な事件となったのは，前13世紀の出エジプトと前６世紀のバビロン捕囚であろう。ただし出エジプトについては問題文に書いてある。本問では「ソロモン王の時代の後の数百年の間」という時代の指定があるので，バビロン捕囚の前後を中心に論ずればよい。

ヘブライ人(他称。自称はイスラエル人，1948年に再建されたユダヤ人国家は「イスラエル国」である)は前11世紀末に王国(イスラエル王国，またはヘブライ王国)を建てた。ダヴィデ王(位 前1000頃～前960頃)と，その子のソロモン王(位 前960頃～前922頃)の時代に栄えた。ダヴィデ王はイェルサレムを都とし，ソロモン王はその地に壮大な神殿を建てた。しかしソロモン王の死後，王国は北のイスラエル王国(前922頃～前722)と南のユダ王国(前922頃～前586)に分裂した。12の支族からなるヘブライ人のうち，ユダ王国はダヴィデの出身支族であるユダ族ともう一つの支族から構成されており，イスラエル王国は他の10支族からなっていた。ダヴィデの一族の支配から北が独立したというわけだ。一方ユダ王国は引き続きイェルサレムを都とした。

その後，イスラエル王国は前722年にアッシリア帝国のサルゴン２世(位 前722～前705)に滅ぼされ，住民は離散し，周辺諸民族に同化された(「失われた10支族」と呼ばれる)。ユダ王国は前586年に新バビロニア(カルデア 前625～前538)のネブカドネザル２世(位 前604～前562)によって滅ぼされ，住民の多くが新バビロニアの首都バビロンに強制移住させられた。これをバビロン捕囚(前586～前538)と呼ぶ。以後ヘブライ人はユダヤ人(ユダヤは，ユダ支族の土地という意味)とも呼ばれるようになった。

アケメネス朝ペルシア(前550～前330)のキュロス２世(位 前559～前530)が新バビロニアを滅ぼすと，ユダヤ人はパレスティナへの帰国を許された。ユダヤ人は前515年頃，イェルサレムに神殿を再建し，民族的な宗教であるユダヤ教を成立させた。その聖典(いわゆる『旧約聖書』)が完成したのもこの頃である。ユダヤ人はバビロン捕囚などの苦難を経て，唯一神ヤハウェへの信仰を深め，ユダヤ人だけが神によって選ばれた民として救済されるという選民思想を持ち，救世主(メシア)を待望することとなった。

『旧約聖書』とはキリスト教徒からの呼称で，ユダヤ教徒は単に『聖書』とか，『律法(トーラー)』などと呼ぶ。内容は以下の通り。

・天地創造から族長アブラハムまでの物語…「創世記」
・モーセの物語…「出エジプト記」
・律法の書…「レビ記」，「民数記」，「申命記」(ここまでが「モーセ五書」)
・約束の地の攻防と建国…「ヨシュア記」，「士師記」，「サムエル記」，「列王記」
・バビロン捕囚時代…「イザヤ書」，「エレミヤ書」，「詩篇」など。

原典はヘブライ語で書かれ，アケメネス朝の公用語だったアラム語に翻訳され，前３世紀(ヘレニズム時代)にはギリシア語(コイネー)に翻訳された(七十人訳聖書)。キリスト教においても『旧約聖書』として，『新約聖書』とともに聖典となった。またイスラーム教においても，『コーラン』に先立つ聖典として重視された。

後１～２世紀，ユダヤ人はローマ帝国による属州支配に対し，二度にわたって反乱を起こした(ユダヤ戦争 66～70，132～135)。しかしいずれも鎮圧され，ローマ軍によってイェルサレムとその神殿は徹底的に破壊された。ユダヤ人はイェルサレムへの立ち入りを禁じられ，地中海沿岸の各地に散らばった。これをディアスポラという。ただし，本問ではユダヤ教の成立過程が問われているので，その後のユダヤ人の動向について論ずる必要はない。

問(2) ビザンツ帝国と神聖ローマ帝国において，皇帝と教会指導者との関係の違いについて，11世紀後半を念頭に，説明させる問題。

【加点ポイント】 ＜ビザンツ帝国＞

①**皇帝が正教会の総主教**／**首長を任免**した。

②政教一致体制／**皇帝が政教両権を握った**(**皇帝教皇主義**)。

＜神聖ローマ帝国＞

③**教皇が皇帝に帝冠を授与**した／**教権と俗権が並び立った**。

④皇帝ハインリヒ４世が**帝国教会政策**を行った／**皇帝が聖職叙任権を握った**。

⑤教皇グレゴリウス７世が反発して**叙任権闘争**を起こした。

⑥教皇は**カノッサの屈辱**で**皇帝**(**ハインリヒ４世**)を屈服させた。

▲ヴォルムス協約(1122)は12世紀なので加点対象外。

ローマ帝政末期には，五本山(イェルサレム・アレクサンドリア・アンティオキア・コンスタンティノープル・ローマ)と呼ばれるキリスト教会が重要となっていた。しかしそれら5つの教会にはもともと優劣はなく，重要事項は公会議で決定されていた。このうちローマ教会の位置するヴァチカンの地は，キリストの直弟子である12使徒の筆頭であるペテロ(？～64頃)がローマ帝国のネロ帝(位54～68)の迫害によって殉教した地であった。そこでローマ教会の長であるローマ総大司教は，ペテロの後継者を自任し，教皇(法王，パパ)という称号を用い，全キリスト教会の首位の座を主張するようになった。

しかし西ローマ帝国滅亡(476)後，コンスタンティノープル教会の総主教は，ビザンツ帝国(395～1453)の権威の下，ローマ教会と首位権を争うようになった。これより前，最初のキリスト教史である『教会史』を著したエウセビオス(260頃～339)は，皇帝位は神の恩寵によって与えられるという「神寵帝理念」を示した。この考え方は，専制君主政(ドミナトゥス)期やビザンツ帝国の皇帝権の正統性や，後の西欧の王権神授説に根拠を与えた。この考え方に基づき，ビザンツ帝国では皇帝は地上におけるキリストの代理人として，コンスタンティノープル総主教の任免権を握り，教会を支配した。これが皇帝教皇主義と呼ばれるものである(ただしこれは，俗人である皇帝が教会を管理したことを，ローマ教会が皮肉った言い回しであり，皇帝が聖職者である「教皇」となったわけではない)。のちに，ロシア帝国のピョートル1世(位1682～1725)もこれに倣うことになる。

7世紀，正統カリフ第2代のウマル(位634～644)の時代，イスラーム教徒はビザンツ帝国からシリア・エジプトを奪った。この結果，五本山のうち3つ(シリアのアンティオキア・パレスティナのイェルサレム・エジプトのアレクサンドリア)がキリスト教世界から失われた。そのためローマ教会とコンスタンティノープル教会の主導権争いは激しさを増した。このような状況下でビザンツ皇帝レオン3世(位717～741)が，偶像崇拝を禁止しているイスラーム勢力との対抗上，726年に聖像禁止令を発布した。ゲルマン人への布教に聖像を必要としたローマ教会はこれに反発し，東西教会の対立が深まった。のち1054年に両教会は破門しあい，分裂は決定的になった。こうして東はビザンツ皇帝を首長とするギリシア正教会，西は教皇を首長とするローマ=カトリック教会となり，別々の道を歩むことになった。問題文で示された11世紀後半とは，この分裂後の時代を指す。だから，ギリシア正教会(ビザンツ帝国と関連)とローマ=カトリック教会(神聖ローマ帝国と関連，後述)を対比して書かねばならない。

聖像禁止令発布後，ローマ教会は，ビザンツ皇帝に対抗できるような強力な政治勢力を保護者として求めねばならなくなった。ちょうど同じ時期に，フランク王国の宮宰であるカール=マルテルが，イベリア半島から北上してきたイスラーム勢力(ウマイヤ朝)を，732年トゥール・ポワティエ間の戦いで撃退した。そこでローマ教皇はフランク王国に接近し，カール=マルテルの子ピピン(3世 位751～768)のフランク王位継承を認めた。これがカロリング朝(751～987)のはじまりである。その返礼として，ピピンはイタリアのランゴバルド王国を攻め，奪ったラヴェンナ地方(以前にはビザンツ帝国の総督府が置かれていたが，ランゴバルド王国が751年に征服していた)を教皇に寄進した(ピピンの寄進 756)。これがローマ教皇領の起源である。利害が一致したローマ教会とフランク王国はさらに接近した。800年，教皇レオ3世(位795～816)はピピンの子カール(カール大帝 位768～814)にローマ皇帝の帝冠を与え，「西ローマ帝国」の復活を宣言し，ローマ教会の保護者とした。のちカロリング朝が東フランク(ドイツ)・西フランク(フランス)・イタリアに分裂して弱体化した。さらに東フランクでカロリング朝が断絶し，有力な諸侯の選挙王政がはじまった。ザクセン朝(919～1024)のオットー1世(位936～973)がマジャール人の侵入を撃退し，さらにイタリアに遠征してイタリア王位を兼ねると，962年教皇ヨハネス12世(位955～964)から，空位となっていたローマ皇帝の帝冠を授けられた。以後ドイツ王に選ばれた者が皇帝となる慣習が生まれ，神聖ローマ帝国(962～1806)がはじまった。

神聖ローマ帝国には，宗教的権威の教皇と，軍事指導者の皇帝という二つの中心があり，教皇によって皇帝が戴冠する(教皇が皇帝に加冠する)という儀式によって微妙なバランスを保っていた。皇帝がビザンツ帝国のような政教一致体制を目指せば，このバランスは崩壊する。しかし皇帝は聖職者の任免権を確保し，教会組織を王権の統制下に置いた。これが帝国教会政策である。司教や修道院長などに領土を与え，皇帝の臣下(聖界諸侯)として行政権を委ねたのである。世俗諸侯とは異なり，聖職者は結婚できないため世襲化や独立化の危険がない。だから聖職者を行政官として使ったわけである。キリスト教に改宗したゲルマン人には，領主が聖職者の叙任権をもつ，私有教会制という習慣があり，帝国教会政策は，この習慣を皇帝が利用したものであった。なぜなら私有教会の所領・財産は，司教ではなく，領主の意のままとなったからである。こうして，世俗君主による聖職売買などの腐敗が生ずるようになった。これに反対し，聖職者の任免権(聖職叙任権)を教皇のものにしようとしたのが，教皇グレゴリウス７世(位1073～85)であった。

これより前，10世紀以降フランス中東部のクリュニー修道院を中心に教会の改革運動が起こった。聖職者の結婚・聖職売買・世俗領主による聖職者の任命などをなくそうという動きである。教皇グレゴリウス７世はこの改革を推し進め，神聖ローマ皇帝ハインリヒ４世(位1056～1106)に対し，聖職叙任権闘争を開始した。教皇が改革を無視する皇帝を破門し，キリスト教社会からの排除を決定すると，ドイツ諸侯から皇帝位を廃されることを恐れた皇帝は，1077年やむなくイタリアのカノッサで教皇に謝罪した(カノッサの屈辱)。しかし，その後も皇帝と教皇の対立は続いた。結局皇帝ハインリヒ５世(４世の子 位1106～1125)と教皇カリストゥス(カリクストゥス)２世(位1119～24)が，1122年に結んだヴォルムス協約で妥協が成立した。聖職叙任権は教皇にあるが，聖界諸侯への封土の授与は皇帝が行うものとされたのである。西欧の世俗権力が聖職叙任権を主張できるようになるのは，宗教改革で教皇権が失墜した後の王権神授説まで待たなければならない。本問は「11世紀後半」という時代指定があるので，カノッサの屈辱まで書けばよい。

問(3)　政治権力者としてのカリフについて７世紀前半と11世紀後半を比較する問題。

【加点ポイント】　＜７世紀前半＞

①**信徒が正統カリフを選出した／選挙で選んだ。**

②正統カリフは**唯一のカリフ**だった。

③正統カリフは**政治権力**を握っていた。

＜11世紀後半＞

④**アッバース朝は世襲制**だった。

⑤**セルジューク朝に政治権力を奪われた。**

⑥**アッバース朝カリフは，宗教権威**として存続していた。

⑦**ファーティマ朝もカリフを称し**，アッバース朝に対抗した。

▲**後ウマイヤ朝**は1031年に崩壊しているので，加点対象外。

「7世紀前半」は正統カリフ時代(632～661)であり，「11世紀後半」はセルジューク朝(1038～1157/94)がバグダードに入城(1055)し，その君主がアッバース朝(750～1258)カリフからスルタンに任命された時代である。両者の違いを3つ述べよ，という設問なので，正統カリフとセルジューク朝時代のカリフを比較せよ，というのが出題者の意図だろう。他の時代のカリフには言及する必要がない。違いとしては，選出方法・人数・政治権力と宗教権威に着目しよう。

ムスリムの共同体(ウンマ)の指導者としてアラビア半島を統一(631)したムハンマド(570頃～632)は，イスラーム教の開祖であると同時に政治・軍事の指導者であり，事実上の建国者，君主であった。ムハンマドは結婚し，最初の妻ハディージャとの間に3男4女をもうけた。その末娘ファーティマは，ムハンマドの従兄弟であるアリー(のち第4代カリフとなる)と結婚し，ハサンとフサインの2男をもうけた。今日まで残っているムハンマドの子孫は，この系譜からのみである。

ムハンマドの死後，ムスリムはウンマの指導者としてアブー=バクルを初代カリフ(位632～634)に選出した。カリフとは，ハリーファ（後継者）のヨーロッパなまりの言葉である。正式にはハリーファ・ラスール・アッラーといい，神の使徒(つまりムハンマド)の代理を意味した。アブー=バクルはムハンマドの愛妻アーイシャの父であり，最も古い信徒の一人であった。第2代ウマル(位634～644)の時代，ムスリム軍はビザンツ帝国からシリアとエジプトを奪い，ニハーヴァンドの戦い(642)でササン朝(224～651)ペルシア帝国を破った。しかし私怨によりペルシア人奴隷に暗殺された。第3代ウスマーン(位644～656)はウマイヤ家出身で，一族や縁者重視の人事を行ったため不満分子に暗殺された。第4代アリー（位656～661)は前述のようにムハンマドの従兄弟で娘婿であった。ウスマーンの殺害者に推されてカリフとなったため，シリア総督でウマイヤ家出身のムアーウィヤと対立した。アリーがムアーウィヤとの調停を図ると，これに不満を持ったハワーリジュ派に暗殺された。アブー=バクルからアリーまでの四人を正統カリフといい，選挙で選ばれ，それぞれ唯一のカリフであった。またこの時点のカリフは対異教徒戦争(ジハード)の指揮と，イスラーム法(シャリーア)の施行を職務とする政治指導者であった。

アリーの暗殺後，ムアーウィヤがダマスクスでカリフとなった(位661～680)。以後，代々のカリフ位をウマイヤ家が独占し，ウマイヤ朝(661～750)が興こった。しかしウマイヤ家の支配に正統性がないと考え，アリーの子孫のみを教団の指導者(イマーム)とみなす，シーア派が生まれた。これに対し歴代のカリフを正当な指導者とみなすのがスンナ派である。ただしスンナ派の中でも，ウマイヤ家の支配に不満を持ち，ムハンマドの家系に統治権を求める思想が広がった。ムハンマドの叔父の家系であるアッバース家はこの思想を利用して革命を起こし，750年ウマイヤ朝を倒してアッバース朝を開いた(アリーの子孫もムハンマドの家系であるため，シーア派はウマイヤ朝打倒には協力したものの，アッバース朝とも対立することとなった)。このアッバース朝革命によりカリフの権威は著しく向上し，カリフは「ムハンマドの代理人」から「神の代理人(ハリーファ＝アッラー)」に格上げされ，政治指導者兼宗教権威と見なされることになった。問(2)でみた，ビザンツ皇帝の状況と似ている。

アッバース朝カリフは，9世紀前半からマムルークと呼ばれるトルコ人奴隷を親衛隊として用いた。しかし，やがてマムルーク軍団がカリフを廃立するなど政治に介入したため，カリフの力は急速に衰えていった。また9世紀前半から，アッバース朝の総督がカリフの権威を認めつつ自立して地方政権を建てる傾向を強めた。

10世紀になると，イスラーム世界の政治的分裂が明確となった。909年シーア派のイマームがチュニジアでファーティマ朝(909～1171)を建てた。この王朝の君主はムハンマドの直系の子孫を自称し，カリフを名乗ってアッバース朝カリフの権威を完全に否定した。エジプトを征服してカイロを建設し，シーア派布教者の養成所としてアズハル学院を建てた。またアッバース朝成立直後，イベリア半島に逃れたウマイヤ家の一族がコルドバを都に後ウマイヤ朝(756～1031)を建てていたが，その君主アブド＝アッラフマーン3世(位912～961)も，929年ファーティマ朝に対抗してカリフを称した。唯一のはずのカリフが複数存在することになったのである。

地方の独立やシーア派勢力の拡大に対し，アッバース朝カリフは配下の有力軍人を大アミール(大将軍)に任命して軍事権と行政権を与え改善を図ったが，うまくいかなかった。イラン系軍人の建てたブワイフ朝(932～1062)は946年バグダードに入城し，大アミールの地位を得てカリフから政治的実権を奪った。こうしてカリフは宗教的権威として存続するのみとなった。

1055年今度はトルコ系のセルジューク朝がバグダードに入城し，ブワイフ朝を滅ぼした。セルジューク朝のトゥグリル＝ベク(位1038～63)はカリフからスルタンの称号を許され，政治権力を委ねられた。

その後のことにも簡単に言及しておこう。アッバース朝はイラクの地方政権として命脈を保ったが，1258年，モンゴルのフラグに滅ぼされた。エジプトのマムルーク朝

(1250～1517)のバイバルス(位1260～77)はアッバース朝カリフを擁立したが，もはやカリフは名目的な存在にすぎなかった。1517年，オスマン帝国(1299～1922)のセリム1世(位1512～20)がマムルーク朝を滅ぼすと，最後のカリフであるムタワッキル3世はイスタンブルに移住させられた。その死によりアッバース朝は完全に滅亡した。

その後18世紀後半になって，セリム1世がムタワッキル3世からカリフの地位を譲られたという伝説が生まれた。ロシアのエカチェリーナ2世(位1762～96)に敗れ，保護下にあったクリム=ハン国を滅ぼされた(1783)時代である。失墜した帝国の権威を過去の栄光に求め，クリミア半島のムスリムへの影響力を残そうとした結果であろう。これが，オスマン帝国のスルタン(政治権力)はカリフ(宗教権威)を兼ねていたとする，スルタン=カリフ制である。第一次世界大戦後，ムスタファ=ケマルのトルコ革命でスルタン制が廃止(1922)され，オスマン帝国は滅亡した。さらに1924年カリフ制も廃止され，トルコ共和国における政教分離がなされた。

解答例

⑴ソロモン王の死後，王国は分裂，北のイスラエル王国はアッシリアに滅ぼされ，南のユダ王国は新バビロニアに滅ぼされて住民はバビロン捕囚を受けた。のちアケメネス朝に解放されパレスティナに帰還し，選民思想や救世主の思想を含む『旧約聖書』が完成した。

(番号を含めて120字)

⑵前者では，皇帝が正教会の総主教を任免したが，後者では，教皇が皇帝に帝冠を授与し，教権と俗権が並立，皇帝が帝国教会政策で聖職叙任権を握った。教会の腐敗に対し教皇グレゴリウス7世は叙任権闘争を起こし，カノッサで皇帝ハインリヒ4世を屈服させた。

(番号を含めて120字)

⑶前者では，信徒が選出した正統カリフが，唯一のカリフとして政治権力を握っていた。後者では世襲制のアッバース朝カリフがセルジューク朝に政治権力を奪われ，宗教的権威として存続していた。ファーティマ朝の君主もカリフを称し，アッバース朝に対抗した。

(番号を含めて120字)

第3問 「書物の文化の歴史」

解説

中国史や朝鮮史，インド史などアジア関連の出題が多いが，基本的な問題が多いので，失点は極力避けたい。問⑽は出題からすでに10年以上経過しており，今日のようなITの発展は考慮されていないため，かえって解答しにくかったかもしれない。

問⑴　正解は法家

秦の始皇帝(位 前221～前210)は，宰相に法家の李斯を登用すると，農業・医学・占い(卜筮)以外の民間の書物を焼いて思想・言論を統制し，さらに禁を破った学者460人あまりを生き埋めにした。一般的に「焚書・坑儒」と呼ばれるが儒家だけが標的になったわけではなく，現体制への批判を避け，郡県制による統一が崩れることを警戒して行われた。よって生き埋めにされた460人余りの中には儒者以外の学者も多い。なお，李斯は法家思想を大成した韓非とともに荀子の門下であった。礼による統治を説く荀子に対し，法家は君主が定めた法の厳格な施行と厳しい刑罰による統治を説いた。

問⑵　正解はナーランダー僧院

インドへ渡った唐の僧玄奘(602～664)や義浄(635～713)は，5世紀にグプタ朝治下で建てられたナーランダー僧院で学んだ。特に玄奘は当時北インドを支配していたハルシャ＝ヴァルダナ王の厚遇を受けたのち，仏典を携えて唐へと帰国した。なお，ナーランダー僧院を創設したのはグプタ朝第4代のクマーラグプタ1世なので，東晋の僧法顕がインドを訪れた第3代のチャンドラグプタ2世(位 376頃～414頃)時代には，まだナーランダー僧院は創設されていない。

問⑶　正解は四書

前漢の武帝(位 前144～前87)は，董仲舒の建議によって儒学を国家の正当な学問(官学)とし，『詩経』『書経』『易経』『春秋』『礼記』の5つ(五経)を根本的な経典と位置づけ，それらを教授するため五経博士を置いた。その後，科挙によって官吏任用を行うようになると，唐の太宗(李世民 位 626～649)は孔穎達らに命じて欽定の注釈書『五経正義』を編纂させたが，注釈の固定化によって儒学は停滞した。宋代になると，道教や禅宗の影響を受けて儒学は哲学的に発展，人間の本性や万物の生成などを追及する宋学がおこり，北宋の周敦頤，程顥，程頤らを経て南宋の朱熹(朱子)がこれを大成した(朱子学)。朱熹は大義名分論(君臣の秩序を絶対と考える)を唱え，儒学の経典として『大学』『中庸』『論語』『孟子』を四書として重視した。その後，明代に朱子学が官学とされると，永楽帝はあらたな欽定の注釈書として『四書大全』『五経大全』『性理大全』などを編纂させ，あらたな科挙試験の解釈基準を示した。

問(4)　正解は高麗版大蔵経（大蔵経）

大蔵経とは仏教経典を集成した叢書のことで，経（仏の教え）・律（戒律）・論（研究）の３部を中心とするので『三蔵』ともいい（余談だが，三蔵法師とは「三蔵に精通している高僧」という意味の一般名詞で，尊称として用いられる。後代には，その中でも特に著名な玄奘を指すことが多いが玄奘のみを指す言葉ではない），高麗で刊行されたので高麗版大蔵経と呼ばれる。高麗では仏教が護国の宗教とされ，中国の蜀版大蔵経にならって11世紀に版木が彫られたが，13世紀のモンゴル侵攻で焼失した。当時，実権を握っていた武臣政権の崔氏は，モンゴルの退散を祈念してその復刻をはかり，難を避けて移った江華島で８万余枚の版木を再び完成させた。現在までこの版木は慶尚南道の海印寺に完全な形で現存しており，1995年にユネスコの世界文化遺産に登録された。「高麗版」とは高麗で刊行されたという意味なので，解答では単に「大蔵経」でもよい。

問(5)　正解は訓民正音

訓民正音は朝鮮語の表記に用いられる音節（標）文字で，1443年に朝鮮王朝の世宗が公布した。もともと，庶民が使用できる文字として作られたため，当初，知識人は漢文よりも劣る諺文（オンモン）と呼んで軽視したが，次第に普及した。19世紀末以降は公文書にも使用され，日本統治時代に「ハングル（偉大な文字）」と改称され，日本に対する愛国啓蒙運動の一環として，民衆へのハングル普及運動が展開されるとともに，朝鮮語の統一が進められた。現在，韓国ではほとんどすべての文章がハングルで表記されている。

問(6)　正解は(a)活版印刷，(b)グーテンベルク

ドイツのグーテンベルク（1400頃～68）は鋳造活字（金属活字）を作り，ブドウ圧搾機の転用ともいわれる加圧式の印刷機を開発した。活版印刷の発明により，写本よりもはるかに大量の部数の書籍を発行できるようになると，書物の低価格化と大衆化が進み，初期には『聖書』をはじめとするキリスト教関連の書籍が発行された。ルターの宗教改革の成功には，活版印刷による大量のビラやパンフレットも大きな役割を果たした。また，印刷物の普及によって言語の標準化が進み，各国で標準的な国語が成立していった。

問(7)　正解はルター

ルター（1483～1546）は信仰の基礎を聖書のみにおく聖書中心主義の立場から教皇権を否定したため，教皇から破門され，1521年には神聖ローマ皇帝カール５世にヴォルムス帝国議会に召喚され，異端として帝国追放処分を受けた。しかしルターはザクセン選帝侯フリードリヒに保護され，ヴァルトブルク城で『新約聖書』をドイツ語に翻訳し，その後『旧約聖書』もドイツ語に翻訳した。問(6)の解説とも関連するが，1522年に完成したドイツ語訳『新約聖書』はその後12年で20万部以上発行され，これがドイツ語の標準化に大きく貢献した。本問では「1520年代」という年代や，「ドイツ語に翻訳された聖書」といった点からルターを想起するのはそれほど難しくはないだろう。

問(8)　正解は『新青年』

第一次世界大戦中に中国でも紡績などを中心とする軽工業が発展し，民族資本家や都市労働者が増加した。また，留学生や海外で活躍する華僑などを通じて欧米のさまざまな思想が紹介されると，知識人たちは国民の意識改革や社会全体の変革の必要性を訴えた。こうした動きは新文化運動と呼ばれ，陳独秀らは雑誌『新青年』（1915年の刊行当初は『青年雑誌』）を刊行して，欧米思想を紹介するとともに儒教道徳を厳しく批判した。アメリカに留学していた胡適は，1917年『新青年』に「文学改良芻議」を発表して口語に近い新しい文体を提唱し（白話運動・文学革命），これに応えた魯迅は『狂人日記』『阿Q正伝』などの口語体による小説で，儒教的な封建主義やゆがんだ中華思想がはびこる中国社会の現実を批判した。

問(9)　正解はベルトコンベア方式（流れ作業・「組み立てライン」方式・フォード=システム）

1903年にフォード自動車を設立したヘンリー＝フォードは，自動車生産の行程を徹底的に合理化して，ベルトコンベアによる移動組み立て法を考案し，各種作業の同時進行を可能とするフォード＝システムを採用した。個々の作業を細かく分けて単純化して労働者による分業を徹底し，ベルトコンベアを使用した組立てラインで流れ作業による大量生産を行った。これにより自動車の低価格化を実現して，T型フォードは販売でも大成功を収め，合衆国のモータリゼーションの象徴となった。この大量生産方式（フォード＝システム）は，大量生産・大量消費に基づくアメリカの大衆消費社会の前提となり，その後の工業生産システムにも大きな影響を与えた。解答は教科書の表記に合わせ，「ベルトコンベア方式（東京書籍・実教出版・帝国書院）」，「流れ作業（山川出版社『詳説世界史Ｂ』）」「組み立てライン」方式（山川出版社『世界史用語集』）としたが，百科事典などに記載のある「フォード＝システム」でも可能であろう。

問(10)　正解はコンピュータ

出題から10年以上経過しており，2004年当時では考えられないほどIT技術が進歩しているため，かえって解答しにくかったかもしれないが，設問では「第二次世界大戦中，アメリカ合衆国で新しい技術の開発が始められた」とあるので，当時の技術の名称で解答すべきであろう。最初のコンピュータ（電子計算機。電子回路を使い，計算，情報処理，制御などを機械的に行うシステム装置）は，第二次世界大戦中に弾道の自動計算などのために開発が進められ，1946年にはペンシルヴェニア大学のENIAC（エニアック）が真空管18000本を使って制作された。これ以後，コンピュータは，トランジスター，集積回路(IC・LSI)などの開発によって小型化・高速化・低価格化が進んだ。1970年代にはIBMやアップルコンピュータなどが個人でも使用できる小型化・軽量化されたパーソナル＝コンピュータ(personal computer)を開発した。現在ではパソコン，あるいはPCという略称で呼ばれているが，これが急速に普及したのは1990年代である。またインターネットは，もともと1969年にアメリカ合衆国国防省で軍事技術開発にあたる科学者の通信手段として開発され，その後，大学や研究機関でも使用されるようになった。民間の商用に開放されたのは1988年である。設問文中の「新しい出版形態」とは電子書籍のことだと気づいた人も多いだろうが，現在では電子書籍を購入できる媒体が，パソコン，タブレット，スマートフォンなど数多くあるので迷ったかもしれない。ただ，技術的に考えると，タブレットは「タブレット型のパーソナル＝コンピュータ」，スマートフォンも「電話機能付きの超小型コンピュータ」であろう。教科書の表記が山川出版社・東京書籍・実教出版とも「コンピュータ」なので，解答は「コンピュータ」のみとした。なお余談だが，iPhoneやiPadはアップル社が発売しているスマートフォンやタブレットの商品名，kindleはamazon社の発売している電子書籍リーダーおよびそのサービスの商標であり，技術名ではないため，当然ながら正解にはならない。

解答例

(1)法家
(2)ナーランダー僧院
(3)四書
(4)高麗版大蔵経(大蔵経)
(5)訓民正音
(6)(a)活版印刷　(b)グーテンベルク
(7)ルター
(8)『新青年』
(9)ベルトコンベア方式(流れ作業・「組み立てライン」方式・フォード=システム)
(10)コンピュータ

2003年

第1問　「運輸・通信の発展がアジア・アフリカの植民地化や民族運動に与えた影響」

解説

【何が問われているか？】

出題内容については，時代は19世紀半ば～20世紀初頭，分野とテーマは「19世紀半ばから20世紀初頭の運輸・通信手段の発達と欧米列強によるアジア・アフリカの植民地支配との連関」，簡単に言えば，「運輸・通信手段の発展と帝国主義」。

ちなみに第3問は「交通手段の発達(19世紀が中心)」で，第1問とテーマが重複した。「交通手段の発達によるグローバル化と帝国主義の展開」は東大好みのテーマの一つである。

2003年度は「運輸・通信手段の発達」，「列強のアジア・アフリカ進出」という，ごく一般的な分野からの出題であり，提示された用語も見慣れたものであった。したがって一見，易しそうに見えるのだが，実際に解答を作成するに当たっては「運輸・通信手段の発達」と「列強の帝国主義的進出」をどのように手際よく関連づけるか，その情報処理の点が意外に難しいのではないだろうか。

まずリード文を注意深く読み込むこと。そこから，①運輸・通信技術の進歩(有線・無線電信，電話，写真機，映画などの実用化，視聴覚メディアの革命)，それら技術上の進歩が，②例えば英の「ロイター通信社」がそうであったように，列強の帝国主義的進出と植民地支配に有効であり，また同時に③情報や人の高速・大量の移動を可能にしたことによって，アジア・アフリカの民族主義運動に刺激を与えた…という出題者の考え方，記述を進めるべき方向を読み取ることができるだろうか？

次いで，その筋道に従い，提示された指定語句が大きなヒントとなっているので，これを手がかりに，他の歴史用語を想起し，書くべき答案の構成・骨組みを考え，解答を作成するのが東大・大論述の解答法作成の手順になる。

◆視点

東大の場合，論述解答の指針となるのはリード文と論述の骨格になる指定語句であるが，当然ながら，与えられた用語だけでは17行=510字を埋めるのは無理である。

上記の①の段階でどれだけ通信･交通手段の発達の具体例を挙げることができるか，また②・③の記述に当たってスエズ運河やバグダード鉄道や日露戦争など与えられた用語に，どれだけ加点要素となるような事項(例えば義和団からシベリア鉄道・東清鉄道の建設を想起するなど)を付け加えることができるだろうか？

ここで通常の「世界史」に関する知識の有無が問われ，その点が答案の出来を左右する次のポイントとなる。世界史の基本事項(センター試験レベルでよい)をキチンと学習してきたか否かが問われるのであって，教科書学習の手を抜いて抽象論に走っても高得点は望めない。

【加点ポイント】「　」内は文例。

《通信・交通手段発達の具体例》

①フルトンが**汽船**を発明(1807→19世紀初めでよい)。

「帆船に変わる**汽船**の普及」

「労働力や工業製品・農産物の大量輸送を可能にした。」

「アジア・アフリカからの留学を容易にした(**ガンディー**・光緒新政期の日本への留学生派遣・東遊運動)」

②スティーヴンソンが蒸気機関車を実用化

③**モールス信号**，海底通信ケーブル・**マルコーニ**の無線電信，ベルの電話機などの発明。

「有線電信にはじまる**モールス信号**は，**マルコーニ**の無線電信にも応用された。」

④レセップスによる**スエズ運河**の開通(1869)→英・印間の距離を2/3に短縮

＊これらの技術上の進歩が帝国主義国の支配の拡大に有効であったことはリード文に示唆されているから，答案でことさらに言及する必要はない。史実に基づいて，具体的経緯を記述すればよい。同様に，通信・交通の技術革新が，情報や人の高速・大量の移動を可能にしたことによって，アジア・アフリカの民族主義運動に刺激を与えたことも，リード文で言及されているから，こちらも具体的経緯を述べればよい。

《通信・交通手段発達を背景とする帝国主義国の支配の拡大の具体例》

①欧米列強によるアジア・アフリカ各地への大規模な軍隊派遣が可能となった。

②欧米によるアジア・アフリカ各地の市場兼原料供給地化

／自国製品の輸出先，工業原料・農産物の供給地の確保が可能となった。

③フランスやイギリスによる**スエズ運河**への出資

「英は**スエズ運河**株式を買収(1875)，ウラービー(アラービー，オラービー)=パシャの乱を鎮圧(1882)後，エジプトを植民地化し，３Ｃ政策を展開。」

④ドイツの**バグダード鉄道**敷設権の獲得

「独(ヴィルヘルム２世)は，オスマン帝国(アブデュルハミト２世)から**バグダード鉄道**敷設権を獲得し，バルカン・中東に３Ｂ政策を展開」

⑤ロシアのシベリア**鉄道**建設・三国干渉を機に東清**鉄道**敷設権を獲得

⑥欧米列強の**鉄道**利権獲得(英・仏も**鉄道**利権に着目し，中国やアフリカで獲得)

《欧米列強の侵略に抵抗するアジア・アフリカの民族運動の具体例》

①領土や**鉄道**利権を奪われた中国では19世紀末に**義和団**事件が発生。

「独の膠州湾租借を機に，**鉄道**輸送の普及で失業した中国人は扶清滅洋を唱えて**義和団**に投じ，北京を占領，列強の**鉄道**を破壊した。」

②**日露戦争**における「日本勝利の報道」の影響→アジア各地の民族意識を刺激。

「イランのカージャール朝で英・露と結ぶ皇帝に対して**イラン立憲革命**が勃発。」

「国民会議派はカルカッタ大会(1906)でスワデーシ，スワラージ等4綱領を提唱し，英のベンガル分割令に反対」

「**ガンディー**の南アフリカでのインド人の権利擁護闘争(サティヤーグラハ運動)」

＊サティヤーグラハはヒンディー語の造語で「真理の把握」の意味で，ガンディーはこれを非暴力・不服従運動のスローガンとした。

「第一次大戦後の**ガンディー**の非暴力・不服従運動に影響。」

「中国の郷紳層による利権回収運動」

「ベトナムのファン=ボイ=チャウの東遊(ドンズー)運動」

③それ以外

「**汽船**の発達によるムスリムの巡礼増加→ムスリムの反欧米運動の拡大。」

「アフガーニーの欧州歴訪→ムスリムの団結と欧米への抵抗を図るパン=イスラーム主義の提唱・立憲君主政樹立の提唱。」

解答例

フルトンの**汽船**やスティーヴンソンによる蒸気機関車の実用化で大量輸送が行われ，植民地への軍隊の派遣，欧米への留学や移民も容易になった。また**モールス信号**，**マルコーニ**の無線電信，ベルの電話機，海底ケーブルなどの発明は情報伝達を加速させ，帝国主義列強は侵略を本格化した。仏のレセップスが建設した**スエズ運河**会社の株を買収した英はウラービーの反乱を鎮圧してエジプトを保護国化し，英印間の航路を短縮して３Ｃ政策を進めた。独はトルコから**バグダード鉄道**敷設権を獲得して３Ｂ政策を展開，露も仏資本を導入してシベリア鉄道を建設，三国干渉を機に東清鉄道敷設権を獲得した。こうした列強の進出はアジア各地の民族運動を高揚させた。独の膠州湾租借と鉄道敷設を機に失業した中国人は扶清滅洋を唱えて**義和団**に参加した。**日露戦争**での日本勝利の報道は，**イラン立憲革命**，青年トルコ革命の勃発やベトナムのファン＝ボイ＝チャウが日本への留学生派遣を主導した東遊運動に影響を与えた。孫文は東京で中国人留学生を中国同盟会に組織し，インドでは国民会議派が民族独立を掲げた。南アフリカでインド人移民の権利を訴えたガンディーは帰国後，同派を指導し，非暴力・不服従運動を展開した。

(510字)

第2問 「文化の波及と継承」

解説

問(1)　イギリス出身の人物の名：アルクイン（アルクィンも可）
　　王の名：カール大帝(シャルルマーニュ)

アルクイン(735頃～804)はブリテン島のヨーク出身の神学者である。北イタリアでフランク王国のカール大帝(位768～814)と出会い，アーヘンの宮廷に招かれた。カールはキリスト教を統治の軸として，それを進めるために聖職者の資質の向上を目指した。アーヘンの宮廷にアルクインをはじめ著名な文人や学者を招き，ラテン語教育と古典教育を行わせた。また各地の教会に付属学校を設置させた。カールがはじめた，このような古典の復興と教育の振興による文化の発展を，後のイタリア=ルネサンスになぞらえてカロリング=ルネサンスと呼ぶ。

その中心人物がアルクインであった。彼は古典の写本作成に尽力したが，その際従来のアルファベットの小文字が読みにくかったので，新たに読みやすい小文字(カロリング小字体)を考案した。カール大帝の宗教政策への助言者としても活躍した。アルクインの弟子アインハルト(770～840)はアーヘン宮廷学校長となり，『カール大帝伝』を著したことで知られている。

問(2)　都市名：アレクサンドリア　世紀：12世紀

エウクレイデス(英語名ユークリッド 前300頃)は，ギリシア人の数学者で，プトレマイオス朝(前304～前30)の建国者プトレマイオス1世(位 前304～前283)の時代にその首都アレクサンドリアで活躍した。『原論(ユークリッド原論)』を著し，ユークリッド幾何学を大成した。プトレマイオス1世に「幾何学を学ぶのに『原論』より近道はないか？」と問われ，「幾何学に王道なし」と答えたという。この故事から「学問に王道なし」という諺ができたとされる。

エウクレイデスがギリシア語で書いた著作は，9世紀にバグダードの「知恵の館」などでアラビア語に翻訳された。そのアラビア語文献がさらにラテン語に翻訳されたのは，12世紀，イベリア半島のトレドにおいてであった(東大名誉教授，伊東俊太郎著『文明における科学』勁草書房，1976年を参照)。1085年にカスティリャ王国がトレドを攻略して後，12世紀前半から13世紀末にかけてここが翻訳の中心地となった(2005年度第2問問(3)参照)。このように，12世紀においてギリシアの古典がギリシア語やアラビア語からラテン語に翻訳され，それに刺激されて学問や文芸が発展したことを「12世紀ルネサンス」と呼ぶ。

問(3)　①アリストテレス　②イブン＝ルシュド（アヴェロエス）

古代ギリシアで論理学の著作を残した人物なので，①はアリストテレス(前384～前322)である。プラトン(前427頃～前347)の弟子で，哲学・論理学・政治学・自然科学などの諸学を集大成し，「万学の祖」と呼ばれる。マケドニア王国支配下のトラキア地方で生まれた。そのためマケドニア王フィリッポス2世(前359～前336)に招かれ，その息子アレクサンドロス(後の大王 位 前336～前323)の家庭教師となった。アレクサンドロスが即位すると，アテネ郊外に学園リュケイオンを開いた。弟子たちと歩廊(ペリパトス)を逍遥(散歩)しながら議論を交わしたため，彼の学派はペリパトス学派(逍遥学派)と呼ばれた。アレクサンドロスが死ぬと，アテネでマケドニアの支配に対する反乱が起こった。そこで，かつてアテネがソクラテス(前469頃～前399，アリストテレスの師であるプラトンの師)にしたことを，自分にもするかもしれないと恐れたアリストテレスはアテネを去った。

②はコルドバ生まれとあるからイブン=ルシュド(1126～98)である。西方イスラーム世界の代表的な哲学者・法学者・医学者である。ムワッヒド朝(1130～1269)の宮廷医師およびコルドバの大カーディー(裁判官)として活躍した。アリストテレスのほとんどの著作に高度な注釈を著した。彼の哲学書の多くは13世紀にラテン語に翻訳され，スコラ学に大きな影響を与えた。そのためラテン語名のアヴェロエスで知られる。また彼は『医学大全』という医学書も著している。

問(4)　大聖堂の名：サンタ＝マリア大聖堂（聖マリア大聖堂）
　　　　建築家の名：ブルネレスキ

フィレンツェのドゥオーモ(街を代表する教会)であるサンタ=マリア大聖堂は，1296年に着工され，1436年に完成した。ルネサンス初期の建築である(図説などで確認してほしい)。その大ドームを設計し，工事責任者となったのがブルネレスキ(1377～1446)である。彼はイタリア=ルネサンス初期の彫刻家・建築家である。

なおこの大聖堂は正確にはサンタ=マリア=デル=フィオーレ大聖堂といい，フィレンツェには他にもサンタ＝マリアという教会がある。有名なのはフィレンツェ中央駅のすぐ前にあるサンタ＝マリア＝ノヴェッラ教会である(この駅の名も正式にはフィレンツェ＝サンタ＝マリア＝ノヴェッラという)。ただしこちらは14世紀に完成した，ゴシック建築である。フィレンツェを訪れた際は，混同しないように気をつけよう。

問(5)　イタリア戦争の誘因となったイタリアの政治状況について説明する問題。

【加点ポイント】　①**自治都市**／**コムーネ**が，**領域国家**に発展し／**周辺農村**を支配し，抗争を続けた。
②**ヴェネツィア**／**ジェノヴァ**／**ミラノ**／**フィレンツェ**など具体的な都市名。
③**教皇**はこれに乗じて**領土拡大**を図った。
④南部では**ナポリ王国**や**シチリア王国**があった。

イタリア戦争そのものではなく，「戦争の誘因となったイタリアの政治状況」を問う問題である。まず時期を確認しよう。イタリア戦争(1494～1559)とは，フランスのヴァロワ家と神聖ローマ帝国のハプスブルク家との，イタリアの覇権を巡る戦争である。1494年のフランス王シャルル8世(位1483～98)によるイタリア侵入にはじまり，1559年両家がカトー=カンブレジ条約を結ぶことで終結した。

特にハプスブルク家のスペイン王カルロス1世(位1516～56)が，1519年に神聖ローマ皇帝カール5世(位1519～56)に選出されると，ハプスブルク家の領土に包囲される形になったフランス王フランソワ1世(位1515～47)が，カールと激しく戦った。最終的にハプスブルク家がイタリアの覇権を握る形で終結したが，この間，同盟関係は複雑に変化した。

では，なぜこんな戦争が起こったのか？　簡単に言えばイタリアが分裂していたからである。ではなぜイタリアは分裂していたか？　どのように分裂していたか？　これをあきらかにすればいい。

オットー1世(位936～973)以来，イタリアは神聖ローマ帝国の領土となったが，歴代皇帝はドイツ人であり，ドイツを統治の中心地ととらえ，イタリアへの滞在期間はおおむね短かった。一方，11世紀には，ヴェネツィア・ジェノヴァ・ピサなどの北イタリアの海港都市が，レヴァント(地中海東岸)地方との東方貿易によって栄えるようになった。これは，レヴァント地方から香辛料や絹織物などの奢侈品を輸入し，銀や毛織物などを輸出する貿易である。また11世紀末から十字軍がはじまると(第1回十字軍1096～99)，東方貿易は一層盛んとなった。またこの影響で，ミラノやフィレンツェなどの内陸都市も商業や毛織物業で栄えるようになった。これらの北イタリア都市の多くは，皇帝や領主である司教の支配を脱して自治都市(コムーネ)となり，周辺の農村をも支配して，事実上独立した都市国家となった。

これらのコムーネは互いに抗争することが多かった。ヴェネツィアとジェノヴァは東方貿易の覇権を巡って争い，内陸のフィレンツェは港を求めてピサと長期にわたって抗争した。神聖ローマ皇帝フリードリヒ1世(位1152～90)がイタリア政策によってイタリアに干渉してくると，諸都市同士そして都市の内部でも，ゲルフ(教皇派・教皇党)とギベリン(皇帝派・皇帝党)との抗争が起こり，イタリアの統一は一層困難になった。例えばフィレンツェではゲルフが多数を占めたため，敵対するピサはギベリンの牙城となった。ミラノはゲルフの都市であり，フリードリヒ１世に対抗するため1167年ロンバルディア同盟を結成し，1176年レニャーノの戦いでフリードリヒ１世の軍を破った。その孫の神聖ローマ皇帝フリードリヒ２世(位1215～50)は，両シチリア王国(ナポリ・シチリア，後述)を支配下に置き，ドイツよりイタリアの統治を重視したため，ゲルフの抵抗は激化した。1226年ミラノは第２次ロンバルディア同盟を結び，フリードリヒ２世と戦った。ちなみにミラノは14世紀末から公国となった。なおイギリスの劇作家シェークスピア(1564～1616)の『ロミオとジュリエット』は，この時代のイタリアのヴェローナを舞台としており，ロミオの実家モンタギュー家がゲルフ，ジュリエットの実家キャピュレット家がギベリンであり，対立していたことによる悲恋である。

これに対し，中部イタリアにおいてはローマ教皇領が存在していた。教皇領の起源は756年のピピンの寄進(ピピンがランゴバルド王国を攻め，奪ったラヴェンナ地方を教皇に寄進したこと)にある。その後もカール大帝などが領土を寄進し，教皇領は拡大した。神聖ローマ皇帝フリードリヒ２世のイタリア政策に対抗し，教皇はゲルフ諸都市のリーダーとして領土の維持・拡大を図った。しかし教皇庁が南フランスのアヴィニョンに移転する「教皇のバビロン捕囚(1309～77)」や，その後ローマとアヴィニョンに別の教皇が分立する教会大分裂(大シスマ 1378～1417)によって，教皇の政治権力は衰え，教皇領の諸都市は僭主に支配されることとなった。イタリア戦争では，教皇たちは巧みな外交力を発揮し，教皇領の拡大に成功した。

南イタリアでは，両シチリア王国を支配していた，神聖ローマ皇帝フリードリヒ２世の死後，その庶子でシチリア王のマンフレディをフランスのアンジュー家(フランス王家であるカペー家の分家)が倒してシチリア島を占領した(1266)。しかし，1282年にシチリア島民による反仏暴動(シチリアの晩鐘)が起こると，マンフレディの娘婿でアラゴン王のペドロ３世がシチリア島に上陸，アンジュー家の軍を破った。このため，両シチリア王国は分裂し，ナポリ王国はアンジュー家(フランス人)，シチリア王国はアラゴン家(スペイン人)に支配されることとなった。

その後，15世紀中頃，アラゴン家がナポリ王国に攻め込み，フランス人の支配を終わらせた。イタリア戦争のきっかけとなった，フランス王シャルル８世のイタリア侵入の目的は，ナポリ王国の支配をフランス人の手に取り戻すことであった。イタリア戦争の過程で一時フランス人がナポリを占領したが，結局アラゴン王フェルナンド２世(位1479～1516，カスティリャ女王イサベルの夫，スペイン王国の建国者)に征服された。フェルナンドとイサベルの間に男の後継者がいなかったため，その娘フアナの子のカルロス1世(神聖ローマ皇帝カール5世)がカスティリャ(と新大陸の領土)・アラゴン・ナポリ・シチリアを受け継ぐことになったのである。さらに父方の祖父で神聖ローマ皇帝のマクシミリアン1世(位1493～1519)が死ぬと，ドイツのハプスブルク家領も相続した。フランス王フランソワ1世が脅威を感じるのももっともである。1559年のカトー=カンブレジ条約で，スペイン王フェリペ2世(位1556～98，カールの子)は，従来の南イタリアのナポリ・シチリアのほか，北イタリアのミラノも領土に加えた。イタリアの覇権を握ったのである。だが，北イタリアにはヴェネツィア共和国などが健在で，中部イタリアには教皇領があり，イタリアを統一できたわけではなかった。イタリアが統一されるのは1871年のことである。

問(6)　考古学者の名：シュリーマン　叙事詩の作者：ホメロス

シュリーマン(1822～90)はドイツの実業家で考古学者である。少年の時にホメロスの『イリアス』に感動し，トロヤ(トロイア)戦争はホメロスの創作ではなく史実だと信じ，トロヤ(トロイア)発掘を決意した。発掘には資金が必要である。しかしシュリーマンは貧しかったため，実業界に入った。商社を設立し，クリミア戦争(1853～56)でロシアに武器を密輸して大儲けした。その後実業界から引退し，1871年以降トロヤの発掘に成功した。その後，ミケーネやティリンスも発掘している。なお幕末(1865)の日本を訪れ，旅行記を残している。

ホメロス(前8世紀頃)は，ギリシア最古の叙事詩である『イリアス(イーリアス)』と『オデュッセイア』の作者である。『イリアス』はトロイア戦争における，アキレウスやヘクトールなどの英雄の活躍を描いた作品である。一方『オデュッセイア』はトロイア戦争を勝利に導いた知将オデュッセウスが，戦争後故郷に帰るまで漂泊の旅を余儀なくされる話である。

問(7)　儒教体系化のさきがけをなした北宋の思想家で，南宋の思想家に影響を与えた人物を一人あげ，その新しい儒教が，その後中国でどのように扱われたかをまとめる問題。

【加点ポイント】　①**周敦頤**
②**明・清で官学化**された／儒教の正統となった。
③明・清の科挙で出題された。

わずか30字以内で説明しなければならないので，書くことを絞ろう。元代の状況や，中華民国における新文化運動などに触れる余裕はないだろう。

問題文の「南宋の思想家」は朱熹(朱子 1130～1200)である。宋代に新しく体系化された新儒教である宋学は，彼の名にちなんで朱子学と呼ばれる。これは，経典を哲学的に読み込んで宇宙・万物の本質を追求する儒教である。

それまでの儒教は，経典の字句の解釈を重視する訓詁学が中心であった。朱熹に影響を与えた人物は何人かいるが，「体系化のさきがけをなした」ということで周敦頤(1017 ～73)に決まる。『太極図説』を著し，「太極図」を解説し，宇宙万物の生成の仕組みを説いた。

朱子学には「華夷の別」という考え方(周辺諸民族に対する中華帝国の優位)があったが，女真やモンゴルなどに圧迫された南宋(1127 ～1279)では，実情に合わず朱子は批判された。元(1271 ～1368)は儒教を重視しなかったため，朱子学は民間で広まった。明(1368 ～1644)の洪武帝(位 1368 ～98)は朱子学を官学化し，科挙ではその内容を出題し官僚を登用した。永楽帝(位 1402 ～24)は，儒教の経典の注釈書である『四書大全』・『五経大全』を編纂させた。以後，科挙の解答はこれらの書の解釈のみが正解となった。これに対し王守仁(王陽明 1472 ～1528)が「知行合一」を説く陽明学を起こしたが，朱子学の官学の座は奪えなかった。清(1616 ～1912)は明の制度をほぼそのまま引き継いだので，依然として朱子学が官学であり，科挙も行われた。一方清代には，空疎な議論ではなく事実に基づく着実な実証研究を行う，考証学が盛んとなった。だがあくまでも朱子学が儒教の正統であった。

問(8)　①老荘（道家）　②無為自然

道教は，北魏(386 ～534)の時代，寇謙之(363 ～448)によって大成された宗教である。それは，古来の神仙思想や老荘思想(道家思想)に，五斗米道や太平道などの民間信仰が加わってできた宗教である。寇謙之は太武帝(位 423 ～452)に勧めて道教の国教化を行わせ，廃仏を断行させた(三武一宗の法難の１回目)。

まず神仙思想とは，不老長生を求め，仙人になろうという思想である。秦の始皇帝(位 前221 ～前210)が不老長生の霊薬を求めて，徐福という人物を東方へ航海させた(が戻らなかった)ことは有名である。次に老荘思想(道家思想)とは，春秋時代の老子(生没年不詳)や荘子(前４世紀頃)などの道家の考え方である。それは，あるがままの自然に宇宙の原理(道)を求めて，政治を人為的なものとして否定する考えである。これを「無為自然」という。

五斗米道(天師道)は２世紀に張陵(生没年不詳)がはじめた宗教結社である。祈禱によって病気を治し，その謝礼として五斗(約５升)の米を出させたのが名の由来である。陝西・四川で勢力を拡大した。後述する太平道と連絡があったが，黄巾の乱(184)には参加しなかった。孫の張魯が曹操に降伏し，その子孫は江西の竜虎山に本拠地を移した。その後，南宋～元代には，正一教と呼ばれるようになった。

一方，太平道は張角(？～184)が結成した宗教結社である。呪文を唱え，病人に懺悔させて符水(まじないのおふだや水)を飲ませ，治したために広まった。河北・山東・河南に広がり，後漢に対し反乱を起こした。これが黄巾の乱である。主力は184年中に鎮圧されたが，残党は長く残った。討伐軍の諸将が群雄割拠することになり，やがて後漢(25～220)の滅亡をもたらした。

問(9)　作者：カーリダーサ　叙事詩：『マハーバーラタ』(『ラーマーヤナ』)

カーリ＝ダーサ，と区切ってはいけない。1語である。カーリダーサ(5世紀頃)は，グプタ朝(320頃～550頃)時代の詩人である。『シャクンタラー』はヒロインの名前がタイトルである。サンスクリット語文学の代表作とされる。

グプタ朝時代には，サンスクリット語の二大叙事詩と言われる，『マハーバーラタ』と『ラーマーヤナ』が完成した。『マハーバーラタ』はバーラタ族の戦争叙事詩である。また『ラーマーヤナ』は，コーサラ国のラーマ王子の冒険叙事詩である。

問(10)　吐蕃

チベットでは7世紀初めにソンツェン＝ガンポ(位629～649)が統一国家，吐蕃(7～9世紀)を建国した。吐蕃とはチベットの音訳である。都はラサである。吐谷渾(とよくこん)(4世紀初め～7世紀)を撃退し，唐(618～907)と交戦した。唐は懐柔の為，一族の文成公主をソンツェン＝ガンポの息子に嫁がせた。しかし息子が早死にしたため，文成公主はソンツェン＝ガンポと再婚した。彼はインドと中国の両方の文化を取り入れ，インド文字を基にチベット文字を作成した。のち，吐蕃は安史の乱(755～763)直後には一時唐の都長安を占領し，中央アジアにも進出してウイグル(744～840)とも争った。その後，唐と講和したことを示すのが，823年にラサに建てられた唐蕃会盟碑である。この時代には，インドから伝わった大乗仏教と，チベット固有の民族宗教が融合した，独特なチベット仏教が生まれた。その後，吐蕃は内紛により分裂・衰退した。

解答例

(1)イギリス出身の人物の名：アルクイン(アルクィンも可)
　王の名：カール大帝(シャルルマーニュ)

(2)都市名：アレクサンドリア　世紀：12世紀

(3)①アリストテレス　②イブン=ルシュド(アヴェロエス)

(4)聖堂の名：サンタ=マリア大聖堂(聖マリア大聖堂)
　建築家の名：ブルネレスキ

(5)自治都市が領域国家に拡大し，ヴェネツィア，ミラノ，フィレンツェなどが抗争を続けた。教皇もこれに乗じて領土拡大を図った。
(番号を含めて60字)

⑹考古学者の名：シュリーマン　叙事詩の作者：ホメロス
⑺周敦頤。明・清で官学化され，その内容が科挙で出題された。
（番号を含めて29字）
⑻①老荘(道家)　②無為自然
⑼作者：カーリダーサ
叙事詩：『マハーバーラタ』(『ラーマーヤナ』)
⑽吐蕃

第3問 「交通手段の発展と文化交流」

解説

2003年度は第1問の大論述でも「運輸・通信手段の発達がアジア・アフリカの植民地化や民族運動に与えた影響」が問われており，ほぼ同一のテーマが同じ年に出題されたことになる。設問そのものは基本問題が多いが，出題範囲が近すぎるのはあまり望ましくないように思う。

問⑴　正解は鄭和

「15世紀の明代中国」で「大艦隊を率いて大遠征をおこなった」まで明らかにされていれば，すぐに鄭和と解答できる。鄭和(1371～1434頃)は雲南出身のムスリムの宦官で，彼を指揮官とする艦隊の南海諸国遠征は東南アジアからインド洋，ペルシア湾から東アフリカへといたったが，領土獲得を目的とするものではなく，明の国威を示して朝貢を促すものであった。結果，この遠征によって朝貢国が増加して南海貿易が活発化したが，一方で朝貢貿易以外の民間貿易は禁止された。この海禁政策に反発した中国人海商と日本商人が結んで行った密貿易が倭寇である。また，鄭和が拠点としたマラッカは，南シナ海とインド洋の接点として，香辛料や中国物産の集積港として繁栄した。

問⑵　正解はジャムチ（站赤，駅伝制）

問われているのはモンゴル帝国の駅伝制だが，設問文中に「10里間隔で駅が設けられ」などと記されていることから，恐らく「ジャムチ」を答えさせたかったのであろう。ただ，「カタカナで」あるいは「モンゴル語で」といった指定はないので「駅伝制」でも問題ない(本来はモンゴル語で駅亭を「ジャム」，その管理人を「ジャムチ」という)。ジャムチはチンギス=ハンが創始し，オゴタイが首都カラコルムを中心に，帝国全土に広がる駅伝網を整備した。この制度を維持するため，駅周辺の民戸100戸を站戸として，牌符を持つ官吏・使節・旅行者・商人・軍人などに宿泊施設や馬，食料などを提供させた。

問(3)　正解はダウ船

海上交易などに使用された船についての出題は頻出である。ダウ船は，風上へも航行可能な三角帆を付けた木造帆船である。アラブ人などのムスリム商人は，季節風(モンスーン)と潮流を利用してインド洋を周航して交易を行ったほか，8世紀以降は北極星の高度で緯度を測定する航法によって，アラビア海，インド洋西海域から，ベンガル湾，東南アジアを経て，南シナ海・東シナ海を結ぶ一大交易圏を形成した。そのほか，ジャンク船は中国の伝統的な帆船で，蛇腹式に伸縮する帆と船体内部の横隔壁が特徴である。この大型外洋船ジャンクの発達により，宋代以降は中国商人が海上交易に進出し，同時期に生産が拡大した陶磁器や絹などの中国物産を東・南シナ海の各地に運んだ。こうして，東南アジア海域はムスリム商人と中国商人の来航で通商・交易が拡大した。また，いわゆる大航海時代にヨーロッパ人が使用した船として，初期には北欧の横帆船と地中海の三角帆船が融合した3本マストのカラック船(快速帆船)が使用されたが，16世紀後半にはより帆走性能を向上させたガレオン船が出現した。

問(4)　正解はマンチェスター

産業革命期のイギリスで道路整備や運河建設が進んだ点は重要だが，ブリッジウォーター運河の名称は高校世界史のレベルではなく，「イギリス産業革命を代表する都市」に「石炭を運搬する」ために「開削された」というヒントしか挙げられていない。石炭ということは蒸気機関の燃料であろうが，製鉄業など他の産業の可能性も否定できないため，明確に都市を特定するのはかなり難しい。素直に木綿工業の中心としてマンチェスターを解答できればよいが，細かく学習していると，製鉄業の中心であったバーミンガムなども思い浮かんだかもしれない。ただ，製鉄業が急激に発展したのは鉄道建設に伴う需要の拡大によるものであり，運河が「開削された」時点での理由にはならない。ただ，大学入試の問題と考えると，「初の営業運転を行った鉄道も，この都市と港市を結ぶものであった」など，ほかにヒントが必要ではないかと思われる。

問(5)　正解はフルトン，サヴァンナ号

まわりくどい表現をしているが，前半は汽船(蒸気船)を実用化した人物を問うものなので，素直にフルトンと解答すればよい(なお，発明ではない。すでに1780年代から製作されていた)。アメリカ人のフルトンは，駐仏アメリカ大使と契約して蒸気船の発明に専念すると，1803年にセーヌ川で蒸気船の実験に成功し，その後06年に帰国すると世界初の外輪式蒸気船クラーモント号を建造し，ニューヨーク～オールバニー間のハドソン川で航行に成功すると，商業的にも成功を収めた。ただ，初期の蒸気船は，蒸気機関で動かす船体両側の外輪のほかに帆が装備されており(汽帆船)，帆走を併用したものであった。本問で問われた初の大西洋横断に成功(1819)した蒸気船はサヴァンナ号だが，知識としてかなり細かい。

問(6)　正解はｃ

まず，最初の大陸横断鉄道の開通が1869年である点は基本事項だが，略図に示された路線が少々わかりにくいので迷ったかもしれない。まず，高校世界史レベルで考えると，「東と西からそれぞれ建設を進め，両者を連結して開通」したことや，「東側はアイルランド人移民が，西側は中国人契約移民(クーリー)が建設に多数従事した」ことなどがおさえられていれば十分である。しかも，教科書に掲載された地図に示された大陸横断鉄道(ユニオン中央太平洋鉄道／ユニオン=セントラル=パシフィック鉄道)は「シカゴ～サンフランシスコ」を結ぶ線で示されているので，それを問うのが常道と思われる。この略図では，大陸横断鉄道の建設開始より前に開通していた既存路線の部分が省略されているため，少々わかりにくい。東側のユニオン=パシフィック鉄道はネブラスカ州のオハマから建設を開始したので(オハマまでは既存の鉄道が開通していた)，略図では「オハマ～シカゴ」が描かれていない。そして同じ頃，西側のセントラル=パシフィック鉄道はカリフォルニア州サクラメントを起点に建設を開始したので(サクラメント～サンフランシスコは既存の鉄道)，「サクラメント～サンフランシスコ」は描かれていない。もちろん，厳密にいえばこの略図が正しく，シカゴとニューヨークやワシントンなどの東海岸をつなぐ既存の鉄道も書かれていないので「同じ」と言えばそれまでだが，このような詳細な鉄道の歴史が大学受験に必要であるとは思えない。地図で問うならば，教科書に示されたものを基準とするのが本筋であろう。高校世界史レベルではないので知らなくてもよいが，(a)はカナダ太平洋鉄道(1885)，(b)は北太平洋鉄道(1883)，(d)はサンタフェ鉄道(1880)，(e)は南太平洋鉄道(1883)である(名称は東京書籍の教科書『世界史Ｂ』の表記による。サンタフェ鉄道は教科書に記載がないため，ブリタニカ国際大百科事典の表記による)。

問(7)　正解はアブデュルハミト２世，イスタンブル

オリエント急行の終着駅と言われても，高校世界史のレベルでは判断しようがないが，アガサ=クリスティの有名な推理小説『オリエント急行殺人事件』などから，名前だけは聞いたことがあったかもしれない。ヨーロッパ初の大陸横断急行列車であるオリエント急行は，開通当初はパリからドイツのミュンヘン，ハンガリーのブダペスト，ルーマニアのブカレストなどを経由し，ブルガリアのヴァルナからは汽船を利用してオスマン帝国のイスタンブルへといたった(なお，全行程が鉄道となったのは1889年なので，当初の鉄道終着駅は，オスマン帝国領内のブルガリアのヴァルナ)。ただ，これを受験生に求めるのは無理なので，「きびしい外圧に苦しむ旧体制が採用した欧化政策の一環」という点から類推するしかない。「欧化」という以上はヨーロッパ文明の国ではないはずだが，「オリエント急行の終着点」はヨーロッパと鉄道でつながっているので(陸続きであると推測したい)，バルカン半島に領土を持つ「オスマン帝国」ということになる。あとは，オリエント急行が開通した1883年当時のオスマン帝国のスルタンを解答すればよい。露土戦争が1877年であった点を思い出せれば，アブデュルハミト2世(位1876～1909)は解答できるが，西欧化から「タンジマート」を想起して，アブデュルメジト1世と間違えた受験生もいたのではなかろうか。

問(8)　正解は鉄道敷設権

「欧米列強が清朝末期に獲得」という点から中国分割を想起したい。中国分割において，欧米列強は日清戦争の賠償金支払いに苦しむ清朝に借款を提供し，その見返りとして様々な利権を獲得した。事実上の領土割譲に近い租借地(条約によって領土の一部を一定期間借用する)を得ると，その周辺の鉄道敷設権や鉱山採掘権などを獲得し，鉄道の沿線や鉱山の周辺などを自らの勢力範囲とみなした。こうして中国の半植民地化が進むと清朝内部の知識人たちは体制改革を求めたが，義和団事件での清朝の対応に失望した革命派の知識人は，清朝打倒の革命を目指した。本問では交通手段に関係する権利が問われているので，鉄道敷設権が解答である。

問(9)　正解はウラジヴォストーク

ロシアは，アロー戦争における清朝と英・仏の講和を仲介した代償に，清朝との間で北京条約(1860)を結んで沿海州(ウスリー江以東)を獲得すると，海軍基地としてウラジヴォストークを建設した。この地とモスクワを結ぶシベリア鉄道の建設は，露仏同盟締結(1891～94)によってフランスから資金が導入されたことで，1891年に着工された。これにより，ロシアの極東進出が加速することを警戒した日本は，完成前の1904年に対露開戦に踏み切った(日露戦争)。またロシアは，日清戦争後の三国干渉の見返りとして，極東におけるシベリア鉄道の短絡線となる東清鉄道の敷設権を清朝から獲得した。

問(10)　正解は電気機関車（電車）

初期の地下鉄は蒸気機関車を使用していたため，常に換気をする必要があったほか，煙に火の粉が混じって駅で火災が発生することもあった。この問題を解決したのは電気機関車(電車)の導入である。ドイツのジーメンス(兄 1816～92)は電気機関車の開発に成功すると，ベルリンに最初の実用電気鉄道を建設した(1881)。ロンドンの地下鉄でも1890年に客車を牽引する機関車を蒸気機関車から電気機関車に変更し，その後電車による運行もはじまった。教科書ではジーメンスのところで「電車」と表記されているので(実教出版，帝国書院)，電車でもよいだろう。

解答例

⑴鄭和

⑵ジャムチ(站赤，駅伝制)

⑶ダウ船

⑷マンチェスター

⑸フルトン，サヴァンナ号

⑹c

⑺アブデュルハミト２世，イスタンブル

⑻鉄道敷設権

⑼ウラジヴォストーク

⑽電気機関車(電車)

2002年

第1問 「19～20世紀における中国からの移民流出の背景とその影響」

解説

【何が問われているか？】

- 19～20世紀初めに中国からの移民が南北アメリカや東南アジアで急増した背景。
- 海外に移住した人々＝華僑が中国本国の政治的な動きにどのような影響を与えたか。

【背景解説】

0．華僑＝「仮住まいをする中国人」の略史

全世界の華僑は，21世紀初めでおよそ2800万人であり，うち東南アジアには約2500万人(同)，総数の90％(原文は85％)が居住している。その他の主な分布地はアメリカ，カナダ，南米，ヨーロッパ，オーストラリアであり，各々数十万人単位の華僑が在住している。これに移住先の国籍を取得した華人を加えると，さらにその数は増加する。

華僑の起源は12～16世紀の北宋から南宋，元，明の時代に活発化した中国人の海上通商活動・商業的海運の台頭にある。明の洪武帝は倭寇などによる密貿易を防ぐために1381年から海禁を実施し，朝貢貿易体制の確立に力を注いだ。

15世紀初頭の鄭和の南海遠征は，東南アジア諸国の明への朝貢を促すとともに，華僑の東南アジア進出(密出国)の契機となった。多くのイスラーム商人が来航し，鄭和の南海遠征と協調したマラッカ王国は，遠征後，東南アジア初のイスラーム国家となった。

現在のタイでは13～14世紀のスコータイ朝期に華僑はシャム湾に港を開き，マライ半島で錫鉱山を発見した。アユタヤ朝期には，王朝は華僑の経済活動を保護し，徴税請負なども華僑に任せるようになった。

16世紀末から黎朝が分裂し，南北で抗争が続いていたベトナムでは，南部に勢力を拡大した阮氏(クアンナム＝広南朝，19世紀初めに阮朝を創立した阮福暎はこの王朝の出身)が華僑と結び，メコン川流域に進出した。このように華僑は商業活動を通して現地の政治勢力と結託し，勢力を扶植した。

明末清初，各地で抗租運動(佃戸の反乱)や「奴変」(明末清初，江南を中心に頻発した奴婢の大規模な反乱)，「民変」(商工業者らの抵抗運動)が頻発する中で，広東省，福建省の農民の中から不法に東南アジアへ移住するものが増加した。

明は1567年に海禁を緩和(以下の解説を参照)し，また明末以降の人口増加を受け

て，多数の福建省出身者がフィリピン，マライ半島，ジャワ島へ移住し，定着した。ジャワ島への移住者の中にはオランダによって招かれた製陶業者も存在した。

全ての移住が順調に行われたわけではなく，17世紀にはスペイン領マニラとオランダ領バタヴィアでヨーロッパ人による華僑虐殺事件が発生したこともあるが，メキシコ貿易の拠点となったマニラ市(1565～71年，フィリピン総督レガスピによって建設)やバタヴィア市の建設(1619)に華僑が携わるなど，当時の華僑はヨーロッパ勢力と連携しつつ，現地社会に同化していった。

18世紀までの東南アジアの華僑人口は10万人程度であったが，アヘン戦争直後から中国から東南アジアへ向かう移民の数が増大した。1820年代から1920年代までの移民の総数は約1000万人で，うち現地に定住したのは300万人程度とされる。

19世紀はイギリスの東南アジア進出が本格化した時代であり，1819年，東インド会社のラッフルズはシンガポールを獲得し，東南アジアにおける通商拠点とした。シンガポールは自由港とされたため，東南アジア華僑の拠点となった。イギリスはマレー半島の錫鉱山開拓のための労働力として，華南地方から大量の契約労働者(移住費は雇用主が負担)を移入した。彼らは「苦力(クーリー)」と呼ばれ，契約労働者として生産地に渡航したが，現実は劣悪な労働環境の下で奴隷同然の扱いを受けた。

19世紀末には，本国の政治情勢が直接間接に東南アジア華僑に影響を与えるようになった。清朝で変法自強運動を展開した康有為の思想的影響(立憲君主政をめざす変法運動は華僑を含む中国民衆の政治参加を促すものであった)は強く，シンガポール，バタヴィアなど各地の華僑社会において，儒教復興運動や教育運動が盛んに組織化された。

ハワイや東京で清朝打倒の革命結社(興中会や中国同盟会)を組織した孫文にとっても，同郷(広東省)出身者を含む東南アジア華僑は，革命運動の主要な財政的基盤であり，孫文の「天下為公(天下を公と為す)」の句は，救国のために華僑の決起を促すスローガンになった。祖国との「距離」を問われた東南アジアの華僑は，中国民族資本の利権回収運動に投資し，また1911年の辛亥革命達成に大きな役割を果たしたが，これはジャワのムスリムの対オランダ独立運動を刺激した。このような華僑の活動は以後の中国や東南アジアの民族運動の動向にも影響をおよぼすことになった。

1．海禁と勘合貿易

日本の場合を例にとると，室町幕府・第3代将軍・足利義満が永楽帝から「日本国王」に封じられ，勘合(勘合符)を所持する貿易船にのみ，朝貢貿易(公貿易)が許可された。明側は倭寇鎮圧を目的として室町幕府と提携したが，日本側は私貿易船を勘合船に同行させ，結果的に明側も私貿易を黙認し，前期倭寇は沈静化した。勘合貿易には皇帝に献上品を奉り，回賜(頒賜＝お返し)を戴く「進貢貿易」とこれに伴う「公貿易=勘合船と明の政府との貿易」と「私貿易=寧波の特権商人との交易や北京の交易場・沿道での交易」があった。室町幕府は勘合船に官員や水夫(かこ)の他に多数の商人を随行させ，交易を行わせたのである。明から勘合貿易を認められた国は60余国にのぼる。日本との貿易のみを特定した呼称ではない。

①前期倭寇(元末～明初)……元寇の報復・反明運動の支援→朝鮮・遼東・河北・江南を略奪→日明貿易(勘合貿易)の開始(1404)と私貿易の黙認で沈静化。

★応永の外寇(1419)……李朝(世宗の治世)の軍が倭寇の根拠地・対馬に侵攻。

②後期倭寇(16世紀,1550～1560頃,最盛期)……中国人主体。浙江・福建を略奪。

a．寧波の乱(1523)……守護大名大内氏・細川氏が貿易利権を巡って抗争→勘合貿易の途絶。

b．明は海禁令を施行(1549)……私貿易も全面禁止→逆に密貿易・倭寇を誘発(嘉靖の大倭寇)。

〈背景〉経済的発展を背景に私貿易の拡大を求めた中国沿岸部の商人階層が主導。

c．ポルトガル人のマカオ来訪など，南蛮貿易の伸展→海禁を緩和(1567)

d．豊臣秀吉の天下統一→倭寇の拠点が壊滅・後期倭寇が終息。

2．強制栽培制度（1830～70年代）

オランダの東インド総督ファン=デン=ボスがベルギー独立などで窮乏したオランダの財政状況を背景に実施した。コーヒー・サトウキビ・タバコ・藍(インディゴ)などの商品作物をジャワ島民の耕地の1/5～1/3に強制的に栽培させ，オランダ政庁の委託業者が独占的に買上げる制度で，稲の作付面積の減少と労働力不足から飢餓が深刻化した。この制度によりオランダは大きな利益を上げたが，国内からの人道主義に基づく批判を背景に，1870年代以降，コーヒー以外は強制栽培を中止(コーヒーは1915年頃まで継続)し，外国資本経営の商品栽培専用の農場として開拓されたプランテーションに移行し，その労働力として「苦力(クーリー)」が導入された。

3．孫文を支援した会党「天地会・哥老会・青幇(ちんぱん)・紅幇(ほんぱん)」

会党は政治的活動を行う秘密結社のこと。天地会(三合会)は清代の会党。華中・華南を中心に，白蓮教徒の乱以降政治的には反清復明(明朝復活)・滅満興漢をスローガンとし，反清暴動の中心となる。仇教運動など排外主義を採り，19世紀末には哥老会とともに孫文の興中会・中国革命同盟会の勢力の基盤となり革命運動を支援した。哥老会は天地会の影響を受けた清末の会党。長江流域の塩の密売網を掌握し四川から湖南・湖北へ拡大し，辛亥革命に協力した。青幇・紅幇は清代の会党。青幇は大運河一帯や長江の漕運労働者間に発生，19世紀後半には都市の交通労働者・手工業者・

無産者に拡大，のちには国民党や日本軍もその組織力を利用した。紅幇は太平天国の余党を中心に長江中流域から拡大して都市労働者を組織。哥老会と結び孫文にも協力した。彼らは華僑の出身階層とも近かった。

【加点ポイント】

①中国では**アヘン戦争**の敗北で**海禁**が実質的に崩壊した。

②外国商人や彼らと結ぶ買弁商人(南京条約以降，外国商人の下請けとして台頭した中国商人)が，戦後の銀価高騰に苦しむ農民を契約移民として世界各地に輸出した。

③彼ら契約移民は苦力(クーリー，語源はインド人の下層労働者のこと)と呼ばれた。

④**植民地奴隷制の廃止**に伴い，代替労働力として輸出された。

⑤移送先はカリブ海の**サトウキビ・プランテーション**や，**ゴールド・ラッシュ**による鉱山開発と大陸横断鉄道建設のため安価な労働力に対する需要が高まったアメリカ合衆国西部など。重労働に従事した。

⑥東南アジアにおいても，**海峡植民地**を拠点とするイギリスがマライ半島で経営する錫鉱山や，強制栽培制度からプランテーション経営への転換を図るオランダのジャワ植民地で酷使された。

⑦この東南アジアへの中国系移民の歴史は宋代に遡り，彼ら華僑は地縁・血縁を利用して各地で交易・商業活動を展開する一方，早期から反清運動を展開していた。

⑧華僑は苦力として新たに移住した漢族を受け入れて急速に影響力を増した。

⑨華僑は中国本土で清朝打倒の革命運動を開始した**孫文**に呼応し，資金や人脈面で援助した。

⑩華僑は民族資本家を中心に展開される**利権回収運動**に協力した。

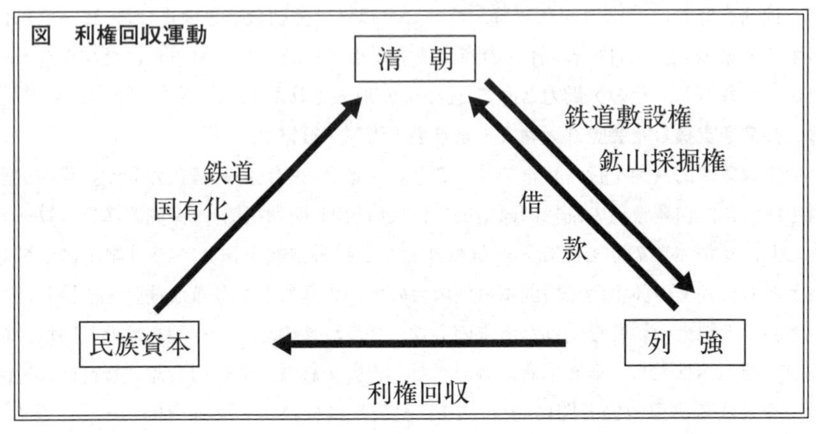

解答例

中国では**アヘン戦争**の敗北で**海禁**が実質的に崩れ，外国商人や彼らと結ぶ買弁商人が戦後の銀価高騰で困窮した農民を契約移民として世界各地に渡航させた。苦力と呼ばれた彼らは，英の**植民地奴隷制の廃止**に伴い代替労働力を求めるカリブ海英領植民地の**サトウキビ・プランテーション**や**ゴールド・ラッシュ**による鉱山開発と大陸横断鉄道建設のため安価な労働力への需要が高まったアメリカ合衆国西部で重労働に従事した。東南アジアでも**海峡植民地**の港湾労働や，英がマレー半島で経営する錫鉱山，強制栽培制度からプランテーション経営への転換を図る蘭領ジャワ植民地などで酷使された。この東南アジアへの中国系移民は宋代から本格化し，彼ら華僑は地縁・血縁を利用して各地で交易・商業活動を展開する一方，早期から反清運動を行った。苦力として新たに移住した漢族を受け入れて影響力を増した華僑は，変法自強を唱える康有為の影響を受け，清朝打倒の革命運動をはじめた**孫文**や中国本土で民族資本家らが展開する**利権回収運動**に呼応し，これを資金や人脈面から強く支持した。

(450字)

第2問 「清帝国・ムガル帝国・オスマン帝国」

解説 地図を使った問題である。歴史地図をきちんと見て学習しているかどうかが，カギである。

問(1) イ→ウ

まず，本来は問⑿の解答だが，王朝名を明らかにしよう。実際に解答する際も，問⑿から書いた方が分かりやすい。Xが清朝(1616～1912)，Yがムガル朝(ムガル帝国1526～1858)，Zがオスマン朝(オスマン帝国1299～1922)である。だから，問(1)は，清朝の本拠地がどこからどこに代わったかという問題である。イは盛京(瀋陽)である。太祖ヌルハチ(位1616～26)が都とし，太宗ホンタイジ(位1626～43)が1634年に盛京と改名した。現在の瀋陽だが，戦前の日本は奉天と呼んだ(日露戦争中の1905年に奉天の会戦が行われた)。

ウは北京である。明を倒した李自成軍を追い，1644年に清は長城内に入り，盛京からここに遷都した。

問(2) サ

サはパーニーパットである。バーブル(位1526～30)がロディー朝(1451～1526,

デリー=スルタン朝最後の王朝で，アフガン系)を破ってデリーを占領し，ムガル朝を建てた戦いは，1526年のパーニーパットの戦いである。バーブルはアフガニスタンのカーブルを本拠地にしていたことを知っていれば，デリー北方の場所を選べたはずである。

問(3)　ナ→ト

ナはイスタンブルである。オスマン帝国のメフメト２世(位1444～46, 51～81)は，1453年ビザンツ帝国を滅ぼして，首都をアドリアノープルから，コンスタンティノープルに移した。ここが後にイスタンブルと呼ばれるようになったのである。トはアンカラである。トルコ革命を指導したムスタファ=ケマルは1922年にスルタン制を廃止して，オスマン帝国を滅亡させた。翌1923年にトルコ共和国を建国し，首都をアンカラに移し，初代大統領(任1923～38)となった。ただし，首都ではなくなったが，イスタンブルは現在でもトルコ最大の都市である。

問(4)　『四庫全書』

叢書というのは本のシリーズのことである。『四庫全書』は清の乾隆帝(位1735～95)が編纂させた，中国最大の叢書である。約3500種の書籍を，経(儒教の経典など)・史(歴史・地理など)・子(諸子百家)・集(文学)の四つに分類した。1781年完成した。７セット作られ，各地に保管されたが，アロー戦争(1856～60)や太平天国の乱(1851～64)，義和団戦争(義和団事件 1900～01)で焼けてしまったものもある。なお清の大編纂事業には，他に漢字辞書である『康熙字典』(康熙年間の1716年刊，見出しとなる漢字＝親字は部首の画数順に配列されている)や，百科事典(類書)である『古今図書集成』(雍正年間の1725年刊)などがある。

問(5)　ムガル帝国における16～17世紀の間の宗教政策の変化について，関係する二人の皇帝の名を用い説明させる問題。

【加点ポイント】　**＜アクバル**の宗教政策＞

①**宗教融和**を説いた／**宗教的に寛容**だった。

②異教徒／ヒンドゥー教徒に対する**ジズヤを廃止**した。

③**ヒンドゥー教徒を官僚に採用**した。

＜**アウラングゼーブ**の宗教政策＞

④**イスラーム法に厳格／宗教的に不寛容／厳格なスンナ(スンニー)派**だった。

⑤**ジズヤを復活**した。

⑥**異教徒／ヒンドゥー教徒やシク教徒の離反**を招いた。

ムガル帝国の第３代アクバル(位1556～1605)は，祖父バーブル(位1526～30)や父フマユーン(位1530～40，55～56)のあと，13歳で即位した。アクバルはヒンドゥー勢力との協力関係を築くため，ヒンドゥー教徒のラージプート諸侯の王女と結婚し，多くのラージプート王族を高級官僚に登用した。改宗させることなく，非ムスリムを国家の指導層に迎え入れたのである。またヒンドゥー教徒などの非ムスリムに課せられていたジズヤ(人頭税)を廃止し，ヒンドゥー教徒に対する融和政策を採った。これらの政策により，帝国は安定し，アクバルの領土拡大は促進したのである。

アクバルから第6代アウラングゼーブ(位1658～1707)までがムガル帝国の全盛期である。アウラングゼーブはデカン地方への領土拡大に努め，ムガル帝国の領土を最大にした。しかし厳格なスンナ(スンニー)派で，イスラーム教を重視した彼は，ヒンドゥー教寺院を破壊したり，異教徒に対するジズヤを復活させたりした。このような宗教的に不寛容な政策により，ヒンドゥー教徒やシク教徒が離反し，反乱を起こすようになった。特に17世紀後半にはシヴァージー(位1674～80)が，ヒンドゥー国家復活をめざし，デカン高原にマラーター王国(マラータ王国 1674～1818)を建てた(問⑽参照)。一方シク教徒はパンジャーブ地方に勢力を拡大し，19世紀初めにシク王国を建国することになる。

こうして18世紀初め，アウラングゼーブが死ぬと，ムガル帝国は解体に向かうこととなった(2006年度第2問問⑵参照)。

問⑹　オスマン朝（オスマン帝国）における異教徒処遇制度の通称と特徴を問う問題。

【加点ポイント】　①**ミッレト**（制）
②**宗教**(ごとの)**共同体**
③異教徒の例：**キリスト教徒／ギリシア正教徒／ユダヤ教徒**
④**ジズヤ**を支払わせること。
⑤**信仰の自由／慣習／自治**を認めたこと。

問題が出題された2002年と，現在(原稿を執筆している2017年)との時代の違いを感じさせる問題である。かつて，ミッレトの教科書掲載頻度はそれなりにあった。宗教別共同体として，ジズヤの支払いの代償に信仰の自由・慣習・自治を許された，という通説が書かれていた。ここでも2002年当時の状況を鑑みて，通説に従って解答を作成した。なお，ミッレト制ではギリシア正教徒(ギリシア人・ブルガリア人・セルビア人など)・アルメニア人(単性論派のアルメニア教会)・ユダヤ教徒の3大ミッレトが重視されたという。

しかし，現在では新しい説明がなされるようになった。オスマン帝国内の宗教共同体をミッレトと呼ぶことは，古い時期にはまれであった。18世紀に各宗教共同体の最高位聖職者が帝国内の各宗派を統括するようになり，19世紀にヨーロッパ人がこの体制をミッレト制と呼ぶようになったというのである。

だから，オスマン帝国の異教徒処遇は，他の歴代イスラーム王朝と同様の「ズィンミー(ジンミー，庇護民)の保護制度」に他ならない。イスラーム法(シャリーア)に基づき，ジズヤ(異教徒が払う人頭税)とハラージュ(土地税。ムスリムも払う)を払うことにより，独自の信仰や慣習・自治などが認められたわけである。オスマン帝国が特殊だったわけではない。以上のことから，東大入試で(他の入試でも)ミッレト制に関する出題は，今後激減ないし出題されなくなっていくものと考えられる。

問(7)　旗地

問題文にある,清朝の自己の軍事組織とは八旗であり,その構成員とは旗人である。そして旗人に与えられた土地が旗地である。八旗を組織したのは太祖ヌルハチ(位1616～26)であり，男300人を１ニル(矢の意)，５ニルで１ジャラン，５ジャランで１グーサ(旗)として編成した。だから八旗の総数は約６万人ということになる。以上が満州八旗である。

太宗ホンタイジ(位1626～43)は，1635年にモンゴル人からなる蒙古八旗，1642年に漢人からなる漢軍八旗を分立させた。これらの構成員たる旗人は，同時代の日本の武士のような特権階級であり，戸籍も一般人と区別されていた。旗人には旗地という土地が与えられたが，それを耕作したのは清が征服によって支配下に収めた漢人たちである。旗人は旗地からの収入と，軍人や官吏として得た給料によって生計を立てており，一般民の職業に就くことは禁じられていた。

旗地は当初，清の初期の都であった盛京(瀋陽)付近にあった。1644年清が長城内に入り北京に遷都すると，24旗も従って北京に移住したため，北京付近にも旗地が設けられることとなった。この際，北京の周囲500里(１里は約500 m)以内の漢人の土地を没収して八旗に与えた。この土地を没収したことを圏地といい，辮髪の強制とともに漢人が強く反発した清の政策である。

八旗は清の初期には軍事の中核を担っていたが，康熙帝(位1661～1722)が中国本土を平定すると太平の世が続いたため，やがて尚武の気風を失って弱体化した。同時代の日本の江戸幕府の旗本と似ている。旗地の売買は当初認められなかったが，旗人の経済的困窮により，19世紀後半には認められるようになった。そのころには八旗も有名無実化し，軍事の中心は郷勇(義勇軍)や新軍(清末に編成された洋式陸軍)へと移行していくこととなった。

問(8)　ムガル帝国のジャーギール制とオスマン帝国のティマール制，両者の共通の特徴を説明させる問題。

【加点ポイント】　①**イクター制を継承**した。

②軍人／官僚に**軍役**／**奉仕を課**した。

③**給与支払いの代わり**に一定の土地からの**徴税権を与えた**。

④**軍事封建制**。

640年に正統カリフのウマル(位634～644)が，ムスリム軍の兵士に現金で年金(アター)を支給して以来，ウマイヤ朝(661～750)やアッバース朝(750～1258)では軍人・官吏の俸給として現金が支払われてきた。しかし10世紀のイスラーム世界東部では,金・銀が不足し，流通する貨幣が減少していた。そこでブワイフ朝(932～1062)は，軍人に対し給与の代わりに一定の土地の徴税権を与え，土地の管理を任せるイクター制を初めて実施した。この制度の利点は国家が徴税の手間と費用から解放されることである。セルジューク朝(1038～1157／94)もブワイフ朝からイクター制を受け継いだ。しかし12世紀になるとイクター保有権と行政権の双方を有する総督(アミール)らにより，大規模なイクターが世襲化されるようになり，セルジューク朝が分裂することになった。

オスマン帝国(1299～1922)の軍事封土制であるティマール制は，イクター制を継承した制度である。トルコ系の騎兵(シパーヒー)にティマールと呼ばれる土地の徴税権を与え，その封土の広さに応じた兵士による軍事奉仕を義務づけた。オスマン帝国の軍隊は，このトルコ騎兵と，スルタン直属の常備歩兵軍団であり俸給制によるイェニチェリの二つを主体とした。イェニチェリは，バルカン半島のキリスト教徒の子弟を徴用し，ムスリムに改宗させて登用するデヴシルメ制によって育成された兵士の部隊であり，火砲を主要な武器としていた。要するにオスマン帝国は，日本風に言えば優秀な騎馬隊と鉄砲隊の両方を持っていたため領土を拡大できたわけである。

しかし18世紀までには近世ヨーロッパの軍備の進歩に伴い，シパーヒーが無力化し，彼らが没落するとともにティマール制が次第に崩れ，徴税請負制に変わっていった。徴税を請け負った地方豪族(アーヤーン)が台頭すると，オスマン帝国の中央集権制は弱まり，分権化していった。またイェニチェリも17世紀以降軍紀が乱れて無頼集団化し，18世紀以降の軍隊の西欧化に反対し，あるいはスルタンを廃位したりしたため，1826年マフムト2世(位1808～39)により廃止された。

一方ムガル帝国では,アクバルによって,官僚制度(マンサブダール制)が整備された。これは貴族や官僚を約30の官位(マンサブ)に分け，その等級に応じて土地(ジャーギール)の徴税権を与え，その税額によって保持すべき騎馬・騎兵の数を決定した制度である。つまり，ジャーギール制とは，官僚制としてのマンサブダール制を支えた，徴税制度である。土地の徴税権を与え,その代わりに軍事奉仕を義務づけるという点でイクター制やティマール制と似通っている。ただし,アクバルは短期間で官僚の役職やジャーギールの場所を変更し，ジャーギール保有者(ジャーギールダール)の世襲化を防いだ。

しかしアウラングゼーブが領土を拡大すると，官僚の急増やジャーギ－ル不足起こり，財政が悪化した。ジャーギールダールは世襲化し，封土を持つ諸侯化した。こうしてアウラングゼーブ死後の18世紀にはジャーギール制は行われなくなったし，ムガル帝国も事実上解体していくこととなった。

問(9)　カ・キ・ク

問題文の大きな反乱とは，三藩の乱(1673～81)である。これは，漢人藩王すなわち雲南(ク)の呉三桂・広東(キ)の尚可喜・福建(カ)の耿継茂の反乱である。彼らは漢人武将でありながら清に帰順し，その中国支配に協力したため，これらの地域に封じられていた。しかし，康熙帝(位1661～1722)が三藩の廃止を命じると，彼らは反清の兵を挙げたのである。鄭氏台湾も三藩を援助したため，長江以南の各省は戦乱に巻き込まれた。しかし清軍も勢いを盛り返したため，1677年までには尚氏・耿氏が降伏し，呉三桂のみが孤立することとなった。呉三桂は翌1678年帝位についたが，同年中に死亡し，孫の呉世璠が後を継ぐも敗北し，結局81年に自殺して乱は終了した。康熙帝は漢人の反乱に対し，同じ漢人部隊の緑営を効果的に動員し，勝利を収めた。さらに康熙帝は1683年には鄭氏台湾をも降伏させ，南方の支配を確立させた。

問(10)　セ

ムガル帝国の統治に対し，17世紀後半に強く抵抗した王国はマラーター王国(マラータ王国)である。マラーターとは，マハーラーシュトラ地方(デカン高原西部)においてバラモンに次ぐ，第2位のカーストを指す。これは武事や農業を世襲の仕事としたカーストである。このカースト出身のシヴァージーは，ムガル帝国皇帝でインドのイスラーム化を進めるアウラングゼーブに抵抗し，抗戦した。ヒンドゥー国家復活を目論み，インド西部にマラータ王国を建国した。

入試問題の地図が不正確であり，本来の本拠地はセとシの中間あたりなのだが，シまで北にはいかないためセと解答せざるを得ない。シはディウのあたりである。1509年この沖でポルトガルとマムルーク朝(オスマン帝国やヴェネツィアが支援)との間で海戦が起こり，ポルトガルが勝利し，香辛料貿易において優位に立った。その後ポルトガル領となった。一方セは本来，ゴアのあたりである。1510年ポルトガルが占領し，その拠点となった。シヴァージーはこれら西欧諸国の拠点を避け，その後背地の内陸を支配下に置いている。

シヴァージーの急死後，その子がムガル帝国に虐殺され，領土も蹂躙された。王国は衰退したが，王国の武将たちはゲリラ的にムガル領を攻略した。アウラングゼーブが死ぬと，マラーター王国の世襲宰相(ペーシュワー)が，これらの諸侯の領土を認め，貢納・軍役の義務を負わせる，緩やかな連合体であるマラーター同盟(マラータ同盟1708～1818)を築いた。マラーター同盟はムガル帝国と戦い，のちにはイギリスとのマラーター戦争(マラータ戦争 1775～1818)に敗れ，滅亡した。しかしマラータ諸侯の多くはイギリス東インド会社の支配下で藩王国として存続した。

問⑾　ニ

宗教的復古主義を唱える宗派はワッハーブ派で，その王国はワッハーブ王国(1744頃～1818，23～89)である。アラビア半島において，イブン=アブドゥル=ワッハーブ(1703～91／92)は，神秘主義教団中心のイスラーム信仰のあり方を批判し，預言者ムハンマドの教えに立ち返れと主張した。この運動を支持し，ワッハーブ王国を建てたのが，中部アラビアの豪族サウード家である。王国はメッカ(地図中のヌ)・メディナの二聖都を占領し，アラビア半島を支配下に置いた。

だがオスマン帝国の命を受けたエジプト総督のムハンマド=アリー(1769～1849)によって一時滅ぼされた。問われているのは運動の本拠地であるから，ヌのメッカではなく，中部アラビアのニとなる。なお，サウード家は後にリヤドを拠点としてワッハーブ王国を再興(第2次ワッハーブ王国)したが，19世紀末アラビア半島の別の豪族によって滅ぼされた。20世紀初めサウード家のイブン=サウードがリヤドを奪回して王国を復興し，1924年にはメッカを占領した。1932年にはサウジアラビア王国と改称(サウード家のアラビアの意味)し，ワッハーブ派のイスラーム教を国教とした。つまりサウジアラビアは第3次ワッハーブ王国とでもいうべき国である。

問⑿　X：清朝　Y：ムガル朝（ムガル帝国）　Z：オスマン朝（オスマン帝国）

最初にも述べたように，Xが清朝(1616～1912)，Yがムガル朝(ムガル帝国 1526～1858)，Zがオスマン朝(オスマン帝国 1299～1922)である。しっかり復習してほしい。

解答例

⑴イ→ウ

⑵サ

⑶ナ→ト

⑷『四庫全書』

⑸アクバルは宗教融和を説き，異教徒に対するジズヤを廃止して，ヒンドゥー教徒を官僚に採用した。アウラングゼーブはイスラーム法に厳格で，ジズヤを復活したため異教徒の離反を招いた。

（番号を含めて87字）

⑹ミッレト制。キリスト教徒などの宗教ごとの共同体を作らせ，ジズヤを支払わせる代わりに信仰の自由・慣習・自治などを認めた。

（番号を含めて60字）

⑺旗地

⑻いずれもイクター制を継承，軍人・官僚に軍役・奉仕を課し，給与支払いの代わりに一定の土地からの徴税権を与えた軍事封建制。

（番号を含めて60字）

⑼カ・キ・ク

⑽セ

⑾ニ

⑿X：清朝，Y：ムガル朝（ムガル帝国），Z：オスマン朝（オスマン帝国）

第3問　「世界史上の著名な都市」

解説

地図や図版が多数掲載されているが，図版のみで判断するのは難しいものもある。問⑵の地図問題はセンター試験レベル。高校世界史レベルを超える難問に気を取られず，標準的な問題できちんと得点してほしい。

問⑴　正解は(a)パリ，(d)ロンドン

ローマ帝国時代に起源を持つ都市はよく問われるので，最低限としてロンドン【ロンディニウム】，パリ【ルテティア】，ウィーン【ウィンドボナ】くらいはおさえておこう（【　】内は，ローマ時代の呼称）。他にリヨン【ルグドゥヌム】，ケルン【コロニア=アグリッピナ】なども，ローマ時代に起源をもつ。いわゆる「パクス=ロマーナ」の時代を通じてローマの支配は徐々に拡大し，帝国各地が道路網で結ばれるとともに，各地の軍団駐屯地などにローマ風の都市が建設され，フォルム（広場），神殿，公衆浴場，劇場などが整備された。また，ローマ人の流入によってラテン語が普及すると，地中海世界の一体化が進み，ラテン語文化圏が形成されていった。選択肢については，(a)のサン=バルテルミの虐殺が起きたのはパリ，(b)大陸封鎖令は別名「ベルリン勅令」。ベルリンはドナウ川以北に位置するので，ローマ時代が起源でないことは容易にわかるだろう。もともとはブランデンブルクの中心都市である。(c)第1回オリンピック（1896）が開かれたのはアテネ。アテネは古代ギリシアのポリスであることは基本中の基本。(d)に述べられた会議は，第2次エジプト=トルコ戦争後のロンドン会議（1840）である。

問⑵　正解はウ—マッサリア，キ—ビザンティオン（ビザンティウム）

前1200年ころ，東地中海地域は「海の民」などの活発な民族移動や気候変動，自然災害などが原因とされる激動の時代となり，さらにギリシア人の南下の第2波とされるドーリア人が侵入して，暗黒時代と呼ばれる混乱期となった。その後，前8世紀頃までにポリスと呼ばれる都市国家が形成され，社会の安定とともに人口が増加すると，古代ギリシア人は活発な植民活動に乗り出し，地中海や黒海の沿岸に植民市を建設した。代表的な植民市には，設問に示されたシチリア島のシラクサのほか，ウのマッサリア(現マルセイユ)，キのビザンティオン(ビザンティウム，現イスタンブル)，ネアポリス(現ナポリ)，タレントゥムなどがある。また，アのカデス(カディス)，イのカルタゴ=ノヴァ，オのカルタゴはフェニキア人が建設した都市，エはローマ，ケはイェルサレム，コはエジプト古王国の都メンフィスである。

問(3)　正解は(a)アクスム，(b)クテシフォン

やや難。(a)アフリカ古代史からの出題だが，時期と地域から判断することになろう。「紅海からインド洋にかけての通商路を掌握」という点から，支配地域はアラビア半島の対岸(現エチオピア，エリトリア，スーダンあたり)と考えられるので，3 世紀にこの地域を支配していたアクスム王国を想起したい。設問に「首都の名称がそのまま国名として通用している」とあるので，素直に「アクスム」を解答としよう。設問はなじみの薄い内容だったかもしれないが，経済史に強いと言われる東京書籍の教科書『世界史B』では「紀元前後のころに地中海世界から紅海をへてインド洋にいたる交易がさかんになると，この地にアクスム王国が成立し，紅海の南部をおさえて繁栄した」と，説明されている。また，実教出版の『世界史B』では，6 世紀前半にアクスム王国がイエメンにも進出して紅海貿易で繁栄した点や，ササン朝(224 ～651)との交易を巡る争いも記載されている。ササン朝は，メソポタミアやペルシア湾口のホルムズを支配し，ペルシア湾経由でインド洋と地中海を結ぶ交易で利を得ていたため，アクスム王国とは交易におけるライバル関係であった。本問では首都が問われているので，(b)はササン朝の首都クテシフォンが正解となる。

問(4)　正解は(a)カイロ，(b)ニザーミーヤ学院

マドラサとはイスラーム世界における法学中心の高等教育機関である。図版Aに示されたのはファーティマ朝(909～1171)が首都カイロに設立したアズハル学院である。当初は新都カイロの中央モスクとして建設され，972 年にマドラサともなった。ファーティマ朝の時代にはシーア派(イスマーイール派)の教義を教えたが，アイユーブ朝(1169 ～1250)の治下でスンナ派の学院となり，のちにスンナ派最大のウラマー養成機関となった。一方，シーア派のファーティマ朝に対抗して，11 世紀にはスンナ派のセルジューク朝の宰相ニザーム=アルムルクは，首都バグダードをはじめとする各都市にニザーミーヤ学院を設立し，ウラマーや官僚を養成した。イスラーム法学者のガザーリーは，ニザーム=アルムルクによってバグダードのニザーミーヤ学院の神学教授に任命された(のちに職を辞し，神秘主義に傾倒)。

問(5)　正解は(a)ノルマン人(ヴァイキング)，(b)ノルマンディー公国

9世紀後半から10世紀前半のヨーロッパは第2次民族移動の時期にあたり，北部・西部はノルマン人の，東部はマジャール人の侵入を受けた。また，南部のイベリア半島や南イタリアにはイスラーム勢力が侵入したため，ほぼ全方位から外敵の侵入を受ける「包囲された」時代であった。このため，防衛の必要に迫られた各地の領主たちは有力者と封建的主従関係を結んだほか，設問に示されたように城壁の建設を進めた。本問で問われているのは「北西ヨーロッパ」なので，(a)はノルマン人(ヴァイキング)である。ヴァイキングとはスカンディナヴィアやユトランド半島出身の海賊たちのことで，史料では「ノルマンヌス(北の人)」と記されている場合も多く，民族移動期にはほぼノルマン人と同義で使用される。専門書(山川出版社『世界各国史21 北欧史』)では8世紀末からの民族移動の時代を「ヴァイキング時代」としている。また，ノルマン人の操る船は吃水(きっすい)が浅く河川を遡って内陸にまで侵入できたため，特にセーヌ川沿いの地域は彼らの略奪に苦しんだ。ロロの率いるノルマン人の一派は西フランク王から征服地の領有を認められ封建的主従関係を結び，ノルマンディー公国を建てた(911)。

問(6)　正解は(a)ボローニャ，(b)ウニウェルシタス（ウニヴェルシタス）

中世の学問は神学が中心で，当初は修道院や司教座教会の付属学校で教授されていたが，12世紀以降，都市の発展に伴い教授と学生による自治組織(一種のギルド)として大学がつくられた。初期の大学には法学で有名な北イタリアのボローニャ大学や，医学校から発展した南イタリアのサレルノ大学などがあり，フランスのパリ大学やイギリスのオクスフォード大学は神学で名高い。ボローニャ大学は，権利を守ろうとした外国人学生の組合が起源とされ，学生中心の大学のモデルとなった。(a)はなんとか解答可能であろうが，(b)は難問。教科書ではこうした自治的な学生団体の呼称を「大学」と表記している。しかし，「大学」は設問文中に表記されているので違う呼称を答えさせたいのであろう。山川出版社の教科書『新世界史B』には大学(ウニウェルシタス)という表記があるが，この場合も(　)内に入れているのでほぼ同義ということになる。高校世界史のレベルではないが，領邦君主が主導して設立した大学を「ストゥディウム」と呼び，さらに神聖ローマ帝国が各国の優秀な学者を集め，どこの大学でも教授できる資格を出す権威をもつ大学を「ストゥディウム=ゲネラーレ」と呼んだ。これに対して，学生の自治組織から発展したものがウニウェルシタスだが，後にウニウェルシタスが大学組織全体を指す呼称となった(「大学 university」の語源)。本問は，恐らくストゥディウムとウニウェルシタスの違いを問おうとしたのであろうが，受験生に解答できるはずもなく，また教科書に「大学(ウニウェルシタス)」という表記があるので，苦し紛れに「大学」と解答した場合も誤りにはできないのでなかろうか(「カタカナで解答せよ」などの条件は付されていない)。これでは難問というより悪問である。

問(7)　正解は火砲の改良と普及。(9字)

ルネサンスの3大発明の一つとされる火薬を使用した大砲や鉄砲などの火器は，中世以来の戦術を一変させた。これまで騎乗戦の中心であった騎士が没落し，火器で武装した傭兵(歩兵)の役割が大きくなった。こうした戦術と担い手の変化を軍事革命という。この変化は14～15世紀には緩慢であったが，イタリア戦争(1494～1559)を境に急速に進行し，防御側の城塞建築にも変化が現れた。中世の城郭は垂直にそびえる高い城壁と丸い塔を特徴としたが，火砲が出現すると，高い城壁は大砲による攻撃の標的となってしまうため城壁は低く分厚くなり，大砲を設置するため城壁の幅を広げたことで，要塞の面積が大きくなった。また大砲が命中した際の破片で兵士が負傷することが多くなると，土の被覆で衝撃を吸収するようになった(この時期の大砲の弾丸は単なる鉄の塊なので，爆発はしない)。さらに，丸い塔では死角ができてしまうため，周囲に外に向かって突き出た稜堡を築くことで死角をなくし，接近する兵士に対しては，小銃(鉄砲)による十字砲火で大損害を与えることができた(下図参照)。

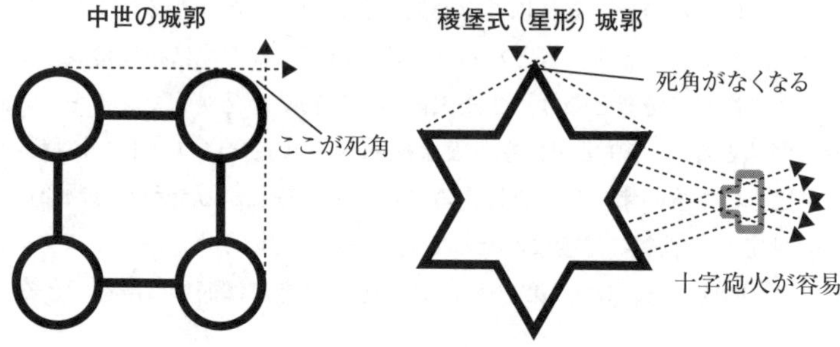

問(8)　正解はヴェネツィア，d

地中海沿岸の商業港で東方と西方を結ぶ「東方貿易(レヴァント貿易)」の拠点として繁栄した都市はいくつかあるので，図版と潟湖(ラグーナ)というヒントだけで特定するのは，高校世界史レベルとしては難問か。むしろ，旅行に興味があったり，あるいは世界遺産に詳しい受験生なら解答できたかもしれない(世界遺産登録名は「ヴェネツィアとその潟」)。ヴェネツィアはヴェネツィア湾奥の潟湖の多数の島からなり，約400の橋によってつながれ，市街地を二つに分ける大運河のほか，約200の運河が街の中を流れる「水の都」である。かつては「ゴンドラ」と呼ばれる手漕ぎボートが市民の足であったが，現在は水上バスやフェリーに置き換えられ，ゴンドラは主に観光用となった。また，特産品のヴェネツィアガラスは，13世紀以来発達し，一時は工人を沖合のムラノ島に集中的に移転させて，ガラス職人を島外不出としてその技術を独占的に保護した。

問(9)　正解はジュネーヴ，ルソー

「宗教改革の一大拠点」という点と「レマン湖畔」が判断の基準だが，レマン湖がスイスにあることがわからないと，ルター，カルヴァンのどちらか迷ったのではなかろうか。もう１科目で地理を選択していないと厳しかったかもしれない。カルヴァン(1509～64)はレマン湖畔に位置するジュネーヴに招かれ，教会に司祭を置かず，牧師とそれを補佐する長老(信徒の代表)で教会を運営する長老制度を創設すると，改革派教会を世俗権力から自律させる改革を断行した。後半の啓蒙思想家はルソー(1712～78)だが，ジュネーヴ生まれという点は盲点だったかもしれない。設問文中の「自然を重んじ文明化を批判」という点から「自然に帰れ」という言葉を想起できれば，解答できるだろう。

問(10)　正解は(a)アムステルダム，(b)ウィーン

表に示された時代は18世紀後半なので，この時期のヨーロッパの７大都市を考える必要がある。(a)は「商業・金融の中心」と設問文中にあるが，すでに表の中にイギリスのロンドンはあるので，それ以外で商業・金融の中心となりそうな都市を想起すると，オランダのアムステルダムとなろう。この時期にはすでに植民地戦争でイギリスがフランスに対して優勢となり，また大西洋三角貿易が発展して，イギリスが海運業などでも優位となり，19世紀になると金融の中心は完全にロンドンに移った。すでに覇権が揺らいだ後のオランダを答えるのは，少々難しかったかもしれない。(b)こちらは，16世紀と17世紀に二度にわたって包囲されたという点から，オスマン帝国によるウィーン包囲(第１次1529，第２次1683)が想起できれば簡単に解答できる。

解答例

(1)(a)パリ　(d)ロンドン

(2)ウ―マッサリア　キ―ビザンティオン(ビザンティウム)

(3)(a)アクスム　(b)クテシフォン

(4)(a)カイロ　(b)ニザーミーヤ学院

(5)(a)ノルマン人(ヴァイキング)　(b)ノルマンディー公国

(6)(a)ボローニャ　(b)ウニウェルシタス(ウニヴェルシタス)

(7)火砲の改良と普及。(９字)

(8)ヴェネツィア，d

(9)ジュネーヴ，ルソー

(10)(a)アムステルダム　(b)ウィーン

2001年

第1問 「エジプト5000年の歴史」

解説

【何が問われているか？】

- エジプトに到来した側の関心や，進出にいたった背景
- 進出をうけたエジプト側がとった政策や行動

という出題の留意点に絞って論述すること。

指定語句の時代配分から考えるとイスラーム化以降の事項についての記述がどうしても多くなるので，字数配分に注意すること。

指定語句の使い方を考えると，エジプトをうかがった各勢力のエジプト進出の動機(穀倉地帯・地中海から紅海ルート，インド航路の拠点の確保)が垣間見えてくる。以下に整理してみよう。

【背景解説】

1．古代エジプト世界

古代エジプト人はハム語族(現在ではコプト人やベルベル人が該当)に属し，前4000年頃から<u>ナイル川</u>の流域に村落国家ノモスを成立させた。ノモスは後に古代エジプトの行政単位(州)化されたが，上(南部)エジプトに22，下(北部)エジプトに20のノモスが成立し，これがそれぞれテーベを中心とする上エジプト王国と，ナイル下流デルタ地帯を中心とする下エジプト王国(のちに建設されたメンフィスが中心)に統合された。この統合の要因となったのが，ナイル川の治水対策である。1年に1度，定期的に氾濫するナイル川の洪水に対処するための共同作業とこれを統括する強大な指導者の必要からノモスの統合が進んだと考えられている。例えばナイル川流域に「ナイロ=メーター」と呼ばれる水量測定用の階段状の目盛りが数キロ間隔で設置されたが，これなどは強烈な政治的意思と政策遂行力なしには実行不能であったろう。上下エジプトの統一(前3000頃)は，上エジプト王のメネス(ヒエログリフではナルメル)による下エジプト併合という形で実現した。ファラオの登場である。またナイル川の定期的な氾濫の測定からエジプトでは太陽暦が発達し，これがローマのユリウス暦(1年を365日とし，4年に1日，「閏日(うるう)」を入れる)に継承された。またナイル川氾濫後の都市再建のための測量の必要から測地術が発達した。古代エジプト人は既に「ピタゴラスの定理」に気づいていたといわれるように，この測地術が幾何学の発展に結びついた。ナイル川の氾濫は，エジプトに沃土をもたらし，豊かな農作物生産を可能にし

ただけでなく，優れた文化，ファラオを頂点とする政治社会体制を成立させた。古代ギリシアの歴史家ヘロドトスの言葉通り，まさに「エジプトはナイルの賜物」だったのである。

2．古代ローマ・イスラームのエジプト進出

アクティウムの海戦(前31)は，オクタウィアヌスが対立するアントニウスとこれを支援するプトレマイオス朝のクレオパトラ(７世)の連合軍をギリシア西岸のアクティウム(16世紀にオスマン帝国のスレイマン１世の艦隊がスペイン艦隊を撃破したプレヴェザの海戦の戦場とほぼ同じ場所)で撃破した戦い。翌年，プトレマイオス朝は滅び，地中海世界を統一したオクタウィアヌスは元老院からアウグストゥス(皇帝)の称号を贈られ，自らはプリンケプス(「第一人者」)と称して元首政を開始した。エジプトは特に皇帝直轄領(Aegyptus，エジプト Egyptの語源)とされ，皇帝個人の収入源かつローマの重要な穀倉地帯となった。

イスラーム教の勢力は正統カリフ第２代ウマルの時代に東ローマ(ビザンツ)帝国のヘラクレイオス１世を破り(ヤルムークの戦い 636)，エジプト・シリアを征服した。これを機にアレクサンドリア，イェルサレム，アンティオキアのキリスト教東方３本山がイスラーム圏に入った。キリスト教の重要な拠点であったエジプト・シリアがわずか一度の戦いの後，あっけなくイスラーム圏に属した背景には，東ローマ帝国の長年の重税に対する反発があったとされる。エジプトで優勢であったキリスト教単性論派は，イスラーム支配下で啓典の民として遇され，コプト教会として現在まで存続している(エジプトの人口の10%を占めるコプト教会は，自らは単性論ではないと主張している)。７世紀以降，エジプトは二度とキリスト教世界に戻ることなく，イスラーム世界の主要な拠点の一つとなった。アッバース朝の都バグダードが荒廃し，ペルシア湾ルートが衰退した10世紀以降は，ファーティマ朝が建設したカイロを中心に，地中海と紅海を結ぶ貿易の拠点として，またイスラーム文化の中心として繁栄することになる。

サラディン(サラーフ=アッディーン 1138～93・位1169～93)はアイユーブ朝(1169～1250)の建国者。現在のイラク北部出身のクルド人武将で，当初，セルジューク朝から独立してシリアを支配したザンギ朝(スンナ〔スンニー〕派)のヌール=アッディーンに仕え，十字軍との戦いに参加した。ファーティマ朝末期のエジプトに派遣されて実権を掌握し，やがてファーティマ朝を倒してアイユーブ朝を建て，エジプトをスンナ派に回帰させた。ヌール=アッディーン死後のザンギ朝からシリアとジャジーラ(北メソポタミア，現在のイラク，シリア，トルコにまたがる地域で中心都市は現在，イスラーム国とイラク軍などが激戦を繰り返すモスル)を奪った。さらに十字軍国家との戦いではヒッディーンの戦い(1187)で勝利し，イェルサレムとシリアでの失地回復に成功した。これが第3回十字軍(1189～92)派遣の契機となるが，勇猛で鳴る英王リチャード1世の攻撃を退け，イェルサレムを守り抜いた。アイユーブ朝と次のマムルーク朝(1250～1517)は，紅海を通る香辛料貿易で活躍したムスリム商人団であるカーリミー商人を手厚く保護した。カーリミー商人は「胡椒と香料の商人」と呼ばれ，香辛料の他，小麦・砂糖・織物・武器・材木などを売買した。香辛料はインド洋交易に活躍したダウ船でイエメンのアデンを訪れるインド商人から購入した。15世紀前半，マムルーク朝のスルタン・バルスバイ(位1422～37)が香辛料の専売制を採ったため，カーリミー商人は急速に衰えた。カーリミーの語源は「廻船(貿易船)」とする説もあるが，不明である。

3．オスマン帝国・欧米のエジプト進出

オスマン帝国のセリム1世(位1512～20)は優れた軍事的才能を有し，チャルドゥランの戦い(1514，現在のイラン・タブリーズ西方)でシーア派を信奉する新興国家サファヴィー朝のイスマーイール1世が率いる精鋭騎兵隊を火砲で撃破し，そのアナトリア(小アジア)侵攻を阻止する一方，シリア北部のアレッポ近郊でマムルーク朝軍をやはり火砲で圧倒(マルジュダービクの戦い 1516)し，シリアとエジプトを征服してマムルーク朝を滅ぼした。これ以後，エジプトは19世紀初めに**ムハンマド・アリー**が事実上，独立するまで，オスマン帝国の支配下にあった。

ムハンマド・アリー(1769～1849)はアルバニア出身の軍人でムハンマド=アリー朝の事実上の創始者。イギリス・インド間の航路遮断を目指した**ナポレオン**のエジプト遠征(1798～99)に際し，オスマン帝国から派遣され，対フランス戦に従軍した。ピラミッドの戦いでオスマン帝国軍を破ったナポレオンがアブキール湾の海戦でイギリスのネルソンに敗れてエジプトから撤退し，イギリス軍もまたナポレオンを追ってエジプトを去った後の政治的空白に乗じたムハンマド=アリーは，トルコ系マムルークの支配に反発するアラブ系民衆の支持を得てエジプトの支配権を掌握して自立した(1805)。スルタンがイェニチェリに廃位されるなどの政治的混乱に直面していたオスマン帝国はやむを得ずムハンマド=アリーをエジプトのパシャ(総督)と認めた。ムハンマド=アリーはトルコ系の封建領主マムルークを弾圧する一方，フランスを模倣した近代的陸海軍を創設し，外貨獲得のため綿花栽培を奨励したが，かえって産業革命を進めインド航路確保を図るイギリスの侵略を招いた。ムハンマド=アリーはエジプトの占領をめざしたイギリス軍を撃退(1807)したが，ムハンマド=アリーを警戒したオスマン帝国のマフムト2世(位1808～1839)は，エジプトの国力消耗を図って，次々と遠征を命じた。この後，ムハンマド=アリーはアラビア半島のワッハーブ王国を一時滅ぼし

(1818)，スーダン北部に侵攻(1820 ～21)してこれを征服するなど，活発な軍事活動を展開し，ギリシア独立戦争(1821 ～29)時にはオスマン帝国を支援したが，ペロポネソス半島西岸のナヴァリノ沖の海戦(1827)で英・仏・露の連合艦隊に敗北した。

オスマン帝国の敗北とギリシア独立を機にムハンマド=アリーは二度にわたるエジプト=トルコ戦争でオスマン帝国からの完全独立を図った。第1次エジプト=トルコ戦争(1831 ～33)では，ムハンマド=アリーはギリシア独立戦争でトルコを支援した代償としてシリア領有をスルタンに要求した。オスマン帝国がヨーロッパ諸国に援助を求めたのに応じて，黒海から地中海への南下を図るロシア(ニコライ1世)が派兵すると，ロシアの南進を恐れたイギリスとフランスはオスマン帝国政府に圧力をかけ，エジプトのシリア領有を認めさせた。この後，オスマン帝国はエジプトの再攻撃を恐れ，ロシアとウンキャル=スケレッシ条約(1833)を結んだ。この条約はロシアとトルコの戦時における相互援助を定めたほか，秘密条項としてロシアが対外戦争を起こした際，トルコはロシアにのみボスフォラス・ダーダネルス両海峡の通航権を認めることが約束されていた。こうした情勢下でムハンマド=アリーはエジプト・シリアの世襲統治権をオスマン帝国に求めたため，帝国はエジプトに宣戦し，第2次エジプト=トルコ戦争(1839 ～40)が勃発した。

オスマン帝国はフランス(七月王政期)の支援を受けたエジプトに大敗したが，イギリスはトルコ=イギリス通商条約(1838)を締結し，トルコ国内のイギリスの貿易特権を確認し，トルコの関税自主権を否定した上で，オーストリア・ロシア・プロイセンを誘い，今度はオスマン帝国を支援した。このためフランス・エジプトは敗れ，シリアなど全占領地を返還させられた。1840 年に開催されたロンドン会議では，オスマン帝国とイギリス・オーストリア・ロシア・プロイセンの4カ国とでロンドン四国条約が締結され，ムハンマド=アリーはエジプト(現スーダンも含む)総督の地位の世襲を認められ，「事実上の独立」を達成する一方，エジプトは開国させられ，ヨーロッパ資本が進出することとなった。またこの条約では軍艦のボスフォラス・ダーダネルス両海峡通航が禁止(ウンキャル=スケレッシ条約の破棄)され，戦勝したにもかかわらず，ロシアの南下政策は失敗に終わった。

ロンドン四国条約締結に際して活躍したのがイギリスのパーマストン外相(自由党)である。パーマストン外交の基本方針は①ロシア脅威論＝イギリスはトルコを支援，②エジプト植民地化の推進というものであった。パーマストンは列強の勢力均衡を図りつつ，インド航路の確保と貿易の拡大を基本方針に，ムハンマド=アリーと懇意なフランスに対抗してエジプト進出を目指す一方，勢力均衡を掲げるオーストリアのメッテルニヒと結んでロシアの南下の阻止を図った。イギリスはフランス・エジプト連合を破った上で，ロンドン会議ではメッテルニヒを利用してロシアに圧力をかけ，その南下政策を挫折させることに成功したのである。ムハンマド=アリーの地位をエジプト総督にとどめた意味は，国際法上はトルコの支配下にあるエジプトに不平等条約であるトルコ=イギリス通商条約を適用し，エジプトの産業発展を妨害してイギリスの市場兼原料供給地化を図ることにあった。フランスのエジプト進出とロシアの南下阻止に成功した経緯とも絡めてロンドン会議は「パーマストン外交の勝利」と評される。この間，イギリスはアヘン戦争(1840～42)も遂行し，清朝に対しても自由貿易を強制していった。

4．イギリスのエジプト進出

第一次世界大戦勃発から二度のエジプト革命(1919・1952，〔2012年度の東大第1問で出題〕)までの経緯を略述しておく。第一次世界大戦が勃発すると，ウラービー(アラービー，オラービー)=パシャの反英革命(1882)の弾圧後，事実上，イギリスの支配下にありながら，名目上はオスマン帝国領だったエジプト(ムハンマド=アリー朝はエジプト総督を世襲)は，オスマン帝国と敵対するイギリスの保護国とされ，イギリス軍に協力したエジプトでは，輸送・労役に約50万人が酷使された。第一次世界大戦が終わると，エジプトの民族主義者ザグルール=パシャらはパリ講和会議に保護国制の廃止とエジプトの完全独立を要求する「人民代表団(ワフド)」の派遣を図ったが，エジプト保護国化を望むイギリスは，「人民代表団」の出席阻止を図った。こうしたイギリスの姿勢への抗議活動の高揚を機に，ザグルール=パシャを指導者として，「1919年のエジプト革命」と呼ばれる反英民族運動が本格化し，民族主義政党「ワフド党」が結成され，地主・資本家を基盤に農民層にまで支持を広げた。イギリスはザグルール=パシャを一時，国外へ追放したが，帰国を認めざるを得なかった。パリ講和会議に出席した人民代表団はエジプトの独立を要求したが，イギリスは拒否し，ウィルソン米大統領はイギリスを支持した。しかしエジプトの政情不安を憂慮したイギリスは「保護権放棄」を行い，立憲君主制を採るエジプト王国(1922～52)が成立した。ただし，イギリスは治外法権を維持し，イギリス軍はエジプトに駐留(～1936)，スーダンの共同行政権(～1956)も保持するなど，独立は形式的なものに留まった。「1919年のエジプト革命」は，エジプトの民族主義者サアド=ザグルール=パシャ(1857～1927・エジプト首相 任1924)を抜きにしては語れない。ファーティマ朝以来の歴史を誇るアズハル大学の出身で弁護士・官僚から政治家となったが，第一次世界大戦勃発直前から「エジプト人のエジプト(ウラービー=パシャの言葉)」をスローガンに反英民族運動を指導し，ワフド党の指導者となった。1924年の選挙に勝利して最初のワフド党内閣を組織し，イギリスのマクドナルドらと完全独立に向けての交渉を行ったが，対英外交政策を巡ってムハンマド=アリー朝のフアード1世と対立して辞職した。

その後，エジプト=イギリス(同盟)条約(1936)が結ばれ，エジプト(ワフド党内閣)の完全独立が認められた。その際，治外法権とエジプトにおける駐兵権は撤廃されたが，スエズ運河管理権と運河地帯駐兵権およびスーダンの共同行政権は変更されなかった。イギリスはあくまでスエズ運河に固執したのである。ワフド党はナギブ，**ナセル**ら自由将校団によるエジプト革命(1952.7)でムハンマド=アリー朝が打倒されるまで，エジプトの政治を指導したが，ナギブ政権によって非合法化された。1983年に復活したが，かつての影響力はない。またスエズ運河一帯の駐兵権はナギブ政権とイギリスの協定(スエズ協定)で廃止された(1954.7)。

5．戦後エジプト

エジプトと英・仏の委任統治領から独立したアラブ諸国は政治・経済・文化にわたる活動の統一を目標にアラブ連盟を結成した(1945)。結成7カ国の顔ぶれはエジプト・シリア・レバノン・ヨルダン・サウジアラビア・イラク・イエメン(1918年独立)であり，後にリビア・スーダン・チュニジア・モロッコ・アルジェリア・クウェートが加盟したが，結束力は必ずしも強くなかった。このアラブ連盟がパレスチナ問題に巻き込まれることになる。バルフォア宣言以後，開始されたユダヤ人のパレスチナ入植は，1933年のドイツ・ナチス政権成立に伴い，本格化し，アラブ人との対立は激化した。アラブ人側は「ユダヤ移民の即時入植停止・パレスチナにおけるアラブ民族政府の樹立」を列強に要求したが，拒否された(21世紀現在も要求は続けられている)。ユダヤ人とアラブ人の抗争は第二次世界大戦後も続き，国際連合総会はユダヤ人国家とアラブ人国家による分割を決定した(パレスチナ分割案 1947)。この案ではイェルサレムは国際連合の信託統治下に置かれることになっており，決議に際し，米ソは分割に賛成，「二枚舌外交」の当事者であるイギリスは棄権を表明した。しかしこの分割案は下表の通り，明らかにユダヤ人側に有利であったが，ユダヤ人側はイェルサレムの全面的支配を求めたため，アラブ・ユダヤ双方に不満を残した。

パレスチナ分割案

	ユダヤ	アラブ
人　口	33% (約61万人)	67% (約124万人)
領　土	57%	43%

イスラエル国の独立宣言はイギリスのパレスチナ委任統治の最終日(1948.5.14)に行われ，大統領選挙中のトルーマン米大統領は直ちに独立を支持したが，これに反発したアラブ連盟とイスラエルとの間でパレスチナ戦争(第1次中東戦争 1948.5～49)が

勃発した。米・英が支持したイスラエルにアラブ連盟は敗北し，イスラエルは領土を拡大，アラブ人(100万人)はパレスチナから追われ，ヨルダン・レバノンなど周辺諸国へ移住し難民化した。パレスチナはイスラエル・エジプト・ヨルダンに3分割されることになり，イェルサレム旧市街はヨルダン，新市街はイスラエルが占領。ガザ地区はエジプトが占領した。

敗戦に衝撃を受けたエジプトでは親英的なムハンマド=アリー朝のファールーク王に対する反発が高まり，ナギブ・ナセルらアラブ民族主義を掲げる「自由将校団」がクーデタを起こして王政を廃止し，立憲君主政を支えたワフド党など，全政党を解散させ，軍事独裁体制を確立した。これが「1952年のエジプト革命」である。軍事政権は翌年，共和政を宣言し，初代大統領にナギブ(任1953～54)が就いた。パレスチナ戦争敗北に触発されたエジプト革命は全アラブ圏に衝撃を与え，アルジェリア人民の武装解放闘争(1954～62)やモロッコ・チュニジアの独立(1956)の誘因となった。

1954年，**ナセル**(正しくはアブドゥル・ナーセル 1918～70・首相 任1954～56，大統領 任1956～70)はナギブを追放して実権を握り，イギリス軍の完全撤退を要求，さらに1955年にはアジア=アフリカ会議に出席し，第三勢力との連携を深めた。1956年，大統領に就任したナセルはスエズ運河国有化を宣言し，スエズ戦争(第2次中東戦争 1956)勃発を招いた。直接の契機はナセル政権が非同盟政策を掲げながら，親ソ連外交を展開していることに反発した米・英がエジプト懸案のナイル川の氾濫防止を目的とするアスワン=ハイ=ダムの建設資金融資援助を拒否したことにあった。これに対し，ナセルはダムの建設資金を得るため，スエズ運河の国有化を宣言(1956.7)したため，同年10月，万国スエズ運河会社に利権を有するイギリスとフランスがイスラエルと結んでスエズに出兵，スエズ(第2次中東)戦争がはじまった。

戦局劣勢となったナセルはバンドン会議(1955)の反植民地主義の精神に立ち，国際世論に英・仏・イスラエルの侵略を訴え，アジア・アフリカ諸国など国際世論の非難を浴びた英・仏・イスラエルはアイゼンハウアー米大統領の仲介で停戦せざるを得なかった。スエズ戦争後，ナセル・エジプト政権はアラブ民族主義(パン=アラブ主義)を掲げ，エジプトとシリアを統合してアラブ連合共和国(1958～61)を建国し，ナセルは自ら大統領に就任してアラブ世界の統一運動を推進したが，アラブ復興社会主義党(バース党)との対立やスンナ派・シーア派の対立を克服できず，運動は挫折を余儀なくされた。この間，アスワン=ハイ=ダムはスエズ戦争(第2次中東戦争)後，ソ連が4億ドルの資金援助と技術提供を行い，1970年に完成したが，その直後にナセルは53歳の若さで急死した。

【加点ポイント】

《古代エジプトへの侵入者とエジプト側の対応》

①前3000年頃にハム系民族が**ナイル川**流域を統一し，古王国・中王国を建てた。

②前17世紀にはヒクソスが侵入し，馬と戦車をもたらした(国際化の契機)。

③前16世紀にはヒクソスを撃退した新王国(第18王朝)がシリアにも進出してヒッタイトなどと抗争した。

◎新王国時代にオリエントの国際化が進んだ(「アマルナ文書」などが例)でもよい。

④前7世紀のアッシリアがエジプトを一時的に支配した。

⑤前6世紀にはアケメネス朝が支配した。

⑥前4世紀のアレクサンドロスの遠征後にはギリシア系のプトレマイオス朝が成立した。

⑦前1世紀には**アクティウムの海戦**を機にローマがプトレマイオス王朝を征服し，地中海統一を達成した。

⑧ローマの東西分裂後，エジプトは東ローマの属州となった。

《イスラーム化以降のエジプト》

⑨7世紀にはアラブ人(正統カリフ時代)に征服され，以後，**イスラム教**化した。

⑩10世紀にはシーア派のファーティマ朝がチュニジアから進出した。

⑪12世紀にはスンナ派の**サラディン**がアイユーブ朝を建て十字軍と抗争した。

⑫モンゴルの侵入を撃退したマムルーク朝がヴェネツィアなどとの東方貿易で栄えた。

⑬16世紀には**オスマン帝国**がマムルーク朝を滅ぼした。

《英仏など列強の侵略とエジプトの対応》

⑭18世紀末，**ナポレオン**は英とインドの交通遮断のためエジプトに遠征したが敗北した。

⑮この間に台頭した**ムハンマド・アリー**は近代化を推進した。

⑯19世紀前半のトルコとの2回の戦争でエジプトは事実上独立した。

⑰ウラービー(アラービー，オラービー)=パシャの乱を鎮圧した英は，仏とエジプトが共同で建設したスエズ運河株を買収した。

⑱第一次世界大戦を機に英はエジプトを保護国化した。

⑲戦間期に独立したエジプトは第二次世界大戦後に英と結ぶ王制を打倒して共和政に移行した。

⑳**ナセル**が米・英・仏やイスラエルに対抗してアラブ民族主義の中心となった。

解答例

豊かな穀倉地帯を有し，地中海と紅海を結ぶ中継貿易の拠点である　1

エジプトでは前30世紀にハム系民族が**ナイル**川流域を統一した。前18世紀にはヒクソスが侵入したが，前16世紀にはこれを撃退した新王国がヒッタイトと抗争した。海の民の侵入後はアッシリア，アケメネス朝，アレクサンドロス大王の遠征後にはギリシア系のプトレマイオス朝と異民族支配が続き，前1世紀の**アクティウムの海戦**を機にローマの属州となり，キリスト教を受容した。ローマの東西分裂後，東ローマの属州となったが，7世紀にはアラブ人に征服され，以後，**イスラム教**化した。10世紀にはシーア派のファーティマ朝が進出したが，12世紀にはスンナ派の**サラディン**がこれを倒し，以後アイユーブ朝・マムルーク朝が十字軍と抗争する一方，東方貿易で栄えた。16世紀には**オスマン帝国**がマムルーク朝を滅ぼした。18世紀末，**ナポレオン**は英とインドの交通遮断のためエジプトに遠征したが敗北。**ムハンマド・アリー**朝は近代化を推進し，エジプト＝トルコ戦争で事実上独立したが，英はスエズ運河会社の株式を買収，ウラービーの乱を鎮圧し，エジプトを保護国化した。戦間期，ワフド党の革命でエジプト王国が独立。第二次大戦後，王政を倒した**ナセル**がスエズ運河を国有化。スエズ戦争で英仏を撤退させた。

(539字)

第2問　「20世紀における戦争と平和（条約・協定・冷戦）」

解説

問(1)　日本の国際連盟の脱退の経緯を説明する問題。

【加点ポイント】　①**満州事変**のあと／**満州国**建国後。
②**リットン調査団**が報告書を提出／**リットン報告書**を提出。
③これを討議する**国際連盟総会**が開かれた。
④総会は**日本軍撤退を求める勧告を採択**した。
⑤**日本はこれに抗議**し，連盟を脱退した。

史料aは，ウィルソンの「十四カ条の平和原則」(1918)の第14条である。史料中の「全般的な諸国家の連合組織」(原文ではGeneral Association of Nations)が，1919年のパリ講和会議で具体化したのが，国際連盟（英語ではLeague of Nations)である。

日本は，第一次世界大戦の戦勝国として，米・英・仏・伊とともに国際連盟設立(1920)に貢献し，米国の不参加により常任理事国(英・仏・日・伊)の一つとなった。しかしわずか13年後の満州事変で国際的孤立を招き，理事国の地位を自ら放棄することになった。

日露戦争(1904～05)後の満州(中国東北地方)は，日露協約(第一次 1907)により両国の勢力圏として南北で分割された。1905年のポーツマス条約によってロシアから租借権を得た旅順・大連を日本は関東州とし，この地と長春～旅順間の南満州鉄道を警備するため，関東都督府を設置した。1919年関東都督府を廃止し，軍事組織としては関東軍，行政機関としては関東庁を置いたが，関東軍司令官が関東庁長官を兼任した。

この関東軍の協力者として勢力を拡大したのが，奉天軍閥の張作霖(1875～1928)だった。袁世凱(1859～1916)が死ぬと，その北洋軍閥は部将たちによって，主に三つに分裂した。それは安徽派・直隷派・奉天派(奉天軍閥)である。これらの軍閥は，それぞれ列強の支援を受け，北京政府の実権を争った。1926年，張作霖は北京政府の支配に成功した。しかし，国民政府の蔣介石(1887～1975)が同年から国民革命軍を率い，北伐(1926～28)を開始した。1928年，蔣介石が張作霖を敗走させると，張作霖は北京から本拠地の奉天(現在の瀋陽)に向かった。すると関東軍は中国東北部での権益を維持するため，張作霖の乗っている列車を爆破し，殺害した(張作霖爆殺事件)。だが張作霖の息子の張学良は，日本に対抗しようとして国民政府に従った(易幟＝国民政府が使用する国旗である青天白日旗を勢力圏に掲げた)。

一方日本では，1927年に金融恐慌が起こり，さらに1930年1月に行われた金解禁(1917年以来禁止されてきた金輸出の解禁)が，前年に起こった世界恐慌の直撃を受けて失敗に終わり，昭和恐慌となった。1930年には豊作により米価が暴落し，翌31年には北海道・東北地方が冷害に見舞われ，農村が荒廃した(農業恐慌)。社会不安が深刻化し，政党政治が行き詰まり，これに乗じて右翼や軍部が勢力を拡大した。

こうした状況を背景に起こったのが満州事変(1931～33)である。張学良の反日的な態度に危機感を持った関東軍は，1931年9月18日奉天近郊の柳条湖で南満州鉄道を爆破し(柳条湖事件)，これを中国軍のしわざとしてわずか5カ月で満州を占領した。これは，共産党との内戦を優先する蔣介石が，張学良に満州からの撤退を命じたためである。この出来事が戦争でなく事変(宣戦布告のない戦争状態)とされたのは，日本が不戦条約に加盟していたからである(問(2)参照)。

翌1932年1月日本は上海にも軍隊を送り(上海事変)，同年3月には清朝最後の皇帝(宣統帝)であった溥儀を執政(34年から皇帝)として満州国を成立させた。日本の首相犬養毅(任 1931.12～32.5)が満州国の建国と承認に反対すると，五・一五事件(1932.5.15)で海軍の青年将校らに暗殺された。次の斎藤実内閣(任 1932.5～34.7)の時に満州国は承認され，同年9月日本と満州国は日満議定書を結び，満州における日本軍(関東軍)の駐屯を認めさせた。こうして軍部の発言力が増大し，軍国主義化の動きが強まった。

一方国際連盟は，中華民国の提訴によって1932年1月，イギリス人リットンを団長とする満州事変の調査団(リットン調査団)の派遣を決定した。同年9月，リットンは，リットン報告書を国際連盟に提出した。その内容は

・日本軍の行動は，自衛の範囲を超えている。
・満州国は，自発的な独立運動で生まれたものではない。
・中国の排外運動と無秩序により，日本が苦しんだことは理解する。
・単なる原状回復(中華民国への返還)では，問題解決にはならない。
・満州に自治政府を設置し，日中両軍は撤退せよ。
・自治政府には，日本を含む列強の顧問を採用すべきだ。

というものであり，つまり，日本による満州の独り占めは認めないが，列強の共同管理なら認めるという妥協案である。日本だけを非難するものではなく，対日制裁もなかった。満州の関東軍がシベリアのソ連軍を牽制してくれるのはありがたいという，イギリスの対日宥和政策の結果である。日本がもしこれを受け入れていれば，蔣介石は満州を断念せざるを得ず，日中戦争も日本の対米英開戦もなかったかもしれない。

しかし，日本は，この妥協案を拒絶した。1933年2月24日，リットン報告書に基づいて，国際連盟総会は日本に満州国承認取り消しを求める勧告案を，賛成42反対1で可決(反対は日本)した。すると日本代表の松岡洋右は「Japan, however, finds it impossible to accept the report」と演説して退場した。そして翌3月27日，日本は国際連盟を脱退したのである。

同1933年10月，ドイツのヒトラー政権も軍備平等を唱えて国際連盟を脱退した。またイタリアのムッソリーニ政権は1935年にエチオピア侵略を強行したが，国際連盟は石油取引を除く経済制裁を行うのみであった。結局イタリアは1936年にエチオピアを併合し，翌37年国際連盟を脱退した。ドイツとイタリアは1936年にベルリン=ローマ枢軸を結成し，同年11月には日独防共協定が結ばれた。1937年には日独伊三国防共協定が成立し，三国枢軸が形成され，第二次世界大戦(1939～45)へと向かっていったのである。

問(2)　(パリ）不戦条約（ブリアン・ケロッグ条約，ケロッグ・ブリアン条約）

教科書の表記はさまざまだが，不戦条約と書くのが無難だろう。パリを付けても構わない。提唱者であるフランス外相ブリアンと，アメリカ国務長官ケロッグの名を冠した書き方でもよい。教科書によってはケロッグ・ブリアン協定などといった書き方もあるが，「条約の名称を記せ」という問いかけ方なので，「協定」と答えるのは避けた方がいいかもしれない。

1928年にパリで締結された。当初は提唱者の国やイギリス・ドイツ・イタリア・日本など15カ国が，のちソ連などの63カ国が調印した。史料に書いてあるように「国

際紛争解決のための戦争」を放棄する内容であるが,自衛戦争までは放棄していない。また条約違反に対する制裁は規定されていなかった。それでも侵略したい場合は,「戦争」ではなく「事変」などという名称を使ったのである。

問(3)　アメリカ・イギリス（順不同）

史料は大西洋憲章である。これは1941年8月，アメリカ大統領フランクリン=ローズヴェルト(任1933～45)とイギリス首相チャーチル(任1940～45)が，大西洋上の艦船で行った大西洋上会談の結果，発表された共同宣言である。8カ条からなる。内容は，1：領土不拡大，2：領土変更は住民の意思によること，3：民族自決，4：貿易の機会均等，5:労働条件と社会保障の改善，6:全人類の恐怖と欠乏からの解放，7：公海航行の自由，8：武力行使の放棄・国際安全保障の確立・軍備縮小である。これは，戦後の国際連合憲章の基礎理念となった。史料は第6条の内容である。

問(4)　シオニズム（運動）

1894年，フランスでユダヤ系軍人のドレフュスがドイツのスパイとして有罪とされた冤罪事件である,ドレフュス事件が起こった。これに衝撃を受けたユダヤ人ジャーナリストのヘルツル(1860～1904)は，1897年スイスのバーゼルで第1回シオニスト会議を開き,「パレスティナに帰還しよう(ユダヤ人国家をつくろう)」というシオニズム運動を提唱した。シオンとはイェルサレム近郊の丘,ないしイェルサレムを指す。

第一次世界大戦(1914～18)が起こると，ヨーロッパ最大のユダヤ系金融資本家であるロスチャイルド家は，イギリスへの戦費調達と引き換えに，外相バルフォアからパレスティナ(パレスチナ,以降現行教科書の多出表記にそろえて,パレスチナとする)にユダヤ人の民族的郷土を設定することを認めるバルフォア宣言を引き出した(1917)。ドイツで1933年にナチスが政権を握ると，ユダヤ人迫害を開始した。1935年にはニュルンベルク法を制定し，ユダヤ人から公民権を奪った。こうしたことからパレスチナへ移住するユダヤ人は増加したが，1939年5月，イギリスはパレスチナに受け入れるユダヤ人の数を大幅に制限した(2000年度第2問問⑽参照)。1948年ユダヤ人はイスラエル国を建国し，シオニズムを実現したが，これについては次の問(5)で解説する。

問(5)　第1次中東戦争（パレスティナ戦争）の結果どのようなことが起こったかを説明させる問題。

【加点ポイント】　①イスラエルは，**アラブ系住民**を追放した。
②**パレスティナ(パレスチナ)難民**が生まれた。
③彼らは**ヨルダン川西岸**や**ガザ地区**に流入した。
④アラブ諸国では**アラブ民族主義**が**高揚**した。

イギリスの委任統治領パレスチナは，日本で言えば東北地方の青森・秋田・山形の３県を合わせた程度の面積しかなかった。問(4)で見たように，ドイツで1933年にナチスが政権を握りユダヤ人迫害を行うと，この地へ大量のユダヤ人が押し寄せ，アラブ人との紛争が続発した。そのため1939年５月，イギリスはパレスチナに受け入れるユダヤ人の数を大幅に制限した。第二次世界大戦後もこの制限は続いたが，不法移民が増大し，ナチスのホロコーストに遭ったユダヤ人に同情する国際世論も起こった。制限を維持するイギリスに対しユダヤ人がテロを起こしたため，イギリスはパレスチナの委任統治を終了することにした。

1947年11月，国際連合の総会は委任統治の終了(1948.5)とともに，パレスチナをユダヤ人国家とアラブ人国家に分割すること(パレスチナ分割案)を，パレスチナ住民の合意なしに決定した。しかもそれは，パレスチナ地域において33％の人口，約７％の所有地を持つユダヤ人に，パレスチナ全土の57％の領土を与えるという理不尽なものであった。しかし国内にユダヤ人を抱えるアメリカやソ連などの支持によってこの案は成立したのである。当然アラブ人はこれを不当として拒絶したが，イギリスはユダヤ人とアラブ人との紛争を解決せず，一方的に撤兵した。パレスチナは内戦状態に陥り，双方の武装勢力が民間人を襲撃した。こうして第１次中東戦争以前に最初のパレスチナ難民が生まれることとなった。

1948年５月，ユダヤ人はイスラエルの建国を一方的に宣言した(ただし，国境についての言及なし)。これより前，1945年にアラブ諸国はアラブの連帯を強めるためアラブ連盟を結成していたが，そのうちレバノン・イエメンを除く５カ国(エジプト・シリア・イラク・ヨルダン・サウジアラビア)が直ちに出兵して，第１次中東戦争(パレスチナ戦争 1948〜49)が起こった。アラブ側の主力はエジプトとヨルダンであった。しかしアラブ諸国は敗れ，パレスチナの80％の領域がイスラエルの支配下に入り，100万人を超えるアラブ人が難民(パレスチナ難民)となった。

一方パレスチナのうち，ガザ地区はエジプトが占領し，その領土となった。またヨルダン川西岸地区(欧米ではWest Bankと呼ばれる)はヨルダンが占領したため，後にヨルダンに併合された。このためパレスチナ難民は，ガザ地区やヨルダン川西岸地区などに流入することとなった。

イスラエルの建国と第１次中東戦争の敗北に衝撃を受けたアラブ諸国では，アラブ民族主義が強まった。なかでもエジプトでは，アラブ民族が分裂し，君主政国家の多くが欧米資本と結託し政治的に腐敗しているから，イスラエル建国を阻止できなかったと考えた，自由将校団によって1952年エジプト革命が起きた。その結果，ムハンマド=アリー朝の国王が追放され，1953年エジプト共和国が成立した。その中心人物ナセルが政権を握り(大統領 任1956～70), 1956年スエズ運河の国有化を宣言すると, 第2次中東戦争(スエズ戦争 1956～57)が起こった(2006年度第2問の問(3)参照)。

また, 第3次中東戦争(六日間戦争 1967)や第4次中東戦争(1973)も頻出である。概略を説明できるようにしておこう。

問(6) パレスティナ（パレスチナ）暫定自治協定

これより前, 1964年にパレスチナ人(パレスチナ難民)はパレスチナ解放機構(PLO)を結成し, 反イスラエル武装闘争を展開した。しかし1967年の第3次中東戦争でエジプト・シリア・ヨルダンは大敗し, イスラエルはエジプトのシナイ半島・スエズ運河東岸・ガザ地区, シリアのゴラン高原, ヨルダンのヨルダン川西岸地区を占領した。この結果パレスチナ難民は一層増大した。そこでPLOの議長にアラファト(任1969～2004)が就任し, 武装闘争を激化させた。

しかし, エジプトは1973年の第4次中東戦争でもイスラエルに敗北し, 両国は疲弊した。そのため1979年, アメリカ大統領カーター(任1977～81)の仲介で, エジプトのサダト大統領(任1970～81)とイスラエルのベギン首相(任1977～83)が, エジプト=イスラエル平和条約を結んだ。その結果, シナイ半島がエジプトに返還されたが, エジプトはアラブ連盟から脱退し, サダトは過激イスラーム主義者に暗殺された。またアラファトは1982年以降, 武装闘争を放棄するようになった。1988年, アラファトはイェルサレムを首都とする独立国家(パレスチナ国)の樹立を宣言し, イスラエルとの共存を認めた。

このような状況下で, イスラエル占領下のパレスチナ人はPLOや周辺アラブ諸国に頼ることを諦め, 1987年12月以降, ヨルダン川西岸地区などで反イスラエル民衆蜂起(インティファーダ)を起こすようになった。パレスチナ人の人権を認めない状態に対し, 世界中から, 各地のユダヤ人からも批判の声が上がった。

こうして1993年9月, アメリカ大統領クリントン(任1993～2001)の仲介で, PLOのアラファトとイスラエルのラビン首相(任1992～95)がパレスチナ暫定自治協定を結んだのである。受験的には「暫」の誤字・カナ書きは不可となろう。またこの協定は最終的にはワシントンで調印されたのだが, その前段階としてノルウェーの仲介で, その首都オスロなどで秘密交渉が進んで合意に達したためオスロ合意とも呼ばれるが, 「協定の名称を記せ」と問われているので, 避けた方が無難である。

この協定に基づき, 翌1994年パレスチナ暫定自治政府が成立した。これによりガザ地区およびヨルダン川西岸地区のイェリコに限り(ヨルダン川西岸地区全域ではないことに注意), パレスチナ人の自治が認められた。1996年選挙によりアラファトはこの政府の長官に就任し, オスロ合意の実現を目指した。しかし, 1995年イスラエルのラビン首相は和平に反対する過激派ユダヤ人により暗殺された。中東和平への道は今なお混迷を極めている。

問(7)　周恩来

周恩来(1898～1976)は，江蘇省出身で，中国の政治家である。1936年の西安事件において共産党代表として西安に乗り込み，蔣介石から国共内戦の停止を内諾させる一方で，蔣介石の生還に尽力した。1949年中華人民共和国が成立すると，初代首相(任1949～76)となった。

1954年4月，スリランカ・インド・パキスタン・ビルマ・インドネシアの首脳がスリランカのコロンボでコロンボ会議を開き，世界平和とアジア=アフリカ会議の開催を提唱した。同年6月，周恩来はインドのネルー首相(任1947～64)と会談し(ネルー・周恩来会談)，平和五原則を発表した。その内容は，1：領土と主権の相互尊重，2：相互不可侵，3：内政不干渉，4：平等互恵，5：平和共存，である。1955年4月，インドネシアのバンドンで29カ国が参加したアジア=アフリカ会議(バンドン会議)が開かれ，平和五原則をさらに具体化した平和十原則が発表された。その内容は，1：基本的人権と国連憲章の尊重，2：主権と領土保全の尊重，3：人類と国家の平等，4：内政不干渉，5：自衛権の尊重，6：軍事ブロックの自制，7：侵略の排除，8：国際紛争の平和的解決，9：相互協力，10：正義と国際義務の尊重，である。

なおバンドン会議を主導したのは，周恩来・ネルーのほか，エジプトのナセル大統領(任1956～70)やインドネシアのスカルノ大統領(任1949～67)らである。ちなみにこの会議には日本も参加している。議長役はインドネシアのスカルノ大統領である。この会議は米・ソの二極支配に対する第三勢力の結集と宣伝された。そして第三勢力は，1961年にユーゴスラヴィアのベオグラードで第1回非同盟諸国首脳会議(ラテンアメリカ諸国など25カ国が参加)を開くに至った。

だがアジア=アフリカ会議はこの1回だけで終わった。1959年のチベットを巡る中国とインドとの対立や，1962年に起きた中印国境紛争などで中印関係が決裂したからである。

周恩来はその後，1972年にアメリカのニクソン大統領(任1969～74)の訪中を実現させ，同年日本の田中角栄首相(任1972～74)と日中共同声明に調印し，日中国交正常化を実現させるなど，外交で活躍した。1976年に死ぬと，市民が北京の天安門広場で周恩来の追悼を行い，警官と衝突する第一次天安門事件が起きた。

問(8)　カシミール

第二次世界大戦で疲弊したイギリスは，戦後インドの植民地支配を維持する力を失った。1947年イギリス議会はインド独立法を制定し，インドの独立を認めることになった。一方インドでは，ガンディーやネルーら国民会議派が連邦制による統一インドの独立を目指したのに対し，ジンナー率いる全インド=ムスリム連盟はムスリム国家パキスタンの建国を主張した。結果的に，ヒンドゥー教徒の多いインドとムスリム中心のパキスタンが分離独立することになった。

この独立の際，植民地インドに500以上あった藩王国は，インドとパキスタンのどちらに参加するかを決めなければならなかった。カシミールの藩王はヒンドゥー教徒であったが，住民の約3/4はムスリムであった。そこでこの地を巡り第1次インド=パキスタン戦争(1947)と第2次インド=パキスタン戦争(1965)が起こった。1949年に国際連合が調停した停戦ラインが現在の実質的な国境となっているが，問題は解決していない。またカシミールのインド側では中国との国境紛争も起こった。ダライ=ラマ14世のインド亡命を契機とする中印国境紛争(1959～62)である。

なお1971年には，東パキスタンが西パキスタンからの独立戦争をはじめ，インドがこれに介入した(第3次インド=パキスタン戦争)。インドはこれに大勝し，東パキスタンは独立して新たにバングラデシュとなった。この第3次戦争でもカシミールは重要な戦場となった。その後，中国の核実験(1964)に対抗して，インドが1974年に核実験に成功し核保有国となると，パキスタンも1998年に核実験に成功し，核保有国となった。以後は核の報復を恐れてか，インド=パキスタン戦争は起こっていない。

問(9)　アフリカ統一機構（OAU）

第二次世界大戦終結時のアフリカの独立国は，エジプト(1922年独立)・エチオピア・リベリア(1847年独立)・南アフリカ(1910年独立)だけだった。しかし，サハラ以南のアフリカでも，1957年にエンクルマ(ンクルマ)の指導のもと，まずガーナが独立した。1960年にはナイジェリアやチャドなど17カ国が独立したので，1960年は「アフリカの年」と呼ばれた。1960年代前半までにアフリカの大半の国々が独立した。こうしたアフリカの独立国は，アフリカ諸国の団結と協力を推進するため，1963年アフリカ統一機構(OAU)を結成したのである。

のち2002年に，ヨーロッパ連合(EU)をモデルとして，アフリカ統一機構はアフリカ連合(AU)へと発展・改組された。AUにはアフリカ大陸のすべての独立国が参加(AU発足時にはモロッコのみ不参加であったが，2017年モロッコも加入した)し，地域紛争の解決や持続的な経済発展の実現を目指している。

解答例

(1)満州事変後，リットン報告書に基づき国際連盟総会が日本軍撤退を求める勧告を採択した。日本はこれに抗議し，連盟を脱退した。

(番号を含めて60字)

(2)(パリ)不戦条約(ブリアン・ケロッグ条約，ケロッグ・ブリアン条約)

(3)アメリカ・イギリス(順不同)

(4)シオニズム(運動)

(5)イスラエルに追放されたアラブ系住民はパレスティナ難民として
ヨルダン川西岸やガザ地区に流入し，アラブ民族主義が高揚した。
(番号を含めて60字)

(6)パレスティナ(パレスチナ)暫定自治協定

(7)周恩来

(8)カシミール

(9)アフリカ統一機構(OAU)

第3問　「近代以前の商業とその影響」

解説

論述問題がなく語句の単答問題が中心で，その多くが基本事項を問うものなので，満点を狙いたい。

問(1)　正解はシドン，ティルス

フェニキア人の拠点を問う基本問題。前13世紀頃,「海の民」の活動が活発となり，ヒッタイト王国が滅亡し，エジプト新王国が衰退すると，地中海東岸ではセム語系諸民族の活動が活発となり，彼らの中から勢力を拡大する民族が現れた。フェニキア人はシドンやティルスなどの港市国家を拠点に地中海交易をほぼ独占し，北アフリカやイベリア半島にまで進出して多くの植民市を建設した。中でも，現在のチュニジアに位置するカルタゴ(ティルスの植民市)は目覚ましく発展した。また，地中海での交易活動に伴って彼らの文字であるフェニキア文字が普及し，これを受容したギリシア人が作成したギリシア文字(ギリシア・アルファベット)が後のヨーロッパの文字の原型となった。

問(2)　正解はa，c

アケメネス朝ペルシア治下の交易活動に関する出題である。オリエントだけではなく古代ギリシアも含めて，同時代の地中海の情勢を理解できていれば解答できる。アケメネス朝は統治下の民族の伝統や宗教などには干渉せず，フェニキア人やアラム人などの交易活動を保護した。また，この頃までにギリシアではポリスの形成が進み，小アジア西海岸のイオニア地方に居住していたギリシア人は海上交易に従事し，アケメネス朝が小アジアを征服する以前は，リディア王国と交易を行っていた。これにより，リディアから金属貨幣(鋳造貨幣)の使用が伝わり，ギリシアでも貨幣の流通が拡大した。こうしたことから，アケメネス朝がリディア王国を滅ぼした後にもギリシア人が交易を行っていたことは想起できる。なお，bのカルデア人は新バビロニア王国を建てた民族だが，交易活動では有名ではない。dのシュメール人はメソポタミアに最初に都市国家を建設した民族，eのヒッタイトはアッシリアによるオリエント統一以前に滅亡しているので，いずれも時代が合わない。

問(3)　正解は匈奴

漠然とした問いのように感じたかもしれないが，中国王朝が西域経営に乗り出すのは，前漢の武帝(位 前141 ～前87)時代である。秦はオルドス(黄河の湾曲部の内側)には遠征したものの，西域(中国の西方地域の総称だが，狭義にはタリム盆地のオアシス都市群，広義には中央アジアからインド，遠くは西アジア全域まで含む場合もある)には進出していない。前漢の武帝は，匈奴挟撃の交渉のため張騫を大月氏に派遣したが，これを機に西域進出がはじまり，衛青・霍去病による匈奴遠征で獲得した河西回廊に，敦煌郡などの河西４郡を設置した。また，汗血馬獲得のために李広利を大宛に遠征させると，これを見たタリム盆地のオアシス都市が漢に服属し，西域支配が拡大した。武帝の死後，この地を間接統治するために西域都護府が設置された(前60)。

問(4)　正解はガーナ王国

４世紀ごろから，ラクダがサハラ砂漠の縦断に利用されるようになると，地中海と西アフリカを結ぶ交易がはじまり，西アフリカの金や象牙などと，地中海の物資やサハラ産の岩塩を交換するサハラ交易(塩金貿易)が行われるようになった。この交易を基盤として，西アフリカのニジェール川やセネガル川の流域には，黒人国家が成立したが，問われているのは８世紀までに成立した国なのでガーナ王国である。その後，ムスリム商人のサハラ交易への参入や，ムラービト朝の攻撃などにより西アフリカのイスラーム化が進み，13 世紀に成立したマリ王国や，15 世紀に成立したソンガイ王国はイスラーム国家となった。

問(5)　正解は義浄

海路で中国とインドの間を往復した点と，７世紀(唐代)という点から義浄(635 ～713)である。中国僧のインド来訪はよく問われるが，ポイントは「利用した交通路」「来訪時の中国・インドそれぞれの王朝」「執筆した旅行記」の３点なので，しっかり確認しておこう。なお，義浄は往復ともスマトラ島のシュリーヴィジャヤ王国を経由し，帰途シュリーヴィジャヤで『南海寄帰内法伝』を著した。

	中国	交通路	インド	旅行記
法顕	東晋	往：陸路，復：海路	グプタ朝 (チャンドラグプタ2世)	『仏国記』
玄奘	唐 (太宗)	往復とも陸路	ハルシャ=ヴァルダナ治下 (ヴァルダナ朝)	『大唐西域記』
義浄	唐 (高宗)	往復とも海路	ヴァルダナ朝衰亡後	『南海寄帰内法伝』

問(6)　正解はアッバース朝，タラス河畔の戦い

製紙法の西伝は，センター試験などでもよく問われる基本事項である。751年，高仙芝に率いられた唐軍は，中央アジアのタラス河畔でアッバース朝のイスラーム軍に敗れたが，この際，捕虜となった唐軍の兵士のなかに紙すき工がいたため，製紙法が西方へ伝わったとされる。なお，タラス河畔の戦いの後，中央アジアにおけるイスラーム勢力の支配が強まるとともに，ムスリム商人も進出したため，内陸交易路の担い手はムスリム商人が中心となっていった。

問(7)　正解はリューベック

北海・バルト海交易の担い手となった都市の同盟はハンザ同盟で，盟主はリューベックである。ハンザ同盟は，北ドイツにおけるバルト海貿易の拠点であったリューベックと北海貿易の拠点であったハンブルクを中心に，最盛期には100以上の都市が参加した都市同盟である。ロンドン(イギリス)，ブリュージュ(フランドル)，ベルゲン(ノルウェー)，ノヴゴロド(ロシア)に4大在外商館を置き，共通の貨幣や陸海軍などを持ち，14世紀後半にはデンマーク海軍を破ってバルト海制海権を握るなど最盛期を迎えた。

問(8)　正解は(a)イブン=バットゥータ，(b)モンテ=コルヴィノ

(a)『三大陸周遊記(旅行記)』の著者を問う基本問題である。イブン=バットゥータは，モロッコ生まれのアラブ人のウラマーで，1325年のメッカ巡礼の後，約30年にわたりユーラシア大陸・アフリカ大陸をまわり，その行程は，東は元代の中国から西はイベリア半島に至る。入試では，彼の訪れたインドのトゥグルク朝，西アフリカのマリ王国などもあわせておさえておこう。

(b)教皇の使節としてモンゴル帝国に派遣され，大都大司教となったのはモンテ=コルヴィノである。モンゴル帝国を訪れた宣教師としては，まず教皇インノケンティウス4世の使節としてプラノ=カルピニが，フランス王ルイ9世の使節としてルブルックがカラコルムへと派遣されたが，どちらも内情視察が目的であった。当時，西欧は十字軍遠征期であり，イスラーム勢力に対して優位に立つモンゴルに十字軍への協力を要請する目的もあった。その後，教皇の使節として派遣されたモンテ=コルヴィノは，大都に至ると布教の許可を得て，中国で最初のカトリック布教者となり，1307年には大都大司教に任命された。

問(9)　正解はバルトロメウ=ディアス

初めてアフリカ南端の喜望峰に至ったポルトガルの航海者は，バルトロメウ=ディアスである。ポルトガル王ジョアン２世の命を受けたバルトロメウ=ディアスはアフリカ西岸を南下し，1488年，初めてアフリカ南端の迂回に成功，この岬を「嵐の岬」と呼んだが(航海中に嵐に遭遇し，それと知らずに南端迂回をしていたことから命名)，国王ジョアン２世はインドへの航路開拓への吉兆として「喜望峰」と命名した。その後，ヴァスコ=ダ=ガマが喜望峰をまわり，1498年にインドのカリカットに到達した。

問(10)　正解は(a)ゴア，(b)マラッカ

ポルトガルのアジア進出に関する出題である。1498年にヴァスコ=ダ=ガマがインドのカリカットに到達した後，ポルトガルはムスリム商人と争いながらインド周辺に拠点を拡大していった。1505年にセイロン島へと至ると，1510年にはインド西岸のゴアを占領して総督府を置き，翌11年には香辛料貿易の一大拠点であったマレー半島の港市国家マラッカを占領，さらに香辛料の主産地であったモルッカ諸島へ到達した。当時，マラッカはムスリム商人の香辛料貿易と中国商人の南シナ海・東シナ海貿易の接点として，香辛料のみならず中国物産の集積地となっていたため，ポルトガルは中国貿易にも参入，1517年には広州に至り，1557年にはマカオに居住権を得た。

解答例

(1)シドン，ティルス

(2)a，c

(3)匈奴

(4)ガーナ王国

(5)義浄

(6)アッバース朝，タラス河畔の戦い

(7)リューベック

(8)(a)イブン=バットゥータ　(b)モンテ=コルヴィノ

(9)バルトロメウ=ディアス

(10)(a)ゴア　(b)マラッカ

2000年

第1問 「中国文化の評価を手がかりとする18世紀のフランスの時代思想」

解説

【何が問われているか？】

1．啓蒙思想家が批判する18世紀フランスの絶対王政下の旧体制の状況。

2．フランスと清代の中国を，身分制度・思想弾圧・宗教的抑圧・専制の弊害といった視点から比較する。

3．啓蒙思想の歴史的意義。

→この場合の意義とは「啓蒙思想家の思想がフランスに与えた影響」であるから「フランス革命の思想的基盤の形成」にほかならない。

【背景解説】

中国文化の西洋への伝播について

教科書にも記述は極めて少ないが，以下に列挙してみる。西伝の担い手はイエズス会の宣教師である。中でもフランスの聖職者デュ=アルド(1674～1743)はイエズス会宣教師の書簡を抜粋して地理・歴史・政治・自然・年代記の5部に分け，百科全書風に編纂した『中華帝国全誌』を著し，18世紀のヨーロッパに中国を紹介した。彼らによる中国文化の紹介を機に「シノロジー」(中国学)が発達した。

〈中国文化の影響〉

- 科挙→官吏任用試験(イギリス)
- 農業論→ケネーの重農主義。『経済表』に『太極図説』の影響。
- 朱子学(宋学)→ライプニッツの近代哲学(君主機関説・革命是認・哲人政治)に影響。
- ヴォルテールの啓蒙思想…中国を合理的な儒教を基盤とする理性的社会として捉え，「旧体制」や独善的なカトリック教会批判の論拠とした。
- モンテスキューは『ペルシア人の手紙』などで東洋文化の視点から西洋文化を批判。
- ロココ美術に見られる非対称性。
- 陶磁器…1630年代にオランダで開始。ドイツのマイセンで白磁や青磁を製造。

〈フランスの啓蒙思想家〉

モンテスキュー(1689～1755)

ボルドーの高等法院副院長を務める。

『ペルシア人の手紙』(1721)：異邦人の観点から当時の旧体制を風刺。

『法の精神』(1748)：「三権分立」の思想→合衆国憲法に影響

・王(行政権)⇔平民(立法権＝議会)←高等法院(司法権＝貴族)が調停

ヴォルテール(1694～1778)

普のフリードリヒ２世，露のエカチェリーナ２世と交流。『哲学書簡(イギリス便り)』(1734)ではウォルポール期の英国議会政治を推奨。

・君主による「上からの改革」を提唱。

・儒教思想を合理的思想として賞賛。

・重農主義者でルイ16世の財務長官を務めたテュルゴーはヴォルテールの弟子。

レーナル(1713～96)

仏の著述家。イエズス会の教育を受け，聖職に就いたが，信仰生活を捨て，主著『両(東西)インドにおけるヨーロッパ人の諸機関と通商の哲学的・政治的歴史』で反植民地主義の立場から教会や絶対王政を厳しく批判し，教会から禁書に指定された。ブルボン朝からも国外追放に処されたが，同書は広く読まれ，フランス革命の思想的基盤の形成に影響を与えた。三部会議員に選出されたが，暴力に反対してこれを拒み，国民公会にも弾圧されて死去した。典型的な啓蒙思想家の１人であるが，受験生がアプローチできない人物なので，史料文から彼の思想を推測するしかない。

【加点ポイント】

《イエズス会宣教師による中国文化の西伝》

①中国にキリスト教を伝えた**イエズス会士**は**科挙制**・宋学の理論などを西欧に伝えた。

《フランスと清朝の政治思想の比較》

②中国では主観的で政治哲学的な宋学が主流であり，仏教も信仰されていた。

③フランス**啓蒙**主義者(ヴォルテール)はこれを理性主義的と捉え，これらの情報と自国の旧体制を対比し批判した→フランスと清朝の宗教による統制の有無がポイント

④フランスはルイ14世の**ナント勅令廃止**以来，信仰はカトリックに統一され，王権強化の基盤となっており，教会による思想弾圧(『百科全書』派への迫害)が行われていた。

⑤**啓蒙**思想家は教会の独善と思想弾圧を批判した。

＊「ナントの王令(勅令)廃止」は何度となく第１問の指定語句になっている。2009年度・第１問でも「ナントの王令廃止」後，カトリックを基盤とした王権神授説(ガリカニスム)に基づき，ルイ14世が王権の強化を図った，との論旨展開を求めている。

《身分制度に立脚するフランス絶対王政と旧体制の弊害および清代社会との比較》

⑥中国の官僚は学力試験である**科挙**を通過した非世襲のエリート層であった。

⑦フランス**絶対王政**は，聖職者・貴族・平民という三つの**身分制度**に立脚した。

⑧**絶対王政**下の「旧体制」においては，上流階級を占める聖職者・貴族が免税特権を有し，権力を独占した。

⑨人権思想を唱える啓蒙思想家は旧体制の不平等を追及した。

⑩清朝は皇帝独裁制を採り，**文字の獄**や禁書で反清思想を弾圧し，言論統制を行った。

⑪モンテスキューはこれをフランス**絶対王政**と同一視し，三権分立の立場から批判した。

《フランス啓蒙思想の歴史的意義》

⑫**啓蒙**思想家は改革を志す自由主義的な貴族や第三身分，特にブルジョワを代弁して絶対王政を批判し，人間の自由・平等と主権在民を掲げる**フランス革命**への道を開いた。

解答例

中国では政治哲学的な儒学が皇帝専制を支えており，これに反抗しない限り，道教や仏教などの信仰は認められた。一方，フランスではルイ14世の**ナント勅令廃止**以来，信仰はカトリックに統一され，国家による宗教統制が強化され，教会が百科全書派を迫害するなどの思想弾圧が行われた。中国にカトリックを伝えた**イエズス会士**は**科挙**制・宋学の理論を西欧に伝え，**啓蒙**思想家のヴォルテールはこれを合理主義と賞賛し，キリスト教を愚劣な迷信として批判した。レーナルは中国の官僚が学力試験である科挙を通過した非世襲のエリートであることに注目し，絶対王政下の厳格な**身分制度**の下で，聖職者・貴族が免税特権と地代徴収権を握るフランスの旧体制を批判した。清朝は皇帝独裁を強化し，**文字の獄**や禁書で反清思想を弾圧したが，ブルボン朝も三部会を停止し，専制を強めた。モンテスキューは清朝とブルボン朝をともに専制と批判して三権分立による王権の制限を説いた。このように啓蒙思想家は改革派貴族やブルジョワを代弁して**絶対王政**を批判し，**フランス革命**への道を開いた。

(450字)

第2問　「世界史上におけるさまざまな民族問題」

解説

問(1)　組織名：モンゴル人民革命党（モンゴル人民党）

指導者名：チョイバルサン(あるいはスフバートル・スヘバートル)

①の蒙古族とは，モンゴル族である。中華人民共和国においては内モンゴル自治区を中心に居住している。これに対し，独立したのは外モンゴルに居たモンゴル族である。外モンゴルとは現在のモンゴル国(1992～)である。ここの独立運動の中心となった組織名と指導者名を明らかにすればよい。

外モンゴルは清朝(1616～1912)の藩部であったが，1911年に辛亥革命が起こると独立を宣言した。しかし外モンゴルが新たに頼ったロシア帝国は，中華民国(1912～)との関係に配慮して独立国扱いしなかった。1917年ロシア革命が起こり，ロシアでソヴィエト政権が成立すると，日本や中華民国(中国)はシベリア出兵(1918～22)を行ったが，その際中国軍は外モンゴルに進駐した。その後，ソヴィエト政権に反対する白軍が外モンゴルに侵攻した。

一方ロシアで社会主義思想の影響を受けたチョイバルサン(1895～1952)は，1918年モンゴルに帰り，1920年スフバートル(スヘバートル 1894～1923)らとモンゴル人民党を結成した。チョイバルサンらはソヴィエト政権の軍である赤軍の支援を受けて白軍に勝利し，1921年中華民国から独立した。1923年スフバートルが死ぬと，チョイバルサンは人民革命軍の総司令官となった。1924年，党名をモンゴル人民革命党と改称した。コミンテルンの指導の下，モンゴル人民革命党一党独裁による社会主義を採用し，同年国名をモンゴル人民共和国と改称した。ソ連に次ぐ，世界で2番目の社会主義国の誕生である。

チョイバルサンは1936～38年にかけて社会主義の反対派を大量に粛清したため，「モンゴルのスターリン」と呼ばれた。こうして権力を強め，1939年から52年に死ぬまで首相兼外相を務めた。

1989年以降東欧の社会主義政権が崩壊し，91年にはソ連も解体した。この流れの中でモンゴルでも1992年に人民革命党が一党独裁を放棄し，社会主義体制から離脱した。国名もモンゴル人民共和国からモンゴル国へと改称したのである。

問(2)　国名：インド　　改革を進めた派：黄帽派（ゲルク派）

③はティベット族(チベット族)である(2000年度入試問題ではティベットと表記されているが，現行教科書ではチベットと表記しているため，以下チベットとする)。

1949年に成立した中華人民共和国(中国)は，51年人民解放軍をチベットに送り，チベット自治準備委員会を設けた。しかし，自治を巡って中国はチベットと対立した。1959年3月チベット仏教の僧や貴族・民衆が武装抵抗運動を起こしたが，人民解放軍により鎮圧された。この事件の後，チベット仏教の最高指導者であるダライ=ラマ14世(1935～)はインドに亡命し，10万人以上が外国に逃れた。これをきっかけとして中印国境紛争(1959～62)も起こり，1961年に開かれた第1回非同盟諸国首脳会議にも中国は代表を派遣しなかった。結局中国は1965年9月チベットを自治区とした。

一方ダライ=ラマ14世はインドにおいてチベット亡命政府の長となり，非暴力によるチベット解放闘争を行った。このため，1989年ノーベル平和賞を受賞した。

チベットでは吐蕃（7～9世紀）の時代に独自のチベット仏教が成立した。元（1271～1368）のフビライ=ハン（位1260～94）は，チベット仏教サキャ派の法王パスパ（パクパ）を帝師とし，厚遇した。チベット仏教は元で保護され，寺院建立や過度な寄進などで元の財政破綻の一因となった。また明（1368～1644）でも，一部の皇帝がチベット仏教に傾倒したため，明はチベット仏教の各宗派や高僧に広く朝貢を呼びかけていた。こうしてチベットではさまざまな宗派が貴族と結びついて対立・抗争を繰り返すことになった。

このような状況に対し，ツォンカパ（1357～1419）は，チベット仏教が世俗に過度に接近することによる腐敗を戒めて，宗教改革を図った。彼がはじめた宗派が黄帽派（ゲルク派）である。彼は僧に対し，密教の修学よりも先に顕教（経典の暗記・研究）の学習を必須とした。また彼は僧の妻帯を禁じた。従来のチベット仏教，例えばサキャ派などでは特定の一族が宗派の法王を世襲していたのである。

ツォンカパの死後，法灯は2大弟子のダライ=ラマ（16世紀にタタールのアルタン=ハンから称号が贈られた）とパンチェン=ラマに継承された。彼らも独身である。では世襲せずに，どうやって地位を継承するのか？　それが転生相続制度である。ゲルク派では高僧が死ぬと，生まれ変わりの男児を指定し，転生者（活仏）として養育し地位を継承させた。要するに肉体は別だが，魂は同一人物であるとして地位を確立したのである。以後歴代のダライ=ラマはチベットとモンゴルに大きな影響力を持ち，チベットの政治権力をも掌握することになった。なおゲルク派は黄教とも呼ばれているが，「派の名称を記せ」と問われているので，「派」を付けた解答の方をお勧めしたい。

問(3)　抗争の名称：義兵闘争　　都市の名：上海

日露戦争（1904～05）に勝利した日本は，1905年のポーツマス条約で韓国（大韓帝国，1897年に朝鮮から改称）における優越権をロシアに認めさせた。すると日本は同年第2次日韓協約（韓国保護条約）を韓国と結び，韓国の外交権を奪って保護国化した。翌1906年には日本政府の代表機関である統監府を置き，伊藤博文を初代統監として派遣した。このような日本による朝鮮半島の植民地化に対し，韓国内では日本に武力で抵抗する義兵闘争が激化した。

1907年韓国皇帝高宗（位1863～1907）が，ハーグ万国平和会議に密使を送って日韓協約の無効を訴えようとした（ハーグ密使事件）ため，日本は高宗を強制的に退位させた。同年日本は第3次日韓協約を結び，韓国の行政・司法権を奪うとともに，韓国の軍隊も解散させた。しかし韓国軍の兵士の多くは武器を持ったまま脱走し，義兵闘争に参加した。このため義兵闘争は一層激化した。1909年伊藤博文が義兵の指導者である安重根にハルビン駅で射殺されると，日本は翌10年韓国併合を断行し，植民地化を完成した。統監府に代わり，朝鮮総督府を設置し，武断政治に基づく植民地統治を展開した。日本は多くのスパイを義兵の中に潜入させ，ついに義兵闘争を鎮圧した。

1918年アメリカ大統領ウィルソン(任1913～21)が十四か条の平和原則を発表すると，世界で民族自決の機運が高まった。1919年3月1日，日本の植民地の朝鮮で知識人たちが「独立宣言」を発表すると，ソウルの民衆が「独立万歳」を叫んで大規模なデモを起こした。この三・一独立運動はたちまち朝鮮全土に広がった。日本は軍隊と警察の力でこれを徹底的に弾圧する一方，統治方針を文化政治という同化政策に転換した。

この運動の盛り上がりを受け，同19年4月上海のフランス租界で，李承晩ら亡命朝鮮人により，大韓民国臨時政府が結成された。しかし，のちに内部対立などで弱体化し，朝鮮独立運動に対して大きな役割を果たすことはできなかった。1945年8月の日本の敗戦後，主要メンバーは朝鮮に帰国した。なお李承晩は大韓民国の初代大統領(任1948～60)となった。

問(4)　①・③・⑩

①はモンゴル族，③はチベット族，⑩は満州族である。『五体清文鑑』は清の乾隆帝(位1735～95)時代に作られた，満州語・チベット語・モンゴル語・ウイグル語・漢語の対照語辞典である。収録語数は各々約2万語である。チベット語とウイグル語については，その語の発音が満州文字で書かれている。

世界史の教科書には，どれにもこの辞典の記載がないし，そもそも世界史というよりは言語学の領域の設問である。統計を見て答えるタイプの問題と割り切るべきだろう。

問(5)　インカ帝国の交通・情報手段について説明させる問題。

【加点ポイント】　①**道路網を整備**した。
②**宿駅制度**／駅伝制／飛脚制度を置いた。
③**キープで情報を記録**した。

アンデス地方のケチュア人は，15世紀半ばに現在のコロンビア南部からチリにかけての広大な地域を支配する，インカ帝国を建設した。首都はクスコである。インカの皇帝は太陽の子(インカ)とみなされ，絶大な宗教的権力を振るい，統治を行った。インカ帝国は4つの州からなる連邦国家であり，被征服民族には比較的自由な自治が認められていた。

インカ帝国は全土に道路網と宿駅制度を設けた。これにより広大な地域を支配できたのである。ただし，馬や車輪は利用されなかった。また文字も持たず，数量などを記録するためにキープ(結縄)が用いられた。縄の結び方で情報を伝えたのである。このような結縄は,琉球王国(1429〜1872)でも使われ,藁算(ワラサン)と呼ばれていた。

インカ帝国では，16世紀前半に帝位継承を巡る内紛が起こった。スペインのピサロ(1478〜1541)はこれに乗じて1533年インカ帝国を征服し，皇帝アタワルパを処刑した。

問(6)　制度の名称：エンコミエンダ制　修道士の名：ラス＝カサス

エンコミエンダとは，スペイン語で「委託」を意味する。エンコミエンダ制とは，先住民の保護とキリスト教化を条件として，スペイン王から先住民とその土地の支配を,征服者(コンキスタドール)に委託する制度である。1503年にイスパニョーラ島(エスパニョーラ島，現在のハイチ・ドミニカがある島)ではじまった。

エンコミエンダ制により先住民は大農園や鉱山などで酷使された。こうした過酷な労働や，ヨーロッパからもたらされた天然痘・ペスト・インフルエンザなどの伝染病により，先住民の人口は激減した。これに対して，先住民の奴隷化に反対し，その擁護を訴えたのがラス=カサス(1474／84〜1566)である。なおラスはスペイン語の定冠詞であり，名ではない。正式に言うとバルトロメ=デ=ラス=カサスという(バルトロメが名，デは英語のof)。なのでカサスのみは不可。

ラス=カサスは1502年に新大陸(当時はインディアス＝インドと呼ばれていた)のイスパニョーラ島に渡り，エンコミエンダ制の下，先住民を農園で使役した。のち新大陸最初の司祭となり，キューバ遠征軍に従軍し，そこでの先住民に対する虐待を見て改心した。そして自分のエンコミエンダを放棄し,先住民保護を強く訴えるようになった。しかしコンキスタドールの反感を買い生命の危険を感じたため，1522年ドミニコ修道会に入り，その庇護を受けることになった。

1542年，スペイン王カルロス1世(位1516〜56，神聖ローマ皇帝カール5世)がラス=カサスの現状報告を聞き,先住民保護のための評議会を開くと,ラス=カサスは『インディアスの破壊についての簡潔な報告』を著した。この結果，評議会は先住民保護とエンコミエンダ制の段階的廃止を内容とするインディアス保護法を制定することになった。しかし実際にはエンコミエンダ制の廃止はなかなか進まなかった。なお，当初ラス=カサスは，先住民に代わってアフリカ人を奴隷として導入することに特に反対していなかった。だがのちにポルトガル人が奴隷を入手するために,アフリカで行っている戦争の不法性を知って意見を変え，奴隷導入にも反対するようになった。

17世紀前半以降，スペインの新大陸植民地ではエンコミエンダ制に代わり，アシエンダ制と呼ばれる,大土地所有に基づく農園経営が広がった。大農園主は負債を負った農民(ペオン)を使って農業や牧畜を営んだ。17世紀後半に銀の生産が減少して交易が衰えるとアシエンダ制は一層拡大していった。その結果，エンコミエンダ制は18世紀にはほぼ消滅した。

問(7)　(a)メスティーソ　(b)ムラート

メスティーソはスペインの植民地における，先住民と白人との混血である。ブラジルではマメルーコという。スペインからの独立運動において，運動を主導したクリオーリョ(植民地生まれの白人)に協力した。一方，ムラートは黒人と白人との混血である。また黒人と先住民との混血も存在している。彼らはスペインの植民地において，黒人奴隷や先住民と同様，被支配層であった。

問(8)　大統領名：ヒンデンブルク　法律名：全権委任法（授権法）

ヒンデンブルク(1847～1934)はドイツの軍人・政治家である。第一次世界大戦(1914～18)の東部戦線においてドイツ軍を率い，ドイツ領内に侵入したロシア軍を1914年のタンネンベルクの戦いで破った。これによりヒンデンブルクは英雄視されるようになり，同年中に元帥となった。戦後は軍から引退したが，ヴァイマル共和国(1919～33)の初代大統領エーベルト(任1919～25)が死ぬと，ヒンデンブルクは第2代大統領(任1925～34)に選出された。1932年3月の大統領選挙ではヒトラー(1889～1945)を破って再選されたが，ヒトラー率いるナチ党の台頭は著しく，7月の総選挙でナチ党が第一党となった。そのためヒンデンブルクは1933年1月，ヒトラーを首相に任命せざるを得なかった。

1933年2月，ドイツで国会議事堂放火事件が起こると，ヒトラーはその責任を共産党に帰し，共産党を徹底的に弾圧した。そして翌3月，政府に立法権を委ねる全権委任法を成立させ，議会の力を奪った。この法律は4年間の時限立法だったが，延長されて1945年まで存続した。全権委任法に反対した社会民主党はヒトラーにより活動を禁止され，その他の政党も解散に追い込まれ，ナチ党の一党独裁体制が確立した。さらに1934年にヒンデンブルクが死ぬと，ヒトラーは大統領と首相を兼ねて総統(フューラー)となり，第三帝国(1933～45)の元首となった。なお第三帝国とは，神聖ローマ帝国(第一帝国 962～1806)・ドイツ帝国(第二帝国 1871～1918)に次ぐ帝国という意味である。

問(9)　政権名：ヴィシー政府（ヴィシー政権）　人物名：ペタン

ペタン(1856～1951)はフランスの軍人・政治家である。第一次世界大戦において，1916年のヴェルダンの戦いでドイツ軍の攻撃を防ぎ，「ヴェルダンの英雄」と呼ばれた。のち元帥となる。

第二次世界大戦中の1940年6月，ドイツ軍はフランスの首都パリを占領した。間もなくペタンは第三共和政(1870～1940)最後の首相となり，ドイツに降伏を申し入れ，休戦協定を結んだ。この休戦協定により，パリを含むフランスの北部や東部はドイツの占領下に置かれ，フランス政府はフランス中部のヴィシーを本拠地とすることとなった。

ヴィシーにおいて，第三共和政憲法は廃止され，新たな憲法が発布された。大統領制や議会制は廃止もしくは停止され，行政・立法の両権を握る国家元首が置かれた。このヴィシー政府の国家元首(国家主席)となったのがペタン(任1940～44)である。ペタンはドイツに協力し，第三共和政の政治家を追放したり，共産党を非合法化したりした。問題文にある，ユダヤ人迫害にもかかわったのである。日本もヴィシー政府の了承を得て，1940年9月フランス領インドシナ北部に進駐し，さらに1941年7月にはフランス領インドシナ南部にも進駐した。

一方ド=ゴール将軍を中心とするフランスの抗戦派はロンドンに自由フランス政府をつくり，フランス人に抵抗運動(レジスタンス)を呼びかけた。1944年6月，連合軍は北フランスのノルマンディーに上陸し，8月にはパリを解放した。こうしてヴィシー政府は崩壊し，ド=ゴールがパリにフランス共和国臨時政府(1944～46)を建てた。ペタンは逮捕され，死刑を宣告されたが，終身禁固に減刑され，流刑先のユー島で死亡した。

問⑽　国名：ポーランド

理由：ユダヤ人移民と先住のアラブ人が激しく対立したから。(25字)

【加点ポイント】　①最も多くのユダヤ人が虐殺された国：**ポーランド**

②パレスティナ(パレスチナ)に**アラブ人が先住していた**こと

③**アラブ人とユダヤ人(移民)が激しく対立**したこと

第二次世界大戦中における，ユダヤ人の大量虐殺(ホロコースト)の犠牲者の数は600万人以上であると言われる。その多くは，ポーランドのオシフィエンチム(ドイツ語名アウシュヴィッツ)などの各地の強制収容所に入れられた後，毒ガスなどで殺された。ユダヤ人を絶滅させるための強制収容所は他にもあったが，その最大・最凶のものがこのアウシュヴィッツ強制収容所であった。戦前にポーランドに300万人いたユダヤ人の多くが，その犠牲となったという。

1917年イギリスはバルフォア宣言を出し，パレスチナ(パレスティナ)におけるユダヤ人の民族的郷土(ナショナル=ホーム)の設立を認めた。以後，ユダヤ人が世界各地からパレスチナへ移住してきた。しかしここは無人の土地ではなく，それ以前に住んでいたアラブ人(パレスチナ人)との対立が起こった。

1933年，ドイツでナチ党のヒトラーが政権を掌握し，さらに全権委任法によって独裁体制を確立すると(問⑻参照)，ユダヤ人が激しく迫害されるようになった。さらにヒトラー政権は1935年にはニュルンベルク法を制定し，ユダヤ人から公民権を奪った。そのためパレスチナ(イギリスの委任統治領)へのユダヤ人の移住が増加した。1933～

39年の間，パレスチナは年間25万人のユダヤ人を受け入れてきた。しかし，アラブ人とユダヤ人との対立が激化したため，問題文にあるように，1939年5月イギリスはパレスチナに受け入れるユダヤ人の数を1年間に1万5千人に制限したのである。ユダヤ人はイギリスの政策に不満を持ち，戦後のイスラエル建国へと向かうこととなった。

解答例

(1)組織名：モンゴル人民革命党(モンゴル人民党)
指導者名：チョイバルサン(スフバートル・スヘバートル)

(2)国名：インド　改革を進めた派：黄帽派(ゲルク派)

(3)抗争の名称：義兵闘争　都市の名：上海

(4)①・③・⑩

(5)(B)道路網を整備して宿駅制度を置き，キープで情報を記録した。
(番号・記号を含めて30字)

(6)制度の名称：エンコミエンダ制　修道士の名：ラス=カサス

(7)(a)メスティーソ　(b)ムラート

(8)大統領名：ヒンデンブルク　法律名：全権委任法(授権法)

(9)政権名：ヴィシー政府(ヴィシー政権)　人物名：ペタン

(10)国名：ポーランド
理由：ユダヤ人移民と先住のアラブ人が激しく対立したから。
(25字)

第3問　「古代〜中世における地中海世界の宗教」

解説

地中海世界の宗教に関する都市について，関連事項が出題されている。語句を問う単答問題は総じて基本事項なので，全問正解を狙ってほしいところだが，地図上の位置を問われると厳しいという受験生もいたのではなかろうか。普段から地図を見ながら学習していたかが，得点差に現れたものと思われる。小論述問題は，単なる語句説明ではなく理解を問うものであり，用語暗記のみでは解答は難しい。

問(1)　正解は②，アケメネス朝

ユダ王国の住民を強制移住させたとの問いから，すぐに「バビロン捕囚」とわかるはずだが，地図上の位置と言われて迷ったかもしれない。バビロンはユーフラテス川中流域に位置する都市で，古バビロニア王国(バビロン第一王朝)の都となり，都市神マルドゥクがバビロニアの最高神とされて以来，メソポタミア世界の中心都市となった。バビロン捕囚(前586～前538)は，新バビロニア(カルデア)王国のネブカドネザル2世がユダ王国を滅ぼした際，住民をバビロンに強制移住させた事件である。その後，アケメネス朝のキュロス2世が新バビロニアを滅ぼすと，解放されたユダヤ人はパレスチナに帰還し，ヤハウェの神殿を再建した。これがユダヤ教の確立とされる。

問⑵　解答例⑵⑭ローマ帝国のキリスト教国教化で，異教の祭祀が禁止された。

（番号を含めて30字）

オリンピアの祭典競技(古代オリンピック)は，ペロポネソス半島西北部のオリンピアのゼウス神殿で4年ごとに行う祭典に伴う競技会である。参加者は自由身分のギリシア人の男子とされ，競技への参加資格と審査を通じてヘレネス(ギリシア人)観が確立された。オリンピア競技の禁止についての記述は教科書にはないが，後4世紀末という年代からローマ帝国末期であることは判断できるので，キリスト教国教化を想起してほしい。国教化とは「すべての異端・異教信仰の禁止」であり，異教の祭祀は当然ながら禁止である。オリンピア競技がギリシアのオリンポス12神の主神ゼウスの神殿で開催される祭典であると理解していれば，解答できるだろう。オリンピアの位置は盲点だったかもしれない。

問⑶　解答例⑶ニケーア公会議では，父なる神と子なるイエスを同一とするアタナシウス派を正統，イエスを人間とするアリウス派を異端とした。

（番号を含めて60字）

⑩はニケーアであるが，位置がわからなくとも325年という年代が示されているので，問われているのは「ニケーア公会議での決定」ということはすぐにわかる。内容は基本事項。問題にニケーア公会議の名称が示されていないので，解答例では念のため名称を入れておいた。313年，ミラノ勅令でキリスト教を公認したコンスタンティヌス帝は，325年にニケーア公会議を召集し，教義の統一を求めた。この会議には約300人の司教が集まり，特にキリスト(イエス)の理解を巡る論争が繰り広げられ，「イエスは父なる神から生まれた神の独り子にして，父と同一本質である」というアタナシウスの説(アタナシウス派)が正統とされ，アリウスが主張した「神は唯一絶対であり，イエスは神に従属する神の被造物(つまり人間)である」とする説(アリウス派)は異端とされた。なお，論述の際に注意してほしい点が二つある。1点目は，会議を主催したのはコンスタンティヌス帝だが，審議はあくまでも教会の司教が行い，最終的な決定も司教たちによるという点である。よって，コンスタンティヌス帝が「決定」したという書き方は，厳密には誤りである。2点目は，三位一体説が正統教義として確立したのは，最終的にはカルケドン公会議(451)を経た後なので，ここでは「三位一体説を正統」としてはいけない。

問(4)　正解は６世紀，⑮

イタリアの聖職者であった聖ベネディクトゥス(480頃～547頃)は，東方の修道院運動を西方に導入し，529年頃ローマとナポリの中間にあるモンテ=カシノ(カシノ山)に修道院を創設すると，清貧・純潔・服従を旨とする「聖ベネディクトゥス戒律」を作成,これを修道士に厳格に守らせた。これが,西欧における修道院の起源となった。この戒律に従うベネディクト修道会は「祈り，働け」をモットーに，中世ヨーロッパの教会における精神的中核となったほか，教皇グレゴリウス１世はブリテンやゲルマン人諸国にベネディクト派の修道士を派遣して，正統派キリスト教(カトリック)の拡大を図った。

問(5)　解答例(5)ビザンツ皇帝レオン３世の聖像禁止令に反発したローマ教皇は，カールの戴冠でビザンツから自立，11世紀の相互破門で分裂した。

(番号を含めて60字)

⑪の都市はコンスタンティノープルである。コンスタンティノープル教会は，ローマ帝国の東西分裂以来，東ローマ(ビザンツ)皇帝の保護下にあったが，西ローマ帝国滅亡後は,東ローマ(ビザンツ)皇帝がローマも含めたキリスト教会全体の保護者であった。しかし，726年にビザンツ皇帝レオン３世がイスラーム教徒への対抗から聖像禁止令を発布すると，ゲルマン人への布教で聖像を使用していた西の教会(ローマ=カトリック教会)はこれに反発し，東西教会の対立は決定的となった。これを機に，ローマ教皇はフランク王国との連携を進め，800年にフランク王カール１世に皇帝位を与えて西ローマ帝国の復活を宣言，ビザンツ帝国から自立した。その後，1054年に西のローマ教皇と東のコンスタンティノープル総主教がお互いに破門を宣告しあい，東西教会は正式に分裂した。ここでは，事実上の分裂である「カールの戴冠(800年)」と，「相互破門による正式な分裂(1054年)」の両方に触れることになるため，字数的にはかなり厳しい。

問(6)　正解はカイロ，⑧

10世紀にムハンマドの子孫であることを強調した王朝とは，チュニジアで建国したファーティマ朝(909～1171)である。北アフリカで秘密運動を展開していたシーア派の一派イスマーイール派は，第４代正統カリフのアリーとムハンマドの娘ファーティマの子孫と称するウバイド=アッラーフを招き，救世主(マフディー)としてファーティマ朝の初代カリフに推戴した。これはアッバース朝の領域内にシーア派の独立政権が誕生したことを意味し，その首長がカリフを称したことはスンナ(スンニー)派のアッバース朝に対する挑戦であった。ファーティマ朝は，10世紀後半には肥沃なエジプトを征服すると，かつての軍営都市(ミスル)の一つであったフスタートの北方に新都カイロを建設した。カイロは紅海貿易と地中海貿易の中継点として繁栄し，のちに，軍事政権の占領やモンゴル軍の攻撃を受けたバグダードに代わり，イスラーム世界の中心都市へと成長した。

問(7)　正解は両シチリア王国（シチリア王国），⑰

南イタリア(ナポリ)とシチリア島は，10世紀以降，イスラーム勢力やビザンツ帝国の侵入を受け，11世紀初頭の段階では，シチリア島はイスラーム勢力が，南イタリアはビザンツ帝国(マケドニア朝)が支配していた。このため，この地にはギリシア人やムスリムが流入するとともに，西欧のカトリック文化，ビザンツ帝国から流入したギリシア文化，そしてイスラーム文化の接点となった。その後，11世紀前半から，政情不安定であった南イタリアにノルマンディー公国のノルマン騎士が進出してイスラーム勢力を圧倒すると，ロベール=ギスカールが南イタリアを征服してナポリ王国を，弟のルッジェーロ1世がシチリア島を征服してシチリア王国を建て，1130年にはルッジェーロ1世の子ルッジェーロ2世がシチリア・ナポリ両王国の王位を継承した(両シチリア王国の成立)。以後，キリスト教文化とイスラーム文化の接触地として独自の文化が栄え，パレルモの宮廷ではギリシア人やムスリムの官僚も活躍した。

問(8)　正解はムワッヒド朝，㉔

11世紀半ば，北アフリカ・マグリブ地方のベルベル人の間では，シーア派のファーティマ朝に対抗したスンナ派の復興運動が起こり，この中からムラービト朝(1056～1147)が成立した。その後，イスラームへの解釈を巡る宗教的な改革運動(神の唯一性を強調する運動で，この運動の同調者に対する呼称「ムワッヒドゥーン〔唯一神の徒〕」が王朝の名称の由来)の中から現れたアブド=アルムーミンが，1130年にムワッヒド朝を建てた。本問では12世紀という時代設定なのでムワッヒド朝が正解である。なお，ムラービト朝･ムワッヒド朝ともに,都は現在のモロッコに位置するマラケシュである。

問(9)　正解はアイユーブ朝，サラディン（サラーフ=アッディーン）

⑦は地図上の位置，および「ユダヤ教，キリスト教，イスラーム教の共通の聖地」という記述からイェルサレムとわかり，さらに12世紀末といえば十字軍遠征の時期である。第1回十字軍は，1099年に聖地回復に成功するとイェルサレム王国(1099～1291)を建てたが，12世紀末にはアイユーブ朝のサラディン(サラーフ=アッディーン)にイェルサレムを奪回されたため，これに対抗して第3回十字軍(1189～92)が派遣された。この遠征は十字軍史上最大の遠征で，イギリス王リチャード1世，フランス王フィリップ2世，神聖ローマ皇帝フリードリヒ1世が参加したが，サラディンと抗戦したのはリチャード1世のみであった。

問(10)　正解はコンスタンツ，⑲

教会大分裂(大シスマ)を解消したコンスタンツ公会議(1414～18)の名称は基本事

項だが，地図上の位置は少々細かい。この会議を主導したのは神聖ローマ皇帝ジギスムントであり，開催地はドイツであることがわかれば，自ずと⑲となる。教会大分裂をめぐる経緯は正確に理解しておこう。まず，フランス王フィリップ４世の治下で，教皇庁が南フランスのアヴィニョンに移されたが(「教皇のバビロン捕囚」1309～77)，その後1377年に教皇庁は一旦ローマに戻った。しかし，これに対抗してアヴィニョンでも別の教皇が立てられたため，以後複数の教皇が並び立つ教会大分裂となった。「教皇のバビロン捕囚」が「教会大分裂」のはじまりではないので注意してほしい。その後，分裂の収束を図って開かれたピサ公会議でも新たな教皇が立てられ，３教皇が並立する事態に陥ったが，コンスタンツ公会議で３教皇を廃位したのちに統一教皇を選出して，教会大分裂は終結した。また，コンスタンツ公会議では，聖書主義を主張したイングランドのウィクリフ(1320頃～84)とベーメンのフス(1370頃～1415)が異端とされ，フスは火刑に処された(ウィクリフはすでに死去していた)。

解答例

(1)②，アケメネス朝

(2)⑭ローマ帝国のキリスト教国教化で，異教の祭祀が禁止された。

(番号を含めて30字)

(3)ニケーア公会議では，父なる神と子なるイエスを同一とするアタナシウス派を正統，イエスを人間とするアリウス派を異端とした。

(番号を含めて60字)

(4)６世紀，⑮

(5)ビザンツ皇帝レオン３世の聖像禁止令に反発したローマ教皇は，カールの戴冠でビザンツから自立，11世紀の相互破門で分裂した。

(番号を含めて60字)

(6)カイロ，⑧

(7)両シチリア王国(シチリア王国)，⑰

(8)ムワッヒド朝，㉔

(9)アイユーブ朝，サラディン(サラーフ=アッディーン)

(10)コンスタンツ，⑲

1999年

第1問 「前3～後15世紀末のイベリア半島の歴史」

解説

【何が問われているか？】

時代設定が前3世紀から15世紀末ということは，カルタゴの植民地時代からレコンキスタ(国土回復運動)終結までのイベリア半島史が論述の対象である。これをヨーロッパやアフリカの諸勢力の侵入と影響という視点から論述せよ，との設問である。中世以降，イスラーム文明と西欧カトリック文明との「境界」となったイベリア半島の歴史の意義を意識し，二つの文明の衝突と交流について書くこと。単なる王朝交代史にならないよう注意が必要である。

イブン=ルシュドのアリストテレス哲学研究の成果が，レコンキスタを機に13世紀のカスティリア(カスティリャ)の都トレドでラテン語に翻訳され，トマス=アクィナスによるスコラ哲学の大成に寄与した。この視点は2011年度の第1問にも関連するが，この問題は字数が少ないので簡潔に論述すること。以下の背景解説で指定語句を時代順に整理しておく(初出のみ指定語句には下線を付した)。

【背景解説】

カルタゴはフェニキア人の都市国家ティルスが前9世紀に北アフリカ沿岸(現チュニス付近)に建設した植民市。フェニキア人は前12世紀からカナーン(パレスチナ)を拠点に地中海交易に活躍した海洋民族で，現レバノンにビブロス・シドン・ティルスなどの都市国家を建設した。その活発な交易活動により，フェニキア文字が広まり，ギリシア文字の形成に影響を与えた。カルタゴは西地中海を中心に貿易で繁栄し，北アフリカ・イベリア半島・サルデーニャ島・シチリア島西部に植民を行ったが，前3～前2世紀，3次にわたる「ポエニ戦争(ポエニ=フェニキア人に対するローマ側の呼称)」でローマに敗れ，その**属州**(イタリア半島以外のローマ領)となった。イベリア半島は第2次ポエニ戦争に際して，ハンニバルの拠点となったが，ハンニバルはローマのスキピオに敗れ，半島には属州ヒスパニア，ルシタニアなどが置かれた。ローマ帝国時代には市民権の付与などを通してローマ化が進み，ローマ最大版図を形成したトラヤヌス，ハドリアヌスらを輩出した。

フン人に圧迫されてローマ領内に侵入し，ゲルマン人の大移動の端緒となった**西ゴート**人は，ローマを略奪(410)した後，一旦，南フランスに建国し，西ローマと結んでフン人のアッティラを撃退した(カタラウヌムの戦い 451)が，その後，フランク人

1999

に敗れて6世紀，イベリア半島に移住，建国した。西ゴート人は当初はアリウス派を信奉したが，イベリア半島への移動後，アタナシウス派に改宗した。西ゴート王国におけるローマ文化の保存は，のちのキリスト教文化の形成に影響を与えた。西ゴート王国は8世紀初め，北アフリカから侵攻したウマイヤ朝の軍に敗れて滅んだが，西ゴート人の残存勢力が半島北部を拠点にイスラーム勢力に対するレコンキスタ(再征服=国土回復運動)を開始した。本問は文明の衝突と交流がテーマなので，西ゴートがキリスト教化していたことに言及すると，のちのレコンキスタへのつながりを明示しやすい。

ウマイヤ朝の領土拡大はアブド=アルマリク(位685～705)，ワリード1世(位705～715)の治世に進展した。7世紀後半には北アフリカ(マグリブ=太陽の沈む地方，現在のモロッコ・アルジェリア・チュニジア)を東ローマ帝国から奪い，同地のハム語系先住民・ベルベル人をイスラームに改宗させた。次いでベルベル人出身の将軍ターリクがアラブ・ベルベル連合軍を率いてイベリア半島に侵攻し，西ゴート王国を征服した(711)。現在のジブラルタル海峡は「ターリクの山」の意味である。その後，ウマイヤ朝の軍はピレネー山脈を越えてフランク王国に侵入したが，ロワール川中流域のトゥール=ポワティエ間の戦い(732)でメロヴィング朝の宮宰カール=マルテルに敗れ，ピレネー以西に撤退した。

ウマイヤ朝がアッバース革命で滅亡した後，ウマイヤ家の一族であるアブド=アッラフマーン1世(母はベルベル人)はイベリア半島に後ウマイヤ朝(756～1031)を再興し，「アミール(総督)」を称してアッバース朝に対抗した。一方，フランク王国ではカール=マルテルの子ピピンによってカロリング朝が成立した。その子**カール大帝**(1世・シャルルマーニュ　位768～814)は北イタリアのランゴバルド王国を征服(774)，次いで中欧のアヴァール人を征討(799～804)してドナウ川中流域に進出するなど，キリスト教世界の防衛・拡大に努める一方，イベリア半島の後ウマイヤ朝と抗争し，ピレネーにスペイン辺境伯領を設置した。この間の778年，ムスリムと結ぶ可能性があったピレネーの山岳民族バスク人を攻撃したカール大帝の軍はバスク人の奇襲にあって敗北し，カールの重臣であったブルターニュ辺境伯ローランが戦死するなど多くの犠牲を出した(ロンスヴォーの戦い)。これがのちに後ウマイヤ朝との戦いに脚色され，叙事詩『ローランの歌』の題材となった。

イドリース朝・ファーティマ朝などの北アフリカのシーア派王朝と抗争した後ウマイヤ朝のアブド=アッラフマーン3世は，ファーティマ朝に対抗してカリフを称した(西カリフ国 929)。彼の時代に王朝は全盛期を迎えた。地中海東岸への陶器・繊維製品などの輸出が行われ，都の**コルドバ**ではメスキータ(大モスク)が建立されるなど，イスラーム文化が栄えた。この間，イベリア半島北部では後ウマイヤ朝と西ゴート王国の後裔であるアストゥリアス王国・レオン王国との抗争が続いた。

イスラーム勢力に対し，キリスト教勢力では西ゴート王国系のアストゥリアス王国（8～10 世紀）とこれを継承したレオン王国（10～11 世紀）が，半島北部を維持して後ウマイヤ朝に対抗したが，11 世紀にはピレネー地方のナバラ王国（9～16 世紀）から独立した**カスティリア王国**（以後，背景解説では現行教科書の表記に合わせてカスティリャと表記する）がレオン王国を併合（11 世紀）した。半島北東部では，フランク王国が国境地帯においたスペイン辺境伯領を起源とするバルセロナ伯領と，ナバラ王国から独立したアラゴン王国（11～15 世紀）が連合王国を形成した。

11 世紀に入ると，後ウマイヤ朝は分裂に瀕した（1031）。これを機にカスティリャ王国とアラゴン王国はレコンキスタ（国土回復運動）を本格化させた。この過程で両王国は中央集権化が進み，王権が強大化した。

キリスト教勢力の台頭の背景に巡礼の増加がある。スペイン北西部ガリシア自治州の都市サンチャゴ=デ=コンポステラは，『神曲』の作者ダンテが中世西欧においてイェルサレムやローマと並称される 3 大巡礼地の一つと紹介している。「サンチャゴ」はイエスの弟子で12 使徒の一人「大（聖）ヤコブ」のスペイン語名で，大ヤコブはイベリア半島にキリスト教を伝えた後，1 世紀前半にイェルサレムで殉教した。その死後，弟子たちがイベリアに運んで葬ったとされるヤコブの遺骸が，9 世紀になってサンチャゴで「発見」された。これを機に「大ヤコブ=サンチャゴ」はイスラーム勢力に対するレコンキスタの象徴とされ，サンチャゴにはヨーロッパ各地からピレネー山脈を越えて多くの巡礼者が訪れるようになった。この巡礼路に沿って，巡礼の便宜を図り，商業を営むために都市が形成された。外国人の定住も進み，イスラーム勢力と対決するキリスト教諸侯もこれを歓迎して巡礼ネットワークが大いに整備され，11 世紀にはロマネスク様式の大聖堂も建立されている。こうした「巡礼」の活発化からレコンキスタや十字軍などの軍事，あるいは商業ネットワークが発展したのである。

後ウマイヤ朝の分裂・崩壊後，カスティリャ王国が西ゴート王国の古都トレドを攻略（1085）したが，モロッコに建国したベルベル人の**ムラービト朝**（1056～1147），次いでムワッヒド朝（1130～1269）がイスラーム勢力救援のためイベリア半島に侵入し，戦況は膠着した。この間，ポルトガル王国がカスティリャから分離・独立（1143）し，イスラーム勢力からリスボンを奪取（1147，1255 年から首都）した。

後ウマイヤ朝からムワッヒド朝にかけて，首都のコルドバではイスラーム文化が繁栄した。12 世紀末に没したイブン=ルシュド（アヴェロエス）はダンテによって「アリストテレスの最良の注釈者」と評され，スコラ学を大成したトマス=アクィナスの『神学大全』に影響を与えた。

1212年，フランス(フィリップ2世)・ナバラ・アラゴン・カスティリャなどが第4回十字軍と連動して組織した「新十字軍」がラス＝ナバス＝デ＝トロサの戦いでムワッヒド朝軍を撃破した後，キリスト教勢力が優勢となった。1236年にはカスティリャ王国がコルドバを攻略してイブン＝ルシュドらの著作をトレドに持ち帰り，ラテン語訳を進めた(「大翻訳」時代)。後ウマイヤ朝がコルドバに建設した「大モスク・メスキータ」は，カトリック教会に転用されている。1232年にはイスラーム系のナスル朝**グラナダ**王国(～1492)が成立したが，カスティリャはムワッヒド朝の拠点セビリャを陥落(1248)させ，グラナダ以外のアンダルシア(イスラーム勢力の拠点コルドバ，セビリャを含むスペイン南部)を制圧した。アラゴン王国は灌漑農耕が発達した半島東部のバレンシアをイスラーム勢力から奪い，ポルトガルは領内からイスラーム勢力を排除(1249)するなど，レコンキスタの大勢は13世紀に決した。

「大翻訳」はシュタウフェン朝の神聖ローマ皇帝フリードリヒ2世支配下のシチリア・パレルモでも活発に行われたが，皇帝の死後，シュタウフェン朝は教皇と結ぶフランス王ルイ9世の弟・アンジュー伯シャルルに滅ぼされた。フランスの支配に反発したシチリア島民の蜂起(「シチリアの晩鐘」)に乗じて，シュタウフェン家の縁戚であったアラゴン王ペドロ3世はシチリアからアンジュー家を追放し，同島を支配した。アラゴン王国は1442年にはナポリ王国も征服したが，これが後のイタリア戦争の要因となった。アラゴン王国はレコンキスタを推進するカスティリャに比して，地中海進出を指向する傾向があった。

1369年，カスティリャ王国にトラスタマラ朝が成立(～1516)した。トラスタマラ家の支流はアラゴン王国の継承権をも獲得した。カスティリャ女王イサベル1世とアラゴン王フェルナンド2世(スペイン王としては5世)が結婚(1469)したことを機に，1479年にイスパニア王国が成立，1492年にはイベリア半島最後のイスラーム王朝であるナスル朝の都グラナダを陥落させ，レコンキスタを完成した。ユダヤ人・イスラーム教徒は半島から追放されたが，これがスペイン王国の経済衰退の一因となった。

レコンキスタ１

レコンキスタ２

レコンキスタ３

レコンキスタ４

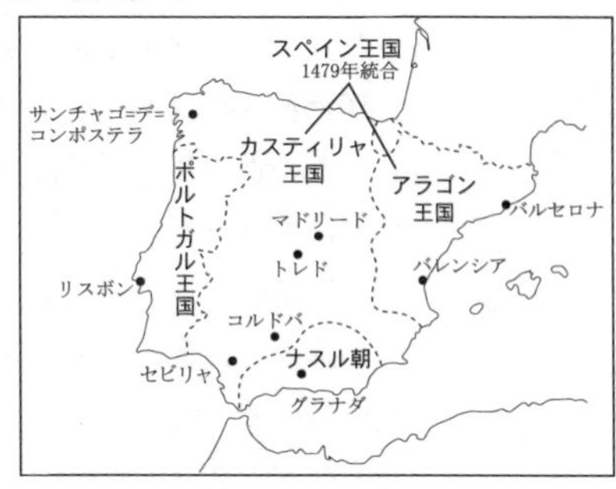

【加点ポイント】

①イベリア半島はポエニ戦争中に**カルタゴ**の将軍ハンニバルの拠点となった。

②ポエニ戦争でカルタゴを破ったローマの**属州**となった／ローマ市民権が付与された。

③ローマ帝国全盛期の皇帝トラヤヌスらを輩出した。

④ゲルマン人の大移動の中で，イベリア半島にはキリスト教化した**西ゴート**人が6世紀に建国した。

⑤**西ゴート**王国は８世紀にイスラームのウマイヤ朝に征服された。

⑥ウマイヤ朝を継いだ後ウマイヤ朝はフランク王国の**カール大帝**と抗争した。

⑦10世紀には後ウマイヤ朝(のアブド=アッラフマーン３世)はファーティマ朝に対抗してカリフを称した。

⑧11世紀以降，イベリア半島北部を拠点とするキリスト教徒によるレコンキスタ(国土回復運動)が本格化した。

⑨モロッコの先住民ベルベル人がイスラームに改宗して建てた**ムラービト朝**・ムワッヒド朝がイベリアのムスリムを救援してキリスト教徒を阻止した。

⑩その都**コルドバ**ではイスラーム文化が栄えた。

⑪13世紀にはキリスト教徒が優勢となった。

⑫15世紀に**カスティリア王国**とアラゴン王国が統合してスペイン王国が成立した。

⑬スペイン王国はイベリア半島最後のイスラーム王朝・ナスル朝の都**グラナダ**を攻略し，イベリア半島からイスラーム勢力を一掃した。

解答例

ポエニ戦争中に**カルタゴ**の将軍ハンニバルの拠点となったイベリア半島は，**カルタゴ**を破ったローマの**属州**となり，住民にはローマ市民権が付与された。ゲルマンの移動後，キリスト教化した**西ゴート**王国が半島を支配したが，８世紀にイスラームのウマイヤ朝に征服された。後ウマイヤ朝はフランク王国の**カール大帝**と抗争する一方，10世紀にはファーティマ朝・アッバース朝に対抗してカリフを称し，その都**コルドバ**ではイスラーム文化が栄えた。11世紀からは半島北部を拠点とするキリスト教徒が国土回復運動を本格化。**カスティリア王国**が占領したトレドではアラビア語文献のラテン語への翻訳が進み，12世紀ルネサンス以来，発展したスコラ学に影響を与えた。この間，モロッコのベルベル人が建てた**ムラービト朝**・ムワッヒド朝がムスリム救援のため半島に侵攻したが，ポルトガルが台頭するなど13世紀にはキリスト教徒が優勢となり，15世紀に**カスティリア王国**とアラゴン王国が統合して成立したスペイン王国が，ナスル朝の都**グラナダ**を攻略し，半島からイスラーム勢力を一掃した。

（450字）

第２問　「15～20世紀の『世界の一体化』に関する経済史」

解説

問(1)　価格革命

1545年に発見されたポトシ銀山など，ラテンアメリカの銀山からヨーロッパに大量の銀が流入し，またヨーロッパで人口増加が起こったことから，ヨーロッパの物価が大幅に上昇した。これが価格革命である。「５字以内」とは，ちょうど５字で答えることではないことを認識してほしい。

問(2)　ヨーロッパにおいて小麦の最高価格と最低価格との比が1450年から1750年の間に縮小した背景にはどのような変化があったのかを説明する問題。

【加点ポイント】　①(15世紀)南欧や西欧では，**貨幣経済**が浸透していた。

②(16世紀)**価格革命**で物価が高騰し(東欧との価格差が拡大し)た。

③(西欧は毛織物など工業製品,東欧は穀物を生産する)国際分業(体制)が確立した。

④**東欧は穀物輸出**で銀を入手し，価格差が縮まった。

グラフの一番左が1450年である。この時期の商業の中心はａの地中海沿岸(地中海交易圏)である。だから小麦の需要も高く,最高価格をつけている。11世紀以降の「商業の復活」により，貨幣経済が浸透していた。特にヴェネツィア・ジェノヴァなどの北イタリアの海港都市は，南ドイツ産の銀やフィレンツェなどの毛織物を地中海東岸などの東方に運び，東方から香辛料や絹織物などを輸入する東方貿易(レヴァント貿易)の中心地として栄えていた。一方最低価格はｃの北東ヨーロッパのもので，いわゆる東欧,エルベ川以東の地域のものである。この地域もバルト海･北海交易圏に入っていたが，そこでは海産物や木材･毛皮･穀物などの生活必需品の取引が中心だった。穀物を自給できる地域が入っていたため，小麦の価格が低かったと考えられる。

これに対し，1750年の最高価格はｂの北西ヨーロッパのものである。要するにイギリスやネーデルラントなどの地域を指す。大航海時代がもたらした商業革命により，商業の中心地は地中海沿岸から大西洋沿岸に移っていた。ネーデルラント･イギリス･フランスなどでは毛織物などの商工業が発達した。穀物の需要が高まったため，最高価格をつけることになった。一方，ａ・ｂ・ｃの３カ所内での最低価格はやはりｃの北東ヨーロッパだが，その価格比が縮小している。これは，北東ヨーロッパが西欧から毛織物などを輸入し，西欧へ穀物や原材料を輸出する，ヨーロッパにおける東西の国際分業体制が確立したためである。

この間ヨーロッパでは問(1)で見たように価格革命が起こっていた。ラテンアメリカから大量の銀がヨーロッパにもたらされたのである。北東ヨーロッパも西欧への穀物輸出の代価として銀を入手することにより，東欧にも少しずつ銀が流入して価格差が縮まっていった。

それにしても，問(1)･(2)･(3)の解答には重複する項目も多く，なぜ分けたのか，もっとうまい分け方はなかったのかと感じられる。受験生も書き分けに困ったと思われる。

問(3)　中世末から近代にかけてのヨーロッパの商工業と農業をめぐる地域間の関係について説明させる問題。

【加点ポイント】　①**商業革命**。

②ａを支えた**東方貿易**(レヴァント貿易)**が衰退**し，ｂを含む**大西洋貿易が活性化**した／国際商業の中心がａからｂへ移動した。

③西欧では**毛織物工業**が発達。

④cを含む東欧では**西欧への穀物輸出**が拡大した。

⑤東欧では**グーツヘルシャフト／再版農奴制**が発達した。

問(2)でも述べたが，こちらでは解答でもa・b・cに触れるため，改めて明示しておきたい。aの地中海沿岸は主にイタリア，bの北西ヨーロッパは主にネーデルラント・イギリスなど，cの北東ヨーロッパは主にプロイセン・ポーランドと考えられる。17世紀前半にaとbの価格が逆転している。これは商業革命によるものである。商業革命とは，商業の中心地が地中海沿岸から大西洋沿岸に移ったことを言う。また，ヨーロッパの商工業と農業を巡る地域間の関係については，ヨーロッパにおける東西の国際分業体制について説明すればよい。字数の関係上，問(2)では「国際分業体制」という言葉を示すのみにとどめ，問(3)でその具体的内容を書くというようにすれば，書き分けに苦しまなくて済むだろう。

西欧では毛織物業などの商工業が発達する一方，東欧では西欧へ穀物や原材料を輸出するようになった。特に東欧の領主は，穀物輸出を増大させるために大農場経営を行うようになった。直営地を拡大し，それまで比較的自由であった農民を土地に縛りつけ(再版農奴制)，賦役労働を強化したグーツヘルシャフト(農場領主制)が広まったのである。こうして西欧が中核(世界の中心となって繁栄した国・地域)，東欧が周辺(中核を支える役割を担った国・地域)となる近代世界システムが成立した。さらに中核の中でもトップの圧倒的な力を持った覇権国家が生じた。17世紀のネーデルラント・18(～19)世紀のイギリスなどである。

問(4)　1828～60年の間にインドの貿易収支が変動した理由を，イギリスと清朝の主な取引商品に言及しつつ説明する問題。

【加点ポイント】　①**aのイギリスへインド産綿布を輸出**した。

②**東インド会社の貿易独占権廃止／インド貿易の自由化**。

③**産業革命**で量産された**イギリス製綿布がインドへ流入**，貿易赤字に転落した。

④**bの清朝**へは**インド産アヘンを密輸**した。

⑤**アヘン戦争で清朝が敗北**し，アヘン輸出が急拡大した。

「19世紀のインド」と聞いて，東インド会社がかかわったアジア三角貿易の図(イギリス本国・インド・中国)が思い浮かぶだろうか。グラフや表を読み取るといっても，基本的な知識が前提になっていることはいうまでもない。結局，問われていることは通常の論述問題と同じである。

表Aはインド(ムガル帝国末期からイギリスの直接統治時代)の貿易収支額である。主要な貿易相手国であるa国，b国とは何か。ここからまず考えよう。

まずa国。インドから見て最初は輸出超過が続いたが，1850年以降輸入超過に転じた。インド産のある貿易品のa国への輸出が止まり，a国産の同種の貿易品が輸入されるようになったわけである。これはa国における技術革新と，貿易政策の転換が理由である。その貿易品とは何か。

綿布である。技術革新とは産業革命のことで，貿易政策の転換とはインド貿易の自由化のこと。つまりa国はイギリスである。

もともとイギリス東インド会社がインド支配に力を注いだのは，インド産綿布(キャラコ)を確保するためだった。しかし18世紀後半にイギリスで産業革命がはじまると，機械生産による安価な綿布が大量に生産され，逆にインドに輸出されるようになった。1813年に東インド会社のインド貿易独占権が廃止されると，イギリス製綿布のインドへの流入が増大し，1810年代末には，インドにおけるイギリス製綿布の輸入額がインド産綿布の輸出額を上回った。こうしてインドにおける綿布の手工業は壊滅的な打撃を受け，やがてインドは原料の綿花をイギリスに輸出して，製品の綿布を輸入する立場に転落した。

インドでは他にもイギリス向けの藍・麻・コーヒー・茶などが生産され，イギリスに輸出されたため，即座に貿易赤字になることはなかったが，イギリス製綿布の輸入が急増した結果，1850年代に貿易赤字となったわけである。没落した手工業者などはイギリスの植民地支配に不満を持ち，旧支配層・旧地主層・農民らとともにインド大反乱(1857～59)に参加することとなった。

次にb国。インドから見て一貫して輸出超過だったが，1839年に一旦輸出額が減少し，1850年代以降輸出が激増している。これは，b国がインド産のある貿易品の輸入を1839年に制限したが，その後の戦争で敗れ，その貿易品の輸入を余儀なくされたことを意味する。その貿易品は何か。アヘンである。戦争とは，アヘン戦争(1840～42)のこと。つまりb国は，清朝(1616～1912)である。

グラフを見ると，まず1828年の貿易収支額に対し，1834年の額が約1.5倍に増加している。この間の1833年には，東インド会社の中国貿易・茶貿易の独占権が廃止され，インドに引き続き対中国貿易も自由化された。東インド会社は貿易会社ではなく，インド統治機関となったわけである。

一方，1837年の貿易収支額に対し1839年の額が1/4程度に減少している。1839年とは，清においてアヘン厳禁を唱えた林則徐(1785～1850)が広州に派遣された年である。林則徐は外国商人(イギリス人が中心)からアヘンを没収して廃棄し，アヘン貿易を厳禁した。これに対しイギリスは武力による自由貿易の実現を正義として，開戦して広州などを攻撃した(アヘン戦争)。清は敗北して1842年イギリスと南京条約を結び，上海などの5港の開港・自由貿易の実施(公行の廃止)・賠償金の支払い・香港島の割譲などを定めた。さらに翌1843年の五港通商章程で領事裁判権を認め，同年の虎門寨追加条約で片務的最恵国待遇を認め，関税自主権を失った。しかしこれらの条約ではアヘンに関する規定はなかった。アヘン貿易は黙認されたのである。こうして1850年の貿易収支額は1837年の額を上回るようになった。

しかし，イギリスにとっては，対清貿易の伸びは期待したほどではなかった。そこでイギリスは1856年のアロー号事件を口実に，フランスとともにアロー戦争(第2次アヘン戦争 1856～60)を起こした。この結果，天津条約(1858)・北京条約(1860)が結ばれ，天津などの11港の開港・外国公使の北京常駐・外国人の内地旅行権・キリスト教の内地布教権などが認められ，九竜半島南部がイギリスに割譲された。そしてアヘン貿易も公認されたのである。その結果，1860年の貿易収支額は1850年の額の約2倍に激増したわけである。

問(5)　(イ)米　(ロ)錫・ゴム

一見すると地理の問題みたいだ。地理選択者に有利だったかもしれない。

ビルマではコンバウン朝(アラウンパヤー朝 1752～1885)が勢力を伸ばし，タイのアユタヤ朝(1351～1767)を滅ぼし，インドのアッサム地方に侵攻した。そのためインドで支配を広げるイギリスと3次にわたって戦争になった(イギリス=ビルマ戦争 1824～26，52～53，85～86)。これにより1885年コンバウン朝は滅亡し，イギリスは翌1886年ビルマを直轄州としてインド帝国(1877～1947)に併合した。イギリスはヤンゴン(ラングーン)に政庁を置き，ビルマ南部のデルタ地帯を開発し，輸出向けの稲作を発展させた。だから産品の名としては米となる。

一方マレー半島においてイギリスはまず，1786年にケダー王国のスルタンからペナンの割譲を受け，オランダ領のマラッカを占領(1811～17)した。さらにラッフルズにより1819年シンガポールを領有し，自由港と近代的な都市を建設した。1824年オランダと英蘭協定を結び，マレー半島をイギリス，スマトラ島をオランダの勢力圏と認め合い，マラッカを正式にオランダから譲り受けた。こうして1826年イギリスは，シンガポール・ペナン・マラッカからなる海峡植民地を成立させた(1867年にはインドと同様に，直轄植民地となった)。

イギリスはさらにマレー半島におけるムスリムのマレー人国家を次々に保護下に置き，1895年にはマレー連合州を結成させた。マレー半島南部のマラヤと北ボルネオを支配下に置いたのである。マレー半島の錫は大交易時代から有名だった。19世紀後半から20世紀にかけて缶詰用のブリキ産業が盛んになると，国際的な錫需要が起こった。イギリスがマレー半島を狙ったのは錫を得るためであった。イギリスは19

世紀から錫鉱山の開発を進め,鉱山労働者として大量の華僑が移住することとなった。

また20世紀初頭から自動車産業が発達すると，タイヤなどの原料としてのゴムの需要が増大した。イギリスはマレー半島にゴムのプランテーションを開発した。ゴムは南米原産であったが，19世紀末に東南アジアに移植されたのである。ゴム園ではインド人移民労働者(印僑)が労働に従事することとなった。こうしてマレー半島では，マレー人・(イギリス人などの)ヨーロッパ人・中国人(華僑)・インド人(印僑)などが，別々の政治的・経済的役割を果たし，民族的・文化的に融合しない，分断社会が成立した。

問(6)　港市の名：マニラ

内容：アカプルコ貿易で得たメキシコ銀を，中国産の絹と交易した。(28字)

【加点ポイント】　①**アカプルコ貿易**。

②**メキシコ銀**を得た。

③**中国産の絹／陶磁器と交易**した。

aはマニラである。スペインのレガスピ(1510頃～1572)は，スペインの新大陸における植民地ヌエバ=エスパーニャ副王領(メキシコ副王領)に渡り，メキシコ市の市長を務めた。ヌエバ=エスパーニャの副王の命でフィリピン探検に赴き，1569年スペイン王フェリペ2世(位1556～98，なおフィリピンの名はこの人物に由来する)からフィリピン総督に任命された。1571年レガスピはルソン島でマニラを建設し，ここをフィリピン経営の拠点としたのである。

マニラはのちにアカプルコ貿易の拠点となった。この貿易は，メキシコの太平洋岸のアカプルコ港より，北東から吹く貿易風によって定期船でマニラにメキシコ銀を運び，そこで中国の絹や陶磁器などと交換する貿易である。中国から絹や陶磁器などを運んでくるのは中国商人(華僑)であった。彼らはマニラ市内にパリアンと呼ばれる居留地をつくり，一時は2万人以上におよんだ。こうして次第にフィリピンの経済は華僑に掌握されていった。

このアカプルコ貿易に使われた帆船は，ガレオン船と呼ばれる大型船(500～2000トン程度)であり，アカプルコ貿易はガレオン貿易ともいう。ただし，ガレオン貿易には他に，スペイン本国のセビリャやカディスを起点とするものもあり，アカプルコ貿易に限定されない。勘合貿易が日明貿易のみではないのと同じだ。ガレオン貿易は18世紀中頃まで行われた。

メキシコ銀(ペソ銀貨・ピアストル銀貨)は，アカプルコ貿易によりマニラから東アジアや東南アジアに流入した。メキシコ銀や日本銀が大量に流入した明(1368～1644)では,土地税と徭役を一括して銀で納める一条鞭法が広く行われるようになっていった。

問(7) 17世紀の台湾をめぐる抗争を説明させる問題。

【加点ポイント】 ①**オランダ東インド会社**が占領した。

②オランダはゼーランディア城を建設し，**対日貿易の拠点**とした。

③明の遺臣**鄭成功**がこれを奪い，**鄭氏台湾**を建てた。

④鄭氏は台湾を**清への抵抗の拠点**とした。

⑤**清の康熙帝**が鄭氏を下して台湾を**直轄領**とした／併合した／支配した。

bは台湾である。17世紀に台湾を支配した三つの主要な勢力とは，順にオランダ→鄭氏→清朝となる。まずこの順序をおさえてから書こう。

台湾は中国の福建の対岸にある島であったが，歴代の中国王朝の実効支配下にはなかった。1624年，オランダ東インド会社は台湾を占領し，ゼーランディア城を築き，統治の拠点とした。オランダは台湾を日本と中国との中継貿易の拠点として確保した。なお同1624年にはスペインが日本の江戸幕府から来航禁止にされている。また前年の1623年にはオランダがアンボイナ事件を起こし,イギリスを東南アジアから駆逐した。イギリスは同1623年日本の商館も閉じて自主的に対日貿易から撤退している。その後,スペインは台湾進出を試みたが，オランダに撃退された。また1639年江戸幕府はポルトガル船の来航を禁止し,以後オランダと中国のみが長崎での対日貿易を許可された。

一方,当時鄭氏一族が日明間の中継貿易を握っていたが,明が滅びると,鄭成功(1624～62)が残存勢力である南明(1644～61)を支持し，福建の厦門を拠点として清(1616～1912)に対抗した。これに対し清は鄭成功の財源を断つため，1661年遷界令を公布した。これは沿岸部の住民を交易に従事させないために，海岸線から離れた地に強制移住させた法令である。すると鄭成功は清に対する抵抗拠点を確保するため，台湾のオランダ勢力を攻撃し，翌1662年にはゼーランディア城を陥落させ，オランダ勢力を駆逐した。鄭成功自身は同年中に病死するが，一族が後を継いで反清運動を継続した(鄭氏台湾 1661～83)。

清で三藩の乱(1673～81)が起こると，鄭氏はこれに呼応したが失敗し，1683年清の康熙帝(位1661～1722)に降伏した。台湾には1府3県が置かれ，福建省に所属することとなった。また清は1684年に遷界令を解除(展海令の公布)し，海禁をやめ沿岸部に海関を設け，民間貿易を認めた。

19世紀後半,台湾も列強の中国侵略の対象となった。琉球漁民殺害事件を契機に,1874年には日本が台湾出兵を行い，清仏戦争(1884～85)でも台湾はフランスの攻撃を受けた。このため清は台湾の国防上での重要性を痛感し,1885年台湾省を新設した。だが日清戦争(1894～95)で清が日本に敗北すると，1895年の下関条約で澎湖諸島とともに台湾は日本に割譲された。

問(8)　産品：毛皮　1800－イ　1900－ハ

cはキャフタである。1727年清の雍正帝(位1722～35)とロシアはキャフタ条約を結び，外モンゴルでの国境を画定し，通商を規定した。だが，教科書には交易品についての記述が見当たらない。ただ，ここはバイカル湖の南でロシアとはいってもシベリアだから，毛皮くらいしか売るものがないと推測するしかない。一方中国からは当初綿布や絹織物が輸出された。19世紀には茶が輸出の90%を占めるに至った。こうしてジャムなどとともに飲むロシア紅茶が広まることとなった。

イはネルチンスク条約(1689)による国境線であり，1800年時点ではこれが国境線である。ネルチンスク条約は清の康熙帝とロシアのピョートル1世(大帝 位1682～1725)が結んだ条約で，アルグン川(黒竜江の上流部)と外興安嶺(スタノヴォイ山脈)が国境となった。ロはアイグン条約(1858)による国境線である。アロー戦争(1856～60)に際し，ロシアの東シベリア総督ムラヴィヨフ(任1847～61)が清と結んだ条約で，黒竜江(アムール川)以北をロシア領とし，ウスリー川以東(沿海州)を清とロシアの共同管轄とした。またハは露清北京条約(1860)による国境線であり，これが1900年時点での国境線である。アロー戦争における英仏連合軍の北京侵入に際し，ロシアの外交官イグナチェフが講和を調停し，その見返りとして締結した。この条約でロシアは沿海州を獲得し，ウラジヴォストークに軍港を建設して日本海・太平洋への進出の拠点とした。ちなみに1858年，1860年当時の両国の皇帝はいずれも，中国が咸豊帝(位1850～61)でロシアがアレクサンドル2世(位1855～81)であった。なおニは中国・ロシア間の国境線になったことはない。

解答例

(1)価格革命

(2)貨幣経済が浸透した南欧や西欧では価格革命で物価が高騰し，国際分業が確立した。東欧は穀物輸出で銀を入手し，差が縮小した。

(番号を含めて60字)

(3)商業革命によりaを支えた東方貿易が衰退する一方，bを含む大西洋貿易が活性化した。西欧では毛織物工業が発達，cを含む東欧では西欧への穀物輸出が拡大し，グーツヘルシャフトが発達した。

(番号を含めて90字)

(4)aのイギリスへインド産綿布を輸出していたが，東インド会社の貿易独占権廃止により，産業革命で大量生産されたイギリス製綿布がインドへ流入，貿易赤字に転落した。bの清朝へはインド産アヘンを密輸。アヘン戦争で清朝が敗北し，アヘン輸出が急拡大した。

（番号を含めて120字）

(5)(イ) 米　(ロ) 錫・ゴム

(6)港市の名：マニラ

内容：アカプルコ貿易で得たメキシコ銀を，中国産の絹と交易した。(28字)

(7)オランダ東インド会社がゼーランディア城を建設し，対日貿易の拠点とした。明の遺臣鄭成功がこれを奪い，鄭氏台湾を建てて清への抵抗の拠点とした。のち清の康熙帝が鄭氏を下し直轄領とした。

（番号を含めて90字）

(8)産品：毛皮　1800－イ　1900－ハ

第3問 「19～20世紀の世界経済」

解説

用語の単答問題に難問が含まれるほか，小論述でも「タンジマートの結果」や「ドル危機の背景」など，歴史的な因果関係の深い理解が必要な問題が並んでおり，単なる用語暗記にとどまらない学習が求められている。

問(1)　正解は租界，買弁

列強が清朝から得た利権として「租界」と「租借地」があるが，両者の違いを明確にしておこう。まず，アヘン戦争後の南京条約(1842)で5港が開港されると，翌年結ばれた虎門寨追加条約で，イギリス人居住地は清朝の地方官とイギリス人領事が協議して設定することとなった。これに基づき，イギリスは上海近郊の一角に居住地としての土地を借りた。こうして形成された外国人居住地が租界で，以後，他の開港地にも設置された。租界では領事裁判権などが認められ，外国人が行政権や警察権も行使できた。一方，1890年代後半に設けられた租借地は，もう少し主権譲渡の意味合いが強い。租界が開港地となった都市の一部分であったのに対し，租借地は列強が清朝から一定の地域を丸ごと租借し(借りうけ)，ドイツの膠州湾やロシアの旅順，イギリスの威海衛では海軍基地が建設された。期限付き(多くの場合は99年間)とはいえ，租借地には列強が近代的な都市を建設したり，租借地から内陸に鉄道を敷設したりするなど，列強の勢力範囲の拠点となった。設問後半の買弁は，現行の教科書に記載がなく，難問であろう。買弁とは，中国貿易を行う外国資本の商社や銀行などの経営代理となった中国商人や，そこで働く職員のことである。例えば，イギリスの商社であるジャーディン=マセソン商会は，中国人の買弁が茶や生糸の買い付けなど貿易の重要業務を担ったことで，円滑な取引を進めることができた。また，清朝が進めた洋務運動において設立された企業の多くは，買弁が設立や経営にかかわった。ただ，洋務企業の多くが半官半民の経営であったため，徐々に「官」の干渉が強まり，買弁と結びついた洋務派官僚による私物化が進んだ。

問(2)　正解は(a)リスト　(b)オーストリア

「一時アメリカ合衆国に亡命した」などの細かい点に惑わされず，素直に「ドイツ関税同盟を提唱した経済学者」と考えれば，基本問題である。歴史学派経済学者の(フリードリヒ=)リストは，経済発展における歴史的な特殊性を主張し，いち早く産業革命を成功させた先進国イギリスが自由主義経済を主張したのに対し，後発資本主義国であるドイツは，産業育成のための保護関税政策が必要であることを主張，ドイツ関税同盟の結成(1834)を提唱した。関税同盟結成以前のドイツは，各領邦が独自の関税を設定していたほか，複雑な国内関税も存在していた。こうした状況に対し，プロイセンを中心に北ドイツ関税同盟が成立すると，これに対抗した中部，南部がそれぞれ関税同盟を結成したため，ドイツでは三つの関税同盟が併存することとなった。その後，プロイセンの主導で３関税同盟が統合され，オーストリアを除くほぼ全ドイツの経済的統一が達成された。

問(3)　解答例(3)工業製品の流入や外債で国内産業の没落とヨーロッパ列強への従属が進み，ミドハト憲法も制定されたが停止され，専制に戻った。

(番号を含めて60字)

本問はタンジマートの結果が問われているが，教科書などではタンジマートについてあまり説明されていないので，なかなか難しい。タンジマートとは，オスマン帝国の第31代スルタン・アブデュルメジト１世(位1839～61)が開始した西欧的な近代化で，あくまでもスルタンが主導する「上からの近代化」である。よって，「西欧的近代化がもたらした結果」と考えればよいのだが，一般的にタンジマートは1876年のミドハト憲法制定までとされるため，「憲法制定の結果まで含めて」考えるのか少々迷うが，設問で「法治主義にもとづく近代国家への移行」とあるので，解答例ではミドハト憲法にまで触れた。エジプト問題(エジプト=トルコ戦争〔第１次 1831～33，第２次 1839～40〕)についてイギリスやフランスの支援を受けるため，1838年にオスマン帝国はイギリスとの通商条約(トルコ=イギリス通商条約)を締結して自由貿易を承認すると，さらに1839年，アブデュルメジト１世がギュルハネ勅令を発して西欧的な近代化を進めることを宣言した。これがタンジマートである。勅令では，ムスリムと非ムスリムとを問わず全臣民の平等を保障し，法律に基づく改革を進めることがうたわれ，これが設問中にある「法治主義にもとづく近代国家への移行」である。こうして軍事，税制，教育，司法など政治・社会全般の改革により，オスマン帝国は近代的な統治機構を持つ法治国家へと移行した。しかし，西欧的な近代化の過程で政府の専売制を廃止すると，特権(カピチュレーション)を付与されたイギリスなどヨーロッパの商人の進出が加速してヨーロッパ製の工業製品が大量に流入，国内産業が崩壊した。さらに，改革の遂行に伴う財政支出やクリミア戦争(1853～56)の戦費が増大すると，外債の導入で対応したため，国家財政の破綻を招いた。結果，製品輸出や外債を足掛かりとしてヨーロッパ列強の干渉が強まった。これに対し，若手の知識人や官僚を中心にスルタンの専制への批判が強まり，改革を約束したアブデュルハミト2世(位1876～1909)がスルタンに即位すると，宰相となったミドハト=パシャが起草したミドハト憲法(1876)が公布され，翌年には議会も開設されてオスマン帝国は立憲政となった(第1次立憲政)。しかし，露土戦争(ロシア=トルコ戦争 1877～78)の勃発を口実にスルタンは憲法を停止し，議会も解散して専制政治を復活させた。

問(4)　正解は(a)ドイツ，(b)イタリア

アメリカ合衆国への移民に関する出題だが，明確な人数や移民数の順位などは教科書に記載がないため，少々難しい。

(a)19世紀のアメリカ合衆国には，ヨーロッパから多数の移民が流入した。特に，1840年代以降，ヨーロッパにおける経済危機や政治的な混乱・弾圧などを逃れて，移民が急増した。この時期の移民は設問にあるように北欧・西欧からの移民が多い。まず，1840年代にはジャガイモ飢饉が発生したアイルランドから移民が殺到し，1840年代には約78万人が流入し，その後1870年までに200万人以上が合衆国へと移民した。また，1850年以降に急増するのがドイツ系移民である。1850年代には約95万人，60年代には約78万人など，19世紀後半に最も多く流入したのはドイツ系移民である(イギリスとアイルランドを個別に集計した場合。アイルランドはイギリス領なので，両者を合算すれば最も多いのはイギリス)。ドイツでアメリカへの移民の機運が高まった背景として，1848年革命における自由主義者の弾圧，産業化に伴う社会の動揺，不作や地主の搾取による農民の困窮などが挙げられる。本問は，イギリス(アイルランドを含む)を除いて考えてよいことから，ドイツと解答できるだろう。

(b)19世紀から20世紀初頭にかけての世紀転換期には移民が急増したが，この時期にはアイルランド，イギリス，ドイツ，北欧などからの移民が減少する一方，ポーランド，オーストリア=ハンガリー，イタリア，ロシアなど，東欧・南欧からの移民が急増した。設問で問われた時期に合衆国への移民が最も多かった国はイタリア，次いでオーストリア=ハンガリー，ロシアで，イタリア系移民は約316万人，オーストリア=ハンガリーが約315万人，ロシア系移民は約260万人(ただし統計は1900～19年)

である(注)。この時期の移民を「新移民」と呼び，彼らを出身国から押し出した要因(プッシュ要因)は，多くの場合，経済的困窮である。19世紀末にかけて，ヨーロッパでは農業を犠牲にした工業化がすすめられ，さらに人口増加によって一人当たりの農地が減少していた。また，イタリアでは統一前後の経済混乱から困窮が進んだことも，要因となった。さらに，ロシアやロシア領であったポーランドでは，少数派集団の「ロシア化」が進められ，特にユダヤ人への集団迫害(ポグロム)が行われたため，多くのユダヤ人がアメリカに逃れた。ドイツ系，ロシア系，ポーランド系など出身国は多様だが，合計すると1920年にはユダヤ系アメリカ人人口が400万人を超えた。

(注)移民数は明石紀雄・飯野正子著『エスニック・アメリカ』(有斐閣)による。

問(5)　正解は農民の余剰生産物の自由販売の許可，小規模な私企業経営の容認

第一次世界大戦末期に，ロシア革命で成立したソヴィエト政権はブレスト=リトフスク条約を締結(1918)してドイツと単独講和したものの，ソヴィエト政権の打倒を狙う国内の反革命勢力との内戦に突入し，イギリス，アメリカ，フランス，日本などの列強もこれに呼応して対ソ干渉戦争(1918～22)を行った。対するソヴィエト政権は赤軍を強化し，チェカ(非常委員会)の下で反革命勢力の取り締まりを強めるとともに，戦時共産主義(1918～21)を敷いて，穀物の強制徴発，中小企業も含む国有化など，経済を厳しく統制した。しかし，農民の不満や生産意欲の減退から経済危機を招いたため，内戦と対ソ干渉戦争がおおむね収まると，穀物の強制徴発を止めて余剰生産物の自由販売を認め，小規模な私企業経営を容認する新経済政策(ネップ)を採用した(1921)。本問はネップの「具体的」な内容が問われているので，「穀物の自由取引を許可(強制徴発の廃止)」「小規模な私企業経営の容認」が書ければよい。

問(6)　正解は善隣外交，アルゼンチン

前半は基本問題である。世界恐慌からの回復を図るためにニューディールを推進したアメリカ大統領フランクリン=ローズヴェルト(任1933～45)は，外交的にはラテンアメリカとの通商拡大を図るため，これまで行ってきたドル外交などの強圧的な外交を改め，内政干渉を緩和してラテンアメリカ諸国との友好的な関係を構築する善隣外交を開始した。これによりアメリカ大陸の連携を強めてドル=ブロックを形成し，アメリカの製品輸出の拡大を狙った。後半は高校世界史のレベルではない。ヒントとなるのは「食肉市場の確保」と「イギリスとの経済関係強化」の２点しかない。地理選択者であれば，ラテンアメリカにおける食肉生産(畜産業)の盛んな国という点から類推できたかもしれないが，日本史選択者には厳しい。解答はアルゼンチン。受験レベルではないが，アルゼンチンでは1930年のクーデタで急進党政権が倒れて寡頭政治となり，経済危機からの脱却を図るため，イギリスへの農牧畜産品の輸出保障と引きかえに，イギリス資本のアルゼンチン国内での特権を認めた「ロカ・ランシマン協定」を締結した(1933)。しかし，こうした対英接近はナチス=ドイツに傾倒する軍の青年将校に危機感を抱かせ，生活の困窮にあえぐ貧困労働者層などのストライキが頻発するなか，1943年にはクーデタで軍事政権を成立させた。このなかから台頭したのが，のちに大統領となるペロン大佐である。

問(7)　正解は法幣，イギリス・アメリカ

蔣介石の南京国民政府は，北京制圧と張学良の帰順で北伐を完成した後，さらに北伐完成後に再び反攻してきた旧軍閥勢力との内戦にも勝利し，一応の中国統一を実現した。ただ，江西省などに根拠地を建設した共産党との内戦は続いていた。このように長引く内戦による過剰な軍事費負担で歳入不足を解消すべく，安定的な財政運営と国民経済の発展のため，中央銀行の設立や関連する法整備を行った。ただ，1929年にはじまる世界恐慌の影響で国際的な銀価格が動揺すると，国内経済にも悪影響が生じた。これは，当時の中国では各地で雑多な通貨が流通しており(銀の重さで決まる秤量貨幣で，単位は「両」)，さらに各国が金本位制を離脱するなかで，世界的に銀価が上昇すると中国は通貨高の状態となり，収益悪化による工場の倒産などが相次いだ。このため，蔣介石の国民政府は国内に流通している銀を国有化し，これに代えて政府系銀行の発行する紙幣(法幣)を統一貨幣とする管理通貨制度に移行した。さらに，外国為替面での通貨の信用を得るため，イギリスやアメリカの支援を受けた。具体的には，例えば国民政府が法幣と交換して集めた銀をアメリカ政府が米ドルで購入し，中国の「元」の対ドル・対ポンド為替レートの維持を保証した。これにより，イギリスやアメリカと国民政府の財政的なつながりも強まった。こうして蔣介石の国内における統治権は強まった。

問(8)　正解は(a)国際通貨基金（IMF），国際復興開発銀行（IBRD・世界銀行）

解答例(b)ベトナムの戦費や社会保障費の増大が財政赤字拡大とインフレを招き，ECや日本の経済成長で貿易赤字に転落，ドル危機を招いた。

（記号を含めて60字）

(a)ブレトン=ウッズ会議は，第二次世界大戦中の1944年にアメリカのニューハンプシャー州ブレトン=ウッズで開催された，連合国44カ国による国際金融会議である。この会議では戦後世界の経済体制が構想され，金と兌換可能なアメリカ合衆国のドルを基軸通貨とする国際通貨体制の創設に合意した。そして，各国通貨の安定化のために国際通貨基金(IMF)が，戦後復興の資金や発展途上国の開発資金を融資するために国際復興開発銀行(IBRD，通称は世界銀行)が設立されることが決まり，世界平和のための経済的な基盤の確立が図られた。

(b)いわゆる「ドル危機」の背景を問う論述問題である。前述の通り，戦後のブレトン=ウッズ体制では，米ドルが基軸通貨として世界の通貨体制を支えていたが，この体制は意図的な米ドル高によって，西側諸国からアメリカへの輸出を促すことで，各国に米ドルを供給し続けることとなった。さらに冷戦に伴う対外援助や軍事支出の増加は，世界に向けた「ドルの垂れ流し」のような状態を作り出し，アメリカの金準備高を減少させ続けた。また，ジョンソン大統領(任1963～69)による「偉大な社会」計画で社会保障費が増大すると，財政赤字が拡大するとともに，国内では通貨の供給増からインフレを招いた。これが，固定相場制の下ではアメリカ製品の国際競争力を奪い，国際的にはEEC，のちにECを設立した西欧諸国が単一市場の形成によって域内貿易の拡大を図ったことや，日本の高度経済成長により，アメリカの貿易黒字は縮小していた。こうした状況に加えてベトナム戦争の長期化に伴う多額の戦費は，国際収支をさらに悪化させ，1971年，アメリカはついに貿易収支も赤字に転落し，ドルの信用低下，いわゆるドル危機が深刻化した。このため，ニクソン大統領(任1969～74)は金とドルの交換停止とドルの切り下げを発表した。これにより，ブレトン=ウッズ体制は崩壊し，主要国の通貨は1973年には固定相場制から変動相場制へと移行した。これらを簡潔にまとめることになるが，解答例では「金・ドルの交換停止」はあくまでも動揺の結果と考え，そこに至る背景を中心に構成した。また設問中に「ドル危機(ドル=ショック)」という用語が挙げられていないので，できれば入れておきたい。

解答例

(1)租界，買弁

(2)(a)リスト　(b)オーストリア

(3)工業製品の流入や外債で国内産業の没落とヨーロッパ列強への従属が進み，ミドハト憲法も制定されたが停止され，専制に戻った。

(番号を含めて60字)

(4)(a)ドイツ　(b)イタリア

(5)農民の余剰生産物の自由販売の許可，小規模な私企業経営の容認

(6)善隣外交，アルゼンチン

(7)法幣，イギリス・アメリカ

(8)(a)国際通貨基金(IMF)，国際復興開発銀行(IBRD・世界銀行)

(b)ベトナムの戦費や社会保障費の増大が財政赤字拡大とインフレを招き，ECや日本の経済成長で貿易赤字に転落，ドル危機を招いた。

(記号を含めて60字)

◆**解答解説 執筆者**

鵜飼恵太

金子隆

寺師貴憲

廣木俊昭

茂木誠

渡辺幹雄

東大入試詳解25年　世界史〈第3版〉

編者	駿台予備学校
発行者	山﨑良子
印刷・製本	日経印刷株式会社
発行所	駿台文庫株式会社

〒101-0062　東京都千代田区神田駿河台1-7-4
小畑ビル内
TEL. 編集 03(5259)3302
販売 03(5259)3301
《第3版①－776pp.》

ISBN978-4-7961-2420-1　　Printed in Japan

駿台文庫 webサイト
https://www.sundaibunko.jp